D1753762

Bredemeier/Neffke
TVöD/TV-L

TVöD/TV-L

Tarifverträge für den
öffentlichen Dienst

Kommentar

Bearbeitet von

Jörg Bredemeier
Rechtsanwalt und Fachanwalt für
Arbeitsrecht, Stadthagen

Reinhard Neffke
KOMBA-Gewerkschaft, Köln

Gabriele Cerff
Rechtsanwältin, Weil am Rhein

Wolfgang Weizenegger
Direktor des Arbeitsgerichts, Minden

Sabine Baßler
Rechtsanwältin, Auggen

3. Auflage

Verlag C. H. Beck München 2007

Zitiervorschlag: Bredemeier/Neffke-Weizenegger, TVöD/TV-L, § 4 Rn. 1

Verlag C. H. Beck im Internet:
beck.de

ISBN 978 3 406 55310 3

© 2007 Verlag C. H. Beck oHG
Wilhelmstraße 9, 80801 München
Druck: Claussen & Bosse GmbH
Birkstr. 10, 25917 Leck

Satz: Druckerei C. H. Beck
(Adresse wie Verlag)

Gedruckt auf säurefreiem, alterungsbeständigem Papier
(hergestellt aus chlorfrei gebleichtem Zellstoff)

Vorwort zur 3. Auflage

Die dritte Auflage des in der juristischen Praxis wohlwollend aufgenommenen Kommentars stellt das neue Tarifrecht für die Beschäftigten im öffentlichen Dienst des Bundes, der Kommunen und der Länder dar. Durch den Abschluss des Tarifvertrags für den öffentlichen Dienst vom 13. 9. 2005 und den Abschluss des TV-L am 12. Oktober 2006 wurde der BAT als Manteltarifvertrag weitgehend abgelöst.

Die Vorschriften des TVöD und des TV-L unterscheiden sich nur in einigen entscheidenden Punkten. Daher werden im ersten Teil die §§ 1–39 TVöD/TV-L nebeneinander dargestellt. Soweit die Regelungen deckungsgleich sind, wurde nur eine Kommentierung erstellt. Abweichungen wurden gekennzeichnet. Da der TVöD vor dem TV-L in Kraft getreten ist, werden die Vorschriften des TVöD zuerst behandelt und dann die Abweichungen im Vergleich mit dem TV-L dargestellt. Im Weiteren folgen dann die Besonderen Teile des TVöD, sodann die Sondervorschriften des TV-L (§§ 40 ff. TV-L).

Es ist zu erwarten, dass der TVöD und der TV-L auch weiterhin nicht nur von den Tarifvertragsparteien im öffentlichen Dienst angewendet, sondern dass sich auch weiterhin etliche Unternehmen daran orientieren, obwohl sie nicht (oder nicht mehr) tarifgebunden sind. Das führt dazu, dass der Anwendungsbereich des Arbeitsrechts des öffentlichen Dienstes kontinuierlich zunimmt.

Auch in dieser dritten Auflage finden die Leser alle Tarifverträge, die für die tägliche Arbeit mit dem TVöD und dem TV-L unerlässlich sind. Auch die Checklisten und Musterformulare sowie die Hinweise für die Praxis wurden vollständig aktualisiert. Soweit aus Platzgründen in der 3. Auflage auf den Abdruck einiger ergänzender Tarifverträge verzichtet werden muss, wird auf die vom Verlag C. H. Beck herausgegebene Textsammlung von Cerff/Winter verwiesen.

Neu in den Autorenkreis hinzugetreten ist Frau Sabine Baßler, Rechtsanwältin in Auggen/Südbaden.

Die Autoren des Kommentars möchten das Werk auch weiterhin weder als Arbeitgeber- noch als Arbeitnehmer-Kommentar verstehen. Das wesentliche Kriterium der Bearbeitung soll auch zaum neuen Tarifvertrag die Rechtsprechung des BAG zu den einzelnen Rechtsfragen des Manteltarifwerkes sein. Autoren und Verlag sind für Kritik und Anregungen dankbar, um den Praxiswert des Kommentars noch weiter erhöhen und verbessern zu können.

Stadthagen, Köln, Weil am Rhein, Minden, Auggen im Mai 2007

Inhaltsverzeichnis

Vorwort	V
Übersichten	IX
Abkürzungsverzeichnis	XVII

Kommentierung

Einführung	1

Erster Teil

TVöD – Allgemeiner Teil/§§ 1–39 TV-L	5

Zweiter Teil

§§ 40–49 TV-L	387

Dritter Teil

TVöD – Besondere Teile	453
Verwaltung	453
Krankenhäuser	487
Pflege- und Betreuungseinrichtungen	512
Sparkassen	533
Entsorgung	547
Flughäfen	557

Vierter Teil

Hinweise für die Praxis – Checklisten und Musterformulare	561

Anhang

Ergänzende Tarifverträge	595
1. Tarifvertrag zur Überleitung (Bund)	595
2. Tarifvertrag zur Überleitung (Länder)	628
3. Tarifvertrag zur Überleitung (VKA)	673
4. Tarifverträge für die Auszubildenden des öffentlichen Dienstes (TVAöD-AT)	716
5. Tarifvertrag für Auszubildende des öffentlichen Dienstes – Besonderer Teil BBiG – (TVAöD-BT-BBiG)	725
6. Tarifvertrags für Auszubildende des öffentlichen Dienstes – Besonderer Teil Pflege – (TVAöD-BT-Pflege)	730
7. Tarifvertrag für die Auszubildenden des öffentlichen Dienstes der Länder in Ausbildungsberufen nach dem Berufsbildungsgesetz (TVA-L BBiG)	734
8. Tarifvertrag für die Auszubildenden des öffentlichen Dienstes der Länder in Pflegeberufen (TVA-L Pflege)	742
Sachverzeichnis	751

Übersicht

Hinweis: Zunächst finden Sie eine Inhaltsübersicht zur TVöD und seinen Besonderen Teilen, sodann ab S. XIV eine Inhaltsübersicht zum TV-L.

Tarifvertrag für den öffentlichen Dienst

A. Allgemeiner Teil

Abschnitt I. Allgemeine Vorschriften

	§§
Geltungsbereich	1
Arbeitsvertrag, Nebenabreden, Probezeit	2
Allgemeine Arbeitsbedingungen	3
Versetzung, Abordnung, Zuweisung, Personalgestellung	4
Qualifizierung	5

Abschnitt II. Arbeitszeit

Regelmäßige Arbeitszeit	6
Sonderformen der Arbeit	7
Ausgleich für Sonderformen der Arbeit	8
Bereitschaftszeiten	9
Arbeitszeitkonto	10
Teilzeitbeschäftigung	11

Abschnitt III. Eingruppierung und Entgelt

Eingruppierung	12
Eingruppierung in besonderen Fällen	13
Vorübergehende Übertragung einer höherwertigen Tätigkeit	14
Tabellenentgelt	15
Stufen der Entgelttabelle (Bund/VKA)	16
Allgemeine Regelungen zu den Stufen	17
Leistungsentgelt (Bund/VKA)	18
Erschwerniszuschläge	19
Jahressonderzahlung	20
Bemessungsgrundlage für die Entgeltfortzahlung	21
Entgelt im Krankheitsfall	22
Besondere Zahlungen	23
Berechnung und Auszahlung des Entgelts	24
Betriebliche Altersversorgung	25

Abschnitt IV. Urlaub und Arbeitsbefreiung

Erholungsurlaub	26
Zusatzurlaub	27

Übersicht

§§

Sonderurlaub 28
Arbeitsbefreiung 29

Abschnitt V. Befristung und Beendigung des Arbeitsverhältnisses

Befristete Arbeitsverträge 30
Führung auf Probe 31
Führung auf Zeit 32
Beendigung des Arbeitsverhältnisses ohne Kündigung 33
Kündigung des Arbeitsverhältnisses 34
Zeugnis 35

Abschnitt VI. Übergangs- und Schlussvorschriften

Anwendung weiterer Tarifverträge (VKA) 36
Ausschlussfrist 37
Begriffsbestimmungen 38
In-Kraft-Treten, Laufzeit 39

Anhänge und Anlagen

Anhang zu § 9
Anhang zu § 16 (Bund) Besondere Stufenregelungen für vorhandene und neu eingestellte Beschäftigte (Bund)
Anhang zu § 16 (VKA) Besondere Stufenregelungen für vorhandene und neu eingestellte Beschäftigte (VKA)
Anlage A (Bund) Tabelle TVöD/Bund
Anlage A (VKA) Tabelle TVöD/VKA
Anlage B (Bund) Tabelle TVöD/Bund
Anlage B (VKA) Tabelle TVöD/VKA
Anlage B (VKA) Tabelle TVöD/VKA
Anlage B (VKA) Tabelle TVöD/VKA
Anhang zu den Anlagen A und B (VKA)

Hinweis: Die Kommentierungen zu den Besonderen Teilen des TVöD finden Sie ab S. 453.

B. Besondere Teile

Besonderer Teil Verwaltung (BT-V)

Abschnitt VII. Allgemeine Vorschriften

Geltungsbereich 40
Allgemeine Pflichten 41
Saisonaler Ausgleich 42
Überstunden 43
Reise- und Umzugskosten, Trennungsgeld 44

Abschnitt VIII. Sonderregelungen (Bund)

Sonderregelungen für Beschäftigte, die zu Auslandsdienststellen des Bundes entsandt sind 45

TVöD   **Übersicht**

	§§
Sonderregelungen für die Beschäftigten im Bereich des Bundesministeriums der Verteidigung	46
Sonderregelungen für die Beschäftigten des Bundesministeriums für Verkehr, Bau- und Wohnungswesen	47
Sonderregelungen für Beschäftigte im forstlichen Außendienst	48

Abschnitt IX. Übergangs- und Schlussvorschriften (Bund)

	§§
In-Kraft-Treten, Laufzeit	49
Anhang zu § 46 (Bund) Teilnahme an Manövern und Übungen	
Anlage C (Bund) Bereitschaftsdienstentgelte	

Abschnitt VIII. Sonderregelungen (VKA)

Beschäftige im Betriebs- und Verkehrsdienst von nichtbundeseigenen Eisenbahnen und deren Nebenbetriebe	45
Beschäftigte im kommunalen feuerwehrtechnischen Dienst	46
Beschäftigte in Forschungseinrichtungen mit kerntechnischen Forschungsanlagen	47
Beschäftigte im forstlichen Außendienst	48
Sonderregelungen für Beschäftige in Hafenbetrieben, Hafenbahnbetrieben und deren Nebenbetrieben	49
Beschäftigte in landwirtschaftlichen Verwaltungen und Betrieben, Weinbau- und Obstanbaubetrieben	50
Beschäftigte als Lehrkräfte	51
Beschäftigte als Lehrkräfte an Musikschulen	52
Beschäftigte als Schulhausmeister	53
Beschäftigte beim Bau und Unterhaltung von Straßen	54
Beschäftigte an Theatern und Bühnen	55

Abschnitt IX. Übergangs- und Schlussvorschriften (VKA)

In-Kraft-Treten, Laufzeit	56

Besonderer Teil Pflege- und Betreuungseinrichtungen

Geltungsbereich	40
Besondere Regelung zum Geltungsbereich TVöD	41
Allgemeine Pflichten der Ärztinnen und Ärzte	42
Nebentätigkeit von Ärztinnen und Ärzten	43
Zu § 5 Qualifizierung – Ärztinnen/Ärzte	44
Bereitschaftsdienst und Rufbereitschaft	45
Bereitschaftsdienstentgelt	46
Sonderkündigungsrecht der Bereitschaftsdienst- und Rufbereitschaftsregelung	47
Wechselschichtarbeit	48
Arbeit an Sonn- und Feiertagen	49
[nicht besetzt]	50
Eingruppierung der Ärztinnen und Ärzte	51
Erholungsurlaub	52
Zusatzurlaub	53

Übersicht TVöD

	§§
Reise- und Umzugskosten	54
In-Kraft-Treten, Laufzeit	55

Anlage C zu § 46 Abs. 4 (Bereitschaftsdienstentgelt)

Besonderer Teil Krankenhäuser

Geltungsbereich	40
Besondere Regelung zum Geltungsbereich des TVöD	41
Allgemeine Pflichten der Ärztinnen und Ärzte	42
Zu § 5 Qualifizierung – Ärztinnen/Ärzte	43
Zu § 6 Regelmäßige Arbeitszeit – Ärztinnen/Ärzte	44
Bereitschaftsdienst und Rufbereitschaft	45
Bereitschaftsdienstentgelt	46
Sonderkündigungsrecht der Bereitschaftsdienst- und Rufbereitschaftsregelung	47
Wechselschichtarbeit	48
Arbeit an Sonn- und Feiertagen	49
Ausgleich für Sonderformen der Arbeit	50
Eingruppierung der Ärztinnen und Ärzte	51
Zu § 15 Tabellenentgelt	52
Zu § 17 Allgemeine Regelungen zu den Stufen	53
Zu § 20 Jahressonderzahlung	54
Zusatzurlaub	55
Haftung	56
Reise- und Umzugskosten	57
In-Kraft-Treten, Laufzeit	58

Anlage C zu § 46 Abs. 4 BT-K (Bereitschaftsdienstentgelt)
Anlage D Tabelle für Ärztinnen und Ärzte (Tarifgebiet West)
Anlage E Tabelle für Ärztinnen und Ärzte (Tarifgebiet Ost)
Überleitungsregelungen

Besonderer Teil Sparkassen

Geltungsbereich	40
Grundsätze für leistungs- und erfolgsorientierte variable Entgelte	41
Zielvereinbarung	42
Systematische Leistungsbewertung	43
Sparkassensonderzahlung	44
Beschäftigte der Entgeltgruppe 15	45
Bankgeheimnis, Schweigepflicht	46
Qualifizierung	47
Entgelt für Auszubildende	48
Vermögenswirksame Leistungen	49
In-Kraft-Treten, Laufzeit	50

Besonderer Teil Entsorgung

Geltungsbereich	40
Tägliche Rahmenzeit	41
Öffnungsregelung zu § 14 TzBfG	42
Betrieblicher Gesundheits- und Arbeitsschutz	43

TVöD **Übersicht**

	§§
Erfolgsbeteiligung	44
Qualifizierung	45
In-Kraft-Treten, Laufzeit	46

Besonderer Teil Flughäfen

Geltungsbereich	40
Wechselschichtarbeit	41
Rampendienst	42
Feuerwehr- und Sanitätspersonal	43
In-Kraft-Treten, Laufzeit	44

Tarifvertrag für den öffentlichen Dienst der Länder (TV-L)

vom 12. Oktober 2006

Inhaltsübersicht

A. Allgemeiner Teil

Abschnitt I. Allgemeine Vorschriften

	§§
Geltungsbereich	1
Arbeitsvertrag, Nebenabreden, Probezeit	2
Allgemeine Arbeitsbedingungen	3
Versetzung, Abordnung, Zuweisung, Personalgestellung	4
Qualifizierung	5

Abschnitt II. Arbeitszeit

Regelmäßige Arbeitszeit	6
Sonderformen der Arbeit	7
Ausgleich für Sonderformen der Arbeit	8
Bereitschaftszeiten	9
Arbeitszeitkonto	10
Teilzeitbeschäftigung	11

Abschnitt III. Eingruppierung, Entgelt und sonstige Leistungen

Eingruppierung	12
Eingruppierung in besonderen Fällen	13
Vorübergehende Übertragung einer höherwertigen Tätigkeit	14
Tabellenentgelt	15
Stufen der Entgelttabelle	16
Allgemeine Regelungen zu den Stufen	17
Leistungsentgelt	18
Erschwerniszuschläge	19
Jahressonderzahlung	20
Bemessungsgrundlage für die Entgeltfortzahlung	21
Entgelt im Krankheitsfall	22
Besondere Zahlungen	23
Berechnung und Auszahlung des Entgelts	24
Betriebliche Altersversorgung	25

Abschnitt IV. Urlaub und Arbeitsbefreiung

Erholungsurlaub	26
Zusatzurlaub	27

TV-L **Übersicht**

	§§
Sonderurlaub	28
Arbeitsbefreiung	29

Abschnitt V. Befristung und Beendigung des Arbeitsverhältnisses

Befristete Arbeitsverträge	30
Führung auf Probe	31
Führung auf Zeit	32
Beendigung des Arbeitsverhältnisses ohne Kündigung	33
Kündigung des Arbeitsverhältnisses	34
Zeugnis	35

Abschnitt VI. Übergangs- und Schlussvorschriften

Anwendung weiterer Tarifverträge	36
Ausschlussfrist	37
Begriffsbestimmungen	38
In-Kraft-Treten, Laufzeit	39

B. Sonderregelungen

Sonderregelungen für Beschäftigte an Hochschulen und Forschungseinrichtungen	40
Sonderregelungen für Ärztinnen und Ärzte an Universitätskliniken	41
Sonderregelungen für Ärztinnen und Ärzte außerhalb von Universitätskliniken	42
Sonderregelungen für die nichtärztlichen Beschäftigten in Universitätskliniken und Krankenhäusern	43
Sonderregelungen für Beschäftigte als Lehrkräfte	44
Sonderregelungen für Beschäftigte an Theatern und Bühnen	45
Sonderregelungen für Beschäftigte auf Schiffen und schwimmenden Geräten	46
Sonderregelungen für Beschäftigte im Justizvollzugsdienst der Länder und im feuerwehrtechnischen Dienst der Freien und Hansestadt Hamburg	47
Sonderregelungen für Beschäftigte im forstlichen Außendienst	48
Sonderregelungen für Beschäftigte in landwirtschaftlichen Verwaltungen und Betrieben, Weinbau- und Obstanbaubetrieben	49

Anhang zu § 6 Regelung der durchschnittlichen regelmäßigen wöchentlichen Arbeitszeit im Tarifgebiet West
Anhang zu § 16 Besondere Stufenregelungen für vorhandene und neu eingestellte Beschäftigte

C. Anlagen

Anlagen A 1, A 2 Tabellenentgelt Tarifgebiet West
Anlagen B 1, B 2, B 3 Tabellenentgelt Tarifgebiet Ost
Anlagen C 1, C 2 Tabellenentgelt Ärztinnen und Ärzte Tarifgebiet West
Anlagen D 1, D 2 Tabellenentgelt Ärztinnen und Ärzte Tarifgebiet Ost
Anlage E Bereitschaftsdienstentgelte West und Ost
Anhang zu den
Anlagen A und B Besondere Stufenregelungen für Beschäftigte im Pflegedienst

Verzeichnis der Abkürzungen und der abgekürzt zitierten Literatur

a. A.	anderer Ansicht
AA	Agentur für Arbeit
a. a. O.	am angegebenen Ort
Abs.	Absatz
Absch.	Abschnitt
ADO	Allgemeine Dienstordnung für Angestellte im öffentlichen Dienst
a. E.	am Ende
ÄndTV	Änderungstarifvertrag
a. F.	alte Fassung
AG	Arbeitgeber
AGG	Allgemeines Gleichbehandlungsgesetz
Alt.	Alternative
AN	Arbeitnehmer
Anh.	Anhang
Anl.	Anlage
Anm.	Anmerkung
AP	Arbeitsrechtliche Praxis
ArbG	Arbeitsgericht
ArbGG	Arbeitsgerichtsgesetz
ArbVertr	Arbeitsvertrag
Art.	Artikel
AT	Allgemeiner Teil des TVöD
AtG	Altersteilzeitgesetz
Aufl.	Auflage
ausdr.	ausdrücklich
ausführl.	ausführlich
AV	Arbeitsvorgang
Az.	Aktenzeichen
BA	Bundesagentur für Arbeit
BAnz	Bundesanzeiger
BAG	Bundesarbeitsgericht
BAT	Bundes-Angestelltentarifvertrag
Bauer J.-H.	Arbeitsrechtliche Aufhebungsverträge, Handbuch
bay., Bay.	bayerisch, Bayern
BB	Betriebs-Berater
BD	Bereitschaftsdienst
Begr.	Begründung
ber.	berichtigt
Bek.	Bekanntmachung
Beschl.	Beschluss
betr.	betrifft, betreffend
BetrVG	Betriebsverfassungsgesetz
BGB	Bürgerliches Gesetzbuch

Abkürzungen

BGBl.	Bundesgesetzblatt
Bhv	Beihilfevorschriften
BMI	Bundesministerium des Innern
Bepler/Böhle/Martin/Stöhr, TVöD	Bepler/Böhle/Martin/Stöhr, Kommentar zum TVöD
BMT-G	Bundesmanteltarifvertrag für Arbeiter gemeindlicher Verwaltungen und Betriebe
BMVg	Bundesministerium für Verteidigung
Böhm	BAT – Bundes-Angestelltentarifvertrag, Kommentar
BPersVG	Bundespersonalvertretungsgesetz
BR-Drucks.	Bundesratsdrucksache
Bredermeier/Neffke	Eingruppierung im BAT/BAT-O
Bredemeier/Neffke BAT/BATO	2. Auflage
BReg	Bundesregierung
Bruse/Görg/Hamer	BAT und BAT-Ost, Kommentar
Bsp.	Beispiel
bspw.	beispielsweise
BT-E	TVöD Besonderer Teil Entsorgung
BT-F	TVöD Besonderer Teil Flughäfen
BT-K	TVöD Besonderer Teil Krankenhäuser
BT-S	TVöD Besonderer Teil Sparkassen
BT-V	TVöD Besonderer Teil Verwaltung
Buchst.	Buchstabe
BUrlG	Bundesurlaubsgesetz
BVA	Bahn-Versicherungsanstalt
BVerfG	Bundesverfassungsgericht
bzgl.	bezüglich
bzw.	beziehungsweise
Cerff/Winter	Bundes-Angestelltentarifvertrag, Textsammlung
Clemens/Scheuring/	Kommentar zum BAT
Conze BAT	Leitfaden BAT/BAT-O
Conze TVöD	Personalhandbuch TVöD
Steingen/Crisolli/Ramdohr	Das Tarifrecht der Angestellten im öffentlichen Dienst, Kommentar
DAG	Deutsche Angestellten-Gewerkschaft
DB	Der Betrieb
dgl.	dergleichen, desgleichen
d. h.	das heißt
ebda.	ebenda
einschl.	einschließlich
entspr.	entsprechend
ErfK	Erfurter Kommentar zum Arbeitsrecht, 7. Aufl.

Abkürzungen

Erl.	Erläuterung(en)
EU	Europäische Union
evtl.	eventuell
f.	folgende (r,s)
FA ArbR	Fachanwalt für Arbeitsrecht
FallGr	Fallgruppe
ff.	fortfolgende
FL	fiktive Lebensalterstufe
Fußn.	Fußnote
gem.	gemäß
GG	Grundgesetz
GGVöD	Gemeinschaft von Gewerkschaften und Verbänden des öffentlichen Dienstes
ggf.	gegebenenfalls
GMBl.	Gemeinsames Ministerialblatt
grdl.	grundlegend
grds.	grundsätzlich
GrVerg.	Grundvergütung
Ggs.	Gegensatz
h. M.	herrschende Meinung
v. Hoyningen-Huene/ Linck	Kündigungsgesetz, 14. Aufl.
Hrsg.	Herausgeber
i.	im, in
i. d. F.	in der Fassung
i. d. NF.	in der Neufassung
i. d. R.	in der Regel
i. e. S.	im engeren Sinn
insbes.	insbesondere
insges.	insgesamt
i. S.	im Sinne
i. S. d.	im Sinne des
i. S. v.	im Sinne von
i. V. m.	in Verbindung mit
i. w. S.	im weiteren Sinne
Kap.	Kapitel
Komm.	Kommentar
KR	Gemeinschaftskommentar zum Kündigungsschutzgesetz und zu sonstigen kündigungsschutzrechtlichen Vorschriften, 8. Aufl.
Kreikebohm (Hrsg.)	SGB VI, Kommentar
KSchG	Kündigungsschutzgesetz
Kuner TVöD	Der neue TVöD
LAG	Landesarbeitsgericht
Ls.	Leitsatz

Abkürzungen

m. E.	meines Erachtens
MfS	Ministerium für Staatssicherheit
m. W.	mit Wirkung
m. w. N.	mit weiteren Nachweisen
m. W. v.	mit Wirkung von
Nds., nds.	Niedersachsen, niedersächsisch
n. F.	neue Fassung
NJW	Neue Juristische Wochenschrift
Nr.	Nummer
NZA	Neue Zeitschrift für Arbeitsrecht
NZA-RR	Neue Zeitschrift für Arbeitsrecht – Rechtsprechungsreport
o. a.	oben angegeben
o. ä.	oder ähnliches
ö. D.	öffentlicher Dienst
Os.	Orientierungssatz
ÖTV	Gewerkschaft Öffentliche Dienste, Transport und Verkehr
o. g.	oben genannt
OVG	Oberverwaltungsgericht
RB	Rufbereitschaft
Rn.	Randnummer
RdSchr.	Rundschreiben
RegE	Regierungsentwurf
Reha.	Rehabilitation
Rspr.	Rechtsprechung
s.	siehe
s. a.	siehe auch
S.	Satz oder Seite
SGB	Sozialgesetzbuch
Schaub	Arbeitsrechts-Handbuch, 11. Aufl.
Schr.	Schreiben
SchwbG	Schwerbehindertengesetz
sog.	so genannte
SR	Sonderregelung
Stahlhacke/Preis/Vossen	Kündigung und Kündigungsschutz im Arbeitsverhältnis, 9. Aufl.
str.	streitig
st. Rspr.	ständige Rechtsprechung
TdL	Tarifgemeinschaft deutscher Länder
TV	Tarifvertrag
TVA-L BBiG	Tarifvertrag für die Auszubildenden des öffentlichen Dienstes der Länder im Bereich des Berufsbildungsgesetzes
TVA-L Pflege	Tarifvertrag für die Auszubildenden der Länder im Bereich Pflege
TVAöD Pflege	Tarifvertrag für die Auszubildenden des öffentlichen Dienstes im Bereich Pflege

Abkürzungen

TVAöD-AT	Tarifvertrag für die Auszubildenden des öffentl. Dienstes Allgemeiner Teil
TVAöD-BBiG	Tarifvertrag für die Auszubildenden des öffentlichen Dienstes im Bereich des BBiG
TVöD	Tarifvertrag für den öffentlichen Dienst Bund/Kommunen
TVG	Tarifvertragsgesetz
TV-L	Tarifvertrag für den öffentlichen Dienst der Länder
TVP	Tarifvertragsparteien
TV ATZ	Tarifvertrag Altersteilzeitarbeit
TVP	Tarifvertragspartei(en)
u. a.	unter anderem, und andere
UAbs.	Unterabsatz
u. ä.	und ähnliche
ÜV	Übergangsvorschrift
Urt.	Urteil
usw.	und so weiter
Uttlinger/Breier/Kiefer	Kommentar zum Bundesangestellten-Tarifvertrag
u. U.	unter Umständen
v.	von, vom
VBL	Versorgungsanstalt des Bundes und der Länder
VergGr.	Vergütungsgruppe
ver.di	Vereinigte Dienstleistungsgewerkschaft
verspfl.	versicherungspflichtig
vgl.	vergleiche
v. H.	von Hundert
VKA	Vereinigung kommunaler Arbeitgeberverbände
Vorbem.	Vorbemerkung
wg.	wegen
z. B.	zum Beispiel
ZBR	Zeitschrift für Beamtenrecht
ZPO	Zivilprozessordnung
z. T.	zum Teil
ZTR	Zeitschrift für Tarifrecht
zust.	zustimmend
zutr.	zutreffend

Einführung

1. Aufbau des TVöD

1.1 Der TVöD setzte sich ursprünglich aus sechs rechtlich selbstständigen TV zusammen, nämlich dem:
a) Allgemeinen Teil – AT
b) Besonderen Teil Entsorgung – BT-E
c) Besonderen Teil Flughäfen – BT-F
d) Besonderen Teil Krankenhäuser – BT-K
e) Besonderen Teil Sparkassen – BT-S
f) Besonderen Teil Verwaltung – BT-V

Mit Wirkung vom 1. August 2006 wurde der bis dahin geltende BT-K in BT-B (Besonderer Teil Pflege- und Betreuungseinrichtungen) umbenannt; dabei wurden auch einige Änderungen vorgenommen. Gleichzeitig haben die TVP einen neuen Besonderen Teil Krankenhäuser (BT-K) vereinbart. Seit dem 1. 8. 2006 stehen also neben dem Allgemeinen Teil sechs Besondere Teile.

1.2 Der AT bildet zusammen mit dem BT den TV für die jeweilige Sparte. So bildet z. B. der AT zusammen mit dem BT-V den „TV für die Sparte Verwaltung". Aus dieser Konzeption erklärt sich auch der „gewöhnungsbedürftige" Umstand, dass die Paragrafen-Nummerierung der BT – obgleich rechtlich selbstständige TV – jeweils mit der Zahl 40 beginnt.

1.3 Der AT gilt in allen Dienstleistungsbereichen (Sparten), sofern und soweit der jeweilige BT nichts Abweichendes bestimmt. Vorschriften eines BT können dagegen nicht „Sparten übergreifend" angewendet werden, es sei denn, ihre Anwendung ist ausdrücklich vereinbart (z. B. sieht § 46 Nr. 18 BT-V – Bund – für die dort genannten Beschäftigten die grundsätzliche Geltung der Regelungen des BT-K vor).

1.4 Die BT-B, -E, -F, -K und -S umschreiben in ihren Bestimmungen über den Geltungsbereich positiv, für welche Beschäftigten ihre Regelungen gelten. Es ist also immer zu prüfen, ob das ArbVerh. vom definierten Geltungsbereich erfasst wird; falls ja, gilt dieser BT, anderenfalls können seine Regelungen nicht angewendet werden (Ausnahme s. Rn. 3). Der BT-V dagegen gilt immer dann, soweit für das ArbVerh. kein anderer BT gilt. Er gilt also nicht nur für den „klassischen Verwaltungsbereich", sondern hat auch eine Auffangfunktion.

1.5 Obwohl in den Vorschriften über den Geltungsbereich der BT nicht ausdrücklich darauf Bezug genommen wird (Ausnahme: BT-V), führt der Ausschluss eines ArbVerh. vom Geltungsbereich des AT (§ 1 Abs. 2) zwangsläufig auch zum Ausschluss vom Geltungsbereich des jeweiligen BT. Geringfügig Beschäftigte i. S. v. § 8 Abs. 1 Nr. 2 SGB IV werden also nicht nur im Geltungsbereich des TVöD-V, sondern auch in den anderen Dienstleistungsbereichen von den Vorschriften des TVöD nicht erfasst.

1.6 Wenngleich die Vereinheitlichung des Tarifrechts zu den erklärten Zielen des gesamten Reformprozesses gehörte, enthält der TVöD immer noch unterschiedliche Regelungen für die Tarifgebiete West bzw. Ost (Bsp.: Bezahlungshöhe). Auch weichen die Regelungen im Bereich des Bundes von denen im Bereich der VKA zum Teil ab (Bsp.: Arbeitszeit). Schließlich haben auch vereinzelte Un-

Einführung

terschiede zwischen den „hergebrachten Arbeitnehmergruppen" (Angestellte bzw. Arbeiter) die Tarifreform überdauert.

7 1.7 Die beteiligten Gewerkschaften und die VKA haben zur besseren Übersicht und Lesbarkeit so genannte „durchgeschriebene Fassungen" des für die einzelnen Dienstleistungsbereiche (Sparten) geltenden Tarifrechts erstellt. Diese sind jedoch keine eigenständigen TV mit eigenen Regelungen. Änderungen oder Ergänzungen der ihnen zu Grunde liegenden TV (AT und jeweiliger BT des TVöD) wirken sich unmittelbar auf die durchgeschriebenen Fassungen aus. Es handelt sich also um redaktionell an den jeweiligen Dienstleistungsbereich angepasste Fassungen des AT und des jeweiligen BT des TVöD. Welche Regelungen in den durchgeschriebenen Fassungen den Bestimmungen im AT bzw. im jeweiligen BT entsprechen, ergibt sich aus der jeder durchgeschriebenen Fassung angefügten Legende.

2. Bindungswirkung des TVöD

8 **2.1** Nach § 4 Abs. 1 TV gelten die Rechtsnormen eines TV (nur) zwischen den beiderseits **Tarifgebundenen,** die unter den Geltungsbereich des TV fallen.

9 **2.2** Zum betrieblichen, räumlichen, persönlichen und fachlichen Geltungsbereich vgl. Erl. zu § 1 sowie Rn. 3 ff.

10 **2.3 Tarifgebunden** ist ein AG, der selber TVP ist oder einer Vereinigung von AG angehört, die den TV abgeschlossen hat. Im Falle des TVöD sind auf AG-Seite TVP der Bund als einzelner AG sowie die Vereinigung Kommunaler Arbeitgeberverbände (VKA). Letztere ist, wie der Name bereits sagt, die Spitzenorganisation der in den einzelnen Bundesländern bestehenden Kommunalen Arbeitgeberverbände (im Stadtstaat Hamburg führt die entsprechende AG-Vereinigung den Namen „Arbeitsrechtliche Vereinigung Hamburg", in den anderen Bundesländern den Namen „Kommunaler Arbeitgeberverband" – gefolgt vom Namen des jeweiligen Bundeslandes. Welche AG Mitglied einer dieser AG-Vereinigungen sein können, richtet sich nach deren Satzungsrecht. In der Hauptsache sind dies die Gemeinden und Gemeindeverbände, aber auch andere rechtlich selbstständige AG (auch solche in privater Rechtsform) kommen in Frage.

11 Einschränkend ist darauf hinzuweisen, dass der Bund TVP nur für den TVöD – AT – sowie für den BT-V ist.

12 **2.4** Die **Bundesländer** sind weder als einzelne AG noch über ihre AG-Vereinigung „Tarifgemeinschaft deutscher Länder" – TdL am TVöD beteiligt. Die TdL hat sich inzwischen mit den beteiligten Gewerkschaften auf einen TV für die AN der TdL angehörenden Bundesländer (Berlin und Hessen sind keine Mitglieder) auf einen eigenen TV (TV-L) geeinigt. Die Bestimmungen des TV-L, die weitgehend inhaltsgleich zu denen des TVöD-AT sind, werden zusammen mit oder im Anschluss an die ihnen entsprechenden Regelungen erläutert.

13 **2.5** Auf **AN-Seite** sind beteiligt die „Vereinte Dienstleistungsgewerkschaft" – ver.di – sowie die „dbb tarifunion". Letztere ist ihrerseits ein Zusammenschluss von zahlreichen Einzelgewerkschaften. Die Gewerkschaft ver.di hat zugleich gehandelt für die „Gewerkschaft der Polizei", die „Industriegewerkschaft Bauen – Agrar – Umwelt" sowie für die „Gewerkschaft Erziehung und Wissenschaft".

14 **2.6** Damit gelten die Regelungen des TVöD **zwingend und unmittelbar** nur für Beschäftigte des Bundes sowie solche eines AG, der Mitglied einer der VKA angeschlossenen AG-Vereinigung ist, die unter den jeweiligen Geltungsbereich der in Rn. 1 aufgeführten TV fallen **und** die Mitglied einer der in Rn. 3 namentlich genannten bzw. einer der der dbb tarifunion angehörenden Einzelgewerkschaften sind.

Einführung

2.7 Allerdings wird die Tarifbindung vermutlich auch in Zukunft im Geltungsbereich des TVöD grundsätzlich keine große praktische Rolle spielen, da zu erwarten steht, dass – wie bisher üblich – auch bei nicht tarifgebundenen AN eine Geltung des TVöD einzelarbeitsvertraglich vereinbart wird. In diesen Fällen gelten die Tarifnormen als arbeitsvertragliche Vereinbarungen.

2.8 Bei einem Austritt aus dem Arbeitgeberverband oder aus der Gewerkschaft (Verbandsaustritt) endet die Tarifbindung **nicht,** sondern gilt fort, bis der TV endet (§ 3 Abs. 3 TVG). Für eine Beendigung dieser Nachbindung reicht allerdings schon die Änderung einer Tarifnorm aus (BAG 7. 11. 2001 – 4 AZR 703/00 – AP TVG § 3 Verbandsaustritt Nr. 11).

2.9 War der **AG** zum Zeitpunkt der Begründung des ArbVerh. **tarifgebunden,** der AN jedoch nicht und wird im ArbVertr. die Geltung eines TV in seiner jeweils geltenden Fassung vereinbart, war dies nach st. Rspr. des BAG in der Regel als „Gleichstellungsklausel" auszulegen mit der Folge, dass aus einer nach wirksamem Verbandsaustritt des AG in Kraft getretenen Änderung des bezogenen TV keine Ansprüche (z.B. höheres Arbeitsentgelt) abgeleitet werden können (vgl. BAG 14. 12. 2005 – 4 AZR 536/04 – NZA 2006, 607). Allerdings hat der Senat in dieser Entscheidung gleichzeitig angekündigt, diese Rechtsprechung **aufzugeben.** Sie soll jedoch weiter auf ArbVertr. angewendet werden, die vor dem 1. 1. 2002 abgeschlossen wurden. Für neuere Verträge wird die Rspr. wohl präzisere Formulierungen fordern, wenn die Bezugnahme auf einen TV als reine „Gleichstellungsklausel" anerkannt werden soll. Evtl. Zweifel bei der Auslegung werden sich dann in aller Regel zu Ungusten des AG auswirken.

2.10 Von der Nachbindung ist die **Nachwirkung** nach § 4 Abs. 5 TVG streng zu unterscheiden. Nach dieser Vorschrift gelten die Rechtsnormen eines (wirksam gekündigten) TV so lange weiter, bis sie durch eine andere Abmachung ersetzt werden. Die Nachwirkung schließt sich auch einer Nachbindung an. Der wesentliche Unterschied besteht darin, dass die Nachwirkung nicht für ArbVerh. gilt, die erst im Nachwirkungszeitraum begründet wurden (vgl. BAG 7. 11. 2001 AP TVG § 3 Verbandsaustritt Nr. 11).

3. Bedeutung für die am 1. 10. 2005 bestehenden ArbVerh.

3.1 Für die AN, deren ArbVerh. am 30. 9. 2005 schon und am 1. 10. 2005 noch bestand und die dem Geltungsbereich des TVöD unterliegen, gilt neben dem TVöD der jeweilige ÜberleitungsTV (TVÜ-Bund bzw. TVÜ-VKA). Der (jeweilige) TVÜ gilt jedoch nur für die Dauer des **ununterbrochenen** ArbVerh, wobei jedoch Unterbrechungen von bis zu einem Monat im Zeitraum bis zum 30. 9. 2007 unschädlich sind (Protokollerklärung zu § 1 Abs. 1 S. 1 TVÜ-Bund/TVÜ-VKA). Soweit Unterbrechungen nach dieser Vorschrift nicht unschädlich sind, entfällt die Geltung des TVÜ endgültig. Diese Beschäftigten werden „übergeleitete Beschäftigte" genannt. Auch für die Beschäftigten bei den Ländern wurde ein vergleichbarer Überleitungstarifvertrag (TVÜ-L) vereinbart.

3.2 Wenngleich der TVÜ grundsätzlich nur für solche AN gilt, die die o. g. Voraussetzungen erfüllen, so gibt es dennoch einige Ausnahmen von diesem Grundsatz; die Eingruppierungsregelungen für AN, die nach dem 30. 9. 2005, aber vor In-Kraft-Treten der neuen Entgeltordnung zum TVöD, eingestellt wurden bzw. werden (vgl. Erl. zu § 12), seien besonders erwähnt.

3.3 Nach § 2 TVÜ-Bund/-VKA ersetzt der TVöD in Verbindung mit dem (jeweiligen) TVÜ zahlreiche – aber nicht alle – TV des ö. D., insbesondere die früheren MantelTV (BAT/-O,BMT-G/-O, MTArb/-O, BAT-Ostdeutsche Sparkassen

Einführung

und TV Arbeiter-Ostdeutsche Sparkassen. Einige TV bleiben – z. T. übergangsweise – in Kraft. Regelungen zur Ersetzung bzw. Weitergeltung finden sich insbesondere in § 2 TVÜ-Bund/-VKA, in den Anl. A, B und C zum TVÜ-Bund, §§ 22, 23 TVÜ-Bund/-VKA, § 36 TVöD – AT sowie in den besonderen Regelungen für den Bereich einzelner kommunaler AG-Verbände (§§ 30 ff. TVÜ-VKA). Außerdem sehen beide TVÜ in Detailfragen die Weitergeltung bestehenden Rechts vor. Gleiches gilt für den TVÜ-L).

22 **3.4** In den Fällen, in denen **beiderseitige** Tarifbindung besteht und das ArbVerh. vom Geltungsbereich des TVöD erfasst wird, ist die Überleitung an sich rechtlich unproblematisch; sie erfolgt kraft TV. Schwierigere Rechtsfragen stellen sich aber in den Fällen, in denen eine beiderseitige Tarifbindung nicht besteht und die Geltung eines der „alten" Mantel-TV arbeitsvertraglich vereinbart wurde (vgl. Rn. 21). In der Praxis des ö. D. – aber auch bei anderen AG, die einen der genannten MantelTV angewendet haben – waren (und sind wohl immer noch) verschiedene „Bezugnahmeklauseln" üblich. In einigen Fällen wurde nur der jeweilige MantelTV ausdrücklich genannt, in anderen Fällen auch die diesen MantelTV ergänzenden TV. Schließlich gab es auch umfassende Bezugnahmeklauseln, die auch die „ersetzenden" TV ausdrücklich nannten (nach Übersicht des Verf. war dies zumindest im kommunalen Bereich sogar die Regel). Soweit eine solche umfassende Bezugnahmeklausel vereinbart ist, werden sich auch in diesen Fällen kaum Zweifel ergeben können, dass die ArbVerh. ab dem 1. 10. 2005 dem TVöD unterfallen (kraft arbeitsvertraglicher Vereinbarung), auch dann, wenn der AG selber nicht tarifgebunden ist.

23 Problematischer stellt sich die Rechtslage in den Fällen dar, in denen im ArbVertr. „ersetzende" TV nicht explizit genannt sind. Bei tarifgebundenen AG wird man auch unter Berücksichtigung der angekündigen Änderung der Rspr. bei der Auslegung von Bezugnahmeklauseln (s. Rn. 17) davon ausgehen müssen, dass auch solche ArbVerh. kraft arbeitsvertraglicher Vereinbarung nunmehr dem TVöD unterliegen (vgl. Kuner, Rn. 37 b ff. – mit vielen Bsp. üblicher Bezugnahmeklauseln). Bei tarifgebundenen AG des ö. D. kann es keinen vernünftigen Zweifel daran geben, dass AG **und** AN bei Vertragsabschluss von nichts anderem als einer „Gleichstellungsklausel" ausgingen.

24 Anders sieht es bei nicht (oder nicht mehr) tarifgebundenen AG aus. Mangelt es hier an einer eindeutigen Bezugnahmeklausel, die auch „ersetzende" TV explizit einschließt, wird i. d. R. von einer (statischen) Weitergeltung der in Bezug genommen TV bzw. der in Bezug genommenen TV-Teile (z. B. Tabellenwerte) auszugehen sein. In diesen Fällen erscheint eine ArbVertr.-Änderung nicht nur sinnvoll, sondern – im Interesse der Rechtsklarheit – unumgänglich.

Erster Teil

Tarifvertrag für den öffentlichen Dienst (TVöD)

vom 13. September 2005

Tarifvertrag für den öffentlichen Dienst der Länder (TV-L)

vom 12. Oktober 2006

(Die Tarifvertragsparteien haben mit Datum vom 24. November 2005 rückwirkend zum Zeitpunkt des In-Kraft-Tretens redaktionelle Änderungen vereinbart; diese Fassung berücksichtigt die dort getroffenen Vereinbarungen.)

A. Allgemeiner Teil

Abschnitt I. Allgemeine Vorschriften

§ 1 TVöD Geltungsbereich

(1) Dieser Tarifvertrag gilt für Arbeitnehmerinnen und Arbeitnehmer – nachfolgend Beschäftigte genannt –, die in einem Arbeitsverhältnis zum Bund oder zu einem Arbeitgeber stehen, der Mitglied eines Mitgliedverbandes der Vereinigung der kommunalen Arbeitgeberverbände (VKA) ist.

(2) Dieser Tarifvertrag gilt nicht für
a) Beschäftigte als leitende Angestellte im Sinne des § 5 Abs. 3 BetrVG, wenn ihre Arbeitsbedingungen einzelvertraglich besonders vereinbart sind, sowie Chefärztinnen/Chefärzte,
b) Beschäftigte, die ein über das Tabellenentgelt der Entgeltgruppe 15 hinausgehendes regelmäßiges Entgelt erhalten,

Niederschriftserklärung zu § 1 Abs. 2 Buchstabe b:
Bei der Bestimmung des regelmäßigen Entgelts werden Leistungsentgelt, Zulagen und Zuschläge nicht berücksichtigt.

c) bei deutschen Dienststellen im Ausland eingestellte Ortskräfte,
d) Arbeitnehmerinnen/Arbeitnehmer, für die der TV-V oder der TV-WW/NW gilt, sowie für Arbeitnehmerinnen/Arbeitnehmer, die in rechtlich selbstständigen, dem Betriebsverfassungsgesetz unterliegenden und dem fachlichen Geltungsbereich des TV-V oder des TV-WW/NW zuzuordnenden Betrieben mit in der Regel mehr als 20 zum Betriebsrat wahlberechtigten Arbeitnehmerinnen/Arbeitnehmern beschäftigt sind und Tätigkeiten auszuüben haben, welche dem fachlichen Geltungsbereich des TV-V oder des TV-WW/NW zuzuordnen sind,

Protokollerklärung zu Absatz 2 Buchst. d:
[1] *Im Bereich des Kommunalen Arbeitgeberverbandes Nordrhein-Westfalen (KAV NW) sind auch die rechtlich selbstständigen Betriebe oder sondergesetzlichen Verbände, die kraft*

§ 1 Abschnitt I. Allgemeine Vorschriften

Gesetzes dem Landespersonalvertretungsgesetz des Landes Nordrhein-Westfalen unterliegen, von der Geltung des TVöD ausgenommen, wenn die Voraussetzungen des § 1 Abs. 2 Buchst. d im Übrigen gegeben sind. [2] *§ 1 Abs. 3 bleibt unberührt.*

e) Arbeitnehmerinnen/Arbeitnehmer, für die ein TV-N gilt, sowie für Arbeitnehmerinnen/Arbeitnehmer in rechtlich selbstständigen Nahverkehrsbetrieben, die in der Regel mehr als 50 zum Betriebs- oder Personalrat wahlberechtigte Arbeitnehmerinnen/Arbeitnehmer beschäftigen,

f) Angestellte, für die der TV Ang iöS, der TV Ang-O iöS, der TV Ang aöS oder der TV Ang-O aöS gilt,

g) Beschäftigte, für die ein Tarifvertrag für Waldarbeiter tarifrechtlich oder einzelarbeitsvertraglich zur Anwendung kommt, sowie die Waldarbeiter im Bereich des Kommunalen Arbeitgeberverbandes Bayern,

h) Auszubildende, Schülerinnen/Schüler in der Gesundheits- und Krankenpflege, Gesundheits- und Kinderkrankenpflege, Entbindungspflege und Altenpflege, sowie Volontärinnen/Volontäre und Praktikantinnen/Praktikanten,

i) Beschäftigte, für die Eingliederungszuschüsse nach den §§ 217 ff. SGB III gewährt werden,

k) Beschäftigte, die Arbeiten nach den §§ 260 ff. SGB III verrichten,

l) Leiharbeitnehmerinnen/Leiharbeitnehmer von Personal-Service-Agenturen, sofern deren Rechtsverhältnisse durch Tarifvertrag geregelt sind,

m) geringfügig Beschäftigte im Sinne von § 8 Abs. 1 Nr. 2 SGB IV,

n) künstlerisches Theaterpersonal, technisches Theaterpersonal mit überwiegend künstlerischer Tätigkeit und Orchestermusikerinnen/Orchestermusiker,

o) Seelsorgerinnen/Seelsorger bei der Bundespolizei,

p) Beschäftigte als Hauswarte und/oder Liegenschaftswarte bei der Bundesanstalt für Immobilienaufgaben, die aufgrund eines Geschäftsbesorgungsvertrages tätig sind,

q) Beschäftigte im Bereich der VKA, die ausschließlich in Erwerbszwecken dienenden landwirtschaftlichen Verwaltungen und Betrieben, Weinbaubetrieben, Gartenbau- und Obstbaubetrieben und deren Nebenbetrieben tätig sind; dies gilt nicht für Beschäftigte in Gärtnereien, gemeindlichen Anlagen und Parks sowie in anlagenmäßig oder parkartig bewirtschafteten Gemeindewäldern,

r) Beschäftigte in Bergbaubetrieben, Brauereien, Formsteinwerken, Gaststätten, Hotels, Porzellanmanufakturen, Salinen, Steinbrüchen, Steinbruchbetrieben und Ziegeleien,

s) Hochschullehrerinnen/Hochschullehrer, wissenschaftliche und studentische Hilfskräfte und Lehrbeauftragte an Hochschulen, Akademien und wissenschaftlichen Forschungsinstituten sowie künstlerische Lehrkräfte an Kunsthochschulen, Musikhochschulen und Fachhochschulen für Musik,

Protokollerklärung zu Absatz 2 Buchst. s:
Ausgenommen sind auch wissenschaftliche Assistentinnen/Assistenten, Verwalterinnen/Verwalter von Stellen wissenschaftlicher Assistentinnen/Assistenten und Lektorinnen/Lektoren, soweit und solange entsprechende Arbeitsverhältnisse am 1. Oktober 2005 bestehen oder innerhalb der Umsetzungsfrist des § 72 Abs. 1 Satz 8 HRG begründet werden

Geltungsbereich § 1

(gilt auch für Forschungseinrichtungen); dies gilt auch für nachfolgende Verlängerungen solcher Arbeitsverhältnisse.
t) **Beschäftigte des Bundeseisenbahnvermögens.**

(3) ¹Durch landesbezirklichen Tarifvertrag ist es in begründeten Einzelfällen möglich, Betriebe, die dem fachlichen Geltungsbereich des TV-V oder des TV-WW/NW entsprechen, teilweise oder ganz in den Geltungsbereich des TVöD einzubeziehen. ²Durch landesbezirklichen Tarifvertrag ist es in begründeten Einzelfällen (z. B. für Bereiche außerhalb des Kerngeschäfts) möglich, Betriebsteile, die dem Geltungsbereich eines TV-N entsprechen, in den Geltungsbereich
a) des TV-V einzubeziehen, wenn für diesen Betriebsteil ein TV-N anwendbar ist und der Betriebsteil in der Regel nicht mehr als 50 zum Betriebs- oder Personalrat wahlberechtigte Arbeitnehmerinnen/Arbeitnehmer beschäftigt, oder
b) des TVöD einzubeziehen.

§ 1 TV-L Geltungsbereich

(1) **Dieser Tarifvertrag gilt für Arbeitnehmerinnen und Arbeitnehmer (Beschäftigte), die in einem Arbeitsverhältnis zu einem Arbeitgeber stehen, der Mitglied der Tarifgemeinschaft deutscher Länder (TdL) oder eines Mitgliedverbandes der TdL ist.**

Protokollerklärungen zu § 1 Absatz 1:
 1. Der TV-L findet in Bremen und Bremerhaven keine Anwendung auf Beschäftigte, die unter den Geltungsbereich des Tarifvertrages über die Geltung des VKA-Tarifrechts für die Arbeiter und die arbeiterrentenversicherungspflichtigen Auszubildenden des Landes und der Stadtgemeinde Bremen sowie der Stadt Bremerhaven vom 17. Februar 1995 fallen. Für die Bestimmung des persönlichen Geltungsbereichs findet § 38 Absatz 5 Satz 2 entsprechende Anwendung.
 2. Die Tarifvertragsparteien werden bis spätestens zum 31. Dezember 2006 eine abschließende Regelung zum Geltungsbereich des TV-L in Bremen und Bremerhaven entsprechend einer Einigung auf landesbezirklicher Ebene vereinbaren.

(2) **Dieser Tarifvertrag gilt nicht für**
a) **Beschäftigte als leitende Angestellte im Sinne des § 5 Absatz 3 Betriebsverfassungsgesetz, wenn ihre Arbeitsbedingungen einzelvertraglich besonders vereinbart sind, sowie für Chefärztinnen und Chefärzte.**
b) **Beschäftigte, die ein über das Tabellenentgelt der Entgeltgruppe 15 beziehungsweise Ä 4 hinausgehendes regelmäßiges Entgelt erhalten, die Zulage nach § 16 Absatz 5 bleibt hierbei unberücksichtigt.**

Niederschriftserklärung zu § 1 Absatz 2 Buchstabe b:
 Bei der Bestimmung des regelmäßigen Entgelts werden Leistungsentgelt, Zulagen und Zuschläge nicht berücksichtigt.

c) **Angestellte, für die besondere Tarifverträge für das Fleischuntersuchungspersonal innerhalb und außerhalb öffentlicher Schlachthöfe gelten,**
d) **Beschäftigte, für die die Tarifverträge für Waldarbeiter tarifrechtlich oder einzelarbeitsvertraglich zur Anwendung kommen,**
e) **Auszubildende, Schülerinnen/Schüler in der Gesundheits- und Krankenpflege, Gesundheits- und Kinderkrankenpflege, Entbindungspflege**

§ 1 Abschnitt I. Allgemeine Vorschriften

und Altenpflege, sowie Volontärinnen/Volontäre und Praktikantinnen/Praktikanten,
f) Beschäftigte, für die Eingliederungszuschüsse nach den §§ 217 ff. SGB III gewährt werden,
g) Beschäftigte, die Arbeiten nach den §§ 260 ff. SGB III verrichten,
h) Leiharbeitnehmerinnen/Leiharbeitnehmer von Personal-Service-Agenturen, sofern deren Rechtsverhältnisse durch Tarifvertrag geregelt sind,
i) geringfügig Beschäftigte im Sinne von § 8 Absatz 1 Nr. 2 SGB IV,
j) künstlerisches Theaterpersonal, technisches Theaterpersonal mit überwiegend künstlerischer Tätigkeit und Orchestermusikerinnen/Orchestermusiker,
k) Beschäftigte, die
   aa) in ausschließlich Erwerbszwecken dienenden landwirtschaftlichen Verwaltungen und Betrieben, Weinbaubetrieben, Gartenbau- und Obstbaubetrieben und deren Nebenbetrieben tätig sind,
   bb) in landwirtschaftlichen Verwaltungen und Betrieben einschließlich der einer Verwaltung oder einem Betrieb nicht landwirtschaftlicher Art angegliederten Betriebe (zum Beispiel Lehr- und Versuchsgüter), Gartenbau-, Weinbau- und Obstbaubetrieben und deren Nebenbetrieben tätig sind und unter den Geltungsbereich eines landesbezirklichen Tarifvertrages fallen,
l) Beschäftigte in den Bayerischen Spielbanken,
m) bei deutschen Dienststellen im Ausland eingestellte Ortskräfte,
n) Beschäftigte der Bayerischen Verwaltung der staatlichen Schlösser, Gärten und Seen, die bei der Bayerischen Seenschifffahrt GmbH in den Betriebsteilen Ammersee und Starnberger See in einer Beschäftigung tätig sind, die vor dem 1. Januar 2005 der Rentenversicherung der Arbeiter unterlag,
o) Beschäftigte, die mit der Wartung von Wohn-, Geschäfts- und Industriegebäuden in einer vor dem 1. Januar 2005 der Rentenversicherung der Arbeiter unterliegenden Beschäftigung beauftragt sind, wie zum Beispiel Hauswarte, Liegenschaftswarte.

Protokollerklärung zu § 1 Absatz 2 Buchstabe k:
Vom Geltungsbereich dieses Tarifvertrages nicht ausgenommen sind die Beschäftigten
1. *in Gärten, Grünanlagen und Parks einschließlich der dazu gehörenden Gärtnereien,*
2. *des Staatsweingutes Meersburg,*
3. *der den Justizvollzugsanstalten in Bayern angegliederten landwirtschaftlichen Betriebe,*
4. *im landwirtschaftlichen Betriebszweig der Schloss- und Gartenverwaltung Herrenchiemsee,*
5. *der Bayerischen Landesanstalt für Landwirtschaft hinsichtlich der dort beschäftigten Pferdewärter, Gestütswärter und Pferdewirte, des Landesgestütes Celle und des Landgestüts Warendorf,*
6. *in Rheinland-Pfalz in den Dienstleistungszentren Ländlicher Raum (DLR) Westerwald-Osteifel, Eifel, Rheinpfalz, Mosel, Rheinhessen-Nahe-Hunsrück, Westpfalz.*

(3) Dieser Tarifvertrag gilt ferner nicht für
a) Hochschullehrerinnen und Hochschullehrer,
b) wissenschaftliche und künstlerische Hilfskräfte,
c) studentische Hilfskräfte,
d) Lehrbeauftragte an Hochschulen, Akademien und wissenschaftlichen Forschungseinrichtungen sowie künstlerische Lehrkräfte an Kunst- und Musikhochschulen.

Geltungsbereich § 1

Protokollerklärung zu § 1 Absatz 3
Ausgenommen sind auch wissenschaftliche und künstlerische Assistentinnen/Assistenten, Oberassistentinnen/Oberassistentinnen, Oberingenieurinnen/-Oberingenieure und Lektoren beziehungsweise die an ihre Stelle tretenden landesrechtlichen Personalkategorien (§ 53 Absatz 2 Hochschulrahmengesetz), deren Arbeitsverhältnis am 31. Oktober 2006 bestanden hat, für die Dauer des ununterbrochen fortbestehenden Arbeitsverhältnisses.

Niederschriftserklärung zu § 1 Absatz 3:
Die Tarifvertragsparteien gehen davon aus, dass studentische Hilfskräfte Beschäftigte sind, zu deren Aufgabe es gehört, das hauptberufliche wissenschaftliche Personal in Forschung und Lehre sowie bei außeruniversitären Forschungseinrichtungen zu unterstützen.

Niederschriftserklärung zu § 1 Absatz 3 und § 40:
Soweit es vereinbart ist, gilt dieser Tarifvertrag auch an außeruniversitären Forschungseinrichtungen, die nicht unter den Geltungsbereich des TV-L fallen.

(4) [1]Neben den Regelungen des Allgemeinen Teils (§§ 1 bis 39) gelten Sonderregelungen für nachstehende Beschäftigtengruppen:
a) Beschäftigte an Hochschulen und Forschungseinrichtungen (§ 40),
b) Ärztinnen und Ärzte an Universitätskliniken (§ 41),
c) Ärztinnen und Ärzte außerhalb von Universitätskliniken (§ 42),
d) Nichtärztliche Beschäftigte in Universitätskliniken und Krankenhäusern (§ 43),
e) Beschäftigte als Lehrkräfte (§ 44),
f) Beschäftigte an Theatern und Bühnen (§ 45),
g) Beschäftigte auf Schiffen und schwimmenden Geräten (§ 46),
h) Beschäftigte im Justizvollzugsdienst der Länder und im feuerwehrtechnischen Dienst der Freien und Hansestadt Hamburg (§ 47),
i) Beschäftigte im forstlichen Außendienst (§ 48),
j) Beschäftigte in landwirtschaftlichen Verwaltungen und Betrieben, Weinbau- und Obstanbaubetrieben (§ 49).
[2]Die Sonderregelungen sind Bestandteil des TV-L.

Zu den Erläuterungen zu § 1 TV-L siehe S. 15

Erläuterungen zu § 1 TVöD

Sonderregelungen

1. BT-V:

Den Geltungsbereich des BT-V bestimmt dessen § 40. Danach gilt er für alle dem TVöD (AT) unterfallenden Arbeitsverhältnisse, soweit sie nicht von anderen BT erfasst werden. Dem BT-V kommt damit eine Auffangfunktion zu.

Weitere Vorschriften (Sonderregelungen) zum Geltungsbereich enthalten:

A) Für den Bereich des Bundes:

1. § 45 Nr. 1 für Beschäftigte, die zu Auslandsdienststellen des Bundes entsandt sind;
2. § 46 Nrn. 1, 8 und 18 für die Beschäftigten im Bereich des Bundesministeriums der Verteidigung – vgl. auch Rn. 2;
3. § 47 Nr. 1 für die Beschäftigten des Bundesministeriums für Verkehr, Bau- und Wohnungswesen;
4. § 48 Nr. 1 für Beschäftigte im forstlichen Außendienst.

B) Für den Bereich der VKA:

1. § 46 Nr. 1 für Beschäftigte im kommunalen feuerwehrtechnischen Dienst;

§ 1 Abschnitt I. Allgemeine Vorschriften

2. § 47 Nr. 1 für Beschäftigte in Forschungseinrichtungen mit kerntechnischen Forschungsanlagen;
3. § 48 Nr. 1 für Beschäftigte im forstlichen Außendienst;
4. § 50 Nr. 1 für Beschäftigte in landwirtschaftlichen Verwaltungen und Betrieben, Weinbau und Obstanbaubetrieben;
5. § 51 Nr. 1 für Beschäftigte als Lehrkräfte;
6. § 52 Nr. 1 für Beschäftigte als Lehrkräfte an Musikschulen;
7. § 53 Nr. 1 für Beschäftigte als Schulhausmeister;
8. § 54 Nr. 1 für Beschäftigte beim Bau und Unterhaltung von Straßen;
9. § 55 Nr. 1 für Beschäftigte an Theatern und Bühnen.

2 2. **BT-B/BT-K:** Den Geltungsbereich der BT-B/BT-K definiert jeweils § 40. Ferner enthält § 41 BT-B/BT-K eine von § 1 Abs. 2 Buchst. b abweichende Regelung für bestimmte Gruppen von (Zahn-) Ärztinnen/(Zahn-) Ärzte. Indirekt erweitert wird sein Geltungsbereich durch § 46 (Bund) Nr. 18 BT-V. Danach gelten die **§§ 41 bis 52 BT-K – allerdings in der bis zum 31. 7. 2007 geltenden Fassung** – mit einigen Abweichungen auch für Beschäftigte i. S. v. § 38 Abs. 5 Satz 1 einschließlich Ärztinnen/Ärzten und Zahnärztinnen/Zahnärzte in **Bundeswehrkrankenhäusern. Beschäftigte i. S. v.** § **38 Abs. 5 S. 1** sind solche, deren Tätigkeit vor dem 1. 1. 2005 der Rentenversicherungspflicht der **Angestellten** unterlegen hätte. Die Abweichungen von den Vorschriften des BT-K finden sich in § 46 (Bund) Nrn. 19 bis 31 BT-V.

3 3. **BT-E/BT-F/BT-S:** Den Geltungsbereich dieser BT definiert jeweils § 40.

1. Zu Abs. 1

4 1.1 Die Geltung des TVöD setzt ein rechtsgültiges **Arbeitsverhältnis** (Arbeitnehmer/in) voraus. AN ist nach st. Rspr. des BAG ein Mitarbeiter, der nicht im Wesentlichen frei seine Tätigkeit gestalten und seine Arbeitszeit bestimmen kann, dessen Arbeit also fremdbestimmt ist. AN unterscheiden sich von „freien Mitarbeitern" durch ihre Weisungsgebundenheit, die Inhalte, Durchführung, Zeit, Dauer und Ort der Tätigkeit betreffen kann (vgl. BAG vom 13. 11. 1991 – 7 AZR 31/91 – AP BGB § 611 Abhängigkeit Nr. 60).

5 Wie die Beteiligten ihr Vertragsverhältnis bezeichnen, spielt keine Rolle. „Der Status der Beschäftigten richtet sich nicht nach den Wünschen und Vorstellungen der Parteien, sondern danach, wie die Vertragsbeziehungen nach ihrem Geschäftsinhalt objektiv einzuordnen sind. Der wirkl. Geschäftsinhalt ist den ausdrückl. getroffenen Vereinbarungen und der praktischen Durchführung des Vertrages zu entnehmen. Wenn der Vertrag einvernehml. abweichend von den ausdrückl. Vereinbarungen vollzogen wird, ist die tatsächl. Durchführung maßgebend ..." (BAG AP BGB § 611 Abhängigkeit Nr. 60).

6 In der Regel wird es jedoch im ö. D. keine Abgrenzungsprobleme geben.

7 Bei Arbeitnehmerüberlassung i. S. § 1 AÜG wird zwischen dem entleihenden AG und dem Leih-AN kein ArbVerh. begründet (von dem Fall abgesehen, dass der Überlassungsvertrag unwirksam ist oder wird und deshalb kraft Gesetzes ein ArbVerh. zwischen dem entleihenden AG und dem Leih-AN entsteht – § 10 AÜG). Daher kann der TV für Leih-AN nicht gelten. Allerdings ist zu beachten, dass nach § 9 AÜG Vereinbarungen unwirksam sind, die für den Leih-AN schlechtere als die für einen vergleichbaren AN des entleihenden AG geltenden wesentlichen Arbeitsbedingungen (einschließlich des Arbeitsentgelts) vorsehen (§ 9 Nr. 2 AÜG). Diese Vorschrift gilt jedoch für den **Verleiher.**

8 Ebenfalls nicht erfasst vom Geltungsbereich des TV werden Beschäftigungen nach § 16 Abs. 3 SGB II (sog. „1-Euro-Jobs"). Das Gesetz selber bestimmt

Geltungsbereich § 1

explizit, dass solche Arbeiten kein Arbeitsverhältnis i. S. des Arbeitsrechts begründen.

1.2 Das ArbVerh. muss entweder zum Bund oder zu einem AG bestehen, der einem AG-Verband angehört, der seinerseits Mitglied der VKA ist (vgl. auch Allgemeine Erläuterungen Rn. 10). Dabei kommt es auf die Rechtsform des einzelnen AG nicht an, einzige Voraussetzungen sind, dass sie vom Geltungsbereich erfasst werden und Mitglied eines der genannten AG-Verbände sind. Bei einem ArbVerh. zum Bund ist jedoch zu beachten, dass nur der unmittelbare Bundesdienst vom Geltungsbereich erfasst wird. Andere Bundeseinrichtungen, die eigene AG-Eigenschaft haben, unterliegen nicht dem Geltungsbereich. Nicht erfasst werden z. B. die Bundesagentur für Arbeit und die Deutsche Rentenversicherung Bund (früher: BfA). 9

Der Bund ist ferner TVP nur für den AT und den BT-V. Die anderen BT gelten daher nur für den Bereich der VKA. Da andererseits der BT-V gilt, soweit das ArbVerh von keinem anderen BT erfasst wird, werden Beschäftigte des Bundes auch dann vom BT-V – Fassung für den Bund – erfasst, wenn sie in Einrichtungen tätig sind, für die im VKA-Bereich ein anderer BT gelten würde. 10

2. Zu Abs. 2

Die Vorschrift bestimmt, in welchen Fällen der TV auch dann nicht gilt, wenn die Voraussetzungen des Abs. 1 vorliegen. 11

2.1 Zu Buchst a). Bei „Leitenden Angestellten i. S. d. § 5 Abs. 3 BetrVG" kann es sich naturgemäß nur um Beschäftigte eines AG in privater Rechtsform handeln. Eine Anwendung der Vorschrift auf Beschäftigte eines AG, der einem PersVG unterliegt, ist nach dem eindeutigen Wortlaut nicht möglich. Die Eigenschaft als „Leitender Angestellter" reicht alleine aber nicht aus, um die Geltung des TV auszuschließen. Hinzu kommen muss, dass die Arbeitsbedingungen einzelarbeitsvertraglich vereinbart sind. Angesichts der Regelung unter Buchst. b) dürfte jedoch die praktische Bedeutung der Vorschrift eher gering sein. 12

Chefärztinnen/Chefärzte sind dagegen – wie schon nach den BAT-Bestimmungen – grundsätzlich vom Geltungsbereich des TV ausgeschlossen. 13

2.2 Zu Buchst. b). Die Vorschrift entspricht inhaltlich dem § 3 Buchst. h) BAT. Allerdings hat die BAT-VergGr I – außer für übergeleitete AN – keine Entsprechung in der TVöD-Entgelttabelle. Ferner ist § 19 Abs. 2 Satz 1 TVÜ-Bund/VKA zu beachten. Nach dieser Vorschrift unterliegen übergeleitete Beschäftigte (vgl. Allgemeine Erläuterungen Rn. 19) der VergGr I dem TVöD. Andererseits gelten bis zum In-Kraft-Treten neuer Eingruppierungsvorschriften und der neuen Entgeltordnung die §§ 22 ff. BAT/-Ost/BAT-Ostdeutsche Sparkassen einschließlich der Vergütungsordnung fort (§ 17 TVÜ-Bund/-VKA). Aus dieser Rechtskonstellation ergeben sich hinsichtlich der Geltung des TV folgende Fallstellungen: 14
a) Übergeleitete Beschäftigte, die bei der Überleitung bereits in der BAT-VergGr I eingruppiert waren und daher in die Entgeltgruppe 15Ü übergeleitet wurden, unterliegen dem TV (solange das ArbVerh. ununterbrochen fortbesteht).
b) Übergeleitete Beschäftigte, mit denen nach dem 1. 10. 2005 ein das Tabellenentgelt der EG 15 übersteigendes Entgelt vereinbart wurde oder wird, sind ab diesem Zeitpunkt vom Geltungsbereich des TV ausgenommen. Mit ihnen sind nicht nur die Höhe des Entgeltes, sondern auch die sonstigen Arbeitsbedingungen einzeln zu vereinbaren.
c) Beschäftigte, deren ArbVerh erst nach dem 30. 9. 2005 begann oder beginnt und denen bereits bei der Einstellung eine Tätigkeit der BAT-VergGr I (oder einer noch darüber hinausgehenden Wertigkeit) übertragen wird, sind vom

§ 1 Abschnitt I. Allgemeine Vorschriften

Geltungsbereich des TV ausgenommen; Entgelt und die anderen Arbeitsbedingungen sind einzeln zu vereinbaren.

15 Stellt sich im Nachhinein (z. B. durch ein rechtskräftiges Urteil) heraus, dass der AN vor der Überleitung Tätigkeiten ausgeübt hat, die den Tätigkeitsmerkmalen der BAT-VergGr I entsprachen, aber nicht die Vergütung danach erhielt, muss unter Beachtung der Tarifautomatik die fehlerhafte Überleitung korrigiert werden; es würden sich die oben unter Buchst. a) beschriebenen Folgen ergeben.

16 Bei der Frage, ob das vereinbarte Entgelt höher als das Tabellenentgelt der EG 15 ist, ist nur das regelmäßige Entgelt zu Grunde zu legen. Leistungsentgelte, andere Zulagen/Zuschläge und auch Jahressonderzahlungen bleiben außer Betracht.

17 Für (Zahn-) Ärztinnen/Ärzte gilt die Ausnahme vom Geltungsbereich nach dieser Vorschrift u. U. nicht; wg. Einzelheiten vgl. § 41 BT-B/BT-K.

18 **2.3 Zu Buchst. c).** Ausgenommen sind nur **im Ausland eingestellte** Ortskräfte, nicht die zu Auslandsdienststellen entsandten AN. Auf die Staatsangehörigkeit kommt es nicht an. Somit sind z. B. auch deutsche Staatsbürger, die im Ausland leben und dort bei einer Dienststelle des Bundes eingestellt werden, vom Geltungsbereich des TV ausgenommen.

19 Für Beschäftigte des Bundes, die zu Auslandsdienststellen entsandt sind, gilt dagegen grundsätzlich der TVöD, wobei allerdings die SR zu beachten sind – s. § 45 (Bund) BT-V.

20 **2.4 Zu Buchst. d).** Die Vorschrift umfasst zwei Personengruppen. Ausgenommen vom Geltungsbereich sind (selbstredend) die AN, für die entweder der TV-V (Tarifvertrag Versorgungsbetriebe) oder der TV-WW/NW (Tarifvertrag Wasserwirtschaft in Nordrhein-Westfalen) **gilt.** Dabei spielt es keine Rolle, ob sich die Geltung des jeweiligen TV aus ihm selber oder ob aus einer Anwendungsvereinbarung ergibt. In diesem Fall sind AN auch dann vom Geltungsbereich des TVöD ausgenommen, wenn sie keine „spartentypischen" Tätigkeiten ausüben.

21 Die zweite Ausnahme gilt für
– rechtlich selbstständige,
– in privater Rechtsform geführte (Geltung des BetrVG),
– der jeweiligen Sparte (Versorgungsbetriebe, Betriebe der Wasserwirtschaft in NRW) zugehörende,
– mehr als 20 (zur BR-Wahl) wahlberechtigte AN beschäftigende
– nach bisherigem Recht dem BAT/BAT-O/BMT-G/BMT-G-O unterliegende Betriebe. In diesem Fall gilt der TVöD jedoch nur für die AN mit **„spartentypischen" Tätigkeiten.** Diese AN verbleiben so lange im Geltungsbereich des (statischen)BAT/BAT-O/BMT-G/BMT-G-O, bis sie von einem der genannten Sparten-TV erfasst werden. Für andere AN in diesen Betrieben gilt – grundsätzlich – der TVöD, wenn die Geltung nicht aus anderen Gründen ausgeschlossen ist. Allerdings ist **§ 2 Abs. 6 TVÜ-VKA** zu beachten. Danach gilt auch für diese AN längstens bis zum 31. 12. 2007 das bisherige Tarifrecht, wenn die Anwendung des TV-V/TV-WW/NW beim AG beabsichtigt ist und die Tarifverhandlungen hierüber bis spätestens mit Ablauf des 31. 12. 2007 zur Überleitung in den jeweiligen Sparten-TV führen.

22 Für NRW ist die Protokollerklärung zu Abs. 2 Buchst. e) zu beachten, die die Geltung der Ausnahmeregelung auf solche Betriebe/Verbände ausdehnt, die kraft Gesetzes dem LPVG unterliegen.

23 Machen die TVP auf der bezirklichen Ebene (= Bereich eines KAV) von der Vorschrift des § 1 Abs. 3 Gebrauch, gilt Buchst. b) für die davon betroffenen Betriebe natürlich nicht mehr.

Geltungsbereich § 1

2.5 Zu Buchst. e). Die Vorschrift betrifft AN bei Nahverkehrsbetrieben und entspricht im Wesentlichen der des Buchst. d) mit folgenden Abweichungen:
- sie stellt nicht auf die Geltung des BetrVG ab;
- sie gilt nur dann, wenn in dem Betrieb mehr als 50 wahlberechtigte AN beschäftigt sind,
- sie gilt uneingeschränkt für alle AN (nicht nur für solche mit „spartentypischen" Tätigkeiten) auch dann, wenn der TV-N (Tarifvertrag Nahverkehrsbetriebe) nicht gilt.

Mit diesen Einschränkungen gelten die Erl. zu Buchst. b) sinngemäß. Wegen der möglichen Einbeziehung von Betriebsteilen eines dem fachlichen Geltungsbereich eines TV-N unterliegenden Betriebes in den Geltungsbereich des TVöD (oder des TV-V) s. Abs. 3.

2.6 Zu Buchst. f): Die Vorschrift betrifft die nicht vollbeschäftigten amtlichen Tierärzte und Fleischkontrolleure in öffentlichen Schlachthöfen und in Einfuhruntersuchungsstellen (TV Ang/-O iöS) sowie die amtlichen Tierärzte und Fleischkontrolleure außerhalb öffentlicher Schlachthöfe (TV Ang/-O aöS). Für diese AN gelten nach wie vor die genannten (eigenständigen) TV.

2.7 Zu Buchst. g). Waldarbeiter im Bereich des KAV Bayern sind grundsätzlich aus dem Geltungsbereich des TVöD ausgenommen, auch dann, wenn für sie kein anderer TV gilt. Im Übrigen gilt die Ausnahmeregelung nur, wenn ein TV für Waldarbeiter zur **Anwendung** kommt; dabei reicht eine einzelarbeitsvertragliche Vereinbarung ausdrücklich aus. Soweit eine Ausnahme vom Geltungsbereich nach dieser Vorschrift nicht vorliegt, sind die Sonderregelungen bei Beschäftigten im forstlichen Außendienst die Sonderregelungen § 48 BT-V (jeweils Fassungen Bund bzw. VKA) zu beachten.

2.8 Zu Buchst. h). Die hier genannten Personengruppen (Ausbildungskräfte) waren auch bisher schon aus dem Geltungsbereich der einschl. MantelTV ausgenommen; ihre Rechtsverhältnisse waren (und sind) gesondert tariflich vereinbart. Für die Auszubildenden i.S.d. BBiG und für die Schüler/innen in der Gesundheits- und Krankenpflege etc. gilt nun der neue Tarifvertrag für Auszubildende des öffentlichen Dienstes (TVAöD). Für die Praktikanten/Praktikantinnen gelten die bisherigen TV nach Maßgabe des TV über die vorläufige Weitergeltung der Regelungen für die Praktikantinnen/Praktikanten im Wesentlichen weiter.

2.9 Zu Buchst. i). Nach § 217 SGB III können zur Eingliederung von Arbeitnehmern mit Vermittlungshemmnissen Zuschüsse zu den Arbeitsentgelten gezahlt werden, wenn deren Vermittlung wegen in ihrer Person liegender Umstände erschwert ist. AN, für die dem AG derartige Zuschüsse gezahlt werden, sind vom Geltungsbereich des TVöD ausgenommen. Entfällt der Zuschuss und wird das ArbVerh. fortgesetzt, gilt der TVöD, wenn die Geltung nicht aus anderen Gründen ausgeschlossen ist.

2.10 Zu Buchst. k). Bei dem hier vom Geltungsbereich ausgenommenen Personenkreis handelt es sich um landläufig „ABM-Kräfte" genannte AN.

2.11 Zu Buchst. l). Die Bedeutung der Vorschrift ist zweifelhaft. Zwischen Entleiher und Leih-AN entsteht kein Arbeitsvertrag – vgl. auch Rn. 4.

2.12 Zu Buchst. m). Ausgenommen vom Geltungsbereich des TVöD sind lediglich die geringfügig Beschäftigten i.S. § 8 Abs. 1 Nr. 2 SGB IV. Eine solche Beschäftigung liegt vor, wenn sie innerhalb eines Kalenderjahres auf längstens zwei Monate oder 50 Arbeitstage nach ihrer Eigenart begrenzt zu sein pflegt oder im Voraus vertraglich begrenzt ist. Auf die Höhe des Entgeltes kommt es dagegen grundsätzlich nicht an. Sie liegt aber schon dann nicht mehr vor, wenn sie berufs-

§ 1   Abschnitt I. Allgemeine Vorschriften

mäßig ausgeübt wird und ihr Entgelt regelmäßig 400 Euro im Monat übersteigt.

33   Beschäftigungsverhältnisse nach § 8 Abs. 1 Nr. 1 SGB IV („400-Euro-Kraft") werden dagegen vom TVöD erfasst.

34   Für die nun aus dem Geltungsbereich ausgeschlossenen geringfügig Beschäftigten, für die am 30. 9. 2005 der BAT/-O/BAT-Ostdeutsche Sparkassen/MTArb/ -O galt, gelten für die Dauer des ununterbrochenen ArbVerh. die bis dahin geltenden einschlägigen tarifvertraglichen Regelung weiter (§ 1 Abs. 3 TVÜ-Bund/ -VKA).

35   **2.13 Zu Buchst. n).** Die Vorschrift ist inhaltsgleich mit § 3 Buchst. c BAT/-O, allerdings wurde **nicht** die Protokollnotiz übernommen, nach der im ArbVertr. zu vereinbaren ist, ob eine überwiegend künstlerische Tätigkeit auszuüben ist. An einer allgemein gültigen Definition des Begriffes „künstlerische Tätigkeit" mangelt es. Unbestreitbar ist aber, dass sie nur dann vorliegen kann, wenn die Tätigkeit eigenschöpferisch gestaltend ist.

36   Für Beschäftigte an Theatern und Bühnen, die nicht vom Geltungsbereich nach dieser Vorschrift ausgenommen sind, sind die Sonderregelungen des § 55 BT-V (VKA) zu beachten.

37   **2.14 Zu Buchst. p).** Ein Geschäftsbesorgungsvertrag liegt gem. § 675 BGB dann vor, wenn ein Dienstvertrag oder ein Werkvertrag eine Geschäftsbesorgung zum Inhalt hat. Es kann dahin gestellt bleiben, ob dieser Personenkreis mangels AN-Eigenschaft (zum AG Bund) nicht ohnehin vom Geltungsbereich des TV ausgenommen ist.

38   **2.15 Zu Buchst. q):** Die Bestimmung gilt nicht für den Bereich des Bundes. Voraussetzung für die Ausnahme aus dem Geltungsbereich ist, dass der/die AN ausschließlich in einem der dort aufgeführten Verwaltungen/Betriebe tätig ist. Erfolgt die Beschäftigung nur teilweise dort, gilt der TV. Auf die Art der Tätigkeit kommt es dagegen nicht an. Der TV gilt aber, wenn die Verwaltung/der Betrieb nicht Erwerbszwecken dient. § 3 Buchst. l BAT/-O sah vor, dass der TV nicht für AN galt, die in solchen (nicht Erwerbszwecken dienenden) Betrieben tätig sind und ein Teil ihrer Vergütung aus Sachbezügen besteht. Hierauf kommt es jetzt nicht mehr an. Dient der Betrieb nicht Erwerbszwecken, greift die Ausnahmebestimmung nicht. Zu beachten ist auch Halbsatz 2. Für die in Gärtnereien etc. tätigen AN gilt der TV also.

39   Soweit eine Ausnahme vom Geltungsbereich nach dieser Vorschrift nicht gilt, ist für Beschäftigte in landwirtschaftlichen Verwaltungen und Betrieben, Weinbau und Obstanbautrieben die Sonderregelungen des § 50 BT-V (VKA) zu beachten.

40   **2.16 Zu Buchst. r).** Die Ausnahme vom Geltungsbereich des TV gilt für alle AN in den dort aufgeführten Betrieben ohne Rücksicht auf die Art der Tätigkeit. Auf die Rechtsform kommt es nicht an, ebenso wenig auf die Absicht der Gewinnerzielung. Allerdings wird man wie nach bisherigem TV-Recht fordern müssen, dass der Betrieb „eine selbstständige und voll ausgebildete Betriebsorganisation" besitzt (BAG v. 5. 3. 1958 – 4 AZR 501/55 – AP TVG § 4 Geltungsbereich Nr. 8). Eine in Eigenregie betriebene Kantine z. B. wird i. d. R. nicht als Gaststätte i. S. dieser Vorschrift angesehen werden können.

41   Die Ausnahmevorschrift gilt nunmehr einheitlich für das gesamte Tarifgebiet. Nach früherem Recht galt sie im Tarifgebiet Ost nur für Beschäftigte in Gaststätten und Hotels.

42   **2.17 Zu Buchst. s).** Ausgenommen vom Geltungsbereich ist nur der aufgeführte Personenkreis. Für andere wissenschaftlich tätige AN gilt der TV, es sei denn, sie werden von der Übergangsregelung der Protokollerklärung zu Abs. 2

Geltungsbereich § 1

Buchst. s erfasst. Diese Übergangsregelung erklärt sich daraus, dass nach altem Recht wissenschaftliche Assistentinnen/Assistenten, Verwalterinnen/Verwalter von Stellen wissenschaftlicher Assistentinnen/Assistenten und Lektorinnen/Lektoren vom Geltungsbereich des BAT/-O ausgenommen waren. Nach der Protokollerklärung bleiben sie auch aus dem Geltungsbereich des TVöD ausgenommen, soweit und solange ein **am 1. 10. 2005 bestehendes** ArbVerh. fortbesteht (Verlängerungen eingeschlossen).

Als „studentische Hilfskräfte" sind nach einer Niederschriftserklärung Beschäftigte zu verstehen, zu deren Aufgabe es gehört, das hauptberufliche wissenschaftliche Personal in Forschung und Lehre sowie bei außeruniversitären Forschungseinrichtungen zu unterstützen.   43

3. Zu Abs. 3: Die Vorschrift ist nur im Bereich der VKA relevant und ermächtigt die TVP auf bezirklicher Ebene, einzelne Betriebe (Satz 1) oder Betriebsteile (Satz 2) abweichend von Abs. 2 in den Geltungsbereich des TVöD einzubeziehen. Eine solche abweichende Regelung ist aber den TVP auf landesbezirklicher Ebene vorbehalten; eine solche Regelung kann nicht etwa durch eine Betriebsvereinbarung oder durch einen Haustarifvertrag mit einem einzelnen (tarifgebundenen) AG erfolgen.   44

Erläuterungen zu § 1 TV-L

Sonderregelungen: §§ 40–49 TV-L enthalten in der jeweiligen Nr. 1 Bestimmungen zu ihrem Geltungsbereich.   1

1. Zu Abs. 1

1.1 Auch der TV-L gilt nur, wenn ein rechtsgültiges Arbeitsverhältnis besteht. Vgl. hierzu Rn. 1 bis 8 zu § 1 TVöD.   2

1.2 Das ArbVerh muss zu einem AG bestehen, der unmittelbares oder mittelbares Mitglied der Tarifgemeinschaft deutscher Länder ist. Mitglieder der TdL können nach deren Satzung grundsätzlich die Bundesländer sein. Daneben kann aber auch an Stelle eines Landes ein Arbeitgeberverband, „in dem das jeweilige Land einen beherrschenden Einfluss hat", Mitglied sein. In einem solchen Fall besteht also eine mittelbare Mitgliedschaft des dem AG-Verband angehörenden AG zur TdL. Die AN dieser AG unterliegen somit dem TV-L unmittelbar. In Baden-Württemberg und – seit März 2007 – in Nordrhein-Westfalen sind nicht diese beiden Bundesländer, sondern AG-Verbände, denen aber das jeweilige Bundesland angehört, Mitglied der TdL.   3

Die Bundesländer Berlin und Hessen gehören weder mittelbar noch unmittelbar der TdL an; für die AN dieser Bundesländer gilt der TV-L nicht, jedenfalls nicht unmittelbar.   4

Für Bremen und Bremerhaven ist die Protokollerklärung zu § 1 Abs. 1 TV-L zu beachten. Diese trägt dem Umstand Rechnung, dass für die dem dort genannten TV unterfallenden AN kommunales Tarifrecht – und damit im Wesentlichen der TVöD – gilt.   5

Körperschaften, Anstalten und Stiftungen des öffentlichen Rechts, die eigene AG-Eigenschaft besitzen, werden nur dann vom Geltungsbereich des TV-L erfasst, wenn sie Mitglied eines AG-Verbandes sind, der seinerseits Mitglied der TdL ist.   6

2. Zu Abs. 2. Wie auch im Geltungsbereich des TVöD, nimmt auch der TV-L einige Gruppen von AN aus seinem Geltungsbereich aus.   7

2.1 Zu Buchst. a). Vgl. Rn. 12 f. zu § 1 TVöD.

2.2 Zu Buchst. b). Die Vorschrift entspricht im Wesentlichen § 1 Ab. 2 Buchst. b) TVöD. Die Tatsache, dass im TV-L die höchste EG für Ärzte/Ärztin-   8

§ 1 Abschnitt I. Allgemeine Vorschriften

nen explizit nennt, führt im Ergebnis nicht zu einem sachlichen Unterschied zu den TVöD-Regelungen, denn auch dort sind Ärzte/Ärztinnen mit einem höheren Tabellenentgelt als nach EG 15 vom Geltungsbereich des TV nicht ausgenommen. Es wird daher auf Rn. 14 bis 17 zu § 1 TVöD verwiesen.

Der letzte Halbsatz („die Zulage nach ...") hat allerdings im TVöD zwangsläufig keine Entsprechung, weil er eine Zulage dieser Art nicht vorsieht. Wg. Einzelheiten zu dieser Zulage wird auf die Erl. zu § 16 TV-L verwiesen. Wird eine Zulage dieser Art gezahlt und überschreitet das regelmäßige Entgelt dadurch das Tabellenentgelt der EG 15 bzw. Ä 4, gilt der TV dennoch für dieses ArbVerh.

9 **2.3 Zu Buchst c).** Die Vorschrift entspricht inhaltlich § 1 Abs. 2 Buchst. f) TVöD. Voraussetzung ist, dass ein TV für das Fleischuntersuchungspersonal gilt. Nur dann ist die Geltung des TV-L ausgeschlossen.

10 **2.4 Zu Buchst. d).** Die Vorschrift entspricht § 1 Abs. 2 Buchst g) TVöD. Hier wie dort reicht es auch, wenn ein TV (für Waldarbeiter) zur Anwendung kommt. Dies kann auch durch einzelarbeitsvertragliche Vereinbarung geschehen; es nicht nicht notwendig, dass der TV unmittelbar gilt. Soweit eine Geltung des TV nach dieser Vorschrift nicht ausgeschlossen ist, ist § 48 TV-L (Sonderregelungen für Beschäftigte im forstlichen Außendienst) zu beachten.

11 **2.5 Zu Buchst. e).** Vgl. Rn. 28 zu § 1 TVöD mit der Maßgabe, dass an Stelle der dort genannten TV für den Landesdienst gelten: TVA-L BBiG (für Auszubildende nach dem Berufsbildungsgesetz; TVA-L Pflege (für Auszubildende in Pflegeberufen) und Tarifvertrag über die vorläufige Weitergeltung der Regelungen für die Praktikantinnen/Praktikanten.

12 **2.6 Zu Buchst. f). bis Buchst. j).** Die Vorschriften entsprechen – in dieser Reihenfolge – denen des § 1 Abs. 2 Buchst. i) bis Buchst. n). Es wird daher auf die Rn. 29 bis 36 zu § 1 TVöD mit folgenden Maßgaben verwiesen:

An Stelle der in Rn. 34 (betr. geringfügig Beschäftigte) zitierte Bestimmung des § 1 Abs. 3 TVÜ-Bund/-VKA gilt für den TV-L-Bereich § 1 Abs. 3 TV-L.

An Stelle der in Rn. 36 genannten Bestimmung des § 55 BT-V (VKA) gilt § 45 TV-L.

13 **2.7 Zu Buchst. k).** Die Bestimmung in Buchst. aa) ist zwar der des § 1 Abs. 2 Buchst. q) TVöD sehr ähnlich, es sind dennoch materielle Unterschiede zu beachten:

Die Bestimmung des TVöD lautet: „Beschäftigte, die ausschließlich in ... tätig sind". Es wird also auf die ausschließliche Tätigkeit in einer/einem Erwerbszwecken dienenden Verwaltung/Betrieb abgestellt. Die Vorschrift greift also auch, wenn die Verwaltung/der Betrieb nicht ausschließlich, sondern auch Erwerbszwecken dient. Die TV-L-Bestimmung lautet dagegen: „Beschäftigte, die in ausschließlich Erwerbszwecken ... tätig sind". Das Wort „ausschließlich" bezieht sich hier auf die Erwerbszwecke des Betriebes. Der AN muss aber nicht zwingend ausschließlich in einem solchen Betrieb tätig sein.

Buchst bb) schließt dagegen AN in anderen Betrieben der dort genannten Art, die also nicht ausschließlich Erwerbszwecken dienen, vom Geltungsbereich nur dann aus, wenn für sie ein landesbezirklicher TV gilt. Damit haben die TVP zugleich eine Öffnungsklausel für einen solchen TV vereinbart.

Ferner sind die Ausnahmen in der Protokollerklärung zu § 1 Abs. 2 Buchst. k) zu beachten.

14 Zusammenfassend ist also festzustellen:

Der TV-L gilt grundsätzlich nicht für Beschäftigte in Verwaltungen und Betrieben (einschl. deren Nebenbetriebe) der in Buchst. aa) genannten Art, wenn die

Verwaltung/der Betrieb ausschließlich Erwerbszwecken dient und das ArbVerh nicht von der Protokollerklärung zu Buchst. k) erfasst wird.
Dient der Betrieb etc. nicht ausschließlich Erwerbszwecken, gilt der TV-L nur dann nicht, wenn das ArbVerh vom Geltungsbereich eines landesbezirklichen TV erfasst wird.

2.8 Zu Buchst. m). Die Erl. in Rn. 18 zu § 1 Abs. 2 TVöD gelten sinngemäß.   15

2.9 Zu Buchst. n). Die Ausnahme vom Geltungsbereich gilt nur für AN, die   16
in den dort genannten Betriebsteilen der Bayerischen Seenschifffahrt GmbH tätig sind.

2.10 Zu Buchst. o). Die Vorschrift betrifft nur AN in einer – nach früherem   17
Recht – arbeiterrentenversicherungspflichtigen Tätigkeit. Hausmeister, die nach früherem Recht der Rentenversicherungspflicht der Angestellten unterlagen, sind also z. B. nicht vom Geltungsbereich des TV-L ausgenommen.

3. Zu Abs. 3. Die Erl. zu § 1 Abs. 2 Buchst. s) TVöD (Rn. 43 und 44) gelten   18
sinngemäß.

4. Zu Abs. 4. Die Vorschrift stellt klar, dass die in den §§ 40 bis 49 TV-L ent-   19
haltenen Sonderregelungen neben den Vorschriften des Allgemeinen Teiles gelten und Bestandteil des TV sind. Die Sonderregelungen gelten ausschließlich für den jeweils dort definierten Personenkreis. Sie sind auf AN, die nicht von der jeweiligen Sonderregelung erfasst werden, nicht anzuwenden. Ob die Sonderregelungen können – je nach Wortlaut – die Vorschriften des Allgemeinen Teiles ergänzen oder auch an deren Stelle treten.

§ 2 TVöD/TV-L Arbeitsvertrag, Nebenabreden, Probezeit

(1) Der Arbeitsvertrag wird schriftlich abgeschlossen.

(2) ¹**Mehrere Arbeitsverhältnisse zu demselben Arbeitgeber dürfen nur begründet werden, wenn die jeweils übertragenen Tätigkeiten nicht in einem unmittelbaren Sachzusammenhang stehen.** ²**Andernfalls gelten sie als ein Arbeitsverhältnis.**

(3) ¹**Nebenabreden sind nur wirksam, wenn sie schriftlich vereinbart werden.** ²**Sie können gesondert gekündigt werden, soweit dies einzelvertraglich vereinbart ist.**

(4) ¹**Die ersten sechs Monate der Beschäftigung gelten als Probezeit, soweit nicht eine kürzere Zeit vereinbart ist.** ²**Bei Übernahme von Auszubildenden im unmittelbaren Anschluss an das Ausbildungsverhältnis in ein Arbeitsverhältnis entfällt die Probezeit.**

Die Vorschrift ist in TVöD und TV-L wortgleich.

Erläuterungen zu § 2 TVöD/TV-L

Sonderregelungen: 1
Abweichende bzw. ergänzende Regelungen in den BT zum **TVöD:**
Für den Bereich der VKA: § 55 Nr. 2 TVöD BT-V (VKA) (SR für Beschäftigte an Theatern und Bühnen).
Abweichende bzw. ergänzende Regelungen im **TV-L:**
§ 45 Nr. 2 TV-L für Beschäftigte an Theatern und Bühnen

1. Grundsätzliches:

1.1 Grundlage der Rechtsbeziehungen zwischen AG und AN ist der Arbeitsvertrag, für den grundsätzlich Vertragsfreiheit gilt. Diese Vertragsfreiheit ist jedoch   2

§ 2 Abschnitt I. Allgemeine Vorschriften

eingeschränkt, zum einen durch staatliches Recht, zum anderen – bei einem tarifunterworfenen Arbeitsverhältnis – durch die Normen des TV. Weitere Einschränkungen können sich aus betrieblichen Vereinbarungen (Betriebs-/Dienstvereinbarungen) ergeben. Sowohl die staatliche als auch die kollektiv vereinbarten (z. B. TV) Normen stellen i. d. R. **Mindestrecht** für AN dar; d. h., Abweichungen zu Ungunsten des AN sind nur zulässig, wenn dies ausdrücklich vorgesehen ist. Abweichungen zu Gunsten des AN sind dagegen grundsätzlich zulässig (sog. Günstigkeitsprinzip). Dass im Bereich des ö. D. in vielen Fällen das **Haushaltsrecht** günstigeren (aus AN-Sicht) einzelarbeitsvertraglichen Vereinbarungen entgegensteht, ändert an der arbeitsrechtlichen Zulässigkeit nichts.

3   1.2 Dem Vertragsabschluss gehen i. d. R. mehr oder minder ausführliche Gespräche voraus. Hier spielen die **Offenbarungs- und die Wahrheitspflicht** des AN eine Rolle. Die Offenbarungspflicht gebietet es ihm, von sich aus – auch ohne ausdrückliche Befragung – auf Umstände hinzuweisen, die einer Einstellung u. U. entgegenstehen könnten. Diese Pflicht ist nach st. Rspr. des BAG an die Voraussetzung gebunden, dass die verschwiegenen Umstände dem AN die Erfüllung der arbeitsvertraglichen Leistungspflicht **unmöglich** machen oder sonst für den in Betracht kommenden Arbeitsplatz von **ausschlaggebender Bedeutung** sind (vgl. z. B. BAG 28. 2. 1991 – 2 AZR 357/90 – m. w. N.).

4   Die Wahrheitspflicht gebietet es dem AN, zulässige Fragen wahrheitsgemäß zu beantworten. Wahrheitswidrige Antworten können nur dann einen Grund zur Anfechtung des Vertrages wg. arglistiger Täuschung sein, wenn die Frage zulässig war. Das Fragerecht des AG geht nach st. Rspr. nur so weit, wie er ein „berechtigtes, billigenswertes und schutzwürdiges Interesse an der Beantwortung seiner Frage hat" (BAG 11. 11. 1993 – 2 AZR 467/93 – AP BGB § 123 Nr. 38).

5   Die Frage nach **Vorstrafen** ist zulässig, wenn und soweit die Art des zu besetzenden Arbeitsplatzes dies nach objektiven Maßstäben erfordert (BAG 15. 1. 1970 – 2 AZR 64/69 – AP KSchG § 1 Nr. 7).

6   Fragen nach einer bestehenden **Schwangerschaft** sind grundsätzlich **unzulässig;** eine wahrheitswidrige Beantwortung stellt daher in aller Regel keinen Anfechtungsgrund dar. Eine Ausnahme ist nur dann möglich, wenn die angestrebte Tätigkeit von einer schwangeren AN überhaupt nicht aufgenommen werden könnte oder dürfte (BAG 1. 7. 1993 – 2 AZR 25/93 – AP BGB § 123 Nr. 36).

7   Im Zusammenhang mit **Behinderungen** unterscheidet das BAG zwischen Fragen nach einer Behinderung selbst und der Behinderten**eigenschaft**. Die Frage nach einer Behinderung ist nur dann zulässig und muss wahrheitsgemäß beantwortet werden, wenn die Behinderung für die auszuübende Tätigkeit von Belang ist. Dagegen rechtfertigt die wahrheitswidrige Antwort auf die Frage nach der Behinderteneigenschaft auch dann eine Anfechtung des Vertrages, wenn die Behinderung „tätigkeitsneutral" ist (BAG 5. 10. 1995 – 2 AZR 923/94 – AP BGB § 123 Nr. 40; BAG 3. 12. 1998 – 2 AZR 754/97 – AP BGB § 123 Nr. 49).

8   Auch bezüglicher bestehender **Krankheiten** ist das Fragerecht des AG beschränkt. Im Wesentlichen akzeptiert das BAG folgende Fragestellungen als zulässig: Liegt eine Erkrankung bzw. eine Beeinträchtigung des Gesundheitszustandes vor, die die Eignung für die vorgesehene Tätigkeit auf Dauer oder in periodischen wiederkehrenden Abständen einschränkt? Liegen ansteckende Krankheiten vor, die die zukünftigen Kollegen oder Kunden gefährden? Ist zum Zeitpunkt der vorgesehenen Arbeitsaufnahme oder in absehbarer Zeit mit einer Arbeitsunfähigkeit zu rechnen? (Vgl. BAG 6. 7. 1984 – 2 AZR 270/83 – AP BGB § 123 Nr. 26). Dieser Komplex spielte in der Praxis des ö. D. bisher keine wesentliche Rolle, da die TV (BAT/-O, BMT-G/-Ost, MTArb/-O) eine so genannte Einstellungsun-

tersuchung ausdrücklich vorsahen und solche auch regelmäßig vor einer Einstellung durchgeführt wurden. Der TVöD sieht solche Untersuchungen nicht mehr explizit vor (vgl. § 3). Ob sich deshalb an der Praxis etwas Wesentliches – vgl. auch Erl. zu § 3 Abs. 4 – ändert, erscheint eher fraglich, zumal eine ärztliche Untersuchung auf jeden Fall eine zuverlässigere Auskunft über die gesundheitliche Eignung der Bewerberin/des Bewerbers gibt als jede Befragung durch medizinische Laien.

Die Frage nach Mitgliedschaft in einer verfassungsfeindlichen Partei hat das BAG bisher als zulässig angesehen, wenn sich das erwartete Maß an politischer Treuepflicht aus dem Aufgabenkreis ergibt. Außerdem muss sich die Frage konkret auf die Mitgliedschaft in und evtl. Aktivitäten für eine oder mehrere bestimmte Organisation/en beziehen (vgl. BAG 28. 2. 1991 – 2 AZR 357/90). Im Übrigen haben die TVP eine dem § 8 Abs. 1 S. 2 BAT/-O entsprechende Bestimmung (Bekenntnis zur freiheitlich demokratischen Grundordnung i. S. d. GG) nur noch für den Geltungsbereich des BT-V (§ 41) vereinbart – zudem beschränkt auf Beschäftigte des Bundes und solcher AG, in deren Aufgabenbereichen auch hoheitliche Tätigkeiten wahrgenommen werden. 9

2. Zu Abs. 1

2.1 Die Formvorschrift hat – wie auch schon nach bisherigem Recht – keine konstitutive Wirkung. Der Arbeitsvertrag kommt grundsätzlich durch die übereinstimmenden Willenserklärungen von AG und AN zustande, die auch mündlich abgegeben werden können. Daher ist auch der mündlich abgeschlossene Arbeitsvertrag nach dieser Vorschrift wirksam. Der ursprüngliche Sinn der Vorschrift lag darin, beiden Parteien den Anspruch zu geben, dass die vereinbarten Inhalte des Arbeitsvertrages schriftlich – und damit leichter beweisbar – niedergelegt werden. Obschon seit 1995 der AG gesetzlich verpflichtet ist, „die wesentlichen Vertragsbedingungen schriftlich niederzulegen, die Niederschrift zu unterzeichnen und dem Arbeitnehmer auszuhändigen" (§ 1 Abs. 1 NachwG), haben die TVP nicht darauf verzichtet, für den Arbeitsvertrag die Schriftform vorzuschreiben. Der schriftliche Arbeitsvertrag macht allerdings die Dokumentation nach dem NachwG nur dann überflüssig, wenn er mindestens die im NachwG aufgeführten Angaben enthält. 10

2.2 Eine Ausnahme von dem Grundsatz, dass auch der mündlich abgeschlossene Arbeitsvertrag wirksam ist, gilt dann, wenn ein gesetzliches konstitutives Schriftformerfordernis besteht. Wird zum Beispiel eine Zusage unter Verletzung **konstitutiver gesetzlicher** Formvorschriften gegeben, so führt dies zur Nichtigkeit des Rechtsgeschäftes (BAG v. 15. 7. 1992 – 7 AZR 337/91). Von besonderer praktischer Bedeutung ist diese Rechtslage beim Abschluss **befristeter Arbeitsverträge,** denn gem. § 14 Abs. 4 TzBfG bedarf die Befristung zu ihrer Wirksamkeit **zwingend** der Schriftform. 11

Eine weitere Ausnahme besteht für Nebenabreden – vgl. hierzu Erl. zu Abs. 3. 12

2.3 Auch **Änderungen** des Arbeitsvertrages bedürfen zu ihrer Wirksamkeit nicht der Schriftform (sofern keine der in Rn. 11 aufgezeigten Ausnahmen vorliegt). Die Dokumentation der Änderungen nach den Bestimmungen des NachwG bleibt natürlich davon unberührt. Dies spielt nicht zuletzt eine Rolle im Zusammenhang mit Ansprüchen aus **betrieblicher Übung.** Gewährt der AG über einen längeren Zeitraum regelmäßig Leistungen oder Vergünstigungen, zu denen er weder nach Gesetz, TV oder Arbeitsvertrag verpflichtet ist, und kann der AN nach Treu und Glauben unter Berücksichtigung aller Umstände davon ausgehen, dass diese Leistungen (oder Vergünstigungen) auf Dauer gewährt werden sollen, so entsteht hieraus ein **vertraglicher** Anspruch. Dies setzt aber voraus, dass die Än- 13

§ 2 Abschnitt I. Allgemeine Vorschriften

derung des Arbeitsvertrages durch konkludentes Handeln möglich ist. Ansprüche aus betrieblicher Übung können also im Geltungsbereich des TVöD wg. der Vorschrift des Abs. 3 nicht für Sachverhalte entstehen, die im Wege einer Nebenabrede zu vereinbaren sind.

14 Für den ö. D. ist insofern eine **weitere Einschränkung** zu machen, als dort nach Auffassung des BAG regelmäßig (nur) „Normenvollzug" vorliegt. Ein AN des öffentlichen Dienstes wird daher selbst bei langjährigen Leistungen **nicht ohne Weiteres** annehmen dürfen, die Gewährung von Vergünstigungen sei Vertragsbestandteil geworden (vgl. BAG 26. 1. 1989 – 6 AZR 566/86); im Gegenteil, er muss „grundsätzlich davon ausgehen, dass ihm der Arbeitgeber nur die Leistungen gewähren will, zu denen er rechtlich verpflichtet ist" (BAG 11. 10. 1995 – 5 AZR 802/94 – AP BGB § 611 Nr. 9).

15 Diese Auffassung des BAG lässt Raum für kritische Fragen, ist aber derzeit als gefestigt anzusehen und mag eine Stütze im Haushaltsrecht haben. Dies kann allerdings nicht für Sparkassen oder für (dem TVöD unterfallende) AG in privater Rechtsform gelten. Bei diesen AG kann ebenso wenig wie bei anderen AG (außerhalb des Geltungsbereiches des TVöD) angenommen werden, es liege im Zweifelsfalle nur der Wille zum „Normenvollzug" vor.

3. Zu Abs. 2

16 **3.1** Werden zwischen einem AN und ein und derselben AG mehrere Arbeitsverhältnisse begründet, so bestimmt sich deren rechtliche Behandlung nach dem Verhältnis der jeweils übertragenen Tätigkeiten. Stehen diese in **keinem unmittelbaren** Sachzusammenhang, sind beide (oder auch mehrere) Arbeitsverhältnisse als rechtlich völlig selbstständig zu behandeln. Z. B. sind bei der Eingruppierung jeweils ausschließlich die im jeweiligen Arbeitsverhältnis übertragenen Tätigkeiten zu berücksichtigen; auch kann ein Arbeitsverhältnis beendet werden, ohne dass das andere rechtlich davon berührt wird.

17 **3.2** Besteht jedoch ein unmittelbarer Sachzusammenhang zwischen den übertragenen Tätigkeiten, **gelten** alle in einem solchen Zusammenhang stehenden Arbeitsverhältnisse als ein einziges mit der Folge, dass Rechte und Pflichten sich aus dem als Einheit geltenden Arbeitsverhältnis ergeben. Wann ein unmittelbarer Sachzusammenhang besteht, lässt sich nur unter Berücksichtigung der jeweiligen Organisationsstruktur des AG und der jeweils übertragenen Aufgaben im Einzelfall bestimmen. Keinen Zweifel wird es dann geben können, wenn sich die übertragenen Aufgaben deutlich unterscheiden (z. B. Arbeitsverhältnis A als Reinigungskraft, Arbeitsverhältnis B als Garderobenkraft). Indiz für das Fehlen eines Sachzusammenhanges kann aber auch der Einsatz in unterschiedlichen Dienststellen/Organisationseinheiten mit größerer Selbstständigkeit sein; dies auch dann, wenn die jeweils übertragenen Tätigkeiten gleich oder ähnlich sind (z. B. Schreibkraft).

18 **3.3** Für eine sachgerechte Anwendung der Vorschrift ist es notwendig, ihre Entstehungsgeschichte zu beachten. Sie wurde unverändert aus dem früheren Manteltarifrecht des ö. D. übernommen und wurde dort zu einer Zeit eingeführt, als geringfügig Beschäftigte völlig vom Geltungsbereich des TV ausgenommen waren (nicht nur – wie jetzt im TVöD wieder – die Beschäftigten i. S. d. § 8 Abs. 1 Nr. 2 SGB IV). Mit der Vorschrift sollte verhindert werden, dass ein AN „künstlich" unter der Geringfügigkeitsgrenze und damit außerhalb des tariflichen Schutzes „gehalten" werden konnte. Aber auch bei der Eingruppierung waren (und sind) Konstellationen denkbar, die bei einer Teilung eines Aufgabengebietes in zwei rechtlich selbstständig zu behandelnde Arbeitsverhältnisse zu ungerechtfertigten Nachteilen für den AN führen können.

Die Norm ist daher in erster Linie als AN-Schutzvorschrift zu verstehen und auszulegen.

4. Zu Abs. 3

4.1 Wie in der Erl. zu Abs. 1 dargestellt, ist ein Arbeitsvertrag (oder seine Änderung) auch dann grundsätzlich wirksam, wenn er entgegen Abs. 1 nicht schriftlich abgefasst wird. Dagegen macht Abs. 3 die Wirksamkeit von Nebenabreden ausdrücklich von der Schriftform abhängig. Die Abgrenzung zwischen den zum „Hauptvertrag" gehörenden Vereinbarungen von Nebenabreden sieht das BAG darin, „dass § 4 Abs. 1 BAT [jetzt: § 2 Abs. 1 TVöD] den Kern des Arbeitsverhältnisses, d. h. die beiderseitigen Hauptrechte und Hauptpflichten aus dem Arbeitsvertrag nach § 611 BGB betrifft, also insbesondere Fragen der Arbeitsleistung und des Arbeitsentgeltes, während für Gegenstände, die dazu nicht gehören, § 4 Abs. 2 BAT [jetzt: § 2 Abs. 3 TVöD] gilt" (BAG 7. 5. 1986 – 4 AZR 556/83 – AP BAT § 4 Nr 12).

4.2 Als Bsp. für Gegenstände, die das BAG den durch Nebenabrede zu regelnden Vereinbarungen zugerechnet hat, seien hier erwähnt:
– Fahrtkostenersatz und Verpflegungszuschüsse (BAG 26. 7. 1972 – 4 AZR 365/71 – AP MTB II § 4 Nr. 1);
– Trennungsentschädigung (BAG 28. 1. 1981 – 4 AZR 869/78 – AP TV Arbeiter Bundespost Nr. 3);
– Fliegerzulage (BAG 18. 5. 1977 – 4 AZR 47/76 – AP BAT § 4 Nr. 4);
– Zuschuss zu den Beiträgen zu einem Kranken- und Unterstützungsverein (BAG 7. 12. 1977 – 4 AZR 383/76 – AP BAT § 4 Nr. 5);
– Essenszuschuss (BAG 12. 9. 1981 – 4 AZR 312/79 – AP BAT § 4 Nr. 8);
– Zahlung einer Zulage für Erschwernisse, die beim Angestellten nicht vorliegen (BAG 7. 5. 1986 – 4 AZR 556/83 – AP BAT § 4 Nr. 12);
– Zahlung eines Mankogeldes (BAG 27. 10. 1988 – 6 AZR 154/87);
– außer- bzw. übertarifliche Teilnahme am Bewährungsaufstieg (BAG 26. 11. 1969 – 4 AZR 528/68 – AP TOA § 3 Nr. 77; BAG 16. 8. 1978 – 4 AZR 33/77 – AP BAT §§ 22, 23 Nr. 101).

Die **Zahlung** einer **höheren** (als der tariflichen) **Vergütung** wurde dagegen als dem **„Hauptvertrag"** zugehörend bewertet (BAG 9. 9. 1981 – 4 AZR 213/81 – AP BAT § 4 Nr. 7; BAG 12. 9. 1984 – 4 AZR 373/82).

4.3 Nebenabreden können (nur) gesondert gekündigt werden, wenn dies im Einzelarbeitsvertrag ausdrücklich vereinbart ist. Das Kündigungsrecht gilt natürlich für AG wie für AN. Die Kündigungsfristen für die gesondert kündbare Nebenabrede ist ebenfalls zu vereinbaren.

Wurde eine gesonderte Kündigung vereinbart, berührt eine Kündigung der Nebenabrede in keiner Weise den Bestand oder die anderen Inhalte des Arbeitsverhältnisses. Folgerichtig kann die gesonderte (arbeitgeberseitige) Kündigung einer Nebenabrede nicht mit einer Kündigungsschutzklage angefochten werden, da das Arbeitsverhältnis als solches unverändert fortbesteht. Mangelt es an einer Kündigungsvereinbarung, kann ihre Wirksamkeit einseitig nur durch eine Kündigung des Arbeitsverhältnisses insgesamt (i. d. R. wohl im Wege einer Änderungskündigung) aufgehoben werden. In einem solchen Fall kann bei einer arbeitgeberseitigen Kündigung, bei Vorliegen der sonstigen Voraussetzungen, die Maßnahme mit einer Kündigungsschutzklage angefochten werden.

Selbstverständlich kann eine Nebenabrede im **beiderseitigen Einvernehmen** jederzeit aufgehoben oder geändert werden. Dies setzt aber wieder eine **schriftliche** Vereinbarung voraus.

§ 2 Abschnitt I. Allgemeine Vorschriften

5. Zu Abs. 4
5.1 Grundsätzliches

26 **5.11** Formal gesehen dient die Probezeit in erster Linie dazu, AG und AN die Möglichkeit zu geben, über einen längeren Zeitraum zu prüfen, ob die jeweiligen Erwartungen erfüllt werden, und – falls dies nicht der Fall ist – das Arbeitsverhältnis relativ kurzfristig und „komplikationsfrei" zu beenden. Für den AN ist jedoch i. d. R. eine Alternative zur Fortsetzung des Arbeitsverhältnisses – jedenfalls kurzfristig – eher theoretischer Natur. Außerdem ist es für ihn wesentlich einfacher, nach Ablauf der Probezeit ein bestehendes Arbeitsverhältnis auch gegen den Willen des AG aufzulösen. Aus diesen Gründen liegt die Probezeit vorrangig im Interesse des AG. Hiergegen spricht auch nicht der Umstand, dass der Probezeit auch der Anspruch des AN auf angemessene Einarbeitung immanent ist.

27 **5.12** Der TVöD sieht zwei Möglichkeiten zur rechtlichen Gestaltung der Probezeit vor: Es kann ein befristetes Arbeitsverhältnis zum Zwecke der Erprobung vereinbart werden. Nach § 14 Abs. 1 Nr. 5 TzBfG ist die Erprobung ein die Befristung des Arbeitsverhältnisses sachlich rechtfertigender Grund. Wegen weiterer Einzelheiten zu dieser rechtlichen Gestaltung der Probezeit wird auf §§ 30 ff. und Erl. hierzu verwiesen. Die zweite Möglichkeit ist die der Begründung eines **grundsätzlich unbefristeten** Arbeitsvertrages, in dessen Rahmen ein bestimmter Zeitraum als Probezeit festgesetzt wird. Diese Möglichkeit ist in § 2 Abs. 4 geregelt.

28 **5.13** Die Frage, ob eine arbeitgeberseitige Kündigung mit der **Kündigungsschutzklage** angefochten werden kann, hängt **nicht** davon ab, ob sich der gekündigte AN in der Probezeit befand oder nicht. Das KSchG stellt ausschließlich auf eine **Mindestdauer** des Arbeitsverhältnisses ab. Ist diese Mindestdauer nicht erreicht und kündigt der AG das Arbeitsverhältnis nach Ablauf der (vertraglich verkürzten) Probezeit, kann die Kündigungsschutzklage nach dem KSchG nicht erhoben werden. Wegen weiterer Einzelheiten zu diesem Fragenkomplex wird auf § 34 und den Erl. hierzu verwiesen.

29 **5.14** Auch während der Probezeit gelten die Normen des TV. Dass der AN sich in der Probezeit befindet, rechtfertigt keine für ihn **ungünstigere Abweichungen**, insbesondere keine **untertarifliche Bezahlung** (es sei denn, der TV sieht ausdrücklich eine entsprechende Regelung vor).

5.2 Zu Satz 1

30 **5.21** Die **ersten sechs Monate der Beschäftigung gelten** nunmehr einheitlich für alle Beschäftigten als Probezeit. Dieser Zeitraum kann **verkürzt,** nicht jedoch verlängert werden. Die im früheren Recht vorgesehene Verlängerung bei mehr als 10 Fehltagen ist entfallen. Eine Verkürzung der Probezeit ist nur wirksam, wenn sie schriftlich vereinbart wird (Nebenabrede), da eine solche Vereinbarung eindeutig nicht den Hauptrechten/Hauptpflichten aus dem Arbeitsvertrag zuzurechnen ist (vgl. Rn. 20 ff.).

31 **5.22** Anders als das frühere Tarifrecht sehen der TVöD bzw. TV-L nicht mehr ausdrücklich die Möglichkeit vor, ganz auf die Probezeit zu verzichten. Aus diesem Umstand kann aber nicht geschlossen werden, dass eine „Verkürzung auf Null" unzulässig sei. Hätten die TVP das Verbot eines gänzlichen Verzichtes gewollt, hätten sie dies zweifelsfrei zum Ausdruck gebracht. Auf jeden Fall wäre ein Verzicht auf eine Probezeit nach dem Günstigkeitsprinzip (s. Rn. 2) jedenfalls arbeitsrechtlich zulässig.

32 **5.23** Ob eine durch Nebenabrede verkürzte Probezeit nachträglich verlängert werden kann, wäre unter rein rechtlichen Aspekten wohl grundsätzlich zu beja-

hen, solange die Verlängerung nicht über sechs Monate seit Beginn der Beschäftigung hinausgeht. Allerdings setzt eine solche Verlängerung entweder eine (wirksame) Kündigung der Nebenabrede oder eine neue schriftliche vereinbarte Nebenabrede voraus. Schon aus praktischen Gründen wird daher die Frage, wenn überhaupt, nur in sehr seltenen Ausnahmefällen eine Rolle spielen.

5.24 Die Regelung des Satzes 1 gilt für **jedes** neue Beschäftigungsverhältnis, 33 also auch bei einer Wiedereinstellung. Die TVP haben – von der Regelung in Satz 2 abgesehen – keine Ausnahme vorgesehen. Allerdings hat das BAG zu der insoweit inhaltsgleichen Vorschrift des BAT entschieden, dass es bei zwei **unterbrechungsfrei** aufeinander folgenden Arbeitsverhältnissen bei demselben AG zu einer neuen Probezeit kommt, wenn **andersartige Arbeiten** Gegenstand des neuen Arbeitsverhältnisses sind (BAG 12. 2. 1981 – 2 AZR 1108/78 – AP BAT § 5 Nr. 1). Bei gleichartigen Tätigkeiten würde die Probezeit bei zwei unterbrechungsfrei aufeinander folgenden Arbeitsverhältnissen keinen der mit ihr verfolgten Zwecke erfüllen (können). Denn es bedarf in einem solchen Fall weder einer Erprobung noch einer besonderen Einarbeitung.

5.3 Zu Satz 2: Bezüglich der Probezeit bei **Übernahme von Ausbildungs-** 34 **kräften** in ein Arbeitsverhältnis sind gegenüber dem früheren Recht wesentliche Veränderungen eingetreten. Nunmehr entfällt zwingend die Probezeit, wenn die **Übernahme** in ein Arbeitsverhältnis im **unmittelbaren** Anschluss an das Ausbildungsverhältnis erfolgt.

Um eine „Übernahme" kann es sich nur handeln, wenn die Vertragspartner des 35 Ausbildungsverhältnisses und die des Arbeitsverhältnisses identisch sind. Keine Übernahme läge z. B. vor, wenn eine Ausbildungskraft der Stadtverwaltung A nach der Ausbildung in ein Arbeitsverhältnis zu den rechtlich selbstständigen, in privater Rechtsform geführten Stadtwerken A tritt; auch dann nicht, wenn die Stadt A alleiniger Eigentümer der Stadtwerke ist.

Dagegen liegt eine Übernahme vor, wenn eine Ausbildungskraft die Ausbildung 36 in der bundesunmittelbaren Behörde A absolviert hat und nach der Ausbildung als Beschäftigter in den bundesunmittelbaren Dienst übernommen wird, auch dann, wenn die Beschäftigung in der (bundesunmittelbaren) Behörde B erfolgt. Die **Voraussetzung,** dass die Einstellung bei **derselben Dienststelle oder demselben Betrieb** erfolgen muss, ist **weggefallen.**

Gleichfalls weggefallen ist die Voraussetzung, nach der das der Übernahme vor- 37 angegangene Ausbildungsverhältnis ein solches nach dem TVAöD – bzw. früher nach dem MTV Azubi – sein musste. Die Bestimmung kann daher auf andere (geregelte) Ausbildungsverhältnisse (z. B. Schüler/in in der Krankenpflege, Ausbildung für eine Beamtenlaufbahn) angewendet werden.

Verzichtet haben die TVP auch auf die frühere Voraussetzung „**erfolgreich** 38 **abgeschlossenes** Ausbildungsverhältnis". Nach dem Wortlaut käme die Regelung auch dann zum Tragen, wenn die Übernahme nach einem nicht erfolgreich abgeschlossenen Ausbildungsverhältnis erfolgt. Wenngleich äußerst selten, so kennt die Praxis doch Fälle, in denen solche Übernahmen stattgefunden haben, natürlich dann für Arbeitsplätze, die eine geringere Qualifikation voraussetzen (z. B. als ungelernter/anzulernender Arbeiter).

Wie im bisherigen Recht auch, haben die TVP keine Einschränkung dahinge- 39 hend gemacht, dass die Übernahme im erlernten oder in einem artverwandten Beruf erfolgen muss, wenn die Probezeit Kraft TV entfallen soll. Trotz der von den TVP offenbar gewollten Lockerung der Anwendungsvoraussetzungen kann – gerade unter Berücksichtigung der oben zitierten BAG-Entscheidung (vgl. Rn. 33) – der tarifrechtliche Wegfall der Probezeit nur dann in Frage kommen, wenn die

Ausbildungsinhalte einen deutlichen inhaltlichen Bezug zum (künftigen) Aufgabengebiet hatten.

40 **„Unmittelbarer Anschluss"** bedeutet, dass zwischen dem (rechtlichen) Ende des Ausbildungsverhältnisses und dem (rechtlichen) Beginn des Arbeitsverhältnisses keine auch nur kurze Unterbrechung liegen darf. Unschädlich dürften allenfalls in der Dienststelle/in dem Betrieb allgemein arbeitsfreie Tage sein.

§ 3 TVöD Allgemeine Arbeitsbedingungen

(1) **Die Beschäftigten haben über Angelegenheiten, deren Geheimhaltung durch gesetzliche Vorschriften vorgesehen oder vom Arbeitgeber angeordnet ist, Verschwiegenheit zu wahren; dies gilt auch über die Beendigung des Arbeitsverhältnisses hinaus.**

(2) **¹Die Beschäftigten dürfen von Dritten Belohnungen, Geschenke, Provisionen oder sonstige Vergünstigungen in Bezug auf ihre Tätigkeit nicht annehmen. ²Ausnahmen sind nur mit Zustimmung des Arbeitgebers möglich. ³Werden den Beschäftigten derartige Vergünstigungen angeboten, haben sie dies dem Arbeitgeber unverzüglich anzuzeigen.**

(3) **¹Nebentätigkeiten gegen Entgelt haben die Beschäftigten ihrem Arbeitgeber rechtzeitig vorher schriftlich anzuzeigen. ²Der Arbeitgeber kann die Nebentätigkeit untersagen oder mit Auflagen versehen, wenn diese geeignet ist, die Erfüllung der arbeitsvertraglichen Pflichten der Beschäftigten oder berechtigte Interessen des Arbeitgebers zu beeinträchtigen.**

(4) **¹Der Arbeitgeber ist bei begründeter Veranlassung berechtigt, die/den Beschäftigte/n zu verpflichten, durch ärztliche Bescheinigung nachzuweisen, dass sie/er zur Leistung der arbeitsvertraglich geschuldeten Tätigkeit in der Lage ist. ²Bei der beauftragten Ärztin/dem beauftragten Arzt kann es sich um eine Betriebsärztin/einen Betriebsarzt handeln, soweit sich die Betriebsparteien nicht auf eine andere Ärztin/einen anderen Arzt geeinigt haben. ³Die Kosten dieser Untersuchung trägt der Arbeitgeber.**

(5) **¹Die Beschäftigten haben ein Recht auf Einsicht in ihre vollständigen Personalakten. ²Sie können das Recht auf Einsicht auch durch eine/n hierzu schriftlich Bevollmächtigte/n ausüben lassen. ³Sie können Auszüge oder Kopien aus ihren Personalakten erhalten.**

§ 3 TV-L Allgemeine Arbeitsbedingungen

(1) **¹Die arbeitsvertraglich geschuldete Leistung ist gewissenhaft und ordnungsgemäß auszuführen. ²Die Beschäftigten müssen sich durch ihr gesamtes Verhalten zur freiheitlich demokratischen Grundordnung im Sinne des Grundgesetzes bekennen.**

(2) **Die Beschäftigten haben über Angelegenheiten, deren Geheimhaltung durch gesetzliche Vorschriften vorgesehen oder vom Arbeitgeber angeordnet ist, Verschwiegenheit zu wahren; dies gilt auch über die Beendigung des Arbeitsverhältnisses hinaus.**

(3) **¹Die Beschäftigten dürfen von Dritten Belohnungen, Geschenke, Provisionen oder sonstige Vergünstigungen mit Bezug auf ihre Tätigkeit nicht annehmen. ²Ausnahmen sind nur mit Zustimmung des Arbeitge-**

Allgemeine Arbeitsbedingungen § 3

bers möglich. ³Werden den Beschäftigten derartige Vergünstigungen angeboten, haben sie dies dem Arbeitgeber unverzüglich anzuzeigen.

(4) ¹Nebentätigkeiten gegen Entgelt haben die Beschäftigten ihrem Arbeitgeber rechtzeitig vorher schriftlich anzuzeigen. ²Der Arbeitgeber kann die Nebentätigkeit untersagen oder mit Auflagen versehen, wenn diese geeignet ist, die Erfüllung der arbeitsvertraglichen Pflichten der Beschäftigten oder berechtigte Interessen des Arbeitgebers zu beeinträchtigen. ³Für Nebentätigkeiten im öffentlichen Dienst kann eine Ablieferungspflicht nach den Bestimmungen, die beim Arbeitgeber gelten, zur Auflage gemacht werden.

(5) ¹Der Arbeitgeber ist bei begründeter Veranlassung berechtigt, Beschäftigte zu verpflichten, durch ärztliche Bescheinigung nachzuweisen, dass sie zur Leistung der arbeitsvertraglich geschuldeten Tätigkeit in der Lage sind. ²Bei dem beauftragten Arzt kann es sich um einen Amtsarzt handeln, soweit sich die Betriebsparteien nicht auf einen anderen Arzt geeinigt haben. ³Die Kosten dieser Untersuchung trägt der Arbeitgeber.

(6) ¹Die Beschäftigten haben ein Recht auf Einsicht in ihre vollständigen Personalakten. ²Sie können das Recht auf Einsicht auch durch eine/n hierzu schriftlich Bevollmächtigte/n ausüben lassen. ³Sie können Auszüge oder Kopien aus ihren Personalakten erhalten. ⁴Die Beschäftigten müssen über Beschwerden und Behauptungen tatsächlicher Art, die für sie ungünstig sind oder ihnen nachteilig werden können, vor Aufnahme in die Personalakten gehört werden. ⁵Ihre Äußerung ist zu den Personalakten zu nehmen.

(7) Für die Schadenshaftung der Beschäftigten finden die Bestimmungen, die für die Beamten des jeweiligen Landes jeweils gelten, entsprechende Anwendung.

Zu den Erläuterungen zu § 3 TV-L siehe S. 38

Erläuterungen zu § 3 TVöD

Sonderregelungen

1. BT-V

§ 41 (im Wesentlichen: Regelung der politischen Treuepflicht im Bereich von AG, in deren Bereich auch hoheitliche Aufgaben wahrgenommen werden.

Darüber hinaus enthält der BT-V folgende Sonderregelungen im Zusammenhang mit den allgemeinen Pflichten:

A) Für den Bereich des Bundes

1. § 45 Nr. 3 für Beschäftigte, die zu Auslandsdienststellen des Bundes entsandt sind;
2. § 46 Nrn. 2, 9 und 19 für die Beschäftigten im Bereich des Bundesministeriums der Verteidigung;
3. § 47 Nrn. 2 und 11 für die Beschäftigten des Bundesministeriums für Verkehr, Bau- und Wohnungswesen.

Zu beachten ist, dass die in § 46 Nr. 19 aufgeführten allgemeinen Pflichten Ergänzungen zu den im **BT-K** vereinbarten allgemeinen Pflichten der Ärztinnen und Ärzte darstellen. Sie (diese Ergänzungen) gelten für **alle** Beschäftigten i. S. v. § 38 Abs. 5 S. 1 (= ehemals „Angestellte") in Bundeswehrkrankenhäusern.

§ 3 Abschnitt I. Allgemeine Vorschriften

B) Für den Bereich der VKA

1. **BFV:** § 47 Nr. 2 Beschäftigte in Forschungseinrichtungen mit kerntechnischen Forschungsanlagen); und § 55 Nr. 3 Beschäftigte an Theatern und Bühnen.
2. **BT-B:** § 42 Allgemeine Pflichten der Ärztinnen und Ärzte und § 43 Nebentätigkeiten der Ärztinnen und Ärzte.
3. **BT-E:** § 43 enthält eigene Regelungen zum betrieblichen Gesundheits- und Arbeitsschutz.
4. **BT-K:** § 42 Allgemeine Pflichten der Ärztinnen und Ärzte, Nebentätigkeiten und § 56 Haftung.
5. **BT-F, BT-S:** Keine sich auf die allgemeinen Pflichten beziehende Vereinbarungen.

1. Allgemeines

1.1 Die bisher in den §§ 6 bis 14 BAT/-O (bzw. in den entsprechenden Vorschriften der MTV für Arbeiter) enthaltenen Regelungen wurden gestrafft und zum größten Teil im § 3 des AT zusammengefasst. Die Normen über die Versetzung etc. finden sich erweiterter Form nunmehr in § 4 des AT. Gänzlich weggefallen sind die Vorschriften zum Gelöbnis, zur sog. Gehorsamspflicht, zur sog. allgemeinen Verhaltenspflicht, über die Einstellungsuntersuchung sowie zur Schadenshaftung. Die sog. politische Treuepflicht wurde in eingeschränktem Umfang in den BT-V, nicht jedoch in die anderen BT aufgenommen.

1.2 Der Verzicht auf eigenständige Regelungen bedeutet nicht zwangsläufig den Wegfall der vormals geregelten Pflichten (bzw. Rechte). Sie können sich nach wie vor aus den allgemeinen Regeln des Arbeitsrechts ergeben. So ist z. B. das **Direktionsrecht** des AG jedem Arbeitsverhältnis inne. Hiernach ist der AG befugt, grundsätzlich einseitig zu bestimmen, wann, wie und wo die arbeitsvertraglich geschuldete Leistung zu erbringen ist. Dabei setzen staatliches Recht, Vorschriften des Kollektivrechtes sowie einzelarbeitsvertragliche Vereinbarungen diesem Recht Grenzen. Es darf ferner nur **nach billigem Ermessen** ausgeübt werden (vgl. u. a. BAG 25. 10. 1989 – 2 AZR 633/88 – AP BGB § 611 Direktionsrecht Nr. 36).

Welche Tätigkeiten dem AN übertragen werden dürfen, beurteilt sich nach den Vereinbarungen im Arbeitsvertrag. Ist in ihm eine bestimmte Tätigkeit vereinbart, darf der AN nur mit dieser vereinbarten Tätigkeit betraut werden. Ist die Leistungspflicht im Arbeitsvertrag fachlich umschrieben, dürfen alle Aufgaben übertragen werden, die üblicherweise zum vereinbarten Berufsbild gehören. Im ö. D. ist es ganz weit verbreitete Praxis, pauschale Umschreibungen zu verwenden (etwa „Beschäftigte/r nach Entgeltgruppe xy"), die es dem AG erlauben, dem AN jede Tätigkeit zu übertragen, **die den Merkmalen seiner Entgeltgruppe und seinen Kräften und Fähigkeiten entspricht,** sofern ihm die Tätigkeit auch im übrigen billigerweise zugemutet werden kann (BAG 12. 4. 1973 – 2 AZR 291/72 – AP BGB § 611 Direktionsrecht Nr. 24). Die übertragene Aufgabe entspricht auch dann noch der Entgeltgruppe, wenn zwar eine Einzeltätigkeit als solche „unterwertig" ist, es sich jedoch nicht um einen Arbeitsvorgang, sondern um eine Zusammenhangstätigkeit i. S. der einschlägigen Eingruppierungsvorschrift handelt, die auf die tarifliche Bewertung keinen Einfluss hat (BAG 29. 8. 1991 – 6 AZR 593/88 – AP BGB § 611 Direktionsrecht Nr. 38). Diese zum Geltungsbereich des BAT ergangene Entscheidung wird wohl auch nach In-Kraft-Treten der Eingruppierungsvorschriften (einschließlich Entgeltordnung) des TVöD ihre Bedeutung behalten, da nach den Erklärungen der TVP die Grundsätze der Eingruppierungsvorschriften im Wesentlichen unverändert gegenüber denen des BAT/-O bleiben werden.

Allgemeine Arbeitsbedingungen § 3

Auch andere sich auf die Aufgabenerledigung beziehende Weisungen muss der 4
AN grundsätzlich befolgen. Hat er Bedenken hinsichtlich Rechtmäßigkeit, Zweckmäßigkeit oder Wirtschaftlichkeit, kann er diese selbstverständlich vortragen. Kann er erkennen, dass der Vollzug der Anordnung einen Schaden für den AG zur Folge haben kann, wird er u. U. sogar verpflichtet sein, hierauf hinzuweisen. Verbleibt es jedoch bei der Weisung, hat der AN sie zu befolgen.

Natürlich greift die Gehorsamspflicht **nur**, wenn die Weisung selber **rechtmä-** 5
ßig und der Anordnende hierzu befugt ist. Unter allen Umständen gerechtfertigt ist die Weigerung, einer Weisung Folge zu leisten, wenn der Vollzug der Anordnung gegen Strafgesetze verstoßen würde. Die Weigerung, einer rechtmäßig ergangenen Weisung zu folgen, wird als Arbeitsvertragsverletzung i. d. R. eine Abmahnung nach sich ziehen. Eine Kündigung dagegen setzt nach st. Rspr. des BAG eine beharrliche, i. d. R. also eine mehrfache, Weigerung voraus. Beharrlichkeit liegt nach einer Entscheidung des LAG Düsseldorf v. 23. 5. 1967 (8 Sa 105/67) vor, „wenn die Willensrichtung des Arbeitnehmers erkennbar ist, Anweisungen des Arbeitgebers nicht befolgen zu wollen". Dagegen setzt Beharrlichkeit nicht zwingend verschiedene Anlässe voraus. Mit einer Entscheidung v. 31. 3. 1983 (2 AZR 398/81) hat das BAG die Kündigung eines AN für rechtens erklärt, der sich im Laufe eines Tages trotz mündlich erfolgter Abmahnungen mehrfach geweigert hatte, eine ihm zugewiesene Arbeit zu übernehmen.

Eine Verweigerung des AN kann aber nur dann arbeitsrechtliche Konsequenzen 6
(Abmahnung, Kündigung) haben, wenn er **schuldhaft** handelt. Dies ist dann nicht gegeben, wenn die Weigerung auf einen entschuldbaren Irrtum beruht. Ein Rechtsirrtum ist dann unverschuldet, wenn der AN aufgrund einer bestimmten Gesetzeslage oder einer vorausgegangenen höchstrichterlichen Rechtsprechung zu der Ansicht gelangt ist, der Anordnung nicht folgen zu müssen (BAG 31. 3. 1983). Die Auskunft einer sach- und rechtskundigen Stelle (etwa Gewerkschaft, Personal-/Betriebsrat) kann – muss aber nicht zwingend – einen Rechtsirrtum des AN entschuldigen. Kommt es bei der Rechtsfrage entscheidend auf die besonderen Umstände des Einzelfalles an und liegt der Auskunft keine bestimmte Gesetzeslage und/oder Rechtsprechung zugrunde, trägt der AN das Risiko, dass das letztlich entscheidende Gericht den Rechtsstandpunkt nicht teilt (BAG 31. 3. 1983).

Ob die Weigerung unter Berufung auf einen „Geschäftsverteilungsplan", eine 7
bestimmte Tätigkeit auszuführen, berechtigt erfolgt, hängt von den Umständen des Einzelfalles ab. Sog. Geschäftsverteilungspläne (oder Aufgabenverteilungspläne) sind grundsätzlich in Ausübung des Direktionsrechtes einseitig vom AG erlassene Regelungen, die auch einseitig veränderbar sind. Sie sind in erster Linie Organisationsmittel und nur in sehr seltenen Fällen zum Gegenstand des ArbVertr. gemacht (und wenn, dann in dynamischer Form). Fraglich kann es daher nur sein, ob und in welchem Umfang der **anweisende** Vorgesetzte befugt ist, bei der Aufgabenzuweisung vom Geschäftsverteilungsplan abzuweichen. Aus AN-Sicht empfiehlt sich daher Vorsicht bei einer Verweigerung mit Hinweis auf den Geschäftsverteilungsplan.

1.3 Bezüglich der **Schadenshaftung** enthält der TVöD – anders als BAT/-O, 8
BMT-G/-O und MTArb/-O – keine Regelungen (Ausnahme: § 56 BT-K). Damit gelten im Bereich des TVöD nunmehr die allgemeinen, im Wesentlichen von der Rspr. entwickelten Grundsätze für die **Arbeitnehmerhaftung,** allerdings mit einer Ausnahme: Ist der Schaden **einem Dritten** als Folge einer (pflichtwidrig ausgeführten) **hoheitlichen Tätigkeit** entstanden, so haftet gegenüber dem (geschädigten) Dritten gem. Art. 34 GG i. V. m. § 839 BGB der Staat bzw. die Kör-

perschaft, in deren Dienst der den Schaden verursachende Beamte oder AN stand. Ein Rückgriff auf den Beamten oder AN ist **in diesen Fällen** (weiterhin) nur bei **Vorsatz oder grober Fahrlässigkeit** möglich.

9 Für Schäden, die der AN dem AG unmittelbar zufügt, und für den Rückgriff bei Schadensfällen, die als Folge nicht hoheitlicher Tätigkeit entstanden sind, gilt entsprechend den o. g. Grundsätzen:
– bei leichtester Fahrlässigkeit haftet der AN nicht;
– bei „normaler" Fahrlässigkeit haftet der AN zum Teil;
– bei grober Fahrlässigkeit (und natürlich bei vorsätzlich herbeigeführten Schäden) hat der AN den gesamten Schaden zu ersetzen.

10 Der Umfang der Mithaftung des AN bei „normaler" Fahrlässigkeit richtet sich nach den Umständen des Einzelfalles unter Berücksichtigung zahlreicher Gesichtspunkte. Hierzu gehören u. a. die Gefahrgeneigtheit der Arbeit, der Grad des Verschuldens des AN und eines evtl. Mitverschuldens des AG, die Höhe des Arbeitsentgeltes, die Höhe des Schadens, die berufliche Stellung des AN, u. U. auch persönliche Verhältnisse des AN.

11 Erleidet der **AN** bei der Ausübung seiner Tätigkeit einen Schaden, greifen die Grundsätze für die **Gefährdungshaftung** des AG. Diese hat das BAG in einer Entscheidung v. 20. 4. 1989 (8 AZR 632/87 – AP BGB § 611 Gefährdungshaftung des Arbeitgebers Nr. 9) wie folgt zusammengefasst: „Ein Arbeitnehmer hat in entsprechender Anwendung des § 670 BGB Anspruch auf Ersatz von Schäden, die ihm bei Erbringung der Arbeitsleistung ohne Verschulden des Arbeitgebers entstehen. **Voraussetzung** ist, dass der Schaden nicht dem Lebensbereich des Arbeitnehmers, sondern dem **Betätigungsbereich des Arbeitgebers** zuzurechnen ist **und der Arbeitnehmer ihn nicht selbst tragen muss, weil er dafür eine besondere Vergütung erhält** (...). Sachschäden des Arbeitnehmers, mit denen nach Art und Natur des Betriebs oder der Arbeit zu rechnen ist, insbesondere Schäden, die notwendig oder regelmäßig entstehen, sind ‚arbeitsadäquat' und im Arbeitsverhältnis keine Aufwendungen im Sinne des § 670 BGB (...). Handelt es sich dagegen um Sachschäden, die bei Ausübung einer gefährlichen Arbeit entstehen und ‚durchaus außergewöhnlich' sind, mit denen also der Arbeitnehmer nach der Art des Betriebs oder der Arbeit nicht ohne Weiteres zu rechnen hat, so liegt eine Aufwendung nach § 670 BGB vor, da die Einsatzpflicht nicht ‚arbeitsadäquat' ist (...)". Trifft den AN ein Mitverschulden, gilt die „Verteilungsregelung" wie bei der Schadenshaftung: Bei leichtester Fahrlässigkeit steht ihm grundsätzlich voller Ersatz zu, bei „normaler" Schuld findet eine Aufteilung statt, bei grober Fahrlässigkeit oder bei Vorsatz steht ein Schadensersatz nicht zu.

12 **1.4** Die „allgemeine Verhaltenspflicht" („... hat sich so zu verhalten, wie es von Angehörigen des öffentlichen Dienstes erwartet wird") wurde nicht mehr in den TVöD aufgenommen, auch nicht in den BT-V. Dennoch können negative Verhaltensweisen – auch im Privatbereich – Arbeitsvertragsverletzungen darstellen, wenn dadurch das Ansehen des AG in der Öffentlichkeit geschädigt wird. Zwar wird man nunmehr – weniger noch als in der Vergangenheit – in arbeitsrechtlicher Hinsicht an Beschäftigte des ö. D. andere Maßstäbe anlegen dürfen als an AN außerhalb des ö. D., aber je nach Aufgabenkreis und beruflicher Stellung, der z. B. im allgemeinen Bewusstsein eine besondere Vorbildfunktion inne sein kann, wird ein gravierendes Fehlverhalten eines AN im ö. D. zu einem relevanten Ansehensverlust des (öffentlichen) AG führen und den AG deshalb zu einer Abmahnung berechtigen. Bei schweren Straftaten wird – wie bisher auch – u. U. eine ordentliche Kündigung rechtens sein. Im Falle eines Tötungsdeliktes hat das BAG sogar eine außerordentliche Kündigung für rechtens erklärt, ohne dass eine messbare

Ansehensschädigung nachgewiesen werden müsste (BAG 8. 6. 2000 – 2 AZR 638/99 – AP BGB § 626 Nr. 163).

2. Zu Abs. 1

2.1 Für Angelegenheiten, deren Geheimhaltung durch gesetzliche Bestimmungen vorgesehen ist, gilt die Schweigepflicht, auch wenn der AG hierzu keine besonderen Hinweise gibt. Unter „gesetzliche Bestimmungen" sind nicht nur Gesetze im formellen, sondern auch solche im materiellen Sinne zu verstehen.

2.2 Für andere Sachverhalte muss der AG die Schweigepflicht ausdrücklich anordnen. Dies gilt auch dann, wenn eine gesetzliche vorgesehene Geheimhaltungsvorschrift auch auf Personenkreise ausgedehnt werden soll, die von den gesetzlichen Regelungen nicht erfasst werden. Die Befugnis, Geheimhaltung anzuordnen, bezieht sich nicht nur auf Sachverhalte „mit Außenwirkung", sondern auch auf interne Angelegenheiten. Die Anordnung bedarf jedoch keiner besonderen Form. Sie kann schriftlich oder mündlich erfolgen; sie kann sich auf abstrakt beschriebene Angelegenheiten oder auf konkrete Einzelfälle beziehen.

Eine Besonderheit enthält der **BT-S:** Abgesehen davon, dass § 46 S. 1 BT-S wörtlich die Vorschrift des § 3 Abs. 1 wiederholt (ein Grund hierfür ist nicht erkennbar), sieht Satz 2 vor, dass das Bankgeheimnis auch dann zu wahren ist, wenn dies nicht ausdrücklich vom AG angeordnet ist.

Die Schweigepflicht gilt nicht nur für Angelegenheiten, mit denen der AN arbeitsmäßig betraut ist, sondern auch für solche, über die er in sonstiger Weise im Rahmen seiner beruflichen Tätigkeit Kenntnis erlangt hat.

Bricht der AN seine Schweigepflicht, so ist dies immer eine Arbeitsvertragsverletzung, die – je nach den Umständen des Einzelfalles – zu einer Abmahnung, einer fristgemäßen Kündigung oder in ganz gravierenden Fällen auch zu einer außerordentlichen Kündigung führen kann. Sehen bei einer gesetzlich vorgesehenen Geheimhaltungspflicht diese Bestimmungen eigene Sanktionen (Strafandrohung) für den Fall der Zuwiderhandlung vor, so werden diese natürlich nicht von den arbeitsrechtlichen Konsequenzen berührt, aber auch nicht umgekehrt.

Nach einer Entscheidung des BAG v. 10. 8. 1989 (6 AZR 373/87) **kann** es die dem AG obliegende allgemeine Fürsorgepflicht gebieten, den AN von der Schweigepflicht im nötigen Umfang zu entbinden, um diesen in die Lage zu versetzen, seine arbeitsvertraglichen bzw. tariflichen Rechte (z. B. Höhergruppierung) auch und gerade gegenüber dem AG durchzusetzen.

2.3 Die Schweigepflicht wirkt nach Satz 2 über das Ende des ArbVerh. hinaus. Der (ehemalige) AN bleibt ihr in vollem Umfang unterworfen. Eine Verletzung dieser nachwirkenden Pflicht kann naturgemäß keine arbeitsrechtlichen Sanktionen zur Folge haben. Jedoch sind bei einer Verletzung Schadensersatzansprüche seines (früheren) AG und/oder Dritten möglich.

Weist der (ehemalige) AN ein berechtigtes Interesse daran nach, von der Schweigepflicht entbunden zu werden (etwa, wenn dies zur sachgerechten Fortführung eines zum Zeitpunkt des Ausscheidens noch nicht abgeschlossenen Rechtsstreits über vertragliche Ansprüche oder zur Einleitung eines Schadensersatzprozesses notwendig ist), **kann** der AG unter dem Gesichtspunkt der nachwirkenden Fürsorgepflicht **verpflichtet sein,** ihn innerhalb bestimmter Grenzen von der (nachwirkenden) Schweigepflicht zu entbinden (BAG 13. 2. 1969 – 5 AZR 199/68 – AP BGB § 611 Schweigepflicht Nr. 3).

2.4 Das Verbot, sich oder einem Dritten dienstliche Schriftstücke etc. für nicht dienstliche Zwecke zu beschaffen, ist nicht mehr ins Tarifwerk aufgenommen worden; dies gilt auch für den Herausgabeanspruch des AG bezogen auf solche

§ 3 Abschnitt I. Allgemeine Vorschriften

Unterlagen. Beides wird sich in den meisten Fällen aus allgemeinen Regeln des Arbeits- bzw. bürgerlichen Rechts auch ohne besondere Regelungen ableiten lassen. Auf jeden Fall bleibt es dem AG unbenommen, entsprechende Regelungen zu treffen.

3. Zu Abs. 2

22 **3.1** Die Bestimmung ist weitgehend identisch mit den Regelungen im bisherigen Mantelrecht (§ 10 BAT/-O). Die Wörter „Provisionen oder sonstige Vergünstigungen" wurden zwar neu eingefügt, was jedoch keine inhaltliche Erweiterung der bisherigen Bestimmung bedeutet, denn unbestritten wurden auch vom alten Recht Vorteile jeder Art erfasst.

23 Eine **Belohnung** ist nach allgemeinem Sprachgebrauch die Gewährung eines Vorteiles als Gegenleistung für ein bestimmtes Handeln oder Unterlassen. Als **Provision** wird allgemein das „Entgelt" für eine vermittelnde Tätigkeit verstanden, so dass insoweit die Provision auch eine „Belohnung" ist.

24 Ein **Geschenk** ist „jede freiwillige, unentgeltliche Zuwendung, die einen Vermögenswert besitzt, also den Empfänger bereichert, ohne dass von ihm eine Gegenleistung erwartet wird" (BAG 17. 4. 1984 – 3 AZR 97/82 – AP BAT § 10 Nr. 1). Nach Auffassung des BAG (17. 4. 1984 – AP BAT § 10 Nr. 1) gehört auch ein Vermächtnis dazu. Selbst dann, wenn der Begünstigte erst nach dem Tod des Erblassers von dem Vermächtnis Kenntnis erlangt, bedarf er zur Annahme der Zustimmung des AG. Das Bundesverwaltungsgericht hat festgestellt, dass auch ein mit einer wissenschaftlichen Ehrung verbundenes Preisgeld ein „Geschenk" sein kann (BVerwG 20. 1. 2000 – 2 C 19/99 – ZTR 2000, 284 f.).

25 Mit der Formulierung „sonstige Vergünstigungen" haben die TVP nochmals deutlich betont, dass Vorteile jeder Art, also auch mittelbare, gemeint sind. Die Einräumung von Sonderkonditionen bei Verkäufen oder anderen gewerblichen Leistungen und die Überlassung von Gebrauchsgegenständen, Immobilien oder Einrichtungen ohne oder gegen ein unangemessen niedriges Entgelt seien hier als Bsp. genannt.

26 **3.2** Obschon die Vorschrift auch unter der Geltung der früheren MantelTV (zu Recht) als grundsätzliches Verbot mit Ausnahmemöglichkeiten ausgelegt wurde, konnte der Wortlaut den Eindruck vermitteln, es handele sich bei der Annahme von Geschenken und/oder Belohnungen um einen grundsätzlich zulässigen, aber unter Zustimmungsvorbehalt stehenden Vorgang („... darf ... mit Zustimmung ... annehmen"). Nunmehr betont der TV in erster Linie das Verbot der Annahme und den Ausnahmecharakter der Zustimmung („... dürfen ... nicht annehmen. Ausnahmen sind ... möglich"). Dies spricht dafür, dass die TVP eher einen noch restriktiveren Umgang mit der Vorschrift wünschen.

27 Wenngleich es selbstverständlich ist und keine Änderung gegenüber dem bisherigen Recht darstellt, sei betont, dass die Vorschrift uneingeschränkt für alle tarifunterworfenen ArbVerh. gilt, also auch für solche bei Unternehmen in privater Rechtsform.

28 **3.3** Das Verbot setzt voraus, dass der wie immer geartete Vorteil in Bezug auf die (berufliche) Tätigkeit angeboten wird. Vorteilsgewährungen, die keinen Bezug zu dieser Tätigkeit haben, können naturgemäß nicht erfasst sein. Ein Bezug zur beruflichen Tätigkeit liegt immer dann vor, wenn „die Zuwendung ihre Grundlage im dienstlichen Bereich hat, d. h. wenn für sie nach den Umständen des Falles **kein anderer Grund gefunden werden kann als der, dass dem Zuwendungsempfänger bestimmte Dienstleistungen obliegen**" (BayObLG München 12. 9. 1995 – 1 Z BR 59/95, NJW 1995, 3260).

Keine Rolle spielt das Motiv. Auch „in bester Absicht und ohne Hintergedanken" angebotene Vorteile werden vom grundsätzlichen Verbot erfasst. Auch der materielle Wert ist grundsätzlich ohne Bedeutung. Beides kann allerdings bei der Zustimmungspraxis berücksichtigt werden. Es kommt auch weder darauf an, ob die Belohnung/das Geschenk eine Amtspflichtverletzung bewirken oder entgelten sollte noch darauf, ob der AN „das Geld für sich verwandt oder einer ‚Kaffeekasse' zugeführt hat" (BAG 15. 11. 2001 – AP BGB § 626 Nr. 175).

3.4 Die **Zustimmung des AG** ist **nicht** an eine **bestimmte Form** gebunden. Sie kann mündlich oder schriftlich erteilt werden. Sie kann in bestimmten Grenzen auch generalisierend erfolgen (etwa, indem er festlegt, dass für Geschenke mit einem geringen Wert die Zustimmung als erteilt gilt). Sie kann aber auch darin liegen, dass der AG bestimmte Bräuche kennt und sie duldet. Empfehlenswert ist jedoch eine „Zustimmung durch Duldung" nicht. Möglichst klare Regelungen schützen das Ansehen des AG und bewahren zugleich die AN vor unbeabsichtigten Verfehlungen. Bei der Entscheidung, ob er die Zustimmung erteilt, hat der AG im Rahmen des – der gerichtlichen Kontrolle unterliegenden – billigen Ermessens zu handeln, also eine sorgfältige gegenseitige Interessenabwägung vorzunehmen. Dabei darf er auch die „Außenwirkung" – also den in der Öffentlichkeit möglicherweise entstehenden Eindruck, durch Geschenke oder Belohnungen sei eine bevorzugte Behandlung erreichbar – in die Abwägung einbeziehen (vgl. BAG 17. 4. 1984 AP BAT § 10 Nr. 1).

Wie bisher auch, haben die TVP darauf verzichtet, die **vorherige** Zustimmung ausdrücklich vorzuschreiben. Dies würde den Erfordernissen der Praxis auch nicht gerecht. Eine nachträgliche Zustimmung muss daher (weiter) ausreichen, wenn der AN nach Lage der Dinge mit einiger Sicherheit davon ausgehen kann, dass die Zustimmung erteilt wird und er diese unverzüglich einholt.

3.5 Ein Verstoß gegen die Vorschrift ist ohne Rücksicht darauf, ob damit gleichzeitig ein Straftatbestand erfüllt ist, eine Verletzung arbeitsvertraglicher Pflichten, die in schweren Fällen (z.B. passive Bestechung) eine außerordentliche Kündigung rechtfertigt. Die besondere Schwere kann auch darin begründet liegen, dass der AN mehrfach in solcher Weise gegen seine arbeitsvertraglichen Pflichten verstoßen hat (BAG 15. 11. 2001 AP BGB § 626 Nr. 175).

3.6 Das Verbot wirkt nicht über das Ende des ArbVerh. hinaus. Eine dem Abs. 1, 2. Halbsatz entsprechende Regelung haben die TVP nicht vereinbart.

3.7 Satz 3 verpflichtet den AN zwingend, den AG zu informieren, wenn ihm Vorteile der in Satz 1 genannten Art angeboten werden. Dies gilt auch dann, wenn der AN bereits von sich aus das Angebot abgelehnt hat. Die Information hat unverzüglich, also ohne schuldhaftes Zögern, zu erfolgen.

4. Zu Abs. 3

4.1 Die Bindung des Tarifbereiches an das Beamtenrecht in Fragen der **Nebentätigkeiten** wurde völlig aufgegeben. Nunmehr gelten ausschließlich die eigenständigen Regeln des TVöD bzw. des allgemeinen Arbeitsrechts. Beamtenrechtliche Bestimmungen dürfen zur Beurteilung von Sachverhalten im Zusammenhang mit Nebentätigkeiten nicht mehr – auch nicht hilfsweise – herangezogen werden.

4.2 Allerdings kann der AN auch nach neuem Recht nicht nach uneingeschränkt freiem Willen Nebentätigkeiten aufnehmen bzw. ausüben. Denn es kann nicht ausgeschlossen werden, dass eine Nebentätigkeit das „Hauptarbeitsverhältnis" in einer Weise beeinträchtigt, die wichtige und schützenswerte Interessen des AG verletzt. Deshalb sieht die Vorschrift für den AG die Möglichkeit vor, unter bestimmten Voraussetzungen die Aufnahme/Ausübung einer Nebentätigkeit ganz zu untersagen oder mit Auflagen zu versehen.

37 4.3 Nebentätigkeiten können unterschiedlich ausgestaltet sein. Sie kann in Form eines ArbVerh. geleistet werden, es sind aber auch andere Rechtsverhältnisse denkbar (z. B. Werk-/Dienstvertrag, selbstständiger Unternehmer, freiberufliche Tätigkeit, ehrenamtliche Tätigkeit). Für die Frage, ob eine Nebentätigkeit **anzuzeigen** ist, hängt grundsätzlich nicht von der Frage ab, wie sie rechtlich ausgestaltet ist, sondern ausschließlich davon, ob sie gegen **Entgelt** ausgeübt wird. **Nur dann ist sie anzeigepflichtig.** Als Entgelt in d. S. wird jede geldwerte Leistung, die als Gegenleistung für die (Neben-) Tätigkeit zu bewerten ist, anzusehen sein. Kein Entgelt stellt dagegen die Erstattung von Aufwendungen (z. B. Fahrtkosten) dar, jedenfalls dann, wenn diese nach dem tatsächlichen Aufwand erfolgt. Es mag Fälle geben, in denen die Abgrenzung zwischen „Entgelt" i. S. der Vorschrift und einer anderen Form von „Gegenleistung" (z. B. pauschalierte Aufwandsentschädigung, „Gegengefälligkeit") schwierig sein mag, in den allermeisten Fällen wird diese Frage aber in der Praxis kaum eine Rolle spielen.

38 Die Unterlassung einer Information über eine anzeigenpflichtige Nebentätigkeit stellt einen Verstoß gegen § 3 Abs. 3 TVöD und damit eine Verletzung arbeitsvertraglicher Pflichten dar. Daran ändert auch nichts der Umstand, dass der AG keinen Rechtsgrund hat, die Tätigkeit zu untersagen oder mit Auflagen zu versehen.

39 4.4 Liegt die Pflicht zur Anzeige vor, hat diese **vorher** – also vor der tatsächlichen Aufnahme – der Nebentätigkeit zu erfolgen. Ausgehend vom Regelungszweck (dem AG die Möglichkeit einzuräumen zu prüfen, ob er in Wahrung seiner berechtigten Interessen die Nebentätigkeit untersagen oder mit Auflagen versehen muss) kann „vorher" nur **„rechtzeitig"** bedeuten, was wiederum nach den Umständen des Einzelfalles zu beurteilen ist. Erfolgt die Information nicht rechtzeitig, läuft der AN Gefahr, dass er wg. einer evtl. Untersagung oder wg. Auflagen vertragliche Verpflichtungen gegenüber dem „Auftraggeber" der Nebentätigkeit nicht erfüllen kann, ohne gegen die Pflichten aus dem „Hauptarbeitsverhältnis" zu verstoßen.

40 Erfolgt jedoch die Anzeige rechtzeitig und **reagiert der AG innerhalb eines angemessenen Zeitraumes nicht,** so kann der AN grundsätzlich davon ausgehen, dass der AG die Nebentätigkeit weder untersagen noch mit Auflagen versehen will (vgl. Kuner, Rn. 184 a). Weder ist der AG verpflichtet, auf eine entsprechende Anzeige zu reagieren, noch der AN, unangemessen lange auf eine evtl. Reaktion zu warten (vgl. Kuner a. a. O.). Ob der AG in einem solchen Fall nachträglich die Nebentätigkeit untersagen oder mit Auflagen zu versehen kann, hängt von den Umständen des Einzelfalles ab. Jedenfalls kann dem AN kein Verstoß gegen die Vorschrift zum Vorwurf gemacht werden.

41 Obschon nicht ausdrücklich normiert, ergibt sich aus dem Regelungszweck, dass der AN mit der Anzeige alle Angaben machen muss, die der AG benötigt, um eine sachgerechte Prüfung, ob und in welchem Umfang seine berechtigten Interessen von der Nebentätigkeit berührt werden, vornehmen zu können. Insoweit – aber auch nur insoweit – wird man dem AN eine Auskunftspflicht auferlegen müssen. I. d. R. werden die Angaben über Art, Inhalt und Umfang der Nebentätigkeit notwendig, aber auch ausreichend sein. Es kann aber nicht ausgeschlossen werden, dass auch genauere Angaben für eine sachgerechte Prüfung notwendig sind.

42 4.5 Das Recht des AG, eine Nebentätigkeit zu untersagen oder mit Auflagen zu versehen, ist nach dem Wortlaut eindeutig auf **die angezeigte** Nebentätigkeit **beschränkt,** es erstreckt sich **nicht** auf andere, **nicht anzeigepflichtige** Nebentätigkeiten, von denen der AG aus anderen Quellen erfahren hat. Hat der AN jedoch (pflichtwidrig) den AG nicht über eine anzeigepflichtige Nebentätigkeit (vorher) unterrichtet und erfährt der AG hiervon, kann er selbstverständlich die Pflichtwidrigkeit (unterlassene Anzeige) in angemessener Weise ahnden. Die Nebentätigkeit selber kann er (nur) dann – nachträglich – untersagen oder mit Auflagen versehen, wenn die Voraussetzungen des Satzes 2 vorliegen.

Die TVP haben dem AN das grundsätzliche Recht eingeräumt, eine – entgeltliche oder unentgeltliche – Nebentätigkeit auszuüben. Dieses grundsätzliche Recht beschränken kann der AG nur unter den vom TV genannten Voraussetzungen. Damit liegt im Streitfall die **Darlegungs- und Beweislast** dafür, dass die Nebentätigkeit geeignet ist, entweder die Erfüllung der arbeitsvertraglichen Pflichten des AN oder (andere) berechtigte Interessen des AG zu beeinträchtigen, **beim AG**. Andererseits reicht es aus, dass der AG die **Eignung der Nebentätigkeit** zu einer solchen Beeinträchtigung darlegt und beweist. Zwar muss der AG nur die **Eignung** der Nebentätigkeit zur Beeinträchtigung seiner Interessen darlegen (und beweisen), allerdings werden allgemeine, pauschale Wertungen bzw. Besorgnisse nicht ausreichen. So hat selbst unter der Geltung des BAT das LAG Düsseldorf entschieden, dass einem Angestellten des ö.D. die Genehmigung für eine Nebentätigkeit nicht mit der Begründung verweigert werden darf, eine gewerbliche Tätigkeit durch Mitarbeiter des ö.D. stoße in der Öffentlichkeit unter Berücksichtigung des sicheren Arbeitsplatzes und des garantierten Einkommens auf Unverständnis (LAG Düsseldorf 14. 2. 1995 – 8 Sa 1894/94 – AP BGB § 611 Nebentätigkeit Nr. 1). Gründe für eine Untersagung bzw. für Auflagen können sein (vgl. Kuner, Rn. 184a):
– Überschreitung gesetzlichen Höchstgrenzen der täglichen bzw. der durchschnittlichen Wochenarbeitszeit;
– Nichteinhaltung der gesetzlich geregelten Ruhezeiten;
– Tätigkeiten für ein Konkurrenzunternehmen;
– Nebentätigkeiten, die sich nicht mit dem öffentlichen Dienst vereinbaren lassen.

Nach dem ArbZG sind Arbeitszeiten bei mehreren AG zusammen zusammenzurechnen. Eine Untersagung der Nebentätigkeit mit der Begründung, Vorschriften des ArbZG (z.B. Überschreitung der täglichen Arbeitszeit)werden bei einer Ausübung verletzt, ist allerdings nur dann rechtlich begründet, wenn die Nebentätigkeit als **Arbeitsverhältnis** ausgeübt werden soll. Eine freiberufliche Tätigkeit oder auch eine solche auf der Basis eines Werkvertrages sind z.B. vom ArbZG nicht erfasst.

Zur Wahrung seiner berechtigten Interessen hat der AG zwei Instrumente zur Verfügung: Er kann die Nebentätigkeit gänzlich untersagen oder aber Auflagen erteilen. Dabei ist zu fordern, dass er das „mildeste" der zur Abwehr einer Interessen-Schädigung geeigneten Mittel anwendet, d.h., dass er zunächst prüft, ob die Verhängung von Auflagen ausreicht, um seine Interessen wirksam zu schützen, und nur dann, wenn dies nicht der Fall ist, die Nebentätigkeit gänzlich untersagt. So könnten z.B. Auflagen hinsichtlich Dauer und zeitlicher Lage drohende Verletzungen des ArbZG verhindern, ohne die Nebentätigkeit ganz zu untersagen.

5. Zu Abs. 4
5.1 Allgemeines
5.11 Die in den früheren MantelTV (z.B. § 7 Abs. 1 BAT/-O) explizit vorgesehene (und bei Neueinstellungen wohl fast ausnahmslos geforderte) **Einstellungsuntersuchung** sieht der TVöD nicht mehr vor. Das bedeutet jedoch nicht, dass der AG sie nicht nach wie vor fordern kann. Er kann das Zustandekommen des ArbVerh. davon abhängig machen, dass der (zur Einstellung vorgesehene) AN einer solchen Untersuchung zustimmt. Auch das frühere Recht gab dem AG „nur" das Recht, eine solche Untersuchung zu fordern – er war nicht zwingend

dazu verpflichtet („... hat auf Verlangen ..."). Faktisch hat sich die Situation daher gar nicht oder kaum geändert: Forderte nach altem Recht der (verhandelnde) AG eine Untersuchung und weigerte sich der Bewerber, sich einer solchen zu unterziehen, verblieb dem AG als „einzige" Sanktionsmöglichkeit, von der Einstellung Abstand zu nehmen. Stimmt nach neuem Recht ein Bewerber der Untersuchung nicht zu, liegt es beim AG, ob er trotzdem in einen ArbVertr. einwilligt oder nicht. Der Unterschied mag darin liegen, dass nunmehr bei einzelnen AG die Bereitschaft, auf eine Untersuchung zu verzichten, größer wird. Kuner (Rn. 186) leitet aus Art. 33 GG – Zugang zu öffentlichen Ämtern ausschließlich nach Eignung, Befähigung und fachlicher Leistung – nicht nur das Recht, sondern auch die Pflicht ab, eine Einstellungsuntersuchung zur Feststellung der körperlichen Eignung zu fordern. Für AG des ö. D. (also nicht für tarifgebundene Unternehmen in privater Rechtsform) ist diese Auslegung nicht von der Hand zu weisen.

47 Die Kosten für eine solche Einstellungsuntersuchung hat weiterhin der AG zu tragen (nunmehr nach § 675 i. V. m. § 670 BGB)

48 Soweit gesetzliche Bestimmungen (insbesondere das JArbSchG) eine ärztliche Untersuchung vor Aufnahme der Tätigkeit fordern, hat sie natürlich nach diesen Bestimmungen zwingend zu erfolgen.

49 **5.12** Gleichfalls nicht neu vereinbart wurde die Regelung, nach der AN in bestimmten Aufgabenbereichen (z. B. in gesundheitsgefährdenden Betrieben) **regelmäßig** ärztlich zu untersuchen waren (vgl. z. B. § 7 Abs. 3 BAT/-O). Tarifrechtlich besteht diese Verpflichtung/dieses Recht nicht mehr. Allerdings kann sie/es sich aus gesetzlichen Bestimmungen ergeben.

5.2 Zu Satz 1

50 **5.21** Es wäre eine zulässige Auslegung, in der Vorschrift eine Ermächtigung für den AG zu sehen, **auch** eine ärztliche Untersuchung zu fordern, wenn er Zweifel an einer vom AN behaupteten oder an einer ärztlich bescheinigten Arbeitsunfähigkeit hegt. Auf keinen Fall ist dies aber der vorrangige Regelungszweck, und ein Meinungsstreit darüber wäre müßig. Denn das **grundsätzliche** Recht des AG, eine ärztliche Bescheinigung über das Bestehen einer krankheitsbedingten Arbeitsunfähigkeit im Extremfall bereits für den ersten Tag der Arbeitsunfähigkeit zu fordern, ergibt sich bereits aus dem EFZG; und an den äußerst strengen Anforderungen, die die Rspr. stellt, wenn der AG den Beweiswert einer ärztlichen Arbeitsunfähigkeitsbescheinigung erschüttern möchte, würde auch eine tarifvertragliche Vorschrift nichts ändern.

51 Der Zweck der ärztlichen Untersuchung ist demnach auch erheblich weiter gehend als nur die Feststellung der allgemeinen Arbeitsfähigkeit. Dies hat das BAG bereits zum Geltungsbereich des MTB II, der noch den Begriff „Dienstfähigkeit" verwendete, festgestellt: Die Untersuchung ziele „nicht nur auf die Feststellung der allgemeinen Arbeitsfähigkeit, sondern auch darauf ab, ob der Arbeitnehmer in der Lage ist, die besonderen Anforderungen seiner arbeitsvertraglich geschuldeten Arbeitsleistung ... zu erbringen" (BAG 15. 7. 1993 – 6 AZR 512/92 AP MTB II § 10 Nr. 1). Die Wortwahl im TVöD bringt dies nunmehr deutlicher zum Ausdruck. Es sind zahlreiche Fälle denkbar, in denen der AN zwar nicht „arbeitsunfähig" im landläufigen Sinne, dennoch aus gesundheitlichen (physischen oder psychischen) Gründen nicht in der Lage ist, den konkreten Anforderungen seiner arbeitsvertraglichen Pflichten (in vollem Umfang) zu entsprechen.

52 Das Untersuchungsziel, ob eine ansteckende Krankheit vorliegt, wurde nicht mehr normiert. Bei sachgerechter Auslegung wird man aber davon ausgehen müssen, dass es jedenfalls i. d. R. von der allgemeinen Formulierung („zur Leistung der

arbeitsvertraglich geschuldeten Tätigkeit in der Lage ist") mit erfasst wird. Denn wenn ein AN wg. der Ansteckungsgefahr nicht den i. d. R. notwendigen Kontakt zu anderen AN und/oder Bürgern/Kunden halten kann, ist er eben nicht in der Lage, seinen Arbeitsverpflichtungen nachzukommen. Im Übrigen kann sich die Verpflichtung zu einer solchen Untersuchung auch aus gesetzlichen Bestimmungen (Infektionsschutz) ergeben.

5.22 Von der Vorschrift darf der AG nur Gebrauch machen, wenn er dafür einen **Sachgrund** hat („begründete Veranlassung"). Der kann „sowohl in der Fürsorgepflicht für den Angestellten selbst und für die mit ihm arbeitenden Angestellten, als auch im sonstigen Pflichtenkreis des Betriebes oder der Verwaltung liegen" (BAG 23. 2. 1967 – 2 AZR 124/66 – AP BAT § 7 Nr. 1). Allerdings stellt eine solche Anordnung einen starken Eingriff in die Rechtssphäre des AN dar. Es ist daher mehr als nur ein vager Verdacht, nämlich konkrete Anhaltspunkte, der AN könne zur Erbringung der geschuldeten Leistung nicht in der Lage sein, zu fordern. Andererseits setzt die Anordnung „nicht bereits den **Nachweis** des Arbeitgebers voraus, dass die von ihm gehegten Zweifel an der Arbeitsfähigkeit des Arbeitnehmers objektiv gerechtfertigt sind" (LAG Rheinland-Pfalz vom 17. 1. 1995 – 8 Sa 848/94).

5.23 Der AN kann die Rechtmäßigkeit der Anordnung gerichtlich überprüfen lassen. Weigert sich der AN, einer **rechtmäßigen** Aufforderung zur Untersuchung zu folgen, liegt hierin eine Pflichtverletzung, die eine Abmahnung rechtfertigt (BAG 25. 6. 1992 – 6 AZR 279/91 – AP BGB § 611 Musiker Nr. 21). Wiederholte Verweigerungen können – nach einschlägiger Abmahnung – u. U. sogar zur außerordentlichen Kündigung berechtigen (LAG Rheinland-Pfalz 17. 1. 1995 – 8 Sa 848/94).

5.3 Zu Satz 2

Die TVP gehen zunächst davon aus, dass sich die Betriebsparteien – also AG/Dienststelle einerseits und Betriebs-/Personalrat andererseits – auf einen Arzt/eine Ärztin geeinigt haben, der/die Untersuchungen dieser Art durchführt. Ist dies nicht der Fall, liegt die Bestimmung der untersuchenden Stelle beim AG. Ausdrücklich – als Möglichkeit – ist der Betriebsarzt/die Betriebsärztin vorgesehen. Es kann aber auch z. B. das Gesundheitsamt oder ein/e Vertragsarzt/-ärztin sein.

5.4 Zu Satz 3

Die Kosten der Untersuchung trägt der AG. Zu den Kosten gehören auch die notwendigen Fahrtkosten (i. d. R. ÖPNV) sowie sonstige im Zusammenhang mit der Untersuchung unabweisbar anfallenden Aufwendungen. Hierzu ist auch die erforderliche Arbeitsbefreiung zu zählen.

6. Zu Abs. 5
6.1 Allgemeines

6.11 Wie auch im früheren Recht, haben die TVP darauf verzichtet, ein eigenständiges „Personalaktenrecht" zu vereinbaren. Unter der Geltung der früheren MTV – insbesondere des BAT/-O – konnte wg. der offenkundigen Anlehnung des TV in vielen Fragen an das Beamtenrecht im Zweifel davon ausgegangen werden, dass die beamtenrechtlichen Regelungen zumindest als Auslegungshilfe herangezogen werden konnten. Nachdem die TVP des TVöD bis auf wenige Ausnahmen bewusst die Bezüge zum Beamtenrecht aufgegeben haben, können beamtenrechtliche Bestimmungen – wenn überhaupt – nur noch in sehr engen Grenzen als Auslegungshilfe dienen. Dies gilt auch für das Personalaktenrecht.

§ 3 Abschnitt I. Allgemeine Vorschriften

58 6.12 Die in den früheren MTV normierte Anhörungspflicht vor Aufnahme bestimmter Vorgänge (zu diesen gehörten auch Abmahnungen) in die Personalakten ist **ersatzlos weggefallen.** Im Rundschreiben des BMI v. 22. 12. 2005 (GMBl. 2006 Nr. 10/11 S. 175 ff.) findet sich unter Ziff. 5. folgender Hinweis: *„Die Tarifvertragsparteien haben vereinbart, dass auch ohne ausdrückliche Tarifierung Beschäftigte vor Aufnahme nachteiliger oder ungünstiger Tatsachen in die Personalakte (z. B. Abmahnung), gehört werden (...) müssen"*. Ein solcher Hinweis findet sich aber **nicht** in den Niederschriftserklärungen. Davon abgesehen, entfaltet nur der TV selber normative (gesetzesgleiche) Wirkung. Für den Bereich des „Arbeitgeber Bund" wird man jedoch in dem genannten Hinweis eine Selbstbindung sehen müssen, so dass dort die Anhörungspflicht fortbesteht. Dies kann aber nicht ohne weiteres auf die anderen tarifgebundenen AG übertragen werden. Eine wirksame Tarifvorschrift dieses Inhalts besteht jedenfalls nicht mehr.

59 Eine andere Frage ist die, ob sich die Anhörungspflicht nicht aus gesetzlichen Bestimmungen oder aus betrieblichen Regelungen ergibt. Die Pflicht, den AN über das Vorliegen einer ungünstigen oder nachteiligen Beschwerde oder Behauptung tatsächlicher Art durch Dritte zu informieren (und ihm Gelegenheit zur Gegendarstellung zu geben), kann sich auch aus der Fürsorgepflicht ergeben, wenn der AN anderenfalls erst bei Einsicht in die Personalakte – also u. U. zu einem viel späteren Zeitpunkt – Kenntnis des Vorganges erhielte. Bei Er- oder Abmahnungen kennt er die Vorwürfe dagegen und kann sich (gerichtlich oder „nur" durch Gegendarstellung) zu Wehr setzen.

60 Die (gleichfalls nicht mehr tarifierte) Pflicht, Gegendarstellungen des AN ebenfalls zu den Personalakten zu nehmen, ergibt sich aus allgemeinen arbeitsrechtlichen Grundsätzen und besteht daher auch ohne tarifvertragliche Bestimmung weiter (Kuner, Rn. 187).

61 6.13 Die Rspr. hat in der Vergangenheit dem AN u. U. einen Anspruch auf Entfernung bestimmter Vorgänge aus den Personalakten zugebilligt. Ein solcher Anspruch wurde bejaht, wenn auf den AN sich negativ auswirkende Vorgänge unter Verletzung der Anhörungspflicht in die Personalakten aufgenommen wurden, und zwar auch dann, wenn die aufgestellten Behauptungen richtig waren. Alleine die Verletzung der Anhörungspflicht führte zum Entfernungsanspruch des AN (vgl. BAG 16. 11. 1989 – 6 AZR 64/88 – AP BAT § 13 Nr. 2). Da die **tarifrechtliche** Anhörungspflicht wie oben dargestellt **entfallen** ist, wird nunmehr im Einzelfall zu prüfen sein, ob sich eine Anhörungs**pflicht** aus **anderen Rechtsquellen** (hierzu kann auch eine Selbstbindung gehören) ergibt. Nur in diesen Fällen wird die bisherige Rspr. Geltung behalten können.

62 Ist die Beschwerde oder Tatsachenbehauptung unrichtig, besteht auf jeden Fall ein Anspruch auf Entfernung aus den Personalakten (st. Rspr. BAG), und zwar unabhängig davon, ob eine Anhörungspflicht bestand, ob sie erfüllt war oder nicht. Auch für Dienstleistungsberichte (Beurteilungen) kann ein Beseitigungsanspruch bestehen, wenn der Bericht unwahre oder unrichtige (Tatsachen-)Behauptungen enthält BAG 25. 4. 1972 – 1 AZR 322/71 – AP BGB § 611 öffentlicher Dienst Nr. 9). Eine ersatzlose Entfernung kann allerdings dann nicht gefordert werden, wenn dadurch die Personalakte lückenhaft oder unvollständig würde oder ein unrichtiges Bild über den dienstlichen Werdegang des AN ergäbe (BAG 25. 4. 1972 AP BGB § 611 öffentlicher Dienst Nr. 9).

63 Das Verlangen auf Entfernung von Vorgängen, die auf einen wahren Sachverhalt beruhen – also auch berechtigte Abmahnungen –, aus der Personalakte wegen Zeitablauf kann nur im Ausnahmefall berechtigt sein, wenn die weitere Aufbewahrung zu unzumutbaren beruflichen Nachteilen des AN führt, andererseits der

Vorgang für das Arbeitsverhältnis rechtlich bedeutungslos geworden ist (BAG 8. 2. 1989 – 5 AZR 40/88).

6.14 Personalakten im materiellen Sinne sind „Urkunden und Vorgänge, die die persönlichen und dienstlichen Verhältnisse des Bediensteten betreffen und in einem inneren Zusammenhang mit dem Dienstverhältnis stehen" (BAG v. 7. 5. 1980 – 5 AZR 214/78). Als **formelle Personalakten** sind „diejenigen Schriftstücke und Unterlagen, die der AG als Personalakten führt oder diesen als Bei-, Neben- oder Sonderakten zuordnet" (BAG 7. 5. 1980 – 5 AZR 214/78). Der AG ist verpflichtet, alle Personalakten im materiellen Sinne auch zu den formellen Personalakten zu nehmen (BAG 7. 5. 1980 – 5 AZR 214/78). 64

Unterlagen, die zwar den AN betreffen, aber nicht in einem inneren Zusammenhang mit dem **ArbVerh.** stehen, gehören nicht zu den Personalakten. 65

Der AG hat für einen sorgfältigen Umgang mit den Personalakten zu sorgen, den Kreis der mit ihnen befassten Mitarbeiter möglichst eng zu halten und für die vertrauliche Behandlung durch die Sachbearbeiter zu sorgen. Bei besonders sensiblen Daten (z. B. ärztliche Gutachten) sind besondere Verwahrungsformen – etwa verschlossene Umschläge – vorzusehen (BAG 15. 7. 1987 – 5 AZR 215/86, NZA 1988, 53). 66

6.2 Zu Satz 1

6.21 Die Vorschrift gibt dem AN ein **uneingeschränktes** Einsichtsrecht in die **vollständigen** Personalakten. Es ist zwar zulässig, für bestimmte Vorgänge von der „Hauptakte" getrennte Akten zu führen. Aber auch diese gehören zu den „vollständigen" Personalakten, die der AN einsehen darf. 67

Grundsätzlich kann der AN sein Einsichtsrecht jederzeit ausüben. Allerdings ist dem AG nicht verwehrt, notwendige und geeignete **organisatorische** Regelungen für die sachgerechte Ausübung des Einsichtsrechts zu treffen. Dadurch darf aber das Einsichtsrecht nicht unnötig erschwert oder gar unmöglich gemacht werden. Insbesondere kann der AN **nicht verpflichtet werden, einen Grund** für die begehrte Einsichtnahme zu nennen. 68

I. d. R. wird die Einsichtnahme **während der Arbeitszeit** des AN stattfinden. Geschieht dies jedoch außerhalb seiner Arbeitszeit (etwa bei AN mit ständiger Nachtschicht), ist ein Anspruch auf Anrechnung auf die Arbeitszeit nicht von der Vorschrift ableitbar. 69

6.22 Mangels einer anderen ausdrücklichen Regelung **endet** das Einsichtsrecht **mit dem ArbVerh.** (BAG 8. 4. 1992 – 5 AZR 101/91, BeckRS 1992 30369730). Allerdings kann sich ein Einsichtsrecht auch nach Beendigung des ArbVerh. aus der nachwirkenden Fürsorgepflicht ergeben, wenn der AN ein **berechtigtes Interesse** darlegt, wobei an diese Darlegung keine zu hohen Anforderungen gestellt werden dürfen (BAG 11. 5. 1994 – 5 AZR 660/93). 70

6.3 Zu Satz 2

6.31 Der AN darf das Einsichtsrecht auch durch einen Dritten ausüben lassen. Hierzu bedarf es aber einer **schriftlichen Vollmacht.** Einer Begründung für die Bevollmächtigung eines Dritten bedarf es nicht. Wenngleich nicht (mehr) zwingend vorgeschrieben, sollte die Vollmacht zu den Personalakten genommen werden. Der AN ist grundsätzlich frei in der Entscheidung, wen er mit dem Einsichtsrecht betraut. Mit Rücksicht auf die gebotene Vertraulichkeit von Personalakten muss es sich jedoch um eine **bestimmte natürliche Person** handeln. Es kann sich also um ein (namentlich) bestimmtes Mitglied des Personal-/Betriebsrates, nicht jedoch um **den** Personal-/Betriebsrat (als Gremium) handeln. Gleiches gilt für Gewerkschaftsbeauftragte. 71

§ 3 Abschnitt I. Allgemeine Vorschriften

72 6.32 Anders als die früheren MTV sieht der TVöD nicht mehr ausdrücklich vor, dass der AG in bestimmten Fällen einen Bevollmächtigten zurückweisen kann. Allerdings kann ausnahmsweise dem AG als Ergebnis einer sorgfältigen Interessenabwägung ein solches Recht zuzubilligen sein. Dies wäre z. B. dann denkbar, wenn durch die Personalakteneinsicht eine verwaltungs-/betriebsfremde Person Kenntnis von internen Vorgängen oder Tatsachen erlangen würde, an deren Geheimhaltung der AG ein anzuerkennendes, schützenwertes Interesse hat. Hierzu bedarf es aber sehr gewichtiger, vom AG darzulegender Gründe.

6.4 Zu Satz 3

73 6.41 Der Wortlaut „Sie können ... erhalten" vermittelt den auf den ersten Blick den Eindruck, es liege im Ermessen des AG, dem AN Auszüge oder Ablichtungen aus seinen Personalakten zu überlassen. Eine solche Auslegung würde jedoch dem Regelungszweck nicht gerecht. So würde eine entsprechende Weigerung des AG dem AN u. U. die Wahrung bzw. Verfolgung eigener Interessen (z. B. bei einem Rechtsstreit mit dem AG) in unnötiger Weise erschwert oder im Extremfall sogar unmöglich gemacht. Man wird daher die Vorschrift so auszulegen haben, dass dem AN Auszüge bzw. Kopien zu überlassen sind, sofern sein Verlangen nicht unbillig ist.

74 6.42 Über die Kosten für die Fertigung von Auszügen oder Kopien trifft der TV keine Regelung. Grundsätzlich wird der AG das Recht haben, eine Kostenerstattung zu fordern. Ob diese Frage allerdings praxisrelevant ist, sei dahin gestellt.

Erläuterungen zu § 3 TV-L

1 **Sonderregelungen:**
§ 40 Nr. 2 für Beschäftigte an Hochschulen und Forschungseinrichtungen;
§ 41 Nr. 2 für Ärztinnen und Ärzte an Universitätskliniken;
§ 42 Nr. 2 für Ärztinnen und Ärzte außerhalb von Universitätskliniken;
§ 43 Nr. 2 für die nichtärztlichen Beschäftigten in Universitätskliniken und Krankenhäusern;
§ 45 Nr. 3 für Beschäftigte an Theatern und Bühnen;
§ 46 Nr. 2 für Beschäftigte auf Schiffen und schwimmenden Geräten.

2 **1. Allgemeines** Mit Ausnahme der Hinweise zur Schadenshaftung des AN vgl. Erl. zu Abs. 7 Rn. 19) und zur politischen Treuepflicht (vgl. Erl. zu Abs. 1 Rn. 3) gelten die allgemeinen Erläuterungen zu § 3 TVöD auch hier; auf die Rn. 1 bis 7, 11 und 12 zu § 3 TVöD wird daher verwiesen.

3 **2. Zu Abs. 1** Die Vorschrift entspricht § 41 TVöD-BT-V; auf die Erl. hierzu wird verwiesen.

4 **3. Zu Abs. 2 und 3** Die Vorschriften sind wortgleich mit § 3 Abs. 1 und 2 TVöD. Auf die Erl. hierzu wird verwiesen.

5 **4. Zu Abs. 4** Mit Ausnahme von Satz 3 (Ablieferungspflicht) ist die Vorschrift identisch mit § 3 Abs. 3 TVöD; es wird daher auf die Erl. zu dieser Vorschrift verwiesen.

6 Ergänzend hierzu ist jedoch zu beachten, dass der AG im Geltungsbereich des TV-L eine Ablieferungspflicht – also die Pflicht, einen Teil der durch die Nebentätigkeit erzielten Einkünfte an den AG abzuführen – zur Auflage machen kann. Dies setzt allerdings voraus, dass es sich um eine Nebentätigkeit im öffentlichen Dienst handelt. Das BVerfG hat in einem Beschluss vom 16. 1. 2007 (2 BvR 1188/05 = BeckRS 2007, 20723) den Begriff „Nebentätigkeit im öffentlichen

Dienst" weit ausgelegt: „Nebentätigkeit im öffentlichen Dienst ist jede für den Bund, ein Land oder andere Körperschaften, Anstalten oder Stiftungen des öffentlichen Rechts in der Bundesrepublik Deutschland oder für Verbände von solchen ausgeübte Nebentätigkeit; dies gilt auch, wenn die Tätigkeit aufgrund eines Vertragsverhältnisses wahrgenommen wird, unabhängig davon, ob der Beamte selbst Vertragspartner ist oder eine natürliche oder juristische Person des Privatrechts oder eine Gesellschaft, für die der Beamte tätig oder an der er beteiligt ist." Mit dieser Entscheidung hat das Gericht die gegen die Ablieferungspflicht gerichtete Verfassungsbeschwerde eines (beamteten) Hochschullehrers nicht zur Entscheidung angenommen und damit die Verfassungsmäßigkeit – für den Beamtenbereich – solcher Regelungen bestätigt. Unter Berücksichtigung des Urteils des BAG v. 25. 7. 1996 – (6 AZR 683/95 – AP BAT § 11 Nr. 6), mit dem das Gericht die Anwendung der entsprechenden beamtenrechtlichen Bestimmungen für zulässig und weder Art. 3 Abs. 1 noch Art. 12 Abs. 1 GG als verletzt ansah, dürfte die Zulässigkeit der tariflichen Bestimmung nicht zweifelhaft sein.

Es handelt sich allerdings um eine „Kann-Bestimmung", so dass der AG auf die Ablieferung verzichten kann, ohne dass deswegen eine „übertarifliche" Begünstigung vorliegt. Im Übrigen muss sich die Ablieferungspflicht im Rahmen der beim AG diesbezüglich geltenden Bestimmungen halten. Die TVP haben zwar darauf verzichtet, dies ausdrücklich im Wortlaut festzuhalten, gemeint sind aber ohne Zweifel die beamtenrechtlichen Bestimmungen.

5. Zu Abs. 5 Die Vorschrift ist nahezu identisch mit der des § 3 Abs. 4 TVöD. Der Unterschied im Wortlaut (TVöD: Betriebsärztin/Betriebsarzt; TV-L: Amtsarzt) kann vernachlässigt werden, zumal in beiden Geltungsbereichen sich die Betriebsparteien sich auch auf eine andere Ärztin/einen anderen Arzt verständigen können. Es wird daher auf die Erl. zu § 3 Abs. 4 TVöD verwiesen.

6. Zu Abs. 6

6.1 Zu den Sätzen 1 bis 3: Diese Sätze sind wortgleich mit § 3 Abs. 5 TVöD. Es wird daher auf die Erl. zu dieser Vorschrift verwiesen; allerdings ist dabei zu beachten, dass die Rn. 58 bis 60 nicht und Rn. 61 ohne die dort aufgezeigten Folgen des Wegfalls der Anhörungspflicht gelten.

6.2 Zu den Sätzen 4 und 5: Diese Bestimmungen wurden, anders als im TVöD, aus dem früheren Manteltarifrecht (§ 13 Abs. 2 BAT/BAT-O bzw. § 13a Abs. 2 MTArb/MTArb-O) übernommen.

Satz 4 sieht die Anhörung des AN zwingend vor, wenn drei Voraussetzungen erfüllt sind:
a) Es muss eine Beschwerde oder eine Behauptung tatsächlicher Art über den AN vorliegen,
b) die Beschwerde/Behauptung muss für ihn ungünstig sei oder ihm nachteilig werden können und
c) es muss seitens des AG beabsichtigt sein, diese Beschwerde/Behauptung zu den Personalakten zu nehmen.

Auch Abmahnungen werden von der Vorschrift erfasst und dürfen daher nicht ohne vorherige Anhörung zu den Personalakten genommen werden (BAG 16. 11. 1989 – 6 AZR 64/88 – AP BAT § 13 Nr. 2). Zwar bleibt es dem AG unbenommen, den AN wg. eines arbeitsvertragswidriges Verhalten auch ohne vorherige Anhörung abzumahnen; die schriftliche Dokumentation in der Personalakte darf aber erst nach erfolgter Anhörung erfolgen.

Nicht erfasst werden dagegen reine Werturteile, auch wenn sie für den AN nachteilig ausfallen. Wichtigstes Abgrenzungskriterium zwischen Werturteil und

§ 3 Abschnitt I. Allgemeine Vorschriften

Tatsachenbehauptung ist die Beweisbarkeit. Im Gegensatz zu Tatsachenbehauptungen sind reine Werturteile nicht beweisbar; allerdings liegen Werturteilen i. d. R. wiederum beweisbare Tatsachen zu Grunde. Die Abgrenzung ist daher in der Praxis oft sehr schwierig, so dass sich empfiehlt, den AN immer dann anzuhören, wenn ein Vorgang, der für ihn ungünstig ist oder nachteilig für ihn werden könnte, in die Personalakte aufgenommen werden soll.

14 Die Frage, ob ein bestimmter Vorgang für den AN ungünstig ist oder nachteilig für ihn werden könnte, ist allerdings häufig noch schwerer zu beantworten als die Frage, ob es sich um ein Werturteil oder um eine Tatsachenbehauptung handelt. Dies allein deshalb schon, weil die Benachteiligung möglicher Weise erst zu einem sehr viel späteren Zeitpunkt offenbar wird. Deshalb gilt auch hier die dringende Empfehlung: Im Zweifelsfall den AN anhören und ihm Gelegenheit zur Gegendarstellung (Satz 5) geben.

15 Nicht relevant ist, von wem die Beschwerde stammt bzw. die Behauptung aufgestellt wird. Es kann sich dabei um einen Außenstehenden (z. B. einen Bürger), aber auch um Kollegen, Vorgesetzten oder Untergebenen handeln.

16 Die Pflicht zur Anhörung entfällt allerdings immer dann, wenn der AG nicht beabsichtigt, die Beschwerde/Tatsachenbehauptung zu den Personalakten zu nehmen. Dies ist z. B. denkbar, wenn der AG auch ohne Anhörung des AN erkennen kann, dass die Beschwerde/Behauptung grundlos bzw. falsch ist.

17 Äußert sich der AN zur Beschwerde/Behauptung, sind seine Äußerungen ebenfalls in der Personalakte zu dokumentieren (Satz 5). Welche Bedeutung der AG den Äußerungen beimisst, ist dabei unerheblich.

18 Wg. der Folgen einer unterbliebenen Anhörung und zur Entfernung von Vorgängen aus der Personalakte vgl. Rn. 61 bis 63 zu § 3 Abs. 5 TVöD.

7. Zu Abs. 7

19 **7.1** Im Gegensatz zum TVöD (jedenfalls bis zum Zeitpunkt des redaktionellen Abschlusses dieser Auflage) haben die TVP des TV-L die Bestimmungen des früheren Manteltarifrechts übernommen über die Schadenshaftung des AN übernommen.

20 **7.2** Die Vorschrift regelt nur die Ansprüche des AG gegenüber dem AN wg. eines von diesem verursachten Schadens. Der umgekehrte Fall, nämlich dass der AN einen Schaden in Ausübung seiner Tätigkeit erleidet, ist auch im TV-L nicht geregelt; hierzu wird auf Rn. 11 zu § 3 TVöD verwiesen.

21 **7.3** Unabhängig von der Tarifvorschrift – und von den nach ihr anzuwendenden beamtenrechtlichen Vorschriften – ist Art. 34 GG in Verbindung mit § 839 BGB zu beachten. Ist einem Dritten als Folge einer pflichtwidrig ausgeführten hoheitlichen Tätigkeit entstanden, so haftet gegenüber dem Geschädigten der Staat bzw. die Körperschaft, in deren Dienst der verursachende Beamte oder AN stand. Ein Rückgriff auf den Beamten oder AN ist nur bei Vorsatz oder grober Fahrlässigkeit möglich.

22 Die Tarifvorschrift hat demnach „nur" Bedeutung
a) für Schäden, die der AN dem AG unmittelbar zufügt und
b) für Schäden, die der AN einem Dritten im Rahmen der Ausübung einer nicht hoheitlichen Tätigkeit zufügt.

Für diese beiden Fallkonstellationen gilt die Tarifvorschrift, die wiederum die für das jeweilige Land geltenden beamtenrechtlichen Bestimmungen für anwendbar erklärt.

23 Nach dem zum Zeitpunkt des redaktionellen Abschlusses dieser Auflage noch geltenden § 46 Beamtenrechtsrahmengesetz (BRRG) hat der Beamte, der vorsätz-

lich oder grob fahrlässig die ihm obliegenden Pflichten verletzt hat, seinem Dienstherren den daraus entstehenden Schaden zu ersetzen. Diese Bestimmung gilt auch dann, wenn der Beamte nicht hoheitlich, sondern fiskalisch tätig ist. Es handelt sich jedoch um Rahmenrecht, das landesgesetzlich umgesetzt werden musste. Derzeit bilden also noch die einschlägigen landesgesetzlichen Bestimmungen mittelbare Rechtsgrundlage für die Haftung der AN des Landes.

Nach dem Gesetz zur Änderung des GG vom 28. 8. 2006 („Föderalismusreform") fällt nunmehr das Statusrecht der Beamten unter die konkurrierende Gesetzgebungskompetenz des Bundes. Der Entwurf des Beamtenstatusgesetzes sieht in § 49 die Übernahme des der Bestimmung des § 46 Abs. 1 BRRG (Haftung – nur – bei Vorsatz oder grober Fahrlässigkeit). Nach dem In-Kraft-Treten des Gesetzes wird also auch für Landesbeamte diese Regelung unmittelbar gelten; für die dem TV-L unterfallenden AN gilt sie dann auf Grund von Abs. 7.   24

Evtl. ergänzende beamtenrechtliche Bestimmungen eines einzelnen Bundeslandes sind natürlich bei der Anwendung des TV-L ebenfalls zu beachten.   25

Ansprüche des AG nach Abs. 7 unterliegen der Ausschlussfrist des § 37 TV-L – und zwar unabhängig von evtl. Ausschlussfristen in den anzuwendenden beamtenrechtlichen Bestimmungen. Er muss sie also innerhalb der dort genannten Frist schriftlich geltend machen, sonst verfallen sie, ohne dass es einer Einrede des AN bedarf.   26

§ 4 TVöD/TV-L Versetzung, Abordnung, Zuweisung, Personalgestellung

(1) ¹**Beschäftigte können aus dienstlichen oder betrieblichen Gründen versetzt oder abgeordnet werden.** ²**Sollen Beschäftigte an eine Dienststelle oder einen Betrieb außerhalb des bisherigen Arbeitsortes versetzt oder voraussichtlich länger als drei Monate abgeordnet werden, so sind sie vorher zu hören.**

Protokollerklärungen zu Absatz 1:
1. Abordnung ist die Zuweisung einer vorübergehenden Beschäftigung bei einer anderen Dienststelle oder einem anderen Betrieb desselben oder eines anderen Arbeitgebers unter Fortsetzung des bestehenden Arbeitsverhältnisses.
2. Versetzung ist die Zuweisung einer auf Dauer bestimmten Beschäftigung bei einer anderen Dienststelle oder einem anderen Betrieb desselben Arbeitgebers unter Fortsetzung des bestehenden Arbeitsverhältnisses.

Niederschriftserklärung zu § 4 Abs. 1:
Der Begriff Arbeitsort ist ein generalisierter Oberbegriff; die Bedeutung unterscheidet sich nicht von dem bisherigen Begriff „Dienstort".

(2) ¹**Beschäftigten kann im dienstlichen/betrieblichen oder öffentlichen Interesse mit ihrer Zustimmung vorübergehend eine mindestens gleich vergütete Tätigkeit bei einem Dritten zugewiesen werden.** ²**Die Zustimmung kann nur aus wichtigem Grund verweigert werden.** ³**Die Rechtsstellung der Beschäftigten bleibt unberührt.** ⁴**Bezüge aus der Verwendung nach Satz 1 werden auf das Entgelt angerechnet.**

Protokollerklärung zu Absatz 2:
Zuweisung ist – unter Fortsetzung des bestehenden Arbeitsverhältnisses – die vorübergehende Beschäftigung bei einem Dritten im In- und Ausland, bei dem der Allgemeine Teil des TVöD/TV-L nicht zur Anwendung kommt.

§ 4 Abschnitt I. Allgemeine Vorschriften

(3) ¹Werden Aufgaben der Beschäftigten zu einem Dritten verlagert, ist auf Verlangen des Arbeitgebers bei weiter bestehendem Arbeitsverhältnis die arbeitsvertraglich geschuldete Arbeitsleistung bei dem Dritten zu erbringen (Personalgestellung). ²§ 613a BGB sowie gesetzliche Kündigungsrechte bleiben unberührt.

Protokollerklärung zu Absatz 3:
¹ Personalgestellung ist – unter Fortsetzung des bestehenden Arbeitsverhältnisses – die auf Dauer angelegte Beschäftigung bei einem Dritten. ² Die Modalitäten der Personalgestellung werden zwischen dem Arbeitgeber und dem Dritten vertraglich geregelt.

Erläuterungen zu § 4 TVöD/TV-L

1 **Sonderregelungen.** § 45 Nr. 4 TVöD BT-V (Bund) für Beschäftigte die zu Auslandsdienststellen des Bundes entsandt worden sind.

2 **1. Tarifgeschichte.** Die Vorschrift des § 4 übernimmt weitgehend die bisherigen tariflichen Regelungen der §§ 12 BAT/-O, 9 Abs. 6 BMT-G II/-O, 8 Abs. 6 MTArb/-O. Sie konkretisiert sie einerseits durch die Aufnahme von vier Begriffsdefinitionen in den vier dazu gehörigen Protokollerklärungen; andererseits erweitert sie sie um das bisher tarifvertraglich nicht geregelte Instrumentarium der Personalgestellung in Abs. 3. Entfallen ist die zuvor in § 12 Abs. 3 BAT/-O enthaltene Einschränkung der Versetzungs- und Abordnungsmöglichkeit während der Probezeit.

3 **2. Direktionsrecht.** § 4 enthält damit nach wie vor keine ausdrückliche Regelung, wohl aber eine tarifvertragliche Konkretisierung, Begrenzung, teilweise aber auch Erweiterung des allgemeinen arbeitgeberseitigen Direktions- oder Weisungsrechts. Dies ist zulässig (BAG NZA 1992, 938).

4 Das Direktionsrecht ermöglicht dem AG, die im Arbeitsvertrag üblicherweise nur rahmenmäßig umschriebene **Leistungspflicht des AN** – in den Grenzen der Gesetze und kollektiver Regelungen – **nach Zeit, Art und Ort näher zu bestimmen.** Er ist damit befugt, vorbehaltlich vertraglicher, gesetzlicher und eventueller tariflicher Regelungen, dem AN Weisungen hinsichtlich der Art der Tätigkeit, des Umfangs der Arbeit, des Arbeitsortes, der Lage der Arbeitszeit und des Verhaltens im Betrieb arbeitsbezogen zu erteilen. Ausführl. Schaub § 45 Rn. 14 ff.

5 Seine gesetzliche Regelung hat das Direktionsrecht seit dem 1. 1. 2003 in **§ 106 GewO** gefunden. Dieser lautet:

Der Arbeitgeber kann Inhalt, Ort und Zeit der Arbeitsleistung nach billigem Ermessen näher bestimmen, soweit diese Arbeitsbedingungen nicht durch den Arbeitsvertrag, Bestimmungen einer Betriebsvereinbarung, eines anwendbaren Tarifvertrages oder gesetzliche Vorschriften festgelegt sind. Dies gilt auch hinsichtlich der Ordnung und des Verhaltens der Arbeitnehmer im Betrieb. Bei der Ausübung des Ermessens hat der Arbeitgeber auch auf Behinderungen des Arbeitnehmers Rücksicht zu nehmen.

6 Für die Praxis ist stets zu beachten, dass vor allem **durch die Bestimmungen des** abzuschließenden **Arbeitsvertrages** das **Direktionsrecht** und damit insbes. **auch** die in § 4 im Einzelnen geregelten Maßnahmen der Versetzung, Abordnung, etc. **begrenzt** sein, bzw. werden können. Je enger und genauer darin insbes. Arbeitsort und -zeit festgelegt sind, desto eingeengter ist das arbeitgeberseitige Weisungsrecht. Enthält der Arbeitsvertrag also z.B. eine Formulierung wie: „... wird eingestellt als Schulsekretärin in der xyz-Schule", käme eine Versetzung/Abordnung als Schulsekretärin zu einer anderen Schule (gleichgültig, ob am bisherigen oder an einem anderen Dienstort) nicht infrage. Ein Wechsel der Dienststelle wäre dann nur auf der Grundlage eines geänderten Arbeitsvertrages möglich, sei es

durch **einvernehmliche Änderung** in Absprache mit dem AN **oder** gegen seinen Willen durch den Ausspruch einer (wirksamen) **Änderungskündigung** (s. Erl. 3.3. Vor § 34 TVöD/TV-L Rn. 47 ff.).

Auch soweit das Direktionsrecht danach grundsätzlich besteht, darf es nur **nach billigem Ermessen** i. S. d. **§ 315 Abs. 3 BGB** ausgeübt werden. Eine Leistungsbestimmung entspricht billigem Ermessen, wenn die wesentlichen Umstände des Falles abgewogen und die beiderseitigen Interessen berücksichtigt worden sind. Ob dies geschehen ist, unterliegt der arbeitsgerichtlichen Kontrolle (§ 315 Abs. 3 S. 2 BGB). So sind bspw. die Interessen des AN an der Beibehaltung seines bisherigen Arbeitsortes gegen die Interessen des AG an der Durchführung der Maßnahme abzuwägen. 7

Haben die dienstlichen Gründe ihre Ursachen im Verhalten des AN, so kann die gebotene Interessenabwägung ergeben, dass der AG das beanstandete Verhalten zunächst gegenüber dem Angestellten unter Hinweis auf die sonst drohende Versetzung abmahnen muss und dass er die Versetzung erst vornehmen darf, wenn die **Abmahnung** fruchtlos geblieben ist (BAG 30. 10. 1985 = AP BAT § 12 Nr. 1 = DB 1986, 2188 = NZA 1986, 713 Ls.). 8

Tarifvertraglich nach wie vor nicht geregelt ist die **Umsetzung.** Sie ist von der Versetzung und Abordnung i. S. d. § 4 Abs. 1 zu unterscheiden und ist die dauerhafte oder vorübergehende Übertragung anderer Aufgaben, d. h. die „Zuweisung eines anderen Arbeitsplatzes" an einen Beschäftigten innerhalb derselben Dienststelle oder desselben Betriebs des selben AG. Sie ist – weiterhin – im oben beschriebenen Rahmen des Direktionsrechts einseitig zulässig, soweit die neuen Aufgaben von der Entgeltgruppe, in die der AN eingestuft ist, gedeckt ist. Sie ist – ebenso wie die anderen in § 4 ausdrücklich angesprochenen Maßnahmen – arbeitsgerichtlich insbes. auf ihre „Billigkeit" überprüfbar (vgl. instruktiv BAG 23. 6. 1993 – 5 AZR 337/92 = NZA 1993, 1127 zur Einschränkung der Vertretungsbefugnis eines Amtsleiters). 9

Den Begriff der **„Dienststelle"** definiert das BAG als untergeordneten Teil einer Behörde, der zur Wahrnehmung der ihr obliegenden Aufgaben an einem bestimmten Ort eingerichtet ist, sofern dieser untergeordnete Teil als abgrenzbare Verwaltungseinheit Aufgaben der Verwaltung mit einer gewissen Selbstständigkeit erledigt (8. 5. 2003 – 6 AZR 183/02 = NZA 2004, 858). 10

3. Zu Abs. 1 Versetzung und Abordnung. Im Gegensatz zur Neuregelung in § 4 enthielten seine Vorgängerregelungen, insbes. § 12 BAT/-O keine Begriffsbestimmungen der Versetzung und Abordnung. Zur Erleichterung der in Zukunft wohl stetig wichtiger werdenden Umstrukturierung von Betrieben und Dienststellen des ö. D. und des damit erforderlichen flexiblen Personaleinsatzes sowie zur Schaffung von Rechtssicherheit haben die Tarifvertragsparteien jetzt in Protokollerklärungen zu § 4 alle vier dort angesprochenen Instrumente der „Personalumsetzung" exakt definiert. Die dazu bisher ergangene Rspr. braucht daher künftig wohl allenfalls noch in Zweifelsfragen ergänzend herangezogen zu werden. 11

3.1. Versetzung, definiert in der Protokollerklärung Nr. 2 zu Abs. 1, unterscheidet sich danach von der Abordnung zum einen dadurch, dass sie im Gegensatz zu jener **auf Dauer** angelegt, also zeitlich unbefristet ist. Zum anderen ist sie auf andere Dienststellen oder Betriebe **desselben AG** beschränkt; ein AG-Wechsel (z. B. von einer Kommune zu einer am gleichen Ort ansässigen Bundesbehörde) darf damit nicht verbunden sein. 12

3.2. Abordnung, definiert in der Protokollerklärung Nr. 1 zu Abs. 1, ist demgegenüber stets **zeitlich befristet,** die Rückkehr des AN zu seiner bisherigen Dienststelle steht also von vornherein fest. Sie kann auch zu einem Wechsel des 13

§ 4 Abschnitt I. Allgemeine Vorschriften

AG führen. Die Protokollerklärung hat den Begriff so übernommen, wie er zuvor schon von der Rspr. beschrieben worden war (vgl. BVerwG 29. 1. 2003 – 6 P 19/01 = NZA-RR 2003, 503 = ZTR 2003, 252).

14 Bestimmte Mindestgrenzen oder sonstige Vorgaben für die Ausgestaltung der Abordnung gibt es nicht. Sie kann nur einen Tag dauern, sie kann auch so bestimmt sein, dass der Beschäftigte nur an einzelnen Tagen einer Woche oder eines Monats in einer anderen Dienststelle Dienst zu leisten hat. Eine **Teilabordnung** ist auch in der Weise denkbar, dass der AN wöchentlich oder täglich nur einige Stunden in einer anderen Dienststelle seine Arbeit verrichtet (vgl. BAG 11. 6. 1992 – 6 AZR 218/91 = AP BAT § 12 Nr. 2 = NZA 1993, 576 Ls. zur Teilabordnung eines Schulhausmeisters).

15 **3.3. Dienstliche oder betriebliche Gründe.** Die Versetzung oder Abordnung muss durch dienstliche oder betriebliche Gründe veranlasst sein. Dies können z. B. allgemeine personalplanerische Überlegungen, Aufgabenverlagerungen zwischen verschiedenen Dienststellen, vorübergehender oder dauerhafter Mehranfall von Arbeit oder Ausfall anderer Beschäftigter, aber auch Ursachen in der Person oder im Verhalten des AN sein (BAG 30. 10. 1985 – 7 AZR 216/83 = AP BAT § 12 Nr. 1 = DB 1986, 2188 = NZA 1986, 713 Ls.). Auch der Wunsch des Beschäftigten selbst kommt als Versetzungs- oder Abordnungsgrund in Betracht.

16 **3.4. Anhörung.** Wie bisher normiert auch § 4 Abs. 1 S. 2 unter bestimmten Voraussetzungen eine Pflicht des AG zur vorherigen Anhörung des Beschäftigten: Ist mit der Versetzung oder Abordnung ein Wechsel des bisherigen Arbeitsortes verbunden, ist der AN vorher zu hören, bei Abordnungen jedoch nur, wenn diese voraussichtlich länger als drei Monate dauert. Diese Anhörung soll gewährleisten, dass der AG vor einer Entscheidung über die Interessenlage des AN umfassend informiert wird, damit er – falls dieser der Maßnahme nicht zustimmen – die notwendige sachgerechte Interessenabwägung (s. Rn. 7) vornehmen kann. Eine Zustimmung der AN ist jedoch nicht notwendig.

17 **4. Zu Abs. 2. Zuweisung** ist entsprechend der Definition der Protokollerklärung zu Abs. 2 die zeitlich befristete Beschäftigung bei einem „Dritten", d. h. bei einem anderen AG im In- oder Ausland, der nicht den TVöD/TV-L anwendet. Weitergehend als nach alter Tariflage ist damit nun auch die Zuweisung zu einem inländischen AG außerhalb des ö. D., also z. B. einer GmbH oder anderen juristischen Person des Privatrechts möglich.

18 Sie verlangt weiterhin ein dienstliches/betriebliches oder auch öffentliches Interesse und setzt – im Unterschied zu Abordnung und Versetzung – stets die **Zustimmung** des Betroffenen voraus. Außerdem muss die neu zugewiesene Tätigkeit mindestens gleich vergütet werden; geringer bezahlte Tätigkeiten dürfen den Beschäftigten des ö. D. also auch nach dieser Vorschrift nicht übertragen werden.

19 Die nötige Zustimmung **kann verweigert werden,** neuerdings nach S. 2 jedoch **nur aus „wichtigem Grund".** Der Wortlaut dieser Norm legt nahe, insoweit in Anlehnung an die Grundsätze zu § 626 Abs. 1 BGB Tatsachen zu verlangen, wegen derer dem Beschäftigten die Zuweisung der neuen Tätigkeit „unter Berücksichtigung aller Umstände des Einzelfalles und unter Abwägung der Interessen beider Vertragsteile nicht zugemutet werden kann" (so auch Conze TVöD Rn. 1614). Zu denken wäre dabei bspw. an die notwendige Betreuung von Kindern oder pflegebedürftigen Angehörigen.

20 Abs. 2 S. 4 stellt klar, dass Bezüge aus der Verwendung im Rahmen einer Zuweisung auf das Entgelt angerechnet werden. Da die bislang in § 12 Abs. 2 S. 2 BAT/-O vorgesehene Möglichkeit des AG, auf eine solche **Anrechnung** ganz oder teilweise zu verzichten, in § 4 entfallen ist, dürfte sie jetzt zwingend sein.

5. Zu Abs. 3 Personalgestellung meint nach der Protokollerklärung dazu die dauerhafte Leistungserbringung bei einem Dritten. Sie wurde zwar auch bereits unter der Geltung des BAT/-O praktiziert, war bisher aber nicht tariflich geregelt und daher nur mit Zustimmung der Beschäftigten möglich. Mit der Neuaufnahme dieses Instrumentariums in den „Direktionsrechtskatalog" des § 4 ist sie jetzt – unter Fortbestand des Arbeitsverhältnisses – auf „Verlangen des AG", d. h. auch ohne Zustimmung des betroffenen Beschäftigten zulässig. 21

Voraussetzung ist, dass seine **Aufgaben,** bspw. infolge der Privatisierung von Teilbereichen des ö. D. oder der Umwandlung eines Krankenhauses in einen privatrechtlich organisierten Rechtsträger, z. B. eine GmbH, **dauerhaft** in Wegfall geraten, aber bei einem Dritten fortgeführt, d. h. dorthin **„verlagert",** werden. 22

Personalgestellung ist damit letztlich eine besondere Form von Arbeitnehmerüberlassung, die allerdings, da sie nicht gewerbsmäßig erfolgt, nicht dem AÜG unterfällt, insbes. keiner Erlaubnis nach § 1 AÜG bedarf. 23

Abs. 3 S. 2 stellt insoweit lediglich deklaratorisch klar, dass unabhängig von der Anwendung des Instruments der Personalgestellung gesetzliche Kündigungsrechte und insbes. die Vorschrift des **§ 613 a BGB** unberührt bleiben. Danach tritt ein neuer Inhaber beim rechtsgeschäftlichen Übergang von Betrieben oder Betriebsteilen („automatisch") in die Rechte und Pflichten aus den im Zeitpunkt des Übergangs bestehenden Arbeitsverhältnissen ein und haftet grds. für die alten Verbindlichkeiten (allgemein dazu Erl. 7.6. Vor § 34 TVöD/TV-L Rn. 480 ff. und die dort nachgewiesene Lit.). Einem solchen gesetzlich angeordneten **Übergang seines Arbeitsverhältnisses** („mit allen Rechten und Pflichten") auf den neuen AG kann der AN jedoch binnen eines Monats nach entsprechender Information **widersprechen** (§ 613a Abs. 5, 6 BGB). Macht er von diesem Recht Gebrauch, bleibt sein Arbeitsverhältnis zum „abgebenden" AG bestehen, allerdings riskiert der AN dann häufig, eine betriebsbedingte Kündigung zu erhalten, wenn sein „alter" AG ihn mangels eines entsprechenden Arbeitsplatzes nicht weiter beschäftigen kann (allgemein zur betriebsbedingten Kündigung s. Erl. 7 Vor § 34 TVöD/TV-L Rn. 347). 24

Gerade AN des ö. D. werden jedoch oft gewichtige Gründe haben, einem Übergang ihres Arbeitsverhältnisses auf einen „privaten" Dritten zu widersprechen (Erhalt ihrer besonders ausgestalteten betrieblichen Altersversorgung, keine weitere Anrechnung auf die Beschäftigungszeiten i. S. d. § 34 Abs. 3 TVöD/TV-L (s. dort Rn. 21)). Deshalb bietet § 4 Abs. 3 hier die Möglichkeit der Weiterbeschäftigung bei dem Dritten unter Fortführung des bisherigen Arbeitsverhältnisses mit dem AG des ö. D. im Rahmen einer Personalgestellung. 25

6. Beteiligungsrechte. Abschließend ist darauf hinzuweisen, dass die in § 4 geregelte Versetzung, Abordnung und Zuweisung, ebenso ggfs. die Umsetzung, unabhängig vom eventuellen Einverständnis der betroffenen Beschäftigten, den Beteiligungsrechten **der Betriebs- und Personalräte** unterliegen (können), insbes. nach den §§ 99, 95 Abs. 3 BetrVG, 75 BPersVG, bzw. den jeweiligen Vorschriften der Landespersonalvertretungsgesetze. 26

Ferner sind ggfs. vorab nach § 95 Abs. 2 SGB IX die Schwerbehindertenvertretung und in den öffentlichen Verwaltungen die Gleichstellungs-, bzw. Frauenbeauftragten entsprechend zu beteiligen. 27

§ 5 TVöD Qualifizierung

(1) ¹**Ein hohes Qualifikationsniveau und lebenslanges Lernen liegen im gemeinsamen Interesse von Beschäftigten und Arbeitgebern.** ²**Qualifizierung dient der Steigerung von Effektivität und Effizienz des öffentlichen**

§ 5 Abschnitt I. Allgemeine Vorschriften

Dienstes, der Nachwuchsförderung und der Steigerung von beschäftigungsbezogenen Kompetenzen. ³Die Tarifvertragsparteien verstehen Qualifizierung auch als Teil der Personalentwicklung.

(2) ¹Vor diesem Hintergrund stellt Qualifizierung nach diesem Tarifvertrag ein Angebot dar, aus dem für die Beschäftigten kein individueller Anspruch außer nach Absatz 4 abgeleitet, aber das durch freiwillige Betriebsvereinbarung wahrgenommen und näher ausgestaltet werden kann. ²Entsprechendes gilt für Dienstvereinbarungen im Rahmen der personalvertretungsrechtlichen Möglichkeiten. ³Weitergehende Mitbestimmungsrechte werden dadurch nicht berührt.

(3) ¹Qualifizierungsmaßnahmen sind
a) die Fortentwicklung der fachlichen, methodischen und sozialen Kompetenzen für die übertragenen Tätigkeiten (Erhaltungsqualifizierung),
b) der Erwerb zusätzlicher Qualifikationen (Fort- und Weiterbildung),
c) die Qualifizierung zur Arbeitsplatzsicherung (Qualifizierung für eine andere Tätigkeit; Umschulung) und
d) die Einarbeitung bei oder nach längerer Abwesenheit (Wiedereinstiegsqualifizierung).

²Die Teilnahme an einer Qualifizierungsmaßnahme wird dokumentiert und den Beschäftigten schriftlich bestätigt.

(4) ¹Beschäftigte haben – auch in den Fällen des Absatzes 3 Satz 1 Buchst. d – Anspruch auf ein regelmäßiges Gespräch mit der jeweiligen Führungskraft, in dem festgestellt wird, ob und welcher Qualifizierungsbedarf besteht. ²Dieses Gespräch kann auch als Gruppengespräch geführt werden. ³Wird nichts anderes geregelt, ist das Gespräch jährlich zu führen.

(5) ¹Die Kosten einer vom Arbeitgeber veranlassten Qualifizierungsmaßnahme – einschließlich Reisekosten – werden, soweit sie nicht von Dritten übernommen werden, grundsätzlich vom Arbeitgeber getragen. ²Ein möglicher Eigenbeitrag wird durch eine Qualifizierungsvereinbarung geregelt. ³Die Betriebsparteien sind gehalten, die Grundsätze einer fairen Kostenverteilung unter Berücksichtigung des betrieblichen und individuellen Nutzens zu regeln. ⁴Ein Eigenbeitrag der Beschäftigten kann in Geld und/oder Zeit erfolgen.

(6) Zeiten von vereinbarten Qualifizierungsmaßnahmen gelten als Arbeitszeit.

(7) Gesetzliche Förderungsmöglichkeiten können in die Qualifizierungsplanung einbezogen werden.

(8) Für Beschäftigte mit individuellen Arbeitszeiten sollen Qualifizierungsmaßnahmen so angeboten werden, dass ihnen eine gleichberechtigte Teilnahme ermöglicht wird.

§ 5 TV-L Qualifizierung

(1) ¹Ein hohes Qualifikationsniveau und lebenslanges Lernen liegen im gemeinsamen Interesse von Beschäftigten und Arbeitgebern. ²Qualifizierung dient der Steigerung von Effektivität und Effizienz des öffentlichen Dienstes, der Nachwuchsförderung und der Steigerung von beschäftigungsbezogenen Kompetenzen. ³Die Tarifvertragsparteien verstehen Qualifizierung auch als Teil der Personalentwicklung.

(2) ¹Vor diesem Hintergrund stellt Qualifizierung nach diesem Tarifvertrag ein Angebot dar. ²Aus ihm kann für die Beschäftigten kein indi-

Qualifizierung § 5

vidueller Anspruch außer nach Absatz 4 abgeleitet werden. ³Es kann durch freiwillige Betriebsvereinbarung wahrgenommen und näher ausgestaltet werden. ⁴Entsprechendes gilt für Dienstvereinbarungen im Rahmen der personalvertretungsrechtlichen Möglichkeiten. ⁵Weitergehende Mitbestimmungsrechte werden dadurch nicht berührt.

(3) ¹Qualifizierungsmaßnahmen sind
a) die Fortentwicklung der fachlichen, methodischen und sozialen Kompetenzen für die übertragenen Tätigkeiten (Erhaltungsqualifizierung),
b) der Erwerb zusätzlicher Qualifikationen (Fort- und Weiterbildung),
c) die Qualifizierung zur Arbeitsplatzsicherung (Qualifizierung für eine andere Tätigkeit; Umschulung) und
d) die Einarbeitung bei oder nach längerer Abwesenheit (Wiedereinstiegsqualifizierung).
²Die Teilnahme an einer Qualifizierungsmaßnahme wird dokumentiert und den Beschäftigten schriftlich bestätigt.

(4) ¹Beschäftigte haben – auch in den Fällen des Absatzes 3 Satz 1 Buchstabe d – Anspruch auf ein regelmäßiges Gespräch mit der jeweiligen Führungskraft. ²In diesem wird festgestellt, ob und welcher Qualifizierungsbedarf besteht. ³Dieses Gespräch kann auch als Gruppengespräch geführt werden. ⁴Wird nichts anderes geregelt, ist das Gespräch jährlich zu führen.

(5) Zeiten von vereinbarten Qualifizierungsmaßnahmen gelten als Arbeitszeit.

(6) ¹Die Kosten einer vom Arbeitgeber veranlassten Qualifizierungsmaßnahme – einschließlich Reisekosten – werden grundsätzlich vom Arbeitgeber getragen, soweit sie nicht von Dritten übernommen werden. ²Ein möglicher Eigenbeitrag wird in einer Qualifizierungsvereinbarung geregelt. ³Die Betriebsparteien sind gehalten, die Grundsätze einer fairen Kostenverteilung unter Berücksichtigung des betrieblichen und individuellen Nutzens zu regeln. ⁴Ein Eigenbeitrag des Beschäftigten kann in Geld und/oder Zeit erfolgen.

(7) ¹Für eine Qualifizierungsmaßnahme nach Absatz 3 Satz 1 Buchstabe b oder c kann eine Rückzahlungspflicht der Kosten der Qualifizierungsmaßnahme in Verbindung mit der Bindung der/des Beschäftigten an den Arbeitgeber vereinbart werden. ²Dabei kann die/der Beschäftigte verpflichtet werden, dem Arbeitgeber Aufwendungen oder Teile davon für eine Qualifizierungsmaßnahme zu ersetzen, wenn das Arbeitsverhältnis auf Wunsch der/des Beschäftigten endet. ³Dies gilt nicht, wenn die/der Beschäftigte nicht innerhalb von sechs Monaten entsprechend der erworbenen Qualifikation durch die Qualifizierungsmaßnahme beschäftigt wird, oder wenn die Beschäftigte wegen Schwangerschaft oder Niederkunft gekündigt oder einen Auflösungsvertrag geschlossen hat. ⁴Die Höhe des Rückzahlungsbetrages und die Dauer der Bindung an den Arbeitgeber müssen in einem angemessenen Verhältnis stehen.

(8) Gesetzliche Förderungsmöglichkeiten können in die Qualifizierungsplanung einbezogen werden.

(9) Für Beschäftigte mit individuellen Arbeitszeiten sollen Qualifizierungsmaßnahmen so angeboten werden, dass ihnen eine gleichberechtigte Teilnahme ermöglicht wird.

Zu den Erläuterungen zu § 5 TV-L siehe S. 50

§ 5 Abschnitt I. Allgemeine Vorschriften

Erläuterungen zu § 5 TVöD

1 Sonderregelungen

1. **BT-E:** § 45 enthält eine weitgehend wortgleiche Wiederholung des § 5. Die Unterschiede bestehen darin, dass
   a) in Abs. 1 Satz 2 der Begriff des „öffentlichen Dienstes" durch das Wort „Betriebes" ersetzt wird,
   b) in Abs. 2 bei geänderter Satzbildung der einschränkende Hinweis für Dienstvereinbarungen fehlt,
   c) in Abs. 5 Satz 2 eine mögliche Rückzahlungsverpflichtung ausdrücklich vorgesehen ist und
   d) in Abs. 6 die Möglichkeit eines Eigenbeitrages in Geld oder in Zeit ausdrücklich erwähnt werden.
2. **BT-B/BT-K:** § 44 BT-B bzw. § 43 BT-K enthalten zusätzliche Vorschriften zur Qualifizierung von Ärztinnen/Ärzte, die sich in Facharzt-, Schwerpunktweiterbildung oder Zusatzausbildung nach dem „Gesetz über befristete Arbeitsverträge mit Ärzten in der Weiterbildung" befinden.
3. **BT-S:** § 47 entspricht im Wesentlichen dem § 45 BT-E (s. oben) – und damit fast wortgleich dem § 5 –; lediglich werden in Abs. 1 S. 2 die Wörter „des Betriebes" durch die Wörter „der Sparkassen" ersetzt und in Abs. 2 S. 2 nur Dienstvereinbarungen genannt.
4. **BT-F und BT-V:** Diese BT enthalten keine abweichenden/ergänzenden Bestimmungen zu § 5.

2 1. **Zu Abs. 1 und 2:** Auch wenn der Wortlaut keine Rechtsnormen im engeren Sinne enthält, so haben die TVP – indem sie die Vereinbarung in den normativen Teil des TV aufgenommen haben, nunmehr die **AN-Qualifizierung** tariflich in den **Rechte- und Pflichtenkreis** sowohl des AG als auch des AN aufgenommen. Dies allerdings ohne nähere Ausgestaltung, diese überlassen sie, wie sich aus Abs. 2 deutlich ergibt, in erster Linie den Betriebsparteien (also AG einerseits und Personal-/Betriebsrat andererseits). Auch wenn in Abs. 2 die Qualifizierung nach dem TV als „Angebot" (an die AN) bezeichnet wird, ist der Aufforderungscharakter nach beiden Seiten (AG und AN) unverkennbar. Die Tatsache, dass nach Abs. 2 S. 1 und 2 die nähere Ausgestaltung der Tarifvorschrift Betriebs-/Dienstvereinbarungen vorbehalten ist, schließt eine Vereinbarung zwischen AG und AN auch dann nicht aus, wenn eine einschlägige Dienst-/Betriebsvereinbarung nicht besteht. Andererseits verdeutlicht Abs. 2 Satz 1 und 2 den Wunsch der TVP nach einer **systematischen Qualifizierungsplanung.**

3 Abs. 2 S. 3 stellt klar, dass weder der TV noch eine Dienst-/Betriebsvereinbarung weitergehende Mitbestimmungsrechte des Personal-/Betriebsrates (etwa bei der Auswahl der Teilnehmer) berühren.

4 2. **Zu Abs. 3:** Satz 1 zählt auf, welche **Ziele** eine Maßnahme verfolgen muss, um als eine solche der Qualifizierung i.S.d. TV zu gelten. Es kann dahingestellt bleiben, ob es sich um einen abschließenden Katalog (wofür der Wortlaut spricht) oder um einen erweiterbaren Beispielskatalog (wofür die die Vorschrift insgesamt kennzeichnende „Offenheit" sprechen könnte) handelt, denn die Bandbreite ist so groß, dass nur Ziele/Inhalte, die keinen Bezug zum Berufsleben haben, vom Katalog nicht erfasst werden. Solche Maßnahmen werden aber auch nicht von den in Abs. 1 formulierten Zielen der Qualifizierung erfasst.

5 Satz 2 sichert dem AN das Recht auf schriftliche Bescheinigung seiner Teilnahme an einer Qualifizierungsmaßnahme. Obschon nicht ausdrücklich normiert, sollte die Aufnahme in die Personalakte selbstverständlich sein.

Qualifizierung § 5

3. Zu Abs. 4: Die Vorschrift räumt dem AN das Recht auf ein Gespräch mit 6
der zuständigen Führungskraft mit dem Ziel ein, abzuklären, ob und ggf. welcher
Qualifizierungsbedarf besteht. Auch Führungskräfte selber haben diesen Anspruch
(gegenüber ihrer jeweiligen Führungskraft). Der Anspruch besteht auch während
einer längeren Abwesenheit vom Beruf – z. B. wg. Inanspruchnahme von Elternzeit oder wg. eines Sonderurlaubs nach § 28. Ein solches Gespräch hat – sofern
keine anderen Intervalle gelten – ein Mal jährlich stattzufinden (Satz 3).

Obschon die Bestimmung als Rechtsanspruch des AN ausgestaltet ist, sprechen 7
der Wortlaut des Satzes 3 („... **ist** das Gespräch jährlich zu führen") aber auch der
aus Abs. 1 Satz 2 abzuleitende Regelungszweck dafür, dieses Recht – jedenfalls für
ein Gespräch pro Jahr – zugleich als Pflicht zu interpretieren.

Die Durchführung des Gespräches als Gruppengespräch (Satz 2) wird wohl nur 8
dann sinnvoll in Frage kommen, wenn alle Teilnehmer einverstanden sind.

4. Zu Abs. 5 und 6: Die TVP unterscheiden, wie der unterschiedliche Wort- 9
laut der Abs. 5 und 6 zeigt, zwischen Qualifizierungsmaßnahmen, die der **AG
veranlasst** hat, und solchen, die **vereinbart** sind. Andererseits – Qualifizierung ist
nach Abs. 2 ein Angebot – kann der AG in aller Regel keine Qualifizierungsmaßnahme anordnen. Daher kann zur Abgrenzung zwischen „vom AG veranlassten"
und – anderen – „vereinbarten" Maßnahmen nur das Kriterium der Initiative herangezogen werden. Eine Anmeldung durch den AG spricht i. d. R. dafür, dass die
Teilnahme auf Veranlassung des AG erfolgte. Dies kann eine „Folge" eines Gespräches nach Abs. 4 sein; es wird aber auch ausreichen müssen, wenn der AG eine
bestimmte Maßnahme ausschreibt und zur Anmeldung Interessierter auffordert.

Abs. 5 S. 1 legt die **Kosten** (Teilnehmerbeiträge, Reisekosten, evtl. Unterkunft 10
und Verpflegung, soweit diese nicht im Teilnehmerbeitrag enthalten sind) **grundsätzlich dem AG** auf, wenn dieser die Maßnahme **veranlasst** hat (und sie nicht
von einem Dritten getragen werden). Bei einer nicht vom AG veranlassten, aber
vereinbarten Maßnahme (s. oben) ist die Kostentragungspflicht tarifvertraglich
nicht geregelt.

Für **beide** aber gilt: Die Zeiten (für die Teilnahme an) einer Qualifizierungs- 11
maßnahme gelten als Arbeitszeit (Abs. 6). Dies gilt aber dann nicht mehr, wenn
sich der AN einer Qualifizierungsmaßnahme ohne Billigung durch den AG unterzieht. In einem solchen Fall kann keine Vereinbarung vorliegen.

Ein möglicher Eigenbeitrag ist in Abs. 5 ausdrücklich erwähnt und setzt eine 12
Qualifizierungsvereinbarung voraus, die eine „faire" Kostenverteilung beinhalten
muss (Abs. 5 S. 2 und 3).

Die Eigenbeteiligung des AN kann in Geld und/oder Zeit erfolgen. Eine Ei- 13
genbeteiligung in Geld bedeutet, der AN übernimmt (oder erstattet dem AG)
einen bestimmten Anteil der mit der Maßnahme verbundenen finanziellen Aufwendungen. Ein Eigenbeitrag in Zeit wird in der Form geleistet, dass die (nach
Abs. 6 als Arbeitszeit geltende) Zeit für die Teilnahme an der Maßnahme nicht
oder nicht vollständig auf die zu leistende Wochenarbeitszeit angerechnet wird.

Eine Aufteilung der Kosten (Arbeitszeit eingeschlossen) ist sowohl für vom AG 14
veranlasste als auch für andere vereinbarte Maßnahmen möglich.

Trägt der AG die Kosten der Maßnahme, kommen grundsätzlich auch Rück- 15
zahlungsklauseln bzw. -vereinbarungen für den Fall des (vom AN zu vertretenden)
Ausscheidens vor einem bestimmten Zeitpunkt in Frage. St. Rspr. BAG; vgl.
z. B. BAG 24. 6. 2004 – 6 AZR 320/03 – NJOZ 2004, 4089).

5. Zu Abs. 7: Zu den gesetzlichen Förderungsmöglichkeiten, die in die Quali- 16
fizierungsplanung einbezogen werden können, gehören insbesondere Zuschüsse
bzw. Darlehen nach dem Aufstiegsfortbildungsförderungsgesetz.

§ 5   Abschnitt I. Allgemeine Vorschriften

17 **6. Zu Abs. 8:** Mit der Vorschrift soll sicher gestellt werden, dass AN mit individuellen Arbeitszeiten (Teilzeitbeschäftigte) bei der Teilnahme an Qualifizierungsmaßnahmen nicht benachteiligt werden. Ihnen soll eine auf ihre besonderen Bedürfnisse – insbesondere Vereinbarkeit von Beruf und Familie – Rücksicht nehmende Qualifizierungsplanung angeboten werden.

Erläuterungen zu § 5 TV-L

1 **Sonderregelungen**
§ 42 Nr. 3 TV-L für Ärztinnen und Ärzte außerhalb von Universitätskliniken

2 **1. Zu den Abs. 1 bis 6 sowie 8 und 9.** Von Unterschieden in der Absatzfolge und ganz geringfügigen Unterschieden im Satzbau abgesehen, sind die Vorschriften identisch mit denen des § 5 TVöD. Lediglich Abs. 7 hat im TVöD keine Entsprechung.

3 Die anderen angesprochenen Unterschiede bestehen in:
In Abs. 2 ist der Text des § 5 Abs. 2 Satz 1 TVöD auf drei Sätze verteilt.
In Abs. 4 ist der Text des § 5 Abs. 4 Satz 1 TVöD auf zwei Sätze verteilt.
Abs. 5 entspricht § 5 Abs. 6 TVöD. Außerdem ist Satz 1 geringfügig umgestellt.
Abs. 8 und 9 sind wortgleich mit § 5 Abs. 7 und 8 TVöD.
Es wird daher auf die Erl. zu § 5 TVöD verwiesen; sie gelten mit Ausnahme der dort gemachten Ausführungen über die Rückzahlungsvereinbarungen auch für den TV-L.

4 **2. Zu Abs. 7** Anders als im TVöD haben die TVP des TV-L explizit die Möglichkeit einer Rückzahlungsvereinbarung für den Fall vorgesehen, dass der AN vor Ablauf einer zu vereinbarenden Zeit nach einer Qualifizierungsmaßnahme auf eigenem Wunsch ausscheidet.

5 **2.1** Voraussetzung für eine solche Vereinbarung ist, dass es sich entweder um eine Qualifizierungsmaßnahme zum Erwerb zusätzlicher Qualifikationen (Abs. 3 Satz 1 Buchst. b) oder um eine solche zur Arbeitsplatzsicherung (Abs. 3 Satz 1 Buchst. c) handelt. Rückzahlungsvereinbarungen im Zusammenhang mit anderen Qualifizierungsmaßnahmen werden von der Tarifvorschrift nicht gedeckt.

6 **2.2** Die Rückzahlung darf nur für den Fall vereinbart werden, dass das ArbVerh. auf Wunsch des AN endet. Der Wortlaut stellt also nicht darauf ab, dass der AN das Ende des ArbVerh. zu vertreten hat. Damit kann die Rückzahlung nur für den Fall einer arbeitnehmerseitigen Kündigung oder eines auf Initiative des AN zustande gekommenen Auflösungsvertrages vereinbart werden. Eine Rückzahlung z.B. als Folge einer arbeitgeberseitigen Kündigung oder einer Beendigung des ArbVerh. wg. plötzlich eintretender Erwerbsunfähigkeit (z.B. als Folge eines Verkehrsunfalls) scheidet aus.

7 **2.3** Trotz bestehender Rückzahlungsvereinbarung kann der AG keinen Aufwendungsersatz fordern, wenn er länger als sechs Monate den AN nicht entsprechend der neu erworbenen Qualifikation einsetzt und der AN dann entweder kündigt oder einen Auflösungsvertrag anstrebt. Einen Nachweis der Kausalität zwischen dem AG-Verhalten und dem Beendigungswunsch des AN fordert die Vorschrift ebenso wenig wie ein „Verschulden" des AG.

8 Die Frage, ob der AN entsprechend seiner neu erworbenen Qualifikation eingesetzt wird oder nicht, wird nur im Einzelfall zu beantworten sein. Der AN erwirbt mit der Qualifizierung auch keinen Rechtsanspruch auf eine der neuen Qualifikation entsprechenden Tätigkeit. Wird sie ihm nicht innerhalb der 6-Monats-Frist zugewiesen, ist er lediglich von der „Bleibeverpflichtung" entbunden.

2.4 Weibliche AN sind von der Rückzahlungsverpflichtung befreit, wenn auf ihrem Wunsch das ArbVerh. vorzeitig endet und die Kündigung oder der Auflösungsvertrag wg. Schwangerschaft oder Niederkunft ausgesprochen bzw. vereinbart wird. Bei sachgerechter Auslegung des Wortlautes wird jedoch die Ausnahmevorschrift dann nicht mehr gelten, wenn zwischen der Niederkunft einerseits und der Kündigung bzw. dem von der AN angestrebten Auflösungsvertrag andererseits ein Zeitraum liegt, der die Kausalität zwischen beiden Ereignissen ausschließt. Nimmt die AN also z. B. nach Ablauf der Schutzfrist nach dem MSchG die Arbeit für längere Zeit wieder auf und kündigt sie dann das ArbVerh., wird i. d. R. nicht mehr anzuerkennen sein, dass sie „wg. der Niederkunft" das Arbeitsverhältnis beendet.

2.5 Sowohl die Höhe des Aufwendungsersatzes als auch die Dauer der Bleibeverpflichtung müssen von AG und AN vereinbart werden. Der TV fordert, dass beides in einem angemessenen Verhältnis stehen muss. Wann dies der Fall ist, lässt sich nur im Einzelfall beurteilen. Als Indiz für die Qualität der erworbenen Qualifikation erkennt das BAG die Dauer der Fortbildung an. Dauert sie länger als einen Monat, ist eine Bleibeverpflichtung von mehr als sechs Monaten i. d. R. unzulässig (BAG vom 5. 12. 2002 – 6 AZR 539/01 – AP BGB § 611 Ausbildungsbeihilfe Nr. 32). Eine Lehrgangsdauer bis zu zwei Monaten rechtfertigt i. d. R. eine Bindung von höchstens einem Jahr. Nur wenn durch die Teilnahme am Lehrgang eine besonders hohe Qualifikation verbunden mit überdurchschnittlichen Vorteilen für den Arbeitnehmer entsteht oder wenn die Fortbildung besonders kostenintensiv ist, kann auch eine längere Bindung wirksam sein (BAG 15. 12. 1993 – 5 AZR 279/93 – AP BGB § 611 Ausbildungsbeihilfe Nr. 17).

Abschnitt II. Arbeitszeit

§ 6 TVöD Regelmäßige Arbeitszeit

(1) ¹Die regelmäßige Arbeitszeit beträgt ausschließlich der Pausen für
a) die Beschäftigten des Bundes durchschnittlich 39 Stunden wöchentlich,
b) die Beschäftigten der Mitglieder eines Mitgliedverbandes der VKA im Tarifgebiet West durchschnittlich 38,5 Stunden wöchentlich, im Tarifgebiet Ost durchschnittlich 40 Stunden wöchentlich; im Tarifgebiet West können sich die Tarifvertragsparteien auf landesbezirklicher Ebene darauf einigen, die regelmäßige wöchentliche Arbeitszeit auf bis zu 40 Stunden zu verlängern.
²Bei Wechselschichtarbeit werden die gesetzlich vorgeschriebenen Pausen in die Arbeitszeit eingerechnet. ³Die regelmäßige Arbeitszeit kann auf fünf Tage, aus notwendigen betrieblichen/dienstlichen Gründen auch auf sechs Tage verteilt werden.

(2) ¹Für die Berechnung des Durchschnitts der regelmäßigen wöchentlichen Arbeitszeit ist ein Zeitraum von bis zu einem Jahr zugrunde zu legen. ²Abweichend von Satz 1 kann bei Beschäftigten, die ständig Wechselschicht- oder Schichtarbeit zu leisten haben, ein längerer Zeitraum zugrunde gelegt werden.

(3) ¹Soweit es die betrieblichen/dienstlichen Verhältnisse zulassen, wird die Beschäftigte am 24. Dezember und am 31. Dezember unter Fortzahlung des Entgelts nach § 21 von der Arbeit freigestellt. ²Kann die Freistellung nach Satz 1 aus betrieblichen/dienstlichen Gründen nicht

§ 6 Abschnitt II. Arbeitszeit

erfolgen, ist entsprechender Freizeitausgleich innerhalb von drei Monaten zu gewähren. ³Die regelmäßige Arbeitszeit vermindert sich für jeden gesetzlichen Feiertag, sowie für den 24. Dezember und 31. Dezember, sofern sie auf einen Werktag fallen, um die dienstplanmäßig ausgefallenen Stunden.

Protokollerklärung zu Absatz 3 Satz 3:
Die Verminderung der regelmäßigen Arbeitszeit betrifft die Beschäftigten, die wegen des Dienstplans am Feiertag frei haben und deshalb ohne diese Regelung nacharbeiten müssten.

(4) **Aus dringenden betrieblichen/dienstlichen Gründen kann auf der Grundlage einer Betriebs-/Dienstvereinbarung im Rahmen des § 7 Abs. 1, 2 und des § 12 ArbZG von den Vorschriften des Arbeitszeitgesetzes abgewichen werden.**

Protokollerklärung zu Absatz 4:
In vollkontinuierlichen Schichtbetrieben kann an Sonn- und Feiertagen die tägliche Arbeitszeit auf bis zu zwölf Stunden verlängert werden, wenn dadurch zusätzliche freie Schichten an Sonn- und Feiertagen erreicht werden.

(5) **Die Beschäftigten sind im Rahmen begründeter betrieblicher/ dienstlicher Notwendigkeiten zur Leistung von Sonntags-, Feiertags-, Nacht-, Wechselschicht-, Schichtarbeit sowie – bei Teilzeitbeschäftigung aufgrund arbeitsvertraglicher Regelung oder mit ihrer Zustimmung – zu Bereitschaftsdienst, Rufbereitschaft, Überstunden und Mehrarbeit verpflichtet.**

(6) **¹Durch Betriebs-/Dienstvereinbarung kann ein wöchentlicher Arbeitszeitkorridor von bis zu 45 Stunden eingerichtet werden. ²Die innerhalb eines Arbeitszeitkorridors geleisteten zusätzlichen Arbeitsstunden werden im Rahmen des nach Absatz 2 Satz 1 festgelegten Zeitraums ausgeglichen.**

(7) **¹Durch Betriebs-/Dienstvereinbarung kann in der Zeit von 6 bis 20 Uhr eine tägliche Rahmenzeit von bis zu zwölf Stunden eingeführt werden. ²Die innerhalb der täglichen Rahmenzeit geleisteten zusätzlichen Arbeitsstunden werden im Rahmen des nach Absatz 2 Satz 1 festgelegten Zeitraums ausgeglichen.**

(8) **Die Absätze 6 und 7 gelten nur alternativ und nicht bei Wechselschicht- und Schichtarbeit.**

(9) **Für einen Betrieb/eine Verwaltung, in dem/der ein Personalvertretungsgesetz Anwendung findet, kann eine Regelung nach den Absätzen 4, 6 und 7 in einem landesbezirklichen Tarifvertrag – für den Bund in einem Tarifvertrag auf Bundesebene – getroffen werden, wenn eine Dienstvereinbarung nicht einvernehmlich zustande kommt und der Arbeitgeber ein Letztentscheidungsrecht hat.**

Protokollerklärung zu § 6:
Gleitzeitregelungen sind unter Wahrung der jeweils geltenden Mitbestimmungsrechte unabhängig von den Vorgaben zu Arbeitszeitkorridor und Rahmenzeit (Absätze 6 und 7) möglich. Sie dürfen keine Regelungen nach Absatz 4 enthalten.

§ 6 TV-L Regelmäßige Arbeitszeit

(1) ¹Die durchschnittliche regelmäßige wöchentliche Arbeitszeit ausschließlich der Pausen
a) wird für jedes Bundesland im Tarifgebiet West auf der Grundlage der festgestellten tatsächlichen durchschnittlichen wöchentlichen Arbeitszeit im Februar 2006 ohne Überstunden und Mehrarbeit (tariflich und arbeitsvertraglich vereinbarte Arbeitszeit) wegen der gekündigten Arbeitszeitbestimmungen von den Tarifvertragsparteien nach den im Anhang zu § 6 festgelegten Grundsätzen errechnet,
b) beträgt im Tarifgebiet West 38,5 Stunden für die nachfolgend aufgeführten Beschäftigten:
   aa) Beschäftigte, die ständig Wechselschicht- oder Schichtarbeit leisten,
   bb) Beschäftigte an Universitätskliniken, Landeskrankenhäusern, sonstigen Krankenhäusern und psychiatrischen Einrichtungen, mit Ausnahme der Ärztinnen und Ärzte nach Buchstabe d,
   cc) Beschäftigte in Straßenmeistereien, Autobahnmeistereien, Kfz-Werkstätten, Theatern und Bühnen, Hafenbetrieben, Schleusen und im Küstenschutz,
   dd) Beschäftigte in Einrichtungen für schwerbehinderte Menschen (Schulen, Heime) und in heilpädagogischen Einrichtungen,
   ee) Beschäftigte, für die der TVöD gilt oder auf deren Arbeitsverhältnis vor der Einbeziehung in den TV-L der TVöD angewandt wurde,
   ff) Beschäftigte in Kindertagesstätten in Bremen,
   gg) Beschäftigte, für die durch landesbezirkliche Vereinbarung eine regelmäßige wöchentliche Arbeitszeit von 38,5 Stunden festgelegt wurde,
c) beträgt im Tarifgebiet Ost 40 Stunden,
d) beträgt für Ärztinnen und Ärzte im Sinne des § 41 (Sonderregelungen für Ärztinnen und Ärzte an Universitätskliniken) im Tarifgebiet West und im Tarifgebiet Ost einheitlich 42 Stunden.
²Bei Wechselschichtarbeit werden die gesetzlich vorgeschriebenen Pausen in die Arbeitszeit eingerechnet. ³Die regelmäßige Arbeitszeit kann auf fünf Tage, aus dringenden betrieblichen/dienstlichen Gründen auch auf sechs Tage verteilt werden. ⁴Die unterschiedliche Höhe der durchschnittlichen regelmäßigen wöchentlichen Arbeitszeit nach Satz 1 Buchstaben a und b bleibt ohne Auswirkung auf das Tabellenentgelt und die in Monatsbeträgen festgelegten Entgeltbestandteile.

(2) ¹Für die Berechnung des Durchschnitts der regelmäßigen wöchentlichen Arbeitszeit ist ein Zeitraum von bis zu einem Jahr zugrunde zu legen. ²Abweichend von Satz 1 kann bei Beschäftigten, die ständig Wechselschicht- oder Schichtarbeit zu leisten haben, sowie für die Durchführung so genannter Sabbatjahrmodelle ein längerer Zeitraum zugrunde gelegt werden.

(3) ¹Soweit es die betrieblichen/dienstlichen Verhältnisse zulassen, wird die/der Beschäftigte am 24. Dezember und am 31. Dezember unter Fortzahlung des Tabellenentgelts und der sonstigen in Monatsbeträgen festgelegten Entgeltbestandteile von der Arbeit freigestellt. ²Kann die Freistellung nach Satz 1 aus betrieblichen/dienstlichen Gründen nicht erfolgen, ist entsprechender Freizeitausgleich innerhalb von drei Monaten zu gewähren. ³Die regelmäßige Arbeitszeit vermindert sich für jeden

§ 6 Abschnitt II. Arbeitszeit

gesetzlichen Feiertag, sowie für den 24. Dezember und 31. Dezember, sofern sie auf einen Werktag fallen, um die dienstplanmäßig ausgefallenen Stunden.

Protokollerklärung zu § 6 Absatz 3 Satz 3:
Die Verminderung der regelmäßigen Arbeitszeit betrifft die Beschäftigten, die wegen des Dienstplans am Feiertag frei haben und deshalb ohne diese Regelung nacharbeiten müssten.

(4) **Aus dringenden betrieblichen/dienstlichen Gründen kann auf der Grundlage einer Betriebs-/Dienstvereinbarung im Rahmen des § 7 Absatz 1, 2 und des § 12 Arbeitszeitgesetz von den Vorschriften des Arbeitszeitgesetzes abgewichen werden.**

Protokollerklärung zu § 6 Absatz 4:
In vollkontinuierlichen Schichtbetrieben kann an Sonn- und Feiertagen die tägliche Arbeitszeit auf bis zu zwölf Stunden verlängert werden, wenn dadurch zusätzliche freie Schichten an Sonn- und Feiertagen erreicht werden.

(5) **Die Beschäftigten sind im Rahmen begründeter betrieblicher/dienstlicher Notwendigkeiten zur Leistung von Sonntags-, Feiertags-, Nacht-, Wechselschicht-, Schichtarbeit sowie – bei Teilzeitbeschäftigung aufgrund arbeitsvertraglicher Regelung oder mit ihrer Zustimmung – zu Bereitschaftsdienst, Rufbereitschaft, Überstunden und Mehrarbeit verpflichtet.**

(6) [1]**Durch Betriebs-/Dienstvereinbarung kann ein wöchentlicher Arbeitszeitkorridor von bis zu 45 Stunden eingerichtet werden.** [2]**Die innerhalb eines Arbeitszeitkorridors geleisteten zusätzlichen Arbeitsstunden werden im Rahmen des nach Absatz 2 Satz 1 festgelegten Zeitraums ausgeglichen.**

(7) [1]**Durch Betriebs-/Dienstvereinbarung kann in der Zeit von 6 bis 20 Uhr eine tägliche Rahmenzeit von bis zu zwölf Stunden eingeführt werden.** [2]**Die innerhalb der täglichen Rahmenzeit geleisteten zusätzlichen Arbeitsstunden werden im Rahmen des nach Absatz 2 Satz 1 festgelegten Zeitraums ausgeglichen.**

(8) **Die Absätze 6 und 7 gelten nur alternativ und nicht bei Wechselschicht- und Schichtarbeit.**

(9) **Für einen Betrieb/eine Verwaltung, in dem/der ein Personalvertretungsgesetz Anwendung findet, kann eine Regelung nach den Absätzen 4, 6 und 7 in einem landesbezirklichen Tarifvertrag getroffen werden, wenn eine Dienstvereinbarung nicht einvernehmlich zustande kommt und der Arbeitgeber ein Letztentscheidungsrecht hat.**

(10) [1]**In Verwaltungen und Betrieben, in denen auf Grund spezieller Aufgaben (zum Beispiel Ausgrabungen, Expeditionen, Schifffahrt) oder saisonbedingt erheblich verstärkte Tätigkeiten anfallen, kann für diese Tätigkeiten die regelmäßige Arbeitszeit auf bis zu 60 Stunden in einem Zeitraum von bis zu sieben Tagen verlängert werden.** [2]**In diesem Fall muss durch Verkürzung der regelmäßigen wöchentlichen Arbeitszeit bis zum Ende des Ausgleichszeitraums nach Absatz 2 Satz 1 ein entsprechender Zeitausgleich durchgeführt werden.** [3]**Die Sätze 1 und 2 gelten nicht für Beschäftigte gemäß §§ 41 bis 43.**

(11) [1]**Bei Dienstreisen gilt nur die Zeit der dienstlichen Inanspruchnahme am auswärtigen Geschäftsort als Arbeitszeit.** [2]**Für jeden Tag einschließlich der Reisetage wird jedoch mindestens die auf ihn entfallende**

regelmäßige, durchschnittliche oder dienstplanmäßige Arbeitszeit berücksichtigt, wenn diese bei Nichtberücksichtigung der Reisezeit nicht erreicht würde. ³Überschreiten nicht anrechenbare Reisezeiten insgesamt 15 Stunden im Monat, so werden auf Antrag 25 v. H. dieser überschreitenden Zeiten bei fester Arbeitszeit als Freizeitausgleich gewährt und bei gleitender Arbeitszeit im Rahmen der jeweils geltenden Vorschriften auf die Arbeitszeit angerechnet. ⁴Der besonderen Situation von Teilzeitbeschäftigten ist Rechnung zu tragen. ⁵Soweit Einrichtungen in privater Rechtsform oder andere Arbeitgeber nach eigenen Grundsätzen verfahren, sind diese abweichend von den Sätzen 1 bis 4 maßgebend.

Erläuterungen zu § 6 TVöD/TV-L

Sonderregelungen 1

Zu § 6 TVöD

Besonderer Teil Verwaltung (BT-V)
§ 42 Saisonaler Ausgleich
§ 43 Überstunden
§ 44 Reise-, Umzugskosten, Trennungsgeld

Sonderregelungen Bund
§ 45 Nr. 5 für Beschäftigte, die zu Auslandsdienststellen des Bundes entsandt sind
§ 46 Nr. 3, 10; Anhang zu § 46 für die Beschäftigten im Bereich des Bundesministeriums der Verteidigung
§ 47 Nr. 3, 9, 12 für die Beschäftigten des Bundesministeriums für Verkehr, Bau- und Wohnungswesen
§ 48 Nr. 2 für Beschäftigte im forstlichen Außendienst

Sonderregelungen VKA
§ 46 Nr. 2 Beschäftigte im kommunalen feuerwehrtechnischen Dienst
§ 48 Nr. 2 Beschäftigte im forstlichen Außendienst
§ 50 Nr. 2 Beschäftigte in landwirtschaftlichen Verwaltungen und Betrieben, Weinbau- und Obstanbaubetrieben
§ 51 Nr. 2 Beschäftigte als Lehrkräfte
§ 52 Nr. 2 Beschäftigte als Lehrkräfte an Musikschulen
§ 55 Nr. 4 Beschäftigte an Theatern und Bühnen

Besonderer Teil Pflege- und Betreuungseinrichtungen (BT-B)
§ 49 Arbeit an Sonn- und Feiertagen

Besonderer Teil Entsorgung (BT-E)
§ 41 Tägliche Rahmenzeit

Besonderer Teil Flughäfen (BT-F)
§ 41 Wechselschichtarbeit
§ 42 Rampendienst
§ 43 Abs. 2 Feuerwehr- und Sanitätspersonal

Besonderer Teil Krankenhäuser (BT-K)
§ 44 Zu § 6 Regelmäßige Arbeitszeit Ärztinnen/Ärzte
§ 49 Arbeit an Sonn- und Feiertagen

Besonderer Teil Sparkassen (BT-S)
§ 45 Beschäftigte der Entgeltgruppe 15

§ 6 Abschnitt II. Arbeitszeit

Sonderregelungen zu § 6 TV-L
§ 40 Nr. 3 für Beschäftigte an Hochschulen und Forschungseinrichtungen
§ 41 Nr. 3 für Ärztinnen und Ärzte an Universitätskliniken
§ 42 Nr. 4 für Ärztinnen und Ärzte außerhalb von Universitätskliniken
§ 43 Nr. 3 für die nichtärztlichen Beschäftigten in Universitätskliniken und Krankenhäusern
§ 44 Nr. 2 für Beschäftigte als Lehrkräfte
§ 45 Nr. 4 für Beschäftigte an Theatern und Bühnen
§ 46 Nr. 3 für Beschäftigte auf Schiffen und schwimmenden Geräten
§ 47 Nr. 2 für Beschäftigte im Justizvollzugsdienst der Länder sowie im feuerwehrtechnischen Dienst der Freien und Hansestadt Hamburg
§ 48 Nr. 2 für Beschäftigte im forstlichen Außendienst
§ 49 Nr. 2 für Beschäftigte in landwirtschaftlichen Verwaltungen und Betrieben, Weinbau- und Obstbaubetrieben

2   **1. Allgemein.** Die allgemeinen Vorschriften zur Arbeitszeit sind in § 6 TVöD/ TV-L enthalten. Die Vorschrift regelt insbesondere die Dauer und Verteilung der Arbeitszeit sowie die **Anordnung** von arbeitszeitlichen Sonderformen, wie bspw. Bereitschaftsdienst, Rufbereitschaft, Nachtarbeit oder Mehrarbeit. Sie beinhaltet des Weiteren die Grundlagen für verschiedene Formen der Flexibilisierung der Arbeitszeit und die Regelung enthält gegenüber dem ArbZG (v. 6. Juni 1994 (BGBl. I 1170, zuletzt geändert am 24. Dezember 2003; BGBl. I S. 3002 (s. 4. Teil, Nr. 5) selbstständige tarifliche Regelungen, die das ArbZG mitunter ergänzen, erweitern als auch einschränken (Bsp.: §§ 7, 12 ArbZG).

3   **1.1. Begriff der Arbeitszeit.** Während der BAT/-O in § 15 Abs. 7 Vorschriften zum Beginn und Ende der Arbeitszeit enthält, trifft der TVöD/TV-L hierzu keine Regelung. **Arbeitszeit** gem. § 2 Abs. 1 ArbZG ist die Zeit von Beginn bis zum Ende der Arbeit ohne Ruhepausen. Der Beginn der Arbeitszeit richtet sich damit nach dem Zeitpunkt in dem der Arbeitnehmer seine vertraglich geschuldete Tätigkeit aufnimmt. **Umkleide- und Waschzeiten** vor und nach der Arbeit gehören grds. nicht zur Arbeitszeit (BAG 11. 10. 2000 – 5 AZR 122/99, AP BGB § 611 Arbeitszeit Nr. 20). Auch die Strecke des Arbeitnehmers von der **Wohnung zum Betrieb** wird nach der ständigen Rechtsprechung des BAG nicht als Arbeitszeit erfasst (seit BAG 8. 12. 1960, 5 AZR 304/58, AP AZO § 2 Nr. 6).

4   **Reisezeiten**, die ein Arbeitnehmer über die regelmäßige Arbeitszeit hinaus im Interesse des Arbeitgebers aufwendet, sind der Arbeitgeber als Arbeitszeit zu vergüten, wenn das vereinbart oder eine Vergütung „den Umständen nach" zu erwarten ist (§ 612 Abs. 1 BGB). Besteht keine Vereinbarung, sind die Umstände des Einzelfalls maßgeblich. Einen Rechtssatz, dass solche Reisezeiten stets oder regelmäßig als Arbeitszeit zu vergüten seien, gibt es nicht (BAG 3. 9. 1997 – 5 AZR 428/96, NZA 1998, 540).

5   **Bund und Gemeinden** haben im Bereich der Verwaltung eine gesonderte Regelung vereinbart. Zwar gilt auch hier der Grundsatz, dass bei Dienstreisen nur die Zeit der dienstlichen Inanspruchnahme am auswärtigen Geschäftsort als Arbeitszeit anerkannt wird (s. § 44 Abs. 2 BT-V), jedoch ist für jeden Tag einschließlich der Reisetage mindestens die auf ihn entfallende regelmäßige, durchschnittliche oder dienstplanmäßige Arbeitszeit zu berücksichtigen, wenn diese bei Nichtberücksichtigung der Reisezeit nicht erreicht würde. Überschreiten nichtrechenbare Reisezeiten insgesamt 15 Stunden im Monat, so werden auf Antrag 25 Prozent dieser überschrittenen Reisezeit bei fester Arbeitszeit als Freizeitausgleich gewährt und bei gleitender Arbeitszeit im Rahmen der jeweils geltenden Vorschriften auf die Arbeitszeit angerechnet. Der besonderen Situation von Teilzeitbe-

schäftigten ist Rechnung zu tragen. Es wird im Übrigen auf die Ausführungen zu § 44 Abs. 2 TVöD-BT-V verwiesen.

Eine **gleichlautende Regelung** zur Behandlung von Reisezeiten haben die Länder in § 6 Abs. 11 TV-L vereinbart. Treffen Einrichtungen in privater Rechtsform oder andere Arbeitgeber eigene Grundsätze zur Behandlung von Reisezeiten, gehen diese der allgemeinen Regelung vor (§ 6 Abs. 11 S. 5 TV-L).

1.2. Vollarbeit, Arbeitsbereitschaft (AB). Tarifvertraglich wurde bisher zwischen Vollarbeit, Arbeitsbereitschaft (AB), Bereitschaftsdienst (BD) und Rufbereitschaft (RB) unterschieden. Der BAT/-O trifft zu all diesen Formen Regelungen. Der TVöD/TV-L unterscheidet nur noch zwischen Bereitschaftsdienst und Rufbereitschaft (siehe § 7 Abs. 3 u. 4). Die Arbeitsbereitschaft wird nicht mehr gesondert behandelt. Dem Begriff der Arbeitsbereitschaft entspricht jedoch im Wesentlichen die Bereitschaftszeit in § 9 TVöD/TV-L.

Definition von AB. AB unterscheidet sich von der Vollzeitarbeit dadurch, dass der Arbeitnehmer während seiner Arbeitszeit nicht ständig für Tätigkeiten herangezogen wird. Nach st. Rspr. des BAG ist als AB **die Zeit anzusehen,** die für den AN „ohne körperliche u. geistige Beanspruchung zur Entspannung" geeignet ist (vgl. BAGE 8, 273; BAG, 28. 1. 1981 – 4 AZR 892/78 – AP MTL II § 18 Nr. 1; LAG Hamm, ZTR 96, 408). Eine gewisse Arbeit soll also vom Beschäftigten während der Arbeitsbereitschaft erbracht werden (s. BAGE, 63, 71). In dieser Zeit müssen alle Arbeiten erledigt werden, zu der der AN grds. im Rahmen seiner Tätigkeit verpflichtet ist. Der Zeitpunkt der Arbeitsaufnahme hängt vom Bedarfsfall ab (s. BAG, NZA 1991, 516), steht damit nicht konkret fest. Die Arbeitsbereitschaft verlangt damit eine gewisse körperliche oder psychische Anspannung vom AN; Arbeitsruhe darf hingegen nicht vorliegen (s. BAG, NZA 1989, 138 m. w. N.)

Beispiel für AB: Wartezeiten von Rettungssanitätern zwischen den einzelnen Arbeitseinsätzen sind nach der Rspr. als AB u. nicht als Vollzeitarbeit einzuordnen, soweit die Wartezeiten eine Mindestdauer von 10 Minuten aufweisen (BAG, NJW 1987, 2957; s.a. BAG, ZTR 1993, 157).

1.3. Rufbereitschaft- und Bereitschaftsdienst. Diese Sonderformen der Arbeitszeit werden außerhalb der regelmäßigen Arbeitszeit angeordnet. Sie werden damit nicht der regelmäßigen Arbeitszeit zugeordnet.

2. Regelmäßige Arbeitszeit. Gem. § 6 Abs. 1 S. 1 beträgt die regelmäßige Arbeitszeit für die Arbeitnehmer des Bundes einheitlich durchschnittlich 39 Stunden. Für die Beschäftigten im Bereich der VKA beträgt sie 38,5 Stunden im Tarifgebiet West und 40 Stunden im Tarifgebiet Ost. Für den Bereich der VKA im Tarifgebiet West besteht eine Öffnungsklausel. Diese ermöglicht die Kündigung der Arbeitszeitvorschrift auf landesbezirklicher Ebene durch einzelne kommunalen Arbeitgeberverbände und den Landesbezirken der Gewerkschaft ver.di oder der dbb tarifunion. Eine Verlängerung der regelmäßigen wöchentlichen Arbeitszeit auf bis zu 40 Stunden durch eine landesbezirkliche Tarifregelung ist zulässig (§ 6 Abs. 1 S. 1 Buchst. b). Die Kündigungsfrist beträgt einen Monat zum Schluss eines Kalendermonats.

Von dieser Möglichkeit haben Baden-Württemberg, Hamburg, Niedersachsen und Schleswig-Holstein bereits Gebrauch gemacht.

In **Baden-Württemberg sieht der landesbezirkliche Tarifvertrag zur Regelung der Arbeitszeit vom 5. 4. 2006** (Arbeitszeit-TV Baden-Württemberg) eine Anhebung der Wochenarbeitszeit von 38,5 auf 39 Stunden vor. Die Verlängerung der wöchentlichen Arbeitszeit gilt nicht für die Auszubildenden, Schülerinnen und Schüler in der Gesundheits- und Krankenpflege, Gesundheits-

§ 6 Abschnitt II. Arbeitszeit

und Kinderkrankenpflege, Entbindungspflege und Altenpflege, sowie Praktikantinnen und Praktikanten. Bei Teilzeitbeschäftigten, mit denen im Arbeitsvertrag eine feste Stundenzahl vereinbart ist und bei denen sich mit Inkrafttreten des Arbeitszeit-TV Baden-Württemberg das Entgelt vermindert, ist auf Antrag des Beschäftigten die Stundenzahl so aufzustocken, dass die Höhe ihres bisherigen Entgelts erreicht wird.

13 Für **Hamburg sieht der Tarifvertrag für die Arbeitsrechtliche Vereinigung Hamburg e. V. in der Fassung des Änderungstarifvertrag vom 1. 3. 2006** (TV-AHV) eine Verlängerung der wöchentlichen Arbeitszeit auf bis zu 40 Stunden vor. Die Erhöhung der wöchentlichen Arbeitszeit wird gestaffelt nach Entgeltgruppen vorgenommen. So beträgt die regelmäßige wöchentliche Arbeitszeit ausschließlich der Pausen für die Beschäftigten

der Entgeltgruppe 1 bis 9	bis 49 Jahre	39,0 Stunden
der Entgeltgruppe 10 bis 11	bis 55 Jahre	39,5 Stunden
der Entgeltgruppe 12 bis 15 Ü		40,0 Stunden

Mit Beschäftigten aller Entgeltgruppen mit mindestens einem leiblichen oder an Kindes statt angenommenen Kind unter 12 Jahren ermäßigt sich die jeweilige regelmäßige wöchentliche Arbeitszeit um 30 Minuten. Der Tarifvertrag sieht des Weiteren eine Altersermäßigung vor. Für Beschäftigte der Entgeltgruppe 1 bis 9 verkürzt sich die Arbeitszeit ab dem 50. Lebensjahr auf 38,0 Stunden. In der Entgeltgruppe 10 bis 11 wird ab dem 56. Lebensjahr die Arbeitszeit auf 39 Stunden reduziert. Die Reduzierung erfolgt jeweils ab dem ersten des Monats, in dem das entsprechende Lebensjahr vollendet wird. Kinder- und Altersermäßigung schließen sich gegenseitig aus. In den Entgeltgruppen 1 bis 9 kann jedoch auf eine bereits laufende Kinderermäßigung zugunsten der Altersermäßigung verzichtet werden. Bei Teilzeitbeschäftigten, mit denen im Arbeitsvertrag eine feste Stundenzahl vereinbart ist und bei denen sich mit Inkrafttreten des Änderungstarifvertrages vom 1. 3. 2006 das Entgelt vermindert, ist auf Antrag des Beschäftigten die Stundenzahl so aufzustocken, dass die Höhe ihres bisherigen Entgelts erreicht wird.

14 In **Hessen** findet der landesbezirkliche **Tarifvertrag zur Regelung der Arbeitszeit** vom 7. 12. 2006 (Arbeitszeit-TV Hessen) Anwendung. Die regelmäßige wöchentliche Arbeitszeit nach § 6 Abs. 1 S. 1 Buchst. b TVöD beträgt 39 Stunden. Tariflich anderweitig vereinbarte längere Wochenarbeitszeiten bleiben unberührt. Dieser Tarifvertrag gilt für Beschäftigte, Auszubildende und Praktikantinnen/Praktikanten, die in einem Arbeits-, Ausbildungs- bzw. Praktikantenverhältnis zu einem Arbeitgeber stehen, der Mitglied des Kommunalen Arbeitgeberverbandes Hessen e. V. ist, und die unter den Tarifvertrag für den öffentlichen Dienst (TVöD) vom 13. 9. 2005, den Tarifvertrag für Auszubildende des öffentlichen Dienstes (TVAöD) – Allgemeiner Teil – vom 13. 9. 2005 bzw. den Tarifvertrag über die vorläufige Weitergeltung der Regelungen für die Praktikantinnen/Praktikanten vom 13. 9. 2005 fallen. Dieser Tarifvertrag findet keine Anwendung auf von dem Geltungsbereich des § 40 Abs. 1 TVöD-BT-K erfasste Ärztinnen und Ärzte.

15 In **Niedersachsen** ist zum 1. 4. 2006 der **Tarifvertrag zur Regelung der Arbeitszeit** in Kraft getreten (Arbeitszeit-TV Niedersachsen). Danach wird die regelmäßige wöchentliche Arbeitszeit des TVöD auf 39,0 Stunden erhöht. Von der Erhöhung der Arbeitszeit sind ausgenommen Beschäftigte in Krankenhäusern, Kindertagesstätten, Müllentsorgungs- und Straßenreinigungsbetriebe, Abwasserbetriebe, Klärbetriebe, Deponien, Kompostieranlagen, Bau- und Betriebshöfe, Betriebe der Grünflächen, Straßenbau- und Unterhaltungsbetriebe und der Gebäudereinigung, die nicht überwiegend (mehr als 50 Prozent) mit Verwaltungsaufgaben befasst sind. Mit Teilzeitbeschäftigten, deren Arbeitsvertrag eine vereinbarte feste

Regelmäßige Arbeitszeit § 6

Stundenzahl vorsieht, kann auf Antrag die Stundenzahl so aufgestockt werden, dass die bisherige Entgelthöhe erreicht wird.

Nach dem **Tarifvertrag Arbeitszeit für Schleswig-Holstein** (TV-ArbZ SH) 16
beträgt die regelmäßige wöchentliche Arbeitszeit beträgt 39,0 Stunden. Abweichen hiervon beträgt die regelmäßige wöchentliche Arbeitszeit für Beschäftigte ab Vollendung des 58. Lebensjahres 38,5 Stunden. Für Beschäftigte, die überwiegend mit körperlich anstrengenden Tätigkeiten (z. B. Garten- und Friedhofsarbeiterinnen und -arbeiter, Reinigungskräfte, Müllwerker/innen) befasst sind, beträgt die regelmäßige wöchentliche Arbeitszeit ab Vollendung des 50. Lebensjahres 38,5 Stunden und ab Vollendung des 58. Lebensjahres 38 Stunden. Durch einvernehmliche Dienstvereinbarung/Betriebsvereinbarung kann festgelegt werden, welche Beschäftigten bzw. Beschäftigtengruppen überwiegend mit körperlich anstrengenden Tätigkeiten befasst sind. Mit dem Abschluss einer solchen Dienstvereinbarung/Betriebsvereinbarung ist für alle Beschäftigungsverhältnisse der Dienststelle/des Betriebes der Personenkreis, der überwiegend mit körperlich anstrengenden Tätigkeiten befasst ist, abschließend und rechtlich verbindlich bestimmt. Ein Wechsel der regelmäßigen wöchentlichen Arbeitszeit tritt mit Beginn des Monats ein, in dem die Beschäftigten das jeweilige Lebensjahr vollenden.

Teilzeitbeschäftigte konnten einmalig zwischen einer Anpassung ihrer anteiligen 17
Stundenzahl an die verlängerte Arbeitszeit und Beibehaltung der alten Arbeitszeit und Entgeltanpassung entsprechend § 24 Abs. 2 TVöD wählen. Wurde bis zum 1. 3. 2007 keine Entscheidung getroffen, bleibt es bei der bisherigen Arbeitszeit.

Der Tarifvertrag gilt nicht für Auszubildende, Praktikanten, Beschäftigte in Al- 18
tersteilzeitarbeitsverhältnissen sowie für Beschäftigte in Krankenhäusern, die unter den Geltungsbereich des TV-Ärzte oder des TVöD – Krankenhäuser fallen, soweit der TV-ArbZ SH nicht ausdrücklich etwas anderes bestimmt.

Die wöchentliche Arbeitszeit für die **Beschäftigten der Länder** im **Tarifbe-** 19
reich West ist mit Inkrafttreten des TV-L zum 1. 11. 2006 unterschiedlich geregelt. Zur Berechnung der neuen unterschiedlichen Wochenarbeitszeiten wurden zunächst die zum Stichtag 1. Februar 2006 tatsächlichen durchschnittlichen Wochenarbeitszeiten erfasst. Dieser Schritt war erforderlich, da aufgrund der Kündigung der Arbeitszeitregelungen, die Länder insbesondere bei Neueinstellungen aber auch bei Neuverträgen von befristeten Arbeitsverhältnissen mit den Beschäftigten höhere Wochenarbeitszeiten arbeitsvertraglich vereinbart hatten. Damit waren die tatsächlichen Arbeitszeiten im Vergleich zu der bisherigen tarifvertraglich festgelegten Arbeitszeit von 38,5 Stunden erhöht. Die Differenz zwischen tatsächlicher Arbeitszeit zu der tariflichen Wochenarbeitszeit wurde verdoppelt, mit der Einschränkung, dass die zweite Hälfte der Differenz auf 0,4 begrenzt wurde. Der ermittelte Wert wurde zu der tarifvertraglichen Arbeitszeit von 38,5 Stunden hinzugerechnet. Die auf diese Weise ermittelten regelmäßigen wöchentlichen Arbeitszeiten gelten auch für die Beschäftigten, die im Arbeitsvertrag eine höhere Arbeitszeit vereinbart haben.

Einzelne **Beschäftigtengruppen** sind von der Erhöhung der Arbeitszeit ausge- 20
nommen. Es handelt sich insbesondere um Beschäftigte mit erschwerten Arbeitsbedingungen. So gilt die 38,5 Stundenwoche im Tarifgebiet West bspw. weiterhin für Beschäftigte, die ständig Wechselschicht- oder Schichtarbeit leisten, für Beschäftigte an Universitätskliniken mit Ausnahme der Ärztinnen und Ärzte, für Beschäftigte der Landeskrankenhäusern und sonstigen Krankenhäusern und für Beschäftigte in Einrichtungen für schwerbehinderte Menschen und in heilpädagogischen Einrichtungen.

Im **Tarifbereich Ost** beträgt die wöchentliche regelmäßige Arbeitszeit weiter- 21
hin 40,0 Stunden.

§ 6 Abschnitt II. Arbeitszeit

22 Für **Ärztinnen und Ärzte** i. S. d. § 41 TV-L (Sonderregelungen für Ärztinnen und Ärzte an Universitätskliniken) gilt im Tarifgebiet West und Ost einheitlich eine regelmäßige wöchentliche Arbeitszeit von 42 Stunden.

23 Die **unterschiedliche Höhe** der durchschnittlichen regelmäßigen wöchentlichen Arbeitszeit bleibt **ohne Auswirkung** auf das **Tabellenentgelt** und die in Monatsbeträgen festgelegten Entgeltbestandteile.

24 **2.1. Festlegung der durchschnittlichen Arbeitszeit.** Die Festlegung der durchschnittlichen Arbeitszeit bestimmt grds. den zeitlichen Umfang der Arbeitsleistung für den Vollzeitbeschäftigten, sofern die Arbeitsvertragsparteien keine anderen (flexibleren) Arbeitszeitregelungen individuell im Arbeitsvertrag regeln. Für Teilzeitbeschäftigte gelten die Regelungen in § 11, § 24 Abs. 2.

25 Für die Erbringung der Arbeitsleistung steht dem Beschäftigten ein seiner Arbeitszeit entsprechender Anspruch auf Tabellenentgelt zu. Das Entgelt der regelmäßigen Arbeitszeit bestimmt sich nach §§ 15 ff. Nichtvollbeschäftigte erhalten das Tabellenentgelt und alle sonstigen Entgeltbestandteile in dem Umfang, der dem Anteil ihrer individuell vereinbarten durchschnittlichen Arbeitszeit an der regelmäßigen Arbeitszeit vergleichbarer Vollzeitbeschäftigter entspricht. Eine Überschreitung der regelmäßigen wöchentlichen Arbeitszeit (38,5, 39 bzw. 40 Stunden) durch Überstunden, Bereitschaftsdienst oder Rufbereitschaft ist rechtlich zulässig (§ 7).

26 **2.2. Werktägliche Arbeitszeit.** Die **werktägliche Arbeitszeit** darf nach § 3 S. 1 ArbZG die Höchstgrenze von grds. acht Stunden nicht überschreiten. Die Verlängerung der werktäglichen Arbeitszeit auf bis zu 10 Stunden (§ 3 Satz 2 ArbZG) ist zulässig, wenn innerhalb von sechs Kalendermonaten oder innerhalb von 24 Wochen im Durchschnitt acht Stunden werktäglich nicht überschritten werden. Werktage sind die Tage von Montag bis Samstag. Der Werktag wird vom Beginn der Arbeitszeit des AN ab gezählt und endet 24 Stunden später (Erf-Kom/Wank ArbZG § 3 Rn. 2).

Beispiel: Die Arbeitszeit der AN beginnt um 8.00 Uhr. Der Werktag des AN endet 24 Stunden später um 8.00 des folgenden Tages. Innerhalb dieses Zeitraums darf die höchst zulässige Arbeitszeit von 10 Stunden nicht überschritten werden.

27 Eine ausdrückliche Obergrenze für die wöchentliche Arbeitszeit ist in § 3 ArbZG nicht vorgesehen. Mittelbar ergibt sie sich daraus, dass § 3 S. 1 ArbZG die werktägliche Arbeitszeit im Ausgleichszeitraum im Durchschnitt auf 8 Stunden werktäglich begrenzt. Bei sechs Werktagen ergibt sich somit eine wöchentliche Höchstgrenze von 48 Stunden. Erfolgt ein Ausgleich innerhalb des gesetzlich vorgesehenen Zeitraums ist eine Erhöhung bis 60 Stunden wöchentlich zulässig.

28 Der TVöD/TV-L bestimmt in § 6 Abs. 1 abweichend von § 3 ArbZG **keine tägliche** Arbeitszeit, sondern eine durchschnittliche Wochenarbeitszeit.

29 Für die Berechnung des Durchschnitts der regelmäßigen wöchentlichen Arbeitszeit ist ein **Ausgleichszeitraum** von bis zu einem Jahr festgeschrieben (§ 6 Abs. 2) Der verlängerte Ausgleichszeitraum ist gem. § 7 Abs. 1 Nr. 1 b ArbZG zulässig. Unberührt bleibt die gesetzliche Vorschrift in § 3 S. 2 ArbZG, wonach die tägliche Arbeitszeit zehn Stunden nicht überschreiten darf. Von dieser Höchstgrenze darf nur abgewichen werden, wenn in die Arbeitszeit regelmäßig und in erheblichem Umfang Arbeitsbereitschaft fällt.

30 **2.3. Monatliche Arbeitszeit.** Die monatliche Arbeitszeit im ö. D. wird nach folgender **Berechnungsformel** ermittelt: Zu berücksichtigen ist dabei, dass die monatliche Arbeitszeit (M-ArbZ) unter Beachtung eines Zeitraums von vier Jahren ermittelt wird, also von 3×365 Kalendertagen und 1×366 Kalendertagen.

Das sind 365,25 Kalendertage (1461: 4) im Jahr. Die von den Tarifpartnern anerkannte Berechnungsformel lautet damit:

$$\text{M-ArbZ} = \frac{365{,}25 \text{ Kalendertage pro Jahr}}{\text{Zahl der Tage} \times \text{Zahl der Monate} \atop \text{je Woche} \qquad \text{je Jahr}} = W = \frac{365{,}25}{7 \times 12}$$

Monatliche Arbeitszeit: M-ArbZ = 4,348 als Wertfaktor. Zwischen den Tarif- **31** vertragsparteien besteht Einigkeit, dass dieser Wert von 4,348 auch künftig bei der Ermittlung der Arbeitszeit zu beachten ist. Die durchschnittliche monatliche Arbeitszeit beträgt somit beim Bund (39 × 4,348 =) 169,57 Stunden und im Bereich der VKA im Tarifgebiet West (38,5 × 4,348 =) 167,40 Stunden, im Tarifgebiet Ost (40 × 4,348 =) 173, 92 Stunden.

Im Bereich des TdL muss die jeweilige regelmäßige wöchentliche Arbeitszeit **32** mit dem Faktor 4,348 multipliziert werden.

2.4. Verteilung der Arbeitszeit. Nach § 6 Abs. 1 S. 3 ist die regelmäßige Ar- **33** beitszeit auf fünf Tage zu verteilen. Ziel der Tarifverhandlungen zum TVöD war es, den Beschäftigten zwei freie Tage pro Woche zu gewährleisten. Nicht geregelt ist an welchen Wochentagen die Arbeit zu leisten ist. Eine Beschränkung auf „Werktage" ist im TVöD nicht vorgesehen. Die Verteilung der Arbeitszeit auf das Wochenende ist zulässig, soweit die Regelungen nach dem ArbZG beachtete werden. Danach ist gem. §§ 9, 10 ArbZG die Beschäftigung an Sonn- und Feiertagen nur in besonderen Fällen zulässig (z. B. Not- und Rettungsdiensten, Feuerwehr, Krankenhäuser und andere Einrichtungen zur Behandlung und Pflege von Personen).

Die Verteilung der Arbeitszeit erfolgt wöchentlich auf fünf Tage. Der TVöD **34** sieht keine Definition des Begriffs „Woche" vor. Die Arbeitszeit muss somit nicht zwingend innerhalb einer Kalenderwoche verteilt werden, sondern es ist ausreichend, wenn sie auf einen Zeitraum von sieben Tagen festgelegt wird.

Aus **notwendigen dienstlichen oder betrieblichen Gründen** darf die Ar- **35** beitszeit auch auf sechs Tage verteilt werden. An die dienstliche oder betriebliche Notwendigkeit sind bei gelegentlichen Verlängerungen der Arbeitszeit keine übersteigerten Anforderungen zu stellen. Wird z. B. ein Tag der offenen Tür veranstaltet ist die Verlängerung der Arbeitszeit auf sechs Tage geboten. Bei einer dauerhaften Verlängerung der Arbeitszeit sind hingegen höhere Maßstäbe anzusetzen. Allein die Zweckmäßigkeit die Arbeitszeit auf sechs Tage zu verlängern ist nicht ausreichend. Vielmehr ist erforderlich, dass die dienstliche oder betriebliche Leistung nur erbracht werden kann, wenn die Arbeitszeit auf sechs Tage festgelegt wird (Bepler/Böhle/Martin/Stöhr, TVöD § 6 Rn. 5).

Liegen die Voraussetzungen für eine Verlängerung der Arbeitszeit auf sechs **36** Tage vor, erfolgt deren Umsetzung im Rahmen des Direktionsrecht des Arbeitgebers. Macht er hiervon Gebrauch muss seine Entscheidung billigem Ermessen (§ 315 BGB) entsprechen. Eine Entscheidung entspricht billigem Ermessen, wenn die wesentlichen Umstände des Falles abgewogen werden und sowohl die Arbeitnehmer- als auch die Arbeitgeberinteressen angemessen berücksichtigt worden sind. Des Weiteren sind bei einer Verlängerung der Arbeitszeit auf sechs Tage pro Woche die Beteiligungsrechte des Personalvertretungsrechts als auch des Betriebsverfassungsrechts zu berücksichtigen.

2.5. Direktionsrecht des Arbeitgebers. Nach der ständigen Rechtsprechung **37** des BAG steht es dem Arbeitgeber kraft seines Direktionsrechts zu, im Arbeitsvertrag nur rahmenmäßig beschriebene Leistungspflichten des Arbeitnehmers nach Zeit, Ort und Art der Arbeitsleistung zu bestimmen (BAG 27. 3. 1980 – 2 AZR 506/78 – AP BGB § 611 Nr. 26 Direktionsrecht = BAG 33, 71, 75; 20. 12. 1984

§ 6 Abschnitt II. Arbeitszeit

– 2 AZR 436/83 – AP BGB § 611 Direktionsrecht Nr. 27 = BAG 47, 363, 375; 17. 3. 1988 – 6 AZR 268/85 – BAG 58, 19, 25 f. = AP BAT § 15 Nr. 11). Das **Direktions- und Weisungsrecht** legitimiert bspw. den Wechsel von der Tagzur Nachtschicht einseitig anzuordnen oder die Folgen der zu leistenden Nachtschichten (BAG 11. 2. 1998 – 5 AZR 472/97 AP § 611 Direktionsrecht Nr. 54).

38 Der AG ist durch sein Direktionsrecht berechtigt, ein Schichtsystem umzustellen. Dabei werden die Grenzen des Direktionsrechts nicht dadurch überschritten, dass es bei den Beschäftigten zu Einkommensverlusten kommt (LAG Rheinland-Pfalz 15. 5. 2001 – 5 Sa 271/01 = NZA-RR 2002, 120).

39 Auch die Verteilung der Arbeitszeit auf die einzelnen Wochentagen wird von dem Direktionsrecht des Arbeitgebers erfasst (BAG 30. 3. 2000 – 6 AZR 680/98 AP BAT-O § 15 Nr. 2). Das Direktionsrecht findet jedoch dann seine Grenzen, wenn arbeitsvertraglich eine genaue Bestimmung der Arbeitszeit vorgenommen wird. Ist die Lage der Arbeitszeit im Arbeitsvertrag eindeutig bestimmt, kann durch das Direktionsrecht des Arbeitgebers keine einseitige Änderung herbeigeführt werden.

40 Auch die Beteiligungsrechte des Personal- und Betriebsrats bleiben vom Direktionsrecht unberührt. Nach den Personalvertretungsgesetzen des Bundes und der Länder bzw. dem Betriebsverfassungsgesetz steht den Personal- und Betriebsräten über „Beginn und Ende der täglichen Arbeitszeit und der Pausen sowie die Verteilung der Arbeitszeit auf die einzelnen Wochentage" ein umfassendes Mitbestimmungsrecht zu, vgl. § 75 Abs. 3, 4 BPersVG u. § 87 BetrVG.

41 Die Festsetzung der **Arbeitszeitstruktur** ist primär eine **unternehmerische Entscheidung**. Danach ist es dem AG vorbehalten, die Arbeit einzuteilen, d.h. zu entscheiden, wann, an welchen Tagen und etwa wie viele AN eingesetzt und beschäftigt werden, sofern Mitbestimmungsrechte nicht verletzt werden.

Beispiel: Trifft der AG etwa die Entscheidung, statt einer Teilzeitkraft wegen der Ausdehnung des Beschäftigungsvolumens eine Vollzeitkraft auf einen bestimmten Arbeitsplatz einzusetzen, hat er der bislang beschäftigten Teilzeitkraft zunächst eine Vertragsänderung zur Ausdehnung der Arbeitszeit anzubieten. Spricht der AG dagegen eine ordentliche Kündigung aus, ohne vorher ein Änderungsangebot der Betroffenen zu offerieren, ist die Kündigung nach dem Grundsatz der Verhältnismäßigkeit gem. § 1 Abs. 2, 3 u. § 2 KSchG sozialwidrig. Nur wenn im Ausnahmefall feststeht, dass die Teilzeitkraft das Änderungsangebot auch unter dem Druck der bevorstehenden Kündigung nicht angenommen hätte, besitzt der AG das Recht, der Teilzeitkraft ordentlich zu kündigen, sofern eine Weiterbeschäftigung zu den bisherigen Bedingungen auf einem anderen Arbeitsplatz ausgeschlossen ist.

42 Auch ist der Arbeitgeber bei einer **Änderungskündigung der Arbeitszeit** einer Teilzeitbeschäftigten verpflichtet, im Verhältnis zu den Vollzeitbeschäftigten eine sozial gerechtfertigte Entscheidung zu fällen. Ist etwa eine Teilzeitkraft zu bestimmten Zeiten an drei Tagen in der Woche zur Arbeitsleistung per Arbeitsvertrag verpflichtet, wäre eine Änderungskündigung nicht sozial gerechtfertigt, nach der die Teilzeitkraft zukünftig an fünf Wochentagen, und zwar vorwiegend nachmittags und an jedem Samstag, der bisher stets arbeitsfrei war, ihre Arbeitsleistung erbringen soll, wenn im Verhältnis zu den Vollzeitbeschäftigten, die etwa alle sechs Wochen samstags von der Arbeitspflicht freigestellt sind, gegen das Diskriminierungsverbot nach dem TzbfG verstoßen wird.

43 Darüber hinaus müssen bei Ausübung des Direktionsrecht die Grundsätze billigen Ermessens beachtet werden (§ 315 BGB). Der AG darf nicht willkürlich vorgehen, sondern hat die Interessen beider Seiten zu berücksichtigen (BAG Urt. v. 11. 2. 1998 – 5 AZR 472/97 AP § 611 Direktionsrecht Nr. 54). Auf schutzwürdige familiäre Belange des AN hat er Rücksicht zu nehmen soweit einer vom AN gewünschten Verteilung der Arbeitszeit nicht betriebliche Gründe oder berechtigte Belange andere AN entgegenstehen (BAG 23. 9. 2004 – 6 AZR 567/03 = NZA 2005, 359).

Regelmäßige Arbeitszeit § 6

3.1. Ruhepausen. Die Gewährung von **Ruhepausen** dient der Entspannung 44
u. Erholung des AN, gleichzeitig der möglichen Einnahme von Mahlzeiten. § 6
Abs. 1 S. 1 legt ausdrücklich fest, dass **Pausen** nicht zur Arbeitszeit gehören. Entsprechendes regelt § 2 Abs. 1 ArbZG. Somit werden die Pausen auch nicht vergütet. Eine **Ausnahme** gilt bei **Wechselschichtarbeit.** Wechselschichtarbeit ist die Arbeit nach einem Schichtplan, welcher einen regelmäßigen Wechsel der täglichen Arbeitszeit in Wechselschichten vorsieht, bei denen der Beschäftigte spätestens nach Ablauf eines Monats zur Nachtschicht herangezogen wird (s. § 7 Abs. 1). In diesen Fällen werden gem. § 6 Abs. 1 S. 2 die **gesetzlich** vorgeschriebenen Pausen in die Arbeitszeit eingerechnet. Dies gilt für die Berechnung der täglichen Arbeitszeit als auch bei der Ermittlung der durchschnittlichen wöchentlichen Arbeitszeit. Die Ausnahme für Wechselschichtarbeit findet jedoch keine Anwendung in Krankenhäuser und Pflegeeinrichtungen (§ 48 Abs. 1 BT-B, § 48 BT-K) sowie bei Flughäfen (§ 41 BT-F). Gewährt der AG im Falle der Wechselschichtarbeit eine längere als die gesetzlich vorgeschriebene Pause, wird die zusätzliche Pausenzeit nicht Arbeitszeit angerechnet, es sei denn, vertraglich ist eine Anrechnung vereinbart worden.

Der Begriff der Pause wird weder gesetzlich noch tariflich nicht definiert. Nach 45
der Rspr. sind Pausen im Voraus festliegende Unterbrechungen der Arbeitszeit, die der Erholung des Arbeitnehmer dienen. In dieser Zeit hat der AN weder Arbeit zu leisten noch sich dafür bereit bereit zu halten. Er hat die freie Verfügung darüber wo u. wie er diese Ruhezeiten verbringen will (BAG 27. 2. 1992 – 6 AZR 478/90, AP AZO Kr § 3 Nr. 5 = ZTR 1992, 378; BAG 5. 5. 1988 – 6 AZR 658/85 AP AZO UR § 3 Nr. 1; BAG 29. 10. 2002 – 1 AZR 603/01 = NZA 2003, 1212). Nicht als Pausenregelung bzw. Ruhepause gelten damit unvorhergesehene Unterbrechungen der Arbeit, z. B. bei einem technischen Ausfall der Computeranlage.

Auch sog. Betriebspausen erfüllen nicht die Voraussetzungen einer Ruhepause. 46
Eine Betriebspause ist gegeben, wenn die Arbeit aus technischen, organisatorischen oder sonstigen betriebsbedingten Gründen unterbrochen werden muss (Münchner Hdb. des Arbeitsrechts/Anzinger § 219 Rn. 19).

Da der AN während der Ruhepausen freigestellt ist, kann er entscheiden, wo er 47
seine Ruhezeit verbringen will. Der AN darf daher grds. nicht am Verlassen des Betriebsgeländes gehindert werden. Die Betriebsparteien sind jedoch nicht daran gehindert, eine Regelung zu treffen, nach der es dem AN verboten ist, während der Ruhepausen den Betrieb zu verlassen (Baeck/Deutsch § 4 ArbZG Rn. 13). Eine solche Regelung der Betriebsparteien wird vom Tatbestand der betrieblichen Ordnung nach § 87 Abs. 1 Nr. 1 BetrVG erfasst.

3.2. Dauer der Ruhepausen. § 4 ArbZG schreibt zwingend vor, dass die Ar- 48
beit bei einer Arbeitszeit von mehr als sechs bis zu neun Stunden durch eine im voraus feststehende Ruhepause von mind. 30 Minuten, und bei einer Arbeitszeit von mehr als neun Stunden, durch eine solche von 45 Minuten zu unterbrechen ist. Die Ruhepausen können in Abschnitten von jeweils mindestens 15 Minuten aufgeteilt werden. Jugendlichen erhalten, abweichend von den allgemeinen Vorschriften des ArbZG, bei einer Arbeitszeit von mehr als 6 Stunden eine Pause von 60 Minuten (§ 11 JArbSchG).

Beginn und Ende der Ruhepausen müssen im Voraus feststehen; der AN muss 49
wissen, wann und für welchen Zeitraum er seine Arbeit unterbrechen und eine Arbeitspause einlegen darf (BAG 29. 10. 2002 – 1 AZR 603/01 = NZA 2003, 1212). Auch muss die Ruhepause innerhalb der Arbeitszeit des AN liegen; unzulässig wäre daher eine Pausenregelung des AG, die Ruhepause direkt nach Beginn oder kurz vor Ende der täglichen Arbeitszeit zu nehmen (zur Anordnung u. Be-

§ 6   Abschnitt II. Arbeitszeit

stimmtheit von Pausenregelungen s. grdl. nur BAG 27. 2. 1992, AP AZO Kr § 3 Nr. 5). Bei einer nicht ordnungsgemäßen oder fehlenden Pausenregelung durch den AG liegt keine Pause i. S. d. § 6 vor, mit der Rechtsfolge, dass dann der AG diese Zeit als Arbeitszeit oder Arbeitsbereitschaft vergüten muss.

Beispiel: Der AN wird während der Pausenzeit vom AG zur Erteilung von Auskünften verpflichtet. Eine solche Anordnung ist unzulässig, da diese Regelung dem Schutzzweck der Ruhepause widerspricht, folglich keine echte Pause i. S. d. § 6 bedeutet. Der AG muss diese Zeit als Arbeitsbereitschaft oder sogar als Vollzeittätigkeit vergüten.

50   Somit darf der AG während der Ruhepausen auch keine Arbeitsbereitschaft anordnen (vgl. nur BAG, DB 1988, 2519). Die Pausenregelung soll sicherstellen, dass der AN zu Erholungszwecken sich jeglicher Arbeitstätigkeit enthält (s. BAG, DB 1993, 1194). Insofern ist nach Sinn und Zweck der Gewährung einer Pause ebenso die **Anordnung von Rufbereitschaft oder Bereitschaftsdienst unzulässig** (a. A. Zmarzlik/Anzinger, ArbZG, § 4 Rn. 5). Denn im Rahmen angeordneter Rufbereitschaft oder des Bereitschaftsdienstes muss der AN immer mit der Abrufbarkeit zur Arbeitsleistung rechnen, kann sich also nicht völlig frei entspannen und tatsächlich abschalten, wie es die Ruhepause verlangt. So auch die Rspr. überzeugend entschieden, dass der AN während einer Pause nicht verpflichtet ist, sich zum Dienst bereit zu halten (BAG 27. 2. 1992, AP AZO Kr § 3 Nr. 5).

51   **3.3. Festlegung von Lage und Dauer der Ruhepause.** Sie obliegt dem AG bei Beachtung der Mitbestimmungsrechte des Personalrats/Betriebsrats. Zu beachten ist der Grundsatz, dass das entscheidende Kriterium für das Vorliegen einer Pause die völlige Freistellung des AN von jeder Dienstverpflichtung ist. Der AN muss sich nicht einmal nach der Rspr. während einer festgelegten Pause zum Dienst bereithalten.

52   **3.4 Mitbestimmung.** Nach § 75 Abs. 3 Nr. 1 BPersVG hat die Personalvertretung, soweit eine gesetzliche oder tarifliche Regelung fehlt, ggf. durch Abschluss von Dienstvereinbarungen mitzubestimmen über Beginn und Ende der Arbeitszeit und der Pausen sowie die Verteilung der Arbeitszeit auf die einzelnen Wochentage. Vgl. auch § 87 Abs. 1 Nr. 2 BetrVG zum Mitbestimmungsrecht des Betriebsrats. Nach einer Entscheidung des BAG hat der Betriebsrat ein Mitbestimmungsrecht nicht nur bei unbezahlten, sondern auch bei bezahlten Pausen (BAG 1. 7. 2003 – 1 ABR 20/02 = NZA 2004, 620).

53   **3.5. Darlegungs- und Beweislast.** Die Darlegungs- und Beweislast für die Gewährung der Ruhepause obliegt dem AG. Besteht allerdings eine klare dienstliche oder betriebliche Pausenregelung, muss der AN vortragen, aus welchen Gründen ihm die Wahrnehmung der Pause im Einzelfall unmöglich war (s. BAG, DB 1993, 1194).

54   **4. Ausgleichs- und Berechnungszeitraumzeitraum, § 6 Abs. 2 S. 1.** In Abweichung zum bisherigen Tarifrecht haben die Tarifvertragsparteien im TVöD vereinbart, dass für die Ermittlung und Berechnung der Arbeitszeit ein **Zeitraum von bis zu einem Jahr** zugrunde zu legen ist. Wird die wöchentliche Arbeitszeit von 39 (Bund) oder 38,5 bzw. 40 (VKA) Stunden über- oder unterschritten ist dies zulässig, soweit innerhalb eines Jahres ein Ausgleich auf durchschnittlich 39 bzw. 38,5 bzw. 40 Stunden stattfindet. Dabei ist zu beachten, dass die tägliche Arbeitszeit höchstens 10 Stunden nicht überschreiten darf.

55   Für Beschäftigte, die ständig Wechselschicht oder Schichtarbeit zu leisten haben, kann ein längerer Ausgleichszeitraum zugrunde gelegt werden (§ 6 Abs. 1 S. 2). Dies ist jedoch nur dann zulässig, wenn die Pläne, die die Wechselschicht oder Schichtarbeit regeln einen längeren Zeitraum als ein Jahr umfassen und es aus die-

Regelmäßige Arbeitszeit **§ 6**

sem Grunde nicht möglich ist, die durchschnittliche wöchentliche Arbeitszeit innerhalb eines Jahres zu erreichen (Bepler/Böhle/Martin/Stöhr, TVöD, § 6 Rn. 7). Entsprechendes gilt für die Beschäftigten der Länder.

5.1. Feiertage und Vorfesttage. Lassen es die betrieblichen /dienstlichen 56 Verhältnisse zu, ist an den Vorfesttagen (24. und 31. 12.) bezahlte Freistellung von der Arbeit zu gewähren (§ 6 Abs. 3 S. 1 u. S. 2). Während das bisherige Tarifrecht eine weitere Freistellung für die Tage vor Ostersonntag und vor Pfingstsonntag vorsah, ist die Freistellung für diese Tage im TVöD nicht mehr enthalten. Die Freistellung an Vorfesttagen erfolgt für volle Tage. Gem. § 6 Abs. 3 wird für die Zeit der Freistellung das Entgelt fortgezahlt. Ist eine Freistellung an den Vorfesttagen nicht möglich, ist dem Beschäftigten innerhalb von drei Monaten an einem anderen Tag Freizeitausgleich zu gewähren. Die Frist beginnt mit der Arbeitsleistung unter Beachtung der Vorschriften des § 187 BGB.

5.2. Dienstplanmäßige Arbeit an Feiertagen. Fällt Arbeitszeit wegen eines 57 gesetzlichen Feiertages aus, hat der Arbeitgeber dem Beschäftigten das Arbeitsentgelt zu zahlen, dass er ohne den Arbeitsausfall erhalten hätte (§ 2 Entgeltfortzahlungsgesetz (EFZG). Dieser Grundsatz findet auch Anwendung im TVöD.

Die gesetzlichen Feiertage werden durch folgende Ländergesetze bestimmt: 58

Baden-Württemberg: Gesetz über die Sonntage und Feiertage in der Neufassung v. 8. 5. 1995 (GBl. S. 450),
Bayern: Gesetz über den Schutz der Sonn- und Feiertage (Feiertagsgesetz – FTG) v. 21. 5. 1980 (GVBl. S. 215),
Berlin: Gesetz über die Sonn- und Feiertage v. 28. 10. 1954 (GVBl. S. 615),
Brandenburg: Gesetz über die Sonn- und Feiertage (Feiertagsgesetz – FTG) v. 21. 3. 1991 (GVBl. S. 44),
Bremen: Gesetz über die Sonn- und Feiertage v. 12. 11. 1954 (GBl. S. 115),
Hamburg: Gesetz über Sonntage, Feiertage, Gedenktage und Trauertage (Feiertagsgesetz) v. 16. 10. 1953 (GVOBl. S. 289),
Hessen: Hessisches Feiertagsgesetz (HFeiertagsG) i. d. F. v. 29. 12. 1971 (GVBl. S. 344),
Mecklenburg-Vorpommern: Gesetz über Sonn- und Feiertage (Feiertagsgesetz Mecklenburg-Vorpommern – FTG-MV) i. d. Bekm. der Neufassung v. 8. 3. 2002 (GVOBl. M-V S. 145),
Niedersachsen: Niedersächsisches Gesetz über die Feiertage (NfeiertagsG) i. d. F. v. 7. 3. 1995 (GVBl. S. 50),
Nordrhein-Westfalen: Gesetz über die Sonn- und Feiertage (Feiertagsgesetz NRW) in der Neufassung v. 23. 4. 1989 (GV. NRW. S. 222),
Rheinland-Pfalz: Landesgesetz über den Schutz der Sonn- und Feiertage (Feiertagsgesetz – LFtG) v. 15. 7. 1970 (GVBl. S. 225),
Saarland: Gesetz über die Sonn- und Feiertage (Feiertagsgesetz-SFG) v. 18. 12. 1976 (ABl. S. 213),
Sachsen: Gesetz über Sonn- und Feiertage im Freistaat Sachsen (SächsSFG) v. 10. 11. 1992 (GVBl. S. 536),
Sachsen-Anhalt: Gesetz über die Sonn- und Feiertage (FeiertG LSA) i. d. Bekm. der Neufassung v. 25. 8. 2004 (GVBl. LSA S. 538),
Schleswig-Holstein: Gesetz über Sonn- und Feiertage (SFTG) i. d. F. der Bekm. v. 28. 6. 2004 (GVOBl. S. 213),
Thüringen: Thüringer Feiertagsgesetz (ThürFtG) v. 21. 12. 1994 (GVBl. S. 1221).

Der **3. Oktober** ist als Tag der Deutschen Einheit durch Art. 2 Abs. 2 des Ei- 59 nigungsvertrages vom 31. 8. 1990 (BGBl. II S. 885) zum gesetzlichen Feiertag bestimmt. Das Gesetz v. 4. 8. 1953 (BGBl. I S. 778), das den 17. Juni zum Tag der Deutschen Einheit bestimmt hatte, ist im Einigungsvertrag aufgehoben worden.

Voraussetzung für eine Fortzahlung des Tabellenentgelts ist, dass der Feiertag **al-** 60 **lein ursächlich** für den Ausfall der Arbeitszeit ist. Maßgeblich für die Feststellung,

§ 6 Abschnitt II. Arbeitszeit

ob ein feiertagsbedingter Arbeitsausfall vorliegt, ist, welche Arbeitszeit für den Arbeitnehmer gegolten hätte, wenn der betreffende Tag kein Feiertag gewesen wäre (ständige Rechtsprechung, vgl. BAG 24. 10. 2001 – 5 AZR 245/00, AP EntgeltFG § 2 Nr. 8; BAG 9. 10. 1996 – 5 AZR 345/95 – BAG 84, 216 = AP EntgeltFG § 2 Nr. 3; 20. 9. 2000 – 5 AZR 20/99 – AP BMT-G II § 8 Nr. 1; BAG 24. 1. 2001 – 4 AZR 538/99 – AP EntgeltFG § 2 Nr. 5). Fällt die Arbeit an dem gesetzlichen Feiertag auch aus anderen Gründen – z. B. aus betrieblichen oder persönlichen Gründen – aus, besteht keine Zahlungspflicht des Arbeitgebers nach § 2 Entgeltfortzahlungsgesetz (vgl. BAG 14. 8. 2002 – 5 AZR 417/01 – AP EntgeltFG § 2 Nr. 10). Dies hat für einen Arbeitnehmer, der nach einem Dienstplan eingesetzt ist und dessen dienstplanmäßig freier Tag auf einen Feiertag fällt, zur Folge, dass er keinen Anspruch auf Entgeltfortzahlung nach § 2 EntgFG hat. Hierfür schafft § 6 Abs. 3 S. 3 einen Ausgleich:

61 5.3. **Tatbestandsvoraussetzung.** Unter Beachtung der **Protokollerklärung** zu Abs. 3 S. 3 ist Voraussetzung, dass der Beschäftigte an dem Feiertag **dienstplanmäßig** frei hat und deshalb ohne diese Regelung **nacharbeiten** müsste. Dienstplanmäßige Arbeit liegt vor, wenn nach einem Schema festgelegt wird, an welchen Kalendertagen innerhalb der regelmäßigen Arbeitszeit zu arbeiten ist (vgl. BAG 27. 9. 1983 – 3 AZR 159/81 – AP FeiertagslohnzahlungsG § 1 Nr. 41). Erforderlich ist daher, dass der Beschäftigte an wechselnden Tagen arbeitet. Arbeitnehmer, die gleich bleibend an denselben Tagen eingesetzt sind, werden von der Regelung nicht erfasst. So bspw. Teilzeitbeschäftigte, die von Montag bis Mittwoch arbeiten. Fällt in diesen Fällen der Feiertag auf den arbeitsfreien Donnerstag profitieren sie nicht von der Regelung in § 6 Abs. 3 S. 3.

62 Des Weiteren wird vorausgesetzt, dass der Beschäftigte ohne die Regelung nacharbeiten müsste. Arbeitnehmer, die dienstplanmäßig eingesetzt werden, haben, wie jeder andere Arbeitnehmer auch, die nach § 6 Abs. 1 regelmäßige Arbeitszeit zu erbringen. Haben sie dienstplanmäßig frei, fällt die Arbeit nicht infolge des Feiertages aus, so dass sie keine Entgeltfortzahlung erhalten. Die Beschäftigten müssen in der Regel den Feiertag nacharbeiten, um zu verhindern, dass sich die regelmäßige Arbeitszeit vermindert.

63 5.4. **Rechtsfolge.** Dem begegnet § 6 Abs. 3 S. 3. Die Vorschrift sieht als Rechtsfolge vor, dass sich die regelmäßige Arbeitszeit um die dienstplanmäßig ausgefallenen Stunden vermindert. Es ist somit hypothetisch festzustellen, wie viele Stunden der Beschäftigte an dem Feiertag hätte arbeiten müssen, wenn er dienstplanmäßig zur Arbeit eingeteilt gewesen wäre. Die regelmäßige Arbeitszeit ist um diese Stunden zu vermindern.

64 Die Verminderung der regelmäßigen Arbeitszeit erfolgt im Übrigen für jeden gesetzlichen Feiertag, sowie für den 24. und 31. 12., sofern sie auf einen Werktag fallen.

65 **Besonderheit für die Beschäftigten des Bundeslandes Niedersachsen:** Beschäftigte des Bundeslandes Niedersachsens für die nach § 2 Abs. 1 Arbeitszeit-TV Niedersachsen eine erhöhte Wochenarbeitszeit gilt, wird abweichend von § 6 Abs. 3 S. 2 TV-L an den Vorfesttagen 24. und 31. 12. kein Freizeitausgleich gewährt. Sind diese Beschäftigten an den Vorfesttagen von der Arbeit freigestellt, findet die Regelung nach § 6 Abs. 3 S. 3 keine Anwendung (vgl. § 4 Arbeitszeit-TV Niedersachsen).

66 6. **Öffnungsklausel nach § 6 Abs. 4.** Die Vorschriften sehen vor, dass aus dringenden betrieblichen oder dienstlichen Gründen vom ArbZG abgewichen werden kann. Damit ist eine weitere Grundlage zur Flexibilisierung der Arbeitszeit geschaffen worden. Das ArbZG wurde aufgrund der Rspr. des EuGH (EuGH 9. 9.

2003 – Rs. C 151/02, NZA 2003, 1019 = ZTR 2003, 501 f.; EuGH 3. 10. 2000 – Rs. C 303/98, ZTR 2000, 564 f., NZA 2000, 1227 f.) geändert. Nach der Entscheidung des EuGH ist der Bereitschaftsdienst, den die Ärzte zur medizinischen Grundversorgung in Form persönlicher Anwesenheit in der Gesundheitseinrichtung leisten, von Beginn bis Ende als Arbeitszeit und ggf. als Überstunden anzusehen. Den Gesamtzeitraum des Bereitschaftsdienst einschließlich der Zeit ohne Arbeit arbeitsschutzrechtlich als Arbeitszeit zu bewerten wurde demgegenüber im deutschen ArbZG nicht nachvollzogen. Aus diesem Grunde wurde das ArbZG reformiert und u. a. die §§ 7 und 12 ArbZG geändert. In einem Tarifvertrag oder aufgrund eines Tarifvertrages in einer Betriebs- oder Dienstvereinbarung können bestimmte abweichende Regelungen vom Arbeitszeitgesetz zugelassen werden. Von dieser Öffnungsklausel haben die Tarifvertragsparteien Gebrauch gemacht. Es ist nunmehr möglich vom ArbZG abweichende Regelungen zu vereinbaren.

Nach § 7 Abs. 1 und 2 ArbZG sind u. a. folgende Abweichungen zulässig: 67
– Verlängerung der täglichen Arbeitszeit über 10 Stunden hinaus bei Arbeitsbereitschaft oder Bereitschaftsdienst
– Aufteilung der Gesamtdauer der Ruhepausen in Schicht- und Verkehrsbetrieben auf Kurzpausen von angemessener Dauer
– Kürzung der Ruhezeit um bis zu zwei Stunden.

Die Abweichungsmöglichkeiten nach § 7 Abs. 1 und 2 ArbZG setzen voraus, 68
dass der Gesundheitsschutz der Beschäftigten durch Zeitausgleich gewährleistet ist. Folgende Abweichungen sind zulässig:
– Anpassung der Ruhezeit bei Rufbereitschaft an die Besonderheiten dieses Dienstes
– Anpassung der Regelungen der §§ 3 bis 6 ArbZG bei der Behandlung, Pflege und Betreuung von Personen entsprechend der Eigenart dieser Tätigkeit und dem Wohl dieser Personen
– Anpassung der Regelungen der §§ 3 bis 6 ArbZG in den Verwaltungen und Betrieben des Bundes, der Länder, der Gemeinden und sonstigen Körperschaften, Anstalten und Stiftungen des öffentlichen Rechts sowie bei anderen Arbeitgebern, die der Tarifbindung eines für den öffentlichen Dienst geltenden oder eines im wesentlichen inhaltsgleichen Tarifvertrags unterliegen, an die Eigenart der Tätigkeit bei diesen Stellen.

Nach § 12 ArbZG sind folgende Abweichungen zulässig: 69
– Verringerung der Mindestzahl von 15 beschäftigungsfreien Sonntage auf mindestens 10 Sonntage z. B. bei Gerichten und Behörden für Zwecke der Verteidigung, in Krankenhäuser und anderen Einrichtungen zur Behandlung, Pflege und Betreuung von Personen; bei Theaterbetrieben oder Orchestern ist eine Verringerung der beschäftigungsfreien Sonntage auf mindestens 8 Sonntage zulässig.
– Verlängerung der Arbeitszeit in vollkontinuierlichen Schichtbetrieben an Sonn- und Feiertagen auf bis 12 Stunden, wenn dadurch zusätzliche freie Schichten an Sonn- und Feiertagen erreicht werden. Eine entsprechende Regelung findet sich in der Protokollerklärung zu Abs. 4 des § 6 TVöD.

Zu beachten ist die Grenze nach § 7 Abs. 8 ArbZG. Danach darf die Arbeitszeit 70
48 Stunden wöchentlich im Durchschnitt von zwölf Kalendermonaten nicht überschreiten.

Dringende betriebliche oder dienstliche Gründe. Zur Nutzung der Öff- 71
nungsklausel müssen dringende betriebliche/oder dienstliche Gründe gegeben sein. Ein allein zweckmäßiger Grund ist hierfür nicht ausreichend.

Betriebs- oder Dienstvereinbarung. Die Abweichungen vom ArbZG kön- 72
nen nicht einseitig durch den Arbeitgeber festgelegt werden. Deren Umfang ist

§ 6   Abschnitt II. Arbeitszeit

vielmehr in einer förmlichen Betriebs-/oder Dienstvereinbarung zu regeln. Betriebsvereinbarungen erfordern gem. § 77 BetrVG einen gemeinsamen Beschluss, der schriftlich niederzulegen ist. Regelungsabreden, Betriebsabsprachen oder dergleichen sind nicht ausreichend. Entsprechendes gilt für Dienstvereinbarungen nach § 73 BPersVG.

73   Die **Protokollerklärung zu § 6 Abs. 4** sieht eine Öffnung des ArbZG unmittelbar im Tarifvertrag vor. Es bedarf deshalb keiner Betrieb- oder Dienstvereinbarung. Sind die sonstigen Voraussetzungen gegeben kann der Arbeitgeber die Arbeitszeit verlängern, wenn der Betriebsrat bzw. der Personalrat zugestimmt hat.

74   **7.1. Verpflichtung zur Ableistung besonderer Arbeiten.** In § 6 Abs. 5 wird die Verpflichtung zur Ableistung besonderer Arbeitsleistungen geregelt. Bis auf Sonn- und Feiertagsarbeit werden die besonderen Arbeitsleistungen in § 7 definiert.

75   Es handelt sich um nachfolgende besondere Arbeiten:
– Nachtarbeit (§ 7 Abs. 5)
– Wechselschicht (§ 7 Abs. 1)
– Schichtarbeit (§ 7 Abs. 2)
– Bereitschaftsdienst (§ 7 Abs. 3)
– Rufbereitschaft (§ 7 Abs. 4)
– Überstunden (§ 7 Abs. 7)
– Mehrarbeit (§ 7 Abs. 6).

76   Bei Sonn- und Feiertagsarbeit hat der Arbeitgeber das ArbZG zu beachten. Nach § 9 ArbZG dürfen Arbeitnehmer an Sonn- und Feiertagen von 0 bis 24 Uhr nicht beschäftigt werden, soweit nicht § 10 ArbZG Ausnahmen zulässt. Eine Ausnahme nach § 10 ArbZG setzt jedoch voraus, dass die Arbeiten nicht an einem Werktag vorgenommen werden können. Es handelt sich hier bspw. um Tätigkeiten in Not- und Rettungsdiensten sowie bei der Feuerwehr (§ 10 Abs. 1 Nr. 1 ArbZG), Tätigkeiten zur Aufrechterhaltung der öffentlichen Sicherheit und Ordnung sowie der Funktionsfähigkeit von Gerichten und Behörden und für Zwecke der Verteidigung (§ 10 Abs. 1 Nr. 2 ArbZG) oder Tätigkeiten in Krankenhäusern und anderen Einrichtungen zur Behandlung, Pflege und Betreuung von Personen (§ 10 Abs. 1 Nr. 3 ArbZG).

77   **7.2. Begründete betriebliche bzw. dienstliche Notwendigkeit.** Voraussetzung für die Anordnung von besonderen Leistungen ist, dass sie im „Rahmen begründeter betrieblicher/dienstlicher Notwendigkeiten" erfolgen. An das Tatbestandsmerkmal „begründete Notwendigkeit" dürfen in der Regel keine all zu hohe Anforderungen gestellt werden. Die Entscheidung des Arbeitgebers, eine der besonderen Arbeitsleistungen anzuordnen, muss nach billigem Ermessen (§ 315 BGB) erfolgen. Die Entscheidung darf nicht willkürlich sein.

78   **7.3. Teilzeitbeschäftigte.** Nach der Rspr. (BAG 21. 11. 1991 – 6 AZR 551/89, AP BAT § 34 Nr. 2 = ZTR 1992; BAG 12. 2. 1992 – 5 AZR 566/90, AP BAT § 15 Nr. 20 = ZTR 1992, 330) sind grundsätzlich auch Teilzeitbeschäftigte zur Ableistung besonderer Arbeiten verpflichtet. Dies gilt nach der Neuregelung im TVöD **nicht uneingeschränkt** für Bereitschaftsdienst, Rufbereitschaft, Überstunden und Mehrarbeit. In diesen Fällen besteht eine Verpflichtung zur Leistung nur, wenn diese Arbeiten im Arbeitsvertrag vereinbart worden sind oder der Arbeitnehmer im Einzelfall seine Zustimmung erteilt hat.

79   Der BAT/-O, MTArb/-O und der BMT-G/-O sahen die vorgenannte Regelung nicht vor. Damit waren alle Teilzeitbeschäftigten zur Leistung solcher Sonderarbeiten uneingeschränkt verpflichtet. Mit In-Kraft-Treten des TVöD fällt diese Verpflichtung weg. Der TVÜ Bund/VKA trifft keine Übergangsregelung der Art,

dass bereits vorhandene Beschäftigte weiterhin zur Ableistung solcher Leistungen verpflichtet sind. Es bedarf daher einer Ergänzung der bereits vor Oktober 2005 bestehenden Arbeitsverträge. Entweder durch einen Änderungsvertrag oder durch eine Änderungskündigung. Im letzteren Fall ist in der Regel ein Kündigungsgrund nach dem Kündigungsschutzgesetz erforderlich. Bei Neueingestellten muss eine entsprechende Klausel zur Verpflichtung zur Ableistung besonderer Arbeiten im Arbeitsvertrag aufgenommen werden. Die Anordnung von Bereitschaftsdienst, Rufbereitschaft, Überstunden und Mehrarbeit gegen den Willen des Arbeitnehmers ist ansonsten unzulässig. Die Beteiligungsrechte des Personalrats sind ggf. zu beachten (z. B. Mitbestimmung bei wesentlichen Änderungen des Arbeitsvertrages).

Zu Sonn- und Feiertagsarbeit, Nachtarbeit, Wechselschicht- und Schichtarbeit können Teilzeitbeschäftigte weiterhin ohne vertragliche Verpflichtung und ohne Zustimmung herangezogen werden.

7.4. Mitbestimmung. Die Anordnung von Bereitschaftsdienst als auch die Aufstellung der Dienstpläne ist mitbestimmungspflichtig gem. § 87 Abs. 1 Nr. 3 BetrVG (BAG 29. 12. 2000, 1 ABR 15/99 = NZA 2000, 1243). Entsprechendes gilt auch für die Rufbereitschaften (BAG 23. 12. 2001 – 1 ABR 36/00 = NZA 2001, 741). Im Bereich des Personalvertretungsgesetzes hat der Personalrat nach § 75 Abs. 4 BPersVG hinsichtlich der Grundsätze für die Aufstellung der Dienstpläne mitzubestimmen. Das Mitbestimmungsrecht nach § 75 Abs. 1 Nr. 1 BPersVG bei der Festlegung der regelmäßigen Arbeitszeit bleibt hiervon unberührt.

8.1. Arbeitszeitkorridor, Rahmen- und Gleitzeit. Die mit dem TVöD neu eingeführten Arbeitszeitmodelle – Arbeitszeitkorridor und Rahmenarbeitszeit- unterstützen das Ziel, die Arbeit zukünftig flexibler zu gestalten. Die neuen Arbeitszeitmodelle haben im Vergleich zur Gleitzeit den Vorteil, dass der Arbeitgeber ein vollumfängliches Direktionsrecht hat. Nach § 6 Abs. 8 dürfen Arbeitszeitkorridor und Rahmenarbeitszeit, bezogen auf das einzelne Arbeitsverhältnis nur alternativ und nicht kumulativ angewandt werden. Hingegen ist es möglich in einem Betrieb, in einer Verwaltung oder in einer Betriebsabteilung für einen Arbeitnehmerkreis den Arbeitszeitkorridor (z. B. Verwaltung) und für den anderen Arbeitnehmerkreis (z. B. Bauhof) die Rahmenarbeitszeit einzuführen. Bei **Wechselschicht- und Schichtarbeit** ist die Vereinbarung einer täglichen Rahmenzeit oder eines Arbeitszeitkorridors ausgeschlossen (§ 6 Abs. 8).

8.2. Gleitzeit. Die Einführung von Gleitzeit ist schon seit einigen Jahren zulässig. Weder der BAT/-O noch der TVöD haben die Gleitzeit näher ausgestaltet. Auch im ArbzZG wird Gleitzeit nicht explizit geregelt. Unter dem Begriff Gleitzeit werden verschiedene Arbeitszeitmodelle verstanden. Sie sollen es dem AN ermöglichen innerhalb bestimmter Grenzen die Lage und die Dauer der Arbeitszeit selbst zu bestimmen (MünchArb, Anzinger in § 218 Rn. 54 Zmarzlik/Anzinger, § 3 Rn. 33 ff.). Für die gleitende Arbeitszeit beim Bund hat das BMI in Rahmengrundsätze mit Begriffsbestimmungen und Regelungen zu Zeiterfassungsverfahren erlassen (§ 3 a und § 3 b Abs. 2 Arbeitszeitverordnung – AZV – in der NF v. 11. 11. 2004; BGBl. I S. 2844). Hierauf wird verwiesen.

Gleitzeitsysteme mit und ohne Kernarbeitszeit ermöglichen dem AN, die eigene vertraglich geschuldete Arbeitszeit in einem mit dem Personalrat festgelegten Rahmen selbst zu verteilen. Bsp.: Kernarbeitszeit von 9.00 Uhr bis 15.00 Uhr. Die unbezahlte Mittagspause darf zwischen 11.30 Uhr und 13.30 Uhr für bis zu 45 Minuten genommen werden. Die Gleitspanne ist von 7.00 Uhr bis 9.00 Uhr und zwischen 15.00 und 17.30 Uhr festgelegt. Die AN können also in diesen Zeiten „gleiten", d. h. selbst entscheiden, wann sie mit der Arbeit beginnen und wann sie aufhören. Im Einzelnen müssen Sonderregelungen getroffen werden, wann Anwesenheitspflicht (idR in der Kernzeit) besteht, in welchem Zeitraum Arbeitszeitguthaben angesammelt werden können und wie Freizeitphasen gewählt werden können. Der vom TVöD vorgegeben Arbeitszeitrahmen und die Regelungen des ArbZG müssen eingehalten werden (38,5, 39 bzw. 40-Stundenwoche, Ausgleichszeitraum pp.). Teilzeitkräfte dürfen gegenüber Vollzeitbeschäftigten nicht benachteiligt werden. S. a. Schüren, Gleitzeitsysteme – Inhaltsschranken der Zeitsouveränität, ArbR 1996, 381.

85 Die bereits in der Praxis angewandten Gleitzeitmodelle können weiterhin fortgeführt werden. Auch ist es nach In-Kraft-Treten des TVöD zulässig Gleitzeitmodelle zu vereinbaren.

86 **8.3. Arbeitszeitkorridor.** Der Arbeitszeitkorridor ist in § 6 Abs. 6 geregelt. Durch Betriebs- oder Dienstvereinbarung kann ein **wöchentlicher** Arbeitszeitkorridor von bis zu 45 Stunden eingeführt werden. Es handelt sich hierbei um eine Obergrenze. Es ist auch zulässig einen Arbeitszeitkorridor mit einer geringeren Stundenzahl zu vereinbaren.

87 Innerhalb der wöchentlichen Zeitspanne zusätzlich geleistete Arbeitsstunden lösen keine zuschlagspflichtigen Überstunden aus, sondern sie müssen innerhalb des Ausgleichszeitraums von grundsätzlich einem Jahr ausgeglichen werden. Als Überstunden werden nur noch solche Stunden angesehen, die auf **Anordnung** außerhalb des festgelegten Korridors abgeleistet werden (§ 7 Abs. 8 Buchst. a).

88 Innerhalb des Arbeitszeitkorridors steht dem Arbeitgeber das volle Direktionsrecht zu. Es ist im Vergleich zur Gleitzeit nicht dem Arbeitnehmer überlassen, wann er innerhalb des Arbeitszeitkorridors arbeitet.

89 Wird ein Arbeitszeitkorridor eingeführt muss zwingend ein Arbeitszeitkonto nach § 10 Abs. 1 S. 3 eingerichtet werden. In diesem Konto werden die Stunden gutgeschrieben, die wöchentlich über die durchschnittliche Wochenarbeitszeit (38,5, 39 bzw. 40-Stundenwoche) hinausgehen.

90 Durch Einrichtung eines Arbeitszeitkorridors werden bestehende Gleitzeitregelungen nicht verdrängt. Dies ergibt sich aus der **Protokollerklärung zu § 6.** Danach sind Gleitzeitregelungen unabhängig von den Vorgaben zur Arbeitszeitkorridor und Rahmenarbeitszeit möglich.

91 **8.4. Rahmenzeit.** Die Einführung einer Rahmenzeit durch Betriebs- oder Dienstvereinbarung nach § 6 Abs. 7 möglich. Die Rahmenzeit ist eine tägliche Zeitspanne, die in der Zeit von 6.00 Uhr bis 20.00 Uhr bis zu 12 Stunden festgelegt werden kann. Im Vergleich zum Arbeitszeitkorridor wird nicht ein wöchentlicher sondern ein täglicher Rahmen festgelegt. Innerhalb der Rahmenzeit geleistete zusätzliche Arbeitsstunden sind keine Überstunden. Die entsprechenden Zeiten gelten als Zeitguthaben, die innerhalb des festgelegten Abrechnungszeitraums auszugleichen sind. Überstunden entstehen gem. § 7 Abs. 8 Buchst. b nur auf Anordnung **außerhalb** der Rahmenzeit. Dies gilt vor allem auch für Arbeitsstunden, die über die Wochenarbeitszeit von 38,5, 39 oder 40 Stunden (§ 6 Abs. 1) hinausgehen.

92 Im Gegensatz zu Gleitzeitmodellen bei denen der Arbeitnehmer die vertraglich geschuldete Arbeitszeit selbst verteilen kann, besteht bei der Rahmenzeit ein vollumfängliches Direktionsrecht des Arbeitgebers. Der Arbeitgeber bestimmt Beginn und Ende der Arbeitszeit innerhalb der Rahmenzeit.

93 Wie auch beim Arbeitszeitkorridor muss bei Einführung einer Rahmenzeit ein Arbeitszeitkonto eingerichtet werden (§ 10 Abs. 1 S. 3).

94 Die Rahmenzeit kann nur alternativ zum Arbeitszeitkorridor und nicht kumulativ vereinbart werden. Des Weiteren ist sie ausgeschlossen bei Wechselschicht- und Schichtarbeit.

Regelmäßige Arbeitszeit § 6

9. Betriebs- bzw. Dienstvereinbarung. Nach § 6 Abs. 9 sind Betriebs- oder Dienstvereinbarungen in einem Betrieb/Verwaltung in dem/der ein Personalvertretungsgesetz Anwendung findet, einvernehmlich zu regeln. Kommt eine einvernehmliche Dienstvereinbarung nicht zu Stande und hat der AG ein Letztentscheidungsrecht ist für den Bund ein Tarifvertrag auf Bundesebene oder für die Kommunen ein landesbezirklicher Tarifvertrag erforderlich. Eine Dienstvereinbarung kommt nur dann einvernehmlich zustande, wenn sie nach § 73 BPersVG bzw. den entsprechenden landesrechtlichen Personalvertretungsgesetzen durch Personalrat und Dienststelle gemeinsam beschlossen wird. Sie ist schriftlich niederzulegen und von beiden Seiten zu unterzeichnen. 95

10. Arbeitszeit von Jugendlichen. Für die Arbeitszeit der **Jugendlichen unter 18 Jahren** gilt das **Jugendarbeitsschutzgesetz** (JArbSchG v. 24. 2. 1997 = BGBl. I S. 311). In § 18 Abs. 2 ArbZG ist geregelt, dass für die Beschäftigung von Personen unter 18 Jahren das JArbSchG anstelle des ArbZG Anwendung findet. Insbes. bei der Festlegung von Wechselschicht- oder Schichtarbeit gelten für Jugendliche unter 18 Jahren Sonderregelungen, die zwingend beachtet werden müssen. Das JArbSchG bestimmt bspw., dass Jugendliche nur an fünf Tagen in der Woche arbeiten dürfen. Das Gesetz regelt umfassend die Arbeitszeit der Jugendlichen und legt nicht nur die Dauer der zulässigen täglichen und wöchentlichen Arbeitszeit und die Länge der Ruhepausen fest, sondern enthält auch verbindliche Regelungen über Berufsschultage, Schichtzeiten, Nachtruhen usw. 96

11.1. Kurzübersicht über Mitbestimmungsrechte des Personalrats bei der Gestaltung der Arbeitszeit im Rahmen des BPersVG. Nach § 75 Abs. 3 Nr. 1 BPersVG hat der Personalrat mitzubestimmen über Beginn und Ende der täglichen Arbeitszeit und der Pausen sowie die Verteilung der Arbeitszeit auf die einzelnen Wochentage, soweit eine gesetzliche oder tarifliche Regelung nicht besteht. Nach § 75 Abs. 3 BPersVG beschränkt sich die Mitbestimmung auf die Grundsätze für die Aufstellung der Dienstpläne, insbes. für die Anordnung von Dienstbereitschaft, Mehrarbeit und Überstunden, wenn für Gruppen von Beschäftigten die tägliche Arbeitszeit nach Erfordernissen, die die Dienststelle nicht voraussehen kann, unregelmäßig und kurzfristig festgesetzt werden muss. 97

Entgegen einer weit verbreiteten Meinung ist festzustellen, dass aus der Verletzung von Mitbestimmungsrechten sich keine vertraglichen Erfüllungsansprüche eines AN ergeben können (st. Rspr., BAG, 26. 8. 1992, PersR 1993, 132 u. BAG, PersR 1990, 270). 98

11.2. Zeitliche Umfang der Arbeitsleistung. Der **zeitliche Umfang** der jeweiligen Arbeitsleistung ist für die AN durch § 6 Abs. 1 festgelegt (39 bzw. 38,5 oder 40 Stundenwoche). Mit Teilzeitkräften werden individuelle arbeitsvertragliche Vereinbarungen gem. § 11 getroffen. Die Festlegung des zeitlichen Umfangs der geschuldeten Arbeitsleistung ist folglich der Beteiligung der Personalvertretung entzogen. Gegenstand der Mitbestimmung ist folglich nur die Festlegung der **zeitlichen Lage** der tariflichen Arbeitszeit an den einzelnen Wochentagen. Der Personalrat soll als Kontrollorgan die Einhaltung der Regelungen des ArbZG bei der Festlegung der Arbeitszeit sicherstellen. Daneben soll der Personalrat sich aber auch dafür einsetzen, dass berechtigte Wünsche von AN in Einklang mit dienstlichen Erfordernissen erbracht werden (vgl. nur BVerwG, ZTR 1983, 132 u. 307; BVerwG, PersV 1983, 413; BVerwG, ZTR 1993, 46; BVerwG, ZTR 1994, 54). Geht es nicht um Fragen der **Arbeitszeit i. S. d. ArbZG,** besteht also kein Mitbestimmungsrecht des Personalrats. 99

11.3 Unternehmerische Entscheidung des AG: Hinsichtlich organisatorischer, d. h. **unternehmerischer Entscheidungen** des AG gilt der **Grund-** 100 satz, dass das Mitbestimmungsrecht der Personalvertretung nach dem BPersVG nicht anwendbar ist (st. Rspr., s. nur BVerwG, PersV 1984, 241). Daher unterliegen Entscheidungen des AG etwa darüber, ob Schichtdienste eingeführt werden sollen, ob Überstunden, Mehrarbeit oder RB/BD angeordnet werden sollen, nicht der Mitbestimmung des Personalrats. Zu möglichen Beteiligungsrechten des Personalrats bei der Gestaltung der Arbeitszeit gem. § 75 Abs. 3 BPersVG vgl. nur Kunze, ZfPR 1996, 201.

101 **12.1. Kurzübersicht über Mitbestimmungsrechte des Betriebsrats bei der Gestaltung der Arbeitszeit im Rahmen des BetrVG.** Nach § 130 BetrVG gilt das BetrVG nicht für den Bereich der öffentl. Verwaltung. Sein Geltungsbereich ergibt sich aus § 1 BetrVG. Wenn durch Rechtsgeschäft (§ 613a BGB) oder gesetzliche Nachfolge Dienststellen des ö. D. oder Teile von ihnen ausgelagert werden (Outsourcing) und in die private Hand übergehen, findet das BetrVG Anwendung.

102 Nach § 87 Abs. 1 Nr. 2 BetrVG hat der Betriebsrat mitzubestimmen über Beginn und Ende der täglichen Arbeitszeit und der Pausen sowie die Verteilung der Arbeitszeit auf die einzelnen Wochentage. Analog zu den Regelungen des PersVG hat auch der Betriebsrat **nicht** mitzubestimmen über die **Dauer** der von den AN geschuldeten Arbeitszeit (s. BAGE 56, 323 = AP BetrVG § 77 Nr. 23; BAG, NZA 1988, 251). Die Einführung von Schichtarbeit unterliegt allerdings der Zustimmung des Betriebsrats; alle Grundsatzfragen im Zusammenhang mit Schichtarbeit sind festzulegen (vgl. BAG, 28. 10. 1986 – 1 ABR 11/85 – AP BetrVG § 87 Nr. 20). Die individuelle Anordnung von Rufbereitschaft oder Bereitschaftsdienst ist dagegen nicht mitbestimmungspflichtig, es sei denn, es wird ein (kollektiver) Plan zur Leistung von Rufbereitschaft im Betrieb aufgestellt.

103 **12.2. Pausenregelungen,** die nach § 4 ArbZG im Voraus festgelegt werden müssen, gehören nicht zur Arbeitszeit. Die Festlegung unterliegt grds. der Mitbestimmung des Betriebsrats (vgl. Gutzeit, Die Mitbestimmung des Betriebsrats bei Fragen der Arbeitszeit, BB 1996, 106). Dienen Pausen dagegen der Unterbrechung der Arbeit, z. B. bezahlte Lärmpausen, besteht kein Mitbestimmungsrecht des Betriebsrats. Vgl. insgs. zu Fragen der Mitbestimmung des Betriebsrats bei Arbeitszeitfragen nur Willikonsky, Rn. 338–356.

104 **13. Prozessuales.** Streiten sich die Parteien über konkrete Fragen der Arbeitszeit, Leistungserbringung, Vergütung oder Zuschläge usw., ist der Kläger grds. darlegungs- u. beweispflichtig. Er muss konkret den Nachweis erbringen, ob er etwa über die durchschnittliche Arbeitszeit hinaus gearbeitet hat, ob Bereitschaftsdienst oder Rufbereitschaft angeordnet worden ist oder beanspruchte Zuschläge nicht geleistet worden sind.

§ 7 TVöD/TV-L Sonderformen der Arbeit

(1) ¹**Wechselschichtarbeit ist die Arbeit nach einem Schichtplan, der einen regelmäßigen Wechsel der täglichen Arbeitszeit in Wechselschichten vorsieht, bei denen Beschäftigte durchschnittlich längstens nach Ablauf eines Monats erneut zur Nachtschicht herangezogen werden.** ²**Wechselschichten sind wechselnde Arbeitsschichten, in denen ununterbrochen bei Tag und Nacht, werktags, sonntags und feiertags gearbeitet wird.** ³**Nachtschichten sind Arbeitsschichten, die mindestens zwei Stunden Nachtarbeit umfassen.**

(2) **Schichtarbeit ist die Arbeit nach einem Schichtplan, der einen regelmäßigen Wechsel des Beginns der täglichen Arbeitszeit um mindes-**

tens zwei Stunden in Zeitabschnitten von längstens einem Monat vorsieht, und die innerhalb einer Zeitspanne von mindestens 13 Stunden geleistet wird.

(3) Bereitschaftsdienst leisten Beschäftigte, die sich auf Anordnung des Arbeitgebers außerhalb der regelmäßigen Arbeitszeit an einer vom Arbeitgeber bestimmten Stelle aufhalten, um im Bedarfsfall die Arbeit aufzunehmen.

(4) ^{1}Rufbereitschaft leisten Beschäftigte, die sich auf Anordnung des Arbeitgebers außerhalb der regelmäßigen Arbeitszeit an einer dem Arbeitgeber anzuzeigenden Stelle aufhalten, um auf Abruf die Arbeit aufzunehmen. ^{2}Rufbereitschaft wird nicht dadurch ausgeschlossen, dass Beschäftigte vom Arbeitgeber mit einem Mobiltelefon oder einem vergleichbaren technischen Hilfsmittel ausgestattet sind.

(5) Nachtarbeit ist die Arbeit zwischen 21 Uhr und 6 Uhr.

(6) Mehrarbeit sind die Arbeitsstunden, die Teilzeitbeschäftigte über die vereinbarte regelmäßige Arbeitszeit hinaus bis zur regelmäßigen wöchentlichen Arbeitszeit von Vollbeschäftigten (§ 6 Abs. 1 Satz 1) leisten.

(7) Überstunden sind die auf Anordnung des Arbeitgebers geleisteten Arbeitsstunden, die über die im Rahmen der regelmäßigen Arbeitszeit von Vollbeschäftigten (§ 6 Abs. 1 Satz 1) für die Woche dienstplanmäßig bzw. betriebsüblich festgesetzten Arbeitsstunden hinausgehen und nicht bis zum Ende der folgenden Kalenderwoche ausgeglichen werden.

(8) Abweichend von Absatz 7 sind nur die Arbeitsstunden Überstunden, die
a) im Falle der Festlegung eines Arbeitszeitkorridors nach § 6 Abs. 6 über 45 Stunden oder über die vereinbarte Obergrenze hinaus,
b) im Falle der Einführung einer täglichen Rahmenzeit nach § 6 Abs. 7 außerhalb der Rahmenzeit,
c) im Falle von Wechselschicht- oder Schichtarbeit über die im Schichtplan festgelegten täglichen Arbeitsstunden einschließlich der im Schichtplan vorgesehenen Arbeitsstunden, die bezogen auf die regelmäßige wöchentliche Arbeitszeit im Schichtplanturnus nicht ausgeglichen werden,
angeordnet worden sind.

Erläuterungen zu § 7 TVöD/TV-L

Sonderregelungen

Zu § 7 TVöD
Besonderer Teil Verwaltung (Bund)
§ 46 BT-V (Bund) Nr. 4, 11 für die Beschäftigte im Bereich des Bundesministeriums der Verteidigung
§ 47 BT-V (Bund) Nr. 3, 9 für die Beschäftigten des Bundesministeriums für Verkehr, Bau und Wohnungswesen
Besonderer Teil Verwaltung (VKA)
§ 46 BT-V (VKA) Nr. 2 Abs 1 Beschäftigte im kommunalen feuerwehrtechnischen Dienst
§ 47 BT-V (VKA) Nr. 3 Beschäftigte in Forschungseinrichtungen mit kerntechnischen Forschungsanlagen

§ 7 — Abschnitt II. Arbeitszeit

§ 48 BT-V (VKA) Nr. 2 Beschäftigte im forstlichen Außendienst
§ 50 BT-V (VKA) Nr. 2 Beschäftigte in landwirtschaftlichen Verwaltungen und Betrieben, Weinbau- und Obstbaubetrieben
§ 51 BT-V (VKA) Nr. 2 Beschäftigte als Lehrkräfte
§ 52 BT-V (VKA) Nr. 2 Beschäftigte als Lehrkräfte an Musikschulen
§ 55 BT-V (VKA) Nr. 4 Beschäftigte an Theatern und Bühnen
Besonderer Teil Pflege- und Betreuungseinrichtungen
§ 45 BT-B Bereitschaftsdienst und Rufbereitschaft
§ 46 BT-B Bereitschaftsdienstentgelt
§ 47 BT-B Sonderkündigungsrecht der Bereitschaftsdienst- und Rufbereitschaftsregelung
§ 48 BT-B Wechselschichtarbeit
Besonderer Teil Flughäfen
§ 41 Buchst. b BT-F Wechselschichtarbeit
Besonderer Teil Krankenhäuser
§ 45 BT-K Bereitschaftsdienst und Rufbereitschaft
§ 46 BT-K Bereitschaftsdienstentgelt
§ 47 BT-K Sonderkündigungsrecht der Bereitschaftsdienst- und Rufbereitschaftsregelung

Zu § 7 TV-L
§ 40 TV-L Nr. 4 für Beschäftigte an Hochschulen und Forschungseinrichtungen
§ 41 TV-L Nr. 4 für Ärztinnen und Ärzte an Universitätskliniken
§ 42 TV-L Nr. 5 für Ärztinnen und Ärzte außerhalb von Universitätskliniken
§ 43 TV-L Nr. 7 für die nichtärztlichen Beschäftigten in Universitätskliniken und Krankenhäusern
§ 44 TV-L Nr. 3 Beschäftigte als Lehrkräfte
§ 45 TV-L Nr. 4 für Beschäftigte an Theatern und Bühnen
§ 47 TV-L Nr. 2 für Beschäftigte im Justizvollzugsdienst der Länder sowie im feuerwehrtechnischen Dienst der Freien und Hansestadt Hamburg
§ 48 TV-L Nr. 2 für Beschäftigte im forstlichen Außendienst

2 1. **Allgemeines.** In § 7 werden die Sonderformen der Arbeit im Einzelnen definiert. Abweichende Regelungen in den Besonderen Teilen gehen dem Allgemeinen Teil vor. Die Verpflichtung, Sonderformen der Arbeitszeit zu leisten, ergibt sich aus § 6 Abs. 5. Der finanzielle Ausgleich für Sonderformen der Arbeit wird in § 8 geregelt.

3 2.1. **Wechselschichtarbeit.** Wechselschichten nach § 7 Abs. 1 sind wechselnde Arbeitsschichten, in denen ununterbrochen bei Tag und Nacht, werktags, sonntags und feiertags gearbeitet wird. Es müssen also Arbeitsleistungen im Rahmen der regelmäßigen Arbeitszeit „rund um die Uhr" erbracht werden.

4 Ein AN leistet Wechselschichtarbeit, wenn er wechselnd in allen Schichtarten (Früh-, Spät- oder Nachtschicht) eingesetzt ist. Darüber hinaus ist erforderlich, dass ein **Schichtplan** aufgestellt ist, der in bestimmendem Maße Wechselschichten vorsieht. Schichtplan ist der Plan, der die Verteilung der zu leistenden Arbeitsmenge auf die Tageszeiten bestimmt. Hierbei ist es nicht erforderlich, dass in jeder Schicht mit der gleichen Stärke gearbeitet wird. Der Schichtplan trifft keine Regelung über die Verteilung der Arbeitszeit des einzelnen AN. Welche Schichten für den AN in dem Schichtplan vorgesehen sind, ergibt sich vielmehr aus dem **Dienstplan oder Einsatzplan.**

5 Des weiteren ist Voraussetzung, dass die tägliche Arbeitszeit regelmäßig wechselt (bspw. um 5.00 Uhr, 13.00 Uhr und 20.00 Uhr) und der AN durchschnittlich

Sonderformen der Arbeit   § 7

längstens nach Ablauf eines Monats erneut zur Nachschicht – **Nachschichtfolge** – herangezogen wird. Der AN leistet nur dann Wechselschichtarbeit, wenn er wechselnd in allen vom Schichtplan vorgesehenen Schichtarten (Früh-, Spät- oder Nachtschicht) eingesetzt ist. Die Einteilung zur Nachtschicht an mehreren Tagen hintereinander ist dabei nicht erforderlich (vgl. BAG 19. 10. 1989 – 6 AZR 111/88 – AP BAT § 35 Nr. 4).

Wechselschichtarbeit ist auch dann gegeben, wenn der Beschäftigte wegen Urlaub oder Krankheit in einer im Dienstplan vorgesehenen Schicht nicht arbeiten kann. Wechselschicht setzt nicht voraus, dass tatsächlich eine Arbeitsleistung erfolgt. Es ist vielmehr ausreichend, dass der Schichtplan wechselnde Arbeitszeiten vorsieht und der Beschäftigte zur Nachtschicht herangezogen wird (Goodson in Bepler/Böhle/Martin/Stöhr, TVöD § 7 Rn. 4).

2.2. Nachtschicht. Eine **Nachtschicht** liegt vor, wenn sie wenigstens zwei Stunden Nachtarbeit beinhaltet. Nachtarbeit ist nach § 7 Abs. 5 die Arbeit zwischen 21.00 Uhr und 6.00 Uhr. Das hat zur Folge, dass nur eine Schicht, die spätestens um 4.00 Uhr beginnt oder frühestens um 23.00 Uhr endet eine Nachtschicht ist. Unerheblich ist, ob der überwiegende Teil der Schicht in der Zeit der Nachtarbeit liegt. **6**

2.3. Schichtarbeit. Schichtarbeit ist die Arbeit **nach einem Schichtplan,** der einen regelmäßigen Wechsel des Beginns der täglichen Arbeitszeit um **mindestens zwei Stunden** in Zeitabschnitten von längstens einem Monat vorsieht. Schichtarbeit liegt danach bei einem regelmäßigen Wechsel von Arbeitsbeginn und Arbeitsende vor (BAG, NZA 1994, 804 = AP BAT § 33 Nr. 3 a m. w. N.). **7**

Schichtarbeit ist gleichfalls gegeben, wenn die Erfordernisse der Wechselschichtarbeit bspw. deshalb nicht erfüllt sind, weil die Nachtschichtfolge sich durchschnittlich erst nach mehr als einem Monat wiederholt oder weil im Rahmen des Schichtplans keine „Folgen" von Nachtschichten zu leisten sind. **8**

Schichtarbeit liegt darüber hinaus auch dann vor, wenn die Arbeit in einer der Schichten durch eine länger Arbeitspause unterbrochen wird (BAG 2. 10. 1996 – 10 AZR 232/96, NZA 1997, 504). Denn nach dem Wortlaut der Norm ist das Erfordernis eines durchlaufenden Schichtbetriebes ohne längere Unterbrechung der betrieblichen Tätigkeit nicht herzuleiten. **9**

Weitere Voraussetzung ist, dass die Schichtarbeit innerhalb einer **Zeitspanne von 13 Stunden** geleistet wird. **10**

Beispiel: Nach einem Schichtplan beginnt die Frühschicht um 6.00 Uhr und endet um 14.00 Uhr. Die Zwischenschicht beginnt um 11.00 Uhr und ist um 19.00 Uhr beendet. Die Zeitspanne von 6.00 Uhr bis 19.00 umfasst 13 Stunden und somit liegt Schichtarbeit vor.

Beginnt die Zwischenschicht bereits um 9.00 Uhr und endet um 17.00 Uhr umfasst die Zeitspanne 11 Stunden (6.00 Uhr bis 17.00 Uhr), mit der Folge, dass keine Schichtarbeit i. S. d. § 7 Abs. 2 vorliegt.

2.4. Bereitschaftsdienst (BD). Nach § 6 Abs. 5 ist der AN verpflichtet Bereitschaftsdienst zu leisten. Die Bezahlung der BD erfolgt nach § 8 Abs. 4 landesbezirklich und für den Bund in einem Tarifvertrag auf Bundesebene. Bis zum In-Kraft- Treten der vorgenannten Regelungen gelten die in dem jeweiligen Betrieb/der jeweiligen Verwaltung/Dienststelle am 30. 9. 2005 jeweils geltenden Bestimmungen fort. **11**

Definition. Nach seinem Wesen ist der Bereitschaftsdienst eine Art **Aufenthaltsbeschränkung,** verknüpft mit der Verpflichtung, bei Bedarf unverzüglich – **außerhalb** der regelmäßigen Arbeitszeit – zu arbeiten. Der AN muss sich also zum Zwecke des Betriebs an einer vom AG festgelegten Stelle innerhalb oder außerhalb **12**

des Betriebs aufhalten, um ggf. möglichst schnell eingreifen zu können (s. bereits BAGE 8, 25, 28).

13 Die bisherige Regelung, dass BD nur angeordnet werden darf, wenn zu erwarten ist, dass zwar Arbeit anfällt, die Zeit ohne Arbeitsleistung aber überwiegt, ist im allgemeinen Teil des TVöD nicht vorgesehen. Eine dem bisherigen Tarifrecht entsprechende Regelung ist nur noch in § 45 BT- K enthalten.

14 Nach einer Entscheidung des Europäischen Gerichtshof (EuGH) ist der Bereitschaftsdienst, den die Ärzte zur medizinischen Grundversorgung in Form persönlicher Anwesenheit in der Gesundheitseinrichtung leisten, von Beginn bis Ende als Arbeitszeit und ggfs. als Überstunden anzusehen (EuGH 9. 9. 2003 – Rs. C 151/02, ZTR 2003, 501 f.; EuGH 3. 10. 2000 – Rs. C 303/98, ZTR 2000, 564 f., NZA 2000, 1227 f.). Den Gesamtzeitraum des Bereitschaftsdienst einschließlich der Zeit ohne Arbeit arbeitsschutzrechtlich als Arbeitszeit zu bewerten wurde in deutschen ArbZG nachvollzogen. Es wurde zum 1. 1. 2004 entsprechend geändert. Nach der Rspr. des BAG (22. 11. 2000, NZA 2001, 449 = AP BUrlG § 11 Nr. 50; BAGE 96, 284, 291 = NZA 2001, 451) betrifft die Arbeitszeit-Richtlinie den öffentlich-rechtlichen Arbeitsschutz. Zur Frage der Vergütung von Arbeitszeit enthält sie keine Bestimmungen, so dass nur ein Anspruch auf die tarifvertragliche Bezahlung besteht.

15 Das **Direktionsrecht** erlaubt es dem Arbeitgeber, dann **BD anzuordnen,** wenn er es für richtig hält („kann" Regelung; s. BAG, DB 1990, 2027). BD kann sowohl vor als auch nach der Arbeit angeordnet werden. Auch hat der AG das Recht, zunächst nach Schichtende Überstunden anzuordnen u. daran BD festzulegen. § 7 Abs. 3 schließt es grds. nicht aus, dass BD sowohl von regelmäßiger Arbeitszeit als auch von Überstunden umschlossen sein kann (BAG, ZTR 1994, 420). Die gesetzlichen Höchstgrenzen der Arbeitszeitdauer nach dem ArbZG sind jedoch zu beachten.

16 Ein Anspruch des Beschäftigten auf Leistung von BD besteht dagegen nicht. Auch dann nicht, wenn der Beschäftigte in der Vergangenheit regelmäßig zu BD herangezogen worden ist. Die Anordnung im Einzelfall muss in eindeutiger Weise erfolgen; dies kann schriftlich oder mündlich geschehen (BAG 24. 10. 1990 – 6 AZR 37/89 – AP BAT § 3 Nr. 7).

17 **Teilzeitbeschäftigte.** Nach der Neuregelung in § 6 Abs. 5 sind Teilzeitbeschäftigte nur dann verpflichtet Bereitschaftsdienst zu leisten, wenn dies im Arbeitsvertrag vereinbart worden ist oder der Arbeitnehmer im Einzelfall seine Zustimmung erteilt hat.

18 **2.5. Rufbereitschaft (RB).** Die Verpflichtung zur Leistung von RB erfolgt aufgrund § 6 Abs. 5. Die Vergütung der RB erfolgt nach § 8 Abs. 3.

19 **Definition.** RB liegt vor, wenn sich der AN auf Anordnung des AG außerhalb der regelmäßigen Arbeitszeit an einer dem AG anzuzeigenden Stelle (in der Regel der Wohnort) aufzuhalten hat, um auf Abruf die Arbeit aufzunehmen. Die nach bisherigem Tarifrecht geltende Regelung, dass RB nur angeordnet werden darf, wenn erfahrungsgemäß lediglich in Ausnahmefällen Arbeit anfällt, findet sich nur noch in § 45 Abs. 8 BT-K.

20 Wesentliches **Unterscheidungskriterium** zwischen RB u. BD ist allein, ob der AN seinen **Aufenthaltsort** selbst bestimmen kann oder nicht.

21 Der Beschäftigte muss bei Anordnung von RB nicht nur seinen Aufenthaltsort angeben, sondern er muss auch körperlich und geistig in der Lage bleiben, die Arbeitsleistung bei Abruf zu erbringen.

22 RB wird nicht dadurch ausgeschlossen, dass der AN von seinem AG mit einem Europieper oder einem sonstigen vergleichbaren technischem Hilfsmittel ausgestat-

Sonderformen der Arbeit § 7

tet ist. Die Tarifvertragsparteien haben mit dieser Regelung die hierzu ergangene Rspr. umgesetzt (BAG 9. 6. 2000 – 6 AZR 900/98, NZA 2001, 165). Ein Beschäftigter, der verpflichtet ist, außerhalb der regelmäßigen Arbeitszeit ein Funktelefon (Handy) mitzuführen, um auf telefonischen Abruf Arbeit zu leisten, die darin besteht, dass er über dieses Funktelefon Anordnungen trifft oder weiterleitet, leistet während der Dauer dieser Verpflichtung Rufbereitschaft (BAG 29. 6. 2000 – 6 AZR 900/98, AP BAT § 15 Nr. 41 = DB 2001, 102).

Teilzeitbeschäftigte. Nach der Neuregelung in § 6 Abs. 5 sind Teilzeitbeschäftigte nur dann verpflichtet RB zu leisten, wenn dies im Arbeitsvertrag vereinbart worden ist oder der Arbeitnehmer im Einzelfall seine Zustimmung erteilt hat. 23

2.6. Nachtarbeit. Nachtarbeit nach § 7 Abs. 5 ist die Arbeit zwischen 21.00 Uhr und 6.00 Uhr. Die Höhe des Nachtarbeitszeitzuschlages ergibt sich aus § 8 Abs. 1 Buchst. b. Im Rahmen betrieblicher bzw. dienstlicher Notwendigkeiten ist der Beschäftigte auch ohne Zustimmung zur Nachtarbeit verpflichtet. Im Vergleich zum BAT/-O wurde die Nachtarbeit um eine Stunde verkürzt. 24

2.7. Mehrarbeit. Mehrarbeit leistet ein Teilzeitbeschäftigter, der über die mit ihm vereinbarte regelmäßige Arbeitszeit hinaus bis zur regelmäßigen wöchentlichen Arbeitszeit eines Vollzeitbeschäftigten Arbeit erbringt. Überstunden entstehen bei Teilzeitbeschäftigten somit nur, wenn deren Arbeitszeit über die eines Vollzeitbeschäftigten hinausgeht. Erst dann werden auch Zuschläge für Überstunden gezahlt. Bis dahin wird Mehrarbeit nach § 8 Abs. 2 vergütet. 25

Teilzeitbeschäftigte sind grundsätzlich nicht zur Mehrarbeit verpflichtet. Nach § 6 Abs. 5 kann ein Beschäftigter nur mit dessen Zustimmung oder aufgrund einer arbeitsvertraglichen Regelung zur Mehrarbeit verpflichtet werden. 26

2.8. Überstunden. Die Verpflichtung der AN im ö. D., **Überstunden** ableisten zu müssen, ergibt sich aus § 6 Abs. 5. Begehrt ein AN die Vergütung geleisteter Überstunden, trägt er hierfür im Streitfall die Darlegungs- und Beweislast. Werden in einem Betrieb über einen längeren Zeitraum Überstunden geleistet, dann ändert sich hierdurch die regelmäßige betriebsübliche Arbeitszeit nach § 6 Abs. 1 nicht. Nur auf Anordnung des AG geleistete zusätzliche Arbeitsstunden werden als Überstunden gewertet. 27

2.8.1. Definition. Nach § 7 Abs. 7 sind Überstunden nur **solche Arbeitsstunden,** die über die im Rahmen der regelmäßigen Arbeitszeit (gem. § 6 Abs. 1 S. 1) für die Woche dienstplanmäßig bzw. betriebsüblich festgesetzten Arbeitsstunden hinausgehen und nicht bis zum Ende der folgenden Kalenderwoche ausgeglichen werden. Daraus folgt, dass nicht automatisch eine Überstunde anfällt, wenn die wöchentliche Arbeitszeit von 38,5 Stunden (bzw. 39 oder 40 Stunden nach § 6 Abs. 1) überschritten wird. Denn die wöchentliche Arbeitszeit muss lediglich im **Rahmen eines Ausgleichszeitraums** 38,5 Wochenstunden (bzw. 39 oder 40 Stunden) betragen (vgl. Rn. 35). 28

Sind pro Woche unterschiedliche Arbeitszeiten festgelegt, so muss jede Woche einzeln betrachtet werden.

Beispiel: Für einen Beschäftigten der Kommune (38,5 Stunden) sieht der Dienstplan 40 Arbeitsstunden in der Woche 1 vor, in der Woche 2 beträgt die Arbeitszeit 37 Stunden. In der Woche 1 fällt damit eine Überstunde nicht bereits von der 38,5. Stunde an, sondern erst von der 41. Stunde, soweit kein Ausgleich in der nachfolgenden Kalenderwoche erfolgt. In der Woche 2 liegt eine Überstunde bereits ab der 38. Wochenstunde vor, soweit kein Ausgleich in der Folgewoche vorgenommen wird.

Bei einer **unterschiedlichen wöchentlichen Arbeitszeit** muss insofern bei der Frage der Überstundenermittlung auf den dienstlichen Abrechnungszeitraum abgestellt werden. 29

§ 7   Abschnitt II. Arbeitszeit

30   Bei **gleich bleibender Arbeitszeit** von 38,5 Stunden (bzw. 39 oder 40 Stunden nach § 6 Abs. 1) erfüllt jede über diese Stundenzahl angeordnete Arbeitszeit den Überstundenbegriff, außer es erfolgt ein Ausgleich bis zum Ende der folgenden Kalenderwoche.

31   Wird der Arbeitnehmer in einer **Freischicht** zur Leistung herangezogen, so handelt es sich in der Regel um Überstunden. In einer Freischicht wurde gerade keine betriebsübliche oder dienstplanmäßige Arbeit festgesetzt.

32   Im Vergleich zum BAT/-O unterscheidet der TVöD zwischen Mehrarbeit und Überstunden. Mehrarbeit wird ausschließlich von Teilzeitbeschäftigten erbracht. Überstunden können sowohl von Vollzeitbeschäftigten als auch von Teilzeitbeschäftigten erbracht werden.

33   **2.8.2. Anordnung von Überstunden.** Die Anordnung von Überstunden kann mündlich, schriftlich oder auch nur stillschweigend erfolgen. Es kann also genügen, wenn der AG die von dem AN geleistete Überstundenarbeit kennt und sie duldet (s. nur BAG, AP BAT § 3 Nr. 7 = ZTR 1991, 246). Eine Überstundenanordnung des AG setzt somit auch nicht notwendigerweise voraus, dass Zahl und Lage der Überstunden im Voraus festgelegt werden. Es reicht aus, dass ein Arbeitsauftrag mit der Weisung verbunden ist, ihn innerhalb einer bestimmten Zeit ohne Rücksicht auf die regelmäßige Arbeitszeit auszuführen. Eine solche Weisung kann sich auch aus den Umständen ergeben. Eine andere Frage ist es, als AN den Beweis zu erbringen, dass Überstunden geleistet worden sind.

34   Fehlt eine Anordnung zur Überstundenarbeit oder kann sie der AN im Streitfall nicht beweisen, liegt keine Überstunde vor, auch wenn eine tatsächliche Mehrarbeitszeit vom AN erbracht worden ist. Denn durch die Pflicht, Überstunden anzuordnen, soll sichergestellt werden, dass der AG nicht mit Überstundenforderungen konfrontiert wird, von deren Ableistung er keine Kenntnis hat.

35   **2.8.3. Ausgleich bis zum Ende der folgenden Kalenderwoche.** Zusätzlich angeordnete Arbeitszeit wird erst dann zur Überstunde, wenn nicht ein Ausgleich bis zum Ende der folgenden Kalenderwoche erfolgt. Die Kalenderwoche beginnt am Montag 0.00 Uhr und endet am Sonntag um 24.00 Uhr. Fällt die zusätzlich zu leistende Arbeitszeit in den Wochenbeginn kann ihr Ausgleich innerhalb des maximalen Zeitraums von zwei Wochen erfolgen. Bei Überstunden, die erst am Wochenende anfallen, verbleibt ein Ausgleichszeitraum von noch einer Woche.

36   **2.8.4. Grenzen des ArbZG.** Die **Grenzen des ArbZG** müssen bei der Anordnung von Überstunden beachtet werden. § 3 S. 1 ArbZG schreibt vor, dass die werktägliche Arbeitszeit 8 Stunden und die wöchentliche Arbeitszeit 48 Stunden grds. nicht überschritten werden darf. Nach § 3 S. 2 ArbZG ist eine Ausdehnung auf werktäglich 10 Stunden jederzeit zulässig. Voraussetzung ist aber, dass innerhalb eines sog. Ausgleichszeitraumes von sechs Monaten oder 24 Wochen ein Durchschnitt von acht Stunden werktäglich erreicht wird. Des Weiteren muss der AG die Vorschriften der Ruhezeit nach § 5 ArbZG einhalten, wonach die Ruhezeit regelmäßig 11 Stunden beträgt. Abweichungen von § 5 ArbZG sind aber gem. § 14 ArbZG in Ausnahmefällen erlaubt (s. Neumann/Biebl, ArbZG § 14, Rn. 3 ff.).

37   **2.8.5. Abweichende Überstundenregelungen.** Während § 7 Abs. 7 die generelle Regelung für Überstunden beinhaltet, regelt § 7 Abs. 8, die hierzu **zulässigen Ausnahmen:**

38   **Arbeitszeitkorridor.** Wird ein Arbeitszeitkorridor festgelegt, gelten nur die Arbeitsstunden als Überstunden, die über die 45 Stunden oder die vereinbarte Obergrenze hinaus gehen. Die innerhalb dieses Korridors angeordnete Arbeitszeit gilt nicht als Überstunde auch wenn die wöchentliche Arbeitszeit von 38,5 Stunden (bzw. 39 oder 40 Stunden nach § 6 Abs. 1 TVöD) überschritten wird.

Sonderformen der Arbeit § 7

Rahmenzeit. Wird eine tägliche Rahmenarbeitszeit eingeführt, gelten nur die 39
außerhalb dieser Rahmenzeit angeordneten Arbeitsstunden als Überstunden. Wird
bspw. eine Rahmenzeit von 7.00 bis 19.00 Uhr festgelegt sind innerhalb diese Zeit
geleisteten Arbeitsstunden keine Überstunden. Diese können erst ab 19.00 Uhr
entstehen.

Wechselschicht- und Schichtarbeit. Es sind nur die Arbeitsstunden Über- 40
stunden, die bei Wechselschicht- oder Schichtarbeit über die im Schichtplan festgelegten täglichen Arbeitsstunden einschließlich der im Schichtplan vorgesehenen
und bezogen auf die regelmäßige wöchentliche Arbeitszeit von 38, 5 Stunden
(bzw. 39 oder 40 Stunden nach § 6 Abs. 1) im Schichtplanturnus nicht ausgeglichenen Arbeitsstunden hinaus angeordnet werden.

Arbeitszeitkonto. Ist ein Arbeitszeitkonto eingerichtet worden (§ 10) können 41
die Überstunden im Verhältnis 1:1 in Zeit umgewandelt werden (zum Berechnungsmodus siehe § 8 Rn. 10).

3. Kurzübersicht über Mitbestimmungsrechte des Personalrats. Anord- 42
nung von BD oder RB. Regelungen betreffend Bereitschaftsdienst und Rufbereitschaft können – je nach Abfassung der gesetzlichen Beteiligungskataloge –
durchaus zu den mitbestimmungspflichtigen Maßnahmen gehören (vgl. BVerwGE
81, 122 = NVwZ-RR 1989, 313 L; BVerwG, NZA-RR 1996, 440 L = Buchholz 251.5 § 74 HessPersVG Nr. 1; vgl. ferner zu § 87 BetrVG: BAGE 41, 200 =
NJW 1983, 1135 Ls). Soweit der Senat bei der Anordnung von Rufbereitschaft
ein Mitbestimmungsrecht des Personalrats verneint hat (BVerwG, Buchholz 250
§ 75 BPersVG Nr. 48; BVerwG, Der Personalrat 1988, 186; BVerwG, ZfPR
1989, 44), geschah dies in Anwendung und Auslegung der jeweiligen Katalogtatbestands; eine generelle Aussage des Inhalts, bei Rufbereitschaft scheide ein Mitbestimmungsrecht ungeachtet der jeweils einschlägigen Normierung in jedem Falle
aus, war damit nicht verbunden (so BVerwG zu § 51 Abs. 1 SchlHMBG, 16. 11.
1999 – 6 P 9/98, NZA-RR 2000, 446). Eine Mitbestimmung setzt in diesen
Fällen eine kollektive Regelung voraus.

Überstunden. Das Mitbestimmungsrecht des Personalrats erfasst grds. nicht die 43
Frage, ob überhaupt und in welchem Umfang der AG Überstunden anordnen will
und darf. Mitbestimmungspflichtig ist vielmehr nur die Verteilung der Überstunden auf die einzelnen Wochentage und die Platzierung an den einzelnen Wochentagen. Voraussetzung ist u. a., dass die Anordnung generell, d. h. auf alle Beschäftigten oder eine Gruppe von Beschäftigten, bezogen ist (BAG 9. 10. 1991 – 6 P
12.90 – ZBR 1992, 109 = ZTR 1992, 171).

4. Kurzübersicht über Mitbestimmungsrechte des Betriebsrats. Anord- 44
nung von BD oder RB. Für den Betriebsrat geht das BAG von einem umfassenden Mitbestimmungsrecht nach § 87 I Nr. 2, 3 BetrVG sowohl bei der Anordnung von **Rufbereitschaft** als auch bei der Aufstellung von Rufbereitschaftsplänen aus (BAG 21 12. 1982, BAGE 41, 200 = NJW 1983, 1135 = AP BetrVG
1972 § 87 Arbeitszeit Nr. 9; BAG 29. 2. 2000, AP BetrVG 1972 § 87 Arbeitszeit
Nr. 81 = EzA BetrVG 1972 § 87 Arbeitszeit Nr. 61). Das folgt aus einer am
Zweck der Mitbestimmungsrechte des § 87 Abs. 1 Nr. 2, 3 BetrVG orientierten
Auslegung. Das Mitbestimmungsrecht des Betriebsrats soll gewährleisten, dass die
Interessen der Arbeitnehmer an der Lage ihrer Arbeitszeit berücksichtigt werden. Denn mit der Festlegung von Beginn und Ende der täglichen Arbeitszeit
wird zugleich über den Zeitraum bestimmt, der den Arbeitnehmern zur freien
Gestaltung ihres Privatlebens zur Verfügung steht. Das rechtfertigt die betriebsverfassungsrechtliche Gleichstellung von Rufbereitschaft und Arbeitszeit, weil die
Arbeitnehmer auch während der Rufbereitschaft über ihre Freizeit nur einge-

schränkt disponieren können (BAG 23. 1. 2001 – 1 ABR 36/00, NZA 2001, 741).

45 Die Einführung eines **Bereitschaftsdienstes** außerhalb der regelmäßigen Arbeitszeit führt zu vorübergehenden, nach § 87 Abs. 1 Nr. 3 BetrVG mitbestimmungspflichtigen Verlängerungen der betriebsüblichen Arbeitszeit. Der Betriebsrat hat danach auch mitzubestimmen, ob der entsprechende Arbeitsanfall durch Einrichtung eines Bereitschaftsdienstes abgedeckt werden soll (BAG, Beschluss v. 29. 2. 2000 – 1 ABR 15/99, NZA 2000, 1243).

46 **Überstunden.** Nach § 87 Abs 1 Nr. 3 BetrVG hat der Betriebsrat mitzubestimmen bei der vorübergehenden Verkürzung oder Verlängerung der betriebsüblichen Arbeitszeit. Dabei löst sowohl die Anordnung als auch die Duldung von Überstunden das Mitbestimmungsrecht des Betriebsrats aus, wenn ein kollektiver Tatbestand vorliegt (BAG 16. 7. 1991 – 1 ABR 69/90, NZA 1992, 70).

§ 8 TVöD Ausgleich für Sonderformen der Arbeit

(1) ¹**Der/Die Beschäftigte erhält neben dem Entgelt für die tatsächliche Arbeitsleistung Zeitzuschläge.** ²**Die Zeitzuschläge betragen – auch bei Teilzeitbeschäftigten – je Stunde**
a) für Überstunden

in den Entgeltgruppen 1 bis 9	30 v. H.,
in den Entgeltgruppen 10 bis 15	15 v. H.,
b) für Nachtarbeit	20 v. H.,
c) für Sonntagsarbeit	25 v. H.,
d) bei Feiertagsarbeit	
– ohne Freizeitausgleich	135 v. H.,
– mit Freizeitausgleich	35 v. H.,
e) für Arbeit am 24. Dezember und am 31. Dezember jeweils ab 6 Uhr	35 v. H.,
f) für Arbeit an Samstagen von 13 bis 21 Uhr, soweit diese nicht im Rahmen von Wechselschicht- oder Schichtarbeit anfällt	20 v. H.

des auf eine Stunde entfallenden Anteils des Tabellenentgelts der Stufe 3 der jeweiligen Entgeltgruppe. ³**Beim Zusammentreffen von Zeitzuschlägen nach Satz 2 Buchst. c bis f wird nur der höchste Zeitzuschlag gezahlt.** ⁴**Auf Wunsch der/des Beschäftigten können, soweit ein Arbeitszeitkonto (§ 10) eingerichtet ist und die betrieblichen/dienstlichen Verhältnisse es zulassen, die nach Satz 2 zu zahlenden Zeitzuschläge entsprechend dem jeweiligen Vomhundertsatz einer Stunde in Zeit umgewandelt und ausgeglichen werden.** ⁵**Dies gilt entsprechend für Überstunden als solche.**

Protokollerklärung zu Absatz 1 Satz 1:
Bei Überstunden richtet sich das Entgelt für die tatsächliche Arbeitsleistung nach der jeweiligen Entgeltgruppe und der individuellen Stufe, höchstens jedoch nach der Stufe 4.
Protokollerklärung zu Absatz 1 Satz 2 Buchst. d:
¹ Der Freizeitausgleich muss im Dienstplan besonders ausgewiesen und bezeichnet werden. ² Falls kein Freizeitausgleich gewährt wird, werden als Entgelt einschließlich des Zeitzuschlags und des auf den Feiertag entfallenden Tabellenentgelts höchstens 235 v. H. gezahlt.

(2) **Für Arbeitsstunden, die keine Überstunden sind und die aus betrieblichen/dienstlichen Gründen nicht innerhalb des nach § 6 Abs. 2**

Satz 1 oder 2 festgelegten Zeitraums mit Freizeit ausgeglichen werden, erhält die/der Beschäftigte je Stunde 100 v. H. des auf eine Stunde entfallenden Anteils des Tabellenentgelts der jeweiligen Entgeltgruppe und Stufe.

Protokollerklärung zu Absatz 2 Satz 1:
Mit dem Begriff „Arbeitsstunden" sind nicht die Stunden gemeint, die im Rahmen von Gleitzeitregelungen im Sinne der Protokollerklärung zu § 6 anfallen, es sei denn, sie sind angeordnet worden.

(3) [1] Für die Rufbereitschaft wird eine tägliche Pauschale je Entgeltgruppe bezahlt. [2] Sie beträgt für die Tage Montag bis Freitag das Zweifache, für Samstag, Sonntag sowie für Feiertage das Vierfache des tariflichen Stundenentgelts nach Maßgabe der Entgelttabelle. [3] Maßgebend für die Bemessung der Pauschale nach Satz 2 ist der Tag, an dem die Rufbereitschaft beginnt. [4] Für die Arbeitsleistung innerhalb der Rufbereitschaft einschließlich der hierfür erforderlichen Wegezeiten wird jede angefangene Stunde auf eine volle Stunde gerundet und mit dem Entgelt für Überstunden sowie etwaiger Zeitzuschläge nach Absatz 1 bezahlt. [5] Absatz 1 Satz 4 gilt entsprechend, soweit die Buchung auf das Arbeitszeitkonto nach § 10 Abs. 3 Satz 2 zulässig ist. [6] Satz 1 gilt nicht im Falle einer stundenweisen Rufbereitschaft. [7] Eine Rufbereitschaft im Sinne von Satz 6 liegt bei einer ununterbrochenen Rufbereitschaft von weniger als zwölf Stunden vor. [8] In diesem Fall wird abweichend von den Sätzen 2 und 3 für jede Stunde der Rufbereitschaft 12,5 v. H. des tariflichen Stundenentgelts nach Maßgabe der Entgelttabelle gezahlt.

Protokollerklärung zu Absatz 3:
Zur Ermittlung der Tage einer Rufbereitschaft, für die eine Pauschale gezahlt wird, ist auf den Tag des Beginns der Rufbereitschaft abzustellen.

Niederschriftserklärung zu § 8 Abs. 3:
Zur Erläuterung von § 8 Abs. 3 und der dazugehörigen Protokollerklärung sind sich die Tarifvertragsparteien über folgendes Beispiel einig: „Beginnt eine Wochenendrufbereitschaft am Freitag um 15 Uhr und endet am Montag um 7 Uhr, so erhalten Beschäftigte folgende Pauschalen: Zwei Stunden für Freitag, je vier Stunden für Samstag und Sonntag, keine Pauschale für Montag. Sie erhalten somit zehn Stundenentgelte."

(4) [1] Das Entgelt für Bereitschaftsdienst wird landesbezirklich – für den Bund in einem Tarifvertrag auf Bundesebene – geregelt. [2] Bis zum In-Kraft-Treten einer Regelung nach Satz 1 gelten die in dem jeweiligen Betrieb/der jeweiligen Verwaltung/Dienststelle am 30. September 2005 jeweils geltenden Bestimmungen fort.

(5) [1] Beschäftigte, die ständig Wechselschichtarbeit leisten, erhalten eine Wechselschichtzulage von 105 Euro monatlich. [2] Beschäftigte, die nicht ständig Wechselschichtarbeit leisten, erhalten eine Wechselschichtzulage von 0,63 Euro pro Stunde.

(6) [1] Beschäftigte, die ständig Schichtarbeit leisten, erhalten eine Schichtzulage von 40 Euro monatlich. [2] Beschäftigte, die nicht ständig Schichtarbeit leisten, erhalten eine Schichtzulage von 0,24 Euro pro Stunde.

§ 8 Ausgleich für Sonderformen der Arbeit

(1) ¹Beschäftigte erhalten neben dem Entgelt für die tatsächliche Arbeitsleistung Zeitzuschläge. ²Die Zeitzuschläge betragen – auch bei Teilzeitbeschäftigten – je Stunde
a) für Überstunden
  - in den Entgeltgruppen 1 bis 9   30 v. H.,
  - in den Entgeltgruppen 10 bis 15   15 v. H.,
b) für Nachtarbeit   20 v. H.,
c) für Sonntagsarbeit   25 v. H.,
d) bei Feiertagsarbeit
  - ohne Freizeitausgleich   135 v. H.,
  - mit Freizeitausgleich   35 v. H.,
e) für Arbeit am 24. Dezember und am 31. Dezember jeweils ab 6 Uhr   35 v. H.,
f) für Arbeit an Samstagen von 13 bis 21 Uhr, soweit diese nicht im Rahmen von Wechselschicht- oder Schichtarbeit anfällt,   20 v. H.
des auf eine Stunde entfallenden Anteils des Tabellenentgelts der Stufe 3 der jeweiligen Entgeltgruppe. ³Beim Zusammentreffen von Zeitzuschlägen nach Satz 2 Buchstabe c bis f wird nur der höchste Zeitzuschlag gezahlt. ⁴Auf Wunsch der Beschäftigten können, soweit ein Arbeitszeitkonto (§ 10) eingerichtet ist und die betrieblichen/dienstlichen Verhältnisse es zulassen, die nach Satz 2 zu zahlenden Zeitzuschläge entsprechend dem jeweiligen Vomhundertsatz einer Stunde in Zeit umgewandelt (faktorisiert) und ausgeglichen werden. ⁵Dies gilt entsprechend für Überstunden als solche.

Protokollerklärung zu § 8 Absatz 1
Bei Überstunden richtet sich das Entgelt für die tatsächliche Arbeitsleistung nach der jeweiligen Entgeltgruppe und der individuellen Stufe, höchstens jedoch nach der Stufe 4.

Protokollerklärung zu § 8 Absatz 1 Satz 2 Buchstabe d:
¹Der Freizeitausgleich muss im Dienstplan besonders ausgewiesen und bezeichnet werden. ²Falls kein Freizeitausgleich gewährt wird, werden als Entgelt einschließlich des Zeitzuschlags und des auf den Feiertag entfallenden Tabellenentgelts höchstens 235 v. H. gezahlt.

(2) ¹Überstunden sind grundsätzlich durch entsprechende Freizeit auszugleichen; für die Zeit des Freizeitausgleichs werden das Tabellenentgelt sowie die sonstigen, in Monatsbeträgen festgelegten Entgeltbestandteile weitergezahlt. ²Sofern kein Arbeitszeitkonto nach § 10 eingerichtet ist, oder wenn ein solches besteht, die/der Beschäftigte jedoch keine Faktorisierung nach Absatz 1 geltend macht, erhält die/der Beschäftigte für Überstunden (§ 7 Absatz 7), die nicht bis zum Ende des dritten Kalendermonats – möglichst aber schon bis zum Ende des nächsten Kalendermonats – nach deren Entstehen mit Freizeit ausgeglichen worden sind, je Stunde 100 v. H. des auf die Stunde entfallenden Anteils des Tabellenentgelts der jeweiligen Entgeltgruppe und Stufe, höchstens jedoch nach der Stufe 4. ³Der Anspruch auf den Zeitzuschlag für Überstunden nach Absatz 1 besteht unabhängig von einem Freizeitausgleich.

§ 8 Ausgleich für Sonderformen der Arbeit

(3) ¹Für Beschäftigte der Entgeltgruppen 15 und 15 Ü bei obersten Landesbehörden sind Mehrarbeit und Überstunden durch das Tabellenentgelt abgegolten. ²Beschäftigte der Entgeltgruppen 13, 13 Ü und 14 bei obersten Landesbehörden erhalten nur dann ein Überstundenentgelt, wenn die Leistung der Mehrarbeit oder der Überstunden für sämtliche Beschäftigte der Behörde angeordnet ist; im Übrigen ist über die regelmäßige Arbeitszeit hinaus geleistete Arbeit dieser Beschäftigten durch das Tabellenentgelt abgegolten. ³Satz 1 gilt auch für Leiterinnen/Leiter von Dienststellen und deren ständige Vertreterinnen/-Vertreter, die in die Entgeltgruppen 14 und 15 und 15 Ü eingruppiert sind. ⁴DIe Sätze 1 bis 3 gelten nicht für Beschäftigte der Freien Hansestadt Bremen sowie der Freien und Hansestadt Hamburg.

(4) Für Arbeitsstunden, die keine Überstunden sind und die aus betrieblichen/dienstlichen Gründen nicht innerhalb des nach § 6 Absatz 2 Satz 1 oder 2 festgelegten Zeitraums mit Freizeit ausgeglichen werden, erhält die/der Beschäftigte je Stunde 100 v. H. des auf eine Stunde entfallenden Anteils des Tabellenentgelts der jeweiligen Entgeltgruppe und Stufe.

Protokollerklärung zu § 8 Absatz 4:
Mit dem Begriff „Arbeitsstunden" sind nicht die Stunden gemeint, die im Rahmen von Gleitzeitregelungen im Sinne der Protokollerklärung zu Abschnitt II anfallen, es sei denn, sie sind angeordnet worden.

(5) ¹Für die Rufbereitschaft wird eine tägliche Pauschale je Entgeltgruppe gezahlt. ²Für eine Rufbereitschaft von mindestens zwölf Stunden wird für die Tage Montag bis Freitag das Zweifache, für Samstag, Sonntag sowie für Feiertage das Vierfache des tariflichen Stundenentgelts nach Maßgabe der Entgelttabelle gezahlt. ³Maßgebend für die Bemessung der Pauschale nach Satz 2 ist der Tag, an dem die Rufbereitschaft beginnt. ⁴Für Rufbereitschaften von weniger als zwölf Stunden werden für jede angefangene Stunde 12,5 v. H. des tariflichen Stundenentgelts nach der Entgelttabelle gezahlt. ⁵Die Zeit jeder einzelnen Inanspruchnahme innerhalb der Rufbereitschaft mit einem Einsatz außerhalb des Aufenthaltsorts im Sinne des § 7 Absatz 4 einschließlich der hierfür erforderlichen Wegezeiten wird auf eine volle Stunde gerundet und mit dem Entgelt für Überstunden sowie etwaiger Zeitzuschläge nach Absatz 1 bezahlt. ⁶Wird die Arbeitsleistung innerhalb der Rufbereitschaft am Aufenthaltsort im Sinne des § 7 Absatz 4 telefonisch (zum Beispiel in Form einer Auskunft) oder mittels technischer Einrichtungen erbracht, wird abweichend von Satz 5 die Summe dieser Arbeitsleistungen am Ende des Rufbereitschaftsdienstes auf die nächsten vollen 30 oder 60 Minuten gerundet und mit dem Entgelt für Überstunden sowie etwaiger Zeitzuschläge nach Absatz 1 bezahlt; dauert der Rufbereitschaftsdienst länger als 24 Stunden (zum Beispiel an Wochenenden), erfolgt die Aufrundung nach jeweils 24 Stunden. ⁷Absatz 1 Satz 4 gilt entsprechend, soweit die Buchung auf das Arbeitszeitkonto nach § 10 Absatz 3 Satz 2 zulässig ist. ⁸Für die Zeit der Rufbereitschaft werden Zeitzuschläge nicht gezahlt.

Protokollerklärung zu § 8 Absatz 5:
Zur Ermittlung der Tage einer Rufbereitschaft, für die eine Pauschale gezahlt wird, ist auf den Tag des Beginns der Rufbereitschaft abzustellen.

§ 8 Abschnitt II. Arbeitszeit

Niederschriftserklärung zu § 8 Absatz 5:
a) Zur Erläuterung von § 8 Absatz 5 und der dazugehörigen Protokollerklärung sind sich die Tarifvertragsparteien über folgendes Beispiel einig: „Beginnt eine Wochenendrufbereitschaft am Freitag um 15 Uhr und endet am Montag um 7 Uhr, so erhalten Beschäftigte folgende Pauschalen: Zwei Stunden für Freitag, je vier Stunden für Samstag und Sonntag, keine Pauschale für Montag. Sie erhalten somit zehn Stundenentgelte."
b) Zur Erläuterung von § 8 Absatz 5 Satz 6 sind sich die Tarifvertragsparteien über folgendes Beispiel einig:
Während eines Rufbereitschaftsdienstes von Freitag 16 Uhr bis Montag 8 Uhr werden Arbeitsleistungen am Aufenthaltsort in folgendem Umfang geleistet:
– *Freitag 21.00 Uhr bis 21.08 Uhr (8 Minuten),*
– *Samstag 8.00 Uhr bis 8.15 Uhr (15 Minuten) sowie 15.50 Uhr bis 16.18 Uhr (28 Minuten),*
– *Sonntag 9.00 Uhr bis 9.35 Uhr (35 Minuten) sowie 22.00 Uhr bis 22.40 Uhr (40 Minuten).*

Es werden aufgerundet:
– *8 und 15 Minuten = 23 Minuten auf 30 Minuten,*
– *28 und 35 Minuten = 63 Minuten auf 1 Stunde 30 Minuten,*
– *40 Minuten auf 60 Minuten (1 Stunde).*

(6) [1]**Das Entgelt für Bereitschaftsdienst wird durch besonderen Tarifvertrag geregelt.** [2]**Bis zum In-Kraft-Treten einer Regelung nach Satz 1 gelten die in dem jeweiligen Betrieb/der jeweiligen Verwaltung/Dienststelle am 31. Oktober 2006 jeweils geltenden Bestimmungen fort.** [3]**Das Bereitschaftsdienstentgelt kann, soweit ein Arbeitszeitkonto (§ 10) eingerichtet ist und die betrieblichen/dienstlichen Verhältnisse es zulassen (Absatz 1 Satz 4), im Einvernehmen mit der/dem Beschäftigten im Verhältnis 1:1 in Freizeit (faktorisiert) abgegolten werden.** [4]**Weitere Faktorisierungsregelungen können in einer einvernehmlichen Dienst- oder Betriebsvereinbarung getroffen werden.**

Protokollerklärung zu § 8 Absatz 6:
Unabhängig von den Vorgaben des Absatzes 6 kann der Arbeitgeber einen Freizeitausgleich anordnen, wenn dies zur Einhaltung der Vorschriften des Arbeitszeitgesetzes erforderlich ist.

Niederschriftserklärung zu § 8 Absatz 6:
Die Faktorisierung erfolgt entsprechend dem jeweiligen Vomhundertsatz einer Stunde des vereinbarten Bereitschaftsdienstentgeltes.

(7) [1]**Beschäftigte, die ständig Wechselschichtarbeit leisten, erhalten eine Wechselschichtzulage von 105 Euro monatlich.** [2]**Beschäftigte, die nicht ständig Wechselschichtarbeit leisten, erhalten eine Wechselschichtzulage von 0,63 Euro pro Stunde.**

(8) [1]**Beschäftigte, die ständig Schichtarbeit leisten, erhalten eine Schichtzulage von 40 Euro monatlich.** [2]**Beschäftigte, die nicht ständig Schichtarbeit leisten, erhalten eine Schichtzulage von 0,24 Euro pro Stunde.**

Erläuterungen zu § 8 TVöD/TV-L

1 **Sonderregelungen**

Zu § 8 TVöD
Besonderer Teil Verwaltung (BT-V)
§ 43 BT-V Überstunden

Ausgleich für Sonderformen der Arbeit § 8

Sonderregelungen Bund:
§ 45 BT-V (Bund) Nr. 6 für Beschäftigte, die zu Auslandsdienststellen des Bundes entsandt sind
§ 46 BT-V (Bund) Nr. 4, 12 für Beschäftigte des Bundesministeriums der Verteidigung
§ 47 BT-V (Bund) Nr. 4 für Beschäftigte des Bundesministeriums für Verkehr, Bau- und Wohnungswesen
Sonderregelungen VKA:
§ 51 BT-V (VKA) Nr. 2 für Beschäftigte als Lehrkräfte
§ 55 BT-V (VKA) Nr. 4 für Beschäftigte an Theatern und Bühnen
Besonderer Teil Flughäfen (BT-F)
§ 41 BT-F Wechselschichtarbeit
§ 42 BT-F Rampendienst
§ 43 Feuerwehr- und Sanitätspersonal
Besonderer Teil Krankenhäuser (BT-K)
§ 50 BT-K Ausgleich für Sonderformen der Arbeit

Zu § 8 TV-L

§ 41 Nr. 5 TV-L für Ärztinnen und Ärzte an Universitätskliniken
§ 42 Nr. 6 TV-L für Ärztinnen und Ärzte außerhalb von Universitätskliniken
§ 43 Nr. 5 TV-L für die nichtärztlichen Beschäftigten in Universitätskliniken und Krankenhäusern
§ 44 Nr. 2 TV-L für Lehrkräfte
§ 45 Nr. 4 TV-L für Beschäftigte an Theatern und Bühnen
§ 46 Nr. 4 TV-L für Beschäftigte auf Schiffen und schwimmenden Geräten
§ 47 Nr. 2 TV-L für Beschäftigte im Justizvollzugsdienst der Länder sowie im feuerwehrtechnischen Dienst der Freien und Hansestadt Hamburg

1. Allgemeines. In § 8 wird die Zahlung der Sonderformen der Arbeit in Form von Zeitzuschlägen geregelt. Die Definition der Sonderformen der Arbeit erfolgt in § 7.

Der Abs. 1 regelt die Zeitzuschläge für Überstunden, Nachtarbeit, Sonntagsarbeit, Feiertagsarbeit, Arbeiten an den Vorfesttagen und Samstagsarbeit von 13.00 Uhr bis 21.00 Uhr. Abs. 2 beinhaltet die Regelung von Arbeitsstunden, die keine Überstunden sind, aber trotzdem über die regelmäßige wöchentliche Arbeitszeit ohne Zeitausgleich abgeleistet worden sind. Rufbereitschaft und die Zahlung der Arbeitsleistung innerhalb der Rufbereitschaft regelt Abs. 3. Der Abs. 4 beinhaltet Regelungen zur Zahlung von Bereitschaftsdienst und in den Absätzen 5 und 6 sind die Zulagen von Wechselschicht- und Schichtarbeit geregelt.

2. Zeitzuschläge. Die Zuschläge für Überstunden, Nachtarbeit, Sonn- und Feiertagsarbeit wurden an großen Teilen neu geregelt. Für Überstunden wird in den Entgeltgruppen 1 bis 9 ein Zuschlag von 30% pro Stunde gezahlt und die Entgeltgruppen 10 bis 15 erhalten ein Zuschlag von 15% je Stunde.

Für Nachtarbeit wird ein Zuschlag von 20% gewährt. Für Sonntagsarbeit erfolgt ein Zuschlag von 25%.

Feiertagsarbeit wird mit 135% ohne Freizeitausgleich und mit 35% bei Freizeitausgleich abgegolten. Nach der Protokollerklärung zu Abs. 1 S. 2 Buchst. d muss der Freizeitausgleich im Dienstplan besonders ausgewiesen und bezeichnet werden. Des weiteren legt Satz 2 dieser Protokollerklärung fest, dass für den Fall, dass kein Freizeitausgleich gewährt wird, Entgelt und Zeitzuschlag sowie das auf den Feiertag entfallende Entgelt höchstens 235% betragen darf.

G. Cerff

§ 8 — Abschnitt II. Arbeitszeit

7 Für Arbeit am 24. 12. und 31. 12 jeweils ab 6.00 Uhr wird ein Zuschlag von 35% gewährt und für Arbeit an Samstagen von 13.00 Uhr bis 21.00 Uhr beträgt der Zuschlag 20%.

8 Abweichend hiervon erhalten die Beschäftigten der Krankenhäuser weiterhin einen pauschalen Zeitzuschlag für Nach- und Samstagsarbeit (1,28 Euro bzw. 0,64 Euro je Stunde im Tarifgebiet West/1,18 Euro bzw. 0,59 Euro je Stunde im Tarifgebiet Ost).

9 Bemessungsgrundlage der Zeitzuschläge ist der auf eine Stunde entfallende Anteil des monatlichen Entgelts der Stufe 3 der jeweiligen Entgeltgruppe nach Maßgabe der Entgelttabelle des TVöD zu zahlen. Abweichendes regelt die Protokollerklärung zu Abs. 1 S. 1 für Überstunden. Danach wird bei Überstunden das Entgelt für die tatsächliche Arbeitsleistung nach der jeweiligen Entgeltgruppe und der individuellen Stufe, höchstens jedoch nach der Stufe 4 gezahlt. Dies gilt für alle Überstunden, die tatsächlich angeordnet und erbracht wurden.

10 Bei Zusammentreffen von Zeitzuschlägen für Sonn- und Feiertagsarbeit, für Arbeit am 24. und 31. Dezember sowie für Arbeit an Samstagen wird nur der höchste Zeitzuschlag gezahlt (§ 8 Abs. 1 S: 3). Die Zeitzuschläge werden somit nicht nebeneinander gewährt. Hat der AN bspw. am 31. Dezember (Zeitzuschlag 35%) zu arbeiten und fällt dieser Tag auf einen Sonntag (Zeitzuschlag 20%) erhält er nur den höchsten Zeitzuschlag von 35%.

11 Auf Wunsch des Beschäftigten können, soweit ein Arbeitszeitkonto eingerichtet ist und die betrieblichen bzw. dienstlichen Verhältnisse es zulassen, die Zeitzuschläge im Verhältnis 1:1 in Zeit umgewandelt und ausgeglichen oder auf das Arbeitszeitkonto gebucht werden. Ein Zeitzuschlag von
15% ergibt 9 Minuten,
20% ergibt 12 Minuten,
25% ergibt 15 Minuten,
30% ergibt 18 Minuten,
35% ergibt 21 Minuten.

12 **3. Sonderregelung nach § 6 Abs. 2.** Für Arbeitsstunden, die keine Überstunden sind und die aus betrieblichen bzw. dienstlichen Gründen nicht innerhalb des Ausgleichszeitraums mit Freizeit ausgeglichen werden, erhält der AN je Stunde 100% des auf eine Stunde entfallenden Anteils des monatlichen Entgelts der jeweiligen Entgeltgruppe und Stufe nach Maßgabe der Entgelttabelle des TVöD. Es handelt sich hierbei bspw. um Zeitguthaben das entgegen § 10 Abs. 5 Buchst. a nicht innerhalb des festgelegten Zeitraumes abgebaut wurde. Erforderlich ist, dass der Ausgleich aus betrieblichen oder dienstlichen Gründen nicht möglich war.
Im TV-L findet sich die entsprechende Regelung im Abs. 4 des § 8 TV-L.

13 **4. Rufbereitschaft.** Die Vergütung für RB wurde im TVöD neu gefasst. Nach § 6 Abs. 3 S. 1 wird für RB eine **tägliche Pauschale** je Entgeltgruppe gezahlt. Nach S. 2 sind für Montag bis Freitag das Zweifache, für Samstag, Sonntag und für Feiertage das Vierfache des tariflichen Stundenentgelts nach Maßgabe der Entgelttabelle des TVöD. Maßgebend für die Berechnung der Pauschale ist der Tag, an dem die RB beginnt (S. 3). Für RB am Freitag ist somit nur das Zweifache zu zahlen auch dann, wenn die RB bis in den Samstag andauert. Entsprechendes gilt für eine RB am Sonntag. Es ist das Vierfache des tariflichen Stundenentgelts zu zahlen, auch wenn die RB bis zum Montag andauert.

14 Die Ermittlung an wie vielen Tagen RB geleistet wird, ist unter Berücksichtigung der Protokollerklärung zu Abs. 3 vorzunehmen. Danach ist auf den Beginn des Tages der RB abzustellen. Die Tarifvertragsparteien haben sich in der Niederschriftserklärung auf folgendes Beispiel verständigt:

Ausgleich für Sonderformen der Arbeit § 8

Beginnt die Wochenendbereitschaft am Freitag um 15.00 Uhr und endet am Montag um 7.00 Uhr, so erhalten die Beschäftigten für Freitag eine Pauschale für zwei Stunden, für den Samstag und den Sonntag jeweils eine Pauschale von vier Stunden. Für den Montag wird keine Pauschale gewährt. Insgesamt erhält der Beschäftigte 10 Stundenentgelte.

Die Pauschale wird nur gewährt, bei einer **ununterbrochenen RB von mehr** 15 **als 12 Stunden.** Wird eine RB von weniger als 12 Stunden erbracht, wird die Pauschale nicht fällig (§ 8 Abs. 3 S. 6 und S. 7). In diesem Fall wird für jede Stunde RB 12,5% des tariflichen Stundenentgelts gezahlt (§ 8 Abs. 3 S. 6 und S. 8).

Daneben erhält der Beschäftigte ein Entgelt für die im Rahmen der RB tatsäch- 16 lich geleistete Arbeit einschließlich der Wegezeiten. Jede angefangene Stunde wird auf eine volle Stunde gerundet und mit dem Entgelt für Überstunden sowie etwaigen Zeitzuschlägen (bspw. Sonn- und Feiertagsarbeit oder Nachtarbeit) bezahlt. Statt der Bezahlung kann auf Wunsch des AN die Vergütung der RB im Verhältnis 1 : 1 in Zeit umgewandelt und ausgeglichen werden.

Im **Bereich der Länder** wird die RB in Abs. 5 des § 8 TV-L behandelt. Die In- 17 halte sind mit wenigen Ausnahmen mit denen des TVöD identisch. Eine abweichende Regelung ist in Satz 6 des § 8 Abs. 5 TV-L enthalten. Wird die Arbeitsleistung innerhalb der RB am **Aufenthaltsort telefonisch oder mittels technischer Einrichtungen** erbracht, wird die Zeit der einzelnen Inanspruchnahme innerhalb der RB nicht auf eine volle Stunde gerundet, sondern die Summe dieser Arbeitsleistungen werden am Ende der RB auf die nächsten vollen 30 oder 60 Minuten gerundet und mit dem Entgelt für Überstunden sowie etwaiger Zeitzuschläge bezahlt. In der Niederschriftserklärung zu § 8 Abs. 5 Buchst. b TV-L ist zur Erläuterung ein Beispiel aufgeführt, auf dessen Inhalt verwiesen wird. Dauert die RB länger als 24 Stunden 8 (z. B. am Wochenende), erfolgt die Aufrundung nach jeweils 24 Stunden.

5. Bereitschaftsdienst. Das Entgelt für Bereitschaftsdienst wird landesbe- 18 zirklich und für den Bund in einem Tarifvertrag auf Bundesebene geregelt. Bis zum Abschluss solcher Regelungen gelten die bisherigen Bestimmungen fort (§ 8 Abs. 4). Auf die Sonderregelungen im Bereich der Krankenhäuser wird verwiesen (§§ 45, 46 BT-K):

6. Wechselschicht- und Schichtzulage. Leistet ein AN ständig **Wechsel-** 19 **schichtarbeit,** erhält er eine monatliche Pauschale von 105,00 Euro. Bei nicht ständiger Wechselschichtarbeit erhält der AN eine Wechselschichtzulage von 0,63 Euro pro Stunde. **Ständige** Wechselschichtarbeit leistet ein AN, wenn ihm der AG diese Tätigkeit unbefristet zugewiesen hat. Nach der Protokollerklärung zu § 27 Abs. 1 und 2 stehen Unterbrechungen durch Arbeitsbefreiung, Freizeitausgleich, bezahlten Urlaub oder Arbeitsunfähigkeit, der Annahme, dass ständig Wechselschichtarbeit geleistet wird, nicht entgegen.

Die **Schichtzulage** beträgt 40 Euro monatlich und bei nicht ständiger Schicht- 20 arbeit 0,24 Euro pro Stunde.

Ein Beschäftigter leistet **ständig** Schichtarbeit, wenn er unbefristet nach einem 21 Schichtplan i. S. d. § 7 Abs. 2 eingesetzt wird. Für Beschäftigte, die nicht ständig Schichtarbeit leisten (z. B. wenn der Einsatz nur vertretungsweise oder gelegentlich erfolgt), entsteht der Anspruch auch dann, wenn sie nicht alle im Schichtplan vorgesehenen Schichten durchlaufen haben.

Teilzeitbeschäftigte, die Wechselschicht- oder Schichtarbeit leisten und des- 22 halb Anspruch auf die Zulagen nach § 8 Abs. 5 haben, stehen diese Zulagen in voller Höhe zu. Soweit § 24 Abs. 2 vorsieht, dass Teilzeitbeschäftigte von den sonstigen Entgeltbestandteilen nur den Anteil ihrer individuell vereinbarten durchschnittlichen Arbeitszeit an der vollen regelmäßigen Arbeitszeit erhalten, gilt das für Wechselschicht- und Schichtzulagen nicht. Diese Zulagen sind ein pauschaliertes Entgelt für die mit dem Wechselschicht- oder Schichtdienst verbundenen besonderen Belastungen, die auch bei Teilzeitbeschäftigten vorliegen. Bereits das BAG hat in seiner Entscheidung vom 23. 6. 1993 (10 AZR 127/92 = NZA 1994, 41) geurteilt, dass eine nur anteilige Zahlung der Wechselschichtzulagen nach § 34 BAT diskriminierend und für unvereinbar mit § 2 Abs. 1 BeschFG ist. Das Diskriminierungsverbot für Teilzeitbeschäftigte ist mit Inkrafttreten des Teilzeit- und Befristungsgesetz in § 4 TzbfG geregelt. Eine anteilige Kürzung der Wechselschichtzulage verstößt gegen § 4 TzbfG, das eine Differenzierung bei Vergütungsbestandteilen nur bei teilbaren geldwerten Leistungen zulässt. (Welkoborsky in Bepler/Böhle/Maritin/Stöhr, Kommentar zum TVöD zu § 8 Rn. 18). Einige öffentlichen Arbeitgeber vertreten hierzu eine andere Auffassung. Sie gewähren den Beschäftigten nur eine ihrer Arbeitszeit entsprechende Vergütung. Vor den Arbeits- und Landesarbeitsgerichten sind derzeit mehrer Rechtstreitigkeiten anhängig. Eine höchstrichterliche Entscheidung steht aus. Den betroffenen AN wird empfohlen die Zulagen gegenüber ihrem AG schriftlich für die betreffenden Monate und unter Hinweis auf das o. g. BAG Urteil geltend zu machen. Ansprüche, die nicht innerhalb von sechs Monaten nach Fälligkeit schriftlich beim Arbeitgeber geltend gemacht werden, verfallen (§ 37 TVöD).

23 **Im Bereich des TV-L** werden die Zulagen für Wechselschicht- und Schichtarbeit in den Abs. 7 und 8 geregelt. Des Weiteren enthält der § 8 TV-L in den Abs. 2 und 3 gesonderte Vorschriften zur Behandlung von Überstunden. Überstunden sind grundsätzlich durch entsprechende Freizeit auszugleichen; für die Zeit des Freizeitausgleichs werden das Tabellenentgelt sowie die sonstige, in Monatsbeträgen festgelegten Entgeltbestandteile weitergezahlt. Für die Beschäftigten der Entgeltgruppen 15 und 15 Ü bei obersten Landesbehörden sind Mehrarbeit und Überstunden durch das Tabellenentgelt abgegolten. Es wird im Übrigen auf die Kommentierung zu § 43 TVöD/BT-V verwiesen, der im Wesentlichen mit den Abs. 2 und 3 des TV-L inhaltsgleich ist.

§ 9 TVöD Bereitschaftszeiten

(1) [1]**Bereitschaftszeiten sind die Zeiten, in denen sich die/der Beschäftigte am Arbeitsplatz oder einer anderen vom Arbeitgeber bestimmten Stelle zur Verfügung halten muss, um im Bedarfsfall die Arbeit selbständig, ggf. auch auf Anordnung, aufzunehmen und in denen die Zeiten ohne Arbeitsleistung überwiegen.** [2]**Für Beschäftigte, in deren Tätigkeit regelmäßig und in nicht unerheblichem Umfang Bereitschaftszeiten fallen, gelten folgende Regelungen:**
a) Bereitschaftszeiten werden zur Hälfte als tarifliche Arbeitszeit gewertet (faktorisiert).
b) Sie werden innerhalb von Beginn und Ende der regelmäßigen täglichen Arbeitszeit nicht gesondert ausgewiesen.
c) Die Summe aus den faktorisierten Bereitschaftszeiten und der Vollarbeitszeit darf die Arbeitszeit nach § 6 Abs. 1 nicht überschreiten.
d) Die Summe aus Vollarbeits- und Bereitschaftszeiten darf durchschnittlich 48 Stunden wöchentlich nicht überschreiten.
[3]**Ferner ist Voraussetzung, dass eine nicht nur vorübergehend angelegte Organisationsmaßnahme besteht, bei der regelmäßig und in nicht unerheblichem Umfang Bereitschaftszeiten anfallen.**

(2) [1]**Im Bereich der VKA bedarf die Anwendung des Absatzes 1 im Geltungsbereich eines Personalvertretungsgesetzes einer einvernehmlichen Dienstvereinbarung.** [2]**§ 6 Abs. 9 gilt entsprechend.** [3]**Im Geltungsbe-**

Bereitschaftszeiten **§ 9**

reich des Betriebsverfassungsgesetzes unterliegt die Anwendung dieser Vorschrift der Mitbestimmung im Sinne des § 87 Abs. 1 Nr. 2 BetrVG.

(3) Im Bereich des Bundes gilt Absatz 1 für Beschäftigte im Sinne des Satzes 2, wenn betrieblich Beginn und Ende der täglichen Arbeitszeit unter Einschluss der Bereitschaftszeiten für diese Beschäftigtengruppen festgelegt werden.

Protokollerklärung zu § 9:
Diese Regelung gilt nicht für Wechselschicht- und Schichtarbeit.

§ 9 TV-L Bereitschaftszeiten

(1) [1] Bereitschaftszeiten sind die Zeiten, in denen sich die/der Beschäftigte am Arbeitsplatz oder einer anderen vom Arbeitgeber bestimmten Stelle zur Verfügung halten muss, um im Bedarfsfall die Arbeit selbständig, gegebenenfalls auch auf Anordnung, aufzunehmen; in ihnen überwiegen die Zeiten ohne Arbeitsleistung. [2] Für Beschäftigte, in deren Tätigkeit regelmäßig und in nicht unerheblichem Umfang Bereitschaftszeiten fallen, gelten folgende Regelungen:
a) Bereitschaftszeiten werden zur Hälfte als tarifliche Arbeitszeit gewertet (faktorisiert).
b) Sie werden innerhalb von Beginn und Ende der regelmäßigen täglichen Arbeitszeit nicht gesondert ausgewiesen.
c) Die Summe aus den faktorisierten Bereitschaftszeiten und der Vollarbeitszeit darf die Arbeitszeit nach § 6 Absatz 1 nicht überschreiten.
d) Die Summe aus Vollarbeits- und Bereitschaftszeiten darf durchschnittlich 48 Stunden wöchentlich nicht überschreiten.
[3] Ferner ist Voraussetzung, dass eine nicht nur vorübergehend angelegte Organisationsmaßnahme besteht, bei der regelmäßig und in nicht unerheblichem Umfang Bereitschaftszeiten anfallen.

(2) [1] Die Anwendung des Absatzes 1 bedarf im Geltungsbereich eines Personalvertretungsgesetzes einer einvernehmlichen Dienstvereinbarung.
[2] § 6 Absatz 9 gilt entsprechend.

Protokollerklärung zu § 9 Absatz 1 und 2:
Diese Regelung gilt nicht für Wechselschicht- und Schichtarbeit.

(3) [1] Für Hausmeisterinnen/Hausmeister und für Beschäftigte im Rettungsdienst und in Rettungsdienstleitstellen, in deren Tätigkeit regelmäßig und in nicht unerheblichem Umfang Bereitschaftszeiten fallen, gilt Absatz 1 entsprechend; Absatz 2 findet keine Anwendung. [2] Für Beschäftigte im Rettungsdienst und in Rettungsdienstleitstellen beträgt in diesem Fall die zulässige tägliche Höchstarbeitszeit zwölf Stunden zuzüglich der gesetzlichen Pausen.

Erläuterungen zu § 9 TVöD/TV-L

Sonderregelungen

Zu § 9 TVöD

Besonderer Teil Verwaltung (BT-V)

Sonderregelungen VKA:
§ 51 BT-V (VKA) Nr. 2 Beschäftigte als Lehrkräfte
§ 55 BT-V (VKA) Nr. 4 Beschäftigte an Theatern und Bühnen

§ 9 Abschnitt II. Arbeitszeit

Besonderer Teil Pflege- und Betreuungseinrichtungen (BT-B)
§ 45 BT-B Bereitschaftsdienst- und Rufbereitschaft
§ 46 BT-B Bereitschaftsdienstentgelt
§ 47 BT-B Sonderkündigungsrecht für die Bereitschaftsdienst- und Rufbereitschaftsregelung
Besonderer Teil Krankenhäuser (BT-K)
§ 45 BT-K Bereitschaftsdienst- und Rufbereitschaft
§ 46 BT-K Bereitschaftsdienstentgelt
§ 47 BT-K Sonderkündigungsrecht für die Bereitschaftsdienst- und Rufbereitschaftsregelung

Zu § 9 TV-L
§ 41 Nr. 6 TV-L für Ärztinnen und Ärzte an Universitätskliniken
§ 44 Nr. 2 TV-L für Beschäftigte als Lehrkräfte
§ 45 Nr. 4 TV-L für Beschäftigte an Theatern und Bühnen
§ 47 Nr. 2 TV-L für Beschäftigte im Justizvollzugsdienst der Länder sowie im feuerwehrtechnischen Dienst der Freien und Hansestadt Hamburg
§ 48 Nr. 2 TV-L für Beschäftigte im forstlichen Außendienst

2   **1. Allgemeines.** Tarifvertraglich wurde bisher zwischen **Vollarbeit, Arbeitsbereitschaft (AB), Bereitschaftsdienst (BD) und Rufbereitschaft (RB)** unterschieden. Der BAT/-O trifft zu all diesen Formen Regelungen. Der TVöD unterscheidet nur noch zwischen Bereitschaftsdienst und Rufbereitschaft (s. § 7 Abs. 3 u. 4). Die Arbeitsbereitschaft, wie sie bisher bspw. in § 15 BAT/-O oder § 14 Abs. 2 BMT-G/-O zu finden war, wird nicht mehr gesondert behandelt. Arbeitsbereitschaft, in welcher der AN während der Arbeitszeit nur zeitweilig zu Arbeit herangezogen wurde, fand in besonderen Maße für Hausmeister Anwendung. Dem Begriff der Arbeitsbereitschaft entspricht im **Wesentlichen die Bereitschaftszeit in § 9.** In Anhang zu § 9 ist für Hausmeister und für den Rettungsdienst eine eigenständige Regelung enthalten. Sie ist unmittelbar, insbes. ohne Vorliegen einer Betriebs- oder Dienstvereinbarung, anwendbar.

3   **2. Definition von Bereitschaftszeiten.** Nach § 9 Abs. 1 S. 1 sind Bereitschaftszeiten die Zeiten, in denen sich der AN am Arbeitsplatz oder einer anderen vom AG bestimmten Stelle zur Verfügung halten muss, um im Bedarfsfall die Arbeit selbstständig aufzunehmen und in denen die Zeiten ohne Arbeitsleistung überwiegen. Zur Unterscheidung von Bereitschaftszeiten und Vollarbeit können die nach bisherigem Tarifrecht entwickelten Grundsätze herangezogen werden. Bereitschaftszeiten unterscheidet sich von der Vollarbeit dadurch, dass der Arbeitnehmer während seiner Arbeitszeit nicht ständig für Tätigkeiten herangezogen wird. Nach der Rspr. des BAG ist als AB **die Zeit anzusehen,** die für den AN „ohne körperliche u. geistige Beanspruchung zur Entspannung" geeignet ist (vgl. BAGE 8, 273; BAG 28. 1. 1981 – 4 AZR 892/78 – AP MTL II § 18 Nr. 1; LAG Hamm, ZTR 96, 408). Eine gewisse Arbeit soll also vom Beschäftigten während der Arbeitsbereitschaft erbracht werden (s. BAGE, 63, 71). In dieser Zeit müssen alle Arbeiten erledigt werden, zu der der AN grds. im Rahmen seiner Tätigkeit verpflichtet ist. Der Zeitpunkt der Arbeitsaufnahme hängt vom Bedarfsfall ab (s. BAG, NZA 1991, 516), steht damit nicht konkret fest. Die Bereitschaftszeit verlangt damit eine gewisse körperliche oder psychische Anspannung vom AN; Arbeitsruhe darf hingegen nicht vorliegen (s. BAG, NZA 1989, 138 m. w. N.).

4   Die Abgrenzung zur Vollarbeit bestimmt sich insofern nicht nach der geschuldeten Arbeitsleistung, sondern nach dem Grad der Beanspruchung des AN während der Bereitschaftszeit. Der Wechsel zwischen Vollarbeit und Bereitschaftszeit

Bereitschaftszeiten §9

ist somit nicht im Voraus bestimmbar, sondern richtet sich nach den äußeren Umständen. Typisch ist das Warten auf den Arbeitseinsatz am Arbeitsplatz, um möglichst schnell die Tätigkeit aufnehmen zu können.

Gegenüber der Vollarbeit stellt die Bereitschaftszeit eine mindere Leistung dar, 5
die den AN erheblich weniger als die Vollarbeit beansprucht und damit einen Entspannungszustand ermöglicht, Andererseits ist die Bereitschaftszeit von der Pause zu unterscheiden, in der sich der AN nicht zur jederzeitigen Arbeitsaufnahme bereithalten muss.

Beispiel für Bereitschaftszeit: Wartezeiten von Rettungssanitätern zwischen den einzelnen Arbeitseinsätzen sind nach der Rspr. als AB u. nicht als Vollzeitarbeit einzuordnen, soweit die Wartezeiten eine Mindestdauer von 10 Minuten aufweisen (BAG zur Arbeitsbereitschaft, NJW 1987, 2957; s. a. BAG, ZTR 1993, 157). Die Wartezeit bietet den Sanitätern die Möglichkeit zur Entspannung. Eine geistige oder körperliche Beanspruchung wird von den Sanitätern in der Wartephase nicht abverlangt. Es liegt dagegen keine Pausenregelung vor, weil die Sanitäter durchaus mit einem plötzlichen Einsatz rechnen müssen.

Bereitschaftsdienst unterscheidet sich von Bereitschaftszeit dadurch, dass sich der 6
AN **außerhalb** der regelmäßigen Arbeitszeit an einer vom AG bestimmten Stelle aufhält, um im Bedarfsfall die Arbeit aufzunehmen. Bereitschaftszeiten sind hingegen Bestandteil der regelmäßigen Arbeitszeit und werden auch nicht gesondert abgegolten. Die Bereitschaftszeiten dürfen insbes. nicht mit den in den Krankenhäusern und Pflegeeinrichtungen geregelten Bereitschaftsdiensten gleichgesetzt werden.

Der Begriff der Bereitschaftszeit setzt voraus, dass die Zeiten ohne Arbeitsleistung 7
überwiegen. Damit darf der maximale Arbeitseinsatz 49% nicht überschreiten.

Faktorisierung. Bereitschaftszeiten werden zur Hälfte als Arbeitszeit gewertet 8
(Faktorisiert). Für die Faktorisierung ist unerheblich, in welchem Umfang während der Bereitschaftszeit tatsächlich gearbeitet wird. Die Bereitschaftszeiten werden immer mit 50% auf die regelmäßige Arbeitszeit angerechnet. Bereitschaftszeiten werden innerhalb von Beginn und Ende der täglichen Arbeitszeit nicht gesondert ausgewiesen, sie müssen somit nicht wie beim Bereitschaftsdienst ausdrücklich vom AG angeordnet werden. Sie können sich vielmehr aus der Art der Tätigkeit ergeben. Für die Beschäftigten des Bundes muss Abs. 3 berücksichtigt werden. Nach dieser Vorschrift sind Bereitschaftszeiten nur zulässig, wenn betrieblich Beginn und Ende der täglichen Arbeitszeit unter Einschluss der Bereitschaftszeiten festgelegt werden.

Insgesamt darf zum einen die Summe aus der faktorisierten Bereitschaftszeit und der Vollarbeitszeit die regelmäßige wöchentliche Arbeitszeit nicht überschreiten (§ 9 Abs. 1 Buchst. c). Zum anderen darf die Summe aus Vollarbeitszeit und nicht faktorisierten Bereitschaftszeiten 48 Stunden wöchentlich nicht überschreiten (§ 9 Abs. 1 Buchst. d).

Beispiel: Ein bei der Stadt beschäftigter AN wird mit einer wöchentlichen Vollarbeitszeit von 28 Stunden und einer Bereitschaftszeit von 20 Stunden eingesetzt. Die Bereitschaftszeiten werden zur Hälfte mit 10 Stunden angerechnet (faktorisiert). Die Summe aus der faktorisierten Bereitschaftszeit und der Vollarbeitszeit beträgt 38,5 Stunden und übersteigt somit nicht die wöchentliche Arbeitzeit von 38,5 Stunden (§ 6 Abs. 1). Die Summe der **tatsächlichen** Bereitschaftszeit und der Vollarbeitszeit beträgt 48 Stunden, so dass auch die wöchentliche zulässige Höchstarbeitszeit von 48 Stunden nicht überschritten wird.

Die faktorisierte Anrechnung der Bereitschaftszeit auf die regelmäßige Arbeits- 9
zeit setzt voraus, dass für den Beschäftigten regelmäßig und in nicht unerheblichem Umfang Bereitschaftszeiten anfallen. Bereitschaftszeiten, die nur ab und zu anfallen

und insbesondere die Tätigkeit des Beschäftigten nicht prägen, sind hierfür nicht ausreichend.

10 Ferner ist Voraussetzung, dass eine nicht nur vorübergehende angelegte Organisationsmaßnahme besteht. Unter Organisationsmaßnahme ist eine Maßnahme zu verstehen, die Struktur und Funktion des Betriebes oder der Dienststelle berührt. Es muss sich hierbei um nicht nur eine vorübergehende Organisationsmaßnahme handeln. Das bedeutet die Organisation der Verwaltung oder des Betriebes muss auf Dauer oder mindest für unbestimmte Zeit in der Art angelegt sein, dass Bereitschaftszeiten in nicht unerheblichem Maße anfallen oder angeordnet werden.

11 Nach der **Protokollerklärung zu § 9** kann Bereitschaftszeit nicht angeordnet werden, wenn die Beschäftigten in **Wechselschicht- oder Schichtarbeit** eingesetzt werden. Es sind jedoch die Sonderregelungen für Hausmeister und Beschäftigte im Rettungsdienst und Leitstellen im Anhang zu § 9 zu beachten.

12 **3. Teilzeit.** Bereitschaftszeiten sind auch für Teilzeitarbeitsverhältnisse zulässig. Zu berücksichtigen ist nur, dass die Summe aus faktorisierter Bereitschaftszeit und der Vollarbeitszeit nicht die Regelarbeitszeit nach § 6 Abs. 1 und die Summe aus Vollarbeitszeit und Bereitschaftszeit nicht durchschnittlich 48 wöchentlich überschreiten dürfen. Teilzeitarbeit ist dann gegeben, wenn die faktorisierte Bereitschaftszeit und die Vollarbeitszeit die regelmäßige Arbeitszeit nach § 6 Abs. 1 TVöD unterschreitet. Die Anordnung von Bereitschaftszeit bedarf nicht der Zustimmung des Teilzeitbeschäftigten. Die Regelung des § 6 Abs. 5 erfasst nur die außerhalb der Arbeitszeit liegenden Sonderformen der Arbeit wie bspw. den Bereitschaftsdienst oder die Rufbereitschaft. Im Übrigen hat der AG bei Zuweisung von Arbeiten mit Bereitschaftszeiten nach billigem Ermessen zu entscheiden.

13 **4. Mitbestimmung.** Im Bereich der VKA bedarf die Anwendung von Bereitschaftszeiten einer einvernehmlichen Dienstvereinbarung oder unterliegt der Mitbestimmung i. S. d. § 87 Abs. 1 Nr. 2 BetrVG. Nach § 38 Abs. 3 liegt eine einvernehmliche Dienstvereinbarung nur dann vor, wenn sie ohne eine Entscheidung der Einigungsstelle getroffen wird. Im Bereich des BetrVG wird für die Anwendung des § 9 Abs. 1 keine einvernehmliche Betriebsvereinbarung vorausgesetzt. Die Betriebsvereinbarung kann durch eine Einigungsstelle erzwungen werden (§ 87 Abs. 2 BetrVG).

14 Für den Bereich des Bundes sieht der TVöD nicht zwingend den Abschluss einer Dienstvereinbarung vor. Nach § 9 Abs. 3 wird jedoch vorausgesetzt, dass betrieblich Beginn und Ende der täglichen Arbeitszeit unter Einschluss der Beschäftigungszeiten festgelegt werden.

15 **5. Anhang.** Von wesentlicher Bedeutung ist der Anhang zu § 9. Bereitschaftszeiten für Haumeister sowie die Bereitschaftszeiten im Rettungsdienst und in Leitstellen werden hier gesondert behandelt. In Abweichung zur allgemeinen Regelung in § 9, finden die Vorschriften im Anhang zu § 9 **unmittelbar** Anwendung. Dienst- oder Betriebsvereinbarungen sind nicht erforderlich. Auch kann für die im Anhang genannten Beschäftigungsgruppen Bereitschaftszeit angeordnet werden, wenn sie im Wechselschicht- und Schichtdienst eingesetzt sind.

16 Bisher wurde die Arbeitszeit der Schulhausmeister durch Bezirkstarifverträge geregelt. Ihre Arbeitszeit konnte in der Regel bis auf 52 Stunden verlängert werden, da man davon ausgegangen ist, dass in die Arbeitszeit Arbeitsbereitschaft fällt. Nachdem das ArbZG aufgrund der Rspr. des EuGH reformiert wurde, war dies nicht mehr möglich. Nach dem ArbZG darf die wöchentliche Arbeitszeit höchstens 48 Stunden betragen.

17 **Abschnitt A** des Anhangs zu § 9 erfasst die Hausmeister. Der Abschnitt gilt für die Beschäftigten des Bundes und der Kommunen gleichermaßen. Die Bereit-

schaftszeiten werden zur Hälfte als Arbeitszeit gewertet (faktorisiert). Fallen innerhalb der Tätigkeit des Hausmeisters regelmäßig und in nicht unerheblichem Umfang Bereitschaftszeiten an, darf die Summe aus den faktorisierten Bereitschaftszeiten und der Vollarbeitzeit die regelmäßige durchschnittliche wöchentliche Arbeitszeit von 38,5 (bzw. 39 oder 40) Stunden nicht überschreiten. Die Summe aus tatsächlichen Bereitschaftszeiten (ohne Faktorisierung) und Vollarbeitszeit darf regelmäßig durchschnittlich 48 Stunden wöchentlich nicht überschreiten. Die Voraussetzungen für Bereitschaftszeiten entsprechen der Regelung in § 9 Abs. 1.

Im Abschnitt B des Anhangs zu § 9 sind die Bereitschaftszeiten im Rettungsdienst und in Leitstellen geregelt. Sie unterscheiden sich zu den Regelungen für Hausmeister dadurch, dass die nach dem ArbZG zulässige tägliche Höchstarbeitszeit von 10 Stunden auf 12 Stunden erhöht wird. Die Überschreitung der gesetzlichen Höchstgrenze ist zulässig, da die Tarifvertragsparteien die Anhebung der Arbeitszeit tarifvertraglich geregelt haben (§ 7 Abs. 1 Buchst. a ArbZG). 18

Während des TVöD die Bereitschaftszeiten für Hausmeister sowie die die Bereitschaftszeiten im Rettungsdienst und in Leitstellen gesondert in einem Anhang zu § 9 geregelt werden, gelten im Bereich der Länder für diese Beschäftigtengruppen die allgemeinen Regelungen des § 9 Abs. 1 TV-L, der inhaltsgleich mit dem Abs. 1 nach TVöD ist. Für die Zuweisung von Tätigkeiten mit Bereitschaftszeiten bedarf es im Geltungsbereich des Personalvertretungsgesetzes keiner einvernehmlichen Dienstvereinbarung (§ 9 Abs. 3 S. 2 TV-L). Für Beschäftigte im Rettungsdienst und in Rettungsdienstleitstellen beträgt bei Anwendung von Bereitschaftszeiten die zulässige tägliche Höchstarbeitszeit zwölf Stunden zuzüglich der gesetzlichen Pausen 19

§ 10 TVöD Arbeitszeitkonto

(1) ¹**Durch Betriebs-/Dienstvereinbarung kann ein Arbeitszeitkonto eingerichtet werden.** ²**Für einen Betrieb/eine Verwaltung, in dem/der ein Personalvertretungsgesetz Anwendung findet, kann eine Regelung nach Satz 1 auch in einem landesbezirklichen Tarifvertrag – für den Bund in einem Tarifvertrag auf Bundesebene – getroffen werden, wenn eine Dienstvereinbarung nicht einvernehmlich zustande kommt und der Arbeitgeber ein Letztentscheidungsrecht hat.** ³**Soweit ein Arbeitszeitkorridor (§ 6 Abs. 6) oder eine Rahmenzeit (§ 6 Abs. 7) vereinbart wird, ist ein Arbeitszeitkonto einzurichten.**

(2) ¹**In der Betriebs-/Dienstvereinbarung wird festgelegt, ob das Arbeitszeitkonto im ganzen Betrieb/in der ganzen Verwaltung oder Teilen davon eingerichtet wird.** ²**Alle Beschäftigten der Betriebs-/Verwaltungsteile, für die ein Arbeitszeitkonto eingerichtet wird, werden von den Regelungen des Arbeitszeitkontos erfasst.**

(3) ¹**Auf das Arbeitszeitkonto können Zeiten, die bei Anwendung des nach § 6 Abs. 2 festgelegten Zeitraums als Zeitguthaben oder als Zeitschuld bestehen bleiben, nicht durch Freizeit ausgeglichene Zeiten nach § 8 Abs. 1 Satz 5 und Abs. 2 sowie in Zeit umgewandelte Zuschläge nach § 8 Abs. 1 Satz 4 gebucht werden.** ²**Weitere Kontingente (z. B. Rufbereitschafts-/Bereitschaftsdienstentgelte) können durch Betriebs-/Dienstvereinbarung zur Buchung freigegeben werden.** ³**Die/Der Beschäftigte entscheidet für einen in der Betriebs-/Dienstvereinbarung festgelegten Zeitraum, welche der in Satz 1 genannten Zeiten auf das Arbeitszeitkonto gebucht werden.**

§ 10
Abschnitt II. Arbeitszeit

(4) Im Falle einer unverzüglich angezeigten und durch ärztliches Attest nachgewiesenen Arbeitsunfähigkeit während eines Zeitausgleichs vom Arbeitszeitkonto (Zeiten nach Absatz 3 Satz 1 und 2) tritt eine Minderung des Zeitguthabens nicht ein.

Niederschriftserklärung zu § 10 Abs. 4 :
Durch diese Regelung werden aus dem Urlaubrecht entlehnte Ansprüche nicht begründet.

(5) In der Betriebs-/Dienstvereinbarung sind insbesondere folgende Regelungen zu treffen:
a) Die höchstmögliche Zeitschuld (bis zu 40 Stunden) und das höchstzulässige Zeitguthaben (bis zu einem Vielfachen von 40 Stunden), die innerhalb eines bestimmten Zeitraums anfallen dürfen;
b) nach dem Umfang des beantragten Freizeitausgleichs gestaffelte Fristen für das Abbuchen von Zeitguthaben oder für den Abbau von Zeitschulden durch die/den Beschäftigten;
c) die Berechtigung, das Abbuchen von Zeitguthaben zu bestimmten Zeiten (z. B. an so genannten Brückentagen) vorzusehen;
d) die Folgen, wenn der Arbeitgeber einen bereits genehmigten Freizeitausgleich kurzfristig widerruft.

(6) [1]Der Arbeitgeber kann mit der/dem Beschäftigten die Einrichtung eines Langzeitkontos vereinbaren. [2]In diesem Fall ist der Betriebs-/Personalrat zu beteiligen und – bei Insolvenzfähigkeit des Arbeitgebers – eine Regelung zur Insolvenzsicherung zu treffen.

§ 10 TV-L Arbeitszeitkonto

(1) [1]Durch Betriebs-/Dienstvereinbarung kann ein Arbeitszeitkonto eingerichtet werden. [2]Für einen Betrieb/eine Verwaltung, in dem/der ein Personalvertretungsgesetz Anwendung findet, kann eine Regelung nach Satz 1 auch in einem landesbezirklichen Tarifvertrag getroffen werden, wenn eine Dienstvereinbarung nicht einvernehmlich zustande kommt und der Arbeitgeber ein Letztentscheidungsrecht hat. [3]Soweit ein Arbeitszeitkorridor (§ 6 Absatz 6) oder eine Rahmenzeit (§ 6 Absatz 7) vereinbart wird, ist ein Arbeitszeitkonto einzurichten.

(2) [1]In der Betriebs-/Dienstvereinbarung wird festgelegt, ob das Arbeitszeitkonto im ganzen Betrieb/in der ganzen Verwaltung oder Teilen davon eingerichtet wird. [2]Alle Beschäftigten der Betriebs-/Verwaltungsteile, für die ein Arbeitszeitkonto eingerichtet wird, werden von den Regelungen des Arbeitszeitkontos erfasst.

(3) [1]Auf das Arbeitszeitkonto können Zeiten, die bei Anwendung des nach § 6 Absatz 2 festgelegten Zeitraums als Zeitguthaben oder als Zeitschuld bestehen bleiben, nicht durch Freizeit ausgeglichene Zeiten nach § 8 Absatz 1 Satz 5 und Absatz 4 sowie in Zeit umgewandelte Zuschläge nach § 8 Absatz 1 Satz 4 gebucht werden. [2]Weitere Kontingente (zum Beispiel Rufbereitschafts-/Bereitschaftsdienstentgelte) können durch Betriebs-/Dienstvereinbarung zur Buchung freigegeben werden. [3]Die/Der Beschäftigte entscheidet für einen in der Betriebs-/Dienstvereinbarung festgelegten Zeitraum, welche der in der Satz 1 beziehungsweise Satz 2 genannten Zeiten auf das Arbeitszeitkonto gebucht werden.

(4) Im Falle einer unverzüglich angezeigten und durch ärztliches Attest nachgewiesenen Arbeitsunfähigkeit während eines Zeitausgleichs vom

Arbeitszeitkonto (Zeiten nach Absatz 3 Satz 1 und 2) tritt eine Minderung des Zeitguthabens nicht ein.

Niederschriftserklärung zu § 10 Absatz 4:
Durch diese Regelung werden aus dem Urlaubsrecht entlehnte Ansprüche nicht begründet.

(5) In der Betriebs-/Dienstvereinbarung sind insbesondere folgende Regelungen zu treffen:
a) Die höchstmögliche Zeitschuld (bis zu 40 Stunden) und das höchstzulässige Zeitguthaben (bis zu einem Vielfachen von 40 Stunden), die innerhalb eines bestimmten Zeitraums anfallen dürfen;
b) Fristen für das Abbuchen von Zeitguthaben oder für den Abbau von Zeitschulden durch die/den Beschäftigten;
c) die Berechtigung, das Abbuchen von Zeitguthaben zu bestimmten Zeiten (zum Beispiel an so genannten Brückentagen) vorzusehen;
d) die Folgen, wenn der Arbeitgeber einen bereits genehmigten Freizeitausgleich kurzfristig widerruft.

(6) ¹Der Arbeitgeber kann mit der/dem Beschäftigten die Einrichtung eines Langzeitkontos vereinbaren. ²In diesem Fall ist der Betriebs-/Personalrat zu beteiligen und – bei Insolvenzfähigkeit des Arbeitgebers – eine Regelung zur Insolvenzsicherung zu treffen.

Erläuterungen zu § 10 TVöD/TV-L

Sonderregelungen 1

Zu § 10 TVöD
Besonderer Teil Verwaltung
§ 51 BT-V (VKA) Nr. 2 Beschäftigte als Lehrkräfte
§ 55 BT-V (VKA) Nr. 4 Beschäftigte an Theatern und Bühnen

Zu § 10 TV-L
§ 44 Nr. 2 TV-L Sonderregelung für Beschäftigte als Lehrkräfte
§ 45 Nr. 4 TV-L Sonderregelung für Beschäftigte an Theatern und Bühnen
§ 47 Nr. 2 TV-L Sonderregelung für Beschäftigte im Justizvollzugsdienst der Länder sowie im feuerwehrtechnischen Dienst der Freien und Hansestadt Hamburg
§ 48 Nr. 2 TV-L Sonderregelung für Beschäftigte im forstlichen Außendienst

1. Allgemeines. Durch Betriebs- oder Dienstvereinbarung **kann** zukünftig ein 2 Arbeitszeitkonto eingerichtet werden. Kommt eine einvernehmliche Regelung nicht zustande und hat der Arbeitgeber ein Letztentscheidungsrecht, kann im Geltungsbereich eines Personalvertretungsgesetzes ein landesbezirklicher Tarifvertrag und im Bereich des Bundes ein Tarifvertrag auf Bundesebene vereinbart werden.

Wird ein Arbeitszeitkorridor (§ 6 Abs. 6) oder eine tägliche Rahmenzeit (§ 6 3 Abs. 7) vereinbart, besteht die **Verpflichtung,** ein Arbeitszeitkonto einzurichten. Durch Betriebs-/Dienstvereinbarung kann ein wöchentlicher Arbeitszeitkorridor von bis zu 45 Stunden vereinbart oder in der Zeit von 6 bis 20 Uhr eine tägliche Rahmenzeit von bis zu zwölf Stunden eingeführt werden. Zusätzliche Arbeitsstunden, die innerhalb eines Arbeitszeitkorridors oder innerhalb der täglichen Rahmenzeit geleistet werden, sind in der Regel innerhalb eines Jahres auszugleichen (§ 6 Abs. 2 S. 1).

Die Modernisierung des Tarifrechts hatte u. a. zum Ziel, flexiblere Arbeitszeit- 4 gestaltung zu ermöglichen. Arbeitszeitkonten durchbrechen die starre Verteilung der vertraglich geschuldeten wöchentlichen Arbeitszeit. Auf dem Arbeitszeitkonto wird in der Regel die Differenz der tatsächlich geleisteten Arbeitszeit zur vertraglich geschuldeten Arbeitszeit dokumentiert. Erbringt der Arbeitnehmer mehr Arbeitsleistung als vertraglich geschuldet, erlangt er ein Zeitguthaben. Entsprechend entsteht ein Zeitdefizit, wenn er weniger Arbeitsleistung erbringt. Es gibt eine Vielzahl von Arbeitszeitkontomodellen. Grundsätzlich ist zwischen kurzfristigen und langfristigen Konten zu unterscheiden. Ziel beim Kurzzeitkonto ist der fortlaufende Zeitausgleich. Bei Langzeitkonten müssen die Zielsetzungen festgelegt werden, denn sie können unterschiedliche Zwecke verfolgen. Es kann Zeit angespart werden bspw. für einen Langzeiturlaub, eine Weiterbildung oder um früher oder gleitend in den Ruhestand zu treten.

5   **2. Mitbestimmung durch Betriebs- oder Personalrat.** Der Betriebsrat hat nach § 87 BetrVG u. a. ein Mitbestimmungsrecht bei der Festlegung des Beginns und dem Ende der täglichen Arbeitszeit sowie bei der Verteilung der Arbeitszeit auf die einzelnen Wochentage. Die Einrichtung eines Arbeitszeitkontos kann damit Gegenstand einer Betriebsvereinbarung sein. Es muss aber der Gesetzes- und Tarifvorrang beachtet werden. Bestehen abschließende gesetzliche oder tarifliche Regelungen sind die Mitbestimmungsrechte eingeschränkt oder ausgeschlossen.

6   Eine entsprechende Regelung gilt in Bereichen in denen ein Personalvertretungsgesetz Anwendung findet. Der Personalrat hat im Bereich des Bundes nach § 75 BPersVG ein Mitbestimmungsrecht bei Arbeitszeitfragen, soweit eine gesetzliche oder tarifliche Regelung nicht besteht. Im kommunalen Bereich wird die Mitbestimmung in den Landespersonalvertretungsgesetzen geregelt (Bspw. § 79 Abs. 1 Nr. 1 LPVG B.-W., § 85 Abs. 1 Nr. 1 LPVG Berlin, § 72 Abs. 4 Nr. 1 LPVG NRW, § 84 Abs. 1 LPVG Sachsen oder § 72 Abs. 1 LPVG Thüringen). Die Umsetzung erfolgt durch eine Dienstvereinbarung.

7   Die Einrichtung eines Arbeitszeitkontos hat freiwillig und einvernehmlich zu erfolgen. Für Betriebe oder Verwaltungen in denen ein PersVG Anwendung findet, kann ein Tarifvertrag vereinbart werden, wenn eine einvernehmliche Dienstvereinbarung nicht zustande kommt und der Arbeitgeber ein Letztentscheidungsrecht hat. Ein Letztentscheidungsrecht besteht immer dann, wenn der AG ggf. nach Durchlaufen eines Einigungsstellenverfahrens eine abschließende Entscheidung treffen kann. Eine einvernehmliche Regelung liegt nur ohne Entscheidung der Einigungsstelle vor (§ 38 Abs. 3).

8   **3. Personenkreis.** In einer Betriebs- oder Dienstvereinbarung muss der Geltungsbereich festgelegt werden. Nach § 10 Abs. 2 S. 1 kann ein Arbeitszeitkonto im ganzen Betrieb/in der ganzen Verwaltung oder Teilen davon eingerichtet werden. Besteht ein Arbeitszeitkonto müssen alle unter den Geltungsbereich fallenden Beschäftigten erfasst werden. Es besteht keine Möglichkeit, einzelne Arbeitnehmer hiervon auszuschließen (§ 10 Abs. 2 S. 2). Bei Einrichtung des Arbeitszeitkontos sind die die Vorschriften des ArbZG und des TVöD zu beachten.

9   **4. Inhalt.** § 10 enthält nur wenige inhaltliche Regelungen zur Erstellung und Nutzung von Arbeitszeitkonten. In Abs. 3 ist festgelegt, welche Zeiten konkret gebucht werden können. Dies sind
– das innerhalb des Ausgleichszeitraums von bis zu einem Jahr verbliebene Guthaben oder das Zeitdefizit
– Überstunden, welche nicht durch Freizeit ausgeglichen wurden
– Mehrarbeit, welche nicht durch Freizeit ausgeglichen wurde
– auf Wunsch des Beschäftigten im Verhältnis 1:1 umgewandelte Zeitzuschläge bspw. für Sonn- und Feiertagsarbeit, Nachtarbeit oder Samstagsarbeit.

Arbeitszeitkonto § 10

Sollen weitere Zeiten auf einem Arbeitszeitkonto gutgeschrieben werden, muss dies in einer Betriebs- oder Dienstvereinbarung geregelt werden. Allein der Wunsch des Beschäftigten, weitere Zeiten auf dem Arbeitszeitkonto gut zu schreiben, ist nicht ausreichend. In Abs. 3 werden als weitere Zeiten, die auf dem Arbeitszeitkonto gebucht werden können, beispielhaft das Entgelt für Bereitschaftsdienst oder Rufbereitschaft angeführt. 10

Grundsätzlich hat der Beschäftigte ein **Wahlrecht,** welche Zeiten er auf seinem Konto gebucht haben möchte. Er hat dies aber nicht in jedem Einzelfall neu zu entscheiden, sondern der Arbeitnehmer hat für einen längeren Zeitraum im Voraus eine Entscheidung zu treffen. Die Länge des Zeitraums wird in der Betriebs- oder Dienstvereinbarung festgelegt (bspw. Woche, Monat oder Vierteljahr). 11

Weitere Inhalte, die bei der Erstellung eines Arbeitszeitkontos zwingend zu beachten sind, regelt § 10 Abs. 5 TVöD. 12

Danach muss die höchstmögliche Zeitschuld (bis zu 40 Stunden) und das höchstzulässige Zeitguthaben (bis zu einem Vielfachen von 40 Stunden), die innerhalb eines bestimmten Zeitraums anfallen dürfen, vereinbart werden (§ 10 Abs. 5 Buchst. a). Es besteht keine Verpflichtung, die höchstmögliche Zeitschuld auf 40 Stunden festzulegen. Es kann auch eine niedrigere Zeitschuld sein. 13

Des Weiteren müssen die Fristen für das Abbuchen von Zeitguthaben oder für den Abbau von Zeitschulden festgelegt werden. Erforderlich ist, dass die Fristen nach dem Umfang des beantragten Freizeitausgleichs gestaffelt werden (§ 10 Abs. 5 Buchst. a). Dadurch erhalten sowohl Arbeitnehmer als auch Arbeitgeber eine Planungssicherheit. 14

Geregelt werden kann die Berechtigung des Arbeitgebers, das Abbuchen von Zeitguthaben zu bestimmten Zeiten vorzunehmen. Die Vorschrift des § 10 Abs. 5 Buchst. a führt als Beispiel so genannte Brückentage auf. In einer Betriebs- oder Dienstvereinbarung können weitere Zeiten, die zum Abbuchen von Zeitguthaben berechtigen, geregelt werden. Dabei ist es nicht erforderlich, dass der Arbeitnehmer dem Abbuchen von Zeitguthaben zustimmt. Vom Grundsatz her bleibt es dem AN überlassen, welche Zeitguthaben von seinem Arbeitszeitkonto abgebucht werden. 15

Zwingende Folgen müssen für den Fall geschaffen werden, dass der Arbeitgeber einen bereits genehmigten Freizeitausgleich kurzfristig widerruft. Zu regeln ist bspw., wie Nachteile, die der Arbeitnehmer durch den Widerruf erlitten hat, auszugleichen sind. 16

5. Arbeitsunfähigkeit. Erkrankt ein Arbeitnehmer während eines Zeitausgleichs, unterbleibt die Minderung des Zeitguthabens, wenn die Arbeitsunfähigkeit unverzüglich angezeigt und durch ärztliches Attest nachgewiesen wird. Unverzüglich bedeutet, dass der Beschäftigte ohne schuldhaftes Zögern (vgl. § 121 Abs. 1 BGB) die Tatsache seiner Arbeitsunfähigkeit mitteilen muss. Die Form der Mitteilung ist tarifrechtlich nicht vorgegeben; sie kann telefonisch, mündlich oder auch schriftlich erfolgen. Eine nähere Ausgestaltung kann in einer Betriebs- oder Dienstvereinbarung geregelt werden. Des Weiteren muss die Arbeitsunfähigkeit durch ein **ärztliches Attest** nachgewiesen werden. Hierbei ist zu beachten, dass ein Attest erst ab dem Zeitpunkt der Diagnose ausgestellt wird. Versäumt der Beschäftigte die unverzügliche Anzeige und/oder den Nachweis durch ärztliches Attest bleibt es bei dem Grundsatz, dass bei einem einmal gewährten Zeitausgleich eine Minderung des Zeitguthabens eintritt. Das ärztliche Attest ist nicht erst bei einer Arbeitsunfähigkeit von länger als drei Kalendertagen vorzulegen, sondern bereits am ersten Krankheitstag. 17

18 In der Niederschriftserklärung zu § 10 Abs. 4 wird geregelt, dass keine weiteren aus dem Urlaubsrecht entlehnten Ansprüche, bspw. Übertragung des Guthabens, begründet werden können.

19 6. **Langzeitkonto.** Nach § 10 Abs. 6 können Arbeitgeber und Arbeitnehmer ein Langzeitkonto individuell vereinbaren. Während das Zeitguthaben auf einem Kurzzeitkonto – wie bei einem Giro Konto – unterschiedlich hoch sein kann, gleicht das Langzeitkonto einem Sparkonto. Es verfolgt den Zweck das Zeitguthaben längerfristig anzusparen. Nach der Tarifvorschrift ist im Falle der Einrichtung eines Langzeitkontos der Betriebs- bzw. Personalrat zu beteiligen. Des Weiteren sind Regelungen zu treffen, wenn der Arbeitgeber insolvenzfähig ist. Diese Verpflichtung ergibt sich allerdings auch aufgrund des Gesetzes zur sozialrechtlichen Absicherung flexibler Arbeitszeitregelungen vom 6. 4. 1998 (BGBl. I S. 688). Das sog. „Flexigesetz" ist in das SGB IV eingefügt und regelt in § 7d SGB IV, welche Vorkehrungen zum Insolvenzschutz getroffen werden müssen.

20 Die Insolvenzfähigkeit eines Arbeitgebers ergibt sich aus der Insolvenzordnung (InsO). Nach § 12 InsO ist das Insolvenzverfahren unzulässig über das Vermögen des Bundes oder eines Landes. Nicht insolvenzfähig sind auch Städte und Gemeinden. Der Bund, die Länder und die Kommunen haften daher grundsätzlich uneingeschränkt für alle Verbindlichkeiten. Werden die öffentlichen Arbeitgeber hingegen in privater Rechtsform tätig, unterliegen sie dem Insolvenzrecht und sind insolvenzfähig.

Niederschriftserklärung zu den §§ 6 bis 10 i. V. m. §§ 44 bis 50 BT-K:
[1] *Die Dokumentation der Arbeitszeit, der Mehrarbeit, der Überstunden, der Bereitschaftsdienste etc. ist nicht mit dem Arbeitszeitkonto gem. § 10 TVöD gleichzusetzen.* [2] *Arbeitszeitkonten können nur auf der Grundlage des § 10 TVöD durch Betriebs- bzw. einvernehmliche Dienstvereinbarungen eingerichtet und geführt werden.*

§ 11 TVöD/TV-L Teilzeitbeschäftigung

(1) [1] Mit Beschäftigten soll auf Antrag eine geringere als die vertraglich festgelegte Arbeitszeit vereinbart werden, wenn sie
a) mindestens ein Kind unter 18 Jahren oder
b) einen nach ärztlichem Gutachten pflegebedürftigen sonstigen Angehörigen

tatsächlich betreuen oder pflegen und dringende dienstliche bzw betriebliche Belange nicht entgegenstehen. [2] Die Teilzeitbeschäftigung nach Satz 1 ist auf Antrag auf bis zu fünf Jahre zu befristen. [3] Sie kann verlängert werden; der Antrag ist spätestens sechs Monate vor Ablauf der vereinbarten Teilzeitbeschäftigung zu stellen. [4] Bei der Gestaltung der Arbeitszeit hat der Arbeitgeber im Rahmen der dienstlichen bzw betrieblichen Möglichkeiten der besonderen persönlichen Situation der/des Beschäftigten nach Satz 1 Rechnung zu tragen.

(2) Beschäftigte, die in anderen als den in Absatz 1 genannten Fällen eine Teilzeitbeschäftigung vereinbaren wollen, können von ihrem Arbeitgeber verlangen, dass er mit ihnen die Möglichkeit einer Teilzeitbeschäftigung mit dem Ziel erörtert, zu einer entsprechenden Vereinbarung zu gelangen.

(3) Ist mit früher Vollbeschäftigten auf ihren Wunsch eine nicht befristete Teilzeitbeschäftigung vereinbart worden, sollen sie bei späterer Besetzung eines Vollzeitarbeitsplatzes bei gleicher Eignung im Rahmen der

dienstlichen bzw betrieblichen Möglichkeiten bevorzugt berücksichtigt werden.

Erläuterungen zu § 11 TVöD/TV-L

Sonderregelungen. Keine. 1

1. Tarifgeschichte. § 11 ist die **Nachfolgeregelung zum** bisherigen § 15 b 2
BAT/-O, entspricht diesem nahezu wortgleich und dehnt die zuvor vom Wortlaut her nur Vollbeschäftigten eingeräumten Möglichkeiten der Inanspruchnahme von Teilzeit jetzt auch auf bereits teilzeitbeschäftigte AN aus, indem er ihnen weitergehende Arbeitszeitverringerungen ermöglicht (wie bereits BAG 18. 3. 2003 – 9 AZR 126/02 = AP TzBfG § 8 Nr. 3 = BB 2004, 1568 = ZTR 2004, 143 verlangt hatte, worin die Verfassungswidrigkeit des Ausschlusses von Teilzeitkräften aus dem Anwendungsbereich des § 15 b BAT/-O festgestellt worden war).

2. Grundsatz der Gleichbehandlung der Arbeitszeitformen. Für das Ar- 3
beitsverhältnis von Teilzeitkräften gelten grds. alle Regelungen des Tarifrechts des TVöD/TV-L, es sei denn, die Tarifpartner haben **ausnahmsweise** eine gegenüber Vollbeschäftigten anderweitige tarifliche Regelung getroffen. Das Arbeitsverhältnis der Teilzeitbeschäftigten unterscheidet sich damit gegenüber dem Arbeitsverhältnis der Vollzeitbeschäftigten allein dadurch, dass letztere eine tariflich bestimmte regelmäßige Arbeitszeit nach § 6 Abs. 1 TVöD/TV-L, die Teilzeitbeschäftigten dagegen gem. § 11 eine persönlich vereinbarte durchschnittliche Arbeitszeit zu erfüllen haben. Nach der Rspr. müssen beide Arbeitszeitformen bei der Festlegung der tariflichen Rahmenbedingungen grds. gleich behandelt werden, nur sachliche Gründe können eine Ungleichbehandlung rechtfertigen (vgl. nur BAG, ZTR 1995, 309; 1992, 198; allgemein: Schaub § 44 Rn. 36 ff.).

Teilzeit- und Befristungsgesetz. Mit Wirkung v. 1. 1. 2001 ist durch § 8 des 4
Teilzeit- und Befristungsgesetzes – TzBfG (BGBl. I S. 1966), abgedruckt als Anhang zu diesen Erläuterungen – ein allgemeiner Anspruch auf Teilzeitarbeit eingeführt worden (s. u. Rn. 23). Nach § 22 TzBfG kann zwar grds. von den Vorschriften des Gesetzes nicht zuungunsten des AN abgewichen werden. Das TzBfG lässt jedoch bezüglich einiger Vorschriften ausdrücklich abweichende tarifvertragliche Regelungen, insbes. auch für den Bereich des ö. D., auch zum Nachteil des AN zu, so z. B. für § 8 Abs. 4 S. 3 TzBfG (Gründe für die Ablehnung eines Antrags auf Teilzeitarbeit). Tarifvertragliche Regelungen, die nicht unter die dort genannten Ausnahmen fallen, finden des Weiteren dann Anwendung, wenn sie für den AN günstiger sind, sog. Günstigkeitsprinzip. Ansonsten geht die gesetzliche Regelung vor. Zum Teilzeitanspruch allgemein s. z. B. Rolfs RdA 2001, 129; Hanau NZA 2001, 1168; Grobys/Bram NZA 2001, 1175; Schiefer NZA–RR 2002, 393; Wisskirchen DB 2003, 277; aktuell und ausführl.: Hamann BB-Special 6/2005; Feldhoff ZTR 2006, 58; Lorenz NZA-RR 2006, 281.

§ 11 wird – ebenso wie bisher schon § 15 b BAT/-O – angesichts dieser Rege- 5
lungen im TzBfG und der insoweit ggfs. ebenfalls einschlägigen Vorschrift des § 15 Abs. 5–7 BEEG zum **Teilzeitanspruch während der Elternzeit** in der Praxis vermutlich keine allzu große Bedeutung erlangen. Insbes. § 8 TzBfG geht nämlich über die nach § 11 Abs. 2 lediglich vorgesehene Erörterungsmöglichkeit in „sonstigen Fällen" von Teilzeitbegehren (dazu u. Rn. 22) erheblich hinaus.

Ferner enthalten § 81 Abs. 5 S. 3 SGB IX für Schwerbehinderte sowie 6
Gleichstellungs- und Frauenfördergesetze des Bundes und der Länder im Einzelfall zu berücksichtigende weitere Regelungen über den Abschluss und die Ausgestaltung von Teilzeitarbeitsverhältnissen.

§ 11 Abschnitt II. Arbeitszeit

7 **3. Anspruch auf Teilzeitbeschäftigung.** Auf Antrag des Beschäftigten soll mit ihm unter den in Abs. 1 genannten Voraussetzungen eine geringere als die vertraglich festgelegte Arbeitszeit vereinbart werden.

8 Regelmäßig wird der AG dem Wunsch des AN auf eine bis zu fünf Jahre befristete Teilzeitbeschäftigung nachzukommen haben, sofern keine **dringenden dienstlichen bzw. betrieblichen Belange** der Änderung des Arbeitsverhältnisses entgegenstehen. Probleme können z. B. dann bestehen, wenn der AN eine Leitungsposition oder herausragende Stellung im Betrieb oder in der Dienststelle wahrnimmt. Im Streitfall trägt der **AG** die **Darlegungs- und Beweislast** dafür, welche dienstlichen Gründe gegen die Vereinbarung eines Teilzeitarbeitsverhältnisses sprechen. Nur im Ausnahmefall kann der AG den Antrag des AN nach Abs. 1 zurückweisen. Bei einer Klage muss der AG somit substantiiert darlegen, aus welchen konkreten Tatsachen es nicht möglich sein sollte, ein befristetes Teilzeitarbeitsverhältnis mit dem AN zu vereinbaren. Allein das Argument, die Wahrnehmung einer Leitungsposition des AN erfordere seine Vollzeitbeschäftigung, stellt keine hinreichende Begründung für die Ablehnung des Antrags des AN dar.

9 **4. Dringende dienstliche, bzw. betriebliche Belange.** In § 11 Abs. 1 (ebenso wie zuvor in 15 b Abs. 1 BAT/-O) werden die Merkmale, die den Tarifbegriff „entgegenstehende dringende dienstliche bzw. betriebliche Belange" erfüllen, nicht näher erläutert. Seine Auslegung bestimmt sich deshalb nach dem allgemeinen Sprachverständnis unter Berücksichtigung des mit der Vorschrift verfolgten Zwecks. Belange ist ein anderes Wort für Interessen. Etwas ist „belangt", wenn es „betroffen" ist. Das können Interessen jeglicher Art sein. Sie sind zu berücksichtigen, wenn sie „dienstlich/betrieblich" sind, sich also auf die Verhältnisse der Dienststelle/des Betriebs beziehen. Mit dem Begriff „dringend" wird ausgedrückt, dass eine Angelegenheit notwendig, erforderlich oder auch sehr wichtig ist. Die entgegenstehenden betrieblichen Interessen müssen mithin von **erheblichem Gewicht** sein. Sie müssen sich als zwingende (vgl. BAG 23. 2. 1982 – 3 AZR 86/81 = AP BMT-G II § 15 Nr. 2) „Hindernisse" für die beantragte Verkürzung der Arbeitszeit und deren Verteilung darstellen.

10 Die Tarifvertragsparteien messen der häuslichen **Kinderbetreuung** ersichtlich einen **besonderen Wert** bei. Dass die Tarifnorm als Soll-Vorschrift formuliert ist, besagt nichts anderes. Damit haben die Tarifvertragsparteien das von ihnen gewollte **Regel-/Ausnahmeverhältnis** herausgestellt. Liegen die tatbestandlichen Voraussetzungen des § 11 Abs. 1 vor, hat der Beschäftigte Anspruch auf die Vereinbarung einer geringeren Arbeitszeit. Dem AG ist insoweit **kein Ermessen** eingeräumt. Seine Interessen an der Beibehaltung der bisherigen Arbeitszeit und die Interessen des AN an deren Veränderung sind nicht abzuwägen. Das wirkt sich andererseits auch auf die Rechtsstellung des Beschäftigten aus. Gibt es entgegenstehende Gründe i. S. v. § 11 Abs. 1, kann er keine tarifliche Verringerung seiner Arbeitszeit beanspruchen, so nachvollziehbar und wichtig seine Gründe auch sein mögen. Dieses „Alles oder Nichts" bedingt zugleich, dass **nur wirklich objektiv gewichtige Gründe des AG die Ablehnung des Antrags rechtfertigen können** (so die grundlegende Entscheidung BAG 18. 3. 2003 – 9 AZR 126/02 = AP TzBfG § 8 Nr. 3 = BB 2004, 1568 = ZTR 2004, 143 zum pädagogischen Konzept einer Kindertagesstätte, das einem Teilzeitbegehren entgegen stehen kann).

11 Ob ein solch gewichtiger Grund tatsächlich besteht, ist nach diesem Urteil von den Gerichten für Arbeitssachen nicht ungeprüft hinzunehmen. Der **gerichtliche Kontrollmaßstab** ist allerdings eingeschränkt. Wie sich aus dem Vorrang der entgegenstehenden dringenden dienstlichen/betrieblichen Gründe ergibt, ist nach dem Willen der Tarifvertragsparteien der AG frei in der Festlegung der von ihm verfolgten Ziele. Das schließt regelmäßig die Entscheidung über das seinem Betrieb zugrunde liegende pädagogische Konzept ein. Ob das vorgetragene Konzept sinnvoll ist, unterliegt nur einer Missbrauchskontrolle. Gerichtlich überprüfbar ist hingegen, ob das betriebliche Arbeitszeitmodell durch das behauptete Konzept „bedingt" ist. Angesprochen ist damit die Ursächlichkeit der dienstlichen Entscheidung des AG für die hiervon abhängigen Folgeentscheidungen. Sie müssen nachvollziehbar und in sich schlüssig sein. Das beurteilt sich u. a. nach der dem AN übertragenen Aufgabe und deren Einbindung in den dienstlichen/betrieblichen Ablauf.

Eine andere Frage ist, ob das Konzept tatsächlich dem Arbeitszeitwunsch des Beschäftigten entgegensteht. Insoweit ist zu prüfen, ob ungeachtet der „grundsätzlichen" Entscheidung des AG eine Beschäftigungsmöglichkeit mit der vom AN gewünschten veränderten Arbeitszeit besteht oder durch dem AG zumutbare Maßnahmen hergestellt werden kann. Weiterhin ist zu prüfen, ob das behauptete Modell tatsächlich durchgeführt wird und nicht nur zur Abwehr des Verringerungsantrags des AN „vorgeschoben" wird. Das ist dann letztlich eine Frage der dem Gericht obliegenden freien Beweiswürdigung, ob die Behauptung des AG als „wahr oder nicht wahr" zu erachten ist (§ 286 ZPO).

5. Kind unter 18 Jahren oder pflegebedürftige sonstige Angehörige. Nach Abs. 1 S. 1 kann eine geringere als die vertraglich festgelegte Arbeitszeit vereinbart werden, wenn die Beschäftigten entweder a) mindestens ein Kind unter 18 Jahren oder b) einen nach ärztlichem Gutachten pflegebedürftigen sonstigen Angehörigen tatsächlich betreuen oder pflegen und dringende dienstliche bzw. betriebliche Belange nicht entgegenstehen. Zum Tatbestandsmerkmal **„Kind"** s. § 29 Rn. 10.

Als **Angehörige** (vgl. § 20 Abs. 5 VwVfG) kommen neben den Kindern insbes. der Ehegatte, die Eltern, Großeltern, Schwiegereltern, Stiefeltern und Geschwister in Betracht. Partner einer eingetragenen Lebenspartnerschaft gelten nach § 11 Abs. 1 LPartG als Familienangehöriger des anderen Lebenspartners, so dass die Voraussetzungen des Abs. 1 erfüllt sind.

Pflegebedürftigkeit liegt vor, wenn die Person zu einem erheblichen Teil zur Lebensführung auf die Hilfe Dritter angewiesen ist, vgl. auch § 14 SGB XI. Die Feststellung der Pflegebedürftigkeit des „Angehörigen" muss durch ein einfaches ärztliches Attest erbracht werden. Ein amtsärztliches Gutachten wird nicht verlangt. Weiter muss der Antragsteller nach Abs. 1 den Nachweis erbringen, die betroffene Person tatsächlich zu betreuen und zu pflegen. Wird diese Betreuung vom AG nicht bestritten, genügt nach Abs. 1 S. 1 die Behauptung des AN, er betreue und pflege die im ärztlichen Gutachten benannte Person.

6. Umfang und Dauer der nach Abs. 1 beantragten Teilzeittätigkeit. Eine Mindestbegrenzung bzgl. des zeitlichen Umfangs der Teilzeittätigkeit sieht § 11 Abs. 1 nicht vor. Es kann damit grds. eine beliebige Teilzeittätigkeit beantragt werden, z. B. auch künftig nur noch weniger als die Hälfte der regelmäßigen Arbeitszeit nach § 6 Abs. 1 TVöD/TV-L arbeiten zu wollen, etwa nur noch 15 Wochenstunden. Die untere Grenze der Teilzeittätigkeit wird der AG nach billigem Ermessen gem. § 315 BGB jedoch dort ziehen können, wo eine sachgerechte Beschäftigung aus seiner Sicht nicht mehr möglich ist.

7. Befristete oder unbefristete Teilzeittätigkeit nach § 11 Abs. 1 und **Rückkehrrecht in die Vollzeitbeschäftigung** nach Abs. 3: Die Dauer der Teilzeittätigkeit ist auf Antrag des AN nach Abs. 1 S. 2 auf bis zu **fünf Jahre** zu befristen. Die Frist kann verlängert werden; der **Antrag** ist spätestens **sechs Monate vor Ablauf** der vereinbarten Teilzeittätigkeit zu stellen.

Auch eine **unbefristete Teilzeittätigkeit** ist möglich, jedoch nicht empfehlenswert, da der AN dann später **kein Rückkehrrecht** zur Vollzeitbeschäftigung

§ 11 Abschnitt II. Arbeitszeit

mehr hat. Die Arbeitszeit würde dann also dauerhaft reduziert werden. Abs. 3 gewährt in diesem Fall nur noch einen Anspruch auf wohlwollende Prüfung des AG, bei späterer Besetzung eines vergleichbaren Vollzeitarbeitsplatzes den AN im Auswahlverfahren bei gleicher Eignung bevorzugt zu berücksichtigen. Damit entspricht § 11 inhaltlich weitgehend der Vorschrift des § 9 TzBfG (so auch BAG 13. 11. 2001 – 9 AZR 442/00 = NZA 2002, 1047).

19 Zu bedenken ist auch, dass eine einmal auf Antrag des AN getroffene Vereinbarung grds. nicht dadurch ihre Gültigkeit verliert, dass der Grund für die Teilzeittätigkeit wegfällt. Stirbt etwa ein pflegebedürftiger Angehöriger bei vereinbarter Teilzeittätigkeit für die Dauer von fünf Jahren schon nach einem Jahr, bleibt die getroffene Vereinbarung wirksam. Der AN hat nicht das Recht, wegen „Wegfalls der Geschäftsgrundlage" der Vereinbarung vorzeitig wieder die alte Vollzeittätigkeit aufzunehmen. Denn die Voraussetzungen für die Teilzeittätigkeit müssen nach dem Wortlaut der Norm lediglich zum Zeitpunkt der Vereinbarung nach Abs. 1 vorliegen. Allerdings wird der AG aufgrund seiner Fürsorgepflicht gehalten sein, zu versuchen, den AN, soweit dienstlich möglich, wieder in vollem Umfang zu beschäftigen (so auch Conze TVöD Rn. 1332).

20 Unabhängig davon ist dem AN daher zu empfehlen, zu versuchen, für diesen Fall des unvorhersehbaren Ereignisses eine **Rückkehrklausel** in die Vereinbarung mit aufnehmen zu lassen, dass ein Rückkehrrecht zur Vollzeittätigkeit bereits dann besteht, wenn der Grund für die Teilzeittätigkeit wider Erwarten vorzeitig wegfällt. Plant der AG allerdings, als Ersatz für den AN (befristet) eine Vertretungskraft einzustellen, wird er eine solche Schutzklausel für ein vorzeitiges Rückkehrrecht wohl kaum akzeptieren. Die Frage der Befristung des Antrags muss vom AN also gut überlegt sein, um nicht berufliche Nachteile zu erleiden.

21 Wenn der insoweit neue § 11 Abs. 1 S. 4 nun auch ausdrücklich festschreibt, dass der AG bei der Arbeitszeitgestaltung weitestgehend möglich den Bedürfnissen der nach S. 1 teilzeitberechtigten Beschäftigten entgegen zu kommen hat, wiederholt der Tarifvertrag damit lediglich eine den AG ohnehin nach allgemeinen arbeitsrechtlichen Grundsätzen treffende Verpflichtung.

22 **8. Teilzeittätigkeit in sonstigen Fällen.** Liegen die Voraussetzungen des Abs. 1 nicht vor, kann der AN über die Regelung in § 11 Abs. 2 versuchen, mit dem AG eine Teilzeittätigkeit zu vereinbaren. Ein unmittelbarer Anspruch auf Teilzeittätigkeit folgt aus dieser Norm jedoch nicht. Letztlich bleibt der AG in seiner Entscheidung frei, dem vollzeitbeschäftigten AN einen Teilzeitarbeitsplatz anzubieten (s. auch Riesenhuber NZA 1995, 56).

23 **9. Voraussetzungen nach dem TzBfG.** Nach den Vorschriften des TzBfG ist für den Anspruch auf Verringerung der Arbeitszeit Voraussetzung, dass der Arbeitgeber, unabhängig von der Anzahl der Personen in Berufsbildung, in der Regel mehr als **15 AN** beschäftigt und das Arbeitsverhältnis länger als **sechs Monate** bestanden hat (§ 8 Abs. 1 und 7 TzBfG). Auch § 8 TzBfG sieht keine Beschränkung des Umfangs der Arbeitszeitverringerung vor; eine Mindest- und Höchstgrenze besteht nicht. Die Verringerung der Arbeitszeit muss der AN, auch hinsichtlich ihres Umfangs, spätestens drei Monate vor deren Beginn geltend machen. Er soll dabei die gewünschte Verteilung der Arbeitszeiten angeben (§ 8 Abs. 2 TzBfG). Der Arbeitgeber hat der Verringerung der Arbeitszeit zuzustimmen und ihre Verteilung entsprechend den Wünschen des Arbeitnehmers festzulegen, soweit **betriebliche Gründe** nicht entgegenstehen. Ein betrieblicher Grund liegt insbesondere vor, wenn die Verringerung der Arbeitszeit die Organisation, den Arbeitsablauf oder die Sicherheit im Betrieb wesentlich beeinträchtigt oder unverhältnismäßige Kosten verursacht (§ 8 Abs. 4 TzBfG). § 11 Abs. 1 ist gegen-

Teilzeitbeschäftigung § 11

über § 8 TzBfG für den AN günstiger gestaltet, denn danach kann der Teilzeitantrag nur aus „dringenden" dienstlichen bzw. betrieblichen Belangen abgelehnt werden (s. oben Rn. 9).

Anhang

§ 8 TzBfG. Verringerung der Arbeitszeit

(1) Ein Arbeitnehmer, dessen Arbeitsverhältnis länger als sechs Monate bestanden hat, kann verlangen, dass seine vertraglich vereinbarte Arbeitszeit verringert wird.

(2) Der Arbeitnehmer muss die Verringerung seiner Arbeitszeit und den Umfang der Verringerung spätestens drei Monate vor deren Beginn geltend machen. Er soll dabei die gewünschte Verteilung der Arbeitszeit angeben.

(3) Der Arbeitgeber hat mit dem Arbeitnehmer die gewünschte Verringerung der Arbeitszeit mit dem Ziel zu erörtern, zu einer Vereinbarung zu gelangen. Er hat mit dem Arbeitnehmer Einvernehmen über die von ihm festzulegende Verteilung der Arbeitszeit zu erzielen.

(4) Der Arbeitgeber hat der Verringerung der Arbeitszeit zuzustimmen und ihre Verteilung entsprechend den Wünschen des Arbeitnehmers festzulegen, soweit betriebliche Gründe nicht entgegenstehen. Ein betrieblicher Grund liegt insbesondere vor, wenn die Verringerung der Arbeitszeit die Organisation, den Arbeitsablauf oder die Sicherheit im Betrieb wesentlich beeinträchtigt oder unverhältnismäßige Kosten verursacht. Die Ablehnungsgründe können durch Tarifvertrag festgelegt werden. Im Geltungsbereich eines solchen Tarifvertrages können nicht tarifgebundene Arbeitgeber und Arbeitnehmer die Anwendung der tariflichen Regelungen über die Ablehnungsgründe vereinbaren.

(5) Die Entscheidung über die Verringerung der Arbeitszeit und ihre Verteilung hat der Arbeitgeber dem Arbeitnehmer spätestens einen Monat vor dem gewünschten Beginn der Verringerung schriftlich mitzuteilen. Haben sich Arbeitgeber und Arbeitnehmer nicht nach Absatz 3 Satz 1 über die Verringerung der Arbeitszeit geeinigt und hat der Arbeitgeber die Arbeitszeitverringerung nicht spätestens einen Monat vor deren gewünschtem Beginn schriftlich abgelehnt, verringert sich die Arbeitszeit in dem vom Arbeitnehmer gewünschten Umfang. Haben Arbeitgeber und Arbeitnehmer über die Verteilung der Arbeitszeit kein Einvernehmen nach Absatz 3 Satz 2 erzielt und hat der Arbeitgeber nicht spätestens einen Monat vor dem gewünschten Beginn der Arbeitszeitverringerung die gewünschte Verteilung der Arbeitszeit schriftlich abgelehnt, gilt die Verteilung der Arbeitszeit entsprechend den Wünschen des Arbeitnehmers als festgelegt. Der Arbeitgeber kann die nach Satz 3 oder Absatz 3 Satz 2 festgelegte Verteilung der Arbeitszeit wieder ändern, wenn das betriebliche Interesse daran das Interesse des Arbeitnehmers an der Beibehaltung erheblich überwiegt und der Arbeitgeber die Änderung spätestens einen Monat vorher angekündigt hat.

(6) Der Arbeitnehmer kann eine erneute Verringerung der Arbeitszeit frühestens nach Ablauf von zwei Jahren verlangen, nachdem der Arbeitgeber einer Verringerung zugestimmt oder sie berechtigt abgelehnt hat.

(7) Für den Anspruch auf Verringerung der Arbeitszeit gilt die Voraussetzung, dass der Arbeitgeber, unabhängig von der Anzahl der Personen in Berufsbildung, in der Regel mehr als 15 Arbeitnehmer beschäftigt.

Protokollerklärung zu Abschnitt II TVöD:
Bei In-Kraft-Treten dieses Tarifvertrags bestehende Gleitzeitregelungen beleiben unberührt.

Protokollerklärung zu Abschnitt II TV-L:
[1] Gleitzeitregelungen sind unter Wahrung der jeweils geltenden Mitbestimmungsrechte unabhängig von den Vorgaben zu Arbeitszeitkorridor und Rahmenzeit (§ 6 Absatz 6 und 7) möglich; dies gilt nicht bei Schicht- und Wechselschichtarbeit. [2] In den Gleitzeitregelungen kann auf Vereinbarungen nach § 10 verzichtet werden. [3] Sie dürfen keine Regelungen nach § 6 Absatz 4 enthalten. [4] Bei In-Kraft-Treten dieses Tarifvertrages bestehende Gleitzeitregelungen bleiben unberührt.

Abschnitt III. Eingruppierung und Entgelt

§ 12 TVöD/TV-L Eingruppierung

[Derzeit nicht belegt, wird im Zusammenhang mit der Entgeltordnung geregelt.]

§ 13 TVöD/TV-L Eingruppierung in besonderen Fällen

[Derzeit nicht belegt, wird im Zusammenhang mit der Entgeltordnung geregelt.]

Mit der Maßgabe, dass an Stelle der dort aufgeführten Bestimmungen des TVÜ-Bund/ TVÜ-VKA die entsprechenden Bestimmungen des TVÜ-L zu beachten sind, gelten die Erl. zu §§ 12 und 13 TVöD auch für §§ 12 und 13 TV- L.

Erläuterungen zu §§ 12 und 13 TVöD/TV-L

1 **Sonderregelungen**

Zu § 12 TVöD Eingruppierung
§ 46 TVöD BT-V (Bund) Nr. 5, 13 für die Beschäftigte im Bereich des Bundesministeriums der Verteidigung
§ 47 TVöD BT-V (Bund) Nr. 5 für die Beschäftigten des Bundesministeriums für Verkehr, Bau und Wohnungswesen
§ 47 TVöD BT-V (VKA) Nr. 4 Beschäftigte in Forschungseinrichtungen mit kerntechnischen Forschungsanlagen
§ 51 TVöD BT B Eingruppierung der Ärztinnen und Ärzte
§ 51 TVöD BT K Eingruppierung der Ärztinnen und Ärzte

Zu § 12 TV-L Eingruppierung
§ 41 Nr. 7, 25 TV-L für Ärztinnen und Ärzte an Universitätskliniken
§ 46 Nr. 5 TV-L für Beschäftigte auf Schiffen und schwimmenden Geräten

Zu § 13 TVöD Eingruppierung in besonderen Fällen
§ 46 TVöD BT-V (Bund) Nr. 5, 13 für die Beschäftigte im Bereich des Bundesministeriums der Verteidigung
§ 47 TVöD BT-V (Bund) Nr. 5 für die Beschäftigten des Bundsministriums für Verkehr, Bau und Wohnungswesen
§ 47 TVöD BT-V (VKA) Nr. 4 Beschäftigte in Forschungseinrichtungen mit kerntechnischen Forschungsanlagen

Zu § 13 TV-L Eingruppierung in besonderen Fällen
§ 41 Nr. 8 TV-L für Ärztinnen und Ärzte an Universitätskliniken
§ 46 Nr. 5 TV-L für Beschäftigte auf Schiffen und schwimmenden Geräten

1. Allgemeines

1 1.1 Im Verlauf der Verhandlungen zum TVöD erkannten die TVP übereinstimmend, dass es nicht möglich sein wird, die zahlreichen und schwierigen Fragen im Zusammenhang mit der Eingruppierung innerhalb des selbstgesteckten Zeitrahmens in der der Bedeutung des Fragenkomplexes angemessenen Form sachgerecht und für alle Beteiligten akzeptabel einer einvernehmlichen Lösung zuzuführen. Sie vereinbarten daher einige (wichtige) Eckpunkte (vgl. Rn. 4 ff.) und zugleich, die bisherigen Eingruppierungsvorschriften einschl. der Vergütungsordnung

Eingruppierung in besonderen Fällen §§ 12, 13

(Anl. 1 a und 1 b BAT) vorläufig auch für nach dem 1. 10. 2005 (TV-L: 1. 11. 2006) eintretende Eingruppierungsvorgänge (also auch für Neueinstellungen) (weitgehend) in Kraft zu lassen. Weggefallen sind jedoch schon mit In-Kraft-Treten des TVöD Bewährungs-, Fallgruppen- und Tätigkeitsaufstiege und weitgehend Vergütungsgruppenzulagen. Für übergeleitete Beschäftigte, also jene, deren ArbVerh. am 30. 9. 2005 schon und am 1. 10. 2005 (TV-L: 31. 10. 2006 und 1. 11. 2006) noch bestanden, sehen die jeweiligen Überleitungs-TV (§§ 8, 9 TVÜ-Bund/TVÜ-VKA) in bestimmten Fällen Ausnahmen von diesem Grundsatz vor. Die tarifvertragliche Umsetzung dieser grundsätzlichen Vereinbarung finden sich im § 17 und Anlage 4 TVÜ-Bund bzw. im § 17 und Anlagen 3, 4 und 5 TVÜ-VKA. Erl. zu diesen Vorschriften sind unter Rn. 58 ff., die zum fortgeltenden Recht unter Rn. 6 ff. abgedruckt.

Wann die Verhandlungen zu den neuen Eingruppierungsvorschriften und zur 3 neuen Entgeltordnung abgeschlossen werden, ist derzeit nicht zuverlässig abzusehen. Zwar war ein Abschluss bis zum 31. 12. 2006 ins Auge gefasst worden, es erscheint zum Zeitpunkt der Bearbeitung dieses Werkes jedoch eher zweifelhaft, ob dies gelingen wird.

1.2 Zu den **Eingruppierungsgrundsätzen** haben die TVP grundsätzliche Ei- 4 nigung dahin gehend erzielt, dass die **Tarifautomatik** – also der Grundsatz, dass sich die Eingruppierung aus dem TV ergibt und nicht durch einen „Eingruppierungsvorgang durch den AG" erfolgt (vgl. auch Rn. 22) – erhalten bleibt. Auch bezüglich des Bewertungssystems (vgl. Rn. 24 ff.) sind keine grundsätzlichen Änderungen zu erwarten.

1.3 Zahlreiche und wohl auch gravierende Änderungen sind jedoch für die 5 **Entgeltordnung** zu erwarten. Die hinsichtlich Aufbau und Zahl der Tätigkeitsmerkmale der bisherigen Anl. 1 a und 1 b soll nach dem bisher von den TVP geäußerten Willen ganz deutlich reduziert werden und dabei trotzdem der Vielfalt der Berufe und Tätigkeiten im Geltungsbereich des TVöD gerecht werden. Wenn berücksichtigt wird, dass nunmehr auch die in den Lohngruppenverzeichnissen (des Bundes und im Bereich der einzelnen KAV) berücksichtigten Berufe und Tätigkeiten in der neuen Entgeltordnung abgebildet werden müssen, erschließt sich die Komplexität der noch zu lösenden Aufgabe für die TVP. Eine erste Einigung haben die TVP hinsichtlich der **Ebenen der neuen Entgeltordnung** erzielt. Danach sollen der Ebene 1 (EG 1 bis 4) Tätigkeiten für Ungelernte und Angelernte, der Ebene 2 (EG 5 bis 8) Tätigkeiten für Ausgebildete mit einer mindestens dreijährigen Ausbildungszeit, der Ebene 3 (EG 9 bis 12) Tätigkeiten für Fachhochschulabsolventen und der Ebene 4 (EG 13 bis 15) Tätigkeiten für Absolventen wissenschaftlicher Hochschulen zugeordnet werden.

2. Bisheriges Eingruppierungsrecht
2.1 Fortgeltende Eingruppierungs-Bestimmungen
2.11 Bereich des Bundes 6
Grundsätzlich gelten fort (wg. Ausnahmen s. Rn. 8 ff.)
- §§ 22, 23 BAT/-O (einschl. Anl. 1 a und 1 b);
- §§ 1, 2 Abs. 1 und 2 und § 5 TVLohngrV (einschl. des – Lohngruppenverzeichnisses mit Anlage 1 und 2) sowie die entsprechenden Bestimmungen des TV Lohngruppen-O-Bund.

2.12 Bereich der VKA 7
Grundsätzlich gelten fort (wg. Ausnahmen s. Rn. 8 ff.)
- §§ 22, 23, 25 (einschl. Anl. 1 a, 1 b und 3) BAT sowie die §§ 22, 23 (einschl. Anl. 1 a und 1 b) BAT-O/BAT-Ostdeutsche Sparkassen;

§§ 12, 13   Abschnitt III. Eingruppierung und Entgelt

- landesbezirkliche Lohngruppenverzeichnisse gem. RahmenTV zu § 20 BMT-G sowie der TV zu § 20 Abs. 1 BMT-G-O (Lohngruppenverzeichnis);
- Nr. 2a SR 2x i. V. m. § 11 Satz 2 BAT/-O (betr. die Eingruppierung von Angestellten im kommunalen feuerwehrtechnischen Dienst).

8   2.13 Die Vergütungsordnungen (Anl. 1 a und 1 b) sowie die Lohngruppenverzeichnisse gelten **nicht** für Beschäftigte, die ab dem 1. 10. 2005 in **EG 1** eingestellt wurden bzw. bis zum Inkrafttreten der neuen Entgeltordnung noch eingestellt werden. Diese EG umfasst **einfachste Tätigkeiten,** wie sie in der Anlage 3 zum TVÜ-VKA bzw. in der Anlage 4 TVÜ-Bund dargestellt sind. Diese Beispielskataloge können **durch TV** ergänzt werden (im VKA-Bereich auf landesbezirklicher Ebene). Diese Ausnahmebestimmung (§ 17 Abs. 2, 1. Spiegelstrich TVÜ-Bund/TVÜ-VKA) hat zur Folge, dass Beschäftigte in solchen Tätigkeiten **auch dann nicht** in einer höheren EG eingruppiert sind, wenn ihre Tätigkeit (auch) in den Vergütungsordnungen/Lohngruppenverzeichnissen aufgeführt ist.

9   Gleichfalls gilt die **Vergütungsgruppe I** der Vergütungsordnung BAT/-O/BAT-Ostdeutsche Sparkassen ab 1. 10. 2005 **nicht mehr.** Der Grund hierfür ist, dass der TVöD für Beschäftigte, die ein die EG 15 übersteigendes Entgelt erhalten, vom Geltungsbereich des TV ausgenommen sind (vgl. § 1 Abs. 2 sowie Erl. hierzu) – soweit sie nicht übergeleitet wurden. In die EG 15 werden jedoch Beschäftigte eingruppiert, deren Tätigkeit den Tätigkeitsmerkmalen der (alten) VergGr. Ib/Ia entsprechen. Diese Ausnahmebestimmung (§ 17 Abs. 2, 2. Spiegelstrich TVÜ-Bund/TVÜ-VKA) kann sich auf drei Personenkreise auswirken:
a) Betroffen sind Beschäftigte, die am oder nach dem 1. 10. 2005 eingestellt wurden/werden, wenn mit ihnen schon bei der Einstellung wg. der Wertigkeit der übertragenen Tätigkeit ein das Tabellenentgelt der EG 15 übersteigendes Entgelt vereinbart wurde/wird.
b) Die zweite Fallkonstellation tritt dann ein, wenn mit einem ab dem 1. 10. 2005 eingestellten Beschäftigten (bis EG 15) nachträglich ein höheres Entgelt vereinbart wurde/wird.
c) Auch Beschäftigte, die ab 1. 10. 2005 in höchstens EG 15 **übergeleitet** wurden, sind betroffen, wenn mit ihnen wie oben definiertes höheres Entgelt vereinbart wurde/wird.

10   Für alle drei Fallkonstellationen gilt, dass **sämtliche** Arbeitsbedingungen (also nicht nur die das Entgelt betreffenden) einzelarbeitsvertraglich zu vereinbaren sind.

11   Zwangsläufig entfällt auch in allen drei Fallkonstellationen der **Höhergruppierungsanspruch (genauer: die Eingruppierung durch TV),** auch dann, wenn die – eben nicht mehr geltenden – Tätigkeitsmerkmale der VergGr. I erfüllt sind. Dies kann allerdings dann nicht gelten, wenn bereits die **Überleitung fehlerhaft** war, d. h., wenn schon zum Zeitpunkt der Überleitung die Tätigkeitsmerkmale der VergGr. I erfüllt waren – die Eingruppierung durch TV also eingetreten war –, aber Vergütung aus einer niedrigeren VergGr. gezahlt wurde. In diesem Fall hätte die Überleitung in EG 15Ü erfolgen müssen.

12   Weggefallen sind ab 1. 10. 2005 auch sämtliche **Bewährungs-, Fallgruppen- und Tätigkeitsaufstiege** (§ 17 Abs. 5 TVÜ-Bund/TVÜ-VKA). Auch **Vergütungsgruppenzulagen** sind grundsätzlich entfallen; lediglich dann, wenn nach der (allgemeinen) Vergütungsordnung (Anl. 1 zum BAT) die Vergütungsgruppenzulage unmittelbar mit Übertragung der Tätigkeit zusteht (z. B. Leiter von Kindertagesstätten in der (früheren) VergGr. Vc) gilt eine Ausnahme. Wurde oder wird nach dem 1. 10. 2005 eine entsprechende Tätigkeit übertragen, steht sie **nach bisherigem Recht und in der bisherigen Höhe bis zum In-Kraft-Treten**

Eingruppierung in besonderen Fällen §§ 12, 13

der neuen Entgeltordnung als Besitzstandszulage zu. I. d. R. steht jedoch eine Vergütungsgruppenzulage erst nach einer bestimmten Bewährung-/Tätigkeitszeit zu. Diese sind ab dem 1. 10. 2005 entfallen.

Schließlich gilt für Ärzte ab 1. 10. 2005 die Entgeltordnung des § 51 BT-B/K (§ 17. Abs. 2, 3. Spiegelstrich TVÜ-VKA). Dies bedeutet, dass bei Neueinstellungen bzw. bei Höhergruppierungen diese Entgeltordnung zu Grunde zu legen ist. Diese Ausnahme ist **nur** im TVÜ-VKA geregelt. Allerdings erhalten Ärzte an Bundeswehrkrankenhäusern gem. § 46 Nr. 22 BT-V (Bund) das Tabellenentgelt und die sonstigen Entgeltbestandteile – mit Ausnahme der Bereitschaftsdienstentgelte – nach den Regelungen des AT bzw. des TVÜ-VKA. Somit richtet sich die Eingruppierung dieses Personenkreises auch nach § 51 Abs. 1 BT-K, allerdings in der bis zum 31. 7. geltenden Fassung. 13

2.2 Eingruppierungsgrundsätze

2.21 Vorbemerkung

Die folgenden Erl. beziehen sich auf die Vorschriften und Grundsätze des **BAT/-O**. Die Regelungen aus dem Geltungsbereich des MTArb/-O bzw. des BMTG/-O können hier nicht berücksichtigt werden. Der Grund liegt darin, dass es – anders als im Angestellten-Bereich im Arbeiterbereich keine einheitlich geltenden Regelungen gab/gibt (vgl. auch Rn. 6 ff.). Die in diesen Bereichen anzuwendenden Lohngruppenverzeichnisse können wichtige Unterschiede aufweisen. Dessen ungeachtet gelten die folgenden Grundsätze sinngemäß auch für den (ehemaligen) Arbeiterbereich: 14

– Tarifautomatik (vgl. Rn. 22);
– die auszuübende Tätigkeit ist maßgebend (vgl. Rn. 28 ff.);
– Bewertung der Tätigkeit (vgl. Rn. 34 ff.);
– mindestens 50% (in zeitlicher Hinsicht) der Tätigkeit(en) muss/müssen den Tätigkeitsmerkmalen entsprechen (vgl. Rn. 51 ff.) – der Begriff des **Arbeitsvorganges** ist jedoch dem (ehemaligen) Arbeiter-Tarifrecht im ö. D. fremd.

Die einschlägigen Bestimmungen des BAT/-O bzw. die Lohngruppenverzeichnisse enthalten Begriffe, die im TVöD nicht mehr verwendet werden. In den folgenden Erl. werden diese durch die jetzt geltenden Entsprechungen ersetzt (statt „Angestellter": „Beschäftigter"; statt „Vergütung": Entgelt; statt „Vergütungsgruppe": „Entgeltgruppe"). 15

2.22 Die zentrale Eingruppierungsvorschrift des BAT/-O/-Ostdeutsche Sparkassen ist § 22, der folgenden Wortlaut hat: 16

§ 22 BAT/-O/-Ostdeutsche Sparkassen Eingruppierung

(1) Die Eingruppierung der Angestellten richtet sich nach den Tätigkeitsmerkmalen der Vergütungsordnung (Anlagen 1 a und 1 b). Der Angestellte erhält Vergütung nach der Vergütungsgruppe, in der er eingruppiert ist.

(2) Der Angestellte ist in der Vergütungsgruppe eingruppiert, deren Tätigkeitsmerkmalen die gesamte von ihm nicht nur vorübergehend auszuübende Tätigkeit entspricht.

Die gesamte auszuübende Tätigkeit entspricht den Tätigkeitsmerkmalen einer Vergütungsgruppe, wenn zeitlich mindestens zur Hälfte Arbeitsvorgänge anfallen, die für sich genommen die Anforderungen eines Tätigkeitsmerkmals oder mehrerer Tätigkeitsmerkmale dieser Vergütungsgruppe erfüllen. Kann die Erfüllung einer Anforderung in der Regel erst bei der Betrachtung mehrerer Arbeitsvorgänge festgestellt werden (z. B. vielseitige Fachkenntnisse), sind diese Arbeitsvorgänge für die Feststellung, ob diese Anforderung erfüllt ist, insoweit zusammen zu beurteilen.

Werden in einem Tätigkeitsmerkmal mehrere Anforderungen gestellt, gilt das in Unterabs. 2 Satz 1 bestimmte Maß, ebenfalls bezogen auf die gesamte auszuübende Tätigkeit, für jede Anforderung.

Ist in einem Tätigkeitsmerkmal ein von Unterabs. 2 oder 3 abweichendes zeitliches Maß bestimmt, gilt dieses.

Ist in einem Tätigkeitsmerkmal als Anforderung eine Voraussetzung in der Person des Angestellten bestimmt, muß auch diese Anforderung erfüllt sein.

(3) Die Vergütungsgruppe des Angestellten ist im Arbeitsvertrag anzugeben.
Protokollnotizen zu Abs. 2:
1. Arbeitsvorgänge sind Arbeitsleistungen (einschließlich Zusammenhangsarbeiten), die, bezogen auf den Aufgabenkreis des Angestellten, zu einem bei natürlicher Betrachtung abgrenzbaren Arbeitsergebnis führen (z. B. unterschriftsreife Bearbeitung eines Aktenvorganges, Erstellung eines EKG, Fertigung einer Bauzeichnung, Eintragung in das Grundbuch, Konstruktion einer Brücke oder eines Brückenteils, Bearbeitung eines Antrags auf Wohngeld, Festsetzung einer Leistung nach dem Bundessozialhilfegesetz). Jeder einzelne Arbeitsvorgang ist als solcher zu bewerten und darf dabei hinsichtlich der Anforderungen zeitlich nicht aufgespalten werden.
2. Eine Anforderung im Sinne des Unterabs. 2 ist auch das in einem Tätigkeitsmerkmal geforderte Herausheben der Tätigkeit aus einer niedrigeren Vergütungsgruppe.

2.23 Allgemeine Bemerkungen

17 § 22 BAT/-O/-Ostdeutsche Sparkassen gilt nur für die Eingruppierung bei **Neueinstellung** und bei der **Übertragung anderer Tätigkeiten**. Überträgt der AG keine anderen Tätigkeiten, aber verändert sie sich aus anderen Gründen derart, dass sie nach den Regelungen des UAbs 2 den Tätigkeitsmerkmalen einer höheren Entgeltgrupppe entspricht, ist § 23 BAT/-O anzuwenden. Diese Bestimmung wird hier nicht näher behandelt. Im Kern unterscheidet sie sich von § 22 BAT/-O/-Ostdeutsche Sparkassen nur dadurch, dass die (höhere) Eingruppierung Kraft TV nicht bereits mit der Übertragung der Tätigkeit, sondern erst dann eintritt, wenn die Tätigkeiten mehr als sechs Monate ununterbrochen ausgeübt wurde. Bis zum Ablauf der sechs-Monats-Frist können dem Beschäftigten andere, seiner (bisherigen) Entgeltgruppe entsprechenden Aufgaben übertragen werden.

18 Gleichfalls hier nicht behandelt wird die nur im VKA-Bereich – und hier nur im Tarifgebiet West – geltende Bestimmung des § 25 BAT. Diese regelt – i. V. m. der Anlage 3 – die sog. Ausbildungs- und Prüfungspflicht. Danach setzt die Eingruppierung für Beschäftigte im Verwaltungs- und Kassendienst sowie im Sparkassendienst in bestimmten Vergütungsgruppen die Ablegung der Ersten bzw. der Zweiten (Angestellten-) Prüfung voraus.

2.24 Zu § 22 Abs. 1 BAT/-O

19 Die Eingruppierung richtet sich nach den Tätigkeitsmerkmalen der Anlagen 1a und 1b. Dies bedeutet gleichzeitig: Wird eine Tätigkeit nicht von diesen Anlagen erfasst, kann eine tarifliche Eingruppierung grundsätzlich nicht eintreten. Dies gilt vor allem, wenn – wie in der Nr. 5 der Vorbemerkungen zu allen Vergütungsgruppen (Fassung Bund/Länder) – Berufsgruppen ausdrücklich ausgenommen werden (BAG 21. 10. 1992 – 4 AZR 156/92 – AP BAT § 23a Nr. 27).

20 Zu beachten ist allerdings, dass den Tätigkeitsmerkmalen der Fallgruppen 1 eine **„Auffangfunktion"** zukommt; d.h., sie gelten immer dann, wenn spezielle Tätigkeitsmerkmale nicht vorhanden sind. Dieser **Rückgriff** auf die allgemeinen Tätigkeitsmerkmale ist jedoch dann **nicht** mehr zulässig, wenn die Tätigkeit des Arbeitnehmers auch im weitesten Sinne nicht mehr zum Verwaltungsdienst gehört, also keinen Bezug mehr zu einer Verwaltungstätigkeit hat (BAG 1. 3. 1995 – 4 AZR 970/93 – AP BAT 1975 § 22, 23 Nr. 191).

21 Wg. a) der Eingruppierung von Ärztinnen/Ärzten, b) der Tätigkeitsmerkmale der Vergütungsgruppe I und c) der Tätigkeiten der (neuen) EG 1 wird auf Rn. 8 ff. verwiesen.

2.25 Zu 22 Abs. 2 BAT/-O

21 **UAbs. 1** beinhaltet die so genannte **Tarifautomatik:** Der Beschäftigte **ist** eingruppiert (wenn die tariflichen Voraussetzungen vorliegen), er wird nicht etwa

Eingruppierung in besonderen Fällen **§§ 12, 13**

durch den AG eingruppiert. Dies bedeutet, dass die Eingruppierung ohne Mitwirkung der ArbVertr.-Parteien eintritt. Die Angabe der Entgeltgruppe im ArbVertr., sonstige Erklärungen des AG (z. B.: „Sie werden mit Wirkung vom ... in die Entgeltgruppe xy höhergruppiert" oder „... muss Ihr Höhergruppierungsantrag abgelehnt werden"), auch die tatsächliche Bezahlung nach einer bestimmten Entgeltgruppe sind rein **deklaratorischer,** nicht konstitutiver Natur. Sie sind Ausdruck einer **bestimmten Rechtsauffassung** (i. d. R. des AG), die von den Gerichten in vollem Umfang überprüft werden kann. Deshalb kann der AG auch nicht durch gerichtliche Entscheidung gezwungen werden, eine bestimmte Eingruppierung vorzunehmen (wohl aber dazu, nach einer bestimmten Entgeltgruppe zu bezahlen). Der rechtliche Unterschied zwischen Eingruppierung und tatsächlicher Bezahlung war in der Vergangenheit von besonderer praktischer Bedeutung im Zusammenhang mit dem Bewährungsaufstieg. Aber auch nach dessen Wegfall hat die Vorschrift weit mehr als nur formale Bedeutung.

Beispiel: Ein AN wird nach der Entgeltgruppe 6 (früher: VergGr. VI b) bezahlt. Er behauptet gegenüber seinem AG, seine Tätigkeiten erfüllen die Tätigkeitsmerkmale der Entgeltgruppe 8 (früher: Vc). Die Reaktion des AG besteht darin, dass ihm (ursprünglich auf Dauer übertragene) Tätigkeiten entzogen werden, die diesen Anspruch begründen könnten. Würde jedoch im Rahmen einer gerichtlichen Auseinandersetzung rechtskräftig festgestellt, dass die (früher) übertragenen Tätigkeiten tatsächlich den Anforderungen der Entgeltgruppe 8 entsprachen, war der AN kraft TV in dieser höheren Entgeltgruppe eingruppiert, der Entzug der qualifizierenden Tätigkeiten wäre also bezahlungsmäßig wirkungslos. Zwar darf der AG Aufgaben entziehen und/oder andere übertragen. Dies aber grundsätzlich nur innerhalb der Entgeltgruppe (oder natürlich einer höheren). Die Übertragung von Tätigkeiten, die seine Eingruppierung „nach unten" verändern, ist nur im Wege einer Änderungskündigung möglich.

Bis zum In-Kraft-Treten der neuen Entgeltordnung sind jedoch alle nach dem 30. 9. 2005 wirksam gewordenen bzw. werdenden Eingruppierungsvorgänge vorläufig (vgl. auch Rn. 58). 23

Die Tarifautomatik greift dann (aber auch nur dann) ein, wenn die in den folgenden UAbs. geforderten Voraussetzungen vorliegen. Nur eine Bewertung nach diesen Grundsätzen ist tarifgerecht. Bewertungen nach anderen (etwa summarischen oder analytischen) Bewertungsmodellen sind rechtlich bedeutungslos. Ebenso bedeutungslos sind auch andere Gesichtspunkte. Der häufig von AN-Seite ins Feld geführte „Gleichbehandlungsgrundsatz" ist im Fall einer gerichtlichen Auseinandersetzung um die Eingruppierung in aller Regel ein sehr stumpfes Schwert. Wird die besoldungsmäßige Einreihung eines Beamten mit gleicher Tätigkeit (häufig: des Vorgängers auf einem bestimmten Arbeitsplatz) zum Vergleich herangezogen, scheitert die Berufung auf den Gleichheitsgrundsatz schon an den grundlegenden Unterschieden im Status von Beamten einerseits und AN andererseits (vgl. z. B. BAG 26. 8. 1987 – 4 AZR 137/87 – AP BAT 1975 §§ 22, 23 Nr. 137). 24

Aber auch die Berufung auf die Bezahlung eines anderen AN wird i. d. R. nicht als Grund für eigene Ansprüche anerkannt. Es gibt keinen Anspruch auf „Gleichbehandlung im Unrecht oder im Rechtsirrtum". Davon abgesehen, hat im Bereiche des Arbeitsentgeltes die Vertragsfreiheit Vorrang vor dem arbeitsrechtlichen Gleichbehandlungsgrundsatz (st. Rspr.; z. B. BAG 4. 5. 1988 – 4 AZR 811/87 – AP BAT 1975 §§ 22, 23 Nr. 144). Nur im sehr seltenen Ausnahmefall, dass der AG einen bestimmten Kreis von AN übertariflich bezahlt und einzelne aus **sachfremden Erwägungen,** also willkürlich, davon ausnimmt, kann ein arbeitsrechtlicher Anspruch aus dem Gleichbehandlungsgrundsatz erwachsen. 25

Rechtlich noch weniger bedeutsam ist die Handhabung des Tarifrechts durch **andere AG.** Eine **generelle höhere** Bezahlung von AN mit gleicher Tätigkeit 26

§§ 12, 13 Abschnitt III. Eingruppierung und Entgelt

bei anderen AG kann – je nach Lage des Einzelfalles – höchstens ein Indiz dafür sein, dass die Bewertung durch den eigenen AG rechtsfehlerhaft ist.

27 Auf die Ausweisung der Stelle im **Stellenplan** können sich weder AG noch AN berufen. Dieser kommt **tarifrechtlich** keine Bedeutung zu (st. Rspr. vgl. z. B. BAG 26. 8. 1987 AP BAT 1975 §§ 22, 23 Nr. 137). Der Grundsatz „Tarifrecht bricht Haushaltsrecht" bedeutet einerseits, dass eine höhere als die im Stellenplan ausgewiesene Eingruppierung und damit der Anspruch auf Bezahlung aus der höheren Entgeltgruppe eintritt, wenn die Merkmale der höheren Entgeltgruppe erfüllt sind; der Stellenplan muss dann angepasst werden. Umgekehrt kann aber auch der AN aus der Ausweisung im Stellenplan keine Ansprüche ableiten (BAG 26. 8. 1987 – 4 AZR 137/87 – AP BAT 1975 §§ 22, 23 Nr. 137), wenn die Tätigkeitsmerkmale nicht erfüllt sind.

28 Rechtlich relevant i. S. d. § 22 BAT/-O ist jedoch nur die **„nicht nur vorübergehend auszuübende Tätigkeit"**.

29 Vorübergehend übertragene Tätigkeiten verändern die tarifliche Eingruppierung nicht. Allerdings kann dies den Anspruch auf eine persönliche Zulage nach § 14 TVöD (für **übergeleitete** Beschäftigte sind auch §§ 10 und 18 TVÜ-Bund/-VKA zu beachten) auslösen.

30 Grundsätzlich kann der AG höherwertige Tätigkeiten befristet übertragen. Mit einer Entscheidung vom 17. 4. 2002 – 4 AZR 174/01 – AP BAT § 24 Nr. 23 – hat das BAG unter Aufgabe seiner bis dahin st. Rspr. festgestellt, dass die vorübergehende Übertragung einer höherwertigen Tätigkeit „in entsprechender Anwendung von § 315 BGB nach billigem Ermessen" zu erfolgen habe. Dabei müsse sich das billige Ermessen sowohl auf die Übertragung der Tätigkeit „an sich" als auch auf die „Nicht-Dauerhaftigkeit" beziehen. Die Grundsätze der Billigkeit seien gewahrt, wenn „alle wesentlichen Umstände des Falles abgewogen und die beiderseitigen Interessen angemessen berücksichtigt sind". Auch eine zeitlich nicht begrenzte „vorübergehende" Übertragung ist nach Auffassung des BAG nicht von vornherein unbillig; die Entscheidung müsse aber nachvollziehbar und plausibel sein. Entspricht die vorübergehende Übertragung nicht billigem Ermessen, bedeutet dies noch nicht zwangsläufig, dass die Übertragung als „dauerhaft" anzusehen ist; das Gericht könne auch eine andere Dauer bestimmen. Bei mehrmaliger vorübergehender Übertragung unterliegt jede einzelne der (gerichtlichen) Billigkeitskontrolle.

31 Dass die Tätigkeit nicht nur vorübergehend übertragen sein muss, um die Eingruppierung kraft TV zu bewirken, schließt aber **befristet Beschäftigte** nicht von der Regelung aus. § 22 BAT fordert nicht ein unbefristetes Arbeitsverhältnis, sondern lediglich eine „Übertragung auf Dauer" in Abgrenzung zur vorübergehenden Ausübung i. S. § 14 TVöD (vgl. auch Kuner, Rn. 140).

32 Einen „Sonderfall" haben die TVP im TVöD neu eingeführt, nämlich die Übertragung von „Führung auf Probe" (§ 31) bzw. von „Führung auf Zeit" (§ 32). Bei Befristungen auf Grund dieser Bestimmungen steht – wenn bereits ein Beschäftigungsverhältnis zum selben AG besteht – eine Zulage nach Maßgabe von § 31 Abs. 3 bzw. § 32 Abs. 3 zu. Bestand ein solches Arbeitsverhältnis nicht, richtet sich die Eingruppierung nach den Regeln des § 22 BAT.

33 Es kommt ferner darauf an, dass die Tätigkeiten vom Beschäftigten **auszuüben** sind. Sie müssen ihm also wirksam kraft Direktionsrecht vom AG übertragen worden sein, wenn sie nicht, was die Regel ist, im ArbVertr. ausdrücklich vereinbart ist. Andere Tätigkeiten bleiben bei der Eingruppierung unberücksichtigt, auch wenn der AN sie tatsächlich wahrnimmt (BAG 31. 10. 1990 – 4 AZR 260/90 – AP BAT 1975 §§ 22, 23 Nr. 152). Dafür genügt grundsätzlich auch eine konkludente Übertragung. Nach st. Rspr. (vgl. z. B. BAG 10. 3. 1982 – AP BPersVG § 75 Nr. 7; 2. 12. 1981 – AP BAT 1975 §§ 22, 23 Nr. 52; 28. 10. 1970 – AP

Eingruppierung in besonderen Fällen §§ 12, 13

BAT §§ 22, 23 Nr. 34) reicht es aus, wenn der AN die Tätigkeit mit Wissen und Billigung der Vorgesetzten ausübt, wobei es nicht darauf ankommt, ob diese Vorgesetzten für die Übertragung von höherwertigen Tätigkeiten zuständig sind. Dem AN kann nicht zugemutet werden zu prüfen, ob der anordnende Vorgesetzte evtl. seine Befugnisse überschritten hat oder nicht. **Dies gilt allerdings dann nicht, wenn der AN die Unzuständigkeit des Vorgesetzten kennt** (BAG 5. 5. 1999 – 4 AZR 360/98 – AP BAT 1975 §§ 22, 23 Nr. 268). **Unter Aufgabe seiner früheren Rspr. hat das BAG mit Urteil vom 16. 1. 1991 – 4 AZR 301/90 – AP MTA § 24 Nr. 3** – entschieden, dass eine auf Dauer übertragene Tätigkeit auch dann zur Zahlung des Entgeltes aus der höheren Entgeltgruppe verpflichtet, wenn der AG unter Verletzung des Mitbestimmungsrechtes den Personalrat nicht beteiligt hat.

UAbs. 2 enthält die Bewertungsregeln, wobei Satz 1 den Grundsatz beschreibt. Von besonderer Bedeutung ist dabei der Rechtsbegriff des **„Arbeitsvorganges"**. Die Definition dazu (und einige Bsp.) liefert die Protokollnotiz Nr. 1. Das BAG hat allerdings schon bald nach In-Kraft-Treten der Vorschrift (1975) eine vom Wortlaut des TV abweichende Definition entwickelt und bis heute daran festgehalten: *„Unter einem ‚Arbeitsvorgang' ist unter Hinzurechnung der Zusammenhangstätigkeiten und bei Berücksichtigung einer vernünftigen, sinnvollen praktischen Verwaltungsübung eine nach tatsächlichen Gesichtspunkten abgrenzbare und tarifrechtlich selbstständig bewertbare Arbeitseinheit der zu einem bestimmten Arbeitsergebnis führenden Tätigkeit eines Angestellten zu verstehen. Dabei braucht es sich nicht unbedingt um den kleinstmöglichen abgrenzbaren Teil der Tätigkeit zu handeln."* (BAG 22. 11. 19 77 4 AZR 395/76 – AP BAT 1975 §§ 22, 23 Nr. 2). 34

Zusammenhangstätigkeiten sind solche, die der Vorbereitung, der Durchführung und/oder der Unterstützung der eigentlichen Aufgaben dienen (BAG 14. 8. 1991 – 4 AZR 593/90 – AP §§ 22, 23 BAT 1975 Nr. 158). Etwas vereinfachend lässt sich sagen: Alle Tätigkeiten, die der AN ausführen muss, um das von ihm geforderte (abgrenzbare) Arbeitsergebnis erzielen zu können, gehören zu dem betreffenden Arbeitsvorgang. Dabei spielt keine entscheidende Rolle, ob eine bestimmte Tätigkeit von einem anderen AN ausgeführt werden könnte. Es kommt auf die tatsächliche Übung bzw. Organisation an (BAG 2. 12. 1992 – 4 AZR 140/92). Deshalb lässt sich auch nicht konkret definieren, was eine Zusammenhangstätigkeit ist. Je nach Aufgabenstellung bzw. Organisation kann eine bestimmte, von demselben AN auszuübende Tätigkeit ein gesondert zu bewertender „Arbeitsvorgang" im tariflichen Sinne, in einem anderen Kontext, aber auch Zusammenhangstätigkeit sein. Schreibarbeiten seien als häufig anzutreffendes Beispiel genannt: Hat ein AN neben der Sachbearbeitung auch Schreibarbeiten (z. B. nach Diktat oder Vorlage) für andere zu erledigen, werden die mit der (eigenen) Sachbearbeitung anfallenden Schreibarbeiten i. d. R. als Zusammenhangstätigkeit, die Arbeit nach Diktat oder Vorlage als eigenständiger Arbeitsvorgang anzusehen sein (vgl. BAG 14. 2. 1979 – 4 AZR 414/77 – AP BAT 1975 §§ 22, 24 Nr. 15). Ausbildungstätigkeiten können ein eigenständiger Arbeitsvorgang sein (vgl. BAG 2. 12. 1992 – 4 AZR 140/92). 35

Nicht zu einem Arbeitsvorgang zusammengefasst werden dürfen Tätigkeiten mit **unterschiedlicher Wertigkeit**, dies gilt jedoch nur dann, wenn die Einzeltätigkeiten auch **tatsächlich getrennt** werden können (BAG 12. 11. 1986 – 4 AZR 718/85 – AP BAT 1975 §§ 22, 23 Nr 129). Dies scheint, jedenfalls auf den ersten Blick, den dargestellten Grundsätzen zur Bestimmung von Zusammenhangstätigkeiten zu widersprechen. Denn, wie dargestellt, können auch Zusammenhangstätigkeiten tatsächlich trennbar sein und sie haben i. d. R. eine andere (niedrigere) Wertigkeit als die „Haupttätigkeit". Gemeint sind aber Tätigkeiten, die 36

a) tatsächlich trennbar,
b) unterschiedlich zu bewerten und
c) **keine** Zusammenhangstätigkeiten sind.

37 Oder anders ausgedrückt: Es muss sich um Tätigkeiten handeln, die zu einem **eigenen, abgrenzbaren** Arbeitsergebnis führen. Wenn z. B. die Bearbeitung von Erstanträgen und die von Folgeanträgen in einem bestimmten Rechtsgebiet unterschiedliche tarifliche Anforderungen stellt (etwa, weil bei Folgeanträgen – anders als bei Erstanträgen – keine selbstständigen Leistungen im Tarifsinne zu erbringen sind), handelt es sich um unterschiedliche Arbeitsvorgänge, die nicht zusammengefasst werden dürfen, auch wenn in beiden Fällen die „unterschriftsreife Bearbeitung eines Aktenvorganges" das Arbeitsergebnis ist. Wie schwierig die Abgrenzung sein kann, soll anhand des Beispieles eines vom BAG entschiedenen Falles (18. 5. 1994 – 4 AZR 461/93, AP BAT 1975 § 22 Nr. 178) verdeutlicht werden: Der klagenden AN oblag u. a. die Ermittlung und Klärung von Kostenträgerverhältnissen bei Behandlungs- bzw. Pflegefällen in einem Krankenhaus (Kostensicherung). Diese Tätigkeit umfasste mehrere „Teilaufgaben" (oder „Arbeitsschritte"). Beiderseits unbestritten war, dass in 80% aller Fälle der Kostenträger feststand oder nach einer Anfrage Kostenzusage erteilt wurde. In 20% der Fälle war der Kostenträger erst zu ermitteln oder der mutmaßliche Kostenträger hatte die Leistung verweigert und damit weitere Ermittlungen bzw. Prüfungen notwendig gemacht. Das LAG hatte sich auf den Standpunkt gestellt, dies seien zwei unterschiedlich zu bewertende Arbeitsvorgänge. Das BAG hat dagegen entschieden, es handele sich um einen (einheitlich zu bewertenden) Arbeitsvorgang und dies damit begründet, dass sich erst bei der Bearbeitung herausstelle, „ob der Kostenträger schon bekannt ist oder eine Anfrage ausreicht oder ob weitere Ermittlungen erforderlich sind". Eine Aufspaltung in zwei Arbeitsvorgänge sei demnach „praktisch und bei natürlicher Betrachtungsweise nicht sinnvoll".

38 Dagegen sind gleichförmige Arbeiten wie die Bearbeitung von Widerspruchsbescheiden mit **gleichem Schwierigkeitsgrad,** wenn sie das Arbeitsergebnis des Angestellten bilden, **grundsätzlich zusammenzufassen** und nicht einzeln rechtlich zu bewerten (BAG 12. 8. 1981 – 4 AZR 15/79 – AP BAT 1975 §§ 22, 23 Nr. 47).

39 Erheben die Tarifvertragsparteien selbst einen bestimmten Aufgabenbereich in der Art einer Dienstpostenbezeichnung zum Tätigkeitsmerkmal, sind alle Einzeltätigkeiten dieses Aufgabenbereiches in einem Arbeitsvorgang einheitlich zu bewerten (BAG 7. 12. 1983 – 4 AZR 405/81 – AP BAT 1975 §§ 22, 23 Nr. 83). Typisches Beispiel für solche Tätigkeitsmerkmale ist „Leiter von ...". „Arbeitsergebnis ist in diesen Fällen stets die Erfüllung der durch den Aufgabenbereich umschriebenen Aufgabe. Alle Einzeltätigkeiten des Aufgabenbereichs sind dieser Aufgabe zumindest als Zusammenhangstätigkeit zugeordnet" (BAG 7. 12. 1983 AP BAT 1975 §§ 22, 23 Nr. 83). Weist das Tätigkeitsmerkmal neben der Funktion weitere Anforderungen aus (z. B. „Leiter von großen und sehr schwierigen landwirtschaftlichen Betrieben mit voller Selbstständigkeit"), müssen natürlich auch diese zusätzlichen Anforderungen im Aufgabenbereich erfüllt sein. Evtl. weitere übertragene Tätigkeiten sind nach wie vor gesondert zu bewerten.

40 In den Fällen, in denen die TVP Tätigkeitsbeschreibungen in Form von Beispielen vereinbart haben, ist zu beachten, dass es tarifwidrig sein kann, Tätigkeiten aus verschiedenen Beispielen zu einem Arbeitsvorgang zusammenzufassen (BAG 26. 7. 1995 – 4 AZR 280/94 – AP BAT 1975 §§ 22, 23 Nr. 203).

41 Die Frage, was ein „Arbeitsvorgang" im tariflichen Sinne ist, kann nur im Einzelfall beantwortet werden. Sie ist jedoch von zentraler Bedeutung für die tarifrechtlich korrekte Bewertung des Arbeitsplatzes und deshalb nicht zufällig in sehr

Eingruppierung in besonderen Fällen §§ 12, 13

vielen Fällen Gegenstand umfangreicher Ausführungen in den Urteilsbegründungen. Es sei betont, dass die Bildung von Arbeitsvorgängen im tariflichen Sinne eine **Rechtsfrage** und demnach im Streitfall von den Gerichten abschließend zu entscheiden ist. Folgerichtig können bei einer gerichtlichen Auseinandersetzung von den Parteien die Arbeitsvorgänge nicht „unstreitig" gestellt werden und dem Gericht „nur" die Frage der rechtlichen Bewertung überlassen werden. Ein in der Praxis häufiger beobachteter Fehler ist der, die „Arbeitsplatzbeschreibung" oder gar Arbeitsaufzeichnungen des AN (also die Auflistung von „Arbeitsvorgängen" im landläufigen Sinne) zur Grundlage der Bewertung zu machen, **ohne** eine Zusammenfassung von Teiltätigkeiten zu Arbeitsvorgängen im tariflichen Sinne vorzunehmen. Auf die Bildung von Arbeitsvorgängen hat der AG einen mittelbaren Einfluss, weil er die Arbeitsorganisation bestimmt. Darüber hinaus aber entzieht sich die (rechtliche) Bestimmung des Arbeitsvorganges der Disposition von AG und AN.

Klagt ein AN auf „Höhergruppierung" – korrekt: auf Feststellung, dass seine 42
Tätigkeit den Tätigkeitsmerkmalen einer bestimmten Vergütungsgruppe entspricht – obliegt ihm die **volle Darlegungs- und Beweislast**. Diese gebietet es ihm, dem Gericht die Einzelheiten seiner Tätigkeit sowie sämtliche Tatsachen vorzutragen, die das Gericht zur rechtlichen Bestimmung der „Arbeitsvorgänge" kennen muss (BAG 28. 2. 1979 – 4 AZR 427/77 – AP BAT 1975 §§ 22, 23 Nr. 16). Hierzu gehören alle für die Bildung von Arbeitsvorgängen rechtlich relevanten Tatsachen, also auch „die jeweiligen Zusammenhangstätigkeiten, die Verwaltungsübung, die Arbeitsergebnisse und damit auch die etwaige Zusammenarbeit des Klägers mit anderen Bediensteten bzw. anderen Behörden" (BAG 28. 2. 1979 AP BAT 1975 §§ 22, 23 Nr. 16). Hingegen ist es nicht Aufgabe des Klägers seine Tätigkeit, bereits nach Arbeitsvorgängen vorgegliedert dem Gericht vorzutragen (BAG 28. 2. 1979 AP BAT 1975 §§ 22, 23 Nr. 16). Schon um seiner Darlegungs- und Beweislast gerecht werden zu können (z. B. hinsichtlich der zeitlichen Anteile) kann es notwendig sein, dass der eine gerichtliche Entscheidung anstrebende AN über einen längeren Zeitraum Aufzeichnungen über seine Tätigkeit führt, wenngleich dies von der Rechtsprechung nicht zwingend gefordert wird.

Nach deren Bildung entsprechend den obigen Grundsätzen ist für **jeden** Ar- 43
beitsvorgang der **zeitliche Anteil** – gemessen an der Gesamtarbeitszeit des AN – zu ermitteln. Dabei dürfen „unproduktive" Zeiten (z. B. Urlaub, Krankheit, Freistellung, bezahlte Pausen) weder zu Gunsten noch zu Lasten des AN berücksichtigt werden (ArbG Marburg 21. 6. 1991 – 2 CA 321/88 – NZA 1992, 424).

Jeder einzelne Arbeitsvorgang ist anhand der relevanten Tätigkeitsmerkmale zu 44
bewerten. Schließlich ist festzustellen, welchem Tätigkeitsmerkmal die gesamte auszuübende Tätigkeit entspricht. Hierzu ein einfaches Bsp.: Einem AN (Bereich VKA) des allgemeinen Verwaltungsdienstes sind folgende Arbeitsvorgänge (AV) übertragen (der zeitliche Anteil ist jeweils in Prozent von der Gesamtarbeitszeit angegeben):
AV 1 (20%) erfordert **gründliche** Fachkenntnisse;
AV 2 (25%) erfordert **gründliche und vielseitige** sowie **selbstständige Leistungen** (im tariflichen Sinne);
AV 3 (20%) erfordert wieder **gründliche** Fachkenntnisse;
AV 4 (35%) wird als **schwierigere** Tätigkeit bewertet.

Im nachfolgenden Schema werden für die Anforderungen folgende Abkürzun- 45
gen verwandt:
zA = zeitlicher Anteil
mT = vorwiegend mechanische Tätigkeit
eA = einfachere Arbeiten
sT = schwierigere Tätigkeit

§§ 12, 13 — Abschnitt III. Eingruppierung und Entgelt

gF = gründliche Fachkenntnisse
gv = gründliche, vielseitige Fachkenntnisse
gu = gründliche, umfassende Fachkenntnisse
sL = selbstständige Leistungen

ArbVg	zA	mT	eA	sT	gF	gv	gu	sL
AV 1	20%				20%			
AV 2	25%					25%		25%
AV 3	20%				20%			
AV 4	35%			35%				
insg.	100%			35%	40%	25%		25%

46 Bei keiner Anforderung wird das das geforderte zeitliche Maß erfüllt. Allerdings stellen gründliche und vielseitige Fachkenntnisse eine qualitative Steigerung gegenüber den gründlichen Fachkenntnissen dar. Demnach erfüllt der AV 2 auf jeden Fall auch die Anforderung „gründliche Fachkenntnisse"; somit fallen zu 65% Arbeitsvorgänge an, die mindestens gründliche Fachkenntnisse erfordern. Damit ist das Tätigkeitsmerkmal der Entgeltgruppe 5 (früher: VergGr. VII) Fallgruppe 1.a erfüllt. Das Tätigkeitsmerkmal der (früheren) VergGr. VII Fallgruppe 1.b (gründliche und vielseitige Fachkenntnisse), dessen Erfüllung nach altem Recht zum Bewährungsaufstieg geführt hätte, ist dagegen nicht erfüllt, da das geforderte zeitliche Maß von 50% nicht erreicht wird. Nach Abschaffung des Bewährungsaufstieges ist der Unterschied in diesem Fall jedoch bedeutungslos – jedenfalls nach dieser Prüfung, vgl. jedoch Rn. 50.

47 Dieses Schema verdeutlicht die zentrale Bedeutung des Begriffes Arbeitsvorgang (und des „Aufspaltungsverbotes"): Der Arbeitsvorgang ist **insgesamt zu bewerten** und darf dabei hinsichtlich der Anforderungen nicht mehr zeitlich aufgespalten werden (Protokollnotiz Nr. 1 S. 2). Er fließt also mit dem vollen zeitlichen Anteil in die Gesamtbewertung auch dann ein, wenn **innerhalb des Arbeitsvorganges** der zeitliche Anteil der niedriger zu bewertenden Zusammenhangstätigkeiten überwiegt. Allerdings fordert das BAG, dass die Arbeitsvorgänge in „rechtserheblichem" Ausmaß das Merkmal erfüllen. „Das Erfordernis des rechtserheblichen Ausmaßes ist zum Begriff des Arbeitsvorgangs in Bezug zu setzen. Der Begriff des rechtserheblichen Ausmaßes ist ein unbestimmter Rechtsbegriff. Bei seiner Anwendung steht dem Tatsachengericht ein Beurteilungsspielraum zu. Deshalb ist dem Senat eine Bestimmung eines Prozentsatzes der Arbeitszeit, bei dessen Vorliegen das Merkmal selbstständige Leistungen in erheblichem Ausmaß gegeben ist, nicht möglich; auch andere tatsächliche Gesichtspunkte vermögen zu dessen Ausfüllung zu führen" (BAG 11. 3. 1995 – 4 AZN 1105/94 – AP BAT 1975 § 22 Nr. 193). In einer Entscheidung vom 18. 5. 1994 (4 AZR 461/93 – AP BAT 1975 § 22 Nr. 178) hat das BAG ein „rechtserhebliches Ausmaß" für das Merkmal „selbstständige Leistungen" bejaht, wenn ein 35% der Arbeitszeit ausmachender Arbeitsvorgang zu 7% der Gesamttätigkeit selbstständige Leistungen beinhaltet. Wie aus dem Zitat deutlich, kann es aber u. U. auch auf andere Aspekte als nur bestimmte Prozentsätze ankommen. So hat es nicht beanstandet, „wenn die Instanzgerichte darauf abstellen, dass selbstständige Leistungen dann in rechtserheblichem Ausmaß erforderlich sind, wenn ohne sie ein sinnvoll verwertbares Arbeitsergebnis nicht erzielt würde" (BAG 11. 3. 1995 AP BAT 1975 § 22 Nr. 193).

48 Die Vorschrift des UAbs. 2 Satz 2 stellt eine Ausnahme von dem Grundsatz des Satzes 1 dar. Die ausnahmslose Anwendung des Satzes 1 – jeder Arbeitsvorgang muss für sich genommen den Anforderungen eines Tätigkeitsmerkmales entsprechen – könnte bei bestimmten Konstellationen zu ungewollten und unbilligen Ergebnissen führen. Bsp.: Ein AN, dessen gesamte Tätigkeit aus verschiedenen Arbeitsvorgängen besteht, muss für jeden Arbeitsvorgang relativ wenige, aber bei jedem Arbeitsvorgang andere Vorschriften handhaben. Die Zahl der anzuwendenden Vorschriften kann demnach so groß werden, dass sie – würden sie bei nur einem Arbeitsvorgang benötigt – die Anforderung „gründliche und vielseitige Fachkenntnisse" erfüllen würde. Der AN wäre also ohne diese Ausnahmevorschrift gegenüber einem anderen, dessen Tätigkeit aus nur einem, wenn auch für sich gesehen „anspruchsvolleren", Arbeitsvorgang besteht, benachteiligt, obschon beide eine vergleichbare breite Fachkenntnisse besitzen und einsetzen müssen.

Die TVP haben als Beispiel für eine Anforderung, die i.d.R erst bei der Betrachtung mehrerer Arbeitsvorgänge festgestellt werden kann, die Vielseitigkeit der Fachkenntnisse genannt. Infrage kommen aber auch andere Merkmale, etwa „umfassende Fachkenntnisse" – dies jedoch nur hinsichtlich der Breite – oder auch „besondere Schwierigkeit". **49**

Auf das Beispiel in Rn. 45 bezogen könnte diese Ausnahmevorschrift zu einem anderen Bewertungsergebnis führen: Vorausgesetzt, die Arbeitsvorgänge 1 und 3 setzen gründliche Fachkenntnisse aus recht unterschiedlichen Gesetzen voraus, könnte die zusammenfassende Beurteilung dazu führen, dass insgesamt zu 65% Arbeitsvorgänge anfallen, die gründliche und vielseitige Fachkenntnisse erfordern. Der Arbeitsvorgang 2 erfüllt für sich alleine auch die Anforderung „selbstständige Leistungen". Daher wären die Anforderungen der Entgeltgruppe 6 (VergGr VIb) Fallgruppe 1.a („gründliche und vielseitige Fachkenntnisse und mindestens zu einem Fünftel selbstständige Leistungen") erfüllt, so dass eine Eingruppierung in Entgeltgruppe 6 vorläge. **50**

UAbs. 3 stellt klar, dass sich das generell geforderte zeitliche Maß von 50% für **jede** in einem Tätigkeitsmerkmal genannte **Anforderung** gilt. Aus diesem Grunde erfüllt das Bsp. in Rn. 45 auch nicht das Merkmal „gründliche und vielseitige Fachkenntnisse und selbstständige Leistungen" (gefordert in Entgeltgruppe 8). **51**

UAbs. 4 wiederum beinhaltet streng genommen eine Selbstverständlichkeit, nämlich dass das „Regelmaß" von 50% dann nicht gilt, wenn ein Tätigkeitsmerkmal explizit ein abweichendes Maß bestimmt. Allerdings hat das BAG bis zum Jahre 1986 die Auffassung vertreten, diese Bestimmung beziehe sich auf das zeitliche Maß eines heraushebenden Merkmals **innerhalb** der Arbeitsvorgänge, die zeitlich zu mindestens 50% anfallen. Diese Rspr. hat das BAG ausdrücklich aufgegeben und seither in st. Rspr. (vgl. z.B. BAG 18.5.1994 – 4 AZR 461/93 – AP BAT 1975 §§ 22, 23 Nr. 178) wie unter Rn. 47 dargestellt entschieden. **52**

Eine Voraussetzung in der Person (**UAbs. 5**) kann die Anforderung einer bestimmten Vor-, Aus- oder Fortbildung, aber auch Zeit einer Berufstätigkeit sein. Sie ist neben den geforderten Anforderungen an die Tätigkeit Eingruppierungsvoraussetzung. Allerdings ist in solchen Fällen zu prüfen, aus welchen anderen Regelungen sich die tarifgerechte Eingruppierung ergibt. In Frage kommen u.U. Eingruppierung als „sonstiger Angestellter", nach dem Merkmal „Angestellte [Beschäftigte] in der Tätigkeit von …" oder auch nach der Nr. 1 UAbs. 3 der Vorbemerkungen (Bereich Bund) bzw. der Nr. 4 der Bemerkungen (Bereich VKA) zu allen Vergütungsgruppen (Eingruppierung in der nächstniedrigeren Entgeltgruppe). Letzteres gilt allerdings nicht, wenn der AN von den Bestimmungen des § 25 und der Anlage 3 erfasst wird und er die geforderte (Angestellten-)Prüfung nicht abgelegt hat. In einem solchen Fall kann aber nach den Bestimmungen der Anlage 3 u.U. eine Zulage zu zahlen sein. **53**

2.26. Zu Abs. 3

54 Wie unter Rn. 21 ff. dargestellt, tritt die Eingruppierung kraft TV ein, wenn die Tätigkeitsmerkmale erfüllt sind. Die Entgeltgruppe ist im ArbVertr. lediglich **anzugeben**. Wenn nicht besondere Umstände dafür sprechen, mit der angegebenen Entgeltgruppe sei eine bewusste übertarifliche Eingruppierung beabsichtigt gewesen, hat sie lediglich deklaratorische Bedeutung (st. Rspr.; vgl. z. B. BAG 23. 8. 1995 – 4 AZR 352/94 – BeckRS 1995 30370943). Etwas anderes kann nur ausnahmsweise gelten, etwa dann, wenn kein Eingruppierungssystem mit abstrakten Tätigkeitsmerkmalen auf das Arbeitsverhältnis Anwendung findet (BAG 16. 5. 2002 – 8 AZR 460/01 – AP BAT-O § 22 Nr. 21).

55 Die „Kehrseite der Medaille Tarifautomatik" stellt aus AN-Sicht die sog. „**korrigierende Rückgruppierung**" dar. Dieses Rechtsinstrument erlaubt es dem AG, eine „falsche Eingruppierung" (korrekt: die Bezahlung aus einer tarifrechtlich zu hohen und daher unzutreffenden Entgeltgruppe) einseitig auch **ohne Änderungskündigung** „nach unten" zu korrigieren. Ist dem AG bei der Ermittlung der nach seiner Auffassung zutreffenden Entgeltgruppe ein Rechtsirrtum unterlaufen und bezahlt er als Folge davon dem AN ein höheres als das Entgelt, das bei richtiger Tarifanwendung zu zahlen wäre, kann er sich durch eine einseitige Erklärung von der falschen Tarifanwendung lossagen (vgl. BAG 23. 4. 1986 – 4 AZR 90/85 – AP BAT 1975 §§ 22, 23 Nr. 118). Dieses Recht besteht jedoch dann nicht, wenn ein arbeitsvertraglicher Anspruch auf die höhere Bezahlung besteht, etwa dann, wenn eine übertarifliche Eingruppierung (bzw. Bezahlung) gewollt war. Aber hiervon ist nur im Ausnahmefall auszugehen; die Angabe der Entgeltgruppe im Arbeitsvertrag reicht – wie oben dargestellt – i. d. R. nicht aus.

56 Allerdings liegt im Falle der korrigierenden Rückgruppierung die Darlegungs- und Beweislast beim AG. Behauptet allerdings der AN, es sei eine übertarifliche Eingruppierung vereinbart gewesen, obliegt es ihm, die dafür sprechenden Umstände darzulegen und zu beweisen.

57 Im Übrigen aber hat der AG die objektive Fehlerhaftigkeit der mitgeteilten Vergütungsgruppe darzulegen und ggf. zu beweisen; diese Fehlerhaftigkeit ist bereits gegeben, wenn eine der tariflichen Voraussetzungen für die Eingruppierung in die dem Arbeitnehmer mitgeteilte Vergütungsgruppe fehlt (BAG 5. 11. 2003 – 4 AZR 689/02 – AP BAT § 22 Rückgruppierung Nr. 2). Dabei reicht es allerdings nicht aus, einen Fehler bei der Bewertung der Tätigkeit des AN aufzuzeigen; vielmehr muss er darlegen, dass ohne den Fehler dem AN Entgelt nach der ursprünglich mitgeteilten Entgeltgruppe nicht zusteht – er muss also für jedes der in Frage kommenden Tätigkeitsmerkmale der Entgeltgruppe darlegen, dass mindestens eine Anforderung oder Voraussetzung nicht gegeben ist. Überdies kann es u. U. nötig sein, darzulegen, wie sich die Verkennung eines Rechtsbegriffs auf die mitgeteilte Eingruppierung in dem Sinne auswirkt, dass sie nicht tarifgerecht ist (BAG 5. 11. 2003 AP BAT § 22 Rückgruppierung Nr. 2).

3. Besonderheiten nach dem TVÜ-Bund/TVÜ-VKA

3.1 Vorläufigkeit der Eingruppierung nach dem 1. 10. 2005

58 Von den in § 17 Abs. 3 TVÜ-Bund/VKA aufgezählten Ausnahmen (Eingruppierung in Entgeltgruppe 1; Eingruppierung der Ärztinnen/Ärzte und noch durchzuführende Bewährungs- und Fallgruppenaufstiege) abgesehen, sind alle zwischen dem 1. 10. 2005 und dem In-Kraft-Treten der neuen Entgeltordnung stattfindenden Eingruppierungsvorgänge sowohl bei Neueinstellungen als auch bei „Umgruppierungen" **vorläufig und begründen weder Vertrauensschutz noch Besitzstände**. Dies bedeutet, dass nach In-Kraft-Treten der neuen Entgeltord-

Eingruppierung in besonderen Fällen **§§ 12, 13**

nung zu prüfen ist, ob die dann geltenden Tätigkeitsmerkmale der jeweiligen Entgeltgruppe erfüllt sind. Für den Fall, dass sie es nicht sind, trifft § 17 **Abs. 4 TVÜ-Bund/VKA** Regelungen: **Alle** Anpassungen erfolgen mit Wirkung für die Zukunft. Sind also Merkmale einer höheren Entgeltgruppe erfüllt, kann der AN keine Ansprüche für vergangene Zeiten geltend machen. Sind die Merkmale einer niedrigeren Entgeltgruppe erfüllt, kann umgekehrt der AG keine Rückforderungen stellen. Im letzteren Fall sieht der TV aber doch eine (eingeschränkte) Besitzstandsregelung vor, indem er die Zahlung einer **statischen** Besitzstandszulage vorsieht, die jedoch beschränkt ist auf die Zeit, in der der AN die Tätigkeiten auszuüben hat, und außerdem ab September 2008 der Aufzehrung bei Stufenaufstiegen unterliegt. Dabei wird bei jedem Stufenaufstieg grundsätzlich die Hälfte des dadurch erzielten Einkommenszuwachses auf die Besitzstandszulage angerechnet. Bei AN, die nach dem 30. 9. 2005 neu eingestellt wurden, wird allerdings der gesamte durch die Stufensteigerung erzielte Einkommenszuwachs angerechnet.

Für den Bereich des KAV Nordrhein-Westfalen gilt nach der Protokollnotiz zu **59** Abs. 4 noch eine Besonderheit, die ihren Hintergrund darin hat, dass in diesem AG-Bereich nach dem bezirklichen Lohngruppenverzeichnis die Eingruppierung von Arbeitern (Definition nach altem Recht) mit einer abgeschlossenen Berufsausbildung von mindestens drei Jahren in Lohngruppe 5 erfolgt(e), während diese sog. „Eckeingruppierung" im Rahmen-TV zu § 20 BMT-G in Lohngruppe 4 vorgesehen war/ist. Daher wird dieser Personenkreis vorläufig auch der Entgeltgruppe 6 (und nicht 5) zugeordnet; die endgültige Zuordnung bleibt den Verhandlungen über die neue Entgeltordnung vorbehalten. Grundsätzlich gilt aber auch hier die Regelung des Abs. 4.

Ausdrücklich unberührt von diesen Bestimmungen bleiben die Grundsätze der **60** korrigierenden Rückgruppierung (§ 17 Abs. S. 4 TVÜ). Eine solche ist grundsätzlich auch dann möglich, wenn die neue Entgeltordnung als solche nicht zu einer Veränderung der Eingruppierung führen würde, sich der AG aber hinsichtlich der Erfüllung der Tätigkeitsmerkmale geirrt hat.

3.2 Zuordnung zu den (neuen) Entgeltgruppen

3.21 Die Vergütungsgruppen der **Anlage 1 a** BAT/-Ost/-Ostdeutsche Sparkas- **61** sen und die Lohngruppen nach den Lohngruppenverzeichnissen sind den neuen Entgeltgruppen zugeordnet worden; diese Zuordnung findet sich in der Anlage 4 zum TVÜ-Bund bzw. Anlage 3 zum TVÜ-VKA. Von diesen Anlagen nicht erfasst werden Ärztinnen/Ärzte (vgl. Rn. 13) und AN, für die nach altem Recht die Anlage 1 b zum BAT/-O galt (Pflegedienst). Letzteres hat den Grund darin, dass für diesen Personenkreis so viele Besonderheiten hinsichtlich der Tabellenentgelte gelten (vgl. Abschnitt II des Anhanges zu § 16 TVöD – Fassung VKA –, Anlage A zum TVöD-VKA) sowie Abschn. I des Anhanges zu den Anlagen A und B zum TVöD-VKA, dass für ihn faktisch (wie auch im früheren Recht) eine eigene Entgelttabelle gilt. Dem haben die TVP mit der Vereinbarung einer „Kr-Anwendungstabelle" – Anlage 4 (Tarifgebiet West) bzw. Anlage 5 (Tarifgebiet Ost) zum TVÜ-VKA Rechnung getragen. Aus dieser Tabelle können die Zuordnungen entnommen werden.

3.22 Die Erfüllung der Tätigkeitsmerkmale einer höheren Vergütungs- oder **62** Lohngruppe (nach früherem Recht) bedeutet nicht zwangsläufig, dass dem AN auch das Entgelt nach einer höheren TVöD-Entgeltgruppe zusteht. Dies hängt davon ab, ob die (höhere) Vergütungsgruppe auch einer höheren Entgeltgruppe zugeordnet ist (so umfasst z. B. die EG 10 die Tätigkeitsmerkmale der VergGr. IV a mit Bewährungsaufstieg nach III, der VergGr. IV b mit Bewährungsaufstieg nach IV a und der VerGr. V b, dies allerdings nur, wenn das Tätigkeitsmerkmal nach

§ 14   Abschnitt III. Eingruppierung und Entgelt

sechs Monaten der Berufsausübung eine Eingruppierung nach VergGr. IV b und nach Bewährung ein Aufstieg nach IV a ausgelöst hätte). Insoweit ist für die Übergangszeit bis zum In-Kraft-Treten der neuen Entgeltordnung auch nach Wegfall von Bewährungsaufstiegen nach wie vor von erheblicher Bedeutung, welcher Fallgruppe einer bestimmten Vergütungsgruppe die auszuübende Tätigkeit entspricht.

63   **3.3 Sonderregelung für AN in der EG 13**

Eine Besonderheit gilt nach § **17 Abs. 8 TVÜ** u. U. für AN (auch bei Einstellung nach dem 30. 9. 2005), die in EG 13 eingruppiert sind bzw. werden. Soweit eine der nachstehenden Voraussetzungen erfüllt ist, erhalten sie bis zum In-Kraft-Treten der neuen Entgeltordnung eine persönliche Zulage. Die Höhe dieser Zulage entspricht der Differenz zwischen dem ihnen aus der EG 13 zustehenden Tabellenentgelt und dem der entsprechenden Stufe der EG 14. Hinsichtlich des Tabellenentgeltes werden sie also so gestellt, als seien sie in EG 14 eingruppiert. Voraussetzung dafür ist, dass ihre (auszuübende) Tätigkeit den Merkmalen einer Fallgruppe entspricht, die

a) entweder einen **5- oder 6-jährigen Bewährungsaufstieg** von VergGr. II (Bund: II a) nach VergGr. I b oder

b) einen **Zeitaufstieg** (= bestimmte Tätigkeitsdauer) von VergGr. II (Bund: II a) nach VergGr. I b

vorsieht. Andere AN in EG 13 werden von der Vorschrift nicht erfasst.

64   3.4 Obgleich dies nicht mit der Eingruppierung im rechtlich engeren Sinne zusammenhängt, sei noch darauf verwiesen, dass § 17 Abs. 6 und 9 TVÜ Regelungen hinsichtlich der Techniker-, Meister-, Programmierer- und Vorarbeiter-/Vorhandwerkerzulage bis zum In-Kraft-Treten der neuen Entgeltordnung bzw. Eingruppierungsvorschriften enthält. Anspruchsvoraussetzungen und Höhe ergeben sich aus dem bisherigen Tarifrecht; die Regelungen gelten aber auch für nach dem 30. 9. 2005 eingestellte AN. Das für die Techniker-, Meister- und Programmiererzulage maßgebende Tarifrecht galt nur für Angestellte, das für die Vorarbeiter-/Vorhandwerkerzulage maßgebliche Tarifrecht nur für Arbeiter. Somit setzt der Anspruch z. B. auf eine Vorarbeiterzulage eine Tätigkeit voraus, die vor dem 1. 1. 2005 der Rentenversicherung der Arbeiter unterlegen hätte (vgl. auch § 38 Abs. 5 TVöD).

§ 14 TVöD Vorübergehende Übertragung einer höherwertigen Tätigkeit

(1) **Wird der/dem Beschäftigten vorübergehend eine andere Tätigkeit übertragen, die den Tätigkeitsmerkmalen einer höheren als ihrer/seiner Eingruppierung entspricht, und hat sie/er diese mindestens einen Monat ausgeübt, erhält sie/er für die Dauer der Ausübung eine persönliche Zulage rückwirkend ab dem ersten Tag der Übertragung der Tätigkeit.**

(2) **Durch landesbezirklichen Tarifvertrag – für den Bund durch einen Tarifvertrag auf Bundesebene – wird im Rahmen eines Kataloges, der die hierfür in Frage kommenden Tätigkeiten aufführt, bestimmt, dass die Voraussetzung für die Zahlung einer persönlichen Zulage bereits erfüllt ist, wenn die vorübergehend übertragene Tätigkeit mindestens drei Arbeitstage angedauert hat und die/der Beschäftigte ab dem ersten Tag der Vertretung in Anspruch genommen worden ist.**

Niederschriftserklärung zu § 14 Abs. 1:
1. Ob die vorübergehend übertragene höherwertige Tätigkeit einer höheren Entgeltgruppe entspricht, bestimmt sich nach den gemäß § 18 Abs. 3 TVÜ-Bund/VKA fortgeltenden

Vorübergehende Übertragung einer höherw. Tätigkeit § 14

Regelungen des § 22 Abs. 2 BAT/BAT-O bzw. den entsprechenden Regelungen für Arbeiterinnen und Arbeiter. Die Tarifvertragsparteien stellen klar, dass diese Niederschriftserklärung im Zusammenhang mit der neuen Entgeltordnung überprüft wird.

2. Die Tarifvertragsparteien stellen klar, dass die vertretungsweise Übertragung einer höherwertigen Tätigkeit ein Unterfall der vorübergehenden Übertragung einer höherwertigen Tätigkeit ist.

(3) ¹Die persönliche Zulage bemisst sich für Beschäftigte, die in eine der Entgeltgruppen 9 bis 15 eingruppiert sind, aus dem Unterschiedsbetrag zu dem Tabellenentgelt, das sich für die/den Beschäftigte/n bei dauerhafter Übertragung nach § 17 Abs. 4 Satz 1 und 2 ergeben hätte. ²Für Beschäftigte, die in eine der Entgeltgruppen 1 bis 8 eingruppiert sind, beträgt die Zulage 4,5 v. H. des individuellen Tabellenentgelts der/des Beschäftigten.

§ 14 TV-L Vorübergehende Übertragung einer höherwertigen Tätigkeit

(1) Wird Beschäftigten vorübergehend eine andere Tätigkeit übertragen, die den Tätigkeitsmerkmalen einer höheren Entgeltgruppe entspricht, und wurde diese Tätigkeit mindestens einen Monat ausgeübt, erhalten sie für die Dauer der Ausübung eine persönliche Zulage rückwirkend ab dem ersten Tag der Übertragung der Tätigkeit.

Niederschriftserklärung zu § 14 Absatz 1:
a) Ob die vorübergehend übertragene höherwertige Tätigkeit einer höheren Entgeltgruppe entspricht, bestimmt sich nach den gemäß § 18 Absatz 3 TVÜ-Länder fortgeltenden Regelungen des § 22 Absatz 2 BAT/BAT-O bzw. den entsprechenden Regelungen für Arbeiterinnen und Arbeiter. Die Tarifvertragsparteien stellen klar, dass diese Niederschriftserklärung im Zusammenhang mit einer neuen Entgeltordnung überprüft wird.
b) Die Tarifvertragsparteien stellen klar, dass die vertretungsweise Übertragung einer höherwertigen Tätigkeit ein Unterfall der vorübergehenden Übertragung einer höherwertigen Tätigkeit ist.

(2) ¹Durch landesbezirklichen Tarifvertrag kann für bestimmte Tätigkeiten festgelegt werden, dass die Voraussetzung für die Zahlung einer persönlichen Zulage bereits erfüllt ist, wenn die vorübergehend übertragene Tätigkeit mindestens drei Arbeitstage angedauert hat. ²Die Beschäftigten müssen dann ab dem ersten Tag der Vertretung in Anspruch genommen worden sein.

(3) ¹Die persönliche Zulage bemisst sich für Beschäftigte in den Entgeltgruppen 9 bis 15 aus dem Unterschiedsbetrag zu dem Tabellenentgelt, das sich für die/den Beschäftigte/n bei dauerhafter Übertragung nach § 17 Absatz 4 Satz 1 und 2 ergeben hätte. ²Für Beschäftigte, die in eine der Entgeltgruppen 1 bis 8 eingruppiert sind, beträgt die Zulage 4,5 v. H. des individuellen Tabellenentgelts der/des Beschäftigten; bei vorübergehender Übertragung einer höherwertigen Tätigkeit über mehr als eine Entgeltgruppe gilt Satz 1 entsprechend.

Zu den Erläuterungen zu § 14 TV-L siehe S. 124

§ 14 Abschnitt III. Eingruppierung und Entgelt

Erläuterungen zu § 14 TVöD

1 Sonderregelungen

1. **BT-V:** § 45 (Bund) – für Beschäftigte, die zu Auslandsdienststellen des Bundes entsandt sind – enthält in Nr. 7 Einschränkungen hinsichtlich des Zulagenanspruches.

2. **BT-B, BT-E, BT-F, BT-K, BT-S:** Diese BT enthalten keine eigenen Regelungen im Zusammenhang mit § 14.

1. Allgemeines:

2   1.1 § 14 gilt uneingeschränkt nur für die AN, deren (aktuelles) Arbeitsverhältnis nach dem 30. 9. 2005 begonnen hat. Für übergeleitete AN, also solche, deren Arbeitsverhältnis am 30. 9. 2005 schon und am 1. 10. 2005 noch bestand, können sich aus § 10 oder § 18 TVÜ abweichende Regelungen ergeben (vgl. Rn. 5, 14 und 15 ff.). Ferner ist bis zum In-Kraft-Treten der neuen Entgeltordnung bzw. Eingruppierungsvorschriften § 17 Abs. 9 TVÜ (vgl. auch Rn. 4) zu beachten.

3   1.2 Bis zum In-Kraft-Treten der neuen Entgeltordnung bzw. Eingruppierungsvorschriften gilt im Bereich der VKA – allerdings nur im Tarifgebiet West – § 25 und damit die Anlage 3 zum BAT weiter fort (vgl. Erl. zu §§ 12, 13 sowie § 17 Abs. 1 TVÜ-VKA). § 2 der Anlage 3 zum BAT sieht unter dort geregelten Voraussetzungen die Zahlung einer persönlichen Zulage vor, wenn der AN die zur Eingruppierung in einer bestimmten VergGr. erforderliche Prüfung nicht abgelegt hat. Für diese Zulage gilt nunmehr auch § 14 (vgl. § 18 Abs. 4 TVÜ-VKA).

4   1.3 Für Beschäftigte – auch für nach dem 30. 9. 2005 neu eingestellte –, deren Tätigkeit vor dem 1. 1. 2005 der Rentenversicherung der Arbeiter unterlegen hätte, ist u. U. § 17 Abs. 9 S. 3 TVÜ zu beachten. Diese Vorschrift beinhaltet eine Sonderregelung für den Fall, dass neben einer vorübergehend übertragenen höherwertigen Tätigkeit auch eine solche auszuüben ist, die nach den fortgeltenden tariflichen Bestimmungen den Anspruch auf eine Zulage für Vorarbeiter/Vorhandwerker o. ä. auslöst. In diesem Fall wird **anstelle** der Zulage nach § 14 Abs. 3 **und** der Zulage nach dem fortgeltendem Tarifrecht eine Zulage von **10% des individuellen Tabellenentgeltes** (also u. U. auch aus einer individuellen Zwischen- oder Endstufe) gezahlt. **Diese Sonderregelung gilt jedoch nur bis zum In-Kraft-Treten der neuen Eingruppierungsvorschriften.**

5   1.4 Für **übergeleitete AN,** denen bereits vor dem 1. 10. 2005 eine den Zulagenanspruch auslösende höherwertige Tätigkeit übertragen war, gilt für die Dauer der Wahrnehmung dieser Tätigkeit und solange die Zulage nach bisherigem Recht zu zahlen gewesen wäre § 10 TVÜ (Besitzstandszulage). Dies gilt auch dann, wenn nach dem TVöD eine Zulage deshalb nicht zustehen würde, weil die vorübergehend übertragene Tätigkeit zwar einer höheren Vergütungs- oder Lohngruppe (nach altem Recht) entsprach, aber nicht einer höheren TVöD-Entgeltgruppe. Dieser Zulagenanspruch endet auf jeden Fall nach dem 30. 9. 2007; wird auch dann die Tätigkeit weiter ausgeübt, gilt § 14. Wird nach Beendigung dieser Tätigkeit eine andere den Zulagenanspruch auslösende höherwertige Tätigkeit übertragen, gelten die Regelungen des § 14 – u. U. i. V. m. § 18 Abs. 1 oder 2 TVÜ (vgl. auch Rn. 14).

2. Zu Abs. 1

6   2.1 Zur rechtlichen Zulässigkeit von befristeten Übertragungen von höherwertigen Tätigkeiten vgl. Erl. zu §§ 12, 13 (Rn. 29, 31 ff.).

Vorübergehende Übertragung einer höherw. Tätigkeit § 14

2.2 Abs. 1 hat bis zur Vereinbarung eines TV gem. Abs. 2 wg. der Vorschriften 7
des § 18 Abs. 2 TVÜ nur Bedeutung für:
a) **alle AN,** deren Arbeitsverhältnis **nach dem 30. 9. 2005** begonnen hat;
b) **übergeleitete AN,** deren Tätigkeit vor dem 1. 1. 2005 der Rentenversicherung der **Angestellten** unterlegen hätte.
Wg. der übergeleiteten AN, deren Tätigkeit vor dem 1. 1. 2005 der Rentenver- 8
sicherung der **Arbeiter** unterlegen hätte, vgl. Rn. 14.

2.3 Der Anspruch auf eine persönliche Zulage entsteht, wenn 9
a) die (vertretungsweise oder aus anderen Gründen) vorübergehend übertragene Tätigkeit tarifrechtlich einer höheren Entgeltgruppe zugeordnet ist und
b) die Übertragung mindestens einen Monat gedauert hat.

2.4 Da der TVöD noch keine eigenen Eingruppierungsvorschriften (einschl. 10
Entgeltordnung) enthält, sind für die Bewertung der übertragenen Tätigkeiten die bisherigen Eingruppierungsvorschriften und die Vergütungsordnung zum BAT/-O/-Ostdeutsche Sparkassen bzw. die bisher geltenden Regelungen des früheren Arbeitertarifrechts heranzuziehen (vgl. Erl. zu §§ 12, 13 sowie § 18 Abs. 3 TVÜ). Es genügt jedoch nicht, dass die Tätigkeiten einer höheren Vergütungs- oder Lohngruppe (nach altem Recht) entsprechen, sondern es muss diese Vergütungs- oder Lohngruppe auch einer höheren TVöD-Entgeltgruppe zugeordnet sein (Anl. 4 TVÜ-Bund bzw. Anl. 3 TVÜ-VKA).

2.5 Die Tätigkeit muss mindestens **einen Monat** lang **ausgeübt** worden sein. 11
Es muss sich also nicht um einen vollen **Kalendermonat** handeln. Es wird auch keine ununterbrochene Ausübung der höherwertigen Tätigkeiten gefordert. Andererseits knüpft die Vorschrift den Zulagenanspruch an die „Ausübung". Für den Fall von Unterbrechungen der **Ausübung** (z. B. wg. Urlaub oder Arbeitsunfähigkeit) haben die TVP keine Regelungen getroffen. Daraus muss gefolgert werden, dass die Unterbrechungszeiten als solche unschädlich sind – die Frist also nicht nach der Unterbrechung neu beginnt –, jedoch nicht bei der Fristberechnung berücksichtigt werden. Damit gilt für die Fristberechnung grundsätzlich § 188 Abs. 2 i. V. m. § 187 Abs. 2 BGB. Wird also eine höherwertige Tätigkeit am 14. November übertragen, endet die Monatsfrist mit Ablauf des 13. Dezember; ist die Tätigkeit auch noch am 14. Dezember wahrzunehmen, ist der Zulagenanspruch gegeben. Die Berechnung nach diesen Vorschriften ist aber dann nicht mehr möglich, wenn die Tätigkeit an Tagen nicht ausgeübt wurde, obwohl sie hätte ausgeübt werden müssen, z. B. wg. Arbeitsunfähigkeit, Erholungsurlaub, Arbeitsbefreiung. In solchen Fällen kann die Frist nur nach § 191 BGB berechnet werden. Die Tätigkeit muss also an zusammengerechnet 30 Tagen ausgeübt worden sein, wobei Tage, an denen der AN ohnehin nicht hätte arbeiten müssen (z. B. bei der Fünf-Tage-Woche die Samstage und Sonntage), mitzuzählen sind.

Ist die Frist erfüllt, steht die Zulage grundsätzlich ab dem ersten Tag der Über- 12
tragung zu. Allerdings enthält § 14 keine dem § 24 Abs. 3 BAT/-O entsprechende Vorschrift. Es stellt sich demnach die Frage, ob die Zulage auch für Zeiten (nach Entstehung des Anspruches) zu zahlen ist, in denen der AN sie nicht ausübt, weil er Erholungsurlaub in Anspruch nimmt, arbeitsunfähig krank oder ihm Arbeitsbefreiung erteilt wird. Zur Beurteilung dieser Frage ist § 21 heranzuziehen mit dem Ergebnis, dass die Zulage weiter zu zahlen ist. Denn die Zulage ist ein in Monatsbeträgen festgelegter Entgeltbestandteil, und solche sind nach den Bestimmungen des § 21 fortzuzahlen (dies gilt natürlich dann nicht mehr, wenn die Übertragung in einem solchen Zeitraum endet).

§ 14 Abschnitt III. Eingruppierung und Entgelt

3. Zu Abs. 2

13 **3.1** Die Vorschrift verpflichtet den Bund und die Mitgliedsverbände der VKA, für ihren jeweiligen Bereich Ausnahmen von der nach Abs. 1 den Anspruch begründenden Mindestdauer der Ausübung zu vereinbaren. Es sind Tätigkeiten zu vereinbaren, die den Anspruch auf die Zulage schon dann begründen, wenn der Übertragungszeitraum mindestens drei **Arbeitstage** beträgt **und** der AN ab dem ersten Tag **der Vertretung** in Anspruch genommen wird. Zum Zeitpunkt der Drucklegung waren entsprechende TV noch nicht vereinbart. Nach einer Niederschrifterklärung zum TVÜ-VKA sollen die landesbezirklichen TV zum 1. 7. 2007 in Kraft treten.

14 **3.2** Während die Bestimmung für AN, deren Arbeitsverhältnis erst nach dem 30. 9. 2005 begonnen hat, erst von Bedeutung wird, wenn die entsprechenden TV vereinbart sind, ist für **übergeleitete** AN, deren Tätigkeit vor dem 1. 1. 2005 der Rentenversicherungspflicht der **Arbeiter** unterlegen hätte, § 18 Abs. 2 TVÜ zu beachten. Dieser schreibt vor, dass für aus dem Geltungsbereich des BMT-G/-O bzw. MTArb/-O übergeleitete AN bis zum In-Kraft-Treten eines TV nach § 14 Abs. 2 die bisherigen die vorübergehende Übertragung höherwertiger Tätigkeiten betreffenden Vorschriften weiter gelten, allerdings mit der Abweichung, dass für die Höhe der Zulage § 14 (vgl. Rn. 15 ff.) gilt, sofern nicht § 17 Abs. 9 S. 3 anzuwenden ist (vgl. Rn. 4). Damit gelten bis zum In-Kraft-Treten eines für den jeweiligen AG-Bereiches (Bund bzw. eines Mitgliedsverbandes der VKA) gültigen TV nach Abs. 2 für den **Anspruch dem Grunde** nach die bisherigen tariflichen Bestimmungen. Für den Anspruch der Höhe nach gilt Abs. 3 bzw. § 17 Abs. 9 S. 3 TVÜ (bis zum In-Kraft-Treten der neuen Eingruppierungsvorschriften). Wenn allerdings für einen AG-Bereich ein TV gem. Abs. 2 gilt, ist anhand dieses TV zu prüfen, ob die Regelung des Abs. 1 oder die des TV nach Abs. 2 greift; § 18 Abs. 2 TVÜ ist dann auch für übergeleitete AN nicht mehr anzuwenden.

4. Zu Abs. 3

15 **4.1** Die Vorschrift regelt die Höhe der Zulage, und zwar unterschiedlich für die Entgeltgruppen 9 bis 5 einerseits und 1 bis 8 andererseits. Sie ist **zurzeit** (bis zum 30. 9. 2007) **uneingeschränkt** nur anwendbar:
a) für **alle** AN, deren Arbeitsverhältnis nach dem **30. 9. 2005** begonnen hat;
b) für **übergeleitete** AN, deren Tätigkeit vor dem 1. 1. 2005 der Rentenversicherung der **Arbeiter** unterlegen hätte, **in Fällen, die nicht von § 17 Abs. 9 S. 3 TVÜ erfasst werden** – Zusammentreffen einer vorübergehend übertragenen höherwertigen Tätigkeit mit einer den Anspruch auf eine Vorarbeiter-/Vorhandwerkerzulage begründenden Tätigkeit – (vgl. Rn. 4);
c) für **übergeleitete** AN, deren Tätigkeit vor dem 1. 1. 2005 der Rentenversicherung der **Angestellten** unterlegen hätte, wenn sich ihr Entgelt nach einer „regulären" Stufe der Entgelttabelle bemisst. Bemisst sich das Entgelt nach einer individuellen Zwischen- oder Endstufe, gelten die Ausführungen unter Rn. 18. Dies kann dann der Fall sein, wenn die Überleitung gem. § 6 Abs. 5 TVÜ in die Stufe 2 erfolgte oder wenn nach der Überleitung eine Höhergruppierung stattgefunden hat.

16 **4.2** AN in den **EG 9 bis 15** werden hinsichtlich des Tabellenentgeltes durch die Zulage finanziell so gestellt, als ob die vorübergehend übertragene Tätigkeit auf Dauer übertragen worden wäre (und sie demnach in der höheren EG eingruppiert wären). Dies bedeutet, dass für die Berechnung der Zulage die Regelung des **§ 17 Abs. 4** anzuwenden ist; auf die Erl. zu § 17 wird verwiesen. Tritt während des Übertragungszeitraumes eine Stufensteigerung ein, ist auch die Zulage neu zu berechnen.

Vorübergehende Übertragung einer höherw. Tätigkeit **§ 14**

4.3 Für AN in den **EG 1 bis 8** kommt es dagegen nicht an, welches Tabellenentgelt bei einer dauerhaften Übertragung der Tätigkeit zustehen würde, sondern es ist eine Zulage in Höhe von 4,5% des individuellen Tabellenentgeltes (Stufenbetrag) zu zahlen. Das individuelle Tabellenentgelt kann bei (ehemals) **Arbeitern** auch das aus einer individuellen Zwischen- oder Endstufe sein. (Bei — ehemals — Angestellten ist das aus den in Rn. 18 dargestellten Gründen nicht möglich.) Maßgebend ist, in welcher EG der AN eingruppiert ist, nicht, nach welcher EG die vorübergehend übertragenen Tätigkeiten zu bewerten sind. Werden also z.B. einem AN, der in EG 8 eingruppiert ist, Tätigkeiten der EG 9 (oder einer höheren) übertragen, erhält er die prozentuale Zulage. Die prozentuale Zulage steht auch dann zu, wenn der AN dadurch (vorübergehend) besser gestellt ist, als wenn ihm die Tätigkeit auf Dauer übertragen wäre. Auf den Sonderfall, dass eine vorübergehend auszuübende Tätigkeit neben einer solchen, die für eine Vorarbeiter-/Vorhandwerkerzulage anspruchsbegründend ist wird nochmals hingewiesen (Rn. 4). 17

4.4 Für **übergeleitete** AN, deren Tätigkeit vor dem 1. 1. 2005 der Rentenversicherung der **Angestellten** unterlegen hätte und deren Entgelt sich im Übertragungszeitraum nach einer individuellen Zwischen- oder Endstufe bemisst, gelten bis zum 30. 9. 2007 die Vorschriften des § 18 Abs. 1 S. 2 und 3 TVÜ. Hintergrund der Befristung ist der Umstand, dass gem. § 6 Abs. 1 TVÜ die in eine individuelle Zwischenstufe übergeleiteten (ehemals) Angestellten zum 1. 10. 2007 in die nächsthöhere „reguläre" Stufe ihrer EG aufrücken. Dies kann naturgemäß nicht für die AN gelten, die in eine individuelle Endstufe übergeleitet wurden. Aber auch für sie gilt, dass für nach dem 30. 9. 2007 vorübergehend übertragene höherwertige Tätigkeiten die Sonderregelungen des § 18 Abs. 1 TVÜ nicht mehr anzuwenden sind. Aus dieser Situation ergeben sich folgende möglichen Fallkonstellationen: 18

4.41 Übergeleitete „Angestellte", deren Tabellenentgelt sich nach einer individuellen Zwischenstufe bemisst: Es ist eine „fiktive Höhergruppierung" nach den Vorschriften des § 6 Abs. 2 S. 1 und 2 TVÜ durchzuführen: In der höheren EG gilt grundsätzlich die Stufe, deren Betrag mindestens der individuellen Zwischenstufe entspricht, **mindestens** aber die **Stufe 2**. Die Differenz zwischen dem so ermittelten Stufenbetrag und dem Entgelt aus der individuellen Zwischenstufe ist als Zulage zu zahlen. Würde nach dieser Berechnung der Zulagenbetrag unter dem (dynamisierbaren) Garantiebetrag gem. § 17 Abs. 2 S. 2 (z. Zt. im Tarifgebiet West 50 Euro in den EG 9 bis 15 und 25 Euro in den EG 1 bis 8) liegen, ist der Garantiebetrag als Zulage zu zahlen. 19

4.42 Übergeleitete „Angestellte", deren Tabellenentgelt sich nach einer individuellen Endstufe bemisst: Es ist eine „fiktive Höhergruppierung" nach den Vorschriften des § 6 Abs. 3 S. 2 TVÜ-Bund bzw. nach § 6 Abs. 4 S. 2 TVÜ-VKA vorzunehmen: In der höheren Entgeltgruppe gilt die Stufe, deren Betrag mindestens der individuellen Endstufe entspricht. Die Differenz zwischen dieser Stufe und der individuellen Endstufe ist als Zulage zu zahlen. Der Unterschied zu den Regelungen für AN in individuellen Zwischenstufen besteht also darin, dass hier weder mindestens die Stufe 2 noch der Garantiebetrag zusteht. 20

4.43 Beiden Fallkonstellationen ist gemeinsam, dass sich für die AN in den EG 9–15 keine prinzipiellen Unterschiede zu den Regelungen des § 14 Abs. 3 ergeben, wohl aber für AN in den EG 1 bis 8: Für diese gilt eben nicht die prozentuale Zulage (vgl. Rn. 17), sondern ebenfalls die oben beschriebene Regelung. 21

R. Neffke

Erläuterungen zu § 14 TV-L

1 **1. Sonderregelungen**
§ 41 Nr. 9 TV-L für Ärztinnen und Ärzte an Universitätskliniken

2 **2. Zu Abs. 1:** Inhaltlich ist die Bestimmung identisch mit § 14 Abs. 1 TVöD; die geringfügigen Abweichungen im Wortlaut sind materiell-rechtlich ohne Belang. Die TVP des TV-L haben zu § 14 Abs. 1 TV-L eine gleichlautetende Niederschriftserklärung wie die zu § 14 Abs. 1 TVöD abgegeben. Auf die Erl. zur genannten Bestimmung des TVöD wird daher mit der Maßgabe verwiesen, dass an Stelle der dort aufgeführten Vorschriften des TVÜ-Bund/TVÜ-VKA die entsprechenden Bestimmungen des TVÜ-L zu beachten sind.

3 **3. Zu Abs. 2:** Während § 14 Abs. 2 TVöD den Abschluss landesbezirklicher TV zwingend vorschreibt, sieht der TV-L dies als Möglichkeit vor („... kann für ..."). Die übrigen Abweichungen im Wortlaut gegenüber § 14 Abs. 2 TVöD sind materiell-rechtlich ohne Belang. Auf die Erl. zur genannten Bestimmung des TVöD wird daher mit der Maßgabe verwiesen, dass an Stelle der dort aufgeführten Vorschriften des TVÜ-Bund/TVÜ-VKA die entsprechenden Bestimmungen des TVÜ-L zu beachten sind.

4 **4. Zu Abs. 3:** Die Bestimmung ist bis auf eine Ausnahme inhaltsgleich mit der des § 14 Abs. 3 TVöD. Diese Ausnahme betrifft die Höhe der persönlichen Zulage für Beschäftigte in den EG 1 bis 8, wenn zwischen der EG, in die der AN eingruppiert ist, und der, der die vorübergehend wahrgenommene Tätigkeit entspricht, mindestens eine weitere EG liegt (Bsp.: Einem AN der EG 5 wird vorübergehend eine Tätigkeit der EG 7 zugewiesen.) Während der TVöD für diesen Fall keine besondere Regelung vorsieht, bestimmt der TV-L die Geltung des Abs. 3 Satz 1. Dies bedeutet, dass dem AN der Differenzbetrag zwischen dem Tabellenentgelt, das ihm bei einer dauerhaften Übertragung der höherwertigen Tätigkeit zustünde, und seinem (derzeitigen) Tabellenentgelt zusteht. Dies wird in aller Regel für den AN günstiger sein.

5 Im Übrigen wird auf die Erl. zu § 14 TVöD mit der Maßgabe verwiesen, dass an Stelle der dort aufgeführten Bestimmungen des TVÜ/Bund/TVÜ-VKA die entsprechenden Bestimmungen des TVÜ-L zu beachten sind.

§ 15 TVöD Tabellenentgelt

(1) [1]**Die/Der Beschäftigte erhält monatlich ein Tabellenentgelt.** [2]**Die Höhe bestimmt sich nach der Entgeltgruppe, in die sie/er eingruppiert ist, und nach der für sie/ihn geltenden Stufe.**

Protokollerklärungen zu Absatz 1:
1. Für Beschäftigte des Bundes, für die die Regelungen des Tarifgebiets Ost Anwendung finden, beträgt der Bemessungssatz für das Tabellenentgelt und die sonstigen Entgeltbestandteile in diesem Tarifvertrag sowie in den diesen Tarifvertrag ergänzenden Tarifverträgen und -regelungen 92,5 v. H. der nach den jeweiligen Tarifvorschriften für Beschäftigte des Bundes, für die die Regelungen des Tarifgebiets West Anwendung finden, geltenden Beträge.
2. [1]Für Beschäftigte im Bereich der VKA, für die die Regelungen des Tarifgebiets Ost Anwendung finden, beträgt der Bemessungssatz für das Tabellenentgelt und die sonstigen Entgeltbestandteile in diesem Tarifvertrag sowie in den diesen Tarifvertrag ergänzenden Tarifverträgen und -regelungen 94 v. H. der nach den jeweiligen Tarifvorschriften für Beschäftigte im Bereich der VKA, für die die Regelungen des Tarifgebiets West Anwendung

finden, geltenden Beträge. ²*Dieser Bemessungssatz erhöht sich zum 1. Juli 2006 auf 95,5 v. H. und zum 1. Juli 2007 auf 97 v. H.*
3. Die Protokollerklärungen Nrn. 1 und 2 gelten nicht für Ansprüche aus § 23 Abs. 1 und 2.

(2) ¹**Beschäftigte, für die die Regelungen des Tarifgebiets West Anwendung finden, erhalten Entgelt nach den Anlagen A (Bund bzw. VKA).** ²**Beschäftigte, für die die Regelungen des Tarifgebiets Ost Anwendung finden, erhalten Entgelt nach den Anlagen B (Bund bzw. VKA).**

(3) ¹**Im Rahmen von landesbezirklichen bzw. für den Bund in bundesweiten tarifvertraglichen Regelungen können für an- und ungelernte Tätigkeiten in von Outsourcing und/oder Privatisierung bedrohten Bereichen in den Entgeltgruppen 1 bis 4 Abweichungen von der Entgelttabelle bis zu einer dort vereinbarten Untergrenze vorgenommen werden.** ²**Die Untergrenze muss im Rahmen der Spannbreite des Entgelts der Entgeltgruppe 1 liegen.** ³**Die Umsetzung erfolgt durch Anwendungsvereinbarung, für den Bund durch Bundestarifvertrag.**

§ 15 TV-L Tabellenentgelt

(1) ¹**Die/Der Beschäftigte erhält monatlich ein Tabellenentgelt.** ²**Die Höhe bestimmt sich nach der Entgeltgruppe, in die sie/er eingruppiert ist, und nach der für sie/ihn geltenden Stufe.**

Protokollerklärung zu § 15 Absatz 1:
¹*Für Beschäftigte, bei denen die Regelungen des Tarifgebiets Ost Anwendung finden, beträgt der Bemessungssatz für das Tabellenentgelt und die sonstigen Entgeltbestandteile in diesem Tarifvertrag sowie in den diesen Tarifvertrag ergänzenden Tarifverträgen und Tarifvertragsregelungen 92,5 v. H. der nach den jeweiligen Tarifvorschriften für Beschäftigte im Tarifgebiet West geltenden Beträge.* ²*Der Bemessungssatz Ost erhöht sich am 1. Januar 2008 auf 100 v. H. für Beschäftigte, auf die die Regelungen des Tarifgebietes Ost Anwendung finden und die nach dem BAT-O (einschließlich des § 2 Nr. 3 des Änderungstarifvertrages Nr. 1 zum BAT-O vom 8. Mai 1991) in die Vergütungsgruppen X bis Vb, Kr. I bis Kr. VIII eingruppiert oder nach dem MTArb-O in die Lohngruppen 1 bis 9 eingereiht wären.* ³*Für die übrigen Vergütungsgruppen bleibt der Bemessungssatz nach Satz 1 bis zum 31. Dezember 2009 unverändert; die Angleichung des Bemessungssatzes wird bis zu diesem Zeitpunkt abgeschlossen.* ⁴*Satz 1 gilt nicht für Ansprüche aus § 23 Absatz 1 und 2.*

(2) ¹**Beschäftigte, für die die Regelungen des Tarifgebiets West Anwendung finden, erhalten Entgelt nach den Anlagen A 1 und A 2.** ²**Beschäftigte, für die die Regelungen des Tarifgebiets Ost Anwendung finden, erhalten Entgelt nach den Anlagen B 1 bis B 3.**

(3) ¹**Im Rahmen von landesbezirklichen Regelungen können für an- und ungelernte Tätigkeiten in von Outsourcing und/oder Privatisierung bedrohten Bereichen in den Entgeltgruppen 1 bis 4 Abweichungen von der Entgelttabelle bis zu einer dort vereinbarten Untergrenze vorgenommen werden.** ²**Die Untergrenze muss im Rahmen der Spannbreite des Entgelts der Entgeltgruppe 1 liegen.** ³**Die Umsetzung erfolgt durch Anwendungsvereinbarung.**

Niederschriftserklärung zu § 15:
Als Tabellenentgelt gilt auch das Entgelt aus der individuellen Zwischenstufe und der individuellen Endstufe.
Zu den Erläuterungen zu § 15 TV-L siehe S. 127

§ 15 Abschnitt III. Eingruppierung und Entgelt

Erläuterungen zu § 15 TVöD

1 Sonderregelungen

1. **BT-V:** § 45 Nr. 8 (Bund) regelt zusätzliche Entgeltbestandteile für Beschäftigte, die zu Auslandsdienststellen des Bundes entsandt sind. § 46 Nr. 22 (Bund) regelt die Geltung der VKA-Bestimmungen Beschäftigte im Pflegedienst sowie Ärztinnen/Ärzte in Bundeswehrkrankenhäusern.
2. **BT-K:** § 52 bestimmt die Geltung der Anlagen D und E für Ärztinnen und Ärzte; außerdem sind Zulagenregelungen enthalten.
3. **BT-B, BT-E BT-S:** Keine
4. Für **Lehrkräfte,** die nicht von der Anlage 1 a BAT erfasst werden, enthält § 19 Abs. TVÜ-**VKA** Minderungen der Tabellenentgelte vor.

1. Zu Abs. 1

2 **1.1** Die Vorschrift bildet die tarifrechtliche Anspruchsgrundlage für den wichtigsten Entgeltbestandteil der AN im ö. D., nämlich das monatliche Tabellenentgelt, und den Grundsatz für dessen Bemessung. Nähere Ausgestaltungen ergeben sich aus den Vorschriften über die Eingruppierung (vgl. Erl. zu §§ 12, 13) sowie aus den §§ 16 und 17.

3 **1.2** Für die Tarifgebiete West und Ost gelten sowohl im Bereich des Bundes als auch im VKA-Bereich nach wie vor unterschiedliche Entgelthöhen. Dabei sind Grundlage die Entgelthöhen im Tarifgebiet West; auf diese Werte ist für das Tarifgebiet Ost der Bemessungssatz anzuwenden. Dieser Bemessungssatz ergibt sich aus den Protokollerklärungen Nr. 1 (gilt für den Bereich des Bundes) bzw. Nr. 2 (gilt für den VKA-Bereich). Er gilt nicht nur für das Tabellenentgelt, sondern auch für (fast) alle anderen Entgeltbestandteile nach dem TVöD und den diesen ergänzenden tariflichen Regelungen. **Nicht anzuwenden** ist nach der Protokollerklärung Nr. 3 dieser Bemessungssatz auf die vermögenswirksamen Leistungen und auf die Jubiläumszuwendung, d. h., diese Entgeltbestandteile werden in der Höhe gezahlt, wie sie auch im Tarifgebiet West zustehen. Wg. der Erhöhung der Bemessungssätze vgl. Erl. zu § 15 Abs. 1 TV-L (dort Rn. 2).

4 **1.3** Anteiliges Tabellenentgelt ist nach den Vorschriften des § 24 Abs. 2 (bei Teilzeitbeschäftigung), Abs. 3 S. 1 (Entgelt für einzelne Tage) und Abs. 3 S. 2 und 3 (Entgelt für einzelne Stunden) zu berechnen.

2. Zu Abs. 2

5 **2.1** Die für die Bereiche des Bundes und der VKA jeweiligen Entgelttabellen (Anlage A – Tarifgebiet West und Anlage B – Tarifgebiet Ost) sind Bestandteil des TVöD, also des Manteltarifvertrages selber, und nicht mehr, wie im Geltungszeitbereich des BAT/BMT-G/MT-Arb, in eigenen Vergütungs- bzw. Lohntarifverträgen geregelt. Sie sind allerdings gesondert kündbar – vgl. § 39 Abs. 3.

6 **2.2** Die Entgelttabellen sehen grundsätzlich 15 EG und in jeder EG 6 Stufen (wegen der Ausnahmen von der Stufenzahl vgl. die Erl. zu § 16) vor. Neben diesen 15 sehen die Tabellen jedoch noch weitere EG vor: Die EG 2Ü, die EG 15Ü und die EG 9b. Die EG **15Ü** gilt ausschließlich für **übergeleitete** AN, also für solche, deren ArbVerh. am 30. 9. 2005 schon und am 1. 10. 2006 noch bestand. Sie gilt ausschließlich für AN, die bei der Überleitung in VergGr. I BAT eingruppiert waren (vgl. auch Erl. zu §§ 12, 13 Rn. 9). Die EG **2Ü** gilt für übergeleitete und für nach dem 30. 9. 2005 neu eingestellte AN bis zum In-Kraft-Treten der neuen Entgeltordnung. Während diese beiden EG also im Laufe der Zeit ihre

Bedeutung verlieren werden, ist die EG **9b** auf Dauer angelegt. Sie gilt nur für AN im **Pflegedienst**.

2.3 Im VKA-Bereich enthält die Tabelle abweichende Tabellenwerte für Ärztinnen und Ärzte, insbesondere aber für Beschäftigte im Pflegedienst. Für diese Personenkreise ist auch der Anhang zu den Anlagen A und B (VKA-Fassung) besonders zu beachten. Hier werden – besonders zahlreich für den Pflegedienst – einzelnen Stufen bestimmter EG Tabellenwerte aus anderen EG zugeordnet. Die Regelungen sind so kompliziert (und werden durch weitere Besonderheiten bei der Festlegung von Anfangs- und Endstufen im Anhang zu § 16 noch komplizierter gemacht), dass für den Pflegedienst de facto wie im früheren BAT-Recht eine eigene Entgelttabelle besteht. Dem haben die TVP dadurch Rechnung getragen, dass sie eine sog. „Anwendungstabelle" als Anlagen 4 (Tarifgebiet West) und 5 (Tarifgebiet Ost) zum TVÜ-**VKA** vereinbart haben. Die Zuordnung zu den Entgeltgruppen und die geltenden Tabellenwerte können dieser entnommen werden. Für die entsprechenden Beschäftigten des **Bundes** gelten hinsichtlich des Tabellenentgeltes (und – mit Ausnahme der Bereitschaftsdienstentgelte – der übrigen Entgeltbestandteile) gem. § 46 BT-V (Bund) die VKA-Regelungen, so dass diese Anwendungstabelle auch dort gilt, wobei jedoch im Tarifgebiet Ost der vom VKA-Bereich abweichende Bemessungssatz (vgl. Protokollerklärungen zu § 1) zu beachten ist. 7

3. Zu Abs. 3

Die Vorschrift ermöglicht den TVP die Vereinbarung von abweichenden Tabellenwerten (gemeint sind wohl niedrigere) innerhalb bestimmter Grenzen. Insoweit betrifft die Vorschrift zunächst die TVP selber. Zu beachten ist jedoch, dass auch dann, wenn der Bund oder ein Mitgliedsverband der VKA einen solchen TV mit den Gewerkschaften vereinbaren, dieser nicht automatisch flächendeckend gilt. Vielmehr bedarf es zur Umsetzung – also zum Wirksamwerden – einer Anwendungsvereinbarung (im Bundesbereich eines TV). Eine Anwendungsvereinbarung bedarf wiederum einer Einigung zwischen dem AG und den zuständigen Gewerkschaften. 8

Erläuterungen zu § 15 TV-L

1. Sonderregelungen:

§ 41 Nr. 10 (Sonderregelungen für Ärztinnen und Ärzte an Universitätskliniken).

2. Zu Abs. 1: Die Vorschrift entspricht der des § 15 Abs. 1 TVöD. Auf die Erl. hierzu wird verwiesen.

Bezüglich der Protokollerklärung zu § 15 Abs. 1 (Bemessungssatz für das Tarifgebiet Ost) ist darauf hinzuweisen, dass sie trotz des unterschiedlichen Wortlauts im Ergebnis den Protokollerklärungen Nr. 1 und Nr. 3 zu § 15 Abs. 1 TVöD entspricht. Bereits mit dem im Jahre 2003 abgeschlossenen Vergütungs- bzw. MonatslohnTV Nr. 7 zum BAT-O/MTArb-O wurde – und zwar unkündbar – vereinbart, dass die volle Anpassung der Entgelte im Tarifgebiet Ost an die im Tarifgebiet West für alle Arbeiter und für die Angestellten in den VergGr. X bis V b/KR I bis KR VIII spätestens zum 1. 1. 2008 und für die übrigen Angestellten spätestens zum 1. 1. 2010 vollzogen wird. Diese Vereinbarung gilt also auch für den Bereich des Bundes (und der VKA). Damit beträgt sowohl im Bereich des Bundes (TVöD) also auch für die Länder (TV-L) bis zum 31. 12. 2007 bzw. bis zum 31. 12. 2009 der Bemessungssatz für das Tarifgebiet Ost 92,5%.

4   **3. Zu Abs. 2:** Die Vorschrift entspricht inhaltlich der des § 15 Abs. 2 TVöD. Mit der Maßgabe, dass anstelle der dort genannten Anlagen und unter Hinweis auf die o. a. Sonderregelung wird auf die Erl. zu § 15 Abs. 2 TVöD verwiesen. Bezüglich des Pflegedienstes gelten die Erl. zum TVöD für den VKA-Bereich entsprechend; auch die TVP des TV-L haben sich auf eine sog. Anwendungstabelle geeinigt.

5   **4. Zu Abs. 3:** Die Bestimmung ist weitgehend wortgleich mit § 15 Abs. 3 TVöD (im TV-L fehlt naturgemäß die Besonderheit für den Bereich des Bundes). Auf die Erl. hierzu wird verwiesen.

§ 16 TVöD (Bund) Stufen der Entgelttabelle

(1) ¹**Die Entgeltgruppen 9 bis 15 umfassen fünf Stufen und die Entgeltgruppen 2 bis 8 sechs Stufen.** ²**Die Abweichungen von Satz 1 sind im Anhang zu § 16 (Bund) geregelt.**

(2) ¹**Bei Einstellung in eine der Entgeltgruppen 9 bis 15 werden die Beschäftigten zwingend der Stufe 1 zugeordnet.** ²**Etwas anderes gilt nur, wenn eine mindestens einjährige einschlägige Berufserfahrung aus einem vorherigen befristeten oder unbefristeten Arbeitsverhältnis zum Bund vorliegt; in diesem Fall erfolgt die Stufenzuordnung unter Anrechnung der Zeiten der einschlägigen Berufserfahrung aus dem vorherigen Arbeitsverhältnis zum Bund.**

Protokollerklärung zu Absatz 2 Satz 2:
  Ein vorheriges Arbeitsverhältnis besteht, wenn zwischen Ende des vorherigen und Beginn des neuen Arbeitsverhältnisses mit dem Bund ein Zeitraum von längstens sechs Monaten liegt; bei Wissenschaftlerinnen/Wissenschaftlern ab der Entgeltgruppe 13 verlängert sich der Zeitraum auf längstens zwölf Monate.

(3) ¹**Bei Einstellung in eine der Entgeltgruppen 2 bis 8 werden die Beschäftigten der Stufe 1 zugeordnet, sofern keine einschlägige Berufserfahrung vorliegt.** ²**Verfügt die/der Beschäftige über eine einschlägige Berufserfahrung von mindestens drei Jahren, erfolgt bei Einstellung nach dem 31. Dezember 2008 in der Regel eine Zuordnung zur Stufe 3.** ³**Ansonsten wird die/der Beschäftigte bei entsprechender Berufserfahrung von mindestens einem Jahr der Stufe 2 zugeordnet.** ⁴**Unabhängig davon kann der Arbeitgeber bei Neueinstellungen zur Deckung des Personalbedarfs Zeiten einer vorherigen beruflichen Tätigkeit ganz oder teilweise für die Stufenzuordnung berücksichtigen, wenn diese Tätigkeit für die vorgesehene Tätigkeit förderlich ist.**

Protokollerklärungen zu den Absätzen 2 und 3:
  1. Einschlägige Berufserfahrung ist eine berufliche Erfahrung in der übertragenen oder einer auf die Aufgabe bezogen entsprechenden Tätigkeit.
  2. Ein Berufspraktikum nach dem Tarifvertrag über die vorläufige Weitergeltung der Regelungen für die Praktikantinnen/Praktikanten vom 13. September 2005 gilt grundsätzlich als Erwerb einschlägiger Berufserfahrung.

Niederschriftserklärung zu § 16 (Bund) Abs. 3 Satz 2:
  Die Tarifvertragparteien sind sich darüber einig, dass stichtagsbezogene Verwerfungen zwischen übergeleiteten Beschäftigten und Neueinstellungen entstehen können.

(4) ¹**Die Beschäftigten erreichen die jeweils nächste Stufe – von Stufe 3 an in Abhängigkeit von ihrer Leistung gemäß § 17 Abs. 2 – nach folgen-**

den Zeiten einer ununterbrochenen Tätigkeit innerhalb derselben Entgeltgruppe bei ihrem Arbeitgeber (Stufenlaufzeit):
- Stufe 2 nach einem Jahr in Stufe 1,
- Stufe 3 nach zwei Jahren in Stufe 2,
- Stufe 4 nach drei Jahren in Stufe 3,
- Stufe 5 nach vier Jahren in Stufe 4 und
- Stufe 6 nach fünf Jahren in Stufe 5 bei den Entgeltgruppen 2 bis 8.

^{2}Die Abweichungen von Satz 1 sind im Anhang zu § 16 (Bund) geregelt.

(5) ^{1}Die Entgeltgruppe 1 umfasst fünf Stufen. ^{2}Einstellungen erfolgen zwingend in der Stufe 2 (Eingangsstufe). ^{3}Die jeweils nächste Stufe wird nach vier Jahren in der vorangegangenen Stufe erreicht; § 17 Abs. 2 bleibt unberührt.

§ 16 TVöD (VKA) Stufen der Entgelttabelle

(1) ^{1}Die Entgeltgruppen 2 bis 15 umfassen sechs Stufen. ^{2}Die Abweichungen von Satz 1 sind im Anhang zu § 16 (VKA) geregelt.

(2) ^{1}Bei Einstellung werden die Beschäftigten der Stufe 1 zugeordnet, sofern keine einschlägige Berufserfahrung vorliegt. ^{2}Verfügt die/der Beschäftigte über eine einschlägige Berufserfahrung von mindestens einem Jahr, erfolgt die Einstellung in die Stufe 2; verfügt sie/er über eine einschlägige Berufserfahrung von mindestens drei Jahren, erfolgt bei Einstellung nach dem 31. Dezember 2008 in der Regel eine Zuordnung zur Stufe 3. ^{3}Unabhängig davon kann der Arbeitgeber bei Neueinstellungen zur Deckung des Personalbedarfs Zeiten einer vorherigen beruflichen Tätigkeit ganz oder teilweise für die Stufenzuordnung berücksichtigen, wenn diese Tätigkeit für die vorgesehene Tätigkeit förderlich ist.

Protokollerklärung zu Absatz 2:
Ein Berufspraktikum nach dem Tarifvertrag über die vorläufige Weitergeltung der Regelungen für die Praktikantinnen/Praktikanten vom 13. September 2005 gilt grundsätzlich als Erwerb einschlägiger Berufserfahrung.

Niederschriftserklärung zu § 16 (VKA) Abs. 2 Satz 2:
Die Tarifvertragsparteien sind sich darüber einig, dass stichtagsbezogene Verwerfungen zwischen übergeleiteten Beschäftigten und Neueinstellungen entstehen können.

(3) ^{1}Die Beschäftigten erreichen – von Stufe 3 an die jeweils nächste Stufe in Abhängigkeit von ihrer Leistung gemäß § 17 Abs. 2 – nach folgenden Zeiten einer ununterbrochenen Tätigkeit innerhalb derselben Entgeltgruppe bei ihrem Arbeitgeber (Stufenlaufzeit):
- Stufe 2 nach einem Jahr in Stufe 1,
- Stufe 3 nach zwei Jahren in Stufe 2,
- Stufe 4 nach drei Jahren in Stufe 3,
- Stufe 5 nach vier Jahren in Stufe 4 und
- Stufe 6 nach fünf Jahren in Stufe 5.

^{2}Die Abweichungen von Satz 1 sind im Anhang zu § 16 (VKA) geregelt.

(4) ^{1}Die Entgeltgruppe 1 umfasst fünf Stufen. ^{2}Einstellungen erfolgen in der Stufe 2 (Eingangsstufe). ^{3}Die jeweils nächste Stufe wird nach vier Jahren in der vorangegangenen Stufe erreicht; § 17 Abs. 2 bleibt unberührt.

§ 16 TV-L Stufen der Entgelttabelle

(1) ¹Die Entgeltgruppen 9 bis 15 umfassen fünf Stufen und die Entgeltgruppen 2 bis 8 sechs Stufen. ²Die Abweichungen von Satz 1 sind im Anhang zu § 16 geregelt.

(2) ¹Bei der Einstellung werden die Beschäftigten der Stufe 1 zugeordnet, sofern keine einschlägige Berufserfahrung vorliegt. ²Verfügen Beschäftigte über eine einschlägige Berufserfahrung von mindestens einem Jahr aus einem vorherigen befristeten oder unbefristeten Arbeitsverhältnis zum selben Arbeitgeber, erfolgt die Stufenzuordnung unter Anrechnung der Zeiten der einschlägigen Berufserfahrung aus diesem vorherigen Arbeitsverhältnis. ³Ist die einschlägige Berufserfahrung von mindestens einem Jahr in einem Arbeitsverhältnis zu einem anderen Arbeitgeber erworben worden, erfolgt die Einstellung in die Stufe 2, beziehungsweise – bei Einstellung nach dem 31. Januar 2010 und Vorliegen einer einschlägigen Berufserfahrung von mindestens drei Jahren – in Stufe 3. ⁴Unabhängig davon kann der Arbeitgeber bei Neueinstellungen zur Deckung des Personalbedarfs Zeiten einer vorherigen beruflichen Tätigkeit ganz oder teilweise für die Stufenzuordnung berücksichtigen, wenn diese Tätigkeit für die vorgesehene Tätigkeit förderlich ist.

Protokollerklärungen zu § 16 Absatz 2:
1. Einschlägige Berufserfahrung ist eine berufliche Erfahrung in der übertragenen oder einer auf die Aufgabe bezogen entsprechenden Tätigkeit.
2. Ein Berufspraktikum nach dem Tarifvertrag über die vorläufige Weitergeltung der Regelungen für die Praktikantinnen/Praktikanten gilt grundsätzlich als Erwerb einschlägiger Berufserfahrung.
3. Ein vorheriges Arbeitsverhältnis im Sinne des Satzes 2 besteht, wenn zwischen dem Ende des vorherigen und dem Beginn des neuen Arbeitsverhältnisses ein Zeitraum von längstens sechs Monaten liegt; bei Wissenschaftlerinnen/Wissenschaftlern ab der Entgeltgruppe 13 verlängert sich der Zeitraum auf längstens zwölf Monate.

(3) ¹Die Beschäftigten erreichen die jeweils nächste Stufe – von Stufe 3 an in Abhängigkeit von ihrer Leistung gemäß § 17 Absatz 2 – nach folgenden Zeiten einer ununterbrochenen Tätigkeit innerhalb derselben Entgeltgruppe bei ihrem Arbeitgeber (Stufenlaufzeit):
- Stufe 2 nach einem Jahr in Stufe 1,
- Stufe 3 nach zwei Jahren in Stufe 2,
- Stufe 4 nach drei Jahren in Stufe 3,
- Stufe 5 nach vier Jahren in Stufe 4 und
- Stufe 6 nach fünf Jahren in Stufe 5 bei den Entgeltgruppen 2 bis 8.

²Die Abweichungen von Satz 1 sind im Anhang zu § 16 geregelt.

Niederschriftserklärung zu § 16 Absatz 3 Satz 2:
Die Tarifvertragsparteien sind sich darüber einig, dass stichtagsbezogene Verwerfungen zwischen übergeleiteten Beschäftigten und Neueinstellungen entstehen können.

(4) ¹Die Entgeltgruppe 1 umfasst fünf Stufen. ²Einstellungen erfolgen zwingend in der Stufe 2 (Eingangsstufe). ³Die jeweils nächste Stufe wird nach vier Jahren in der vorangegangenen Stufe erreicht; § 17 Absatz 2 bleibt unberührt.

(5) ¹Zur regionalen Differenzierung, zur Deckung des Personalbedarfs, zur Bindung von qualifizierten Fachkräften oder zum Ausgleich höherer

Stufen der Entgelttabelle § 16

Lebenshaltungskosten kann Beschäftigten abweichend von der tarifvertraglichen Einstufung ein bis zu zwei Stufen höheres Entgelt ganz oder teilweise vorweg gewährt werden. ²Beschäftigte mit einem Entgelt der Endstufe können bis zu 20 v. H. der Stufe 2 zusätzlich erhalten. ³Die Zulage kann befristet werden. ⁴Sie ist auch als befristete Zulage widerruflich.

Zu den Erläuterungen zu § 16 TV-L siehe S. 135

Erläuterungen zu § 16 TVöD

Sonderregelungen 1
Die BT enthalten keine den § 16 betreffende Regelungen.

1. Zu Abs. 1 (Bund und VKA)

1.1 Die Vorschrift regelt die „Regelstufenzahl" der EG 2 bis 15; für die EG 1 2
gilt Abs 5 (Bund) bzw. 4 (VKA). Im Bereich des Bundes ist in den EG 9 bis 15 keine sechste Stufe vorgesehen. Zu den Stufenlaufzeiten vgl. Rn. 23 ff.

1.2 Für manche Tätigkeiten sieht der Anhang zu § 16 (Bund bzw. VKA) eine 3
niedrigere Endstufe vor. Damit haben die TVP dem Umstand Rechnung getragen, dass (nach noch geltendem Eingruppierungsrecht) unterschiedlich bewertete Tätigkeiten ein und derselben EG zugeordnet wurden. In diesen Fällen ist natürlich diese Endstufe die letzte vom AN erreichbare. Für Beschäftigte im Pflegedienst sieht der Anhang zu § 16 (VKA) auch zahlreiche Abweichungen hinsichtlich der Eingangsstufe vor. In diesen Fällen gilt grundsätzlich diese bei der Einstellung. Diese Regelungen gelten gem. § 46 Nr. 22 BT-V (Bund) auch für den Bundesbereich.

2. Zu Abs. 2 (Bund)

2.1 Im Bereich des Bundes ist bei einer Neueinstellung in einer der EG 9 bis 15 4
grundsätzlich eine Zuordnung zur Stufe 1 vorzunehmen (wg. der Besonderheiten für Beschäftigte im Pflegedienst wird auf Rn. 3 verwiesen). Die Zuordnung zu einer höheren Stufe kommt **tarifrechtlich** nur in Frage, wenn folgende Voraussetzungen vorliegen:

a) Der neu eingestellte AN muss über eine **mindestens** einjährige **einschlägige** Berufserfahrung verfügen,
b) aus einem (vorherigen) **Arbeitsverhältnis** zum **Bund** und
c) die zwischen dem vorherigen Arbeitsverhältnis und der Neueinstellung liegende Zeit darf nicht länger sein als die in der Protokollerklärung zu Abs. 2 S. 2 genannte **Frist** sein.

2.11 Wann eine Berufserfahrung einschlägig ist, definiert die Protokollerklärung 5
1 zu Abs. 2 und 3. Es wird also eine gleiche oder gleichartige Tätigkeit auf hinsichtlich Wissen und Können vergleichbarem Niveau zu fordern sein. Die in der früheren Tätigkeit erworbenen Kenntnisse und gesammelten Erfahrungen müssen für die neue Tätigkeit erforderlich sein. Anders ausgedrückt: Die neue Tätigkeit muss sich fachlich nahtlos an die frühere anschließen. Denkbar ist jedoch, dass einschlägige Berufserfahrung nur für einen Teil der neuen Tätigkeit vorliegt. Dies muss dann ausreichen, wenn dieser Teil für die Eingruppierung maßgebend ist.

2.12 Die Berufserfahrung muss im Rahmen eines – befristeten oder unbefriste- 6
ten – Arbeitsverhältnisses gesammelt worden sein. Eine entsprechende Tätigkeit in einem anderen Rechtsverhältnis (z.B. in einem Ausbildungsverhältnis oder in

§ 16   Abschnitt III. Eingruppierung und Entgelt

einem öffentlich-rechtlichen Dienstverhältnis) reicht grundsätzlich – jedenfalls tarifrechtlich – nicht aus.

7   Eine Ausnahme hiervon haben die TVP in der Protokollerklärung Nr. 2 zu den Abs. 2 und 3 vereinbart. Allerdings kann auch ein von dem in der Protokollerklärung genannter TV erfasstes Berufspraktikum (z. B. „Anerkennungsjahr" im Erziehungsdienst) nur für eine fachlich entsprechende (neue) Tätigkeit berücksichtigt werden.

8   Die Tätigkeit, in der die einschlägige Berufserfahrung gewonnen wurde, muss auch grundsätzlich ununterbrochen mindestens ein Jahr ausgeübt worden sein, wobei allerdings bei Unterbrechungen die Vorschriften des § 17 Abs. 3 zu beachten sind. Dies ergibt sich daraus, dass diese Zeit auf die Stufenlaufzeit angerechnet wird. Daher wird man dieselben Anforderungen stellen müssen wie an die in einem bestehenden Arbeitsverhältnis zu berücksichtigende Stufenlaufzeit. Nicht ausreichend ist, dass das Arbeitsverhältnis mindestens ein Jahr gedauert hat, da der Wortlaut der Vorschrift eindeutig auf die Dauer der Berufserfahrung, nicht auf die Dauer des vorherigen Arbeitsverhältnisses abstellt.

9   Schließlich muss die einschlägige Berufserfahrung aus einem Arbeitsverhältnis zum Bund resultieren. Das heißt, der frühere Arbeitgeber muss die Bundesrepublik Deutschland gewesen sein. Nach dem RdSchr. des BMI v. 8. 12. 2005 (GMBl. 2006, 86) werden auch erfasst die mittelbare Bundesverwaltung, die Fraktionen des Deutschen Bundestages sowie institutionell geförderte Zuwendungsempfänger des Bundes (letztere nur, wenn diese TVöD anwenden und der Anteil an der öffentlichen Finanzierung mindestens 50 Prozent beträgt).

10   2.13 Zwischen dem Ende des vorherigen und dem Beginn des neuen Arbeitsverhältnisses dürfen i. d. R. höchstens sechs Monate liegen. Bei Wissenschaftlerinnen/Wissenschaftlern in EG 13 (oder einer höheren) verlängert sich der unschädliche Zeitraum auf 12 Monate.

11   2.2 Sind die in den Rn. 4 ff. genannten Voraussetzungen erfüllt, ist ein tarifrechtlicher **Anspruch** auf Anrechnung der anzuerkennenden Zeiten bei der Stufenzuordnung gegeben. Liegt eine zu berücksichtigende Zeit von z. B. fünf Jahren vor, ist **bei der Einstellung** die Zuordnung zur Stufe 3 vorzunehmen. Bei entsprechend langen Zeiten kann dies zu einer Zuordnung zur Endstufe (i. d. R. Stufe 5) führen. Da der TV die Anrechnung dieser Zeiten bei der Stufenzuordnung bei der Einstellung vorschreibt, ist ein Anspruch auf Anrechnung einer „Restzeit" (im Bsp. oben: zwei Jahre) auf die Stufenlaufzeit aus dem Wortlaut der Vorschrift nicht abzuleiten.

3. Zu Abs. 3 S. 1 bis 3 (Bund)/Abs. 2 S. 1 und 2 (VKA)

12   3.1 Beide Bestimmungen sind mit der Ausnahme inhaltsgleich, dass sie im VKA-Bereich alle EG von 2 bis 15, im Bundesbereich nur die EG 2 bis 8 betrifft. Die EG 1 wird nicht erfasst; für sie gilt ausschließlich Abs. 5.

13   3.2 Auch nach dieser Bestimmung erfolgt bei einer Neueinstellung grundsätzlich die Zuordnung zur Stufe 1 (wg. der Besonderheiten für Beschäftigte im Pflegedienst wird auf Rn. 3 verwiesen). Ein **Anspruch** auf Zuordnung zur Stufe 2 (aber keiner höheren) ist dann gegeben, wenn der AN über eine einschlägige Berufserfahrung von mindestens einem Jahr verfügt. Wann eine „einschlägige Berufserfahrung" vorliegt, wird für den Bundesbereich in der Protokollerklärung Nr. 1 zu den Abs. 2 und 3 definiert. In der VKA-Fassung fehlt zwar diese Protokollerklärung, aber es gibt keinen Grund anzunehmen, dass die TVP im VKA-Bereich von einer abweichenden Bedeutung ausgegangen sind. Anderenfalls hätten sie dies entweder durch eine andere Wortwahl oder durch eine abweichende Definition

zum Ausdruck bringen müssen. Insoweit kann hinsichtlich der „einschlägigen Berufserfahrung" auf die Rn. 5 ff. verwiesen werden.

Dessen ungeachtet sind die Voraussetzungen für eine höhere Stufenzuordnung für **alle EG** (mit Ausnahme der EG 1) im **VKA-Bereich** und für die EG 1 bis 8 im Bundesbereich niedriger als in den Fällen des Abs. 2 (Bund). Die Berücksichtigung setzt nämlich weder eine Tätigkeit beim demselben AG voraus; die entsprechende Tätigkeit kann auch länger als 6 bzw. 12 Monate zurückliegen (vgl. aber auch Rn. 15). Die notwendige einschlägige Berufserfahrung kann also bei einem beliebigen AG erworben worden sein. Da auch, abweichend von Abs. 2 (Bund), nicht ausdrücklich gefordert wird, dass die Berufserfahrung im Rahmen eines Arbeitsverhältnisses erworben wurde, kommen auch andere einschlägige Zeiten in Betracht, etwa im Beamtenverhältnis oder als Selbstständiger bzw. Freiberufler. **Ausgenommen** dürften aber auch hier Zeiten der **Vor- und Ausbildung** sein. Für diese Auslegung spricht die Protokollerklärung Nr. 2 zu den Abs. 2 und 3 (Bund) bzw. die wortgleiche Protokollerklärung zu Abs. 2 (VKA). Sie wäre an dieser Stelle überflüssig, wenn Zeiten in einem Ausbildungs- oder ähnlichem Rechtsverhältnis grundsätzlich berücksichtigungsfähig wären. Ferner ist zu bedenken, dass bereits die Eingruppierung in den meisten EG eine bestimmte Vor- oder Ausbildung fordern. Schließlich verbindet man auch landläufig mit dem Begriff „Berufserfahrung" die Zeit einer beruflichen Tätigkeit nach Abschluss der Ausbildung. 14

3.3 Wie oben dargestellt, muss die Tätigkeit, aus der die einschlägigen Berufserfahrung resultiert, nicht innerhalb eines bestimmten Zeitrahmens liegen. Allerdings ist zu beachten, dass Sinn der Vorschrift ist, einen gewissen Ausgleich dafür zu schaffen, dass der dermaßen berufserfahrene AN – im Gegensatz zu dem „Anfänger" – in der Lage ist, ohne besondere Einarbeitungszeit das Aufgabengebiet zu bearbeiten. Unter diesem Aspekt erscheint es zumindest fraglich, ob lange zurückliegende „Erfahrungszeiten" noch als „einschlägige Berufserfahrung" im gemeinten Sinne verstanden werden können. Eine Entscheidung ist wohl nur im Einzelfall möglich. 15

3.4 Die ausdrückliche Zuordnung zur Stufe 2 (bzw. Stufe 3 – vgl. Rn. 18) entspricht der – wenn auch u. U. nur teilweisen – „Anrechnung", wie sie Abs. 2 (Bund) explizit vorsieht. Deshalb sind auch hier die Maßstäbe für die Stufenlaufzeit anzulegen; auf Rn. 6 ff. wird verwiesen. 16

3.5 Gleichgültig, wie lange die berücksichtigungsfähige Zeit ist, erfolgt eine Zuordnung zur Stufe 2. Auf die Zuordnung zu einer höheren gibt es keinen Anspruch (Ausnahme: vgl. Rn. 18). Ein Anspruch auf Anrechnung auf die Stufenlaufzeit besteht ebenfalls nicht. 17

3.6 Bei Einstellungen nach dem 31. 12. 2008 wird die Zahl der berücksichtigungsfähigen Zeiten einschlägiger Berufserfahrung erweitert. Ab diesem Zeitpunkt erfolgt „in der Regel" eine Zuordnung zur Stufe 3, wenn der AN über eine mindestens dreijährige einschlägige Berufserfahrung verfügt. Der Anspruch hierauf wird zwar durch die Formulierung „in der Regel" abgeschwächt. Leider geben die TVP keinen Anhaltspunkt – auch nicht als Niederschriftserklärung – welche Gründe vorliegen müssen, wenn von der Regel abgewichen werden kann oder soll. Die Vorschrift muss deshalb so interpretiert werden, dass es sich um außergewöhnliche und gewichtige Gründe handeln muss, die der AG darzulegen hat. 18

4. Zu Abs. 3 S. 4 (Bund)/Abs. 2 S. 3 (VKA)

4.1 Beide (wortgleichen) Vorschriften ermöglichen es dem AG, für die vorgesehene (neue) Tätigkeit förderliche Zeiten beruflicher Tätigkeit bei der Stufenzu- 19 ordnung bei der Einstellung ganz oder teilweise zu berücksichtigen. Im Bundesbereich ist allerdings zu beachten, dass die Vorschrift nur bei Einstellungen mit EG 2 bis 8 gilt. Allerdings ist die Einschränkung aus **arbeits-/tarifrechtlicher** Sicht bedeutungslos, denn unter Beachtung des Günstigkeitsprinzips ist auch eine übertarifliche höhere Zuordnung zu einer Stufe möglich.

20   4.2 Voraussetzung für eine Anwendung der Vorschrift ist die Notwendigkeit, den Personalbedarf zu decken. Dies wird immer dann der Fall sein, wenn in bestimmten regionalen oder fachlichen Bereichen Bewerbermangel herrscht und der AG bei „normalen" finanziellen Bedingungen kein ausreichend qualifiziertes Personal gewinnen kann.

21   4.3 Was „förderliche Zeiten" i. S. der Vorschrift ist, lassen die TVP offen. Aus der Wortwahl kann aber nur gefolgert werden, dass die strengen Anforderungen, die an die „einschlägige Berufserfahrung" gestellt werden, nicht gelten. Andererseits muss sich die „Förderlichkeit" aus einer vorherigen beruflichen Tätigkeit ergeben. Damit kann es sich nur um (berufliche) Kenntnisse und Erfahrungen handeln, die die Einarbeitung zumindest erleichtern bzw. verkürzen. Dies können z.B. Tätigkeiten in einem artverwandten Beruf oder in einem ähnlichen Tätigkeitsbereich sein. Zeiten der Vor- oder Ausbildung werden allerdings auch hier auszuschließen sein, da diese i.d.R. schon durch die Eingruppierung in eine bestimmte EG „abgegolten" sind. Bei welchem AG die „förderliche Tätigkeit" ausgeübt wurde, spielt keine Rolle. Es kann sich auch um Tätigkeiten in einem öffentlich-rechtlichen Dienstverhältnis oder in einer selbstständigen bzw. freiberuflichen Tätigkeit gehandelt haben.

22   4.4 Ein Anspruch auf eine Berücksichtigung dieser Zeiten besteht nicht, weder dem Grunde noch dem zeitlichen Ausmaß nach. Der AG kann frei entscheiden, ob und in welchem Umfang er diese Zeiten bei der Stufenzuordnung berücksichtigt. Dies kann im Extremfall Stufe 6 (oder die „besondere" Endstufe der EG sein.

5. Zu Abs. 4 (Bund)/Abs. 3 (VKA)

23   5.1 Die Vorschriften sind inhaltsgleich. Der Unterschied im Wortlaut in Satz 1 letzter Spiegelstrich resultiert aus der Tatsache, dass im Bundesbereich für die EG 9 bis 15 keine Stufe 6 vorgesehen ist.

24   5.2 Der – jeweilige – Anhang zu § 16 legt für bestimmte Tätigkeiten einige abweichende Stufenlaufzeiten fest; dies gilt vor allem (aber nicht nur) für Beschäftigte im Pflegedienst (Anhang zu § 16 – VKA), die auch für den Bundesbereich gelten (vgl. Rn. 3).

25   5.3 Wg. der leistungsabhängigen Stufenlaufzeit vgl. Erl. zu § 17 Abs. 2.

26   5.4 Ist eine andere als Stufe 1 Eingangsstufe (vgl. Rn. 3) oder wurde der AN schon bei der Einstellung einer höheren als Stufe 1 zugeordnet, gilt für das weitere Aufsteigen die Laufzeit dieser Stufe.

27   5.5 Grundsätzlich muss die Stufenlaufzeit ununterbrochen zurückgelegt werden. Ein rechtliches Bestehen des Arbeitsverhältnisses reicht nicht aus, sondern die Arbeit muss auch tatsächlich geleistet werden. Es ist jedoch § 17 Abs. 3 zu beachten. Wg. Einzelheiten vgl. Erl. zu § 17.

6. Zu Abs. 5 (Bund)/Abs. 4 (VKA)

28   6.1 Die Vorschriften sind wortgleich.

29   6.2 Die EG 1 umfasst im Bereich der VKA – wie im Bundesbereich die EG 9 bis 15 nur fünf Stufen. Während aber beim Bund die Stufe 6 fehlt, entfällt bei der VKA die Stufe 1; Stufe 2 ist Eingangsstufe. Bei Einstellungen hat – jedenfalls tarif-

Stufen der Entgelttabelle § 16

rechtlich – ausnahmslos eine Zuordnung zu dieser Stufe zu erfolgen. Die Stufenlaufzeit ist einheitlich auf vier Jahre festgelegt. Allerdings gilt auch für diese EG § 17 Abs. 2, d. h., die Stufenlaufzeit kann (ab Stufe 3) in Abhängigkeit von der Leistung verkürzt oder verlängert werden.

Erläuterungen zu § 16 TV-L

Sonderregelungen
§ 40 Nr. 5 für Beschäftigte an Hochschulen und Forschungseinrichtungen;
§ 41 Nr. 11 für Ärztinnen und Ärzte an Universitätskliniken.

1. Zu Abs. 1: Die Vorschrift ist wortgleich mit § 16 Abs. 1 TVöD (Bund). Bezüglich des Pflegedienstes gelten jedoch die Besonderheiten wie im Bereich VKA. Auf die Erl. zu § 16 Abs. 1 TVöD (Bund und VKA) wird verwiesen.

2. Zu Abs. 2: Die Vorschrift entspricht weitgehend inhaltlich denen des § 16 Abs. 2 und Abs. 3 – zusammengefasst – TVöD (Bund) mit folgenden Abweichungen:
§ 16 Abs. 2 TV-L gilt einheitlich für AN in allen EG mit Ausnahme der EG 1. Soweit im TVöD auf ein „ArbVerh. zum Bund" abgestellt wird, gilt für den TV-L „ein ArbVerh. zum selben AG". Dies bedeutet:
a) Die vollständige Anrechnung der in einem früheren ArbVerh. zum selben AG erworbenen einschlägigen Berufserfahrung bei der Stufenzuordnung bei Neueinstellung ist im Geltungsbereich des TV-L auch bei Einstellung in einer der EG 2 bis 8 vorgesehen (wenn die übrigen Voraussetzungen vorliegen).
b) Die Zuordnung bei Einstellung zur Stufe 2 (bzw. 3) bei erworbener einschlägiger Berufserfahrung bei einem anderen AG ist bei Vorliegen der übrigen Voraussetzungen auch bei Einstellung in einer der EG 9 bis 15 vorgesehen.
Die Protokollerklärungen zu § 16 Abs. 2 Nr. 1 und Nr. 2 TV-L entsprechen den Protokollerklärungen Nr. 1 und Nr. 2 zu § 16 Abs. 2 und 3 TVöD (Bund); die Protokollerklärung zu § 16 Abs. 2 Nr. 3 TV-L entspricht der Protokollerklärung zu § 16 Abs. 2 Satz 2 TVöD (Bund).
Zu beachten ist der unterschiedliche Zeitpunkt, ab dem die Zuordnung zu Stufe 3 bei Einstellung möglich ist, wenn eine mindestens dreijährige Berufserfahrung bei einem anderen AG vorliegt.
Mit diesen Maßgaben und dem Hinweis auf die o. g. Sonderregelungen wird auf die Erl. zu § 16 Abs. 2 TVöD (Bund), zu § 16 Abs. 3 Sa. 1 bis 3 (Bund)/Abs. 2 S. 1 und 2 (VKA) sowie zu § 16 Abs. 3 S. 4 (Bund)/Abs. 2 S. 3 (VKA) verwiesen, soweit diese den Bund betreffen.

3. Zu Abs. 3 und Abs. 4: Die Vorschriften sind wortgleich mit denen des § 16 Abs. 4 und 5 TVöD (Bund). Auf die Erl. hierzu wird verwiesen.

4. Zu Abs. 5:

4.1 Die Vorschrift hat im TVöD keine Entsprechung. Vorbild ist offenkundig § 27 Abschn. C BAT/-O, allerdings weicht § 16 Abs. 5 TV-L im Grundsätzlichen von den früheren BAT-Regelungen ab. Nach der zit. BAT-Bestimmung war die Vorweggewährung von Stufen nur zur Deckung des Personalbedarfs tarifrechtlich möglich (wobei allerdings in der Praxis nicht selten diese Beschränkung schlichtweg „übersehen" wurde). Eine weitere Unterscheidung zu § 27 BAT/-O liegt darin, dass die Zulage auch AN in der Endstufe gewährt werden kann. Schließlich ist zu beachten, dass es sich um eine Zulage handelt (s. Satz 3), nicht um vorweg gewährte Stufen. Sie zählt also nicht zum Tabellenentgelt, wohl aber zu den „in Monatsbeträgen festgelegten Entgeltbestandteilen".

10 4.2 Die Zulage kann in voller Höhe der Differenz zwischen der erreichten und der übernächsten Stufe gezahlt werden. Befindet sich der AN in der vorletzten Stufe seiner Entgeltgruppe, kann die Zulage höchstens in Höhe der Differenz zur Endstufe gezahlt werden. Wie dargestellt, kann bis zu dieser Höhe gezahlt werden, es ist aber auch jeder Betrag bis zur Höchstgrenze zulässig. Hat der AN bereits die Endstufe erreicht, kann die Zulage in Höhe von 20% (nach den o.g. Sonderregelungen u.U. auch 25%) der Stufe 2 gezahlt werden. Aus dieser Regelung ergibt sich allerdings ein Widerspruch zum Wortlaut: Satz 1 spricht von „vorweg gewährtem Entgelt". Spätestens mit Erreichen der Endstufe kann die Zulage aber keine „Vorweggewährung" sein (was soll vorweg genommen werden?).

11 4.3 Die Zulage kann sowohl befristet wie auch grundsätzlich unbefristet gewährt werden. Sie bleibt auch bei befristeter Gewährung widerruflich. Da ein wie immer gearteter Rechtsanspruch seitens des AN nicht besteht, bedarf es für den Widerruf keiner besonderen Begründung. Umgekehrt kennt die Vorschrift keine „Aufzehrregeln", so dass die Zulage auch bei einem Stufenaufstieg oder bei einer Höhergruppierung weiter gezahlt werden kann – u.U. unter Berücksichtigung (neuen) Höchstgrenzen in veränderter Höhe.

§ 17 TVöD Allgemeine Regelungen zu den Stufen

(1) **Die Beschäftigten erhalten vom Beginn des Monats an, in dem die nächste Stufe erreicht wird, das Tabellenentgelt nach der neuen Stufe.**

(2) [1]**Bei Leistungen der/des Beschäftigten, die erheblich über dem Durchschnitt liegen, kann die erforderliche Zeit für das Erreichen der Stufen 4 bis 6 jeweils verkürzt werden.** [2]**Bei Leistungen, die erheblich unter dem Durchschnitt liegen, kann die erforderliche Zeit für das Erreichen der Stufen 4 bis 6 jeweils verlängert werden.** [3]**Bei einer Verlängerung der Stufenlaufzeit hat der Arbeitgeber jährlich zu prüfen, ob die Voraussetzungen für die Verlängerung noch vorliegen.** [4]**Für die Beratung von schriftlich begründeten Beschwerden von Beschäftigten gegen eine Verlängerung nach Satz 2 bzw. 3 ist eine betriebliche Kommission zuständig.** [5]**Die Mitglieder der betrieblichen Kommission werden je zur Hälfte vom Arbeitgeber und vom Betriebs-/Personalrat benannt; sie müssen dem Betrieb/der Dienststelle angehören.** [6]**Der Arbeitgeber entscheidet auf Vorschlag der Kommission darüber, ob und in welchem Umfang der Beschwerde abgeholfen werden soll.**

Protokollerklärung zu Absatz 2:
[1]*Die Instrumente der materiellen Leistungsanreize (§ 18) und der leistungsbezogene Stufenaufstieg bestehen unabhängig voneinander und dienen unterschiedlichen Zielen.* [2]*Leistungsbezogene Stufenaufstiege unterstützen insbesondere die Anliegen der Personalentwicklung.*

Protokollerklärung zu Absatz 2 Satz 2:
Bei Leistungsminderungen, die auf einem anerkannten Arbeitsunfall oder einer Berufskrankheit gemäß §§ 8 und 9 SGB VII beruhen, ist diese Ursache in geeigneter Weise zu berücksichtigen.

Protokollerklärung zu Absatz 2 Satz 6:
Die Mitwirkung der Kommission erfasst nicht die Entscheidung über die leistungsbezogene Stufenzuordnung.

(3) ¹Den Zeiten einer ununterbrochenen Tätigkeit im Sinne des § 16 (Bund) Abs. 4 Satz 1 und des § 16 (VKA) Abs. 3 Satz 1 stehen gleich:
a) Schutzfristen nach dem Mutterschutzgesetz,
b) Zeiten einer Arbeitsunfähigkeit nach § 22 bis zu 39 Wochen,
c) Zeiten eines bezahlten Urlaubs,
d) Zeiten eines Sonderurlaubs, bei denen der Arbeitgeber vor dem Antritt schriftlich ein dienstliches bzw. betriebliches Interesse anerkannt hat,
e) Zeiten einer sonstigen Unterbrechung von weniger als einem Monat im Kalenderjahr,
f) Zeiten der vorübergehenden Übertragung einer höherwertigen Tätigkeit.

²Zeiten der Unterbrechung bis zu einer Dauer von jeweils drei Jahren, die nicht von Satz 1 erfasst werden, und Elternzeit bis zu jeweils fünf Jahren sind unschädlich, werden aber nicht auf die Stufenlaufzeit angerechnet. ³Bei einer Unterbrechung von mehr als drei Jahren, bei Elternzeit von mehr als fünf Jahren, erfolgt eine Zuordnung zu der Stufe, die der vor der Unterbrechung erreichten Stufe vorangeht, jedoch nicht niedriger als bei einer Neueinstellung; die Stufenlaufzeit beginnt mit dem Tag der Arbeitsaufnahme. ⁴Zeiten, in denen Beschäftigte mit einer kürzeren als der regelmäßigen wöchentlichen Arbeitszeit eines entsprechenden Vollbeschäftigten beschäftigt waren, werden voll angerechnet.

(4) ¹Bei Eingruppierung in eine höhere Entgeltgruppe werden die Beschäftigten derjenigen Stufe zugeordnet, in der sie mindestens ihr bisheriges Tabellenentgelt erhalten, mindestens jedoch der Stufe 2. ²Beträgt der Unterschiedsbetrag zwischen dem derzeitigen Tabellenentgelt und dem Tabellenentgelt nach Satz 1 weniger als 25 Euro in den Entgeltgruppen 1 bis 8 bzw. weniger als 50 Euro in den Entgeltgruppen 9 bis 15, so erhält die/der Beschäftigte während der betreffenden Stufenlaufzeit anstelle des Unterschiedsbetrags einen Garantiebetrag von monatlich 25 Euro (Entgeltgruppen 1 bis 8) bzw. 50 Euro (Entgeltgruppen 9 bis 15). ³Die Stufenlaufzeit in der höheren Entgeltgruppe beginnt mit dem Tag der Höhergruppierung. ⁴Bei einer Eingruppierung in eine niedrigere Entgeltgruppe ist die/der Beschäftige der in der höheren Entgeltgruppe erreichten Stufe zuzuordnen. ⁵Die/Der Beschäftigte erhält vom Beginn des Monats an, in dem die Veränderung wirksam wird, das entsprechende Tabellenentgelt aus der in Satz 1 oder Satz 4 festgelegten Stufe der betreffenden Entgeltgruppe, ggf. einschließlich des Garantiebetrags.

Protokollerklärung zu Absatz 4 Satz 2:
Die Garantiebeträge nehmen an allgemeinen Entgeltanpassungen teil.

§ 17 TV-L Allgemeine Regelungen zu den Stufen

(1) Die Beschäftigten erhalten das Tabellenentgelt nach der neuen Stufe vom Beginn des Monats an, in dem die nächste Stufe erreicht wird.

(2) ¹Bei Leistungen der Beschäftigten, die erheblich über dem Durchschnitt liegen, kann die erforderliche Zeit für das Erreichen der Stufen 4 bis 6 jeweils verkürzt werden. ²Bei Leistungen, die erheblich unter dem Durchschnitt liegen, kann die erforderliche Zeit für das Erreichen der Stufen 4 bis 6 jeweils verlängert werden. ³Bei einer Verlängerung der Stufenlaufzeit hat der Arbeitgeber jährlich zu prüfen, ob die Vorausset-

zungen für die Verlängerung noch vorliegen. [4] Für die Beratung von schriftlich begründeten Beschwerden von Beschäftigten gegen eine Verlängerung nach Satz 2 beziehungsweise 3 ist eine betriebliche Kommission zuständig. [5] Die Mitglieder der betrieblichen Kommission werden je zur Hälfte vom Arbeitgeber und vom Betriebs-/Personalrat benannt; sie müssen dem Betrieb/der Dienststelle angehören. [6] Der Arbeitgeber entscheidet auf Vorschlag der Kommission darüber, ob und in welchem Umfang der Beschwerde abgeholfen werden soll.

Protokollerklärung zu § 17 Absatz 2:
[1] Die Instrumente der materiellen Leistungsanreize (§ 18) und der leistungsbezogene Stufenaufstieg bestehen unabhängig voneinander und dienen unterschiedlichen Zielen.
[2] Leistungsbezogene Stufenaufstiege unterstützen insbesondere die Anliegen der Personalentwicklung.

Protokollerklärung zu § 17 Absatz 2 Satz 2:
Bei Leistungsminderungen, die auf einem anerkannten Arbeitsunfall oder einer Berufskrankheit gemäß §§ 8 und 9 SGB VII beruhen, ist diese Ursache in geeigneter Weise zu berücksichtigen.

Protokollerklärung zu § 17 Absatz 2 Satz 6:
Die Mitwirkung der Kommission erfasst nicht die Entscheidung über die leistungsbezogene Stufenzuordnung.

(3) [1] Den Zeiten einer ununterbrochenen Tätigkeit im Sinne des § 16 Absatz 3 Satz 1 stehen gleich:

a) Schutzfristen nach dem Mutterschutzgesetz,
b) Zeiten einer Arbeitsunfähigkeit nach § 22 bis zu 39 Wochen,
c) Zeiten eines bezahlten Urlaubs,
d) Zeiten eines Sonderurlaubs, bei denen der Arbeitgeber vor dem Antritt schriftlich ein dienstliches beziehungsweise betriebliches Interesse anerkannt hat,
e) Zeiten einer sonstigen Unterbrechung von weniger als einem Monat im Kalenderjahr,
f) Zeiten der vorübergehenden Übertragung einer höherwertigen Tätigkeit.

[2] Zeiten der Unterbrechung bis zu einer Dauer von jeweils drei Jahren, die nicht von Satz 1 erfasst werden, und Elternzeit sowie Zeiten einer Unterbrechung bei Beschäftigten, die für eine jahreszeitlich begrenzte regelmäßig wiederkehrende Tätigkeit in einem Beschäftigungsverhältnis stehen (Saisonbeschäftigte), sind unschädlich; sie werden aber nicht auf die Stufenlaufzeit angerechnet. [3] Bei einer Unterbrechung von mehr als drei Jahren erfolgt eine Zuordnung zu der Stufe, die der vor der Unterbrechung erreichten Stufe vorangeht, jedoch nicht niedriger als bei einer Neueinstellung; die Stufenlaufzeit beginnt mit dem Tag der Arbeitsaufnahme. [4] Zeiten, in denen Beschäftigte mit einer kürzeren als der regelmäßigen wöchentlichen Arbeitszeit eines entsprechenden Vollbeschäftigten beschäftigt waren, werden voll angerechnet.

(4) [1] Bei Eingruppierung in eine höhere Entgeltgruppe werden die Beschäftigten derjenigen Stufe zugeordnet, in der sie mindestens ihr bisheriges Tabellenentgelt erhalten, mindestens jedoch der Stufe 2; bei Eingruppierung über mehr als eine Entgeltgruppe wird die Zuordnung zu den Stufen so vorgenommen, als ob faktisch eine Eingruppierung in jede der einzelnen Entgeltgruppen stattgefunden hätte. [2] Beträgt der Unter-

schiedsbetrag zwischen dem derzeitigen Tabellenentgelt und dem Tabellenentgelt nach Satz 1 weniger als 25 Euro in den Entgeltgruppen 1 bis 8 beziehungsweise weniger als 50 Euro in den Entgeltgruppen 9 bis 15, so erhält die/der Beschäftigte während der betreffenden Stufenlaufzeit anstelle des Unterschiedsbetrags einen Garantiebetrag von monatlich 25 Euro (Entgeltgruppen 1 bis 8) beziehungsweise 50 Euro (Entgeltgruppen 9 bis 15). ³Die Stufenlaufzeit in der höheren Entgeltgruppe beginnt mit dem Tag der Höhergruppierung. ⁴Bei einer Eingruppierung in eine niedrigere Entgeltgruppe ist die/der Beschäftige der in der höheren Entgeltgruppe erreichten Stufe zuzuordnen. ⁵Die/Der Beschäftigte erhält vom Beginn des Monats an, in dem die Veränderung wirksam wird, das entsprechende Tabellenentgelt aus der in Satz 1 oder Satz 4 festgelegten Stufe der betreffenden Entgeltgruppe, gegebenenfalls einschließlich des Garantiebetrags.

Protokollerklärung zu § 17 Absatz 4 Satz 2:
Die Garantiebeträge nehmen an allgemeinen Entgeltanpassungen teil.
Zu den Erläuterungen zu § 17 TV-L siehe S. 144

Erläuterungen zu § 17 TVöD

Sonderregelungen 1
1. BT-K: § 23 sieht die Möglichkeit einer Vorweggewährung von Stufen vor
2. BT-B, BT-E, BT-F, BT-S, BT-V: Keine

1. Zu Abs. 1

1.1 Gleichgültig, an welchem Tag eines Monats eine neue Stufe erreicht wird, 2 steht das daraus sich ergebende Tabellenentgelt vom Monatsbeginn an zu. Wg. der Stufenänderung bei Höher- oder Herabgruppierung vgl. Erl. zu Abs. 4.

2. Zu Abs. 2

2.1 Die Vorschrift eröffnet dem AG die Möglichkeit, die Stufenlaufzeit abhän- 3 gig von der individuellen Leistung des AN zu verkürzen oder zu verlängern, allerdings erst nach Erreichen der Stufe 3. Eine Verkürzung der Stufenlaufzeiten in den Stufen 1 und 2 wäre eine übertarifliche Maßnahme; die Verlängerung unzulässig. Die leistungsabhängige Verkürzung der Stufenlaufzeit darf nicht mit dem Leistungsentgelt nach § 18 in Verbindung gebracht werden. Die Protokollerklärung zu Abs. 2 stellt unmissverständlich klar, dass beide Instrumente unterschiedlichen Zielen dienen. Zu berücksichtigen ist auch, dass die Leistungsentgelte nach § 18 entweder einmalig (Prämie) oder zeitlich befristet (Zulage) gezahlt werden; die Verkürzung der Stufenlaufzeit ist dagegen eine dauerhafte Maßnahme.

2.2 Die Verkürzung der Stufenlaufzeit setzt tarifrechtlich **erheblich** überdurch- 4 schnittliche Leistungen des AN voraus. Mit Blick auf die in Rn. 3 dargestellten Ziele und Wirkungen wird eine Beurteilung des Gesamtleistungsbildes einschließlich perspektivischer Aspekte zu fordern sein. Für die (materielle) Würdigung überdurchschnittlicher Leistungen in einem bestimmten Zeitraum oder aus einem bestimmten Anlass sind die Instrumente des § 18 vorgesehen. Ein Rechtsanspruch auf Verkürzung der Stufenlaufzeit hat der AN nicht.

Der TV sieht weder eine Mindest- noch eine Höchstgrenze für den Zeitraum 5 vor, um den die Stufenlaufzeit verkürzt werden kann. Die Frage, ob auch eine „Verkürzung auf null" – also ein Überspringen einer Stufe – vom Tarifvertrag gedeckt ist, wird sich in der Praxis kaum stellen. Zum einen wird die Zahl der

§ 17 Abschnitt III. Eingruppierung und Entgelt

Fälle, in denen ein AG dies überhaupt in Erwägung zieht, sehr gering sein, zum anderen wird ein solcher AG – um jede rechtliche Unsicherheit auszuschließen – die als zulässig anerkannte Verkürzung auf einen Monat vornehmen. Dennoch spricht die Wortwahl dafür, dass die TVP ein Überspringen nicht gemeint haben.

6   2.3 Die Verlängerung der Stufenlaufzeit ist umgekehrt an die Erbringung **erheblich** unterdurchschnittlicher Leistungen geknüpft. Nach Satz 3 hat der AG jährlich zu prüfen, ob die Voraussetzungen (**erheblich** unterdurchschnittliche Leistungen) noch vorliegen. Hieraus wird deutlich, dass die TVP von einer länger dauernden, nicht von vornherein befristeten Maßnahme und demnach auch von einer entsprechend gewichtigen und nicht nur kurzfristigen mangelhaften Leistung ausgehen. In einem gerichtlichen Streitverfahren wäre der AG darlegungs- und beweispflichtig für das Vorliegen so gewichtiger Gründe. Es ist dem AG unbenommen, die Prüfung, ob die Voraussetzungen für die Verlängerung noch vorliegen, auch in kürzeren Zeitabständen vorzunehmen, tariflich verpflichtet ist er hierzu jedoch nur im Jahresrhythmus.

7   Maßgebend ist nur das **Leistungsverhalten** des AN. Das sonstige Verhalten des AN – auch wenn es tadelnswert ist – darf nicht zur Begründung einer Verlängerung der Stufenlaufzeit herangezogen werden. Andererseits ist es **nicht** notwendig, dass der AN **schuldhaft** handelt. Dies ergibt aus der Protokollnotiz zu Abs. 2 S. 2. Diese bestimmt, dass bei Leistungsminderungen, die auf einem anerkannten Arbeitsunfall oder einer Berufskrankheit beruhen, diese Ursache in „geeigneter Weise zu berücksichtigen" ist. Demnach schließt selbst eine auf einer Berufskrankheit beruhende Leistungsminderung die Verlängerung der Stufenlaufzeit nicht grundsätzlich aus.

8   Auch für die Verlängerung der Stufenlaufzeit haben die TVP keinen Höchstzeitraum festgelegt. Somit ist theoretisch denkbar, dass der AN in der Stufe 3 (oder natürlich auch in einer höheren) verbleibt. Allerdings wird dies in der Praxis – wenn überhaupt – nur sehr selten vorkommen, da bei einem derartig beharrlich negativen Leistungsverhalten i. d. R. (andere) arbeitsrechtliche Maßnahmen zum Tragen kommen werden.

9   2.4 Der AN, dessen Stufenlaufzeit verlängert wurde, kann gegen die Maßnahme sowohl bei der Verhängung als auch nach jeder für ihn negativ verlaufenden Prüfung **schriftlich** Beschwerde einlegen, über die eine betriebliche Kommission zu beraten hat. Diese Kommission ist vom TV zwingend vorgeschrieben. Ist sie nicht eingerichtet, kann eine solche Maßnahme nicht durchgeführt werden, weil ein tarifrechtlich vorgegebenes Beschwerdeverfahren nicht möglich ist. Daran ändert auch nichts der Umstand, dass die Kommission kein Mitbestimmungsrecht bei der Entscheidung hat (vgl. Protokollerklärung zu Abs. 2 S. 6). Die Aufgabe der Kommission beschränkt sich darauf, über die Beschwerde zu beraten und dem AG einen Vorschlag zu unterbreiten. Die Entscheidung verbleibt ausschließlich beim AG, der dies allerdings nach billigem Ermessen – und damit gerichtlich überprüfbar – tun muss. Über die personelle Stärke der Kommission enthält der TV keine Vorschrift; sie ist jedoch paritätisch zu besetzen, wobei eine Hälfte der Mitglieder vom AG, die andere Hälfte vom Personal-/Betriebsrat **benannt** werden. Es kann, es muss sich aber nicht um Mitglieder des Personal-/Betriebsrates handeln. Allerdings müssen **alle** Mitglieder der Kommission der Dienststelle bzw. dem Betrieb selber angehören. Die Benennung von dienststellen-/betriebsfremden Gewerkschaftsvertretern ist ebenso unzulässig wie die von Ratsmitgliedern.

3. Zu Abs. 3

10   3.1 Grundsätzlich ist die Stufenlaufzeit ununterbrochen abzuleisten. Dabei genügt es nicht, dass das ArbVerh. rechtlich besteht, sondern die Arbeit – also die

Allgemeine Regelungen zu den Stufen § 17

auszuübende Tätigkeit – muss auch tatsächlich geleistet werden. Der TV sieht jedoch Ausnahmen vor:

3.11 Satz 1: Die Vorschrift zählt abschließend Unterbrechungszeiten auf, die der Ausübung der Tätigkeit gleich gestellt sind, die also uneingeschränkt auf die Stufenlaufzeit angerechnet werden.

3.12 Satz 2: Wird die Unterbrechungszeit nicht von Satz 1 erfasst, wird sie nicht auf die Stufenlaufzeit angerechnet. Dauert die Unterbrechung
a) wegen **Elternzeit** höchstens fünf Jahre oder
b) aus einem anderen Grund höchstens drei Jahre
ist sie allerdings unschädlich in dem Sinne, dass sie den Ablauf hemmt, d. h., die Stufenlaufzeit **verlängert** sich um die Zeit der Unterbrechung. Wird die Arbeit wieder aufgenommen, erlischt das Hemmnis und der Ablauf der Stufenlaufzeit wird fortgesetzt. Der Zeitraum von fünf Jahren gilt je Kind. Wird also Elternzeit für mehrere Kinder in Anspruch genommen, kann der Zeitraum zusammen gerechnet auch die 5-Jahres-Grenze überschreiten. Zu beachten ist, dass die gesetzliche Elternzeit (BEEG) derzeit höchstens drei Jahre beträgt. Der tarifliche Begriff der Elternzeit an dieser Stelle ist daher weitergehender als der gesetzliche; er umfasst demnach auch Zeiten einer Beurlaubung zur Kinderbetreuung außerhalb des BErzGG.

Unterbrechungen aus anderen Gründen dürfen drei Jahre nicht überschreiten. Auch hier gilt: Bei mehreren Unterbrechungen kann die zusammen gerechnete Zeit der Unterbrechung die 3-Jahres-Grenze überschreiten.

3.2 Wird die Unterbrechungszeit nicht von Satz 1 erfasst **und** werden die Höchstgrenzen des Satzes 2 überschritten, beginnt nach Wiederaufnahme der Arbeit nicht die Stufenlaufzeit neu, vielmehr erfolgt eine Rückstufung: Der AN wird der Stufe zugeordnet, die der vor der Unterbrechung erreichten vorangeht. Allerdings ist zu prüfen, ob bei einer Neueinstellung einer höheren Stufe zuzuordnen wäre. Ist dies der Fall, ist er wie ein Neueingestellter zu behandeln. In beiden Fällen beginnt die Laufzeit für die neue Stufe mit dem Tag der Wiederaufnahme der Arbeit.

3.3 Beispiele zu Satz 2 und 3:

Beispiel 1: Ein AN hat die Stufe 3 erreicht und bereits 30 Monate der Laufzeit in dieser Stufe absolviert. Er nimmt dann für fünf Jahre Elternzeit in Anspruch; danach nimmt er die Arbeit wieder auf. **Ergebnis:** Elternzeit wird nicht von Satz 1 erfasst, die Zeit wird daher nicht auf die Stufenlaufzeit angerechnet. Die Höchstgrenze des Satzes 2 (Elternzeit = fünf Jahre) wird jedoch nicht überschritten; so dass der Ablauf der Stufenlaufzeit nur gehemmt wird, nach Wiederaufnahme der Arbeit wird er bei Anrechnung der bereits erfüllten Laufzeit fortgesetzt. Nach weiteren sechs Monaten ist damit die Laufzeit der Stufe 3 erfüllt, der AN rückt in Stufe 4 auf.

Beispiel 2: Wie Bsp. 1 mit dem Unterschied, dass die Beurlaubung aus anderen Gründen als Elternzeit erfolgt; ein dienstliches Interesse an der Beurlaubung liegt nicht vor. **Ergebnis:** Auch in diesem Bsp. liegt kein Anwendungsfall von Satz 1 vor. Ferner wird die Höchstgrenze des Satzes 2 (in diesem Fall: drei Jahre) überschritten. Nach Wiederaufnahme der Arbeit wird der AN der nächst niedrigeren Stufe zugeordnet, im Bsp. also der Stufe 2. Der AN würde dann zwei Jahre nach Wiederaufnahme der Arbeit die Stufe 3 – wieder – erreichen und erst nach weiteren drei Jahren in die Stufe 4 aufsteigen. (Auf die Prüfung, ob er bei einer Neueinstellung einer höheren Stufe als Stufe 2 zuzuordnen wäre, wurde hier verzichtet).

3.4 Satz 4 stellt klar, dass Zeiten einer Teilzeitbeschäftigung in vollem Umfang und nicht etwa nur anteilig auf die Stufenlaufzeit anzurechnen sind.

4. Zu Abs. 4

4.1 Die Vorschrift regelt die Stufenzuordnung bei Höher- oder Herabgruppierung. Für AN, die in eine individuelle Zwischen- oder Endstufe übergeleitet und

§ 17 Abschnitt III. Eingruppierung und Entgelt

noch nicht einer „regulären" Stufe zugeordnet wurden, sind daneben die Vorschriften des § 6 Abs. 2 und 4 TVÜ zu beachten. Übergeleitete AN, die in eine individuelle Zwischenstufe übergeleitet wurden, werden spätestens mit Wirkung v. 1. 10. 2007 einer regulären Stufe zugeordnet.

4.2 Höhergruppierung:

18 4.21 Bemisst sich das Tabellenentgelt nach einer regulären Stufe, sieht Abs. 4 grundsätzlich einen „betragsmäßigen" Aufstieg vor, d. h., der AN wird in der höheren EG nicht der bisher erreichten, sondern der Stufe zugeordnet, deren Betrag mindestens dem bisherigen Stufenentgelt entspricht, dies darf jedoch nicht die Stufe 1 sein („..., mindestens jedoch der Stufe 2"). Ist die Differenz zwischen der so ermittelten Stufe in der höheren EG und dem bisherigen Tabellenentgelt (z. Zt.) niedriger als 50,00 Euro in den EG 9 bis 15 bzw. als 25,00 Euro in den EG 1 bis 8, wird dieser Garantiebetrag an Stelle des Unterschiedsbetrages gezahlt. Gleichwohl wird der AN der zutreffenden Stufe in der höheren EG zugeordnet und es beginnt für diese Stufe die Laufzeit nach § 16 Abs. 4 (Bund) bzw. § 16 Abs. 3 (VKA).

Beispiel: (Alle Betragsangaben beziehen sich auf das Tarifgebiet West) Ein AN der EG 3 in der Stufe 4 (Tabellenentgelt: 1880 Euro) wird in die EG 4 höhergruppiert. Die Stufe in EG 4, die mindestens seinem bisherigen Entgelt entspricht, ist die Stufe 3 (= 1900 Euro). Der Zugewinn aus der Höhergruppierung würde demnach 20 Euro betragen und somit unter dem Garantiebetrag liegen. **Ergebnis:** Der AN wird in EG 4 der Stufe 3 zugeordnet, er erhält jedoch während der Stufenlaufzeit den Betrag von 1905,00 Euro (1880,00 + 25,00 Euro). Nach drei Jahren (= Stufenlaufzeit in Stufe 3) steigt er in Stufe 4 auf und erhält dann den regulären Stufenbetrag von 1970 Euro.

19 Erfolgt eine Höhergruppierung über mehrere EG, hat die Stufenermittlung unmittelbar in der EG stattzufinden, in die der AN höhergruppiert ist, er erfolgt also nicht für jede EG einzeln.

Beispiel: Wie oben mit der Abwandlung, dass der AN von der EG 3 in die EG 5 höhergruppiert wird. Die Stufe in EG 5, die mindestens dem bisherigen Tabellenentgelt entspricht, ist die Stufe 3 (= 1970 Euro). Der Zugewinn aus der Höhergruppierung beträgt also 90 Euro und liegt damit über dem Garantiebetrag. **Ergebnis:** Der AN wird in EG 5 der Stufe 3 zugeordnet und steigt nach 3 Jahren in die Stufe 4 auf.

20 Da zwingend mindestens Stufe 2 in der höheren EG zusteht, kann es in (wohl sehr seltenen) Ausnahmefällen zu dem Ergebnis kommen, dass der AN sozusagen einen doppelten Höhergruppierungszugewinn hat. Dies dann, wenn die Höhergruppierung noch während der Verweildauer in Stufe 1 erfolgt. Die Differenzen zwischen den Stufen 1 liegen durchweg – zum Teil deutlich – über dem jeweils geltenden Garantiebetrag. Dessen ungeachtet ist der AN zwingend der Stufe 2 zuzuordnen.

21 Das neue Tabellenentgelt steht vom Beginn des Monats an zu, in dem die Höhergruppierung wirksam wurde (Satz 5).

22 4.22 Bemisst sich das Tabellenentgelt nach einer individuellen Zwischenstufe **(dies ist ab 1. 10. 2007 nicht mehr möglich),** ist bei einer Höhergruppierung § 6 Abs. 2 S. 1 und 2 TVÜ anzuwenden. Praktisch bedeutet dies aber nur, dass an die Stelle eines Entgeltes aus einer „regulären" Stufe in der bisherigen EG das Entgelt aus der individuellen Zwischenstufe tritt. In der höheren EG ist dagegen eine reguläre Stufe maßgebend. Die Regelungen betreffend Mindeststufe 2 und Garantiebetrag gelten auch hier. Insoweit gelten die in Rn. 18 ff. dargestellten Grundsätze auch für diese Fallkonstellation. Mit der Höhergruppierung beginnt die Stufenlaufzeit (sofern keine Zuordnung zur Endstufe stattfindet). Es fehlt zwar die Bestimmung, dass das höhere Stufenentgelt ab Beginn des Monats zusteht, in dem

Allgemeine Regelungen zu den Stufen § 17

die Höhergruppierung wirksam wird (Abs. 4 Satz 5 wird auch nicht in Bezug genommen), es kann aber davon ausgegangen werden, dass keine abweichende Regelung gewollt war.

4.23 Bemisst sich das Tabellenentgelt nach einer individuellen Endstufe (dies kann auch nach dem 30. 9. 2007 der Fall sein), ist § 6 Abs. 3 S. 2 und 3 TVÜ-Bund/§ 6 Abs. 4 S. 2 und 3 TVÜ-VKA anzuwenden. Auch hier gilt: In der höheren EG steht mindestens das bisherige Tabellenentgelt zu. Dies kann zu zwei Fallkonstellationen führen: 23

a) Das Entgelt aus der individuellen Endstufe ist gleich oder niedriger als das aus der regulären Endstufe der höheren EG. In diesem Fall erfolgt die Zuordnung zu der regulären Stufe, die mindestens dem Betrag der bisherigen individuellen Endstufe entspricht. Ist dies nicht die Endstufe, beginnt die Stufenlaufzeit.

b) Das Entgelt aus der individuellen Endstufe ist höher als das aus der regulären Endstufe in der höheren EG. In diesem Fall wird der AN auch in der höheren EG einer individuellen Endstufe zugeordnet

Für beide Fallkonstellationen gilt aber die Garantiebetragsregelung. Zwar nimmt § 6 Abs. 3 TVÜ-Bund/§ 6 Abs. 4 TVÜ-VKA nicht explizit § 17 Abs. 4 S. 2 in Bezug, aber schreibt vor, dass „im Übrigen Abs. 2 (TVÜ)" entsprechend gilt. Dessen Satz 2 wiederum schreibt die Geltung von § 17 Abs. 4 S 2 vor. 24

4.24 Der Garantiebetrag ist dynamisierbar, wird also im Rahmen allgemeiner Entgelterhöhungen angepasst. 25

4.3 Herabgruppierungen

4.31 Bemisst sich das Tabellenentgelt nach einer regulären Stufe, findet in der niedrigeren EG eine stufenmäßige (nicht, wie der der Höhergruppierung, eine betragsmäßige) Stufenzuordnung statt. Der AN wird also in der niedrigeren EG der Stufe zugeordnet, in der er sich in der höheren EG befand. Allerdings – auch dies anders als bei der Höhergruppierung – beginnt in der Stufe der niedrigeren EG die Stufenlaufzeit nicht neu; sie wird in der niedrigen EG fortgesetzt). 26

Auch im Fall der Herabgruppierung steht das neue Entgelt mit Beginn des Monats zu, in dem sie erfolgte. Soweit sich in Veröffentlichungen noch der Hinweis findet, im Fall der Herabgruppierung habe eine taggenaue Entgeltberechnung stattzufinden, geht dies offenbar noch auf die ursprüngliche Textfassung des TVöD zurück. In dieser Fassung lautet Abs. 4 S. 5 noch wie folgt: „*Die/Der Beschäftigte erhält vom Beginn des Monats an, in dem die Veränderung wirksam wird, das entsprechende Tabellenentgelt aus der in Satz 1 oder Satz 2 festgelegten Stufe der betreffenden Entgeltgruppe und ggf. einschließlich des Garantiebetrags*". Aus dieser Formulierung ist zweifelsfrei der Umkehrschluss zu ziehen, dass dies bei einer Herabgruppierung nicht gilt. Mit Vereinbarung vom 24. 11. 2005 haben die TVP aber zahlreiche Korrekturen zum Tarifwerk rückwirkend zum 13. 9. 2005 in Kraft gesetzt und dabei auch § 17 Abs. 4 S. 5 seine jetzige Fassung gegeben („… oder **Satz 4** …). Somit gilt die Regelung auch für den Fall der Herabgruppierung. 27

4.32 Bemisst sich das Tabellenentgelt nach einer individuellen Zwischenstufe (ab 1. 10. 2007 nicht mehr möglich), ist § 6 Abs. 2 S. 3 TVÜ anzuwenden. Danach erfolgt nicht die Zuordnung zu einer regulären Stufe, sondern zu einer **neuen individuellen Zwischenstufe** in der niedrigeren EG. Dabei ist so vorzugehen, als ob die Herabgruppierung bereits im September 2005 und die Überleitung am 1. 10. 2005 stattgefunden hätte. Ab dem 1. 10. 2007 wird der AN dann der nächsten regulären Stufe zugeordnet. 28

4.33 Bemisst sich das Tabellenentgelt nach einer individuellen Endstufe, ist § 6 Abs. 3 S. 3 TVÜ-Bund/§ 6 Abs. 4 S. 3 TVÜ-VKA mit der Folge anzuwenden, 29

§ 18 Abschnitt III. Eingruppierung und Entgelt

25 dass die unter Rn. 28 dargestellte Regelung gilt. Allerdings ist dies mit einer besonderen Problematik verbunden: AN, die in eine individuelle Endstufe übergeleitet wurden, verbleiben u. U. bis zum Ende des Berufslebens in ihr. Mit immer größer werdendem Abstand wird die „Nachzeichnung der Einkommensentwicklung" auf Grundlage einer fiktiven Herabgruppierung im September 2005 immer problematischer. Die TVP werden hier sicher noch „nacharbeiten" müssen.

Erläuterungen zu § 17 TV-L

1 **Sonderregelungen**
§ 41 Nr. 12 für Ärztinnen und Ärzte an Universitätskliniken.

2 **1. Zu Abs. 1 und Abs. 2:** Die Vorschriften (einschl. Protokollerklärungen) sind wortgleich mit § 17 Abs. 1 und 2 TVöD. Auf die Erl. hierzu wird verwiesen.

3 **2. Zu Abs. 3:** Die Vorschrift ist weitgehend identisch mit der des § 17 Abs. 3 TVöD, allerdings mit zwei Abweichungen:
– Während der TVöD **Elternzeit** nur bis zu fünf Jahren unschädlich i. S. der Vorschrift anerkennt, fehlt im TV-L diese zeitliche Beschränkung, d. h., Elternzeit ist ohne Rücksicht auf deren Dauer unschädlich i. S. der Vorschrift.
– Die zweite Abweichung betrifft die sog **Saisonbeschäftigten**. Diese werden im TVöD nicht berücksichtigt, während der TV-L sie ausdrücklich als unschädliche Unterbrechungszeit aufzählt. Die praktische Bedeutung der Vorschrift ist aber zweifelhaft, da Unterbrechungen von bis zu drei Jahren ohnehin unschädlich i. S. der Vorschrift sind.
Mit diesen Maßgaben wird auf die Erl. zu § 17 Abs. 3 TVöD verwiesen.

4 **3. Zu Abs. 4:** Die Vorschrift ist mit Ausnahme des Satzes 1 wortgleich mit der des § 17 Abs. 4 TVöD. Diese Abweichung betrifft die Fälle, in denen eine Höhergruppierung über mehrere EG stattfindet (z. B. von der EG 5 in die EG 7). Anders als im Geltungsbereich des TVöD findet nach dem TV-L die Stufenermittlung für jede EG einzeln statt. Im obigen Bsp. wäre also zunächst zu ermitteln, welche Stufe in EG 6 betragsmäßig mindestens dem bisherigen Tabellenentgelt entspricht (fiktive Höhergruppierung). Ausgehend von diesem Stufenbetrag ist dann die zutreffende Stufe in EG 7 zu ermitteln. Die Garantiebetragsregelung gilt allerdings nur, wenn in der tatsächlich durch Höhergruppierung erreichten EG die Differenz zwischen neuem und altem Tabellenentgelt niedriger als 25,00 bzw. 50,00 Euro ist. Bei einer Höhergruppierung über zwei EG ist dies im Geltungsbereich des TV-L wohl auszuschließen.

5 Mit dieser Einschränkung und der Maßgabe, dass an Stelle der dort angeführten Bestimmungen des TVÜ-Bund/-VKA die entsprechenden Bestimmungen des TVÜ-L zu beachten sind, gelten die Erl. zu § 17 Abs. 4 TVöD auch für den TV-L; es wird daher darauf verwiesen.

§ 18 (Bund) TVöD Leistungsentgelt

(1) [1]**Ab dem 1. Januar 2007 wird ein Leistungsentgelt eingeführt.** [2]**Das Leistungsentgelt ist eine variable und leistungsorientierte Bezahlung zusätzlich zum Tabellenentgelt.**

(2) [1]**Ausgehend von einer vereinbarten Zielgröße von 8 v. H. entspricht bis zu einer Vereinbarung eines höheren Vomhundertsatzes das für das Leistungsentgelt zur Verfügung stehende Gesamtvolumen 1 v. H.**

Leistungsentgelt § 18

der ständigen Monatsentgelte des Vorjahres aller unter den Geltungsbereich des TVöD fallenden Beschäftigten des jeweiligen Arbeitgebers. ²Das für das Leistungsentgelt zur Verfügung stehende Gesamtvolumen ist zweckentsprechend zu verwenden; es besteht die Verpflichtung zu jährlicher Auszahlung der Leistungsentgelte.

Protokollerklärung zu Absatz 2 Satz 1:
Ständige Monatsentgelte sind insbesondere das Tabellenentgelt (ohne Sozialversicherungsbeiträge des Arbeitgebers und dessen Kosten für die betriebliche Altersvorsorge), die in Monatsbeträgen festgelegten Zulagen einschließlich Besitzstandszulagen sowie Entgelt im Krankheitsfall (§ 22) und bei Urlaub, soweit diese Entgelte in dem betreffenden Kalenderjahr ausgezahlt worden sind; nicht einbezogen sind dagegen insbesondere Abfindungen, Aufwandsentschädigungen, Auslandsdienstbezüge einschließlich Kaufkraftausgleiche und Auslandsverwendungszuschläge, Einmalzahlungen, Jahressonderzahlungen, Leistungsentgelte, Strukturausgleiche, unständige Entgeltbestandteile und Entgelte der außertariflichen Beschäftigten.

Niederschriftserklärung zu § 18 (Bund) Abs. 2:
Das als Zielgröße zu erreichende Gesamtvolumen von 8 v. H. wird wie folgt finanziert
– Anteil aus auslaufenden Besitzständen
– Im Rahmen zukünftiger Tarifrunden
Die Tarifvertragsparteien führen erstmals Mitte 2008 Gespräche über den Anteil aus auslaufenden Besitzständen und über eine mögliche Berücksichtigung von Effizienzgewinnen.

(3) **Nähere Regelungen werden in einem Bundestarifvertrag vereinbart.**

Protokollerklärungen zu Absatz 3:
1. ¹ Die Tarifvertragsparteien sind sich darüber einig, dass die zeitgerechte Einführung des Leistungsentgelts sinnvoll, notwendig und deshalb beiderseits gewollt ist. ² Kommt bis zum 30. September 2007 kein Bundestarifvertrag zu Stande, erhalten die Beschäftigten mit dem Tabellenentgelt des Monats Dezember 2008 6 v. H. des für den Monat September jeweils zustehenden Tabellenentgelts. ³ Das Leistungsentgelt erhöht sich im Folgejahr um den Restbetrag des Gesamtvolumens. ⁴ Solange in den Folgejahren keine Einigung nach Absatz 3 zu Stande kommt, gelten die Sätze 2 und 3 entsprechend. ⁵ Für das Jahr 2007 erhalten die Beschäftigten mit dem Tabellenentgelt des Monats Dezember 2007 12 v. H. des für den Monat September 2007 jeweils zustehenden Tabellenentgelts ausgezahlt, insgesamt jedoch nicht mehr als das Gesamtvolumen gemäß § 18 Abs. 2 Satz 1, wenn bis zum 31. Juli 2007 keine Einigung nach Absatz 3 zustande gekommen ist.
2. ¹ In der Entgeltrunde 2008 werden die Tarifvertragsparteien die Umsetzung des § 18 (Leistungsentgelt) analysieren und ggf. notwendige Folgerungen ziehen. ² In diesem Rahmen werden auch Höchstfristen für eine teilweise Nichtauszahlung von Gesamtvolumina gemäß Satz 4 der Protokollerklärung Nr. 1 festgelegt; ferner wird eine Verzinsung des etwaigen ab dem Jahr 2008 nicht ausgezahlten Gesamtvolumens geklärt.

(4) **Die ausgezahlten Leistungsentgelte sind zusatzversorgungspflichtiges Entgelt.**

Protokollerklärungen zu § 18 (Bund):
1. ¹ Eine Nichterfüllung der Voraussetzungen für die Gewährung eines Leistungsentgelts darf für sich genommen keine arbeitsrechtlichen Maßnahmen auslösen. ² Umgekehrt sind arbeitsrechtliche Maßnahmen nicht durch Teilnahme an einer Zielvereinbarung bzw. durch Gewährung eines Leistungsentgelts ausgeschlossen.
2. ¹ Leistungsgeminderte dürfen nicht grundsätzlich aus Leistungsentgelten ausgenommen werden. ² Ihre jeweiligen Leistungsminderungen sollen angemessen berücksichtigt werden.

§ 18 Abschnitt III. Eingruppierung und Entgelt

Niederschriftserklärung zu § 18 (Bund) Abs. 4:
Die Tarifvertragsparteien wirken darauf hin, das der ATV sowie die Satzung der VBL bis spätestens 31. Dezember 2006 angepasst werden.
Protokollerklärung zu § 18 Bund:
1. [1] Eine Nichterfüllung der Voraussetzungen für die Gewährung eines Leistungsentgelts darf für sich genommen keine arbeitsrechtlichen Maßnahmen auslösen. [2] Umgekehrt sind arbeitsrechtliche Maßnahmen nicht durch Teilnahme an einer Zielvereinbarung bzw. durch Gewährung eines Leistungsentgelts ausgeschlossen.
2. [1] Leistungsgeminderte dürfen nicht grundsätzlich aus Leistungsentgelten ausgenommen werden. [2] Ihre jeweiligen Leistungsminderungen sollen angemessen berücksichtigt werden.

Niederschriftserklärung zu § 18 Bund:
Die Tarifvertragsparteien gehen davon aus, dass Leistungsentgelte Bezüge im Sinne des § 4 TV ATZ sind.

Zu den Erläuterungen zu § 18 TVöD (Bund) siehe S. 150

§ 18 (VKA) TVöD Leistungsentgelt

(1) [1] **Die leistungs- und/oder erfolgsorientierte Bezahlung soll dazu beitragen, die öffentlichen Dienstleistungen zu verbessern.** [2] **Zugleich sollen Motivation, Eigenverantwortung und Führungskompetenz gestärkt werden.**

(2) [1] Ab dem 1. Januar 2007 wird ein Leistungsentgelt eingeführt. [2] Das Leistungsentgelt ist eine variable und leistungsorientierte Bezahlung zusätzlich zum Tabellenentgelt.

(3) [1] Ausgehend von einer vereinbarten Zielgröße von 8 v. H. entspricht bis zu einer Vereinbarung eines höheren Vomhundertsatzes das für das Leistungsentgelt zur Verfügung stehende Gesamtvolumen 1 v. H. der ständigen Monatsentgelte des Vorjahres aller unter den Geltungsbereich des TVöD fallenden Beschäftigten des jeweiligen Arbeitgebers. [2] Das für das Leistungsentgelt zur Verfügung stehende Gesamtvolumen ist zweckentsprechend zu verwenden; es besteht die Verpflichtung zu jährlicher Auszahlung der Leistungsentgelte.

Protokollerklärung zu Absatz 3 Satz 1:
[1] Ständige Monatsentgelte sind insbesondere das Tabellenentgelt (ohne Sozialversicherungsbeiträge des Arbeitgebers und dessen Kosten für die betriebliche Altersvorsorge), die in Monatsbeträgen festgelegten Zulagen einschließlich Besitzstandszulagen sowie Entgelt im Krankheitsfall (§ 22) und bei Urlaub, soweit diese Entgelte in dem betreffenden Kalenderjahr ausgezahlt worden sind; nicht einbezogen sind dagegen insbesondere Abfindungen, Aufwandsentschädigungen, Einmalzahlungen, Jahressonderzahlungen, Leistungsentgelte, Strukturausgleiche, unständige Entgeltbestandteile und Entgelte der außertariflichen Beschäftigten. [2] Unständige Entgeltbestandteile können betrieblich einbezogen werden.

Niederschriftserklärung zu § 18 VKA Abs. 3:
[1] Das als Zielgröße zu erreichende Gesamtvolumen von 8 v. H. wird wie folgt finanziert
– Anteil aus auslaufenden Besitzständen in pauschalierter Form,
– im Rahmen zukünftiger Tarifrunden.
[2] Die Tarifvertragsparteien führen erstmals Mitte 2008 Gespräche über den Anteil aus auslaufenden Besitzständen und über eine mögliche Berücksichtigung von Effizienzgewinnen.

(4) [1] **Das Leistungsentgelt wird zusätzlich zum Tabellenentgelt als Leistungsprämie, Erfolgsprämie oder Leistungszulage gewährt; das Verbin-**

den verschiedener Formen des Leistungsentgelts ist zulässig. ²Die Leistungsprämie ist in der Regel eine einmalige Zahlung, die im Allgemeinen auf der Grundlage einer Zielvereinbarung erfolgt; sie kann auch in zeitlicher Abfolge gezahlt werden. ³Die Erfolgsprämie kann in Abhängigkeit von einem bestimmten wirtschaftlichen Erfolg neben dem gemäß Absatz 3 vereinbarten Startvolumen gezahlt werden. ⁴Die Leistungszulage ist eine zeitlich befristete, widerrufliche, in der Regel monatlich wiederkehrende Zahlung. ⁵Leistungsentgelte können auch an Gruppen von Beschäftigten gewährt werden. ⁶Leistungsentgelt muss grundsätzlich allen Beschäftigten zugänglich sein. ⁷Für Teilzeitbeschäftigte kann von § 24 Abs. 2 abgewichen werden.

Protokollerklärungen zu Absatz 4:
1. ¹ *Die Tarifvertragsparteien sind sich darüber einig, dass die zeitgerechte Einführung des Leistungsentgelts sinnvoll, notwendig und deshalb beiderseits gewollt ist.* ² *Sie fordern deshalb die Betriebsparteien dazu auf, rechtzeitig vor dem 1. Januar 2007 die betrieblichen Systeme zu vereinbaren.* ³ *Kommt bis zum 30. September 2007 keine betriebliche Regelung zustande, erhalten die Beschäftigten mit dem Tabellenentgelt des Monats Dezember 2008 6 v. H. des für den Monat September jeweils zustehenden Tabellenentgelts.* ⁴ *Das Leistungsentgelt erhöht sich im Folgejahr um den Restbetrag des Gesamtvolumens.* ⁵ *Solange auch in den Folgejahren keine Einigung entsprechend Satz 2 zustande kommt, gelten die Sätze 3 und 4 ebenfalls.* ⁶ *Für das Jahr 2007 erhalten die Beschäftigten mit dem Tabellenentgelt des Monats Dezember 2007 12 v. H. des für den Monat September 2007 jeweils zustehenden Tabellenentgelts ausgezahlt, insgesamt jedoch nicht mehr als das Gesamtvolumen gemäß Absatz 3 Satz 1, wenn bis zum 31. Juli 2007 keine Einigung nach Satz 2 zustande gekommen ist.*
2. ¹ *In der Entgeltrunde 2008 werden die Tarifvertragsparteien die Umsetzung des § 18 (Leistungsentgelt) analysieren und ggf. notwendige Folgerungen (z. B. Schiedsstellen) ziehen.* ² *In diesem Rahmen werden auch Höchstfristen für eine teilweise Nichtauszahlung des Gesamtvolumens gemäß Satz 3 der Protokollerklärung Nr. 1 festgelegt; ferner wird eine Verzinsung des etwaigen ab dem Jahr 2008 nicht ausgezahlten Gesamtvolumens geklärt.*

Protokollerklärung zu Absatz 4 Satz 4:
¹ *Die wirtschaftlichen Unternehmensziele legt die Verwaltungs-/Unternehmensführung zu Beginn des Wirtschaftsjahres fest.* ² *Der wirtschaftliche Erfolg wird auf der Gesamtebene der Verwaltung/des Betriebes festgestellt.*

(5) ¹ Die Feststellung oder Bewertung von Leistungen geschieht durch das Vergleichen von Zielerreichungen mit den in der Zielvereinbarung angestrebten Zielen oder über eine systematische Leistungsbewertung. ² Zielvereinbarung ist eine freiwillige Abrede zwischen der Führungskraft und einzelnen Beschäftigten oder Beschäftigtengruppen über objektivierbare Leistungsziele und die Bedingungen ihrer Erfüllung. ³ Leistungsbewertung ist die auf einem betrieblich vereinbarten System beruhende Feststellung der erbrachten Leistung nach möglichst messbaren oder anderweitig objektivierbaren Kriterien oder durch aufgabenbezogene Bewertung.

Niederschriftserklärung zu § 18 VKA Abs. 5 Satz 2:
¹ *Die Tarifvertragsparteien stimmen darin überein, dass aus Motivationsgründen die Vereinbarung von Zielen freiwillig geschieht.* ² *Eine freiwillige Zielvereinbarung kann auch die Verständigung auf zum Teil vorgegebene oder übergeordnete Ziele sein, z. B. bei der Umsetzung gesetzlicher oder haushaltsrechtlicher Vorgaben, Grundsatzentscheidungen der Verwaltungs-/Unternehmensführung.*
Niederschriftserklärung zu § 18 VKA Abs. 5 Satz 3:
Die systematische Leistungsbewertung entspricht nicht der Regelbeurteilung.

§ 18   Abschnitt III. Eingruppierung und Entgelt

(6) ¹Das jeweilige System der leistungsbezogenen Bezahlung wird betrieblich vereinbart. ²Die individuellen Leistungsziele von Beschäftigten bzw. Beschäftigtengruppen müssen beeinflussbar und in der regelmäßigen Arbeitszeit erreichbar sein. ³Die Ausgestaltung geschieht durch Betriebsvereinbarung oder einvernehmliche Dienstvereinbarung, in der insbesondere geregelt werden:
- Verfahren der Einführung von leistungs- und/oder erfolgsorientierten Entgelten,
- zulässige Kriterien für Zielvereinbarungen,
- Ziele zur Sicherung und Verbesserung der Effektivität und Effizienz, insbesondere für Mehrwertsteigerungen (z. B. Verbesserung der Wirtschaftlichkeit, – der Dienstleistungsqualität, – der Kunden-/Bürgerorientierung),
- Auswahl der Formen von Leistungsentgelten, der Methoden sowie Kriterien der systematischen Leistungsbewertung und der aufgabenbezogenen Bewertung (messbar, zählbar oder anderweitig objektivierbar), ggf. differenziert nach Arbeitsbereichen, u. U. Zielerreichungsgrade,
- Anpassung von Zielvereinbarungen bei wesentlichen Änderungen von Geschäftsgrundlagen,
- Vereinbarung von Verteilungsgrundsätzen,
- Überprüfung und Verteilung des zur Verfügung stehenden Finanzvolumens, ggf. Begrenzung individueller Leistungsentgelte aus umgewidmetem Entgelt,
- Dokumentation und Umgang mit Auswertungen über Leistungsbewertungen.

Protokollerklärung zu Absatz 6:
Besteht in einer Dienststelle/in einem Unternehmen kein Personal- oder Betriebsrat, hat der Dienststellenleiter/Arbeitgeber die jährliche Ausschüttung der Leistungsentgelte im Umfang des Vomhundertsatzes der Protokollerklärung Nr. 1 zu Absatz 4 sicherzustellen, solange eine Kommission im Sinne des Absatzes 7 nicht besteht.

(7) ¹Bei der Entwicklung und beim ständigen Controlling des betrieblichen Systems wirkt eine betriebliche Kommission mit, deren Mitglieder je zur Hälfte vom Arbeitgeber und vom Betriebs-/Personalrat aus dem Betrieb benannt werden. ²Die betriebliche Kommission ist auch für die Beratung von schriftlich begründeten Beschwerden zuständig, die sich auf Mängel des Systems bzw. seiner Anwendung beziehen. ³Der Arbeitgeber entscheidet auf Vorschlag der betrieblichen Kommission, ob und in welchem Umfang der Beschwerde im Einzelfall abgeholfen wird. ⁴Folgt der Arbeitgeber dem Vorschlag nicht, hat er seine Gründe darzulegen. ⁵Notwendige Korrekturen des Systems bzw. von Systembestandteilen empfiehlt die betriebliche Kommission. ⁶Die Rechte der betrieblichen Mitbestimmung bleiben unberührt.

Niederschriftserklärung zu § 18 VKA Abs. 7:
1. Die Mitwirkung der Kommission erfasst nicht die Vergabeentscheidung über Leistungsentgelte im Einzelfall.
2. Die nach Abs. 7 und die für Leistungsstufen nach § 17 Abs. 2 gebildeten betrieblichen Kommissionen sind identisch.

(8) **Die ausgezahlten Leistungsentgelte sind zusatzversorgungspflichtiges Entgelt.**

Leistungsentgelt § 18

Protokollerklärungen zu § 18:
1. [1] Eine Nichterfüllung der Voraussetzungen für die Gewährung eines Leistungsentgelts darf für sich genommen keine arbeitsrechtlichen Maßnahmen auslösen. [2] Umgekehrt sind arbeitsrechtliche Maßnahmen nicht durch Teilnahme an einer Zielvereinbarung bzw. durch Gewährung eines Leistungsentgelts ausgeschlossen.
2. [1] Leistungsgeminderte dürfen nicht grundsätzlich aus Leistungsentgelten ausgenommen werden. [2] Ihre jeweiligen Leistungsminderungen sollen angemessen berücksichtigt werden.
3. Die Vorschriften des § 18 sind sowohl für die Parteien der betrieblichen Systeme als auch für die Arbeitgeber und Beschäftigten unmittelbar geltende Regelungen.
4. Die Beschäftigten in Sparkassen sind ausgenommen.
5. Die landesbezirklichen Regelungen in Baden-Württemberg, in Nordrhein-Westfalen und im Saarland zu Leistungszuschlägen zu § 20 BMT-G bleiben unberührt.

Zu den Erläuterungen zu § 18 TVöD (VKA) siehe S. 151

§ 18 TV-L Leistungsentgelt

(1) [1] **Ab dem 1. Januar 2007 wird ein Leistungsentgelt zusätzlich zum Tabellenentgelt eingeführt.** [2] **Die Zielgröße ist 8 v. H.** [3] **Bis zu einer anderen Vereinbarung wird ein Gesamtvolumen von 1 v. H. der ständigen Monatsentgelte des Vorjahres aller Beschäftigten des jeweiligen Arbeitgebers, mit Ausnahme der unter § 41 fallenden Ärztinnen und Ärzte, für das Leistungsentgelt zur Verfügung gestellt.**

Protokollerklärung zu Absatz 1 Satz 3:
[1] Ständige Monatsentgelte sind insbesondere das Tabellenentgelt (ohne Sozialversicherungsbeiträge des Arbeitgebers und dessen Kosten für die betriebliche Altersvorsorge), die in Monatsbeträgen festgelegten Zulagen einschließlich Besitzstandszulagen sowie Entgelt im Krankheitsfall (§ 22) und bei Urlaub, soweit diese Entgelte in dem betreffenden Kalenderjahr ausgezahlt worden sind. [2] Nicht einbezogen sind dagegen insbesondere Abfindungen, Aufwandsentschädigungen, Einmalzahlungen, Jahressonderzahlungen, Leistungsentgelte, Strukturausgleiche, unständige Entgeltbestandteile und Entgelte der außertariflichen Beschäftigten.

(2) **Es besteht die Verpflichtung, die Leistungsentgelte jährlich auszuzahlen.**

(3) **Die ausgezahlten Leistungsentgelte sind zusatzversorgungspflichtiges Entgelt.**

(4) [1] **Nähere Regelungen über die Ausgestaltung des Leistungsentgelts werden in landesbezirklichen Tarifverträgen vereinbart.** [2] **Dabei kann über das tariflich festgelegte Leistungsentgelt hinaus ein zusätzlich höheres Leistungsentgelt vereinbart werden.** [3] **In einem landesbezirklichen Tarifvertrag kann auch vereinbart werden, dass das Gesamtvolumen des Leistungsentgeltes zusätzlich zur Jahressonderzahlung auf alle Beschäftigten gleichmäßig verteilt ausgeschüttet wird.**

(5) **Solange eine landesbezirkliche Regelung nicht zustande kommt, erhalten die Beschäftigten mit dem Tabellenentgelt des Monats Dezember ab dem Jahr 2007 12 v. H. des Tabellenentgelts ausgezahlt, das für den Monat September desselben Jahres jeweils zusteht.**

Protokollerklärungen zu § 18:
1. [1] Eine Nichterfüllung der Voraussetzungen für die Gewährung eines Leistungsentgelts darf für sich genommen keine arbeitsrechtlichen Maßnahmen auslösen. [2] Umgekehrt sind

§ 18 Abschnitt III. Eingruppierung und Entgelt

arbeitsrechtliche Maßnahmen nicht durch Teilnahme an einer Zielvereinbarung beziehungsweise durch Gewährung eines Leistungsentgelts ausgeschlossen.

2. ¹Leistungsgeminderte dürfen nicht grundsätzlich aus Leistungsentgelten ausgenommen werden. ²Ihre jeweiligen Leistungsminderungen sollen angemessen berücksichtigt werden.

Niederschriftserklärung zu § 18:
Das als Zielgröße zu erreichende Gesamtvolumen von 8 v. H. wird wie folgt finanziert –
– Anteil aus auslaufenden Besitzständen in pauschalierter Form,
– im Rahmen zukünftiger Tarifrunden
Die Tarifvertragsparteien gehen davon aus, dass Leistungsentgelte Bezüge im Sinne des § 4 des Tarifvertrages zur Regelung der Altersteilzeit sind.

Die Tarifvertragsparteien wirken darauf hin, dass der ATV sowie die Satzung der VBL entsprechend angepasst werden.

Zu den Erläuterungen zu § 18 TV-L siehe S. 155

Erläuterungen zu § 18 (Bund) TVöD

Sonderregelungen

1 Für den Bereich des Bundes enthalten die BT keine Abweichungen oder Ergänzungen zu § 18.

1. Zu Abs. 1

2 **1.1** Satz 1 bestimmt verpflichtend den Zeitpunkt der Einführung dieser Bezahlungskomponente. Satz 2 definiert sie als eine variable und leistungsorientierte Bezahlungsart. Allerdings haben die TVP für den Bereich des Bundes davon abgesehen, Einzelheiten im TVöD selber zu regeln. Diese sind einem gesonderten TV vorbehalten (vgl. Abs. 3 Rn. 6 ff.).

2. Zu Abs. 2

3 **2.1** Das finanzielle Höchstvolumen für die Gewährung von Leistungsentgelten wird bei 8% der ständigen Monatentgelte liegen, wobei das jeweilige Vorjahr maßgebend ist. Die Protokollerklärung zu Abs. 2 S. 1 definiert den Begriff „ständige Monatsentgelte". Dabei handelt es sich sowohl bei der „Positiv-" als auch bei der „Negativliste" nicht um abschließende Aufzählungen („insbesondere"), allerdings erscheint es angesichts der aufgezählten Bezahlungsbestandteile fraglich, ob in der Praxis noch andere Formen von Personalkosten eine Rolle spielen können. Zu beachten ist allerdings die Einschränkung auf die Entgelte für die dem TVöD unterfallenden AN. Die Entgelte für AN, deren ArbVerh. nicht dem TVöD unterliegen, bleiben unberücksichtigt. Nach dem Wortlaut sind damit auch die Personalkosten für die Beschäftigten ausgenommen, die nach § 1 Abs. 2 vom Geltungsbereich des TV ausgenommen sind.

4 Der Satz von 8 % ist eine Zielgröße. Die TVP haben ausdrücklich offen gelassen, in welchen Schritten und zu welchen Zeitpunkten das ab 2007 geltende Anfangsvolumen (1% der maßgebenden Berechnungsgrundlage) erhöht wird. In einer Niederschriftserklärung haben sie allerdings zur Finanzierung festgehalten, dass sie aus Einsparungen aus auslaufenden Besitzständen und im Rahmen zukünftiger (Einkommens-)Tarifrunden erfolgen soll. Erstmals Mitte des Jahres 2008 werden die TVP Gespräche über den Anteil aus auslaufenden Besitzständen und über eine mögliche Berücksichtigung von Effizienzgewinnen führen.

5 **2.2** Das von den TVP jeweils festgelegte Volumen ist jedoch verbindlich und muss zwingend für Leistungsentgelte verwendet werden (Satz 2). Eine Kürzung oder Verwendung für andere Zwecke ist tarifvertraglich ausgeschlossen.

Leistungsentgelt § 18

3. Zu Abs. 3

Für den Bereich des Bundes haben die TVP keine weiteren Regelungen zur Ausgestaltung des Systems getroffen, sondern dies einem gesonderten TV vorbehalten. Mit dem „Tarifvertrag über das Leistungsentgelt für die Beschäftigten des Bundes" (LeistungsTV-Bund) vom 25. 8. 2006 sind sie ihrem selbst gestellten Auftrag gefolgt. Dieser TV beinhaltet u. a. Regelungen zur Leistungsfeststellung sowie zu Formen und Auszahlung der Leistungsentgelte. Allerdings überlässt er die Ausgestaltung den betrieblichen Parteien (Dienststelle/Betrieb und Personal-/Betriebsrat). Die Protokollerklärung zu Abs. 3 ist insoweit obsolet, als dass der TV vor den dort genannten Fristen zustande gekommen ist. Der TV enthält allerdings vergleichbare Regelungen für den Fall, dass keine Dienstvereinbarung zustande kommt.

4. Zu Abs. 4

Leistungsentgelte sind nach dem Willen der TVöD-TVP zusatzversorgungspflichtiges Entgelt und wirken sich demnach auch (positiv) auf die Altersversorgung aus. In einer Niederschriftserklärung haben sich die TVP verpflichtet, auf die hierfür notwendigen Änderungen des TV Altersversorgung und des Satzungsrechts der Versorgungskassen hinzuwirken.

5. Zu den Protokollerklärungen zu § 18 (Bund)
5.1 Zu Nr. 1:

Satz 1 schließt arbeitsrechtliche Maßnahmen (z. B. Abmahnung) aus, die alleine in der Tatsache begründet sind, dass der AN nicht die Voraussetzungen für die Zahlung eines Leistungsentgeltes erfüllt. Wird also z. B. ein vereinbartes Ziel nicht erreicht, darf dies alleine nicht zu arbeitsrechtlichen Maßnahmen führen. Dies bedeutet aber nicht, dass Mängeln im Leistungs- oder sonstigem Verhalten nicht mit angemessenen Maßnahmen begegnet werden kann, wie Satz 2 ausdrücklich klar stellt.

5.2 Zu Nr. 2

Leistungsgeminderte Beschäftigte sind nach § 38 Abs. 4 „Beschäftigte, die ausweislich einer Bescheinigung des beauftragten Arztes (§ 3 Abs. 4) nicht mehr in der Lage sind, auf Dauer die vertraglich geschuldete Arbeitsleistung in vollem Umfang zu erbringen, ohne deswegen zugleich teilweise oder in vollem Umfang erwerbsgemindert i. S. d. SGB VI zu sein". Dieser Personenkreis darf nicht grundsätzlich von Leistungsentgelten ausgeschlossen werden. Ihre Leistungsminderung soll (i. d. R. also: muss) angemessen berücksichtigt werden. Wie dies geschieht, kann nur unter Berücksichtigung der System-Ausgestaltung beantwortet werden.

Erläuterungen zu § 18 (VKA) TVöD

Sonderregelungen

§ 18 gilt ausdrücklich nicht für Beschäftigte der Sparkassen (vgl. Protokollerklärung Nr. 4 zu § 18 (VKA). Die §§ 41 bis 43 BT-S enthalten eigene Regelungen für leistungs- und erfolgsorientierte variable Entgelte.

Der **BT-E** enthält in § 44 eine eigene Regelung zur Erfolgsbeteiligung, die **neben** den Vorschriften des § 18 gilt.

1. Zu Abs. 1 und Abs. 2

1.1 Anders als im Bereich des Bundes nennt die VKA-Fassung explizit auch eine „erfolgsorientierte Bezahlungskomponente". Im Übrigen beschreibt Abs. 1

§ 18 Abschnitt III. Eingruppierung und Entgelt

die Ziele, die die TVP mit der Einführung des Leistungsentgeltes verfolgen. Wenngleich sehr allgemein formuliert, hat sie doch mehr als nur deklaratorische Bedeutung, denn bei der Ausgestaltung des Systems durch Dienst-/Betriebsvereinbarung sind die Betriebsparteien (Dienststelle/Betrieb einerseits und Personal-/Betriebsrat andererseits) gehalten, diese Ziele zu beachten und Vereinbarungen zu unterlassen, die ihnen zuwiderlaufen.

13   **1.2** Der Einführungszeitpunkt (1. 1. 2007) ist – wie im Bereich des Bundes – verbindlich vorgeschrieben (Abs. 2 S. 1). Da die Ausgestaltung allerdings den Betriebsparteien obliegt und zudem eine Einigung zwingend voraussetzt, haben die TVP mit der Protokollerklärung zu Abs. 4 Vorsorge für den Fall getroffen, dass bei einzelnen AG die Betriebsparteien keine entsprechenden Vereinbarungen treffen, auf Rn. 22 wird verwiesen.

14   **1.3** Die Definition des Leistungsentgeltes in Abs. 2 S. 2 stellt den Grundsatz dar. Die verschiedenen Formen werden in Abs. 4 aufgezählt.

2. Zu Abs. 3

15   Die Vorschrift ist weitgehend identisch mit Abs. 2 der Fassung für den Bund. Auf die Erl. hierzu wird deshalb verwiesen. Allerdings enthält die Protokollerklärung zu Abs. 3 S. 1 eine Abweichung von der ihr sonst entsprechenden Protokollerklärung zu Abs. 2 (Bund). Satz 2 dieser Protokollerklärung sieht vor, dass Unständige Entgeltbestandteile bei der Ermittlung des Gesamtvolumens einbezogen werden **können**. Dies setzt allerdings eine Vereinbarung der Betriebsparteien voraus.

3. Zu Abs. 4

16   **3.1** Der TVöD kennt grundsätzlich drei Formen von Leistungsentgelt:
a) Leistungsprämien,
b) Erfolgsprämien,
c) Leistungszulagen.
Der TV lässt aber auch ausdrücklich Verbindungen der verschiedenen Formen zu.

17   **3.11** Leistungsprämien sind in der Regel Einmalzahlungen, (wenngleich eine Zahlung „in Raten" nicht ausgeschlossen ist) und kommen in erster Linie in Betracht auf der Grundlage einer Zielvereinbarung. Allerdings schließt die Vorschrift nicht eine Leistungsprämie ohne Zielvereinbarung aus, etwa dann, wenn ein AN (oder eine Gruppe von AN) ohne vorherige Vereinbarung eine prämienwürdige Leistung erbracht hat. Ob das betriebliche System dies zulässt, ist eine andere Frage. Die Zahlung einer Leistungsprämie auf der Grundlage einer Leistungsbewertung ist zwar nach dem Wortlaut nicht gänzlich ausgeschlossen, entspricht aber weder den vorrangigen Intentionen der TVP noch dem Wesen einer Prämie. Eine Leistungsprämie kann auch einer Gruppe von Beschäftigten gezahlt werden (Satz 5).

18   **3.12** Die Erfolgsprämien unterscheiden sich von den Leistungsprämien dadurch, dass sie von einem bestimmten wirtschaftlichen Erfolg abhängig sind. Was ein wirtschaftlicher Erfolg ist, bestimmt sich nach den wirtschaftlichen Unternehmenszielen, die wiederum von der Verwaltungs-/Unternehmensführung zu Beginn des Wirtschaftsjahres festgelegt werden (vgl. Protokollerklärung zu Abs. 4 S. 4). Die Besonderheit der Erfolgsprämie liegt nach Satz 3 darin, dass sie neben dem Startvolumen (1% der Berechnungsgrundlage – vgl. Abs. 3) gezahlt werden kann. Da die Vorschrift aber ausdrücklich auf das „Startvolumen" beschränkt ist, verliert sie ihre Bedeutung, sobald sich der Prozentsatz erhöht.

Leistungsentgelt § 18

3.13 Leistungszulagen sind wiederkehrende – i. d. R. monatliche – Zahlungen. Sie sind zeitlich zu befristen und sind zudem widerruflich. Selbstverständlich ist eine Weiterzahlung nach Ablauf der Befristung nach dem TV möglich; darüber muss dann aber neu entschieden werden. Die Zahlung von Leistungszulagen an eine Gruppe ist zwar nach dem Wortlaut nicht ausgeschlossen (Satz 5 erfasst alle Formen von Leistungsentgelten), dies würde jedoch dem Sinn einer Leistungszulage kaum entsprechen. Leistungszulagen werden i. d. R. auf der Grundlage von Leistungsbewertungen vergeben.

3.14 Das System der leistungsorientierten Bezahlung muss grundsätzlich allen Beschäftigten zugänglich sein. Der Ausschluss von Einzelpersonen oder Gruppen von Beschäftigten ist tariflich untersagt. Dies bedeutet natürlich nicht, dass auch jeder AN auch tatsächlich in den Genuss einer Leistungsprämie oder einer Leistungszulage kommt. Dies hängt eben von seinen Leistungen ab.

3.3 Teilzeitbeschäftigte erhalten nach § 24 grundsätzlich alle Entgeltbestandteile zeitratierlich. Von dieser Regel kann nach Satz 7 im Falle des Leistungsentgeltes abgewichen werden, d. h., es ist möglich, dass Teilzeitbeschäftigte Leistungsentgelt in der Höhe erhalten, wie sie bei Vollzeitbeschäftigung erhalten würden. Dies ist jedoch keine zwingende Regelung.

3.4 Zu den Protokollerklärungen zu Absatz 4
3.41 Zu Nr. 1

Satz 2 ff. enthält Regelungen für den Fall, dass die Betriebsparteien keine Einigung über eine Dienst-/Betriebsvereinbarung erzielen. Dabei gilt Folgendes:
a) Kommt bis zum **31. 7. 2007** eine Vereinbarung nicht zustande, werden im Dezember 12% des für September 2007 zustehenden Tabellenentgelts gezahlt, insgesamt darf aber das Gesamtvolumen nicht überschritten werden.
b) Kommt bis zum **30. 9. 2007** eine Vereinbarung nicht zustande, erhalten die AN im Dezember 2008 zusätzlich zu ihrem regulären Entgelt einen Betrag in Höhe von 6% des Tabellenentgeltes, das im September 2007 zustand. Der Rest des Gesamtvolumens wird in das Folgejahr übertragen.
c) Kommt auch in den Folgejahren keine Betriebs-/Dienstvereinbarung zustande, gilt das unter b) beschriebene Verfahren.

Mit diesen Regelungen wollen die TVP verhindern, dass eine Nichteinigung der Betriebsparteien zu Lasten der AN geht, zumal die finanziellen Mittel durch Umwidmung von Entgelt im Rahmen des neuen Tarifrechts gewonnen wurden.

3.42 Zu Nr. 2

Diese Protokollerklärung beinhaltet die Selbstbindung der TVP, im Zusammenhang mit der Einkommensrunde 2008 die Umsetzung des § 18 zu analysieren und notwendige Folgerungen zu ziehen.

4. Zu Abs. 5

4.1 Für die Leistungsfeststellung und -bewertung sieht der TV zwei Systeme vor:
a) durch Abgleich zwischen einer Zielvereinbarung und dem Grad der Zielerreichung;
b) durch eine systematische Leistungsbewertung.

4.11 Schon das Wort „Zielvereinbarung" impliziert die Freiwilligkeit auf beiden Seiten; dennoch betont die Vorschrift die Freiwilligkeit noch mal. Dabei handelt für den AG die jeweilige Führungskraft; auf AN-Seite kann sowohl eine Einzelperson oder auch eine Gruppe von AN beteiligt sein. Wer Führungskraft i. S. die-

§ 18 Abschnitt III. Eingruppierung und Entgelt

ser Vorschrift ist, wird in der Dienst-/Betriebsvereinbarung festzulegen sein, denn anderenfalls ist ein geordnetes Verfahren schwer vorstellbar. Im Übrigen sind in der Dienst-/Betriebsvereinbarung auch die Kriterien für Zielvereinbarungen festzulegen (vgl. Abs. 6).

26 Nach einer Niederschriftserklärung kann eine freiwillige Zielvereinbarung auch die Verständigung sein auf zum Teil vorgegebene oder übergeordnete Ziele, z. B. bei der Umsetzung gesetzlicher oder haushaltsrechtlicher Vorgaben, Grundsatzentscheidungen der Verwaltungs-/Unternehmensführung.

27 4.12 Satz 3 definiert die Leistungsbewertung. Sie muss auf einem betrieblich vereinbarten System beruhen. Die Leistungskriterien müssen messbar oder objektivierbar sein. Die sog. Regelbeurteilung, wie sie in vielen Kommunalverwaltungen stattfindet, wird i. d. R. den Erfordernissen einer Leistungsbeurteilung nach § 18 TVöD nicht genügen. Dies haben die TVP in einer Niederschriftserklärung ausdrücklich festgestellt.

5. Zu Abs. 6

28 5.1 Die Ausgestaltung des Systems überlassen die TVP den Betriebsparteien. Sie muss durch eine Betriebsvereinbarung (im Geltungsbereich des BetrVG) oder durch einvernehmliche Dienstvereinbarung (im Geltungsbereich eines PersVG) erfolgen. Nach § 38 Abs. 3 liegt eine einvernehmliche Dienstvereinbarung nur ohne Entscheidung der Einigungsstelle vor. Als Vorgabe bestimmt Satz 2, dass die Leistungsziele
a) von den Beschäftigten beeinflussbar und
b) in der regelmäßigen Arbeitszeit erreichbar
sein müssen. Leistungsziele, die diesen Voraussetzungen nicht entsprechen, widersprechen dem Tarifrecht und dürfen daher nicht Gegenstand der Dienst-/Betriebsvereinbarung sein.

29 Im Übrigen enthält Abs. 6 eine (nicht abschließende) Aufzählung, welche Regelungen die Dienst-/Betriebsvereinbarung enthalten muss. Die Gewerkschaften wie auch Arbeitgeberverbände haben Musterdienstvereinbarungen erarbeitet, die als Arbeitshilfe dienen können.

30 5.2 Die Protokollerklärung zu Abs. 6 trifft eine Sonderregelung für den – aber auch nur für den – Fall, dass in einer Verwaltung/einem Unternehmen kein Personal- bzw. Betriebsrat besteht und somit weder eine betriebliche Vereinbarung noch die Bildung einer Kommission nach Abs. 7 möglich ist. Der AG bzw. die Dienststellenleitung ist verpflichtet, die Ausschüttung in dem in der Protokollerklärung zu Abs. 4 genannten Umfang sicherzustellen.

6. Zu Abs. 7

31 6.1 Die betriebliche Kommission ist zwingend zu bilden. Sie ist paritätisch zu besetzen; die Hälfte der Mitglieder ist vom AG, die andere Hälfte vom Personal-/Betriebsrat zu benennen. Die letztgenannten Mitglieder können, müssen aber nicht dem Personal-/Betriebsrat angehören. Es muss sich um AN der Dienststelle/des Betriebes handeln; Außenstehende dürfen nicht berufen werden. Für die Größe der Kommission macht der TV keine Vorgaben; sie ist zu vereinbaren. Nach einer Niederschriftserklärung sind die nach § 18 Abs. 7 die nach § 17 Abs. 2 (Leistungsstufen) gebildeten Kommissionen identisch, so dass ergänzend auf die Erl. zu § 17 Abs. 2 verwiesen wird.

32 6.2 Neben der Mitwirkung bei der Entwicklung und beim ständigen Controlling obliegt der Kommission die Beratung von (schriftlichen begründeten) Beschwerden wg. Mängeln im System oder dessen Handhabung. Schließlich hat sie die Aufgabe, ihr notwendig erscheinende Korrekturen am System oder an Systembe-

Leistungsentgelt § 18

standteilen zu empfehlen. Eine solche Empfehlung kann, muss aber nicht zwangsläufig Folge einer Beschwerde sein.

6.3 Eigene Entscheidungsbefugnisse hat die Kommission nicht. Bei Beschwerden entscheidet der AG, wobei er seine Gründe darlegen muss, wenn er dem Vorschlag der Kommission nicht folgt. 33

Für Änderungen am System sind Dienststelle/Arbeitgeber einerseits und Personal-/Betriebsrat andererseits zuständig. 34

Schließlich wirkt die Kommission auch nicht bei der Einzelfallentscheidung über die Zahlung von Leistungsentgelt mit. Dies haben die TVP in einer Niederschriftserklärung ausdrücklich festgelegt. Diese Entscheidung trifft alleine der AG. 35

Nicht ausdrücklich geregelt ist, ob die Kommission eine betriebliche Beschwerdeinstanz – ohne Entscheidungskompetenz – in solchen Fällen ist, in denen AN eine Korrektur einer sie betreffenden Entscheidung im Zusammenhang mit der Zahlung eines Leistungsentgeltes begehren. Zumindest ist dies nicht ihre primäre Aufgabe, allerdings schließt der Wortlaut dies auch nicht aus. Es erscheint durchaus vertretbar, dies als „Beschwerde wg. Mängel bei der Systemanwendung" zu anzusehen. 36

6.4 Selbstverständlich kann der TV gesetzliche Mitbestimmungsrechte des Personal-/Betriebsrates nicht schmälern. Dies stellt Satz 6 klar. 37

7. Zu Abs. 8

Auf die Erl. zu der wortgleichen Bestimmung in § 18 Abs. 4 (Bund) – Rn. 7 – wird verwiesen. 38

8. Zu den Protokollerklärungen zu § 18

8.1 Zu Nr. 1 und Nr. 2. Auf die Erl. zu den wortgleichen Protokollerklärung Nr. 1 und 2 zu § 18 (Bund) – Rn. 8 f. wird verwiesen. 39

8.2 Zu Nr. 3. Die Vorschrift stellt klar, dass die Regelungen des § 18 sowohl die Betriebsparteien binden als auch unmittelbar geltendes Recht für das Einzelarbeitsverhältnis darstellen. Somit kann jeder einzelne AN evtl. Ansprüche aus dem TV geltend machen, wenngleich § 18 wenige konkrete Ansprüche im Einzelfall begründet. 40

8.3 Zu Nr. 4. Die AN der Sparkassen sind von der Geltung des § 18 ausgenommen; für sie gelten die eigenständigen Regelungen in den §§ 41 bis 43 des BT-S. 41

8.4 Zu Nr. 5. Die hier aufgeführten tariflichen Regelungen sind bezirklich (also für den Bereich eines KAV) vereinbart und wurden daher nicht durch den TVöD ersetzt (§ 2 Abs. 2 TVÜ-VKA). Sie müssen von den TVP auf bezirklicher Ebene angepasst werden. Bis dahin gelten sie weiter neben dem TVöD weiter. 42

Erläuterungen zu § 18 TV-L

Sonderregelungen 43

§ 40 Nr. 6 für Beschäftigte an Hochschulen und Forschungseinrichtungen;
§ 41 Nr. 13 für Ärztinnen und Ärzte an Universitätskliniken.

1. Grundsätzliches: Wie die TVP des TVöD in der für den Bund geltenden Fassung, haben sich die TVP des TV-L auf die Vereinbarung weniger Grundsätze beschränkt und die nähere Ausgestaltung des Systems des Leistungsentgelts eigenen TV vorbehalten, die – naturgemäß – auf landesbezirklicher Ebene zu vereinbaren 44 sind. Augenfällig ist allerdings, dass die TVP des TV-L auf eine den Protokollerklärungen zu § 18 Abs. 3 TVöD (Bund) bzw. zu § 18 Abs. 4 TVöD (VKA) entsprechende Vereinbarung verzichtet und darüber hinaus in Abs. 4 Satz 3 ausdrücklich die Möglichkeit eröffnet haben, das für Leistungsentgelt vorgesehene Finanzvolumen gleichmäßig auf alle Beschäftigten zu verteilen. Dann allerdings handelte es sich nur noch dem Namen nach um eine (individuell) leistungsorientierte Bezahlungskomponente, de facto wäre es eine Erhöhung der Tabellenentgelte.

45 2. **Zu Abs. 1:** Die Vorschrift entspricht inhaltlich denen des § 18 Abs. 1 und Abs. 2 Satz 1 TVöD (Bund); die Protokollerklärung zu Abs. 1 Satz 3 entspricht wörtlich der Protokollerklärung zu § 18 Abs. 2 Satz 1 TVöD (Bund). Allerdings fehlt eine dem § 18 Abs. 1 Satz 2 TVöD (Bund) entsprechende Bestimmung, was mit Blick auf die oben angesprochenen Unterschiede im Grundsätzlichen nahe liegt. Ein weiterer Unterschied zum TVöD liegt darin, die Entgelte der Ärztinnen und Ärzte an Universitätskliniken nicht zur Berechnungsgrundlage für das zur Verfügung zu stellende Finanzvolumen zählen. Dies erklärt sich aus den SR in § 41 Nr. 13.

46 Im Übrigen wird auf die Erl. zu § 18 Abs. 1 und 2 TVöD (Bund) verwiesen.

47 3. **Zu Abs. 2:** Wie § 18 Abs. 2 Satz 2 TVöD (Bund) verpflichtet die Bestimmung zwingend zur jährlichen Auszahlung des Leistungsentgelts, was nur bedeuten kann: Die Ausschöpfung des zur Verfügung zu stellenden Finanzvolumens. Ein ausdrückliches Zweckentfremdungsverbot – wie es in § 18 Abs. 2 Satz 2 TVöD (Bund) festgelegt ist – haben die TVP des TV-L nicht vereinbart.

48 4. **Zu Abs. 3:** Die Vorschrift ist wortgleich mit der des § 18 Abs. 4 (Fassung für den Bund) bzw. Abs. 8 (Fassung für die VKA) TVöD.

49 5. **Zu Abs. 4 und 5:** Abs. 4 überlässt es den TVP auf landesbezirklicher Ebene, die näheren Regelungen zum System des Leistungsentgelts zu vereinbaren. Dabei kann auch ein höheres Finanzvolumen als das vom TV-L vorgesehene vereinbart werden. Freigestellt wird auch – wie schon oben dargestellt – die Möglichkeit, gänzlich auf eine eine (individuell) leistungsorientierte Bezahlungskomponente zu verzichten und das zur Verfügung stehende Finanzvolumen gleichmäßig auf alle Beschäftigten zu verteilen (in der Praxis „Gießkannenprinzip" genannt).

50 Abs. 5 trifft eine vorläufige Regelung für die Auszahlung des Leistungsentgelts. Sie gilt so lange, bis eine landesbezirkliche Vereinbarung abgeschlossen ist. Die Vorschrift hat ihr Vorbild in Satz 5 der Protokollerklärung Nr. 1 zu § 18 Abs. 3 TVöD (Bund). Diese Regelung ist allerdings beschränkt auf das Jahr 2007.

§ 19 TVöD Erschwerniszuschläge

(1) ¹**Erschwerniszuschläge werden für Arbeiten gezahlt, die außergewöhnliche Erschwernisse beinhalten.** ²**Dies gilt nicht für Erschwernisse, die mit dem der Eingruppierung zugrunde liegenden Berufs- oder Tätigkeitsbild verbunden sind.**

(2) **Außergewöhnliche Erschwernisse im Sinne des Absatzes 1 ergeben sich grundsätzlich nur bei Arbeiten**
a) mit besonderer Gefährdung,
b) mit extremer nicht klimabedingter Hitzeeinwirkung,
c) mit besonders starker Schmutz- oder Staubbelastung,
d) mit besonders starker Strahlenexposition oder
e) unter sonstigen vergleichbar erschwerten Umständen.

(3) Zuschläge nach Absatz 1 werden nicht gewährt, soweit der außergewöhnlichen Erschwernis durch geeignete Vorkehrungen, insbesondere zum Arbeitsschutz, ausreichend Rechnung getragen wird.

(4) Die Zuschläge betragen in der Regel 5 bis 15 v. H. – in besonderen Fällen auch abweichend – des auf eine Stunde entfallenden Anteils des monatlichen Tabellenentgelts der Stufe 2 der Entgeltgruppe 2.

(5) ¹Die zuschlagspflichtigen Arbeiten und die Höhe der Zuschläge werden im Bereich der VKA landesbezirklich – für den Bund durch einen Tarifvertrag auf Bundesebene – vereinbart. ²Für den Bund gelten bis zum In-Kraft-Treten eines entsprechenden Tarifvertrages die bisherigen tarifvertraglichen Regelungen des Bundes fort.

§ 19 TV-L Erschwerniszuschläge

(1) ¹Erschwerniszuschläge werden für Arbeiten gezahlt, die außergewöhnliche Erschwernisse beinhalten. ²Dies gilt nicht für Erschwernisse, die mit dem Berufs- oder Tätigkeitsbild verbunden sind, das der Eingruppierung zugrunde liegt.

(2) Außergewöhnliche Erschwernisse im Sinne des Absatzes 1 ergeben sich grundsätzlich nur bei Arbeiten
a) mit besonderer Gefährdung,
b) mit extremer nicht klimabedingter Hitzeeinwirkung,
c) mit besonders starker Schmutz- oder Staubbelastung,
d) mit besonders starker Strahlenexposition oder
e) unter sonstigen vergleichbar erschwerten Umständen.

(3) Zuschläge nach Absatz 1 werden nicht gewährt, soweit der außergewöhnlichen Erschwernis durch geeignete Vorkehrungen, insbesondere zum Arbeitsschutz, ausreichend Rechnung getragen wird.

(4) Die Zuschläge betragen in der Regel 5 bis 15 v. H. – in besonderen Fällen auch abweichend – des auf eine Stunde entfallenden Anteils des monatlichen Tabellenentgelts der Stufe 2 der Entgeltgruppe 2.

(5) ¹Die zuschlagspflichtigen Arbeiten und die Höhe der Zuschläge werden tarifvertraglich vereinbart. ²Bis zum In-Kraft-Treten eines entsprechenden Tarifvertrages gelten die bisherigen tarifvertraglichen Regelungen fort.

Zu den Erläuterungen zu § 19 TV-L siehe S. 158

Erläuterungen zu § 19 TVöD

1. Sonderregelungen

1.1 BT-V: § 46 (Bund) Nr. 14 für Besatzungen von Binnen- und Seefahrzeugen und von schwimmenden Geräten im Bereich des Bundesministeriums der Verteidigung und § 47 (Bund) Nr. 6 für Beschäftigte der Wasser- und Schifffahrtsverwaltung des Bundes und des Bundesamtes für Seeschifffahrt und Hydrographie sehen besondere Regelungen bei Bergungen und Hilfeleistungen, bei Havariearbeiten sowie bei Einsätzen zum Feuerschutz bzw. zur Bekämpfung von Schadstoffen, Öl oder Chemikalien.

1.2 BT-B, BT-E, BT-F, BT-K, BT-S: Diese BT enthalten keine sich auf § 19 beziehende Vorschriften.

§ 20 Abschnitt III. Eingruppierung und Entgelt

3 **2.** Die Vorschrift gibt grundsätzlich nur den Rahmen vor. Die zuschlagspflichtigen Arbeiten sowie die Zuschlagshöhe sind nach Abs. 5 gesondert zu vereinbaren, im Bereich der VKA durch bezirkliche TV. Bis zur Vereinbarung dieser TV gelten die bisherigen Vorschriften weiter (für den Bereich des Bundes gem. Abs. 5 Satz 2; für den Bereich der VKA gem. § 23 TVÜ-VKA). Für den Bereich der VKA gilt die uneingeschränkte Weitergeltung nur bis zum 31. 12. 2007; wurden bis dahin keine neuen TV vereinbart, gelten die Vorschriften zwar weiter fort, jedoch mit der Maßgabe, dass die Grenzen und die Bemessungsgrundlagen des Abs. 4 zu beachten sind.

Erläuterungen zu § 19 TV-L

1 **Sonderregelungen**
§ 41 Nr. 13 Sonderregelungen für Ärztinnen und Ärzte an Universitätskliniken;
§ 46 Nr. 6 Sonderregelungen für Beschäftigte auf Schiffen und schwimmenden Geräten.

2 Wie in den fast wortgleichen Bestimmungen des § 19 Abs. 1 bis 4 TVöD geben auch die Abs. 1 bis 4 nur den Rahmen für die TVP auf landesbezirklicher Ebene vor. Diese haben nach Abs. 5 innerhalb des gesteckten Rahmens zu vereinbaren, für welche Arbeiten Zuschläge zustehen und in welcher Höhe.

3 Bis zur Vereinbarung des jeweiligen landesbezirklichen TV gelten die bisherigen tarifrechtlichen Regelungen fort.

§ 20 TVöD Jahressonderzahlung

(1) **Beschäftigte, die am 1. Dezember im Arbeitsverhältnis stehen, haben Anspruch auf eine Jahressonderzahlung.**

(2) [1] **Die Jahressonderzahlung beträgt bei Beschäftigten, für die die Regelungen des Tarifgebiets West Anwendung finden,**
  in den Entgeltgruppen 1 bis 8   90 v. H.,
  in den Entgeltgruppen 9 bis 12   80 v. H. und
  in den Entgeltgruppen 13 bis 15   60 v. H.
des der/dem Beschäftigten in den Kalendermonaten Juli, August und September durchschnittlich gezahlten monatlichen Entgelts; unberücksichtigt bleiben hierbei das zusätzlich für Überstunden gezahlte Entgelt (mit Ausnahme der im Dienstplan vorgesehenen Überstunden), Leistungszulagen, Leistungs- und Erfolgsprämien. [2] **Der Bemessungssatz bestimmt sich nach der Entgeltgruppe am 1. September.** [3] **Bei Beschäftigten, deren Arbeitsverhältnis nach dem 30. September beginnen hat, tritt an die Stelle des Bemessungszeitraums der erste volle Kalendermonat des Arbeitsverhältnisses.** [4] **In den Fällen, in denen im Kalenderjahr der Geburt des Kindes während des Bemessungszeitraums eine erziehungsgeldunschädliche Teilzeitbeschäftigung ausgeübt wird, bemisst sich die Jahressonderzahlung nach dem Beschäftigungsumfang am Tag vor dem Beginn der Elternzeit.**

Protokollerklärung zu Absatz 2:
[1] Bei der Berechnung des durchschnittlich gezahlten monatlichen Entgelts werden die gezahlten Entgelte der drei Monate addiert und durch drei geteilt; dies gilt auch bei einer Änderung des Beschäftigungsumfangs. [2] Ist im Bemessungszeitraum nicht für alle Kalendertage Entgelt gezahlt worden, werden die gezahlten Entgelte der drei Monate addiert, durch die Zahl der Kalendertage mit Entgelt geteilt und sodann mit 30,67 multipliziert. [3] Zeiträume,

Jahressonderzahlung **§ 20**

für die Krankengeldzuschuss gezahlt worden ist, bleiben hierbei unberücksichtigt. ⁴ *Besteht während des Bemessungszeitraums an weniger als 30 Kalendertagen Anspruch auf Entgelt, ist der letzte Kalendermonat, in dem für alle Kalendertage Anspruch auf Entgelt bestand, maßgeblich.*

Niederschriftserklärung zu § 20 Abs. 2 Satz 1:
Die Tarifvertragsparteien stimmen überein, dass die Beschäftigten der Entgeltgruppe 2Ü zu den Entgeltgruppen 1 bis 8 und die Beschäftigten der Entgeltgruppe 15Ü zu den Entgeltgruppen 13 bis 15 gehören. (3) Für Beschäftigte, für die die Regelungen des Tarifgebiets Ost Anwendung finden, gilt Absatz 2 mit der Maßgabe, dass die Bemessungssätze für die Jahressonderzahlung 75 v. H. der dort genannten Vomhundertsätze betragen.

(3) Für Beschäftigte, für die die Regelungen des Tarifgebiets Ost Anwendung finden, gilt Absatz 2 mit der Maßgabe, dass die Bemessungssätze für die Jahressonderzahlung 75 v. H. der dort genannten Vomhundertsätze betragen.

(4) ¹Der Anspruch nach den Absätzen 1 bis 3 vermindert sich um ein Zwölftel für jeden Kalendermonat, in dem Beschäftigte keinen Anspruch auf Entgelt oder Fortzahlung des Entgelts nach § 21 haben. ²Die Verminderung unterbleibt für Kalendermonate,
1. für die Beschäftigte kein Tabellenentgelt erhalten haben wegen
   a) Ableistung von Grundwehrdienst oder Zivildienst, wenn sie diesen vor dem 1. Dezember beendet und die Beschäftigung unverzüglich wieder aufgenommen haben,
   b) Beschäftigungsverboten nach § 3 Abs. 2 und § 6 Abs. 1 MuSchG,
   c) Inanspruchnahme der Elternzeit nach dem Bundeserziehungsgeldgesetz bis zum Ende des Kalenderjahres, in dem das Kind geboren ist, wenn am Tag vor Antritt der Elternzeit Entgeltanspruch bestanden hat;
2. in denen Beschäftigten nur wegen der Höhe des zustehenden Krankengelds ein Krankengeldzuschuss nicht gezahlt worden ist.

(5) ¹Die Jahressonderzahlung wird mit dem Tabellenentgelt für November ausgezahlt. ²Ein Teilbetrag der Jahressonderzahlung kann zu einem früheren Zeitpunkt ausgezahlt werden.

(6) ¹Beschäftigte, die bis zum 31. März 2005 Altersteilzeitarbeit vereinbart haben, erhalten die Jahressonderzahlung auch dann, wenn das Arbeitsverhältnis wegen Rentenbezugs vor dem 1. Dezember endet. ²In diesem Falle treten an die Stelle des Bemessungszeitraums gemäß Absatz 2 die letzten drei Kalendermonate vor Beendigung des Arbeitsverhältnisses.

§ 20 TV-L Jahressonderzahlung

(1) Beschäftigte, die am 1. Dezember im Arbeitsverhältnis stehen, haben Anspruch auf eine Jahressonderzahlung.

(2) ¹Die Jahressonderzahlung beträgt bei Beschäftigten in den Entgeltgruppen

	Tarifgebiet West	Tarifgebiet Ost
E 1 bis E 8	95 v. H.	71,5 v. H.
E 9 bis E 11	80 v. H.	60 v. H.
E 12 bis E 13	50 v. H.	45 v. H.
E 14 bis E 15	35 v. H.	30 v. H.

§ 20 Abschnitt III. Eingruppierung und Entgelt

der Bemessungsgrundlage nach Absatz 3. ²Für die Anwendung des Satzes 1 werden Beschäftigte der Entgeltgruppe 13 Ü bei einem Bezug des Tabellenentgelts aus den Stufen 2 und 3 der Entgeltgruppe 13, im Übrigen der Entgeltgruppe 14 zugeordnet. ³Beschäftigte der Entgeltgruppe 13 mit einem Anspruch auf die Zulage nach § 17 Absatz 8 TVÜ-Länder werden der Entgeltgruppe 14 zugeordnet.

Niederschriftserklärung zu § 20 Absatz 2 Satz 1:
Die Tarifvertragsparteien stimmen überein, dass die Beschäftigten der Entgeltgruppe 2 Ü zu den Entgeltgruppen 1 bis 8 und die Beschäftigten der Entgeltgruppe 15 Ü zu den Entgeltgruppen 14 bis 15 gehören.

(3) ¹Bemessungsgrundlage im Sinne des Absatzes 2 Satz 1 ist das monatliche Entgelt, das den Beschäftigten in den Kalendermonaten Juli, August und September durchschnittlich gezahlt wird; unberücksichtigt bleiben hierbei das zusätzlich für Überstunden und Mehrarbeit gezahlte Entgelt (mit Ausnahme der im Dienstplan vorgesehenen Mehrarbeits- oder Überstunden), Leistungszulagen, Leistungs- und Erfolgsprämien. ²Der Bemessungssatz bestimmt sich nach der Entgeltgruppe am 1. September. ³Bei Beschäftigten, deren Arbeitsverhältnis nach dem 31. August begonnen hat, tritt an die Stelle des Bemessungszeitraums der erste volle Kalendermonat des Arbeitsverhältnisses; anstelle des Bemessungssatzes der Entgeltgruppe am 1. September tritt die Entgeltgruppe des Einstellungstages. ⁴In den Fällen, in denen im Kalenderjahr der Geburt des Kindes während des Bemessungszeitraums eine erziehungsgeldunschädliche Teilzeitbeschäftigung ausgeübt wird, bemisst sich die Jahressonderzahlung nach dem Beschäftigungsumfang am Tag vor dem Beginn der Elternzeit.

Protokollerklärung zu § 20 Absatz 3:
¹Bei der Berechnung des durchschnittlich gezahlten monatlichen Entgelts werden die gezahlten Entgelte der drei Monate addiert und durch drei geteilt; dies gilt auch bei einer Änderung des Beschäftigungsumfangs. ²Ist im Bemessungszeitraum nicht für alle Kalendertage Entgelt gezahlt worden, werden die gezahlten Entgelte der drei Monate addiert, durch die Zahl der Kalendertage mit Entgelt geteilt und sodann mit 30,67 multipliziert. ³ Zeiträume, für die Krankengeldzuschuss gezahlt worden ist, bleiben hierbei unberücksichtigt. ⁴Besteht während des Bemessungszeitraums an weniger als 30 Kalendertagen Anspruch auf Entgelt, ist der letzte Kalendermonat, in dem für alle Kalendertage Anspruch auf Entgelt bestand, maßgeblich.

(4) ¹Der Anspruch nach den Absätzen 1 bis 3 vermindert sich um ein Zwölftel für jeden Kalendermonat, in dem Beschäftigte keinen Anspruch auf Entgelt oder Fortzahlung des Entgelts nach § 21 haben. ²Die Verminderung unterbleibt für Kalendermonate, für die Beschäftigte kein Tabellenentgelt erhalten haben wegen
a) Ableistung von Grundwehrdienst oder Zivildienst, wenn sie diesen vor dem 1. Dezember beendet und die Beschäftigung unverzüglich wieder aufgenommen haben,
b) Beschäftigungsverboten nach § 3 Absatz 2 und § 6 Absatz 1 Mutterschutzgesetz,
c) Inanspruchnahme der Elternzeit nach dem Bundeserziehungsgeldgesetz bis zum Ende des Kalenderjahres, in dem das Kind geboren ist, wenn am Tag vor Antritt der Elternzeit Anspruch auf Entgelt oder auf Zuschuss zum Mutterschaftsgeld bestanden hat.

Jahressonderzahlung **§ 20**

³Die Verminderung unterbleibt ferner für Kalendermonate, in denen Beschäftigten nur wegen der Höhe des zustehenden Krankengelds oder einer entsprechenden gesetzlichen Leistung ein Krankengeldzuschuss nicht gezahlt worden ist.

(5) ¹Die Jahressonderzahlung wird mit dem Tabellenentgelt für November ausgezahlt. ²Ein Teilbetrag der Jahressonderzahlung kann zu einem früheren Zeitpunkt ausgezahlt werden.

(6) ¹Beschäftigte, die bis zum 20. Mai 2006 Altersteilzeitarbeit vereinbart haben, erhalten die Jahressonderzahlung auch dann, wenn das Arbeitsverhältnis wegen Rentenbezugs vor dem 1. Dezember endet. ²In diesem Falle treten an die Stelle des Bemessungszeitraums gemäß Absatz 3 die letzten drei Kalendermonate vor Beendigung des Arbeitsverhältnisses.

Protokollerklärungen zu § 20:
1. ¹Im Jahr 2006 bestimmt sich der Bemessungssatz im Sinne des Absatzes 2 nach der Entgeltgruppe am 1. November 2006. ²Die Bemessungsgrundlage im Sinne des Absatzes 3 bestimmt sich im Jahr 2006 nach der Urlaubsvergütung beziehungsweise nach dem Urlaubslohn des Monats September, die/der nach den bisherigen Zuwendungs-Tarifverträgen für die Höhe der Zuwendung maßgebend gewesen wäre.
2. Für Beschäftigte, deren Arbeitsverhältnis bis zum 31. Oktober 2006 hinsichtlich der Zuwendung der tariflichen Nachwirkung nicht unterlegen hat, sowie für nach dem 31. Oktober 2006 neu eingestellte Beschäftigte gelten in den Jahren 2006 und 2007 die Regelungen des § 21 TVÜ-Länder.
3. Beschäftigte, deren Arbeitsverhältnis im Laufe des Monats November 2006 wegen Erreichens der Altersgrenze, wegen verminderter Erwerbsfähigkeit oder wegen Erfüllung der Voraussetzungen zum Bezug einer Altersrente geendet hat, erhalten eine anteilige Jahressonderzahlung in entsprechender Anwendung der Absätze 1 bis 5.

Zu den Erläuterungen zu § 20 TV-L siehe S. 166

Erläuterungen zu § 20 TVöD

Sonderregelungen

BT-S: Nach § 44 BT-S erhalten die Beschäftigten der Sparkassen eine Sparkassensonderzahlung. Daneben besteht kein tarifvertraglicher Anspruch auf weitere Jahressonderzahlungen zu. Damit entfällt für Sparkassenbeschäftigte der Anspruch nach § 20 TVöD. 1

BT-K: § 54 hebt die Stichtagsregelung auf. § 20 TVöD AT gilt nicht für Ärztinnen und Ärzte.

BT-B, BT-E, BT-F, BT-V: Diese BT enthalten keine sich auf § 20 beziehende Vorschriften. 2

1. Zu Abs. 1

1.1 Abs. 1 regelt den Anspruch **dem Grunde** nach. Die Jahressonderzahlung steht zu, wenn das Arbeitsverhältnis am 1. Dezember des jeweiligen Kalenderjahres **rechtlich** besteht. Sie steht also auch dann zu, wenn das Arbeitsverhältnis ruht (z. B. wegen Elternzeit) oder der AN aus anderen Gründen an diesem Stichtag keinen Anspruch auf Entgelt hat. Unmaßgebend ist auch, wie lange das Arbeitsverhältnis in dem Kalenderjahr bestanden hat. Umgekehrt gilt, wenn dass Arbeitsverhältnis an diesem Tag rechtlich nicht (mehr) besteht, entfällt der Anspruch völlig. Scheidet also ein AN zum 30. 11. eines Jahres aus dem Arbeitsverhältnis aus, hat er in diesem Kalenderjahr keinen Anspruch auf die Sonderzahlung, auch nicht 3

§ 20 Abschnitt III. Eingruppierung und Entgelt

anteilig. Eine Ausnahme von dieser strengen Stichtagsregelung enthält Abs. 6 für AN, die bis zum 31. 3. 2005 Altersteilzeit vereinbart haben.

4 **1.2** Eine Rückzahlungsverpflichtung bei einem Ausscheiden bis 31. 3. des Folgejahres, wie sie die früheren Zuwendungs-TV vorsahen, kennt der TVöD nicht mehr. Den Anspruch berührt es also nicht, wenn der AN am 2. Dezember aus dem Arbeitsverhältnis ausscheidet.

5 **1.3** Auch wenn der Anspruch dem Grunde nach lediglich vom Bestand des Arbeitsverhältnisses am Stichtag abhängt, steht die Jahressonderzahlung u. U. nicht in voller Höhe zu. Die Regelungen über die Höhe des Anspruches sind in Abs. 2 bis 4 enthalten.

2. Zu Abs. 2 und 3

6 **2.1** Der **Bemessungssatz** ist nach EG gestaffelt (Abs. 2 S. 1). Die hier genannten Sätze gelten jedoch nicht für AN, für die die Regelungen des Tarifgebietes Ost gelten. Für diese AN ist Abs. 3 zu beachten, der den jeweiligen Bemessungssatz auf 75% des im Tarifgebiet West geltenden Satzes beschränkt. Die Protokollerklärungen zu § 15 Abs. 1 gelten für die Jahressonderzahlung nicht. Der Bemessungssatz im Tarifgebiet Ost beträgt demnach für AN

in den EG 1 bis 8   67,5%,
in den EG 9 bis 12   60% und
in den EG 13 bis 15   45%.

Maßgebend für den Bemessungssatz ist die am 1. September geltende EG (Abs. 2 Satz 2).

7 Nach einer Niederschriftserklärung stimmen die TVP darin überein, dass die Beschäftigten der EG 2Ü zu den Entgeltgruppen 1 bis 8 und die Beschäftigten der EG 15Ü zu den Entgeltgruppen 13 bis 15 gehören.

8 **2.2 Bemessungsgrundlage** ist grundsätzlich das durchschnittliche monatliche Entgelt in den Monaten Juli bis September (regulärer **Bemessungszeitraum**). Der Begriff „Entgelt" ist weiter gehend als das Tabellenentgelt. Er umfasst sämtliche dem AN im Berechnungszeitraum gezahlten laufenden Entgeltbestandteile mit Ausnahme

a) des zusätzlichen Entgeltes für nicht dienstplanmäßige Überstunden (Stundenentgelt und Zeitzuschläge) sowie

b) von Leistungsentgelten (Leistungszulagen, Leistungs- und Erfolgsprämien).

9 Die übrigen laufenden Entgeltbestandteile, also auch unständige Entgeltbestandteile, sind bei der Durchschnittsberechnung zu berücksichtigen. Auch fortgezahltes Entgelt nach § 21 (z. B. im Krankheitsfall oder bei Erholungsurlaub) fließt in die Berechnung ein.

10 **Besonderheiten** gelten jedoch, wenn

a) das Arbeitsverhältnis erst nach dem 30. September begonnen hat (hierzu: Rn. 12);

b) im Kalenderjahr der Geburt eines Kindes der/des AN eine erziehungsgeldunschädliche Teilzeitbeschäftigung ausgeübt wird (Rn. 14);

c) nicht für jeden Tag – aber mindestens für 30 Tage – des Bemessungszeitraumes Entgelt oder Entgeltfortzahlung nach § 21 zustand (z. B. bei unbezahlter Beurlaubung; hierzu Rn. 16);

d) während des Bemessungszeitraumes für weniger als 30 Tage Entgelt oder Entgeltfortzahlung nach § 21 zustand (Rn. 17);

e) im Bemessungszeitraum **Krankengeldzuschuss** nach § 22 Abs. 2 und 3 oder ein **Zuschuss zum Mutterschaftsgeld** nach § 14 MuSchG gezahlt wurde (Rn. 25).

Jahressonderzahlung **§ 20**

Liegen keine der genannten Besonderheiten vor, ist die Summe der in den drei Monaten gezahlten Entgeltbestandteile und erfolgter Entgeltfortzahlung nach § 21 durch drei zu teilen, das Ergebnis stellt die Bemessungsgrundlage dar (vgl. auch Satz 1 der Protokollerklärung zu Abs. 2). Dies gilt auch, wenn sich während des Bemessungszeitraumes der Beschäftigungsumfang ändert; dies bestimmt Satz 1 der Protokollerklärung zu Abs. 2 ausdrücklich (wg. Ausnahme vgl. Rn. 14). Die unterschiedlich hohen Entgelte fließen unverändert in die Durchschnittsberechnung ein. **11**

2.2.1 Hat das Arbeitsverhältnis erst nach dem 30. September begonnen, ist Abs. 2 Satz 3 zu beachten. In diesen Fällen tritt an die Stelle des regulären – dreimonatigen – Bemessungszeitraumes der erste **volle** Kalendermonat des Arbeitsverhältnisses. Beginnt also z. B. das Arbeitsverhältnis am 1. Oktober, ist das Entgelt für Oktober alleine Bemessungsgrundlage. Beginnt es jedoch erst am 15. November, ist das Entgelt für Dezember maßgebend. **12**

Beginnt das Arbeitsverhältnis vor dem 30. September, aber nach dem 30. Juni, gilt die unter Rn. 16 dargestellte Regelung. **13**

2.2.2 Übt ein AN während der Elternzeit eine erziehungsgeldunschädliche Teilzeitbeschäftigung aus, tritt an die Stelle des tatsächlich im Bemessungszeitraumes gezahlten Entgeltes das Entgelt, das zugestanden hätte, wenn im Bemessungszeitraum der am **Tag vor Beginn** der Elternzeit geltende Beschäftigungsumfang weiter gegolten hätte. Diese Regelung ist allerdings auf das **Geburtsjahr** des Kindes beschränkt. Dabei ist es gleichgültig, ob es sich um den regulären Bemessungszeitraum oder um einen „Ersatz-Bemessungszeitraum" (Rn. 12, 17 ff.) handelt. **14**

Beispiel: Ein bis dahin vollbeschäftigter AN nimmt am 1. April Elternzeit in Anspruch. Am 1. Juni beginnt er eine Teilzeitbeschäftigung mit 20 Wochenstunden auf. Es gilt der reguläre Bemessungszeitraum (Juli bis September). Vorausgesetzt, das Kind wurde im selben Jahr geboren, ist für den gesamten Bemessungszeitraum nicht das (tatsächliche) anteilige Entgelt, sondern das eines entsprechenden Vollzeitbeschäftigten zu berücksichtigen; entsprechend höher ist die Jahressonderzahlung.

Denkbar (wenngleich in der Praxis wohl selten) ist allerdings auch die Fallkonstellation, dass vor Beginn der Elternzeit der Beschäftigungsumfang geringer ist als die Teilzeitbeschäftigung in der Elternzeit. Bei wörtlicher Auslegung der Vorschrift wäre der niedrigere Beschäftigungsumfang maßgebend. Eine solche Auslegung verbietet sich jedoch angesichts des eindeutigen Schutzcharakters der Vorschrift. In einem solchen Fall ist daher das tatsächliche Entgelt aus der Teilzeitbeschäftigung zu Grunde zu legen. **15**

2.2.3 Stand nicht für jeden Kalendertag des Bemessungszeitraumes Entgelt zu, sieht Satz 2 der Protokollerklärung zu Abs. 2 eine abweichende Durchschnittsberechnung vor: Die gezahlten Entgelte im Bemessungszeitraum sind zu addieren, durch die Zahl der Kalendertage, für die Entgelt gezahlt wurde, zu teilen und anschließend mit dem Faktor 30,67 zu multiplizieren. Das Ergebnis stellt die Bemessungsgrundlage dar. Wichtige **Ausnahmen:** **16**
a) Tage, für die Krankengeldzuschuss oder Zuschuss zum Mutterschaftsgeld gezahlt wurde, bleiben unberücksichtigt – hierzu vgl. Rn. 18 f.
b) Stand im Bemessungszeitraum ohne Berücksichtigung von Tagen, für die Krankengeldzuschuss oder Zuschuss zum Mutterschaftsgeld zustand, für weniger als 30 Kalendertage Entgelt zu, gilt die unter Rn. 17 dargestellte Regelung.

Beispiel: Ein AN wird für die Zeit vom 8. bis 31. August ohne Entgeltfortzahlung beurlaubt. Er hat demnach Entgelt erhalten für 31 Tage im Juli, für sieben Tage im August und für 30 Tage im September, zusammen für 68 Tage. Das in den Monaten Juli bis September gezahlte Entgelt ist durch die Zahl 68 zu teilen und dann mit dem Faktor 30,67 zu multiplizieren.

§ 20 Abschnitt III. Eingruppierung und Entgelt

17   2.2.4 Stand im Bemessungszeitraum (ohne Berücksichtigung von Tagen, für die Krankengeldzuschuss oder Zuschuss zum Mutterschaftsgeld gezahlt wurde – vgl. Rn. 19 f.), für weniger als 30 Kalendertage Entgelt zu, sieht Satz 4 der Protokollerklärung zu Abs. 2 einen „Ersatz-Bemessungszeitraum" vor. Bemessungsgrundlage ist dann (alleine) das Entgelt, das für den letzten Kalendermonat gezahlt wurde, für den an allen Kalendertagen Entgeltanspruch bestand. Dies kann auch ein Monat im Vorjahr gewesen sein.

Beispiel: Ein AN wird am 15. Februar bis zum 15. September einschließlich ohne Entgeltfortzahlung beurlaubt. Im Bemessungszeitraum wurde demnach für nur 15 Kalendertage Entgelt gezahlt. Unterstellt, im Januar habe er für alle Kalendertage Entgelt erhalten, ist das im Januar gezahlte Entgelt alleinige Bemessungsgrundlage.

18   2.2.5 Kalendertage im Bemessungszeitraum, für die Krankengeldzuschuss gezahlt wurde, bleiben nach Satz 3 der Protokollerklärung zu Abs. 2 bei der Ermittlung der Bemessungsgrundlage unberücksichtigt. Hintergrund ist der, dass bei einer Berücksichtigung lediglich der Krankengeldzuschuss, nicht jedoch das Krankengeld in die Berechnung einfließen würde. Eine solche Unbilligkeit wollten die TVP vermeiden. Wenn also im Bemessungszeitraum Krankengeldzuschuss gezahlt wurde, ist immer die unter Rn. 16 oder 17 dargestellte Regel anzuwenden.

19   Diese Regelung muss – auch wenn dies der Wortlaut der Vorschrift nicht vorsieht – entsprechend gelten, wenn ein Zuschuss zum Mutterschaftsgeld im Bemessungszeitraum gezahlt wird. Der oben erwähnte Sinn der Vorschrift erfasst auch diese Fälle. Auch hier wird ein Teil des Einkommens mit Lohnersatzfunktion von einem Dritten getragen, ohne dass dieser Teil in die Durchschnittsberechnung einfließen würde.

Beispiel: Ein AN erkrankt am 2. 7. 2007. Am 27. August nimmer er die Arbeit wieder auf. Für die restlichen Tage im August und für alle Kalendertage im September steht ihm wieder „normales" Entgelt zu. Für die ersten sechs Wochen der Arbeitsunfähigkeit – bis einschließlich 12. August – steht ihm Entgeltfortzahlung nach §§ 21, 22 zu, für die Zeit vom 12. bis zum 26. August erhält er Krankengeldzuschuss. Das fortgezahlte Entgelt nach §§ 21, 22 für 42 Tage fließt in die Durchschnittsberechnung ein, ebenso sein Entgelt für 5 Kalendertage im August und 30 Kalendertage im September. Der gezahlte Krankengeldzuschuss bleibt dagegen unberücksichtigt. Die Summe von Entgeltfortzahlung und Entgelt ist durch die Zahl von Tagen, für die diese zustanden (42 + 5 + 30 = 77), zu teilen und mit dem Faktor 30,67 zu multiplizieren. Hätte die Arbeitsunfähigkeit bereits am 4. Juni begonnen und bis zum 16. September gedauert, wäre Entgelt nur bis zum 15. Juli fortgezahlt worden, also im Bemessungszeitraum für nur 15 Kalendertage. Ab dem 17. September hätte dann wieder für 14 Kalendertage im September „normales Entgelt" zugestanden, insgesamt im Bemessungszeitraum also für nur 29 Tage. Somit wäre bei Anwendung des Satzes 4 der Protokollerklärung zu Abs. 2 Bemessungsgrundlage das Entgelt für den Monat Mai (unterstellt, dass für alle Kalendertage im Mai Entgelt gezahlt wurde).

3. Zu Abs. 4

20   3.1 Die Anwendung des Bemessungssatzes auf die Bemessungsgrundlage ergibt die Höhe der Jahressonderzahlung. Allerdings steht sie nicht in allen Fällen in dieser Höhe zu. Abs. 4 Satz 1 sieht eine Kürzung um ein Zwölftel vor für jeden Kalendermonat, in dem der AN keinen Anspruch auf Entgelt oder Entgeltfortzahlung im Sinne des § 21 hat. Besteht aber auch nur **für einen einzigen Kalendertag** des jeweiligen Kalendermonats Anspruch auf Entgelt oder Entgeltfortzahlung, greift die Kürzungsregelung nicht.

21   Stand in allen zwölf Monaten an keinem Kalendertag Entgelt oder Entgeltfortzahlung zu, beträgt die Kürzung $^{12}/_{12}$, d. h., eine Sonderzahlung steht nicht zu.

22   Wg. der Fallgestaltung, dass zwar keine Entgeltfortzahlung nach § 21, 22, wohl aber auf Krankengeldzuschuss zusteht, wird auf Rn. 27 ff.

3.2 Die TVP haben allerdings Ausnahmen vom oben beschriebenen Grundsatz vereinbart (Satz 2). Danach **unterbleibt die Kürzung** unter bestimmten Voraussetzungen:

3.2.1 Stand Tabellenentgelt wg. Ableistung des Grundwehr-/Zivildienstes nicht zu, unterbleibt die Kürzung im Jahr der Rückkehr, wenn der Dienst vor dem 1. Dezember endet und der AN die Beschäftigung unverzüglich wieder aufnimmt. Beendet also ein AN den Grundwehr-/Zivildienst spätestens am 30. November (und nimmt er danach unverzüglich die Beschäftigung wieder auf), erhält er für das Jahr der Rückkehr die ungekürzte Sonderzahlung.

3.2.2 Stand Tabellenentgelt wg. der Schutzfristen nach dem MuSchG nicht zu, findet ebenfalls keine Kürzung statt, auch wenn nicht an einem einzigen Tag des Kalendermonats Tabellenentgelt zustand.

3.2.3 Stand Tabellenentgelt wg. Inanspruchnahme von Elternzeit nicht zu, unterbleibt die Kürzung, wenn am Tag vor Antritt der Elternzeit Entgeltanspruch bestand. Dies ist auch dann der Fall, wenn Anspruch auf Zuschuss zum Mutterschaftsgeld bestand. Die Ausnahme ist allerdings beschränkt auf das Kalenderjahr, in dem das Kind geboren wurde. In den Folgejahren findet die Kürzung auch für Zeiten statt, in der wg. Inanspruchnahme der Elternzeit kein Entgeltanspruch besteht.

3.2.4 Schließlich entfällt die Kürzung für Kalendermonate, in denen dem AN nur wg. der Höhe des Krankengeldes Krankengeldzuschuss nicht gezahlt wurde.

An dieser Stelle ist auf eine nicht nachvollziehbare Widersprüchlichkeit im Wortlaut der Vorschrift hinzuweisen:

Einerseits wäre nach dem Wortlaut die Kürzungsregel auf Zeiten anzuwenden, für die Anspruch auf Krankengeldzuschuss nach § 22 besteht, denn dieser Zuschuss ist nicht Entgeltfortzahlung im Sinne des § 21. Auf der anderen Seite steht die Ausnahmeregel für Zeiten, in denen Krankengeldzuschuss aus dem genannten Grund **nicht** gezahlt wird, was natürlich impliziert, dass dann, wenn ein Krankengeldzuschuss aus anderen Gründen nicht zusteht, die Kürzungsregel greift. Der Umkehrschluss kann also nur lauten, **dass dann, wenn ein Anspruch auf Krankengeldzuschuss besteht, die Kürzung ebenfalls unterbleibt.** Es handelt sich ganz offenkundig um ein redaktionelles Versehen der TVP.

4. Zu Abs. 5

4.1 Die Jahressonderzahlung wird mit dem Tabellenentgelt für November ausgezahlt. Nach § 24 Abs. 1 erfolgt die Zahlung des Tabellenentgeltes und der sonstigen Entgeltbestandteile am letzten Tag des Monats. Grundsätzlich ist also auch die Sonderzahlung zu diesem Zeitpunkt zu zahlen. Allerdings haben manche Arbeitgeber den 15. eines Monats als Zahltag beibehalten. In diesen Fällen ist auch die Sonderzahlung zu diesem Zeitpunkt zu zahlen.

4.2 Der TV geht als Regelfall von der Zahlung in einer Summe – im November – aus, lässt aber auch ausdrücklich zu, einen Teil der Sonderzahlung zu einem früheren Zeitpunkt zu zahlen (Satz 2).

5. Zu Abs. 6

5.1 Die Vorschrift stellt die einzige Ausnahme von der Stichtagsregelung des Abs. 1 dar. Sie ist beschränkt auf Beschäftigte, die aus der Altersteilzeit in den Rentenbezug wechseln. Sie gilt aber nur in den Fällen, in denen die Vereinbarung über die Altersteilzeitarbeit vor dem 1. 4. 2005 geschlossen wurde. In einem solchen Fall bleibt der Anspruch auf die Sonderzahlung dem Grunde nach auch dann bestehen, wenn das Arbeitsverhältnis vor dem 1. Dezember endet.

§ 20   Abschnitt III. Eingruppierung und Entgelt

33   5.2 Satz 2 bestimmt für einen solchen Fall einen von Abs. 2 abweichenden Bemessungszeitraum, nämlich die letzten drei Kalendermonate vor Beendigung des Arbeitsverhältnisses. Die übrigen Regelungen für die Ermittlung der Bemessungsgrundlage gelten auch hier.

34   5.3 Die Ausnahme betrifft nur den Anspruch dem Grunde, nicht dem der Höhe nach. Die Kürzungsregelungen des Abs. 4 gelten also auch hier. Endet also z. B. ein Arbeitsverhältnis aus dem hier genannten Grund zum Ende des Monats April, stehen für die verbleibenden 8 Kalendermonate kein Entgelt oder Entgeltfortzahlung zu, die Ausnahmeregelungen kommen nicht zum Tragen; die Jahressonderzahlung ist also um $^8/_{12}$ zu kürzen.

Erläuterungen zu § 20 TV-L

Sonderregelungen

§ 41 Nr. 13 für Ärztinnen und Ärzte an Universitätskliniken.

1. Zu Abs. 1: Die Vorschrift ist wortgleich mit § 20 Abs. 1 TVöD; auf die Erl. hierzu wird verwiesen. Ergänzend ist darauf zu verweisen, dass für die Jahre 2006 und 2007 die Sonderbestimmungen in den Protokollerklärungen Nr. 1 und Nr. 2 zu § 20 zu beachten waren bzw. sind.

2. Zu Abs. 2 und 3: Der Regelungsinhalt entspricht dem des § 20 Abs. 2 und 3 TVöD, allerdings mit einigen inhaltlichen Abweichungen:
a) Während im TVöD je Tarifgebiet drei Vomhundert-Sätze gelten, sind es im TV-L vier mit entsprechenden Abweichungen bei der Zuordnung der EG;
b) die Vomhundert-Sätze sind in beiden Geltungsbereichen nur für AN der EG 9 bis 11 identisch;
c) die Vomhundert-Sätze für das Tarifgebiet Ost sind im TV-L eigenständig festgesetzt, im TVöD stehen sie in einem einheitlichen prozentualen Verhältnis zu den Sätzen für das Tarifgebiet West (§ 20 Abs. 3 TVöD);
d) Während nach dem TVöD bei Neueinstellungen nach dem 30. September ein „Ersatz-Bemessungszeitraum" gilt, ist dies nach dem TV-L bei Neueinstellungen nach dem 31. August der Fall;
e) neben der in inhaltsgleichen Niederschriftserklärungen festgestellten Übereinstimmung über die Zuordnung der AN in EG 2Ü und 15Ü zu den Vomhundert-Sätzen enthält Abs. 2 eine nach Stufen differenzierte Zuordnung der AN in EG 13Ü (diese EG ist dem TVöD fremd, so dass dort keine Notwendigkeit für eine entsprechende Vereinbarung besteht).
Unter Berücksichtigung dieser Abweichungen gelten die Erl. zu § 20 Abs. 2 und 3 TVöD entsprechend; es wird daher darauf verwiesen.

3. Zu Abs. 4 bis 6: Die Vorschriften sind weitgehend identisch mit denen des § 20 Abs. 4 bis 6 TVöD. Eine Abweichung ist rein redaktioneller Art: In Abs. 4 unterscheidet sich die Darstellung der Ausnahmetatbestände. Auch die zweite Abweichung in Abs. 4 hat eher klarstellenden Charakter: In Satz 3 werden neben dem Krankengeld auch eine „entsprechende gesetzliche Leistung" ausdrücklich erwähnt; dieser Zusatz ist in der entsprechenden TVöD-Bestimmung nicht enthalten.
Auf die Erl. zu § 20 Abs. 4 bis 6 TVöD wird verwiesen.

4. Zur Protokollerklärung Nr. 2 zu Abs. 6: Die Bestimmung ist nur noch für das Jahr 2007 von Bedeutung. Sie betrifft zwei Personenkreise:
a) Beschäftigte, die nach dem 31. Oktober 2006 – also nach In-Kraft-Treten des TV-L – neu eingestellt wurden;

Bemessungsgrundlage für die Entgeltfortzahlung § 21

b) Beschäftigte, mit den nach dem 30. 6. 2003 eine individuelle Vereinbarung über die Zuwendung (= „Weihnachtsgeld") und das Urlaubsgeld getroffen wurde (also Beschäftigte, mit denen nach dem 30. 6. 2003 ein neuer Arbeitsvertrag geschlossen oder eine Arbeitsvertragsänderung vereinbart wurde).
Für beide Personenkreise gilt § 21 TVÜ-L.
Sie erhalten in 2007
a) den mit ihnen vereinbarten Betrag („Weihnachts-" und Urlaubsgeld und zuzüglich
b) die Hälfte der Differenz zwischen dem nach § 20 zustehenden und dem mit ihnen vereinbarten Betrag.

§ 21 TVöD Bemessungsgrundlage für die Entgeltfortzahlung

¹In den Fällen der Entgeltfortzahlung nach § 6 Abs. 3 Satz 1, § 22 Abs. 1, § 26, § 27 und § 29 werden das Tabellenentgelt sowie die sonstigen in Monatsbeträgen festgelegten Entgeltbestandteile weitergezahlt. ²Die nicht in Monatsbeträgen festgelegten Entgeltbestandteile werden als Durchschnitt auf Basis der dem maßgebenden Ereignis für die Entgeltfortzahlung vorhergehenden letzten drei vollen Kalendermonate (Berechnungszeitraum) gezahlt. ³Ausgenommen hiervon sind das zusätzlich für Überstunden gezahlte Entgelt (mit Ausnahme der im Dienstplan vorgesehenen Überstunden), Leistungsentgelte, Jahressonderzahlungen sowie besondere Zahlungen nach § 23.

Protokollerklärungen zu den Sätzen 2 und 3:
1. ¹ Volle Kalendermonate im Sinne der Durchschnittsberechnung nach Satz 2 sind Kalendermonate, in denen an allen Kalendertagen das Arbeitsverhältnis bestanden hat. ² Hat das Arbeitsverhältnis weniger als drei Kalendermonate bestanden, sind die vollen Kalendermonate, in denen das Arbeitsverhältnis bestanden hat, zugrunde zu legen. ³ Bei Änderungen der individuellen Arbeitszeit werden die nach der Arbeitszeitänderung liegenden vollen Kalendermonate zugrunde gelegt.
2. ¹ Der Tagesdurchschnitt nach Satz 2 beträgt bei einer durchschnittlichen Verteilung der regelmäßigen wöchentlichen Arbeitszeit auf fünf Tage ¹/₆₅ aus der Summe der zu berücksichtigenden Entgeltbestandteile, die für den Berechnungszeitraum zugestanden haben. ² Maßgebend ist die Verteilung der Arbeitszeit zu Beginn des Berechnungszeitraums. ³ Bei einer abweichenden Verteilung der Arbeitszeit ist der Tagesdurchschnitt entsprechend Satz 1 und 2 zu ermitteln. ⁴ Sofern während des Berechnungszeitraums bereits Fortzahlungstatbestände vorlagen, bleiben die in diesem Zusammenhang auf Basis der Tagesdurchschnitte zustehenden Beträge bei der Ermittlung des Durchschnitts nach Satz 2 unberücksichtigt.
3. Tritt die Fortzahlung des Entgelts nach einer allgemeinen Entgeltanpassung ein, ist die/der Beschäftigte so zu stellen, als sei die Entgeltanpassung bereits mit Beginn des Berechnungszeitraums eingetreten.

§ 21 TV-L Bemessungsgrundlage für die Entgeltfortzahlung

¹In den Fällen der Entgeltfortzahlung nach § 22 Absatz 1, § 26 und § 27 werden das Tabellenentgelt sowie die sonstigen in Monatsbeträgen festgelegten Entgeltbestandteile weitergezahlt. ²Nicht in Monatsbeträgen festgelegte Entgeltbestandteile werden als Durchschnitt auf Basis der letzten drei vollen Kalendermonate, die dem maßgebenden Ereignis für die Entgeltfortzahlung vorhergehen (Berechnungszeitraum), gezahlt. ³Ausgenommen hiervon sind das zusätzlich gezahlte Entgelt für Über-

§ 21 Abschnitt III. Eingruppierung und Entgelt

stunden und Mehrarbeit (mit Ausnahme der im Dienstplan vorgesehenen Mehrarbeits- oder Überstunden sowie etwaiger Überstundenpauschalen), Leistungsentgelte, Jahressonderzahlungen sowie besondere Zahlungen nach § 23.

Protokollerklärungen zu § 21 Satz 2 und 3:
1. [1] Volle Kalendermonate im Sinne der Durchschnittsberechnung nach Satz 2 sind Kalendermonate, in denen an allen Kalendertagen das Arbeitsverhältnis bestanden hat. [2] Hat das Arbeitsverhältnis weniger als drei Kalendermonate bestanden, sind die vollen Kalendermonate, in denen das Arbeitsverhältnis bestanden hat, zugrunde zu legen. [3] Bei Änderungen der individuellen Arbeitszeit werden die nach der Arbeitszeitänderung liegenden vollen Kalendermonate zu Grunde gelegt.

2. [1] Der Tagesdurchschnitt nach Satz 2 beträgt $1/65$ aus der Summe der zu berücksichtigenden Entgeltbestandteile, die für den Berechnungszeitraum zugestanden haben, wenn die regelmäßige wöchentliche Arbeitszeit durchschnittlich auf fünf Tage verteilt ist. [2] Maßgebend ist die Verteilung der Arbeitszeit zu Beginn des Berechnungszeitraums. [3] Bei einer abweichenden Verteilung der Arbeitszeit ist der Tagesdurchschnitt entsprechend Satz 1 und 2 zu ermitteln. [4] Sofern während des Berechnungszeitraums bereits Fortzahlungstatbestände vorlagen, bleiben bei der Ermittlung des Durchschnitts nach Satz 2 diejenigen Beträge unberücksichtigt, die während der Fortzahlungstatbestände auf Basis der Tagesdurchschnitte zustanden.

3. Tritt die Fortzahlung des Entgelts nach einer allgemeinen Entgeltanpassung ein, sind die berücksichtigungsfähigen Entgeltbestandteile, die vor der Entgeltanpassung zustanden, um 90 v. H. des Vomhundertsatzes für die allgemeine Entgeltanpassung zu erhöhen.

Zu den Erläuterungen zu § 21 TV-L siehe S. 172

Erläuterungen zu § 21 TVöD

Sonderregelungen

1 **BT-V:**

§ 46 (Bund) Kapitel 1 für die Beschäftigten des Bundesministeriums der Verteidigung – schreibt für die Entgeltfortzahlung bei Erholungsurlaub die Berücksichtigung bestimmter leistungsabhängiger Entgeltbestandteile vor.

§ 47 (Bund) Kapitel II für Beschäftigte der Wasser- und Schifffahrtsverwaltung des Bundes – schließt in der Nr. 9 Abs. 6 die Berücksichtigung des Zuschlages nach dieser Vorschrift bei der Entgeltfortzahlung aus.

2 **BT-B, BT-E, BT-F, BT-K und BT-S:** Keine

1. Allgemeines

3 Die Vorschrift regelt die Entgeltfortzahlung ausdrücklich in folgenden Fällen:
a) Arbeitsfreistellung am 24. und 31. Dezember (§ 6 Abs. 3 Satz 1);
b) Krankheitsfall während der ersten sechs Wochen der Arbeitsunfähigkeit (§ 22 Abs. 1);
c) Erholungsurlaub (§ 26);
d) Zusatzurlaub (§ 27);
e) Arbeitsbefreiung nach § 29.
Allerdings enthalten auch andere Vorschriften Verweise auf § 21.

2. Zu Satz 1

4 Das Tabellenentgelt sowie **alle** in **Monatsbeträgen** festgelegten – sog. ständigen – Entgeltbestandteile werden weitergezahlt. Werden nicht ständige Entgeltbe-

standteile – z. B. Zeitzuschläge – gem. § 24 Abs. 6 in Form einer Monatspauschale gezahlt, ist auch eine solche Pauschale weiter zu zahlen, da sie in einem Monatsbetrag festgelegt ist. Ein Entgeltbestandteil ist dann nicht „weiter zu zahlen", wenn er ohne das den Entgeltfortzahlungsanspruch auslösende Ereignis nicht mehr zustehen würde. Entfällt also z. B. der Anspruch auf eine Besitzstandszulage nach § 11 TVÜ (kinderbezogene Entgeltbestandteile) aus den dort genannten Gründen, so ist sie natürlich nicht „weiter" zu zahlen, nur weil das Anspruchsende in einen Entgeltfortzahlungszeitraum fällt.

3. Zu Sätze 2 und 3 sowie Protokollerklärungen hierzu

3.1 Zusätzlich zu den nach Satz 1 weiter zu zahlenden Entgeltbestandteilen steht ein Tagesdurchschnitt (vgl. Rn. 12 ff.) der unständigen Entgeltbestandteile (vgl. Rn. 7 f.) zu, dies allerdings nur, wenn **für** den Berechnungszeitraum (vgl. Rn. 9 f.) unständige Entgeltbestandteile **zustanden;** unerheblich ist, ob in diesem Zeitraum unständige Entgeltbestandteile **gezahlt** wurden. Dies ergibt sich aus dem Wortlaut des Satzes 1 der Protokollerklärung Nr. 2 zu den Sätzen 2 und 3. Der Unterschied ergibt sich zwangsläufig aus den Bestimmungen des § 24 Abs. 1 S. 3: Die unständigen Entgeltbestandteile sind fällig am Zahltag des zweiten Kalendermonats, der auf ihre Entstehung folgt. Leistet also ein AN z. B. im Juni dienstplanmäßige Überstunden, so entsteht der Anspruch auf die finanzielle Abgeltung (einschl. Zeitzuschlag) zwar in diesem Kalendermonat, sie ist jedoch erst am Zahltag des Monats August fällig. Nimmt dieser AN im September Erholungsurlaub in Anspruch, so ist die Überstundenabgeltung bei der Berechnung des Tagesdurchschnittes zu berücksichtigen, da der Juni noch in den Bemessungszeitraum (drei volle Kalendermonate) fällt. Würde der Urlaub dagegen im Oktober in Anspruch genommen, käme eine Berücksichtigung nicht mehr in Betracht.

Der Tagesdurchschnitt selber ist ebenfalls erst am Zahltag des zweiten Kalendermonats, der auf die Entstehung folgt, fällig (vgl. § 24 Abs. 1 S. 3). Bezogen auf die erste Alternative des obigen Beispiels bedeutet dies (vorausgesetzt, es sind keine anderen unständigen Entgeltbestandteile angefallen): Im Juni und Juli erhält der AN sein Tabellenentgelt. Im August ist neben dem Tabellenentgelt der finanzielle Ausgleich für die im Juni geleisteten Überstunden zu zahlen. Im September und Oktober erhält er wieder nur das Tabellenentgelt (für die Dauer des Urlaubs als Entgeltfortzahlung); schließlich ist im November neben dem Tabellenentgelt der im September entstandene Anspruch auf den Tagesdurchschnitt zu erfüllen.

3.2 Unständige Entgeltbestandteile sind solche, die nicht in Monatsbeträgen festgelegt sind, also solche, die einmalig sind oder ihrer Höhe nach variabel sind, weil sie nach Stunden- oder Tagessätzen bemessen sind und nur für Zeiträume gezahlt werden, in denen die anspruchsbegründende Arbeit tatsächlich geleistet wird. Welche – unständigen – Entgeltbestandteile unberücksichtigt bleiben, zählt Satz 3 abschließend auf. Es ist jedoch unzweifelhaft, dass sich Satz 3 nur auf Satz 2 und somit nur auf die Bemessungsgrundlage für den Tagesdurchschnitt der unständigen Entgeltbestandteile bezieht. Dies ergibt sich schon aus dem Wortlaut selber, aber auch daraus, dass die Protokollerklärungen, die Detailregelungen zur Durchschnittsberechnung enthalten, mit „... zu den Sätzen 2 und 3" überschrieben sind. Schließlich zeigen die Regelungen zur Fortzahlung der vermögenswirksamen Leistungen, dass Satz 3 nur in Verbindung mit unständigen Entgeltbestandteilen gilt: Nach Satz 3 sind „besondere Zahlungen nach § 23", zu denen auch die vermögenswirksamen Leistungen gehören, ausgenommen. § 23 Abs. 1 Satz 4 sieht aber ausdrücklich vor, dass sie (auch) für Kalendermonate gezahlt werden, für die Entgeltfortzahlung zusteht.

§ 21 Abschnitt III. Eingruppierung und Entgelt

8   Überstunden, die im Dienstplan schon vorgesehen sind, werden bei der Durchschnittsberechnung berücksichtigt, nicht dienstplanmäßige dagegen nicht.

9   3.3 „Regulärer" **Berechnungszeitraum** sind grundsätzlich die letzten drei vollen dem zur Entgeltfortzahlung führenden Ereignis vorangehenden Kalendermonate. „Volle Kalendermonate" sind nach der Protokollerklärung Nr. 1 zu den Sätzen 2 und 3 solche, in denen das Arbeitsverhältnis an allen Kalendertagen bestand. Nicht notwendig ist, dass für alle Kalendertage Entgelt oder Entgeltfortzahlung zustand. Fällt z. B. das zur Entgeltfortzahlung führende Ereignis in den Monat Februar, umfasst der Berechnungszeitraum die Monate November und Dezember des Vorjahres sowie den Januar des laufenden Jahres. Statt des regulären Berechnungszeitraumes gilt ein „Ersatz-Berechnungszeitraum", wenn

a) das ArbVerh. weniger als drei volle Kalendermonate besteht oder

b) sich das individuelle Arbeitszeitvolumen (nicht die Arbeitszeitverteilung) innerhalb des regulären Berechnungszeitraumes ändert (Nr. 1 Sätze 2 und 3 der Protokollerklärungen zu den Sätzen 2 und 3).

10   3.3.1 Besteht das ArbVerh. noch keine drei vollen Kalendermonate, sind für die Durchschnittsberechnung die vorangegangenen vollen Kalendermonate, in denen das ArbVerh. bestand, heranzuziehen. Somit kann sich der Berechnungszeitraum auf zwei oder auch auf einen Kalendermonat reduzieren. Bestand das ArbVerh. noch keinen vollen Kalendermonat, entfällt der Anspruch auf den Tagesdurchschnitt.

Beispiel: Tritt das zur Entgeltfortzahlung führende Ereignis im April ein und hat das ArbVerh. am 1. Februar begonnen, umfasst der Berechnungszeitraum die Monate Februar und März; hat das ArbVerh. erst im Laufe des Monats Februar oder spätestens am 1. März begonnen, ist nur der März Berechnungsmonat. Bei einem noch späteren Beginn des ArbVerh. entfällt der Anspruch auf einen Tagesdurchschnitt.

11   3.3.2 Ändert sich das individuelle Arbeitszeitvolumen (Wechsel von Voll- auf Teilzeit oder umgekehrt, Erhöhung und Absenkung der individuell vereinbarten Wochenarbeitszeit) innerhalb der letzten drei Kalendermonate vor dem zur Entgeltfortzahlung führenden Ereignis, so reduziert sich auch hier der Berechnungszeitraum auf zwei oder einen Kalendermonat. Die Ausführungen unter Rn. 10 gelten sinngemäß. Allerdings sind Fallkonstellationen denkbar, die zu unbefriedigenden, ja fragwürdigen Ergebnissen führen. Ein (extremes) Bsp. soll die Aussage verdeutlichen: Verändert sich die vereinbarte Arbeitszeit – und sei es nur geringfügig – ab dem 1. irgend eines Kalendermonats und tritt im selben Monat ein einschlägiges Ereignis ein (z. B. krankheitsbedingte Arbeitsunfähigkeit), so entfällt jeder Anspruch auf den Tagesdurchschnitt, ungeachtet der Höhe erarbeiteter unständiger Entgeltbestandteile in den vergangenen drei Kalendermonaten. Der insoweit unzweideutige Wortlaut lässt eine andere, für den AN günstigere Auslegung nicht zu. Dass auch eine andere Lösung möglich gewesen wäre, zeigt Nr. 3 der Protokollerklärungen zu den Sätzen 2 und 3, die den Fall einer allgemeinen Entgeltanpassung regelt (vgl. Rn. 22). Aber gerade dies zeigt, dass die TVP die Folgen der Regelung bei Arbeitszeitveränderung bewusst in Kauf genommen haben.

12   3.4 Zur Berechnung des Tagesdurchschnittes sind zunächst alle für den maßgeblichen Berechnungszeitraum zustehenden (zur Abgrenzung von „gezahlten" vgl. Rn. 5) unständigen Entgeltbestandteile zu addieren. In einem zweiten Rechenschritt ist diese Summe mit dem maßgeblichen Faktor zu multiplizieren. Dieser Faktor beträgt grundsätzlich $1/65$ (Nr. 2 Satz 1 der Protokollerklärungen zu den Sätzen 2 und 3).

Beispiel: Ein AN (unterstellt: 5 Tage-Woche) hat im regulären Berechnungszeitraum (drei Monate) berücksichtigungsfähige unständige Entgeltbestandteilen in Höhe von 360 Euro erhalten. Er nimmt 10 Tage Erholungsurlaub in Anspruch. Neben dem Tabellenentgelt und anderen in Monatsbeträgen festgesetzten Entgeltbestandteile steht ihm ein Betrag von 55,40 Euro als Durchschnitt der unständigen Entgeltbestandteile zu. Dieser Betrag errechnet sich wie folgt: 360 Euro × $^{1}/_{65}$ = 5,54 Euro (Tagesdurchschnitt) × 10 Tage = 55,40.

Der genannte Faktor ergibt sich aus der Berechnung: Drei volle Kalendermonate = 13 Wochen mit fünf Arbeitstagen je Woche. Somit muss bei einer anderen Arbeitszeitverteilung (mehr oder weniger als 5 Tage in der Woche) der Faktor entsprechend angepasst werden (dies schreibt Nr. 2 Satz 3 der Protokollerklärungen zu den Sätzen 2 und 3 ausdrücklich vor). Eine Anpassung ist aber, auch ohne ausdrückliche Regelung, zwingend notwendig, wenn ein Ersatz-Berechnungszeitraum (vgl. Rn. 10 f.) zu Grunde zu legen ist.

3.4.1 Ist die wöchentliche Arbeitszeit auf mehr oder weniger als 5 Wochentage verteilt, ergibt sich der Nenner des Faktors aus der Multiplikation der Zahl der Arbeitstage je Woche mit der Zahl 13. Es gilt also
a) bei einer 6-Tage-Woche der Faktor 1/78,
b) bei einer 5-Tage-Woche der Faktor 1/65,
c) bei einer 4-Tage-Woche der Faktor 1/52,
d) bei einer 3-Tage-Woche der Faktor 1/39,
e) bei einer 2-Tage-Woche der Faktor 1/26,
f) bei einer 1-Tag-Woche der Faktor 1/13.

Maßgebend **ist immer** die Arbeitszeitverteilung, die bei Beginn des (anzuwendenden) Berechnungszeitraumes galt (Nr. 2 S. 2 der Protokollerklärungen zu den Sätzen 2 und 3). Veränderungen der Arbeitszeitverteilung, die während der Dauer der Entgeltfortzahlung wirksam werden, bleiben unberücksichtigt.

3.4.2 Gilt ein anderer als der reguläre Berechnungszeitraum (3 Kalendermonate), ist der **Nenner** des nach Rn. 14 maßgebenden Faktors mit der Anzahl der berücksichtigten Kalendermonate zu multiplizieren, durch die Zahl drei zu dividieren und kaufmännisch auf eine volle Zahl zu runden.

Für den „Normalfall" (5-Tage-Woche) ergibt sich somit bei einem Berechnungszeitraum von **zwei Monaten** der Faktor 1/43 (65 × 2/3); bei einem einen Monat umfassenden Berechnungszeitraum der Faktor 1/22 (65 × 1/3).

3.5 Keine ausdrückliche Regelung sieht der TV für den Fall vor, dass Entgeltfortzahlung nicht für ganze Tage, sondern nur stundenweise zusteht – etwa in Fällen des § 29 Abs. 1 Buchst. f. Dies ist unproblematisch für die Entgeltfortzahlung nach Satz 1 (Tabellenentgelt und andere in Monatsbeträgen festgesetzten Entgeltbestandteile). Hier kann § 24 Abs. 3 S. 2 und 3 angewendet werden. Diese Vorschrift bezieht aber ausdrücklich nur Tabellenentgelt und in Monatsbeträgen festgesetzte sonstige Entgeltbestandteile ein. Sie sieht z. B. keine Umrechnung auf die Stunde für die in Tagessätzen festgelegten Entgeltbestandteile vor. Der BMI führt in seinem RdSchr. v. 8. 12. 2005 (GMBl. 2006, 86) aus, dass keine Bedenken bestehen, bei stundenweiser Entgeltfortzahlung wie folgt zu verfahren:

Die Summe der berücksichtigungsfähigen unständigen Entgeltbestandteile im Berechnungszeitraum wird durch die Zahl der Monate, die der Berechnungszeitraum umfasst (im Regelfall also drei), dividiert. Auf den sich so ergebenden Monatsbetrag wird die Regelung des § 24 Abs. 3 S. 2 und 3 angewendet.

Eine Stütze im TV findet eine solche Auslegung aber nicht, umso weniger, als die TVP für die Berechnung des Tagesdurchschnittes bei Entgeltfortzahlung eine von § 24 Abs. 3 S. 1 abweichende Regelung bestimmt haben. Die Auslegung, bei stundenweiser Entgeltfortzahlung sei ein „Aufschlag" nach Satz 2 und 3 von den TVP nicht gewollt, liegt auf jeden Fall näher.

3.6 Nr. 2 S. 4 der Protokollerklärungen zu den Sätzen 2 und 3 verhindert die „Mehrfach-Berücksichtigung" von unständigen Entgeltbestandteilen. Dazu käme

§ 21 Abschnitt III. Eingruppierung und Entgelt

es nämlich, wenn anlässlich eines Entgeltfortzahlungsfalles unständige Entgeltbestandteile als Durchschnittswert berücksichtigt wurden und dieses Ereignis wieder in den Berechnungszeitraum eines neues Fortzahlungsfalles fällt. Die wg. des ersten Entgeltfortzahlungsfalles zustehenden Beträge bleiben bei der Berechnung der Ausgangssumme für den zweiten Fortzahlungsfall unberücksichtigt.

22 3.7 Nr. 3 der Protokollerklärungen zu den Sätzen 2 und 3 gewährleistet die Dynamisierung des Tagesdurchschnittes. Tritt während des (anwendbaren) Berechnungszeitraumes **oder** während des Entgeltfortzahlungszeitraumes eine allgemeine Entgeltanpassung (also eine tarifliche Änderung der hier maßgeblichen Entgeltbestandteile) ein, so ist der Tagesdurchschnitt auf der Basis der fiktiv entsprechend veränderten berücksichtigungsfähigen Entgeltbestandteile im gesamten Berechnungszeitraum zu bemessen.

Beispiel: Ein AN des Bundes (EG 6) leistet in der Zeit von Oktober bis November 2007 insgesamt 25 Nachtarbeitsstunden. Der Nachtarbeitszuschlag beträgt je Stunde 20% des auf die Stunde entfallenden Anteils des Tabellenentgelts der Stufe 3 seiner Entgeltgruppe (§ 8 Abs. 1), also (2060 Euro dividiert durch 169,57 Stunden = 12,15 Euro × 0,20) 2,43 Euro. Insgesamt erwarb er also im Berechnungszeitraum den Anspruch auf 25 × 2,43 = 60,75 Euro. Ab dem 1. Januar 2008 tritt eine allgemeine Entgelterhöhung um X% ein; der AN erkrankt ab 15. Januar arbeitsunfähig. Bei der Berechnung des Durchschnitts nach Satz 2 und 3 ist nicht von dem Betrag in Höhe von 60,75 Euro auszugehen. Vielmehr ist der Nachtarbeitszuschlag auf der Basis des Tabellenwertes 2060 + X fiktiv neu zu berechnen und der Durchschnittsberechung zu Grunde zu legen.

Erläuterungen zu § 21 TV-L

1 **Sonderregelungen**

Die §§ 40 bis 49 enthalten keine sich auf § 21 beziehenden Sonderregelungen.

Außer geringfügigen, materiell-rechtlich bedeutungslosen sprachlichen Unterschieden enthält die Vorschrift gegenüber § 21 TVöD folgende Abweichungen:

2 a) Anders als im TVöD gilt für Fälle des § 6 Abs. 3 TV-L (Freistellung von der Arbeit am 24.12. und am 31.12) sowie des § 29 (Arbeitsfreistellungen aus anderen Gründen) für die Entgeltfortzahlung nicht die Bemessungsgrundlage des § 21 TV-L. Beide genannten Vorschriften enthalten eine eigene Regelung zur Entgeltfortzahlung (Tabellenentgelt und die in Monatsbeträgen festgelegten Entgeltbestandteile).

3 b) In Satz 3 wird das zusätzliche Entgelt für geleistete Mehrarbeitsstunden – soweit sie nicht dienstplanmäßig geleistet werden – von der Berechnung des Durchschnitts der unständigen Entgeltbestandteile ausgenommen. Mehrarbeitsstunden sind nach § 7 Abs. 6 TV-L die von Teilzeitbeschäftigten über die mit ihnen vereinbarte Arbeitszeit hinaus bis zur regelmäßigen Arbeitszeit geleistet werden. Anders als im TVöD wird das dafür zusätzlich zustehende Entgelt hier explizit dem Entgelt für Überstunden gleich gestellt.

4 c) Ebenfalls in Satz 3 werden Überstundenpauschalen ausdrücklich erwähnt, und zwar in dem Sinne, dass sie bei der Durchschnittsberechnung zu berücksichtigen sind. Der Sinn der Regelung ist nicht zu erkennen, denn es gehört zum Wesen von Pauschalen, dass sie in (monatlich) gleich bleibenden Beträgen gezahlt werden. Damit stellen sie jedoch einen „in Monatsbeträgen festgelegten Entgeltbestandteil" dar und werden demnach schon von Satz 1 erfasst.

Im Übrigen wird auf die Erl. zu § 21 TVöD verwiesen.

§ 22 TVöD Entgelt im Krankheitsfall

(1) ¹Werden Beschäftigte durch Arbeitsunfähigkeit infolge Krankheit an der Arbeitsleistung verhindert, ohne dass sie ein Verschulden trifft, erhalten sie bis zur Dauer von sechs Wochen das Entgelt nach § 21. ²Bei erneuter Arbeitsunfähigkeit infolge derselben Krankheit sowie bei Beendigung des Arbeitsverhältnisses gelten die gesetzlichen Bestimmungen. ³Als unverschuldete Arbeitsunfähigkeit im Sinne der Sätze 1 und 2 gilt auch die Arbeitsverhinderung in Folge einer Maßnahme der medizinischen Vorsorge und Rehabilitation im Sinne von § 9 EFZG.

Protokollerklärung zu Absatz 1 Satz 1:

Ein Verschulden liegt nur dann vor, wenn die Arbeitsunfähigkeit vorsätzlich oder grob fahrlässig herbeigeführt wurde.

(2) ¹Nach Ablauf des Zeitraums gemäß Absatz 1 erhalten die Beschäftigten für die Zeit, für die ihnen Krankengeld oder entsprechende gesetzliche Leistungen gezahlt werden, einen Krankengeldzuschuss in Höhe des Unterschiedsbetrags zwischen den tatsächlichen Barleistungen des Sozialleistungsträgers und dem Nettoentgelt. ²Nettoentgelt ist das um die gesetzlichen Abzüge verminderte Entgelt im Sinne des § 21; bei freiwillig Krankenversicherten ist dabei deren Gesamtkranken- und Pflegeversicherungsbeitrag abzüglich Arbeitgeberzuschuss zu berücksichtigen. ³Für Beschäftigte, die wegen Übersteigens der Jahresarbeitsentgeltgrenze nicht der Versicherungspflicht in der gesetzlichen Krankenversicherung unterliegen, ist bei der Berechnung des Krankengeldzuschusses der Krankengeldhöchstsatz, der bei Pflichtversicherung in der gesetzlichen Krankenversicherung zustünde, zugrunde zu legen.

(3) ¹Der Krankengeldzuschuss wird bei einer Beschäftigungszeit (§ 34 Abs. 3)
von mehr als einem Jahr längstens bis zum Ende der 13. Woche und
von mehr als drei Jahren längstens bis zum Ende der 39. Woche
seit dem Beginn der Arbeitsunfähigkeit infolge derselben Krankheit gezahlt. ²Maßgeblich für die Berechnung der Fristen nach Satz 1 ist die Beschäftigungszeit, die im Laufe der krankheitsbedingten Arbeitsunfähigkeit vollendet wird.

(4) ¹Entgelt im Krankheitsfall wird nicht über das Ende des Arbeitsverhältnisses hinaus gezahlt; § 8 EFZG bleibt unberührt. ²Krankengeldzuschuss wird zudem nicht über den Zeitpunkt hinaus gezahlt, von dem an Beschäftigte eine Rente oder eine vergleichbare Leistung auf Grund eigener Versicherung aus der gesetzlichen Rentenversicherung, aus einer zusätzlichen Alters- und Hinterbliebenenversorgung oder aus einer sonstigen Versorgungseinrichtung erhalten, die nicht allein aus Mitteln der Beschäftigten finanziert ist. ³Überzahlter Krankengeldzuschuss und sonstige Überzahlungen gelten als Vorschuss auf die in demselben Zeitraum zustehenden Leistungen nach Satz 2; die Ansprüche der Beschäftigten gehen insoweit auf den Arbeitgeber über. ⁴Der Arbeitgeber kann von der Rückforderung des Teils des überzahlten Betrags, der nicht durch die für den Zeitraum der Überzahlung zustehenden Bezüge im Sinne des Satzes 2 ausgeglichen worden ist, absehen, es sei denn, die/der Beschäftigte hat dem Arbeitgeber die Zustellung des Rentenbescheids schuldhaft verspätet mitgeteilt.

§ 22 TV-L Entgelt im Krankheitsfall

(1) ¹Werden Beschäftigte durch Arbeitsunfähigkeit infolge Krankheit an der Arbeitsleistung verhindert, ohne dass sie ein Verschulden trifft, erhalten sie bis zur Dauer von sechs Wochen das Entgelt nach § 21. ²Bei erneuter Arbeitsunfähigkeit infolge derselben Krankheit sowie bei Beendigung des Arbeitsverhältnisses gelten die gesetzlichen Bestimmungen. ³Als unverschuldete Arbeitsunfähigkeit im Sinne der Sätze 1 und 2 gilt auch die Arbeitsverhinderung im Sinne des § 3 Absatz 2 und des § 9 Entgeltfortzahlungsgesetz.

Protokollerklärung zu § 22 Absatz 1 Satz 1:
Ein Verschulden liegt nur dann vor, wenn die Arbeitsunfähigkeit vorsätzlich oder grob fahrlässig herbeigeführt wurde.

(2) ¹Nach Ablauf des Zeitraums gemäß Absatz 1 erhalten die Beschäftigten für die Zeit, für die ihnen Krankengeld oder entsprechende gesetzliche Leistungen gezahlt werden, einen Krankengeldzuschuss in Höhe des Unterschiedsbetrags zwischen den tatsächlichen Barleistungen des Sozialleistungsträgers und dem Nettoentgelt. ²Nettoentgelt ist das um die gesetzlichen Abzüge verminderte Entgelt im Sinne des § 21; bei freiwillig Krankenversicherten ist dabei deren Gesamtkranken- und Pflegeversicherungsbeitrag abzüglich Arbeitgeberzuschuss zu berücksichtigen. ³Bei Beschäftigten, die in der gesetzlichen Krankenversicherung versicherungsfrei oder die von der Versicherungspflicht in der gesetzlichen Krankenversicherung befreit sind, sind bei der Berechnung des Krankengeldzuschusses diejenigen Leistungen zu Grunde zu legen, die ihnen als Pflichtversicherte in der gesetzlichen Krankenversicherung zustünden.

(3) ¹Der Krankengeldzuschuss wird bei einer Beschäftigungszeit (§ 34 Absatz 3)
a) von mehr als einem Jahr längstens bis zum Ende der 13. Woche und
b) von mehr als drei Jahren längstens bis zum Ende der 39. Woche
seit dem Beginn der Arbeitsunfähigkeit infolge derselben Krankheit gezahlt. ²Maßgeblich für die Berechnung der Fristen nach Satz 1 ist die Beschäftigungszeit, die im Laufe der krankheitsbedingten Arbeitsunfähigkeit vollendet wird. ³Innerhalb eines Kalenderjahres kann das Entgelt im Krankheitsfall nach Absatz 1 und 2 insgesamt längstens bis zum Ende der in Absatz 3 Satz 1 genannten Fristen bezogen werden; bei jeder neuen Arbeitsunfähigkeit besteht jedoch mindestens der sich aus Absatz 1 ergebende Anspruch.

(4) ¹Entgelt im Krankheitsfall wird nicht über das Ende des Arbeitsverhältnisses hinaus gezahlt; § 8 Entgeltfortzahlungsgesetz bleibt unberührt. ²Krankengeldzuschuss wird zudem nicht über den Zeitpunkt hinaus gezahlt, von dem an Beschäftigte eine Rente oder eine vergleichbare Leistung auf Grund eigener Versicherung aus der gesetzlichen Rentenversicherung, aus einer zusätzlichen Alters- und Hinterbliebenenversorgung oder aus einer sonstigen Versorgungseinrichtung erhalten, die nicht allein aus Mitteln der Beschäftigten finanziert ist. ³Überzahlter Krankengeldzuschuss und sonstige Überzahlungen gelten als Vorschuss auf die in demselben Zeitraum zustehenden Leistungen nach Satz 2; die Ansprüche der Beschäftigten gehen insoweit auf den Arbeitgeber über. ⁴Der Arbeitgeber kann von der Rückforderung des Teils des überzahlten Betrags,

Entgelt im Krankheitsfall § 22

der nicht durch die für den Zeitraum der Überzahlung zustehenden Bezüge im Sinne des Satzes 2 ausgeglichen worden ist, absehen, es sei denn, die/der Beschäftigte hat dem Arbeitgeber die Zustellung des Rentenbescheids schuldhaft verspätet mitgeteilt.

Zu den Erläuterungen zu § 22 TV-L siehe S. 183

Erläuterungen zu § 22 TVöD

Sonderregelungen

BT-V: § 45 (Bund) für Beschäftigte, die zu Auslandsdienststellen des Bundes entsandt sind enthält in Nr. 9 abweichende Regelungen hinsichtlich der Fortzahlung des Entgelts sowie der Nachweispflicht bei Erkrankung im Ausland. 1

BT-B, BT-E, BT-F, BT-K und BT-S: Diese BT enthalten keine sich auf § 22 beziehende eigene Bestimmungen. 2

1. Allgemeines

Mit Ausnahme der eigenständigen Anspruchsregelung in Satz 1 einschl. der Bestimmung über die Bemessung (§ 21) und der Regelungen über den Krankengeldzuschuss (Abs. 2 ff.) haben die TVP des TVöD auf eigenständige Regelungen über die Entgeltzahlung im Krankheitsfall verzichtet, so dass die Vorschriften des EFzG unmittelbar gelten. Gänzlich verzichtet haben die TVP auf eigene Regelungen bezüglich der Nachweispflicht und des Forderungsübergangs bei Dritthaftung. Auch hierfür gelten nunmehr die gesetzlichen Bestimmungen (§§ 5, 6 EFZG). 3

2. Zu Abs. 1

2.1 Die Fortzahlung des Entgeltes im Krankheitsfall ist an zwei Bedingungen geknüpft: 4
a) mit der Krankheit muss Arbeitsunfähigkeit verbunden sein;
b) die Erkrankung bzw. Arbeitsunfähigkeit darf nicht vom AN verschuldet sein.

2.11 Nicht jede Erkrankung befreit den AN von der Arbeitspflicht und begründet zugleich den Anspruch auf Entgeltfortzahlung. Vielmehr muss ein Krankheitsgeschehen entweder den AN außer Stand setzen, die ihm nach dem Arbeitsvertrag obliegende Arbeit zu verrichten, oder die Gefahr einer Verschlimmerung des gesundheitlichen Zustandes bei Fortsetzung der Arbeit begründen (u.a. BAG 9. 1. 1985 – 5 AZR 415/82 – AP LohnFG § 1 Nr. 62). Arbeitsunfähigkeit liegt auch dann vor, wenn der AN die vertraglich geschuldete Leistung zwar nicht voll, aber (zeitlich oder inhaltlich) teilweise erbringen kann (BAG 20. 2. 1985 – 5 AZR 260/83 – n.v.). Allerdings kann u.U. der AG für die Dauer der Erkrankung auf einen Teil der normalerweise zu erbringenden Leistung verzichten, so dass Arbeitsunfähigkeit nicht mehr vorliegt. Dies muss aber bei unveränderter Vergütung geschehen und muss für den AN zumutbar sein (BAG 20. 2. 1985 – 5 AZR 260/83 – n.v.). Die stufenweise Wiedereingliederung in das Erwerbsleben nach § 74 SGB V ist ein davon streng zu unterscheidender Sachverhalt. Hierbei handelt es sich um ein Rechtsverhältnis eigener Art i.S.v. § 305 BGB, das zwischen dem AG und dem AN zum Zwecke der Wiedereingliederung begründet wird. Es ist nicht auf eine Arbeitsleistung im üblichen Sinne gerichtet, sondern als Maßnahme der Rehabilitation, die es dem AN ermöglichen soll, die Arbeitsfähigkeit wieder herzustellen. Ohne ausdrückliche Zusage steht dem Arbeitnehmer weder aus dem Wiedereingliederungsvertrag noch aus dem Gesetz ein Vergütungsanspruch zu (BAG 29. 1. 1992 – 5 AZR 37/91 – AP SGB V § 74 Nr. 1). 5

R. Neffke

§ 22 Abschnitt III. Eingruppierung und Entgelt

6 2.12 Ein Verschulden des AN an der zur Arbeitsunfähigkeit führenden Erkrankung schließt den Anspruch auf Entgeltfortzahlung aus. Die Protokollerklärung zu Abs. 1 S. 1 schränkt das Verschulden i. S. d. Vorschrift auf Vorsatz und grobe Fahrlässigkeit ein. Dies ist gegenüber dem EFZG nur scheinbar eine Einschränkung, denn die Rspr. zum EFZG bzw. zu dessen Vorgängernormen geht ebenfalls regelmäßig davon aus, dass leichte oder „normale" Fahrlässigkeit den Anspruch auf Entgeltfortzahlung nicht ausschließt. Grobe Fahrlässigkeit liegt vor, wenn die verkehrserforderliche Sorgfalt in besonders schwerem Maße verletzt wird, wenn das nicht beachtet wird, was im gegebenen Fall jedem einleuchten musste und wenn schon einfachste, ganz nahe liegende Überlegungen nicht angestellt wurden; es muss eine grobe und auch subjektiv schlechthin unentschuldbare Pflichtverletzung gegeben sein (BAG 1. 12. 1988 – 8 AZR 65/84 – AP BGB § 840 Nr. 2).

7 Somit kann die Frage, ob eine krankheitsbedingte Arbeitsunfähigkeit vom AN im obigen Sinne verschuldet wurde, nur nach den Umständen des Einzelfalles beantwortet werden. Dem AG obliegt die Darlegungs- und Beweislast, wenn er die Entgeltfortzahlung wg. Verschuldens des AN an der Arbeitsunfähigkeit verweigern will (BAG 7. 8. 1992 – 5 AZR 410/90 – AP LohnFG § 1 Nr. 94). Dies gilt auch im Falle der **Alkoholabhängigkeit** (BAG 7. 8. 1991 – 5 AZR 410/90 – AP LohnFG § 1 Nr. 94). Allerdings trifft den AN in einem solchen Fall eine Pflicht zur Mitwirkung an der Aufklärung aller für die Entstehung der Erkrankung erheblichen Umstände, da der Arbeitgeber kaum in der Lage ist, diese Umstände, die aus dem Lebensbereich des AN herrühren, im Einzelnen darzulegen. Deshalb muss der AN auf Grund seiner arbeitsvertraglichen Treuepflicht auf Verlangen des AG nach bestem Wissen die fraglichen Umstände offenbaren (BAG AP LohnFG § 1 Nr. 94). Wenn der Arzt dem AN das **Rauchen** untersagt und dieser sich über ein eindeutiges Verbot hinwegsetzt, handelt er in hohem Maße unvernünftig und damit schuldhaft i. S. d. Lohnfortzahlungsgesetzes (BAG 17. 4. 1985 – 5 AZR 497/83 – n. v.). Ist die Arbeitsunfähigkeit Folge eines **Sportunfalles,** entfällt der Anspruch auf Entgeltfortzahlung nur bei sog. besonders gefährlichen Sportarten oder wenn der AN sich in einer seine Kräfte und Fähigkeiten deutlich übersteigenden Weise sportlich betätigt (BAG 25. 2. 1972 – 5 AZR 471/71 – AP LohnFG § 1 Nr 18). Ein Sport ist nur dann besonders gefährlich, wenn das Verletzungsrisiko bei objektiver Betrachtung so groß ist, dass auch ein gut ausgebildeter Sportler bei sorgfältiger Beachtung aller Regeln dieses Risiko nicht vermeiden kann. Das ist dann der Fall, wenn der Sportler das Geschehen nicht mehr beherrschen kann, sondern sich unbeherrschbaren Gefahren aussetzt (BAG 7. 10. 1981 – 5 AZR 338/79 – AP LohnFG § 1 Nr 45). Nach einem Urteil des AG Hagen (15. 9. 1989 – 4 Ca 648/87 – NZA 1990, 311) gehört Kickboxen zu den so definierten besonders gefährlichen Sportarten. Ist die Arbeitsunfähigkeit Folge eines Selbstmordversuches, ist der AG i. d. R. zur Entgeltfortzahlung verpflichtet (BAG 28. 2. 1979 – 5 AZR 611/77 – AP LohnFG § 1 Nr. 44). Hat der AN einen zur Arbeitsunfähigkeit führenden Arbeitsunfall bei der Ausübung einer **Nebentätigkeit** erlitten, kann dennoch der Anspruch auf Entgeltfortzahlung gegenüber dem AG des (Haupt-)Arbeitsverhältnisses entstehen (BAG 21. 4. 1982 – 5 AZR 1019/79 – AP LohnFG § 1 Nr 49). Wenn der AN jedoch deutlich gegen arbeitszeitrechtliche Bestimmungen (Überschreiten der Höchstarbeitszeit nach dem Arbeitszeitgesetz) verstößt und damit seine Gesundheit gefährdet, kann darin ein den Anspruch auf Entgeltfortzahlung ausschließendes Verschulden liegen.

8 **2.2** Die TVP haben in Satz 1 eine eigenständige Anspruchsgrundlage geschaffen; dies ergibt sich eindeutig aus dem Vergleich mit Satz 2, in dem ausdrücklich auf die gesetzlichen Bestimmungen zu den so genannten Wiederholungserkrankungen

Entgelt im Krankheitsfall § 22

bzw. den Folgen einer Beendigung des ArbVerh. verwiesen wird. Somit gilt § 3 Abs. 3 EFZG, der eine **vierwöchige Wartezeit** vorsieht, im Geltungsbereich des TVöD **nicht.**

2.3 Der Anspruch auf Entgeltfortzahlung besteht für sechs Wochen; er gilt 9 grundsätzlich für jede neue krankheitsbedingte Arbeitsunfähigkeit. Die Vorschrift stellt aber – anders als in Abs. 3 – nicht auf den Beginn der Arbeitsunfähigkeit ab, so das der Anspruchszeitraum nicht zwangsläufig die ersten sechs Wochen der Arbeitsunfähigkeit umfassen muss, auch wenn dies der Regelfall ist.

Dieser Unterschied ist in den Fällen wichtig, in denen bei Beginn der Arbeits- 10 unfähigkeit aus anderen Gründen ein Entgelt zustand.

Beispiel 1: Ein AN erkrankt vier Wochen bevor das Ruhen des ArbVerh. (z.B. wg. Elternzeit) endet. Die Erkrankung dauert insgesamt 10 Wochen. Der AN hat Anspruch auf Krankenbezüge in Höhe der Urlaubsvergütung bis zum Ende der Krankheit (sechs Wochen); die vier vorangegangenen Wochen dürfen nicht berücksichtigt werden.

Beispiel 2: Ein AN wechselt am 1. 10. zu einem anderen AG im Geltungsbereich des TVöD. Vier Wochen vorher – während er noch bei einem anderen AG beschäftigt ist – erkrankt er; die Arbeitsunfähigkeit dauert insgesamt 13 Wochen. Der AN hat Anspruch auf Entgeltfortzahlung für sechs Wochen.

Zum Beispiel 2 ist noch darauf zu verweisen, dass es für den Anspruch auf Ent- 11 geltfortzahlung gegenüber dem neuen AG unschädlich ist, wenn der frühere AG bis zum Ende des ArbVerh. schon Entgeltfortzahlung geleistet hat (BAG 6. 9. 1989 – 5 AZR 621/88 – AP HGB § 63 Nr. 45). Dies allerdings dann nicht, wenn der AN bereits bei **Vertragsabschluss** erkrankt war und die Krankheit bei Vertragsbeginn fortbesteht (BAG 26. 7. 1989 – 5 AZR 491/88 – AP LohnFG § 1 Nr. 87).

Ein Anspruch auf Entgeltfortzahlung besteht dann nicht, wenn die Arbeitsunfä- 12 higkeit nicht der einzige Grund für den Wegfall der Arbeitspflicht ist – z.B. weil das Arbeitsverhältnis ruht oder ein Urlaub ohne Entgeltfortzahlung bewilligt wird. Der Entgeltfortzahlungszeitraum von sechs Wochen für diese Zeit bleibt jedoch unberührt. In einem solchen Fall verlängert sich die Entgeltfortzahlungsdauer um die Tage, an denen die Arbeitspflichten aus anderen Gründen suspendiert waren. Der Entgeltfortzahlungszeitraum von sechs Wochen ist erschöpft, wenn die Gesamtdauer der Arbeitsunfähigkeit unter Außerachtlassung der Tage, an denen die Arbeitspflicht aus anderen Gründen aufgehoben war, 42 Kalendertage erreicht (BAG 22. 8. 2001 – 5 AZR 699/99 – AP EntgeltFG § 3 Nr. 11).

Beispiel: Einem AN wird Urlaub ohne Entgeltfortzahlung für die Zeit vom 1. bis 30. 6. 2006 gewährt. Am 15. Mai erkrankt er arbeitsunfähig, die Arbeitsunfähigkeit dauert über den 30. Juni hinaus an. Für die Zeit vom 15. bis 31 Mai (17 Tage) steht ihm Entgeltfortzahlung zu. In der Zeit vom 1. bis 30 Juni entfällt der Fortzahlungsanspruch wg. des Urlaubs ohne Entgeltfortzahlung. Nach dem Ende des Urlaubs lebt der Anspruch wieder auf, und zwar für höchstens noch 25 Tage.

2.4 Vom Grundsatz, dass der Entgeltfortzahlungsanspruch von sechs Wochen 13 für jede neue krankheitsbedingte Arbeitsunfähigkeit gilt, gibt es **Ausnahmen.**

2.41 Die erste betrifft die sog. Wiederholungserkrankungen (auch Fortsetzungs- 14 erkrankung genannt). Eine solche liegt vor, wenn eine Krankheit dieselbe medizinische Ursache wie eine vorangegangene, nicht behobene Erkrankung hat (sog. Grundleiden). Dabei kommt es nicht darauf an, ob die Krankheitserscheinungen gleich sind, es kommt darauf an, ob sie auf demselben Grundleiden beruhen (BAG 4. 12. 1985 – 5 AZR 656/84 – AP HGB § 63 Nr. 42).

Bei Wiederholungserkrankungen besteht der Anspruch auf Entgeltfortzahlung 15 grundsätzlich für sechs Wochen – also für 42 Tage – für alle auf dem Grundleiden

§ 22 Abschnitt III. Eingruppierung und Entgelt

beruhenden Arbeitsunfähigkeitszeiten zusammen. Ein neuer Anspruch für sechs Wochen entsteht nach § 3 Abs. 1 EFzG, wenn der AN

1. vor der erneuten Arbeitsunfähigkeit mindestens sechs Monate nicht infolge derselben Krankheit arbeitsunfähig war oder
2. seit Beginn der ersten Arbeitsunfähigkeit infolge derselben Krankheit eine Frist von zwölf Monaten abgelaufen ist.

16 Nach der 1. Alternative müssen zwischen dem **Ende** der vorangegangenen ursachenidentischen Erkrankung und dem **Beginn** der neuen mindestens sechs Monate vergangen sein.

17 Nach der 2. Alternative müssen seit dem **Beginn der ersten** ursachenidentischen Erkrankung und dem **Beginn der neuen** Fortsetzungserkrankung mindestens zwölf Monate liegen.

Beispiel 1: Ein AN erkrankt am 1. Juni für 4 Wochen. Am 1. 12. erkrankt er auf Grund desselben Leidens wieder; diese Erkrankung dauert drei Wochen. Für die erste Erkrankung steht ihm in voller Länge Entgeltfortzahlung zu. Zwischen dem **Ende** der ersten Erkrankung und dem Beginn der zweiten liegen weniger als sechs Monate. Damit steht ihm anlässlich der zweiten Erkrankung nur noch für zwei Wochen Entgeltfortzahlung zu.

Beispiel 2: Der Sachverhalt des Bsp. 1 wird so geändert, dass die Fortsetzungserkrankung erst im Februar des Folgejahres auftritt. Der AN hat wieder Anspruch auf Entgeltfortzahlung für die Gesamtdauer der Erkrankung, da sei dem Ende der ersten Erkrankung mehr als sechs Monate vergangen sind und deshalb ein neuer Anspruchszeitraum von bis zu sechs Wochen entstanden ist.

Beispiel 3: Der Sachverhalt des Bsp. 1 wird so geändert, dass sich der zweiten Fortsetzungserkrankung eine dritte anschließt, die am 5. Juni des Folgejahres beginnt. Für die erste und zweite Erkrankung gelten die im Bsp. 1 beschriebenen Folgen. Zwischen dem Ende der zweiten und dem Beginn der dritten Erkrankung liegen weniger als sechs Monate, so dass nach der 1. Alternative kein Entgeltfortzahlungsanspruch besteht. Da aber zwischen dem Beginn der ersten und dem Beginn der dritten Erkrankung mehr als zwölf Monate liegen, ist ein neuer Anspruchszeitraum von bis zu 12 Wochen gem. 2. Alternative entstanden.

18 Der **AN** hat die anspruchsbegründenden Tatsachen eines Entgeltfortzahlungsanspruchs **darzulegen und ggf. zu beweisen.** Ist er innerhalb der oben beschriebenen Zeiträume länger als sechs Wochen arbeitsunfähig, muss er darlegen, dass **keine** Fortsetzungserkrankung vorliegt. Wird dies vom AG bestritten, obliegt dem AN die Darlegung der Tatsachen, die den Schluss erlauben, es habe keine Fortsetzungserkrankung vorgelegen. Der AN hat dabei den Arzt von der Schweigepflicht zu entbinden. Die **objektive Beweislast** für das Vorliegen einer Fortsetzungserkrankung hat **der AG** zu tragen (BAG 13. 7. 2005 – 5 AZR 389/04 – AP EntgeltFG § 3 Nr. 25 – unter teilweiser Aufgabe früherer Rspr.).

19 Bei der Berechnung der Fristen kommt es nicht darauf an, ob der AN tatsächlich gearbeitet hat. Unbeachtlich ist auch, ob zwischenzeitlich andere Erkrankungen, die nicht mit dem Grundleiden im Zusammenhang stehen (und für die ein gesonderter sechswöchiger Anspruch entstanden ist), aufgetreten sind (BAG 29. 9. 1982 – 5 AZR 130/80 – AP LohnFG § 1 Nr. 50).

20 **2.42** Die zweite Ausnahme vom Grundsatz, dass für jede neue krankheitsbedingte Arbeitsunfähigkeit Entgeltfortzahlung für die Dauer von bis zu sechs Wochen besteht, betrifft den Grundsatz der „Einheit des Verhinderungsfalles". Gemeint sind Fallkonstellationen, in denen zu einer bestehenden, zur Arbeitsunfähigkeit führenden Krankheit eine weitere, in keinem Zusammenhang damit stehende hinzukommt.

Beispiel: Ein AN erleidet in Folge eines Verkehrsunfalles Körperverletzungen, die zur Arbeitsunfähigkeit führen. Nach vier Wochen tritt eine Lungenentzündung hinzu. Die unfallbedingten Körperverletzungen sind nach fünf Wochen soweit geheilt, dass der AN ohne die

Lungenentzündung die Arbeit wieder aufnehmen könnte. Insgesamt ist der AN sieben Wochen arbeitsunfähig erkrankt. Obschon es sich um ursachenverschiedene Krankheiten handelt, steht nach dem zitierten Grundsatz der Einheit des Verhinderungsfalles Entgeltfortzahlung nur für die Dauer von (insgesamt) sechs Wochen zu. (BAG z. B. 19. 6. 1991 – 5 AZR 304/90 – AP LohnFG § 1 Nr. 93).

Zwei selbstständige Verhinderungsfälle liegen dann vor, wenn der AN zwischen 21 dem Ende der ersten und dem Beginn der zweiten Arbeitsunfähigkeit tatsächlich gearbeitet hat oder zwischen den beiden Krankheiten zwar arbeitsfähig war, aber nicht arbeiten konnte, weil er nur wenige, außerhalb der Arbeitszeit liegende Stunden arbeitsfähig war (BAG 2. 12. 1981 – 5 AZR 89/90 – AP LohnFG § 1 Nr. 48).

Eine besondere Problematik ergibt sich dann, wenn ein Fall der „Einheit des 22 Verhinderungsfalles" mit einer Fortsetzungserkrankung zusammen fällt. Zwei vom BAG entschiedene Fälle sollen das Problem verdeutlichen:

Folgende Zeiten der krankheitsbedingten Arbeitsunfähigkeit lagen vor: 23
25. 5. bis 30. 6.   selbstständiger Verhinderungsgrund
20. 6. bis 30. 6.   Beginn des Grundleidens
7. 9. bis 18. 10.   Grundleiden

Die auf das Grundleiden zurückgehende Erkrankung fiel also zeitlich in eine da- 24 von unabhängige Phase der Arbeitsunfähigkeit. Der AG wurde jedoch zur Entgeltfortzahlung für die gesamte Dauer (sechs Wochen) der Krankheitsperiode ab 7. 9. verurteilt. *„Eine Vorerkrankung kann dann nicht als Teil einer Fortsetzungserkrankung angesehen werden, wenn sie lediglich zu einer bereits bestehenden, ihrerseits zur Arbeitsunfähigkeit führenden Krankheit hinzugetreten ist, ohne einen eigenen Anspruch auf Lohnfortzahlung auszulösen"* (BAG 19. 6. 1991 – 5 AZR 304/90 – AP LohnFG § 1 Nr. 93).

In einem anderen Fall lag folgender Sachverhalt vor: 25
Folgende Arbeitsunfähigkeiten lagen vor:
21. 1. bis 2. 3.   Ursache 1
19. 2. bis 12. 3.   Ursache 2
17. 4. bis 9. 5.   Ursache 2
7. 11. bis 19. 11. Ursache 2

Der AG musste für die Zeit vom 21. 1. bis 3. 3. (sechs Wochen) Entgeltfortzah- 26 lung leisten; nicht jedoch für die Zeit vom 4. 3. bis 12. 3., da hier der Grundsatz der Einheit des Verhinderungsfalles zu beachten war. Allerdings wurde dem AN auch ein Anspruch auf Entgeltfortzahlung für die folgenden Krankheitsperioden (April/Mai und November) zugesprochen, da auf die sechs Wochen für die auf Ursache 2 beruhende Arbeitsunfähigkeit nur ein Tag (3. 3.) anzurechnen war. *„Tritt eine Krankheit, die sich später als Fortsetzungskrankheit herausstellt, zu einer bereits bestehenden, zur Arbeitsunfähigkeit führenden Krankheit hinzu und dauert sie über deren Ende hinaus an, so ist sie für die Zeit, in der sie die alleinige Ursache der Arbeitsunfähigkeit war, als Teil der späteren Fortsetzungserkrankung zu werten"* (BAG 20. 2. 1994 – 5 AZR 345/93 – AP LohnFG § 1 Nr. 99).

Tritt jedoch (umgekehrt) ein selbstständiger Verhinderungsgrund (= ursachen- 27 verschiedene Krankheit) zu einer Fortsetzungserkrankung hinzu, wird der Fortsetzungszusammenhang nicht unterbrochen (BAG 22. 8. 1984 – 5 AZR 489/81 – AP BGB § 616 Nr. 65).

2.5 Endet das ArbVerh. vor Ablauf des sechswöchigen Anspruchszeitraumes, 28 sind nach Satz 2 die Bestimmungen des § 8 EFZG zu beachten. Danach sind drei Fallkonstellationen zu unterscheiden:

2.51 Das ArbVerh. endet durch AG-seitige Kündigung **aus Anlass der Ar-** 29 **beitsunfähigkeit:** Der Anspruch auf Entgeltfortzahlung bleibt unberührt. Es ist

§ 22   Abschnitt III. Eingruppierung und Entgelt

also auch über das Ende des ArbVerh. hinaus bis zur Höchstdauer von sechs Wochen Entgeltfortzahlung zu leisten (vorausgesetzt natürlich, die Arbeitsunfähigkeit hält an). Die Kündigung muss aus Anlass der Arbeitsunfähigkeit erfolgen. Die Arbeitsunfähigkeit muss also zum Zeitpunkt der Kündigung bereits bestehen und der AG zu diesem Zeitpunkt von der bestehenden Arbeitsunfähigkeit Kenntnis haben (BAG 26. 4. 1978 – 5 AZR 5/77 – AP LohnFG § 6 Nr. 5). Die Vorschrift setzt weiter voraus, dass sich die krankheitsbedingte Arbeitsunfähigkeit als eine die Kündigung wesentlich mitbestimmende Bedingung darstellt, dass sie den entscheidenden Anstoß für die Kündigung gegeben hat (BAG 9. 5. 1984 – 5 AZR 401/81 – n. v.). Hat ein AG Kenntnis von der Arbeitsunfähigkeit des AN oder kündigt er vor Ablauf der Nachweisfrist (drei Tage), kann er nur ausnahmsweise erfolgreich einwenden, er habe nicht aus Anlass der Arbeitsunfähigkeit, sondern wg. der Verletzung der Anzeigepflicht das ArbVerh. gekündigt (BAG 20. 8. 1980 – 5 AZR 1192/79 – AP LohnFG § 6 Nr 17).

30   **2.52** Das ArbVerh. endet durch **AN-seitige** Kündigung aus einem vom AG zu vertretenden Grund, der den AN zu einer *außerordentlichen („fristlosen") Kündigung* berechtigt: Auch in diesem – in der Praxis wohl sehr selten vorkommenden – Fall bleibt der Anspruch unberührt.

31   **2.53** Das ArbVerh. endet vor Ablauf von sechs Wochen seit **Beginn** der Arbeitsunfähigkeit, ohne dass es einer Kündigung bedarf oder auf Grund einer Kündigung, die nicht von den oben beschriebenen Fallkonstellationen erfasst wird: Der Anspruch endet mit dem Ende des ArbVerh. Zu beachten ist, dass hier auf den Beginn der Arbeitsunfähigkeit abgestellt wird.

32   **2.6** Maßnahmen der **medizinischen Vorsorge und Rehabilitation** gelten nach Satz 3 als (krankheitsbedingte) unverschuldete Arbeitsunfähigkeit. Auch ohne ausdrücklichen Verweis gelten gem. § 3 Abs. 2 EFZG Arbeitsverhinderung als Folge einer nicht rechtswidrigen Sterilisation, eines nicht rechtswidrigen Schwangerschaftsabbruches („Indikation") und eines straffreien Schwangerschaftsabbruches („Beratungsregelung") als unverschuldete Arbeitsunfähigkeit.

33   **2.61** Für Maßnahmen der medizinischen Vorsorge gilt § 9 EFZG.

34   **2.7** Bezüglich der Berechnung der zustehenden Entgeltfortzahlung wird auf § 21 und Erl. hierzu verwiesen.

3. Zu Abs. 2

35   **3.1** Der Anspruch auf einen Krankengeldzuschuss nach Ablauf des Entgeltfortzahlungsanspruches nach Abs. 1 ist daran geknüpft, dass dem AN Krankengeld oder eine entsprechende gesetzliche Leistung **gezahlt** (Satz 1) wird oder Krankengeld deshalb nicht zusteht, weil an wg. Überschreitung der Jahresarbeitsentgeltgrenze nicht der Krankenversicherungspflicht unterliegen (Folgerung aus Satz 3). Krankengeldzuschuss steht nicht zu, wenn dem AN ein Verschulden i. S. der Protokollnotiz zu Abs. 1 Satz 1 an der krankheitsbedingten Arbeitsunfähigkeit trifft. Dies ergibt sich aus Satz 1: „Nach Ablauf des Zeitraums …". Es wird also vorausgesetzt, dass ein Anspruch nach Abs. 1 bestanden hat.

36   **3.11** Dem Krankengeld entsprechende Leistungen sind:
– Übergangsgeld nach §§ 20 ff. SGB VI,
– Verletztengeld nach §§ 45 ff. SGB VII und
– Versorgungskrankengeld nach §§ 16 ff. Bundesversorgungsgesetz.

37   **3.12** Da der Anspruch auf Krankengeldzuschuss von der Zahlung des Krankengeldes abhängig ist, kann es Fallkonstellationen geben, bei denen dem AN für einige Tage überhaupt keine Leistungen wg. Krankheit zustehen. Dies wird besonders offenkundig im Falle einer Fortsetzungserkrankung bei abgelaufener Be-

zugsdauer für die Entgeltfortzahlung nach Abs. 1. In einem solchen Fall stehen nur noch das Krankengeld und der Krankengeldzuschuss zu. Das Krankengeld steht aber erst von dem der ärztlichen Feststellung folgenden Tag an zu. Verzichtet nun der AN – ausgehend von der dreitägigen Nachweispflicht gegenüber dem AG – darauf, in den ersten drei Tagen der Erkrankung seine Arbeitsunfähigkeit ärztlich feststellen zu lassen, hat er für diese Zeit keinerlei Ansprüche gegenüber dem AG – weder auf Entgelt noch auf Entgeltfortzahlung noch auf Krankengeldzuschuss – aber auch nicht auf das von der Krankenkasse zu zahlende Krankengeld.

3.2 Der Krankengeldzuschuss bemisst sich nach der Differenz zwischen seinem Nettoentgelt und den tatsächlichen Bar-Leistungen des Sozialleistungsträgers (i. d. R. also der Krankenkasse). Für AN, für deren ArbVerh. vor dem 1. 10. 2005 § 71 BAT galt, sieht § 13 TVÜ für die Dauer des ununterbrochenen ArbVerh. abweichende Regelungen vor. 38

3.21 Der Berechnung des Nettoentgeltes i. S. d. Abs. 2 ist das Entgelt nach § 21 (vgl. Erl. hierzu) zu Grunde zu legen. Abzuziehen sind die **gesetzlichen** Abzüge, also Lohnsteuer, Solidaritätszuschlag, ggf. Kirchensteuer, die AN-Beiträge zur Renten-, Arbeitslosen-, Kranken- und Pflegeversicherung – einschließlich des Zusatzbeitrags zur Krankenversicherung und des Beitragszuschlags zur Pflegeversicherung – sowie evtl. gesetzliche Abzüge nach Landesrecht. Nicht abzuziehen ist ein Eigenanteil an der Zusatzversorgung, da es sich um einen tariflichen, nicht um einen gesetzlichen Abzug handelt. 39

Bei **freiwillig** Krankenversicherten (nicht bei privat Versicherten) ist statt des AN-Anteiles an der Kranken- und Pflegeversicherung der Gesamtbeitrag abzüglich des AG-Zuschusses zu berücksichtigen. Bei privat Krankenversicherten sind dagegen nur die gesetzlichen Abzüge, nicht die Beiträge zur (privaten) Kranken- und Pflegeversicherung zu berücksichtigen. Mit dieser Regelung tragen die TVP dem Umstand Rechnung, dass freiwillig Krankenversicherte während der Arbeitsunfähigkeit beitragsfrei versichert sind, während Privatversicherte auch während dieser Zeit Beiträge zahlen müssen. 40

3.22 Die „tatsächlichen Barleistungen" des Sozialleistungsträgers sind nicht die tatsächlich ausbezahlten Leistungen i. d. R. also Krankengeld. Vielmehr ist hierunter das festgesetzte Bruttokrankengeld (bzw. die entsprechende Bruttoleistung) vor Abzug der AN-Anteile zur Sozialversicherung. Das ausgezahlte Tagegeld ist demnach niedriger als der Betrag, der der Berechnung des Krankengeldzuschusses zu Grunde zu legen ist. 41

Für die in Rn. 38 genannten AN ist allerdings § 13 TVÜ zu beachten. Bei diesen ist bei der Bemessung des Krankengeldzuschusses das tatsächlich ausgezahlte (Netto-)Krankengeld zu berücksichtigen, sie erhalten also einen höheren Krankengeldzuschuss. Hintergrund ist, dass es sich bei den von § 71 erfassten AN um solche handelt, deren ArbVerh. vor dem 1. 7. 1994 schon bestand und ununterbrochen beim selben AG fortbestand. Sie hatten entsprechend dem früheren Recht – abhängig von der Dienstzeit – Anspruch auf „volle" Entgeltfortzahlung für die Dauer von bis zu 26 Wochen 42

Bei nicht krankenversicherungspflichtigen AN ist bei der Bemessung des Krankengeldzuschusses als (Brutto- oder Netto-)Krankengeldzuschuss der Höchstsatz zu berücksichtigen, der bei Pflichtversicherung zustünde (Satz 3). 43

3.23 Der Krankengeldzuschuss steht auch in den in Rn. 32 genannten Fällen zu. Dies ergibt sich wiederum aus der Abhängigkeit des Anspruches auf Krankengeldzuschusses von der vorangegangenen Entgeltfortzahlung nach Abs. 1. 44

§ 22 Abschnitt III. Eingruppierung und Entgelt

4. Zu Abs. 3

45 **4.1** Die Dauer des Anspruchs auf Krankengeldzuschuss richtet sich nach der Beschäftigungszeit.
– Im ersten Beschäftigungsjahr steht kein Krankengeldzuschuss zu,
– im zweiten und dritten Beschäftigungsjahr bis zum Ende der 13. Woche seit dem Beginn der Arbeitsunfähigkeit (i. d. R. also für sieben Wochen),
– ab dem vierten Beschäftigungsjahr bis zum Ende der 39. Woche der Arbeitsunfähigkeit seit Beginn der Arbeitsunfähigkeit (i. d. R. also für 33 Wochen).

46 **4.2** Gem. Satz 2 kann sich der Anspruchszeitraum auch während einer Erkrankungszeit noch ändern, da er sich nach der Beschäftigungszeit richtet, die im Laufe der Arbeitsunfähigkeit vollendet wird.

Beispiel: Ein AN im ersten Beschäftigungsjahr erkrankt arbeitsunfähig; die Erkrankung dauert insgesamt 12 Wochen. Acht Wochen nach Krankheitsbeginn vollendet er das erste Beschäftigungsjahr. Zunächst steht ihm für die ersten sechs Wochen der Arbeitsunfähigkeit Entgeltfortzahlung nach Abs. 1 zu. Danach besteht zunächst kein Anspruch auf Krankengeldzuschuss, da er die Mindestbeschäftigungsdauer nach Abs. 3 Satz 1 noch nicht erreicht hat. Dies ändert sich jedoch nach zwei Wochen, so dass er ab Beginn der 9. Woche für den Rest der Arbeitsunfähigkeit Krankengeldzuschuss erhält.

5. Zu Abs. 4

47 **5.1** Satz 1 stellt klar, dass – außer in den in Rn. 29 f. genannten Fällen – über das Ende des ArbVerh. hinaus weder Entgeltfortzahlung nach Abs. 1 noch Krankengeldzuschuss zusteht.

48 **5.2** Satz 2 ff. betrifft nur den Krankengeldzuschuss. Erfasst werden von der Vorschrift zwar Leistungen aus allen Rentenarten aus eigener Versicherung – ausgenommen sind also Hinterbliebenenrenten –, von praktischer Bedeutung sind allerdings wohl nur Renten wg. verminderter Erwerbsfähigkeit. Fallkonstellationen, bei denen Entgeltzahlung im Krankheitsfall mit dem Bezug einer Altersrente zusammentrifft, sind zwar nicht völlig ausgeschlossen, werden aber – wenn überhaupt – nur als seltene Ausnahme auftreten.

49 Neben den Renten aus der gesetzlichen Rentenversicherung werden auch solche aus einer zusätzlichen Alters- und Hinterbliebenenversorgung erfasst, auch von „sonstigen Versorgungseinrichtungen". Hier sind solche Versorgungseinrichtungen gemeint, deren Leistungen „Rentenersatzfunktion" haben und deren Versicherte infolgedessen von der Versicherung in der gesetzlichen Rentenversicherung nach den Vorschriften des SGB VI befreit sind. Leistungen aus einer Versicherung, die alleine aus Mitteln des AN finanziert wurde, werden allerdings nicht erfasst. Im Unterschied zu den Regelungen in den früheren MTV für den ö. D. spielt es keine Rolle, wer – neben dem AN – Mittel dafür aufgebracht hat.

50 „Vergleichbare Leistung" kann nach dem Sinn der Vorschrift nur eine solche mit Rentenersatzfunktion sein.

51 Erhält der AN eine entsprechende Leistung (i. d. R. eine Rente), wird ab dem Zeitpunkt, ab dem die Leistung zusteht, Krankengeldzuschuss nicht mehr gezahlt und bereits gezahlte Beträge sind nach Maßgabe des Satzes 3 (vgl. Rn. 54) zurück zu zahlen.

52 Die Vorschrift hat ihren Grund darin, dass bei Renten wg. verminderter Erwerbsfähigkeit der Rentenbeginn i. d. R. in einen Zeitraum fällt, in dem das ArbVerh. noch besteht (es endet nach § 33 Abs. 2 mit Ablauf des Monats, in dem der Rentenbescheid zugestellt wird). Nach den Vorschriften des SGB VI wird jedoch auf Renten wg. verminderter Erwerbsfähigkeit das für denselben Zeitraum erzielte Arbeitsentgelt in vollem Umfang angerechnet, wenn die Beschäftigung vor Ren-

Entgelt im Krankheitsfall § 22

tenbeginn aufgenommen und solange sie danach nicht ausgeübt wird (§ 94 Abs. 1 SGB VI). Der Krankengeldzuschuss ist Arbeitsentgelt, das für Zeiten gezahlt wird, in denen die Beschäftigung (krankheitsbedingt) nicht ausgeübt wird. Er würde daher in voller Höhe auf die Rente angerechnet; für den AN ist die Fortzahlung des Krankengeldzuschusses demnach von keinem Interesse.

5.3 Die als Krankengeldzuschuss für die Zeiten, für die „parallel" Rente zusteht, 53 bereits gezahlten Beträge werden Kraft TV rechtlich in „Vorschüsse auf die zustehenden Renten" umgewandelt. Damit verlieren sie die Eigenschaft als „Arbeitsentgelt". Eine Anrechnung auf die Rente findet demnach nicht mehr statt. Dies bedeutet aber auch, dass die Entgeltberechnung für den betreffenden Zeitraum neu vorzunehmen ist.

Verliert (nachträglich) der ausgezahlte Krankengeldzuschuss seine Entgelteigen- 54 schaft, kann dies zum (ebenfalls nachträglichen) Wegfall der Rechtsgrundlage für andere bereits erbrachte AG-Leistungen führen, nämlich dann, wenn Leistungen dem Grunde oder der Höhe nach vom Anspruch auf Entgelt abhängen (z. B. Jahressonderzahlung). Auch solche überzahlten Beträge gelten als Vorschüsse auf die Rente.

5.4 Alle überzahlten Beträge (Krankengeldzuschuss und sonstige überzahlten 55 Bezüge) gelten in der Summe als Vorschuss auf die im **demselben Zeitraum** zustehenden Renten (bzw. vergleichbaren Leistungen). In Höhe dieses Betrages gehen **kraft TV die Ansprüche** des AN gegenüber dem Rentenleistungsträger **auf den AG** über. Für den Fall, dass der Rückforderungsbetrag die Rentenleistungen für den Überzahlungszeitraum übersteigt, sieht Satz 3 (als Kann-Vorschrift) die Möglichkeit eines Verzichtes auf die Teilforderung vor. Der (ehemalige) AN hat allerdings nur einen Anspruch auf eine ermessensfehlerfreie Prüfung und Entscheidung. Tarifrechtlich ausgeschlossen ist der Verzicht auf Rückforderung, wenn der AN die Zustellung des Rentenbescheides schuldhaft verspätet mitgeteilt hat. Der AG ist jedoch nicht zwingend daran gehindert, dennoch auf die Teilforderung zu verzichten. Steht z. B. der noch zustehende Betrag in keinem Verhältnis zum Verwaltungsaufwand, wird u. U. auch unter Berücksichtigung des Haushaltsrechts ein „übertariflicher Verzicht" in Frage kommen.

6. Der TVöD enthält keine eingeständigen Regelungen zur Informations- und 56 Nachweispflicht bei Erkrankungen, die zur Arbeitsunfähigkeit führen. Es gelten demnach die gesetzlichen Regelungen (§§ 5 und 7 EFZG).

7. Auch zum Forderungsübergang bei Dritthaftung enthält der TVöD keine ei- 57 genständigen Regelungen, so dass auch hier die gesetzlichen Bestimmungen (§ 6 EFZG) gelten.

Erläuterungen zu § 22 TV-L

Sonderregelungen Die §§ 40 bis 49 enthalten keine sich auf § 22 beziehenden 1 Sonderregelungen.

1. Hinweis zu Abs. 1 und 2: Abweichend vom Geltungsbereich des TVöD 2 sieht § 13 TVÜ-L besondere Regelungen für übergeleitete AN, für die nach früherem Recht § 71 BAT (Entgeltfortzahlung bis zu 26 Wochen) galt, vor. Es wird differenziert zwischen AN, die nicht privat krankenversichert sind und solchen, die Mitglied der PKV sind.

Für die erste Gruppe gilt grundsätzlich eine den Bestimmungen des TVÜ- 3 Bund/-VKA im Wesentlichen entsprechende Regelung: Nach Ablauf des 6- Wochen-Zeitraumes, für den Entgeltfortzahlung nach § 21 TV-L zusteht, wird der Krankengeldzuschuss in Höhe der Differenz zwischen dem Nettoentgelt und dem Nettokrankengeld gezahlt.

§ 22   Abschnitt III. Eingruppierung und Entgelt

4   Für die zweite Gruppe verbleibt es im Wesentlichen bei den früheren BAT-Regelungen: Für höchstens 26 Wochen steht Entgeltfortzahlung nach § 21 zu, danach besteht aber kein Anspruch auf Krankengeldzuschuss.
5   Wg. Einzelheiten der Regelungen wird auf § 13 TVÜ-L verwiesen.
6   Soweit Erl. zu § 22 TVöD sich auf den genannten Personenkreis beziehen, gelten diese nicht für den Geltungsbereich des TV-L.
7   **2. Zu Abs. 1:** Satz 3 enthält eine Abweichung gegenüber § 22 Abs. 1 TVöD, indem neben der Arbeitsverhinderung i. S. d. § 9 EFZG (Rehabilitationsmaßnahmen) auch Arbeitsverhinderungen i. S. v. § 3 Abs. EFZG (nicht rechtwidrige Sterilisation/nicht rechtswidriger Schwangerschaftsabbruch/straffreier Schwangerschaftsabbruch) aufzählt. Dies bedeutet jedoch keinen materiell-rechtlichen Unterschied zu § 22 Abs. 1 TVöD, denn schon § 3 Abs. 2 EZFG stellt die dort genannten Tatbestände einer unverschuldeten Arbeitsunfähigkeit gleich.
8   Hiervor abgesehen, ist die Bestimmung wortgleich mit § 22 Abs. 1 TVöD; auf die Erl. hierzu wird verwiesen.
9   **3. Zu Abs. 2:** Die Bestimmung enthält in Satz 3 eine Abweichung zu § 22 Abs. 2 TVöD: Während sich die TVöD-Vorschrift ausdrücklich auf AN bezieht, die wegen Übersteigung der Jahresarbeitsentgeltgrenze nicht der Versicherungspflicht in der gesetzlichen Krankenversicherung unterliegen, wird im Geltungsbereich der Personenkreis weiter gefasst auf alle AN, die „in der gesetzlichen Krankenversicherung versicherungsfrei oder die von der Versicherungspflicht in der gesetzlichen Krankenversicherung befreit sind".
10 Von dieser Ausnahme abgesehen, ist die Vorschrift wortgleich mit § 22 ABs. 2 TVöD; auf die Erl. hierzu wird verwiesen.

4. Zu Abs. 3

11 4.1 Die Sätze 1 und 2 sind wortgleich mit § 22 Abs. 3 TVöD.
12 4.2 Satz 3 stellt jedoch eine wesentliche materiell-rechtliche Abweichung von den TVöD-Regelungen dar. Diese Vorschrift entspricht, wenn auch in vereinfachter Form, der des § 37 Abs. 5 BAT.
13 4.3 Während Satz 1 den Höchstbezugszeitraum für den Krankengeldzuschuss für jeden Verhinderungsfall – von der Besonderheit der Fortsetzungserkrankung abgesehen – festlegt, bestimmt Satz 3 einen Jahreshöchstzeitraum für die Leistung von Entgeltfortzahlung nach § 21 und Krankengeldzuschuss zusammen. Allerdings ist zu beachten, dass bei jeder neuen Arbeitsunfähigkeit – Fortsetzungserkrankung ausgenommen – der Anspruch auf Entgeltfortzahlung nach Abs. 1 besteht. Dies bedeutet letztlich, dass – entgegen dem scheinbar klaren Wortlaut – in einem Kalenderjahr durchaus insgesamt für mehr als 39 Wochen Entgeltfortzahlung und Krankengeldzuschuss zu zahlen sind. Umgekehrt kann die Vorschrift aber auch dazu führen, dass für eine Erkrankung überhaupt kein Krankengeldzuschuss zusteht.
14 Bsp. 1: Bei einem AN mit einer Beschäftigungszeit von zwei Jahren stellen sich im Laufe eines Kalenderjahres folgende Zeiten einer Arbeitsunfähigkeit an, jeweils unterschiedlichen medizinischen Gründen haben (der Einfachheit halber werden in den Bsp. die Abkürzung EFZ für Entgeltfortzahlung nach Abs. 1 und KKZ für Krankengeldzuschuss verwandt):
Arbeitsunfähigkeit 1: 6 Wochen;
Arbeitsunfähigkeit 2: 16 Wochen.

Ihm stehen zu:
Für Arbeitsunfähigkeit 1: 6 Wochen EFZ; 0 Wochen KKZ;
für Arbeitsunfähigkeit 2: 6 Wochen EFZ; 1 Woche KKZ.
Ohne die Jahreshöchstgrenze des Satzes 3 hätte der AN gem. Satz 1 einen Anspruch auf 7 Wochen KKZ gehabt.

Besondere Zahlungen § 23

Bsp. 2: Der AN des Bsp. 1 erkrankt wie folgt:
Arbeitsunfähigkeit 1: 6 Wochen;
Arbeitsunfähigkeit 2: 7 Wochen;
Arbeitsunfähigkeit 3: 6 Wochen;
Arbeitsunfähigkeit 4: 4 Wochen.

Ihm stehen zu:
Für Arbeitsunfähigkeit 1: 6 Wochen EFZ; 0 Wochen KKZ;
für Arbeitsunfähigkeit 2: 6 Wochen EFZ; 1 Woche KKZ;
für Arbeitsunfähigkeit 3: 6 Wochen EFZ; 0 Wochen KKZ;
für Arbeitsunfähigkeit 4: 4 Wochen EFZ; 0 Wochen KKZ.
Obschon die für ihn maßgebende Jahreshöchstgrenze mit Ende der zweiten Arbeitsunfähigkeit erreicht war, steht ihm für die weiteren 10 Wochen Arbeitsunfähigkeit Entgeltfortzahlung zu, da der Anspruch auf Entgeltfortzahlung bei jeder neuen Arbeitsunfähigkeit zusteht.

4.4 Mit den sich aus den beschriebenen Rechtsfolgen des Satzes 3 ergebenden Einschränkungen wird auf die Erl. zu § 22 Abs. 3 TVöD verwiesen.

5. Zu Abs. 4: Die Vorschrift ist wortgleich mit § 22 Abs. 4 TVöD; auf die Erl. hierzu wird verwiesen.

§ 23 TVöD Besondere Zahlungen

(1) [1]Nach Maßgabe des Vermögensbildungsgesetzes in seiner jeweiligen Fassung haben Beschäftigte, deren Arbeitsverhältnis voraussichtlich mindestens sechs Monate dauert, einen Anspruch auf vermögenswirksame Leistungen. [2]Für Vollbeschäftigte beträgt die vermögenswirksame Leistung Leistung für jeden vollen Kalendermonat 6,65 Euro. [3]Der Anspruch entsteht frühestens für den Kalendermonat, in dem die/der Beschäftigte dem Arbeitgeber die erforderlichen Angaben schriftlich mitteilt, und für die beiden vorangegangenen Monate desselben Kalenderjahres; die Fälligkeit tritt nicht vor acht Wochen nach Zugang der Mitteilung beim Arbeitgeber ein. [4]Die vermögenswirksame Leistung wird nur für Kalendermonate gewährt, für die den Beschäftigten Tabellenentgelt, Entgeltfortzahlung oder Krankengeldzuschuss zusteht. [5]Für Zeiten, für die Krankengeldzuschuss zusteht, ist die vermögenswirksame Leistung Teil des Krankengeldzuschusses. [6]Die vermögenswirksame Leistung ist kein zusatzversorgungspflichtiges Entgelt.

(2) [1]Beschäftigte erhalten ein Jubiläumsgeld bei Vollendung einer Beschäftigungszeit (§ 34 Abs. 3)
a) von 25 Jahren in Höhe von 350 Euro,
b) von 40 Jahren in Höhe von 500 Euro.
[2]Teilzeitbeschäftigte erhalten das Jubiläumsgeld in voller Höhe. [3]Im Bereich der VKA können durch Betriebs-/Dienstvereinbarung günstigere Regelungen getroffen werden.

(3) [1]Beim Tod von Beschäftigten, deren Arbeitsverhältnis nicht geruht hat, wird der Ehegattin/dem Ehegatten oder der Lebenspartnerin/dem Lebenspartner im Sinne des Lebenspartnerschaftsgesetzes oder den Kindern ein Sterbegeld gewährt. [2]Als Sterbegeld wird für die restlichen Tage des Sterbemonats und – in einer Summe für zwei weitere Monate das Tabellenentgelt der/des Verstorbenen gezahlt. [3]Die Zahlung des Sterbegeldes an einen der Berechtigten bringt den Anspruch der Übrigen gegenüber dem Arbeitgeber zum Erlöschen; die Zahlung auf das Gehaltskonto hat befreiende Wirkung. [4]Für den Bereich der VKA können betrieblich eigene Regelungen getroffen werden.

§ 23 TV-L Besondere Zahlungen

(1) ¹Einen Anspruch auf vermögenswirksame Leistungen nach Maßgabe des Vermögensbildungsgesetzes in seiner jeweiligen Fassung haben Beschäftigte, deren Arbeitsverhältnis voraussichtlich mindestens sechs Monate dauert. ²Für Vollbeschäftigte beträgt die vermögenswirksame Leistung für jeden vollen Kalendermonat 6,65 Euro. ³Der Anspruch entsteht frühestens für den Kalendermonat, in dem die/der Beschäftigte dem Arbeitgeber die erforderlichen Angaben schriftlich mitteilt, und für die beiden vorangegangenen Monate desselben Kalenderjahres; die Fälligkeit tritt nicht vor acht Wochen nach Zugang der Mitteilung beim Arbeitgeber ein. ⁴Die vermögenswirksame Leistung wird nur für Kalendermonate gewährt, für die den Beschäftigten Tabellenentgelt, Entgeltfortzahlung oder Krankengeldzuschuss zusteht. ⁵Für Zeiten, für die Krankengeldzuschuss zusteht, ist die vermögenswirksame Leistung Teil des Krankengeldzuschusses. ⁶Die vermögenswirksame Leistung ist kein zusatzversorgungspflichtiges Entgelt.

(2) ¹Beschäftigte erhalten ein Jubiläumsgeld bei Vollendung einer Beschäftigungszeit (§ 34 Absatz 3)
a) von 25 Jahren in Höhe von 350 Euro,
b) von 40 Jahren in Höhe von 500 Euro.
²Teilzeitbeschäftigte erhalten das Jubiläumsgeld in voller Höhe.

(3) ¹Beim Tod von Beschäftigten, deren Arbeitsverhältnis nicht geruht hat, wird der Ehegattin/dem Ehegatten oder den Kindern ein Sterbegeld gewährt; der Ehegattin/dem Ehegatten steht die Lebenspartnerin/der Lebenspartner im Sinne des Lebenspartnerschaftsgesetzes gleich. ²Als Sterbegeld wird für die restlichen Tage des Sterbemonats und – in einer Summe – für zwei weitere Monate das Tabellenentgelt der/des Verstorbenen gezahlt. ³Die Zahlung des Sterbegeldes an einen der Berechtigten bringt den Anspruch der Übrigen gegenüber dem Arbeitgeber zum Erlöschen; die Zahlung auf das Gehaltskonto hat befreiende Wirkung.

(4) Für die Erstattung von Reise- und Umzugskosten sowie Trennungsgeld finden die Bestimmungen, die für die Beamtinnen und Beamten des Arbeitgebers jeweils gelten, entsprechende Anwendung.

Zu den Erläuterungen zu § 23 TV-L siehe S. 189

Erläuterungen zu § 23 TVöD

Sonderregelungen

1 **1.1 BT-V:**
§ 45 (Bund) für Beschäftigte, die zu Auslandsdienststellen des Bundes entsandt sind enthält in Nr. 10 eine Bestimmung zur Berücksichtigung der Auslandsbezüge bei der Berechnung des Sterbegeldes.

§ 46 (VKA) Beschäftigte im kommunalen feuerwehrtechnischen Dienst) enthält eine Bestimmung zur Berücksichtigung der Feuerwehrzulage bei der Berechnung des Sterbegeldes.

2 **1.2 BT-S:** § 49 enthält eine eigenständige Regelung zu den vermögenswirksamen Leistungen.

3 **1.3 BT-B/-K:** § 54 BT-B und § 57 BT-K enthalten Regelungen zu den Reise- und Umzugskosten.

Besondere Zahlungen § 23

1.4 BT-E, BT-F: Diese BT enthalten keine sich auf § 23 beziehende Regelungen.

2. Zu Abs. 1

2.1 Der Anspruch auf vermögenswirksame Leistungen (VL) setzt voraus, dass
a) das ArbVerh. **voraussichtlich** sechs Monate oder mehr dauert;
b) dem AG die erforderlichen Angaben schriftlich mitgeteilt werden;
c) die Voraussetzungen nach dem Vermögensbildungsgesetz erfüllt sind.

2.11 Erste Anspruchsvoraussetzung ist, dass das ArbVerh. mindestens sechs Monate besteht oder voraussichtlich bestehen wird. Bei unbefristeten ArbVerh. ist dies grundsätzlich anzunehmen. Bei befristeten ArbVerh. ergibt sich zwangsläufig aus dem ArbVertr., auf welche Dauer das ArbVerh. angelegt ist. Die Vorschrift bedeutet nicht, dass der Anspruch erst nach sechs Monaten seit Beginn des ArbVerh. entsteht.

2.12 Der Anspruch entsteht grundsätzlich für den Kalendermonat, in dem der AN dem AG alle erforderlichen Angaben, die dieser benötigt, um die VL an das Unternehmen/Institut, bei dem sie angelegt werden sollen, zu überweisen, schriftlich mitteilt. Etwas Abweichendes gilt dann, wenn der AN diese Angaben „verspätet" macht, also nicht unmittelbar nach Beginn des ArbVerh. oder des Anlage-Vertrages. In diesem Fall entsteht der Anspruch rückwirkend für (höchstens) zwei Kalendermonate **im selben Kalenderjahr.** Macht der AN also z. B. die Angaben im Januar eines Kalenderjahres, stehen – auch wenn die sonstigen Voraussetzungen schon länger vorlagen – für die Monate November und Dezember des Vorjahres keine VL zu.

Natürlich kann der Anspruch auch nicht vor Beginn des Anlage-Vertrages entstehen. Macht also der AN die erforderlichen Angaben vor Vertragsbeginn, stehen die VL erst im Monat des Vertragsbeginns zu.

2.2 Von der Entstehung des Anspruchs ist die (erste) Fälligkeit zu unterscheiden. Diese tritt **frühestens** acht Wochen nach dem Zugang der schriftlichen Mitteilung (vgl. Rn. 7) ein. Erst mit dem Zahltag (vgl. § 24 und Erl. hierzu) des Kalendermonats, in den der Ablauf der Acht-Wochen-Frist fällt, sind erstmalig die VL fällig, d. h. auszuzahlen.

2.3 Steht für einen Kalendermonat weder Tabellenentgelt noch Entgeltfortzahlung i. S. des § 21 Abs. 1 noch Krankengeldzuschuss (§ 22 Abs. 2 ff.) zu, entfällt auch der Anspruch auf VL. Es ist jedoch nicht erforderlich, dass der entsprechende Anspruch für den ganzen Kalendermonat besteht. Dem Grunde nach reicht es aus, wenn ein Anspruch auf Tabellenentgelt, Entgeltfortzahlung oder Krankengeldzuschuss für einen einzigen Tag des Kalendermonats besteht. Allerdings gilt auch für die VL die Bestimmung des § 24 Abs. 3; somit sind sie anteilig zu kürzen, wenn der Anspruch auf Tabellenentgelt etc. nicht für den ganzen Kalendermonat besteht.

3. Zu Abs. 2

3.1 Der Anspruch auf Jubiläumsgeld richtet sich ausschließlich nach der Beschäftigungszeit i. S. d. § 34 Abs. 3; auf die Erl. hierzu wird verwiesen.

Nach Satz 2 steht auch Teilzeitbeschäftigten das Jubiläumsgeld in voller Höhe zu; § 24 Abs. 2 ist also nicht anzuwenden.

3.2 Satz 3 ermöglicht es den Betriebsparteien (Arbeitgeber einerseits und Personal-/Betriebsrat andererseits) im Bereich der VKA, (für den AN) günstigere Regelungen zu vereinbaren. Die Günstigkeit kann sich sowohl auf den Betrag als auch auf die sonstigen Anspruchsvoraussetzungen beziehen. Von den tariflichen Regelungen darf aber auf keinen Fall zu Ungunsten des AN abgewichen werden.

§ 23 Abschnitt III. Eingruppierung und Entgelt

4. Zu Abs. 3

14 **4.1** Der Anspruch auf Sterbegeld besteht nur, wenn das ArbVerh. zum **Zeitpunkt des Todes** nicht geruht hat. Tritt also der Tod z. B. während der Elternzeit ein, entfällt der Anspruch auf Sterbegeld. Anders jedoch, wenn der Tod in der Freistellungsphase der Altersteilzeit eintritt; diese ist nicht mit dem Ruhen des ArbVerh. gleichzusetzen (so ausdrücklich BAG 15. 3. 2005 – 9 AZR 143/04, NZA 2005, 994).

15 **4.2** Anspruchsberechtigt sind – gleichrangig – Ehepartner/in bzw. Lebenspartner/in i. S. des Lebenspartnerschaftsgesetzes und Kinder. Andere Personen (z. B. Eltern, Geschwister, Partner/in einer eheähnlichen) scheiden als Anspruchsberechtigte aus.

16 **4.21** Die Ehe bzw. die Lebenspartnerschaft muss zum Zeitpunkt des Todes **rechtlich** bestanden haben. Nicht verlangt wird eine häusliche Gemeinschaft zum Todeszeitpunkt. Die Ehe besteht rechtlich so lange, wie sie nicht rechtskräftig geschieden oder aufgehoben, die Lebenspartnerschaft solange sie nicht rechtskräftig aufgehoben wurde.

17 **4.22** Kinder i. S. der Vorschrift sind leibliche Kinder und Adoptivkinder. Unmaßgeblich ist deren Alter oder ob sie in häuslicher Gemeinschaft mit dem verstorbenen AN gelebt haben.

18 **4.3** Die Zahlung des Sterbegeldes ist nicht antragsabhängig, d. h., der AG hat grundsätzlich das Sterbegeld aus „eigenem Antrieb" zu zahlen. Allerdings wird das dann nicht möglich sein, wenn ihm die Existenz oder der Aufenthaltsort Anspruchsberechtigter nicht bekannt ist. Andererseits unterliegt das Sterbegeld nicht der Ausschlussfrist nach § 37 (BAG 4. 4. 2001 – 4 AZR 242/00 – AP TVG § 4 Ausschlussfristen Nr. 156). Hat also der AG in der irrigen Annahme, Anspruchsberechtigte seien nicht vorhanden, Sterbegeld nicht gezahlt und wird der Anspruch von Berechtigten geltend gemacht, ist er zur Zahlung verpflichtet, auch wenn die Ausschlussfrist des § 37 abgelaufen ist.

19 **4.4** Die Höhe des Sterbegeldes bemisst sich alleine nach dem Tabellenentgelt; andere Entgeltbestandteile bleiben unberücksichtigt. Sind zum Todeszeitpunkt schon andere Entgeltbestandteile für den Todesmonat ausgezahlt worden, können – soweit die Rückforderung nicht aus anderen Rechtsgründen ausgeschlossen ist – diese auch ohne ausdrückliche tarifliche Regelung mit dem Sterbegeld verrechnet werden.

20 Die zwei vollen Monatstabellenentgelte sind in einer Summe zu zahlen; das Entgelt für den verbleibenden Todesmonat kann dagegen gesondert gezahlt werden (etwa am üblichen Zahltag nach § 24 Abs. 1). Allerdings wird es nicht zu beanstanden sein, wenn der Gesamtbetrag in einer Summe ausgezahlt wird. Dies dürfte dann nahe liegen, wenn zwischen dem Todestag und dem Zahltag für den Todesmonat ausreichend Zeit ist, um den Anspruch in Gänze am Zahltag zu erfüllen.

21 **4.5** Wie dargestellt, besteht der Anspruch aller nach Satz 1 Berechtigten gleichrangig nebeneinander. Es bleibt daher dem AG überlassen, gegenüber welchem der Berechtigten er den Anspruch erfüllt. Mit der Erfüllung gegenüber einem der Berechtigten erlischt der Anspruch der anderen gegenüber dem AG. Ferner kann der AG den Anspruch auch dadurch erfüllen, dass er das Sterbegeld auf das Gehaltskonto des verstorbenen AN überweist.

22 **4.6** AG im VKA-Bereich können auch eigene Regelungen treffen. Hierbei handelt es sich – anders als in Abs. 2 – um eine uneingeschränkte Öffnungsklausel, da die Vorschrift nicht zwingend günstigere Regelungen vorschreibt. Allerdings lässt die Bestimmung (nur) **andere** Regelungen zu; demnach haben die TVP nicht die Möglichkeit einer völligen Abschaffung des Sterbegeldes auf der betrieblichen Ebene geschaffen.

Erläuterungen zu § 23 TV-L

Sonderregelungen 1
§ 46 Nr. 7 für Beschäftigte auf Schiffen und schwimmenden Geräten.

1. Zu Abs. 1 bis 3: Von geringfügigen, materiell-rechtlich bedeutungslosen 2 Abweichungen im Wortlaut und von den im TV-L naturgemäß fehlenden Regelungen für den VKA-Bereich ist die Vorschrift identisch mit § 23 TVöD; auf die Erl. hierzu wird verwiesen.

2. Zu Abs. 4: Die Vorschrift hat im TVöD-AT keine Entsprechung. Sie ist 3 aber im Wesentlichen inhaltsgleich mit § 44 TVöD-BT-V. Anzuwenden sind die Bestimmungen, die für die Beamten/Beamtinnen des jeweiligen AG – i. d. R. also des jeweiligen Landes – gelten.
Im Übrigen wird auf die Erl. zu § 44 Abs. 1 TVöD-BT-V. Es sei dabei betont, 4 dass die übrigen Bestimmungen des § 44 TVöD-BT-V im Geltungsbereich des TV-L nicht angewendet werden dürfen.

§ 24 TVöD Berechnung und Auszahlung des Entgelts

(1) ¹**Bemessungszeitraum für das Tabellenentgelt und die sonstigen Entgeltbestandteile ist der Kalendermonat, soweit tarifvertraglich nicht ausdrücklich etwas Abweichendes geregelt ist.** ²**Die Zahlung erfolgt am letzten Tag des Monats (Zahltag) für den laufenden Kalendermonat auf ein von der/dem Beschäftigten benanntes Konto innerhalb eines Mitgliedstaats der Europäischen Union.** ³**Entgeltbestandteile, die nicht in Monatsbeträgen festgelegt sind, sowie der Tagesdurchschnitt nach § 21, sind am Zahltag des zweiten Kalendermonats, der auf ihre Entstehung folgt, fällig.**

Protokollerklärungen zu Absatz 1:
1. Teilen Beschäftigte ihrem Arbeitgeber die für eine kostenfreie bzw. kostengünstigere Überweisung in einen anderen Mitgliedstaat der Europäischen Union erforderlichen Angaben nicht rechtzeitig mit, so tragen sie die dadurch entstehenden zusätzlichen Überweisungskosten.
2. Soweit Arbeitgeber die Bezüge am 15. eines jeden Monats für den laufenden Monat zahlen, können sie jeweils im Dezember eines Kalenderjahres den Zahltag vom 15. auf den letzten Tag des Monats gemäß Absatz 1 Satz 1 verschieben.

(2) **Soweit tarifvertraglich nicht ausdrücklich etwas anderes geregelt ist, erhalten Teilzeitbeschäftigte das Tabellenentgelt (§ 15) und alle sonstigen Entgeltbestandteile in dem Umfang, der dem Anteil ihrer individuell vereinbarten durchschnittlichen Arbeitszeit an der regelmäßigen Arbeitszeit vergleichbarer Vollzeitbeschäftigter entspricht.**

(3) ¹**Besteht der Anspruch auf das Tabellenentgelt oder die sonstigen Entgeltbestandteile nicht für alle Tage eines Kalendermonats, wird nur der Teil gezahlt, der auf den Anspruchszeitraum entfällt.** ²**Besteht nur für einen Teil eines Kalendertags Anspruch auf Entgelt, wird für jede geleistete dienstplanmäßige oder betriebsübliche Arbeitsstunde der auf eine**

Stunde entfallende Anteil des Tabellenentgelts sowie der sonstigen in Monatsbeträgen festgelegten Entgeltbestandteile gezahlt. ³Zur Ermittlung des auf eine Stunde entfallenden Anteils sind die in Monatsbeträgen festgelegten Entgeltbestandteile durch das 4,348-fache der regelmäßigen wöchentlichen Arbeitszeit (§ 6 Abs. 1 und entsprechende Sonderregelungen) zu teilen.

(4) ¹Ergibt sich bei der Berechnung von Beträgen ein Bruchteil eines Cents von mindestens 0,5, ist er aufzurunden; ein Bruchteil von weniger als 0,5 ist abzurunden. ²Zwischenrechnungen werden jeweils auf zwei Dezimalstellen durchgeführt. ³Jeder Entgeltbestandteil ist einzeln zu runden.

(5) Entfallen die Voraussetzungen für eine Zulage im Laufe eines Kalendermonats, gilt Absatz 3 entsprechend.

(6) Einzelvertraglich können neben dem Tabellenentgelt zustehende Entgeltbestandteile (z. B. Zeitzuschläge, Erschwerniszuschläge) pauschaliert werden.

§ 24 TV-L Berechnung und Auszahlung des Entgelts

(1) ¹Bemessungszeitraum für das Tabellenentgelt und die sonstigen Entgeltbestandteile ist der Kalendermonat, soweit tarifvertraglich nicht ausdrücklich etwas Abweichendes geregelt ist. ²Die Zahlung erfolgt am letzten Tag des Monats (Zahltag) für den laufenden Kalendermonat auf ein von der/dem Beschäftigten benanntes Konto innerhalb eines Mitgliedstaats der Europäischen Union. ³Fällt der Zahltag auf einen Samstag oder auf einen Wochenfeiertag, gilt der vorhergehende Werktag, fällt er auf einen Sonntag, gilt der zweite vorhergehende Werktag als Zahltag. ⁴Entgeltbestandteile, die nicht in Monatsbeträgen festgelegt sind, sowie der Tagesdurchschnitt nach § 21 sind am Zahltag des zweiten Kalendermonats, der auf ihre Entstehung folgt, fällig.

Protokollerklärungen zu § 24 Absatz 1:
1. Teilen Beschäftigte ihrem Arbeitgeber die für eine kostenfreie beziehungsweise kostengünstigere Überweisung in einen anderen Mitgliedstaat der Europäischen Union erforderlichen Angaben nicht rechtzeitig mit, so tragen sie die dadurch entstehenden zusätzlichen Überweisungskosten.
2. Soweit Arbeitgeber die Bezüge am 15. eines jeden Monats für den laufenden Monat zahlen, können sie jeweils im Dezember eines Kalenderjahres den Zahltag vom 15. auf den letzten Tag des Monats gemäß Absatz 1 Satz 1 verschieben.

(2) Soweit tarifvertraglich nicht ausdrücklich etwas anderes geregelt ist, erhalten Teilzeitbeschäftigte das Tabellenentgelt (§ 15) und alle sonstigen Entgeltbestandteile in dem Umfang, der dem Anteil ihrer individuell vereinbarten durchschnittlichen Arbeitszeit an der regelmäßigen Arbeitszeit vergleichbarer Vollzeitbeschäftigter entspricht.

(3) ¹Besteht der Anspruch auf das Tabellenentgelt oder die sonstigen Entgeltbestandteile nicht für alle Tage eines Kalendermonats, wird nur der Teil gezahlt, der auf den Anspruchszeitraum entfällt. ²Besteht nur für einen Teil eines Kalendertags Anspruch auf Entgelt, wird für jede geleistete dienstplanmäßige oder betriebsübliche Arbeitsstunde der auf eine Stunde entfallende Anteil des Tabellenentgelts sowie der sonstigen in Monatsbeträgen festgelegten Entgeltbestandteile gezahlt. ³Zur Ermitt-

lung des auf eine Stunde entfallenden Anteils sind die in Monatsbeträgen festgelegten Entgeltbestandteile durch das 4,348-fache der regelmäßigen wöchentlichen Arbeitszeit (§ 6 Absatz 1 und entsprechende Sonderregelungen) zu teilen.

(4) ¹Ergibt sich bei der Berechnung von Beträgen ein Bruchteil eines Cents von mindestens 0,5, ist er aufzurunden; ein Bruchteil von weniger als 0,5 ist abzurunden. ²Zwischenrechnungen werden jeweils auf zwei Dezimalstellen gerundet. ³Jeder Entgeltbestandteil ist einzeln zu runden.

(5) Entfallen die Voraussetzungen für eine Zulage im Laufe eines Kalendermonats, gilt Absatz 3 entsprechend.

(6) Einzelvertraglich können neben dem Tabellenentgelt zustehende Entgeltbestandteile (zum Beispiel Zeitzuschläge, Erschwerniszuschläge, Überstundenentgelte) pauschaliert werden.

Zu den Erläuterungen zu § 24 TV-L siehe S. 194

Erläuterungen zu § 24 TVöD

Sonderregelungen

1.1 BT-V: § 53 (VKA) für Beschäftigte als Schulhausmeister – siehe in Nr. 3 Abs. 1 landesbezirkliche Rahmenregelungen zur Pauschalierung vor.   **1**

1.2 BT-B, BT-E, BT-F, BT-K, BT-S: Diese BT beinhalten keine sich auf § 24 beziehende eigene Regelungen.   **2**

2. Zu Abs. 1

2.1 Satz 1 bestimmt den Kalendermonat zum Regel-Bemessungszeitraum, also den Zeitraum, für den die Beträge der einzelnen Entgeltbestandteile gelten, sofern der TV keine abweichenden Regelungen trifft. Dies ist z.B. der Fall beim Ausgleich für Sonderformen der Arbeit gem. § 8 (ausgenommen die Wechsel-/ Schichtzulage für ständige Wechsel-/Schichtarbeit, die ebenfalls in Monatsbeträgen bemessen sind).   **3**

2.2 Zu Satz 2:

2.21 Zahltag ist grundsätzlich der **letzte** Tag des Kalendermonats. Der AG hat also die Überweisung so vorzunehmen, dass die Wertstellung des Betrages auf dem Konto des AN **bis zum Ablauf** des Zahltages erfolgen kann. Eine Regelung für den Fall, dass der Zahltag auf einen Samstag, Sonntag oder Wochenfeiertag fällt, sieht der TVöD zurzeit nicht vor. Zwar haben sich die TVP grundsätzlich auf eine Änderung geeinigt, dies wurde jedoch bis zum Redaktionsschuss dieser Auflage noch nicht tarifvertraglich umgesetzt. Bis zur Umsetzung gelten die Bestimmungen des § 193 BGB mit der Folge, dass sich in diesen Fällen der Zahltag auf den nächstfolgenden Werktag verschiebt.   **4**

Bis 2003 war im Geltungsbereich der TV des ö.D. Zahltag der 15. des laufenden Monats, erst ab Dezember 2003 konnte er auf letzten Tag des Kalendermonats verlegt werden. Manche AG haben diese Umstellung (noch) nicht vorgenommen. Vor diesem Hintergrund ist die Protokollerklärung Nr. 2 zu Abs. 1 zu verstehen. Wenn AG den Zahltag entsprechend Satz 2 umstellen wollen, so ist dies nur im Dezember möglich.   **5**

2.22 Der AN ist verpflichtet, ein Konto zu benennen, auf das das Entgelt zu überweisen ist. Dies bedeutet jedoch nicht zwingend, dass er selbst Kontoinhaber   **6**

§ 24 Abschnitt III. Eingruppierung und Entgelt

sein muss. Kontoinhaber kann auch eine andere Person (z. B. Ehegatte) sein. Das Konto muss nicht bei einem in Deutschland ansässigen Geldinstitut geführt werden, es muss sich jedoch um ein solches in einem Mitgliedsstaat der Europäischen Union (EU) handeln. Soweit das Konto in einem **anderen** Mitgliedsstaat der EU (also nicht innerhalb Deutschlands) geführt wird, ist die Protokollerklärung Nr. 1 zu Abs. 1 zu beachten. Danach muss der AN die für eine kostenfreie bzw. kostengünstigere Überweisung in ein anderes EU-Land erforderlichen Angaben machen, anderenfalls trägt er die zusätzlichen Überweisungskosten. Bei den „erforderlichen Angaben" handelt es sich (nach derzeitigen Regelungen) um die sog. IBAN und den sog. BIC (auch SWIFT genannt).

7   Bei der IBAN (International Bank Account Number) handelt es sich um eine international standardisierte Kontonummer, bestehend aus dem ISO-Ländercode (zweistellig), einer Prüfziffer (zweistellig), dem nationalen Bank-Code und der Kontonummer.

8   Der BIC (Bank Identifier Code) ist die weltweit eindeutige Bezeichnung für ein Kreditinstitut; die manchmal in diesem Zusammenhang auftauchende „SWIFT-Adresse" ist identisch mit dem BIC.

2.3 Zu Satz 3:

9   Während Entgeltbestandteile, die in Monatsbeträgen festgelegt sind (namentlich das Tabellenentgelt), am Zahltag des Kalendermonats fällig sind, in dem der Anspruch entstanden ist, gilt für die **nicht in Monatsbeträgen** festgelegten Entgeltbestandteile (z. B. Abgeltung für Überstunden) und – ausdrücklich – für den Tagesdurchschnitt nach § 21 eine abweichende Fälligkeitsregelung. Diese Entgeltbestandteile sind erst am Zahltag des zweiten Kalendermonats nach Entstehung des Anspruchs **fällig**. Wurden also z. B. im Juli 2006 Überstunden geleistet, ist die Abgeltung erst am Zahltag des Monats September 2006 fällig. Anders, als nach § 36 Abs. 1 UAbs. 2 BAT/-O handelt es sich um eine Fälligkeitsregelung. Dies bedeutet, dass für die Abgeltung **die Verhältnisse** maßgebend sind, die im **Monat der Entstehung** des Anspruchs galten. Evtl. eingetretene allgemeine oder individuelle Einkommenserhöhungen bleiben also bei der Bemessung des unständigen Entgeltbestandteiles oder des Tagesdurchschnitts i. S. d. § 21 außer Betracht. Diese Entgeltbestandteile werden auch rückwirkend dem Arbeitsentgelt für den Kalendermonat zugerechnet, in dem die entsprechende Arbeitsleistung erbracht wurde, der Anspruch also entstanden ist.

3. Zu Abs. 2

10   Nach dieser Bestimmung erhalten Teilzeitbeschäftigte grundsätzlich alle Entgeltbestandteile nur zeitratierlich, also gekürzt im Verhältnis ihrer individuell vereinbarten Arbeitszeit zu der beim jeweiligen AG geltenden regelmäßigen Arbeitszeit (§ 6). Gilt für eine/n bestimmte/n Berufsgruppe/Bereich eine von § 6 abweichende regelmäßige Arbeitszeit (z. B. für Beschäftigte im kommunalen feuerwehrtechnischen Dienst, für Beschäftigte als Lehrkräfte oder für Beschäftigte als Lehrkräfte an Musikschulen) gilt natürlich diese.

11   Die Berechnung erfolgt nach der einfachen Formel: Vollzeitentgelt dividiert durch regelmäßige Arbeitszeit in Wochenstunden multipliziert mit individueller Arbeitszeit in Wochenstunden.

12   Nach dem Wortlaut ausgenommen von der obigen Regelung sind nur Entgeltbestandteile, für die der TV selber eine abweichende Regelung vorsieht (z. B. steht das Jubiläumsgeld nach § 23 auch Teilzeitbeschäftigten in voller Höhe zu). Allerdings ist auch § 4 TzBfG zu beachten. Dieser verbietet es, teilzeitbeschäftigte AN wg. der Teilzeitarbeit schlechter zu behandeln als vergleichbare Vollzeitbeschäftig-

te, es sei denn, sachliche Gründe rechtfertigen eine unterschiedliche Behandlung. Bezüglich der in Monatsbeträgen festgelegten Zulagen für ständige Wechsel-/Schichtarbeit nach den Bestimmung die BAT/-O hat das BAG entschieden, dass wg. dieser Bestimmung der tariflich vorgesehene zeitratierliche Anspruchsregelung nichtig ist und **dem teilzeitbeschäftigten AN die Wechsel-/Schichtzulage für ständige Wechsel-/Schichtarbeit in voller Höhe zusteht** (BAG 23. 6. 1993 – 10 AZR 127/92 – AP BAT § 34 Nr. 1). Nach Auffassung des BAG stelle die tarifliche Regelung der Schicht- und Wechselschichtzulagen nicht auf mögliche Belastungsunterschiede für Teil- einerseits und Vollzeitbeschäftige andererseits ab, sondern allein darauf, dass der AN dienstplanmäßig regelmäßig in (Wechsel-) Schicht arbeitet.

Das Urteil ist zwar – wie dargestellt – zu den Bestimmungen des BAT ergangen. **13** Allerdings macht auch der TVöD (§ 8 Abs. 5 und 6) den Anspruch auf die Zulage allein von der ständigen Leistung von Wechsel-/Schichtarbeit i.S. des § 7 Abs. 1 und 2 abhängig. Die zeitratierliche Berechnung dieser Zulagen bei Teilzeitbeschäftigung ist daher weiterhin als unzulässig wg. Verstoßes gegen § 4 Abs. 1 TzBfG anzusehen.

4. Zu Abs. 3

4.1 Zu Satz 1:

Die Vorschrift regelt die Höhe von Entgeltbestandteilen, wenn der Anspruch **14** hierauf nicht für alle Tage eines Kalendermonats bestand. Sie kann sich naturgemäß nur auf solche Entgeltbestandteile beziehen, die in Monatsbeträgen festgelegt sind. Hierzu gehört – streng genommen – auch jeder Fall, in dem für Teile des Kalendermonats Entgeltfortzahlung nach § 21 zusteht. Von praktischer Bedeutung ist die Vorschrift jedoch in den Fällen, in denen Krankengeldzuschuss nach § 22 Abs. 2 oder überhaupt kein Entgelt für einzelne Tage des Kalendermonats zusteht.

Der zustehende Teil des jeweiligen Entgeltbestandteiles ist so zu ermitteln, dass **15** der Monatsbetrag durch die **tatsächliche Zahl** der Kalendertage des jeweiligen Kalendermonats dividiert und der Quotient mit der Zahl der Kalendertage, für die der Entgeltbestandteil zusteht, multipliziert wird. Für den Monat Februar ist also der Divisor = 28 (in Schaltjahren: 29), für den Monat Juli = 31. Zu beachten ist, dass in Monatsbeträgen festgelegte Entgeltbestandteile auch für arbeitsfreie Tage zustehen. Es ist also auf den gesamten Anspruchszeitraum abzustellen, auch wenn in ihm arbeitsfreie Tage enthalten sind.

Beispiel: Ein AN (5-Tage-Woche) wird in der Zeit vom 12. bis 23. März ohne Entgeltfortzahlung beurlaubt; andere Ausfallzeiten fallen in dem Kalendermonat nicht an. Da die Beurlaubung erst am 12. beginnt und am 23. endet, umfasst der Anspruchszeitraum die Zeiten vom 1. bis 11. (11 Tage) und vom 24. bis 31. März (8 Tage), somit zusammen 19 Tage. Das unmittelbar der Beurlaubung vorangehende Wochenende (10./11.) und das dem Ende unmittelbar folgende (24./25.) sind also zu berücksichtigen, nicht jedoch das im Beurlaubungszeitraum liegende (17./18.).

4.2 Zu Satz 2 und 3

Die Vorschrift regelt die Höhe von Entgeltbestandteilen, wenn der Anspruch an **16** einzelnen Kalendertagen nur stundenweise bestand. Sie regelt nur Entgeltbestandteile, die in Monatsbeträgen festgesetzt sind (vgl. Wortlaut). Wie schon im Zusammenhang mit der tageweisen Berechnung dargestellt, werden streng genommen auch hier Fälle der (stundenweisen) Entgeltfortzahlung erfasst (etwa stundenweise Arbeitsfreistellung nach § 29 Abs. 1 Buchst. f); andere Anwendungsfälle können z. B. stundenweises nicht genehmigtes Fernbleiben von der Arbeit oder Teilnahme an einem auf Stunden beschränkten Warnstreik sein.

§ 24   Abschnitt III. Eingruppierung und Entgelt

17   Für jede geleistete Arbeitsstunde steht der auf die Stunde entfallende Teil der in Monatsbeträgen festgelegten Entgeltbestandteile zu. Dieser wird so ermittelt, dass der Monatsbetrag durch das 4,348-fache der (für den AN geltenden) regelmäßigen Arbeitszeit – vgl. auch Rn. 10 ff. – dividiert wird. Der Faktor 4,348 entspricht der durchschnittlichen Wochenzahl eines Kalendermonats innerhalb eines Zeitraumes von vier Kalenderjahren, also unter Berücksichtigung eines Schaltjahres (365,25 Kalendertage/Jahr dividiert durch 7 Kalendertage = Wochenzahl/Jahr dividiert durch 12 Kalendermonate = Wochenzahl/Monat).

Beispiel: Ein AN erhält ein Tabellenentgelt in Höhe von 2000 Euro. Für ihn gilt eine regelmäßige Arbeitszeit von 38,5 Stunden. Er beteiligt sich für die Dauer von drei Stunden an einem gewerkschaftlichen Warnstreik. Sein Tabellenentgelt wird um diese drei Stunden gekürzt: 2000 Euro dividiert durch (38,5 × 4,348 = 167,40) = 11,95 Euro/Stunde multipliziert mit 3 Stunden = 35,85 Euro. Um diesen Betrag ist sein Monatsentgelt zu kürzen.

5. Zu Abs. 4

18   Die Vorschrift bestimmt die übliche Rundungsregelung und gilt für alle Berechnungen im Zusammenhang mit dem Entgelt. Betragsberechnungen sind demnach auf drei Stellen hinter dem Komma durchzuführen und dann auf zwei Stellen kaufmännisch zu runden. Dies gilt auch für Zwischenrechnungen. Sind mehrere Entgeltbestandteile betroffen, ist jeder Entgeltbestandteil gesondert unter Beachtung der Rundungsregelung zu berechnen.

6. Zu Abs. 5

19   Entfallen die Voraussetzungen für die Zahlung einer Zulage im Laufe des Kalendermonats, steht diese auch nur anteilsmäßig zu. Es gelten die Regelungen des Abs. 3 Satz 1 (der Fall, dass die Voraussetzungen für eine Zulage im Laufe eines Kalendertages entfallen, dürfte in der Praxis kaum vorkommen). Auf Rn. 14 f. wird verwiesen.

7. Zu Abs. 6

20   Die Vorschrift lässt die Pauschalierung von Entgeltbestandteilen zu, die neben dem Tabellenentgelt zustehen. Naturgemäß kann es sich nur um nicht in Monatsbeträgen festgelegte Entgeltbestandteile handeln. Die Pauschalierung setzt eine einzelvertragliche Vereinbarung voraus; eine Pauschalierung im Wege einer kollektivrechtlichen Regelung (z. B. durch Dienst-/Betriebsvereinbarung) ist nicht zulässig. Wird ein Entgeltbestandteil in Form einer Monatspauschale gezahlt, ist diese Pauschale stets wie ein in Monatsbeträgen festgelegter Entgeltbestandteil zu behandeln.

Erläuterungen zu § 24 TV-L

1   **Sonderregelungen**

§ 41 Nr. 16   für Ärztinnen und Ärzte an Universitätskliniken;
§ 42 Nr. 7   für Ärztinnen und Ärzte außerhalb von Universitätskliniken;
§ 43 Nr. 6   für nichtärztliche Beschäftigte in Universitätskliniken und Krankenhäusern.

2   **Zu Abs. 1 bis 6:** Die Vorschrift enthält gegenüber § 24 eine materiellrechtlich bedeutsame Abweichung: Anders als im TVöD-Bereich haben die TVP des TV-L eine eigenständige Regelung für den Fall getroffen, dass der Zahltag auf einen Samstag, einen Wochenfeiertag oder einen Sonntag fällt (Abs. 1 Satz 3). Diese Vorschrift entspricht der des § 36 Abs. 1 Satz 3 BAT/-O: Der Zahltag verschiebt sich um einen bzw. zwei Werktagen, wenn der letzte Tag des Kalendermonats (falls bei dem AG noch der 15. des laufenden Monats als Zahltag gilt, natürlich dieser Tag) auf einen Samstag, Wochenfeiertag oder Sonntag fällt.

Mit dieser Einschränkung gelten die Erl. zu § 24 TVöD auch für den TV-L; es wird daher darauf verwiesen.

§ 25 TVöD Betriebliche Altersversorgung

Die Beschäftigten haben Anspruch auf Versicherung unter eigener Beteiligung zum Zwecke einer zusätzlichen Alters- und Hinterbliebenenversorgung nach Maßgabe des Tarifvertrages über die betriebliche Altersversorgung der Beschäftigten des öffentlichen Dienstes (Tarifvertrag Altersversorgung – ATV) bzw. des Tarifvertrages über die zusätzliche Altersvorsorge der Beschäftigten des öffentlichen Dienstes – Altersvorsorge-TV-Kommunal – (ATV-K) in ihrer jeweils geltenden Fassung.

§ 25 TV-L Betriebliche Altersversorgung

[1] Die Beschäftigten haben Anspruch auf eine zusätzliche Alters- und Hinterbliebenenversorgung nunter Eigenbeteiligung. [2] Einzelheiten bestimmt der Tarifvertrag über die betriebliche Altersversorgung der Beschäftigten des öffentlichen Dienstes (Tarifvertrag Altersversorgung – ATV) in seiner jeweils geltenden Fassung und für Beschäftigte der Freien Hansestadt Hamburg des Hamburgischen Zusatzversorgungsgesetzes in seiner jeweils geltenden Fassung.

Erläuterungen zu § 25 TVöD/TV-L

Sonderregelungen:

§ 46 TVöD (Bund)	für die Beschäftigte im Bereich des Bundesministeriums der Verteidigung
§ 47 TVöD (Bund)	für die Beschäftigten des Bundsministriums für Verkehr, Bau und Wohnungswesen
§ 47 TVöD (VKA)	Beschäftigte in Forschungseinrichtungen mit kerntechnischen Forschungsanlagen
§ 46 Nr. 5 TV-L	für Beschäftigte auf Schiffen und schwimmenden Geräten
§ 47 Nr. 2 TV-L	für Beschäftigte im Justizvollzugsdienst der Länder sowie im feuerwehrtechnischen Dienst der Freien und Hansestadt Hamburg

1. Aus § 25 besitzen die Arbeitnehmer gegen den Arbeitgeber einen Anspruch auf Verschaffung einer betrieblichen Altersversorgung, die im Einzelnen geregelt ist im Tarifvertrag Altersversorgung – ATV, im Tarifvertrag über die zusätzliche Altersvorsorge der Beschäftigten des öffentlichen Dienstes – Altersvorsorge-TV-Kommunal (ATV-K) bzw. für Beschäftigte der Freien Hansestadt Hamburg Zusatzversorgungsgesetz (HmbZVG) in ihrer jeweils aktuellen Fassung.

Mit dem ATV und dem ATV-K hatten die Tarifpartner des öffentlichen Dienstes ihre betriebliche Altersversorgung zum 1. 3. 2002 vollständig neu geregelt. Bis Ende 2000 bestand eine betriebliche Altersversorgung in Form einer sog. Gesamtversorgungszusage, das Recht der betrieblichen Altersversorgung ergibt sich nunmehr im Einzelnen aus den o. g. Tarifverträgen. Die bisherigen Versorgungstarifverträge,

§ 25

Abschnitt III. Eingruppierung und Entgelt

die eine Gesamtversorgungszusage enthielten, wurden von den Tarifpartnern mit Wirkung zum 1. 1. 2002 abgelöst. Ziel der Tarifänderung war es, die Finanzierung der Betriebsrenten auf Dauer zu sichern. Aus den neuen Tarifverträgen zur Altersversorgung ergibt sich im Einzelnen, welche Ansprüche im Versicherungsfall bestehen, weiter ist in den Tarifverträgen die Höhe der Betriebsrente auf der Grundlage von sog. Versorgungspunkten geregelt worden. Im Einzelnen wird somit auf die tariflichen Regelungen in den Altersversorgungstarifverträgen verwiesen.

4   2. Im Versicherungsfall nach § 1 ATV bzw. ATV-K erhalten die Angestellten nach Erfüllung der Wartezeit (§ 6 ATV, § 4 HmbZVG, Wartezeit von 60 Kalendermonaten) neben der gesetzlichen Altersrente eine zusätzliche Rentenleistung als Betriebsrente auf der Grundlage der Zusage der Anspruchsnorm des § 25.

5   Bei der Regelung in § 25 handelt es sich um die vertragliche Zusage einer abzuschließenden Pflichtversicherung, die von den jeweiligen Zusatzversorgungskassen eigenständig geregelt und durchgeführt werden.

6   Aufgrund von der jeweiligen Zusatzversorgungskasse festgesetzten monatlichen Umlage in Höhe eines bestimmten vom-Hundert-Satzes des zusatzversorgungspflichtigen Entgelts der Beschäftigten (Umlagesatz) führt der Arbeitgeber eine entsprechende Umlage in Höhe eines festzusetzenden Betrages an die jeweiligen Zusatzversorgungseinrichtung für den Arbeitnehmer ab. Auf die Regelung in § 16 ATV bzw. ATV-K wird insoweit verwiesen. Arbeitnehmer, die pflichtversichert sind, erhalten nach § 21 der Versorgungstarifverträge jeweils nach Ablauf des Kalenderjahres bzw. bei Beendigung der Pflichtversicherung einen schriftlichen Nachweis über ihre bisher angefallenen Versorgungsanwartschaften.

7   3. Im Bereich der auf Grundlage des § 25 tarifierten Altersversorgungstarifverträge wird den beschäftigten Arbeitnehmern im Ergebnis eine betriebliche Alters- und Hinterbliebenenversorgung sowie im Fall einer Erwerbsminderung eine Betriebsrente im Versicherungsfall gezahlt. Das bisherige Gesamtversorgungssystem auf der Grundlage des § 46 BAT/O wurde zum 31. 12. 2000 geschlossen und mit Wirkung zum 1. 1. 2001 durch ein Betriebsrentensystem abgelöst. Die neue Zusatzversorgung basiert auf einem sog. Versorgungspunktemodell; die nach diesem Punktemodell ermittelte Betriebsrente tritt zur Grundversorgung neben der gesetzlichen Rente hinzu und ist nicht mehr an die Beamtenversorgung rechnerisch gekoppelt. Die mit dem Tarifvertrag Altersversorgung vereinbarten Regelungen sind in die Satzung der Versorgungsanstalt des Bundes und der Länder (VBL) in der ab dem 1. 1. 2001 geltenden Fassung (VBLS) übertragen worden, die neue Satzung der VBL ist am 19. 9. 2002 beschlossen worden und im Bundesanzeiger Nr. 1 v. 3. 1. 2003 veröffentlicht. Die jeweils aktuelle Satzung der Versorgungsanstalt des Bundes und der Länder kann unter der Website www.vbl.de abgerufen werden, schriftliche Auskünfte erteilt die VBL, Pflichtversicherung, Hans-Thoma-Straße 19, 76133 Karlsruhe.

8   4. Zur Rechtmäßigkeit der Systemumstellung der Zusatzversorgung liegen mehrere Revisionsverfahren dem BGH vor, insbesondere zur Frage der Rechtmäßigkeit der Systemumstellung in der Zusatzversorgung des öffentlichen Dienstes; zentraler Punkt dieser Klageverfahren ist die Schließung des Gesamtversorgungssystems und ihre Umstellung auf ein Versorgungspunktemodell, inhaltlich muss der BGH darüber entscheiden, was unter einer sog. besitzstandsgeschützten Anwartschaft verstanden wird.

9   Der BGH hat bereits (14. 1. 2004, VersR 2004, 453) festgestellt, dass die Berechnung einer Zusatzrente nach § 18 BetrAVG für einen vorzeitig ausgeschiedenen Arbeitnehmer für rechtmäßig befunden und insbesondere die Berechnung der anzurechnenden Grundversorgung nach dem sog. Näherungsverfahren nicht zu

beanstanden ist. Zur Problematik der §§ 2, 18 BetrAVG vgl. im Übrigen nur OLG Karlsruhe, 22. 9. 2005, ZTR 2005, 588. Zum Stand der jeweiligen gerichtlichen Verfahren wird auf die Abhandlung von Wein, Betriebliche Altersversorgung 2006, 331 ff. verwiesen.

Abschnitt IV. Urlaub und Arbeitsbefreiung

§ 26 TVöD Erholungsurlaub

(1) ¹**Beschäftigte haben in jedem Kalenderjahr Anspruch auf Erholungsurlaub unter Fortzahlung des Entgelts (§ 21).** ²**Bei Verteilung der wöchentlichen Arbeitszeit auf fünf Tage in der Kalenderwoche beträgt der Urlaubsanspruch in jedem Kalenderjahr**

bis zum vollendeten 30. Lebensjahr	**26 Arbeitstage,**
bis zum vollendeten 40. Lebensjahr	**29 Arbeitstage und**
nach dem vollendeten 40. Lebensjahr	**30 Arbeitstage.**

³**Maßgebend für die Berechnung der Urlaubsdauer ist das Lebensjahr, das im Laufe des Kalenderjahres vollendet wird. Bei einer anderen Verteilung der wöchentlichen Arbeitszeit als auf fünf Tage in der Woche erhöht oder vermindert sich der Urlaubsanspruch entsprechend.** ⁴**Verbleibt bei der Berechnung des Urlaubs ein Bruchteil, der mindestens einen halben Urlaubstag ergibt, wird er auf einen vollen Urlaubstag aufgerundet; Bruchteile von weniger als einem halben Urlaubstag bleiben unberücksichtigt.** ⁵**Der Erholungsurlaub muss im laufenden Kalenderjahr gewährt und kann auch in Teilen genommen werden.**

Protokollerklärung zu Absatz 1 Satz 6:
 Der Urlaub soll grundsätzlich zusammenhängend gewährt werden; dabei soll ein Urlaubsteil von zwei Wochen Dauer angestrebt werden.

(2) **Im Übrigen gilt das Bundesurlaubsgesetz mit folgenden Maßgaben:**
a) **Im Falle der Übertragung muss der Erholungsurlaub in den ersten drei Monaten des folgenden Kalenderjahres angetreten werden. Kann der Erholungsurlaub wegen Arbeitsunfähigkeit oder aus betrieblichen/dienstlichen Gründen nicht bis zum 31. März angetreten werden, ist er bis zum 31. Mai anzutreten.**
b) **Beginnt oder endet das Arbeitsverhältnis im Laufe eines Jahres, erhält die/der Beschäftigte als Erholungsurlaub für jeden vollen Monat des Arbeitsverhältnisses ein Zwölftel des Urlaubsanspruchs nach Absatz 1; § 5 BUrlG bleibt unberührt.**
c) **Ruht das Arbeitsverhältnis, so vermindert sich die Dauer des Erholungsurlaubs einschließlich eines etwaigen Zusatzurlaubs für jeden vollen Kalendermonat um ein Zwölftel.**
d) **Das nach Absatz 1 Satz 1 fort zu zahlende Entgelt wird zu dem in § 24 genannten Zeitpunkt gezahlt.**

§ 26 TV-L Erholungsurlaub

(1) ¹**Beschäftigte haben in jedem Kalenderjahr Anspruch auf Erholungsurlaub unter Fortzahlung des Entgelts (§ 21).** ²**Bei Verteilung der wöchentlichen Arbeitszeit auf fünf Tage in der Kalenderwoche beträgt der Urlaubsanspruch in jedem Kalenderjahr**

§ 26 Abschnitt IV. Urlaub und Arbeitsbefreiung

bis zum vollendeten 30. Lebensjahr 26 Arbeitstage,
bis zum vollendeten 40. Lebensjahr 29 Arbeitstage und
nach dem vollendeten 40. Lebensjahr 30 Arbeitstage.

[3] Arbeitstage sind alle Kalendertage, an denen die Beschäftigten dienstplanmäßig oder betriebsüblich zu arbeiten haben oder zu arbeiten hätten, mit Ausnahme der auf Arbeitstage fallenden gesetzlichen Feiertage, für die kein Freizeitausgleich gewährt wird. [4] Maßgebend für die Berechnung der Urlaubsdauer ist das Lebensjahr, das im Laufe des Kalenderjahres vollendet wird. [5] Bei einer anderen Verteilung der wöchentlichen Arbeitszeit als auf fünf Tage in der Woche erhöht oder vermindert sich der Urlaubsanspruch entsprechend. [6] Verbleibt bei der Berechnung des Urlaubs ein Bruchteil, der mindestens einen halben Urlaubstag ergibt, wird er auf einen vollen Urlaubstag aufgerundet; Bruchteile von weniger als einem halben Urlaubstag bleiben unberücksichtigt. [7] Der Erholungsurlaub muss im laufenden Kalenderjahr gewährt werden; er kann auch in Teilen genommen werden.

Protokollerklärung zu § 26 Absatz 1 Satz 7:
Der Urlaub soll grundsätzlich zusammenhängend gewährt werden; dabei soll ein Urlaubsteil von zwei Wochen Dauer angestrebt werden.

(2) Im Übrigen gilt das Bundesurlaubsgesetz mit folgenden Maßgaben:
a) Im Falle der Übertragung muss der Erholungsurlaub in den ersten drei Monaten des folgenden Kalenderjahres angetreten werden. Kann der Erholungsurlaub wegen Arbeitsunfähigkeit oder aus betrieblichen/dienstlichen Gründen nicht bis zum 31. März angetreten werden, ist er bis zum 31. Mai anzutreten.
b) Beginnt oder endet das Arbeitsverhältnis im Laufe eines Jahres, steht als Erholungsurlaub für jeden vollen Monat des Arbeitsverhältnisses ein Zwölftel des Urlaubsanspruchs nach Absatz 1 zu; § 5 Bundesurlaubsgesetz bleibt unberührt.
c) Ruht das Arbeitsverhältnis, so vermindert sich die Dauer des Erholungsurlaubs einschließlich eines etwaigen tariflichen Zusatzurlaubs für jeden vollen Kalendermonat um ein Zwölftel.
d) Das Entgelt nach Absatz 1 Satz 1 wird zu dem in § 24 genannten Zeitpunkt gezahlt.

Erläuterungen zu § 26 TVöD/TV-L

1 **Sonderregelungen**
   Zu § 26 TVöD
   Besonderer Teil. Es sind folgende Regelungen in den Besonderen Teilen zum TVöD zu beachten:
   Besonderer Teil Verwaltung (BT-V)
   Bund:
   § 45 Nr. 11 BT-V (Bund) für Beschäftigte, die zu Auslandsdienststellen des Bundes entsandt sind
   § 46 Nr. 6 BT-V (Bund) für Beschäftigte im Bereich des Bundesministeriums der Verteidigung
   VKA:
   § 51 Nr. 3 BT-V (VKA) für Beschäftigte als Lehrkräfte

Erholungsurlaub **§ 26**

§ 52 Nr. 3 BT-V (VKA) für Beschäftigte als Lehrkräfte an Musikschulen
§ 55 Nr. 6 BT-V (VKA) für Beschäftigte an Theatern und Bühnen
Besonderer Teil Krankenhäuser (BT-K)
§ 52 BT-K
Zu § 26 TV-L
§ 40 Nr. 7 TV-L für Beschäftigte an Hochschulen und Forschungseinrichtungen
§ 44 Nr. 3 TV-L für Beschäftigte als Lehrkräfte

1. Allgemeines. Erholungsurlaub ist eine bezahlte Freistellung von der Pflicht zur Arbeitsleistung. Sinn und Zweck ist die Erhaltung und Wiedergewinnung der während der Arbeit verbrauchten körperlichen und geistigen Kräfte. Neben den tariflichen Regelungen sind die gesetzliche Grundlagen für das Urlaubsrecht z. B. die allgemeinen Bestimmungen des Bundesurlaubsgesetzes (BUrlG) und der § 19 Jugendarbeitschutzgesetz (JugArbSchG) zu beachten. Der **gesetzliche Mindesturlaub** beträgt 24 Werktage, wobei unter Werktage alle Kalendertage zu verstehen sind, die nicht Sonntage oder gesetzliche Feiertage sind. 2

Der Urlaubsanspruch ist **höchstpersönlicher** Natur (vgl. BAG, 20. 4. 1956 − 1 AZR 448/54 − AP BGB § 611 Urlaubsrecht Nr. 7) und **erlischt mit dem Tode** des Beschäftigten. Er ist nicht **übertragbar** (§ 398 ff. BGB), **aufrechenbar** (§§ 387 ff. BGB), oder im Rahmen der §§ 850 ff. ZPO **pfändbar.** Der Anspruch ist **unabdingbar** (§ 13 BUrlG), d. h. er darf nicht vertraglich unterschritten werden. Die Erklärung in einem Aufhebungsvertrag, alle Ansprüche aus dem Arbeitsverhältnis seien erfüllt, umfasst wirksam nur die Ansprüche, über die der Arbeitnehmer verfügen kann. Der gesetzliche Mindesturlaub ist hiervon ausgeschlossen (vgl. BAG 20. 1. 1998 − 9 AZR 812/96, NZA 1998, 816). Regelungen, die den Arbeitnehmer begünstigen, z. B. durch Tarifvertrag, durch einzelvertragliche Vereinbarung oder aufgrund betrieblicher Übung sind dagegen zulässig (sog. Günstigkeitsprinzip). 3

2. Beschäftigte. Beschäftigte i. S. d. Vorschrift sind all diejenigen, die nach § 1 Abs. 1 vom Tarifvertrag erfasst werden. Für Personen, die nach § 1 Abs. 2 vom Geltungsbereich des TVöD/TV-L ausgenommen werden, gelten die Regelungen des BUrlG. 4

3. Urlaubsjahr. Abs. 1 S 1 legt als Urlaubsjahr das Kalenderjahr zugrunde. Der Urlaubsanspruch besteht bereits zu Beginn des Kalenderjahres in vollem Umfang. Steht aber bereits bei Erteilung des Urlaubs fest, dass das Arbeitsverhältnis des Beschäftigten im Laufe des Kalenderjahres endet, dann sind die Kürzungsbestimmungen des Abs. 2 Buchst. b zu beachten (Zwölftelung). 5

Der Urlaubsanspruch kann nicht **vor** Beginn des jeweiligen Urlaubsjahres rechtswirksam gewährt werden. Genehmigt der Arbeitgeber trotzdem vorgriffsweise Urlaub, kann der Beschäftigte im darauf folgenden Urlaubsjahr den bereits gewährten Urlaub erneut einfordern, ohne zur Rückgewähr des Urlaubsentgelts verpflichtet zu sein (vgl. BAG 16. 3. 1972 − 5 AZR 357/71 − AP BUrlG § 9 Nr. 3; BAG 17. 1. 1974 − 5 AZR 380/73 − AP BUrlG § 1 Nr. 3). 6

Hat der AN bereits den vollen Urlaub erhalten und scheidet er dann aus dem Beschäftigungsverhältnis aus, kann eine Kürzung des Urlaubs nicht mehr erfolgen. Es besteht **kein Rückforderungsanspruch** für zuviel gewährten Erholungsurlaub. Dies gilt jedoch nur in den Fällen, in denen der Tatbestand der Kürzung des Urlaubs nach Leistung des Urlaubsentgelts entstanden ist (vgl. § 5 Abs. 3 BUrlG). Entsteht der Kürzungstatbestand zwischen Urlaub und Zahlung des Urlaubsentgelts, trägt der Arbeitnehmer das Risiko, an bestimmten Tagen von seiner Arbeitspflicht freigestellt gewesen zu sein. Die gewährte Freistellung erweist sich nachträglich als nicht urlaubsrechtliche Freistellung, für die eine Zahlung von Urlaubsentgelt nicht Betracht kommt (vgl. BAG 23. 4. 1996 − 9 AZR 317/95, NZA 1997, 265). 7

§ 26 Abschnitt IV. Urlaub und Arbeitsbefreiung

8 4. **Wartezeit.** Zu Beginn des Arbeitsverhältnisses kann der Urlaubsanspruch gem. § 4 BUrlG erst nach einer Wartezeit von sechs Monaten geltend gemacht werden. Dies gilt auch bei Jugendlichen (§ 19 Abs. 4 JArbSchG). Die Erfüllung der Wartezeit ist nur Voraussetzung für die erstmalige Geltendmachung des Urlaubsanspruchs. In den folgenden Urlaubsjahren braucht sie nicht nochmals zurückgelegt werden. Die Berechnung der Wartezeit erfolgt nach §§ 187 ff. BGB. Sie fängt erst mit dem ersten Arbeitstag des neuen Beschäftigungsverhältnisses an zu laufen. Vorausgesetzt wird nur das rechtliche Bestehen des Beschäftigtenverhältnisses und nicht die tatsächliche Arbeitsleistung. Fehlzeiten verursacht durch Arbeitsunfähigkeit, Zeiten des Sonderurlaubs oder Arbeitsbefreiung nach § 29 führen nicht zur Unterbrechung der Wartezeit.

9 Monate sind nicht Kalendermonate, sondern Beschäftigungsmonate, so dass die Frist auch im Laufe eines Kalendermonats beginnen und enden kann. Erfolgt die Einstellung des Beschäftigten bis spätestens zum 1. Juli eines Jahres kann die Wartezeit von sechs Monaten noch im selben Jahr erfüllt werden. Wird der Beschäftigte nach dem 1. Juli eingestellt, läuft die Wartezeit erst im folgenden Kalenderjahr ab und die Geltendmachung des Erholungsurlaubs kann erst zu diesem Zeitpunkt erfolgen.

10 Bei Arbeitsverhältnissen, die sich ohne Unterbrechung an das Berufsausbildungsverhältnis zum gleichen Arbeitgeber anschließen, gilt die Wartezeit als erfüllt, da beide Rechtsverhältnisse urlaubsrechtlich als Einheit anzusehen sind (vgl. BAG 29. 11. 1984 – 6 AZR 238/82 – AP BUrlG § 7 Nr. 20).

11 5. **Festlegung des Urlaubs.** Bei der zeitlichen Festlegung des Urlaubs sind die Urlaubswünsche der AN zu berücksichtigen. Es besteht jedoch kein Anspruch darauf, den Urlaub zu einem bestimmten Zeitraum zu nehmen, denn grundsätzlich obliegt die Festlegung des Urlaubs dem Arbeitgeber (vgl. BAG 18. 12. 1986 – 8 AZR 502/84 – AP BUrlG § 7 Nr. 10). Dringende betriebliche Gründe (Erkrankung eines Mitarbeiters, unerwartete Mehrarbeit) oder die vorangingen Urlaubswünsche anderer Mitarbeiter aufgrund **sozialer Gesichtspunkte** (schulpflichtige Kinder) können dem Urlaubswunsch des Arbeitnehmers entgegenstehen. Nach der Rechtsprechung hat der Arbeitgeber die beiderseitigen Interessen nach billigem Ermessen i. S. d. § 315 Abs. 1 BGB abzuwägen (vgl. BAG 4. 12. 1970 – 5 AZR 242/70 – AP BUrlG § 7 Nr. 5).

12 Kann eine einvernehmliche Einigung zwischen Arbeitgeber und Arbeitnehmer über den Zeitpunkt des Urlaubs nicht erzielt werden, muss der Arbeitnehmer **gerichtliche Hilfe** in Anspruch nehmen. Das gilt auch dann, wenn der Arbeitgeber einen Urlaubsantrag ablehnt, obwohl keine dringenden betrieblichen Gründe ersichtlich sind, welche einem Urlaubsantritt entgegenstehen. Der Arbeitnehmer kann in Form einer Leistungsklage (vgl. BAG 18. 12. 1986 – 8 AZR 502/84 – AP BUrlG § 7 Nr. 10) oder gegebenenfalls durch einen Antrag auf Erlass einer einstweiligen Verfügung seine Ansprüche durchsetzen. Ein Arbeitnehmer, der ohne Einwilligung des Arbeitgebers Urlaub nimmt, verletzt durch sein eigenmächtiges Verhalten die ihm obliegenden arbeitsvertraglichen Pflichten, was zur fristlosen Kündigung führen kann (vgl. BAG 20. 1. 1994 – 2 AZR 521/93, ZTR 1994, 300).

13 Ist das Arbeitsverhältnis **gekündigt,** kann der Arbeitgeber grundsätzlich noch offen stehenden Urlaub in der Kündigungsfrist gewähren, und zwar auch gegen den Wunsch des Arbeitnehmers (vgl. LArbG Bayern, Urt. v. 14. 6. 1951 – 207/51 VI – AP Nr. 4 zu § 611 BGB Urlaubsrecht). Hält der Arbeitnehmer dies für unzumutbar, muss er die Voraussetzung für die Unzumutbarkeit darlegen und ggf. nachweisen (vgl. BAG 10. 1. 1974 – 5 AZR 208/73 – AP BUrlG § 7 Nr. 6).

Erholungsurlaub **§ 26**

Beantragt der Beschäftigte keinen Erholungsurlaub, kann der Arbeitgeber 14
den Urlaubszeitraum auch ohne vorherigen Wunsch des Arbeitnehmers bestimmen. Damit kommt der Arbeitgeber seiner Pflicht, dem Arbeitnehmer Arbeitsbefreiung zu gewähren, nach. Ist der Beschäftigte mit der Festsetzung des Urlaubs einverstanden und nimmt den Erholungsurlaub wahr, so ist der Anspruch erfüllt (BAG 19. 9. 2000 AP BUrlG § 13 Nr. 46). Der Beschäftigte ist jedoch nicht verpflichtet, die Festlegung des Erholungsurlaubs durch den Arbeitgeber hinzunehmen. Er kann der Festlegung widersprechen und seine Urlaubswünsche mitteilen (ErfKom/Dörner BUrlG § 7 Rn. 17).

6. Urlaubsplan und Urlaubsliste. Durch Aufstellung eines **Urlaubsplanes** 15
wird den Belangen der Angestellten Rechnung getragen. Seine Aufstellung unterliegt der Mitbestimmung der Personalvertretung (§ 75 Abs. 3 Nr. 3 BPersVG). Der Urlaubsplan kann allgemeine Grundsätze für die Erteilung des Urlaubs aufstellen, aber auch bis in die Einzelheiten hinein die Lage des Urlaubs der Beschäftigten festlegen. Grundsätzlich hat er beweissichernde Funktion.

Hiervon zu unterscheiden ist die **Urlaubsliste.** Sie bietet den Arbeitnehmern 16
die Möglichkeit bereits zu Beginn des Urlaubsjahres ihre Urlaubswünsche einzutragen. Der Arbeitgeber kann seinerseits frühzeitig die Urlaubswünsche zusammentragen u. den Geschäftsablauf organisieren. Lässt der Arbeitgeber die Urlaubswünsche zu Beginn des Jahres in eine Urlaubsliste eintragen, die dann noch einmal nach persönlichen und betrieblichen Belangen abgestimmt wird, gilt der eingetragene Urlaub als genehmigt, wenn jahrelang entsprechend dieser Urlaubsliste verfahren wurde. Erfolgt ein Widerruf des so festgelegten Urlaubs hat der Arbeitgeber die Stornokosten zu tragen (vgl. LArbG Hessen 8. 7. 1996 – 11 Sa 9666/95, ZTR 1997, 234).

7. Urlaubsentgelt. Nach Abs. 1 S. 1 besteht während des Erholungsurlaubs 17
Anspruch auf Fortzahlung des Entgelts gem. § 21. Danach werden das Tabellenentgelt sowie die sonstigen in Monatsbeträgen festgelegten Entgeltbestandteile weitergezahlt. Die nicht in Monatsberägen festgelegten Entgeltbestandteile werden nach dem Durchschnitt der letzten drei vollen Kalendermonate vor dem Beginn des Urlaubs berechnet. Der Auszahlungszeitpunkt für das Urlaubsentgelt ist der letzte Tag des Monats. Ein gesondertes Urlaubsgeld wird nicht gewährt. Mit der jetzt in § 20 normierten Jahressonderzahlung werden vielmehr das bisherige Urlaubsgeld und die Zuwendung zu einer Zahlung zusammengefasst.

8. Dauer des Erholungsurlaubs. § 26 Abs. 1 S. 2 bis S. 5 legen die Höhe des 18
Urlaubsanspruches fest. Diese liegt über den gesetzlichen Mindesturlaub für Arbeitnehmer von 24 Werktagen nach § 3 Abs. 1 BUrlG.

8.1. Urlaubstabelle. Die Urlaubstabelle nach § 26 Abs. 1 S. 2 ordnet in An- 19
lehnung an § 48 Abs. 1 BAT/-O an, dass sich die **Höhe des Urlaubs nach** dem **Lebensalter** des Beschäftigten richtet. Die Unterscheidung nach der Vergütungsgruppe wurde hingegen nicht übernommen. Es erhalten daher unabhängig von der Entgeltgruppe alle Beschäftigten bei einer Fünftagewoche bis zum vollendeten 30. Lebensjahr 26 Arbeitstage, bis zum vollendeten 40. Lebensjahr 29 Arbeitstage und danach 30 Arbeitstage Erholungsurlaub. Für die übergeleiteten Beschäftigten der früheren Vergütungsgruppe I und Ia BAT/-O sieht § 15 Abs. 2 TVÜ Bund/VKA, § 15 Abs. 2 TVÜ-L eine Besitzstandsregelung vor. Danach steht diesen Beschäftigten weiterhin bis zum vollendeten 30. Lebensjahr ein Urlaubsanspruch auf 30 Arbeitstage im Jahr zu.

8.2. Maßgebendes Lebensalter. Ein Lebensjahr ist am Tage vor dem Ge- 20
burtstag vollendet (§ 187, § 188 BGB). Der am 1. Januar geborene Beschäftigte

§ 26 Abschnitt IV. Urlaub und Arbeitsbefreiung

gehört damit noch zu den Personen, die im vorhergehenden Kalenderjahr ein Lebensjahr vollendet haben.

Beispiel: Der am 1. Januar 1966 geborene Beschäftigte, der am 31. Dezember 2005 sein 40. Lebensjahr vollendet, erhält bereits im Urlaubsjahr 2005 den Höchsturlaub von 30 Arbeitstagen.

21 **8.3. Teilzeitbeschäftigte.** § 26 trifft keine ausdrückliche Regelung für Teilzeitbeschäftigte. Nichtvollbeschäftigte Angestellte haben aber, soweit sie nicht vom Geltungsbereich des TVöD/TV-L ausgenommen sind, Anspruch auf die gleiche Urlaubsdauer wie Vollbeschäftigte (vgl. BAG 14. 2. 1991 – 8 AZR 97/90 – AP BUrlG § 3 Teilzeit Nr. 1). Die Länge der individuellen täglichen Arbeitszeit ist kein Kriterium für die Dauer des Urlaubs.

22 **8.4. Begriff der Arbeitstage.** Der Erholungsurlaub nach TVöD bemisst sich im Vergleich zum BUrlG nicht nach Werktagen, sondern nach **Arbeitstagen**. Abweichend zu den bisherigen tariflichen Regelungen wird der Begriff „Arbeitstage" in § 26 Abs. 1 S. 2 nicht mehr definiert. Bei der Auslegung des Begriffs sind aber die bisher geltenden Vorschriften zugrunde zulegen. Arbeitstage sind danach alle Kalendertage, an denen der Beschäftigte dienstplanmäßig oder betriebsüblich zu arbeiten hat oder zu arbeiten hätte. Arbeitstage sind somit alle Tage, an denen für den Beschäftigten eine Arbeitspflicht bestünde, wenn er nicht ausnahmsweise aufgrund einer berechtigten Freistellung (z. B. wegen Krankheit) davon befreit wäre. Ein solcher Arbeitstag kann auch ein Sonnabend oder Sonntag sein. Werden AN an einem auf einen Werktag fallenden Feiertag beschäftigt, müssen sie einen Ersatzruhetag haben, der innerhalb eines den Beschäftigungstag einschließenden Zeitraums von 8 Wochen zu gewähren ist (§ 11 Abs. 3 S. 2 ArbZG). Mangels einer eigenständigen Regelung im TVöD muss diese im Arbeitszeitgesetz enthaltene Vorschrift beachtet werden.

23 Im **TV-L** wird der Begriff „Arbeitstage" definiert. Nach § 26 Abs. 1 S. 3 sind Arbeitstage alle Kalendertage, an denen die Beschäftigten dienstplanmäßig oder betriebsüblich zu arbeiten haben, mit Ausnahme gesetzlichen Feiertage, für die kein Freizeitausgleich gewährt wird. Fällt ein gesetzlicher Feiertag somit auf einen Werktag ist dies ein Arbeitstag, wenn für ihn Freizeitausgleich gewährt wird. Wird hingegen für den Feiertag, der auf einen Werktag fällt kein Freizeitausgleich gewährt, zählt er nicht als Arbeitstag. Freizeitausgleich i. S. d. Vorschrift wird dann gewährt, wenn der Dienstplan für die Arbeit an dem gesetzlichen Feiertag, der auf einen Werktag fällt, einen anderen Tag als arbeitsfreien Tag vorsieht.

24 **8.5. Verteilung der Arbeitszeit auf mehr oder weniger als fünf Tage pro Woche.** In § 26 Abs. 1 S. 2 haben die Tarifvertragsparteien bei der Verteilung der wöchentlichen Arbeitszeit eine Fünftagewoche zugrunde gelegt. Kommt es zu einer anderen Verteilung (bspw. Viertagewoche oder Sechstagewoche) vermindert oder erhöht sich der Urlaubsanspruch entsprechend (§ 26 Abs. 1 S. 4). Der im bisherigen Tarifrecht geregelte Berechnungsfaktor 1/260 ist weggefallen, so dass bei der Berechnung der Urlaubstage die Rechtsprechung zum BUrlG herangezogen werden kann. Danach sind die Tage, die mehr oder weniger als fünf Tage pro Woche gearbeitet werden ins Verhältnis zur Zahl fünf zu setzen. Im Ergebnis verfügt damit jeder Arbeitnehmer über einen gleich langen Urlaub (BAG 8. 5. 2001 – 9 AZR 240/00 – AP TVG § 1 Tarifverträge Nr. 1; BAG 8. 3. 1984, BAGE 45, 199 = NZA 1984, 160; BAG 27. 1. 1987, BAGE 54, 141 = NZA 1987, 462).

Beispiel: Ein Beschäftigter, 42 Jahre, arbeitet vier Tage in der Woche. Bei einer Fünftagewoche würden ihm 30 Tage Erholungsurlaub zustehen. Der anteilige Urlaubsanspruch berechnet sich wie folgt: 30 Urlaubstage geteilt durch 5 Arbeitstage multipliziert mit vier Arbeitstagen. Danach ergibt sich ein Erholungsurlaub von 24 Arbeitstagen im Kalenderjahr.

Erholungsurlaub **§ 26**

Verbleibt bei der Urlaubsberechnung ein Bruchteil, der mindestens einen halben 25
Urlaubstag ergibt, wird auf einen vollen Tag aufgerundet. Bleibt ein Bruchteil von
weniger als einem halben Urlaubstag wird er nicht berücksichtigt (§ 26 Abs. 1
S. 5).

Beispiel: Ein Beschäftigter, 32 Jahre, arbeitet drei Tage in der Woche. Bei einer Fünftagewoche würden ihm 29 Tage Erholungsurlaub zustehen. Der anteilige Urlaubsanspruch berechnet sich wie folgt: 29 Urlaubstage geteilt durch 5 Arbeitstage multipliziert mit drei Arbeitstagen. Die Urlaubsdauer beträgt 17,4 Arbeitstage im Kalenderjahr. Nach der Rundungsvorschrift gem. § 26 Abs. 1 S. 5 ergibt sich ein Urlaubsanspruch von 17 Arbeitstagen.

Die Rundungsvorschrift findet keine Anwendung, wenn das Arbeitsverhältnis im 26
Laufe eines Jahres beginnt oder endet (§ 26 Abs. 2 Buchst. b). Nach § 26 Abs. 2
Buchst. b bleibt in diesen Fällen § 5 BUrlG unberührt. Nach § 5 Abs. 2 BUrlG
werden Bruchteile von Urlaubstagen, die mindestens einen halben Tag ergeben
auf volle Urlaubstage aufgerundet. Beträgt der Bruchteil weniger als einen halben
Tag ist der Urlaubsanspruch in dem konkret ermittelten Umfang zu gewähren.

9. Zusammenhängender Urlaub. Wie bereits nach bisheriger Rechtslage ist 27
das Urlaubsjahr das Kalenderjahr. Der Erholungsurlaub ist im laufenden Kalenderjahr zu beanspruchen. Grundsätzlich soll der Erholungsurlaub zusammenhängend
gewährt werden. Nach § 26 Abs. 1 S. 6 ist es zulässig, dass der Erholungsurlaub in
Teilen genommen wird. Für diesen Fall soll nach der Protokollerklärung zu Abs. 1
S. 6 ein Urlaubsteil von zwei Wochen Dauer angestrebt werden. Dabei ist das
BUrlG zu beachten. Gem. § 7 Abs. 2 BUrlG hat der Arbeitnehmer für dem Fall,
dass kein zusammenhängender Urlaub gewährt wird, Anspruch auf einen Urlaubsteil von mindestens zwölf aufeinander folgende Werktage. Eine Stückelung
des Urlaubs in der Weise, dass Urlaub nur für halbe Tage oder stundenweise gewährt wird, ist nicht nur tariflich, sondern auch gesetzlich verboten (§ 5 Abs. 2,
§ 7 Abs. 2 S 2 BUrlG; vgl. BAG DB 1965, 1524).

10. Teilurlaubsanspruch. Beginnt oder endet das Arbeitsverhältnis **im Laufe** 28
des Urlaubsjahres, beträgt der Urlaubsanspruch des Beschäftigten ein Zwölftel für
jeden **vollen** Monat des Arbeitsverhältnisses. Fehlen an einem vollen Monat Tage,
an denen für den Arbeitnehmer bei Fortbestehen des Arbeitsverhältnisses keine
Arbeitspflicht bestanden hätte, entsteht für den nicht vollendeten Monat kein Urlaubsanspruch. Entscheidend für die Zwölftelung sind nicht Kalendermonate, sondern volle Beschäftigungsmonate. Maßgeblich ist allein das Bestehen des Arbeitsverhältnisses. Es kommt deshalb nicht darauf an, ob der Arbeitnehmer auch
tatsächlich Arbeitsleistungen erbracht hat (vgl. BAG 14. 5. 1986 – 8 AZR 604/84
– AP BUrlG § 7 Nr. 26).

Scheidet ein Arbeitnehmer nach erfüllter Wartezeit in der zweiten Hälfte eines 29
Kalenderjahres aus, so hat der Arbeitnehmer nach dem BUrlG Anspruch auf den
vollen Erholungsurlaub (§ 5 Abs. 1 Buchst. c BUrlG).

Beispiel: Ein 35-jähriger Beschäftigter, der bereits seit mehreren Jahren beschäftigt wird, scheidet Ende Juli des Jahres aus. Der Urlaubsanspruch in Höhe von 29 Arbeitstagen müsste gem. § 26 Abs. 2 Buchst. b BUrlG um $^5/_{12}$ gekürzt werden. Gem. § 5 Abs. 1 Buchst. c UrlG unterbleibt jedoch eine Kürzung.

Von der nicht tarifdispositiv und somit unabdingbaren Regelung des § 5 Abs. 1
Buchst. c BUrlG kann nur abgewichen werden, wenn der Beschäftigte nicht
schlechter gestellt wird (vgl. BAG 24. 10. 2000 – 9 AZR 610/99 – AP BUrlG § 5
Nr. 19 BAG 8. 3. 1984 – 6 AZR 442/83 – AP BUrlG § 13 Nr. 15). Ob der gesetzliche Mindesturlaub durch die in § 26 Abs. 2 Buchst. b normierte Regelung
unterschritten wird, ist durch eine **Vergleichsberechnung** festzustellen.

§ 26 Abschnitt IV. Urlaub und Arbeitsbefreiung

30 Einem Beschäftigten, dem vor seinem Ausscheiden bereits ein längerer Urlaub gewährt worden ist, als ihm nach Abs. 2 Buchst. b zusteht, kann wegen des zuviel gezahlten Urlaubsentgelts grundsätzlich nicht nach den Grundsätzen über die ungerechtfertigte Bereicherung (§§ 812 ff. BGB) in Anspruch genommen werden.

31 **11. Ausschluss von Doppelansprüchen.** Für den Fall, dass ein Beschäftigter bereits von seinem früheren Arbeitgeber Urlaub für Zeiten erhalten, die in sein jetziges Arbeitsverhältnis fallen, trifft der TVöD/TV-L keine Regelung mehr. Vielmehr ist § 6 BUrlG zu beachten. Der bereits gewährte Teil des Erholungsurlaubs wird auf den Urlaubsanspruch des neuen Arbeitsverhältnisses angerechnet. Dabei ist es unerheblich, ob das frühere Arbeitsverhältnis außerhalb des öffentlichen Dienstes bestanden hat. Es ist nicht erforderlich, dass sich das neue Arbeitsverhältnis unmittelbar an das frühere Beschäftigungsverhältnis anschließt. Im Streitfall liegt die Darlegungs- und Beweislast auf Seiten des Arbeitgebers.

32 **12.1. Übertragung des Erholungsurlaubs.** Nach § 26 Abs. 2 Buchst. a muss im Falle der Übertragung des Urlaubs, der Erholungsurlaub in den ersten drei Monaten des folgenden Kalenderjahres angetreten werden. Der TVöD/TV-L enthält keine Regelung, ob und wie eine Urlaubsübertragung auf das nachfolgende Kalenderjahr zulässig ist. Es sind vielmehr die Grundsätze des § 7 BUrlG heranzuziehen. Der Jahresurlaub ist grundsätzlich an das Kalenderjahr gebunden und muss bis zum **Jahresende** genommen werden. Eine Übertragung ist nur statthaft, wenn dringende betriebliche oder in der Person des Arbeitnehmers liegende Gründe dies rechtfertigen.

33 **12.2. Verfall des Urlaubs.** Der TVöD/TV-L enthält keine Regelung, welche Rechtsfolgen eintreten, wenn der Urlaub nicht rechtzeitig genommen wird. Auch im BUrlG ist keine Rechtsfolge vorgesehen. Seit der Rspr. des BAG im Jahre 1982 (BAG 13. 5. 1982 – 6 AZR 360/80 – AP BUrlG § 7 Übertragung Nr. 4) ist es herrschende Auffassung, dass der Urlaub verfällt, wenn er nicht innerhalb der genannten Fristen angetreten wird (vgl. zuletzt BAG 18. 9. 2001 – 9 AZR 570/00, NZA 2002, 895 = ZTR 2002, 85).

34 **12.3. Dringende betriebliche Gründe** sind gegeben, wenn die Interessen des Arbeitgebers den Urlaub zu übertragen das Interesse des Arbeitnehmers an einem fristgerechten Urlaubsantritt überwiegen. Dies kann z. B. der Fall sein, wenn unvorhersehbare Ereignisse eintreten, der Arbeitsanfall die Tätigkeit des Beschäftigten erfordert oder bereits anderen Arbeitnehmern Erholungsurlaub gewährt wurde. Beruft sich der Beschäftigte darauf, dass der Urlaub aus betriebsbedingten Gründen in das nächste Kalenderjahr übertragen wurde und widerspricht dem der Arbeitgeber muss der Arbeitnehmer die Voraussetzungen der Übertragung darlegen und ggf. beweisen. In der Regel ist es ausreichend, wenn der Arbeitnehmer nachweisen kann, dass sein Urlaubsantrag zum Ende des Urlaubsjahres vom Arbeitgeber abgelehnt wurde (ErfKom/Dörner BUrlG § 7 Rn. 68).

35 **12.4. Ein in der Person des Beschäftigten liegender Grund** kann z. B. dessen Erkrankung sein (BAG 13. 5. 1982 AP BUrlG § 7 Nr. 4; BAG 5. 12. 1995 AP BUrlG § 7 Abgeltung Nr. 70). Dies ist jedoch ausgeschlossen, wenn der Beschäftigte noch vor Jahresende wieder arbeitsfähig wird und in der noch verbleibenden Zeit seinen (Rest-) Urlaub nehmen kann. Der Urlaub ist zu gewähren außer es sind betrieblich Gründe gegeben, die den Urlaubsantritt ausschließen. Entsprechendes gilt, wenn die bis Jahresende verbleibende Zeit es nur ermöglicht, einen Teil des Urlaubes zu nehmen. Wird dieser Zeitraum nicht genutzt, verfällt der Urlaubsanteil. Der Urlaub wird nur in der Höhe übertragen, in dem er wegen der Erkrankung nicht bis zum Jahresende genommen werden konnte.

12.5. Übertragungsfristen. Liegen die Voraussetzungen für eine Urlaubsübertragung vor, wird der Erholungsurlaub auf das folgende Kalenderjahr übertragen. Für diesen Fall trifft der TVöD eine eigenständige Regelung. Nach § 26 Abs. 2 Buchst. a S. 1 muss der Urlaub bis zum **31. März** des folgenden Kalenderjahres angetreten werden. „Antritt" des Urlaubs heißt nach allgemeinem Sprachverständnis, dass der zeitliche Beginn des Urlaubs vor Ablauf des Stichtags liegen muss (BAG 18. 3. 2003 – 9 AZR 190/02 – AP BUrlG § 3 Rechtsmissbrauch Nr. 17).

Nach Satz 2 ist es zulässig, den Resturlaub bis zum **31. Mai** anzutreten, wenn er aus dienstlichen oder betrieblichen Gründen oder wegen Arbeitsunfähigkeit nicht rechtzeitig angetreten werden konnte. Dienstliche oder betriebliche Gründe dürfen nur in seltenen Ausnahmefällen ursächlich für den nicht fristgerechten Urlaubsantritt sein, denn die Verwaltungen/Betriebe haben das Gebot der zeitgerechten Urlaubsabwicklung zu beachten.

Die Übertragungszeiträume sind auch dann rechtlich bindend, wenn der Beschäftigte an der rechtzeitigen Urlaubseinbringung wegen einer lang andauernden **Arbeitsunfähigkeit** gehindert war (vgl. BAG 13. 5. 1982 – 6 AZR 369/80 – AP BUrlG § 7 Nr. 4). Ist der Urlaub so festgelegt, dass er noch vor dem Stichtag (31. März) angetreten wird und erkrankt der Arbeitnehmer während des festgesetzten Urlaubs, führt das nicht zu einer Verlängerung des Übertragungszeitraums. Die nach S. 2 vorgesehene weitere Befristung kommt in diesem Fall nicht in Betracht, da der Beschäftigte nicht wegen Arbeitsunfähigkeit den Urlaub bis zum 31. März nicht angetreten hat. Er ist erst nach diesem Zeitpunkt erkrankt. In diesem Fall verfallen die wegen Arbeitsunfähigkeit nicht erfüllten Urlaubsansprüche. Es besteht kein Anspruch auf nachträgliche Gewährung der Urlaubstage (vgl. BAG 19. 3. 1996 – 9 AZR 67/95, NZA 1996, 942 = BB 1996, 1671, vgl. BAG 21. 1. 1997 – 9 AZR 791/95, NZA 1997, 889 = ZTR 1997, 414).

12.6. Schadenersatz. Hat der Arbeitnehmer den Urlaubsanspruch rechtzeitig erfolglos geltend gemacht und war die Gewährung des Urlaubs möglich, so hat der Arbeitgeber den Schaden zu ersetzen, der durch die nach seinem Verzug infolge Zeitablaufs eingetretenen Unmöglichkeit der Erfüllung des Urlaubsanspruchs entstanden ist. An die Stelle des ursprünglichen Erfüllungsanspruchs tritt in diesem Fall ein Urlaubsanspruch als Schadensersatz in entsprechender Höhe (vgl. BAG 24. 11. 1992 – 9 AZR 549/91 – AP BUrlG § 1 Nr. 23; BAG 21. 2. 1995 – 9 AZR 166/94, NZA 1995, 839 = ZTR 1995, 465).

13.1. Erkrankung. Eine gesonderte Regelung für die Erkrankung des Beschäftigten im Erholungsurlaub ist in § 26 nicht mehr vorgesehen. Damit ist § 9 BUrlG unmittelbar anzuwenden. Die gesetzliche Vorschrift sieht vor, dass durch ärztliches Attest nachgewiesene Tage der Arbeitsunfähigkeit nicht auf den Erholungsurlaub angerechnet werden. Eine Nichtanrechnung von Krankheitstagen auf den Urlaub setzt voraus, dass die Arbeitsunfähigkeit für alle Krankheitstage durch ärztliche Bescheinigung nachgewiesen wird, daher auch bei einer Erkrankung von weniger als vier Krankheitstagen.

Es liegt im Interesse des Beschäftigten schnellst möglich einen Arzt aufzusuchen, da eine rückwirkende Feststellung der Erkrankung in der Regel unzulässig ist.

Erkrankt der Arbeitnehmer vor Urlaubsantritt, braucht er den Urlaub nicht anzutreten. Nach Genesung des Beschäftigten ist der Urlaub erneut festzusetzen.

13.2. Urlaubsanspruch im Anschluss an Maßnahmen der medizinischen Vorsorge oder Rehabilitation. Der bisher im Tarifrecht normierte Anspruch des Arbeitnehmers auf Erteilung von Erholungsurlaub im Anschluss an eine Maßnahme der medizinischen Vorsorge oder Rehabilitation ergibt sich nun unmittelbar aus dem BUrlG. Maßnahmen der medizinischen Vorsorge oder Rehabilitation werden

§ 26 Abschnitt IV. Urlaub und Arbeitsbefreiung

nicht auf den Urlaub angerechnet, soweit ein Anspruch auf Fortzahlung des Arbeitsentgelts nach dem EFZG besteht. Zu beachten ist, dass nicht jede Maßnahme der medizinischen Vorsorge oder Rehabilitation einen Entgeltfortzahlungsanspruch auslöst. In diesem Fall findet § 10 BUrlG keine Anwendung. Nach § 7 Abs. 1 S. 2 BUrlG ist der Urlaub zu gewähren, wenn der Arbeitnehmer dies im Anschluss an eine Maßnahme der medizinischen Vorsorge oder Rehabilitation verlangt.

44 **14. Verbot der Erwerbstätigkeit.** Der TVöD/TV-L enthält anders als der BAT/-O keine eigene Regelung zur Zulässigkeit einer Erwerbstätigkeit während des Erholungsurlaubs. Nach § 8 BUrlG darf der Arbeitnehmer keine dem Urlaubszweck widersprechende Erwerbstätigkeit leisten. Erwerbstätigkeit ist in der Regel eine Arbeit für die eine Gegenleistung in Form von Geld oder Sachwerten gewährt wird oder erwartet werden kann. Die Ausübung einer genehmigten Nebentätigkeit wird nicht von dem Verbot erfasst. Zulässig sind auch kleinere Gefälligkeitsarbeiten. Eine Rechtsfolge bei Verstoß gegen die gesetzlich normierte Verpflichtung ist in § 8 BUrlG nicht vorgesehen. So führt insbesondere die verbotswidrige Erwerbstätigkeit nicht zum Wegfall des Urlaubs. Entsprechendes gilt für das in diesem Zeitraum fortzuzahlende Entgelt. § 8 BUrlG begründet kein Recht des Arbeitgebers, die Entgeltfortzahlung zu kürzen (BAG 25. 2. 1988 – 8 AZR 596/85 – AP BUrlG § 8 Nr. 3).

45 **15.1. Urlaubsabgeltung.** Die tarifliche Regelung in § 51 BAT/-O wurde ersatzlos gestrichen. Auch hier findet das BUrlG Anwendung. Nach § 7 Abs. 4 BUrlG ist jeder berechtigte Urlaubsanspruch in Gestalt von Freizeit zu erfüllen. Die Abgeltung von Urlaubsansprüchen soll nicht die Regel, sondern die **Ausnahme** sein. Das gilt sowohl für den Erholungsurlaub, als auch für den Zusatzurlaub. Der Anspruch auf Abgeltung ist als Ersatz (Surrogat) für den Urlaub gedacht, welcher wegen Beendigung des Arbeitsverhältnisses nicht mehr gewährt werden kann. Er ist **kein Abfindungsanspruch**, sondern ist an die gleichen Bedingungen gebunden wie der Urlaubsanspruch. Es wird deshalb vorausgesetzt, dass der Urlaubsanspruch noch erfüllt werden könnte, wenn das Beschäftigungsverhältnis weiter bestünde. Ist der Beschäftigte **arbeitsunfähig** erkrankt, ist der Urlaubsabgeltungsanspruch ausgeschlossen (vgl. BAG 5. 12. 1995 – 9 AZR 871/94, NZA 1996, 594 = ZTR 1996, 372; vgl. BAG 17. 1. 1995 – 9 AZR 664/93, NZA 1995, 531 = EzA § 7 BUrlG Nr. 98), wenn der Beschäftigte bei Ausscheiden aus dem Arbeitsverhältnis die Arbeitsfähigkeit nicht bis zum Ablauf der in § 26 Abs. 2 Buchst. a vereinbarten Frist wiedererlangt. Die Darlegungs- und Beweislast für die Arbeitsfähigkeit und damit für die Erfüllbarkeit des Urlaubsabgeltungsanspruchs trägt der Arbeitnehmer.

46 **15.2. Sinn und Zweck.** Durch den Abgeltungsanspruch soll dem Arbeitnehmer die Möglichkeit gegeben werden, nach Beendigung des Arbeitsverhältnisses mit der Arbeit auszusetzen und sich so eine bezahlte Freizeit zu verschaffen, um sich von geleisteter Arbeit zu erholen und für die Arbeiten in einem späteren Arbeitsverhältnis zu kräftigen. Der ausgeschiedene Arbeitnehmer ist aber grundsätzlich nicht verpflichtet, den Abgeltungsbetrag nach Beendigung des Arbeitsverhältnisses für seine Erholung zu verwenden, sondern er kann **unmittelbar** im Anschluss an sein bisheriges Beschäftigungsverhältnis ein neues Arbeitsverhältnis beginnen.

47 Eine **Ausnahme** von diesem Grundsatz besteht dann, wenn der Arbeitnehmer, der im Laufe des Kalenderjahres den Arbeitsplatz wechselt, sowohl einen Anspruch auf Urlaubsabgeltung gegen den alten Arbeitgeber sowie einen Anspruch auf bezahlte Freizeit gegen den neuen Arbeitgeber hat. In diesen Fällen darf der frühere Arbeitgeber den Beschäftigten auf den Urlaubsanspruch gegen seinen neuen Arbeitgeber verweisen (vgl. BAG 5. 11. 1970 – 5 AZR 154/70 – AP BUrlG § 7 Nr. 8).

Zusatzurlaub **§ 27**

15.3. Ausscheiden durch Kündigung. Grundsätzlich wird jede Art der Kündigung erfasst, unabhängig von wem sie ausgesprochen wurde. Wird das Arbeitsverhältnis gekündigt ist der Arbeitgeber zunächst verpflichtet, den noch nicht erfüllten Urlaub während der Kündigungsfrist zu gewähren. Von der Pflicht wird er nur bei Vorliegen von dienstlichen oder betrieblichen Gründen befreit. Die Prüfung, ob solche Gründe gegeben sind, erfordert eine Abwägung zwischen den Interessen des Arbeitgebers und denen des Arbeitnehmers. Wird der Urlaub aus nicht anerkennswerten Gründen versagt, kann der Arbeitgeber schadenersatzpflichtig werden. Der Beschäftigte ist seinerseits verpflichtet, den noch zustehenden Urlaub zu beantragen und anzutreten. Weigert sich der Arbeitnehmer, den noch ausstehenden Urlaub zu nehmen, entfällt der Abgeltungsanspruch.

48

15.4. Ausscheiden aus anderen Gründen. Zu den Beendigungstatbeständen, die eine Urlaubsabgeltung auslösen können, gehören auch der **Auflösungsvertrag, Befristung oder Eintritt der Bedingung.** Der Übergang von der Arbeits- in die Freistellungsphase bei einer **Altersteilzeit** im Blockmodell stellt keine Beendigung des Arbeitsverhältnisses dar. Die Abgeltung der Urlaubsansprüche, die zum Zeitpunkt des Überganges noch nicht erfüllt sind, scheidet nach § 7 Abs. 4 BUrlG daher aus. § 7 Abs. 4 BUrlG ist auch nicht entsprechend anwendbar, weil kein planwidrige, lückenhafte gesetzliche Regelung vorliegt (BAG 15. 3. 2005 – 9 AZR 143/04, NZA 2005, 994).

49

15.5. Umfang und Fälligkeit des Abgeltungsanspruchs. Der Urlaubsabgeltungsanspruch erfasst alle Arten von Erholungsurlaub, so auch den Zusatzurlaub einschließlich der gesetzlichen Vorschriften. Der Umfang des Anspruchs richtet sich nach den noch nicht gewährten Urlaubstagen. Abzugelten sind volle Urlaubstage.

50

Der Urlaubsabgeltungsanspruch entsteht mit der Beendigung des Arbeitsverhältnisses, wenn bis dahin der Urlaubsanspruch nicht oder noch nicht voll erfüllt ist. Zur Geltendmachung des Anspruchs ist der Rechtsweg zu den Arbeitsgerichten zu beschreiten. Die Erhebung der Kündigungsschutzklage hat grundsätzlich nicht die Geltendmachung von Urlaubsansprüchen des Arbeitnehmers zum Inhalt. Der Arbeitnehmer ist gehalten seine Urlaubsansprüche zusätzlich und fristgerecht einzubringen, um den Arbeitgeber mit der Urlaubsgewährung in Verzug zu setzen (vgl. BAG 17. 1. 1995 – 9 AZR 664/93 = NZA 1995, 530). Der Anspruch unterliegt der Ausschlussfrist des § 37. Die sechsmonatige Frist beginnt nach dem Tag der Fälligkeit. Sie berechnet sich nach den §§ 186 ff. BGB.

51

Die Urlaubsabgeltung unterliegt der Steuerpflicht (§ 19 Abs. 1 EStG, § 2 LStDV). Sie ist aber kein zusatzversorgungspflichtiges Entgelt (§ 8 Abs. 5 S 3 Buchst. e VersTV, § 7 Abs. 5 S 3 Buchst. e VersTV-G).

52

§ 27 TVöD Zusatzurlaub

(1) **Beschäftigte, die ständig Wechselschichtarbeit nach § 7 Abs. 1 oder ständig Schichtarbeit nach § 7 Abs. 2 leisten und denen die Zulage nach § 8 Abs. 5 Satz 1 oder Abs. 6 Satz 1 zusteht, erhalten**
a) bei Wechselschichtarbeit für je zwei zusammenhängende Monate und
b) bei Schichtarbeit für je vier zusammenhängende Monate
einen Arbeitstag Zusatzurlaub.

(2) **Im Falle nicht ständiger Wechselschicht- oder Schichtarbeit (z. B. ständige Vertreter) erhalten Beschäftigte des Bundes, denen die Zulage nach § 8 Abs. 5 Satz 2 oder Abs. 6 Satz 2 zusteht, einen Arbeitstag Zusatzurlaub für**

a) je drei Monate im Jahr, in denen sie überwiegend Wechselschichtarbeit geleistet haben, und
b) je fünf Monate im Jahr, in denen sie überwiegend Schichtarbeit geleistet haben.

Protokollerklärung zu den Absätzen 1 und 2:
[1] Der Anspruch auf Zusatzurlaub bemisst sich nach der abgeleisteten Schicht- oder Wechselschichtarbeit und entsteht im laufenden Jahr, sobald die Voraussetzungen nach Absatz 1 oder 2 erfüllt sind. [2] Für die Feststellung, ob ständige Wechselschichtarbeit oder ständige Schichtarbeit vorliegt, ist eine Unterbrechung durch Arbeitsbefreiung, Freizeitausgleich, bezahlten Urlaub oder Arbeitsunfähigkeit in den Grenzen des § 22 unschädlich

(3) Im Falle nicht ständiger Wechselschichtarbeit und nicht ständiger Schichtarbeit im Bereich der VKA soll bei annähernd gleicher Belastung die Gewährung zusätzlicher Urlaubstage durch Betriebs-/Dienstvereinbarung geregelt werden.

(4) [1] Zusatzurlaub nach diesem Tarifvertrag und sonstigen Bestimmungen mit Ausnahme von § 125 SGB IX wird nur bis zu insgesamt sechs Arbeitstagen im Kalenderjahr gewährt. [2] Erholungsurlaub und Zusatzurlaub (Gesamturlaub) dürfen im Kalenderjahr zusammen 35 Arbeitstage nicht überschreiten. [3] Satz 2 ist für Zusatzurlaub nach den Absätzen 1 und 2 hierzu nicht anzuwenden. [4] Bei Beschäftigten, die das 50. Lebensjahr vollendet haben, gilt abweichend von Satz 2 eine Höchstgrenze von 36 Arbeitstagen; § 26 Abs. 1 Satz 3 gilt entsprechend.

(5) Im Übrigen gilt § 26 mit Ausnahme von Absatz 2 Buchst. b entsprechend.

§ 27 TV-L Zusatzurlaub

(1) [1] Für die Gewährung eines Zusatzurlaubs gelten die für die Beamten des jeweiligen Landes jeweils maßgebenden Bestimmungen für Grund und Dauer sinngemäß. [2] Die beamtrechtlichen Bestimmungen gelten nicht für den Zusatzurlaub für Wechselschichtarbeit, Schichtarbeit und Nachtarbeit.

(2) Beschäftigte, die ständig Wechselschichtarbeit nach § 7 Absatz 1 oder ständig Schichtarbeit nach § 7 Absatz 2 leisten und denen die Zulage nach § 8 Absatz 7 Satz 1 oder Absatz 8 Satz 1 zusteht, erhalten einen Arbeitstag Zusatzurlaub
a) bei Wechselschichtarbeit für je zwei zusammenhängende Monate und
b) bei Schichtarbeit für je vier zusammenhängende Monate.

(3) Im Falle nicht ständiger Wechselschicht- oder Schichtarbeit (zum Beispiel ständige Vertreter) erhalten Beschäftigte, denen die Zulage nach § 8 Absatz 7 Satz 2 oder Absatz 8 Satz 2 zusteht, einen Arbeitstag Zusatzurlaub für
a) je drei Monate im Jahr, in denen sie überwiegend Wechselschichtarbeit geleistet haben, und
b) je fünf Monate im Jahr, in denen sie überwiegend Schichtarbeit geleistet haben.

Protokollerklärung zu § 27 Absatz 2 und 3:
[1] Der Anspruch auf Zusatzurlaub bemisst sich nach der abgeleisteten Schicht- oder Wechselschichtarbeit und entsteht im laufenden Jahr, sobald die Voraussetzungen nach Absatz 2

Zusatzurlaub § 27

oder 3 erfüllt sind. ²Für die Feststellung, ob ständige Wechselschichtarbeit oder ständige Schichtarbeit vorliegt, ist eine Unterbrechung durch Arbeitsbefreiung, Freizeitausgleich, bezahlten Urlaub oder Arbeitsunfähigkeit in den Grenzen des § 22 unschädlich.

(4) ¹**Zusatzurlaub nach diesem Tarifvertrag und sonstigen Bestimmungen mit Ausnahme von § 125 SGB IX wird nur bis zu insgesamt sechs Arbeitstagen im Kalenderjahr gewährt.** ²**Erholungsurlaub und Zusatzurlaub (Gesamturlaub) dürfen im Kalenderjahr zusammen 35 Arbeitstage nicht überschreiten.** ³**Satz 2 ist für Zusatzurlaub nach den Absätzen 2 und 3 hierzu nicht anzuwenden.** ⁴**Bei Beschäftigten, die das 50. Lebensjahr vollendet haben, gilt abweichend von Satz 2 eine Höchstgrenze von 36 Arbeitstagen; § 26 Absatz 1 Satz 4 gilt entsprechend.**

(5) **Im Übrigen gilt § 26 mit Ausnahme von Absatz 2 Buchstabe b entsprechend.**

Erläuterungen zu § 27 TVöD/TV-L

Sonderregelungen 1

Zu § 27 TVöD

Besonderer Teil. Es sind folgende Regelungen in den Besonderen Teilen zum TVöD zu beachten:
Besonderer Teil Verwaltung (BT-V)
Bund:
§ 46 Nr. 7 und 15 BT-V (Bund) für Beschäftigte im Bereich des Bundesministeriums der Verteidigung
§ 47 Nr. 7 BT-V (Bund) für Beschäftigte des Bundesministeriums für Verkehr, Bau- und Wohnungswesen
§ 55 Nr. 6 BT-V (VKA) für Beschäftigte an Theatern und Bühnen
Besonderer Pflege- und Betreuungseinrichtungen (BT-B)
§ 53 BT-B Zusatzurlaub
Zu § 27 TV-L
§ 41 Nr. 17 TV-L für Ärztinnen und Ärzte an Universitätskliniken
§ 42 Nr. 7 TV-L für Ärztinnen und Ärzte außerhalb von Universitätskliniken
§ 43 Nr. 7 TV-L für die nicht ärztlichen Beschäftigten in den Universitätskliniken und Krankenhäusern
§ 44 Nr. 3 TV-L für Beschäftigte als Lehrkräfte
§ 46 Nr. 8 TV-L für Beschäftigte auf Schiffen und schwimmenden Geräten

1.1. Allgemein. Beschäftigte, die ständig Wechselschichtarbeit oder ständig 2 Schichtarbeit leisten und gem. § 8 zuschlagsberechtigt sind, erhalten Zusatzurlaub nach § 27. Die Vorschrift wurde im Vergleich zum bisherigen Tarifrecht (§ 48 a BAT/-O) wesentlich vereinfacht. Zusatzurlaub für Nachtarbeit findet sich nur noch in § 53 BT-K. Dies gilt jedoch nicht für den Bereich der Bundeswehrkrankenhäuser. Die Dauer des Zusatzurlaubs bei Wechselschicht- und Schichtarbeit bemisst sich künftig nicht mehr nach den geleisteten Stunden des Vorjahres sondern nach der Arbeitsleistung im laufenden Kalenderjahr. Der im bisherigen Tarifrecht enthaltene Verweis auf beamtenrechtliche Bestimmungen (§ 49 BAT/-O) ist im TVöD nicht mehr enthalten. Der Zusatzurlaub für **gesundheitsgefährdende Arbeiten für Arbeiter des Bundes oder der Kommunen** wird bis In-Kraft-Treten eines entsprechenden Tarifvertrages unter den bisher geltenden Voraussetzungen gewährt (§ 15 Abs. 3 TVÜ Bund /VKA).

3 Der Zusatzurlaub teilt grundsätzlich das Schicksal des Erholungsurlaubs. In § 27 Abs. 5 wird ausdrücklich auf die Regelungen des § 26 verwiesen. Die Ausführungen zur Wartezeit, zur Urlaubsübertragung oder zur Urlaubsabgeltung sind zu beachten. Keine Anwendung findet die Zwölftelregelung nach § 26 Abs. 2 Buchst. b.

4 **1.2. Wechselschicht- und Schichtarbeit.** § 27 unterscheidet in Abs. 1 und Abs. 2 zwischen ständiger und nicht ständiger Wechselschicht- und Schichtarbeit. Die Voraussetzungen unter denen eine ständige oder nicht ständige Wechselschicht- und Schichtarbeit gegeben ist sind im TVöD nicht näher geregelt. In der Regel ist von einer **ständigen** Wechselschicht- und Schichtarbeit auszugehen, wenn sie dauerhaft und unbefristet zugewiesen wird und der Beschäftigte in einem entsprechenden Schichtplan eingeordnet worden ist. Nach Satz 2 der Protokollerklärung zu den Absätzen 1 und 2 ist hierbei eine Unterbrechung durch Arbeitsbefreiung, Freizeitausgleich, bezahlten Urlaub oder Arbeitsunfähigkeit in den Grenzen des § 22 unschädlich. Eine **unständige** Wechselschicht- und Schichtarbeit leistet bspw. der Vertreter oder Springer.

5 **1.3. Zusatzurlaub bei ständiger Wechselschicht- und Schichtarbeit.** Ein Zusatzurlaub nach § 27 Abs. 1 setzt voraus, dass dem Beschäftigten eine Wechselschichtzulage nach § 8 Abs. 5 S. 1 (105 Euro monatlich) oder eine Schichtzulage nach § 8 Abs. 6 S. 1 (40 Euro monatlich) zusteht.

6 Bei ständiger **Wechselschichtarbeit** erhält der Beschäftigte für je zwei zusammenhängende Monate einen Arbeitstag als Zusatzurlaub. Der Zusatzurlaub ist auf höchstens sechs Arbeitstage pro Jahr beschränkt.

7 Bei ständiger **Schichtarbeit** erhält der Arbeitnehmer für je vier zusammenhängende Monate einen Arbeitstag als Zusatzurlaub. Der Zusatzurlaub ist damit auf höchstens drei Arbeitstage pro Jahr beschränkt.

8 **1.4. Zusatzurlaub bei unständiger Wechselschicht- und Schichtarbeit.** Im Falle der unständigen Wechselschicht- und Schichtarbeit ist zwischen den **Beschäftigten** im Bereich des **Bundes und** im Bereich der VKA **zu unterscheiden.**

9 Beschäftigte des **Bundes,** die nur unständige **Wechselschichtarbeit** leisten und denen eine Wechselschichtzulage nach § 8 Abs. 5 S. 2 (0,63 Euro pro Stunde) zusteht, erhalten für je drei Monate je einen Arbeitstag Zusatzurlaub. Der Zusatzurlaub ist damit auf höchstens vier Arbeitstage im Jahr beschränkt.

10 Leisten die Beschäftigten des Bundes **Schichtarbeit** und erhalten eine Schichtzulage nach § 8 Abs. 5 S. 6 (0,24 Euro pro Stunde), steht ihnen Zusatzurlaub für fünf Monate im Jahr zu. Der Zusatzurlaub ist damit auf höchstens zwei Arbeitstage im Jahr beschränkt.

11 Nach Satz 1 der **Protokollerklärung** zu den Abs. 1 und 2 bemisst sich der Anspruch auf Zusatzurlaub nach der abgeleisteten Wechselschicht- oder Schichtarbeit und entsteht im laufenden Jahr, sobald die Voraussetzungen nach Abs. 1 oder Abs. 2 erfüllt sind. Das bedeutet in Abweichung zum bisherigen Tarifrecht (§ 48a BAT/-O), dass Zusatzurlaub in demjenigen Jahr beansprucht werden kann, in dem die Wechselschicht- und Schichtarbeit geleistet wurde. Der Zusatzurlaub kann z. B. bei ständiger Wechselschichtarbeit erstmals nach zwei Monaten Wechselschichtarbeit geltend gemacht werden und bei Schichtarbeit erstmals nach vier Monaten. Die erforderlichen vollen Monate müssen innerhalb eines Jahres, das nicht zwingend das Kalenderjahr sein muss, erbracht werden. Für die Berechnung der Frist sind die Regelungen des BGB heranzuziehen. Maßgeblich ist der Zeitpunkt zu dem die Aufnahme der entsprechenden Arbeitsleistung erfolgt.

Für die Beschäftigten der **Kommunen** soll nach Abs. 3 die Gewährung zusätzlicher Urlaubstage durch Betrieb-/oder Dienstvereinbarung geregelt werden. Diese

Regelung gilt dann, wenn die nicht regelmäßige Wechselschicht- und Schichtarbeit eine annähernd gleich Belastung wie bei dauernder Inanspruchnahme beinhaltet.

Für die **Beschäftigten der Länder** gelten die Ausführungen zur Wechsel- 12
schicht- und Schichtarbeit des Bundes entsprechend (vgl. Rn. 9). Des Weiteren sind für die Gewährung von Zusatzurlaub hinsichtlich des Grundes und der Dauer die für die Beamten des Arbeitgebers jeweils maßgebenden Bestimmungen sinngemäß anzuwenden. § 27 Abs. 1 TV-L entspricht der bisherigen Regelung des § 49 BAT/BAT-O, welche im TVöD nicht aufgenommen wurde. Die Vorschrift bezweckt die Gleichstellung der AN mit den Beamten. Erhalten diese auf Grund besonderer Verhältnisse einen Zusatzurlaub, dann sind die für die Beamten des AG's jeweils geltenden Bestimmungen sinngemäß auf die Beschäftigten anzuwenden, soweit es sich nicht um einen Zusatzurlaub für Wechselschichtarbeit, Schichtarbeit und Nachtarbeit handelt. In § 27 Abs. 1 TV-L wird ausschließlich nur wegen des Grundes und der Dauer auf die beamtenrechtlichen Regelungen verwiesen; im Übrigen gelten die tariflichen Vorschriften.

Grundsätzlich wird auf jeden Zusatzurlaub Bezug genommen, ohne Rücksicht 13
darauf, auf welcher rechtlichen Grundlage er den Beamten gewährt wird. Es kommen somit auch Richtlinien und Erlasse in Betracht. Die für die Beamten maßgebenden Vorschriften über einen zusätzlichen Urlaub sind vornehmlich in den Urlaubsverordnungen enthalten, die die Länder erlassen haben.

2. Gesetzlicher Zusatzurlaub. Gesetzlicher Zusatzurlaub wird gewährt für 14
Schwerbehinderte gem. § 125 SGB IX. Danach haben Schwerbehinderte einen Anspruch auf gesetzlichen Zusatzurlaub von fünf Arbeitstagen im Urlaubsjahr. Ist die regelmäßige wöchentliche auf mehr oder weniger als fünf Arbeitstage in der Kalenderwoche verteilt, erhöht oder vermindert sich der Zusatzurlaub. Der Zusatzurlaub setzt die Schwerbehinderteneigenschaft des Arbeitnehmers voraus. Diese liegt vor, wenn der Grad der Behinderung mindestens 50% beträgt. Die Feststellung der Schwerbehinderteneigenschaft durch die zuständige Behörde ist für die Geltendmachung des Anspruchs nicht erforderlich. Der behördlichen Feststellung kommt nur deklaratorische Wirkung zu (vgl. BAG, 26. 6. 1986 – 8 AZR 266/84 – AP SchwbG § 44 Nr. 6). Die Schwerbehinderteneigenschaft muss allerdings nachgewiesen werden. Der Nachweis kann durch die in § 69 Abs. 1 bis 4 SGB IX genannten Feststellungen oder durch einen nach § 69 Abs. 5 beantragten amtlichen Ausweis geführt werden.

Auf die nach § 2 Abs. 3 SGB IX den Schwerbehinderten gleichgestellten Perso- 15
nen ist gem. § 68 Abs. 3 SGB IX die Zusatzurlaubsregelung nicht anzuwenden.

Besteht die Schwerbehinderteneigenschaft nicht während des gesamten Kalender- 16
jahres, so hat der schwerbehinderte Mensch für jeden vollen Monat der im Beschäftigungsverhältnis vorliegenden Schwerbehinderteneigenschaft einen Anspruch auf ein Zwölftel des Zusatzurlaubs nach Absatz 1 Satz 1. Bruchteile von Urlaubstagen, die mindestens einen halben Tag ergeben, sind auf volle Urlaubstage aufzurunden.

Der Zusatzurlaub muss wie der Erholungsurlaub beim Arbeitgeber beantragt 17
werden. Wird die Eigenschaft als schwerbehinderter Mensch nach § 69 Abs. 1 und 2 SGB IX rückwirkend festgestellt, finden auch für die Übertragbarkeit des Zusatzurlaubs in das nächste Kalenderjahr die dem Beschäftigungsverhältnis zugrunde liegenden urlaubsrechtlichen Regelungen Anwendung (§ 125 Abs. 3 SGB IX). Insoweit ist die Frist nach § 26 Abs. 2 Buchst. a zu beachten. Der Beschäftigte muss den Zusatzurlaub spätestens bis 31. 3. beantragen und angetreten haben.

Landesrechtliche Bestimmungen erhalten Regelungen über den Urlaub für Op- 18
fer des Nationalsozialismus und für solche Arbeitnehmer, die geistig oder körperlich in ihrer Erwerbsfähigkeit behindert sind.

§ 27 Abschnitt IV. Urlaub und Arbeitsbefreiung

19 3. **Höchstbegrenzungen.** Wie im bisherigen Tarifrecht sieht auch § 27 Abs. 4 eine Höchstbegrenzung von Zusatzurlaub und Erholungsurlaub vor. Er wird nach Satz 1 bis zu insgesamt sechs Arbeitstagen im Urlaubsjahr gewährt.

20 3.1. **Zusatzurlaub.** Der Zusatzurlaub für **schwerbehinderte Menschen** kann neben dem Zusatzurlaub nach TVöD auch oberhalb der Höchstgrenze beansprucht werden. In den übrigen Fällen wird Zusatzurlaub für höchstens sechs Arbeitstage im Kalenderjahr gewährt. Besteht bspw. Anspruch auf Zusatzurlaub für ständige Wechselschichtarbeit und des weiteren Zusatzurlaub für gesundheitsgefährdende Arbeiten (siehe unter Punkt 1.1) dürfen insgesamt nicht mehr sechs Arbeitstage Zusatzurlaub im Kalenderjahr gewährt werden.

21 3.2. **Gesamturlaub.** Nach Satz 2 darf der Gesamturlaub, bestehend aus dem Erholungsurlaub und dem Zusatzurlaub, im Kalenderjahr 35 Arbeitstage nicht überschreiten. Von der Begrenzung nicht erfasst wird Zusatzurlaub, der für ständige oder unständige Wechselschicht- oder Schichtarbeit gewährt wird. Dieser Zusatzurlaub kann auch oberhalb der Höchstgrenze von 35 Arbeitstagen in Anspruch genommen werden. Wird hingegen Zusatzurlaub für gesundheitsgefährdende Arbeiten beansprucht, muss die Höchstgrenze nach Satz 2 beachtet werden. Sonderurlaub nach § 28 oder Arbeitsbefreiung nach § 29 ist nicht auf die Höchstgrenze anzurechnen.

22 Bei **Beschäftigten, die das 50. Lebensjahr** vollendet haben, beträgt der Gesamturlaub 36 Arbeitstage. Ausschlaggebend ist das Lebensjahr, in dessen Lauf der Arbeitnehmer das 50. Lebensjahr vollendet (§ 27 Abs. 4 S. 4).

23 Auch ein freigestelltes **Personalratsmitglied** hat Anspruch auf Gewährung des Zusatzurlaubs (vgl. BAG, 8. 10. 1981 – 6 AZR 81/79 – AP BAT § 49 Nr. 2). Wird über die Gewährung des Zusatzurlaubs an freigestellte Personalratsmitglieder gestritten, sind nach der ständigen Rechtsprechung des BAG die vertraglichen Ansprüche eines Betriebs- oder Personalratsmitgliedes im Urteils- und nicht im Beschlussverfahren (§ 83 BPersVG) geltend zu machen.

24 Nach Abs. 5 gelten im Übrigen für die Gewährung von Zusatzurlaub die Regelungen zum Erholungsurlaub (§ 26) entsprechend. Ausgenommen wird § 26 Abs. 2 Buchst. b, wonach eine Zwölftelung vorzunehmen ist, wenn ein Arbeitsverhältnis im Laufe eines Kalenderjahres beginnt oder endet. Die Höhe des Zusatzurlaubs ist somit nur von der Dauer der geleisteten Wechselschicht- oder Schichtarbeit abhängig.

Anhang

**Tarifvertrag
über Zusatzurlaub für gesundheitsgefährdende Arbeiten
für Arbeiter des Bundes
vom 26. 7. 1960**

zuletzt geändert durch § 15 des Tarifvertrages zur redaktionellen Änderung und zur Aufhebung von Tarifverträgen vom 29. 5. 2000

Zwischen
der Bundesrepublik Deutschland,
vertreten durch den Bundesminister des Innern,
einerseits
(der vertragschließenden Gewerkschaft)
andererseits

wird für die Arbeiter des Bundes, deren Arbeitsverhältnis durch den Manteltarifvertrag für Arbeiterinnen und Arbeiter des Bundes und der Länder (MTArb) vom 6. Dezember 1995 geregelt sind, gemäß § 49 Abs. 2 MTArb Folgendes vereinbart:

G. Cerff

Zusatzurlaub § 27

§ 1

(1) Als gesundheitsgefährdend im Sinne des § 49 Abs. 1 MTArb gelten nachstehende Arbeiten:
1. Arbeiten in Getreidesilos,
2. Arbeiten in Steinbrüchen bei erheblicher Einwirkung von kieselsäurehaltigem Staub,
3. Arbeiten in Splittsilos mit Siebtrommeln oder mechanischer Beschickungsanlage,
4. Dampfkesselreinigen von innen,
5. Drehen, Bohren, Fräsen von Grauguss bei erheblicher Staubentwicklung,
6. Arbeiten mit Sandstrahlgebläsen,
7. E-Schweißen mit ummantelten Elektroden sowie Handreichungen beim E-Schweißen mit ummantelten Elektroden oder beim Löten unter Verwendung von Schweißgeräten, wenn der Arbeiter hierbei der Einwirkung des Rauches unmittelbar ausgesetzt ist,
8. autogenes Schneiden und Schweißen an mit Mennige oder sonstigen gesundheitsgefährdenden Schutzfarben vorgestrichenen Eisenteilen,
9. Schweißen und Arbeiten mit Schneidbrennern im Innern von Kesseln und Behältern,
10. Anstreichen mit Blei-, Nitrofarben oder sonstigen giftigen Stoffen in engen Räumen oder Behältern,
11. Spritzen mit Blei-, Nitrofarben oder sonstigen giftigen Stoffen in geschlossenen Räumen, wenn der Arbeiter sich im gleichen Raum wie das Spritzgut befindet oder in einem anderen Raum, in dem er der Einwirkung von Farbspritznebeln nicht völlig entzogen ist,
12. maschinelles Aufbringen von Teer, Bitumen und Asphalt für die am Gerät tätigen Spritzer,
13. Mischen, Herstellen und Einstreichen der Füllmasse in die Platten (Gitter und Rahmen) von Bleiakkumulatoren, Abbau gebrauchter Bleiakkumulatoren,
14. Grobschmieden bei schweren, großen Stücken oder bei Feuerarbeit an großen Schmiedefeuern oder Öfen,
15. Arbeiten mit stark schlagenden Pressluftwerkzeugen einschließlich Gegenhalten beim Nieten,
16. Arbeiten in Druckluft,
17. Taucherarbeiten,
18. Arbeiten in den Tierkörperbeseitigungsanstalten und in der Konfiskatbeseitigung, wenn eine erhebliche Infektionsgefahr gegeben ist,
19. Arbeiten an offenen Kläranlagen von Krankenanstalten, Sanatorien oder ähnlichen Einrichtungen, die von Hand gereinigt werden müssen und bei denen eine erhebliche Infektionsgefahr gegeben ist,
20. Desinfektionsarbeiten mit Ausnahme von Schädlingsbekämpfung,
21. Arbeiten in Prosekturen und an Verbrennungsöfen in Krankenanstalten, Sanatorien und ähnlichen Einrichtungen, wenn in erheblichem Umfang Infektionsgefahr gegeben ist,
22. Arbeiten an laufenden Flugzeugtriebwerken,
23. Arbeiten in Prüfständen von Motoren für Kettenfahrzeuge, Flugzeuge und Schiffe,
24. Arbeiten im Innern von Tankanlagen und Reinigen der Filter von Treibstoffanlagen in geschlossenen Räumen oder Schächten,
25. Arbeiten in unterirdischen Kanälen bei Anlagen im Bereich des Bundesministeriums der Verteidigung,
26. Arbeiten in Brünieranlagen, wenn der Arbeiter der Einwirkung dabei entstehender Gase und Dämpfe ausgesetzt ist,
27. Arbeiten in Phosphatieranlagen mit heißen Phosphatierlösungen, wenn der Arbeiter der Einwirkung dabei entstehender Dämpfe ausgesetzt ist,
28. Arbeiten in Trichloräthylenreinigungsanlagen, wenn der Arbeiter der Einwirkung dabei entstehender Dämpfe ausgesetzt ist,
29. Aufladen offener Batteriezellen in Batterieladestationen,
30. Arbeiten in Panzerwaschanlagen mit heißen alkalischen Reinigungslösungen, wenn der Arbeiter der Einwirkung dabei entstehender Dämpfe ausgesetzt ist,
31. Löten unter Verwendung von Schweißgeräten.

(2) Die Höhe des Zusatzurlaubs beträgt drei Arbeitstage.

Protokollnotiz zu § 1:
Bei der Prüfung, ob ein Arbeiter während des Urlaubsjahres mindestens sechs Monate überwiegend unter erheblicher Gefährdung der Gesundheit arbeitet, sind die Zeiträume, in denen verschiedene der in § 1 Abs. 1 bezeichneten Arbeiten verrichtet werden, zusammenzurechnen.

§ 28

Abschnitt IV. Urlaub und Arbeitsbefreiung

§ 2
(gestrichen)

§ 3
Dieser Tarifvertrag tritt am 1. Juli 1960 in Kraft. Er kann mit einer Frist von sechs Monaten zum Ende eines Kalendervierteljahres schriftlich gekündigt werden. Unabhängig von Satz 2 gilt eine Kündigung des MTArb als Kündigung dieses Tarifvertrages.

§ 28 TVöD/TV-L Sonderurlaub

Beschäftigte können bei Vorliegen eines wichtigen Grundes unter Verzicht auf die Fortzahlung des Entgelts Sonderurlaub erhalten.

Die Vorschrift ist in TVöD und TV-L wortgleich.

Erläuterungen zu § 28 TVöD/TV-L

1 **Sonderregelungen**
Zu § 28 TVöD
Besonderer Teil Verwaltung
§ 51 Nr. 3 BT-V (VKA) für Beschäftigte als Lehrkräfte
§ 55 Nr. 5 BT-V (VKA) für Beschäftigte an Theatern und Bühnen
Zu § 28 TV-L
§ 44 Nr. 3 TV-L für Beschäftigte als Lehrkräfte

2 **1. Allgemeines.** Durch den Sonderurlaub wird die Möglichkeit geschaffen, den Arbeitnehmer in einer besonderen Situation von seiner Arbeitsverpflichtung zu befreien. Während des Sonderurlaubs bei **rechtlichem Fortbestand** des Arbeitsverhältnisses ruht nicht nur die Pflicht des Arbeitnehmers zur Arbeitsleistung, sondern auch die des Arbeitgebers zur Fortzahlung der Vergütung. Grundsätzlich kann sowohl bei einer Vollbeschäftigung als auch bei einer Teilzeitbeschäftigung Sonderurlaub gewährt werden. Es ist lediglich erforderlich, dass das Arbeitnehmerverhältnis vom TVöD/TV-L erfasst wird. Der Sonderurlaub steht dem Erholungsurlaub eigenständig gegenüber und ist grundsätzlich auf einen längeren Zeitraum angelegt. Die Freistellung für kürzere Zeiträume regelt § 29.

3 § 28 sieht als Voraussetzung für einen Sonderurlaub einen wichtigen Grund vor. Weitere Tatbestände werden nicht aufgezählt. Damit ist die differenziertere Regelung in § 50 BAT/-O nicht von den Tarifvertragsparteien übernommen worden. Insbesondere der Soll-Anspruch bei Sonderurlaub aus familiären Gründen ist weggefallen. § 28 beinhaltet nur noch einen **Kann-Anspruch.**

4 Im **Bereich des Bundes** ist bei einem Antrag auf Sonderurlaub aus familiären Gründen zur Betreuung oder Pflege mindestens eines Kindes unter 18 Jahren oder einer/eines nach ärztlichem Gutachten pflegebedürftigen Angehörigem das **Bundesgleichstellungsgesetz** (BGleiG) zu berücksichtigen. Anträgen von Beschäftigten mit Familienpflichten auf Teilzeitbeschäftigung oder Beurlaubung ist auch bei Stellen mit Vorgesetzten- und Leitungsaufgaben zu entsprechen, soweit nicht **zwingende** dienstliche Belange entgegenstehen. Die Dienststelle muss die Ablehnung von Anträgen im Einzelnen schriftlich begründen (§ 13 Abs. 1 BGleiG).

5 **3. Sonderurlaub aus wichtigem Grund.** Nach § 28 kann Sonderurlaub gewährt werden, wenn ein **wichtiger Grund** vorliegt. Auf Sonderurlaub aus wichtigem Anlass unter Wegfall der Bezüge besteht kein Rechtsanspruch. Der Antragsteller hat aber im arbeitsgerichtlichen Verfahren einen erzwingbaren Anspruch darauf, dass der Arbeitgeber **frei von Ermessensfehlern** handelt. Es hat ein Inte-

Sonderurlaub **§ 28**

ressenausgleich zwischen den Sonderurlaubsinteressen des Arbeitnehmers und den des Arbeitgebers stattzufinden. Hierbei handelt es sich in der Regel um dienstliche oder betriebliche Interessen des Arbeitgebers. Dessen persönliche Gründe dürfen hierbei keine Rolle spielen. Die Ausübung des billigen Ermessens kann unter Beachtung des Gleichbehandlungsgrundsatzes oder aufgrund der Sachverhaltswertung so eingeschränkt sein, dass ein Rechtsanspruch entstehen kann.

Will ein Arbeitnehmer den unbezahlten Sonderurlaub nach § 28 gegenüber seinem öffentlichen Arbeitgeber erfolgreich geltend machen, hat er zunächst Umstände darzulegen und diese gegebenenfalls zu beweisen, die einen wichtigen Grund im Sinne der Vorschrift abgeben. Nach der Rspr. des BAG rechtfertigt nicht jedes persönliches Interesse die Annahme eines wichtigen Grundes. Vielmehr muss das Ziel, dass mit dem Sonderurlaub verfolgt wird bei objektiver Betrachtungsweise hinreichend gewichtig und schutzwürdig sein (BAG 8. 5. 2001 – 9 AZR 179/00, NZA 2002, 160). Hat der Angestellte einen wichtigen Grund (z. B. Betreuung von Kleinkindern) und gestatten der dienstlichen oder betrieblichen Verhältnisse die Beurlaubung, hat der Arbeitgeber Sonderurlaub nach billigem Ermessen zu erteilen (BAG 12. 1. 1989 – 8 AZR 251/88, AP BAT § 50 Nr. 14). **6**

4. Familiäre Gründe. Nach einem Urteil des Arbeitsgericht Bonn (24. 4. 1985 – 4 Ca 323/85, NZA 1985, 781) stellt die bloße Entscheidung eines Elternteils, die Betreuung eines Kleinkindes zu übernehmen, nicht ohne weiteres einen wichtigen Grund dar. Dies ist nur dann der Fall, wenn weitere äußere Umstände hinzu kommen die durch § 616 BGB nicht aufgefangen werden können, wie es z. B. bei einer lang anhaltenden schweren Erkrankung des Kindes sein kann. Hier kann aufgrund der Erkrankung gerade die Fürsorge durch einen Elternteil erforderlich sein. Werden keine weiteren äußeren Umstände dargelegt, vertritt das AG Bonn die Auffassung, dass es ohne weiteres möglich sei, eine geeignete Tagesmutter zur Betreuung des Kindes zu finden. **7**

Das LAG Frankfurt/M. (Urt. v. 14. 12. 1990 – 13 SaGa 1248/90 – ZTR 1991 S. 424) sah im Falle einer Angestellten, die deshalb von der Arbeit freigestellt werden wollte, weil sie sich entschlossen hatte, ihre im Ausland aufwachsenden Kinder dort persönlich zu betreuen keinen wichtigen Grund für die Gewährung von Sonderurlaub. **8**

5. Weitere Gründe. Die wichtigen Gründe können sowohl im Interessenbereich des Arbeitnehmers als auch in dem des Arbeitgebers liegen. Als solche werden anerkannt:
– Berufsbildung i. S. d. § 1 BBiG, z. B. Fach- oder Hochschulstudium, Promotion (vgl. BAG 25. 1. 1994 – 9 AZR 540/91 – NZA 1994, 546). **9**

Auch ein berufsqualifizierender Abschluss kann einen Sonderurlaub begründen (vgl. BAG 9. 6. 1998 – 9 AZR 63/97 – ZTR S. 35).
Ein objektiv genügend gewichtiger Grund nimmt das BAG im Falle eines Arbeiters an, der über den zweiten Bildungsweg einen Studienplatz erhält und dessen wirtschaftliche Existenz durch ein Stipendium gesichert ist. Die dienstlichen/betrieblichen Verhältnisse gestatten die Freistellung des Arbeiters, wenn sein Ausfall durch die befristete Einstellung einer Ersatzkraft überbrückt werden kann. Es sei regelmäßig ermessensfehlerhaft, wenn der Sonderurlaub deshalb abgelehnt wird, weil die durch das Studium vermittelten Kenntnisse keinen Bezug zu der vom Arbeiter vertraglich geschuldeten Tätigkeit haben (Krankenträger eines Universitätsklinikums studiert Sozialökonomie – BAG 30. 10. 2001 – 9 AZR 426/00, AP MTArb § 55 Nr. 1 –; vgl. hierzu auch : BAG 12. 1. 1989 – 8 AZR 251/88 – BAGE 60, 362 = AP BAT § 50 Nr. 14; 8. 5. 2001 – 9 AZR 179/00 – NZA 2002, 160 = ZTR 2002, 33).

§ 28 Abschnitt IV. Urlaub und Arbeitsbefreiung

- Maßnahmen der medizinischen Vorsorge oder Rehabilitation, die nicht von § 37 Abs. 1 Unterabs. 2 BAT/-O bzw. § 71 Abs. 1 Unterabs. 2 BAT erfasst werden und für die deshalb keine Arbeitsunfähigkeit fingiert wird, wenn der Angestellte während dieser Zeit arbeitsfähig ist.
- Ableistung eines freiwilligen sozialen Jahres nach dem Gesetz zur Förderung eines freiwilligen sozialen Jahres (i. d. F. v. 15. 7. 2002 BGBl. I S. 2595)
- Entsendung zu öffentlichen zwischenstaatlichen oder überstaatlichen Organisationen (Entsendungsrichtlinien des BMI i. d. F v. 25. 9. 1973, GMBl. S 456 MinBlFin. S 228).
- Beurlaubung zur Übernahme von Aufgaben der Entwicklungshilfe (Beurlaubungsrichtlinien des BMI v. 1. 12. 1975, GMBl. S 818, MinBlFin. S 264).

10 6. **Dauer und Antrag.** Dem Sonderurlaub ist kein zeitlicher Rahmen vorgegeben, so dass sich dessen Dauer aus dem wichtigen Grund und den betrieblichen oder dienstlichen Gegebenheiten ergibt. Für die Gewährung von Sonderurlaub ist ein formloser Antrag auf Freistellung erforderlich. Aus Gründen der Beweisführung empfiehlt sich die Schriftform. Die Umstände, die als wichtiger Grund angeführt werden, hat der Arbeitnehmer darzulegen und ggf. zu beweisen.

11 7. **Rechtsfolgen.** Verzicht auf die Fortzahlung des Entgelts i. S. d. § 28 bedeutet, dass nicht nur auf das Entgelt im Sinne des § 15, sondern grundsätzlich auf alle Bestandteile des Arbeitsentgelts verzichtet wird. Eine Ausnahme gilt bei **Jubiläumsgeld,** jedoch nur wenn ein dienstliches oder betriebliches Interesse schriftlich anerkannt wurde (§ 23 Abs. 2 i. V. m. § 34 Abs. 3).

12 Die Zeit der Beurlaubung gilt gem. § 34 Abs. 3 S. 2 nicht als **Beschäftigungszeit,** es sei denn, der Arbeitgeber hat zuvor ein dienstliches oder betriebliches Interesse an der Beurlaubung **schriftlich** anerkannt. Die Entscheidung hat der Arbeitgeber nach billigem Ermessen zu treffen.

13 Sonderurlaub bis zu einer Dauer von drei Jahren wird nicht auf die **Stufenlaufzeiten** angerechnet (§ 17 Abs. 3 S. 2). Bei einer Unterbrechung von mehr als drei Jahren erfolgt eine Zuordnung zu der Stufe, die der vor der Unterbrechung erreichten Stufe vorangeht, jedoch nicht niedriger als bei einer Neueinstellung (§ 17 Abs. 3 S. 3). Hat der Arbeitgeber **vor dem Antritt schriftlich** ein dienstliches oder betriebliches Interesse an dem Sonderurlaub anerkannt wird dieser Zeitraum auf die Stufenlaufzeiten angerechnet (§ 17 Abs. 3 S. 1).

14 Ist ein Sonderurlaub nach § 28 vereinbart, dann kann vor Ablauf der vereinbarten Dauer weder der Angestellte noch der Arbeitgeber die Vereinbarung einseitig aufkündigen. Nur ausnahmsweise kann auf Grund der Fürsorgepflicht der Arbeitgeber verpflichtet sein, das ruhende Arbeitsverhältnis wieder in ein aktives umzuwandeln (vgl. BAG 3. 9. 1963 – 3 AZR 115/62 – AP BGB § 611 Ruhen des Arbeitsverhältnisses Nr. 1). Auch bei begründetem Verlangen nach Elternzeit wird ein bereits vereinbarter Sonderurlaub nicht ohne weiteres gegenstandslos. Unter dem Gesichtspunkt der Fürsorgepflicht hat der Arbeitgeber aber eine Ermessensentscheidung darüber zu treffen, ob der Sonderurlaub vorzeitig beendet werden kann oder ob Gründe vorliegen, welche gegen eine Einwilligung sprechen (vgl. BAG 16. 7. 1997 – 5 AZR 309/96 – AP BErzGG § 15 Nr. 23).

15 Während des Sonderurlaubs nach § 28 besteht keine Versicherungs- und Beitragspflicht in der **Sozialversicherung.** Der Arbeitnehmer hat die Möglichkeit, sich freiwillig weiter zu versichern. Die Beiträge hat er jedoch ausschließlich alleine zu tragen. In der Zusatzversorgung bleibt eine bereits begründete Pflichtversicherung als Versicherung ohne Beitragsleistung bestehen, da die Voraussetzungen für deren Beendigung nicht gegeben sind.

§ 29 TVöD Arbeitsbefreiung

(1) Als Fälle nach § 616 BGB, in denen der Angestellte unter Fortzahlung des Entgelts (§ 21) im nachstehend genannten Ausmaß von der Arbeit freigestellt wird, gelten nur die folgenden Anlässe:

a) Niederkunft der Ehefrau/der Lebenspartnerin im Sinne des Lebenspartnerschaftsgesetzes	1 Arbeitstag,
b) Tod der Ehegattin/des Ehegatten, der Lebenspartnerin/des Lebenspartners im Sinne des Lebenspartnerschaftsgesetzes, eines Kindes oder Elternteils	2 Arbeitstage,
c) Umzug aus dienstlichem oder betrieblichem Grund an einen anderen Ort	1 Arbeitstag,
d) 25-, 40- und 50-jähriges Arbeitsjubiläum	1 Arbeitstag,
e) schwere Erkrankung	
aa) einer/eines Angehörigen, soweit sie/er in demselben Haushalt lebt,	1 Arbeitstag im Kalenderjahr,
bb) eines Kindes, das das 12. Lebensjahr noch nicht vollendet hat, wenn im laufenden Kalenderjahr kein Anspruch nach § 45 SGB V besteht oder bestanden hat,	bis zu 4 Arbeitstage im Kalenderjahr,
cc) einer Betreuungsperson, wenn Beschäftigte deshalb die Betreuung seines Kindes, das das 8. Lebensjahr noch nicht vollendet hat oder wegen körperlicher, geistiger oder seelischer Behinderung dauernd pflegebedürftig ist, übernehmen muss,	bis zu 4 Arbeitstage im Kalenderjahr,

Eine Freistellung erfolgt nur, soweit eine andere Person zur Pflege oder Betreuung nicht sofort zur Verfügung steht und die Ärztin/der Arzt in den Fällen der Doppelbuchst. aa und bb die Notwendigkeit der Anwesenheit der/des Beschäftigten zur vorläufigen Pflege bescheinigt. Die Freistellung darf insgesamt fünf Arbeitstage im Kalenderjahr nicht überschreiten.

f) Ärztliche Behandlung von Beschäftigten, wenn diese während der Arbeitszeit erfolgen muss,	erforderliche nachgewiesene Abwesenheitszeit einschließlich erforderlicher Wegezeiten.

Niederschriftserklärung zu § 29 Abs. 1 Buchstabe f:
Die ärztliche Behandlung erfasst auch die ärztliche Untersuchung und die ärztlich verordnete Behandlung.

(2) ¹Bei Erfüllung allgemeiner staatsbürgerlicher Pflichten nach deutschem Recht, soweit die Arbeitsbefreiung gesetzlich vorgeschrieben ist und soweit die Pflichten nicht außerhalb der Arbeitszeit, gegebenenfalls nach ihrer Verlegung, wahrgenommen werden können, besteht der Anspruch auf Fortzahlung des Entgelts § 21 nur insoweit, als Beschäftigten nicht Ansprüche auf Ersatz des Entgelts geltend machen können. ²Das fortgezahlte Entgelt gilt in Höhe des Ersatzanspruchs als Vorschuss auf die Leistungen der Kostenträger. ³Die Beschäftigten haben den Ersatzan-

spruch geltend zu machen und die erhaltenen Beträge an den Arbeitgeber abzuführen.

(3) ¹Der Arbeitgeber kann in sonstigen dringenden Fällen Arbeitsbefreiung unter Fortzahlung des Entgelts nach § 21 bis zu drei Arbeitstagen gewähren. ²In begründeten Fällen kann bei Verzicht auf das Entgelt kurzfristige Arbeitsbefreiung gewährt werden, wenn die dienstlichen oder betrieblichen Verhältnisse es gestatten.

Protokollerklärung zu Absatz 3 Satz 2:
Zu den „begründeten Fällen" können auch solche Anlässe gehören, für die nach Abs. 1 kein Anspruch auf Arbeitsbefreiung besteht (z. B. Umzug aus persönlichen Gründen).

(4) ¹Zur Teilnahme an Tagungen kann den gewählten Vertreterinnen/Vertretern der Bezirksvorstände, der Landesbezirksvorstände, der Landesfachbereichsvorstände, der Bundesfachbereichsvorstände, der Bundesfachgruppenvorstände sowie des Gewerkschaftsrates bzw. entsprechender Gremien anderer vertragsschließender Gewerkschaften auf Anfordern der Gewerkschaften Arbeitsbefreiung bis zu acht Werktagen im Jahr unter Fortzahlung des Entgelts § 21 erteilt werden, sofern nicht dringende dienstliche oder betriebliche Interessen entgegenstehen. ²Zur Teilnahme an Tarifverhandlungen mit dem Bund und der VKA oder ihrer Mitgliedverbände kann auf Anfordern einer der vertragschließenden Gewerkschaften Arbeitsbefreiung unter Fortzahlung des Entgelts § 21 ohne zeitliche Begrenzung erteilt werden.

(5) Zur Teilnahme an Sitzungen von Prüfungs- und von Berufsbildungsausschüssen nach dem Berufsbildungsgesetz sowie für eine Tätigkeit in Organen von Sozialversicherungsträgern kann den Mitgliedern Arbeitsbefreiung unter Fortzahlung des Entgelts § 21 gewährt werden, sofern nicht dringende dienstliche oder betriebliche Interessen entgegenstehen.

§ 29 TV-L Arbeitsbefreiung

(1) ¹Nur die nachstehend aufgeführten Anlässe gelten als Fälle nach § 616 BGB, in denen Beschäftigte unter Fortzahlung des Entgelts in dem angegebenen Ausmaß von der Arbeit freigestellt werden:

a) Niederkunft der Ehefrau/der Lebenspartnerin im Sinne des Lebenspartnerschaftsgesetzes	ein Arbeitstag,
b) Tod der Ehegattin/des Ehegatten, der Lebenspartnerin/des Lebenspartners im Sinne des Lebenspartnerschaftsgesetzes, eines Kindes oder Elternteils	zwei Arbeitstage,
c) Umzug aus dienstlichem oder betrieblichem Grund an einen anderen Ort	ein Arbeitstag,
d) 25- und 40-jähriges Arbeitsjubiläum	ein Arbeitstag,
e) schwere Erkrankung	
aa) einer/eines Angehörigen, soweit sie/er in demselben Haushalt lebt,	ein Arbeitstag im Kalenderjahr,
bb) eines Kindes, das das 12. Lebensjahr noch nicht vollendet hat, wenn im laufenden Kalenderjahr kein Anspruch nach § 45 SGB V besteht oder bestanden hat,	bis zu vier Arbeitstage im Kalenderjahr,

Arbeitsbefreiung § 29

cc) einer Betreuungsperson, wenn Beschäftigte deshalb die Betreuung ihres Kindes, das das 8. Lebensjahr noch nicht vollendet hat oder wegen körperlicher, geistiger oder seelischer Behinderung dauernd pflegebedürftig ist, übernehmen muss,	bis zu vier Arbeitstage im Kalenderjahr,

²Eine Freistellung nach Buchstabe e erfolgt nur, soweit eine andere Person zur Pflege oder Betreuung nicht sofort zur Verfügung steht und die Ärztin/der Arzt in den Fällen der Doppelbuchstaben aa und bb die Notwendigkeit der Anwesenheit der/des Beschäftigten zur vorläufigen Pflege bescheinigt. ³Die Freistellung darf insgesamt fünf Arbeitstage im Kalenderjahr nicht überschreiten.

f) Ärztliche Behandlung von Beschäftigten, wenn diese während der Arbeitszeit erfolgen muss,	erforderliche nachgewiesene Abwesenheitszeit einschließlich erforderlicher Wegezeiten.

Niederschriftserklärung zu § 29 Absatz 1 Buchstabe f:
Die ärztliche Behandlung erfasst auch die ärztliche Untersuchung und die ärztlich verordnete Behandlung.

(2) ¹Bei Erfüllung allgemeiner staatsbürgerlicher Pflichten nach deutschem Recht besteht der Anspruch auf Fortzahlung des Entgelts, wenn die Arbeitsbefreiung gesetzlich vorgeschrieben ist und soweit die Pflichten nicht außerhalb der Arbeitszeit, gegebenenfalls nach ihrer Verlegung, wahrgenommen werden können; soweit die Beschäftigten Anspruch auf Ersatz des Entgelts geltend machen können, besteht kein Anspruch auf Entgeltfortzahlung.
²Das fortgezahlte Entgelt gilt in Höhe des Ersatzanspruchs als Vorschuss auf die Leistungen der Kostenträger. ³Die Beschäftigten haben den Ersatzanspruch geltend zu machen und die erhaltenen Beträge an den Arbeitgeber abzuführen.

(3) ¹Der Arbeitgeber kann in sonstigen dringenden Fällen Arbeitsbefreiung unter Fortzahlung des Entgelts bis zu drei Arbeitstagen gewähren. ²In begründeten Fällen kann bei Verzicht auf das Entgelt kurzfristige Arbeitsbefreiung gewährt werden, wenn die dienstlichen oder betrieblichen Verhältnisse es gestatten.

Protokollerklärung zu § 29 Absatz 3 Satz 2:
Zu den „begründeten Fällen" können auch solche Anlässe gehören, für die kein Anspruch auf Arbeitsbefreiung besteht (zum Beispiel Umzug aus persönlichen Gründen).

(4) ¹Auf Antrag kann den gewählten Vertreterinnen/Vertretern der Bezirksvorstände, der Landesbezirksvorstände, der Landesfachbereichsvorstände, der Bundesfachbereichsvorstände, der Bundesfachgruppenvorstände sowie des Gewerkschaftsrates beziehungsweise entsprechender Gremien anderer vertragsschließender Gewerkschaften zur Teilnahme an Tagungen Arbeitsbefreiung bis zu acht Werktagen im Jahr unter Fortzahlung des Entgelts erteilt werden; dringende dienstliche oder betriebliche Interessen dürfen der Arbeitsbefreiung nicht entgegenstehen. ²Zur Teilnahme an Tarifverhandlungen mit der TdL oder ihren Mitgliedern kann auf Anfordern einer der vertragsschließenden Gewerkschaften Ar-

§ 29 Abschnitt IV. Urlaub und Arbeitsbefreiung

beitsbefreiung unter Fortzahlung des Entgelts ohne zeitliche Begrenzung erteilt werden.

(5) **Zur Teilnahme an Sitzungen von Prüfungs- und von Berufsbildungsausschüssen nach dem Berufsbildungsgesetz sowie für eine Tätigkeit in Organen von Sozialversicherungsträgern kann den Mitgliedern Arbeitsbefreiung unter Fortzahlung des Entgelts gewährt werden, sofern nicht dringende dienstliche oder betriebliche Interessen entgegenstehen.**

(6) **In den Fällen der Absätze 1 bis 5 werden das Tabellenentgelt sowie die sonstigen Entgeltbestandteile, die in Monatsbeträgen festgelegt sind, weitergezahlt.**

Erläuterungen zu § 29 TVöD/TV-L

1 **Sonderregelungen**
Zu § 29 TVöD
Besonderer Teil Verwaltung (VKA)
§ 51 Nr. 5 BT-V (VKA) für Beschäftigte als Lehrkräfte
§ 55 Nr. 5 BT-V (VKA) für Beschäftigte an Theatern und Bühnen
Zu § 29 TV-L
§ 41 Nr. 18 TV-L für Ärztinnen und Ärzte an Universitätskliniken
§ 44 Nr. 3 TV-L für Beschäftigte als Lehrkräfte

2 Der Wortlaut des § 29 ist nahezu inhaltsgleich mit den bisherigen Vorschriften des BAT/-O, MTArg/-O, BMT-G/-O. Änderungen hat es bei der Arbeitsbefreiung bei Übernahme gewerkschaftlicher Aufgaben gegeben. Nach § 52 Abs. 4 BAT/-O konnte z.B. in diesem Bereich eine Arbeitsbefreiung bis zu sechs Werktagen im Jahr gewährt werden. Nach neuem Recht ist eine Arbeitsbefreiung bis zu acht Werktagen im Jahr möglich. Des Weiteren wurde die Arbeitsbefreiung für gewerkschaftliche Zwecke um die Landesfachbereichsvorstände ergänzt. Das während der Arbeitsbefreiung zu zahlende Entgelt bemisst sich nach § 21.

3 **1. Allgemeines.** Die Tarifvertragsparteien haben in § 29 die Fälle unverschuldeter Arbeitsverhinderung aus persönlichen Gründen bestimmt, für die der Arbeitnehmer unter Fortzahlung der Bezüge von der Arbeit freigestellt wird. Bei der Tarifvorschrift handelt es sich um eine abschließende, die gesetzlichen Regeln abdingende Bestimmung. Sie verdrängt den dispositiven (nachgiebigen) § 616 Abs. 1 BGB.

4 **Beamtenrechtliche Bestimmungen und Vorschriften** enthalten mitunter weitergehende Möglichkeiten für Arbeitsbefreiungen als die tariflichen Regelungen. Für diese Fälle haben die Arbeitgeber des öffentlichen Dienstes vielfach festgelegt, dass in entsprechender Anwendung des Beamtenrechts einem Beschäftigten eine außertarifliche Arbeitsbefreiung gewährt wird. Für den Bund vgl. Rundschreiben des BMI in der Neufassung v. 24. 11. 1997 (GMBl. 1997, 737). S. auch Anlage.

5 § 29 enthält verschiedene Arbeitsbefreiungstatbestände. Ob sie erfüllt sind, muss der **Beschäftigte darlegen und gegebenenfalls** beweisen. Abs. 1 legt fest, welche Anlässe aus dem persönlichen Bereich als Freistellungsfälle nach § 616 BGB anzusehen sind. Nach den Abs. 1 und 2 hat der Beschäftigte, bei Vorliegen der erforderlichen Tatbestandsvoraussetzungen, einen **Rechtsanspruch** auf Arbeitsbefreiung. Die Abs. 3, 4 und 5 legen die Arbeitsbefreiung in die Hand des Arbeitgebers. Dieser hat das ihm anvertraute Ermessen aber pflichtgemäß auszuüben, d. h. insbesondere die Grundsätze des billigen Ermessens (§ 315 Abs. 1 BGB) und den Gleichbehandlungsgrundsatz zu beachten.

Arbeitsbefreiung **§ 29**

2. Freistellungsanspruch nach Abs. 1. Die Arbeitsbefreiung aus persönlichen Gründen ist nur für die Dauer der in Abs. 1 jeweils festgelegten Tage zu gewähren. Reicht die hierfür vorgesehene Anzahl von Tagen nicht aus, muss der Beschäftigte Erholungsurlaub nehmen. Eine Freistellung erfolgt – mit Ausnahme des Buchst. f – für jeweils volle Arbeitstage. Bricht der Angestellte aus einem der in Abs. 1 aufgeführten Anlässe seine Arbeit im Verlauf eines Arbeitstages ab, zählt dieser Tag als voller Freistellungstag bzw. als erster Freistellungstag. 6

Die Freistellungstatbestände im Einzelnen:

2.1. Niederkunft. Bei **Niederkunft der Ehefrau** wird der Beschäftigte gem. Abs. 1 Buchst. a für einen Arbeitstag von der Arbeit freigestellt. Dieser Anspruch besteht auch dann, wenn die Ehegatten nicht in häuslicher Gemeinschaft leben. Es wird lediglich vorausgesetzt, dass die Ehe rechtlich besteht. In Absatz 1 werden nunmehr ausdrücklich die **Lebenspartnerinnen/Lebenspartner im Sinne des Lebenspartnerschaftsgesetzes** einbezogen. Ein Arbeitnehmer, auf den der TVöD angewendet wird, hat aus Anlass der Niederkunft seiner mit ihm in häuslicher Gemeinschaft lebenden Lebensgefährtin keinen Anspruch auf bezahlte Arbeitsbefreiung. (vgl. BAG zu § 52 BAT/-O, 25. 2. 1987 – 8 AZR 430/84, NZA 1987, 271). Nach Auffassung des BAG verstößt die Beschränkung auf die Niederkunft der Ehefrau nicht gegen Art. 3 und Art. 6 GG (vgl. BAG 18. 1. 2001 – 6 AZR 492/99, NZA 2002, 47). Auch eine analoge Anwendung des § 29 Abs. 1 Buchst. a scheidet aus. 7

2.2. Tod des Ehegatten, Lebenspartners im Sinne des Lebenspartnerschaftsgesetzes, eines Kindes oder Elternteils Abs. 1 Buchst. b gewährt in den vorgenannten Fällen für zwei Arbeitstage Arbeitsbefreiung. Voraussetzung für die Freistellung beim Tod des Ehegatten ist eine rechtlich bestehende Ehe. Es wird nicht vorausgesetzt, dass die Ehegatten in häuslicher Gemeinschaft leben. Entsprechendes gilt für die Lebenspartnerschaften im Sinne des Lebenspartnerschaftsgesetzes. 8

Die Freistellung anlässlich des Todes anderer Angehöriger ist auf den Tod der Eltern und den von Kindern beschränkt. Eltern im Sinne der Vorschrift sind die **leiblichen Eltern** des Beschäftigten. Schwiegereltern und Stiefeltern werden von Buchst. b nicht erfasst. 9

Unter die Regelung des § 29 Abs. 1 Buchst. b fallen nur die ehelichen Kinder (vgl. §§ 1616ff. BGB), die nichtehelichen Kinder (vgl. §§ 1705ff. BGB) und die adoptierten Kinder (vgl. §§ 1741ff. BGB). Stiefkinder oder Pflegekinder sind von dieser Vorschrift ausgenommen. Das BMI hat sich jedoch mit Rundschreiben vom 3. 1. 1997 – D II 4 220 233/45 – damit einverstanden erklärt, dass letztere als „Kinder" i. S. der Vorschrift anerkannt werden. 10

In den Fällen des Buchst. b. wird eine Freistellung für zwei Arbeitstage gewährt. Es ist nicht erforderlich, dass die beiden Tage zusammenhängend in Anspruch genommen werden. Eine zeitliche Aufteilung ist zulässig. 11

2.3. Umzug. Beim Umzug an einen anderen Ort aus dienstlichen oder betrieblichen Gründen besteht ein Freistellungsanspruch für einen Arbeitstag. Für den privat veranlassten Umzug wird keine bezahlte Arbeitsbefreiung gewährt. Erforderlich ist die Veränderung des Wohnsitzes an einen anderen Ort als dem bisherigen Wohnort. 12

2.4. Arbeitsjubiläum. Nach Abs. 1 Buchst. d wird beim 25-, 40-, und 50-jährigen Arbeitsjubiläum dem Beschäftigten ein Arbeitstag Arbeitsbefreiung gewährt. Die Berechnung, wann ein solches Jubiläum vorliegt, richtet sich nach den Regelungen über das Jubiläumsgeld (§ 23 Abs. 2). Die Freistellung muss nicht 13

§ 29 Abschnitt IV. Urlaub und Arbeitsbefreiung

zwingend am Tag des Arbeitsjubiläum erfolgen, es muss jedoch ein enger zeitlicher Zusammenhang bestehen.

14   2.5. **Schwere Erkrankung.** Abs. 1 Buchst. e regelt die Freistellung eines Beschäftigten, wenn **ein Angehöriger, ein Kind oder eine Betreuungsperson schwer erkrankt** ist und eine andere Person als der Beschäftigte zur Pflege oder Betreuung nicht sofort zur Verfügung steht. Die Freistellung darf insgesamt fünf Arbeitstage im Kalenderjahr nicht überschreiten. Dies gilt auch dann, wenn in einem Kalenderjahr verschiedene der in Buchst. e begünstigten Personen erkranken. Der tarifvertragliche Freistellungsanspruch soll nicht die Pflege des Erkrankten durch den Arbeitnehmer gewährleisten, sondern er dient vielmehr dazu, den Zeitraum zu überbrücken, bis die Pflege durch eine andere Person sichergestellt ist.

15   Eine **Erkrankung ist immer dann schwer,** wenn die Pflege des Erkrankten durch nahe Angehörige unerlässlich ist (vgl. BAG, 11. 8. 1982 – 5 AZR – 1082/79 – AP MTL II § 33 Nr. 1). Ausschlaggebend ist nicht das Krankheitsbild, sondern vielmehr die aus der Krankheit herrührende notwendige Pflegebedürftigkeit.

16   Eine Freistellung nach Abs. 1 Buchst. e **Doppelbuchst. aa** erfolgt, wenn ein „Angehöriger" schwer erkrankt. Tarifvertraglich nicht geregelt ist, wer **Angehöriger** ist. Keine Bedenken dürften bestehen, insoweit auf die Begriffsbestimmung des § 20 Abs. 5 Verwaltungsverfahrensgesetzes (VwVfG) Bezug zu nehmen. Danach sind Angehörige des Beschäftigten, insbesondere der Verlobte, der Ehegatte, Verwandte und Verschwägerte gerader Linie, Geschwister, Kinder der Geschwister, Ehegatten der Geschwister und Geschwister der Ehegatten, Geschwister der Eltern, Pflegeeltern und Pflegekinder. Eine Freistellung wird nur dann gewährt, wenn der Angehörige im Haushalt des Beschäftigten lebt.

17   Buchst. e **Doppelbuchst. bb** sieht bei schwerer Erkrankung eines Kindes, das das zwölfte Lebensjahr noch nicht vollendet hat, bis zu vier Tage Arbeitsbefreiung im Kalenderjahr vor, wenn im laufenden Kalenderjahr kein Anspruch nach § 45 SGB V besteht.

18   Hinsichtlich des Tatbestandsmerkmals „Kind" wird auf Rn. 10 und die Erläuterungen hierzu verwiesen.

19   Des Weiteren setzt Abs. 1 Buchst. e Doppelbuchst. bb voraus, dass im laufenden Kalenderjahr kein Anspruch nach § 45 SBG V besteht oder bestanden hat. Wird dem Beschäftigten eine gesetzlichen Freistellung nach § 45 Abs. 1 SGB V gewährt, erhält er keine Vergütung, sondern ein Krankengeld aus der gesetzlichen Krankenversicherung. Nach § 45 Abs. 2 SGB V besteht ein Anspruch auf Krankengeld in jedem Kalenderjahr für jedes Kind für längstens 10 Arbeitstage, für alleinerziehende Versicherte längstens für 20 Arbeitstage. Für die Dauer des Anspruchs auf Krankengeld haben Versicherte gemäß § 45 Abs. 3 SGB V Anspruch auf unbezahlte Freistellung von der Arbeitsleistung, soweit ihnen nicht aus dem gleichen Grunde eine bezahlte Freistellung zusteht.

20   Die tarifliche Freistellung hat nur dann Bedeutung, wenn der Beschäftigte nicht in der gesetzlichen Krankenversicherung pflichtversichert oder freiwillig versichert ist bzw. das Kind nicht von der Familienversicherung erfasst wird und der Angestellte deshalb keinen Freistellungsanspruch nach § 45 SGB V geltend machen kann. Die Freistellung beschränkt sich jedoch in diesen Fällen auf den in Abs. 1 Buchst. e Doppelbuchst. bb vorgegebenen zeitlichen Rahmen.

21   Haben beide Elternteile einen Anspruch auf Freistellung nach § 29 Abs. 1 Buchst. e Doppelbuchst. bb, steht grundsätzlich ihnen die Entscheidung zu, wer von beiden die Pflege des Kindes übernehmen soll.

22   Die Freistellung nach **Buchst. e Doppelbuchst. aa und bb** setzt voraus, dass der Arzt die Notwendigkeit der Anwesenheit des Beschäftigten zur vorläufigen

Arbeitsbefreiung **§ 29**

Pflege bescheinigt. Eine solche Bescheinigung kann keine Aussage darüber treffen, ob der Angestellte oder ein anderer diese Pflege übernehmen muss. Es reicht somit aus, wenn aus der ärztlichen Bescheinigung die Pflegebedürftigkeit des erkrankten Angehörigen hervorgeht.

Buchst. e **Doppelbuchst. cc** gewährt eine Freistellung, bei schwerer Erkran- 23 kung einer Betreuungsperson, wenn der Angestellte deshalb die Betreuung eines Kindes, das das achte Lebensjahr noch nicht vollendet hat oder wegen körperlicher, geistiger oder seelischer Behinderung dauernd pflegebedürftig ist, übernehmen muss. Danach kommt es nicht auf die Erkrankung des Kindes an; vielmehr ist es der Betreuungsperson aufgrund ihrer schweren Erkrankung nicht mehr möglich, das Kind entsprechend zu versorgen bzw. zu pflegen. Die Betreuungsperson muss weder im Haushalt des Beschäftigten leben, noch muss es sich um einen Angehörigen des Beschäftigten handeln.

Nach Buchst. e S. 2 erfolgt eine Freistellung der in Doppelbuchst. aa bis cc auf- 24 geführten Personen nur, soweit eine andere Person zur Pflege oder Betreuung nicht sofort zur Verfügung steht. Nicht **sofortige Verfügbarkeit** einer Pflegeperson bedeutet, dass die Notwendigkeit, eine andere Pflegeperson einzustellen, nicht vorausgesehen werden konnte. Ist jedoch bereits einige Tage vorher bekannt, dass z. B. ein Angehöriger von einer bestimmten Zeit an eine Pflegeperson benötigen wird, besteht kein Anspruch auf bezahlte Freistellung von der Arbeit. In diesen Fällen hat der Angestellte die Möglichkeit, sich rechtzeitig um eine andere Pflegeperson zu kümmern (vgl. BAG 20. 6. 1979 – 5 AZR 392/78 – AP BGB § 616 Nr. 51). Die Tatsache, dass eine andere Person nicht sofort zur Übernahme der Pflege oder Betreuung zur Verfügung steht, hat der Angestellte in allen Fällen der Doppelbuchst. aa bis cc darzulegen.

Nach Abs. 1 Buchst. f wird Arbeitsbefreiung für eine **ärztliche Behandlung** 25 des Beschäftigten gewährt, wenn diese **während der Arbeitszeit** erfolgen muss. Der Begriff der ärztlichen Behandlung erfasst nach einer einvernehmlich von den Tarifpartnern zur Niederschrift abgegebenen Erklärung auch die ärztliche Untersuchung und die ärztlich verordnete Behandlung. Hierzu zählen auch Maßnahmen wie bspw. Massagen. Der Wortlaut des Buchst. f stellt klar, dass die ärztliche Behandlung grundsätzlich außerhalb der Arbeitszeit zu erfolgen hat. Der Anspruch auf Freistunden, die bezahlt werden, besteht nur ausnahmsweise und zwar dann, wenn die ärztliche Behandlung während der Arbeitszeit **erfolgen muss.** Der Beschäftigte muss sich darum bemühen, eine ärztliche Behandlung möglichst außerhalb der für ihn geltenden Arbeitszeit durchführen zu lassen. In Fällen der Gleitzeit muss er sich um einen Termin außerhalb der Kernarbeitszeit kümmern. Soweit der Beschäftigte eine ärztliche Behandlung während der Gleitzeit ausübt, geschieht dies tarifrechtlich außerhalb der Arbeitszeit. Eine Freistellung von der Arbeit ist daher nicht möglich (vgl. BAG 16. 12. 1993 – 6 AZR 236/93, NZA 1994, 854).

3. Erfüllung allgemeiner staatsbürgerlicher Pflichten. § 29 Abs. 2 ge- 26 währt keinen Anspruch auf Freistellung von der Arbeit, sondern setzt eine gesetzliche vorgeschriebene Arbeitsbefreiung voraus. Die Vorschrift regelt ausschließlich, unter welchen Voraussetzungen ein Anspruch auf Bezahlung durch den Arbeitgeber besteht, wenn auf Grund einer solchen gesetzlichen Regelung freizustellen ist. Ergibt sich aus der gesetzlichen Regelung keine Verpflichtung des Arbeitgebers zur Freistellung seines Beschäftigten, kann sich aus Abs. 2 kein tariflicher Anspruch auf Arbeitsbefreiung ergeben.

Die gesetzlich vorgeschriebene Arbeitsbefreiung muss zur Erfüllung allgemeiner 27 staatsbürgerlicher Pflichten ermöglicht werden. Darunter sind solche Aufgaben zu verstehen, die jeden Staatsbürger ohne weiteres treffen können, z. B. amtliche, gerichtliche oder polizeiliche Termine. Besondere oder spezielle staatsbürgerliche Pflichten fallen nicht unter den Geltungsbereich des § 29 Abs. 2. Ausländische Angestellte haben keinen Anspruch auf Freistellung von der Arbeit zur Ausübung vergleichbarer Rechte nach den Bestimmungen in ihrem Heimatland, da Abs. 2 nur die Pflichten nach deutschem Recht erfasst.

28 Die Ausübung des **Wahl- und Stimmrechts** zu den Parlamenten des Bundes, der Länder sowie der Gemeinden und Gemeindeverbände ist Erfüllung allgemeiner staatsbürgerlicher Pflichten nach deutschem Recht. In den entsprechenden Wahlgesetzen wird jedoch nicht die Freistellung unter Fortzahlung der Vergütung normiert, so dass die erforderlichen Tatbestandsvoraussetzungen nach Abs. 2 des § 29 nicht vorliegen.

29 Die Teilnahme an Wahlen nach den Personalvertretungsgesetzen, nach dem Betriebsverfassungsgesetz und nach dem Schwerbehindertengesetz erfolgt nicht in Erfüllung allgemein staatsbürgerlicher Pflichten.

30 Die Ausübung eines öffentlichen Ehrenamtes ist kein Anlass für eine tarifliche Freistellung von der Arbeit und der Fortzahlung der Vergütung. Es ist vielmehr erforderlich, dass zur Ausübung einer ehrenamtlichen Tätigkeit eine gesetzliche Verpflichtung besteht, die sich an die Allgemeinheit richtet und nicht an besondere Personenkreise. Diese Voraussetzungen sind u. a. erfüllt bei Beteiligung an Wahlausschüssen oder bei Ausübung des Amtes als ehrenamtlicher Richter an ordentlichen Gerichten, sowie bei den Arbeits-, Sozial- und Verwaltungsgerichten.

31 Bei Wahrnehmung gerichtlicher oder polizeilicher Termine, die durch private Angelegenheiten des Beschäftigten veranlasst sind, besteht kein Anspruch auf Arbeitsbefreiung und auf Fortzahlung der Vergütung. Eine private Angelegenheit in diesem Sinne ist auch ein von dem Arbeitnehmer gegen seinen Arbeitgeber geführter Arbeitsgerichtsprozess um seine Rechte aus dem Arbeitsverhältnis. Für die durch die Wahrnehmung eines Gerichtstermins in eigener Sache ausgefallene Arbeitszeit hat der Beschäftigte deshalb auch dann keinen tariflichen Entgeltanspruch, wenn das Gericht sein persönliches Erscheinen angeordnet hat (vgl. BAG 4. 9. 1985 – 7 AZR 249/83, NZA 1986, 784). Bei amtlichen Terminen, die aufgrund staatlicher Belange wahrgenommen werden, z. B. als Zeuge oder als Sachverständiger, hat der Angestellte einen Anspruch auf Arbeitsbefreiung (BAG 13. 12. 2001 – 6 AZR 30/01, NZA 2002, 1105).

32 Ist es dem Beschäftigten möglich auf die zeitliche Lage des Anlasses für den gesetzlichen Freistellungsanspruch Einfluss zu nehmen, ist er verpflichtet, diesen so zu legen, dass er nicht an der Erfüllung seiner Arbeitspflicht gehindert wird.

33 Wird der AN nach Abs. 2 freigestellt, hat er einen Anspruch auf Vergütung (§ 21), wenn nicht weitergehende gesetzliche Ansprüche auf Ersatz der Vergütung geltend gemacht werden können. Ein Anspruch auf Ersatz der Vergütung besteht z. B. bei der Inanspruchnahme als Zeuge oder Sachverständiger (§§ 2 ff. des Gesetzes über die Entschädigung von Zeugen und Sachverständigen).

34 **4. Freistellung aus sonstigen Gründen.** Abs. 3 S. 1 eröffnet in sonstigen dringenden Fällen die Freistellung bis zu drei Tagen, wenn der Tatbestand nicht von Abs. 1 oder 2 erfasst wird und wenn die dienstlichen oder betrieblichen Verhältnisse dies gestatten. Ein Fall ist **dringend,** wenn die Situation keinen Aufschub zulässt. Liegt die Voraussetzung vor kann dem Beschäftigten Arbeitsbefreiung **unter Fortzahlung** der Vergütung (§ 21) gewährt werden.

35 Nach S. 2 wird eine Freistellung **bei Verzicht auf die Bezüge** gewährt, wenn ein begründeter Fall vorliegt und die dienstlichen oder betrieblichen Verhältnisse es zulassen. Ein **begründeter** Fall liegt vor, wenn ein nachvollziehbarer und verständlicher Grund gegeben ist, z. B. bei Eheschließung des Beschäftigten, bei seiner

Silberhochzeit, bei Beisetzung von nahestehenden Personen oder bei einer Fortbildung, für die keine gesetzliche Arbeitsbefreiung vorgesehen ist. Die Arbeitsbefreiung muss von kurzfristiger Dauer sein.

Abs. 3 gewährt bei Vorliegen der Voraussetzungen keinen Rechtsanspruch auf Freistellung. Der Arbeitgeber muss lediglich nach billigem Ermessen handeln. 36

5. Freistellung für gewerkschaftliche Zwecke. Ein gesondertes Freistellungsrecht genießen nach Abs. 4 S. 1 gewerkschaftliche Funktionsträger für Tagungen auf unterschiedlichen Ebenen für die Dauer von bis zu **acht Werktagen** im Jahr, wenn nicht dienstliche oder betriebliche Interessen entgegenstehen. Erforderlich ist eine Anforderung der jeweiligen Organisation. 37

Tagungen sind Veranstaltungen zur Erledigung der satzungsgemäß vorgeschriebenen Aufgaben. Nicht erfasst werden Lehrgänge oder Seminare, die lediglich die Vermittlung von Kenntnissen zum Inhalt haben. 38

Soll der Beschäftigte auf Anforderung seiner Gewerkschaft an **Tarifverhandlungen** teilnehmen, entfällt die zeitliche Begrenzung. Voraussetzung ist eine Anforderung durch die Gewerkschaft (in der Regel reicht Einladung aus). Zur Teilnahme an den Tarifverhandlungen i. S. d. Satz 2 gehört neben den Verhandlungstagen auch die notwendige Reisezeit. Für die Teilnahme an vorbereitenden Sitzungen besteht jedoch kein Anspruch auf Freistellung. 39

Sowohl in den Fällen des Satz 1 als auch in denen des Satz 2 ist das Entgelt (§ 21) fortzuzahlen. 40

6. Ausschüsse. Die Bildung von Prüfungsausschüssen sowie deren Tätigkeit sind im Berufsbildungsgesetz (BBiG) geregelt. Die Organe und Aufgaben der Sozialversicherungsträger finden sich in §§ 29 ff. SGB IV. 41

Anhang

Arbeitsbefreiung von Arbeitnehmern und Auszubildenden aus besonderen Anlässen
(RdSchr. des BMI vom 24. November 1997 D II 4–220 223–5/1, GMBl. 1997, S 737)

I.

„Im Einvernehmen mit dem Bundesministerium der Finanzen treffe ich für die Angestellten und Arbeiter des Bundes, auf deren Arbeitsverhältnisse der Bundes-Angestelltentarifvertrag (BAT) oder der Tarifvertrag zur Anpassung des Tarifrechts – Manteltarifliche Vorschriften – (BAT-O) bzw. der Manteltarifvertrag für Arbeiterinnen und Arbeiter des Bundes und der Länder (MTArb) oder der Tarifvertrag zur Anpassung des Tarifrechts für Arbeiter an den MTArb (MTArb-O) Anwendung findet, folgende Regelung:

1. Ich bin damit einverstanden, dass in entsprechender Anwendung nachstehender Vorschriften der Verordnung über Sonderurlaub für Bundesbeamte und Richter im Bundesdienst (Sonderurlaubsverordnung – SUrlV) in der Fassung der Bekanntmachung vom 25. April 1997 (BGBl. I S 978) außertariflich Arbeitsbefreiung mit folgenden Maßgaben gewährt wird:
   a) § 4 (Urlaub für eine Ausbildung als Schwesternhelferin)
   b) § 5 Satz 1 (Urlaub für Zwecke der militärischen und zivilen Verteidigung und entsprechender Einrichtungen), soweit nicht bereits nach gesetzlichen Vorschriften entsprechende Arbeitsbefreiung gewährt werden kann.
Die Freistellung bei Heranziehung zum Feuerlöschdienst, zum Wasserwehr- oder Deichdienst einschließlich der von den örtlichen Wehrleistungen angeordneten Übungen sowie bei Heranziehung zum Bergwachtdienst oder zum Seenotrettungsdienst zwecks Rettung von Menschenleben und zum freiwilligen Sanitätsdienst bei Vorliegen eines dringenden öffentlichen Interesses richtet sich nach den entsprechenden landesrechtlichen gesetzlichen Vorschriften.

§ 29 Abschnitt IV. Urlaub und Arbeitsbefreiung

c) § 6 (Urlaub für gewerkschaftliche Zwecke), soweit diese Vorschrift über die in § 52 Abs. 4 Unterabs. 1 BAT/-O bzw. § 33 Abs. 3 Unterabs. 1 MTArb/-O getroffene Regelung hinausgeht. Der Begriff „Sitzungen" in § 6 der Verordnung entspricht dem Begriff „Tagungen" in den Tarifvorschriften.
d) § 7 (Urlaub für fachliche, staatspolitische, kirchliche und sportliche Zwecke)
Nr. 1,
Nr. 2,
Nr. 3, soweit kein Freistellungsanspruch nach einem Bildungsurlaubsgesetz eines Landes besteht; auf mein Rundschreiben vom 8. Juli 1975 – D III 1–220 223/37 – weise ich hin,
Nr. 4; auf die nach Nr. 4 vorgesehenen Tage der Arbeitsbefreiung sind Tage der Freistellung von der Arbeit aufgrund landesrechtlicher Vorschriften betr. Sonderurlaub für Jugendleiter/Jugendgruppenleiter usw. anzurechnen, jedoch kann für diese Tage die Vergütung/der Lohn im Rahmen der Nr. 4 gezahlt werden,
Nr. 5,
Nr. 6,
Nr. 7,
Nr. 8,
Nr. 9.
e) § 8 (Dauer des Urlaubs in den Fällen der §§ 5 und 7)
f) § 10 (Urlaub für eine fremdsprachliche Aus- oder Fortbildung)
Es ist eine (ggf. gestaffelte) Rückzahlungsverpflichtung durch Nebenabrede zum Arbeitsvertrag für den Fall zu vereinbaren, dass der Arbeitnehmer aus einem von ihm zu vertretenden Grund innerhalb einer bestimmten Zeit – von bis zu zwei Jahren, je nach Ausbildungsdauer – aus dem Bundesdienst ausscheidet.
g) § 11 (Urlaub für Familienheimfahrten)
h) § 12 Abs. 3 Nr. 4: Grenzüberschreitender Umzug aus dienstlichem Anlaß bis zu drei Arbeitstagen
i) § 15 (Widerruf)
j) § 16 (Ersatz von Aufwendungen)
Abs. 1
k) § 17 (Besoldung)
Abs. 2 bei Anwendung des § 10
Die Arbeitsbefreiung ist rechtzeitig nach Bekanntwerden des Anlasses zu beantragen.
2. Zur Ableistung eines freiwilligen sozialen Jahres nach dem Gesetz zur Förderung eines freiwilligen sozialen Jahres vom 17. August 1964 (BGBl. I S 640) in der jeweils geltenden Fassung oder eines freiwilligen ökologischen Jahres nach dem Gesetz zur Förderung eines freiwilligen ökologischen Jahres vom 17. Dezember 1993 (BGBl. I S 2118) in der jeweils geltenden Fassung ist Sonderurlaub nach Maßgabe des § 50 Abs. 2 BAT/-O bzw. § 55 Abs. 2 MTArb/-O zu gewähren; diese Zeit des Sonderurlaubs gilt nicht als Beschäftigungszeit.
3. Soweit für die Arbeitnehmer nach diesem Rundschreiben Arbeitsbefreiung unter Fortzahlung der Vergütung bzw. des Lohnes gewährt wird, sind für Angestellte die Vergütung (§ 26 BAT/-O) und die in Monatsbeträgen festgelegten Zulagen bzw. für Arbeiter der Monatsregellohn (§ 21 Abs. 4 Unterabs. 1 MTArb/§ 21 Abs. 4 Satz 1 und 2 MTArb-O) zu zahlen. Ggf. bestehende Ersatzansprüche im Sinne des § 52 Abs. 2 BAT/-O bzw. des § 33 Abs. 2 MTArb/-O sind geltend zu machen und anzurechnen.
4. Hinsichtlich der Erteilung von Sonderurlaub zur Ausübung einer Tätigkeit in öffentlichen zwischenstaatlichen oder überstaatlichen Einrichtungen oder zur Wahrnehmung von Aufgaben der Entwicklungszusammenarbeit gelten die Entsendungsrichtlinien vom 15. August 1989 (GMBl. S 498) und die Beurlaubungsrichtlinien vom 1. Dezember 1975 (GMBl. S 818) in ihrer jeweiligen Fassung. § 16 Abs. 2 der Sonderurlaubsverordnung ist anzuwenden.

II.

Im Einvernehmen mit dem Bundesministerium der Finanzen treffe ich ferner folgende Regelung:
Arbeitsbefreiung nach Abschnitt I dieses Rundschreibens kann im Einzelfall, soweit Wesen sowie Sinn und Zweck der nachstehend genannten Rechtsverhältnisse dies zulassen, entsprechend für den Anwendungsbereich folgender Tarifverträge im Bundesdienst gewährt werden:

Manteltarifvertrag für Auszubildende vom 6. Dezember 1974; Tarifvertrag zur Regelung der Rechtsverhältnisse der Schülerinnen/Schüler, die nach Maßgabe des Krankenpflegegesetzes oder des Hebammengesetzes ausgebildet werden, vom 28. Februar 1986; Tarifvertrag über die Regelung der Arbeitsbedingungen der Praktikantinnen/Praktikanten (TV Prakt) vom 22. März 1991; Tarifvertrag zur Regelung der Rechtsverhältnisse der Ärzte/Ärztinnen im Praktikum vom 10. April 1987 sowie der entsprechenden Tarifverträge im Tarifgebiet Ost.

III.

Die Vorschrift des § 89 Abs. 2 Satz 2 Bundesbeamtengesetz ist für Arbeitnehmer als Bewerber für die Wahl zu der gesetzgebenden Körperschaft eines Landes sinngemäß anzuwenden.

Wahlvorbereitungsurlaub für einen Bewerber um einen Sitz im Deutschen Bundestag ergibt sich unmittelbar aus § 3 des Gesetzes über die Rechtsverhältnisse der Mitglieder des Deutschen Bundestags (Abgeordnetengesetz – AbgG) in der Bekanntmachung der Neufassung vom 21. Februar 1996 (BGBl. I S 326).

Abschnitt V. Befristung und Beendigung des Arbeitsverhältnisses

§ 30 TVöD/TV-L Befristete Arbeitsverträge

(1) ¹Befristete Arbeitsverträge sind nach Maßgabe des Teilzeit- und Befristungsgesetzes sowie anderer gesetzlicher Vorschriften über die Befristung von Arbeitsverträgen zulässig. ²Für Beschäftigte, auf die die Regelungen des Tarifgebiets West Anwendung finden und deren Tätigkeit vor dem 1. Januar 2005 der Rentenversicherung der Angestellten unterlegen hätte, gelten die in den Absätzen 2 bis 5 geregelten Besonderheiten; dies gilt nicht für Arbeitsverhältnisse, für die die §§ 57a ff. HRG unmittelbar oder entsprechend gelten.

(2) ¹Kalendermäßig befristete Arbeitsverträge mit sachlichem Grund sind nur zulässig, wenn die Dauer des einzelnen Vertrages fünf Jahre nicht übersteigt; weitergehende Regelungen im Sinne von § 23 TzBfG bleiben unberührt. ²Beschäftigte mit einem Arbeitsvertrag nach Satz 1 sind bei der Besetzung von Dauerarbeitsplätzen bevorzugt zu berücksichtigen, wenn die sachlichen und persönlichen Voraussetzungen erfüllt sind.

(3) ¹Ein befristeter Arbeitsvertrag ohne sachlichen Grund soll in der Regel zwölf Monate nicht unterschreiten; die Vertragsdauer muss mindestens sechs Monate betragen. ²Vor Ablauf des Arbeitsvertrages hat der Arbeitgeber zu prüfen, ob eine unbefristete oder befristete Weiterbeschäftigung möglich ist.

(4) ¹Bei befristeten Arbeitsverträgen ohne sachlichen Grund gelten die ersten sechs Wochen und bei befristeten Arbeitsverträgen mit sachlichem Grund die ersten sechs Monate als Probezeit. ²Innerhalb der Probezeit kann der Arbeitsvertrag mit einer Frist von zwei Wochen zum Monatsschluss gekündigt werden.

(5) ¹Eine ordentliche Kündigung nach Ablauf der Probezeit ist nur zulässig, wenn die Vertragsdauer mindestens zwölf Monate beträgt. ²Nach Ablauf der Probezeit beträgt die Kündigungsfrist in einem oder mehreren aneinandergereihten Arbeitsverhältnissen bei demselben Arbeitgeber

von insgesamt mehr als sechs Monaten   vier Wochen
von insgesamt mehr als einem Jahr   sechs Wochen

§ 30　Abschnitt V. Befristung u. Beendigung d. Arbeitsverh.

zum Schluss eines Kalendermonats,
von insgesamt mehr als zwei Jahren　　　　drei Monate,
von insgesamt mehr als drei Jahren　　　　vier Monate,
zum Schluss eines Kalendervierteljahres.
[3]Eine Unterbrechung bis zu drei Monaten ist unschädlich, es sei denn, dass das Ausscheiden von der/dem Beschäftigten verschuldet oder veranlasst war.
[4]Die Unterbrechungszeit bleibt unberücksichtigt.

Protokollerklärung zu Abs. 5:
Bei mehreren aneinandergereihten Arbeitsverhältnissen führen weitere vereinbarte Probezeiten nicht zu einer Verkürzung der Kündigungsfrist.

(6) **Die §§ 31, 32 bleiben von den Regelungen der Absätze 3 bis 5 unberührt.**

Erläuterungen zu § 30 TVöD/TV-L

1　**Sonderregelungen:**

§ 42 TVöD-BT-E　Öffnungsregelung zu § 14 TzBfG
§ 40 Nr. 8 TV-L　für Beschäftigte an Hochschulen und Forschungseinrichtungen
§ 41 Nr. 19 TV-L　für Ärztinnen und Ärzte an Universitätskliniken
§ 44 Nr. 4 TV-L　für Beschäftigte als Lehrkräfte
§ 47 Nr. 3 TV-L　für Beschäftigte im Justizvollzugsdienst der Länder sowie im feuerwehrtechnischen Dienst der Freien und Hansestadt Hamburg

2　**1.** Die Tarifpartner haben erstmals eine gesonderte Regelung zur Befristung von Arbeitsverträgen im Manteltarifrecht aufgestellt. Eine § 30 vergleichbare Vorschrift fehlte im Tarifwerk des BAT/-O. In § 30 Abs. 1 wird auf das Teilzeit- und Befristungsgesetz (TzBfG) sowie auf andere gesetzliche Vorschriften über die Wirksamkeit von Befristungen von Arbeitsverträgen als Ermächtigungsgrundlage verwiesen. Grundsätzlich richtet sich also auch im ö. D. nunmehr die Zulässigkeit der Befristung von Arbeitsverhältnissen im Geltungsbereich des TVöD/TV-L nach den gesetzlichen Regelungen des TzBfG. Wie sich jedoch aus den Absätzen 2 bis 5 von § 30 nach dem Wortlaut ergibt, bleiben jedoch einige Regelungen aus dem Sonderrecht für Angestellte in den SR 2Y BAT bestehen, so dass im Ergebnis bei der Überprüfung von befristeten Arbeitsverhältnissen für den Geltungs- und Anwendungsbereich für die Angestellten im Tarifgebiet West die Sonderregelungen der SR 2Y BAT berücksichtigt werden müssen. Weiter ist die Vorschrift in § 30 Abs. 6 zu beachten, danach bleiben die §§ 31, 32 von den Regelungen der Absätze 3 bis 5 des § 30 unberührt. § 30 Abs. 6 gilt für alle Beschäftigten im Geltungsbereich des TVöD/TV-L, somit für alle Arbeiter und Angestellten in den Tarifgebieten West und Ost.

3　**2.** Der besondere Geltungs- und Anwendungsbereich des § 30 Abs. 1 ist erfüllt, wenn für die betroffenen Beschäftigten die Regelungen des Tarifgebietes West Anwendung finden und wenn die Personengruppe vor dem 1. 1. 2005 der Rentenversicherung der Angestellten unterlegen hätte. Dabei wird auf die sozialversicherungsrechtliche Zuordnung der Tätigkeit des Beschäftigten abgestellt. Für die Wirksamkeit der Befristung solcher Arbeitsverhältnisse, die die o. g. Voraussetzungen erfüllen, gilt vorrangig das tarifliche Sonderrecht des § 30 Abs. 2 bis 5, welches in wesentlichen Teilen den bisherigen Regelungen der SR2Y BAT entsprechen.

4　Nachrangig gilt das allgemeine Befristungsrecht aus den §§ 14 ff. TzBfG.

Für denjenigen Kreis der Beschäftigten, die die o. g. Voraussetzungen unter § 30 **5** Abs. 1 nicht oder nicht vollständig erfüllen, greifen die allgemeinen Regelungen der §§ 14 ff. TzBfG ein.

3. Befristung mit Sachgrund, § 14 Abs. 1 TzBfG.

Die Befristung eines **6** Arbeitsverhältnisses setzt grundsätzlich einen sachlichen Grund für ihre Rechtfertigung voraus, § 14 Abs. 1 S. 1 TzBfG.

In Anlehnung an die Rspr. des BAG nennt das Gesetz in § 14 TzBfG in Form **7** von Regelbeispielen insgesamt acht typische Sachgründe, die eine Befristung rechtfertigen können. Bei Neueinstellungen gem. § 14 Abs. 2 und bei der Befristung von Arbeitsverhältnissen mit älteren Arbeitnehmern (§ 14 Abs. 3) ist ein Sachgrund für die Befristung des Arbeitsverhältnisses entbehrlich. Die sachgrundlose Befristung gegenüber älteren Arbeitnehmern gem. § 14 Abs. 3 TzBfG ist verfassungsrechtlich bedenklich, so dass dem Arbeitgeber im ö. D. nicht empfohlen wird, zukünftig von der Regelung in § 14 Abs. 3 TzBfG Gebrauch zu machen. Der Gesetzgeber beabsichtigt, § 14 Abs. 3 TzBfG neu zu fassen. Denn die sachgrundlose Befristung von Arbeitsverträgen mit Arbeitnehmern ab dem 52. Lebensjahr verstößt nach der „Mangold"-Entscheidung des EuGH v. 22. 11. 2005 gegen das gemeinschaftsrechtliche Verbot der Altersdiskriminierung. Das BAG hat jüngst die Auffassung des EuGH bestätigt (26. 4. 06, NZA 2006, 1162).

In der Entscheidung vom 26. 4. 06 (NZA 2006, 1162) hat das BAG instruktiv **8** festgestellt, dass im Fall einer Befristung nach § 14 Abs. 3 TzBfG ein unbefristetes Arbeitsverhältnis besteht, weil § 14 Abs. 3 S. 1 und 4 TzBfG gegen Gemeinschaftsrecht verstößt und auch nicht aus Gründen des Vertrauensschutzes zugunsten des Arbeitgebers von der Wirksamkeit der Befristung auszugehen ist (BAG, NZA 2006, 1162 ff.; Preis, NZA 2006, 401; Bauer/Arnold, NJW 2006, 6; Hailbronner, NZA 2006, 811).

Die Befristung mit Sachgrund in § 14 Abs. 1 TzBfG enthält acht typische Sachgründe, die eine Befristung rechtfertigen können, diese Aufzählung der einzelnen Sachgründe ist jedoch nicht abschließend. Die Möglichkeit, Arbeitsverträge nach § 14 Abs. 2 sachgrundlos zu befristen, soll zukünftig gestrichen werden, die Regelung in § 14 Abs. 3 wird zukünftig neu gefasst.

4. Die Befristung des Arbeitsvertrages durch Vorliegen eines Sachgrundes i. S. d. **10** § 14 Abs. 1 TzBfG gilt nur für die Befristung des gesamten Arbeitsvertrages, nicht aber für die Befristung einzelner Vertragsbedingungen (z. B. befristete Erhöhung der wöchentlichen Arbeitszeit). Das BAG hat mit Urteil v. 14. 1. 2004 klargestellt, dass die Befristung einer einzelnen Arbeitsvertragsbedingungen zu ihrer Wirksamkeit eines Sachgrundes bedarf, wenn durch die Befristung der gesetzliche Änderungskündigungsschutz umgangen werden kann (BAG NZA 2004, 719; sa. Hunold, NZA- RR 2004, 225).

Die Befristung eines Arbeitsverhältnisses bedarf nach der Regelung des § 14 **11** Abs. 1 S. 1 TzBfG im Regelfall eines sachlichen Grundes, gesetzlich ist der sachliche Grund nicht ausgeführt. Wie ausgeführt, ist der Katalog von Beispielsfällen in § 14 Abs. 1 S. 1 Nr. 1 bis 8 TzBfG somit nicht abschließend.

Die Zulässigkeit einer Befristung, dass Vorliegen eines Sachgrundes, ist nach den **12** Verhältnissen im Zeitpunkt des Abschlusses des Arbeitsvertrages zu beurteilen, grundsätzlich muss die gewählte Befristungsdauer mit dem Befristungsgrund in einem nachvollziehbaren Zusammenhang stehen. Die Befristungsdauer sollte sich an dem Befristungsgrund orientieren (vgl. BAG, NZA 2004, 719, befristete Arbeitszeiterhöhung – Sachgrund vorübergehender Mehrbedarf).

Die bei der Befristung von Arbeitsverträgen für Vertretung eines Mitarbeiters **13** erforderliche Prognose des Arbeitgebers muss sich nur auf den Wegfall des Vertre-

§ 30 Abschnitt V. Befristung u. Beendigung d. Arbeitsverh.

tungsbedarfs durch die zu erwartende Rückkehr des zu vertretenden Mitarbeiters, nicht aber auch auf den Zeitpunkt dieser Rückkehr und damit nicht auf die Dauer des Vertretungsbedarfs erstrecken (BAG, NZA 2001, 721).

14 Zulässig ist z. B. die Befristung des Arbeitsvertrages für Vertretung eines zeitweilig beurlaubten anderen Arbeitnehmers, wenn der Arbeitgeber mit der Rückkehr der zu vertretenden Stammkraft an ihren Arbeitsplatz alsbald rechnen durfte (BAG, NZA 2005, 469; Hunold, NZA 2002, 255). Müssen etwa bestimmte Projekte oder auch Arbeiten im Rahmen einer Saisonarbeit durchgeführt werden, liegt der Tatbestand des vorübergehenden Bedarfs an der Arbeitsleistung eines zeitlichen befristeten Arbeitnehmers i. S. d. des § 14 Abs. 1 Nr. 1 TzBfG grundsätzlich vor. Die Wirksamkeit einer Befristung richtet sich somit insbesondere nach der Prognoseentscheidung des Arbeitgebers. Die Prognose im Hinblick auf den vorübergehenden Charakter eines Bedarfs an Arbeitsleitungen stellt die sog. innere Rechtfertigung für den Arbeitgeber für die vorgenommene mit Sachgrund befristete Tätigkeit des neuen Arbeitnehmers im Arbeitsvertrag dar (BAG, AP Nr. 65 zu § 620 BGB; BAG NZA 2000, 722; BAG, NZA 2005, 469).

15 Zum bedarfsgerechten Personaleinsatz vgl. auch Hunold, NZA 2003, 896; NZA 2002, 255 mit Hinweis auf BAG, NZA 2005, 469.

16 5. Auf die Problematik der sog. Kettenarbeitsverträge, wenn also mehrere Arbeitsverträge nacheinander befristet werden, kommt es nach der Geltung des TzBfG nicht mehr entscheidend an, da nach § 17 TzBfG der Arbeitnehmer innerhalb einer Frist von 3 Wochen nach dem vereinbarten Ende des letzten befristeten Arbeitsvertrages Klage beim Arbeitsgericht auf Feststellung erheben muss, dass das Arbeitsverhältnis aufgrund der (letzten) Befristung nicht beendet worden ist. Wird die Drei-Wochen-Frist in § 17 TzBfG versäumt, so ist die Befristung oder die auflösende Bedingung aufgrund der Verweisung auf § 7 KSchG wirksam.

17 6. Die Befristung zur Erprobung ist in § 14 Abs. 1 Nr. 5 TzBfG beispielhaft als Befristungsgrund aufgeführt; hier ist die Sonderregelung zur Erprobung bis zur Gesamtdauer von zwei Jahren in § 31 zu beachten. § 31 stellt insoweit eine Sonderregelung zu § 14 Abs. 1 Nr. 7 TzBfG dar. Vgl. hierzu die Kommentierung zu § 31, 32.

18 7. Ein Befristungsgrund kann auch in der Person des Arbeitnehmers zur Wirksamkeit der Befristung vorliegen, § 14 Abs. 1 Nr. 6 TzBfG. Eine personenbedingte Rechtfertigung kommt z. B. in Betracht, wenn der Arbeitsvertrag für die Dauer einer befristeten Aufenthaltserlaubnis (Niederlassungserlaubnis) des Arbeitnehmers geschlossen wird und zum Zeitpunkt des Vertragsschlusses feststeht, dass das Arbeitsverhältnis zu diesem Zeitpunkt enden soll (BAG, NZA 2000, 722). Auch der konkrete Wunsch des Arbeitnehmers kann die Befristung des Arbeitsverhältnisses begründen (unstr.).

19 8. Eine Befristung aus Haushaltsgründen kann sachlich gerechtfertigt sein, wenn der öffentliche Arbeitgeber zum Zeitpunkt des Vertragsabschlusses aufgrund haushaltsrechtlicher Bestimmungen davon ausgehen durfte bzw. musste, dass für die Beschäftigung des Arbeitnehmers Haushaltsmittel nur zeitlich begrenzt zur Verfügung stehen (BAG, NZA 2000, 881).

20 9. Unproblematisch ist im Übrigen die Befristung eines Arbeitsverhältnisses im Rahmen eines Bestandsschutzverfahrens, wenn sich die Parteien über die Wirksamkeit einer Beendigungskündigung streiten und im Rahmen eines gerichtlichen Vergleichs eine Befristung des Arbeitsverhältnisses i. S. d. § 14 Abs. 1 Nr. 8 TzBfG festgestellt wird. An eine solche Befristung des Arbeitsverhältnisses sind auch die Arbeitsagenturen gebunden, wenn der Arbeitnehmer sich anschließend nach der

Beendigung des Arbeitsverhältnisses arbeitssuchend meldet und Leistungen nach dem ALG I oder ALG II beantragt.

10. Mit Urteil v. 21. 12. 2005 hat das BAG festgestellt, dass eine wirksame Zweckbefristung des Arbeitsverhältnisses schriftlich zur Wirksamkeit vereinbart werden muss, § 14 Abs. 4 TzBfG (BAG NZA 2006, 321). Die Befristung des Arbeitsvertrages nach § 14 Abs. 4 TzBfG bedarf der Schriftform, dies gilt auch für die Zweckbefristung gem. § 3 Abs. 1 TzBfG.

Da die Vertragsdauer bei der Zweckbefristung von einem Vertragszweck abhängt, muss der Vertragszweck schriftlich konkretisiert und vereinbart werden (BAG NZA 2006, 321).

11. Befristung ohne Sachgrund. Nach § 14 Abs. 2 TzBfG ist die kalendermäßige Befristung eines Arbeitsvertrages ohne Vorliegen eines sachlichen Grundes bis zur Dauer von zwei Jahren zulässig; bis zu dieser Gesamtdauer von zwei Jahren ist auch die höchstens dreimalige Verlängerung eines kalendermäßig befristeten Arbeitsvertrages zulässig.

Die Befristung eines Arbeitsvertrages für einen Zeitraum von bis zu einer Dauer von zwei Jahren bedarf grundsätzlich keines sachlichen Grundes. Der Rahmen von zwei Jahren muss nicht ausgeschöpft werden. Auch der Abschluss von Arbeitsverträgen mit einer kürzeren Laufzeit unter Zwei Jahren ist möglich.

Das Befristungsende muss aber immer kalendermäßig bestimmt sein, die sog. Zweckbefristung muss nach § 14 Abs. 4 TzBfG schriftlich vereinbart sein und der wirksame Zweckbefristungsgrund muss zweifelsfrei feststellbar sein, bei Eintritt welchen Ereignisses das Arbeitsverhältnis enden soll (BAG, NZA 2006, 321).

Wenn mit demselben Arbeitgeber bereits zuvor ein befristetes oder unbefristetes Arbeitsverhältnis bestanden hat, ist die erleichterte Befristung von vornherein ausgeschlossen, das ergibt sich aus dem Wortlaut des § 14 Abs. 2 S. 2 TzBfG.

Zur erleichterten Befristung bei Neueinstellungen ist also zu beachten, dass tatsächlich eine Neueinstellung vorliegt, früher also kein anderes befristetes oder unbefristetes Arbeitsverhältnis bestanden hat. Für die vorgesehene Befristung ist kein Sachgrund gegeben, die Befristung erfolgt für einer kalendermäßig bestimmte Zeit. Die Befristung erfolgt höchstens für die Dauer von zwei Jahren, soweit keine abweichenden tariflichen Vereinbarungen anwendbar sind. Die Befristung erfolgt im Rahmen einer höchstens dreimaligen Verlängerung innerhalb des Zwei-Jahres-Zeitraumes.

12. Altersbefristung. Eine weitere Möglichkeit einer erleichterten Befristung sieht § 14 Abs. 3 TzBfG vor, danach bedarf die Befristung eines Arbeitsvertrages keines Sachgrundes, wenn der Arbeitnehmer bei Beginn des befristeten Arbeitsverhältnisses das 52. Lebensjahr vollendet hat. Diese Regelung der Altersbefristung dürfte einen diskriminierenden Charakter haben, höchstrichterliche Entscheidungen zu dieser Rechtsfrage liegen nunmehr vor (s. grdl. EuGH 22. 11. 2005, „Mangold", NZA 2005, 1345 = NJW 2005, 3695). Das BAG hat mit Urteil v. 26. 4. 2006 die Rechtsauffassung des EuGH bestätigt (BAG, NZA 2006, 1162 s. o. Rn. 8).

Es ist daher nicht zu empfehlen, Arbeitsverträge zukünftig nach § 14 Abs. 3 TzBfG zu befristen. Im Rahmen einer Entfristungsklage (§ 17 TzBfG) muss der Arbeitgeber in einem solchen Fall damit rechnen, dass der Entfristungsklage des Arbeitnehmers stattgegeben wird, und dass dann ein unbefristetes Arbeitsverhältnis besteht.

13. Schriftformerfordernis. Die Befristung eines Arbeitsvertrages bedarf zu ihrer Wirksamkeit der Schriftform, § 14 Abs. 4 TzBfG. Das BAG hat jüngst mit Urteil v. 21. 12. 2005 entschieden, dass auch die sog. Zweckbefristung zu ihrer

§ 31 Abschnitt V. Befristung u. Beendigung d. Arbeitsverh.

Wirksamkeit der Schriftform bedarf (BAG, NZA 2006, 321). Das Schriftformerfordernis findet keine Anwendung bei der Befristung von einzelnen Arbeitsbedingungen, BAG, NZA 2004, 719.

31   **14. Beendigung des Arbeitsverhältnisses.** In § 15 TzBfG ist geregelt, dass ein kalendermäßig befristeter Arbeitsvertrag mit Ablauf der vereinbarten Zeit endet, ein zweckbefristeter Arbeitsvertrag endet mit Erreichen des Zwecks, frühestens jedoch zwei Wochen nach Zugang der schriftlichen Unterrichtung des Arbeitnehmers durch den Arbeitgeber über den Zeitpunkt der Zweckerreichung. Zur Wirksamkeit der Befristung muss die sog. Zweckbefristung schriftlich fixiert werden, BAG NZA 2006, 321.

32   **15. SR 2Y BAT.** Zu den Sonderregelungen der SR2Y BAT sind die Protokollnotizen zu beachten. Die zeitliche Beschränkung auf 5 Jahre nach der Protokollnotiz 2 zu Nr. 1 SR2Y BAT wird in § 30 Abs. 2 S. 1 fortgeführt. Nach der Protokollnotiz 2 zu Nr. 1 SR2Y BAT ist der Abschluss eines Zeitvertrages für die Dauer von mehr als 5 Jahren nicht zulässig (BAG, NZA 1994, 258; BAG, NZA 2003, 153). Im Übrigen müssen die Regelungen im Hochschulrahmengesetz (§ 57a HRG) und die im Bundeselterngeldgesetz (§ 21 BEEG) beachtet werden. Für übergeleitete und neu eingestellte Beschäftigte, auf die die Regelungen des Tarifgebiets West Anwendung finden und deren Tätigkeit vor dem 1. 1. 2005 der Rentenversicherung der Angestellten unterlegen hätte, gilt also vorrangig das Sonderrecht nach § 30 Abs. 2 bis 5. Die Vorschriften in § 30 Abs. 2 bis 5 gelten nicht für Arbeiter und Angestellte im Tarifgebiet Ost. Auf § 30 Abs. 2 S. 1 wird insoweit ergänzend Bezug genommen. Ein befristeter Arbeitsvertrag ohne sachlichen Grund soll im Regelfall 12 Monate nicht unterschreiten, die Vertragsdauer muss mindestens 6 Monate betragen, § 30 Abs. 3. Die gesonderten Kündigungsfristen in § 30 Abs. 5 sind zu berücksichtigen.

33   **16. Prozessuales.** Hält der Arbeitnehmer die Befristung im Arbeitsvertrag für unwirksam, muss er innerhalb einer Frist von spätestens drei Wochen nach der Beendigung des Arbeitsverhältnisses Klage vor dem Arbeitsgericht erheben und beantragen, dass das Arbeitsverhältnis durch die Befristung im Arbeitsvertrag nicht wirksam zu diesem Zeitpunkt geendet hat, sondern unbefristet fortbesteht.

34   Dies ergibt sich aus § 17 TzBfG. Wird die Drei-Wochen-Frist in § 17 TzBfG versäumt, wird somit die Wirksamkeit der Befristung aufgrund der Verweisung auf § 7 KSchG unterstellt mit der Rechtsfolge, dass eine Entfristungsklage als unbegründet abgewiesen wird, wenn der Arbeitnehmer nicht rechtzeitig innerhalb der 3 Wochen nach Beendigung des Arbeitsverhältnisses Klage auf Weiterbeschäftigung vor dem Arbeitsgericht erhebt.

35   Im Prozessverfahren muss der Arbeitgeber für die Wirksamkeit der Befristung die Gründe vortragen, die wesentlich sind für die Wirksamkeit der Befristungsmaßnahme. Die Darlegungs- und Beweislast liegt insoweit beim Arbeitgeber. Der Arbeitnehmer kann eine Entfristungsklage bereits vor dem vereinbarten Vertragsende und damit vor dem Lauf der gesetzlichen Klagefrist in § 17 TzBfG erheben (BAG NZA 2000, 1110). Zur Darlegungs- und Beweislast des Arbeitgebers im Klageverfahren vgl. BAG NZA 2006, 321; BAG NZA 2004, 719.

§ 31 TVöD/TV-L Führung auf Probe

(1) [1]Führungspositionen können als befristetes Arbeitsverhältnis bis zur Gesamtdauer von zwei Jahren vereinbart werden. [2]Innerhalb dieser Gesamtdauer ist eine höchstens zweimalige Verlängerung unberührt.

(2) **Führungspositionen sind die ab Entgeltgruppe 10 zugewiesenen Tätigkeiten mit Weisungsbefugnis.**

(3) ¹Besteht bereits ein Arbeitsverhältnis mit demselben Arbeitgeber, kann der/dem Beschäftigten vorübergehend eine Führungsposition bis zu der in Absatz 1 genannten Gesamtdauer übertragen werden. ²Der/Dem Beschäftigten wird für die Dauer der Übertragung eine Zulage in Höhe des Unterschiedsbetrags zwischen den Entgelten nach der bisherigen Entgeltgruppe und dem sich bei Höhergruppierung nach § 17 Abs. 4 Satz 1 und 2 ergebenden Entgelt gewährt. ³Nach Fristablauf endet die Erprobung.
⁴Bei Bewährung wird die Führungsfunktion auf Dauer übertragen; ansonsten erhält die/der Beschäftigte eine der bisherigen Eingruppierung entsprechende Tätigkeit.

Erläuterungen zu § 30 TVöD/TV-L

Sonderregelungen:

§ 41 Nr. 20 TV-L   für Ärztinnen und Ärzte an Universitätskliniken
§ 44 Nr. 4 TV-L   für Beschäftigte als Lehrkräfte
§ 47 Nr. 3 TV-L   für Beschäftigte im Justizvollzugsdienst der Länder sowie im feuerwehrtechnischen Dienst der Freien und Hansestadt Hamburg

1. In den § 31 und 32 sind Sonderregelungen zur Wirksamkeit von befristeten Arbeitsverhältnissen (§ 30 TVöD/TV-L, §§ 14ff. TzBfG) normiert. § 30 Abs. 6 sagt aus, dass die §§ 31, 32 von der Regelungen der Absätze 3 bis 5 des § 30 TVöD/TV-L unberührt bleiben.

2. Unter Führungspositionen sind Tätigkeiten zu verstehen, die der Entgeltgruppe 10 zugeordnet sind und eine Weisungsbefugnis beinhalten. Die Befristung des Arbeitsverhältnisses ist auf eine Dauer von zwei Jahren angelegt, § 31 Abs. 1. Innerhalb dieser Frist kann dieses Erprobungsarbeitsverhältnis zweimalig verlängert werden. Das heißt, dass der Rahmen von zwei Jahren nicht ausgeschöpft werden muss. Auch der Abschluss von Verträgen mit einer kürzeren Frist als zwei Jahre ist zulässig. Das Befristungsende muss aber immer kalendermäßig bestimmt sein, anderenfalls liegt wohl eine Zweckbefristung als Sachgrund vor, vgl. BAG, 21. 12. 2005, NZA 2006, 321; BAG NZA 2005, 873.

3. Nach § 31 Abs. 3 endet nach Fristablauf das befristete Erprobungsarbeitsverhältnis, bei Bewährung wird die Führungsaufgabe auf Dauer, somit unbefristet, dem betroffenen Arbeitnehmer übertragen. Es gilt das Schriftformerfordernis, § 14 Abs. 4 TzBfG.

4. Prozessuales. Wird dem Arbeitnehmer vor der Beendigung des befristeten Vertrages mitgeteilt, dass er sich nicht i. S. d. Vorschrift bewährt hat und wird ihm nicht die Führungsfunktion dauerhaft übertragen, muss er rechtzeitig spätestens nach Ablauf von drei Wochen nach der Beendigung des befristeten Arbeitsverhältnisses auf Übertragung der Tätigkeit auf Dauer klagen, auch hier gilt § 17 TzBfG. Wird die Drei-Wochen-Frist versäumt, ist die ursprünglich vereinbarte Befristung im Arbeitsvertrag wirksam, § 7 KSchG, § 17 TzBfG.

§ 32 TVöD/TV-L Führung auf Zeit

(1) ¹Führungspositionen können als befristetes Arbeitsverhältnis bis zur Dauer von vier Jahren vereinbart werden. ²Folgende Verlängerungen des Arbeitsvertrages sind zulässig:
a) in den Entgeltgruppen 10 bis 12 eine höchstens zweimalige Verlängerung bis zu einer Gesamtdauer von acht Jahren,
b) ab Entgeltgruppe 13 eine höchstens dreimalige Verlängerung bis zu einer Gesamtdauer von zwölf Jahren.
³Zeiten in einer Führungsposition nach Buchstabe a bei demselben Arbeitgeber können auf die Gesamtdauer nach Buchstabe b zur Hälfte angerechnet werden. ⁴Die allgemeinen Vorschriften über die Probezeit (§ 2 Abs. 4) und die beiderseitigen Kündigungsrechte bleiben unberührt.

(2) Führungspositionen sind die ab Entgeltgruppe 10 zugewiesenen Tätigkeiten mit Weisungsbefugnis.

(3) ¹Besteht bereits ein Arbeitsverhältnis mit demselben Arbeitgeber, kann der/dem Beschäftigten vorübergehend eine Führungsposition bis zu den in Absatz 1 genannten Fristen übertragen werden. ²Der/Dem Beschäftigten wird für die Dauer der Übertragung eine Zulage gewährt in Höhe des Unterschiedsbetrags zwischen den Entgelten nach der bisherigen Entgeltgruppe und dem sich bei Höhergruppierung nach § 17 Abs. 4 Satz 1 und 2 ergebenden Entgelt, zuzüglich eines Zuschlags von 75 v. H. des Unterschiedsbetrags zwischen den Entgelten der Entgeltgruppe, die der übertragenen Funktion entspricht, zur nächsthöheren Entgeltgruppe nach § 17 Abs. 4 Satz 1 und 2. ³Nach Fristablauf erhält die/der Beschäftigte eine der bisherigen Eingruppierung entsprechende Tätigkeit; der Zuschlag entfällt.

Erläuterungen zu § 32 TVöD/TV-L

1 **Sonderregelungen:**

§ 41 Nr. 21 TV-L für Ärztinnen und Ärzte an Universitätskliniken
§ 44 Nr. 4 TV-L   für Beschäftigte als Lehrkräfte
§ 47 Nr. 3 TV-L   für Beschäftigte im Justizvollzugsdienst der Länder sowie im feuerwehrtechnischen Dienst der Freien und Hansestadt Hamburg

2 **1.** In den § 31 und 32 sind Sonderregelungen zur Wirksamkeit von befristeten Arbeitsverhältnissen (§ 30 TVöD, §§ 14 ff. TzBfG) normiert. § 30 Abs. 6 sagt aus, dass die §§ 31, 32 von der Regelungen der Absätze 3 bis 5 des § 30 TVöD/TV-L unberührt bleiben.

3 **2.** Unter Führungspositionen sind Tätigkeiten zu verstehen, die der Entgeltgruppe 10 aufwärts zugeordnet sind und eine Weisungsbefugnis beinhalten, § 32 Abs. 2. Die Befristung des Arbeitsverhältnisses ist auf eine Dauer von bis zu vier Jahren angelegt, § 32 Abs. 1; nach dieser Frist kann dieses befristete Arbeitsverhältnis zweimalig bzw. dreimalig je nach der Entgeltgruppe bis zu acht bzw. 12 Jahre verlängert werden. Das heißt, dass der Rahmen von vier Jahren i. S. d. § 32 Abs. 1 nicht ausgeschöpft werden muss. Auch der Abschluss von Verträgen mit einer kürzeren Frist als vier Jahre ist nach § 32 Abs. 1 zulässig. Das Befristungsende muss aber immer kalendermäßig bestimmt sein, anderenfalls liegt wohl eine Zweckbe-

fristung als Sachgrund vor, vgl. BAG 21. 12. 2005, NZA 2006, 321; BAG NZA 2005, 873.

3. Das befristete Arbeitsverhältnis endet mit dem Zeitablauf des kalendermäßig 4 festgesetzten Datums gemäß der Befristungsabrede, § 15 TzBfG. Auch hier gilt das Schriftformerfordernis, § 14 Abs. 4 TzBfG. Nach Fristablauf erhält der Arbeitnehmer seine Vergütung nach der bisherigen Eingruppierung seiner jeweiligen Entgeltgruppe, die er vor der Befristung des Vertrages besessen hat.

4. Wird das Arbeitsverhältnis nach Ablauf der Zeit, für die es eingegangen ist, 5 mit Wissen des Arbeitgebers fortgesetzt, so gilt es als auf unbestimmte Zeit verlängert, wenn der Arbeitgeber nicht unverzüglich widerspricht. Die Regelung in § 15 TzBfG ist zugunsten des Arbeitnehmers anwendbar.

§ 33 TVöD Beendigung des Arbeitsverhältnisses ohne Kündigung

(1) **Das Arbeitsverhältnis endet, ohne dass es einer Kündigung bedarf,**
a) mit Ablauf des Monats, in dem die/der Beschäftigte das 65. Lebensjahr vollendet hat,
b) jederzeit im gegenseitigen Einvernehmen (Auflösungsvertrag).

(2) [1]Das Arbeitsverhältnis endet ferner mit Ablauf des Monats, in dem der Bescheid eines Rentenversicherungsträgers (Rentenbescheid) zugestellt wird, wonach die/der Beschäftigte voll oder teilweise erwerbsgemindert ist. [2]Die/Der Beschäftigte hat den Arbeitgeber von der Zustellung des Rentenbescheids unverzüglich zu unterrichten. [3]Beginnt die Rente erst nach der Zustellung des Rentenbescheids, endet das Arbeitsverhältnis mit Ablauf des dem Rentenbeginn vorangehenden Tages. [4]Liegt im Zeitpunkt der Beendigung des Arbeitsverhältnisses eine nach § 92 SGB IX erforderliche Zustimmung des Integrationsamtes noch nicht vor, endet das Arbeitsverhältnis mit Ablauf des Tages der Zustellung des Zustimmungsbescheids des Integrationsamtes. [5]Das Arbeitsverhältnis endet nicht, wenn nach dem Bescheid des Rentenversicherungsträgers eine Rente auf Zeit gewährt wird. [6]In diesem Fall ruht das Arbeitsverhältnis für den Zeitraum, für den eine Rente auf Zeit gewährt wird.

(3) Im Falle teilweiser Erwerbsminderung endet bzw. ruht das Arbeitsverhältnis nicht, wenn der Beschäftigte nach seinem vom Rentenversicherungsträger festgestellten Leistungsvermögen aus seinem bisherigen oder einem anderen geeigneten und freien Arbeitsplatz weiterbeschäftigt werden könnte, soweit dringende dienstliche bzw. betriebliche Gründe nicht entgegenstehen, und der Beschäftigte innerhalb von zwei Wochen nach Zugang des Rentenbescheids seine Weiterbeschäftigung schriftlich beantragt.

(4) [1]Verzögert der/die Beschäftigte schuldhaft den Rentenantrag oder bezieht sie/er Altersrente nach § 236 oder § 236a SGB VI oder ist sie/er nicht in der gesetzlichen Rentenversicherung versichert, so tritt an die Stelle des Rentenbescheids das Gutachten einer Amtsärztin/eines Amtsarztes oder eine/eines nach § 3 Abs. 4 Satz 2 bestimmten Ärztin/Arztes. [2]Das Arbeitsverhältnis endet in diesem Fall mit Ablauf des Monats, in dem der/dem Beschäftigten das Gutachten bekannt gegeben worden ist.

(5) [1]Soll die/der Beschäftigte, deren/dessen Arbeitsverhältnis nach Absatz 1 Buchst. a geendet hat, weiterbeschäftigt werden, ist ein neuer schriftlicher Arbeitsvertrag abzuschließen. [2]Das Arbeitsverhältnis kann

§ 33

Abschnitt V. Befristung u. Beendigung d. Arbeitsverh.

jederzeit mit einer Frist von vier Wochen zum Monatsende gekündigt werden, wenn im Arbeitsvertrag nichts anderes vereinbart ist.

§ 33 TV-L Beendigung des Arbeitsverhältnisses ohne Kündigung

(1) Das Arbeitsverhältnis endet, ohne Kündigung,
a) mit Ablauf des Monats, in dem die/der Beschäftigte das gesetzlich festgelegte Alter zum Erreichen einer abschlagsfreien Regelaltersstufe vollendet hat,
b) jederzeit im gegenseitigen Einvernehmen (Auflösungsvertrag).

(2) [1]Das Arbeitsverhältnis endet ferner mit Ablauf des Monats, in dem der Bescheid eines Rentenversicherungsträgers (Rentenbescheid) zugestellt wird, wonach die/der Beschäftigte voll oder teilweise erwerbsgemindert ist. [2]Die/Der Beschäftigte hat den Arbeitgeber von der Zustellung des Rentenbescheids unverzüglich zu unterrichten. [3]Beginnt die Rente erst nach der Zustellung des Rentenbescheids, endet das Arbeitsverhältnis mit Ablauf des dem Rentenbeginn vorangehenden Tages. [4]Liegt im Zeitpunkt der Beendigung des Arbeitsverhältnisses eine nach § 92 SGB IX erforderliche Zustimmung des Integrationsamtes noch nicht vor, endet das Arbeitsverhältnis mit Ablauf des Tages der Zustellung des Zustimmungsbescheids des Integrationsamtes. [5]Das Arbeitsverhältnis endet nicht, wenn nach dem Bescheid des Rentenversicherungsträgers eine Rente auf Zeit gewährt wird. [6]In diesem Fall ruht das Arbeitsverhältnis für den Zeitraum, für den eine Rente auf Zeit gewährt wird.

(3) Im Falle teilweiser Erwerbsminderung endet bzw. ruht das Arbeitsverhältnis nicht, wenn der Beschäftigte nach seinem vom Rentenversicherungsträger festgestellten Leistungsvermögen aus seinem bisherigen oder einem anderen geeigneten und freien Arbeitsplatz weiterbeschäftigt werden könnte, soweit dringende dienstliche bzw. betriebliche Gründe nicht entgegenstehen, und der Beschäftigte innerhalb von zwei Wochen nach Zugang des Rentenbescheids seine Weiterbeschäftigung schriftlich beantragt.

(4) [1]Verzögert der/die Beschäftigte schuldhaft den Rentenantrag oder bezieht sie/er Altersrente nach § 236 oder § 236a SGB VI oder ist sie/er nicht in der gesetzlichen Rentenversicherung versichert, so tritt an die Stelle des Rentenbescheids das Gutachten einer Amtsärztin/eines Amtsarztes oder einer/eines nach § 3 Abs. 4 Satz 2 bestimmten Ärztin/Arztes. [2]Das Arbeitsverhältnis endet in diesem Fall mit Ablauf des Monats, in dem der/dem Beschäftigten das Gutachten bekannt gegeben worden ist.

(5) [1]Soll die/der Beschäftigte, deren/dessen Arbeitsverhältnis nach Absatz 1 Buchst. a geendet hat, weiterbeschäftigt werden, ist ein neuer schriftlicher Arbeitsvertrag abzuschließen. [2]Das Arbeitsverhältnis kann jederzeit mit einer Frist von vier Wochen zum Monatsende gekündigt werden, wenn im Arbeitsvertrag nichts anderes vereinbart ist.

Erläuterungen zu § 33 TVöD/TV-L

1 **Sonderregelungen:**

§ 45 (Bund) Nr. 12 TVöD BT-V für Beschäftigte, die zu Auslandsdienstreisen des Bundes entsandt sind

§ 46 (VKA) Nr. 4 TVöD BT-V	für Beschäftigte im kommunalen feuerwehrtechnischen Dienst
§ 51 (VKA) Nr. 4 TVöD BT-V	für Beschäftigte als Lehrkräfte
§ 31 Nr. 22 TV-L	für Ärztinnen und Ärzte in Universitätskliniken
§ 42 Nr. 9 TV-L	für Ärztinnen und Ärzte Außerhalb von Universitätskliniken
§ 44 Nr. 4 TV-L	für Beschäftigte als Lehrkräfte
§ 47 Nr. 3 TV-L	für Beschäftigte im Justizvollzugsdienst der Länder sowie im feuerwehrtechnischen Dienst der freien Hansestadt Hamburg

1. In § 33 TVöD/TV-L haben die Tarifpartner geregelt, dass das Arbeitsverhältnis mit Ablauf des Monats, in dem der Beschäftigte das 65. Lebensjahr vollendet hat, endet, ferner ist in § 33 Abs. 1 Buchst. b geregelt worden, dass das Arbeitsverhältnis im gegenseitigen Einvernehmen durch Abschluss eines Aufhebungs- oder Auflösungsvertrages beendet werden kann. § 33 Abs. 1 Buchst. b TVöD/TV-L entspricht der früheren Fassung des § 58 BAT/-O. Die Beendigung des Arbeitsverhältnisses durch Erreichung der Altersgrenze in § 33 Abs. 1 Buchst. a TVöD/TV-L war in § 60 BAT/-O geregelt.

Nach § 33 Abs. 1 Buchst. a endet das Arbeitsverhältnis des Arbeitnehmers mit Ablauf des Monats, in dem der Arbeitnehmer das 65. Lebensjahr vollendet hat. Eine gesonderte Kündigung des Arbeitsverhältnisses ist in diesem Fall nicht erforderlich. Die Vertragsbeendigung ist nicht davon abhängig, ob der Arbeitnehmer zu diesem Zeitpunkt auch Leistungen aus der gesetzlichen Rentenversicherung oder einer sonstigen betrieblichen Altersversorgung erzielt. Möchte der Arbeitnehmer auch nach Vollendung seines 65. Lebensjahres weiterarbeiten, muss er mit dem Arbeitgeber einen neuen schriftlichen Arbeitsvertrag abschließen. Dies ergibt sich aus § 33 Abs. 5 TVöD/TV-L. Ein Anspruch darauf, das Arbeitsverhältnis über das 65. Lebensjahr fortzusetzen, besitzt der Arbeitnehmer nicht. Die Regelung in § 33 Abs. 5 TVöD/TV-L schließt es nicht aus, dass die Parteien nach Vollendung des 65. Lebensjahres einen neuen befristeten Arbeitsvertrag nach den Sonderregelungen der SR2Y (Tarifgebiet West) oder nach den gesetzlichen Regelungen der §§ 14ff. TzBfG abschließen. Zur Wirksamkeit einer Altersgrenze unter 65 Jahren wird auf die Entscheidung des BAG v. 20. 2. 2002 hingewiesen (BAG, NZA 2002, 789). Zur einschlägigen Vorschrift des § 41 S. 2 SGB VI vgl. die Kommentierung bei ErfK/Rolfs, § 41 SGB VI Rn. 12ff.; ferner BAG, AP SGB VI § 41 Nr. 15.

2. Die Regelaltersgrenze für die gesetzliche Altersrente soll in den Jahren 2012 bis 2035 schrittweise von 65 auf 67 Lebensjahre angehoben werden. Versicherte, die mindestens 35 Pflichtbeitragsjahre nachweisen können, sollen weiter mit 65 Jahren ohne Abzüge die vollen Rentenansprüche erlangen. Die weitere Entwicklung hierzu in der Gesetzgebung bleibt abzuwarten. Ob die Regelung in § 33 Abs. 1 TVöD/TV-L insoweit verfassungsrechtlich unbedenklich ist, bleibt umstritten; es ist nicht auszuschließen, dass Arbeitnehmer, die das 65. Lebensjahr erreicht haben, aber weiterbeschäftigt werden möchten – da sie z.B. Rentenverluste in Kauf nehmen müssen bei der Verrentung mit 65 Jahren – entsprechende Klageverfahren vor den Arbeitsgerichten einleiten. Die Regelung in § 33 Abs. 1 TVöD/TV-L ist jedoch für den Arbeitgeber erst einmal bindend, bei der Vollendung des 65. Lebensjahres des Arbeitnehmers sollte unter keinen Umständen eine Weiterbeschäftigung erfolgen. Notfalls ist der betroffene Arbeitnehmer gezwungen, seinen Anspruch auf Weiterbeschäftigung gerichtlich geltend zu machen. Der Arbeitnehmer müsste dann schon im Einzelnen substantiiert vortragen, aus welchen Gründen er die Regelung in § 33 Abs. 1 für verfassungsrechtlich bedenklich

§ 33 Abschnitt V. Befristung u. Beendigung d. Arbeitsverh.

hält (arg. Verstoß gegen Art. 12 GG, Berufsfreiheit). Zur Rspr. vgl. insgs. nur BAG, NZA 2004, 1336; BAG, NZA 2002, 669; NZA 2002, 789; Küttner/Kreitner, Personalbuch 2006, Altersgrenze, Rn. 5–9.

5 3. Nach § 33 Abs. 2 endet das Arbeitsverhältnis eines AN grds. mit Ablauf des Monats, wenn ein Bescheid eines Rentenversicherungsträgers vorliegt. Es gilt das Datum der Zustellung des Rentenbescheides.

6 Bei einer teilweisen Erwerbsminderung des AN endet das Arbeitsverhältnis allerdings nicht, wenn eine Weiterbeschäftigung des Arbeitnehmers aus betrieblichen Gründen möglich ist, § 33 Abs. 3 TVöD/TV-L; hierzu hatte das BAG bereits ausdrücklich zur alten Regelung des § 59 BAT festgestellt, dass das Arbeitsverhältnis eines AN – der teilweise erwerbsgemindert ist – nur dann ausnahmsweise endet, wenn es an zumutbaren Weiterbeschäftigungsmöglichkeiten auf einem freien Arbeitsplatz fehlt (vgl. BAG 28. 6. 1995, NZA 1996, 374 = ZTR 1996, 29; s. a. BAG 13. 6. 1985 AP BGB § 611 Nr. 19). Der AG ist danach aufgrund seiner gesteigerten Fürsorgepflicht gegenüber einem (unkündbaren) AN verpflichtet, die Entscheidung des Rentenversicherungsträgers über den Rentenantrag des AN abzuwarten, bevor er den freien Arbeitsplatz unbefristet an einen dritten AN vergibt. Der AG kann in einem solchen Fall für diesen Übergangszeitraum eine Ersatzkraft nach den Sonderregelungen der SR 2 y bzw. den Regelungen der § 30 TVöD/TV-L, §§ 14 ff. TzBfG befristet einstellen.

7 Dem betroffenen AN ist zu empfehlen, sollte er nicht mehr in Vollzeit arbeiten können, rechtzeitig vor Ablauf der Frist in § 33 Abs. 3 TVöD/TV-L einen Antrag auf Reduzierung der wöchentlichen Arbeitszeit gegenüber dem AG schriftlich zu stellen. Rechtsgrundlage hierfür ist § 8 TzBfG (s. hierzu Praxishinweise, Muster Klage auf Verringerung der Arbeitszeit).

8 Im Übrigen dürfte die Frist in § 33 Abs. 3 TVöD/TV-L zu kurz bemessen sein und gegen Art. 12 GG verstoßen, wenn dem AN aufgegeben wird, innerhalb von zwei Wochen den Weiterbeschäftigungsantrag zu stellen, wenn ein Rentenbescheid wegen teilweiser Erwerbsminderung vorliegt. Denn zu beachten ist, dass schließlich der Bescheid des Rententrägers zu diesem Zeitpunkt selbst noch nicht rechtskräftig ist. Gegen den Widerspruchsbescheid des Rentenversicherungsträgers kann der AN nach Zustellung innerhalb einer Frist von einem Monat Klage vor dem Sozialgericht erheben.

9 4. Unterrichtung über Vorliegen eines Rentenbescheides: Nach § 33 Abs. 2 TVöD/TV-L ist der Beschäftigte verpflichtet, dem Arbeitgeber über die Zustellung des Rentenbescheides unverzüglich zu informieren. Was unter Unverzüglichkeit zu verstehen ist, ist gesetzlich nicht definiert. Die unverzügliche Informationspflicht bedeutet, dass der Beschäftigte innerhalb einer Frist von bis zu 10 Werktagen den Arbeitgeber informiert, wenn der Rentenbescheid dem Betroffenen vorliegt. Die Beendigung des Arbeitsverhältnisses gem. § 33 Abs. 2 TVöD/TV-L tritt allerdings nicht ein, wenn der Arbeitnehmer den Rentenantrag innerhalb der Widerspruchsfrist gegen den Rentenbescheid zurücknimmt und der Arbeitgeber darüber ebenfalls vor dem Ablauf der Widerspruchsfrist unterrichtet, vgl. nur LAG Niedersachsen, 10. 10. 1996, ZTR 1997, 227. Setzt der Arbeitnehmer dagegen trotz der Beendigung des Arbeitsverhältnisses seine bisherige Tätigkeit fort, ohne den Arbeitgeber von der Zustellung des Rentenbescheides zu unterrichten, erfolgt später bei Bekanntwerden die Rückabwicklung der ohne Rechtsgrund erbrachten Vergütungsleistungen des Arbeitgebers nach den Grundsätzen des Bereicherungsrechtes gem. §§ 812 ff. BGB. Die Grundsätze des faktischen Arbeitsverhältnisses finden keine Anwendung, da deren Voraussetzungen hierfür nicht vorliegen.

Liegt im Zeitpunkt der Beendigung des Arbeitsverhältnisses eine nach § 92 SGB **10** IX erforderliche Zustimmung des Integrationsamtes noch nicht vor, endet das Arbeitsverhältnis nach dem Wortlaut mit Ablauf des Tages der Zustellung des Zustimmungsbescheides des Integrationsamtes.

Das Arbeitsverhältnis endet im Übrigen dann nicht, wenn nach dem Bescheid **11** des Rentenversicherungsträgers dem Arbeitnehmer nur eine Rente auf Zeit gewährt wird. In diesem Fall ruht das Arbeitsverhältnis für den Zeitraum, für den eine Rente auf Zeit gewährt wird. Insoweit besitzt der Arbeitnehmer einen Wiedereinstellungsanspruch, wenn die Rente auf Zeit abgelaufen ist, und der Arbeitnehmer seinen Beschäftigungsanspruch beim Arbeitgeber geltend macht. Auch kann ein Wiedereinstellungsanspruch dann bestehen, wenn sich der Gesundheitszustand des Arbeitnehmers gebessert hat, und ein Entzug der Erwerbsunfähigkeitsrente durch Bescheid des Rentenversicherungsträgers erfolgt. Auf die Entscheidung des BAG 24. 1. 1996, AP BAT § 59 Nr. 7 = ZTR 1996, 415, wird Bezug genommen. Wichtig ist, dass im Falle einer teilweisen Erwerbsminderungsrente der Beschäftigte innerhalb von zwei bis vier Wochen nach Zugang des Rentenbescheides seine Weiterbeschäftigung beim Arbeitgeber schriftlich beantragt. Auf die o. g. Ausführungen wird Bezug genommen.

5. Auflösungs- bzw. Aufhebungsvertrag. Wollen die Parteien gem. § 33 **12** Abs. 1 Buchst. b das Arbeitsverhältnis einvernehmlich beenden, können sie dies im Rahmen der allgemeinen Vertragsfreiheit gem. § 305 BGB tun. Die Vorschrift in § 33 Abs. 1 Buchst. b hat insofern lediglich eine deklaratorische Funktion. Bei der einvernehmlichen Beendigung des Arbeitsverhältnisses müssen weder Kündigungsfristen, noch sonstige Regelungen beachtet werden. Entscheidend ist, dass die Parteien über die Beendigung des Arbeitsverhältnisses schriftlich eine Regelung finden. Es gilt also das Schriftformgebot. In § 623 BGB ist geregelt, dass die Beendigung von Arbeitsverhältnissen durch Kündigung oder Auflösungsvertrag zu ihrer Wirksamkeit der Schriftform bedürfen. Die elektronische Form ist ausgeschlossen.

6. Aufklärungspflichten. Der Arbeitgeber ist regelmäßig nicht verpflichtet, **13** den Arbeitnehmer auf mögliche sozialversicherungsrechtliche Nachteile im Fall der schriftlichen Beendigung des Arbeitsverhältnisses durch Abschluss eines Aufhebungs- oder Auflösungsvertrages hinzuweisen. So hat das BAG (16. 11. 2005, NZA 2006, 535) entschieden, dass ein Arbeitgeber regelmäßig nicht verpflichtet ist, den Arbeitnehmer auf eine mögliche Sperrzeit beim Bezug von Arbeitslosengeld hinzuweisen, wenn der Arbeitnehmer im Anschluss an ein rechtmäßig befristetes Altersteilzeitarbeitsverhältnis zusätzlich zur Versorgung aus einer befreienden Lebensversicherung Arbeitslosengeld beantragen will (vgl. auch BAG, NZA 2005, 821; BAG, NZA 1998, 652).

In der grundlegenden Entscheidung v. 16. 11. 2005 hat das BAG entschieden, **14** dass auch bei dem Abschluss eines Altersteilzeitvertrages den Arbeitgeber wie beim Abschluss eines Aufhebungsvertrages Hinweis- und Aufklärungspflichten als vertragliche Nebenpflicht grundsätzlich treffen (BAG, NZA 2002, 1150). Jedoch hat jeder Vertragspartner grundsätzlich selbst über die Wahrnehmung seiner Interessen zu sorgen, der Arbeitgeber ist daher nicht ohne weiteres verpflichtet, den Arbeitnehmer unaufgefordert über die sozialversicherungs-rechtlichen Auswirkungen der Beendigung des Arbeitsverhältnisses zu unterrichten. Gesteigerte Hinweispflichten des Arbeitgebers könnten jedoch dann vorliegen, wenn die zur Beendigung des Arbeitsverhältnisses führende Vereinbarung auf die Initiative des Arbeitgebers hin und in seinem Interesse Zustande kommt oder wenn sich aus den Umständen des Einzelfalles ergibt, dass der Arbeitnehmer durch eine sachgerechte und vom Arbeitgeber redlicherweise zu erwartende Aufklärung vor der Aufhebung des Ar-

Vor § 34   Abschnitt V. Befrist. u. Beendig. d. Arbeitsverh.

beitsverhältnisses bewahrt werden muss, weil Anhaltspunkte dafür bestehen, dass der Arbeitnehmer sich aus Unkenntnis selbst schädigen würde, wenn er den Aufhebungs- oder Auflösungsvertrag schließt. Um Streitpunkte in diesem Zusammenhang auch bzgl. Schadensersatzansprüche auszuschließen, sollte der Arbeitgeber im Auflösungs- bzw. Aufhebungsvertrag ausdrücklich schriftlich darauf hinweisen, dass sich der Arbeitnehmer über die sozialversicherungs-rechtlichen Nachteile des Abschlusses des Beendigungsvertrages informiert hat. Dem Arbeitnehmer ist zu empfehlen, vor Unterzeichnung eines Auflösungs- oder Aufhebungsvertrages Informationen darüber einzuholen, welche sozialversicherungs-rechtlichen Nachteile aus der vertraglichen Regelung entstehen können.

15   **7. Zahlung einer Abfindung für den Verlust des Arbeitsplatzes.** Vereinbaren die Parteien im Auflösungs- oder Aufhebungsvertrag, dass der Arbeitnehmer für den Verlust des Arbeitsplatzes eine Abfindung erhält, ist im Vertrag zu regeln, zu welchem Zeitpunkt die Abfindung zur Zahlung fällig sein soll. Für den Arbeitnehmer ist zu beachten, dass wegen Gesetzesänderungen zum 1. 1. 2006 Abfindungen nicht mehr steuerfrei sind.

16   Der Gesetzgeber hat insoweit die Regelungen in § 3 Nr. 9 EStG zum Nachteil des Arbeitnehmers gestrichen. Abfindungen, die im Fall des Aufhebungsvertrages vom Arbeitgeber an den Arbeitnehmer für den Verlust des Arbeitsplatzes gezahlt werden, müssen voll vom Arbeitnehmer versteuert werden. Die Übergangsregelung in § 52 Abs. 6 EStG gilt nur für solche Fälle, in denen das Arbeitsverhältnis vor dem 31. 12. 2005 gekündigt war und die Parteien im Kündigungsschutzverfahren die Zahlung einer Abfindung vertraglich regeln. Wenn in diesem Ausnahmefall die Abfindung vor dem 1. 1. 2008 gezahlt werden muss, gilt die alte Rechtslage (§§ 9, 10 KSchG i. V. m. § 3 Nr. 9 EStG a. F.). Vgl. Küttner/Huber, Personalbuch 2006, Abfindung, Rn. 55–60.

17   **8. Teilweise erwerbsgemindert** sind nach § 43 Abs. 1 SGB VI Versicherte, die wegen Krankheit oder Behinderung auf nicht absehbare Zeit außerstande sind, unter den üblichen Bedingungen des allgemeinen Arbeitsmarktes mindestens sechs Stunden erwerbstätig zu sein. Der Anspruch auf Rente wegen teilweiser Erwerbsminderung ist in § 240 SGB VI geregelt.

18   Versicherte müssen danach vor dem 2. 1. 1961 geboren und berufsunfähig sein.

19   Erwerbsgemindert ist nicht, wer unter den üblichen Bedingungen mindestens sechs Stunden täglich erwerbstätig sein kann; dabei ist die jeweilige Arbeitsmarktlage nicht zu berücksichtigen, § 43 Abs. 3 SGB VI; s. a. § 241 Abs. 2 SGB VI zu den weiteren Voraussetzungen zum Anspruch auf Bezug einer Rente wegen Erwerbsminderung. Ein amtsärztliches Gutachten wird eingeholt, wenn der AN einen Antrag auf Rente wegen Erwerbsminderung stellt.

Vorbemerkungen zu § 34 TVöD/TV-L

Übersicht

	Rn.
1. **Einleitung zum Kündigungsrecht unter Berücksichtigung des TVöD, des TV-L, des KSchG und der Reformen dazu**	1
2. **Kündigungserklärung**	9
2.1. Form der Kündigung	11
2.1.1. Schriftform	12
2.1.2. Eindeutigkeit	18
2.1.3. Angabe des Kündigungsgrundes	19
2.2. Zugang der Kündigung	25
2.3. Nachschieben von Kündigungsgründen	36
2.4. Vertretung und Vollmacht	38

Vorbemerkungen zu § 34　　　　　　　　　　　　　　　　　　　**Vor § 34**

	Rn.
3. Kündigungsarten	41
3.1. Ordentliche Kündigung	43
3.2. Außerordentliche Kündigung	44
3.3. Änderungskündigung	47
4. Allgemeiner Kündigungsschutz nach dem KSchG	58
4.1. Kündigungsbeschränkungen	59
4.2. Soziale Rechtfertigung der Kündigung	61
4.3. Interessenabwägung und Verhältnismäßigkeitsgrundsatz	66
4.4. Voraussetzungen des Kündigungsschutzes	70
4.4.1. Geschützter Personenkreis	71
4.4.2. Sechsmonatige Wartezeit	74
4.4.3. Kleinbetriebsregelung	87
4.5. Kündigungsgründe des KSchG	97
5. Personenbedingte Kündigung	100
5.1. Begriff	101
5.2. Abgrenzung zur verhaltensbedingten Kündigung	102
5.3. Fehlende Weiterbeschäftigungsmöglichkeit	107
5.4. Krankheitsbedingte Kündigung	109
5.4.1. Kündigung wegen häufiger Kurzerkrankungen	117
5.4.2. Kündigung wegen langandauernder Erkrankung	152
5.4.3. Kündigung wegen krankheitsbedingter dauernder Leistungsunfähigkeit	164
5.4.4. Kündigung wegen krankheitsbedingter Leistungsminderung	168
5.4.5. Wiedereinstellungsanspruch	176
5.4.6. Außerordentliche Kündigung wegen Krankheit	179
5.4.7. Zusammenfassung	187
5.5. Weitere personenbedingte Kündigungsgründe	190
5.5.1. Aids	191
5.5.2. Alkohol- und Drogensucht	192
5.5.3. Erreichen der Altersgrenze	197
5.5.4. Arbeits- und Berufsausübungserlaubnis	198
5.5.5. Eheschließung und Ehescheidung	205
5.5.6. Mangelnde Eignung und Leistungsfähigkeit	208
5.5.7. Sonstige Fälle	216
5.6. Druckkündigung	220
5.7. Verdachtskündigung	228
6. Verhaltensbedingte Kündigung	240
6.1. Grundsätze	241
6.2. Abmahnung	250
6.3. Typische Fallgruppen	266
6.3.1. Nicht- oder Schlechtleistung	267
6.3.2. Unpünktlichkeit	280
6.3.3. Beleidigungen	283
6.3.4. Tätlichkeiten	287
6.3.5. Alkohol	289
6.3.6. Sexuelle Belästigung	297
6.3.7. Straftaten	306
6.3.8. Vortäuschen einer Krankheit und Verhalten des AN während der Arbeitsunfähigkeit	315
6.3.9. Arbeitsverweigerung	320
6.3.10. Lohnpfändung	321
6.3.11. Nebenbeschäftigung	323
6.3.12. Selbstbeurlaubung	327
6.3.13. Telekommunikationsmissbrauch	330
6.3.14. Außerdienstliches Verhalten	337

	Rn.
6.3.15. Anzeigen	338
6.3.16. Sonstige Fälle	342
7. Betriebsbedingte Kündigung	347
7.1. Grundsätze	355
7.2. Tatbestandsvoraussetzungen	362
7.2.1. Unternehmerische Entscheidung	363
7.2.2. Betriebliche Erfordernisse	369
7.2.2.1. Innerbetriebliche Gründe	370
7.2.2.2. Außerbetriebliche Gründe	381
7.2.2.3. Betriebsbedingte Kündigung im öffentlichen Dienst	386
7.2.3. Dringlichkeit	388
7.2.4. Fehlende Weiterbeschäftigungsmöglichkeit	394
7.2.4.1. Freier vergleichbarer Arbeitsplatz	398
7.2.4.2. Umschulungs- oder Fortbildungsmaßnahmen	412
7.2.4.3 Änderungskündigung	415
7.2.5. Interessenabwägung	427
7.2.6. Soziale Auswahl	429
7.2.6.1. Auswahlrelevanter Personenkreis	438
7.2.6.2. Auswahlmerkmale	444
7.2.6.3. Überwindung der sozialen Auswahl	457
7.2.6.4. Auswahlrichtlinien	464
7.2.6.5. Interessenausgleich mit Namensliste	466
7.3. Darlegungs- und Beweislast	469
7.4. Wiedereinstellungsanspruch	471
7.5. Auswirkungen des Haushaltsrechts auf betriebsbedingte Kündigungen	473
7.6. Betriebsübergang, § 613 a BGB	480
8. Außerordentliche Kündigung	484
8.1. Begriff	485
8.2. Voraussetzungen der Wirksamkeit einer außerordentlichen Kündigung	487
8.2.1. Wichtiger Grund i. S. d. § 626 BGB	488
8.2.2. Interessenabwägung	494
8.2.3. Ausschlussfrist	496
8.3. Darlegungs- und Beweislast	503
8.4. Umdeutung	504
9. Sonderkündigungsschutz	505
9.1. Kündigungsschutz für Mitglieder und Wahlbewerber der Betriebsverfassung und Personalvertretung	506
9.2. Kündigungsschutz bei Schwangerschaft und Elternzeit	509
9.3. Kündigungsschutz schwerbehinderter Menschen	513
9.4. Weitere Sonderkündigungsschutzbestimmungen	519
10. Beteiligung des Betriebsrats bei Kündigungen	520
10.1. Anhörungsverfahren, Inhalt der Mitteilungspflicht	524
10.2. Reaktionsmöglichkeiten des Betriebsrats	531
10.3. Weiterbeschäftigungsanspruch nach § 102 Abs. 5 BetrVG	537
10.4. Darlegungs- und Beweislast	540
10.5. Erweiterung der Mitwirkungsrechte	543
11. Beteiligung des Personalrats bei Kündigungen	545
11.1. Mitbestimmungsrecht und -verfahren	546
11.2. Inhalt der Mitwirkungspflicht	550
11.3. Anhörung bei außerordentlicher Kündigung	553
11.4. Weiterbeschäftigungsanspruch nach § 79 BPersVG	556
12. Allgemeiner Weiterbeschäftigungsanspruch	558
13. Kündigungsschutz außerhalb des KSchG	565

Vorbemerkungen zu § 34 **Vor § 34**

	Rn.
14. **Kündigungsrechtliche Besonderheiten im Einigungsvertrag**	574
15. **Sonstige Beendigungstatbestände im Arbeitsverhältnis**	577
16. **Darlegungs- und Beweislast im Kündigungsschutzrecht**	583
16.1. Grundsätze zur Darlegungs- und Beweislast	584
16.2. Übersicht zur Beweislastverteilung nach dem KSchG	587
17. **Anhang: Kündigungsschutzprozess**	590
17.1. Kündigungsschutzklage	595
17.2. Klagefrist und nachträgliche Klagezulassung	597
17.3. Allgemeine Feststellungsklage	604
17.4. Verhandlung vor dem Arbeitsgericht	607
17.5. Vergleich im Kündigungsschutzverfahren	609
17.6. Abfindungsanspruch bei betriebsbedingter Kündigung............	617
17.7. Kosten in arbeitsgerichtlichen Verfahren	623
17.8. Exkurs: Erstattung von Detektivkosten	627
17.9. Auflösungsantrag	632
17.10. Rechtsmittel gegen Urteile in Kündigungssachen	639

1. **Einleitung zum Kündigungsrecht unter Berücksichtigung des** 1
TVöD, des TV-L, des KSchG und der Reformen dazu. Ein Ziel der Tarifreform im ö. D., die Vereinfachung und Verschlankung des Tarifrechts, ist auch für das Kündigungsrecht konsequent umgesetzt worden. War dieses − wenn auch seinerzeit schon lediglich „bruchstückhaft" − noch in den vier bzw. fünf §§ 53 bis 55 und 57 BAT/-O, 57 bis 61 MTArb/-O sowie 50 bis 54 BMT-G II/-O geregelt, so enthält der TVöD dazu lediglich noch eine Vorschrift. Er begnügt sich, ähnlich wie viele Tarifwerke der Privatwirtschaft, in der weitgehend den früheren §§ 53 BAT/-O, 57 MTArb/-O, bzw. 50 BMT-G II/-O entsprechenden neuen Norm des § 34 TVöD/TV-L nunmehr mit eigenständigen Regelungen der Kündigungsfristen sowie der Fortschreibung der sog. „Unkündbarkeitsvorschrift" für die Beschäftigten des Tarifgebiets West. Beide sind bei § 34 TVöD/TV-L im Einzelnen kommentiert.

Insbesondere die §§ 54 und 57 BAT/-O, bzw. 59, 61 MTArb/-O und 53, 54 2 BMT-G II/-O waren in der Tat entbehrlich, da sie nur die ohnehin für alle AN geltenden, allgemeinen Grundsätze für fristlose Kündigungen und das Schriftformgebot wiederholten. Da der TVöD und der TV-L damit nun praktisch keine Sonderregelungen über den Ausspruch und vor allem die Berechtigung von Kündigungen enthalten, bedarf es zum besseren Verständnis und aus Gründen der Übersichtlichkeit zunächst einer Darstellung der **wichtigsten Grundsatzfragen** und **Begriffe des Kündigungsrechts.**

Denn **personen- oder verhaltensbedingte Kündigungen,** in neuerer Zeit 3 aber auch häufiger ausgesprochene **betriebsbedingte Kündigungen** von Beschäftigten des ö. D. und der inzwischen privatisierten Bereiche stehen immer mehr im Brennpunkt arbeitsgerichtlicher Auseinandersetzungen. Gerade letztere dürften, wie die Argumentationen und Auseinandersetzungen im Arbeitskampf des ö. D. im Frühjahr 2006 zeigten, künftig (leider) noch mehr an Bedeutung gewinnen.

Bis zum Ausspruch einer Kündigung, im Regelfall unter Beachtung der Kündi- 4 gungsfrist des § 34 TVöD/TV-L und während des sich oftmals anschließenden Kündigungsschutzprozesses sind viele gesetzliche Normen und Grundsätze zu beachten, auf die es gilt, im Folgenden in gebotener Kürze einzugehen.

Jede im ö. D. ausgesprochene Kündigung muss sich an den Vorschriften des 5 KSchG und den dazu entwickelten Grundsätzen messen lassen. Nach **§ 23 Abs. 1 S. 1 KSchG** gelten die Vorschriften des Ersten und Zweiten Abschnitts des KSchG für Betriebe und Verwaltungen des privaten sowie des öffentlichen Rechts.

Vor § 34 Abschnitt V. Befrist. u. Beendig. d. Arbeitsverh.

6 Der **allgemeine Kündigungsschutz** umfasst den Schutz des AN vor Kündigungen des Arbeitsverhältnisses durch den AG, sofern das **Kündigungsschutzgesetz** anwendbar ist. Aus dem KSchG ergeben sich insbes. die **Grundzüge sozial rechtfertigender Kündigungsgründe** für verhaltensbedingte, personenbedingte und betriebsbedingte Kündigungen. Auch die Zulässigkeit einer **Änderungskündigung**, die nach früherem Tarifrecht der Arbeiterinnen und Arbeiter noch in den §§ 60 MTArb/-O, bzw. 51 BMT-G II/-O angesprochen worden war, beurteilt sich nun ausschließlich nach dem KSchG, soweit das Arbeitsverhältnis diesem unterfällt.

7 Das KSchG ist zuletzt mit Wirkung ab 1. 1. 2004 durch das „Gesetz zu Reformen am Arbeitsmarkt" v. 24. 12. 2003 (BGBl. I 3002) in wesentlichen Punkten geändert worden. Dabei hat diese „Reform" weitgehend diejenigen Änderungen wieder hergestellt, die früher durch das Arbeitsrechtliche Beschäftigungsförderungsgesetz v. 13. 9. 1996 (sog. ABFG, BGBl. 1996 I 1476 ff.) schon einmal eingeführt worden und zwischenzeitlich bis zum 31. 12. 1998 geltendes Recht gewesen waren.

8 Zu dem zwischenzeitlich v. 1. 1. 1999 bis zum 31. 12. 2003 geltenden Rechtszustand s. die instruktive Darstellung der entsprechenden Regelungen bei Bader, NZA 1999, 64; allgemein zu den Neuregelungen des Arbeitsmarktreformgesetzes, der dagegen überwiegend erhobenen Kritik und seinen vielfältigen Einzelfragen die Literaturübersicht bei KR/Griebeling, § 1 KSchG, Rn. 14. Einen guten Überblick dazu geben z. B. Schiefer/Worzalla, NZA 2004, 345.

9 **2. Kündigungserklärung.** Die Kündigung ist eine **einseitige, empfangsbedürftige,** rechtsgestaltende **Willenserklärung,** mit der eine der beiden Vertragsparteien das Arbeitsverhältnis für die Zukunft beenden will. Sie muss **eindeutig** und hinreichend bestimmt ausgesprochen werden; eventuelle Auslegungszweifel daran, was tatsächlich gewollt ist, gehen grds. zu Lasten des Erklärenden.

10 Aus dieser Rechtsnatur der Kündigung folgt, dass sie entgegen einer weit verbreiteten Fehlvorstellung weder angenommen zu werden braucht, noch einseitig wieder zurück genommen werden kann. Die **Rücknahme einer** einmal zugegangenen und damit zunächst wirksam gewordenen **Kündigung** – genauer: die Beseitigung ihrer nun doch nicht mehr gewollten Rechtsfolge – ist daher nur noch mit dem Einverständnis des Kündigungsempfängers möglich, das Arbeitsverhältnis doch fortsetzen zu wollen (zu den teilweise streitigen Einzelheiten und prozessualen Besonderheiten vgl. Schaub, § 123, Rn. 37, 37 a).

11 **2.1. Form der Kündigung.** Jede Kündigung bedarf der **Schriftform, § 623 BGB.** Mündliche Kündigungen sind danach unwirksam, §§ 125 S. 1, 126 Abs. 1 BGB. Dieses früher (in den §§ 57 BAT/-O, 61 MTArb/-O, 54 BMT-G II/-O) tariflich geregelte Formerfordernis ist mittlerweile, seit dem 1. 5. 2000, in § 623 BGB gesetzlich verankert und auch auf den Abschluss von Aufhebungsverträgen und die Vereinbarung von Befristungen (§ 14 Abs. 4 TzBfG) ausgedehnt worden. Die genannten Tarifvorschriften waren daher entbehrlich. (Einen allgemeinen, instruktiven Überblick über die „Formerfordernisse im Arbeitsverhältnis als Grenzen für den Einsatz elektronischer Kommunikationsmittel" gibt Kramer DB 2006, 502).

12 **2.1.1. Schriftform.** Sowohl AG als auch AN sind somit nach § 623 BGB gezwungen, Kündigungen **schriftlich** zu erklären. Die Nichteinhaltung dieses Formzwangs führt zur Nichtigkeit der Kündigungserklärung, § 125 S. 1 BGB. § 126 Abs. 1 BGB verlangt dabei, dass die Kündigung **eigenhändig** vom Aussteller durch Namensunterschrift (oder mittels beglaubigten Handzeichens) **unterzeichnet** wird. Im Ausnahmefall ist eine Schreibhilfe zulässig, wenn z. B. der AN aus Krankheitsgründen nur mit der Hilfe eines Dritten seine Kündigungserklärung eigenhändig unterzeichnen kann. Die Schriftform kann durch eine notarielle Be-

urkundung ersetzt werden, § 126 Abs. 4 BGB. Auch ein gerichtlicher Vergleich ersetzt nach § 127a BGB die Schriftform.

Die elektronische Form (§ 126a BGB) ist im Arbeitsrecht, insbes. für Kündi- 13 gungen und Auflösungsverträge kraft ausdrücklicher gesetzlicher Regelung ausgeschlossen (§§ 623 2. Hs., 126 Abs. 3 BGB).

Eine **Kündigung mittels Telegramm, Telefax oder** einer bloßen **Fotoko-** 14 **pie** des Kündigungsschreibens **ist** nach dieser Rechtslage **nicht wirksam** (ausführl. z. B. ErfK/Müller-Glöge, § 623 BGB sowie Richardi/Annuß, NJW 2000, 1231, Preis/Gotthardt, NZA 2000, 348).

Auch eine elektronisch vervielfältigte, lediglich eingescannte Unterschrift des Kündigenden wahrt nicht die Schriftform des § 623 BGB (LAG Köln, NZA-RR 2002, 163).

Das Schriftformerfordernis des § 623 BGB erstreckt sich bei einer Änderungs- 15 kündigung (dazu Erl. 3.3 Rn. 47) auch auf dem AN gemachte Änderungsangebot, da dieses Bestandteil der Kündigung ist (BAG 16. 9. 2004 – 2 AZR 628/03 = NZA 2005, 635). Danach ist es aber ausreichend, wenn der Inhalt des Änderungsangebots im Kündigungsschreiben hinreichenden Anklang gefunden hat. Das BAG weist dabei darauf hin, dass auch dieses formgebundene Änderungsangebot zunächst nach § 133 BGB auszulegen ist, so dass es für die erforderliche Bestimmtheit des Angebots unter Umständen genügen kann, wenn sich aus der angebotenen Tätigkeit auch deren weiteren wesentlichen neuen Vertragsbedingungen, insbes. die Entlohnung ergibt; dies könne bspw. bei der Tarifautomatik des ö. D. der Fall sein.

Ein AN, der bei einer Auseinandersetzung mit seinem Vorgesetzten das Arbeits- 16 verhältnis mehrfach, ersichtlich ernst gemeint mündlich fristlos kündigt, kann sich **ausnahmsweise** später wegen widersprüchlichen Verhaltens (§ 242 BGB) nicht darauf berufen, dass die Kündigung schriftlich zu erfolgen hat (BAG, 4. 12. 1997 – 2 AZR 799/96 = NZA 1998, 420; dazu Singer, NZA 1998, 1309). Dies ist ein allgemeines Problem unzulässiger Rechtsausübung und hat gerade auch nach der gesetzlichen Neuregelung in § 623 BGB zu gelten, und zwar für beide Arbeitsvertragsparteien.

Das BAG hat dazu später klargestellt, dass die gesetzlichen Formvorschriften 17 nicht ausgehöhlt werden sollen, so dass ein Formmangel nur ausnahmsweise nach Treu und Glauben als unbeachtlich angesehen werden kann (16. 9. 2004 – 2 AZR 659/03 = NZA 2005, 162; s. ferner 20. 8. 1998 – 2 AZR 603/97 = NZA 1998, 1330; ausführl. Henssen DB 2006, 1613). Damit nimmt es bewusst in Kauf, dass sogar unstreitig und ernstlich – aber eben nur mündlich – abgegebene (Auflösungs-)Erklärungen wirkungslos sind.

2.1.2. Eindeutigkeit. Aus der Kündigung als einseitiger Willenserklärung muss 18 unzweifelhaft deutlich werden, dass dadurch das Arbeitsverhältnis (zu einem bestimmten Tag) aufgelöst werden soll. Die Wörter „kündigen" oder „Kündigung" müssen dabei nicht ausdrücklich verwendet werden, entscheidend ist der Inhalt der abgegebenen Erklärung aus der Sicht des Empfängers (§ 133 BGB). In der **Kündigungserklärung** muss der **Wille** zum Ausdruck kommen, das Arbeitsverhältnis beenden zu wollen. Dann wird sie mit **Zugang** wirksam, § 130 Abs. 1 S. 1 BGB. Hierzu sogleich Erl. 2.2 Rn. 25 ff.

2.1.3. Angabe des Kündigungsgrundes. Nach den §§ 57 S. 2 BAT/-O, 61 19 S. 2 MTArb/-O, 54 BMT-G II/-O sollte, bzw. musste der AG den Kündigungsgrund angeben, wenn er eine Kündigung aussprach. Diese Vorschriften haben die neuen Tarifverträge in § 34 TVöD/TV-L nicht übernommen. Damit ist dieses bisherige tarifliche Begründungsgebot entfallen.

Vor § 34 Abschnitt V. Befrist. u. Beendig. d. Arbeitsverh.

Die Angabe des Kündigungsgrundes gegenüber dem AN ist damit **keine Wirksamkeitsvoraussetzung** für die Kündigung.

20 Allerdings ist der AG nach § 626 Abs. 2 S. 3 BGB verpflichtet, dem AN **auf Verlangen** die Kündigungsgründe für eine **außerordentliche** Kündigung unverzüglich schriftlich mitzuteilen. Hierbei handelt es sich jedoch **nur** um eine **schuldrechtliche Verpflichtung** des AG, nicht um eine Wirksamkeitsvoraussetzung für die Kündigungserklärung selbst, was sich aus dem Wortlaut „auf Verlangen" ergibt. Die schuldhafte Verletzung dieser Begründungspflicht kann den AG allenfalls zum Schadensersatz verpflichten, wenn der AN allein wegen Unkenntnis des Kündigungsgrundes gegen die Kündigung klagt und unterliegt (s. BAG 21. 3. 1959 – 2 AZR 375/57 = AP KSchG § 1 Nr. 55). Dies hat allerdings kaum praktische Bedeutung.

21 Zu beachten ist des Weiteren noch die Regelung in § 1 Abs. 3 S. 1 Hs. 2 KSchG, nach der der AG dem AN bei betriebsbedingten Kündigungen auf Verlangen die Gründe anzugeben hat, die zu der von ihm getroffenen **sozialen Auswahl** geführt haben (vgl. Erl. 7.2.6. Rn. 429 ff.).

22 Besonders strenge Formvorschriften gelten demgegenüber für die Kündigungen von Auszubildenden nach § 22 Abs. 3 BBiG sowie Schwangeren nach § 9 Abs. 3 S 2 MuSchG: In beiden Fällen ist die – detaillierte – Angabe der Kündigungsgründe Wirksamkeitsvoraussetzung der Kündigung (vgl. nur Schaub, § 174, Rn. 101 m. w. N.). Nach § 9 Abs. 3 S 2 MuSchG ist der „zulässige" Kündigungsgrund anzugeben, d. h., derjenige, der die für die Erteilung der Zulässigkeitserklärung zuständige Stelle dazu bewogen hat, die beabsichtigte Kündigung der Schwangeren (ausnahmsweise) zu genehmigen (vgl. zu diesem Sonderkündigungsschutz allg. Erl. 9.2 Rn. 509).

23 Abschließend bleibt zu empfehlen, dass der AG dem AN in aller Regel die Kündigungsgründe mitteilen sollte, zumal er gegenüber dem Personal-, bzw. Betriebsrat ohnehin verpflichtet ist, diesen ordnungsgemäß vor Ausspruch einer Kündigung anzuhören, damit auch gehalten ist, die wesentlichen Kündigungsgründe mitzuteilen (§§ 79, 72, 108 BPersVG; 102 BetrVG). Vgl. dazu die Erl. 10 Rn. 520 ff.; Erl. 11 Rn. 545 ff.

24 Im Übrigen kann dann der gekündigte AN selbst besser beurteilen, ob der Kündigungssachverhalt zutrifft und eine gerichtliche Überprüfung der Wirksamkeit seiner Kündigung geboten und aussichtsreich erscheint. Ob diese Gründe die Kündigung letztlich auch rechtfertigen können, ist eine andere, später im Kündigungsschutzprozess zu beantwortende Frage (dazu Erl. 4 ff. Rn. 58 ff.).

25 **2.2. Zugang der Kündigung.** Die **Wirksamkeit der Kündigung** kann erst eintreten, wenn sie dem Vertragspartner auch zugegangen ist. Nach der Rspr. ist eine Kündigung als empfangsbedürftige Willenserklärung gem. § 130 BGB zugegangen, **wenn** das Kündigungsschreiben in verkehrsüblicher Art so in die tatsächliche Verfügungsgewalt des Empfängers oder eines vertretungsberechtigten Dritten gelangt ist, dass **der Empfänger** unter gewöhnlichen Umständen hiervon **Kenntnis erlangen** kann; wann er tatsächlich Kenntnis nimmt, ist unerheblich (BAG 8. 12. 1983 – 2 AZR 337/82 – NZA 1984, 31; s. a. BAG, NZA 1993, 259; 1996, 1227 und zuletzt 4. 11. 2004 – 2 AZR 17/04 = NZA 2005, 513 zum Zugang einer Kündigung unter Anwesenden).

26 **Beispiel:** Der AG sendet dem AN das Kündigungsschreiben vom 26. 6. mit normaler Briefpost zu; zugestellt wird das Schreiben am 28. 6. Leert der AN nicht – wie üblich – jeden Tag seinen Briefkasten, sondern erst nach der Zustellung am 29. 6., ist dennoch nach § 130 BGB von einem Zugang am 28. 6. auszugehen. Auch wenn der AN an einen anderen Ort verreist oder aus sonstigen Gründen ortsabwesend ist, geht ihm das Kündigungsschreiben nach allgemeiner Rechtsauffassung am 28. 6. zu, selbst wenn der AG dies weiß (so BAG, NZA 1988, 875).

Vorbemerkungen zu § 34

Die verbreitete Ansicht, während eines Urlaubs oder auch während einer 27
Krankheit des AN dürfe der AG keine Kündigung aussprechen, ist somit falsch.
Weder eine Urlaubsreise noch eine Krankheit schützt den AN vor einer Kündigung.

Problematisch ist im Übrigen die Zusendung der Kündigung mittels **Ein-** 28
schreiben. Denn ein Einschreiben ging bis zum 1. 9. 1997 erst zu, wenn der Brief
dem Adressaten ausgehändigt wurde. Der Benachrichtigungszettel bewirkte noch
keinen Zugang nach § 130 BGB. Die Zustellung erfolgte erst mit Abholen des
Einschreibens bei dem zuständigen Postamt (s. BAG 25. 4. 1996 – 2 AZR 13/95 –
NZA 1996, 1227, zuletzt instruktiv BAG 7. 11. 2002 – 2 AZR 475/01 = NZA
2003, 719 = BB 2003, 1178 m. Anm. Mauer zur **Zugangsvereitelung** bei
Kenntnis von bevorstehender fristloser Kündigung einer schwerbehinderten Justizangestellten wegen Verletzung der Pflichten aus §§ 7 Abs. 2, 59 Abs. 1, 54 BAT).

Überhaupt häufen sich in letzter Zeit die Fälle, in denen sich die Arbeitsgerichte 29
mit der Problematik der Zugangsvereitelung befassen müssen. Das BAG hat daher
kürzlich bekräftigt, dass ein AN geeignete Vorkehrungen treffen muss, dass ihn
rechtserhebliche Erklärungen auch erreichen. Tut er das nicht, kann darin ein
Verstoß gegen die durch den Arbeitsvertrag begründeten Sorgfaltspflichten gegenüber dem AG liegen (22. 9. 2005 – 2 AZR 366/04 = NZA 2006, 204). Der AN
muss sich dann nach Treu und Glauben (§ 242 BGB) so behandeln lassen, als sei
ihm die Kündigung rechtzeitig zugegangen. Eine schuldhaft von ihm verursachte
Zugangsvereitelung ist dabei nicht erforderlich.

Auch die Zusendung der Kündigung durch einen **Einschreibebrief mit** 30
Rückschein birgt Risiken für den AG, wenn aus Termingründen die Gefahr
besteht, dass Kündigungsfristen nicht mehr eingehalten werden können. Zwar
kann durch den Rückschein der Zugang der Kündigung sicher nachgewiesen
werden, jedoch erfolgt die Zustellung durch die Post erst dann, wenn der Empfänger oder sein Vertreter anwesend sind.

Seit dem 1. 9. 1997 gibt es im Inlandsverkehr das altbekannte Einschreiben so 31
nicht mehr. Es wurde ersetzt durch das Einwurf-Einschreiben und das Übergabe-Einschreiben.

Seit 1. 4. 2001 gelten dafür neue Produktbezeichnungen:

Das neu eingeführte Übergabe-Einschreiben entspricht dem früheren **Einschreiben** und heißt jetzt auch (wieder) nur noch so. Hier erhält der Empfänger
oder ein sonstiger Empfangsberechtigter den eingeschriebenen Brief nur gegen
Unterschrift ausgehändigt. Es gilt daher das in Rn. 30 Ausgeführte.

Im Unterschied dazu wird das neue Einwurf-Einschreiben – heute als „**Ein-** 32
schreiben-Einwurf" bezeichnet – mit der normalen Post in den Briefkasten oder
das Postfach des Empfängers eingeworfen. Dieser Einwurf wird zwar von den
Mitarbeitern der Deutschen Post AG dokumentiert, der Einwurf selbst und damit
der direkte Zugang der Sendung wird allerdings nicht vom Empfänger unterzeichnet. Dieser Zustellungsform kommt damit wohl nur ein begrenzter Beweiswert zu,
da die Post keine öffentlichen Urkunden ausstellen kann und deshalb letztlich der
Beweis des Zugangs wohl nur über eine eventuelle Vernehmung des Briefzustellers
als Zeuge im Prozess geführt werden könnte. Es erscheint nämlich fraglich, ob die
Rspr. einen Beweis des ersten Anscheins für den Zugang einer Sendung aufgrund
des Einlieferungs- und Auslieferungsbelegs der Post anerkennen wird (ebenfalls
zweifelnd Schaub, § 123, Rn. 27; Stahlhacke/Preis, Rn. 221, ausführl. zu allem:
KR/Friedrich, § 4 KSchG, Rn. 112f., Reichert, NJW 2001, 2523).

In der **Praxis** empfiehlt es sich daher auch nach Änderung der neuen Briefzu- 33
satzleistungen der Deutschen Post AG, dem AN die Kündigungserklärung persönlich gegen eine **Empfangsbestätigung** auszuhändigen oder einen **Boten** zu schi-

W. Weizenegger

cken, der die Kündigung persönlich übergibt oder in den **Briefkasten** des AN einwirft. Dieser kann im Streitfall später vom AG als Zeuge benannt werden, wenn der AN den Zugang der Kündigung vor Gericht bestreitet. Zur Problematik des **Zeitpunkts** des Zugangs in diesen Fällen s. ausführl. KR/Friedrich KSchG § 4 Rn. 103 sowie LAG Nürnberg 5. 1. 2004, NZA-RR 2004, 631.

Auch das „Einschreiben – Rückschein", bzw. die Postzustellungsurkunde bietet – mit der in Rn. 30 dargestellten Einschränkung der Verzögerungsgefahr – einen grds. sicheren Zugangsnachweis.

34 Dabei ist abschließend heraus zu stellen, dass der **Erklärende** die volle **Beweislast** für den Zugang trägt.

35 **Rechtsfolge des Zugangs:** Mit Zugang der Kündigungserklärung wird das Arbeitsverhältnis nach Ablauf der einzuhaltenden Kündigungsfrist, bzw. bei der außerordentlichen Kündigung sofort, beendet. Der AN kann dann innerhalb von drei Wochen nach Zugang der schriftlichen Kündigung Kündigungsschutzklage gem. § 4 S. 1 KSchG erheben, wenn er gegen diese vorgehen will. Versäumt der AN diese Frist, kann er die Unwirksamkeit der Kündigung nicht mehr geltend machen (Näheres zur Klagefrist und der Möglichkeit, bei unverschuldeter Versäumung dieser Frist nach § 5 KSchG die Klage nachträglich zuzulassen s. Erl. 17. Rn. 590 ff.).

36 **2.3. Nachschieben von Kündigungsgründen.** Im Kündigungsschutzprozess ist es zunächst Sache des AG, die Kündigung zu begründen. Dies ergibt sich aus der Verteilung der Darlegungslast in § 1 Abs. 2 S. 4 KSchG (vgl. Erl. 15. Rn. 577 ff.). Für den Vortrag des AG im Prozess ist es dabei grds. unerheblich, ob und wie er seine Kündigung gegenüber dem AN begründet hat. Der AG kann daher z. B. im Prozess verhaltensbedingte Kündigungsgründe vorbringen, auch wenn er zuvor die Kündigung des AN auf einen personenbedingten Kündigungsgrund gestützt hatte. Die Möglichkeit, **neue oder andere Kündigungsgründe** im Prozess vorzutragen, wird als **Nachschieben von Kündigungsgründen** bezeichnet. Aus dem BetrVG und dem BPersVG folgen hierfür allerdings betriebsverfassungsrechtliche Grenzen, da § 102 Abs. 1 BetrVG (und ebenso die personalvertretungsrechtlichen Vorschriften) verlangt, dass der AG dem Betriebsrat die für ihn maßgeblichen Gründe für die Kündigung mitteilt. Kommt der AG dieser Verpflichtung nicht nach, fehlt es an einer ordnungsgemäßen Anhörung des Betriebsrats und damit an einer Wirksamkeitsvoraussetzung für die Kündigung. Eine Kündigung ist nach § 102 Abs. 1 S. 3 BetrVG nämlich nicht nur dann unwirksam, wenn der AG gekündigt hat, ohne den Betriebsrat vorher überhaupt beteiligt zu haben, sondern auch dann, wenn der AG seiner **Unterrichtungspflicht** nach § 102 Abs. 1 BetrVG nicht richtig, d. h. nicht ausführlich genug, nachgekommen ist (vgl. BAG, NZA 1995, 363; ausführl. Erl. 9. Rn. 505).

37 Gründe, die dem AG bekannt waren, dem Betriebs- oder Personalrat aber nicht mitgeteilt worden sind, können deshalb im Prozess nicht nachgeschoben werden. Hingegen können **Kündigungsgründe,** die dem AG bei Ausspruch der Kündigung noch **nicht bekannt** waren, dann nachgeschoben werden, wenn sie bereits vor Ausspruch der Kündigung entstanden waren und dem Betriebsrat in einem nachträglichen Anhörungsverfahren mitgeteilt worden sind (s. BAGE 14, 65, 70; BAG, NZA 1986, 674; 1997, 1158). Diese Grundsätze gelten auch für das Personalvertretungsrecht (BAG 13. 1. 1982 – 7 AZR 759/79 = AP BGB § 620 Nr. 2).

38 **2.4. Vertretung und Vollmacht.** Das Kündigungsrecht steht grds. nur den unmittelbaren Vertragspartnern zu, nicht dagegen **vollmachtlosen Vertretern.** Eine Kündigung als einseitige Willenserklärung ist danach unwirksam, wenn sie

Vorbemerkungen zu § 34   **Vor § 34**

nicht von einem bevollmächtigten **Vertreter des AG** ausgesprochen worden ist, **§ 180 BGB**. Hat der Vertreter hingegen **Vollmacht,** so ist weiter die Vorschrift des **§ 174 BGB** zu beachten. Danach kann der AN die Kündigung unverzüglich (d. h. ohne schuldhaftes Zögern, § 121 BGB) wegen **Nichtvorlage der** entsprechenden **Vollmachtsurkunde** zurückweisen. Eine beglaubigte Abschrift reicht in diesem Fall nicht aus (vgl. BAG, NZA 1990, 63; s. a. BAG 20. 8. 1997 – 2 AZR 518/96 = NZA 1997, 1343). Die Vollmachtsurkunde muss der Kündigung im **Original** beigefügt werden.

§ 174 BGB findet auch im ö. D. Anwendung (BAG 20. 9. 2006 – 6 AZR 82/06 = NZA 2007, 377).

Ausgeschlossen ist die Zurückweisung, **wenn** der Vollmachtgeber den Kündigungsempfänger **anderweitig von der Bevollmächtigung in Kenntnis gesetzt** hatte, z. B. durch die Bestellung zum Personalleiter (BAG, NZA 1992, 449; s. a. 22. 1. 1998 – 2 AZR 267/97 = NZA 1998, 699; zum Referatsleiter im ö. D: BAG 20. 8. 1997 – 2 AZR 518/96 = NZA 1997, 1413; s. a. 18. 10. 2000 – 2 AZR 627/99 = NZA 2001, 219; BAG 12. 1. 2006 – 2 AZR 179/05 = NZA 2006/980). Eine konkludente Mitteilung der Bevollmächtigung genügt, die Erlangung der Kenntnis auf anderem Wege dagegen nicht. Insbes. kann sich das „In-Kenntnis-Setzen" nicht aus einem „Vertretungszusatz" im Kündigungsschreiben ergeben. Das In-Kenntnis-Setzen i. S. d. § 174 S. 2 BGB setzt eine entsprechende Information über die Bevollmächtigung durch den Vollmachtgeber und nicht einen Hinweis des Vertreters auf seine Vertreterstellung voraus. Dafür sieht das Gesetz gerade die Vorlage der Vollmachtsurkunde vor (BAG 12. 1. 2006 – 2 AZR 179/05 = NZA 2006, 980, 982. Zu allem: Schaub, § 123 Rn. 3 ff.). 39

Für das Gemeinderecht ist jeweils im Einzelnen genau geregelt, wer zum Kündigungsausspruch berechtigt ist; diese landesrechtlichen Vorschriften sind maßgeblich (vgl. z. B. BAG, NZA 1993, 1099; 1994, 1086). 40

3. Kündigungsarten. Kündigungen lassen sich zunächst danach unterscheiden, wer sie ausspricht. Der **AG** kann das Arbeitsverhältnis durch eine **ordentliche oder außerordentliche Kündigung** beenden, ferner kann er mittels einer **Änderungskündigung** versuchen, das Arbeitsverhältnis unter geänderten Bedingungen fortzusetzen. Der allgemeine Kündigungsschutz nach § 1 KSchG erstreckt sich nur auf ordentliche Kündigungen des AG. 41

Das Recht, außerordentlich zu kündigen, ergibt sich für beide Vertragsparteien aus **§ 626 BGB**. Die früheren Vorschriften der §§ 54 BAT/-O, 59 MTArb/-O, 53 BMT-G II/-O waren der Regelung in § 626 BGB im Wesentlichen nachgezeichnet und konnten daher mit Abschluss des TVöD/TV-L entfallen.

Die vielfältigen Einschränkungen der Kündigungsfreiheit des AG werden unten (Erl. 4 ff.) ausführlich dargestellt.

Will hingegen der **AN** selbst kündigen, so hat er grds. nur die Kündigungsfrist des § 34 TVöD/TV-L einzuhalten und das Schriftformerfordernis zu beachten; sonstige Kündigungsbeschränkungen treffen ihn nicht. Für eine **außerordentliche AN-Kündigung** indes gelten die gleichen Anforderungen und Grundsätze des § 626 BGB (s. Erl. 8. Rn. 484 ff.). 42

3.1. Ordentliche Kündigung. Mit der **ordentlichen (fristgerechten) Kündigung** nach § 34 TVöD/TV-L wird ein im Regelfall auf unbestimmte Zeit eingegangenes Arbeitsverhältnis unter Wahrung der tariflich geltenden Kündigungsfrist beendet. In § 34 Abs. 2 TVöD/TV-L wird für eine besondere Personengruppe des Tarifgebiets West die ordentliche Kündigung ausgeschlossen; das Arbeitsverhältnis kann dann nur noch unter den engen Voraussetzungen des § 626 BGB fristlos gekündigt werden (s. Erl. zu § 34 TVöD/TV-L). 43

44 **3.2. Außerordentliche Kündigung.** § 626 BGB regelt nunmehr ausschließlich und abschließend die Möglichkeit der **außerordentlichen (fristlosen) Kündigung.** Sie ist das einseitige Gestaltungsrecht, das Arbeitsverhältnis sofort (d. h. mit Zugang), also ohne Einhaltung der (gesetzlichen oder) tariflichen Kündigungsfrist, bzw. vor Ablauf einer Befristung, zu beenden. Mit der außerordentlichen Kündigung, die gem. § 34 Abs. 2 TVöD/TV-L auch ordentlich „unkündbaren" AN ausgesprochen werden kann, wird das Arbeitsverhältnis **aus** einem **wichtigen Grund** vorzeitig beendet.

45 Das Recht zur außerordentlichen Kündigung kann weder durch Individualabrede, Betriebs- oder Dienstvereinbarung noch durch eine tarifliche Regelung ausgeschlossen oder unzumutbar erschwert werden. Wirklich „unkündbar" ist daher kein AN – auch nicht im ö. D.

Im Übrigen wird bei der Erläuterung der einzelnen Kündigungsgründe bei Bedarf auch auf die Voraussetzungen einer außerordentlichen Kündigung des AG hingewiesen. Eine allgemeine Darstellung der Grundsätze dazu findet sich in der Erl. 8 Rn. 484 ff.

46 Zu den Besonderheiten der sog. Verdachts- und Druckkündigung s. unten, Erl. 5.6. Rn. 220 ff.; 5.7. Rn. 228 ff.

47 **3.3. Änderungskündigung.** Eine Änderungskündigung des Arbeitsverhältnisses tritt neben, bzw. anstelle des (einseitigen) **Weisungs- oder Direktionsrechts** des AG und stellt im Ergebnis das Arbeitsverhältnis zwischen den Parteien auf eine neue Vertragsgrundlage. Will der AG die Vertragsbedingungen ändern, muss er eine Änderungskündigung aussprechen, wenn der AN nicht zuvor sein Einverständnis zu den geplanten Änderungen erteilt bzw. das Direktionsrecht des AG nicht ausreicht, diese Änderungen auch einseitig gegen den Willen des AN durchzusetzen. Die einseitige Änderung einzelner Vertragsbedingungen ist dem AG grds. verwehrt, weil der Arbeitsvertrag und seine Einzelregelungen immer als Ganzes gesehen werden müssen. Eine **Teilkündigung** ist grds. unzulässig (BAG AP BGB § 620 Teilkündigung Nrn. 5, 6 = NZA 1997, 711). Etwas anderes muss im Ausnahmefall für **Nebenabreden** gelten, die der AG gesondert kündigen kann, soweit dies einzelvertraglich vereinbart ist (s. § 2 Abs. 3; näheres bei Rn. 57). Soll in den **Kernbereich** des Arbeitsverhältnisses eingegriffen werden, so kann der AG dies nicht unter Berufung auf sein Weisungsrecht tun. Er muss vielmehr bspw. Änderungen der Vergütung oder der Arbeitszeit durch Änderungskündigungen umsetzen, wenn eine einvernehmliche Regelung zwischen den Parteien nicht zustande kommt.

48 Die nach § 2 KSchG mögliche **Änderungskündigung** ist eine allein dem AG eröffnete Möglichkeit, mit der Kündigung des Arbeitsverhältnisses die Fortsetzung desselben zu geänderten, i. d. R. schlechteren Bedingungen anzubieten. Sie muss jedoch erkennbar auch den Willen beinhalten, das Arbeitsverhältnis bei Ablehnung des Änderungsangebots gänzlich zu beenden.

49 Die Änderungskündigung setzt sich nämlich aus **zwei Rechtsakten** zusammen:
- dem Ausspruch einer „echten" (ordentlichen oder außerordentlichen) Kündigung, die das Arbeitsverhältnis beenden soll und
- dem Angebot, das Arbeitsverhältnis zu neuen, geänderten Bedingungen fortzusetzen.

50 Nach der Rspr. kommt auch eine **Änderungskündigung zur nachträglichen Befristung** eines zuvor unbefristeten Arbeitsverhältnisses in Betracht (s. BAG 25. 4. 1996, NZA 1996, 1197; BAG 8. 7. 1998, NZA 1999, 81; näher KR/Rost KSchG § 2 Rn. 10 a, b; KR/Lipke TzBfG § 14 Rn. 11).

51 **Der AN hat** folgende **drei Möglichkeiten, auf eine** (verhaltensbedingte, personenbedingte oder betriebsbedingte) **Änderungskündigung zu reagieren:**

Vorbemerkungen zu § 34 **Vor § 34**

- Er **stimmt** dem Änderungsangebot **zu;** das Arbeitsverhältnis wird dann zu den geänderten Bedingungen ohne Unterbrechung fortgesetzt (s. dazu und zu den dabei zu beachtenden Fristen: BAG 6. 2. 2003 – 2 AZR 674/01 = NZA 2003, 659).
- Er **lehnt** das Änderungsangebot **ab;** dieses erlischt und die Änderungskündigung „wandelt" sich in eine Beendigungskündigung. Das Arbeitsverhältnis endet mit Auslauf der Kündigungsfrist. Der AN kann Kündigungsschutzklage erheben.
- Er **nimmt** das Änderungsangebot **unter** dem **Vorbehalt** der sozialen Rechtfertigung der Änderung der Arbeitsbedingungen und ihrer späteren gerichtlichen Überprüfung **an,** § 2 KSchG.

Diesen Vorbehalt gegen die Wirksamkeit der Änderung der Arbeitsbedingungen 52 muss er **innerhalb der Dreiwochenfrist** nach den §§ 2, 4 KSchG erklären. An die Stelle der Kündigungsschutzklage nach § 4 S. 1 KSchG tritt dann die sog. **Änderungsschutzklage** nach **§ 4 S. 2 KSchG,** d. h. eine Klage auf Feststellung, dass die Änderung der vom AG beabsichtigten Arbeitsbedingungen sozial ungerechtfertigt ist. Dies hat für den AN den Vorteil, dass feststeht, dass sein Arbeitsverhältnis jedenfalls fortbesteht und nicht endet; im Prozess wird lediglich darüber gestritten und geklärt, ob weiterhin zu den alten oder zu den neuen Bedingungen. Allerdings ist der AN gehalten, zunächst zu diesen weiter zu arbeiten (z. B. am neuen Arbeitsort, im geänderten zeitlichen Umfang oder zu der neu angebotenen Vergütung). Verweigert er dies, riskiert er eine Kündigung wegen Arbeitsvertragsverletzung (LAG Hamm 12. 12. 2005 – 8 Sa 1700/05 = FA 2006, 189, Ls.).

Ergeht ein die Klage abweisendes Urteil, dass die beabsichtigte Änderung der 53 Arbeitsbedingungen sozial gerechtfertigt ist, so gelten mit Rechtskraft des Urteils unter Beachtung der Kündigungsfrist die geänderten Arbeitsbedingungen zwischen den Parteien. Obsiegt der Kläger dagegen im Verfahren, besteht das Arbeitsverhältnis unverändert zu den alten Vertragsbedingungen fort (s. ausführl. Schaub, § 137; Stahlhacke/Preis, Rn. 1258 ff.; Berkowsky, NZA-RR 2003, 449).

Hauptanwendungsfall ist die **betriebsbedingte Änderungskündigung** 54 gem. §§ 1 Abs. 2 S. 2, 2 KSchG, mit der der AG die Weiterbeschäftigung des AN zu geänderten Bedingungen sichern will, sofern ein freier Ersatzarbeitsplatz vorhanden ist (s. Erl. 7.2.4. Rn. 394). Auch im Bereich der Rückgruppierung des AN im ö. D. hat die betriebsbedingte Änderungskündigung Bedeutung:

Ist nämlich ein AN des ö. D. bewusst zu hoch eingruppiert worden und hat er 55 gerade einen **einzelvertraglichen** Anspruch auf Vergütung nach der betreffenden Entgeltgruppe erworben, so kann seine Herabgruppierung ohne sein Einverständnis nur über eine Änderungskündigung erreicht werden. Erfolgte die zu hohe Eingruppierung hingegen **irrtümlich,** kann der AG die Zahlung des die tariflich geschuldete Vergütung übersteigenden Teilbetrags grds. einseitig einstellen (sog. **korrigierende Rückgruppierung;** vgl. näher Schaub, § 186, Rn. 55 a m. w. N. sowie zur – regelmäßig unzulässigen – wiederholten korrigierenden Rückgruppierung BAG 23. 8. 2006 – 4 AZR 417/05 = DB 2006, 291). Eine gleichwohl deswegen ausgesprochene Änderungskündigung ist im Regelfall durch dringende betriebliche Erfordernisse sozial gerechtfertigt. Ein AG der – wie im ö. D. allgemein üblich und anzunehmen – seine AN grds. (nur) nach Tarif bezahlt, hat damit die Möglichkeit, unbewusste oder zu Unrecht erfolgte oder bestehende Höhergruppierungen auf das tarifgerechte Maß zurückzuführen (BAG 9. 7. 1997 – 4 AZR 635/95 = NZA 1998, 494, 456).

Da die **Änderungskündigung** ihrer Rechtsnatur nach **eine echte Kündi-** 56 **gung** ist, sind bei ihrem Ausspruch sämtliche zuvor bereits dargestellten, bzw. im

Vor § 34 Abschnitt V. Befrist. u. Beendig. d. Arbeitsverh.

Folgenden noch zu erläuternden Fristen, Anhörungs- und Formvorschriften, Kündigungsbeschränkungen usw. zu beachten.

57 Von einer Änderungskündigung muss die **Teilkündigung** unterschieden werden, die im Gegensatz zur Änderungskündigung im Allgemeinen **unzulässig** ist, weil sie einen einseitigen Eingriff in den Inhalt des Vertragsverhältnisses darstellt und mit dem Prinzip der Vertragsautonomie kollidiert. Eine Teilkündigung ist eine Willenserklärung, mit der der Kündigende **einzelne Vertragsbedingungen gegen den Willen** des Vertragspartners einseitig ändern will. Von der Kündigung unterscheidet sich die Teilkündigung dadurch, dass eine Kündigung das Arbeitsverhältnisses in seinem ganzen Bestand erfasst, dagegen die Teilkündigung unter Aufrechterhaltung des Arbeitsverhältnisses nur einzelne Rechte oder Pflichten der Vertragsparteien beseitigen soll (s. BAG, NJW 1983, 2284; NZA 1991, 377; zum Verhältnis Teilkündigung und ergänzende Vertragsauslegung s. a. BAG, NZA 1997, 711). Da das Arbeitsverhältnis allerdings regelmäßig ein **zusammenhängendes Ganzes** darstellt, ist eine Teilkündigung einzelner Regelungen grds. unzulässig. Eine Teilkündigung ist aber dann nicht ausgeschlossen, wenn die Parteien **Nebenabreden** vereinbaren und diese aufkündigen, wie etwa die Gewährung eines Fahrtkostenzuschusses oder wenn sie tarifvertraglich zulässig ist, vgl. § 2 Abs. 3 TVöD und zu den früheren Regelungen des § 4 Abs. 2 BAT/-O BAG 15. 2. 1990 – 6 AZR 386/88 = AP BAT § 17 Nr. 17 = ZTR 1990, 471. Mit der Teilkündigung in Abgrenzung zur Änderungskündigung befassen sich z. B. Zirnbauer NZA 1995, 1073 und Hromadka NZA 1996, 1.

58 **4. Allgemeiner Kündigungsschutz nach dem KSchG.** Während der AN jederzeit das Arbeitsverhältnis ordentlich unter Beachtung der jeweiligen Kündigungsfrist beenden kann, sind Kündigungen des AG nur unter vielfachen Einschränkungen möglich.

59 **4.1. Kündigungsbeschränkungen.** Man kann insoweit systematisierend **vier Arten von Kündigungsbeschränkungen** unterscheiden:
- den **allgemeinen** (auch „**materiellen**" genannten) **Kündigungsschutz nach dem KSchG** (dazu sogleich),
- den sog. **kollektivrechtlichen** (oder „**präventiven**", d. h. vorsorglichen) **Kündigungsschutz** durch die Vorschriften über die Beteiligung von Betriebs- und Personalrat vor Ausspruch der Kündigung (Erl. 10. Rn. 520 ff.; Erl. 11. Rn. 545 ff.),
- den **Sonderkündigungsschutz** durch eine Vielzahl von Einzelregelungen für bestimmte, als besonders schutzwürdig anerkannte Personengruppen (z. B. Schwangere, Schwerbehinderte, Funktionsträger, u. a., s. Erl. 9 Rn. 505) und letztlich
- den in jüngster Zeit zunehmend auch unter dem Stichwort „Kündigungsschutz zweiter Klasse" diskutierten **Kündigungsschutz außerhalb des Geltungsbereichs des KSchG** aufgrund der Art. 3 Abs. 3, 12 Abs. 1 GG sowie der Generalklauseln der §§ 138, 242, 612a BGB und anderer einschlägiger Normen, bzw. Rechtsgedanken (näheres: Erl. 13.).

60 **Kündigungsbeschränkungen** für den AG ergeben sich dabei in erster Linie aus dem Kündigungsschutzgesetz. Es normiert das Erfordernis eines Kündigungsgrundes, in § 1 Abs. 2 KSchG als die Notwendigkeit der **sozialen Rechtfertigung der ordentlichen Kündigung** umschreibt. Hinsichtl. der fristlosen Kündigung ist ergänzend zu § 626 BGB in § 13 Abs. 1 S. 2 KSchG festgelegt, dass auch deren Unwirksamkeit binnen der dreiwöchigen Klagefrist geltend gemacht werden muss.

61 **4.2. Soziale Rechtfertigung der Kündigung.** Eine Kündigung des AG, die ohne einen sozial rechtfertigenden Grund i. S. d. § 1 KSchG ausgesprochen wird,

Vorbemerkungen zu § 34

ist danach unwirksam und kann das Arbeitsverhältnis nicht beenden. Das KSchG unterscheidet hinsichtl. der **Kündigungsgründe** zwischen **personenbedingten, verhaltensbedingten** und **betriebsbedingten** Kündigungen. Der AG hat die Tatsachen darzulegen und zu beweisen, die seine Kündigung bedingen sollen, § 1 Abs. 2 S. 4 KSchG.

Findet das KSchG hingegen keine Anwendung auf das Arbeitsverhältnis, hat der AG das Recht, ohne die materiellen Einschränkungen des KSchG dem AN zu kündigen. Außerhalb seines Geltungsbereichs, insbes. vor Erfüllung der Wartezeit des KSchG gilt damit praktisch eine **Kündigungsfreiheit** des AG, die allerdings zunehmend durch die Rspr. unter Berufung u. a. auf die in § 242 BGB aufgestellten Grundsätze von Treu und Glauben eingeschränkt wird (vgl. Erl. 13 Rn. 565). 62

Beispiel: Die Stadt XY spricht dem AN nach drei Monaten fristgerecht gem. § 34 Abs. 1 S 1 während der jetzt „tarifautomatisch" geltenden sechsmonatigen Probezeit eine verhaltensbedingte Kündigung aus. Da die Wartezeit von sechs Monaten nach § 1 Abs. 1 KSchG als Voraussetzung für seine Anwendbarkeit noch nicht abgelaufen ist, kann der AN seine Klage gegen diese nicht darauf stützen, diese sei nach § 1 Abs. 2 KSchG sozial ungerechtfertigt und daher unwirksam. Allenfalls kann der Kläger sich vor Gericht auf die Treu- oder Sittenwidrigkeit der Kündigung berufen; die Erfolgsaussichten einer solchen Klage sind jedoch trotz der Ausdehnung des Kündigungsschutzes außerhalb des KSchG außerordentlich gering, wie die praktischen Erfahrungen zeigen. Zu betonen ist bereits an dieser Stelle allerdings, dass ungeachtet der noch nicht erfüllten Wartezeit nach § 1 Abs. 1 KSchG selbstverständlich sonstige Kündigungsverbote zu beachten sind und der Betriebs-, bzw. Personalrat nach § 102 BetrVG, bzw. den einschlägigen Personalvertretungsgesetzen zu beteiligen ist. 63

Der **allgemeine Kündigungsschutz** umfasst **nur die ordentliche Kündigung** durch den AG. Auch die **Änderungskündigung** ist eine echte Kündigung, weil der AG das bisherige Arbeitsverhältnis aufkündigt und dem AN neue Arbeitsbedingungen nach Ablauf der Kündigungsfrist anbietet (zur Änderungskündigung s. Erl. 3.3. Rn. 47). Die ordentliche Kündigung ist auch unwirksam, wenn der Personal- oder Betriebsrat aus den im BPersVG bzw. BetrVG festgelegten Gründen schriftlich und fristgemäß Widerspruch gegen die Kündigung eingelegt hat und dieser Widerspruch unter die im Einzelnen in § 1 Abs. 2 S. 2 KSchG genannten Gründe fällt. 64

Das **Gebot der Interessenabwägung** spielt in Kündigungsschutzprozessen eine **zentrale Rolle.** Das BAG vertritt in st. Rspr. die Auffassung, eine mögliche Sozialwidrigkeit der Kündigung könne nur über eine umfassende Abwägung der beiderseitigen Interessen des gekündigten AN und des kündigenden AG im Einzelfall ermittelt werden (s. grdl. BAG 20. 10. 1954 – AP KSchG § 1 Nr. 6; ferner z. B. BAG 14. 2. 1996 – 2 AZR 274/95 = NZA 1996, 873). 65

4.3. Interessenabwägung und Verhältnismäßigkeitsgrundsatz. Zentrales Tatbestandsmerkmal der ordentlichen **verhaltens- oder personenbedingten Kündigung** ist damit nach allgemeiner Ansicht die **Abwägung der Interessen** von AN und AG (s. nur Bitter/Kiel RdA 1994, 333; KR/Griebeling, § 1 KSchG, Rn. 210 f.). Eine allgemeine Interessenabwägung findet dagegen bei einer **betriebsbedingten Kündigung** allenfalls in einem sehr beschränkten Umfang statt, da den Gerichten hier nur eine Missbrauchskontrolle bei Überprüfung der unternehmerischen Entscheidung eingeräumt ist (s. ausführl. die Erl. zur betriebsbedingten Kündigung, Rn. 338 f.). 66

Den Arbeitsgerichten kommt dabei eine sehr schwierige Aufgabe mit hoher Verantwortung zu: Sie müssen darüber entscheiden, ob der AN seinen Arbeitsplatz behält oder verliert. Das Gericht steht zudem vor der an sich unlösbaren Aufgabe, alle wesentlichen substantiell vorgetragenen Umstände des Einzelfalls bei der Urteilsfindung zu berücksichtigen und die jeweiligen Besonderheiten des vorgetra- 67 genen Kündigungssachverhalts im Übrigen zu beachten. Welche Umstände im Einzelnen in diese Interessenabwägung einzubeziehen sind und wie diese untereinander zu gewichten sind, hängt insbes. auch von der Art des Kündigungsgrundes ab und lässt sich abschließend nicht festlegen. Es können aber jedenfalls auch die sozialen Verhältnisse des entlassenen AN (z. B. Lebensalter, Unterhaltspflichten, etc.) zu berücksichtigen sein, da dem Gesetz entsprechend die „soziale" Rechtfertigung der Kündigung zu überprüfen ist. Will man eine **„gerechte Lösung" im Einzelfall** erreichen, muss auch das BAG zugestehen, dass es eine Patentlösung des Konfliktfalls der Interessenabwägung nie geben kann. Das aber macht die Entscheidung im Einzelfall wieder so schwierig. Auf der einen Seite soll und will man Einzelfallgerechtigkeit erreichen, andererseits ist aber auch das Interesse an Rechtssicherheit und Voraussehbarkeit gerichtlicher Entscheidungen aufgrund möglichst abstrakt zu formulierender und anzuwendender Rechtsgrundsätze zu wahren und zu beachten.

68 Das **KSchG dient der Erhaltung des Arbeitsverhältnisses,** nicht jedoch um jeden Preis. Daraus folgt, dass eine Kündigung nach st. Rspr. unter dem Gebot der **Verhältnismäßigkeit** steht (vgl. nur BAG 25. 6. 1964 – AP KSchG § 1 Nr. 14; BAG 22. 2. 1980 – AP KSchG 1969 § 1 Nr. 6 = NJW 1981, 298; s. a. Wank, RdA 1993, 79; Becker-Schaffner, ZTR 1997, 49). Eine Kündigung darf immer **nur das letzte Mittel („ultima ratio")** sein, das Problem zwischen den Parteien zu lösen. Unter einer verhältnismäßigen Kündigung ist insofern eine Maßnahme zu verstehen, die zur Beseitigung der erheblichen betrieblichen Störungen geeignet und erforderlich ist sowie im Verhältnis zum angestrebten Ziel unter Würdigung aller Umstände angemessen erscheint.

69 Nach dem **Verhältnismäßigkeitsgrundsatz** ist der AG z. B. regelmäßig gehalten, vor einer **verhaltensbedingten Kündigung** dem AN eine **Abmahnung** auszusprechen und überhaupt zu prüfen, ob die Kündigung nicht durch ein anderes geeignetes, aber milderes, den AN weniger belastendes Mittel vermieden werden kann, etwa den Anspruch (nur) einer Änderungskündigung und/oder der Durchführung einer Versetzung. Ferner steht sodann im Mittelpunkt der Auseinandersetzung häufig die Frage, ob der AN nach Maßgabe des § 1 Abs. 2 S. 2, 3 KSchG **weiterbeschäftigt** werden kann oder nicht. Ist das nicht der Fall, ist die Kündigung wirksam. Besteht dagegen eine dem AG zuzumutende **Weiterbeschäftigungsmöglichkeit,** muss das Gericht der Kündigungsschutzklage stattgeben, § 1 Abs. 2 KSchG. Einen Anspruch auf Schaffung eines neuen Arbeitsplatzes hat der AN jedoch nicht.

70 **4.4. Voraussetzungen des Kündigungsschutzes.** Folgende Voraussetzungen müssen erfüllt sein, damit das KSchG überhaupt Anwendung findet:

71 **4.4.1. Geschützter Personenkreis.** Das KSchG gilt nach seinem § 1 nur für **Arbeitnehmer** (persönlicher Geltungsbereich). Wesentliche Merkmale der Arbeitnehmereigenschaft sind die persönliche Abhängigkeit und die Weisungsgebundenheit der zur Dienstleistung Verpflichteten. **Arbeiter und Angestellte des ö. D. sind unstreitig AN i. S. d. KSchG.** Probleme können sich diesbezüglich also nur dort ergeben, wo Betriebe den TVöD (bzw. seine Vorgängernormen) trotz fehlender Tarifgebundenheit ganz oder teilweise anwenden (vgl. nur Küttner, Personalbuch 2006, Arbeitnehmer (Begriff), Rn. 1 ff.; BAG 27. 6. 2001 – 5 AZR 561/99 = NZA 2002, 742 und 12. 12. 2001 – 5 AZR 253/00 = NZA 2002, 787).

72 **Beamte** genießen, da sie keine AN sind, im Ggs. zu Arbeitern und Angestellten im ö. D. keinen Kündigungsschutz nach dem KSchG. Für sie gelten die gegenüber dem KSchG günstigeren beamtenrechtlichen Regelungen.

73 **Auszubildende** unterliegen dem BBiG, das die Beendigung des Berufsausbildungsverhältnisses in seinen Sonderbestimmungen der §§ 20–23 in der Neufassung

Vorbemerkungen zu § 34

v. 23. 3. 2005 (s. dazu z. B. Taubert, NZA 2005, 503) abschließend regelt. Zu sonstigen besonderen Personengruppen s. v. Hoyningen-Huene/Linck, § 1, Rn. 44 ff.

4.4.2. Sechsmonatige Wartezeit. Nach § 1 Abs. 1 KSchG muss das Arbeits- 74
verhältnis **in demselben Betrieb oder Unternehmen** ohne Unterbrechung **länger als sechs Monate** bestanden haben. Erst nach Erfüllung dieser Wartezeit greift der Kündigungsschutz für AN nach dem KSchG ein (zeitlicher Geltungsbereich).

Diese Wartefrist muss zum Zeitpunkt der Kündigung, also bereits bei **Zugang** 75
der Kündigungserklärung, verstrichen sein. Erst dann gilt das KSchG. Es reicht insofern nicht aus, dass die Wartezeit des § 1 Abs. 1 KSchG erst mit Ablauf der Kündigungsfrist erreicht wird. Der AG kann daher den AN zum Ende des ersten halben Beschäftigungsjahres fristgerecht nach § 34 Abs. 1 S. 1 kündigen, ohne dass seine Kündigungsfreiheit durch § 1 KSchG eingeschränkt wird.

Die Berechnung der Sechsmonatsfrist richtet sich nach den **§§ 186 ff. BGB.** 76
Bei einer für den 1. 4. vereinbarten Arbeitsaufnahme hat der AN somit ab dem 1. 10. Kündigungsschutz (zu Sonderfällen der Berechnung s. BAG 27. 6. 2002 – 2 AZR 382/01 = NZA 2003, 377).

Der Sinn der Einschränkung der Anwendbarkeit des KSchG liegt darin, dem 77
AG das Recht einzuräumen, den AN sechs Monate lang erproben zu können und damit die Möglichkeit zu eröffnen, innerhalb der Wartezeit das Arbeitsverhältnis ohne Angabe von Kündigungsgründen aufzulösen (zur Beteiligung von Personalvertretung und Betriebsrat s. aber Erl. 10. Rn. 520; Erl. 11 Rn. 545).

Innerhalb dieser Wartezeit von sechs Monaten gilt damit der **Grundsatz der** Kündigungsfreiheit des AG, der allerdings in gewissen Maße durch § 242 BGB eingeschränkt wird (s. Erl. 13. Rn. 565).

Die Tarifparteien im ö. D. haben dieser gesetzlichen Vorgabe weiterhin dadurch 78
Rechnung getragen, dass nach § 2 Abs. 4 nunmehr die ersten sechs Monate der Beschäftigung „tarifautomatisch" als Probezeit gelten. Innerhalb dieser Zeit kann das Arbeitsverhältnis gem. § 34 Abs. 1 S. 1 mit einer Frist von zwei Wochen zum Monatsschluss gekündigt werden. Unabhängig von der Länge der Probezeit – die Parteien können nach § 2 Abs. 4 auch eine kürzere Erprobungsphase des AN vereinbaren – greift das KSchG nur nach erfüllter Wartezeit von mindestens sechs Monaten (§ 1 Abs. 1 KSchG) ein; eine Kündigung des AG ist (nur) dann im Fall der Klage auf ihre soziale Rechtfertigung hin zu überprüfen.

Eine **Kündigung kurz vor Ablauf der Wartezeit** ist grds. zulässig und stellt 79
keinen Rechtsmissbrauch dar (zutr. BAG 18. 8. 1982 – 7 AZR 437/80 = AP BetrVG 1972 § 102 Nr. 24; BAG 16. 3. 2000 – 2 AZR 828/98 = NZA 2000, 1337, 1339). Denn der AG hat nach dem unmissverständlichen Wortlaut und nach Sinn und Zweck des § 1 Abs. 1 KSchG das Recht, die ihm eingeräumte Kündigungsfreiheit vor Anwendbarkeit des KSchG auszunutzen. Den Ausnahmefall, dass der AG nur deshalb kurz vor Ablauf der Wartefrist kündigt, um gerade das Eingreifen des Kündigungsschutzes treuwidrig zu verhindern (§ 162 BGB analog) müsste der AN beweisen (s. a. LAG Schleswig-Holstein 14. 4. 1998 – 3 Sa 541 a/97 = NZA-RR 1999, 191).

Weiter setzt § 1 Abs. 1 KSchG voraus, dass der AN **in demselben Betrieb** 80
oder Unternehmen ohne Unterbrechung länger als sechs Monate beschäftigt war. Unter einem Betrieb versteht man die organisatorische Einheit innerhalb derer der AG mit seinem AN durch Einsatz technischer und immaterieller Mittel bestimmte arbeitstechnische Zwecke fortgesetzt verfolgt, die sich nicht in der Befriedigung von Eigenbedarf erschöpfen (s. BAG NZA 2001, 831, BAG NZA 2004, 1980 f.). Der Begriff des Unternehmens ist dabei der weitere gegenüber dem des Betriebes i. S. d. § 1 KSchG.

W. Weizenegger

Vor § 34 Abschnitt V. Befrist. u. Beendig. d. Arbeitsverh.

81 Im ö. D. ist die Vorschrift über die **Beschäftigungszeit** nach § 34 Abs. 2 TVöD (früher § 19 Abs. 1 BAT/-O) für die Berechnung der sechsmonatigen Wartezeit nach § 1 Abs. 1 KSchG **nicht** anzuwenden (BAG 16. 3. 2000 – 2 AZR 828/98 = NZA 2000, 1337). Sie gilt lediglich für die Berechnung der Kündigungsfristen nach (jetzt) § 34 Abs. 1, bzw. die Unkündbarkeit nach § 34 Abs. 2.

82 Im Fall des **Betriebsübergangs** nach § 613a Abs. 1 BGB tritt der Erwerber in das bestehende Arbeitsverhältnis ein. Die Dauer der bisherigen Beschäftigungszeit beim Rechtsvorgänger mitberechnet wird; das KSchG bleibt anwendbar, wenn die Wartezeit bereits erfüllt war.

83 Das Arbeitsverhältnis muss grds. **ohne rechtliche Unterbrechung** länger als sechs Monate nach § 1 Abs. 1 KSchG bestanden haben. Ist das Arbeitsverhältnis lediglich durch **tatsächliche Umstände**, z. B. durch Krankheit oder Urlaub des AN, Streikmaßnahmen usw. unterbrochen worden, beeinträchtigt dies die Laufzeit der Wartefrist nicht. Denn nur wenn das Arbeitsverhältnis förmlich beendet wird (z. B. im Fall einer lösenden Aussperrung des AG) liegt eine rechtliche Unterbrechung vor, die den Lauf der Wartezeit stoppt. Sonstige Aussperrungsmaßnahmen beeinträchtigen dagegen den Lauf der Wartezeit nicht, da die Aussperrung grds. nur zu einer Suspendierung des Arbeitsverhältnisses führt (s. v. Hoyningen-Huene/ Linck, § 1, Rn. 109 m. w. N.).

84 Für die Berechnung der Wartezeit spielt es keine Rolle, ob der AN als Arbeiter oder Angestellter tätig und ob er voll- oder **teilzeitbeschäftigt** ist. Denn auch Teilzeitbeschäftigte sind AN i. S. d. KSchG (h. M., s. nur BAG 13. 3. 1987 – 7 AZR 724/85 = NZA 1987, 629; v. Hoyningen-Huene/Linck, § 1, Rn. 41).

85 Auch Zeiten der **Berufsausbildung** sowie des **Grundwehrdienstes, Zivildienstes** oder von Wehr- und Eignungsübungen werden auf die Betriebszugehörigkeit angerechnet, vgl. §§ 6 Abs. 2, 10 ArbPlSchG, § 78 ZDG, § 6 EigÜbG, s. ferner auch § 9 ZivilSchG. Kündigt eine Frau während ihrer **Schwangerschaft** oder während der Schutzfrist nach der Entbindung ihr Arbeitsverhältnis nach § 10 Abs. 1 MuSchG, wird sie jedoch innerhalb eines Jahres nach der Entbindung wieder im bisherigen Betrieb eingestellt, ohne dass sie zwischenzeitlich bei einem anderen Arbeitgeber beschäftigt war, so gilt das Arbeitsverhältnis nach § 10 Abs. 2 MuSchG grds. als nicht unterbrochen.

86 Näheres zur Anrechnung von Vordienstzeiten und zur Berechnung der Wartezeit bei Schaub, § 128, Rn. 16 ff.; KR/Griebeling, § 1 KSchG, Rn. 99 ff.; dort auch Rn. 107 zu Praktika, „1-Euro-Jobs" u. ä. (Rn. 107).

87 **4.4.3. Kleinbetriebsregelung.** Der Geltungsbereich der Abschnitte 1 und 2 des KSchG ist nach § 23 Abs. 1 KSchG jetzt (wieder, wie bereits in der Zeit vom 1. 10. 1996 bis zum 31. 12. 1998) grds. auf die Betriebe und Verwaltungen eingeschränkt worden, in denen in der Regel mehr als **zehn** AN (außer den zu ihrer Berufsausbildung Beschäftigten) beschäftigt werden. Wird diese **Mindestgröße** nicht erreicht, gilt der Kündigungsschutz der §§ 1–16 KSchG nicht (betrieblicher Geltungsbereich). Zur Beweislast insoweit s. unten, Erl. 16.1., Rn. 583 ff.

88 Diese **Anhebung** der sog. **„Schwellenwertes"** (Mindestgröße) ist allerdings durch die (im einzelnen höchst komplizierte zu handhabende) **Bestandsschutzregelung** in § 23 Abs. 1 S. 3 KSchG dahingehend abgemildert worden, dass sog. „Alt- AN" in Betrieben mit mehr als fünf, aber weniger als zehn Beschäftigten, die am 31. 12. 2003 Kündigungsschutz hatten, diesen auch behalten, jedenfalls solange in dem Betrieb die Zahl dieser Anspruchsberechtigten den Schwellenwert von fünf AN übersteigt. Dabei werden nach dem 31. 12. 2003 neu eingestellte AN selbst dann nicht mitgezählt, wenn sie als Ersatz für ausgeschiedene „Alt-AN" eingestellt werden (BAG 21. 9. 2006 – 2 AZR 840/05 = NZA 2007, 43).

Vorbemerkungen zu § 34　　　　　　　　　　　　　　　　　　**Vor § 34**

Der Kündigungsschutz greift somit nur, wenn im Betrieb zum Zeitpunkt der Kündigung mehr als zehn AN beschäftigt sind oder mehr als fünf „Alt-AN, die dort bereits am 31. 12. 2003 beschäftigt waren.

Diese gesetzgeberische Konzeption, nach der also für AN, deren Arbeitsverhält- 89
nis erst nach dem 1. 1. 2004 begonnen hat, der Kündigungsschutz nicht eingreift, wenn im Betrieb regelmäßig nur zehn oder weniger AN (ausschließlich der Auszubildenden) beschäftigt werden, führt in der Praxis bei den entsprechenden Kleinunternehmen zu einer „gespaltenen Rechtslage", d. h. zu einem rechtspolitisch zweifelhaften, **geteilten Kündigungsschutz.**

Die tatsächlichen und praktischen Probleme, die dadurch auch noch nach vielen 90
Jahren bei der Ermittlung der zutreffenden Beschäftigtenzahlen für die Anwendbarkeit des KSchG nach § 23 Abs. 1 S. 2, S. 3 auftreten werden, können hier (da für den ö. D. kaum einschlägig, vgl. Rn. 95) nur angedeutet werden (s. dazu z. B. Schaub, § 128, Rn. 9 f., KR/Weigand, § 29 KSchG, Rn. 33 b–f; ausführl. Bender/Schmidt, NZA 2004, 358, Bauer/Krieger, DB, 2004, 651).

Teilzeitbeschäftigte werden beim Schwellenwert wie folgt entsprechend der 91
Dauer ihrer Arbeitszeit berücksichtigt:

Teilzeitbeschäftigte AN mit einer (vereinbarten oder tatsächlich ausgeübten) regelmäßigen wöchentlichen Arbeitszeit von nicht mehr als 20 Wochenstunden sind mit 0,5 und solche mit einer Arbeitszeit von nicht mehr als 30 Wochenstunden mit 0,75 zu berücksichtigen, § 23 Abs. 1 S. 4 KSchG (jeweils unabhängig von der durchschnittlichen tariflichen Wochenarbeitszeit). Mit der Frage der Darlegungslast für die regelmäßige wöchentliche Arbeitszeit von Teilzeitbeschäftigten setzt sich Ramrath (NZA 1997, 1319) auseinander (s. auch Erl. 16 Rn. 583).

Hinsichtl. des **Betriebsbegriffs** ist nach der ganz überwiegenden Meinung in 92
Rspr. und Lit. auch für § 23 Abs. 1 KSchG auf den im Arbeitsrecht allgemein üblichen Betriebsbegriff abzustellen (dazu oben Rn. 80; a. A. Löwisch, NZA 1996, 1009, der meint, dass mit Betrieb i. S. d. § 23 KSchG das Unternehmen oder der AG insgesamt gemeint ist).

Vor allem für den Bereich der Privatwirtschaft wird höchst kontrovers disku- 93
tiert, ob und inwieweit § 23 Abs. 1 S. 1 KSchG nicht dahingehend modifiziert werden muss, dass sein Kündigungsschutz nicht betriebs-, sondern unternehmens- bzw. arbeitgeberbezogen zu verstehen ist. Es ist nämlich in der Tat kein Grund dafür ersichtlich, warum leistungsfähige Unternehmen mit einer Mehrzahl von Betrieben mit einer (rechnerischen) Betriebsgröße von jeweils bis zu zehn AN kündigungsrechtlich privilegiert sein sollen. Das BVerfG hat insoweit zu Recht in zwei Beschlüssen v. 27. 11. 1998 (NZA 1998, 469; 470) zwar die (angezweifelte) **Verfassungsmäßigkeit der Kleinbetriebsklausel** bejaht, zugleich aber ihre verfassungskonforme Auslegung dahingehend gefordert, dass sie nur auf „kleinere Arbeitgeber", nicht aber auf solche Unternehmen angewandt werden dürfe, die in zahlreiche Einzel-, bzw. Kleinbetriebe „aufgespalten" sind.

Jedenfalls aber ist der Kündigungsschutz **nicht konzernbezogen** (näher zum 94
Meinungsstand statt aller: BAG, NZA 1999, 590; 932; 13. 6. 2002 – 2 AZR 327/01 = NZA 2002, 114 und 23. 3. 2004 – 2 AZR 162/05 = NZA 2007, 30 sowie Schaub § 128, Rn. 15, 15 a).

Im ö. D. ist dieser Meinungsstreit ohnehin kaum von Bedeutung, da nach dem 95
Wortlaut des § 23 Abs. 1 S. 2 KSchG bei **Feststellung der Betriebsgröße** von der **jeweiligen Verwaltung** und nicht von der kleineren Einheit der Dienststelle (vgl. §§ 1, 6 BPersVG) auszugehen ist. „Verwaltung" ist danach bei größeren, mehrstufigen Verwaltungen diejenige organisatorische Einheit, in der mehrere Dienststellen zu einer administrativen Hierarchie zusammengefasst sind, nicht hingegen die einzelne, nachgeordnete Behörde oder Dienst- bzw. Verwaltungsstelle

Vor § 34 Abschnitt V. Befrist. u. Beendig. d. Arbeitsverh.

(s. BAG 23. 4. 1998 – 2 AZR 489/97 = NZA 1998, 995 zu den italienischen Kulturinstituten in Deutschland als „Verwaltung" i. S. d. § 23 Abs. 1 S. 1 KSchG sowie BAG NZA 1999, 995; 2004, 208, 212 zu Kirchengemeinden).

96   Zur äußerst umstrittenen Darlegungs- und Beweislast für das Eingreifen des betrieblichen Geltungsbereichs des § 23 KSchG und damit den (allgemeinen) Kündigungsschutz überhaupt s. u. Erl. 16.1., Rn. 584 ff.

97   **4.5. Kündigungsgründe des Kündigungsschutzgesetzes.** Nach § 1 Abs. 2 S. 1 KSchG ist eine ordentliche Kündigung des AG unwirksam, wenn sie nicht durch Gründe, die in der **Person** oder im **Verhalten des AN** liegen oder durch **dringende betriebliche Erfordernisse**, die einer Weiterbeschäftigung des AN in diesem Betrieb entgegenstehen, bedingt ist.

98   Das KSchG unterscheidet somit hinsichtl. der Kündigungsgründe zwischen einer:
* personenbedingten Kündigung (s. Erl. 5., Rn. 100 ff.),
* verhaltensbedingten Kündigung (s. Erl. 6., Rn. 240 ff.) und
* betriebsbedingten Kündigung (s. Erl. 7., Rn. 347 ff.).

99   Der AG hat die Tatsachen darzulegen und zu beweisen, die die ausgesprochene Kündigung rechtfertigen sollen, § 1 Abs. 2 S. 4 KSchG. Zur **Darlegungs- und Beweislast** s. Erl. 15., Rn. 577.

100   **5. Personenbedingte Kündigung.** Nach § 1 Abs. 2 S. 1 KSchG ist eine ordentliche Kündigung u. a. dann sozial gerechtfertigt, wenn sie durch **Gründe** bedingt ist, die **in der Person des AN** liegen und eine Weiterbeschäftigung des AN dem AG nicht möglich bzw. zumutbar ist. Der häufigste Fall der personenbedingten Kündigung ist die **Kündigung wegen Krankheit.**
Rspr.-Übersichten zur personenbedingten Kündigung geben z. B. Berkowsky, NZA-RR 2001, 393; 449 und Kock, BB 2005, 2350; eine knappe systematische Darstellung im Lichte der BAG-Rspr. gibt Tschöpe, BB 2001, 2110.

101   **5.1. Begriff.** Personenbedingte Kündigungsgründe beruhen auf **persönlichen Eigenschaften und Verhältnissen** des AN, die dazu führen, dass dieser seine arbeitsvertraglichen Pflichten nicht mehr ordnungsgemäß erbringen kann.
Dabei ist zu prüfen, ob dem AN die Fähigkeit oder die Eignung, die geschuldete Arbeitsleistung zu erbringen, im Kündigungszeitpunkt fehlt oder ob sie erheblich eingeschränkt ist und ob mit ihrer baldigen Wiederherstellung nicht gerechnet werden kann. Dies muss zu einer **konkreten Störung** des Arbeitsverhältnisses führen, die im Zeitpunkt der Kündigung noch andauert und zukünftig auch zu befürchten ist und die nicht durch eine **Umsetzung** des AN zu beseitigen ist. Schließlich muss eine **umfassende Interessenabwägung** vorgenommen werden, wobei vor allem zu prüfen ist, ob der AG die auf Grund des personenbedingten Kündigungsgrundes eingetretene Störung des Arbeitsverhältnisses billigerweise noch hinnehmen muss oder ob die Kündigung bei verständiger Würdigung und Abwägung der beiderseitigen Interessen der Vertragsparteien und des Betriebs billigenswert und angemessen erscheint (s. nur instruktiv BAG 10. 10. 2002 – 2 AZR 472/01 = NZA 2003, 483 m. w. N. zur – auch verhaltensbedingten – Kündigung einer Verkäuferin wegen Tragens eines islamischen Kopftuchs, vgl. auch Thüsing, NJW 2003, 405).

102   **5.2. Abgrenzung zur verhaltensbedingten Kündigung.** Den Kündigungsgrund der personenbedingten Kündigung von dem der verhaltensbedingten abzugrenzen, ist mitunter schwierig, wie die Praxis zeigt. Ein personenbedingter Kündigungsgrund wird angenommen, wenn die **Ursache der Vertragsstörung** (z. B. schwere Krankheit) vom AN nicht gesteuert werden kann, er hierauf – wenn

Vorbemerkungen zu § 34 **Vor § 34**

überhaupt – nur einen begrenzten Einfluss hat. Ein **Verschulden** des AN braucht **nicht** vorzuliegen.

Als **personenbedingte Gründe,** die eine ordentliche Kündigung nach § 1 Abs. 2 KSchG sozial rechtfertigen können, sind damit nur solche Umstände anzuerkennen, die auf einer in den persönlichen Verhältnissen oder Eigenschaften des AN liegenden „Störquelle" beruhen Eine personenbedingte Kündigung kann sozial gerechtfertigt sein, wenn der AN aus Gründen, die in seiner Sphäre liegen, jedoch nicht von ihm verschuldet sein müssen, zu der nach dem Vertrag vorausgesetzten Arbeitsleistung ganz oder teilweise nicht mehr in der Lage ist (so BAG 11. 12. 2003 – 2 AZR 667/02 = NZA 2004, 784 zur Minderleistung). 103

Anders ist es **bei** einer **verhaltensbedingten Kündigung.** In diesem Fall kann dem AN ein (dienstliches oder außerdienstliches) gesteuertes, bzw. **steuerbares Fehlverhalten** vorgeworfen werden, auf welches er Einfluss hat. Mit anderen Worten ausgedrückt: Es kommt darauf an, ob der AN „nicht kann oder nicht will". 104

Für eine verhaltensbedingte Kündigung genügen dabei solche im Verhalten des AN liegende Umstände, die bei verständiger Würdigung die Kündigung als billigenswert und angemessen erscheinen lassen. Als verhaltensbedingter Grund ist insbesondere eine rechts-(vertrags)widrige Pflichtverletzung aus dem Arbeitsverhältnis geeignet, wobei regelmäßig **Verschulden** erforderlich ist; die Leistungsstörung muss dem AN vorwerfbar sein. Insofern genügt ein Umstand, der einen ruhig und verständig urteilenden AG zur Kündigung bestimmen kann (BAG, 11. 12. 2003, 2 AZR 667/02 = NZA 2004, 784). 105

Beispiel: Alkoholmissbrauch. Ist der AN aus psychischen oder physischen Gründen alkoholabhängig, kann der AG nur eine personenbedingte Kündigung wegen Krankheit des AN aussprechen. Beruht dagegen der Alkoholgenuss allein auf Pflichtverletzungen des AN, ohne dass ein krankhafter Alkoholismus und damit eine Alkoholabhängigkeit vorliegt, kommt nach erfolgloser Abmahnung eine verhaltensbedingte Kündigung in Betracht, z. B. wenn der AN mehrmals betrunken zur Arbeit erschienen ist oder trotz bestehenden Alkoholverbots im Betrieb Alkohol zu sich nimmt (s. Erl. 6.3.5 Rn. 289). 106

5.3. Fehlende Weiterbeschäftigungsmöglichkeit. Die Abgrenzung beider Kündigungsgründe ist zwar etwa für die Frage nach der Notwendigkeit einer vorherigen Abmahnung nach wie vor von gewisser Bedeutung, nicht jedoch für die Kernfrage, ob die Weiterbeschäftigung dem AG nicht möglich bzw. zumutbar ist. Sowohl die personen-, als auch die verhaltensbedingte Kündigung kommt nur als **letztes Mittel ("ultima ratio")** in Betracht, das Arbeitsverhältnis zu beenden. Zuvor muss stets geprüft werden, ob es nicht andere Weiterbeschäftigungsmöglichkeiten des AN im Betrieb oder in der Dienststelle gibt, vgl. § 1 Abs. 2 S. 2 KSchG. Näher dazu Rn. 137 ff. 107

Dem **Fehlen einer Weiterbeschäftigungsmöglichkeit** im Betrieb oder in der Dienststelle kommt somit eine **besondere Bedeutung** zu, wenn es gilt, festzustellen, ob bei einem an sich geeigneten personen- oder auch verhaltensbedingten Kündigungsgrund im Rahmen der **Interessenabwägung** es dem AG unzumutbar ist, den AN trotz Störung des Äquivalenzverhältnisses weiterzubeschäftigen. Bestreitet der AG im Kündigungsschutzprozess eine Weiterbeschäftigungsmöglichkeit des AN auf einem anderen Arbeitsplatz, muss der AN darlegen, welcher konkrete Arbeitsplatz für seine weitere Verwendung in Frage käme. Denn die gerichtliche Überprüfung hat sich auf diejenigen Arbeitsplätze zu beschränken, die für einen anderen Einsatz des AN überhaupt in Betracht kommen und auch frei sind. 108

5.4. Krankheitsbedingte Kündigung. Einen abschließenden Katalog der personenbedingten Kündigungsgründe gibt es nicht. Es haben sich vielmehr in der 109

Praxis **typische Fallgruppen** herausgebildet, auf die im Einzelnen einzugehen ist. Wie bereits erwähnt, ist der häufigste und auch umstrittenste Fall der personenbedingten Kündigung die **Kündigung wegen Krankheit** (einen Überblick über die Rspr. dazu gibt Roos, NZA-RR 1999, 617; ausführlich zu allem Lepke, Kündigung bei Krankheit, 12. Aufl.).

110 Die ordentliche Kündigung des AN wegen Erkrankung ist – entgegen manch landläufiger Meinung – durchaus nicht ausgeschlossen. Der AG kann den AN während der Krankheit kündigen und seine Kündigung auch gerade darauf stützen, dass **hohe Fehlzeiten** durch die Erkrankung des AN seine betrieblichen Belange beeinträchtigen.

Durch Krankheit bedingte Fehlzeiten des AN stellen insofern an sich einen Kündigungsgrund i. S. d. § 1 Abs. 2 KSchG dar. Es müssen jedoch nach der Rspr. **strenge Maßstäbe** angelegt werden und besondere Umstände vorliegen, damit eine krankheitsbedingte Kündigung sozial gerechtfertigt ist, weil es letztlich dem AG nicht mehr zugemutet werden kann, den AN im Betrieb oder in der Dienststelle weiterzubeschäftigen.

111 **Vier Fallgruppen** einer **krankheitsbedingten Kündigung** müssen unterschieden werden:
- **Kündigung wegen häufiger Kurzerkrankungen** (s. Erl. 5.4.1., Rn. 117 ff.)
- **Kündigung wegen langandauernder Erkrankung** (s. Erl. 5.4.2., Rn. 152 ff.)
- **Kündigung wegen krankheitsbedingter dauernder Leistungsunfähigkeit** (s. Erl. 5.4.3., Rn. 164 ff.) und
- **Kündigung wegen krankheitsbedingter Leistungsminderung** (s. Erl. 5.4.4., Rn. 168 ff.).

112 Unabhängig davon, um welche Form der krankheitsbedingten Kündigung es sich handelt, muss nach inzwischen gefestigter Rspr. (s. nur BAG 29. 4. 1999 – 2 AZR 431/98 = NZA 1999, 978 und 10. 11. 2005 – 2 AZR 44/05 = NZA 2006, 655) die **Überprüfung** der Kündigung **anhand eines** grds. übereinstimmenden **„Prüfungsschemas" in drei Stufen** erfolgen:

113 • **Stufe 1:** Es ist eine **negative Zukunftsprognose** über den voraussichtlichen weiteren Gesundheitszustand des AN notwendig.

Es ist zu klären, ob der AG auch in Zukunft mit häufigen Kurzerkrankungen des AN, mit einer weiter anhaltenden Langzeiterkrankung, der dauerhaften Arbeitsunfähigkeit (Unvermögen) oder mit weiter andauernden krankheitsbedingten Leistungsminderungen des AN rechnen muss. Die Vorlage eines medizinischen Gutachtens wird letztlich im Kündigungsschutzprozess unentbehrlich sein für diese Beweisführung des AG, da der AN im Normalfall die negative Zukunftsprognose bestreiten und die ihn behandelnden Ärzte von ihrer Schweigepflicht entbinden wird.

114 Für die Beurteilung der Zukunftsprognose kommt es dabei auf den **Zeitpunkt des Ausspruchs der Kündigung** an. Die spätere gesundheitliche Entwicklung des AN oder seine geänderte subjektive Einstellung hat grds. beim Nachweis der negativen Gesundheitsprognose außer Betracht zu bleiben (so jetzt BAG 29. 4. 1999 – 2 AZR 431/98 = NZA 1999, 978 und 12. 4. 2002 – 2 AZR 148/01 = NZA 2002, 1081). Neuerdings lässt der BAG allerdings die spätere Entwicklung des Gesundheitszustands zumindest (wieder) zur Bestätigung einer im Kündigungszeitpunkt vorgenommenen Prognose zu (13. 5. 2004 – 2 AZR 36/04 = NZA 2004, 1271, 1273, zust. KR/Griebeling, § 1 KSchG, Rn. 326).

115 • **Stufe 2:** Weitere zukünftige Ausfallzeiten des AN auf Grund der negativen Zukunftsprognose über seinen Gesundheitszustand müssen zu einer **erheblichen Beeinträchtigung der dienstlichen oder betrieblichen Interessen** des AG führen. Fehlzeiten können empfindliche Störungen im organisatorischen

Vorbemerkungen zu § 34 **Vor § 34**

Bereich (sog. Störungen im Betriebsablauf) oder hohe wirtschaftliche Belastungen beim AG hervorrufen. Die Prognose erheblicher Beeinträchtigungen des Betriebs muss hinreichend begründet sein.
Ist damit zu rechnen, dass der AN in Zukunft Fehlzeiten in so erheblichem Maße aufweisen wird, dass diese zu erheblichen und dem AG letztlich nicht mehr zumutbaren betrieblichen und/oder wirtschaftlichen Belastungen führen, liegt ein Kündigungsgrund i. S. d. § 1 Abs. 2 KSchG vor.

- **Stufe 3:** Im Rahmen der gebotenen **Interessenabwägung (Zumutbarkeitsprüfung)** ist schließlich zu prüfen, ob die betrieblichen oder dienstlichen Beeinträchtigungen auf Grund der Besonderheiten des Einzelfalles und der wechselseitigen Interessen beider Vertragsteile vom AG noch hinzunehmen sind oder ob sie bereits ein solches Ausmaß erreicht haben, dass sie ihm billigerweise nicht mehr zugemutet werden können. 116

5.4.1. Kündigung wegen häufiger Kurzerkrankungen. Häufige Erkrankungen des AN liegen vor, wenn durch mehrfache Arbeitsunfähigkeitszeiten der Entgeltfortzahlungsanspruch von sechs Wochen nach § 3 Abs. 1 EFZG über einen längeren Zeitraum hinweg nicht unerheblich überschritten wird. 117

Beispiel: Krankheitsbedingte Kündigung bei allergiebedingten Ausfällen des AN an mehr als 50% der Arbeitstage in den letzten drei Jahren vor der Kündigung.

Das BAG stellt darauf ab, ob der **AN im Vergleich zu den Arbeitskollegen überdurchschnittliche Fehlzeiten** hat. Das ist insbes. dann der Fall, wenn er Krankheitszeiten aufweist, die über eine Beschäftigungsdauer der zurückliegenden zwei bis drei Jahre erheblich von der im Betrieb üblichen Quote abweicht (s. BAG, NJW 1984, 1836; NZA 1991, 185). Dieser sog. „Referenzzeitraum" kann – je nach Bestandsdauer des Arbeitsverhältnisses – entsprechend länger, im Einzelfall ggf. auch kürzer zu bemessen sein (BAG 10. 11. 2005 – 2 AZR 44/05 = NZA 2006, 655, KR/Griebeling, § 1 KSchG, Rn. 330f.). So kann bspw. eine Fehlquote von durchschnittlich 14% in den letzten drei Jahren für eine Kündigung wegen häufiger Fehlzeiten des AN ausreichen (vgl. nur BAG, DB 1977, 1463; bei AN mit besonderer Stellung im Betrieb mögen im Einzelfall auch schon geringere Fehlzeiten genügen (vgl. BAG 29. 4. 1984 – RzK I 5.g. Nr. 9 für einen Kraftfahrer im ärztlichen Notdienst mit durchschnittlich 7,2% Fehltagen in vier Jahren). 118

Zur Prüfstufe 1 – Negative Zukunftsprognose: 119
Hinsichtl. der negativen Zukunftsprognose gilt, dass der AG im Prozess darlegungs- und beweispflichtig ist, vgl. § 1 Abs. 2 S. 4 KSchG. Oftmals weiß der AG aber nicht, auf welchen Gründen die zahlreichen unvorhersehbaren Ausfälle des AN beruhen. Er kann nur Vermutungen anstellen, wenn der AN in einem persönlichen Gespräch seinen Vorgesetzten oder Dienststellenleiter nicht über den Krankheitsverlauf unterrichtet, wozu er allerdings auch nicht verpflichtet ist. Seine **Darlegungslast** erfüllt der **AG** dann zunächst dadurch, dass er im Prozess behauptet, aus den zahlreichen Fehlzeiten in der Vergangenheit ergebe sich die zukünftige Wiederholungsgefahr. Hierzu muss der AG allerdings substantiiert vortragen, also die Dauer und Häufigkeit jeder einzelnen Erkrankung des AN mit exakten Daten (!) darlegen.

Auch Maßnahmen der medizinischen Vorsorge oder Rehabilitation, etwa Kuren und andere Heilbehandlungen, sind insofern bedeutsam. Nicht bei der Ermittlung der Fehlzeiten zu berücksichtigen sind solche, deren Ursachen einmalig waren (Armbruch oder Blinddarmoperation) und ausgeheilt sind; sie indizieren keine Wiederholungsgefahr. Auch Ausfallzeiten, die auf unverschuldeten (Arbeits- oder Sport-)Unfällen oder schwangerschaftsbedingten Erkrankungen der AN beruhen, sind daher nicht als krankheitsbedingte Fehlzeiten berücksichtigungsfähig. 120

W. Weizenegger

Vor § 34 Abschnitt V. Befrist. u. Beendig. d. Arbeitsverh.

121 Das BAG misst dann dem **Umfang der häufigen Kurzerkrankungen** des AN im Kündigungsfall eine **Indizwirkung** bei (s. BAG 6. 9. 1989 – 2 AZR 19/89 = NZA 1990, 307; 10. 11. 2005 – 2 AZR 44/05 = NZA 2006, 655, 657). Aus den häufigen Fehlzeiten in der Vergangenheit ergibt sich damit beweismäßig zunächst die negative Zukunftsprognose über den Gesundheitszustand des AN. Will der **AN** diesen **Anscheinsbeweis entkräften,** so kann er seine gesundheitlichen Probleme offenlegen und gem. § 138 Abs. 2 ZPO erklären, weshalb künftig nicht mehr mit ähnlich häufigen Erkrankungen bzw. mit seiner baldigen Genesung zu rechnen sei. Ist der AN selbst nicht hinreichend über seinen Gesundheitszustand informiert, so kann er die negative Zukunftsprognose im Rahmen seiner Darlegungslast auch dadurch zu widerlegen versuchen, indem er seinen behandelnden Arzt von der **Schweigepflicht** entbindet. Dabei muss die Darstellung des AN allerdings erkennen lassen, sein Arzt hätte ihm gegenüber seine künftige gesundheitliche Entwicklung als günstig beurteilt. Dieser wird dann auf entsprechende Anforderung durch das Gericht umfassende Auskunft über die Krankheiten, ihre Ursachen und den künftig zu erwartenden Krankheits- bzw. Heilungsprozess erteilen.

122 Mitunter können auch schon die (nach Schweigepflichtsentbindung) mitgeteilten Krankheitsdiagnosen und -aufstellungen der **Krankenkassen** ausreichen, um die negative Gesundheitsprognose des AG zu bestätigen oder eben zu entkräften (vgl. zu allem z. B. LAG Düsseldorf 9. 11. 2004 – 7(11) Sa 1292/04 = LAGE § 1 KSchG Krankheit Nr. 35, bestätigt durch BAG 10. 11. 2005 – 2 AZR 44/05, NZA 2006, 655).

123 Nimmt der AN dagegen zu den Behauptungen des AG nicht oder nicht hinreichend konkret Stellung, gilt der Vortrag des AG als zugestanden (§ 138 Abs. 3 ZPO). In der Weigerung, seine Ärzte von ihrer Schweigepflicht zu entbinden, liegt grds. eine versuchte Beweisvereitelung des AN. Zur Beurteilung der negativen Zukunftsprognose bedarf es damit im Regelfall eines **medizinischen Sachverständigengutachtens** oder zumindest einer ärztlichen Auskunft. Entsprechenden Beweis hat der AG anzutreten (vgl. zu allem z. B. BAG 6. 9. 1989 – 2 AZR 118/89 = NZA 1990, 305; 7. 11. 2002 – 2 AZR 599/01 = AP Krankheit KSchG 1969 § 1 Nr. 40 = NZA 2003, 816 – Ls.; Stahlhacke/Preis, Rn. 1228).

124 Bei der **Bewertung der negativen Gesundheitsprognose** steht dem **Gericht** gem. §§ 144, 286 ZPO ein **Ermessensspielraum** zu. In der Revisionsinstanz kann nur nachgeprüft werden, ob der Ermessensrahmen für die aus konkreten Fehlzeiten abgeleitete Prognose eingehalten worden ist. Das BAG hat im Übrigen jüngst klargestellt, dass die spätere Entwicklung einer Krankheit nach Ausspruch der Kündigung zumindest zur Bestätigung einer zuvor im Kündigungszeitpunkt ausgestellten Gesundheitsprognose verwertet werden kann. Dies gilt allerdings nicht, wenn die tatsächliche gesundheitliche Entwicklung des AN auf einem neuen Kausalverlauf beruht, der erst nach dem Kündigungszeitpunkt eingetreten ist. Ein solcher vom BAG angenommener neuer Kausalverlauf liegt z. B. auch vor, wenn sich die subjektive Einstellung des AN ändert und er im Prozess erklärt, er werde in Zukunft mit großer Wahrscheinlichkeit aufgrund geänderter Lebensführung geringere Fehlzeiten aufweisen als bisher (s. oben Rn. 114).

125 **Zur Prüfstufe 2 – Erhebliche Beeinträchtigung betrieblicher Interessen des AG infolge der Fehlzeiten:**
Erhebliche betriebliche oder wirtschaftliche Beeinträchtigungen gehören neben der negativen Zukunftsprognose zu den Voraussetzungen der Kündigung wegen häufiger Fehlzeiten. Solche **erheblichen Betriebsbeeinträchtigungen** können vorliegen, wenn eingetretene oder künftig zu erwartende **Störungen** den **betrieblichen Ablauf** wesentlich negativ beeinflussen. Dabei bestehen erhebliche

Vorbemerkungen zu § 34　　　　　　　　　　　　　　　　　　　　**Vor § 34**

Unterschiede zwischen häufigen Kurzerkrankungen und einer lang andauernden Krankheit eines AN. Wenn der AN häufiger fehlt, kann der AG weder die betriebliche oder dienstliche Organisation steuern noch durch organisatorische Maßnahmen im Vorfeld einen störungsfreien Ablauf des Betriebs oder der jeweiligen Verwaltungseinheit sicherstellen. Die personelle Über- oder Unterbesetzung eines Betriebs oder einer Dienststelle spielt dabei keine Rolle. Denn die Arbeitsgerichte haben nicht das Recht, dem AG vorzuschreiben, mit welcher Personaldecke bzw. **Personalreserve** er – auch im ö. D. – die Arbeit zu verteilen habe. Die personelle Ausstattung des Betriebs oder der Verwaltung ist Teil der unternehmerischen Freiheit des AG und darf nicht durch die Gerichte beschränkt werden.

Der AG hat **konkret** darzulegen und den **Nachweis zu führen,** dass durch die 126 Fehlzeiten des AN **tatsächlich erhebliche Beeinträchtigungen** des betrieblichen Ablaufs eingetreten sind und sich auch in Zukunft wiederholen werden.

Es reicht nicht aus, wenn er nur pauschal behauptet, er habe durch die häufigen Fehlzeiten des AN schwerwiegende Störungen im Produktions- oder Dienstablauf hinnehmen müssen. Konnte der AG größere Betriebsstörungen etwa dadurch verhindern, dass er Ersatz- oder Vertretungskräfte (sog. Springer) verstärkt eingesetzt hat, wird er die sachliche Rechtfertigung der Kündigung wegen häufiger Fehlzeiten des AN nur mit Mühe begründen können. Denn das Kündigungsrecht hängt gerade nicht nur von einem bestimmten Ausmaß an Fehlzeiten des AN ab. Können die durch Fehlzeiten verursachten Beeinträchtigungen des Betriebsablaufs durch Einsatzplanungen des AG überbrückt werden, liegt bereits objektiv keine (erhebliche) **Betriebsablaufsstörung** vor.

Als Betriebsablaufstörungen kommen insbes. Stillstand von Maschinen, Ausfall 127 von Mitarbeitern in besonderen Schlüsselfunktionen, Produktions- oder Bearbeitungsstau durch Einsatz nicht eingearbeiteten oder Überlastung verbleibenden Personals, u. ä. in Betracht. Auch durch die Anordnung von Überstunden können dem AG erhebliche **Zusatzkosten** entstehen, etwa durch die Zeitzuschläge nach §§ 7 Abs. 7, 8 Abs. 1 S. 1, S. 2 a).

Beispiel: Arbeitet der wegen hoher krankheitsbedingter Fehlzeiten gekündigte AN in ei- 128 nem hoch technisierten Arbeitsbereich und besitzt er hierfür besondere EDV-Kenntnisse sowie jahrelange Erfahrung mit unterschiedlichsten Softwareprogrammen, kann sein wöchentlicher nicht vorhersehbarer Ausfall für den AG eine schwerwiegende Störung des Betriebsablaufs bedeuten, wenn er dadurch zu permanenten Umdispositionen beim Arbeitsablauf gezwungen wird, was er vor Gericht im Einzelnen darzulegen hätte. Können einige Aufgaben des AN von anderen Kollegen nur bedingt wahrgenommen oder gar nicht auf sie übertragen werden, liegt eine erhebliche Beeinträchtigung der dienstlichen Interessen des AG vor. Auch diejenigen Arbeiten, die auf andere Mitarbeiter übertragen werden können, führen zudem notwendigerweise zu Verzögerungen im weiteren Ablauf des Betriebs oder der Dienststelle und zu zusätzlichen finanziellen Belastungen, wenn dadurch bezahlte Überstunden anfallen.

In der Praxis werden Ausfallzeiten durch unvorhergesehene Kurzerkrankungen 129 von AN häufig nur zu einer Arbeitsverdichtung bei den Kollegen führen, wenn sie weitere Aufgaben übertragen bekommen. Zusätzliche Kosten für den AG sind eher die Ausnahme, weshalb in der Praxis die Darlegung ausreichender Betriebsablaufstörungen nur selten gelingt (vgl. die jüngsten Beispiele der zitierten Rspr. bei Kock, BB 2005, 2350, 2351).

Größere Bedeutung haben deswegen finanzielle Belastungen des AG: 130

Eine **erhebliche wirtschaftliche Belastung** nimmt das BAG bei **hohen Entgeltfortzahlungskosten** an, die beim AG durch häufige Erkrankungen des AN entstehen (vgl. nur BAG 16. 2. 1989 – 2 AZR 299/88 = NZA 1989, 923; BAG, NZA 1994, 67; 12. 12. 1996 – 2 AZR 7/96 = EzA § 1 KSchG Krankheit Nr. 41 = AuR 1997, 30; zust. v. Hoyningen-Huene/Linck, § 1, Rn. 377). Die

Vor § 34 Abschnitt V. Befrist. u. Beendig. d. Arbeitsverh.

Frage, wann häufige Kurzerkrankungen **erheblich** sind und einen Kündigungsgrund i. S. d. § 1 Abs. 2 KSchG darstellen können, hängt maßgeblich vor allem von der **Dauer des Arbeitsverhältnisses** ab. Je länger ein Arbeitsverhältnis ohne gravierende Fehlzeiten des AN bestanden hat, desto höhere krankheitsbedingte Fehlzeiten hat der AG auch über einen längeren Zeitraum hinzunehmen. Dies folgt aus der Abwägung der beiderseitigen Interessen von AG und AN; näheres unten, Rn. 145 ff. Hierbei ist auf die Kosten des Arbeitsverhältnisses des gekündigten AN abzustellen, **nicht auf die Gesamtbelastung** des AG durch Entgeltfortzahlungskosten und seine wirtschaftliche Belastbarkeit insgesamt (s. BAG 16. 2. 1989 – 2 AZR 299/88 = NZA 1989, 923; BAG, NZA 1994, 67).

131 Eine unzumutbare wirtschaftliche Belastung des AG liegt danach bereits dann vor, wenn zu den Kosten einer nach anerkannten betriebswirtschaftlichen Regeln bemessenen Personalreserve, die zur Abdeckung erfahrungsgemäß auftretender krankheitsbedingter Fehlzeiten ausreichend ist, erhebliche Entgeltfortzahlungskosten hinzukommen (BAG, NZA 1989, 923).

132 Die **Höhe der relevanten Entgeltfortzahlungskosten** ermittelt das BAG in der Weise, dass es zuerst die für die Zukunftsprognose unerheblichen Fehlzeiten in der Vergangenheit ausschließt (s. oben Rn. 120) und dann für die prognoserelevanten Fehlzeiten die darauf entfallenden Entgeltfortzahlungskosten berechnet. Nicht berücksichtigt werden dabei solche Fehlzeiten, für die nach § 3 EFZG keine Entgeltfortzahlungspflicht besteht, weil insbes. der Sechswochenzeitraum bei Grundleiden und Fortsetzungserkrankungen ausgeschöpft ist.

133 Dabei ist die Ermittlung eines jährlichen Durchschnittswertes zulässig. Die auf die Fehlzeiten von sechs Wochen pro Jahr (= 30 Arbeitstage) entfallenden Entgeltfortzahlungskosten bezeichnet das BAG als die vom AG angesichts der gesetzlichen Wertungen des EFZG im Regelfall hinzunehmenden **Mindestkosten.** Die diese Quote **übersteigenden Entgeltfortzahlungskosten** hingegen sind nach Ansicht des BAG kündigungsrechtlich relevante wirtschaftliche Belastungen des AG. Danach kann nur die **außergewöhnlich** hohe Belastung mit Kosten der Entgeltfortzahlung eine krankheitsbedingte Kündigung wegen häufiger Fehlzeiten dann rechtfertigen, wenn zu erwarten ist, dass diese Kosten künftig im Jahr für einen Zeitraum **von mehr als sechs Wochen** aufzuwenden sind (BAG 20. 1. 2000 – 2 AZR 378/99 = NZA 2000, 768 und 10. 11. 2005 – 2 AZR 44/05 = NZA 2006, 655, 657).

134 Das bedeutet allerdings nicht, dass schon bei Überschreitung dieses Regelsatzes eine Kündigung stets sozial gerechtfertigt wäre. Dies kann letztlich erst nach Vornahme der Interessenabwägung entschieden werden, mithin nach der Beantwortung der Frage, ob das Interesse des AG an der Beendigung des Arbeitsverhältnisses höher zu bewerten ist als das Bestandsschutzinteresse des AN.

135 Wenn Tarifverträge (wie vormals der **BAT** in der nunmehr entfallenen Besitzstandsklausel des § 71 BAT für AN, die am 30. 6. 1994 in einem Arbeitsverhältnis gestanden haben: Sie erhielten früher längere Krankenbezüge als nur für die Dauer von sechs Wochen) die Verpflichtung des AG vorsehen, AN über den gesetzlichen Sechs-Wochenzeitraum (§ 3 EFZG) hinaus für bestimmte Zeiträume **Krankenbezüge** zu zahlen, so kann allein daraus nicht gefolgert werden, auch sechs Wochen jährlich übersteigende krankheitsbedingte Ausfallzeiten des AN seien grundsätzlich nicht geeignet, eine ordentliche Kündigung zu rechtfertigen (zu ähnlichen tariflichen Regelungen vgl. BAG, NZA 1989, 923; 1990, 435). Denn in der Privatwirtschaft müssen die gleichen Grundsätze für krankheitsbedingte Kündigungen bei häufigen Kurzerkrankungen gelten wie im ö. D. Dies ergibt sich aus dem in Art. 3 Abs. 1 GG angelegten Gleichheitsgrundsatz.

136 Ob tarifliche Leistungen wie **Urlaubsgeld oder Sonderzuwendungen,** die trotz fortdauernder Arbeitsunfähigkeit weiter zu zahlen sind, als zusätzliche Beein-

Vorbemerkungen zu § 34

Vor § 34

trächtigung wirtschaftlicher Interessen des AG anerkannt werden können, hat das BAG ausdrücklich offengelassen (21. 5. 1992 – 2 AZR 399/91 = NZA 1993, 497; dafür z. B. v. Hoyningen-Huene/Linck, § 1, Rn. 381, mit dem Argument, auch diese Kosten seien objektiv letztlich für den AG belastend).

An einer erheblichen Belastung seiner betrieblichen Interessen fehlt es, wenn **137** der AG den AN auf einen **freien, gleichwertigen und geeigneten,** d. h. auch **leidensgerechten Arbeitsplatz versetzen** kann („ultima-ratio-Prinzip"). Eine solche, vom AG stets zu prüfende **Umsetzungsmöglichkeit** setzt im Allgemeinen voraus, dass die Krankheitszeiten arbeitsplatzbezogene Ursachen haben, bei der neuen anzubietenden Tätigkeit nicht mehr (im bisherigen Umfang) zu erwarten sind und dass die neue Arbeitsstelle frei ist oder jedenfalls vom AG **in Ausübung seines Direktionsrechts** frei gemacht werden kann (so zutr. BAG 29. 1. 1997 – 2 AZR 9/96 = NZA 1997, 709).

Auch eine bestehende **Weiterbeschäftigungsmöglichkeit zu geänderten,** **138** d. h. für den kranken AN schlechteren, **Bedingungen** muss der AG ihm regelmäßig anbieten, bei mehreren Möglichkeiten die für den AN günstigere. Dies gilt wegen der Verpflichtung des AG, diesen AN nach § 81 Abs. 4 S. 1 Nr. 1 SGB IX einen ihren Kenntnissen und Fähigkeiten entsprechenden Arbeitsplatz zuzuweisen, insbes. bei der Kündigung von schwerbehinderten Menschen (so jetzt BAG 22. 9. 2005 – 2 AZR 519/04 = NZA 2006, 486 und 24. 11. 2005 – 2 AZR 514/04 = NZA 2006, 665, 667).

Der AG ist (entgegen weitergehender Forderungen von Teilen der Literatur) da- **139** nach allerdings weder berechtigt, noch gar verpflichtet, für den erkrankten AN einen leidensgerechten Arbeitsplatz frei zu kündigen (per „Austauschkündigung") oder neu zu schaffen. Auch braucht er im Normalfall **kein Zustimmungsersetzungsverfahren** beim Arbeitsgericht einzuleiten, wenn und soweit der nach den §§ 95 Abs. 3, 99 BetrVG vor der Versetzung zu beteiligende Betriebsrat seine vom AG einzuholende Zustimmung hierzu verweigert (BAG 29. 1. 1997, NZA 1997, 709, fortgeführt und im Grundsatz bestätigt durch 22. 9. 2005, NZA 2006, 486). In besonderen Ausnahmefällen soll danach allerdings eine Pflicht des AG bestehen, nach § 99 Abs. 4 BetrVG im Wege eines Beschlussverfahrens gegen den Betriebsrat vorzugehen, etwa bei einer offensichtlich unbegründeten Zustimmungsverweigerung des Betriebsrats oder bei kollusivem Zusammenwirken zwischen AG und Betriebsrat.

In der Praxis wird diese dem AG aufgrund des Verhältnismäßigkeitsgrundsatzes **140** aufzuerlegende Verpflichtung zur Umsetzung eher in den Fällen der Dauererkrankung oder dauernder Leistungsunfähigkeit als bei beabsichtigten Kündigungen wegen häufiger Kurzerkrankungen bedeutsam werden.

Auf die Weiterbeschäftigung eines AN nach zumutbaren **Umschulungs- oder** **141** **Fortbildungsmaßnahmen** i. S. d. § 1 Abs. 2 S. 3 KSchG kann der AG jedenfalls dann nicht verwiesen werden, wenn bei Ausspruch der Kündigung kein entsprechender anderweitiger Arbeitsplatz frei ist und gleichfalls nicht mit hinreichender Sicherheit vorausehbar ist, dass nach Abschluss der Maßnahmen eine Beschäftigungsmöglichkeit des AN auf Grund der durch die Fortbildung oder Umschulung erworbenen Qualifikation besteht.

Seit dem 1. 1. 2005 verpflichtet § 84 Abs. 2 SGB IX (ungeachtet seiner systema- **142** tischen Stellung im Schwerbehindertenrecht) den AG wohl gegenüber allen AN u. U. zur Durchführung eines sog. **„Betrieblichen Eingliederungsmanagements"** (BEM; dazu z. B. Gagel, NZA 2004, 1359; Balders/Lepping, NZA 2005, 855; ausführl. insbes. Schlewing, ZfA 2005, 485). Sind danach Beschäftigte innerhalb eines Jahres länger als sechs Wochen ununterbrochen oder wiederholt arbeitsunfähig, klärt der AG mit der zuständigen Interessenvertretung i. S. d. § 93 SGB IX (insbes. Betriebs- oder Personalrat) mit Zustimmung und Beteiligung der betroffenen Person die Möglichkeit, wie die Arbeitsunfähigkeit möglichst überwunden werden und mit welchen Leistungen oder Hilfen erneuter Arbeitsunfähigkeit vorgebeugt und der Arbeitsplatz erhalten werden kann.

143 Wenngleich die Durchführung eines solchen BEM keine formelle Wirksamkeitsvoraussetzung vor Ausspruch einer krankheitsbedingten Kündigung darstellen kann (so aber – allerdings einschränkend für schwerbehinderte Menschen – Brose, DB 2005, 390; dagegen z. B. LAG Berlin 27. 10. 2005 – 10 Sa 783/05 = FA 2006, 145 und LAG Hamm 29. 3. 2006 – 18 Sa 2104/05 = LAGE § 1 KSchG Krankheit Nr. 39) wird doch vielfach vertreten, dass die neue Vorschrift des § 84 SGB IX insoweit gerade auch kündigungsschutzrechtliche Auswirkungen habe, als damit der Ultima-Ratio – Grundsatz verstärkt und konkretisiert würde, bzw. jedenfalls im Rahmen der anzustellenden Interessenabwägung (dazu sogleich) zu beachten wäre (LAG Berlin, FA 2006, 145, Nachweise aus der Literatur bei ErfK/Rolfs, § 84 SGB IX, Rn. 1 sowie KR/Griebeling, § 1 KSchG, Rn. 215a; überzeugend dagegen unter Hinweis auf die Gesetzessystematik und die gerade fehlende gesetzliche Anordnung einer solchen (weitreichenden) Rechtsfolge: Stahlhacke/Preis, Rn. 130a, ebenso z. B. Namendorf/Natzel, DB 2005, 1794 sowie Schlewing, ZfA 2005, 485).

144 Da jedenfalls zu erwarten steht, dass gerade den letzteren Gesichtspunkten in der Rspr. der Instanzgerichte Bedeutung zugemessen werden wird, kann einstweilen bis zur höchstrichterlichen Klärung dieser Streitfrage jedem AG nur dringend angeraten werden, die Anforderungen der Durchführung eines BEM sorgfältig zu prüfen und ggf. zu beachten und entsprechend aktenkundig und damit beweisfest zu machen – abgesehen von den ohnehin positiven Auswirkungen, die die fachgerechte Durchführung eines BEM haben kann und nach den Vorstellungen des Gesetzgebers haben soll.

145 **Zur Prüfstufe 3 – Interessenabwägung:**
Liegt nach den vorstehenden Grundsätzen auch eine erhebliche betriebliche Beeinträchtigung der Interessen des AG vor, so ist in der dritten Stufe im Rahmen der nach § 1 Abs. 2 S. 1 KSchG gebotenen Interessenabwägung zu prüfen, ob diese Beeinträchtigungen auf Grund der **Besonderheiten des Einzelfalls** vom AG noch hinzunehmen sind oder ob sie bereits ein solches Ausmaß erreicht haben, dass sie ihn überfordern und ihm billigerweise nicht mehr zugemutet werden können.

146 Die betrieblichen oder wirtschaftlichen Beeinträchtigungen müssen also zu einer **unzumutbaren Belastung** des Arbeitsverhältnisses für den AG führen. Ob dies zutrifft, kann nicht generell – insbesondere nicht auf Grund allgemein zu bestimmender Fehlquoten – sondern nur auf Grund einer auf die **konkreten Umstände des Einzelfalles** bezogenen umfassenden Interessenabwägung entschieden werden. Dies macht den Ausgang gerichtlicher Auseinandersetzungen um (vor allem auch) krankheitsbedingten Kündigungen für AG und AN zugegebenermaßen oft wenig vorhersehbar, ist aber im Interesse der Einzelfallgerechtigkeit und angesichts der gesetzlichen Grundwertungen und der über Jahrzehnte zum Kündigungsschutzrecht entwickelten Rspr. hinzunehmen und letztlich auch sachgerecht.
Das betriebliche Interessen des AG an einer Beendigung des Arbeitsverhältnisses ist daher umfassend gegen das Bestandsschutzinteresse des AN am Erhalt des Arbeitsplatzes abzuwägen (vgl. nur BAG 5. 7. 1990 – 2 AZR 154/90 = NZA 1991, 185; auch Becker-Schaffner, ZTR 1997, 49).

147 Bei dieser Interessenabwägung ist insbesondere auf Seiten des AN zu berücksichtigen, ob die Erkrankungen auf betriebliche Ursachen zurückzuführen sind, ob bzw. wie lange das Arbeitsverhältnis zunächst ungestört verlaufen ist, ferner Alter, Familienstand und Unterhaltspflichten des AN sowie eine evtl. Schwerbehinderteneigenschaft (hierzu und zur Gewichtung dieser Kriterien allgemein: instruktiv

Vorbemerkungen zu § 34 **Vor § 34**

BAG 20. 1. 2000 – 2 AZR 378/99 = NZA 2000, 768). Auch die Besonderheit, dass ein gekündigter AN kurz vor der Unkündbarkeit gem. § 34 Abs. 2 steht, ist im Rahmen der abschließenden Interessenabwägung zu bewerten.

Ferner ist bedeutsam, wie hoch die **durchschnittliche Fehlquote anderer,** 148 mit vergleichbaren Tätigkeiten beschäftigter **AN** des Betriebs oder der Dienststelle ist, die Höhe der Entgeltfortzahlungskosten und die vom AG bereits aufgewendeten finanziellen Mittel für das Vorhalten einer **Personalreserve,** die die durchschnittlich zu erwartenden Krankheitsausfälle abdeckt sowie sonstige von ihm bereits ergriffene Überbrückungsmaßnahmen (ausführlich zu allem: KR/Griebeling, § 1 KSchG, Rn. 347 ff.).

Im Rahmen der Interessenabwägung hängt die Beantwortung der Frage, ob die 149 zu erwartende **Belastung mit künftigen Entgeltfortzahlungskosten** dem AG noch **zumutbar** ist, somit ganz wesentlich vom Alter des AN, seiner Betriebszugehörigkeitszeit und der Dauer des ungestörten, d. h. nicht von (erheblichen) krankheitsbedingten Ausfallzeiten belasteten Bestandes des Arbeitsverhältnisses ab.

Denn je länger das Arbeitsverhältnis ungestört bestanden hat, desto mehr **Rücksichtnahme** ist vom AG zu erwarten. Einem AN, der z. B. über 20 Jahre zur Zufriedenheit gearbeitet hat und dann häufig oder schwer erkrankt, schuldet der AG erheblich mehr Rücksichtnahme als einem AN, der erst seit fünf Jahren bei ihm beschäftigt ist und bereits ab dem zweiten Beschäftigungsjahr nicht unwesentliche und steigende Krankheitszeiten zu verzeichnen hat. Auch das Alter des AN spielt insofern eine Rolle. Weist z. B. ein erst 34 Jahre alter AN hohe krankheitsbedingte Fehlzeiten auf, muss der AG bei negativer Gesundheitsprognose auf eine nicht absehbare Zeit mit entsprechend hohen Entgeltfortzahlungskosten rechnen, wenn das Arbeitsverhältnis erst mit Erreichen der Altersgrenze gem. § 33 Abs. 1 Buchst. a TVöD/TV-L (Rentenalter) beendet wird.

Nach der Rspr. des BAG ist eine Weiterbeschäftigung des AN, wenn die Beein- 150 trächtigungen des AG **allein** auf Entgeltfortzahlungskosten beruhen, dem AG nur dann nicht zumutbar, wenn die **Entgeltfortzahlungskosten außergewöhnlich,** bzw. extrem **hoch** sind. So hat das BAG einen Fall entschieden, in dem Entgeltfortzahlungskosten für durchschnittlich 60 Arbeitstage im Jahr zu erwarten waren (BAG 5. 7. 1990 – 2 AZR 154/90 = NZA 1991, 185). In einem weiteren Fall hat das BAG eine Überschreitung der Sechs-Wochen-Grenze um 50%, d. h. eine wahrscheinliche durchschnittliche Erkrankung des AN an 45 Arbeitstagen, als erheblich und unzumutbar eingestuft (6. 9. 1989 – 2 AZR 19/89 = NZA 1990, 307).

Eine auch heute noch für die betriebliche Praxis sehr brauchbare „**Checkliste**" 151 für die (Überprüfung einer) Kündigung wegen häufiger Kurzerkrankungen hat Weber (NZA 1989, 51) erarbeitet; darauf sei abschließend hingewiesen.

5.4.2. Kündigung wegen langandauernder Erkrankung. Für die Prüfung 152 der Wirksamkeit einer aus diesem Grund ausgesprochenen Kündigung gelten grds. die gleichen Maßstäbe wie bei einer Kündigung auf Grund von häufigen Fehlzeiten des AN. Auch in diesem Fall ist die oben (Rn. 113 ff.) dargestellte **dreistufige Prüfungsreihenfolge** geboten.

Hinsichtlich der Beeinträchtigung betrieblicher Interessen und der Zumutbar- 153 keitsprüfung bestehen allerdings erhebliche Unterschiede zwischen lang andauernden Erkrankungen und häufigen Kurzerkrankungen. Denn bei Langzeiterkrankungen von AN ist es dem AG eher möglich, durch befristete Verträge mit Aushilfskräften (insbes. nach den Regelungen des TzBfG, vgl. jetzt § 30 Abs. 1 S. 1 TVöD/TV-L, bzw. die weitgehend den früheren SR 2y entsprechenden Sondervorschriften des § 30 Abs. 2–4 TVöD/TV-L für Beschäftigte des Tarifgebiets West) betriebliche Störungen zu begrenzen oder gar auszuschließen.

Vor § 34 Abschnitt V. Befrist. u. Beendig. d. Arbeitsverh.

154 Nach der Rspr. kann **bei einer lang andauernden Erkrankung** eine **Kündigung** sozial **gerechtfertigt** sein wenn,
- der AN im Zeitpunkt des Zugangs der Kündigung (bereits längere Zeit) arbeitsunfähig ist und mit der Wiederherstellung seiner Arbeitsfähigkeit in absehbarer Zeit nicht gerechnet werden kann,
- es wegen der prognostizierten Arbeitsunfähigkeit oder der Ungewissheit ihrer Dauer zu erheblichen betrieblichen Belastungen kommt und
- im Rahmen der gebotenen Interessenabwägung dem AG die Weiterbeschäftigung des AN und weitere Überbrückungsmaßnahmen nicht mehr zugemutet werden können.

155 Es gibt nach der Rspr. keine starren Grenzen, ab welcher Zeit eine Krankheit als „langanhaltend" anzusehen ist. Die betriebliche und arbeitsgerichtliche Praxis verlangt insoweit im Allgemeinen eine **mehrmonatige Erkrankung** (so z. B. zutr. LAG Köln, 25. 8. 1995 – 13 Sa 440/95 = LAGE § 4 KSchG Nr. 30; das BAG hat in seinem insofern grundl. Urteil v. 29. 4. 1999 – 2 AZR 431/98 = NZA 1999, 978 jeweils eine knapp achtmonatige Erkrankung als lang dauernd bezeichnet und behandelt.

156 Hinsichtlich der daraus indiziell folgenden und zu stellenden **Zukunftsprognose** sowie der Darlegungslast der Arbeitsvertragsparteien kann weitgehend auf die obigen Ausführungen zur Kündigung wegen Kurzerkrankungen (Rn. 119 ff.) verwiesen werden. Im Prozess wird auch hier häufig wieder ein medizinisches Gutachten erforderlich sein, um die Behauptung des AG (Indizwirkung!) bestätigen oder widerlegen zu können, dass der AN in absehbarer Zeit nicht wieder genesen werde.

157 Die zu **erwartende Arbeitsunfähigkeit** muss grds. zu erheblichen Beeinträchtigungen des Betriebes führen. Da auch nach § 22 Abs. 1 TVöD/TV-L die Entgeltfortzahlungspflicht nach sechs Wochen endet, liegt die betriebliche Beeinträchtigung gerade darin, dass der erkrankte AN einen Arbeitsplatz blockiert bzw. einer Neubesetzung der Stelle im Wege steht.

Die Frage der **Erheblichkeit der betrieblichen Störung** bemisst sich dabei primär nach der voraussichtlichen Dauer der Arbeitsunfähigkeit des erkrankten AN bzw. der Ungewissheit seines Heilungsprozesses (zutr. v. Hoyningen-Huene/Linck, § 1, Rn. 399 f.). Entscheidend sind auch in diesen Fällen die Einzelumstände, zumal ein qualifizierter AN (einer höheren Tarifgruppe) größere betriebliche Störungen hervorrufen kann als ein ungelernter oder angelernter AN (einer niedrigeren Tarifgruppe), da er schwieriger vom AG zu ersetzen ist, insbes. für ihn weniger leicht eine Aushilfskraft zu finden sein wird.

158 Überhaupt kommt es bei der langdauernden Erkrankung weniger auf finanzielle Belastungen des AG (dessen Entgeltfortzahlungspflicht ja i. d. R. nach sechs Wochen endet) an, als vielmehr auf die Frage, ob und durch welche dem AG noch möglichen und zumutbaren Überbrückungsmaßnahmen der Ausfall des AN auszugleichen, bzw. aufzufangen ist. Zu denken ist hierbei insbes. an die Möglichkeit der (befristeten, nach den Vorschriften des TzBfG insoweit zulässigen) Ersatzeinstellung, die Heranziehung von Aushilfskräften, die Vornahme von personellen Umorganisationen, die Anordnung von Mehrarbeit, o. ä. (BAG 29. 4. 1999 – 2 AZR 431/98 = NZA 1999, 978).

159 Eine **Faustregel,** nach welcher zeitlichen Dauer der Arbeitsunfähigkeit dem AG es nicht mehr zugemutet werden kann, die Stelle etwa neu zu besetzen und dem lang erkrankten AN zu kündigen, gibt es zu Recht nicht. Denn solche Fristen würden im Rahmen der Interessenabwägung die Umstände des Einzelfalls missachten und wären daher willkürlich festgesetzt.

160 In Fällen einer **unabsehbaren Krankheitsdauer** verzichtet die höchstrichterliche Rspr. allerdings völlig auf die Notwendigkeit der Darlegung einer erheblichen

Vorbemerkungen zu § 34

betrieblichen Beeinträchtigung. Es wird argumentiert, dass die krankheitsbedingte andauernde oder in ihrer Dauer unabsehbare Unfähigkeit des AN, die Arbeit wieder aufnehmen zu können, schon für sich eine so erhebliche Vertragsstörung darstelle, dass sich allein daraus die Erheblichkeit der Beeinträchtigung ergebe (s. BAG 28. 2. 1990 – 2 AZR 401/89 = NZA 1990, 727; 21. 5. 1992 – 2 AZR 399/91 = NZA 1993, 497).

In neueren Entscheidungen hat das BAG den insoweit **bedeutsamen Zeit-** 161 **raum** konkretisiert und entschieden, dass die Ungewissheit der Wiederherstellung der Arbeitsfähigkeit dann der krankheitsbedingten dauernden Leistungsunfähigkeit gleichsteht und daraus die betriebliche Beeinträchtigung ohne weiteres folgt, wenn in den **nächsten 24 Monaten** mit einer anderen (soll heißen: günstigen) Prognose nicht gerechnet werden kann. Es betont zudem, dass dabei vor dem Zeitpunkt des Ausspruchs der Kündigung (zurück)liegende Krankheitszeiträume nicht eingerechnet werden können; die **personenbedingte Kündigung sei keine Sanktion** für vergangene Vertragsstörungen, **sondern allein zukunftsbezogen** und solle dem AG die Möglichkeit geben, zu erwartenden betrieblichen Beeinträchtigungen zuvor zu kommen (29. 4. 1999 – 2 AZR 431/99 = NZA 1999, 978 und 12. 4. 2002 – 2 AZR 148/01 = NZA 2002, 1081; mit Recht kritisch dazu v. Hoyningen-Huene/Linck, § 1, Rn. 397).

In der Praxis trägt der AG vor Gericht zur Wahrung seiner Interessenlage und 162 zur sozialen Rechtfertigung seiner Kündigung mitunter vor, der lang erkrankte AN blockiere einen Arbeitsplatz und verhindere damit eine **zwingend gebotene Neubesetzung der Stelle.** Auch solche Argumente wird das Gericht im Rahmen der Beweiswürdigung nach § 286 ZPO entsprechend würdigen. Denn objektiv gesehen stimmt es, dass der lang erkrankte AN einer Neubesetzung des Arbeitsplatzes im Wege steht. Der AG muss jedoch glaubhaft vortragen (und im Bestreitensfall auch beweisen können), die Stelle im Fall der rechtmäßigen Kündigung des erkrankten AN auch tatsächlich wiederbesetzen zu wollen.

Zweifel daran sind oft angebracht, da auch im ö. D. die Tendenz zu beobachten ist, frei werdende Stellen aus unterschiedlichsten Gründen (Personalkosteneinsparung usw.) unbesetzt zu lassen. Wenn der AG jedoch substantiiert darlegt, die Wiederbesetzung der freiwerdenden Stelle sei dienstlich zwingend geboten und entsprechende Vorbereitungen seien auch schon getroffen worden, können solche arbeitsmarktpolitischen Gesichtspunkte die gerichtliche Entscheidung durchaus dahingehend beeinflussen, das Interesse des AG an der Beendigung des Arbeitsverhältnisses höher einzustufen als das Interesse des lang erkrankten AN an der Erhaltung seines Arbeitsverhältnisses. Der angespannte Stellenmarkt, die hohe Arbeitslosigkeit und damit die Chance, einem anderen Menschen die Arbeitslosigkeit zu ersparen, sind Faktoren, die der AG im Einzelfall zur sozialen Rechtfertigung seiner Kündigung eines lang erkrankten AN anführen kann.

Bezüglich der 3. Prüfstufe, der **Interessenabwägung,** kann auf die Ausführun- 163 gen bei Rn. 145 ff. verwiesen werden.

5.4.3. Kündigung wegen krankheitsbedingter dauernder Leistungsun- 164 **fähigkeit.** Auch eine Kündigung wegen feststehender, krankheitsbedingter dauernder Leistungsunfähigkeit (sog. „Unvermögen" oder „Unmöglichkeit") des AN stellt einen Kündigungsgrund nach § 1 Abs. 2 KSchG dar (vgl. BAG, NZA 1987, 555; 1990, 727; 1993, 497). Tritt eine **Leistungsunfähigkeit** des AN ein, kann dieser seine Arbeitsleistung zukünftig nach der Gesundheitsprognose also nicht mehr erbringen, bspw. wegen einer nicht heilbaren Allergie gegen die im Produktionsprozess verwendeten Stoffe, so überwiegt das Interesse des AG an der Beendigung des Arbeitsverhältnisses. Selbst einem „unkündbaren" AN i. S. d. § 34 Abs. 2

Vor § 34 Abschnitt V. Befrist. u. Beendig. d. Arbeitsverh.

TVöD/TV-L kann das Schicksal einer ihm gegenüber nur noch möglichen außerordentlichen Kündigung wegen dauernder Leistungsunfähigkeit widerfahren (s. BAG 18. 1. 2001 – 2 AZR 616/99 = NZA 2002, 455 sowie Erl. 5.4.6. Rn. 179).

165 Steht objektiv fest, dass der AN in Zukunft seine arbeitsvertraglich geschuldete Leistung nicht mehr erbringen kann – was der AG beweisen muss, wozu es i. d. R. der Vorlage entsprechender, dies bestätigender ärztlicher Atteste, bzw. eines arbeitsmedizinischen Gutachtens bedarf – liegt nach der Rspr. die erhebliche betriebliche Beeinträchtigung des AG bereits in der Störung des Arbeitsverhältnisses als Austauschverhältnis von Leistung und Gegenleistung (s. BAG, 28. 2. 1990 – 2 AZR 401/89 = NZA 1990, 727; 21. 5. 1992 – 2 AZR 399/91 = NZA 1993, 497). Der AG muss in diesem Fall im Rahmen seiner **Darlegungs- und Beweislast** eine **erhebliche Betriebsstörung nicht** weiter darlegen. Sie wird als gegeben unterstellt, da das Arbeitsverhältnis nur noch „eine leere Hülle" sei.

166 Stets – und gerade in diesem Fall besonders gründlich – zu prüfen ist allerdings die Möglichkeit der **Umsetzung des kranken AN** auf einen (freien), leidensgerechten Arbeitsplatz, ggf. auch zu geänderten Bedingungen (s. BAG, NZA 1990, 727, 729 sowie oben, Rn. 137 ff.).

167 Hinsichtlich der 3. Prüfstufe ist hier die Besonderheit zu beachten, dass bei einer nach den dargestellten Grundsätzen „an sich personenbedingten Kündigung" die **Interessenabwägung** nur im (praktisch kaum einmal relevanten) extremen Ausnahmefall zugunsten des AN wird ausfallen können, etwa dann, wenn die dauernde Leistungsunmöglichkeit auf einem vom AG verschuldeten Arbeitsunfall beruht (so LAG Hamburg 30. 6. 1999 – 8 Sa 19/99 = LAGE § 1 KSchG Krankheit Nr. 30). Liegt ein Fall der **Erwerbsminderung** vor, gilt § 33 Abs. 2, 3 TVöD/TV-L.

168 **5.4.4. Kündigung wegen krankheitsbedingter Leistungsminderung.**
Minderleistungen können zur Kündigung führen. Diese kann als verhaltensbedingte oder personenbedingte Kündigung gerechtfertigt sein. Eine verhaltensbedingte Kündigung setzt voraus, dass dem AN eine Pflichtverletzung vorzuwerfen ist. Eine längerfristige deutliche Unterschreitung der durchschnittlichen Arbeitsleistung kann ein Anhaltspunkt dafür sein, dass der AN weniger arbeitet, als er könnte (näheres bei Erl. 6.3.1. Rn. 267). Eine personenbedingte Kündigung kommt in Betracht, wenn bei einem über längere Zeit erheblich leistungsschwachen AN auch für die Zukunft mit einer schweren Störung des Vertragsgleichgewichts zu rechnen ist (BAG 3. 6. 2004 – 2 AZR 386/03 = NZA 2004, 1380 betr. einen völlig erfolglosen Außendienstmitarbeiter).

169 Auch bei dieser Form der krankheitsbedingten Kündigung, die in der Praxis bislang nur eine untergeordnete Rolle spielte, zuletzt aber mehrfach Gegenstand höchstrichterlicher Entscheidungen war, hat die Überprüfung ihrer Wirksamkeit dreistufig zu erfolgen:

170 Über die krankheitsbedingte Minderleistung des AN hinaus muss im Zeitpunkt der Kündigung eine negative Zukunftsprognose bestehen, dass der AN auch zukünftig erhebliche krankheitsbedingte Minderleistungen erbringen werde. s. BAG 26. 9. 1991 – 2 AZR 132/91 = NZA 1992, 1073), bloß geringfügige Leistungsabfälle des AN reichen hierzu nicht aus.

Das BAG hat dabei für den Bereich der Privatwirtschaft eine Arbeitsleistung von $2/3$ der Normalleistung als erhebliche betriebliche Beeinträchtigung eingestuft (NZA 1992, 1073, ebenso grds. 11. 12. 2003 – 2 AZR 667/02 = NZA 2004, 784). Erforderlich ist somit auf der ersten Stufe zunächst eine negative Prognose bzgl. einer Minderleistung von etwa (mindestens wohl) $1/3$.

Auf der 2. Stufe wird nicht vorausgesetzt, dass der AN gegen die subjektiv zu bestimmende Leistungspflicht verstößt. Es kommt vielmehr darauf an, ob seine Arbeitsleistung die berechtigte Gleichwertigkeitserwartung des AG in einem Maße unterschreitet, dass ihm ein Festhalten an dem (unveränderten) Arbeitsvertrag unzumutbar wird. Darüber hinaus setzt die Kündigung aus personenbedingten Gründen stets voraus, dass auch für die Zukunft nicht mit einer Wiederherstellung des Gleichgewichts von Leistung und Gegenleistung zu rechnen ist und kein milderes Mittel zur Wiederherstellung eines Vertragsgleichgewichts zur Verfügung steht. Dieses mildere Mittel kann in einer zumutbaren Beschäftigung zu geänderten Vertragsbedingungen liegen, u. U. auch in einer Vergütungsreduzierung (so BAG 11. 12. 2003 – 2 AZR 667/02 = NZA 2004, 784). **171**

Schließlich ist auf der 3. Stufe eine Interessenabwägung vorzunehmen, wobei insbes. dem Schutz älterer, langjährig beschäftigter und unverschuldet – womöglich durch betriebliche Veranlassung – erkrankter AN Rechnung getragen werden muss. **172**

In der Praxis ist es im Allgemeinen äußerst schwierig, dem AN eine **erhebliche** (krankheitsbedingte) **Minderleistung** anzukreiden, die von der Quantität oder Qualität der Arbeit vergleichbarer Mitarbeiter hinreichend stark abweicht. Allgemeine Wertungen des AG hierzu reichen für seine prozessuale Darlegungs- und Beweislast nicht aus; er muss schon anhand von konkreten Fakten den gewünschten Nachweis der erheblichen Minderleistung erbringen. Dabei muss beachtet werden, dass es eine fehlerfreie Arbeitsleistung so gut wie nie gibt. Erst wenn bestimmte (recht hohe) **Toleranzgrenzen** (dauerhaft) unterschritten werden, ist überhaupt die Feststellung einer Minderleistung des AN möglich. **173**

Allerdings gilt auch insoweit nach der neuen Rspr. des BAG eine **abgestufte Darlegungs- und Beweislast:** Danach ist es zunächst Sache des AG, zu den Leistungsmängeln das vorzutragen, was er wissen kann. Kennt er lediglich die messbaren Arbeitsergebnisse, so genügt er seiner Darlegungslast, wenn er Tatsachen vorträgt, aus denen ersichtlich ist, dass die Leistung des betreffenden AN deutlich hinter denen vergleichbarer zurückbleibt, also die Durchschnittsleistung erheblich unterschreitet. Alsdann ist es Sache des AN, hierauf zu entgegnen, z. B. darzulegen, warum er mit seiner deutlich unterdurchschnittlichen Leistung dennoch seine persönliche Leistungsfähigkeit ausschöpft. Trägt der AN derartige Umstände (z. B. altersbedingte Leistungsdefizite, betriebliche Ursachen, Gesichtspunkte, die eine Besserung für die Zukunft erwarten lassen, etc.) nicht vor, gilt das schlüssige Vorbringen des AG als zugestanden (§ 138 Abs. 3 ZPO). Es ist dann davon auszugehen, dass der AN seine Leistungsfähigkeit nicht ausschöpft (BAG 11. 12. 2003, NZA 2004, 784). **174**

Wie problematisch und aufwändig trotz dieser Grundsätze der Nachweis der erheblichen, kündigungsrelevanten Minderleistung in der Praxis ist, zeigt gerade der dieser BAG-Entscheidung zu Grunde liegende Sachverhalt eines leistungsschwachen Kommissionierers. Nach Zurückverweisung zur weiteren Tatsachenfeststellung hat das LAG Hamm (1. 2. 2005 – 19 (11) Sa 1167/01 = BB 2005, 2245 – Ls.) der Kündigungsschutzklage (erneut) stattgegeben, weil es das vom AG vorge-legte, höchst umfangreiche Zahlenmaterial trotz allem nicht für hinreichend aussagekräftig hielt (näher Kock, BB, 2005, 2350, 2354 und – äußerst kritisch – Hunold, BB 2005, Heft 19 S. I). **175**

5.4.5. Wiedereinstellungsanspruch. Problematisch ist, ob und unter welchen Voraussetzungen der AN einen Wiedereinstellungsanspruch hat, wenn sich etwa **nachträglich** seine gesundheitliche Situation ändert und **nun eine positive Prognose** rechtfertigt. **176**

Vor § 34 Abschnitt V. Befrist. u. Beendig. d. Arbeitsverh.

177 Das BAG hat die Frage, ob auch bei einer krankheitsbedingten Kündigung überhaupt ein Wiedereinstellungsanspruch gegeben sein kann, in seiner Entscheidung v. 27. 6. 2001 – 7 AZR 662/99 = NZA 2001, 1135 zwar ausdrücklich offengelassen, aber zu erkennen gegeben, dass dies zu bejahen sein dürfte. In Frage kommt ein solcher Wiedereinstellungsanspruch allerdings nur dann, wenn sich nachträglich herausstellt, dass die bei Ausspruch der Kündigung begründete Besorgnis langanhaltender oder dauerhafter Arbeitsunfähigkeit nicht mehr gerechtfertigt ist und der Wiedereinstellung berechtigte Interessen des Arbeitgebers insbesondere wegen zwischenzeitlicher anderweitiger Dispositionen nicht entgegenstehen. Nicht ausreichend kann dabei allerdings sein, wenn die Prognose lediglich zweifelhaft wird; vielmehr ist erforderlich, dass die Besorgnis der wiederholten Erkrankung ausgeräumt ist. Dafür trägt der AN die **Darlegungs- und Beweislast** (KR/Griebeling, § 1 KSchG, Rn. 739, 744).

178 Außerdem kann der AN eine Wiedereinstellung grds. nicht verlangen, wenn die Änderung der maßgeblichen Umstände erst **nach** Beendigung des Arbeitsverhältnisses, d. h. nach Ablauf der Kündigungsfrist, eintritt (BAG, NZA 2001, 1135 und 17. 6. 1999 – 2 AZR 639/98 = NZA 1999, 1328 zur besonderen Problematik der Alkoholabhängigkeit; aus der Literatur vgl. zu dieser Frage insbes. Lepke, NZA-RR 2002, 617; Bram/Rühl, NZA 1990, 753; Mathern, NJW 1996, 818; dagegen Zwanziger, BB 1997, 43). Zur gleichgelagerten Problematik bei der betriebsbedingten Kündigung s. Erl. 7.4 Rn. 471.

179 **5.4.6. Außerordentliche Kündigung wegen Krankheit.** Durch die grds. fortgeschriebene, allerdings verkürzte Sonderregelung des § 34 Abs. 2 TVöD/TV-L sind weiterhin AN im ö. D. des Tarifgebiets West **unkündbar,** wenn sie zum Zeitpunkt des Zugangs einer Kündigung eine Beschäftigungszeit von 15 Jahren erfüllt haben und mindestens 40 Jahre alt sind.

Die **Bedeutung der Unkündbarkeit** liegt nur darin, dass der AN zumindest nicht mehr ordentlich gekündigt werden kann (zu den einzelnen Voraussetzungen und der Übergangsregelung siehe Erl. zu § 34 TVöD/TV-L). Dem „unkündbaren" AN nach § 34 Abs. 2 TVöD/TV-L kann jedoch aus einem **wichtigem Grund** außerordentlich gekündigt werden. Eine **außerordentliche krankheitsbedingte Kündigung** ist insofern grds. möglich, auch den „unkündbare" AN ist hiervon nicht geschützt.

180 Für sie gelten allerdings folgende Besonderheiten:
Tarifliche Vorschriften über den Ausschluss der ordentlichen Kündigung lassen erkennen, dass die Tarifpartner davon ausgehen, dass **altersbedingte Einschränkungen der Leistungsfähigkeit** des AN bei längerer Beschäftigungszeit bei demselben AG dienstlich in erster Linie nicht durch eine Kündigung, sondern **durch andere Maßnahmen** (Umsetzung, Änderung des Arbeitsablaufs, Umverteilung der Aufgaben, Umgestaltung des Arbeitsplatzes etc.) zu bewältigen sind.

181 Das BAG hat in seiner Grundsatzentscheidung v. 9. 9. 1992 – 2 AZR 190/92 – AP BGB § 626 Nr. 3 = NZA 1993, 598 (bestätigt durch 18. 1. 2001 – 2 AZR 616/99 = NZA 2002, 455 und 25. 3. 2004 – 2 AZR 399/03 = NZA 2004, 1216, 1219) ausgeführt, dass bei einem Ausschluss der ordentlichen Kündigung auf Grund tarifvertraglicher Vorschriften **im Ausnahmefall** auch eine **krankheitsbedingte außerordentliche Kündigung** (mit sozialer Auslauffrist) in Betracht kommen kann. An eine Kündigung wegen Erkrankung eines AN ist zwar schon bei einer ordentlichen Kündigung ein strenger Maßstab anzulegen; dies schließt aber nach Ansicht des BAG nicht aus, dass in **eng zu begrenzenden Ausnahmefällen** die Fortsetzung des Arbeitsverhältnisses mit dem erkrankten AN für den AG unzumutbar gem. § 626 Abs. 1 BGB sein kann (vgl. auch Bitter/Kiel, RdA

1995, 26). Eine außerordentliche Kündigung kommt bei tariflich unkündbaren Arbeitnehmern etwa dann in Betracht, wenn die weitere betriebliche Beeinträchtigung für die Dauer der tatsächlichen künftigen Vertragsbindung für den AG unzumutbar ist (so das BAG, NZA 2004, 1216, 1219 ebenso 27. 11. 2003 – 2 AZR 601/02 = NZA 2004, 1119 Os; LAG Köln 4. 9. 2002 – 7 Sa 415/02 = NZA – RR 2003, 360).

Dieser Rspr. ist zuzustimmen. Der völlige Ausschluss der außerordentlichen **182** Kündigung würde in derartigen Fällen dazu führen, dass z. B. bei dauernder krankheitsbedingter Arbeitsunfähigkeit des AN der AG diesem bis zum Ende der Altersgrenze nach § 33 Abs. 1 TVöD/TV-L Leistungen erbringen müsste, ohne dass von dem AN noch eine adäquate wirtschaftliche Gegenleistung zu erwarten wäre. Arbeitsmarktpolitische Gründe bzw. die angespannte Situation auf dem Arbeitsmarkt stünden einer solchen Interpretation des § 34 Abs. 2 TVöD/TV-L, bzw. § 626 BGB entgegen; der AG muss unter bestimmten Voraussetzungen die Möglichkeit haben, einen blockierten Arbeitsplatz frei zu kündigen.

Eine solche außerordentliche Kündigung ist aber nur in einem wirklichen Ausnahmefall zulässig, etwa bei feststehender, dauernder Unfähigkeit, die vertraglich **183** geschuldete Arbeitsleistung zu erbringen. Bei häufigen Kurzerkrankungen wird eine außerordentliche Kündigung nur dann ausnahmsweise berechtigt sein können, wenn für die Dauer einer längeren Kündigungsfrist weitere erhebliche Entgeltfortzahlungskosten zu prognostizieren sind und erhebliche, nur durch eine alsbaldige Neubesetzung des Arbeitsplatzes vermeidbare Betriebsablaufstörungen hinzutreten (so BAG 18. 10. 2000 – 2 AZR 627/99 = NZA 2001, 219).

Die **krankheitsbedingte Minderung der Leistungsfähigkeit,** also die Unfä- **184** higkeit des AN, einen Teil der geschuldeten Leistung zu erbringen, kann – wenn überhaupt – allenfalls in besonders gelagerten, extremen Ausnahmefällen geeignet sein, eine krankheitsbedingte außerordentliche Kündigung zu rechtfertigen (vgl. grdl. BAG 12. 7. 1995 – 2 AZR 762/94 = NZA 1995, 1100).

Abschließend ist festzuhalten, dass eine Kündigungsmöglichkeit nach § 34 **185** Abs. 2 auf wenige **Ausnahmefälle** beschränkt ist. Sie kann nur dann wirksam erfolgen, wenn bei unterstellter Kündbarkeit des (tarif-)vertraglich unkündbaren AN eine fristlose Kündigung berechtigt wäre.

Sodann hat der AG in solchen Fällen grundsätzlich eine der ordentlichen Kündigungsfrist entsprechende **soziale Auslauffrist** einzuhalten (BAG 18. 10. 2000 – 2 AZR 627/99 = NZA 2001, 219, bestätigt durch 25. 3. 2004 – 2 AZR 399/03 = NZA 2004, 1216).

Ferner hat das BAG in diesen Entscheidungen ausdrücklich daran festgehalten, **186** dass die **Betriebsrats- bzw. Personalratsbeteiligung** bei einer außerordentlichen Kündigung mit notwendiger Auslauffrist gegenüber einem ordentlich unkündbaren Arbeitnehmer wie bei einer ordentlichen Kündigung erfolgen muss. Damit genügt insbes. nicht die Anhörung des Personalrats nach § 79 Abs. 3 BPersVG, sondern es sind die Vorschriften der **§§ 79 Abs. 1, 72 BPersVG** zu beachten (näher Erl. 11., Rn. 545).

5.4.7. Zusammenfassung. Die ordentliche Kündigung wegen Krankheit des **187** AN ist als **letztes Mittel** – „Ultima Ratio" – nur unter strengen Anforderungen möglich und gerichtlich durchsetzbar. Bevor der AG zum Mittel der Kündigung greift, sollte er daher versucht haben, in einem persönlichen Gespräch mit dem AN festzustellen, ob als letzter Ausweg aus der gestörten Vertragsbeziehung wirklich nur eine Kündigung in Betracht kommt oder ob diese nicht durch andere Maßnahmen vermieden werden kann. Der aus Gesundheitsgründen für seinen bisherigen Arbeitsplatz nicht mehr geeignete AN muss im Kündigungsschutzprozess darlegen, wie er sich seine weitere Verwendung beim AG vorstellt, wenn er sich auf eine Weiterbeschäftigungsmöglichkeit beruft. Die gerichtliche Überprüfung hat sich dabei auf diejenigen Arbeitsplätze zu beschränken, die für eine andere Verwendung des AN in Betracht kommen und frei sind.

188 **Umsetzungs- oder Versetzungsmöglichkeiten** müssen erwogen werden, auch sollte der AG den AN auf die Möglichkeit der Inanspruchnahme der Altersteilzeit nach dem ATG hinweisen. Ggf. sollten die Parteien die Erfolgsaussichten eines Antrages auf Feststellung verminderter Erwerbsfähigkeit (§ 33 Abs. 3 TVöD/TV-L) prüfen.

189 Vor Ausspruch einer krankheitsbedingten Kündigung muss der AG zudem stets bedenken, ob der AN besonderen Kündigungsschutz, etwa als Schwerbehinderter, beanspruchen kann. Schließlich muss der AG zwingend die Beteiligungsrechte der Personal- und Betriebsräte beachten, damit die Kündigung nicht bereits aus diesem Grund formal unwirksam ist. Bei krankheitsbedingten Kündigungen müssen dem Personal- oder Betriebsrat alle kündigungserheblichen Tatsachen konkret und im Einzelnen mit genauen Daten mitgeteilt werden (vgl. Erl. 10. Rn. 520 sowie ausführl. KR/Etzel, § 102 BetrVG, Rn. 63 ff.).

190 **5.5. Weitere personenbedingte Kündigungsgründe.** Neben dem in der Praxis häufigsten Fall der krankheitsbedingten Kündigung des AN können noch zahlreiche andere Gründe, die in der **Person des AN** liegen, seine ordentliche Kündigung nach § 1 Abs. 2 KSchG rechtfertigen. Für die Feststellung der Sozialwidrigkeit der ordentlichen Kündigung sind zumindest die unter 5.1. bis 5.3. dargestellten allgemeinen Grundsätze zu beachten.

191 **5.5.1. Aids.** Ist ein AN an der Immunschwäche Aids erkrankt, gelten die Grundsätze, zur Kündigung aus krankheitsbedingten Gründen. Allein wegen der Aidserkrankung selbst und der damit **latent gegebenen Übertragungsgefahr** ist eine Kündigung des erkrankten AN regelmäßig ausgeschlossen. Denn je nach den Umständen des Einzelfalls können zumutbare Vorsorgemaßnahmen getroffen werden, um eine Ansteckungsgefahr auszuschließen. Auf eine Druckkündigung wegen Aids kann sich der AG nicht berufen, wenn er erst selbst die Mitarbeiter über die bis dahin unbekannte HIV-Infektion des AN informiert hat (vgl. ArbG Berlin, NJW 1987, 2325; zu allem näher: v. Hoyningen-Huene/Linck, § 1, Rn. 292 ff.; Lepke, RdA 2000, 87).

192 **5.5.2. Alkohol- und Drogensucht.** Eine Alkohol- oder Drogensucht kann grds. einen Kündigungsgrund für eine personenbedingte Kündigung darstellen. Ob eine Kündigung sozial gerechtfertigt i. S. d. § 1 Abs. 2 KSchG ist, hängt von einer **Prüfungsfolge** ab, die weitgehend derjenigen bei krankheitsbedingten Kündigungen entspricht (s. Erl. 5.4. Rn. 109). Diese Schlussfolgerung ist nach der Rspr. und h. M. zu ziehen, weil und soweit der **Alkohol- oder Drogensucht ein medizinischer Krankheitswert** beizumessen ist (grundlegend: BAG 9. 4. 1987 − 2 AZR 210/86 = NZA 1987, 811; s. a. Fleck/Körbel, BB 1995, 722; Künzl, BB 1993, 1581, 1876), der Alkohol- und Drogenmissbrauch also nur auf einer körperlichen Abhängigkeit beruht. Ist das nicht der Fall, kann eine verhaltensbedingte Kündigung in Betracht kommen (Erl. 6.3.5. Rn. 289). Die soziale Rechtfertigung der personenbedingten Kündigung setzt danach eine **negative Zukunftsprognose** voraus, dass der AN alkohol- oder drogensuchtbedingte Fehlzeiten aufweisen wird, die wiederum zu einer erheblichen Beeinträchtigung der dienstlichen und betrieblichen Interessen des AG führen würden.

193 Bei der abschließenden Interessenabwägung (**Zumutbarkeitsprüfung**) ist festzustellen, ob die betrieblichen oder dienstlichen Beeinträchtigungen auf Grund der Besonderheiten des Einzelfalles vom AG noch hinzunehmen sind oder ob sie be-

reits ein solches Ausmaß erreicht haben, dass sie ihm nicht mehr zugemutet werden können.

Nach Ansicht des BAG sind an die Fehlzeitenprognose jedoch geringere Anforderungen zu stellen als bei sonstigen krankheitsbedingten Kündigungen (s. BAG, NZA 1987, 811; ebenso 16. 9. 1999 – 2 AZR 123/99 = NZA 2000, 141, in dem betont wird, dass Alkoholismus im Fall der Unkündbarkeit nach den seinerzeitigen §§ 54, 55 BAT (jetzt § 34 Abs. 2 TVöD/TV-L) je nach den Umständen auch als wichtiger Grund für eine außerordentliche Kündigung in Betracht kommt). Zumindest kann dem BAG darin zugestimmt werden, dass die **Beweisführung** dem AG in der Praxis leichter fallen wird als in anderen Fällen krankheitsbedingter Kündigungen, da auf Grund medizinischer Erfahrungen Fehlzeitenprognosen genauer zu erstellen sind (unter Berücksichtigung des Stadiums der Sucht/Abhängigkeit, früherer – erfolgloser – Therapien, Entziehungskuren usw.). Liegt die durch Gutachten gestützte negative Gesundheitsprognose vor, können die betrieblichen und dienstlichen Auswirkungen beurteilt und sodann die Interessenabwägung vorgenommen werden. 194

Aus Gründen der **Verhältnismäßigkeit** kommt allerdings regelmäßig eine Kündigung erst dann in Betracht, wenn der AG den AN zuvor erfolglos zur Durchführung einer **Entziehungskur** aufgefordert hat (so auch BAG 17. 6. 1999 – 2 AZR 639/98 = NZA 1999, 1328 = NJW 2000, 2762, KR/Griebeling, § 1 KSchG, Rn. 286 m. w. N.). Gerade die weitere **Therapiebereitschaft** und die Einsichtsfähigkeit der Betroffenen sind Kriterien, die bei der Interessenabwägung eine wichtige Rolle spielen sollten. Denn sieht der AN es nicht ein, abhängig zu sein und/oder ist er nicht bereit, an einer Entziehungskur teilzunehmen, ist das Interesse des AG an der Beendigung des Arbeitsverhältnisses schutzwürdiger als das Bestandsschutzinteresse des AN. 195

Will sich der AN bei einem aufgrund objektiver Anhaltspunkte bestehenden Verdacht einer Alkoholisierung im Dienst mit Hilfe eines **Alkoholtests** entlasten, muss er einen solchen in der Regel **von sich aus beim AG beantragen** (vgl. im Einzelnen BAG 16. 9. 1999 – 2 AZR 123/99 = NZA 2000, 141; zur teilw. anders gelagerten Problematik diesbzgl. beim Ausspruch einer verhaltensbedingten Kündigung wegen Alkoholgenusses s. BAG 26. 1. 1995 – 2 AZR 649/94 = NZA 1995, 517 sowie unten Erl. 6.3.5.). 196

Abschließend sei zur Gesamtproblematik auf die instruktiven und ausführlichen Darstellungen bspw. von Bengelsdorf, NZA – RR 2002, 57; Lepke, DB 2001, 269 sowie Honsa, Alkohol- und Drogenmissbrauch in ö. D., 2002 verwiesen.

5.5.3. Erreichen der Altersgrenze. Nach § 33 Abs. 1 Buchst. a TVöD endet das Arbeitsverhältnis automatisch, wenn der AN das 65. Lebensjahr vollendet hat. Nach § 33 Abs. 1 Buchst. a TV-L endet das Arbeitsverhältnis, wenn der Beschäftigte das gesetzlich festgelegte Rentenalter erreicht. Einer ausdrücklichen Kündigung bedarf es danach nicht. Auch hat das BAG entschieden, dass nach Änderung des SGB gegen eine auf das Rentenalter bezogene Altersgrenze keine verfassungsrechtlichen Bedenken bestehen; eine unverhältnismäßige Beschränkung der durch Art. 12 Abs. 1 GG geschützten Berufsfreiheit des AN ist damit nicht verbunden (so BAG 11. 6. 1997 – 7 AZR 186/96 = NZA 1997, 1290 zu § 19 Abs. 3 der AVR-Caritas). Zur Zulässigkeit der Altersgrenze von 65 Lebensjahren mit Anknüpfung an die Rentenberechtigung des AN ohne Rentenabschläge s. die Erl. zu § 33 TVöD/TV-L, im Übrigen zur Möglichkeit der Kündigung wegen Erreichens einer Altersgrenze v. Hoyningen-Huene/Link, § 1, Rn. 305 ff. 197

5.5.4. Arbeits- und Berufsausübungserlaubnis. Das Fehlen oder Erlöschen notwendiger **Arbeitsgenehmigungen** für ausländische AN und hieraus folgende 198

Beschäftigungsverbote stellen einen personenbedingten Kündigungsgrund dar (s. BAG 7. 2. 1990 – ZTR 1990, 533; so auch Becker-Schaffner, ZTR 1997, 49). Fehlen sie, ist der Arbeitsvertrag nicht ohne weiteres nichtig, vielmehr muss der AG das Arbeitsverhältnis durch Kündigung beenden. Entsprechendes gilt, wenn für die Ausübung einer Tätigkeit eine bestimmte **Berufsausübungserlaubnis** notwendig ist (vgl. Schaub, § 129, Rn. 6 mit Bsps.fällen; ausführl. zu allem: KR/ Griebeling, § 1 KSchG, Rn. 290 ff.).

199 Das ZuwanderungsG v. 30. 7. 2004 (BGBl. I 2004, 1950) hat das Ausländeraufenthalts- und beschäftigungsrecht mit Wirkung zum 1. 1. 2005 vollständig neu geregelt.

Unterschieden werden danach die Personengruppen der EU-Bürger, die Freizügigkeit genießen, Staatsangehörige der zum 1. 5. 2004 neu beigetretenen EU-Mitgliedsstaaten, die eine Arbeitsgenehmigung-EU nach § 284 SGB III benötigen (ausgenommen Bürger von Malta und Zypern) sowie Nicht EU-Ausländer, deren Arbeits-(und Aufenthalts)berechtigung sich nach dem sog. Aufenthaltstitel (§ 4 AufenthaltsG) richtet und grds. weiterhin unter Erlaubnisvorbehalt steht. Näheres zu diesen Neuregelungen bei Küttner, Personalbuch 2007, Ausländer, Rn. 1 ff., 51 ff.

200 Das BAG hat unlängst seine Rspr. zu rechtlichen Beschäftigungshindernissen bestätigt und entschieden, dass ein AG, der einen AN ausschließlich an Sonntagen beschäftigt und ihm den nach § 11 Abs. 3 ArbZG vorgesehenen Ersatzruhetag nicht gewähren kann, weil er alle anderen Tage in einem anderen Arbeitsverhältnis arbeitet, dieses „Sonntagsarbeitsverhältnis" personenbedingt fristgerecht kündigen kann (24. 2. 2005 – 2 AZR 211/04 = NZA 2005, 759 m. w. N.).

201 Für den **Entzug** der **Fahrerlaubnis** gilt, dass eine Kündigung des Arbeitsverhältnisses nur dann in Betracht kommt, wenn eine Beschäftigung des AN auf einem anderen freien Arbeitsplatz nicht möglich oder dem AG nicht zumutbar ist (vgl. grdl. BAG 30. 5. 1978 = AP BGB § 626 Nr. 70 = NJW 1979, 332; s. a. LAG Schleswig-Holstein, NZA 1987, 669; LAG Hamm, AuR 1989, 148; zum **Verlust der Fluglizenz** eines Piloten s. BAG, NZA 2001, 1304 unter teilweiser Aufgabe von NZA 1996, 819).

Nach der Rspr. ist es anerkannt, dass z. B. bei einem **Kraftfahrer** der Verlust der Fahrerlaubnis einen personenbedingten Kündigungsgrund darstellen kann. Das BAG hatte in einer älteren Entscheidung noch festgestellt, dass ein Führerscheinentzug anlässlich einer privaten Fahrt während des Urlaubs als verhaltensbedingter Kündigungsgrund für einen Kraftfahrer einzustufen ist (s. BAG 22. 8. 1963 – AP BGB § 626 Nr. 51).

202 Nach neuerer Rspr. des BAG gilt, dass bei einem **Omnibusfahrer** der Verlust des Führerscheins zu einem gesetzlichen Beschäftigungsverbot führt (s. BAG 25. 4. 1996 – 2 AZR 74/95 = NZA 1996, 1201). Der AG dürfe den AN nicht mehr vertragsgemäß als Omnibusfahrer einsetzen, der AN könne insofern seine geschuldete Arbeitsleistung nicht erbringen. Im öffentlichen Nahverkehr ist durch allgemeine Dienstanweisungen sicherzustellen, dass die Mitglieder des Fahrpersonals in der Lage sind, eine sichere und ordnungsgemäße Beförderung zu gewähren (s. § 3 der VO über den Betrieb von Kraftfahrtunternehmen im Personenverkehr v. 21. 6. 1975 – BO Kraft – BGBl. I, 1573). Vgl. zu dieser Problematik aber auch BAG 4. 6. 1997 – 2 AZR 526/96 = NZA 1997, 1281 (privater Alkoholkonsum und Entzug der Fahrerlaubnis bei U-Bahn-Zugführer). Mit der ordentlichen Kündigung gegenüber einem LKW-Fahrer hat sich bspw. das LAG Hessen, NZA-RR 1996, 210 auseinandergesetzt.

203 Verliert ein **Berufskraftfahrer** oder ein im **Außendienst** beschäftigter AN seine Fahrerlaubnis, muss sich der AG nach grds. zutr. Ansicht (so z. B. v. Hoynin-

Vorbemerkung zu § 34

gen-Huene/Linck, KSchG, § 1, Rn. 314 nicht darauf einlassen, ein Dritter – z. B. der Ehegatte – werde für den AN das Fahrzeug fahren (ebenso LAG Schleswig-Holstein, NZA 1987, 669, aber str.).

Ob der AN aus Anlass einer **Dienstfahrt oder Privatfahrt** seine Fahrerlaubnis 204 verliert, wird bei der Bewertung der Sozialwidrigkeit der Kündigung eine mitentscheidende Rolle spielen. Zwar hat in beiden Fällen der AN die gleiche Störquelle für sein Arbeitsverhältnis gesetzt, dennoch macht es qualitativ einen Unterschied, ob der AN während einer Dienstfahrt oder etwa im Urlaub seinen Pkw alkoholisiert steuert und ihm deswegen der Führerschein entzogen wird.

5.5.5. Eheschließung und Ehescheidung. Die Eheschließung stellt im Re- 205 gelfall keinen geeigneten personenbedingten Kündigungsgrund nach § 1 Abs. 2 KSchG dar (s. grdl. BAG 10. 5. 1957 – AP GG Art. 6 Nr. 1). Auch das Scheitern der Ehe berechtigt den AG nicht zur Kündigung. Diese Grundsätze sollen nach der st. Rspr. des BAG jedoch nicht für AN **kirchlicher Einrichtungen** gelten (s. nur BAG 25. 4. 1978 – AP GG Art. 140 Nr. 2; auch Dütz, NJW 1990, 2025; Vogler, RdA 1993, 257), z. B. auch in dem Fall, dass eine Lehrerin einer katholischen Schule einen geschiedenen Mann heiratet (vgl. BAG, NZA 1985, 215; BAG 18. 11. 1986 – AP GG Art. 140 Nr. 35; LAG Nds., NJW 1983, 2603; s. a. BAG, NJW 1978, 2116; ferner Becker-Schaffner, ZTR 1997, 49). Überzeugend ist diese Ansicht allerdings nicht. Im Einzelfall muss geprüft werden, zu welchem Zeitpunkt der kirchliche Träger eine ordentliche personenbedingte Kündigung etwa gegenüber der Leiterin eines kirchlichen Kindergartens ausspricht. Liegt die erneute standesamtliche Heirat einer Kindergartenleiterin schon länger zurück, besteht kein Kündigungsrecht mehr, wenn der AG ohne Gründe die ordentliche Kündigung hinausschiebt. Auch muss vor Ausspruch einer Beendigungskündigung bei einer langjährigen Mitarbeiterin geprüft werden, ob als mildere Maßnahme nicht eine Änderungskündigung der AN etwa zur Gruppenleiterin in Betracht kommt.

Aus Raumgründen kann auf die vielfältigen Besonderheiten angesichts der ver- 206 fassungsrechtlich geschützten Eigenarten des kirchlichen Dienstes hier nicht näher eingegangen werden. Verwiesen sei insoweit nur auf Schaub, § 130, Rn. 43 f.; ErfK/Ascheid/Oetker, § 1 KSchG, Rn. 267; v. Hoyningen-Huene/Linck, § 1, Rn. 334, 627 ff.; KR/Griebeling, § 1 KSchG, Rn. 298 ff. m. w. N.; s. a. Thüsing, NZA 2002, 306, Schliemann, NZA 2003, 407).

Zur fristlosen Kündigung einer Bediensteten der (Mormonen-)Kirche wegen 207 Ehebruchs: BAG, NZA 1998, 145; zum (außerordentlichen) Kündigungsgrund des Kirchenaustritts: LAG Rheinland-Pfalz, NZA 1998, 149 m. w. N.

5.5.6. Mangelnde Eignung und Leistungsfähigkeit. Die **mangelnde oder** 208 **fehlende Eignung** eines AN für einen bestimmten Arbeitsplatz mit dem damit verbundenen Anforderungsprofil kann einen Kündigungsgrund in der Person des AN darstellen. Dies ergibt sich bereits aus der Regelung der Probezeit in § 4 Abs. 3 TVöD/TV-L. Der AN hat während dieser Probezeit einen Anspruch auf Einarbeitung in sein Aufgabengebiet; der AG kann innerhalb dieses Zeitraums prüfen, ob der AN den mit der Stelle verbundenen Anforderungen gewachsen sein wird. Ergibt sich aus dem Vergleich zwischen dem arbeitsplatzbezogenen Anforderungsprofil und dem Leistungsprofil des AN nach der Probezeit ein Missverhältnis, kann der AG den AN personenbedingt ordentlich kündigen, wenn der Eignungsmangel nachgewiesen ist.

Bei fehlender oder mangelnder Eignung des AN müssen allerdings folgende 209 Fallgestaltungen unterschieden werden:
- Bei einer **Schlechtleistung** vor, auf die der AN Einfluss nehmen kann, kommt – nach vergeblicher einschlägiger Abmahnung – eine verhaltensbedingte Kündi-

Vor § 34 Abschnitt V. Befrist. u. Beendig. d. Arbeitsverh.

gung aufgrund mangelhafter quantitativer oder qualitativer Leistungen in Betracht (s. Erl. 6.3.1. Rn. 267).
- Beruht die Leistungsminderung oder Leistungsschwäche des AN auf einer Erkrankung, kommt seine personenbedingte Kündigung **aus Krankheitsgründen** unter Beachtung der dafür geltenden Grundsätze der Rspr. in Betracht (s. Erl. 5.4.4.).
- Ist der AN dagegen aufgrund **fehlender körperlicher oder geistiger Eignung,** insbes. wegen mangelnder fachlicher Qualifikationen (z. B. Nichtbestehen erforderlicher Prüfungen, fehlende berufliche Qualifikationsmerkmale, auch Begehen von einschlägigen Straftaten im außerdienstlichen Bereich, die den Rückschluss auf Charaktermängel zulassen, die für den AG unzumutbar sind) nicht (mehr) in der Lage, die vertraglich geschuldete Arbeitsleistung zu erbringen, kann dies seine personenbedingte Kündigung rechtfertigen.

210 Die **Unterscheidung dieser Fallgruppen** ist u. a. bedeutsam für die Frage, ob der AG vor Ausspruch der Kündigung eine Abmahnung aussprechen muss. Da die Abmahnung nur dann Sinn hat, wenn der abgemahnte AN sein Verhalten bzw. sein Leistungsbild ändern kann, ist sie bei nicht korrigierbaren Leistungsmängeln entbehrlich. Weil die Abgrenzung der Fallgruppen in der Praxis allerdings oft fließend und daher schwierig ist (s. Erl. 5.2. Rn. 102 und 6.3.1. Rn. 267), sollte der AG den Leistungsmangel des AN grds. abmahnen, bevor er kündigt.

211 Dies gilt umso mehr, als die Rspr. vielfach auch in dem personenbedingten Kündigungsgrund der mangelnden Eignung einen Fall der Leistungsstörung sieht und eine erfolglose **Abmahnung** verlangt, sofern nicht ein unbehebbarer Mangel vorliegt oder der AN objektiv nicht in der Lage ist, sich die für seine Tätigkeit notwendige Eignung innerhalb angemessener, kurzer Frist zu verschaffen (so KR/Griebeling, § 1 KSchG, Rn. 304 m. w. N.). Auch das BAG hat in seinem Urteil v. 6. 3. 2004 – 2 AZR 386/03 = NZA 2004, 1380 jüngst im Fall der (personenbedingten) Kündigung eines völlig erfolglosen Außendienstmitarbeiters herausgestellt, dass diesem zuvor vom AG hinreichend klar gemacht worden war, dass er bei weiterer Erfolglosigkeit mit der Beendigung seines Arbeitsverhältnisses zu rechnen hatte.

212 Die Feststellung der **personenbedingten Fehlleistung** des AN – d. h. der **Nachweise gravierender Leistungsdefizite** – bereitet in der Praxis oft Probleme. Die Kernfrage lautet, wie die persönliche Ungeeignetheit eines AN objektiv festgestellt werden kann. Bloß schlagwortartige Werturteile sind dabei nämlich nicht ausreichend. Der Nachweis der fehlenden oder mangelnden fachlichen Qualifikation für die geschuldete Arbeitsleistung kann regelmäßig nur über einen **Vergleich** zwischen dem arbeitsplatzbezogenen Anforderungsprofil und dem Leistungsprofil des AN erbracht werden. Das bedeutet, dass ein geeigneter Maßstab hierfür wieder nur aus einem Vergleich zwischen **tatsächlich vergleichbaren Mitarbeitern** gewonnen werden kann. (Vgl. näher Erl. 5.4.4. Rn. 168 und die dort nachgewiesene Rspr. ausführl. und krit. zur Rspr. des BAG: v. Hoyningen-Huene/Linck, KSchG § 1 Rn. 423 ff.)

213 Die **persönliche Ungeeignetheit** kann sich z. B. daraus ergeben, dass sich der AN für seine Tätigkeit notwendige (Sprach-)**Kenntnisse** nicht aneignen kann, dass er als Mitglied der **Scientology**-Organisation Personen, die er zu betreuen hat, entsprechend einseitig beeinflussen kann (KR/Griebeling, § 1 KSchG, Rn. 303; näher: Berger/Delhey, Scientology und ö. D., ZTR 1999, 116; vgl. auch BAG 21. 2. 2001 – 2 AZR 139/00 = NZA 2001, 1136 zur außerordentlichen Kündigung nach dem früheren § 54 BAT/-O) oder aus seinem **autoritären Führungsstil** und mangelnder Fähigkeit zur Menschenführung (vgl. BAG 31. 1. 1996 – 2 AZR 158/95 = NZA 1996, 581 zu einer deswegen grds. möglichen außerordentlichen (Änderungs-)Druckkündigung eines tarifvertraglich unkündbaren AN.

Vorbemerkung zu § 34

Vor § 34

Im ö. D. kann die aktive Beteiligung in **verfassungsfeindlichen Organisationen** die persönliche Ungeeignetheit eines AN begründen (vgl. KR/Griebeling, § 1 KSchG, Rn. 306 f.). Im Vordergrund steht dabei die Befürchtung des AG, der AN werde seine verfassungsfeindliche Einstellung ausüben und hierdurch gegen seine arbeitsvertraglichen Pflichten, insbes. seine Treuepflicht verstoßen. Zu den Voraussetzungen im Einzelnen vgl. BAG 6. 2. 1980 – AP GG Art. 33 Abs. 2 Nr. 5 = DB 1980, 1754 und 28. 9. 1989 – AP KSchG 1969 § 1 Verhaltensbedingte Kündigung Nr. 24 = NJW 1990, 1196. 214

Zum Sonderfall der fehlenden Eignung wegen Stasi-Tätigkeit wird auf Bredemeyer/Neffke, BAT/BAT-O, 2. Aufl., Rn. 173 ff. „Vor §§ 53–55" sowie KR/Griebeling, § 1 KSchG, Rn. 308 verwiesen. 216

5.5.7. Sonstige Fälle. Die **Ausübung von Ehrenämtern** stellt keinen personenbedingten Kündigungsgrund dar, gleichgültig, ob der AN politische Mandate innehat oder z. B. gewerkschaftliche Arbeit ausübt (vgl. grdl. LAG Düsseldorf, BB 1966, 288; v. Hoyningen-Huene/Linck, KSchG, § 1, Rn. 325). Die **gewerkschaftliche Betätigung** des AN steht unter dem Grundrechtsschutz des Art. 9 Abs. 3 GG (Koalitionsfreiheit). Der Anspruch des AN auf Arbeitsbefreiung bei Ausübung entsprechender Tätigkeiten ist in § 29 TVöD/TV-L geregelt. 216

Sieht sich der AN auf Grund einer **Gewissensentscheidung** nicht in der Lage, bestimmte Arbeiten auszuüben, so kann hierin nach der Rspr. ein personenbedingter Kündigungsgrund liegen (s. BAG 24. 5. 1989 – 2 AZR 285/88 = NZA 1990, 144; s. a. Derleder, AuR 1991, 193; ferner Rüfner, RdA 1992, 1). Eine Kündigung des AN kommt dann in Betracht, wenn für ihn eine andere Beschäftigungsmöglichkeit nicht besteht. Näheres bei ErfK/Ascheid/Oetker, § 1 KSchG, Rn. 260. 217

Die finanzielle Belastung durch ratenweise, erst auf längere Sicht zu tilgende Verbindlichkeiten, die teilweise auf mehrere im Vermögensbereich liegende Straftaten zurückgehen, kann ein konkreter und greifbarer Umstand sein, der wegen **Sicherheitsbedenken** aus personenbedingten Gründen die Kündigung gegenüber einer Schreibkraft im BMVg sozial rechtfertigt (s. LAG Köln, 9. 5. 1996 – 10 Sa 22/96 = ZTR 1956, 188 Ls.). In diesen Fällen kann auch eine Kündigung wegen der Befürchtung der **Verletzung von Dienst- oder Betriebsgeheimnissen** ausgesprochen werden. Ob eine solche Befürchtung, der AN könne z. B. Betriebsgeheimnisse an Dritte weitergeben, eine Kündigung begründen kann, lässt sich nicht generell beantworten. Es kommt auf objektiv feststellbare Umstände an, die den Schluss zulassen, dass eine solche Gefahr tatsächlich oder mit hinreichend hoher Wahrscheinlichkeit besteht. Im Prozess muss das Gericht in die Lage versetzt werden, selbständig zu beurteilen, ob die Bedenken objektiv gerechtfertigt sind und es keine dem AG zumutbaren Vorkehrungsmaßnahmen gibt, die eine (latente) Gefahr der Verletzung dieser vertraglichen Nebenpflichten, etwa bei enger persönlicher Beziehung zu Mitarbeitern oder Inhabern von Konkurrenzunternehmen, ausschließen können (vgl. z. B. Schaub, § 129, Rn. 7; ErfK/Ascheid/Oetker, § 1 KSchG, Rn. 252). 218

Zum personenbedingten Kündigungsgrund der **Straf- oder Untersuchungshaft** vgl. v. Hoyningen-Huene/Linck, § 1, Rn. 428 ff.; Stahlhacke/Preis, Rn. 752; KR/Griebeling, § 1 KSchG, Rn. 317 f. sowie BAG 22. 9. 1994 – 2 AZR 719/93 = NZA 1995, 119 (U-Haft); 9. 3. 1995 – 2 AZR 497/94 = NZA 1995, 777 (Strafhaft) und 20. 11. 1997 – 2 AZR 805/96 = RzK I 6 a Nr. 154. 219

5.6. Druckkündigung. Eine Druckkündigung liegt vor, wenn Dritte unter Androhung von Nachteilen für den AG von diesem die Entlassung eines bestimm- 220 ten AN ernsthaft verlangen (s. BAG 31. 1. 1996 – 2 AZR 158/95 = NZA 1996, 581; 4. 10. 1990 – 2 AZR 201/90 = NZA 1991, 468). Das Kündigungsverlangen kann dabei aus der Belegschaft, vom Betriebs- oder Personalrat, häufig aber auch von außenstehenden Dritten (z. B. Kunden oder Lieferanten) an den AG herangetragen werden. Der AG muss prüfen, auf welchen Gründen und Tatsachen das Kündigungsbegehren beruht. Sodann ist zu differenzieren:

221 Liegen aufgrund der gegenüber dem AN erhobenen Vorwürfe tatsächlich **Gründe in** seinem **Verhalten oder** in seiner **Person** vor, so kann er aufgrund dieser personen- oder verhaltensbedingt gekündigt werden (sog. **„unechte Druckkündigung"**). Liegen hingegen solche Kündigungsgründe objektiv nicht vor, wäre eine auf das bloße, letztlich ja unberechtigte, Verlangen Dritter ausgesprochene Kündigung an sich unwirksam. Der AG ist daher aufgrund seiner Fürsorgepflicht zunächst grds. gehalten, sich schützend vor den „unbeliebten" AN zu stellen und den oder die Dritten von ihrem Begehren abzubringen.

222 Nur in dem (tatsächlich wohl eher seltenen) **Ausnahmefall**, dass dem AG ansonsten ein schwerer wirtschaftlicher Schaden, **unzumutbare Nachteile** oder gar seine Existenzvernichtung droht, würde er dem Druck nicht nachgeben (z. B. Abbruch wichtiger Geschäftsbeziehungen) ist er berechtigt, den betreffenden AN zu kündigen, ggf. sogar fristlos (st. Rspr., vgl. nur BAG NZA 1991, 468 sowie 26. 6. 1997 – 2 AZR 502/96 = RzK I 5 i Nr. 126). Dies ist ihm allerdings verwehrt, wenn er selbst die Drucksituation herbeigeführt oder er nicht zuvor versucht hat, die Vorwürfe aufzuklären und dem Druck durch mildere Maßnahmen zu begegnen. Insbes. hat er zuvor mögliche Umsetzungs- oder Versetzungsmaßnahmen nach § 4 Abs. 1, 2 TVöD/TV-L umfassend zu prüfen.

223 Dabei ist auch der AN gehalten, selbst mit zur Beilegung und Entschärfung des Konflikts beizutragen, also etwa in seine Versetzung oder Vertragsänderung einzuwilligen.

224 Das BAG hat allerdings entschieden, dass eine vorherige Anhörung des AN – anders als bei der Verdachtskündigung (sogleich, Erl. 5.7. Rn. 228) – keine Wirksamkeitsvoraussetzung einer Druckkündigung ist (4. 10. 1990 – 2 AZR 201/90 = NZA 1991, 468).

225 Ob dem AN für den Fall einer ihm gegenüber mit Erfolg ausgesprochenen Druckkündigung **Schadensersatzansprüche** gegen ihre „Veranlasser" oder den AG zustehen können, ist problematisch und umstritten (vgl. ErfK/Ascheid/Oetker, § 1 KSchG, Rn. 285 m. w. N; s. a. BAG 4. 6. 1998 – 8 AZR 786/96 = NZA 1998, 113).

226 Die **dogmatische Einordnung** der Druckkündigung ist umstritten. Teilweise wird sie als betriebsbedingte Kündigung verstanden (KR/Griebeling, § 1 KSchG Rn. 474, 586), mitunter als personenbedingte Kündigung angesehen (so v. Hoyningen-Huene/Linck, KSchG, § 1, Rn. 322). Laut Insam, DB 2005, 2298 soll sie nur als außerordentliche Kündigung zulässig sein (zugleich Besprechung von ArbG Hamburg, NZA-RR 2005, 306: Verweigerung der Zusammenarbeit mit Kollegen nach sexueller Belästigung durch ihn).

Richtig dürfte es sein, entsprechend der oben dargestellten Alternativen zu differenzieren. Auch das BAG hat hierzu ohne Vertiefung des Meinungsstreits entschieden, dass eine als Kündigungsgrund angeführte Drucksituation entweder als verhaltens-, personen- oder betriebsbedingter Kündigungsgrund zu prüfen ist (vgl. BAG 31. 1. 1996 – AZR 158/95 = NZA 1996, 581):

227 Liegt danach eine **„echte Druckkündigung"** vor, fehlt es also an einer objektiven Rechtfertigung der Drohung, kommt eine Kündigung **aus betriebsbedingten Gründen** in Betracht, wobei das bloße Verlangen Dritter, einen bestimmten

Vorbemerkung zu § 34

AN zu kündigen, nicht ohne weiteres geeignet ist, eine Kündigung zu rechtfertigen. In dem betreffenden Fall hat das BAG folgerichtig entschieden, dass ein autoritärer Führungsstil und mangelnde Fähigkeit zur Menschenführung auch bei einem tariflich unkündbaren AN eine außerordentliche personenbedingte (Änderungs-)Druckkündigung nach § 55 Abs. 1 BAT (heute § 34 Abs. 2 TVöD/TV-L) rechtfertigen kann.

5.7. Verdachtskündigung. Eine weitere besondere Kündigungsart, die ebenfalls hinsichtlich ihrer dogmatischen Einordnung sowie ihrer Zulässigkeit und Voraussetzungen vor allem in der Rechtslehre im Einzelnen sehr **umstritten** ist, **ist die sog. Verdachtskündigung.** Sie ist von der **Tatkündigung** abzugrenzen und wird im Regelfall als außerordentliche Kündigung ausgesprochen. Daher wird sie vielfach als verhaltensbedingte Kündigung angesehen und in der Literatur auch dort behandelt. 228

Ihre **Besonderheit** liegt darin, dass gegenüber dem AN **nur der Verdacht** besteht, er habe eine **strafbare Handlung** oder sonstige **schwerwiegende arbeitsvertragliche Pflichtverletzung** begangen. Bereits durch einen solchen **konkretisierten Verdacht** kann das **Vertrauensverhältnis** der Parteien für die Fortsetzung des Arbeitsvertrages wesentlich beeinträchtigt sein. Deshalb kann nach st. Rspr. des BAG nicht nur eine erwiesene Vertragsverletzung, sondern schon der schwerwiegende Verdacht einer strafbaren Handlung oder einer sonstigen Verfehlung einen wichtigen Grund zur außerordentlichen Kündigung gegenüber dem verdächtigen Arbeitnehmer darstellen (so erneut trotz der am Institut der Verdachtskündigung geäußerten Bedenken und Kritiken BAG 12. 8. und 18. 11. 1999, 2 AZR 923/98 und 743/98 = NZA 2000, 421 und 418; 6. 12. 2001 – 2 AZR 496/00 = NZA 2002, 847: Lehrer an Ersatzschule; 3. 7. 2003 – 2 AZR 437/02 = NZA 2004, 307: unberechtigte Buchung von „Miles and More"-Gutscheinen zugunsten des Ehepartners; 6. 11. 2003 – 2 AZR 613/02 = NZA 2004, 919: Hehlerei mit Handys auf dem Betriebsgelände sowie 10. 2. 2005 – 2 AZR 189/04 = NZA 2005, 1056: Begünstigung von Spielern durch Croupier). 229

Eine Verdachtskündigung liegt somit nur vor, wenn und soweit der AG die Kündigung damit begründet, gerade der Verdacht eines bislang **nicht erwiesenen Verhaltens** habe das für die Fortsetzung des Arbeitsverhältnisses notwendige Vertrauen völlig zerstört. In der Praxis ist gerade wegen dieses Umstands, dass die strafbare Handlung oder schwere Pflichtverletzung nicht erwiesen ist, äußerste Sorgfalt bei Prüfung der Kündigung geboten. Der Verdacht muss erheblich und durch **objektive Tatsachen** begründet sein, es muss also eine **hohe Wahrscheinlichkeit** für die Strafbarkeit des AN bestehen. 230

Da die Gefahr besteht, dass letztlich ein Unschuldiger entlassen werden könnte, sind an die Voraussetzungen einer Verdachtskündigung mit Recht **äußerst strenge Anforderungen** zu stellen (Schaub, § 125, Rn. 129 ff.; § 130, Rn. 74 ff., ausführl. z. B. Stahlhacke/Preis, Rn. 755 ff. sowie Schönfeld, NZA 1999, 299). 231

Auch deshalb verlangt die Rspr. vom AG stets, zuvor alle zumutbaren Anstrengungen zur **Aufklärung des Sachverhalts** zu unternehmen und dazu insbes. den beschuldigten **AN vor Ausspruch der Kündigung anzuhören** und ihm Gelegenheit zu geben, sich zu entlasten. Ist der AN nicht bereit, sich zu den Vorwürfen zu äußern, kann dem AG jedoch keine schuldhafte Verletzung seiner **Aufklärungs-,** bzw. **Anhörungspflicht** vorgehalten werden (ausführl. zur Anhörungspflicht: Fischer, BB 2003, 522; zur zweiwöchigen Kündigungserklärungsfrist nach § 626 Abs. 2 BGB: Mennemeyer/Dreymüller, NZA 2005, 382).

Die an die **Anhörung des AN** zu stellenden Anforderungen entsprechen nicht denen für eine ordnungsgemäße Anhörung des Betriebsrats nach § 102 Abs. 1 232

Vor § 34 Abschnitt V. Befrist. u. Beendig. d. Arbeitsverh.

BetrVG. Der dem AN vorgehaltene Verdacht darf sich allerdings nicht in einer bloßen Wertung erschöpfen; er muss vielmehr zumindest soweit konkretisiert sein, dass sich der AN darauf substantiiert einlassen kann (s. BAG 13. 9. 1995 – 2 AZR 587/94 = NZA 1996, 81; 26. 9. 2002 – 2 AZR 424/01 = AP BGB § 626 Verdacht auf strafbare Handlung Nr. 37 = NZA 2003, 991 Os.).

233 Entgegen dem ansonsten durchgängig geltenden Grundsatz, dass für die Beurteilung der Rechtmäßigkeit einer Kündigung ausschließlich auf den Zeitpunkt ihres Ausspruchs, d. h. des Zugangs beim AN abzustellen ist, sind bei der Verdachtskündigung ausnahmsweise (insoweit systemwidrig, aber mit den Besonderheiten dieses Rechtsinstituts begründbar) **auch später**, insbes. auch noch im Laufe des Kündigungsschutzverfahrens **bekannt werdende be- und entlastende Umstände zu Lasten oder zu Gunsten des betroffenen AN zu berücksichtigen,** sofern sie – wenn auch unerkannt – bereits vor Zugang der Kündigung vorlagen. Erst nach der Kündigung entstehende Tatsachen bleiben dagegen unberücksichtigt (BAG 14. 9. 1994 – 2 AZR 164/94 = NZA 1995, 269; zuletzt 6. 11. 2003 – 2 AZR 631/02 = NZA 2004, 919; zustimmend KR/Fischermeier, § 626 BGB Rn. 233 mit Hinweisen auf die davon teilweise abweichende frühere Rspr. des BAG).

234 Stellt sich während oder erst nach Durchführung eines Kündigungsschutzverfahrens die Unschuld des zuvor verdächtigten und deswegen gekündigten AN heraus, kann ihm ein **Wiedereinstellungsanspruch** zustehen (näher Stahlhacke/Preis, Rn. 766).

235 Abschließend sei noch auf einige weitere Beispielsfälle aus der Rspr. hingewiesen:

236 In der Regel ist eine außerordentliche Kündigung eines (jetzt nach § 34 Abs. 2 TVöD/TV-L) unkündbaren AN nicht schon dann als **Verdachtskündigung** begründet, wenn gegen ihn **Anklage wegen außerdienstlicher Straftaten** erhoben wird und der öffentliche AG von dieser Anklage lediglich nach den Nrn. 6, 15 MiStra Kenntnis erlangt hat, die Anklageerhebung in der Öffentlichkeit nicht bekannt wird, der AN die Begehung der Straftat bestreitet und wenn das strafrechtliche Hauptverfahren noch nicht durch das Strafgericht eröffnet ist (s. LAG Hamm, 27. 6. 1996 – 17 Sa 2288/95, n. v.).

237 Zu beachten ist hier auch die gesetzgeberische Wertung in § 53 Abs. 1 Nr. 1 BZRG, wonach sich der Verurteilte als unbestraft bezeichnen darf und den der Verurteilung zu Grunde liegenden Sachverhalt nicht zu offenbaren braucht, wenn die Verurteilung nicht in das Führungszeugnis aufgenommen worden ist. Eine solche Verurteilung kann der AG aus diesem Grund auch nicht zum Anlass für eine Kündigung wegen Nichteignung des AN nehmen (so LAG Berlin, 22. 3. 1996 – 6 Sa 15/96 = NZA-RR 1997, 7).

238 Wer für nicht geleistete **Wechseldienstschichten** Vergütungen und Zulagen in mehreren Fällen unberechtigt entgegennimmt, ohne den Dienstherrn darauf hinzuweisen, macht sich des Fortsetzungsbetrugs gem. § 263 StGB strafbar. In einem vom LAG Berlin entschiedenen Fall bestand die schwere Verdacht, dass der tariflich unkündbare AN habe in mindestens 57 Fällen eine Wechselschichtzulage kassiert, obwohl er nicht im Wechselschichtdienst eingesetzt worden war. Dem beklagten Land war es nicht mehr zumutbar, den AN weiterzubeschäftigen; wegen der schwerwiegenden Vertragsverletzung war auch eine Abmahnung entbehrlich (LAG Berlin, 2. 12. 1996 – 9 Sa 99/96 = LAGE § 626 BGB Verdacht strafbarer Handlung Nr. 5).

239 Hat der AN **strafbare Handlungen** begangen oder bestehen solche **Verdachtsmomente,** kann der AG somit auch den eigentlich **unkündbaren AN** außerordentlich kündigen (zum ö. D. ausführl. z. B. LAG Schleswig – Holstein,

Vorbemerkung zu § 34 **Vor § 34**

21. 4. 2004 – 3 Sa 548/03 = NZA-RR 2004, 666: Verdacht der Vorteilsannahme eines Mitarbeiters im Bauamt). Zu erwiesenen Straftaten vgl. die Erl. zu 6.2.7).

6. Verhaltensbedingte Kündigung. Ein die Kündigung nach § 1 Abs. 2 240 KSchG rechtfertigender Grund im Verhalten des AN liegt vor, wenn das ihm vorgeworfene Verhalten eine Vertragspflicht verletzt, das Arbeitsverhältnis dadurch konkret beeinträchtigt wird, keine zumutbare Möglichkeit anderweitiger Beschäftigung besteht und die Lösung des Arbeitsverhältnisses in Abwägung der Interessen beider Parteien billigenswert und angemessen erscheint. Entscheidend ist, ob das Fehlverhalten des AN im Einzelfall geeignet ist, einen ruhig und verständig urteilenden AG zur Kündigung zu bestimmen (so z.B. BAG 11. 12. 2003 – 2 AZR 667/02 = NZA 2004, 784, 785 und 19. 9. 2004 – 2 AZR 406/03 = NZA 2005, 459, 460).

6.1. Grundsätze. Dabei muss – insofern in Abgrenzung zur personenbedingten 241 Kündigung – ein **steuer- und zurechenbares Verhalten des AN** und – auch hier – eine **negative Zukunftsprognose** vorliegen. Da der verhaltensbedingten Kündigung nämlich nicht vorrangig Sanktionscharakter zukommt, sondern mit ihr weiteren Fehlverhalten des AN vorgebeugt werden soll, muss im Zeitpunkt des Kündigungsausspruchs die **Gefahr weiterer Pflichtverletzungen** („Wiederholungsgefahr") bestehen oder die bereits zurückliegenden müssen das für die Aufrechterhaltung und Fortsetzung des Arbeitsverhältnisses notwendige **Vertrauen** so **nachhaltig gestört** haben, dass – wie häufig von der Rspr. formuliert wird – „ein ruhig und verständig denkender, objektiv urteilender und gerecht abwägender AG zur Kündigung veranlasst worden wäre" (vgl. instruktiv BAG 12. 1. 2006 – 2 AZR 179/05 = NZA 2006, 980, 984: private Internetnutzung im ö. D. und 2 AZR 21/05 = NZA 2006, 917: Beleidigende Äußerungen).

Mögliche Kündigungsgründe im Verhalten des AN sind danach Vertragsverlet- 242 zungen jeglicher Art (z.B. Alkoholmissbrauch, wiederholte Unpünktlichkeit oder Schlechtleistung), Störungen im Verhältnis zu Vorgesetzten, Kollegen oder Dritten (z.B. Tätlichkeiten, Beleidigungen von Kunden), ggf. auch außerdienstliches Verhalten, soweit es schwerwiegende Auswirkungen auf das Arbeitsverhältnis hat (vgl. z.B. Adam, ZTR 1999, 292).

Jedes **Fehlverhalten** kann somit grds. einen Kündigungsgrund i.S.d. § 1 Abs. 2 243 KSchG darstellen, soweit es **nicht unerhebliches Gewicht hat, die Leistungsstörung dem AN vorwerfbar ist** (ein „schuldhaftes Verhalten" im eigentlichen Sinne wird dabei von der Rspr. regelmäßig, aber nicht ausnahmslos verlangt, s. Schaub, § 130, Rn. 12 m.w.N., ausführl. BAG 21. 1. 1999 – 2 AZR 665/98 = NZA 1999, 863) und schließlich dem AG nach einer auch hier stets gebotenen Interessenabwägung nicht zugemutet werden kann, den AN weiterzubeschäftigen.

Vielfach wird in der Praxis auch hier ein **dreistufiges Prüfungssystem** zur 244 Überprüfung der Rechtmäßigkeit einer verhaltensbedingten Kündigung empfohlen, bzw. angewandt:

- **Stufe 1:** Zunächst ist ein pflichtwidriges, vorwerfbares Verhalten der AN fest- 245 zustellen **(„Kündigungsgrund an sich?"),** das zu einer konkreten Störung des Arbeitsverhältnisses führt und eine negative Zukunftsprognose befürchten lässt.
- **Stufe 2:** In aller Regel muss dem Ausspruch einer verhaltensbedingten Kündi- 246 gung eine **vergebliche Abmahnung** vorausgegangen sein (Erl. 4.3. Rn. 66 ff. und 6.2. Rn. 250).

Ferner ist nach dem Verhältnismäßigkeitsgrundsatz zu prüfen, ob die Kündigung nicht durch **mildere Maßnahmen** (z.B. Versetzung auf einen anderen, freien Arbeitsplatz oder Ausspruch nur einer Änderungskündigung) vermieden werden kann. Dabei ist die Möglichkeit einer Umsetzung oder **Versetzung** allerdings i. d. R. nur bei arbeitsplatzbezogenen, nicht aber bei arbeitsplatzunabhängigen oder arbeitgeberbezogenen Pflichtverstößen in Betracht zu ziehen (vgl. einerseits BAG 31. 3. 1993 – 2 AZR 492/92 = NZA 1994, 409, 412 zu Tätlichkeiten und andererseits 8. 6. 2000 – 2 AZR 638/99 = NZA 2000, 1282, 1287 f. zum Totschlag, jeweils m. w. N.).

247 Dabei hat das BAG jüngst klar gestellt, dass im Falle einer erheblichen, verschuldeten Vertragspflichtverletzung (wie einer Tätlichkeit) eine Versetzung bzw. Umsetzung dem AG grundsätzlich nicht zumutbar ist. Dementsprechend hängt die Frage, ob er gehalten ist, den AN an einem anderen freien Arbeitsplatz weiterzubeschäftigen, statt ihm zu kündigen, sowohl von den Ursachen des Fehlverhaltens und dem am neuen Arbeitsplatz zu erwartenden Verhalten, als auch von der Schwere des Pflichtenverstoßes ab (also bspw. von der Intensität und den Folgen eines tätlichen Angriffs, 6. 10. 2005 – 2 AZR 280/04 = NZA 2006, 431).

248 • **Stufe 3:** Schließlich ist eine umfassende **Interessenabwägung** zwischen dem Interesse des AN am Erhalt seines Arbeitsplatzes und dem des AG an der vorzeitigen Auflösung des Arbeitsverhältnisses vorzunehmen.

249 Bei dieser **Interessenabwägung** können insbesondere folgende Punkte zu berücksichtigen sein, wobei je nach Art der Pflichtverletzung diesen zum Teil geringere Bedeutung beizumessen ist:

Auf Seiten des AN:
- Art, Schwere und Häufigkeit des Fehlverhaltens,
- Grad des Verschuldens,
- früheres Verhalten,
- evtl. Mitverschulden des AG,
- Dauer der Betriebszugehörigkeit,
- Lebensalter,
- Unterhaltspflichten,
- besondere Schutzbedürftigkeit infolge Krankheit, Behinderung oder Unkündbarkeit,
- Arbeitsmarktsituation.

Auf Seiten des AG:
- Betriebsablaufstörungen,
- Aufrechterhaltung der Arbeits- und Betriebsdisziplin,
- Eintritt eines Vermögensschadens,
- Wiederholungsgefahr,
- Schädigung des Ansehens von Vorgesetzten oder Unternehmen,
- Schutz der übrigen Belegschaft

(zu allem Schaub, § 130, Rn. 8 ff.; ausführl. KR/Griebeling, § 1 KSchG, Rn. 409 ff.; KR/Fischermeier, § 626 BGB, Rn. 236 ff.). Dabei kann einem langjährig beschäftigten AN, der sich bisher vertragstreu verhalten hat, ein einmaliges, wenn auch nicht zu entschuldigendes Fehlverhalten eher nachzusehen und eine weniger einschneidende Maßnahme als eine Kündigung angebracht sein (so ausdrücklich BAG 31. 3. 1993, NZA 1994, 409, 412; vgl. auch LAG Frankfurt, BB 1988, 2178 = DB 1988, 2408 zum einmaligen, eingeräumten und vollends wiedergutgemachten Spesenbetrug eines langjährig beanstandungsfrei Beschäftigten bei sicher auszuschließender Gefahr weiterer Verfehlungen).

250 **6.2. Abmahnung.** Regelmäßig muss der AG dem AN vor einer verhaltensbedingten Kündigung wegen eines **gleichgelagerten Fehlverhaltens** vergeblich eine **Abmahnung** ausgesprochen haben. Das abgemahnte Verhalten selbst kann nicht zugleich, bzw. unmittelbar als Kündigungsgrund herangezogen werden, so dass eine Kündigung erst dann möglich ist, wenn der AN erneut **einschlägig**

gegen seine arbeitsvertraglichen Pflichten verstößt. Nach dem BAG sind Pflichtverletzungen dann gleichartig, wenn sie in einem inneren Bezug zu der der Kündigung zu Grunde liegenden negativen Zukunftseinschätzung stehen (so 16. 9. 2004 – 2 AZR 406/03 = NZA 2005, 459, 461; s. zur Vergleichbarkeit i. S. d. Einschlägigkeit auch LAG Hessen, NZA 1998, 822).

Insbes. **bei Leistungsstörungen** ist die Abmahnung als einseitige Erklärung („vertragliches Rügerecht") des AG damit **unverzichtbare Voraussetzung** für die soziale Rechtfertigung einer Beendigungskündigung und regelmäßig auch für die Wirksamkeit einer außerordentlichen Kündigung (zur Klage des AN gegen eine Abmahnung: Kleinebrink, FA 2006, 196).

Die Abmahnung muss, um rechtlichen Bestand zu haben und die Anforderungen zu erfüllen, die die Rspr. an ihre sog. **„Warnfunktion"** vor Ausspruch einer wirksamen Kündigung stellt,

- zunächst den betreffenden **Sachverhalt konkret** und detailliert **schildern,** d. h., das beim AN **beanstandete (Fehl-)Verhalten** genau und eindeutig bezeichnen und **rügen**; bloße schlagwortartige Pauschalvorhaltungen („schlechte Arbeitsmoral", „unzureichende Leistungen" oder gar „die Ihnen bekannten Vorkommnisse") sind nicht ausreichend.
- Sodann muss die Abmachung die klare und ernsthafte Aufforderung enthalten, ein konkretes Fehlverhalten zukünftig zu unterlassen bzw. abzustellen,
- verbunden schließlich mit dem deutlichen und unmissverständlichen Hinweis, dass anderenfalls, d. h. im Wiederholungsfall, die **Kündigung droht.** Weiterführend zu allem: Schaub, § 61, Rn. 28 ff. m. w. N.; Becker-Schaffner, ZTR 1999, 105; Kammerer, Personalakte und Abmahnung, 3. Aufl.

251

Nicht nur Kündigungen im sog. **Verhaltens- oder Leistungsbereich** sind im Regelfall nur dann wirksam, wenn zuvor erfolglos abgemahnt worden ist. Auch bei **Störungen im Vertrauensbereich** der Parteien ist vor einer Kündigung eine Abmahnung erforderlich, wenn und soweit es jedenfalls um ein steuerbares Verhalten des AN geht und eine Wiederherstellung des Vertrauens erwartet werden kann (so ausdr. BAG 4. 6. 1997 – 2 AZR 526/96 = NZA 1997, 1281 unter teilweiser Aufgabe der früheren Rspr.).

252

Bei schweren Pflichtverletzungen (z. B. Diebstahl oder anderen Straftaten) bedarf es einer Abmahnung nur dann, wenn der AN mit vertretbaren Gründen annehmen konnte, sein Verhalten sei nicht vertragswidrig oder werde vom AG zumindest nicht als erhebliches, den Bestand des Arbeitsverhältnisses gefährdendes Verhalten angesehen (so z. B. BAG 21. 6. 2001 – 2 AZR 325/00 = NZA 2002, 1030, 11. 12. 2003 – 2 AZR 36/03 = NZA 2004, 486 und 2. 3. 2006 – 2 AZR 53/05 = NZA-RR 2006, 636 = AP BGB § 626 Krankheit Nr. 14).

253

Anders formuliert: Eine **Abmahnung** ist **entbehrlich bei groben Pflichtverstößen,** wenn der AN in keinem Fall mit einer Billigung seines Verhaltens durch den AG rechnen durfte (vielfältige Beispiele mit Nachweisen aus der Rspr. z. B. bei Schaub, § 61, einerseits Rn. 53, andererseits Rn. 51; v. Hoyningen-Huene/ Linck, KSchG, § 1, Rn. 490).

Sie ist ferner ausnahmsweise **auch** dann **entbehrlich, wenn** im Einzelfall besondere Umstände vorliegen, auf Grund derer eine Abmahnung als **nicht Erfolg versprechend** angesehen werden kann (grdl. BAG 29. 7. 1976 – AP KSchG § 1 Nr. 9; BAG, NZA 1995, 65; 517). Solche liegen etwa vor, wenn der AN eindeutig nicht gewillt oder in der Lage ist, sich vertragsgerecht zu verhalten (BAG 10. 2. 1999 – 2 ABR 31/98 = NZA 1999, 708, 1. 7. 1999 – 2 AZR 676/98 = NZA 1999, 1270, 12. 1. 2006 – 2 AZR 179/05 = NZA 2006, 980 und 2 AZR 21/05 = NZA 2006, 917). Dies ist bspw. der Fall, wenn er seine Vertragsverletzungen hartnäckig und uneinsichtig fortsetzt, obwohl er die Vertragswidrigkeit seines Verhal-

254

tens erkannt hat. Unter diesen Umständen macht die Warnfunktion der Abmahnung keinen Sinn; der AN ist uneinsichtig bzw. nicht belehrbar.

255 Zur Wirksamkeit der Abmahnung bedarf es selbstverständliches der **Kenntnis** des AN. Auf einen ordnungsgemäßen Zugang der Abmahnung (und seinen Nachweis) ist daher sorgfältig zu achten. Obwohl die Abmahnung **formfrei** ist, sollte sie aus Beweissicherungsgründen stets schriftlich verfasst werden.

256 Die Abmahnung muss zwar nicht ausdrücklich als solche bezeichnet werden, ihre **Warnfunktion** muss jedoch in ihrem **Wortlaut** hinreichend klar zum Ausdruck kommen.

257 Ist die Abmahnung unverhältnismäßig, so kann sie unwirksam sein (str.). Einzelne **Bagatellverstöße** können, insbes. nach längerer Betriebszugehörigkeit, daher nach zutreffender Ansicht im Normalfall nicht wirksam abgemahnt werden. Es wird hier jeweils auf den Einzelfall abzustellen sein (vgl. BAG 30. 5. 1996 – 6 AZR 537/95 = NZA 1997, 145, 148 sowie BAG, NZA 1992, 690; 1995, 225, 227 f.).

258 Eine **Regelausschlussfrist,** innerhalb der eine Abmahnung erklärt werden muss, gibt es nicht (vgl. BAG 15. 1. 1986 – 5 AZR 70/84 = NZA 1986, 421).

259 Die **Abmahnung verliert** allerdings – ohne dass es dabei feste Fristen gibt – nach einer gewissen Zeit ihre **Wirkung,** wenn der AN sich längere Zeit nach ihrer Erteilung vertragsgerecht verhalten hat und aus den Umständen des Einzelfalls der Schluss zu ziehen ist, dass auf seine alten Verfehlungen nicht mehr zurückgegriffen werden soll. Im Übrigen kommt es insoweit stets auf den Einzelfall, insbes. auf die Art und Schwere des gerügten Fehlverhaltens an.

Dabei nimmt die arbeitsgerichtliche Praxis meist Zeiträume von ein bis drei Jahren an, nach deren Ablauf vor Ausspruch einer Kündigung dann ggf. eine neuerliche Abmahnung zu erfolgen hat.

260 Nach dem Urteil des BAG v. 15. 11. 2001 – 2 AZR 609/00 = NZA 2002, 968, (fortgeführt mit BAG 16. 9. 2004 – 2 AZR 406/03 = NZA 2005, 459) **können** u. U. **zahlreiche Abmahnungen** wegen gleichartiger Pflichtverletzungen, denen keine weiteren Konsequenzen folgen, **die Warnfunktion der Abmahnungen abschwächen.** Der AG muss dann die letzte Abmahnung vor Ausspruch einer Kündigung besonders eindringlich gestalten, um dem AN klarzumachen, dass weitere derartige Pflichtverletzungen nunmehr zum Ausspruch einer Kündigung führen werden (vgl. auch Kammerer, BB 2002, 1747).

261 Die **Darlegung- und Beweislast** für das abgemahnte Verhalten trägt (entgegen teilw. abweichender Instanzrechtrechtsprechung) der AG (zutreffend LAG Hamm, 16. 11. 2005 – 3 Sa 1743/05 unter Hinweis auf BAG, NZA 1987, 518; a. A. ArbG Ludwigshafen, BB 2006, 675 m. w. N.).

262 Die Abmahnung ist im Übrigen grds. **mitbestimmungsfrei,** weder Personalnoch Betriebsrat müssen vor ihrem Ausspruch angehört werden. In einigen landesgesetzlichen Regelungen ist allerdings die Beteiligung des Personalrats vor Erteilung der Abmahnung vorgesehen, vgl. nur § 74 PersVG NRW.

263 Der früher in den §§ 13 Abs. 2 BAT/-O, 13a Abs. 2 MTArb/-O, 11a Abs. 2 BMT-G II/-O normierte Anspruch des AN, angehört zu werden, bevor eine Abmahnung zu seiner Personalakte genommen werden durfte, ist nicht in die entsprechende Nachfolgeregelung des § 3 Abs. 5 TVöD/TV-L übernommen worden, sondern ersatzlos entfallen. (vgl. zum alten Recht z. B. Bredemeier/Neffke, BAT/BAT-O, 2. Aufl., Vor §§ 53–55; Rn. 214 ff.; § 13, Rn. 11 ff.).

Damit besteht nun auch im ö. D. – wie zuvor schon in der Privatwirtschaft – **keine Pflicht** des AG **zur vorherigen Anhörung** des AN **vor Ausspruch einer Abmahnung** (so zutreffend Schaub, § 61, Rn. 41b m. w. N. auch auf die gegenteilige Auffassung).

Wenngleich § 3 Abs. 5 TVöD/TV-L auch den früher unmittelbar aus den zitierten tariflichen Regelungen folgenden Anspruch auf Abgabe einer **Gegendarstellung** zur Personalakte nicht mehr aufführt, dürfte dieser doch (weiterhin) aus arbeitsvertraglicher Nebenpflicht, bzw. der Vorschrift des § 83 Abs. 2 BetrVG und entsprechenden personalvertretungsrechtlichen Regelungen bestehen. 264

Eine Nichtstellungnahme des AN zu den ihm gemachten Vorhaltungen hindert ihn nicht daran, sich später, z. B. anlässlich eines Kündigungsschutzverfahrens, ausführlich dazu zu äußern und insbes. die Berechtigung der früheren Vorwürfe zu bestreiten. Denn es gibt **keine Obliegenheit des AN, gegen eine** ausgesprochene, von ihm als unberechtigt empfundene **Abmahnung vorzugehen,** etwa **mittels** einer **Klage** beim Arbeitsgericht, durch eben die Abgabe einer **Gegendarstellung** oder Erhebung einer **Beschwerde beim AG, bzw. Betriebsrat** (vgl. §§ 83 Abs. 2, 84, 85 BetrVG). Mit seinem Untätigbleiben gibt der AN also nicht etwa zu erkennen, dass er die ihm gemachten Vorhaltungen akzeptiert, d. h. ihre Richtigkeit eingesteht; der AG muss sie dessen ungeachtet ggf. später beweisen (können), so schon BAG 13. 3. 1987 – 7 AZR 601/85 = NZA 1987, 518. 265

6.3. Typische Fallgruppen. Aus dem eingangs (Rn. 243 f.) Dargestellten folgt, dass es „den" verhaltensbedingten Kündigungsgrund nicht gibt. Insofern existiert auch kein abschließender Katalog von verhaltensbedingten Kündigungsgründen, die eine Kündigung rechtfertigen. Dennoch haben sich in der Praxis **typische Fallgruppen** herausgebildet, die eine gewisse **Systematisierung** erlauben und die Orientierung erleichtern können. Auf die wichtigsten wird im Folgenden eingegangen (vgl. zum schnellen Überblick: Hunold, NZA-RR 2003, 57; Tschöpe, BB 2002, 778). 266

6.3.1. Nicht- oder Schlechtleistung. Bei **Nichtleistung** muss der AG seiner Vergütungspflicht nicht nachkommen, wenn der AN schuldhaft, d. h. vorsätzlich oder fahrlässig i. S. d. § 276 BGB, unerlaubt und ohne Rechtsgrund der Arbeit fernbleibt, §§ 275, 326 Abs. 1 BGB. Grds. hat der AG in diesen Fällen gegen den AN auch **Schadensersatzansprüche** wegen Nichterfüllung der Arbeitsleistung, bzw. wegen Verzugs, §§ 280, 283, 286 BGB. Die Durchsetzbarkeit solcher Ansprüche in der Praxis ist jedoch außerordentlich schwierig. Denn zum einen muss der AG seinen exakten Schaden beziffern können, zum anderen muss er substantiiert darlegen, dass allein aufgrund des Ausbleibens der Arbeitsleistung der konkrete Schaden eingetreten ist. Diese haftungsbegründende Kausalität kann der AG – dies zeigt die arbeitsgerichtliche Praxis – nur sehr selten überzeugend darlegen (vgl. Schaub, § 51). 267

Daneben berechtigen **willkürliche Fehlzeiten,** d. h. unentschuldigtes Nichtleisten der Arbeit, den AG grds. – je nach den Umständen des Einzelfalls – zur verhaltensbedingten Kündigung (BAG 15. 3. 2001 – 2 AZR 147/00 = EzA Nr. 85 zu § 626 BGB n. F.). Einzelheiten hierzu bei KR/Griebeling, § 1 KSchG, Rn. 432 ff., 438 ff. 268

Unter einer **Schlechtleistung** versteht man eine **mangelhafte quantitative oder qualitative Arbeitsleistung** des AN (ausführl.: Maschmann, NZA Beil. 1/2006, 13). Beruhen Leistungsdefizite des AN auf einer mangelnden Eignung, kann eine personenbedingte Kündigung in Betracht kommen (dazu oben, Erl. 5.5.6. Rn. 208). Bei fehlendem Leistungswillen des AN handelt es sich dagegen um den Fall eines verhaltensbedingten Verstoßes gegen die Arbeitsvertragspflicht. 269

Eine verhaltensbedingte Kündigung setzt dabei voraus, dass dem AN eine (in der Regel schuldhafte) Pflichtverletzung vorzuwerfen ist.

Auf Pflichtverletzungen beruhende Schlechtleistungen sind geeignet, eine ordentliche Kündigung sozial zu rechtfertigen. Ob eine Leistung als Schlechtleistung 270 anzusehen ist, beurteilt sich nach den vertraglichen Vereinbarungen der Parteien. Ist die Arbeitsleistung im Vertrag, wie meistens, der Menge und der Qualität nach nicht oder nicht näher beschrieben, so richtet sich der Inhalt des Leistungsversprechens zum einen nach dem vom AG durch Ausübung des Direktionsrechts festzulegenden Arbeitsinhalt und zum anderen nach dem **persönlichen, subjektiven Leistungsvermögen** des AN. Dieser muss tun, was er soll, und zwar so gut, wie er kann. Die Leistungspflicht ist nicht starr, sondern dynamisch und orientiert sich an der Leistungsfähigkeit des AN. Ein objektiver Maßstab ist dabei nicht anzusetzen. Denn der Arbeitsvertrag als Dienstvertrag kennt keine „Erfolgshaftung" des AN. Dieser schuldet das „Wirken", nicht das „Werk" (so grundl. BAG 11. 12. 2003 – 2 AZR 667/02 = NZA 2004, 784).

271 Danach muss der AN unter angemessener Ausschöpfung seiner persönlichen Leistungsfähigkeit arbeiten. Beruht die festgestellte Minderleistung auf einer solchen unzureichenden Ausschöpfung des eigenen Leistungsvermögens, so ist dies i. d. R. jedenfalls fahrlässig und damit **schuldhaft** (§ 276 BGB).

272 In der Praxis ist allerdings die Feststellung, dass ein AN dieser so beschriebenen (Leistungs-)Verpflichtung nicht nachkommt, so dass ihm deswegen gekündigt werden kann, äußerst schwierig. Allein die Leistungsschwäche des AN genügt i. d. R. nicht, um Sanktionen gegen ihn aussprechen zu können. Denn zum einen muss stets bedacht werden, dass jedem, auch dem an sich sorgfältig arbeitenden AN mitunter Fehler unterlaufen. Zum anderen muss das bloße Erbringen unterdurchschnittlicher Leistungen nicht zwangsläufig bedeuten, dass der AN seine persönliche Leistungsfähigkeit nicht ausschöpft. In einer **Vergleichsgruppe** ist nämlich stets ein Angehöriger der Gruppe das „Schlusslicht". Andererseits ist das deutliche und längerfristige Unterschreiten des von vergleichbaren AN erreichten Mittelwerts oft der einzige für den AG erkennbare Hinweis darauf, dass der schwache Ergebnisse erzielende AN Reserven nicht ausschöpft, die mit zumutbaren Anstrengungen nutzbar wären.

273 Diese Problem will das BAG (11. 12. 2003, NZA 2004, 784) über eine **abgestufte Darlegungs- und Beweislast** lösen: Danach ist es zunächst Sache des AG, zu den Leistungsmängeln das vorzutragen, was er wissen kann. Kennt er, wie meistens, lediglich die objektiv messbaren Arbeitsergebnisse, so genügt er seiner Darlegungslast, wenn er Tatsachen vorträgt, aus denen ersichtlich ist, dass die Leistungen des betreffenden AN deutlich hinter denen vergleichbarer AN zurückbleiben, also die Durchschnittsleistung erheblich unterschreiten. Das ist etwa bei einer langfristigen Unterschreitung der Durchschnittsleistung um mehr als $1/3$ i. d. R. der Fall.

Dann ist es Sache des AN, hierauf zu entgegnen, ggf. das Zahlenwerk und seine Aussagefähigkeit im Einzelnen zu bestreiten und/oder darzulegen, warum er mit seiner deutlich unterdurchschnittlichen Leistung dennoch seine persönliche Leistungsfähigkeit ausschöpft. Hier können altersbedingte Leistungsdefizite, Beeinträchtigungen durch Krankheit, aber auch betriebliche Umstände eine Rolle spielen. Legt der AN derartige Umstände plausibel dar, so ist es alsdann Sache des AG, sie zu widerlegen. Trägt der AN hingegen derartige Umstände nicht vor, gilt das schlüssige Vorbringen des AG als zugestanden (§ 138 Abs. 3 ZPO). Es ist dann davon auszugehen, dass der AN seine Leistungsfähigkeit nicht ausschöpft, seine Kündigung damit sozial gerechtfertigt ist.

274 Eine **Kündigung wegen erheblicher Leistungsmängel** hat daher nur dann Aussicht auf Erfolg, wenn ermittelt werden kann, welche Leistungen innerhalb einer konkreten Vergleichs-, Vergütungs- oder Fallgruppe allgemein von einem vergleichbaren AN erwartet werden können und wenn die von dem zu kündigenden AN erbrachten Leistungen dauerhaft und erheblich (z. B. 50% oder mehr) hinter dem „Normalwert" zurückbleiben (so früher bereits BAG 15. 8. 1984 – AP

Vorbemerkung zu § 34 **Vor § 34**

KSchG 1969 § 1 Nr. 8 = NJW 1985, 2158; s. a. BAG 12. 8. 1977 – EzA § 1 KSchG Nr. 33). Der AG muss vor Gericht schlüssig darlegen, worin der Leistungsmangel des AN liegt, welche Schlecht- oder Minderleistungen ihm konkret vorgeworfen werden können und wie er dies im Einzelnen ermittelt hat. Die Kontrolle der Leistungsbeurteilung hat dabei über einen längeren aussagekräftigen Zeitraum, z. B. ein halbes Jahr, zu erfolgen.

Allgemeine Werturteile reichen nicht aus, den Vorwurf der mangelhaften oder 275 ungenügenden Schlechtleistung zu begründen. Die fortschreitende erhebliche **Leistungsminderung** des AN muss ausführlich dargelegt werden. Der herangezogene Vergleichsmaßstab zu vergleichbaren AN **ist substantiiert vorzutragen.** Das Gericht muss in die Lage versetzt werden, selbstständig feststellen zu können, dass eine nicht mehr zu tolerierende Fehlerquote beim AN vorliegt. Näheres zu allem bei Stahlhacke/Preis, Rn. 656 ff.; Schul/Wichert, DB 2005, 1906; Tschöpe, BB 2006, 213, alle m. w. N.).

Der AG kann grds. bei festgestellter Schlechtleistung des AN dessen **Vergü-** 276 **tungsanspruch nicht mindern** (s. bereits BAG, BB 1960, 519 sowie 6. 6. 1972 – 1 AZR 438/71 = AP BGB § 611 Haftung des AN Nr. 71 = BB 1972, 1140; vgl. allgemein hierzu und zu den sonstigen Rechtsfolgen der Schlechtleistung von AN Schaub, § 52). Der AN muss jedoch bei „schlechter Arbeitsleistung" zumindest mit einer **Abmahnung** (unter Einräumung einer angemessenen Frist zur Behebung der Leistungsmängel, so zutr. LAG Hessen, NZA-RR 1999, 637) rechnen. Eine Abmahnung ist bereits dann gerechtfertigt, wenn der AG einen objektiven Verstoß gegen die vertraglichen Pflichten des AN feststellt. Auf die subjektive Vorwerfbarkeit des Verstoßes kommt es nach der Rspr. gerade nicht an (s. BAG, NZA 1995, 225, 227).

Eine **fristlose Kündigung** des AN kommt **nur ausnahmsweise** in Betracht, 277 wenn etwa eine vorsätzliche Schlechtleistung vorliegt oder erhebliche, nicht wieder gut zu machende Schäden verursacht werden und wegen ähnlicher Fehlleistungen eine Wiederholungsgefahr besteht (LAG Düsseldorf, 25. 7. 2003 – 14 Sa 657/03 = FA 2004, 61 = AuR 2004, 37; KR/Fischermeier, § 626 BGB, Rn. 442 m. w. N.).

Abschließend ein **Beispiel: Eine mangelhafte Minderleistung** eines Arztes, 278 der als Gutachter arbeitet, liegt vor, wenn seine quantitativen Leistungen weit unter dem üblichen Durchschnitt vergleichbarer Ärzte liegt (so BAG 21. 5. 1992 – 2 AZR 551/91 = NZA 1992, 1028). Ist eine Leistungsbesserung nicht zu erwarten und besteht keine Weiterbeschäftigungsmöglichkeit des AN auf einen anderen Arbeitsplatz, ist seine ordentliche verhaltensbedingte Kündigung nach § 1 Abs. 2 KSchG gerechtfertigt. Im entschiedenen Fall lag die Arbeitsleistung des AN im Schnitt etwa bei der Hälfte der sonst im unteren Bereich des Durchschnitts angesiedelten Kollegen des gekündigten AN. Das BAG hat damit auch für den ö. D. bestätigt, dass – auch wenn grds. von einem individuellen Leistungsmaßstab des AN auszugehen ist – der AN die ihm übertragenen Arbeiten unter Anspannung der ihm möglichen Fähigkeiten ordnungsgemäß zu verrichten hat.

In dieser Entscheidung hatte das BAG zugleich festgestellt, dass die **Nichtanhö-** 279 **rung** des AN nicht zur Unwirksamkeit der **Abmahnung** führte, wenn das Abmahnungsschreiben entgegen der (früheren) Vorschrift des § 13 Abs. 2 S. 1 BAT zu den Personalakten genommen worden war (ebenso LAG Hamm, ZTR 1992, 202; v. Hoyningen-Huene, RdA 1990, 1983; s. a. BAG, DB 1990, 790). Dieses Ergebnis widersprach nach Ansicht des BAG nicht dem Sinn und Zweck der (vormaligen) Regelung in § 13 BAT. Der (seinerzeitige) Verstoß gegen das Anhörungsrecht machte die Abmahnung nur formell rechtswidrig (zust. auch Schaub, NJW 1990, 879).

Vor § 34 Abschnitt V. Befrist. u. Beendig. d. Arbeitsverh.

280 **6.3.2. Unpünktlichkeit. Häufiges Zuspätkommen** des AN ist immer wieder Gegenstand kündigungsrechtlicher Streitigkeiten. Das wiederholte, schuldhaft verspätete Erscheinen zur Arbeit trotz vorheriger entsprechender Abmahnungen stellt eine Verletzung der vertraglichen Arbeitspflicht des AN dar und berechtigt den AG grds. zur fristgerechten, ggf. sogar zur außerordentlichen Kündigung (st. Rspr., vgl. BAG NZA 1987, 518; 1989, 261; 1991, 557; 1997, 761). §§ 18 Abs. 1 BAT/-O, 20 Abs. 1 MTArb/-O, bzw. 18 BMT-G II/-O hatten früher ausdrücklich bestimmt, dass die Arbeitszeit **pünktlich** einzuhalten ist. Dies gilt weiterhin.

281 Ob die gerügten Verspätungen des AN im Einzelfall geeignet sind, einen verständig urteilenden AG zur Kündigung zu bestimmen, ist unter Berücksichtigung aller maßgeblichen Umstände des Einzelfalls und durch eine umfassende Abwägung der gegenseitigen Interessen zu ermitteln.

Dabei ist insbes. entscheidend, inwiefern die Verspätungen des AN auf Gründe zurückzuführen sind, die von ihm **verschuldet** sind. Gerade von einem bereits abgemahnten AN muss erwartet werden können, dass er in verstärktem Maße Vorsorgemaßnahmen gegen die Wiederholung von Verspätungen trifft.

282 Für die **Interessenabwägung** ist vor allem von Bedeutung, ob es neben der Störung im Leistungsbereich durch die Verspätungen des AN auch noch zu **konkreten Störungen** im Bereich der betrieblichen Verbundenheit (d. h. des Betriebsfriedens, der Betriebsordnung oder des Betriebsablaufs) gekommen ist; dies ist dann zu seinen Lasten zu berücksichtigen (und vom AG konkret darzulegen und im Falle des Bestreitens durch den AN zu beweisen). Dabei ist zu beachten, dass Betriebsablaufstörungen nicht einen bestimmten Grad von Intensität erreicht haben müssen, um im Rahmen der Interessenabwägung für den AN zusätzlich belastend ins Gewicht zu fallen (s. BAG 27. 2. 1997 – 2 AZR 302/96 = NZA 1997, 761).

283 **6.3.3. Beleidigungen.** Eine **Beleidigung** des AG, von Dienstvorgesetzten oder Arbeitskollegen kann – je nach den Umständen, unter denen die Äußerung gefallen ist – einen Grund zur fristlosen oder fristgerechten Kündigung darstellen (unabhängig davon, ob sie einen der Straftatbestände der §§ 185 ff. StGB erfüllt), wenn eine von gegenseitiger Achtung getragene Zusammenarbeit künftig nicht mehr möglich oder eine schwere Störung des Betriebsfriedens verursacht worden ist, bzw. der AN erheblich gegen seine vertragliche Pflicht zur Rücksichtnahme verstößt (BAG 12. 1. 2006 – 2 AZR 21/05 = NZA 2006, 917 m.w.N.).

284 Dabei kommt eine **fristlose Kündigung** insbes. dann in Betracht, wenn es sich um bewusst wahrheitswidrige Äußerungen handelt, die nach Form oder Inhalt eine **erhebliche Ehrverletzung** für den Betroffenen bedeutet (vgl. z.B. BAG 21. 1. 1999 – 2 AZR 665/98 = NZA 1999, 863). Es ist aber bspw. zu prüfen, inwieweit das Opfer die Beleidigung mitverursacht hat (s. LAG Düsseldorf, DB 1972, 51; LAG Frankfurt, NZA 1984, 200; ausführlich v. Hoyningen-Huene, BB 1991, 2215; s.a. Krummel/Küttner, NZA 1996, 67; Schmitz-Scholemann, BB 2000, 926).

285 **Beispiel:** Eine ordentliche Kündigung des AG, weil der AN einen Vorgesetzten in spanischer Sprache als „Hurensohn" bezeichnet hat, ist wirksam (so LAG Hessen, 7. 11. 1996 – 3 Sa 1915/95 = NZA-RR 1997, 383), wenn er hierzu nicht provoziert worden ist. Siehe auch zur geäußerten Meinung einer Busfahrerin, ihre Fahrgäste seien überwiegend „Abschaum", die Entscheidung des LAG Düsseldorf, NZA-RR 1996, 166; zur schweren verbalen Entgleisung „Du altes Arschloch" LAG Köln, NZA-RR 1997, 171 und (nach Lohnrückständen) ArbG Berlin, NZA-RR 2002, 129.

286 Abzugrenzen ist die Beleidigung von **sachlicher Kritik,** die der AN vorträgt. Auch wenn § 8 Abs. 1 S. 1 BAT/-O früher ausdrücklich festgelegt hatte, dass der

AN sich so zu verhalten hat, wie es von Angehörigen des ö. D. erwartet wird, bedeutete dies schon nach alter, inhaltlich letztlich unveränderter, Rechtslage nicht, dass der AN nicht das Recht hätte, im gebotenen Maß sachlich Kritik zu äußern. Dieses Recht ergibt sich schließlich – auch für die AN im ö. D. – aus der grundgesetzlich garantieren Meinungsfreiheit des Art. 5 Abs. 1 GG. Zu der gebotenen Abwägung zwischen **Meinungsfreiheit und Persönlichkeitsrecht** unter Beachtung des früheren § 8 Abs. 1 BAT/-O vgl. BVerfG 16. 10. 1998 – 1 BvR 1685/92 = NZA 1999, 77 betr. eine Abmahnung wegen eines gegen den Bürgermeister gerichteten Leserbriefs eines städtischen Angestellten; ausführl. zu diesem Problemkreis BAG 24. 6. 2004 – 2 AZR 63/03 = NZA 2005, 158; 24. 11. 2005 – 2 AZR 584/04 = NZA 2006, 650 und 12. 1. 2006 – 2 AZR 21/05 = NZA 2006, 917). Das BAG hat die Grenze von sachlicher Kritik zur verfassungsrechtlich nicht geschützten Schmähkritik überschritten gesehen, wenn ein AN seinen Vorgesetzten mit Worten wie „Gemeinheit, Schikane" beleidigt und ihm vorwirft, er habe jahrelang Günstlingswirtschaft betrieben und dadurch das Betriebsklima vergiftet (BAG 22. 10. 1964 – 2 AZR 479/63 = AP KSchG § 1 Verhaltensbedingte Kündigung Nr. 4).

6.3.4. Tätlichkeiten. Tätliche Auseinandersetzungen im Betrieb oder der **287** Dienststelle sind grds. kündigungsrelevant. Unter einer Tätlichkeit ist der körperliche Angriff gegen eine Person zu verstehen. Stellt der AG eine Tätlichkeit im Betrieb fest, so gilt es, Umfang und Anlass der Auseinandersetzung zu klären. Denn davon hängen die Sanktionen ab, die der AG gegen die beteiligten Personen aussprechen kann, insbes. ob eine fristlose oder fristgerechte Kündigung in Betracht kommt. Eine **Abmahnung** ist **grds. entbehrlich.** Auch eine Versetzung oder Umsetzung auf einen anderen, freien Arbeitsplatz ist dem AG bei einer derart erheblichen, verschuldeten Pflichtverletzung grds. nicht zumutbar (BAG 6. 10. 2005 – 2 AZR 280/04 = NZA 2006, 431). Grdl. und instruktiv hierzu (auch zur Berechnung der Zweiwochenfrist des § 626 Abs. 2 BGB und zur Betriebsratsanhörung: BAG 31. 3. 1993 – 2 AZR 492/92 = NZA 1994, 409; s. a. BAG 24. 10. 1996 – 2 AZR 900/95 – ZTR 1997, 139).

Man unterscheidet in diesem Zusammenhang zu Recht zwischen Opfer- und **288** Täterverhalten. Das passive Opfer setzt i. d. R. keinen Kündigungsgrund; hat es hingegen den Täter bewusst provoziert, kann auch dieses Missverhalten eine verhaltensbedingte Kündigung auslösen (zutr. LAG Frankfurt, BB 1988, 980). Überhaupt ist die **Vorgeschichte der Tat** ebenso ein – möglicherweise entlastender – Gesichtspunkt bei der Interessenabwägung im Einzelfall, wie der – belastende – Umstand, dass die Körperverletzung bei der Ausübung der dienstlichen Tätigkeit begangen wird (LAG Frankfurt NJW 1978, 445; BB 1984, 1877; NZA-RR 2000, 526; LAG Berlin NZA-RR 1998, 495). Aufschlussreich dazu auch zwei neuere Urteile des LAG Niedersachsen v. 5. 8. 2002 – 5 Sa 517/02 = NZA-RR 2003, 75: wechselseitige Tätlichkeiten unter Müllwerkern mit heißem Tee und Kaffee und v. 27. 9. 2002 – 10 Sa 626/02 – NZA-RR 2003, 76: wechselseitige Tätlichkeiten zwischen einer Zahntechnikerin und ihrem Chef, jeweils m. w. N.

6.3.5. Alkohol. Ein nicht auf Alkoholabhängigkeit beruhender Alkoholmissbrauch in Betrieb oder Dienststelle ist an sich geeignet, eine verhaltensbedingte **289** Kündigung i. S. d. § 1 Abs. 2 KSchG zu rechtfertigen. Das ist etwa der Fall, wenn der AN wiederholt nach erfolgloser Abmahnung gegen ein betriebliches oder dienstliches **Alkoholverbot** verstößt, sofern das Verbot selbst wirksam ist. Insofern ist das Mitbestimmungsrecht des Betriebsrats aus § 87 Abs. 1 Nr. 1 BetrVG, bzw. des Personalrats nach § 75 Abs. 3 Nr. 15 BPersVG zu beachten. Wenn nur eine einmalige, verzeihliche Entgleisung vorliegt, fehlt es hingegen am Kündigungsgrund. Besteht die Gefahr, dass der AN Dritte gefährdet, wenn er seine Arbeitsleistung durch Alkoholkonsum beeinträchtigt oder erhöht sich dadurch überhaupt die Unfallgefahr, ist auch ein **absolutes Alkoholverbot** zulässig (z. B. Arbeit eines im Krankenhaus angestellten Chirurgen). Ein Verstoß gegen ein solches absolutes Alkoholverbot am Arbeitsplatz kann dann auch eine außerordentliche Kündigung rechtfertigen (grdl. BAG 26. 1. 1995 – 2 AZR 649/94 = NZA 1995, 517).

290 Bei der Beurteilung einer im Zusammenhang mit **alkoholbedingtem Fehlverhalten** des AN stehenden Kündigung ist zunächst im Einzelfall abzugrenzen, ob verhaltensbedingte Gründe vorliegen oder ob die strengeren Maßstäbe einer personenbedingten Kündigung wegen Krankheit anzuwenden sind. Denn nach richtiger Ansicht ist die Alkoholabhängigkeit eine Krankheit im medizinischen Sinne (s. BAG, NZA 1987, 811; 1997, 1281; ferner Künzl, BB 1993, 1581 sowie näher oben, Erl. 5.5.2.).

291 Von **krankhaftem Alkoholismus** ist auszugehen, wenn infolge psychischer und physischer Abhängigkeit gewohnheits- und übermäßiger Alkoholgenuss trotz besserer Einsicht nicht aufgegeben oder reduziert werden kann (so auch Gottwald, NZA 1997, 635). Eine Kündigung wegen Pflichtverletzungen, die auf Alkoholabhängigkeit beruhen, ist grds. sozialwidrig, weil und soweit dem AN im Zeitpunkt der Pflichtverletzung kein Schuldvorwurf zu machen ist. Beruht dagegen die vertragliche Pflichtverletzung wegen Alkoholisierung im Betrieb nicht auf Alkoholabhängigkeit, kann nach erfolgloser Abmahnung (s. BAG 4. 6. 1997 – 2 AZR 526/96 = NZA 1997, 1281) eine verhaltensbedingte Kündigung ausgesprochen werden.

292 Der AN hat auch die Pflicht, seine Arbeitsfähigkeit nicht durch **privaten Alkoholgenuss** etwa vor Beginn der Arbeit zu beeinträchtigen (s. Künzl, BB 1993, 1581). Sie kann bei Tätigkeiten im sicherheitsrelevanten Bereich schon bei sehr geringen Alkoholmengen verletzt sein (vgl. Willemsen/Brune, DB 1988, 2304; für Kraftfahrer vgl. BAG 23. 9. 1986 – 1 AZR 83/85 = NZA 1987, 250; zu Rückschlüssen auf Grund einer hochgradigen Alkoholisierung im Privatbereich auf die Zuverlässigkeit des AN als Berufsfahrzeugführer s. BAG, NZA 1997, 1281).

293 Vor Gericht muss der AG gem. § 1 Abs. 2 S. 4 KSchG darlegen und beweisen, dass der AN alkoholbedingt nicht mehr in der Lage war, seine arbeitsvertraglichen Verpflichtungen ordnungsgemäß zu erfüllen, bzw. dass durch die Alkoholisierung für ihn oder andere AN ein erhöhtes Unfallrisiko bestanden hat. Der **Nachweis der Alkoholisierung** ist dann mit besonderen Schwierigkeiten verbunden, wenn der AN sich nicht mit einem Alkoholtest einverstanden erklärt. Er kann wegen des Grundrechts auf körperliche Integrität weder zu einer Untersuchung seines Blutalkoholwertes (vgl. v. Hoyningen-Huene, DB 1995, 142) noch zur Mitwirkung an einer Atemalkoholanalyse (s. Künzl, BB 1993, 1581) gezwungen werden. Ausreichend ist es allerdings, wenn der AG darlegt, auf Grund welcher Indizien (Alkoholfahne, gerötete oder verquollene Augen, lallende Sprache, schwankender Gang, aggressives Verhalten, usw.) er subjektiv den Eindruck einer Alkoholisierung gewonnen hat und wenn er den entsprechenden Beweis durch Zeugenaussage führen kann. Aufgrund seiner Fürsorgepflicht ist der AG aber gehalten, dem AN bei Anzeichen von Alkoholisierung Gelegenheit zu geben, diese durch objektive Tests (Alkomat, Blutprobe eines Werksarztes) auszuräumen, sofern der AG über entsprechende Möglichkeiten verfügt und die Alkoholisierung nicht offensichtlich ist (z. B. erkennbare Volltrunkenheit). Eine mit Zustimmung des AN durchgeführte **Alkomatmessung** kann sodann bei der Feststellung seines Alkoholisierungsgrades sowohl zu seiner Be- als auch Entlastung beitragen (so BAG 26. 1. 1995 – 2 AZR 649/94 = NZA 1995, 517 = NJW 1995, 1851). Deswegen wird der Wunsch nach einer entsprechenden Entlastungsmöglichkeit mittels Atemalkoholanalyse oder

Untersuchung durch einen Arzt wohl regelmäßig vom AN ausgehen müssen (so jetzt BAG 16. 9. 1999 – 2 AZR 123/99 = NZA 2000, 141, allerdings ausdrücklich für den Fall einer krankheitsbedingten Kündigung bei feststehender Alkoholabhängigkeit).

Hinsichtlich des **Grades der Alkoholisierung** gilt, dass die Übertragung starrer **Promillegrenzen** aus dem Strafrecht nicht den Anforderungen des Arbeitsrechts entspricht. Denn eine arbeitsrechtliche Pflichtverletzung richtet sich im Einzelfall an der auszuübenden Tätigkeit sowie regionalen und branchenspezifischen Gesichtspunkten aus. Während z. B. bei einem operierenden Unfallchirurgen oder Piloten schon eine geringe Alkoholisierung als arbeitsvertragliche Pflichtverletzung anzusehen ist, wird dies bei einem Sachbearbeiter nicht so schnell anzunehmen sein, zumindest solange keine Unfallgefahren drohen. Selbst wenn kein betriebliches Alkoholverbot gilt und die geschuldete Arbeit nicht mit Alkoholkonsum schlechterdings unvereinbar ist, wird grds. nur ein geringer Alkoholkonsum erlaubt sein (z. B. das Glas Sekt bei der Beförderungs- oder Geburtstagsfeier, oder ein Glas Bier in der Mittagspause). Der AG kann auch bei einem relativen Alkoholverbot erwarten, dass der AN zum Dienst erscheint, ohne zuvor in erheblichem Umfang alkoholische Getränke zu sich genommen zu haben. Mathematische Toleranzgrenzen können insofern nicht aufgestellt werden (BAG 26. 1. 1995, NZA 1995, 517). **294**

Bei **Alkoholmissbrauch** hat der AG damit das Recht, **nach erfolgloser Abmahnung** des AN und Darlegung der **Wiederholungsgefahr** eine verhaltensbedingte **Kündigung** auszusprechen; der AG muss die ansonsten gebotenen strengen Voraussetzungen einer Kündigung wegen Schlechtleistungen nicht im Einzelnen nachweisen. Alkoholmissbrauch am Arbeitsplatz kann nach erfolgloser Abmahnung in **schwerwiegenden Fällen** auch eine **außerordentliche** Kündigung rechtfertigen (nach LAG Nürnberg, 17. 12. 2002 – 6 Sa 480/01 = NZA-RR 2003, 301 bei Omnibusfahrer mit 0,46‰ auch ohne Abmahnung). **295**

Zur verhaltensbedingten Kündigung wegen Alkoholkonsums z. B. Schaub, § 130, Rn. 17 f.; ausführl. z. B. Bengelsdorf, NZA 2001, 993; Gottwald, NZA 1999, 180; wegen Abbruchs einer Therapie bei den Anonymen Alkoholikern LAG Düsseldorf, 25. 2. 1997 – 8 Sa 1673/96 = NZA-RR 1997, 381; zum Rückfall nach Entziehungskur: LAG München, 13. 12. 2005 – 8 Sa 739/05 = NZA-RR 2006, 350. Eine Therapiebereitschaft als arbeitsvertragliche Nebenpflicht eines alkoholkranken AN fordert Gottwald, NZA 1997, 635, s. a. Künzl, NZA 1999, 744. Zu allem umfassend: Honsa, Alkohol- und Drogenmissbrauch im ö. D. – Ursachen – Auswertungen – Bekämpfungsstrategien, 2002. **296**

6.3.6. Sexuelle Belästigung.
Nach der **Legaldefinition** des früheren § 2 Abs. 2 des Gesetzes zum Schutz der Beschäftigten vor sexueller Belästigung – sog. **Beschäftigtenschutzgesetz** – BeSchG – stellt jedes vorsätzliche, sexuell bestimmte Verhalten, das die Würde von Beschäftigen am Arbeitsplatz verletzt, eine sexuelle Belästigung am Arbeitsplatz dar. Dazu gehören sexuelle Handlungen und Verhaltensweisen, die strafrechtlich sanktioniert sind, sowie sonstige sexuelle Handlungen und Aufforderungen zu diesen, sexuell bestimmte körperliche Berührungen, Bemerkungen sexuellen Inhalts sowie (unerwünschtes) Zeigen und sichtbares Anbringen von pornographischen Darstellungen, die von den Betroffenen erkennbar abgelehnt werden (zu allem Schaub, § 166, Rn. 35 ff.; Mästle, BB 2002, 250; Schlachter, NZA 2001, 121; s. a. Worzalla, NZA 1994, 1016; Merkel, AuA 1994, 267). **297**

Mit Wirkung zum 18. 8. 2006 ist das Beschäftigtenschutzgesetz durch das „**Allgemeine Gleichbehandlungsgesetz (AGG)**" v. 14. 8. 2006 (BGBl. I, 1897) **298** außer Kraft gesetzt und ersetzt worden. § 3 Abs. 4 AGG hat diese Begriffsbestimmung der sexuellen Belästigung (wenngleich sprachlich wenig geglückt) weitgehend übernommen, so dass auch unter der Geltung dieses neuen Gesetzeswerks die bisherigen Grundsätze der Rspr. zu diesem Problemkreis weiterhin Geltung beanspruchen. Nach § 3 Abs. 4 AGG (bzw. früher § 2 Abs. 2 Nr. 2 BeSchG) sind damit sämtliche körperliche Berührungen, die nach ihrem äußeren Erscheinungsbild für das allgemeine Verständnis eine Beziehung zum Geschlechtlichen aufweisen und die von dem hiervon Betroffenen erkennbar abgelehnt werden, untersagt (s. nur LAG Hamm, 13. 2. 1997 – 17 Sa 1544/96 = NZA-RR 1997, 250 = LAGE Nr. 110 zu § 626 BGB und 22. 10. 1996 – 6 Sa 730/96 = NZA 1997, 769).

299 Bei feststehender sexueller Belästigung am Arbeitsplatz liegt eine arbeitsvertragliche Pflichtverletzung gem. § 7 Abs. 3 AGG (bislang § 2 Abs. 3 BeSchG) vor, die je nach Umfang und Intensität unter Beachtung des Verhältnismäßigkeitsgrundsatzes eine fristlose oder ordentliche Kündigung rechtfertigen kann (so jetzt auch grdl. BAG 25. 3. 2004 – 2 AZR 341/03 = NZA 2004, 1214 m.w.N.). Eine außerordentliche Kündigung ist dann angemessen, wenn Umfang und Intensität der sexuellen Belästigung sowie die Abwägung der beiderseitigen Interessen diese Maßnahme als ultima ratio rechtfertigen.

300 Nach den §§ 13 Abs. 1, 12 Abs. 1, Abs. 3 AGG (zuvor § 3 Abs. 2 BeSchG) ist der AG zur Prüfung von **Beschwerden** über entsprechende Vorfälle im Betrieb oder in der Dienststelle verpflichtet und muss geeignete Maßnahmen treffen, um (weitere) sexuelle Belästigungen zu unterbinden. Abgestellt auf den Einzelfall kommen danach als **notwendige Maßnahmen** Abmahnungen, Umsetzungen, Versetzungen sowie ordentliche und außerordentliche Kündigungen in Betracht (vgl. früher § 4 Abs. 1 BeSchG). Diese gesetzliche Regelung kodifiziert den arbeitsrechtlichen **Verhältnismäßigkeitsgrundsatz**. Es obliegt damit dem AG, aus dem Maßnahmenkatalog die Einzelmaßnahme auszuwählen, die Schwere und Umfang der sexuellen Belästigung angemessen sanktioniert. Ergreift der AG keine oder nur offensichtlich ungeeignete Maßnahmen (spielt er z.B. einen Vorfall zur Bedeutungslosigkeit herunter), steht den Betroffenen gem. § 14 AGG (bisher § 4 Abs. 2 BeSchG) das Recht zu, ihre Tätigkeit ohne Verlust ihrer Bezüge einzustellen, soweit dies zu ihrem Schutz erforderlich ist.

301 Nach § 12 Abs. 1 S. 2 AGG (früher § 2 Abs. 1 S. 2 BeSchG) umfasst der Schutz der Beschäftigten auch **vorbeugende Maßnahmen** des AG. Eine Abmahnung des Täters ist etwa als Schutzmaßnahme ungeeignet, wenn bereits mehrere Vorfälle sexueller Art passiert und deren Fortsetzung nicht mit der gebotenen Sicherheit zu unterbinden sind. Eine Umsetzung oder Versetzung ist dann vorbeugend die sachgerechte Maßnahme, um dem Schutzzweck des Gesetzes gerecht zu werden, nämlich primär im Interesse der Betroffenen zu handeln. Kommen letztlich auch Umsetzungs- oder Versetzungsmaßnahmen nicht in Betracht, kann der AG eine Kündigung aussprechen.

302 Diese setzt jedoch stets voraus, dass dem beschuldigten AN die sexuelle Belästigung auch tatsächlich nachgewiesen werden kann. § 12 Abs. 3 AGG (bzw. der frühere § 4 BeSchG) gewährt dem AG damit **kein** über die allgemeinen Grundsätze des Kündigungsschutzrechts hinausgehendes **eigenständiges Kündigungsrecht** (BAG 8. 6. 2000 – 2 ABR 1/00 = NZA 2001, 91; dort auch ausführl. zum Verhältnis von rechtskräftigem Strafurteil zu anschließendem arbeitsgerichtlichen Verfahren).

303 Die größte praktische Schwierigkeit bereitet dabei die Feststellung und der ggf. auch vor dem Arbeitsgericht zu führende **Nachweis der „erkennbaren Ablehnung"** der sexuellen Belästigung durch den davon Betroffenen. Die Voraussetzung der „erkennbaren Ablehnung" hat die Funktion, den Belästigungstatbestand einzuschränken. Mit diesem Tatbestandsmerkmal wollte der Gesetzgeber klarstellen, dass die Annahme einer sexuellen Belästigung auf die Fälle beschränkt bleibt, in denen jemand einem anderen ein nicht erwünschtes sexuelles Verhalten aufdrängt. Die Unerwünschtheit des fraglichen sexuellen Verhaltens muss daher nach Außen in Erscheinung getreten sein. Zwar wird man eine ausdrücklich formulierte Ablehnung nicht – schon gar nicht immer – verlangen können. Im Einzelfall kann deshalb eine aus den Umständen erkennbare Ablehnung genügen. Eine solche Ablehnung ist erkennbar, wenn aus dem Verhalten der oder des Betroffenen für einen neutralen Beobachter die Ablehnung hinreichend deutlich geworden ist. Unter Umständen kann daher auch ein rein passives Verhalten in der Form eines zögernden, zurückhaltenden Geschehenlassens gegenüber einem drängenden, durchsetzungsfähigen Belästiger, insbesondere einem Vorgesetzten, zur Erkennbarkeit einer ablehnenden Haltung ausreichen (so BAG 25. 3. 2004, NZA 2004, 1214). Auch das BAG erkennt durchaus an, dass Opfer sexueller Belästigungen in solchen von ihnen als äußerst unangenehm empfundenen Situationen nur selten resolut, sondern vielmehr oft zurückhaltend agieren. Gleichwohl bedarf es zur Erfüllung des Tatbestandsmerkmals der „erkennbaren Ablehnung" gewisser klarer, auch für einen neutralen Dritten hinreichend konkreter Anhaltspunkte, die im Streitfall festzustellen sind.

Klar gestellt hat das BAG auch, dass es bei der Vornahme intensiver sexueller Belästigungen gegen den Willen der Betroffenen vor Ausspruch einer Kündigung grds. keiner Abmahnung bedarf. **304**

Die zu dieser Thematik bislang ergangene Rspr. zeigt, wie sehr es (auch hier) bei der Interessenabwägung und der Frage der Verhältnismäßigkeit einer ausgesprochenen Kündigung oder anderweitig vom AG getroffenen Maßnahme nicht nur auf die **Erheblichkeit und Bedeutung** der sexuellen Belästigung sowie deren Dauer, sondern insbes. auch auf ihre Hintergründe und Besonderheiten des Einzelfalls ankommt (s. a. LAG Hamm, 22. 10. 1996 – 6 Sa 730/96 = NZA 1997, 769). **305**

6.3.7. Straftaten. Inwieweit der AN ausnahmsweise schon wegen des Verdachts einer Straftat gekündigt werden kann, ist oben (Erl. 5.7. zur Verdachtskündigung) bereits dargestellt worden. Selbstverständlich können begangene, d.h. nachgewiesene **strafbare Handlungen** (erst recht) eine Kündigung rechtfertigen. Allerdings muss danach unterschieden werden, ob die Straftaten im Privatbereich, d.h. außerdienstlich verübt wurden oder ob sie innerhalb des Betriebs, insbes. bei der Erbringung der Arbeitsleistung begangen worden sind. **306**

Die **Straftat im Betrieb oder in der Dienststelle**, selbst der Diebstahl einer nur geringwertigen Sache nach §§ 242, 249 StGB, wird nach der Rspr. jedenfalls eine ordentliche, in aller Regel aber auch eine außerordentliche Kündigung rechtfertigen, weil durch sie das **Vertrauensverhältnis** zwischen AG und AN erheblich beeinträchtigt ist (s. grdl. BAG 17. 5. 1984 – AP BGB § 626 Nr. 14 = NZA 1985, 91; LAG Köln, LAGE § 626 BGB Nr. 86). Der durch eine (auch nur versuchte) Straftat verursachte Schaden, bzw. der Wert der entwendeten Sache ist dabei grds. unbeachtlich, da es auf die Tat als solche ankommt (zutr. daher BAG 12. 8. 1999 – 2 AZR 923/98 = NZA 2000, 421, fortgeführt mit 11. 12. 2003 – 2 AZR 36/03 = NZA 2004, 486; vgl. zur Übersicht über die Vielzahl der Entscheidungen zur Kündigung wegen des **„Diebstahls geringwertiger Sachen"** nur Schaub, § 125, Rn. 117, Fußn. 326; ferner Hunold, NZA-RR 2003, 57, 60 ff., Schlachter, NZA 2005, 433). **307**

Nichts anderes kann gelten, wenn die Straftat etwa „suchtbedingt" ist (vgl. LAG Köln, NZA-RR 2002, 519 zum „Beschaffungsdiebstahl eines Spielsüchtigen"). **308**

Vor § 34 Abschnitt V. Befrist. u. Beendig. d. Arbeitsverh.

309 **Kündigungsrelevante Straftaten** sind etwa auch die vorsätzliche Abrechnung tatsächlich nicht geleisteter Arbeitszeit, Spesenbetrug, das Fälschen von Stempelkarten oder sonstige Urkundendelikte (vgl. BAG 12. 8. 1999 – 2 AZR 832/98 = NZA 2000, 27; 21. 4. 2005 – 2 AZR 255/04 = NZA 2005, 991; 24. 11. 2005 – 2 AZR 39/05 = NZA 2006, 484).

310 **Außerdienstliche Straftaten** dagegen sind nur im Ausnahmefall geeignet, eine Kündigung sozial zu rechtfertigen, da sie normalerweise das Arbeitsverhältnis allenfalls mittelbar berühren. Hier hat der AG darzulegen, dass das Arbeitsverhältnis durch das außerdienstliche Verhalten des AN konkret beeinträchtigt wird und das Vertrauensverhältnis hierdurch irreparabel gestört ist (z. B. erhebliches Verkehrsdelikt eines Kraftfahrers, Sexualdelikt eines Erziehers, Diebstahl im Kaufhaus eines Schwesterunternehmens, Hehlerei mit Handys auf dem Betriebsparkplatz, so z. B. BAG 6. 11. 2003 – 2 AZR 631/02 = NZA 2004, 919, 921).

311 An **AN des ö. D.** stellt die Rspr. hingegen seit jeher angesichts der zuvor in § 8 BAT/-O ausdrücklich normierten **Treuepflicht** strengere Anforderungen: Bei ihnen ist auch weiterhin zu berücksichtigen, dass ihre dienstliche Verwendbarkeit durch außerdienstliche Vorgänge beeinflusst werden kann, da die Öffentlichkeit das Verhalten öffentlich Bediensteter an strengeren Maßstäben misst als das privat Beschäftigter. Deshalb wurde die Bestimmung des früheren § 8 Abs. 1 S. 1 BAT-O, wonach sich der Angestellte so zu verhalten hatte, wie es von Angehörigen des öffentlichen Dienstes erwartet wird, in der Rechtsprechung auch auf das außerdienstliche Verhalten des Angestellten bezogen. Er muss auch weiterhin sein außerdienstliches Verhalten so einrichten, dass das Ansehen des öffentlichen Arbeitgebers nicht beeinträchtigt wird. Zwar konnte (und kann) auch der Angestellte des öffentlichen Dienstes sein Privatleben so gestalten, wie es ihm beliebt, er hatte (und hat auch künftig) jedoch auch außerhalb des Dienstes die Rechtsordnung zu wahren. Außerdienstlich begangene Straftaten sind deshalb jedenfalls dann geeignet, eine Kündigung zu rechtfertigen, wenn sie ein gewisses Gewicht haben, etwa über längere Zeit fortgesetzt werden (BAG 20. 11. 1997 – 2 AZR 643/96 = NZA 1998, 323 = NJW 1998, 2157: über mehrere Jahre begangene Vermögensdelikte) oder wenn sie in unmittelbarem Widerspruch zur der Aufgabe der Beschäftigungsbehörde stehen (BAG 21. 6. 2001 – 2 AZR 325/00 = NZA 2002, 1030: vorsätzliche Steuerverkürzung durch einen Finanzbeamten; LAG Köln 13. 2. 2006 – 14 (12) Sa 1338/05: Abgabe von Betäubungsmitteln an Minderjährige durch städtischen Gärtner) oder die öffentliche Sicherheit und Ordnung gefährden können (BAG 14. 2. 1996 – 2 AZR 274/75 = NZA 1996, 873: Volksverhetzung durch ausländerfeindliche Propaganda), so instruktiv BAG 6. 6. 2000 – 2 AZR 638/99 = NZA 2000, 1282 (vorsätzliches Tötungsdelikt); vgl. zu allem z. B. ausführl. Scheuring, ZTR 1999, 337; 387; s. ferner Polzer/Powietzka, Rechtsextremismus als Kündigungsgrund, NZA 2000, 970; Lansnicker/Schwirtzek, Außerdienstliches fremdenfeindliches Verhalten als Kündigungsgrund, DB 2001, 865).

312 Da der Wegfall der Vorschrift des § 8 BAT/-O in erster Linie Ausdruck der von den Tarifparteien gewollten Abkoppelung des Tarifrechts vom Beamtenrecht und seine Rück-, bzw. Hinführung zum allgemeinen Arbeitsrecht ist, dürften sich die dargestellten Grundsätze der Rspr. zur Kündigung von Beschäftigten des ö. D. inhaltlich wohl kaum gravierend ändern.

313 Zu beachten ist bei **Straf- oder Ermittlungsverfahren** insbes. die **Ausschlussfrist** von zwei Wochen (§ 626 Abs. 2 BGB), wenn außerordentlich gekündigt werden soll. Der AG ist nicht verpflichtet, innerhalb der **Zweiwochenfrist** nach Kenntniserlangung von einer möglichen Straftat des AN außerordentlich zu kündigen. Er hat das Recht, den Ausgang eines Ermittlungs- oder Strafverfahrens abzuwarten, bevor er die Kündigung ausspricht (st. Rspr., BAG, AP BGB

Vorbemerkung zu § 34 **Vor § 34**

§ 626 Nr. 1 u. Nr. 19; BAG, NZA 1996, 873; NZA 2000, 381; NZA 2000, 1282). Liegt ein ausreichender Kenntnisstand des AG vom Tatvorwurf bzw. über die Straftat vor, muss innerhalb von zwei Wochen nach Kenntnis dieser Tatsachen die Kündigung erklärt werden (aufschlussreich zum Beginn der Ausschlussfrist insoweit BAG 17. 3. 2005 – 2 AZR 245/04 = NZA 2006, 101: Verstoß gegen das **Schmiergeldverbot** des § 10 BAT/-O, jetzt § 3 Abs. 2 TVöD. Allgemein zu „Korruption und Arbeitsrecht": Zimmer/Stetter, BB 2006, 1445).
Zur Kündigung wegen Straf- oder Untersuchungshaft s. o. Rn. 219. 314

6.3.8. Vortäuschen einer Krankheit und Verhalten des AN während der 315
Arbeitsunfähigkeit. Das Vortäuschen einer Krankheit und damit das Erschleichen einer Arbeitsunfähigkeitsbescheinigung stellt eine schwerwiegende Vertragsverletzung des AN dar, die seine **Kündigung** rechtfertigen kann. Denn ein AN ist von der Erbringung seiner Arbeitsleistung nur dann befreit, wenn er tatsächlich arbeitsunfähig ist. Handelt der AN vorsätzlich, also mit Wissen und Wollen, kann er sich eines Betrugs gem. § 263 StGB strafbar machen. Der AG hat daher das Recht, den AN wegen des Vortäuschens der Arbeitsunfähigkeit (ggf. außerordentlich) zu kündigen (vgl. grundl. BAG 26. 8. 1993 – 2 AZR 154/93 = NZA 1994, 63).
Zur **Darlegungs- und Beweislast** hat das BAG in diesen Fällen entschieden, 316
dass der AG zwar grds. nicht nur den Nachweis dafür erbringen muss, dass der AN unentschuldigt gefehlt hat, sondern darüber hinaus auch, dass die vom AN behauptete Erkrankung nicht vorliegt. Bestehen aber erhebliche Zweifel an der Arbeitsunfähigkeit des AN, etwa wenn dieser trotz eines grippalen Infekts eine körperlich anstrengende Gartenarbeit ausübt, hat der AN seinerseits darzulegen, aus welchen Gründen er nicht fähig war, seine Arbeitsleistung ordnungsgemäß zu erbringen. Der **ärztlichen Bescheinigung** über die Arbeitsunfähigkeit des AN nach § 5 EFZG kommt dabei ein **hoher Beweiswert** zu.
Der AG muss deshalb nachvollziehbare Tatsachen vortragen und diese ggf. beweisen, um die durch die Arbeitsunfähigkeitsbescheinigung begründete **Vermutung** des berechtigten Fernbleibens von der Arbeit zu **erschüttern** (vgl. Schaub, § 98, Rn. 143 ff.). Hat der AG nach seinem Erkenntnisstand umfassend zu Zweifeln an der Arbeitsunfähigkeit des AN vorgetragen, obliegt es sodann diesem, im Prozess den Eindruck seiner Arbeitsfähigkeit zu widerlegen und bspw. substantiiert darzulegen, welche Krankheit bei ihm vorgelegen hat, welche gesundheitlichen Einschränkungen und ärztlichen Verhaltensregeln es evtl. gab und wieso er zwar nicht die arbeitsvertraglich geschuldete Arbeitsleistung erbringen, wohl aber einer (ihm vorgeworfenen) anderweitigen Tätigkeit nachgehen konnte. Dazu hat der AN ggf. auch seine ihn behandelnden Ärzte von ihrer Schweigepflicht zu entbinden. Kommt er dem nach, hat der AG diesen konkreten Sachvortrag zu widerlegen (BAG, NZA 1994, 63).
Das BAG hatte unlängst erneut Gelegenheit, die Grundsätze zur Möglichkeit 317
einer (die Praxis ständig beschäftigenden) Kündigung wegen sog. **„genesungswidrigen Verhaltens"** darzustellen. Darunter werden all die Fälle gefasst, in denen AN trotz und während ihrer Krankschreibung bspw. Gaststätten, Kinos oder Spielcasinos besuchen, die Führerscheinprüfung ablegen, zum Schützenkönig gekrönt oder aktiv bei Sportveranstaltungen beobachtet (und in der Lokalpresse abgelichtet) werden, anderweitiger Erwerbstätigkeit nachgehen, usw. In dem dem Urteil v. 2. 3. 2006 (2 AZR 53/05 = NZA-RR 2006, 636) zugrunde liegenden (sicherlich besonders deutlich gelagerten Einzel-)Fall war ein ärztlicher Gutachter für Arbeitsunfähigkeitsbescheinigungen beim Medizinischen Dienst der Krankenkassen (MDK) während seiner eigenen längeren Arbeitsunfähigkeit wegen einer Hirnhautentzündung im Schweizer Hochgebirge Ski laufen und brach sich dabei

Vor § 34 Abschnitt V. Befrist. u. Beendig. d. Arbeitsverh.

das Schien- und Wadenbein, was zu einer erheblichen Verlängerung seiner Arbeitsunfähigkeit führte. Das BAG wertete dies, gerade angesichts seiner besonderen Stellung und Aufgabe, als grobe Pflichtverletzung, die seine fristlose Kündigung auch ohne vorherige Abmahnung rechtfertigen konnte. Denn ein arbeitsunfähig erkrankter AN muss sich so verhalten, dass er bald wieder gesund wird und an seinen Arbeitsplatz zurückkehren kann. Er hat daher alles zu unterlassen, was seine Genesung verzögern könnte, weil er sonst schutzwürdige Interessen des Arbeitgebers verletzt und insbes. dessen Vertrauen in seine Redlichkeit zerstört (BAG 2. 3. 2006, 2 AZR 53/05 = NZA 2006, 636 m. w. N.).

Vgl. auch Erl. 6.3.11 Rn. 323 und näher zu diesem Problemkreis m. w. N. aus der Rspr. z. B. Schaub, § 125, Rn. 93; Stahlhacke/Preis, Rn. 712 sowie Künzl/Weinmann, AuR 1996, 256; 360.

318 § 5 EFZG verpflichtet den AN zur unverzüglichen (§ 121 BGB) Mitteilung seiner Arbeitsunfähigkeit und deren voraussichtlicher Dauer sowie zur Vorlage einer ärztlichen Bescheinigung, wenn die Arbeitsunfähigkeit länger als drei Kalendertage dauert. Bei schuldhafter **Verletzung** dieser **Anzeige- oder Nachweispflicht** muss der AN mit einer Abmahnung rechnen; im Wiederholungsfall droht ihm die ordentliche Kündigung wegen Verletzung wesentlicher Nebenpflichten aus seinem Arbeitsverhältnis (s. LAG Köln, 1. 6. 1995 – 5 Sa 250/95 – NZA 1996, 596; grdl. BAG, NZA 1990, 433; 1993, 17).

Eine ausdrückliche Störung der Arbeitsorganisation oder des Betriebsfriedens muss der AG im Prozess nicht vortragen (s. BAG, NZA 1993, 17). Nur im Rahmen der Interessenabwägung spielt es insofern eine Rolle, ob und inwieweit durch die Vertragsverletzung des AN derartige nachteilige Auswirkungen eingetreten sind.

319 Auch die **Ankündigung** (bzw. „Androhung") **des AN, krank zu werden,** insbes. um ein bestimmtes Verhalten des AG zu bewirken, obwohl er im Zeitpunkt dieser Erklärung nicht krank war und sich auch nicht aufgrund bestimmter Beschwerden krank fühlen konnte, stellt einen eklatanten Vertrauensverstoß dar und berechtigt den AG je nach den Umständen des Einzelfalls zur ordentlichen oder gar außerordentlichen Kündigung, selbst wenn der AN dann später tatsächlich erkranken sollte. Auch eine Abmahnung ist dabei regelmäßig entbehrlich (BAG 5. 11. 1992 – 2 AZR 147/92 = NZA 1993, 308; s. a. LAG Köln, DB 1978, 750; 1982, 2091; LAG Düsseldorf, DB 1978, 751; weitere Nachweise aus der Rspr. bei Schaub, § 125, Rn. 92 und Stahlhacke/Preis, Rn. 686 ff.; vgl. ferner Rumpenhorst, NZA 1995, 111; instruktiv auch Lepke, NZA 1995, 1084).

320 **6.3.9. Arbeitsverweigerung.** Die Arbeitsverweigerung eines AN kann eine verhaltensbedingte Kündigung rechtfertigen, im Ausnahmefall ist sogar eine außerordentliche Kündigung möglich. Eine **beharrliche Arbeitsverweigerung** setzt im Willen des AN eine Nachhaltigkeit voraus; der AN muss die ihm (berechtigterweise) zugewiesene Tätigkeit bewusst und nachhaltig nicht leisten wollen, wobei es nach der Rspr. nicht genügt, dass der AN eine (rechtmäßige) Weisung unbeachtet lässt. Es muss vielmehr eine **intensive Weigerung** des AN nach erfolgloser Abmahnung gegeben sein (BAG 9. 5. 1996 – 2 AZR 387/95 = NZA 1996, 1085; 21. 11. 1996 – 2 AZR 357/95 = NZA 1997, 487, 5. 4. 2001 – 2 AZR 580/99 = NZA 2001, 893, 895; v. Hoyningen-Huene/Linck, KSchG, § 1 Rn. 579 ff.; s. a. Schaub, § 125 Rn. 67 ff. sowie zum Rechtsirrtum: Kliemt/Vollstädt, NZA 2003, 357). Auch im Bereich der verhaltensbedingten Kündigung greift das Prognoseprinzip (s. BAG, NZA 1989, 336 = NJW 1989, 2493; ebenso BVerfG, NZA 1995, 619 = AP EV C I 3a Anl. 1 Kap. XIX Nr. 44). Entscheidend ist, ob eine Wiederholungsgefahr der Arbeitsverweigerung besteht und ob

das festgestellte Fehlverhalten des AN sich auch künftig belastend auf das Arbeitsverhältnis auswirkt (ausführlich Stahlhacke/Preis, Rn. 630 ff.; Bitter/Kiel, RdA 1995, 26).

6.3.10. Lohnpfändung. Das Recht der Lohnpfändung ergibt sich aus den §§ 828 ff., 850–850 k ZPO. Das Arbeitsverhältnis wird durch die Vergütungs- oder Lohnpfändung bei der in der Praxis üblichen Überweisung des gepfändeten Anspruchs an den Gläubiger zur Einziehung in seinem Inhalt und Bestand nicht unmittelbar berührt. Schulden des AN gehören zu seiner privaten Lebensführung und stellen an sich keinen verhaltensbedingten Kündigungsgrund dar (s. nur LAG Hamm, BB 1990, 1422; BAG, NJW 1982, 1062). Auch hat der AG keinen gesetzlichen Anspruch auf Erstattung der Kosten für die Bearbeitung von Lohn- oder Gehaltspfändungen (s. BAG 18. 7. 2006 – 1 AZR 578/05 = NZA 2007, 462). 321

Nur im Ausnahmefall ist eine ordentliche Kündigung des AN möglich, wenn nämlich über einen längeren Zeitraum Lohn- oder Vergütungspfändungen auftreten und dadurch erhebliche Arbeitsbelastungen beim AG auftreten, die gleichzeitig zu wesentlichen Störungen in der Buchhaltung führen (so BAG, NJW 1982, 1062; s. a. ArbG Bremen, BB 1985, 802). Dabei ist entgegen der Auffassung des BAG zuvor eine Abmahnung erforderlich (so auch die h. M. der Rechtslehre, vgl. nur Stahlhacke/Preis Rn. 715 m. w. N., offengelassen von BAG 15. 10. 1992 – 2 AZR 188/92 = EzA § 1 KSchG Verhaltensbedingte Kündigung Nr. 45). 322

6.3.11. Nebenbeschäftigung. Der AN hat grds. das Recht, Nebentätigkeiten auszuüben (allg. zu den Rechtsfragen dabei: Schaub, § 43; Wertheimer/Krug, BB 2000, 1462). Dies folgt bereits aus Art. 12 Abs. 1 GG. Die Vorgaben und Grenzen des ArbZG sowie tarifvertraglicher Regelungen muss er allerdings beachten. Für die Ausübung von Nebentätigkeiten der AN des ö. D. finden entgegen der früheren Bestimmung des § 11 **BAT/-O** nun nicht mehr die für die Beamten des AG jeweils geltenden Bestimmungen sinngemäß Anwendung. Stattdessen sieht § 3 Abs. 3 jetzt lediglich noch eine Anzeigepflicht für entgeltliche Nebentätigkeiten vor und legt in seinem S. 2 fest, unter welchen Voraussetzungen der AG des ö. D. Nebentätigkeiten untersagen oder mit Auflagen versehen kann. Vgl. hierzu Erl. zu § 3 TVöD/TV-L sowie zur kurzen Übersicht Conze, Personalbuch TVöD, Rn. 1083 ff. 323

Entscheidend in diesem Zusammenhang ist grds., ob durch die Beanspruchung bei der Ausübung einer Nebentätigkeit die ordnungsgemäße Erbringung der vertraglich geschuldeten Hauptleistungspflicht durch den AN wesentlich beeinträchtigt wird. Ist das der Fall, kann eine ordentliche Kündigung nach erfolgloser Abmahnung begründet sein, wenn der AG die Ausübung der Nebentätigkeit berechtigterweise untersagt hat. Zur ungenehmigten Nebentätigkeit im ö. D. s. grdl. BAG 30. 5. 1996 – 6 AZR 537/95 = NZA 1997, 145; ferner aus neuerer Zeit allg. zur Nebenbeschäftigung: BAG, NZA 2000, 723; 2002, 98; 288; 965; sowie die Nachweise bei Schaub, § 125, Rn. 27, Fn. 271. 324

Eine unerlaubt ausgeübte Nebenbeschäftigung eines AN im ö. D. kann dagegen nur im Ausnahmefall auch eine **außerordentliche Kündigung** rechtfertigen. Das LAG Köln hat entschieden, dass ein wichtiger Grund dafür vorliegt, wenn eine in einer Klinik beschäftigte Krankenschwester, die nebenberuflich ohne Kenntnis ihres AG eine Heilpraktikerpraxis betreibt, anlässlich eines dienstlichen Kontakts einem Patienten eine Visitenkarte mit ihrer Anschrift überreicht und diesem im Rahmen einer sich anschließenden Behandlung in ihrer Praxis empfiehlt, die ihm in der Klinik ihres AG verordneten Medikamente abzusetzen und einen Operationstermin zu verschieben (Köln, 11. 9. 1996 – 8 Sa 292/96 = LAGE § 626 BGB Nr. 103). 325

Vor § 34 Abschnitt V. Befrist. u. Beendig. d. Arbeitsverh.

326 Nebentätigkeiten allerdings, mit denen der AN in **Konkurrenz**, bzw. **Wettbewerb** zu seinem AG tritt oder die er **während** einer angezeigten **Arbeitsunfähigkeit** ausübt, können einen Kündigungsgrund darstellen, insbes. dann, wenn sich durch die Ausübung der Nebenbeschäftigung der Heilungsprozess verzögert (s. grdl. BAG 26. 8. 1993 – 2 AZR 154/93 = NZA 1994, 63). Denn ein krank geschriebener AN hat alles ihm Mögliche zu tun, um wieder gesund zu werden und seine Arbeitsleistung zu erbringen. Sehr leicht kann beim AG (und den Arbeitskollegen!) nämlich der Eindruck entstehen, der AN habe sich seine Arbeitsunfähigkeit erschlichen, wenn er nebenher arbeitet. S. hierzu näher Erl. 6.3.8. Rn. 315 ff. zum Vortäuschen einer Krankheit.

327 **6.3.12. Selbstbeurlaubung:** Wer **eigenmächtig** einen **nicht genehmigten Urlaub** antritt oder seinen **Urlaub unbefugt überzieht**, kann grds., je nach den Umständen des Einzelfalls ordentlich, i. d. R. sogar außerordentlich, gekündigt werden (BAG 22. 1. 1998 – 2 ABR 19/97 = NZA 1998, 708 u. 16. 3. 2000 – 2 AZR 75/99 = NZA 2000, 1332). Zu berücksichtigen ist allerdings, dass die Urlaubsgewährung nicht allein durch den AG auf Grund seines Direktionsrechts erfolgt, welches er im Rahmen von § 315 Abs. 1 BGB auszuüben hat. Denn nach § 7 Abs. 1 BUrlG muss der AG die Urlaubswünsche des AN angemessen berücksichtigen; nur wenn dringende betriebliche Belange oder aus sozialen Gründen vorrangige Urlaubswünsche anderer AN der Urlaubsgewährung entgegenstehen, darf der Urlaubsantrag des AN abgelehnt werden.

328 Bei der **Interessenabwägung** ist jedoch z. B. zu beachten, ob der AN etwa irrtümlich von einer Urlaubsgewährung ausgegangen ist oder ob die Versagung des Urlaubs unberechtigt war (vgl. zu allem auch LAG Hamm, 13. 6. 2000 – 19 Sa 2246/99 = NZA-RR 2001, 134). Auch sonstige Kriterien, wie lange etwa das Arbeitsverhältnis ungestört verlaufen ist, sind im Rahmen der Gesamtumstände selbstverständlich ebenfalls angemessen zu berücksichtigen.

329 Entgegen der früher eigenständigen, in weiten Teilen vom BUrlG abweichenden Tarifregelung insbes. in den §§ 47, 48 BAT/-O richten sich die Grundsätze zum Erholungsurlaub nun weitgehend nach diesem Gesetzesrecht, vgl. § 26 Abs. 2 TVöD/TV-L und die entsprechenden Erl. dazu.

330 **6.3.13. Telekommunikationsmissbrauch.** Erhebliche praktische Bedeutung haben in letzter Zeit Pflichtverletzungen im Zusammenhang mit Telefongesprächen und **(privater) Internetnutzung im Betrieb.** Zu Letzterem hat das BAG mit Urt. v. 7. 7. 2005 – 2 AZR 581/04 = NZA 2006, 98, fortgeführt mit 12. 1. 2006 – 2 AZR 179/05 = NZA 2006, 980 und 27. 4. 2006 – 2 AZR 386/05 = NZA 2006, 977 folgende Leitlinien aufgestellt:

331 Ein (wichtiger) Grund zur (außerordentlichen) Kündigung an sich kann vorliegen, wenn der AN das Internet während der Arbeitszeit zu privaten Zwecken **in erheblichem zeitlichen Umfang** („ausschweifend") nutzt und damit seine arbeitsvertraglichen Pflichten verletzt.

Dies kann u. a. anzunehmen sein, wenn ein AN entgegen einem ausdrücklichen Verbot oder nach einer einschlägigen Abmahnung das Internet für private Zwecke nutzt, wenn eine Nutzung in einem solchen Ausmaß erfolgt, dass er nicht annehmen konnte, sie sei vom Einverständnis des AG gedeckt, beim Herunterladen einer erheblichen Menge von Daten aus dem Internet auf betriebliche Datensysteme („unbefugter Download"), insbes. wenn damit einerseits die Gefahr möglicher Vireninfizierungen oder anderer Störungen des – betrieblichen – Betriebssystems verbunden sein kann oder andererseits von solchen Daten, bei deren Rückverfolgung es zu möglichen Rufschädigungen des AG kommen kann, bspw. weil strafbare oder pornografische Darstellungen heruntergeladen werden.

Vorbemerkung zu § 34

Vor § 34

Als Pflichtverletzung kann ferner zu werten sein die private Nutzung des vom 332
AG zur Verfügung gestellten Internetanschlusses als solche, weil durch sie dem AG
– zusätzliche – Kosten entstehen und der AN die Betriebsmittel – unberechtigterweise – in Anspruch genommen hat sowie die private Nutzung des vom AG zur
Verfügung gestellten Internets **während der Arbeitszeit,** weil der AN während
des Surfens im Internet zu privaten Zwecken seine arbeitsvertraglich geschuldete
Arbeitsleistung nicht erbringt und schon dadurch seine Arbeitspflicht verletzt.

Die Pflichtverletzung wiegt dabei umso schwerer, je mehr der AN bei der privaten Nutzung des Internets seine Arbeitspflicht in zeitlicher und inhaltlicher Hinsicht vernachlässigt.

Selbst wenn im Betrieb eine **private Nutzung** des Internets an sich **erlaubt** 333
bzw. geduldet wird, lässt sich daraus nicht zwingend schließen, diese Nutzung
dürfe auch während der Arbeitszeit zeitlich unbegrenzt bzw. in erheblichem Umfang und nicht nur außerhalb der Arbeitszeit, beispielsweise während der Pausen,
erfolgen. Dies gilt auch dann, wenn der AG keine klarstellende Nutzungsregelungen aufgestellt hat. Bei einer fehlenden ausdrücklichen Gestattung oder Duldung
des AG ist eine private Nutzung des Internets grds. nicht erlaubt.

Der AN kann insbes. auch nicht damit rechnen, der AG sei, selbst wenn er prin- 334
zipiell eine private Nutzung des Internets duldet, damit einverstanden, dass er sich
umfangreiche **pornografische Dateien** aus dem Internet herunter lädt (vgl. ArbG
Frankfurt a. M. 2. 1. 2002 – 2 Ca 5340/01 = NZA 2002, 1093*).* Der AG hat ein Interesse daran, von Dritten nicht mit solchen Aktivitäten seiner Mitarbeiter in Verbindung gebracht zu werden (sog. Integritätsinteresse). Dies gilt für den ö. D. in besonderem Maße (BAG, 27. 4. 2006 – 2 AZR 386/05 = NZA 2006, 977, 979).

Deshalb muss es – so das BAG – jedem AN klar sein, dass er mit einer exzessiven 335
Nutzung des Internets während der Arbeitszeit seine arbeitsvertraglichen Haupt-
und Nebenpflichten erheblich verletzt; es bedarf daher in solchen Fällen dann grds.
auch keiner Abmahnung (vgl. zur „Kündigung wegen privater Internetnutzung"
statt aller z. B. Mengel, NZA 2005, 752; Kramer, AP BGB § 123 Nr. 63 = NZA
2006, 194 m. w. N.).

Entsprechendes gilt im Grds. für **(private) Telefonate während der Arbeits-** 336
zeit. Insbes. umfangreiche unerlaubt und heimlich geführte Privattelefonate auf
Kosten des AG kommen (auch) als (wichtiger) Grund für eine (außer-)ordentliche
Kündigung in Betracht (BAG 5. 12. 2002 – 2 AZR 478/01 = AP BGB § 123
Nr. 63 = DB 2003, 1685, 4. 3. 2004 – 2 AZR 147/03 = NZA 2004, 717: 18
Stunden nach Mauritius für 1355, 76 EUR binnen zwei Monaten; LAG Hamm,
30. 5. 2005 – 8(17) Sa 1773/04 = NZA-RR 2006, 353; ErfK/Müller-Glöge,
§ 626 BGB, Rn. 158; KR/Fischermeier, § 626 BGB Rn. 445; Stahlhacke-Preis,
Rn. 731, jeweils m. w. N.) Gerade hierbei wird es aber entscheidend auch darauf
ankommen, welche **betrieblichen Regelungen** der AG aufgestellt oder was
insofern (mit seiner Kenntnis, bzw. Duldung) „betriebsüblich" ist. Vielfach wird
deshalb vor Ausspruch einer Kündigung eine Abmahnung erforderlich sein.

6.3.14. Außerdienstliches Verhalten.
Eine bestimmte **Lebensführung** oder 337
ein bestimmter **Lebenswandel** eines AN stellt grds. keinen verhaltensbedingten
Kündigungsgrund dar. Die private Lebensführung eines AN ist durch das in Art. 2
Abs. 1 GG normierte Persönlichkeitsrecht geschützt und damit der kündigungsrechtlichen Maßregelung durch den AG weitgehend entzogen. Etwas anderes
folgte auch nicht aus der ehemaligen Vorschrift des § 8 Abs. 1 BAT/-O. Denn in
§ 8 Abs. 1 S. 2 BAT/-O hieß es nur, dass der AN im ö. D. sich durch sein gesamtes
Verhalten zur freiheitlichen demokratischen Grundordnung i. S. d. Grundgesetzes zu bekennen hatte. Solange der Betriebsfrieden nicht ernsthaft gestört wird

W. Weizenegger

Vor § 34 Abschnitt V. Befrist. u. Beendig. d. Arbeitsverh.

oder der AN nicht gegen Unfallverhütungsvorschriften verstößt, kann ihm daher z. B. nicht eine bestimmte Art der Kleidung vorgeschrieben werden. Vgl. zu allem Schaub, § 125, Rn. 76 f.; § 130, Rn. 31 ff., zu **strafrechtlichen Verurteilungen** infolge außerdienstlichen Verhaltens s. o. Erl. 6.3.7.

338 **6.3.15. Anzeigen.** Die Frage, ob und unter welchen Voraussetzungen **(Straf-) Anzeigen des AN gegen seinen AG,** Vorgesetzte oder Mitarbeiter, bzw. die Information anderer öffentlicher Stellen seine Kündigung rechtfertigen kann, war in letzter Zeit vermehrt Gegenstand gerichtlicher Auseinandersetzungen (und wird unter dem Schlagwort „**Whistleblowing**" kontrovers diskutiert). Einem Beschluss des BVerfG v. 2. 7. 2001 (1 BvR 2049/00 = NZA 2001, 888) folgend ging die Instanzrechtsprechung zuletzt im allgemeinen davon aus, dass die Erstattung einer Strafanzeige durch den AN gegen seinen AG nur dann einen Kündigungsgrund darstellen kann, wenn ihr wissentlich unwahre oder leichtfertig gemachte falsche Angaben oder haltlose Vorwürfe aus vorwerfbaren Motiven zugrunde liegen (so z. B. LAG Düsseldorf, DB 2002, 1612).

339 Das BAG hat in seiner grundlegenden Entscheidung dazu v. 3. 7. 2003 (2 AZR 235/02 = NZA 2004, 427; bestätigt am 7. 12. 2006, NZA 2007, 502) jedoch herausgestellt, dass sich darüber hinausgehend eine kündigungsrelevante erhebliche Verletzung arbeitsvertraglicher Nebenpflichten im Zusammenhang mit der Erstattung einer Strafanzeige im Einzelfall auch aus anderen Umständen ergeben kann.

So darf sich die Anzeige des AN nicht als eine unverhältnismäßige Reaktion auf ein Verhalten des AG oder seines Repräsentanten darstellen. Dabei können als Indizien für eine **unverhältnismäßige Reaktion** des anzeigenden AN sowohl die Berechtigung der Anzeige als auch seine Motivation oder ein fehlender innerbetrieblicher Hinweis auf die angezeigten Missstände sprechen. Erfolgt die Erstattung der Anzeige etwa ausschließlich, um den AG zu schädigen, wird dies – unter Berücksichtigung des der Anzeige zugrunde liegenden Vorwurfs – im Regelfall unzulässig sein.

340 Auch gebührt der **innerbetrieblichen Klärung** in Betrieb oder Dienststelle nicht generell der Vorrang. Sie ist dem AN insbes. unzumutbar, wenn er Kenntnis von Straftaten erhält, durch deren Nichtanzeige er sich selbst einer Strafverfolgung aussetzen würde. Gleiches gilt auch bei schwerwiegenden oder vom AG selbst begangenen Straftaten. Weiter trifft den anzeigenden AN keine Pflicht zur innerbetrieblichen Klärung, wenn Abhilfe berechtigterweise nicht zu erwarten ist. Hat er den AG bereits auf die gesetzeswidrige Praxis im Unternehmen hingewiesen, sorgt dieser jedoch nicht für Abhilfe, besteht auch keine weitere vertragliche Rücksichtnahmepflicht des AN mehr.

341 Anderes wird hingegen dann gelten, wenn nicht der AG oder sein gesetzlicher Vertreter selbst, sondern ein Mitarbeiter, z. B. ein Vorgesetzter des AN, seine Pflichten verletzt oder strafbar handelt und damit etwa auch den AG schädigt (s. zu allem Schaub, § 53, Rn. 15 ff., § 125, Rn. 61, § 130, Rn. 21 ff.; instruktiv Stahlhacke/Preis, Rn. 689 ff. sowie Stein, BB 2004, 1961; Bürkle, DB 2004, 2158, Herbert/Oberrath, NZA 2005, 193 alle m. w. N.).

6.3.16. Sonstige Fälle

342 • **Arbeitskampf:** Beteiligt sich der AN – ob organisiert oder nicht – an **rechtmäßigen Streikmaßnahmen** einer tarifvertragsschließenden Gewerkschaft, handelt er nicht vertragswidrig und kann daher aus diesem Grund nicht verhaltensbedingt gekündigt werden. Das Gleiche gilt, wenn er sich an **rechtswidrigen Streikmaßnahmen** beteiligt, wenn z. B. die Gewerkschaft zum Streik aufgerufen hat, obwohl die Friedenspflicht zwischen den Tarifvertragsparteien noch lief. Mögliche Schadensersatzansprüche kann der AG in diesen Fällen gegenüber

Vorbemerkung zu § 34

der Gewerkschaft geltend machen, der AN wird sich regelmäßig in einem unverschuldeten Verbotsirrtum über die Rechtswidrigkeit der jeweiligen Streikmaßnahme befinden (s. nur BAG 29. 11. 1983 – AP BGB § 626 Nr. 78; s. insges. auch Bredemeier, ZAP 1998, F. 17, 403; ferner BAG, NZA 1989, 475; BAG, ZTR 1988, 464).

Gleichwohl muss der AN mit einer grds. zulässigen **Abmahnung** des AG rechnen, wenn er sich an einer rechtswidrigen gewerkschaftlichen Streikmaßnahme beteiligt hat. Hat der AN dagegen an einer **nichtgewerkschaftlichen Streikmaßnahme** teilgenommen, liegt eine Vertragsverletzung vor, die im Wiederholungsfall nach erfolgter Abmahnung einen Kündigungsgrund darstellen kann (s. BAG, DB 1978, 1403; NZA 1984, 34). Zudem hat der AN keinen Vergütungsanspruch für die ausgefallene Arbeitszeit. 343

- **Arbeitspapiere:** Kommt der AN der wiederholten Aufforderung des AG nicht nach, die Arbeitspapiere (Lohnsteuerkarte usw.) vorzulegen, liegt hierin eine Vertragsverletzung, auf Grund derer der AG nach wiederholter erfolgloser Abmahnung ordentlich kündigen kann (s. BAG, NJW 1984, 575; LAG Düsseldorf, BB 1961, 678). 344

- **Bestechungs- oder Schmiergelder:** Die Entgegennahme von **Bestechungs- oder Schmiergeldern** oder sonstiger nicht nur geringfügiger **Geschenke** Dritter ist vertragswidrig und kann – ins. auch im ö. D. wegen der dort jetzt in § 3 **Abs.** 2 TVöD/TV-L ausdrücklich normierten Verhaltenspflicht – auch eine außerordentliche Kündigung rechtfertigen (BAG 15. 11. 1995 – 2 AZR 974/94 = NZA 1996, 419; 15. 11. 2001 – 2 AZR 605/00 = AP BGB § 626 Nr. 175 = FA 2002, 61; 177; 17. 3. 2005 – 2 AZR 245/04 = NZA 2006, 101). Die Schädigung des AG ist dabei unerheblich, weil durch das vertragswidrige Verhalten das **Vertrauensverhältnis** zwischen den Parteien im Allgemeinen erheblich erschüttert wird. Allgemein zu „Korruption und Arbeitsrecht": Zimmer/Stetter, BB 2006, 1445. 345

- **Kirchenaustritt:** Ob ein Kirchenaustritt einen Kündigungsgrund darstellen kann, weil dadurch in schwerwiegender Weise gegen die Loyalitätspflichten aus dem Arbeitsverhältnis verstoßen werde, ist umstritten. Entscheidend sind die Einzelumstände und insbes. die Stellung des AN in Betrieb oder Dienststelle des kirchlichen Trägers als AG, vgl. statt aller nur BAG 12. 12. 1984 – 7 AZR 418/83 = NZA Beil.1/1986, S. 32; BVerfG 4. 6. 1985 – 2 BvR 1703/83 = NZA Beil. 1/1986, S. 28; LAG Rheinland-Pfalz 9. 1. 1997 – 11 Sa 428/96 = NZA 1998, 149, jeweils m. w. N. 346

7. Betriebsbedingte Kündigung. Wenn **dringende betriebliche Erfordernisse** einer Weiterbeschäftigung des AN entgegenstehen, kann der AG eine betriebsbedingte Kündigung aussprechen, § 1 Abs. 2 S. 1 KSchG. Grundlage dieser Art der Kündigung sind damit betriebsbezogene Umstände oder Vorgänge, die von der Person und dem Verhalten des betroffenen AN unabhängig sind. Dadurch unterscheidet sich die betriebsbedingte Kündigung ganz wesentlich von den Fällen der verhaltens- und personenbedingten Kündigung. 347

Dies kommt auch in der neuen, durch das ArbeitsmarktreformG vom 24. 12. 2003 (s. o. Rn. 7) mit Wirkung zum 1. 1. 2004 erstmals so eingeführten Regelung des § 1a KSchG zum Ausdruck, nach der der AG dem AN bei Ausspruch einer betriebsbedingten Kündigung die Zahlung einer Abfindung anbieten kann, wenn dieser dafür auf die Erhebung einer Kündigungsschutzklage verzichtet (Näheres unten, Erl. 17.6. Rn. 617). 348

Im ö. D. werden im Vergleich zur Privatwirtschaft nach wie vor eher selten betriebsbedingte Kündigungen ausgesprochen, obwohl bei der Beurteilung der Sozi- 349 alwidrigkeit dieser Kündigung **für den ö. D.** grds. die **gleichen Rechtsgrundsätze** gelten wie in der Privatwirtschaft. Die Gründe hierfür sind vielschichtig. Die soziale und politische Verantwortung der AG im ö. D. für die Erhaltung der Arbeitsplätze spielt dabei sicherlich eine nicht zu unterschätzende Rolle. Wichtiger dürfte jedoch sein, dass sich Kommunen und Städte im Regelfall dem freien Wettbewerb nicht so stellen müssen wie ein Privatunternehmen. Die den Entscheidungsfluss in der privaten Wirtschaft bestimmenden Faktoren wie z. B. Umsatz- oder Auftragsrückgang, Unrentabilität oder Gewinnverfall spielen im Bereich des Haushaltsrechts des ö. D. noch nicht die zentrale Rolle wie bei privaten Unternehmen. Das bedeutet natürlich nicht, dass nicht auch der Haushaltsgesetzgeber kostenbewusst handeln und entscheiden müsste. **Personalabbau** ist insofern auch im ö. D. mittlerweile zur Realität geworden und beschäftigt zunehmend die Arbeitsgerichte. Mittels einer jahrelang verantwortungslos betriebenen **Frühverrentungspraxis, Nichtwiederbesetzen** freigewordener Stellen (natürliche Fluktuation) und durch verstärkte **Privatisierungen** öffentlicher Einrichtungen und Betriebe setzt auch der ö. D. zunehmend „Personal frei", um Haushaltslöcher zu stopfen. Denn neben der speziellen Alterslast drückt die allgemeine demographische Entwicklung auf die öffentlichen Personalausgaben von Bund, Ländern und Gemeinden, die zugleich die Sozialversicherungsbeiträge langfristig erhöhen werden. Skeptiker rechnen insofern sogar teilweise mit einer „Verteuerung" des öffentlichen Dienstes um rd. 50% (s. Färber, WSI-Mitteilungen 1997, 428).

350 Die betriebsbedingte Kündigung als **Instrument der Personalsteuerung** wird nicht nur aus diesem Grund auch im ö. D. zukünftig an Bedeutung gewinnen. Denn auch der Abschluss von Aufhebungsverträgen und damit die Möglichkeit, lukrative Abfindungen an die AN zu zahlen, verliert angesichts der maroden Haushaltslage und auf Grund der Änderungen des Arbeitsförderungsrechts an Attraktivität. Dass dennoch die AG im ö. D. weniger betriebsbedingte Kündigungen als Unternehmer der Privatwirtschaft aussprechen, hängt letztlich auch mit dem besonderen Tarifgeflecht im ö. D. zusammen. Hier war es nämlich den Gewerkschaften in der Vergangenheit gelungen, für die AN günstige Schutzvorschriften in die Tarifverträge einzubauen. Wer etwa nach §§ 53 Abs. 3, 55 Abs. 1 BAT als AN in den alten Bundesländern **„unkündbar"** war, konnte nur noch aus personen- oder verhaltensbedingten Gründen außerordentlich gekündigt werden. Dringende betriebliche Erfordernisse berechtigten den AG in diesem Fall hingegen grds. nicht zur (außerordentlichen) Kündigung (§ 55 Abs. 2 S. 1, 2 BAT).

351 Diese „Unkündbarkeitsvorschriften" sind zumindest für die Angestellten des Tarifgebiets West in § 34 Abs. 2 TVöD/TV-L, wenn auch verkürzt, fortgeschrieben worden, vgl. die Erl. dort.

352 **Dringend betriebsbedingt** kann eine Kündigung auch bei **Rationalisierungsmaßnahmen** sein, die in der Privatwirtschaft häufig Kündigungen auslösen und rechtfertigen, weil diese Maßnahmen als unternehmerische Entscheidungen nach st. Rspr. des BAG weitgehend der gerichtlichen Kontrolle entzogen sind (s. Erl. zu 7.2.1. Rn. 361). Um die AN vor Rationalisierungsmaßnahmen und den damit oftmals verbundenen Folgen des Arbeitsplatzverlustes zu schützen, haben die Tarifvertragsparteien im ö. D. allerdings den **TV über den Rationalisierungsschutz für Angestellte** (RatSchTV) v. 9. 1. 1987 i. d. F. des Änderungs-TV v. 29. 10. 2001 abgeschlossen, der einen **qualifizierten Kündigungsschutz** der AN im Tarifgebiet West vor betriebsbedingten Kündigungen vorsieht. Die AN in den neuen Bundesländern sind dagegen weniger vor Rationalisierungsmaßnahmen geschützt, für sie ist der materiell wesentlich schlechterer **TV zur sozialen Absicherung** (TVsA) v. 6. 7. 1992 i. d. F. des Änderungs-TV Nr. 5 v. 31. 1. 2003 anwendbar. Die Frage der angemessenen und haushaltsrechtlich tragbaren **Perso-**

nalausstattung der Ämter und Verwaltungen als originäre unternehmerische Entscheidung wird damit auch die AG im ö. D. in Zukunft verstärkt beschäftigen.

Zusammenfassend ist schon hier festzuhalten, dass der AG bei diesem Kündi- 353
gungssachverhalt umfassend prüfen muss, ob er nicht durch andere, mildere Maßnahmen seine unternehmerischen Vorgaben, Ziele und Entscheidungen umsetzen kann, ohne dem AN kündigen zu müssen. Es gilt gerade hier der **Grundsatz,** dass die **Kündigung** nur das **letzte unausweichliche Mittel** (Ultima Ratio) sein darf, um die anstehende Problemlage zu lösen. Diese Maxime im Kündigungsschutz hat der Gesetzgeber erst unlängst betont: Erstmals in der Deutschen Rechtsgeschichte war durch das am 1. 1. 1998 in Kraft getretene SGB III in § 2 Abs. 1 Nr. 2 die besondere Verantwortung von Arbeitgebern und Arbeitnehmern für den Arbeitsmarkt herausgestellt worden (s. Schaub, NZA 1997, 810). Dies war anfangs noch als „Gesetzessensation" bezeichnet worden und hatte zu heftigem Streit darüber geführt, ob und welche unmittelbaren arbeitsrechtlichen Auswirkungen dieser vorrangig sozialrechtlichen Regelung zukommen sollte. Mittlerweile hat der Gesetzgeber durch das sog. Job-AQTIV-G v. 10. 12. 2001 (BGBl. I, 3443) die jetzige Nachfolgeregelung in § 2 Abs. 2 SGB III allerdings zu einer rein sozialrechtlichen Verpflichtung umformuliert, so dass ihr (wenn überhaupt) allenfalls in besonderen Ausnahmefällen noch arbeitsrechtliche Bedeutung zukommen wird (vgl. Schaub, § 131, Rn. 14; Stahlhacke/Preis, Rn. 919 m. w. N.).

§ 2 Abs 2 SGB III lautet nunmehr: 354

(2) [1] Die Arbeitgeber haben bei ihren Entscheidungen verantwortungsvoll deren Auswirkungen auf die Beschäftigung der Arbeitnehmer und von Arbeitslosen und damit die Inanspruchnahme von Leistungen der Arbeitsförderung einzubeziehen. [2] Sie sollen dabei insbesondere
1. im Rahmen ihrer Mitverantwortung für die Entwicklung der beruflichen Leistungsfähigkeit der Arbeitnehmer zur Anpassung an sich ändernde Anforderungen sorgen,
2. vorrangig durch betriebliche Maßnahmen die Inanspruchnahme von Leistungen der Arbeitsförderung sowie Entlassungen von Arbeitnehmern vermeiden,
3. Arbeitnehmer vor der Beendigung des Arbeitsverhältnisses frühzeitig über die Notwendigkeit eigener Aktivitäten bei der Suche nach einer anderen Beschäftigung sowie über die Verpflichtung zur Meldung nach § 37b bei der Agentur für Arbeit informieren, sie hierzu freistellen und die Teilnahme an erforderlichen Qualifizierungsmaßnahmen ermöglichen.

7.1. Grundsätze. Eine betriebsbedingte Kündigung ist sozial gerechtfertigt, 355
wenn sie durch **dringende betriebliche Erfordernisse** bedingt ist und **keine anderweitige Beschäftigungsmöglichkeit** für den betroffenen AN mehr besteht, vgl. § 1 Abs. 2 S. 1–3 KSchG.

Dies ist dann der Fall, wenn eine **unternehmerische Entscheidung** vorliegt, 356
durch die aufgrund **inner- oder außerbetrieblicher Ursachen** nur noch eine **veränderte Arbeitsmenge** im Betrieb erledigt wird und die **Kündigung dringlich** ist, also durch andere Maßnahmen nicht ersetzt werden kann (vgl. hierzu und zum Folgenden statt aller z.B. Schaub § 131, KR/Griebeling, § 1 KSchG, Rn. 514 ff.; v. Hoyningen-Huene/Linck, § 1 KSchG, Rn. 681 ff.; ErfK/Ascheid, § 1 KSchG, Rn. 371 ff.; Stahlhacke/Preis, Rn. 930 ff.; aktuelle Rspr – Übersicht: Spinner, BB 2006, 154; instruktiv für die Praxis: Birk/Burk, Die Dokumentation einer betriebsbedingten Kündigung, BB Special 5 zu Heft 20/2006, S. 2; ausführl. Kiel/Koch, Die betriebsbedingte Kündigung, Rn. 98 ff.

Die betriebsbedingte Kündigung unterliegt damit ebenfalls einer **dreistufigen Prüfung:**
- Festzustellen ist zunächst der **Wegfall des Arbeitsplatzes** – genauer: die dau- 357
erhafte **Verringerung des Beschäftigungsbedarfs** – auf Grund einer **unternehmerischen Entscheidung.**

Vor § 34 Abschnitt V. Befrist. u. Beendig. d. Arbeitsverh.

358 • Diese muss sodann das **Fehlen** einer **Weiterbeschäftigungsmöglichkeit** zur Folge haben; insbes. darf die Kündigung nicht durch anderweitige, den AN weniger belastende („mildere") Maßnahmen vermeidbar sein (**„Dringlichkeit"**). Diese Tatsachen, die „die Kündigung bedingen", hat der AG nach dem System einer abgestuften Darlegungs- und Beweislast vorzutragen und nachzuweisen, § 1 Abs. 2 S. 4 KSchG (dazu Stahlhacke/Preis, Rn. 1032 ff.).

359 • Schließlich muss auf entsprechende Rüge des AN überprüft werden, ob der AG bei der Auswahl der zur Entlassung anstehenden AN „soziale Gesichtspunkte nicht oder nicht ausreichend berücksichtigt hat", § 1 Abs. 3 KSchG; die (erleichterte) Beweislast für eine fehlerhafte **Sozialauswahl** trägt dabei grds. der AN (vgl. Schaub, § 132, Rn. 51 ff.; Stahlhacke/Preis, Rn. 1149 ff.).

360 Der **„Wegfall des Arbeitsplatzes"** ist dabei bildhaft zu verstehen. Erforderlich ist also nicht unbedingt und stets das Entfallen eines „bestimmten" Arbeitsplatzes. Entscheidend ist vielmehr, dass der AG auf Grund der jeweiligen unternehmerischen Strukturmaßnahme die bisherige Arbeitsleistung des AN nach neuer **betrieblicher Zielsetzung** nicht mehr benötigt. Die Umsetzung der Unternehmerentscheidung muss sich konkret auf die tatsächliche Beschäftigungsmöglichkeit des gekündigten AN auswirken, wobei es aber ausreicht, wenn dies (mittelbare oder unmittelbare) Folge eines rechnerischen Überhangs von Arbeitskräften im Betrieb ist (s. v. Hoyningen-Huene/Linck, KSchG, § 1, Rn. 713 m. w. N.). Die betriebsbedingte Kündigung ist damit letztlich stets Folge der betrieblichen Umsetzung einer durch wirtschaftliche Entwicklungen veranlassten unternehmerischen Organisationsentscheidung des AG (vgl. zusammenfassend aus neuerer Zeit z. B. BAG 24. 6. 2004 − 2 AZR 326/03 = NZA 2004, 1268; 16. 12. 2004 − 2 AZR 66/04 = NZA 2005, 761: unzulässige Austauschkündigung; 2. 6. 2005 − 2 AZR 480/04 = NZA 2006, 207 und 22. 9. 2005 − 2 AZR 208/05 = BB 2006, 1572).

361 Dabei sind die Verhältnisse des Betriebs (nicht etwa nur einer Betriebsabteilung) entscheidend. Es kommt hingegen insoweit **nicht** auf die **Verhältnisse im (Gesamt-)Unternehmen** an, in welches der Betrieb ggf. eingebunden ist. Für den ö. D. entspricht dies der Dienststelle (vgl. KR/Griebeling, § 1 KSchG, Rn. 537 m. w. N.).

362 **7.2. Tatbestandsvoraussetzungen der betriebsbedingten Kündigung.** Grundlage betriebsbedingter Kündigungen sind stets **betriebsbezogene Umstände oder Vorgänge.** Nach § 1 Abs. 2 KSchG ist eine Kündigung sozial gerechtfertigt, wenn sie durch **„dringende betriebliche Erfordernisse"** bedingt ist, die einer **Weiterbeschäftigung** des AN im Betrieb entgegenstehen. Dies setzt voraus, dass das Bedürfnis für die Weiterbeschäftigung des AN im Betrieb (zum Zeitpunkt des Ablaufs der Kündigungsfrist) entfällt, und zwar dauerhaft (BAG 18. 5. 2006 − 2 AZR 412/05 = DB 2006, 1962 = AP AüG, § 9 Nr. 7: Auftragsverlust bei Arbeitnehmerüberlassung).

363 **7.2.1. Unternehmerische Entscheidung.** Gegenstand der betriebsbedingten Kündigung ist somit die Feststellung, dass der AG einen oder mehrere, ggf. auch alle Arbeitsplätze auf Grund einer unternehmerischen Entscheidung „aufgeben" (und/oder − auch − umgestalten, d. h. „ändern") will, entweder, weil diese in ihrer bisherigen Form nicht mehr weitergeführt werden sollen oder weil sie vollständig, z. B. wegen Rationalisierungsmaßnahmen, wegfallen (ausführl. Kaiser, NZA, Beil. 1/2005, S. 31 sowie mit zahlreichen Beispielsfällen Schiefer, NZA-RR 2005, 1).

364 Auf welchen Gründen dieses betriebliche Erfordernis insofern beruht, ist im Ergebnis letztlich zweitrangig.

Vorbemerkung zu § 34 Vor § 34

Dennoch wird von Rspr. und Praxis im Allgemeinen nach der Ursache der unternehmerischen Entscheidung unterschieden. Danach können sich betriebliche Erfordernisse für eine Kündigung i. S. d. § 1 Abs. 2 KSchG durch **außerbetriebliche Gründe** (z. B. Auftragsmangel, Umsatzrückgang, Gewinnverfall oder Unrentabilität) oder aus **innerbetrieblichen Gründen** (unternehmerische Entscheidungen z. B. zu Rationalisierungsmaßnahmen, Produktionsumstellungen oder -einschränkungen oder Erhöhung der Arbeitsdichte durch Umorganisation des Arbeitsablaufs und dauerhaften Personalabbau, sog. Leistungsverdichtung) ergeben (zu dieser Unterscheidung und ihrer Bedeutung insbes. für die Darlegungs- und Beweislast vgl. z. B. v. Hoyningen-Huene/Linck, Rn. 386 ff.; KR/Griebeling, § 1 KSchG, Rn. 517 ff., 534 ff.; Schiefer, NZA-RR 2005, 1).

Diese betrieblichen Erfordernisse müssen „**dringend**" sein und eine Kündigung 365 im Interesse des Betriebs notwendig machen. Die Kündigung muss wegen der betrieblichen Lage unvermeidbar sein. Der – nicht auf Schlagworte beschränkte – Vortrag des AG muss erkennen lassen, ob das Bedürfnis für die Tätigkeit des gekündigten AN wegfällt.

Maßgeblicher Beurteilungszeitpunkt ist an sich regelmäßig derjenige des 366 **Kündigungszugangs.** Grundsätzlich muss zu diesem Zeitpunkt der Kündigungsgrund – Wegfall der Beschäftigungsmöglichkeit – vorliegen. In Fällen, in denen zwar bei Zugang der Kündigung noch die Möglichkeit der Beschäftigung besteht, aber die für den künftigen Wegfall des Beschäftigungsbedürfnisses maßgeblichen Entscheidungen bereits getroffen sind, kommt es darauf an, ob der Arbeitnehmer bis zum **Kündigungstermin** voraussichtlich entbehrt werden kann. Davon ist auszugehen, wenn im Zeitpunkt des Ausspruchs der Kündigung auf Grund einer vernünftigen, betriebswirtschaftlichen Betrachtung davon auszugehen ist, zum Zeitpunkt des Kündigungstermins werde mit einiger Sicherheit der Eintritt des die Entlassung erforderlich machenden betrieblichen Grundes gegeben sein (BAG 27. 11. 2003 – 2 AZR 48/03 = NZA 2004, 477).

Die der Prognose zu Grunde liegende Entscheidung muss aber bereits gefallen sein. 367 So ist eine Kündigung wegen **Betriebsschließung** nicht gerechtfertigt, solange der Arbeitgeber den Stilllegungsbeschluss lediglich erwägt oder plant, aber noch nicht gefasst hat. Eine Kündigung wegen des bevorstehenden **Auslaufens von** (Reinigungs-) **Aufträgen** ist als sog. **Vorratskündigung** unwirksam, wenn der nur unsichere Wegfall des Beschäftigungsbedarfs nicht konkret vorhersehbar ist (BAG 12. 4. 2002 – 2 AZR 256/01 = NZA 2002, 1205 m. w. N.; anders demgegenüber 15. 7. 2004 – 2 AZR 376/03 = NZA 2005, 523: Dort hatte sich das betreffende (Reinigungs-)Unternehmen nach Auftragsablauf nicht an Neuausschreibungen beteiligt).

Beinhaltet der Kündigungsgrund ein solches „prognostisches Element", schließt 368 dies nach der Rspr. des BAG auch nicht aus, aus dem späteren tatsächlichen Eintritt der zuvor nur vorausgesehenen Entwicklung Rückschlüsse auf die Ernsthaftigkeit und Plausibilität dieser **Prognose** zu ziehen. Ein solcher Rückgriff auf die später eintretende (tatsächliche) Entwicklung ist danach jedenfalls zur Bestätigung einer Beschäftigungsbedarfsprognose zulässig (BAG 27. 11. 2003 – 2 AZR 48/03 = NZA 2004, 477, 2. 6. 2005 – 2 AZR 480/04 = NZA 2006, 207).

7.2.2. Betriebliche Erfordernisse für die Kündigung können zwei Ursachen 369 haben:

7.2.2.1. Innerbetriebliche Gründe. Eine **Kündigung** ist **aus innerbetrieb-** 370 **lichen Gründen** gerechtfertigt, wenn sich der AG im Unternehmensbereich zu einer organisatorischen Maßnahme entschließt, bei deren innerbetrieblicher Umsetzung das Bedürfnis für die Weiterbeschäftigung eines oder mehrerer AN entfällt. Von den Arbeitsgerichten voll nachzuprüfen ist dabei, ob eine derartige **unter-**

Vor § 34 Abschnitt V. Befrist. u. Beendig. d. Arbeitsverh.

nehmerische Entscheidung** tatsächlich vorliegt und durch ihre Umsetzung das Beschäftigungsbedürfnis für einzelne AN entfallen ist. Dagegen **ist** die unternehmerische Entscheidung **nicht auf ihre sachliche Rechtfertigung oder ihre Zweckmäßigkeit zu überprüfen,** sondern **nur darauf, ob sie offenbar unsachlich, unvernünftig oder willkürlich ist** (vgl. BAG 13. 6. 2002 – 2 AZR 589/01 = NZA 2003, 608 und 26. 9. 2002 – 2 AZR 636/01 = NZA 2003, 549 m. w. N.). Dabei hat das BAG ein unternehmerisches Konzept zur Kostenreduzierung als rechtsmissbräuchlich und kündigungsrechtlich unbeachtlich bezeichnet, das faktisch nicht zu Änderungen der betrieblichen Abläufe, jedoch für alle AN zum Arbeitsplatzverlust führte, obwohl nach wie vor ein – allenfalls möglicherweise verringerter – Beschäftigungsbedarf bestand (Übertragung der Betriebsteile „Reinigung und Küche" auf eine eingegliederte Organgesellschaft durch eine dem BAT unterfallende Rheumaklinik).

371 Insbes. die unternehmerische Entscheidung, die Betriebstätigkeit (zum ganz überwiegenden Teil) schnellstmöglich einzustellen kann (selbstverständlich) eine betriebsbedingte Kündigung rechtfertigen (BAG 7. 7. 2005 – 2 AZR 447/04 = NZA 2005, 1351).

372 Grds. kann die Unternehmerentscheidung auch darin liegen, künftig auf Dauer mit weniger Personal zu arbeiten; soweit dadurch eine **Leistungsverdichtung** eintritt, wird sie als Konzept gewollt und dadurch notwendig werdende Änderungen sind in Kauf zu nehmen. Der rationale Einsatz des Personals ist nämlich Sache des Unternehmers und seiner Entscheidung; in ihr liegt es, mit welcher Anzahl von Arbeitskräften der AG nach Durchführung eines innerbetrieblichen Organisationsaktes die verbleibende Arbeitsmenge durchführen lässt (BAG, NZA 1997, 1047; 1998, 933; bestätigt durch BAG 2. 6. 2005 – 2 AZR 480/04 = NZA 2006, 207).

373 Diese Rechtsprechung hat das Bundesarbeitsgericht insbes. in seinen Urteilen vom 17. 6. 1999 (2 AZR 522/98, 2 AZR 141/99 und 2 AZR 456/98, NZA 1999, 1095, 1098, 1157) konkretisiert und ausgeführt, dass dann, **wenn** die **Organisationsentscheidung des AG und** sein **Kündigungsentschluss** ohne nähere Konkretisierung **nicht voneinander getrennt werden können,** die von ihm zuvor angenommene **Vermutung,** die **Unternehmerentscheidung** sei **aus sachlichen Gründen** erfolgt, **nicht von vornherein** greifen kann. In diesen Fällen muss der AG vielmehr darlegen, in welchem Umfang die fraglichen Arbeiten zukünftig im Vergleich zum bisherigen Zustand anfallen, d. h., es geht um die **Darlegung** einer näher konkretisierten Prognose der Entwicklung aufgrund außerbetrieblicher Faktoren oder unternehmerischer Vorgaben und **wie** diese **Arbeiten von dem verbliebenen Personal ohne überobligatorische Leistungen erledigt werden können.** Der AG muss im Kündigungsschutzprozess konkrete Angaben dazu machen, wie sich die Verringerung der Produktion auf die Arbeitsmenge auswirkt und in welchem Umfang dadurch ein **konkreter Arbeitskräfteüberhang** entsteht. Die **Grundsätze der** sich daraus ergebenden **abgestuften Darlegungslast** hat das BAG dabei wie folgt zusammengefasst: Je näher die eigentliche Organisationsentscheidung an den Kündigungsentschluss rückt, umso mehr muss der Arbeitgeber durch Tatsachenvortrag verdeutlichen, dass ein Beschäftigungsbedürfnis für den AN (nachhaltig) entfallen ist (so auch BAG 22. 9. 2005 – 2 AZR 208/05 = AP KSchG 1969 § 1 Betriebsbedingte Kündigung Nr. 141 = BB 2006, 1572).

374 **Die unternehmerische Maßnahme darf allerdings nicht allein in der Kündigung als solcher bestehen** (s. z. B. BAG, NZA 1997, 1047, 1049 m. w. N.).

375 Unternehmerentscheidungen als Bestandteile eines Unternehmerkonzepts müssen damit von den Arbeitsgerichten an sich akzeptiert werden. Die unternehmerische Entscheidungsfreiheit beruht auf dem Grundrecht aus Art. 14 Abs. 1 S. 1 GG,

Vorbemerkung zu § 34

wonach das Eigentum und damit auch das Produktionseigentum gewährleistet wird. Das KSchG muss als Schrankenbestimmung i. S. d. Art. 14 Abs. 1 S. 2 GG i. V. m. mit der Berufsfreiheit aus Art. 12 Abs. 1 GG verstanden werden. Nach § 1 Abs. 2 KSchG muss der AG für eine betriebsbedingte Kündigung dringende betriebliche Erfordernisse geltend machen können. Die unternehmerische Entscheidung als solche, bezogen auf Unternehmerziele, Produktbereich, Personalstärke, Kapitalausstattung, Betriebsorganisation usw., muss vom Arbeitsgericht und damit auch vom betroffenen AN jedoch (in den oben, Rn. 370 erläuterten Grenzen) grds. hingenommen werden.

Dass der AG zur organisatorischen **Durchführbarkeit und Nachhaltigkeit** 376 seiner **unternehmerischen Entscheidung** vortragen muss, ist weder Selbstzweck noch darf es dazu dienen, dass die Gerichte in die betrieblichen Organisationsabläufe eingreifen. Der Sinn besteht darin, einen Missbrauch des Kündigungsrechts auszuschließen. Vermieden werden sollen betriebsbedingte Kündigungen, die zu einer rechtswidrigen Überforderung oder Benachteiligung des im Betrieb verbleibenden Personals führen. Vermieden werden soll außerdem, dass die unternehmerische Entscheidung lediglich als Vorwand benutzt wird, um AN aus dem Betrieb zu drängen, obwohl Beschäftigungsbedarf und Beschäftigungsmöglichkeit fortbestehen und lediglich die Arbeitsvertragsinhalte und die gesetzlichen Kündigungsschutzbestimmungen als zu belastend angesehen werden (so BAG 22. 9. 2005 – 2 AZR 208/05 = AP KSchG 1969 § 1 Betriebsbedingte Kündigung Nr. 141 = BB 2006, 1572).

In diesem Zusammenhang hat das BAG zur **Personalstärke** bereits vor länge- 377 rem entschieden, es liege in der unternehmerischen Entscheidung der Geschäftsführung eines Betriebs, mit welcher Anzahl von Arbeitskräften der AG nach Durchführung des innerbetrieblichen Organisationsaktes die verbleibende Arbeitsmenge durchführen lässt; so gehöre die Bestimmung zum Bereich der Unternehmenspolitik, ob ein umfangmäßig konkretisierter Dienstleistungsbedarf mit Ganztags- oder teilweise auch nur mit Halbtagsbeschäftigten abgedeckt werden soll (so BAG, NZA 1993, 1075; 1997, 1047 zu betriebsbedingten Änderungskündigungen). Dies gilt bspw. auch für die Problematik des Personalüberhangs in den neuen Bundesländern. Denn auch der AG im ö. D. fällt eine unternehmerische Entscheidung, wenn er auf Grund eines anders strukturierten personellen Organisationskonzepts **Personalabbau** forciert und die Entscheidung fällt, die bisherige Arbeit auf weniger Schultern zu verteilen. Eine solche Entscheidung bindet die Gerichte. Entscheiden die Funktionsträger, dass aus dringenden betrieblichen Erfordernissen konkrete Stellen im Haushaltsplan zu streichen sind und damit auf Dauer die Arbeit mit weniger Personal erledigt werden soll, muss diese Maßnahme vom Gericht als solche hingenommen werden, soweit sie nicht willkürlich oder völlig sachfremd ist oder allein in der betriebsbedingten Kündigung als solcher besteht (ausführl. BAG 7. 10. 2004 – 2 AZR 122/04 = NZA 2005, 352 und 23. 11. 2004 – 2 AZR 38/04 = NZA 2005, 986). Soweit dadurch tatsächlich eine **Arbeits- oder Leistungsverdichtung** bei den verbleibenden Mitarbeitern eintreten sollte, muss sie als Konzept vom Entscheidungsträger gewollt sein, der auch dadurch weiter notwendig werdende Änderungen in der Struktur oder in der Frage der tarifgerechten Eingruppierung in Kauf nehmen muss. Der rationelle Einsatz des vorhandenen Personals ist und bleibt Sache der Unternehmerentscheidung. Dies gilt auch für die AG des ö. D.

Allerdings hat das Bundesarbeitsgericht schon in seiner Entscheidung v. 27. 9. 378 2001 (2 AZR 176/00 = NZA 2002, 1277) mit wünschenswerter Klarheit Folgendes herausgestellt: Läuft die unternehmerische Entscheidung, die Führungsstrukturen umzugestalten, letztlich nur auf den **Abbau einer Hierarchieebene** hinaus, verbunden mit einer **Neuverteilung** der dem betroffenen AN bisher zugewiesenen **Aufgaben,** bedarf es der Konkretisierung dieser Entscheidung, damit überhaupt geprüft werden kann, ob der Arbeitsplatz des betroffenen AN tatsächlich weggefallen ist und die Entscheidung nicht offensichtlich unsachlich oder willkürlich ist. Der AG muss insbes. darlegen, in welchem Umfang die bisher vom AN ausgeübten Tätigkeiten zukünftig im Vergleich zum bisherigen Zustand anfallen. Er muss auf Grund seiner unternehmerischen Vorgaben die zukünftige Entwicklung der Arbeitsmenge anhand einer näher konkretisierten Prognose darstellen und angeben, wie die anfallenden Arbeiten vom verbliebenen Personal ohne überobligationsmäßige Leistungen erledigt werden können (ebenso BAG 10. 10. 2002 – 2 AZR 598/01 und 22. 5. 2003 – 2 AZR 326/02 = AP KSchG 1969 § 1 Betriebsbedingte Kündigung Nrn. 123, 128 zur Stellenstreichung im ö. D.).

379 Dazu bedarf es u. a. konkreter Darlegungen des AG, wann er die konkrete unternehmerische Organisationsentscheidung zur Umgestaltung getroffen hat, welche der vom AN bisher wahrgenommenen Aufgaben in welchem Umfang weggefallen, bzw. auf wen genau sie übertragen worden sind und wie die verbliebenen Aufgaben künftig erledigt werden sollen (BAG, AP KSchG 1969 § 1 Betriebsbedingte Kündigung Nrn. 123, 128). Anders ausgedrückt: Die **tatsächliche Durchführung und Realisierbarkeit des (Um-)Organisationskonzepts** ist nachvollziehbar und glaubhaft darzustellen und ggf. zu beweisen.

380 Einer besonderen **Form** bedarf die unternehmerische Entscheidung nicht. Insbes. ist es daher kündigungsrechtlich grds. ohne Bedeutung, ob und inwieweit evtl. bei der Beschlussfassung über Betriebseinschränkungen gesellschaftsrechtliche Formerfordernisse außer Acht gelassen worden sind (BAG 5. 4. 2001 – 2 AZR 696/99 = NZA 2001, 949, ausdrücklich gegen die Kritik von Plander, NZA 1999, 505; s. a. Schaub, § 131, Rn. 9).

381 **7.2.2.2. Außerbetriebliche Gründe.** Ebenso können Gründe, die von außen auf den Betrieb einwirken, Arbeitsplätze in Wegfall bringen und damit eine betriebsbedingte Kündigung rechtfertigen (z. B. Auftragsmangel oder Absatzschwierigkeiten). Die Rspr. fordert jedoch insoweit, dass diese **außerbetrieblichen Umstände** sich unmittelbar auf die Weiterbeschäftigungsmöglichkeit des AN auswirken.

382 Ein **Auftragsrückgang** kann dann eine betriebsbedingte Kündigung rechtfertigen, wenn dadurch der Arbeitsanfall so zurückgeht, dass für einen oder mehrere AN das Bedürfnis zur Weiterbeschäftigung entfällt. Behauptet der AG, bereits außerbetriebliche Gründe allein hätten das Bedürfnis für eine Weiterbeschäftigung entfallen lassen, bindet er sich also selbst an diese von ihm so gesehenen Sachzwänge, so hat das Arbeitsgericht nachzuprüfen, ob zum Zeitpunkt des Kündigungsausspruches feststand, zum Ablauf der Kündigungsfrist, d. h., zum Kündigungstermin sei eine Beschäftigungsmöglichkeit für den gekündigten AN – auf Dauer – nicht mehr gegeben. Dabei muss der AG den **Rückgang des Beschäftigungsbedarfs nachvollziehbar darstellen,** z. B. durch Darstellung der Entwicklung und einen Vergleich des Auftrags- und Beschäftigungsvolumen in Referenzperioden (BAG 18. 5. 2006 – 2 AZR 412/05 = DB 2006, 1962 = AP AÜG § 9 Nr. 7).

383 Wenn sich der Umfang der Tätigkeit einer Gruppe oder einer bestimmten Anzahl von AN proportional zum Absatz der gefertigten Erzeugnisse verhält, so genügt der AG seiner Vortragslast, wenn er die Richtigkeit des Berechnungsmodus so darlegt, dass aus der Verringerung des Umsatzes unmittelbar auf die Veränderung der Beschäftigungsmöglichkeiten geschlossen werden kann (so bereits BAG 15. 6. 1989 – 2 AZR 600/88 = NZA 1990, 65; s. a. 11. 3. 1998 – 2 AZR 440/97 = DB 1998, 626 zur vorübergehenden „Ausstellung" von Bauarbeitern während

Vorbemerkung zu § 34

des Winters). Das Gericht hat also zu prüfen, ob ein **dauerhafter** Umsatzrückgang vorliegt und in welchem Ausmaß er sich auf die Arbeitsmenge bestimmter AN auswirkt (vgl. zur Unterscheidung zwischen dieser **"selbstbindenden"** oder **"verdeckten"** Unternehmerentscheidung von der oben dargestellten eigentlichen **(freien), "gestaltenden"** Unternehmerentscheidung und ihrer Bedeutung für die unterschiedliche Darlegungslast des AG näher KR/Griebeling, § 1 KSchG, Rn. 517 ff., 534 ff.; Schiefer, NZA – RR, 2005, 1; Fiebig/Gallner/Pfeiffer, KSchG, § 1, Rn. 595 ff.).

Die Ursachen für den Wegfall des Arbeitsplatzes sind also vielfältig; sie reichen 384 von der Betriebsstilllegung über Rationalisierungsmaßnahmen bis zum bloßen Umsatz- oder Auftragsrückgang eines Betriebs (vgl. Übersichten über die Einzelfälle bei Schaub, § 131, Rn. 36–59; v. Hoyningen-Huene/Linck, KSchG, § 1, Rn. 796–862; Stahlhacke/Preis, Rn. 958–998; KR/Griebeling, § 1 KSchG, Rn. 560–602; Kiel/Koch, Die betriebsbedingte Kündigung, Rn. 121–182).

Ein für die Praxis instruktives "Prüfungsraster" für das Vorliegen betriebsbeding- 385 ter Kündigungsgründe findet sich bei Stahlhacke/Preis, Rn. 957.

7.2.2.3. Betriebsbedingte Kündigung im ÖD. Für **betriebsbedingte** 386 **Kündigungen im ö. D.** (ausführl. BAG 23. 11. 2004 – 2 AZR 38/04 = NZA 2005, 986; umfassend: Lingemann/Grothe, NZA 1999, 1072) gelten die gleichen Grundsätze wie in der privaten Wirtschaft. Anstelle der oben beschriebenen unternehmerischen Entscheidung tritt hier die entsprechende **Organisationsentscheidung des öffentlichen AG,** die der gleichen eingeschränkten gerichtlichen Prüfung unterliegt (BAG 21. 9. 2000 – 2 AZR 440/99 = NZA 2001, 255). Unabhängig von haushaltsrechtlichen Vorgaben (s. Erl. 7.5. Rn. 473) können auch **Rationalisierungsmaßnahmen** zur Umstrukturierung der Dienststelle oder einzelner Arbeitsplätze zu betriebsbedingten Kündigungen führen, wenn durch die Umsetzung der Organisationsentscheidung des AG das Beschäftigungsbedürfnis für den betreffenden AN entfällt und deshalb dessen Kündigung erforderlich wird. Auch wenn die Organisationsentscheidung selbst nur dahingehend zu überprüfen ist, ob sie offenbar unvernünftig oder willkürlich ist, so unterliegt es doch stets der vollen Überprüfung, ob die Organisationsentscheidung tatsächlich ursächlich für den vom AG geltend gemachten Beschäftigungswegfall ist (BAG, NZA 2001, 255 sowie 22. 5. 2003 – 2 AZR 326/02 = AP KSchG 1969 § 1 Betriebsbedingte Kündigung Nr. 128, BAG 7. 10. 2004 – 2 AZR 122/04 = NZA 2005, 352 und 23. 11. 2004 – 2 AZR 38/04 = NZA 2005, 986).

Der Sache nach können diese Maßnahmen einen sehr unterschiedlichen Inhalt 387 haben und auch zur Bildung neuer oder Auflösung bzw. Ausgliederung bestehender Betriebsteile oder Dienststellen führen. Dem Rechtsinstitut des **Betriebsübergangs** nach § 613a **BGB** kommt dabei auch im ö. D. eine Sonderstellung zu; damit verbunden ist für die betroffenen AN langfristig die Gefahr des Verlustes der Tarifbindung an den TVöD und die Fortgeltung der Zusatzversorgung (vgl. Erl. 7.6. Rn. 480).

7.2.3. Dringlichkeit. Aus dem Tatbestandsmerkmal der **"Dringlichkeit"** 388 folgt, dass die Beendigung des Arbeitsverhältnisses aus diesen – wie auch aus den anderen in § 1 Abs. 2 KSchG genannten – Gründen das **letzte Mittel** (ultima ratio) sein muss, das Arbeitsverhältnis tatsächlich zu beenden. Ob bei Fehlen einer anderweitigen Weiterbeschäftigungsmöglichkeit im Betrieb bzw. Unternehmen die Beendigung des Arbeitsverhältnisses als das "letzte Mittel" für den AG anzusehen und die betriebsbedingte Kündigung damit durch "dringende" betriebliche Erfordernisse "bedingt" ist, bleibt letztendlich eine **Wertungsfrage,** die nur auf Grundlage der Gesamtumstände beantwortet werden kann.

Vor § 34   Abschnitt V. Befrist. u. Beendig. d. Arbeitsverh.

389   Die **„dringenden betrieblichen Erfordernisse"** i. S. d. § 1 Abs. 2 KSchG müssen als eine **gesetzliche Beschränkung des Verhältnismäßigkeitsgrundsatzes** auf die Teilgrundsätze der **Geeignetheit und Erforderlichkeit der jeweiligen Maßnahme** verstanden werden (so auch v. Hoyningen-Huene/Linck, KSchG, § 1, Rn. 724). Daraus folgt, dass bei Feststellung der Dringlichkeit des betrieblichen Erfordernisses nicht darauf abgestellt werden darf, ob ohne die konkrete betriebsbedingte Kündigung der Betrieb etwa völlig an Substanz verlieren oder zusammenbrechen würde. Denn würde die Messlatte für die soziale Rechtfertigung der Kündigung so hoch angesetzt werden, hieße das, dass eine Überprüfung der Kündigungsmaßnahme auf ihre **Verhältnismäßigkeit im engeren Sinne** stattfinden müsste, damit auch eine gerichtliche Auseinandersetzung mit der Frage nach Sinn und Zweck der Unternehmerentscheidung. Diese darf jedoch wegen der Garantie der unternehmerischen Entscheidungsfreiheit in Art. 14 Abs. 1 GG nur auf ihre Willkürlichkeit hin überprüft werden (vgl. oben Rn. 375).

390   Hinzu kommt, dass der gesetzliche Kündigungsschutz durch das KSchG den AN nicht grds. vor jeder Kündigung schützen soll, bzw. kann, sondern im Wesentlichen den Missbrauch des Kündigungsrechts und grundlose Entlassungen verhindern will (ausführl. KR/Griebeling, § 1 KSchG, Rn. 17 ff.). Eine unternehmens- oder wirtschaftslenkende Funktion und damit eine Arbeitsplatzerhaltung um jeden Preis sieht das KSchG nicht vor.

391   **„Dringlichkeit"** der betrieblichen Erfordernisse bedeutet damit, dass die Kündigung im Ergebnis eine **unausweichliche Folge der betrieblichen Erfordernisse** sein muss. Dies ist (nur) dann der Fall, wenn es dem AG nicht möglich ist, der betrieblichen Lage durch andere Maßnahmen auf technischem, organisatorischem oder wirtschaftlichem Gebiet als durch eine Kündigung zu entsprechen (Schaub, § 131, Rn. 13 m. w. N.). Das bedeutet, anders ausgedrückt, dass eine Kündigung dann i. S. v. § 1 Abs. 2 S. 1 KSchG durch dringende betriebliche Erfordernisse bedingt ist, wenn die bislang vom AN ausgeübte Tätigkeit im Betrieb wegfällt oder entbehrlich wird und auch keine Weiterbeschäftigung des gekündigten AN auf einem anderen, freien, vergleichbaren Arbeitsplatz, ggf. zu veränderten Arbeitsbedingungen, ggf. auch nach zumutbaren Umschulungs- oder Fortbildungsmaßnahmen, möglich bzw. dem AG zumutbar ist.

392   Im Einzelfall kommt dabei auch die **Anordnung von Kurzarbeit** als milderes Mittel gegenüber einer betriebsbedingten Kündigung in Betracht, allerdings regelmäßig nur bei einem vorübergehenden Arbeitsmangel. Auch darf nicht übersehen werden, dass selbst nach Einführung von Kurzarbeit betriebsbedingte Kündigungen dann nicht ausgeschlossen sind, wenn über die Gründe hinaus, die zur Einführung der Kurzarbeit geführt haben, weitergehende inner- oder außerbetriebliche Gründe vorliegen, die auf Dauer für den gekündigten AN das Weiterbeschäftigungsbedürfnis entfallen lassen (BAG 26. 6. 1997 – 2 AZR 494/96 = NZA 1997, 1286; vgl. ausführl. Stahlhacke/Preis, Rn. 1020 f.).

393   Die **Einführung von Kurzarbeit im ö. D.** war dagegen schon nach alter Rechtslage **unzulässig**, weil die hierfür notwendige Anlage 5 zu § 15 Abs. 5 BAT von den Tarifpartnern nicht vereinbart worden war. Das Direktionsrecht des AG ist keine ausreichende Rechtsgrundlage für die Einführung von Kurzarbeit: Dies hatte das BAG zur früheren Regelung in § 15 Abs. 5 BAT-O klargestellt (s. BAG 27. 1. 1994 – 6 AZR 541/93 – AP BAT-O § 15 Nr. 1 = NZA 1995, 134; 18. 10. 1994 – 1 AZR 503/33 – AP BGB § 615 Kurzarbeit Nr. 11 = NZA 1995, 1064).

394   **7.2.4. Fehlende Weiterbeschäftigungsmöglichkeit.** Die Frage der **Weiterbeschäftigungsmöglichkeit** des AN, der von einer betriebsbedingten Kündigung bedroht ist, ist damit der zweite **zentrale Prüfungspunkt** im Kündigungs-

Vorbemerkung zu § 34 **Vor § 34**

schutzprozess. Kann nämlich der vom Wegfall des Arbeitsplatzes betroffene AN zu den bisherigen oder auch zu veränderten, dh. schlechteren Bedingungen auf einer anderen freien Stelle im Betrieb oder Unternehmen weiterbeschäftigt werden, liegt nach § 1 Abs. 2 KSchG kein Grund für eine betriebsbedingte Kündigung vor.

Eine Kündigung kommt nach dem hier im Gesetz ausdrücklich verankerten **395** **Verhältnismäßigkeitsgrundsatz** erst in Betracht, soweit keine anderweitige Beschäftigungsmöglichkeit auf einem freien Arbeitsplatz für den AN mehr besteht (st. Rspr., s. BAG 10. 11. 1994 – 2 AZR 242/94 = NZA 1995, 566; s. a. BAG 21. 9. 2000 – 2 AZR 385/99 = NZA 2001, 535, 538 und v. 24. 6. 2004 – 2 AZR 326/03 = NZA 2004, 1268, 1270; vgl. ausführl. Kiel/Koch, Die betriebsbedingte Kündigung, Rn. 204 ff.). Das Arbeitsverhältnis kann folglich nur dann wirksam beendet werden, wenn auch in einem anderen Betrieb des Unternehmens keine Weiterbeschäftigungsmöglichkeit mehr vorhanden ist – unabhängig von einem deswegen erhobenen Widerspruch des Betriebsrats bzw. Personalrats (vgl. BAG 17. 5. 1984 – 2 AZR 109/83 = NZA 1985, 489).

Der **Kündigungsschutz ist** nach dem klaren Wortlaut des § 1 Abs. 2 S. 2, 3 **396** KSchG insoweit, hinsichtlich der Frage nach einer anderweitigen Beschäftigungsmöglichkeit also, **unternehmensbezogen** und nicht nur betriebsbezogen. Er ist dagegen grds. **nicht konzernbezogen** (zu den Ausnahmen und zu dieser Problematik überhaupt: BAG 13. 6. 2002 – 2 AZR 327/01 = NZA 2002, 1147, 18. 9. 2003 – 2 AZR 79/02 = NZA 2004, 375, 23. 11. 2004 – 2 AZR 24/04 = NZA 2005, 929, 23. 3. 2006 – 2 AZR 162/05 = NZA 2007, 30; Schaub, § 131, Rn. 17; ausführl. Kukat, BB 2000, 1242). Die Zumutbarkeitsgrenze für eine Weiterbeschäftigungspflicht des AN kann erst dort gezogen werden, wo der AG die Kündigung als Ultima Ratio in seinem ganzen Unternehmen nicht mehr vermeiden kann.

Die gleichen Grundsätze gelten für die **Arbeitgeber im ö. D.:** Die **Gesamt-** **397** **heit der Dienststellen desselben Verwaltungszweigs** im ö. D. entspricht dem **Unternehmensbegriff** in der Privatwirtschaft, vgl. § 1 Abs. 2 S. 2 Nr. 2, b KSchG. Das bedeutet, dass die Weiterbeschäftigungspflicht auch im ö. D. **unternehmensbezogen** zu verstehen ist; der AG ist zur Weiterbeschäftigung des AN an einem freien Arbeitsplatz auch in einer anderen Dienststelle des Verwaltungszweigs unabhängig davon verpflichtet, ob der Personalrat deswegen Einwendungen erhoben hat. Die Weiterbeschäftigungspflicht im ö. D. erstreckt sich damit **dienststellenübergreifend** auf Arbeitsplätze in derselben Dienststelle oder in einer anderen Dienststelle desselben Verwaltungszweigs an demselben Dienstort einschließlich seines Einzugsgebiets (s. BAG 17. 5. 1984 – 2 AZR 109/83 = NZA 1985, 489; 6. 2. 1997 – 2 AZR 50/96 n. v.; sog. dienststellenübergreifende Weiterbeschäftigungspflicht; ausführl. und instruktiv BAG 25. 4. 2002 – 2 AZR 260/01 = NZA 2003, 605 zur Weiterbeschäftigung eines Hausmeisters als Kraftfahrer; vgl. auch Lingemann/Grothe, NZA 1999, 1072, 1074).

7.2.4.1. Freier vergleichbarer Arbeitsplatz. Die Möglichkeit einer **ander-** **398** **weitigen Beschäftigung** des AN setzt das Vorhandensein eines **freien Arbeitsplatzes** voraus, da der AG nicht verpflichtet ist, einen anderen Arbeitsplatz zu schaffen oder frei zu kündigen. Bei der betriebsbedingten Kündigung stellt sich die Frage der anderweitigen Beschäftigungsmöglichkeit dabei zunächst unabhängig von der Durchführung der **Sozialauswahl** gem. § 1 Abs. 3 KSchG. Diese muss hiervon also strikt unterschieden werden.

Nach **§ 1 Abs. 2 S. 2 Nr. 1 Buchst. b KSchG** ist die Kündigung auch sozial **399** ungerechtfertigt, wenn in Betrieben des privaten Rechts der AN an einem anderen Arbeitsplatz in demselben Betrieb oder in einem anderen Betrieb des Unternehmens weiterbeschäftigt werden kann. Diese **Weiterbeschäftigungspflicht** gilt unabhängig davon, ob ein Widerspruch des zuständigen Betriebsrats vorliegt. Die Weiterbeschäftigung muss aber sowohl dem AN als auch dem AG **objektiv möglich und zumutbar** sein. Dies setzt voraus, dass ein freier vergleichbarer (gleichwertiger) Arbeitsplatz oder ein freier Arbeitsplatz zu geänderten (schlechteren) Arbeitsbedingungen vorhanden ist und der AN über die hierfür erforderlichen Fähigkeiten und Kenntnisse verfügt. Dabei unterliegt die **Gestaltung des Anforderungsprofils** für den freien Arbeitsplatz der lediglich auf offenbare Unsachlichkeit zu überprüfenden Unternehmerdisposition des AG. Soweit für die sachgerechte Erledigung der Arbeitsaufgabe bestimmte persönliche oder sachliche Voraussetzungen erforderlich sind, kann die unternehmerische Entscheidung, welche Anforderungen an den Stelleninhaber zu stellen sind, nur auf offenbare Unsachlichkeit gerichtlich überprüft werden. Die Entscheidung des AG, bestimmte Tätigkeiten nur von AN mit bestimmten Qualifikationen ausführen zu lassen, ist von den Arbeitsgerichten grundsätzlich jedenfalls dann zu respektieren, wenn die Qualifikationsmerkmale einen nachvollziehbaren Bezug zur Organisation der auszuführenden Arbeiten haben. Etwas anderes gilt hingegen bei der Festlegung rein persönlicher Merkmale ohne hinreichenden Bezug zur konkreten Arbeitsaufgabe (so BAG 24. 6. 2004 – 2 AZR 326/03 = NZA 2004, 1268 m. w. N, zuvor z. B. 25. 4. 2002 – 2 AZR 260/01 = NZA 2003, 605).

400 Der AG ist allerdings **nicht** verpflichtet, dem AN eine **Beförderungsstelle** anzubieten (BAG 15. 12. 1994 – 2 AZR 327/94 = NZA 1995, 521, 525, 21. 9. 2000 – 2 AZR 385/99 = NZA 2001, 535, 539).

401 **Vergleichbar im ö. D.** ist grds. ein Arbeitsplatz, der der **bisherigen Vergütungsgruppe** des AN entspricht, wenn sich durch die neue Tätigkeit die bisherige Eingruppierung des AN also nicht ändert. Für die Vergleichbarkeit der Tätigkeiten der AN kommt es dabei auf einen **Gesamtvergleich** an (s. BAG NZA 1989, 593). Einzelne Arbeitsvorgänge allein können insofern eine Vergleichbarkeit nicht begründen. Vielmehr ist die überwiegend auszuübende Tätigkeit entscheidend. Bewertungsmaßstab ist dabei die Verkehrsanschauung. Soweit die tariflichen Vergütungsordnungen Bewertungs- und Tätigkeitsmerkmale enthalten, sind diese unbeschadet der Frage ihrer Anwendbarkeit im konkreten Fall heranzuziehen. Auch im Tarifgefüge der einzelnen Vergütungsgruppen und Fallgruppen lassen sich regelmäßig Bewertungsunterschiede der Tarifvertragsparteien für die Tätigkeiten herauslesen.

402 Was die Tarifpartner im ö. D. unter einem **gleichwertigen** Arbeitsplatz bei Arbeitsplatzwegfall verstehen, haben sie etwa im Rationalisierungsschutztarifvertrag v. 9. 1. 1987 in § 3 Abs. 2 – Arbeitsplatzsicherung – geregelt, der für das Tarifgebiet West gilt. Ist allerdings eine solche **vergleichbare** Beschäftigungsmöglichkeit nicht gegeben – also kein Arbeitsplatz frei, der der bisherigen Vergütungsgruppe des AN entspricht – ist weiter zu prüfen, ob der AG den AN auch zu **geänderten,** d. h. schlechteren **Bedingungen** (Beispiel: niedrigere Vergütungsgruppe) weiterbeschäftigen werden kann. Denn nach § 1 Abs. 2 S. 2, 3 KSchG ist die Kündigung auch dann unwirksam, wenn die Weiterbeschäftigung des AN, ggf. nach zumutbaren Umschulungs- oder Fortbildungsmaßnahmen unter geänderten Bedingungen möglich ist und er hierzu sein **Einverständnis** erklärt hat.

403 Letztlich bestimmt also der Unternehmer unter Beachtung der Gesetze, Tarifverträge und Dienstvereinbarungen darüber, wie er seine Arbeit erfüllen will und mit welchem Personalbestand diese Aufgaben erledigt werden sollen. Nur im Ausnahmefall, etwa bei **drittfinanzierten Arbeitsplätzen,** besitzt auch der Drittmittelgeber die Einflussmöglichkeit, das Anforderungsprofil der Mitarbeiter konkret mit festzulegen (BAG 7. 11. 1996 – 2 AZR 811/95 = NZA 1997, 253). Im Nor-

Vorbemerkung zu § 34   Vor § 34

malfall ist es aber Ausfluss der unternehmerischen Entscheidungsfreiheit, Tätigkeitsmerkmale festzulegen und insofern bestimmte Mindestqualifikationen für Arbeitsplätze festzulegen.

Beispiel: Im Unternehmen XY war die Klägerin als Raumausstattungsmeisterin beschäftigt. Vergütet wurde sie nach VergGr. IV b BAT. Nach betriebsbedingter Schließung der Abteilung stritten die Parteien darüber, ob die Klägerin als Sozialpädagogin in der Integrationswerkstatt weiterbeschäftigt werden könnte. Das beklagte Unternehmen lehnte dies ab, weil die Klägerin nicht über eine hierfür notwendige Ausbildung als Fachkraft in Sozialpädagogik verfüge. Die Klägerin bestritt dies, sie hatte nämlich in der Zwischenzeit ein Studium der Sozialpädagogik begonnen und bereits ihre Diplomvorprüfung abgelegt. Das Mitbestimmungsverfahren beim Personalrat war ordnungsgemäß vor Ausspruch der Kündigung durchgeführt worden. Das BAG hat entschieden, dass die Kündigung der AN wirksam war, wobei festgestellt wurde, dass die Klägerin im Zeitpunkt der Kündigung (auf den es entscheidend ankommt!) nicht die Qualifikation für die Stelle besessen habe wie eine andere AN, die für die neue Stelle eingestellt worden war. Damit hat das BAG seine Rspr. bestätigt, wonach es grds. von der Entscheidung des AG abhängt, das Anforderungsprofil für einen eingerichteten Arbeitsplatz festzulegen (7. 11. 1996, NZA 1997, 253, grds. bestätigt und fortgeführt mit 24. 6. 2004 – 2 AZR 326/02 = NZA 2004, 1268).   **404**

Dies gilt ebenso für den **AG des ö. D.** (vgl. instruktiv BAG 25. 4. 2002 – 2 AZR 260/01 = NZA 2003, 605; zuvor bereits 21. 9. 2000 – 2 AZR 440/90 = NZA 2001, 255). Zur dort getroffenen **Organisationsentscheidung** des öffentlichen AG, nämlich **eine Angestelltenstelle,** auf der hoheitliche Aufgaben erledigt werden, **in eine Beamtenstelle umzuwandeln,** hat das BAG klargestellt, dass diese ein dringendes betriebliches Erfordernis zur Kündigung des Angestellten darstellen kann, wenn nunmehr die Besetzung der Stelle mit einem Beamten erfolgen soll und dem Angestellten deshalb gekündigt wird. Diese Rechtsprechung ist jedoch nicht ohne weiteres auf den Fall übertragbar, dass ein Angestellter bei einer Behörde hoheitliche Tätigkeiten verrichtet, seine Stelle später als Beamtenstelle ausgewiesen und anderweitig besetzt wird, obwohl der bisherige Stelleninhaber die Voraussetzungen für eine Berufung in das Beamtenverhältnis erfüllt (BAG, NZA 2001, 255). **Allein durch die Umwandlung einer Stelle im ö. D. oder die bloße Umgestaltung eines Arbeitsplatzes in der Privatwirtschaft entfällt** nämlich **nicht** schon **ohne weiteres auch** der bisherige **Beschäftigungsbedarf.** Der kündigungsschutzrechtliche Bestandsschutz gewährt dem AN zwar regelmäßig keinen Anspruch auf Beförderung. Hat der AG jedoch für eine bestimmte Tätigkeit eine Einstellungsentscheidung getroffen und bleibt die Tätigkeit im Wesentlichen bestehen, liegen allein auf Grund einer Umwidmung dieser Stelle in eine Beförderungsstelle keine dringenden betrieblichen Erfordernisse zur Kündigung vor; die abzudeckende Arbeitskapazität bleibt dieselbe.   **405**

Entschließt sich der AG trotz fortbestehender Beschäftigungsmöglichkeit, einen bisher beschäftigten AN durch einen anderen zu ersetzen, so handelt es sich um eine nach § 1 Abs. 1, 2 KSchG **unwirksame Austauschkündigung** (vgl. grdl. BAG 26. 9. 1996 – 2 AZR 200/96 = NZA 1997, 202). Zwar hat der bisher im Angestelltenverhältnis mit bestimmten Aufgaben im öffentlichen Dienst Beschäftigte nach Umwandlung seiner Stelle in eine Beamtenstelle regelmäßig keinen Anspruch auf seine Ernennung als Beamter. Dies bedeutet jedoch nicht, dass der öffentliche AG eine Kündigung in der Weise vornehmen darf, dass er dem Angestellten, der für eine Besetzung der Beamtenstelle geeignet ist, betriebsbedingt kündigt, um die Stelle anderweitig mit einem aus seiner Sicht besser geeigneten (etwa externen) Bewerber zu besetzen. Eine Kündigung, die einzig dem Zweck dient, vorhandene geeignete AN durch etwa noch besser geeignete zu ersetzen, ist unzulässig (BAG 21. 9. 2000 – 2 AZR 440/99 = NZA 2001, 255, unter Hinweis   **406** auf BAG 20. 3. 1997 – 8 AZR 829/95 = NZA 1998, 201 zur Kündigung wegen Nichtübernahme eines Hochschuldozenten, ebenso 6. 12. 2001 – 2 AZR 695/00 = NZA 2002, 927).

407 Diese Rspr. hat das BAG mit Urt. v. 16. 12. 2004 – 2 AZR 66/04 = NZA 2005, 761, 763 ausdrücklich bestätigt, wenn es dort ausführt, dass zwar die Vergabe von bisher im Betrieb durchgeführten Arbeiten an ein anderes Unternehmen als betriebsbedingter Kündigungsgrund grds. anerkannt ist, allerdings diese Arbeiten dem anderen Unternehmen zur selbstständigen Durchführung übertragen werden müssen. Werden hingegen die bislang von den AN des Betriebs ausgeführten Tätigkeiten nicht zur selbstständigen Erledigung auf den Dritten übertragen, so führt eine solche organisatorische Gestaltung noch nicht zum Wegfall der bisherigen betrieblichen Arbeitsplätze; es liegt dann vielmehr eine **unzulässige** sog. **Austauschkündigung** vor.

408 Zu den **freien Arbeitsplätzen** gehören zunächst solche, die zum Zeitpunkt des Wirksamwerdens der Kündigung **unbesetzt** sind. Dabei kann sich der AG nach dem Rechtsgedanken des § 162 BGB nicht auf einen von ihm selbst **treuwidrig** durch eine **vorgezogene Stellenbesetzung** verursachten Wegfall freier Arbeitsplätze im Kündigungszeitpunkt berufen (vgl. 15. 8. 2002 – 2 AZR 195/01 = NZA 2003, 430 m. w. N.). Er hat es nicht in der Hand, den Kündigungsschutz des AN dadurch leer laufen zu lassen, dass er zunächst einen freien Arbeitsplatz besetzt und erst später eine Beendigungskündigung wegen einer fehlenden Weiterbeschäftigungsmöglichkeit ausspricht. Erfolgen die Besetzung der freien Stelle und die Kündigung auf Grund eines einheitlichen Entschlusses, so sind beide Erklärungen des AG bei der Prüfung der Voraussetzungen des § 1 Abs. 2 S. 2 KSchG auch als Einheit zu würdigen. Ein treuwidriges, weil rechtsmissbräuchliches Verhalten liegt insbesondere dann vor, wenn für den AG zum Zeitpunkt der Stellenbesetzung ein Auslaufen der Beschäftigungsmöglichkeiten für den später gekündigten AN bereits absehbar war (s. BAG 25. 4. 2002 – 2 AZR 260/01 = NZA 2003, 605; 24. 11. 2005 – 2 AZR 514/04 = NZA 2006, 665 zur Kündigung wegen langanhaltender Krankheit).

409 Kann der AG mit hinreichender Sicherheit davon ausgehen, dass ein Arbeitsplatz bis zum Auslaufen der tariflichen oder gesetzlichen Kündigungsfrist bzw. unmittelbar danach zur Verfügung stehen wird, ist ein solcher Arbeitsplatz ebenfalls als ein „freier" anzusehen (so zu Recht BAG 15. 12. 1994 – 2 AZR 327/94 = NZA 1995, 521, 525). Daraus folgt, dass bei der Frage der Weiterbeschäftigungsmöglichkeit des AN auch solche Arbeitsplätze berücksichtigt werden müssen, die **in absehbarer Zeit frei** werden, sofern die Überbrückung dieses Zeitraums dem AG zumutbar ist:

410 Zur **Überbrückung** bis zum Freiwerden einer geeigneten Stelle ist mindestens der Zeitraum **zumutbar,** den ein anderer Stellenbewerber zur Einarbeitung benötigen würde, wobei je nach den Umständen eine Probezeitvereinbarung als Anhaltspunkt für die Bemessung einer Einarbeitungszeit herangezogen werden könnte (so BAG, NZA 1995, 521, 525, wo zwei Monate für grds. zumutbar erachtet wurden; vgl. zum ähnlichen Problem bei der Sozialauswahl BAG, NZA 1986, 64 u. Erl. 7.2.6.1.).

Der AG muss damit etwa auch eine Weiterbeschäftigungsmöglichkeit des AN auf solchen vergleichbaren Arbeitsplätzen in seine Überlegungen miteinbeziehen, die von noch in der Probezeit befindlichen AN besetzt sind. Das Merkmal der Zumutbarkeit muss in diesem Zusammenhang weit ausgelegt werden. Das ergibt sich bereits aus der gesetzlichen Verpflichtung des AG, auch mögliche Umschulungs- oder Fortbildungsmaßnahmen zu prüfen, um den AN ggf. auf einem anderen Arbeitsplatz weiterbeschäftigen zu können.

Vorbemerkung zu § 34

"Frei" sind an sich auch Arbeitsplätze, die von **Leiharbeitnehmern** besetzt, 411
aber auch von dem zur Entlassung Anstehenden ausgefüllt werden können (so
grds. zutr. Stahlhacke/Preis, Rn. 1006 m. w. N.). Anderes dürfte nach der Rspr.
des BAG jedoch gelten, wenn dem ein entsprechendes organisatorisches Konzept
des AG entgegensteht, bestimmte Arbeitsplätze – dauerhaft – gerade nicht mit
eigenen Arbeitskräften zu besetzen (so Schaub, § 131, Rn. 23, KR-Griebeling, § 9
KSchG, Rn. 219, jew. m. w. N.).

7.2.4.2. Umschulungs- oder Fortbildungsmaßnahmen. Die betriebsbe- 412
dingte Kündigung ist gem. § 1 Abs. 2 S. 3 KSchG auch dann sozialwidrig, wenn
die Weiterbeschäftigung des AN nach **zumutbaren Umschulungs- oder Fortbildungsmaßnahmen** dem AG möglich ist und der AN sich hiermit einverstanden erklärt hat. Ein Widerspruch des Personal- oder Betriebsrats ist auch insoweit
entbehrlich. Da das KSchG diese Begriffe nicht näher umschreibt, kann auf die
Definitionen in § 1 BBiG n. F. als Orientierungspunkt zurückgegriffen werden.
Danach soll die Umschulungsmaßnahme zu einer anderen beruflichen Tätigkeit
befähigen (Abs. 5), während Fortbildungsmaßnahmen nach Abs. 4 es ermöglichen
sollen, die berufliche Handlungsfähigkeit des AN zu erhalten und anzupassen oder
zu erweitern und beruflich aufzusteigen. Sofern das Einverständnis des AN vorliegt, sollte der AG jedoch **jede Bildungsmaßnahme** im weitesten Sinne in Betracht ziehen, um die Weiterbeschäftigung des AN zu ermöglichen, sofern er das
Anforderungsprofil der jeweiligen Stelle erfüllen kann. Dies folgt aus dem Grundsatz der Verhältnismäßigkeit.

Der AG muss dem AN jedoch **nur** dann eine Bildungsmaßnahme anbieten, 413
wenn die hohe Wahrscheinlichkeit besteht, dass er ihn nach erfolgreicher Teilnahme der Maßnahme auf einem **geeigneten freien Arbeitsplatz** weiterbeschäftigen kann. Auch in diesem Fall hängt die Weiterbeschäftigungsmöglichkeit damit
in erster Linie wieder davon ab, ob überhaupt ein Ersatzarbeitsplatz für den AN
vorhanden ist oder unmittelbar nach Beendigung der Umschulungs- oder Fortbildungsmöglichkeit frei wird (vgl. BAG 7. 2. 1991 – 2 AZR 205/90 = NZA 1991,
806, sowie bereits v. 29. 7. 1976 = AP ZPO § 373 Nr. 1). In Zeiten allgemeinen
Personalabbaus und Stellenstreichung in den Haushalts- und Stellenplänen ist die
Möglichkeit, über diesen Weg betriebsbedingte Kündigungen vermeiden zu können, jedoch heutzutage (leider) als gering einzuschätzen.

Selbst wenn ein entsprechender Arbeitsplatz frei ist bzw. alsbald frei wird, der 414
auch wiederbesetzt werden soll, hat der AN nicht stets einen durchsetzbaren Anspruch auf eine damit verbundene Fortbildungs- oder Umschulungsmaßnahme.
Denn im Rahmen der unternehmerischen Entscheidungsfreiheit hat der AG das
Recht, abzuwägen, ob und unter welchen Bedingungen er den in Betracht kommenden Arbeitsplatz wiederbesetzen möchte. Von Bedeutung für die Frage der
Zumutbarkeit der Bildungsmaßnahme sind etwa die dadurch dem AG entstehenden Kosten sowie die zeitliche Dauer der jeweiligen Umschulungs- oder
Fortbildungsmaßnahme und deren Erfolgsaussichten angesichts von Alter und
Bildungsstand des AN (s. Stahlhacke/Preis, Rn. 1017 f.; Kiel/Koch, Die betriebsbedingte Kündigung, Rn. 244 ff.). Im Tarifvertrag über den Rationalisierungsschutz für Angestellte v. 9. 1. 1987 ist in § 4 jedoch geregelt, dass bei Erforderlichkeit der Maßnahme der AG diese auf seine Kosten durchzuführen hat. Der AN ist
dabei für längstens zwölf Monate unter Fortzahlung der Vergütung von der Arbeit
freizustellen, § 4 Abs. 2 des TV.

7.2.4.3. Änderungskündigung. Eine sog. „**defensive**" Änderungskündi- 415
gung liegt vor, wenn der AG gegenüber dem AN seiner Pflicht zur anderweitigen
Beschäftigung nachkommen will, um eine sonst ggf. nach § 1 Abs. 2 S. 2, 3

Vor § 34 Abschnitt V. Befrist. u. Beendig. d. Arbeitsverh.

KSchG sozial ungerechtfertigte Beendigungskündigung zu vermeiden (s. Berkowsky, NZA-RR 2003, 449). Davon begrifflich zu unterscheiden ist danach die sog. „offensive" Änderungskündigung, mit der der AG beabsichtigt, den AN im eigenen Interesse künftig mit anderen Aufgaben als bisher zu betrauen, bzw. überhaupt sein Arbeitsverhältnis inhaltlich abzuändern (vgl. Erl. 3.3. Rn. 47).

416 Gerade bei der betriebsbedingten Kündigung hat der AG vor Anspruch einer Kündigung den Verhältnismäßigkeitsgrundsatz zu beachten. Danach kommt eine Kündigung nur in Betracht, soweit **keine anderweitige Beschäftigungsmöglichkeit** auf einem freien Arbeitsplatz für den AN besteht, **auch nicht zu schlechteren Arbeitsbedingungen** (vgl. Erl. 7.2.4.1. Rn. 398).

417 Liegt der (in der Praxis eher seltene) Ausnahmefall vor, dass der AN auf einem anderen freien gleichwertigen Arbeitsplatz weiterbeschäftigt werden kann, braucht der AG im Regelfall keine Änderungskündigung i. S. d. § 2 KSchG auszusprechen. Kann der AG den AN zwar weiterbeschäftigen, jedoch nur zu verschlechterten Bedingungen (z. B. mit Tätigkeiten einer niedrigeren Gehaltsgruppe oder nur/aber noch in Teilzeit statt in vollem Umfang), so muss er eine Änderungskündigung aussprechen. Denn das **Direktionsrecht** des AG (§ 106 GewO, s. a. § 4) umfasst insbes. nicht die Übertragung einer Tätigkeit, die geringerwertige Qualifikationsmerkmale einer Vergütungsgruppe erfüllt und z. B. früher nur im Wege des Bewährungsaufstiegs die Eingruppierung in die urspr. maßgebliche Gehaltsgruppe ermöglichte. Ist, wie im Regelfall, die Tätigkeit eines AN des ö. D. im Arbeitsvertrag nicht näher (z. B. nach einer bestimmten Entgelt- oder Fallgruppe) konkretisiert, kann der AG dem AN unter Berücksichtigung billigen Ermessens nach § 315 BGB jede Tätigkeit zuweisen, die der vereinbarten Entgelt- bzw. Vergütungsgruppe entspricht. Das folgt insbes. aus der dem früheren § 12 BAT/-O nun entsprechenden Regelung in § 4. Für eine Herabgruppierung muss ihm dagegen eine Änderungskündigung ausgesprochen werden (vgl. BAG 23. 11. 2004 – 2 AZR 38/04 = NZA 2005, 986).

418 Das BAG hatte bereits am 27. 9. 1984 – 2 AZR 62/83 = NZA 1985, 455 (im Wege der Rechtsfortbildung) für die Praxis bedeutsame, von ihr zu beachtende Leit- und **Grundsätze zum Vorrang einer Änderungskündigung vor einer Beendigungskündigung** aufgestellt.

Diese Rspr. hat es mit zwei Urteilen v. 21. 4. 2005 – 2 AZR 132/04 und 2 AZR 244/04 = NZA 2005, 1289 und 1294 teilweise aufgegeben, in Frage gestellt, bzw. abgewandelt. Nach den diesen Urteilen vorangestellten Orientierungs- bzw. Leitsätzen gilt nunmehr grds. Folgendes:

419 Eine ordentliche Beendigungskündigung ist nach dem Grundsatz der Verhältnismäßigkeit ausgeschlossen, wenn die Möglichkeit besteht, den AN auf einem anderen freien Arbeitsplatz auch zu geänderten Arbeitsbedingungen weiterzubeschäftigen.

Eine solche Weiterbeschäftigungsmöglichkeit hat der AG dem AN anzubieten. Das **Änderungsangebot** kann lediglich in Extremfällen unterbleiben, wenn der AG bei vernünftiger Betrachtung nicht mit einer Annahme des neuen Vertragsangebots rechnen kann (z. B. offensichtlich völlig unterwertige Beschäftigung, etwa das Angebot einer Pförtnerstelle an den bisherigen Personalleiter). Regelmäßig aber hat der AN selbst zu entscheiden, ob er eine Weiterbeschäftigung zu möglicherweise erheblich verschlechterten Arbeitsbedingungen für zumutbar hält oder nicht. Der AG kann Angebot und Kündigung miteinander verbinden, indem er ohne vorherige Verhandlungen dem AN sofort eine Änderungskündigung ausspricht.

420 Macht der AG vor Ausspruch einer Kündigung dem AN das Angebot, den Vertrag der noch bestehenden Weiterbeschäftigungsmöglichkeit anzupassen, und **lehnt der AN** dieses Angebot **ab,** so ist der AG regelmäßig nach dem Verhält-

nismäßigkeitsgrundsatz verpflichtet, trotzdem eine Änderungskündigung auszusprechen. Eine Beendigungskündigung ist nur dann zulässig, wenn der AN zuvor unmissverständlich und endgültig zum Ausdruck gebracht hat, er werde die geänderten Arbeitsbedingungen im Fall des Ausspruchs einer Änderungskündigung nicht, auch nicht unter dem Vorbehalt ihrer sozialen Rechtfertigung annehmen; die Darlegungs- und Beweislast hierfür trägt der AG.

Spricht der AG ohne vorheriges oder gleichzeitiges Angebot der geänderten Arbeitsbedingungen sofort eine Beendigungskündigung aus, so ist diese Kündigung regelmäßig sozialwidrig. Es unterliegt Bedenken, in derartigen Fällen fiktiv zu prüfen, ob der AN die geänderten Arbeitsbedingungen bei einem entsprechenden Angebot vor oder mit Ausspruch der Kündigung zumindest unter Vorbehalt angenommen hätte. 421

Diese neue Rspr. wird (z. T. höchst kritisch) besprochen u. a. von Berkowsky, NZA 2006, 697; Bauer/Winzer, BB 2006, 266; Lelley/Sabin, mit einer „Tabelle" über die wesentlichen Schritte bei betriebsbedingten Kündigungen nach dieser neuen Rspr. DB 2006, 1110; Kock, NJW 2006, 728; Annuß, NJW 2006, 2153; Strybuy, FA 2005, 362. 422

Das BAG hat diese Rechtsprechung fortgeführt und weiter konkretisiert (BAG 21. 9. 2006 – 2 AZR 607/05 = NZA 2007, 431).

Aus diesen vom BAG aufgestellten Grundsätzen zum Vorrang der Änderungskündigung folgt, dass bei Feststellung eines freien, geeigneten und zumutbaren Arbeitsplatzes für den AN dessen Bereitschaft zu erfragen ist, ein entsprechendes Angebot zur Weiterbeschäftigung unter ungünstigeren Bedingungen anzunehmen. Kann die mögliche und erstrebte Änderung der Arbeitsbedingungen nicht einvernehmlich (schriftlich) vereinbart und auch nicht mittels des Weisungsrechts des AG umgesetzt werden, so ist der AG gehalten, eine (betriebsbedingte) Änderungskündigung i. S. d. §§ 1 Abs. 2 S. 2, 2 KSchG auszusprechen. 423

Nach der Rspr. muss auch eine Änderungskündigung mit dem Angebot, auf einem anderen Arbeitsplatz **zeitlich befristet** weiterzuarbeiten, als Änderungskündigung nach Maßgabe des § 2 KSchG angeboten werden (s. BAG 25. 4. 1996 – 2 AZR 609/95 = NZA 1996, 1197 bestätigt durch 8. 7. 1998 – 7 AZR 245/97 = NZA 1999, 81). Zum weiteren Fall der Änderungskündigung zur zeitlich befristeten Änderung einzelner Vertragsbedingungen siehe v. Hoyningen-Huene/Linck, KSchG, § 2, Rn. 23 m. w. N. 424

Im Übrigen gelten für eine **Änderungskündigung** dieselben Grundsätze, wie für andere Kündigungen. Auch sie ist eine Kündigung des Arbeitsverhältnisses, allerdings verbunden mit dem Angebot an den AN, unter geänderten Bedingungen (ggf. auch befristet) weiterbeschäftigt zu werden. Insbes. die Beteiligungsrechte der Personal- und Betriebsräte sind also auch bei Änderungskündigungen zu beachten, ggf. auch unter dem Gesichtspunkt einer damit verbundenen Versetzung und/oder Umgruppierung. 425

Zu betriebsbedingten Änderungskündigungen und den (sehr strengen) Anforderungen, die das BAG daran im Allgemeinen stellt aus neuerer Zeit z. B. 27. 3. 2003 – 2 AZR 74/02 = NZA 2003, 1029: Anpassung von Nebenabreden; 22. 4. 2004 – 2 AZR 385/03 = NZA 2004, 1158: Umgestaltung der Arbeitsabläufe und Arbeitszeitgestaltung, 23. 6. 2005 – 2 AZR 642/04 = NZA 2006, 92: Absenkung der Vergütung bei verändertem Anforderungsprofil – instruktiv, m. w. N. –, 12. 1. 2006 – 2 AZR 126/05 = NZA 2006, 1115: Entgeltabsenkung im Leiharbeitsverhältnis und 2. 3. 2006 – 2 AZR 64/05 = NZA 2006, 985: außerordentliche Änderungskündigung bei tariflicher Unkündbarkeit; zu allem z. B. Annuß, NZA 2005, 443; Reiserer/Ponietzka, BB 2006, 1109; Schrader/Straube, DB 2006, 1678; Bröhl BB 2007, 437. 426

Vor § 34   Abschnitt V. Befrist. u. Beendig. d. Arbeitsverh.

427 **7.2.5. Interessenabwägung.** Eine **allgemeine Interessenabwägung findet bei der betriebsbedingten Kündigung** – im Ggs. zu den Kündigungen aus verhaltens- oder personenbedingten Gründen – nach weit verbreiteter Ansicht gar nicht (so z. B. Schaub, § 131, Rn. 33; v. Hoyningen-Huene/Linck, § 1 KSchG, Rn. 201; Kiel/Koch, Die betriebsbedingte Kündigung, Rn. 277 ff.), richtigerweise **nur in sehr beschränktem Umfang statt:** Wenn überhaupt, so allenfalls in (sehr) seltenen, praktisch kaum relevanten Ausnahmefällen kann danach eine „an sich" betriebsbedingt gerechtfertigte Kündigung wegen besonderer Schutzbedürftigkeit des AN („unzumutbare soziale Härte") aufgrund schwerwiegender persönlicher Umstände unwirksam sein (so BAG 30. 4. 1987 – 2 AZR 184/86 = NZA 1987, 776 und 9. 12. 1991 – 2 AZR 402/91 = RzK I 5 c Nr. 41; zurückhaltend zuletzt 20. 1. 2005 – 2 AZR 500/03 = NZA 2005, 687 und 16. 6. 2005 – 6 AZR 476/04 = NZA 2006, 270; s. a. KR-Griebeling, § 1 KSchG, Rn. 547 ff.).

428 Den Gerichten ist es danach verwehrt, im Zusammenhang mit der Kündigung erwartete Vor- und Nachteile der Unternehmerentscheidung abzuwägen und zu prüfen, ob sie auch aus Sichtweise des AN in einem vernünftigen sachgerechten Verhältnis zueinander stehen. Die Interessen des AN sind bei der betriebsbedingten Kündigung im Rahmen der vorzunehmenden Sozialauswahl nach § 1 Abs. 3 KSchG zu berücksichtigen und darüber im Regelfall auch hinreichend geschützt.

429 **7.2.6. Soziale Auswahl.** Sofern ein dringendes betriebliches Erfordernis i. S. d. § 1 Abs. 2 S. 1 KSchG vorliegt, sind bei der Auswahl der zu entlassenden AN gem. § 1 Abs. 3 KSchG die sozialen Gesichtspunkte ausreichend zu berücksichtigen. Auch bei einer betriebsbedingten Änderungskündigung ist eine solche soziale Auswahl vorzunehmen (Beispiel: Arbeitszeitgestaltung von Voll- und Teilzeitbeschäftigten, s. BAG 24. 4. 1997 – 2 AZR 352/96 = NZA 1997, 1047). Der Gesetzgeber hat sich im Rahmen des § 1 Abs. 3 KSchG für das **Prinzip der geringsten sozialen Schutzbedürftigkeit** entschieden, wenn es darum geht, einen konkreten AN betriebsbedingt kündigen zu müssen.

430 Die Regelungen zur Sozialauswahl sind durch das „Gesetz zu Reformen am Arbeitsmarkt" v. 24. 12. 2003 geändert und (nahezu wortgleich) wieder zu dem Rechtszustand zurückgeführt worden, der aufgrund des BeschäftigungsförderungsG v. 13. 9. 1996 in der Zeit vom 1. 10. 1996 bis zum 31. 12. 1998 schon einmal bestand (vgl. Rn. 7).

Die zu dieser damals nahezu gleichlautenden Fassung des KSchG ergangene Rspr. wird daher weitgehend auch heute zu der seit dem 1. 1. 2004 wieder geltenden Rechtslage herangezogen werden können.

431 Ein zentraler Punkt der Gesetzesnovellierung ist die **Beschränkung** und Konkretisierung **der** Kriterien, nach denen der AG die **Sozialauswahl** vorzunehmen hat auf nur noch vier sog. „**Grund- oder Kerndaten**" in § 1 Abs. 3 S. 1 KSchG (Rn. 389).

432 Die andere Neuregelung betrifft die „**Überwindung der Sozialauswahl**", d. h. die Frage, welche AN der AG trotz ihrer an sich geringeren sozialen Schutzbedürftigkeit aufgrund seiner dem entgegenstehenden betrieblichen Interessen aus der Sozialauswahl herausnehmen kann und damit letztlich nicht zu kündigen braucht, § 1 Abs. 3 S. 2 KSchG (dazu Erl. 7.2.6.3. Rn. 457). Zur Sozialauswahl nach neuem Recht ausführl. Lunk, NZA Beil. 1/2005, 41.

433 Der AG hat die **Sozialauswahl** nach § 1 Abs. 3 KSchG **in drei Schritten** vorzunehmen:

(1) Zunächst muss er den **Kreis der vergleichbaren AN ermitteln** und festlegen, wer überhaupt in die Sozialauswahl einzubeziehen ist.

(2) In einem zweiten Schritt hat der AG die soziale Auswahl nach den im Gesetz genannten **sozialen** Gesichtspunkten vorzunehmen, d. h., die jeweiligen **Kriterien** zu **gewichten** und zueinander ins Verhältnis zu setzen und festzustellen, welcher AN danach am wenigsten schutzbedürftig ist.

(3) Schließlich kann der AG prüfen, ob in die soziale Auswahl nach S. 1 solche AN nicht einzubeziehen sind, deren Weiterbeschäftigung, insbes. wegen ihrer Kenntnisse, Fähigkeiten und Leistungen oder zur Sicherung einer ausgewogenen Personalstruktur des Betriebes, im berechtigten betrieblichen Interesse liegt, ob er also solche **AN aus der sozialen Auswahl „herausnehmen"** kann, § 1 Abs. 3 S. 2 KSchG (vgl. hierzu und zu allem Folgenden etwa Schaub, § 132; KR-Griebeling, § 1 KSchG, Rn. 603 ff.; Stahlhacke/Preis, Rn. 1037 ff.; ErfK-Ascheid, § 1 KSchG, Rn. 458 ff.; Bröhl, BB 2006, 1050; Birk/Burk, BB Special 5 zu Heft 20/2006, 2, 9 ff.).

An dieser Reihenfolge hat sich auch nach der Neufassung des § 1 Abs. 3 S. 2 KSchG im Ergebnis nichts geändert, wenngleich nach seinem Wortlaut jetzt bestimmte AN „in die soziale Auswahl nicht einzubeziehen" sein sollen (ebenso Richardi, DB 2004, 486, 487). **434**

Das BAG hat nämlich zu der wortgleichen Vorschrift des § 1 Abs. 3 S. 2 KSchG i. d. F. v. 1996 bereits entschieden, dass auch bei der Frage nach der **Herausnahme sog. Leistungsträger** aus der Sozialauswahl eine **Abwägung** stattzufinden habe zwischen den betrieblichen Interessen des AG an deren Weiterbeschäftigung und dem Gewicht der sozialen Interessen der an sich schutzwürdigeren AN (BAG 12. 4. 2004 – 2 AZR 706/00 = NZA 2003, 42, 5. 12. 2002 – 2 AZR 697/01 = NZA 2003, 849; s. Schaub, § 132, Rn. 2, 40, zustimmend KR/Griebeling, § 1 KSchG, Rn. 627 f. m. w. N. auf die Gegenansicht; instruktiv und kritisch auch Stahlhacke/Preis, Rn. 1120, wo eine „objektive Interessengewichtung" zwischen den angestrebten Vorteilen durch die Weiterbeschäftigung bestimmter AN nach S. 2 und den Grundsätzen der Sozialauswahl nach S. 1 des § 1 Abs. 3 KSchG gefordert wird). **435**

Für das **praktische** Vorgehen **empfiehlt** es **sich** allerdings, abweichend von dieser dogmatischen, vom Gesetzesaufbau her vorgegebenen Reihenfolge den **dritten Schritt** dem zweiten **vorzuziehen** (vgl. ErfK/Ascheid, § 1 KSchG, Rn. 499). **436**

Entschließt sich der AG, seine Betriebstätigkeit schnellmöglich einzustellen und dazu allen AN zum jeweiligen nächstmöglichen Termin zu kündigen, **entfällt** das Erfordernis der **Sozialauswahl** (BAG, 7. 7. 2005 – 2 AZR 447/04 = NZA 2005, 1351). **Anders** ist dies jedoch **bei** einer **etappenweise** erfolgenden **Betriebsstilllegung** (BAG 20. 1. 1994 – 2 AZR 489/93 = NZA 1994, 653, 655; 10. 10. 1996 – 2 AZR 651/95 = RzK I 5 d Nr. 55). **437**

7.2.6.1 Auswahlrelevanter Personenkreis. Räumlich ist die Sozialauswahl grds. auf alle AN des Betriebs **438**
(nicht etwa nur einzelner Betriebsabteilungen), bzw. der **Dienststelle des ö. D.** (Lingemann/Grothe, NZA 1999, 1072, 1075) **bezogen** (BAG 3. 6. 2004 – 2 AZR 577/03 = NZA 2005, 175). Sie ist hingegen im Regelfall **nicht unternehmens-** (oder gar konzern-)weit vorzunehmen, selbst bei betriebsübergreifendem Versetzungsrecht des AG (BAG 2. 6. 2005 – 2 AZR 158/04 = NZA 2005, 1175; 15. 12. 2005 – 6 AZR 199/05 = NZA 2006, 590; ausführl. Gaul/Bonanni, NZA 2006, 289). Zum Sonderfall einer erforderlichen betriebsübergreifenden Sozialauswahl im Gemeinschaftsbetrieb mehrerer Unternehmen s. BAG 13. 9. 1995 – 2 AZR 954/94 = NZA 1996, 307 und 24. 2. 2005 – 2 AZR 214/04 = NZA 2005, 867.

Zum Auswahlkreis gehören sodann alle vom betriebsbedingten Personalabbau betroffenen vergleichbaren AN, die dem Beschäftigungsbetrieb länger als sechs **439**

Monate angehören und deren Arbeitsverhältnis ordentlich gekündigt werden kann. Damit scheiden – trotz ansonsten ggf. bestehender Vergleichbarkeit – insbes. tariflich ordentlich unkündbare AN zur – abzulehnenden „Freikündigungsobliegenheit zur Durchsetzung von Sonderkündigungsschutzrechten" vgl. BAG 18. 5. 2006 – 2 AZR 207/05 = AP § 55 BAT Nr. 5 = BB 2007, 668 und Breschendorf BB 2007, 661 sowie solche mit entsprechendem gesetzlichen Sonderkündigungsschutz (z. B. betriebsverfassungsrechtliche Funktionsträger und Schwerbehinderte) aus dem auswahlrelevanten Personenkreis aus (so z. B. BAG 21. 4. 2005 – 2 AZR 241/04 = NZA 2005, 1307; beachte aber dazu § 34 Rn. 16 m. w. N.).

440 Die **Vergleichbarkeit** richtet sich dabei in erster Linie nach der **Austauschbarkeit,** also nach objektiven, d. h. arbeitsplatzbezogenen Merkmalen wie der Berufsgruppe, dem Ausbildungsberuf und der bisher ausgeübten Tätigkeit (KR/Griebeling, § 1 KSchG, Rn. 614 ff.; Kiel/Koch, Die betriebsbedingte Kündigung, Rn. 295 ff.). Entscheidend dabei sind die Aufgabenbereiche der AN, ihre Stellung in der Betriebshierarchie und die arbeitsvertraglichen Grenzen der Umsetzungsbefugnis des AG. Sind die Aufgabenbereiche der AN nur teilweise vergleichbar, kommt es entscheidend darauf an, ob der entlassene AN in der Lage ist, die Tätigkeit eines nicht entlassenen, sozial stärkeren AN aufgrund seiner beruflichen Qualifikation sowie seiner Tätigkeit im Betrieb – ggf. nach einer kurzen Einarbeitungszeit – auszuüben. Eine **Einarbeitungszeit** von drei Monaten ist dabei im Regelfall zu lang (vgl. BAG 5. 5. 1994 – 2 AZR 917/93 = NZA 1994, 1023); äußerste Grenze dürfte dabei die betriebsübliche Probezeit sein (so zutr. Kiel/Koch, Die betriebsbedingte Kündigung, Rn. 298 m. w. N.).

441 Das BAG differenziert jetzt auch begrifflich zwischen der **„tatsächlichen und rechtlichen Einsetzbarkeit"** (so 24. 5. 2005 – 8 AZR 398/04 = NZA 2005, 1302), bzw. der sog. „qualifikationsmäßigen und arbeitsvertraglichen Austauschbarkeit", wenn es im Urt. v. 2. 6. 2005 – 2 AZR 480/04 = NZA 2006, 207 m. w. N.) Folgendes zusammenfasst:

Nach der ständigen Rspr. bestimmt sich der Kreis der in die soziale Auswahl einzubeziehenden vergleichbaren AN in erster Linie nach arbeitsplatzbezogenen Merkmalen, also zunächst nach der ausgeübten Tätigkeit. Dies gilt nicht nur bei einer Identität der Arbeitsplätze, sondern auch dann, wenn der AN auf Grund seiner Tätigkeit und Ausbildung eine andersartige, aber gleichwertige Tätigkeit ausführen kann. Die Notwendigkeit einer kurzen Einarbeitungszeit steht einer Vergleichbarkeit nicht entgegen („qualifikationsmäßige Austauschbarkeit"). An einer Vergleichbarkeit fehlt es jedoch, wenn der AG den AN nicht einseitig auf den anderen Arbeitsplatz um- oder versetzen kann („arbeitsvertragliche Austauschbarkeit"; s. a. BAG 18. 10. 2006 – 2 AZR 676/05 n. v.).

442 In gewissen Grenzen kann zur Bestimmung der Vergleichbarkeit auch die **tarifliche Eingruppierung** herangezogen werden (KR/Griebeling, § 1 KSchG, Rn. 618; so auch BAG 23. 11. 2004 – 2 AZR 38/04 = NZA 2005, 986, 990). Nach diesem Urteil beschränkt sich im ö. D. die Sozialauswahl grds. auf die AN derselben Vergütungsgruppe, nur diese sind miteinander vergleichbar. Nur in Ausnahmefällen kann evtl. anderes gelten, vgl. BAG 2. 3. 2006 – 2 AZR 23/05 = NZA 2006, 1350.

443 Zum Problem der **Vergleichbarkeit von Voll- und Teilzeitkräften** s. Schaub § 132, Rn. 13 f., grdl. BAG 3. 12. 1998 – 2 AZR 341/98 = NZA 1999, 431; bestätigt mit 17. 1. 2002 – 2 AZR 15/01 = NZA 2002, 759; auch für den ö. D. 12. 8. 1999 – 2 AZR 12/99 = NZA 2000, 30. Zur Vergleichbarkeit zwischen Teilzeitkräften mit unterschiedlichen Wochenarbeitszeiten vgl. einerseits 22. 4. 2004 – 2 AZR 244/03 = NZA 2004, 1389; andererseits 15. 7. 2004 – 2 AZR 376/03 = NZA 2005, 523.

Vorbemerkung zu § 34

7.2.6.2. Auswahlmerkmale. Welche **sozialen Auswahlkriterien** der AG 444 im Rahmen des § 1 Abs. 3 S. 1 KSchG beachten muss, legte das Gesetz in seiner zuletzt bis zum 31. 12. 2003 (wieder) geltenden Fassung nicht ausdrücklich fest.

Seit dem 1. 1. 2004 hat der AG nach dem neuen Wortlaut des § 1 Abs. 3 S. 2 445 KSchG bei der Auswahl der zur Kündigung anstehenden AN nur noch zu berücksichtigen:
- die Dauer der **Betriebszugehörigkeit** (das bedeutet in diesem Zusammenhang ununterbrochener Bestand des Arbeitsverhältnisses mit demselben AG)
- das **Lebensalter;** dies gilt auch weiterhin unter der Geltung des „Allgemeinen Gleichbehandlungsgesetzes" (AGG) seit dem 18. 8. 2006, vgl. dessen § 2 Abs. 4 (einschr. Annuß, BB 2006, 1629, 1633; s. a. Wisskirchen, DB 2006, 1491, 1495). Es wird unter Beachtung der europarechtlichen Vorgaben jedoch nunmehr nicht allein das hohe Lebensalter des AN zu seinen Gunsten zu berücksichtigen, sondern vielmehr die jeweiligen Chancen der verschiedenen Altersstufen auf dem betreffenden Arbeitsmarkt(sektor) abzustellen sein (so zutreffend KR/Griebeling, § 1 KSchG, Rn. 670b, 673f. m. w. N.; weniger einschränkend demgegenüber KR/Pfeiffer, AGG, Rn. 121, der eine eigene Berücksichtigung des fortschreitenden Lebensalters mit allerdings geringerer Gewichtung für zulässig hält; ähnlich z. B. Freckmann BB 2007, 1049, 1050).
- die **Unterhaltspflichten** und
- die **Schwerbehinderung** des AN (dies ist gegenüber der Gesetzesfassung von 1996 neu aufgenommen worden und meint nur die festgestellte, bzw. gleichgestellte Schwerbehinderteneigenschaft i. S. d. §§ 2 Abs. 2, Abs. 3, 68, 69 SGB IX, vgl. Stahlhacke/Preis, Rn. 1106a).

Weitere Einzelheiten zu den vier jetzt **abschließend** aufgezählten Auswahlge- 446 sichtspunkten sind bspw. bei Schaub, § 132, Rn. 25 ff., KR/Griebeling, § 1 KSchG, Rn. 670 ff., Stahlhacke/Preis, Rn. 1095 ff., ErfK/Ascheid, § 1 KSchG, Rn. 486 ff. nachzulesen.

Für den ö. D. von Bedeutung ist die Entscheidung des BAG v. 6. 6. 2003 – 2 447 AZR 623/01 = NZA 2003, 1295 – Ls.), wonach die Beschäftigungszeit i. S. d. früheren § 19 BAT/-O (vgl. jetzt § 34) nicht ohne weiteres mit der Dauer der Betriebszugehörigkeit als Sozialdatum i. S. d. § 1 Abs. 3 S. 1 KSchG gleichzusetzen ist.

An sich nicht anrechnungsfähige **frühere Beschäftigungszeiten** bei demselben 448 AG oder einem anderen Unternehmen können bei der Dauer der Betriebszugehörigkeit nach § 1 Abs 3 S 1 KSchG durch eine **vertragliche Vereinbarung** der Arbeitsvertragsparteien berücksichtigt werden. Die sich zu Lasten anderer AN auswirkende Individualvereinbarung darf jedoch nicht rechtsmissbräuchlich sein und nur die Umgehung der Sozialauswahl bezwecken. Für eine Berücksichtigung der vertraglich vereinbarten Betriebszugehörigkeitszeiten muss ein sachlicher Grund vorliegen, z. B. ein gerichtlicher Vergleich.

Dabei kann insbesondere in einem zeitlichen Zusammenhang zwischen der Individualvereinbarung und dem Kündigungsereignis ein starkes Indiz für einen fehlenden sachlichen Grund und eine mögliche Umgehungsabsicht liegen (BAG 2. 6. 2005 – 2 AZR 480/04 = NZA 2006, 207).

Wie die vier Sozialdaten (bzw. früher die entsprechenden „Kerndaten") zu **ge-** 449 **wichten** sind, war in Rspr. und Literatur umstritten und wurde vielfach uneinheitlich, oft auch einzelfallbezogen gehandhabt. Dies führte zu erheblicher Rechtsunsicherheit für die Praxis. Häufig wurde der Dauer der Betriebszugehörigkeit vorrangige Bedeutung zugemessen, den Unterhaltspflichten teils schon gleichrangige, während dem Lebensalter angesichts hoher Arbeitslosigkeit und „Frühverrentungen" zunehmend ohnehin schon nachrangige Bedeutung zuzukommen schien.

450 Das BAG hat aber (erneut) klar gestellt, dass nach seiner Rspr. auch für die ab dem 1. 1. 2004 geltende Fassung des KSchG keinem der im Gesetz genannten Kriterien eine Priorität gegenüber den anderen zukommt, auch nicht der Betriebszugehörigkeit (2. 6. 2005 – 2 AZR 480/04 = NZA 2006, 207, 5. 12. 2002 – 2 AZR 549/01 = NZA 2003, 791).

451 Aus Sicht des AG sind diese Unwägbarkeiten allerdings hinnehmbar und die Risiken einer fehlerhaften Sozialauswahl insofern abgemildert, als er nach dem Gesetzeswortlaut die dargestellten sozialen Gesichtspunkte (nur) **„ausreichend"** zu berücksichtigen hat. Ihm wird daher von der Rspr. insoweit ein gewisser **Wertungsspielraum** zugebilligt. Deshalb erschiene die durch das neue AG vermehrt beklagten (weiteren) Unsicherheiten und Unwägbarkeiten beim Ausspruch betriebsbedingter Kündigungen (z. B. Schiefer DB 2007, 54, 57) überzogen bzw. relativiert.

452 Die Auswahlentscheidung des AG muss nur vertretbar sein und nicht unbedingt der Entscheidung entsprechen, die das Gericht getroffen hätte, wenn es eigenverantwortlich soziale Erwägungen hätte anstellen müssen. Der dem AG vom Gesetz eingeräumte Wertungsspielraum führt dazu, dass nur **deutlich schutzwürdigere AN** mit Erfolg die Fehlerhaftigkeit der sozialen Auswahl rügen können (BAG 5. 12. 2002 – 2 AZR 549/01 = NZA 2003, 791; vgl. z. B. auch Stahlhacke/Preis, Rn. 1116). Bestehen zwischen AN keine „deutlichen", sondern nur „geringfügige" Unterschiede in ihrer sozialen Schutzbedürftigkeit, ist es danach unschädlich, wenn der AG dem „etwas" Schutzwürdigeren kündigt (so bereits BAG 18. 10. 1984 – 2 AZR 543/83 = NZA 1985, 423). Insofern darf das Gericht nicht seine subjektive Wertung anstelle der jedenfalls nachvollziehbaren, soziale Gesichtspunkte ausreichend beachtenden Gewichtung des AG setzen.

§ 1 Abs. 3 KSchG fordert nämlich kein irgendwie geartetes Tätigwerden des AG, sondern nur ein „dem Gesetz genügendes Ergebnis".

453 Dabei ist für AG eine größere Rechtssicherheit dadurch entstanden, dass das BAG mit Urt. v. 9. 11. 2006 – 2 AZR 812/02 die von ihm früher vertretene sog. „Domino-Theorie" aufgegeben hat, wonach sich alle gekündigten AN darauf berufen konnten, wenn bei nur einem AN im Rahmen der Sozialauswahl nach Punkten (dazu sogleich) ein Fehler unterlaufen war. Danach wird künftig die Sozialauswahl jedenfalls im Ergebnis ausreichend sein, wenn der betreffende Fehler für die Auswahl des gekündigten AN nicht ursächlich geworden ist.

454 Ein wichtiges, für die betriebliche Praxis gut geeignetes, weit verbreitetes und auch von Betriebsräten durchaus geschätztes Hilfsmittel zur Vornahme (allerdings nur) einer **Vorauswahl** der sozialen Auswahl sind sog. **Punktetabellen** (z. B. sog. Hammer-Tabelle, abgedruckt bei BAG 24. 3. 1983 – 2 AZR 21/82 = AP KSchG 1969 § 1 Betriebsbedingte Kündigung Nr. 12 = NJW 1984, 78; Tabelle nach KR/Griebeling, § 1 KSchG, Rn. 678r). Darin aufgestellte Punktsysteme dürfen nach der Rspr. des BAG (18. 10. 1984, NZA 1985, 423 und 18. 1. 1990 – 2 AZR 357/89 = NZA 1990, 729 mit einer Punktetabelle aus einem Interessenausgleich) allerdings nur als „Hilfsmittel" dienen, müssen zumindest die genannten Grunddaten angemessen berücksichtigen und in ein billigenswertes Verhältnis setzen und der AG muss ungeachtet ihrer Ergebnisse stets noch eine **einzelfallbezogene Abschlussprüfung** bzw. -wertung vornehmen.

455 Zu beachten ist ferner, dass seit dem 1. 1. 2004 solche **Punktetabellen** ggf. um das nun gesetzlich vorgesehene Auswahlkriterium der Schwerbehinderung ergänzt (bzw. wohl auch von anderweitig aufgenommenen, früher noch berücksichtigungsfähigen Kriterien „bereinigt") werden sollten (ausführl. und instruktiv z. B.

Vorbemerkung zu § 34

Vor § 34

BAG 5. 12. 2002 – 2 AZR 549/01 = NZA 2003, 791 und 22. 9. 2005 – 2 AZR 208/05 = BB 2006, 1572 m. w. N.; s. ferner Gaul/Lunk, Gestaltungsspielraum bei Punkteschemata zur betriebsbedingten Kündigung, NZA 2004, 184).

Das BAG hat mit Beschluss v. 26. 7. 2005 (– 1 ABR 29/04 = NZA 2005, 1372) Punkteschemata zur Sozialauswahl bei betriebsbedingten Kündigungen als **Auswahlrichtlinien** i. S. d. § 95 BetrVG qualifiziert. Sie unterliegen daher künftig der Mitbestimmung des Betriebsrats und können nicht mehr einseitig ohne dessen Zustimmung (oder Entscheidung der Einigungsstelle nach § 76 BetrVG) eingeführt und angewandt werden (kritisch und zu den Folgen Strybny/Biswas, FA 2006, 165; s. a. Gaul, BB 2006, 549). Wendet der AG ein solches mitbestimmungswidrig aufgestelltes Punkteschema an, führt dies allein jedoch nicht zur Unwirksamkeit der Kündigung (BAG 6. 7. 2006 – 2 AZR 443/05 = NZA 2007, 197). 456

7.2.6.3. Überwindung der sozialen Auswahl. Nach § 1 Abs. 3 S. 2 KSchG findet eine Sozialauswahl **bei Vorliegen** der dort genannten **entgegenstehenden** (vom AG darzulegenden und ggf. zu beweisenden) **betrieblichen Interessen** ausnahmsweise nicht statt. Eine danach dem AG im Einzelfall mögliche Überwindung der Auswahl nach rein sozialen Gesichtspunkten setzt voraus, dass die Beschäftigung eines an sich sozial weniger schutzbedürftigen AN wegen dessen „Kenntnisse, Fähigkeiten und Leistungen oder zur Sicherung einer ausgewogenen Personalstruktur des Betriebes, im berechtigten betrieblichen Interesse liegt". 457

Damit betont die jetzt geltende **Neuregelung** des § 1 Abs. 3 S. 2 KSchG im Interesse der Erhaltung der Leistungsfähigkeit der Betriebe nunmehr wieder die betrieblichen Erfordernisse stärker gegenüber den sozialen Gesichtspunkten und **erleichtert es** dem AG, sog. **„Leistungsträger" aus der Sozialauswahl herauszunehmen.** Bis zum 31. 12. 2003 bedurfte es dazu nämlich noch vom Gesetz sog berechtigter betrieblicher „Bedürfnisse". 458

Ungeachtet dieser Erleichterung ist seit jeher bestehenden Streits, wann letztlich ein „berechtigtes betriebliches Interesse" i. S. d. § 1 Abs. 3 S. 2 KSchG anzuerkennen ist, **reichen** dafür **reine Nützlichkeitserwägungen** jedenfalls auch weiterhin **nicht aus** (so schon BAG 24. 3. 1983 – 2 AZR 21/82 = NJW 1984, 78 und v. 25. 4. 1985 – 2 AZR 140/84 = NZA 1986, 64; s. a. Stahlhacke/Preis, Rn. 1119 m. w. N.).

An dieser Stelle können zunächst zusätzliche (Spezial-)Kenntnisse und Qualifikationen (wie Fremdsprachen, EDV-Kenntnisse, besondere Ausbildungsberechtigungen u. a.), aber bspw. auch erhebliche Leistungsunterschiede, besondere Einsatzbereitschaft und Zuverlässigkeit, geringere Fehlerquoten, besondere Verkaufstalente oder Kundenbeziehungen, die Eignung für Führungsfunktionen, das Besetzen einer Schlüsselposition o. ä. als besondere **Fähigkeits-** oder **Leistungsgesichtspunkte Beachtung finden,** nach BAG 7. 12. 2006 – 2 AZR 748/05 sogar die Mitgliedschaft der Reinigungskraft einer zum Brandschutz verpflichteten Gemeinde in der Freiwilligen Feuerwehr. 459

Nach einer zunehmend im Schrifttum vertretenen Ansicht soll dabei – entgegen der bisherigen Rspr. des BAG – auch die Weiterbeschäftigung eines AN mit erheblich geringeren krankheitsbedingten Fehlzeiten im berechtigten betrieblichen Interesse liegen und somit seine Herausnahme aus der Sozialauswahl gegenüber anderen, sozial stärkeren Mitarbeitern mit entsprechend höherem Krankenstand rechtfertigen können (so z. B. KR/Griebeling, § 1 KSchG, Rn. 637; Stahlhacke/Preis, Rn. 1127). Dies darf allerdings nicht dahin verstanden werden, dass AN mit hohen krankheitsbedingten Fehlzeiten als leistungsschwächer von vornherein aus 460 der Sozialauswahl herauszunehmen seien (so aber die – zumindest missverständliche – Formulierung bei Schaub, § 132, Rn. 39).

461 Bei allem darf nämlich nicht außer Acht bleiben, dass auch die Neufassung des § 1 Abs. 3 S. 2 KSchG nichts daran ändert, dass diese Vorschrift systematisch nach wie vor die **Ausnahme** gegenüber der Regel des § 1 Abs. 3 S. 1 KSchG ist und bleiben muss. Das bedingt nicht nur, dass der AG die volle Darlegungs- und Beweislast für die von ihm geltend gemachten betrieblichen Interessen trägt, sondern auch, dass diese ihm einen „nicht unerheblichen Vorteil" (so KR/Griebeling, § 1 KSchG, Rn. 630) bringen müssen und ihr Vorliegen stets nach objektiven Maßstäben anhand der konkreten Gegebenheiten des betreffenden Betriebs zu prüfen ist: Die betrieblichen Belange müssen von solchem Gewicht sein, dass sie auch in den Augen eines vernünftigen AG die Weiterbeschäftigung des eigentlich sozial stärkeren AN gegenüber dem sozial Schwächeren erforderlich macht (so z. B. Löwisch, BB 2004, 154, 155; Stahlhacke/Preis, Rn. 1121).

462 Zu der nach der Rspr. des BAG dabei gebotenen **Interessenabwägung** s. bereits Rn. 435.

463 Gesetzlich anerkannt ist jetzt auch das betriebliche Interesse an der **Sicherung**, d. h. der Erhaltung **einer** schon bestehenden, nicht aber erst Schaffung, einer **ausgewogenen betrieblichen Personalstruktur** (vgl. BAG 23. 11. 2000 – 2 AZR 533/99 = NZA 2001, 601, 20. 4. 2005 – 2 AZR 201/04 = NZA 2005, 877 und 6. 7. 2006 – 2 AZR 442/05 = NZA 2007, 139 und 2 AZR 443/05 = NZA 2007, 197). Gemeint ist damit in erster Linie eine **Altersstruktur,** so dass der AG unter Zubilligung eines gewissen Beurteilungsspielraums bei der geplanten Entlassung einer größeren Zahl von AN bspw. drei bis sechs Altersgruppen bilden kann, innerhalb derer er dann jeweils die Auswahl anhand der vier Sozialkriterien des § 1 Abs. 3 S. 1 KSchG vornimmt (vgl. z. B. BAG 22. 9. 2005 – 2 AZR 208/05 = BB 2005, 1572; Einzelheiten und Beispiele zu allem z. B. bei Röder/Krieger, DB 2005, 2578; Stahlhacke/Preis, Rn. 1140 ff., KR/Griebeling, § 1 KSchG, Rn. 640 ff., dort auch zu weiteren Kriterien möglicher Personalstrukturen, wie insbes. Leistungsstärke oder Ausbildungs-/Qualifikationsstand (BAG, 5. 12. 2002 – 2 AZR 697/01 = NZA 2003, 849) und Geschlecht, was im ö. D. Bedeutung erlangen könnte, will der AG die Vorgaben eines Gleichstellungsgesetzes einhalten.

464 **7.2.6.4. Auswahlrichtlinien.** § 1 Abs. 4 KSchG hat durch die Gesetzesreform zum 1. 1. 2004 (s. o. Rn. 7) eine an den Wortlaut des § 1 Abs. 3 S. 1 KSchG n. F. angepasste Neufassung erhalten. Ist danach in einem Tarifvertrag, einer mitbestimmungspflichtigen Betriebsvereinbarung nach § 95 BetrVG oder einer entsprechenden Richtlinie nach dem PersVG (z. B. § 73 Abs. 1 BPersVG) festgelegt, wie die sozialen Gesichtspunkte nach Abs. 3 S. 1 im Verhältnis zueinander zu bewerten sind, so kann diese Bewertung nur auf **grobe Fehlerhaftigkeit** überprüft werden.

465 Eine solche ist anzunehmen, wenn die Gewichtung der vier Sozialkriterien jegliche Ausgewogenheit vermissen lässt, d. h. wenn einzelne dieser Sozialdaten überhaupt nicht, eindeutig unzureichend oder mit eindeutig überhöhter Bedeutung berücksichtigt worden sind (BAG 21. 1. u. 2. 12. 1999 – 2 AZR 624 u. 757/98 = NZA 1999, 866 u. 2000, 531). Zu den Anforderungen an eine Auswahlrichtlinie s. § 1 Abs. 4 KSchG (BAG 18. 10. 2006 – 2 AZR 473/05 = NZA 2007, 504).

466 **7.2.6.5. Interessenausgleich mit Namensliste.** § 1 Abs. 5 KSchG hat die bereits vom 1. 10. 1996 bis zum 31. 12. 1998 wortgleich geltende Regelung, die dem § 125 InsO nachgebildet ist, durch das ArbeitsmarktreformG v. 24. 12. 2003 mit Wirkung zum 1. 1. 2004 wieder in das Kündigungsschutzgesetz eingeführt

Vorbemerkung zu § 34 **Vor § 34**

(s. Rn. 430). Auch hierzu kann deshalb auf Rspr. und Schrifttum zur seinerzeitigen Gesetzeslage zurückgegriffen werden.

Sind danach bei Kündigungen aufgrund einer **Betriebsänderung nach § 111** 467
BetrVG die AN, denen gekündigt werden soll, in einem **Interessenausgleich**
(§ 112 BetrVG) zwischen AG und Betriebsrat namentlich bezeichnet, so wird vermutet, dass die Kündigung durch dringende betriebliche Erfordernisse bedingt ist. Die (gesamte) soziale Auswahl der AN, einschließlich auch der Bildung der dafür auswahlrelevanten Gruppen (so z. B. BAG 28. 8. 2003 – 2 AZR 368/02 = NZA 2004, 432 zu § 125 InsO) kann dann nur auf **grobe Fehlerhaftigkeit** überprüft werden. Dies gilt nicht, soweit sich die Sachlage nach Zustandekommen des Interessenausgleichs wesentlich geändert hat.

Da der Gesetzestext eindeutig nur auf das BetrVG Bezug nimmt, kommt § 1 468
Abs. 5 KSchG **im ö. D. nicht** zur Anwendung (Schaub, § 133, Rn. 7). Von einer weiteren Darstellung der Einzelheiten wird daher hier abgesehen. Näheres z. B. bei KR/Griebeling, § 1 KSchG, Rn. 703 ff.; Stahlhacke/Preis, Rn. 1166 a–p).

7.3. Darlegungs- und Beweislast. Hinsichtlich der **Möglichkeit der an-** 469
derweitigen Beschäftigung des AN gelten im Prozess die vom BAG in st. Rspr. vertretenen Grundsätze über die **abgestufte Darlegungs- und Beweislast** (s. nur BAG 18. 1. 1990 – 2 AZR 357/89 = NZA 1990, 729). Der AG hat nach § 1 Abs. 2 S. 4 KSchG die Darlegungslast dafür, dass eine Kündigung wegen Wegfalls des bisherigen Arbeitsplatzes bedingt ist, ohne dass eine andere Beschäftigung möglich oder zumutbar wäre. Der Umfang der Darlegungslast ist jedoch davon abhängig, wie sich der AN auf die Begründung der Kündigung einlässt. Bestreitet er nur den Wegfall des Beschäftigungsbedürfnisses, genügt der allgemeine Vortrag des AG, wegen der betrieblichen Notwendigkeit sei eine Weiterbeschäftigung nicht möglich. Es obliegt dann dem AN darzulegen, wie er sich seine anderweitige Beschäftigung vorstellt (sog. „Initiativvortrag"). Dabei genügt es für die Darlegungen des AN, wenn er angibt, welche Art der Beschäftigung gemeint ist. Er muss im Allgemeinen keinen konkreten freien Arbeitsplatz benennen (BAG 22. 9. 2005 – 2 AZR 208/05 = BB 2006, 1572).

Erst bei diesem Vortrag muss der AG eingehend erläutern, aus welchen Grün- 470
den eine Beschäftigung auf einem entsprechenden Arbeitsplatz nicht möglich ist. Die Darlegungslast geht nur dann nicht auf ihn über, wenn der auf einen bestimmten Arbeitsplatz konkretisierte Vortrag des AN unschlüssig ist. Dies wäre z. B. der Fall, wenn bereits nach dem Vortrag des AN der von ihm bezeichnete Arbeitsplatz nicht zur Verfügung steht oder er ersichtlich nicht für ihn geeignet ist (BAG 15. 12. 1994 – 2 AZR 327/94 = NZA 1995, 521, 526; vgl. im Übrigen allgemein zur Darlegungs- und Beweislast bei betriebsbedingter Kündigung statt aller nur Stahlhacke/Preis, Rn. 1032 ff., 1148 ff.; instruktiv auch die **„Checkliste"** bei Bitter, DB 2000, 1760, 1767, insbes. zum Sonderfall der „schlichten" Personalreduzierung; s. ferner grds. zur Darlegungs- und Beweislast im Kündigungsschutzprozess die Erl. zu 16.).

7.4. Wiedereinstellungsanspruch. Eine **Wiedereinstellungsverpflichtung** 471
besteht für den AG auch nach neuer Rspr. **nicht, wenn** die Kündigung sozial gerechtfertigt ist und sich **erst nach Beendigung des Arbeitsverhältnisses** im Betrieb eine **anderweitige Beschäftigungsmöglichkeit** ergibt. Mit Ablauf der Kündigungsfrist sind die vertraglichen Beziehungen zwischen den Arbeitsvertragsparteien nämlich beendet. Entsteht die anderweitige Beschäftigungsmöglichkeit erst nach diesem Zeitpunkt, gibt es im Regelfall keine Rechtsgrundlage für eine Wiedereinstellungsverpflichtung des AG. Das gilt auch dann, wenn das Kündigungsschutzverfahren noch nicht rechtskräftig abgeschlossen ist oder wenn bei

Vor § 34 Abschnitt V. Befrist. u. Beendig. d. Arbeitsverh.

einer insolvenzbedingten Kündigung nach Ablauf der Kündigungsfrist ein Betriebsübergang stattfindet (BAG 13. 5. 2004 – 8 AZR 198/03 = BB 2005, 383).

472 Hingegen kann ein **Wiedereinstellungsanspruch** nach der Rechtsprechung des Bundesarbeitsgerichts (vgl. BAG 27. 2., 6. 8. und 4. 12. 1997 – 2 AZR 160/96, 7 AZR 557/96 und 2 AZR 140/97 = NZA 1997, 757; 1998, 254; 701) insbes. dann gegeben sein, **wenn sich nach Ausspruch der Kündigung noch während der Kündigungsfrist der Kündigungssachverhalt ändert.** Beruht eine betriebsbedingte Kündigung auf der Prognose des AG, bei Ablauf der Kündigungsfrist könne er den AN nicht mehr weiterbeschäftigen und erweist sich die Prognose noch während des Laufs der Kündigungsfrist als falsch, so hat der AN einen Anspruch auf Fortsetzung des Arbeitsverhältnisses, **wenn der AG** mit Rücksicht auf die Wirksamkeit der Kündigung **noch keine Dispositionen getroffen hat und** ihm die unveränderte **Fortsetzung des Arbeitsverhältnisses zumutbar ist.** Dabei kann nach neuer Rechtslage ggf. auch auf eine rückwirkende Wiederherstellung geklagt werden (BAG 9. 11. 2006 – 2 AZR 509/05 = DB 2007, 861). Dagegen kann ein AN jedenfalls für den Bereich der betriebsbedingten Kündigung eine Wiedereinstellung wegen erst nach Beendigung des Arbeitsverhältnisses eintretender Umstände grundsätzlich nicht verlangen, sofern nicht der AG einen besonderen Vertrauenstatbestand geschaffen hat (grundlegend und ausführl. BAG 28. 6. 2000 – 7 AZR 904/98 = NZA 2000, 1097. Näheres z.B. bei Schaub, § 128, Rn. 28; Stahlhacke/Preis, Rn. 1026 ff., jeweils m. w. N.).

473 **7.5. Auswirkungen des Haushaltsrechts auf betriebsbedingte Kündigungen. Allgemeine Kürzungen in Haushalten des ö. D.** stellen für sich gesehen noch **kein dringendes betriebliches Erfordernis** für eine betriebsbedingte Kündigung gem. § 1 Abs. 2 S. 1 KSchG dar; das Gleiche gilt für einen ministeriellen Erlass für die Verwaltung mit der Zielsetzung, Mittel und Volumen im Haushalt einzusparen (s. BAG 29. 5. 1985 – 7 AZR 248/84 – n. v.; zur Bedeutung des Haushaltsrechts im ö.D. s. ausführl. Lakies, NZA 1997, 745); zur betriebsbedingten Kündigung im ö.D. allgemein: Stahlhacke/Preis, Rn. 987 ff.; v. Hoyningen-Huene/Linck, § 1 KSchG, Rn. 838 ff.; Kiel/Koch, Die betriebsbedingte Kündigung, Rn. 158 ff.; KR/Griebeling, § 1 KSchG, Rn. 593 ff.; ferner Lingemann/Grothe, NZA 1999, 1072, sowie Rn. 405 ff.

474 **Werden** allerdings durch den Haushaltsplan **bestimmte Stellen** in der Verwaltung oder in anderen Bereichen **gestrichen,** liegt eine **unternehmerische Entscheidung** vor, die von den Gerichten für Arbeitssachen als solche hingenommen werden muss (st. Rspr., s. BAG GS, 28. 11. 1956 – AP KSchG § 1 Nr. 20 = NJW 1957, 517; s.a. BAG, NZA 1993, 1099; 1999, 90). Der richterlichen Kontrolle unterliegt lediglich die Frage, wie und unter welchen Bedingungen diese Organisationsentscheidung umgesetzt wird (s. Erl. zu 7.2.). Die Vorgabe des Haushaltsgesetzgebers, Stellen einzusparen, stellt damit eine außerbetriebliche Ursache dar, die der innerbetrieblichen organisatorischen Reaktion der Entscheidungsebene in der Verwaltung bedarf (so zutr. Lakies, NZA 1997, 745).

475 Eine solche ist z.B. anerkannt worden für den Abbau des sog. Ferienüberhangs bei Musikschullehrern (BAG 26. 1. 1995 – 2 AZR 371 und 428/94 = NZA 1995, 626; 628). In diesen Entscheidungen wird darauf hingewiesen, dass gerade im ö.D. die **Verpflichtung zum wirtschaftlichen und sparsamen Umgang mit Haushaltsmitteln** kündigungsrechtliche Maßnahmen bedingen können.

476 Das BAG hat zur Gesamtproblematik zuletzt in seinen Urteilen v. 23. 11. 2004 – 2 AZR 38/04 = NZA 2005, 986 und 6. 7. 2006 – 2 ZR 442/05 = NZA 2007, 139 in Weiterführung seiner bisherigen Rspr. zur betriebsbedingten Kündigung im ö.D. klargestellt und zusammengefasst, dass das betriebliche Erfordernis für eine

Vorbemerkung zu § 34 **Vor § 34**

Kündigung nicht unmittelbar und allein durch bestimmte – beispielsweise wirtschaftliche – Entwicklungen (Produktionsrückgang usw.), sondern auf Grund einer – durch wirtschaftliche Entwicklungen und fiskalische Überlegungen veranlassten – Entscheidung des AG (unternehmerische Entscheidung) entsteht. Im öffentlichen Dienst kann eine vergleichbare Entscheidung darin liegen, dass in einem **Haushaltsplan** eine konkrete Stelle gestrichen (BAG 7. 10. 2004 – 2 AZR 122/04 = NZA 2005, 352), ein sog. **kw-Vermerk** angebracht oder aus einem **Personalbedarfsplan** der Wegfall einer Stelle ersichtlich wird. Die Zweckmäßigkeit dieser Entscheidungen ist von den Arbeitsgerichten nur begrenzt nachprüfbar, nämlich darauf, ob sie offenbar unsachlich, unvernünftig oder willkürlich ist. Zum Entscheidungsspielraum des AG gehört dabei auch die Befugnis, die Zahl der Arbeitskräfte zu bestimmen, mit denen eine Arbeitsaufgabe in der Dienststelle – zukünftig – erledigt werden soll. Der AG kann grundsätzlich sowohl das Arbeitsvolumen (Menge der zu erledigenden Arbeit) als auch das diesem zugeordnete Arbeitskraftvolumen (Arbeitnehmer-Stunden) und damit auch das Verhältnis dieser beiden Größen zueinander festlegen.

Dagegen obliegt es den Arbeitsgerichten nachzuprüfen, ob eine unternehmerische 477 sche Entscheidung überhaupt getroffen wurde und ob sie sich betrieblich dahingehend auswirkt, dass der Beschäftigungsbedarf für den gekündigten AN entfallen ist. Zwar muss nicht ein bestimmter Arbeitsplatz entfallen sein. Die Organisationsentscheidung muss aber ursächlich für den vom AG behaupteten Wegfall des Beschäftigungsbedürfnisses sein. Das ist nur dann der Fall, wenn die Entscheidung sich auf eine nach sachlichen Merkmalen genauer bestimmte Stelle bezieht. Ein allgemeiner Beschluss, Personalkosten zu senken, genügt diesen Anforderungen nicht.

Zu begründen ist diese Rechtsprechung damit, dass auch der öffentliche AG das 478 wirtschaftliche Risiko für die zweckgemäße Gestaltung von Arbeitsaufwand und Personalbedarf trägt; Unterschiede zur Privatwirtschaft bestehen in dieser Frage damit prinzipiell nicht. Auch wären die Arbeitsgerichte überfordert, würden sie dem öffentlichen AG diktieren wollen, mit welcher Personalstärke er die Arbeitsmenge zu erledigen habe. Die Entscheidung, wie in der Verwaltung oder in der einzelnen Dienststelle die betriebliche Organisation auszusehen hat, kann daher nur der organisatorischen Konzeption des AG obliegen. Beabsichtigte Rationalisierungsmaßnahmen können damit auch im ö. D. grds. ein **betriebliches Erfordernis** i. S. d. § 1 Abs. 2 S. 1 KSchG darstellen.

Zum tarifvertraglichen Schutz bei betriebsbedingten Kündigungen von AN im 479 Zusammenhang mit **Rationalisierungsmaßnahmen** s. Rn. 352.

7.6. Betriebsübergang, § 613 a BGB.

„AG im Öffentlichen Dienst müssen 480 nicht betriebsbedingt kündigen, sie können ihre Dienststellen oder Einrichtungen privatisieren, um dadurch Personalabbau zu betreiben". Solche oder ähnlich lautende Aussagen sollen nicht kommentiert werden; was jedoch zutrifft, ist die Tatsache, dass immer mehr Kommunen und Städte zum vermeintlichen Allheilmittel der **Privatisierung** ihrer Einrichtungen oder Betriebe greifen, um ihre Finanzen zu sanieren. Es ist offensichtlich, dass neben der speziellen Alterslast die allgemeine demographische Entwicklung auf die öffentlichen Personalausgaben von Bund, Ländern und Gemeinden drückt. Personalabbau ist daher nicht von ungefähr das Instrument, auf welches Verantwortliche und Politiker (leider häufig viel zu schnell) setzen, um Haushaltslöcher zu stopfen und langfristig noch die Personalkosten und Versorgungsleistungen zahlen zu können.

Bei einem Betriebsübergang darf der AN zwar gem. **§ 613 a Abs. 4 BGB** nicht 481 allein und gerade aus diesem Grund gekündigt werden, jedoch ist eine **betriebs-**

W. Weizenegger 329

bedingte **Kündigung aus anderen Gründen** im Zusammenhang mit einem Betriebsübergang und daher auch der Privatisierung einer öffentlichen Einrichtung oder eines Betriebs ebenso zulässig, wie eine verhaltens- oder personenbedingte Kündigung. Insofern gelten die zuvor dargelegten allgemeinen Grundsätze.

482 Wegen der Einzelheiten zum Recht des Betriebsübergangs und seiner rechtlichen Auswirkungen auf das Arbeitsverhältnis mit dem AN sei an dieser Stelle statt aller bspw. auf die Darstellung bei Schaub, § 118 und die dort vor Rn. 1 nachgewiesene Spezialliteratur (insbes. auch bzgl. der Privatisierung im ö.D.) sowie die Rspr.-Übersicht von Kock BB 2007, 714 verwiesen, speziell zur betriebsbedingten Kündigung im Zusammenhang mit einem Betriebsübergang s.a. Schaub, § 131, Rn. 49 ff.

483 Zu den mit Wirkung zum 1. 4. 2002 durch das SeemansG v. 23. 3. 2002 (BGBl. I 1163) dem **§ 613 a BGB** neu angefügten **Abs. 5 und 6**, mit denen dem AG eine umfassende **Unterrichtungspflicht** auferlegt und das dem AG zustehende **Widerspruchsrecht** gesetzlich verankert wurden, s. z.B. BAG 14. 12. 2006 – 8 AZR 763/05 = DB 2007, 975; Grobys, BB 2002, 726; Lembke/Willemsen, NJW 2002, 1159; Worzalla, NZA 2002, 353; Meyer, BB 2003, 1010; Gaul/Otto, DB 2005, 2465; Lindemann/Wolter-Rosteuscher BB 2007, 938.

Das BAG hat mit Urteil v. 24. 5. 2005 – 8 AZR 398/04 = NZA 2005, 1302 entschieden, dass die Verletzung der Unterrichtungspflicht nach § 613a Abs. 5 BGB nicht zur Unwirksamkeit der Kündigung führt.

484 **8. Außerordentliche Kündigung, § 626 BGB.** Die früher in den Tarifvorschriften der §§ 54 BAT/-O, 59 MTArb/-O, bzw. 53 BMT-G II/-O enthaltenen Regelungen über das Recht zur außerordentlichen Kündigung sind durch die Tarifreform des ö.D. entfallen. Sie entsprachen aber inhaltlich ohnehin der nun allein einschlägigen Gesetzesnorm des § 626 BGB, so dass eine Änderung des bisherigen Rechtszustands damit nicht verbunden ist.

485 **8.1. Begriff.** Unter einer außerordentlichen Kündigung ist das **einseitige Gestaltungsrecht** zu verstehen, das **Arbeitsverhältnis sofort**, (d.h. mit Zugang), also ohne Einhaltung der (gesetzlichen oder) tariflichen Kündigungsfrist gem. § 34 Abs. 1 TVöD/TV-L, bzw. vor Ablauf einer vereinbarten Befristung, **zu beenden.** Die Möglichkeit einer fristlosen Kündigung des Arbeitsverhältnisses wegen eines **wichtigen Grundes** besteht damit auch gegenüber tariflich unkündbaren AN (§ 34 Abs. 2 TVöD/TV-L).

486 Das Recht zur außerordentlichen Kündigung kann weder einzelvertraglich noch kollektivrechtlich ausgeschlossen oder unzumutbar erschwert werden. Jeder AN – auch im ö.D. – ist somit kündbar, zumindest außerordentlich.

487 **8.2. Voraussetzungen der Wirksamkeit einer außerordentlichen Kündigung.** Eine außerordentliche Kündigung setzt gem. § 626 Abs. 1 BGB voraus, dass ein **wichtiger Grund** vorliegt, der den AG (oder auch den AN) berechtigt, unter Abwägung der beiderseitigen Interessen und unter Berücksichtigung aller Umstände des Einzelfalls das Arbeitsverhältnis vorzeitig zu beenden, weil die weitere Zusammenarbeit auch nur bis zum Ablauf des regulären Beendigungszeitpunkts unzumutbar ist. Was als **wichtiger Grund** angesehen werden kann, lässt sich nur jeweils anhand des konkreten Kündigungssachverhalts im jeweiligen Einzelfall beurteilen.

Außerdem ist die zweiwöchige Kündigungserklärungsfrist nach § 626 Abs. 2 BGB einzuhalten.

488 **8.2.1. Wichtiger Grund i.S.d. § 626 Abs. 1 BGB.** Der wichtige Grund i.S.d. § 626 Abs. 1 BGB wird dem Wortlaut nach nur durch allgemeine Merkmale gekennzeichnet und ist vom Gesetzgeber als unbestimmter Rechtsbegriff

Vorbemerkung zu § 34 **Vor § 34**

ausgestaltet worden. Seine Konkretisierung ist durch eine abgestufte Prüfung vorzunehmen, die nach Rspr. und ganz herrschender Lehre in **zwei Prüfungsabschnitten** vorgenommen wird:

Zunächst ist zu prüfen, ob der zu Grunde zu legende **Kündigungssachverhalt** **489**
an sich geeignet ist, einen wichtigen Grund darzustellen. Sodann ist zu fragen, ob im konkreten Fall unter **Abwägung der beiderseitigen Interessen** und Berücksichtigung aller Gesamtumstände des Einzelfalls die Fortsetzung des Arbeitsverhältnisses bis zum Ablauf der Kündigungsfrist unzumutbar ist (vgl. nur BAG, AP BGB § 626 Nr. 81, 99, 101). „An sich geeignet" sind insofern insbes. **schwere, regelmäßig schuldhafte Verstöße gegen arbeitsvertragliche Hauptoder Nebenpflichten** aus dem Arbeitsverhältnis, insbes. auch die vertragliche Rücksichtnahmepflicht aus § 241 Abs. 2 BGB (so zuletzt ausführl. BAG 24. 6. 2004 – 2 AZR 63/03 = NZA 2005, 158, 160: problematische Kritik an AG im Intranet und 2. 3. 2006 – 2 AZR 53/05 = NZA-RR 2006, 636, 638: Skiunfall während Arbeitsunfähigkeit).

Zu den einzelnen **verhaltens-** oder **personenbedingten** Kündigungsgründen **490**
wird auf die jeweiligen Ausführungen in den Erl. 5. und 6 verwiesen. Gerade bei den verhaltensbedingten Gründen nämlich hängt die Frage, ob der jeweilige Pflichtenverstoß den AG zur außerordentlichen oder nur zur ordentlichen Kündigung berechtigt, im Regelfall insbes. von der Schwere des Verschuldens und den besonderen Gegebenheiten des Einzelfalls ab.

Zum Erfordernis einer vorherigen Abmahnung s. Erl. 6.2. sowie bspw. BAG 14. 2. 1996 – 2 AZR 274/95 = NZA 1996, 873: außerordentliche Kündigung eines AN des ö. D. wegen Volksverhetzung durch Verbreitung ausländerfeindlicher Flugblätter.

Hauptbeispielsfälle der wichtigen Gründe für fristlose Kündigungen sind in **491**
der Praxis strafbare Handlungen, Tätlichkeiten, unentschuldigtes Fehlen (insbes. eigenmächtiger Urlaubsantritt oder -überziehung), schwerwiegende, z. B. ausländerfeindliche Beleidigungen, sexuelle Belästigungen, alkoholbedingter Entzug von Fahrerlaubnissen bei Kraftfahrern, Konkurrenztätigkeit und ähnlich schwerwiegende Fehlverhalten, ferner die Verdachtskündigung; Vgl. zu allem z. B. instruktiv BAG 11. 3. 1999 – 2 AZR 427/98 = NZA 1999, 818, 823 „Affenstation", 8. 6. 2000 – 2 AZR 638/99 = NZA 2000, 1282 „Totschlag", 15. 11. 2001 – 2 AZR 380/00 = NZA 2002, 971: erhebliche Pflichtverletzungen eines schwerbehinderten Krankenpflegers auf der Intensivstation sowie die Aufstellungen bei Schaub, § 125, Rn. 56 ff., ErfK/Müller-Glöge, § 626 BGB, Rn. 65 ff.; im Ausschluss daran findet sich jeweils auch eine Zusammenstellung der wichtigsten, bzw. typischen **Kündigungsgründe in der Person des AN;** s. a. Rspr.-Übersicht von Schulte Westenberg, NZA-RR 2002, 561; 2005, 617.

Betriebsbedingte Gründe können eine außerordentliche Kündigung un- **492**
kündbarer AN (z. B. nach § 34 Abs. 2) nur in „extremen Ausnahmefällen" rechtfertigen(s. z. B. BAG 13. 6. 2002 – 2 AZR 391/01 = NZA 2003, 44; 27. 6. 2002 – 2 AZR 367/01 = AP BAT § 55 Nr. 4 = BB 2003, 314; 8. 4. 2003 – 2 AZR 355/02 = NZA 2003, 856; 30. 9. 2004 – 8 AZR 462/03 = NZA 2005, 44, 49, 6. 10. 2005 – 2 AZR 362/04 = AP BAT § 53 Nr. 8 = NZA 2006, 879 Ls.: Schließung einer Krankenhausabteilung).

Zum Sonderfall der **außerordentlichen krankheitsbedingte Kündigung** **493**
s. Erl. 5.4.6 Rn. 179.

8.2.2. Interessenabwägung. Bei jeder außerordentlichen Kündigung – wie **494**
auch bei einer ordentlichen Kündigung – ist eine umfassende Interessenabwägung durchzuführen. Im Rahmen dieser **gebotenen Zumutbarkeitsprüfung** ist vom

Gericht festzustellen, ob die konkreten Beeinträchtigungen auf Grund der Besonderheiten des Einzelfalles vom AG noch hinzunehmen sind, ihn (nur) zum Ausspruch einer Abmahnung oder zumindest einer ordentlichen Kündigung berechtigen oder ob sie bereits ein solches Ausmaß erreicht haben, dass ihm selbst eine nur vorübergehende Weiterbeschäftigung bis zum Ablauf der Kündigungsfrist nicht mehr zugemutet werden kann.

495 Bei **Abwägung der gegenseitigen Interessen** von AG und AN sind die Dauer der (beanstandungsfreien) Betriebszugehörigkeit des AN, sein Lebensalter, bestehende Unterhaltspflichten und das besondere Interesse des AG an der Aufrechterhaltung der betrieblichen Ordnung und Funktionsfähigkeit zu berücksichtigen, gleichfalls Art, Schwere, Vorgeschichte und die konkrete Auswirkung der vorliegenden Verfehlung (vgl. nur BAG, NZA 1989, 261). Darüber hinaus sind vor allem Verschuldensgrad, eventuelle Entschuldbarkeit eines Rechtsirrtums, Wiederholungsgefahr und die Folgen der Kündigung für den AN (etwa sehr ungünstige Chancen auf dem Arbeitsmarkt) zu berücksichtigen, so ausdrückl. BAG 14. 2. 1996 – 2 AZR 274/95 = NZA 1996, 873; s. a. BAG 9. 3. 1995 – 2 AZR 644/94 = NZA 1996, 875 und 27. 4. 2006 – 2 AZR 415/05 = NZA 2006, 1033. Hingegen kann bei ordentlich unkündbaren AN diese Unkündbarkeit nicht nochmals zu ihren Gunsten berücksichtigt werden (so BAG 27. 4. 2006 – 2 AZR 386/05 = NZA 2006, 977 zu § 53 Abs. 3 BAT). Näheres bei Erl. 6.1.; instruktiv z. B. auch BAG 11. 3. 1999 – 2 AZR 427/98 = NZA 1999, 818 zur außerordentlichen Kündigung eines Professors wegen Tötung von Affen einer Primatenstation und 21. 2. 2001 – 2 AZR 139/00 = NZA 2001, 1136 zur außerordentlichen Kündigung der Mitarbeiterin eines kirchlichen Kindergartens, die aktiv für eine andere „Glaubensgemeinschaft" warb.

496 **8.2.3. Ausschlussfrist.** Nach § 626 Abs. 2 BGB muss die außerordentliche Kündigung innerhalb von **zwei Wochen** nach Kenntnis des wichtigen Grundes ausgesprochen werden, anderenfalls ist sie allein deshalb, d. h. wegen Versäumung der Kündigungserklärungsfrist, unwirksam. Die Frist beginnt in dem Zeitpunkt zu laufen, in dem der Kündigungsberechtigte von den für die Kündigung maßgebenden Tatsachen Kenntnis erlangt. Für ihre Berechnung gelten die §§ 186 ff. BGB, insbes. §§ 187 Abs. 1, 193 BGB.

497 Diese materiellrechtliche Ausschlussfrist stellt eine verfassungsgemäße Konkretisierung des Verwirkungstatbestandes dar. Die **Ausschlussfrist** beginnt, wenn der Kündigungsberechtigte **sichere und möglichst vollständige positive Kenntnis** der kündigungserheblichen Tatsachen hat (Schaub, § 125, Rn. 27 m. w. N.). Bloße Vermutungen, selbst grob fahrlässige Unkenntnis sind ohne Bedeutung. Zu den für die Kündigung maßgeblichen Tatsachen gehören sowohl für als auch gegen die Kündigung sprechende, entlastende Umstände. Ohne Kenntnis vom Kündigungssachverhalt kann das Kündigungsrecht nicht verwirken.

498 **Kündigungsberechtigter** ist diejenige Person, die im konkreten Fall zum Ausspruch der Kündigung befugt ist (näheres bei Schaub, § 125, Rn. 33–35; ErfK/ Müller-Glöge, § 626 BGB, Rn. 256 ff.). Allgemein anerkannt ist, dass der Kündigungsberechtigte zur Aufklärung des Sachverhalts die ihm nach pflichtgemäßem Ermessen notwendig erscheinenden Maßnahmen durchführen kann. Er darf insbesondere nach Lage des Falls weitere Ermittlung durchführen und den Betroffenen anhören, bzw. ihm Gelegenheit zur Stellungnahme einräumen. Der Beginn der Ausschlussfrist ist allerdings nur solange gehemmt, wie der Kündigungsberechtigte aus verständlichen Gründen mit der gebotenen Eile noch Ermittlungen anstellt, die ihm eine umfassende und zuverlässige Kenntnis des Kündigungssachverhalts verschaffen sollen (s. nur BAG 31. 3. 1993 – 2 AZR 492/92 = NZA 1994, 409,

5. 12. 2002 – 2 AZR 478/01 = NZA 2003, 1055 Os. = AP BGB § 123 Nr. 63 = DB 2003, 1685; 17. 3. 2005 – 2 AZR 245/05 = NZA 2006, 101 und 2. 3. 2006 – 2 AZR 46/05 = NZA 2006, 1211; ausführl. Schaub, § 125, Rn. 27, 27 a; ErfK/Müller-Glöge, § 626 BGB, Rn. 263 ff.).

Zur **Anhörung** des Kündigungsgegners ist danach eine Regelfrist von nicht mehr als einer Woche einzuräumen, die nur aus sachlich gebotenen Gründen überschritten werden darf. Für die übrigen Ermittlungen gilt nach der Rspr. keine Regelfrist. Bei ihnen ist fallbezogen zu beurteilen, ob sie mit der gebotenen Eile durchgeführt worden sind. **499**

Bei sog. „**Dauertatbeständen**" (z. B. eigenmächtiger Urlaubsantritt oder überhaupt unentschuldigtes Fehlen, dauerhafte Unmöglichkeit der Arbeitsleistung) beginnt die Kündigungsklärungsfrist erst mit Abschluss des kündigungsbeachtlichen Zustands, z. B. mit Ende der unberechtigten Fehlzeit (vgl. z. B. BAG 22. 1. 1998 – 2 ABR 19/97 = NZA 1998, 708, 26. 7. 2001 – 8 AZR 739/00 = NZA 2002, 325, 328 zur AN-Kündigung). Zum Sonderfall der Verdachtskündigung vgl. die Erl. 5.7. sowie Mennemeyer/Dreymüller, NZA 2005, 382; Zu allem s. neben Schaub, § 125, Rn. 27, 27 a; ErfK/Müller-Glöge, § 626 BGB, Rn. 263 ff.; ausführl.: KR/Fischermeier, § 626 BGB, Rn. 311 ff.; Stahlhacke/Preis, Rn. 836 ff. **500**

Binnen der Zweiwochenfrist sind auch die Beteiligungsverfahren beim **Betriebs-, bzw. Personalrat** durchzuführen, sowie evtl. nötige **behördliche Zustimmungen** einzuholen. Zum Sonderkündigungsschutz der schwerbehinderten Menschen vgl. insoweit § 91 Abs. 2, 3, 5 SGB IX und BAG 2. 3. 2006 – 2 AZR 46/05 = NZA 2006, 1211 sowie allgemein die Erl. 9 Rn. 505. **501**

Die **Versäumung der Ausschlussfrist** führt zur **Unwirksamkeit der Kündigung** (st. Rspr., s. BAG, NZA 1994, 171; 1995, 1160). Ist eine außerordentliche Kündigung bereits deswegen unwirksam, kann dahinstehen, ob für sie ein wichtiger Grund gem. § 626 Abs. 2 BGB vorgelegen hat. **502**

8.3. Darlegungs- und Beweislast. Im Rechtsstreit ist der Kündigende darlegungs- und beweispflichtig für das Vorliegen eines wichtigen Grundes zur außerordentlichen Kündigung, den Zeitpunkt seiner sicheren abschließenden Kenntnis davon und für die Einhaltung der Zweiwochenfrist durch Zugang der Kündigungserklärung beim Empfänger. Insges. zur Darlegungs- und Beweislast im Kündigungsrecht s. Erl. 16. **503**

8.4. Umdeutung. Eine Umdeutung der außerordentlichen in eine ordentliche Kündigung ist grds. möglich, wenn dies (wie im Regelfall) dem mutmaßlichen Willen des Kündigenden entspricht und dieser Wille dem Kündigungsempfänger im Zeitpunkt des Kündigungszugangs erkennbar ist. Dies muss das Arbeitsgericht auch ohne besonderen Antrag oder Geltendmachung von sich aus prüfen (so jetzt ausdrücklich und klarstellend BAG 15. 11. 2001 – 2 AZR 310/00 = AP BGB § 140 Nr. 13 = NJW 2002, 2972). Rechtsgrundlage hierfür ist **§ 140 BGB.** Die Umdeutung einer Kündigungserklärung darf jedoch nicht zu einer völligen Umänderung der Kündigung, etwa in eine Anfechtung, führen. **504**

Allgemein und näher zu den Problemkreisen der Umdeutung s. z. B. Schaub, § 123, Rn. 140 ff.; Stahlhacke/Preis, Rn. 470 ff.

9. Sonderkündigungsschutz. Außerhalb des allgemeinen Kündigungsschutzes nach dem KSchG kennt das deutsche Kündigungsrecht einen weitgehenden **statusbezogenen besonderen Kündigungsschutz,** der für bestimmte, vom Gesetzgeber als besonders schutzwürdig angesehene Personengruppen in verschiedenen Einzelgesetzen verankert ist. Dazu sei zur **Übersicht** auf die wichtigsten Regelungen hingewiesen: **505**

Vor § 34 Abschnitt V. Befrist. u. Beendig. d. Arbeitsverh.

506 **9.1. Kündigungsschutz für Mitglieder und Wahlbewerber der Betriebsverfassung und Personalvertretung.** Für bestimmte Funktionsträger wie insbes. **Personal- und Betriebsräte** ist die ordentliche Kündigung **nach § 15 KSchG** während der Dauer ihrer Amtszeit sowie einen sog. Nachwirkungszeitraum grds. ausgeschlossen, damit sie ihr Amt frei und unabhängig ausüben können. Sie sind nur **fristlos,** d. h. beim Vorliegen eines wichtigen Grundes, **kündbar.** Dieser Sonderkündigungsschutz gilt uneingeschränkt, auch für sog. Massenänderungskündigungen (BAG 7. 10. 2004 – 2 AZR 81/04 = NZA 2005, 156, gegen eine verbreitete Ansicht im Schrifttum).

507 Er wird zudem verfahrensrechtlich dadurch abgesichert und verstärkt, dass auch eine außerordentliche Kündigung im Regelfall **nur nach vorheriger Zustimmung** des Personal- bzw. Betriebsrats gem. §§ 103 BetrVG; 47, 108 BPersVG zulässig ist. Zum **geschützten Personenkreis** und zu **Dauer und Umfang des jeweiligen Kündigungsschutzes** s. § 15 Abs. 1-3 a KSchG, zur ausnahmsweisen Zulässigkeit einer ordentlichen Kündigung im Fall der **Betriebs(-abteilungs-) schließung** vgl. § 15 Abs. 4, 5 KSchG; BAG 2. 3. 2006 – 2 AZR 83/05 = NZA 2006, 988 m. w. N. und zu allem Schaub, § 143; v. Hoyningen-Huene/Linck, KSchG, § 15, Rn. 8 ff., 37 ff., 154 ff.

508 Für die außerordentliche Kündigung von Funktionsträgern gilt grds, dass an den Prüfungsmaßstab für die Berechtigung ihrer Kündigung, d. h. an die Bewertung insbes. ihrer Pflichtverletzungen, kein anderer Maßstab angelegt werden darf, als bei jedem anderen AN. Die Eigenschaft als Amtsträger i. S. d. § 15 KSchG darf insofern weder zu seinen Gunsten noch zu seinen Ungunsten berücksichtigt werden (Beispiele bei Schaub, § 123 Rn. 34).

509 **9.2. Kündigungsschutz bei Schwangerschaft und Elternzeit.** Ein weiteres **Kündigungsverbot** enthält **§ 9 MuSchG.** Danach ist die Kündigung gegenüber einer Frau während der Schwangerschaft und bis zum Ablauf von vier Monaten nach der Entbindung unzulässig.

Für die Elternzeit ist die entsprechende Vorschrift des **§ 18 BEEG** (Bundeselterngeld- und Elternzeitgesetz v. 5. 12. 2006 BGBl. I, 2748, das mit Wirkung vom 1. 1. 2007 das vormalige Bundeserziehungsgeldgesetz abgelöst hat) zu beachten. Sie gewährt Sonderkündigungsschutz allerdings nur in dem Arbeitsverhältnis, in dem der AN Elternzeit in Anspruch nimmt, nicht hingegen für ein mit Zustimmung diese „Erstarbeitgebers" nach § 15 Abs. 4 BEEG eingegangenes Teilzeitarbeitsverhältnis zu einem „anderen" AG (BAG 2. 2. 2006 – 2 AZR 596/04 = NZA 2006, 678 zur entsprechenden früheren Vorschrift des § 15 Abs. 4 BErzGG).

510 Unter den Voraussetzungen der §§ 9 MuSchG und 18 BErzGG besteht also ein **absolutes Kündigungsverbot.** Das bedeutet, dass jede Kündigung des Arbeitsverhältnisses durch den AG, die ohne die erforderliche Zustimmung der jeweils landesrechtlich zuständigen Arbeitsschutzbehörde ausgesprochen wird, unzulässig und nach § 134 BGB nichtig ist, unabhängig davon, wie schwerwiegend der Kündigungsgrund auch ist (Beispiel: Betrugshandlungen gem. § 263 StGB; s. nur BAG, DB 1988, 866; BAG 11. 3. 1999 – 2 AZR 19/98 = NZA 1999, 1047; 20. 1. 2005 – 2 AZR 500/03 = NZA 2005, 687: Betriebsstilllegung). Zur Vermeidung der Nichtigkeit einer Kündigung ist es daher notwendig, dass die **Zulässigkeitserklärung der** zuständigen **Arbeitsschutzbehörde** nach § 9 Abs. 3 MuSchG, bzw. § 18 Abs. 1 S. 2, 3 BErzGG **vor Ausspruch** der Kündigung bereits erteilt worden ist.

511 Bestandskräftig muss er hingegen nicht sein. Ein evtl. Widerspruch des AN hat zwar aufschiebende Wirkung nach § 80 Abs. 1 VwGO, führt aber nicht zur Un-

Vorbemerkung zu § 34 **Vor § 34**

wirksamkeit der Kündigung; diese ist vielmehr zunächst „schwebend unwirksam" (BAG 17. 6. 2003 – 2 AZR 245/02 = NZA 2003, 1329).

Eine wegen fehlender vorheriger Zustimmung unwirksame Kündigung kann nicht durch eine nachträglich eingeholte Zustimmung geheilt werden. Die Kündigung bleibt nichtig. Der AG hat dann nur die Möglichkeit, nach erteilter Zustimmung der Arbeitsschutzbehörde erneut eine Kündigung auszusprechen. 512

Bei einer fristlosen Kündigung muss er die Zweiwochenfrist des § 626 Abs. 2 BGB beachten und einhalten. Näheres zu allem z. B. bei Schaub, §§ 170; 102 B. IV; Stahlhacke, Rn. 1283 ff.; 1419 ff. sowie zur Rechtslage nach dem BEEG KR/Bader, § 18 BEEG.

9.3. Kündigungsschutz schwerbehinderter Menschen. Sonderkündigungsschutznormen zugunsten schwerbehinderter Menschen enthalten nunmehr die **§§ 85 ff. SGB IX.** Das zum 1. 7. 2001 in Kraft getretene Neunte Buch zum SGB regelt die „Rehabilitation und Teilhabe behinderter Menschen" und hat den bisherigen Kündigungsschutz nach dem SchwbG weitgehend inhaltsgleich in seine §§ 85 ff. übernommen. Die Kündigung der Arbeitsverhältnisse schwerbehinderter Menschen sowie ihnen Gleichgestellter i. S. d. §§ 2 Abs. 2, 3 SGB IX bedarf der – vorherigen! – **Zustimmung des Integrationsamtes** (früher Hauptfürsorgestelle), §§ 85, 91 SGB IX; ohne diese ist sie nichtig (§ 134 BGB). 513

Seit dem 1. 5. 2004 ist zu beachten, dass nach dem durch Gesetz v. 23. 4. 2004 (BGBl. I, 606) **neu** eingeführten **Abs. 2 a** des **§ 90 SGB IX** der Sonderkündigungsschutz nicht eingreift, wenn die Schwerbehinderteneigenschaft zum Zeitpunkt der Kündigung nicht nachgewiesen, d. h. nicht durch behördlichen Bescheid bereits festgestellt oder den Antrag auf Anerkennung, bzw. Gleichstellung nicht mindestens drei Wochen vor dem Zugang der Kündigung gestellt ist, es sei denn, die Schwerbehinderung ist offenkundig. Damit soll einer missbräuchlichen Erschwerung von Kündigungen begegnet werden (so jetzt BAG 1. 3. 2007 – 2 AZR 217/06). Näheres z. B. bei Stahlhacke/Vossen, Rn. 1472 a ff.; Schlewing, NZA 2005, 1218; Griebeling, NZA 2005, 494; Rolfs/Barg, BB 2005, 1678; Grimm/Brock, DB 2005, 282; s. a. ArbG Bonn, 25. 11. 2004 – 7 Ca 2459/04 = NZA-RR 2005, 193; allgemein zu den Neuerungen im Schwerbehindertenrecht: Cramer, NZA 2004, 698; Düwell, BB 2004, 2811). Allgemein zum Sonderkündigungsschutz schwerbehinderter AN: Schaub, § 173; Stahlhacke/Vossen, Rn. 1454 ff. sowie BAG 7. 3. 2002 – 2 AZR 612/00 = NZA 2002, 1145; 12. 1. 2006 – 2 AZR 539/05 = NZA 2006, 1035. 514

Vor dem Hintergrund der Neufassung des SGB IX und des § 4 KSchG erwägt das BAG im letztgenannten Urteil, in Zukunft von einer **Regelfrist von drei Wochen** (bislang nach st. Rspr. einem Monat) auszugehen, innerhalb derer ein AN nach Zugang der Kündigung dem AG seine Schwerbehinderung oder den entsprechenden Feststellungsantrag mitteilen muss wenn diese davon zuvor nichts wusste. 515

Kündigt ein AG einem schwerbehinderten AN, ohne zuvor das jetzt in **§ 84 Abs. 1 SGB IX** im Einzelnen ausgestaltete **Präventionsverfahren** durchlaufen zu haben, führt allein das noch nicht zur (formellen) Unwirksamkeit der Kündigung (BAG 7. 12. 2006 – 2 AZR 182/06). 516

Der oben (Erl. 9.1) dargestellte Kündigungsschutz nach § 15 KSchG umfasst auch **Mitglieder der Schwerbehindertenvertretung** (Vertrauenspersonen, §§ 94 Abs. 1, 96 Abs. 3 SGB IX) und der Konzern-, Gesamt-, Bezirks- und Hauptschwerbehindertenvertretung sowie deren Vertreter, § 97 Abs. 7 SGB IX. Auch hier ist im Fall einer außerordentlichen Kündigung die Zustimmung des Personal- bzw. Betriebsrats notwendig (s. oben). Die Zustimmung des Integra- 517

Vor § 34 Abschnitt V. Befrist. u. Beendig. d. Arbeitsverh.

tionsamtes nach den §§ 91, 85 SGB IX reicht also nicht aus, um wirksam kündigen zu können.

518 Insges. zur Problematik der Kündigung von Mitgliedern der Schwerbehindertenvertretung s. die Erläuterungen bei v. Hoyningen-Huene/Linck, KSchG, § 15, Rn. 33 ff.

519 **9.4. Weitere Sonderkündigungsschutzbestimmungen** finden sich u. a. für **Auszubildende** in § 22 BBiG, **Wehr- und Zivildienstleistende** in den §§ 2 ArbPlSchG, 78 ZDG und 2 EignÜG, **Parlamentarier** in den §§ 3 Abs. 3 EuropaabgeordnetenG, 2 Abs. 3 AbgeordnetenG sowie entsprechenden Landesgesetzen und Kreis-, bzw. Gemeindeordnungen (Nachweise bei KR/Weigand, ParlKSch), **Inhaber von Bergmannsversorgungsscheinen** in Landesgesetzen von Nordrhein-Westfalen, Niedersachsen und dem Saarland, **Immissionsschutz- und Störfallbeauftragte** in §§ 58 Abs. 2, 58 d BImSchG und **Seeleute** in den §§ 62 ff. SeemG (s. zu allem z. B. die Übersicht bei Schaub, § 126; Stahlhacke/Preis, Rn. 284 ff., ausführl. die Kommentierungen im KR).

520 **10. Beteiligung des Betriebsrats bei Kündigungen.** Das **Mitwirkungsrecht** des Betriebsrats für Kündigungen von AN (Ausnahme: leitende Angestellte i. S. d. § 5 Abs. 3 BetrVG) ist in **§ 102 BetrVG** geregelt.

§ 102 Abs. 1 BetrVG lautet:

„Der Betriebsrat ist vor jeder Kündigung zu hören. Der AG hat ihm die Gründe für die Kündigung mitzuteilen. Eine ohne Anhörung des Betriebsrats ausgesprochene Kündigung ist unwirksam."

521 Das bedeutet, dass erst **nach** ordnungsgemäß vom AG eingeleiteten und abgeschlossenen Anhörungsverfahren eine beabsichtigte Kündigung ausgesprochen werden kann. Die **Anhörung des Betriebsrats** ist (auch in Eilfällen) stets **Wirksamkeitsvoraussetzung für jede** vom AG beabsichtigte **Kündigung,** also **auch** für Änderungskündigungen und für Kündigungen, für die das KSchG nicht gilt oder die **während der Probezeit** erfolgen sollen (zu den Besonderheiten für den Umfang der Anhörungspflicht in diesen Fällen: BAG 8. 9. 1988 – 2 AZR 103/88 = NZA 1989, 852; 18. 5. 1994 – 2 AZR 920/93 = NZA 1995, 24; 3. 12. 1998 – 2 AZR 234/98 = NZA 1999, 477; 16. 9. 2004 – 2 AZR 511/03 = AP BetrVG 1972 § 102 Nr. 142 = FA 2005, 113; zur entsprechenden Rechtslage im Personalvertretungsrecht: BAG 21. 7. 2005 – 6 AZR 498/04 = NZA-RR 2006, 331 betr. § 72 a LPVG NW und 27. 10. 2005 – 6 AZR 27/05 = NZA 2006, 808 Os. betr. § 79 BPersVG).

522 § 102 Abs. 1 BetrVG ist zwingendes Recht; weder der Betriebsrat noch der von der Kündigung betroffene AN können auf die in § 102 BetrVG normierte Anhörung verzichten.

523 Der (öffentliche) AG hat grds. für jede Kündigung das Mitwirkungs- oder Anhörungsverfahren nach dem BetrVG, bzw. dem einschlägigen PersVG (vgl. näher Erl. 11) durchzuführen. Deshalb bedarf es einer – erneuten – Beteiligung des Betriebs- oder Personalrats immer dann, wenn der (öffentliche) AG nach Anhörung bzw. Mitwirkung des Betriebs-, bzw. Personalrats bereits eine Kündigung erklärt hat und nunmehr eine neue (weitere) Kündigung aussprechen will. Das gilt auch, wenn er zwar die Kündigung auf den gleichen Sachverhalt stützt, die erste Kündigung dem AN aber zugegangen ist und der AG damit seinen Kündigungswillen bereits verwirklicht hat. Das Gestaltungsrecht und die damit im Zusammenhang stehende Beteiligung des Betriebs- oder Personalrats ist mit dem Zugang der Kündigungserklärung verbraucht (BAG 5. 9 2002 – 2 AZR 523/01 = AP LPVG Sachsen § 78 Nr. 1 = ZTR 2003, 153; 10. 11 2005 – 2 AZR 623/04 = NZA 2006, 491; 12. 1. 2006 – 2 AZR 179/05 = NZA 2006, 980, 983). Etwas anderes kommt nur in den Ausnahmefällen in Betracht, in denen der AG seinen Kündigungsentschluss noch nicht verwirklicht hat. Nur dann kann eine erneute Beteiligung der betreffenden Mitarbeitervertretung entbehrlich sein, wenn das frühere Beteiligungsverfahren ordnungsgemäß war, der Betriebs- oder Personalrat der Kündigung vorbehaltlos zugestimmt hat und eine Wiederholungskündigung im angemessenen zeitlichen Zusammenhang ausgesprochen und auf denselben Sachverhalt gestützt wird.

10.1. Anhörungsverfahren, Inhalt der Mitteilungspflicht. Seine Mitteilungspflicht gegenüber dem Betriebsrat (zu Händen seines Vorsitzenden, § 26 Abs. 2 S. 2 BetrVG) hat der AG **ordnungsgemäß** zu erfüllen. Eine Kündigung ist nicht nur dann unwirksam, wenn der AG gekündigt hat, ohne den Betriebsrat zuvor überhaupt beteiligt zu haben, sondern auch dann, wenn der AG seiner Unterrichtungspflicht nach § 102 Abs. 1 S. 2 BetrVG nicht richtig, insbes. nicht **ausführlich** genug nachgekommen ist. 524

Der AG hat seine Mitteilungspflicht (mündlich oder schriftlich) vollständig, umfassend und detailliert zu erfüllen: Er muss mitteilen, **wer, wie,** zu **wann** und **warum** entlassen werden soll, d. h. er muss Angaben machen über die 525

- **Person** des zu kündigenden AN, einschließlich seiner Personalien/**Sozialdaten** (insbes. Betriebszugehörigkeit, Lebensalter, Familienstand, Unterhaltsverpflichtungen, besonderer Kündigungsschutz als Schwerbehinderter, o. ä.);
- **Art der** beabsichtigten **Kündigung** (einschließlich des unterbreiteten neuen Arbeitsvertragsangebots bei Änderungskündigungen);
- einzuhaltende **Kündigungsfrist,** bzw. den **Kündigungstermin;** und die
- **Kündigungsgründe;** über diese ist nicht nur pauschal, sondern umfassend und **mit konkreten, detaillierten Tatsachen** zu informieren (z. B. genaue Fehlzeiten und betriebliche oder wirtschaftliche Belastungen bei krankheitsbedingter Kündigung, exakte Verspätungen und deswegen erteilte Abmahnungen bei verhaltensbedingter Kündigung, usw.).

Dabei ist jedoch zu beachten, dass evtl. fehlerhafte Angaben zu einzelnen Sozialdaten des AN (ausnahmsweise) dann nicht zu einer fehlerhaften Anhörung des Betriebsrats führen, wenn es ersichtlich der subjektiven Vorstellung des AG entspricht, unabhängig etwa von dessen bestehenden Unterhaltspflichten wegen schwerer Pflichtverletzungen zu kündigen und diese auch in keinem Zusammenhang mit diesen Arbeitsvertragsverletzungen stehen (BAG 15. 11. 2001 – 2 AZR 380/00 = NZA 2002, 971, 973: s. bereits BAG, NZA 1989, 755). 526

Gleiches gilt z. B. bei betriebsbedingten Kündigungen, wenn nach erkennbarer Auffassung des AG wegen geplanter Betriebsstilllegung eine Sozialauswahl für entbehrlich gehalten wird (BAG 13. 5. 2004 – 2 AZR 329/03 = NZA 2004, 1037 m. w. N.; vgl. a. LAG Hamm, 14. 6. 2005 – 19 Sa 287/05 = NZA-RR 2005, 640). 527

Eine ordnungsgemäße Anhörung des Betriebsrats liegt nämlich dann vor, wenn ihm der AG die aus seiner Sicht tragenden Umstände unterbreitet hat (sog. „subjektive Determination des Anhörungsverfahrens"). Hinsichtlich dieser Gründe **genügt** es in der Regel **nicht,** dass der AG sie **nur pauschal,** schlagwort- oder stichwortartig vorträgt oder bloße Werturteile mitteilt. Der für die Kündigung maßgebende Sachverhalt ist vielmehr so zu umschreiben, dass der Betriebsrat ohne zusätzliche eigene Nachforschungen in die Lage versetzt wird, die Stichhaltigkeit der Kündigungsgründe zu prüfen und sich über eine Stellungnahme schlüssig zu werden. Dabei kommt der AG seiner Pflicht zur Unterrichtung des Betriebsrats nicht nach, wenn er aus seiner subjektiven Sicht dem Betriebsrat unrichtige oder unvollständige Sachdarstellungen unterbreitet oder einen für die Entschließung des 528

Vor § 34   Abschnitt V. Befrist. u. Beendig. d. Arbeitsverh.

Betriebsrats wesentlichen Umstand verschweigt. Enthält der AG somit dem Betriebsrat bewusst ihm bekannte und seinen Kündigungsentschluss bestimmende Tatsachen vor, die nicht nur eine Ergänzung oder Konkretisierung des mitgeteilten Sachverhalts darstellen, sondern diesem erst das Gewicht eines Kündigungsgrundes geben oder weitere eigenständige Kündigungsgründe beinhalten, dann ist das Anhörungsverfahren fehlerhaft und die Kündigung nach § 102 Abs. 1 S. 3 BetrVG unwirksam (vgl. statt aller nur BAG 15. 11. 1995 – 2 AZR 974/94 = NZA 1996, 419, 421; 17. 2. 2000 – 2 AZR 913/98 = NZA 2000, 761; 13. 5. 2004 – 2 AZR 329/03 = NZA 2004, 1037; für die entsprechende Anhörungspflicht gegenüber dem Sprecherausschuss nach § 31 Abs. 2 SprAuG: 27. 9. 2001 – 2 AZR 176/00 = NZA 2002, 1277, 1279; zu den Besonderheiten bei Probezeitkündigungen s. Rn. 521; zur Anhörung des Personalrats zur krankheitsbedingten Kündigung: 7. 11. 2002 – 2 AZR 493/01 = AP BGB § 620 Kündigungserklärung Nr. 18 = ZTR 2003, 304; zu Einzelheiten z.B. KR/Etzel, § 102 BetrVG, Rn. 58 ff.; instruktiv ferner Kutzki, Fehler bei der Betriebsratsanhörung und deren Vermeidung anhand von praktischen Anwendungsfällen, ZTR 1999, 491; Kirsch/Strybny, BB-Special 14 zu Heft 50/2005, 10).

529   Mängel, die anschließend während des Anhörungsverfahrens im Verantwortungsbereich des Betriebsrats entstehen, führen demgegenüber grundsätzlich auch dann nicht zur Unwirksamkeit der Kündigung wegen fehlerhafter Anhörung, wenn der AG im Zeitpunkt der Kündigung weiß oder erkennen kann, dass der Betriebsrat die Angelegenheit nicht fehlerfrei behandelt hat. Solche Fehler gehen nicht zu Lasten des AG, weil er keine wirksamen rechtlichen Einflussmöglichkeiten auf die Beschlussfassung des Betriebsrats hat. Etwas anderes kann ausnahmsweise dann gelten, wenn in Wahrheit keine Stellungnahme des Gremiums „Betriebsrat", sondern erkennbar z.B. nur eine persönliche Äußerung des Betriebsratsvorsitzenden vorliegt oder der AG den Fehler des Betriebsrats durch unsachgemäßes Verhalten selbst veranlasst hat (BAG 6. 10. 2005 – 2 AZR 316/04 = AP BetrVG § 102 Nr. 150 = NZA 2006, 990 m.w.N.).

530   Nicht ohne Grund weist das BAG in diesem Zusammenhang darauf hin, dass der Zweck der Anhörungspflicht nicht in der Schaffung von Verfahrenskomplikationen, sondern darin liegt, eine gleichberechtigte, vertrauensvolle Erörterung der Kündigungsabsicht zu gewährleisten.

531   **10.2. Reaktionsmöglichkeiten des Betriebsrats.** Im sich anschließenden zweiten Verfahrensabschnitt des Anhörungsverfahrens hat der Betriebsrat den AN zu hören (§ 102 Abs. 2 S. 4 BetrVG) und mit ordnungsgemäßer Beschlussfassung (vgl. insbes. § 29 bis 34 BetrVG) über seine Stellungnahme zur beabsichtigten Kündigung zu entscheiden. Dabei hat er folgende **vier Reaktionsmöglichkeiten:**

532   Der Betriebsrat hat, wenn er **(1.) Bedenken** gegen die Kündigung hat, diese dem AG innerhalb einer Frist von einer Woche bei ordentlichen (§ 102 Abs. 2 S. 1 BetrVG), bzw. unverzüglich, spätestens jedoch binnen drei (Kalender-)Tagen bei fristlosen Kündigungen **schriftlich** mitzuteilen. Für die Fristberechnung gelten die §§ 186 ff., 193 BGB.

Äußert er sich **(2.)** innerhalb dieser Fristen nicht, so gilt dieses **Schweigen** als Zustimmung. Der Betriebsrat kann der Kündigung auch **(3.)** ausdrücklich **zustimmen.**

Schließlich hat er **(4.)** – allerdings nur bei der **ordentlichen Kündigung** (!) – die Möglichkeit, dieser **binnen Wochenfrist schriftlich** (!) mit **Gründen** zu **widersprechen.**

Die dafür möglichen **Widerspruchsgründe** sind im Einzelnen in **§ 102 Abs. 3 Nr. 1 bis 5 BetrVG** aufgeführt (vgl. BAG 11. 5. 2000 – 2 AZR 54/99 = NZA

Vorbemerkung zu § 34

Vor § 34

2000, 1055 sowie allgemein Fitting/Engels/Schmidt/Trebinger/Linsenmaier, BetrVG, 23. Aufl., § 102, Rn. 75 ff.).

Nach **Abschluss des Anhörungsverfahrens**, d. h. nach Ablauf von **drei Tagen, bzw. einer Woche oder** nach abschließender Stellungnahme des Betriebsrats kann der AG sodann kündigen (vgl. instruktiv BAG 16. 1. 2003 – 2 AZR 707/01 = NZA 2003, 927; 6. 10. 2005 – 2 AZR 316/04 = NZA 2006, 990). 533

Daran ist er selbst dann nicht gehindert, wenn der Betriebsrat schriftlich, fristgerecht und nach ordnungsgemäßer **Beschlussfassung** begründet der Kündigung widersprochen hat. Das bedeutet, dass der Betriebsrat (entgegen manch landläufiger Vorstellung) Kündigungen über sein (eben bloßes) Anhörungsrecht nach § 102 BetrVG letztlich nicht verhindern kann. Gleichwohl sei an dieser Stelle betont, dass der Zweck dieser Vorschrift darin liegt, den AG zu veranlassen, seine geplante Kündigung zu überdenken, sich mit den dagegen vorgebrachten Argumenten des Betriebsrats (ernsthaft) auseinander zu setzen und – wenn möglich – diesen zu folgen und von der Kündigungsabsicht Abstand zu nehmen. In der Praxis geschieht dies allerdings (leider) nur recht selten. 534

Hat der Betriebsrat nach § 102 Abs. 3 BetrVG der beabsichtigten Kündigung widersprochen, so ist der AG nach § 102 Abs. 4 BetrVG zunächst verpflichtet, dem AN mit der Kündigung eine **Abschrift der Stellungnahme des Betriebsrats zuzuleiten.** Unterlässt der AG dies, ist die Kündigung deswegen zwar nicht unwirksam, allerdings kann der AN daraus ggf. Schadensersatzansprüche herleiten. 535

Darüber hinaus stärkt ein **ordnungsgemäßer Widerspruch** des Betriebsrats die prozessuale Situation des gekündigten AN: Dieser kann seine Kündigungsschutzklage im Arbeitsgerichtsprozess nämlich auch auf die Unwirksamkeitsgründe nach § 1 Abs. 2 S. 2 KSchG stützen (sog. **„absolute Sozialwidrigkeitsgründe"**, vgl. Stahlhacke/Preis, Rn. 1243 ff.). Dem kommt allerdings nur geringe praktische Bedeutung zu. 536

Die für den AN letztlich bedeutsamste Konsequenz eines Widerspruchs des Betriebsrats ist vielmehr die Pflicht des AG zur Weiterbeschäftigung nach § 102 Abs. 5 BetrVG:

10.3. Weiterbeschäftigungsanspruch nach § 102 Abs. 5 BetrVG. Widerspricht der Betriebsrat ordnungsgemäß nach § 102 Abs. 3 BetrVG der beabsichtigten ordentlichen (!) Kündigung, so kann der AN verlangen, **nach Ablauf der Kündigungsfrist** während der Dauer des anschließenden Kündigungsschutzverfahrens bis zu dessen rechtskräftigem Abschluss tatsächlich **zu unveränderten Arbeitsbedingungen weiterbeschäftigt zu werden** (vgl. z. B. Mareck, BB 2000, 2042). 537

Der Weiterbeschäftigungsanspruch des AN nach § 102 Abs. 5 BetrVG kommt nur bei ordentlichen Kündigungen in Betracht und **setzt voraus,** dass ein **Betriebsrat** besteht, der von ihm eingelegte **Widerspruch form- und fristgerecht** gem. § 102 Abs. 3 BetrVG erfolgt ist und dass das **KSchG** auf das Arbeitsverhältnis der Parteien Anwendung findet, der AN danach **fristgerecht Klage** erhoben hat (§§ 23, 1 Abs. 1, 4 KSchG) und seine Weiterbeschäftigung **verlangt.** Obsiegt der AN im Kündigungsschutzprozess, besteht das Arbeitsverhältnis ohnehin fort; unterliegt er, so endet der Weiterbeschäftigungsanspruch (erst) mit Rechtskraft der Entscheidung. 538

Auf Antrag des AG kann das Arbeitsgericht ihn jedoch im Ausnahmefall durch den **Erlass einer einstweiligen Verfügung** nach den §§ 935, 940 ZPO **von der Verpflichtung zur Weiterbeschäftigung** nach § 102 Abs. 5 S. 2 BetrVG **entbinden,** wenn (1.) die Erhebung der Kündigungsschutzklage nach vorläufiger Prüfung der Rechtslage keine hinreichende Aussicht auf Erfolg bietet oder gar mutwillig erscheint, (2.) die Weiterbeschäftigung des AN (ganz ausnahmsweise) zu 539

Vor § 34 Abschnitt V. Befrist. u. Beendig. d. Arbeitsverh.

einer unzumutbaren wirtschaftlichen Belastung des AG (im Sinne einer Infragestellung seiner wirtschaftlichen Existenz) führen würde oder (3.) der Widerspruch des Betriebsrats zwar formell ordnungsgemäß, aber aus rechtlichen oder tatsächlichen Gründen offensichtlich unbegründet ist (vgl. zu allem z. B. Fitting/Engels/Schmidt/Trebinger/Linsenmaier, BetrVG, 23. Aufl., § 102, Rn. 117 ff.; zum Verfahren: Rieble, BB 2003, 844).

540 **10.4. Darlegungs- und Beweislast.** Die Darlegungs- und Beweislast **für die ordnungsgemäße Anhörung des Betriebsrats** trägt grds. der **AG.** Er muss im Prozess jedoch nicht von sich aus – gleichsam vorauseilend – sämtliche Schritte des von ihm dabei befolgten Verfahrens im Einzelnen darlegen und mögliche Einwänden des AN mit ausführlichen Gegeneinwänden und entsprechenden Beweisantritten zuvorkommen (BAG 6. 10. 2005 – 2 AZR 316/04 = NZA 2006, 990).

541 Vielmehr gilt hinsichtlich der ordnungsgemäßen Anhörung des Betriebsrats eine **abgestufte Darlegungslast.** Danach hat im Prozess der AN zunächst einmal die für ihn günstige Tatsache vorzutragen, dass überhaupt ein Betriebsrat besteht und deshalb nach § 102 BetrVG vor Ausspruch einer Kündigung dessen Anhörung erforderlich war. Auf seinen entsprechenden Sachvortrag hin obliegt es dann dem AG darzulegen, dass der Betriebsrat ordnungsgemäß angehört worden ist. Da die Betriebsratsanhörung Wirksamkeitsvoraussetzung der Kündigung ist, trifft die Darlegungs- und Beweislast grundsätzlich insoweit den AG. Auf dessen entsprechenden Prozessvortrag hin darf sich der AN dann nicht mehr darauf beschränken, die ordnungsgemäße Betriebsratsanhörung pauschal mit Nichtwissen zu bestreiten. Er hat sich vielmehr nach § 138 Abs. 1 und 2 ZPO vollständig über den vom AG vorgetragenen Sachverhalt zu erklären und im Einzelnen zu bezeichnen, ob er rügen will, der Betriebsrat sei entgegen der Behauptung des AG überhaupt nicht angehört worden, oder in welchen einzelnen Punkten er die tatsächlichen Erklärungen des AG über die Betriebsratsanhörung für falsch oder die dem Betriebsrat mitgeteilten Tatsachen für unvollständig hält. Dies erfordert ggf. einen ergänzenden Sachvortrag des AG und ermöglicht eine Beweiserhebung durch das Gericht über die dann tatsächlich noch streitigen Tatsachen (so BAG 23. 6. 2005 – 2 AZR 193/04 = NZA 2005, 1233 mit Besprechung von Mühlhausen, NZA 2006, 967; zuvor 16. 3. 2000 – 2 AZR 75/99 = NZA 2000, 1332, 1335).

542 S. a. insgesamt zum Anhörungsverfahren und zur Mitwirkung des Betriebsrats Willikonsky, Beteiligungsrechte des Betriebsrats bei personellen Maßnahmen, Rn. 177–238. Instruktiv auch BAG 16. 9. 1993 – 2 AZR 267/93 = NZA 1994, 311 zum Inhalt und Zweck der Unterrichtung des Betriebsrats; Kutzki, (ZTR 1999, 491) sowie die Rspr. – Übersicht von Vossen, FA 2007, 66.

543 **10.5. Erweiterung der Mitwirkungsrechte.** § 102 BetrVG fordert **nur** die **Anhörung** des Betriebsrats, **nicht** dagegen seine **Zustimmung** zur geplanten Kündigung des AG. Insoweit ist die Überschrift der Gesetzesnorm zumindest missverständlich.

544 Gem. § 102 Abs. 6 BetrVG besteht jedoch die Möglichkeit, dass die Betriebspartner in einer **freiwilligen,** also nicht erzwingbaren (§ 76 Abs. 6 BetrVG) **Betriebsvereinbarung** weitergehende Mitwirkungsrechte für den Betriebsrat regeln, z. B. festlegen, dass jede Kündigung der Zustimmung des Betriebsrats bedarf und dass bei Meinungsverschiedenheiten der Betriebspartner über die Berechtigung der Nichterteilung der Zustimmung dann die **Einigungsstelle** nach § 76 BetrVG zu entscheiden hat. Nach § 102 Abs. 6 BetrVG kann somit die Kündigung der Zustimmungspflicht des Betriebsrats unterworfen werden, (vgl. Fitting/Engels/Schmidt/Trebinger/Linsenmaier, BetrVG, 23. Aufl., § 102, Rn. 124 ff.; Maurer/Schüßler, BB 2000, 2518).

Vorbemerkung zu § 34 **Vor § 34**

11. Beteiligung des Personalrats bei Kündigungen. Die Beteiligung der 545
Personalvertretung im ö.D. bei Kündigungen des AG wird vom BPersVG und
den jeweiligen Landespersonalvertretungsgesetzen geregelt. Dabei ist die Beteiligung des Personalrats bei ordentlichen und außerordentlichen Kündigungen unterschiedlich ausgestaltet, auch weichen die landesgesetzlichen Regelungen untereinander sowie von denen des BPersVG mitunter ab. Nach dem BPersVG gelten die nachfolgenden Regelungen (Näheres zu allem z. B. bei Schaub, § 123, Rn. 124 ff.; Stahlhacke/Preis, Rn. 463 ff., jeweils m. w. N.).

Bei den Landesbediensteten müssen die jeweiligen **Landesgesetze** – die hier aus Raumgründen nicht dargestellt werden können – beachtet werden.

11.1. Mitbestimmungsrecht- und verfahren. Das **Mitbestimmungsrecht** 546
des Personalrats **bei ordentlichen Kündigungen** ist in § 79 Abs. 1 BPersVG geregelt. Diese Vorschrift entspricht weitgehend § 102 BetrVG. Eine Kündigung ist nach § 79 Abs. 4 BPersVG **unwirksam,** wenn der **Personalrat nicht** (ordnungsgemäß) **beteiligt** wird.

Das **Mitwirkungsverfahren** ist geregelt in den §§ 69, 72 BPersVG. Danach 547
muss der Leiter der Dienststelle die beabsichtigte Kündigung mit dem Personalrat **rechtzeitig und eingehend erörtern,** § 72 Abs. 1 BPersVG. Äußert sich der Personalrat nicht innerhalb von zehn Arbeitstagen oder hält er bei der Erörterung seine Einwendungen oder Vorschläge nicht aufrecht, so gilt die beabsichtigte Maßnahme, also die ordentliche Kündigung, als gebilligt. Erhebt der Personalrat **Einwendungen,** so muss er dem Leiter der Dienststelle die Gründe mitteilen, § 72 Abs. 2 i. V. m. § 69 Abs. 2 S. 6 BPersVG.

Hat der Personalrat Einwendungen gegen die beabsichtigte Kündigung erhoben 548
und diese dem Leiter der Dienststelle mitgeteilt, muss die Dienststelle ihre Entscheidung treffen. Entspricht sie den Einwendungen des Personalrats nicht oder nicht in vollem Umfang, so muss sie dem Personalrat ihre Entscheidung unter Angabe der Gründe schriftlich mitteilen, § 72 Abs. 3 BPersVG. Auf Antrag des Personalrats entscheidet dann die übergeordnete Dienststelle nach Verhandlungen mit der bei ihr gebildeten Stufenvertretung, vgl. § 72 Abs. 4 S. 2 BPersVG.

§ 79 Abs. 1 S. 3 Nr. 1–5 BPersVG nennt beispielhaft und daher **nicht ab-** 549
schließend Gründe, auf die der Personalrat seine **Einwendungen** gegen eine beabsichtigte Kündigung stützen kann. Daneben können auch alle anderen Gründe aufgeführt werden. Auch die Einhaltung der Schriftform ist hier – anders als nach § 102 Abs. 2 S. 1 BetrVG – nicht erforderlich. Wird dem AN gekündigt, obwohl der Personalrat nach § 79 Abs. 1 S. 3 BPersVG Einwendungen gegen die Kündigung erhoben hat, so ist dem AN mit der Kündigung eine Abschrift der Stellungnahme des Personalrats zuzuleiten, es sei denn, dass die Stufenvertretung in der Verhandlung nach § 72 Abs. 4 S. 2 BPersVG die Einwendungen nicht aufrechterhalten hat.

11.2. Inhalt der Mitwirkungspflicht. Was den Inhalt der Mitteilungspflicht 550
des Leiters der Dienststelle an den Personalrat betrifft, so gilt auch hier, dass das **Beteiligungsverfahren** gem. §§ 72, 79 BPersVG ordnungsgemäß durchgeführt werden muss. Das bedeutet, dass die Mitteilungspflichten vollständig zu erfüllen sind. Der Leiter der Dienststelle bzw. dessen ständiger Vertreter muss mitteilen, wer entlassen werden soll, die Art der beabsichtigten Kündigung angeben, die Kündigungsfrist benennen und natürlich den Kündigungsgrund konkret darlegen (s. nur BVerwG, 24. 11. 1983 – PersV 1986, 24); insoweit kann auf die Ausführungen bei Erl. 10.1 Rn. 524 verwiesen werden, die im Personalvertretungsrecht entsprechend gelten.

551 Daten, die etwa für die Berechnung der Kündigungsfrist und ggf. der zu zahlenden Abfindung von Bedeutung sind, muss der Dienststellenleiter dem Personalrat unaufgefordert mitteilen, es sei denn, er darf davon ausgehen, dass sie diesem bereits bekannt sind (s. BVerwG, 9. 10. 1996 – 6 P 1.94 = NZA-RR 1997, 197; VGH Kassel, 4. 11. 1993 – TK 1942/93 = BeckRS 2005 23834 = DB 1994, 798 Ls.).

552 Nach der Rspr. muss die in § 72 Abs. 1 BPersVG vorgesehene Erörterung frühzeitig beginnen. Wenn also von Seiten der Dienststelle eine Kündigung geplant ist, so ist diese Entscheidung bereits im Stadium des Entwurfs mit dem Ziel einer Verständigung rechtzeitig mit der Personalvertretung zu erörtern, damit überhaupt noch „auf die Willensbildung der Dienststelle wirkungsvoll Einfluss" genommen werden kann (s. BVerwG, PersV 1986, 24; BVerwG, ZBR 1971, 285).

553 **11.3. Anhörung bei außerordentlicher Kündigung.** Im Fall einer beabsichtigten **außerordentlichen Kündigung** muss der Dienststellenleiter dem Personalrat den wichtigen Grund gem. § 626 BGB ausführlich und konkret mitteilen und darlegen, aus welchen Gründen ihm eine Weiterbeschäftigung des AN unzumutbar ist (instruktiv z.B. LAG Köln, 4. 3. 2005 – 4 Sa 1186/04 = NZA-RR 2006, 53 zur Anhörung des Personalrats nach § 72a LPVG NW zur außerordentlichen Kündigung eines Sachbearbeiters des Ordnungsamtes wegen Unterdrückung eines gegen ihn laufenden Bußgeldverfahrens, m. w. N.).

554 In § 79 Abs. 3 S. 1 BPersVG ist **lediglich** geregelt, dass der Personalrat vor fristlosen Entlassungen oder außerordentlichen Kündigungen **anzuhören** ist. Der Personalrat hat – im Gegensatz zur ordentlichen Kündigung – hier also kein Mitwirkungs-, sondern ein bloßes Anhörungsrecht. Hat der Personalrat Bedenken gegen die Maßnahme, so hat er sie unter Angabe der Gründe dem Leiter der Dienststelle unverzüglich, spätestens innerhalb von drei Arbeitstagen, schriftlich mitzuteilen. Der Dienststellenleiter muss den Einwendungen der Personalvertretung nicht stattgeben und kann die außerordentliche Kündigung ohne Anrufung der nächsthöheren Dienststelle aussprechen.

555 Eine außerordentliche Kündigung jedoch, die ohne Beteiligung, d.h. Anhörung des Personalrats oder **vor Abschluss** des Anhörungsverfahrens, d.h. vor Abgabe einer Stellungnahme der Personalvertretung oder vor Ablauf der Frist von drei Arbeitstagen ausgesprochen wird, ist unwirksam, § 108 Abs. 4 BPersVG (BAG 4. 3. 1979 – DB 1979, 1514; vgl. zur entsprechenden Rechtslage in Nordrhein-Westfalen: BAG, AP LPVG NRW § 74 Nr. 1). Dies gilt auch für eine **außerordentliche Änderungskündigung,** wenn der AG nicht versucht hat, die Zustimmung der Personalvertretung zu der Vertragsänderung zu erhalten (vgl. BAG, PersV 1989, 219).

556 **11.4. Weiterbeschäftigungsanspruch nach § 79 BpersVG.** Hat die Personalvertretung nach § 79 Abs. 1 S. 3 Nrn. 1–5 BPersVG die dort im Einzelnen genannten Einwendungen gegen die **ordentliche Kündigung** erhoben, kann der AN – entsprechend der Regelung in § 102 Abs. 5 BetrVG – während der Dauer des Kündigungsschutzverfahrens seine **Weiterbeschäftigung zu unveränderten Arbeitsbedingungen** verlangen, § 79 Abs. 2 S. 1 BPersVG.

557 Auf Antrag des AG kann das Arbeitsgericht ihn jedoch im **Ausnahmefall** durch den Erlass einer einstweiligen Verfügung von der Verpflichtung zur Weiterbeschäftigung entbinden, wenn etwa der Widerspruch des Personalrats offensichtlich unbegründet war oder die Klage des AN keine Erfolgsaussichten bietet, bzw. mutwillig erhoben erscheint. Bei **außerordentlichen Kündigungen** besteht dagegen kein entsprechender Weiterbeschäftigungsanspruch aus § 79 BPersVG für den AN. Vgl. zu allem auch die Ausführungen bei Erl. 10.3. Rn. 537.

Vorbemerkung zu § 34

Vor § 34

12. Allgemeiner Weiterbeschäftigungsanspruch. Das BetrVG 1972 hatte 558
unter den in § 102 Abs. 5 BetrVG genannten Voraussetzungen einen betriebsverfassungsrechtlichen Weiterbeschäftigungsanspruch für die Dauer des Kündigungsschutzprozesses eingeführt. Im Jahre 1985 hat schließlich der **Große Senat des BAG** im Wege der Rechtsfortbildung einen allgemeinen arbeitsvertraglichen Weiterbeschäftigungsanspruch anerkannt (27. 2. 1985 – AP BGB § 611 Beschäftigungspflicht Nr. 14 = NZA 1985, 702; zur Übersicht von Rspr. und Lit. vgl. Schaub, § 110 und § 123, vor XIV).

Die Entscheidung des Großen Senats des BAG führte zu folgenden **Grundre-** 559
geln, die zu beachten sind, wenn die Parteien während des Prozesses über die Weiterbeschäftigung des AN streiten: Grds. überwiegt nach Ablauf der Kündigungsfrist das Interesse des AG an der Nichtweiterbeschäftigung des AN. Um dennoch einen Weiterbeschäftigungsanspruch des AN zu bejahen, müssen folgende Voraussetzungen vorliegen:
- die **offensichtliche** Unwirksamkeit der Kündigung oder
- das Ergehen eines der Kündigungsschutzklage **stattgebenden Urteils.**
- Solange ein solches vorliegt, kann der AN seine Weiterbeschäftigung verlangen, es sei denn, dass **ausnahmsweise besondere Umstände** gegeben sind, aus denen sich im Einzelfall ein überwiegendes Interesse des AG ergibt, den AN nicht weiter zu beschäftigen (z. B. der Verdacht strafbaren oder schädigenden Verhaltens des AN).

Die Grundsätze des Großen Senats sind entsprechend anwendbar, wenn die Par- 560
teien über die Wirksamkeit einer Befristung des Arbeitsvertrages streiten (sog. **Entfristungsklage;** s. BAG 13. 6. 1985 = NZA 1986, 562).

Der allgemeine Weiterbeschäftigungsanspruch kann im **Klagewege** geltend 561
gemacht werden. Er kann in Konkurrenz zu dem **betriebsverfassungsrechtlichen Weiterbeschäftigungsanspruch** aus § 102 Abs. 5 BetrVG treten (vgl. oben Erl. 9.3.). Kündigungsschutzklage, Klage aus Annahmeverzug und Klage auf Weiterbeschäftigung können im Wege der kumulativen Anspruchshäufung geltend gemacht werden, § 260 ZPO. Der Weiterbeschäftigungsanspruch kann unter engen Voraussetzungen auch durch eine **einstweilige Verfügung** verfolgt werden (Schaub, § 123, Rn. 166; Stahlhacke/Vossen, Rn. 2144 ff.; ausführl. z. B. Korinth, Einstweiliger Rechtsschutz im Arbeitsgerichtsverfahren, 2. Aufl., S. 248 ff.).

Die **Vollstreckung** des Weiterbeschäftigungsanspruchs erfolgt nach § 888 562
ZPO. **Annahmeverzug** tritt ein, wenn der AG den gekündigten AN während des Kündigungsschutzprozesses nicht weiterbeschäftigt (§§ 615, 293 ff. BGB). Der AG bleibt insofern zur **Fortzahlung der Vergütung** und sonstiger Nebenleistungen verpflichtet; das gilt auch für die Entgeltfortzahlung im Krankheitsfall (s. BAG, NZA 1986, 561; 1987, 376).

Problematisch ist die **Rückabwicklung des Weiterbeschäftigungsverhält-** 563
nisses, wenn z. B. die Kündigungsschutzklage in letzter Instanz abgewiesen oder etwa das Arbeitsverhältnis durch Urteil gem. § 9 KSchG aufgelöst wird. Regelmäßig hat in diesen Fällen die Rückabwicklung nach Bereicherungsrecht (§§ 812 ff. BGB) zu erfolgen (Näheres bei Stahlhacke/Vossen, Rn. 2138 ff., s. ausführl. Pallasch, BB 1993, 2225).

Nicht zu verwechseln sind der allgemeine Weiterbeschäftigungsanspruch und 564
der betriebsverfassungsrechtliche aus § 102 Abs. 5 BetrVG (bzw. aus § 79 Abs. 2 BPersVG) **mit der Frage,** ob etwa bei einer betriebsbedingten Kündigung der von der Kündigung betroffene AN nicht doch auf einem anderen Arbeitsplatz, ggf. auch zu schlechteren Bedingungen, im Betrieb oder Unternehmen bzw. in einer anderen Dienststelle desselben Verwaltungszweiges an demselben Dienstort einschließlich seines Einzugsgebietes des AG im Bereich des ö. D. weiterbeschäftigt

Vor § 34   Abschnitt V. Befrist. u. Beendig. d. Arbeitsverh.

werden kann (§ 1 Abs. 2 S. 2 Nr. 1 b), Nr. 2. b) KSchG). Siehe zu dieser Frage **der anderweitigen Weiterbeschäftigungsmöglichkeit** des AN die Erl. 7.2.4. Rn. 394.

565   **13. Kündigungsschutz außerhalb des KSchG.** Wie bereits einleitend (Erl. 4.1. Rn. 59) ausgeführt, gewinnt ungeachtet der vielfältigen Kündigungsbeschränkungen insbes. durch das KSchG in letzter Zeit zunehmend auch der (mitunter als „Kündigungsschutz 2. Klasse" oder auch „allgemeiner" bezeichnete) Kündigungsschutz außerhalb des Geltungsbereichs des KSchG an praktischer Bedeutung. Diese dürfte – gerade angesichts des neuen „Allgemeinen Gleichbehandlungsgesetzes" (AGG) – noch weiter zunehmen. Auch AN aus Kleinbetrieben mit nicht mehr als zehn regelmäßig beschäftigten AN (§ 23 Abs. 1 KSchG) und solche, deren Arbeitsverhältnis noch keine sechs Monate bestanden hat (§ 1 Abs. 1 KSchG) greifen immer häufiger Kündigungen, die der AG beim Nichteingreifen des KSchG grundsätzlich aussprechen darf, ohne dass er dafür einen Grund bräuchte, vor Gericht an und lassen ihre Rechtmäßigkeit überprüfen. Insofern war schon seit je her anerkannt, dass auch solche nicht unter das KSchG fallende **Kündigungen nach allgemeinen Grundsätzen unwirksam** sein können, wenn sie **sitten- oder treuwidrig** sind, aus **„verwerflichen Motiven"**, unter **diskriminierenden** Begleitumständen (sog. „ungehörige" oder „zur Unzeit" erklärte Kündigung), zur bloßen **Maßregelung** oder überhaupt **willkürlich** ausgesprochen werden, §§ 138, 242, 226, 612 a BGB; § 13 Abs. 2, Abs. 3 KSchG (vgl. 2. Abs. Schaub, § 123, Rn. 79 ff. m. w. N.; ausführl. z. B. Lettl NZA-RR 2004, 57; grundl. BAG 23. 6. 1994 – 2 AZR 617/93 = NZA 1994, 1080: „Kündigung in der Probezeit wegen Homosexualität").

566   Wenngleich das neue, seit dem 18. 8. 2006 geltende „Allgemeine Gleichbehandlungsgesetz" (AGG) in seinem § 2 Abs. 4 normiert, dass für Kündigungen ausschließlich die Bestimmungen des KSchG Anwendung finden sollen (was europarechtlichen Bedenken unterliegt, vgl. hierzu und zu allem z. B. Wisskirchen, DB 2006, 1495; Annuß, BB 2006, 1629; Diller/Krieger/Arnold, NZA 2006, 887; Sagan, NZA 2006, 1257), dürfte damit zu rechnen sein, dass in Zukunft häufig jedenfalls gerade nicht dem KSchG unterfallende AN sich auf nach dem AGG untersagte Diskriminierungen berufen werden, um so ihre Kündigung anzugreifen.

567   Dies gilt ohnehin schon in verstärktem Maße (und war damit in das Bewusstsein der Öffentlichkeit und der von Kündigungen betroffenen AN geraten), seit das BVerfG mit seinem Beschluss v. 27. 1. 1998 – 1 BvL 15/87 = NZA 1998, 470 zwar die Verfassungsmäßigkeit der Kleinbetriebsklausel des § 23 Abs. 1 KSchG grds. bestätigt, zugleich aber u. a. nicht festgestellt hat, dass es aufgrund der Art. 12 Abs. 1, 3 Abs. 3 GG geboten ist, auch in Kleinbetrieben einen **verfassungsrechtlich verbürgten Mindestschutz vor Kündigungen** zu gewährleisten. Das BVerfG hat insoweit **drei Grundregeln** aufgestellt, die jedenfalls zu beachten sind:

568   1. Die Kündigung darf **nicht willkürlich** sein **oder** auf **sachfremden** Erwägungen beruhen; der AG muss vielmehr einen auf die Beendigung des Arbeitsverhältnisses bezogenen Grund haben.

2. Ist unter mehreren AN eine Auswahl zu treffen, so muss sich diese zwar nicht an den Kriterien des § 1 Abs. 3 KSchG messen lassen, der Begründung der Kündigung muss sich aber entnehmen lassen, dass soziale Kriterien bei der Entscheidung eine Rolle gespielt haben; der **AG ist** also **zu einem gewissen Maß** an **sozialer Rücksichtnahme verpflichtet.**

3. Ein durch **langjährige** Zusammenarbeit erdientes **Vertrauen in den Fortbestand** des Arbeitsverhältnisses darf nicht unberücksichtigt bleiben.

Dem folgend: BAG 21. 2. 2001 – 2 AZR 15/00 = NZA 2001, 833 und 6. 2. 2003 – 2 AZR 672/01 =NZA 2003, 717. Danach ist eine Kündigung rechtsmiss-

Vorbemerkung zu § 34

bräuchlich, „wenn schon auf den ersten Blick erkennbar ist, dass der AG ohne entgegenstehende Interessen einem AN kündigt, der erheblich schutzwürdiger ist als vergleichbare, nicht gekündigte AN".

Jedenfalls **das erste** dieser drei Kriterien **dürfte** ohne weiteres **auch bei Kündigungen** von AN **in den ersten sechs Monaten** ihres Arbeitsverhältnisses **gelten**. 569

Gleichwohl hat das BVerfG auch betont, dass die gesetzliche Beschränkung des KSchG auf den darin festgelegten persönlichen und sachlichen Geltungsbereich anerkannt und gewahrt bleiben müsse und dass die Beachtung der genannten verfassungsrechtlich gebotenen Grundwertungen nicht dazu führen darf, dass auch Kündigungen außerhalb des KSchG an seinen gleichen (strengen) Maßstäben zu messen wären. Demzufolge sind die Instanzgerichte (jedenfalls bislang) – zu Recht – relativ zurückhaltend darin, insbes. Kündigungen, die noch während der sechsmonatigen Wartezeit ausgesprochen werden, als rechtsunwirksam zu bewerten. 570

Dies gilt jedoch vor allem dann nicht, wenn die äußeren Umstände und Hintergründe des Kündigungsausspruchs den Verdacht nahe legen, die Kündigung beruhe auf sachfremden, mit den Grundwertungen insbesondere der §§ 242, 138, 612a BGB nicht zu vereinbarenden Motiven, sei etwa eine **„Maßregelung"** für eine Krankmeldung oder die Geltendmachung tariflicher oder gesetzlicher Rechte. So kann bei einer Kündigung, die im unmittelbaren zeitlichen Zusammenhang mit einer Arbeitsunfähigkeit erklärt wird, der Beweis des ersten Anscheins dafür sprechen, dass diese bestimmendes Motiv des AG für den Kündigungsausspruch war (BAG 5. 2. 1998 – 2 AZR 270/97 = NZA 1998, 644, 646). 571

Das BAG hat zum Kündigungsschutz außerhalb des KSchG und der dabei geltenden **Darlegungspflicht und Beweislast** folgende **Grundsätze** zusammengefasst (25. 4. 2001 – 5 AZR 360/99 = NZA 2002, 87, 89): 572

Der Grundsatz von Treu und Glauben in § 242 BGB bildet eine allen Rechten, Rechtslagen und Rechtsnormen immanente Inhaltsbegrenzung. Eine gegen diesen Grundsatz verstoßende Rechtsausübung oder Ausnutzung einer Rechtslage ist wegen der darin liegenden Rechtsüberschreitung als unzulässig anzusehen. Die Vorschrift des § 242 BGB ist aber auf Kündigungen neben § 1 KSchG nur in beschränktem Umfang anwendbar. Das Kündigungsschutzgesetz hat die Voraussetzungen und Wirkungen des Grundsatzes von Treu und Glauben konkretisiert und abschließend geregelt, soweit es um den Bestandsschutz und das Interesse des AN an der Erhaltung seines Arbeitsplatzes geht. Eine Kündigung verstößt deshalb nur dann gegen § 242 BGB, wenn sie Treu und Glauben aus Gründen verletzt, die von § 1 KSchG nicht erfasst sind. **Typische Tatbestände** einer i. d. S. treuwidrigen Kündigung **sind** insbesondere ein **widersprüchliches Verhalten des AG**, der Ausspruch einer **Kündigung zur Unzeit** oder in **ehrverletzender Form und** eine **Kündigung, die den AN** – außerhalb des besonderen Anwendungsbereichs des § 612a BGB – **diskriminiert** (BAG, NZA 2001, 833). Für die Bestimmung des Inhalts und der Grenzen eines Kündigungsschutzes außerhalb des Kündigungsschutzgesetzes ist die Bedeutung grundrechtlicher Schutzpflichten, insbesondere der objektive Gehalt des Art. 12 Abs. 1 GG, zu beachten. Der durch die zivilrechtlichen Generalklauseln des § 138 und § 242 BGB vermittelte verfassungsrechtliche Schutz ist umso schwächer, je stärker die mit der Kleinbetriebsklausel geschützten Grundrechtspositionen des AG im Einzelfall betroffen sind. Es geht vor allem darum, AN vor willkürlichen oder auf sachfremden Motiven beruhenden Kündigungen zu schützen, z. B. Diskriminierungen i. S. v. Art. 3 Abs. 3 GG (BVerfG, NZA 1998, 470).

Es obliegt dabei grundsätzlich dem AN, darzulegen und zu beweisen, dass die Kündigung nach § 242 BGB treuwidrig ist. Die Regel des § 1 Abs. 2 S. 4 KSchG, 573

Vor § 34 Abschnitt V. Befrist. u. Beendig. d. Arbeitsverh.

wonach der AG die Tatsachen zu beweisen hat, die die Kündigung bedingen, gilt außerhalb des Kündigungsschutzgesetzes nicht. Der verfassungsrechtlich gebotene Schutz des AN ist dadurch gewährleistet, dass insoweit die **Grundsätze der abgestuften Darlegungs- und Beweislast** gelten. In einem ersten Schritt muss der AN, der die Überlegungen des AG, die zu seiner Kündigung geführt haben, regelmäßig nicht kennt, lediglich einen Sachverhalt vortragen, der die Treuwidrigkeit der Kündigung nach § 242 BGB indiziert. Der AG muss sich sodann nach § 138 Abs. 2 ZPO qualifiziert auf diesen Vortrag einlassen, um ihn zu entkräften (BAG, NZA 2001, 833; bestätigt und fortgeführt mit 6. 2. 2003 – 2 AZR 672/01 = NZA 2003, 717). Vgl. zu all diesem ferner z. B. BAG 1. 7. 1999 – 2 AZR 926/98 = NZA 2000, 437 und 16. 9. 2004 – 2 AZR 447/03 = NZA 2005, 1263 Os. sowie LAG Hessen, 21. 2. 2003 – 12 Sa 561/02 = NZA-RR 2004, 356, jeweils zur „Kündigung im ö. D. in der Probezeit"; 5. 4. 2001 – 2 AZR 185/00 = NZA 2001, 890 „Kündigung zur Unzeit"; 25. 4. 2001 – 5 AZR 360/99 = NZA 2002, 87 sowie Stein, DB 2005, 1218; Gragert/Wiehe, NZA 2001, 934; Annuß, BB 2001, 1898.

574   **14. Kündigungsrechtliche Besonderheiten im Einigungsvertrag.** Der allgemeine Kündigungsschutz war für die AN im ö. D. durch den Einigungsvertrag (EV) modifiziert worden. Die Anlage I Kapitel XIX Sachgebiet A, Abschnitt III Nr. 1 Abs. 4 und 5 zum EV v. 31. 8. 1990 enthält Sonderregelungen für die Kündigungsmöglichkeit von AN (nur) im öD.

575   Die Sondervorschrift über die ordentliche Kündigung in Abs. 4 der Nr. 1 dieser Anlage im EV war eine Übergangsregelung, die nach einer gesetzlichen Verlängerung am 31. 12. 1993 endgültig außer Kraft getreten ist. Jetzt gilt nur noch die unbefristete Vorschrift der Sonderregelung des Abs. 5.

Diese lautet:

*„Ein **wichtiger Grund** für eine außerordentliche Kündigung ist insbesondere dann gegeben, wenn der Arbeitnehmer*

1. gegen die Grundsätze der Menschlichkeit oder Rechtsstaatlichkeit verstoßen hat, insbesondere die im Internationalen Pakt über bürgerliche und politische Rechte vom 19. Dezember 1966 gewährleisteten Menschenrechte oder die in der allgemeinen Erklärung der Menschenrechte vom 10. Dezember 1948 enthaltenen Grundsätze verletzt hat, oder

2. für das Ministerium für Staatssicherheit/Amt für nationale Sicherheit tätig war und deshalb ein Festhalten am Arbeitsplatz unzumutbar erscheint."

576   Wegen Einzelheiten zu diesen mittlerweile kaum mehr bedeutsamen Problematiken wird auf Bredemeier/Neffke, BAT/BAT-O, 2. Aufl., Rn. 417 ff. „Vor §§ 53–55" verwiesen.

577   **15. Sonstige Beendigungstatbestände im Arbeitsverhältnis.** § 9 KSchG regelt die gerichtliche Auflösung des Arbeitsverhältnisses auf Antrag einer Partei wegen Unzumutbarkeit der weiteren Zusammenarbeit. Der Antrag auf **Auflösung des Arbeitsverhältnisses durch Gerichtsurteil** kann noch bis zum Schluss der mündlichen Verhandlung in der Berufungsinstanz gestellt werden. Zu den Voraussetzungen des Antrags siehe im Einzelnen die Erl. zu 17.9. Die Grundsätze zur Höhe einer im Fall der gerichtlichen Auflösung zu zahlenden **Abfindung** an den AN sind in § 10 KSchG normiert.

578   Das Arbeitsverhältnis kann jederzeit im gegenseitigen Einvernehmen von den Vertragsparteien beendet werden **(Auflösungsvertrag);** Vgl. die Erl. zu § 33 Abs. 1 Buchst. b.

579   Als Alternative zum Aufhebungsvertrag wird teilweise auf den sog. **Abwicklungsvertrag** verwiesen. Dieser setzt eine vorherige Kündigung des Arbeitsverhältnisses voraus. Die Parteien vereinbaren sodann, dass der AN diese Kündigung

Vorbemerkung zu § 34 **Vor § 34**

nicht gerichtlich angreift und regeln im Einzelnen die Folgen der Beendigung ihres Arbeitsverhältnisses, z. B. Zahlung einer Abfindung, Zeugniserteilung, etc. (vgl. z. B. Geiger, NZA 2003, 838; Bauer/Krieger, NZA 2004, 640; Boecken/ Hümmrich, DB 2004, 2046; Schmitt/Rolfes, NZA Beil. 1/2005, S. 3 sowie BSG, NZA 2004, 661).

Zur neu geschaffenen Möglichkeit der **Abfindungszahlung** bei Verzicht auf 580 die Erhebung einer Kündigungsschutzklage gegen **betriebsbedingte Kündigungen** nach § 1 a KSchG vgl. Erl. 17.6. Rn. 617.

Arbeitsverhältnisse enden im Fall ihrer **Befristung** infolge **Zeitablaufs.** 581 Rechtsgrundlage hierfür ist nach der Neuregelung des § 30 jetzt in erster Linie das „Gesetz über Teilzeit und befristete Arbeitsverträge" – **TzBfG** – v. 21. 12. 2000 (BGBl. I, S. 1966), dort die §§ 14 ff. sowie die nunmehr für einen Teil der Angestellten weitgehend nach § 30 Abs. 2–4 TVöD/TV-L übernommenen ehemaligen Sonderregelungen der **SR 2 y** BAT.

Ferner endet das Arbeitsverhältnis ohne Ausspruch einer Kündigung wegen Er- 582 reichens der **Altersgrenze** (jetzt § 33 Abs. 1 TVöD/TV-L) oder bei Erwerbsminderung (§ 33 Abs. 2, 3 TVöD/TV-L).

16. Darlegungs- und Beweislast im Kündigungsschutzrecht. Die Floskel, 583 „Recht haben und Recht bekommen sind zweierlei", zeigt anschaulich, welch große **Bedeutung** gerade in **Kündigungsschutzprozessen** der Frage des Beweises und der Beweisbarkeit zukommt. Die **Beweislast,** d. h. die Frage, welche der beiden Parteien den erforderlichen Beweis anzutreten hat und wer das Risiko trägt, wenn der geforderte Beweis nicht gelingt, strukturiert den Prozess insofern, als sich auch die **Darlegungslast** regelmäßig an ihr ausrichtet.

16.1. Grundsätze zur Darlegungs- und Beweislast. Grds. trägt jede Partei 584 für die tatsächlichen Voraussetzungen der ihr günstigen Rechtsnorm die Beweislast. Aus der ihr entsprechenden Darlegungslast folgt die prozessuale **Aufgabe der Partei,** dem Gericht zunächst einmal die **Tatsachen vorzutragen,** aus denen sie den geltend gemachten Anspruch herleitet. Eine Ermittlung durch das Gericht „von Amts wegen" findet – anders als etwa im Strafprozess – also im arbeitsgerichtlichen Verfahren nicht statt (sog. **Beibringungsgrundsatz**). Tatsachen sind konkrete Geschehnisse oder Zustände der Außenwelt. Der Umfang dieser Darlegungslast im Einzelfall richtet sich weitgehend auch nach der jeweiligen Einlassung des Gegners.

Die Rspr. hat hierzu für eine Vielzahl von Fragen Systeme der „abgestuften Darlegungs- und Beweislast" entwickelt; diese sind bei den jeweiligen Fallgruppen der Kündigungsgründe bereits im Einzelnen erläutert worden (vgl. z. B. Erl. 7.3. Rn. 469 für betriebsbedingte Kündigungen).

Aus der Beweislast ergibt sich die prozessuale Frage, welche Partei die Folgen 585 der Nichtbeweisbarkeit einer Behauptung tragen muss – also das Risiko der Unaufklärbarkeit des jeweiligen Sachverhalts.

Beispiel: Anwendbarkeit des KSchG: Streiten die Parteien über die Anwendbarkeit des 586 KSchG auf das Arbeitsverhältnis gem. § 23 Abs. 1 KSchG, trägt grds. der AN die Beweislast und damit auch die Darlegungslast für diejenigen Tatsachen, aus denen sich ergibt, dass im Betrieb des AG der allgemeine Kündigungsschutz zur Anwendung kommt. Denn das Überschreiten des sog. „Schwellenwertes" von in der Regel mehr als (jetzt grds., s. o. Erl. 4.4.3.) zehn im Betrieb beschäftigter AN ist eine anspruchsbegründende Tatsache. Der AN muss deshalb zunächst die Fakten darlegen, aus denen sich ergibt, dass – bezogen auf den Zeitpunkt des Zugangs der Kündigung – im Betrieb regelmäßig mehr als zehn AN i. S. d. § 23 Abs. 1 KSchG beschäftigt sind. Dies beinhaltet auch die Nennung ihrer Namen oder eine spezifische Beschreibung der Personen, wenn der AG die Anwendbarkeit des KSchG bestreitet. Im Rahmen der sog. abgestuften Darlegungslast (s. grdl. BAG, NJW 1962, 1394) ist dann jedoch

Vor § 34 Abschnitt V. Befrist. u. Beendig. d. Arbeitsverh.

der AG gehalten, im Einzelnen darzulegen, wieso diese Behauptung nicht zutrifft, aus welchen Gründen also die vom AN angeführte Mitarbeiterzahl nicht erreicht wird, bzw. für den Betrieb nicht repräsentativ sein soll (BAG 24. 2. 2005 – 2 AZR 373/03 = NZA 2005, 764 m. w. N.). Darin hat das BAG offen gelassen, bzw. zumindest angedeutet, ggf. künftig diese dargestellte, grds. nochmals bestätigte Verteilung der Darlegungs- und Beweislast für die Anwendbarkeit des KSchG angesichts der Neuregelung des § 23 KSchG zum 1. 1. 2004 überdenken zu wollen. Diese ist nämlich äußerst umstritten (a. A. mit guten Argumenten z. B. Müller, DB 2005, 2022; ErfK/Ascheid, § 23 KSchG, Rn. 20 sowie die weiteren bei BAG 24. 2. 2005 – 2 AZR 373/03 = NZA 2005, 764 nachgewiesenen Gegenansichten).

587 **16.2. Übersicht zur Beweislastverteilung nach dem KSchG.** Der Gesetzgeber hat im KSchG nur folgende zwei Grundregeln zur Beweislastverteilung im Kündigungsschutzrecht aufgestellt: Nach § 1 Abs. 2 S. 4 KSchG hat der AG die Tatsachen zu beweisen, die die Kündigung bedingen (sprich: rechtfertigen sollen). Der AN muss gem. § 1 Abs. 3 S. 3 KSchG die Tatsachen beweisen, aus denen sich die fehlerhafte Sozialauswahl bei einer betriebsbedingten Kündigung ergibt. Danach gilt, kurz zusammengefasst, bspw. folgendes (vgl. v. Hoyningen-Huene/Linck, § 1 KSchG, Rn. 1075 ff. m. w. N.).

588 **Der AG trägt grds. die Beweislast für**
- den Kündigungsgrund, § 1 Abs. 2 S. 4 KSchG,
- den wichtigen Grund i. S. d. § 626 BGB,
- die Einhaltung der zweiwöchigen Kündigungserklärungsfrist nach § 626 Abs. 2 BGB,
- die Gründe einer Änderungskündigung (§ 2 KSchG),
- den vorherigen Ausspruch einer Abmahnung, sofern sie nicht entbehrlich ist,
- die ordnungsgemäße Anhörung des Betriebsrats nach § 102 BetrVG, bzw. des Personalrats nach §§ 79, 108 BPersVG bzw. LPersVG,
- den Zugang der Kündigung (§ 130 BGB).

589 **Der AN trägt grds. die Beweislast für**
- die Anwendbarkeit des KSchG auf sein Arbeitsverhältnis (§§ 1 Abs 1; 23 Abs. 1 KSchG), letzteres zwh. und str., s. o. Rn. 586.
- die fehlerhafte Sozialauswahl bei der betriebsbedingten Kündigung, § 1 Abs. 3 S. 3 KSchG.

590 **17. Anhang: Kündigungsschutzprozess.** (S. hierzu instruktiv und ausführl. Vetter, Kündigungsprozesse richtig führen – häufige Fehler aus Sicht eines Instanzrichters, NZA Beil. 1/2005, S. 64 ff.) Kündigt der AG, muss der AN innerhalb von drei Wochen nach Zugang der schriftlichen Kündigung gem. § 4 S. 1 KSchG **Kündigungsschutzklage** erheben, will er sich erfolgreich dagegen wehren.

591 Die seit dem 1. 1. 2004 geltende Neufassung des **§ 4 KSchG** hat seinen früheren engeren Anwendungsbereich zur Klagefrist erheblich ausgeweitet. Sie **ist nunmehr von allen AN zu beachten,** auch wenn sie noch nicht die sechsmonatige Wartezeit des § 1 Abs. 1 KSchG erfüllt haben (BAG 9. 2. 2006 – 6 AZR 283/05 = NZA 2006, 1207; Erl. 4.4.2. Rn. 74) oder das KSchG von seinem Geltungsbereich gem. § 23 Abs. 1 KSchG für sie nicht gilt, also in sog. Kleinbetrieben (Erl. 4.4.3.).

592 Außerdem muss ein AN im Gegensatz zur früheren Rechtslage jetzt **alle Unwirksamkeitsgründe** einer (schriftlichen) ordentlichen oder außerordentlichen (§ 13 Abs. 1 S. 1, Abs. 2 KSchG) Kündigung innerhalb der dreiwöchigen Klagefrist geltend machen, also insbes. auch die unterbliebene oder fehlerhafte Anhörung des Betriebs- oder Personalrats, die Nichtbeachtung der Regelungen des Sonderkündigungsschutzes für besonders schutzwürdige Personengruppen (Schwangere, Schwerbehinderte, Funktionsträger, u. a.) sowie allgemeine zivilrechtliche Unwirksamkeitsgründe „außerhalb des KSchG", ferner z. B. auch „formelle" Fehler,

Vorbemerkung zu § 34 **Vor § 34**

d. h. Mängel in der Vertretungsbefugnis (z. T. str.) oder die Nichteinhaltung über das reine Schriftformerfordernis des § 623 BGB hinausgehender Formerfordernisse (näher ErfK/Ascheid, § 4 KSchG, Rn. 2; Stahlhacke/Vossen, Rn. 1716 f., 1735 ff.; Bender/Schmidt, NZA 2004, 358, 361 ff.).

Wird die Klagefrist versäumt, gilt die Kündigung nach dem entsprechend neu gefassten § 7 KSchG als von Anfang an rechtswirksam. 593

Die Nichteinhaltung oder fehlerhafte Berechnung der zu beachtenden Kündigungsfrist bei einer arbeitgeberseitigen Kündigung hingegen muss der AN nicht innerhalb der dreiwöchigen Klagefrist des § 4 KSchG gerichtlich geltend machen (so jetzt BAG 5. 12. 2005 – 2 AZR 148/05 = NZA 2006, 791; 6. 7. 2006 – 2 AZR 215/05 = NZA 2006, 1405). 594

17.1. Kündigungsschutzklage. Die Klage ist auf Feststellung zu richten, dass das Arbeitsverhältnis durch die Kündigung vom ... (Datum) nicht aufgelöst worden ist (vgl. § 4 S. 1 KSchG). Bei Versäumung der Klagefrist wird die Unwirksamkeit der Kündigung geheilt; sie gilt als von Anfang an rechtswirksam, § 7 KSchG. 595

Auch für Entfristungsklagen gilt nach § 17 TzBfG die dreiwöchige Klagefrist. Zum Verhältnis der Kündigungsschutzklage zur allgemeinen Feststellungsklage (§ 256 ZPO) s. Erl. 17.3. 596

17.2. Klagefrist und nachträgliche Klagezulassung. Die Klagefrist von drei Wochen nach § 4 S. 1 KSchG beginnt mit dem Zugang der schriftlichen Kündigung zu laufen. Der Tag des Zugangs zählt bei der Berechnung der Frist nicht mit, § 187 Abs. 1 BGB. Zur Berechnung der Frist gelten die §§ 186 ff., 193 BGB. 597

Beispiel: Der AG kündigt dem AN mit Kündigungsschreiben vom 28. 9. 2006, welches dem AN am Samstag, dem 30. 9. 2006 zugeht. Spätestens am Montag, dem 23. 10. 2006 muss seine Klage beim Arbeitsgericht **eingegangen** sein. Fällt der letzte Tag der Frist nämlich auf einen Samstag, Sonntag oder gesetzlichen Feiertag, endet die Frist nach § 193 BGB erst am darauf folgenden nächsten Werktag. 598

Die Klagefrist wird durch Einreichen der Klage bei einem Arbeitsgericht gewahrt, wenn die **Zustellung „demnächst"** erfolgt, § 270 Abs. 3 ZPO. Die Klage muss vom Arbeitsgericht unverzüglich nach § 271 ZPO zugestellt werden. Die **Klageschrift** muss den Anforderungen des § 253 Abs. 2 ZPO genügen (s. auch das Muster einer Kündigungsschutzklage, 4. Teil Praxishinweise Rn. 1). Auch eine Klage, die zunächst rechtzeitig und formgerecht bei einem örtlich oder sachlich unzuständigen Gericht erhoben wird, wahrt die Klagefrist, wenn sie anschließend an das zuständige Arbeitsgericht verwiesen wird (näheres bei KR/Friedrich, § 4 KSchG, Rn. 181 f.). 599

Nach § 13 Abs. 1 S. 2 KSchG gilt die Klagefrist des § 4 S. 1 KSchG auch für die **außerordentliche Kündigung.** 600

Der AG ist nicht verpflichtet, den AN bei Ausspruch der Kündigung auf die Notwendigkeit der Einhaltung der Klagefrist nach § 4 S. 1 KSchG hinzuweisen. 601

Bei unverschuldeter Versäumung der dreiwöchigen Klagefrist ist eine **nachträgliche Zulassung der Kündigungsschutzklage** unter engen Voraussetzungen möglich, § 5 KSchG (z. B. Schaub, § 136, Rn. 43 ff.; ausführl. Berkowsky, NZA 1997, 352). 602

Hat der AN die Klagefrist z. B. wegen eines Krankenhausaufenthalts oder überhaupt wegen Krankheit versäumt, ist die Klage nur dann nachträglich zuzulassen, wenn ihm die rechtzeitige Klageerhebung aus diesem Grund objektiv unmöglich war (s. nur LAG Hamburg, NZA 1985, 127; v. Hoyningen-Huene/Linck, KSchG, § 5, Rn. 14 ff.; ausführl. und instruktiv KR/Friedrich, § 5 KSchG, Rn. 42 ff. m. w. N.). Krankheit allein rechtfertigt die nachträgliche Zulassung nicht ohne

Vor § 34 Abschnitt V. Befrist. u. Beendig. d. Arbeitsverh.

weiteres. Der AN vielmehr muss objektiv daran gehindert gewesen sein, die Klage fristgerecht einzureichen (z. B. bei Zugang einer Kündigung während eines mehrwöchigen Urlaubs). Bloße Unkenntnis der Klagefrist kann keine nachträgliche Zulassung rechtfertigen.

603 Auch der **Antrag** auf nachträgliche Zulassung der Klage ist **fristgebunden**. Er ist nur innerhalb von **zwei Wochen** nach der Behebung des Hindernisses, das der Wahrung der Klagefrist entgegenstand (spätestens somit ab Kenntnis des Ablaufs der Klagefrist), zulässig. Nach sechs Monaten kann der Antrag nicht mehr gestellt werden, § 5 Abs. 3 KSchG.

604 **17.3. Allgemeine Feststellungsklage.** Nach § 4 S. 1 KSchG ist die **Feststellungsklage** die **richtige Klageart**, um das Arbeitsgericht anzurufen. Das Gericht soll feststellen, **dass das Arbeitsverhältnis nicht durch eine bestimmte Kündigung aufgelöst ist** (sog. punktuelle Streitgegenstandstheorie).

Die Klage muss damit auf die in § 4 S. 1 KSchG (oder beim Angreifen einer Änderungskündigung auf die in S. 2) genannte Feststellung gerichtet sein. Der Kläger muss, wenn er sich auf die fehlende soziale Rechtfertigung der Kündigung nach § 1 Abs. 2 KSchG beruft, schlüssig die klagebegründenden Tatsachen darlegen. Dazu gehören insbes. die Voraussetzungen der Anwendbarkeit des KSchG nach den §§ 1 Abs. 1, 23 Abs. 1 KSchG (s. oben, Erl. 15 Rn. 577).

605 Nach der Rspr. des BAG kann die gegen eine bestimmte Kündigung gerichtete Kündigungsschutzklage mit der Erhebung einer **allgemeinen Feststellungsklage auf Fortbestand des Arbeitsverhältnisses** verbunden werden (s. bereits BAG 21. 1. 1988 – 2 AZR 581/86 = NZA 1988, 651, 10. 10. 2002 – 2 AZR 622/01 = NZA 2003, 684, 12. 5. 2005 – 2 AZR 426/04 = NZA 2005, 1259). Für diese Feststellungsklage nach § 256 ZPO ist zur Begründung eines Interesses an alsbaldiger Feststellung ein Tatsachenvortrag zur Möglichkeit weiterer Beendigungsgründe erforderlich (BAG 13. 3. 1997 – 2 AZR 512/96 = NZA 1997, 844; zu dieser sog. Schleppnetztheorie des BAG vgl. insbes. Bitter, DB 1997, 1407).

Der AN hat dadurch die Möglichkeit, auch erst im späteren Prozessverlauf ausgesprochene (etwa in umfangreichen Schriftsätzen enthaltene) weitere Arbeitgeberkündigungen mit anzugreifen und zum Gegenstand des Prozesses zu machen, um so das Wirksamwerden solcher (evtl. zunächst nicht erkannter) Kündigungen nach § 7 KSchG zu verhindern.

606 Die beiden Feststellungsklagen unterscheiden sich dadurch, dass bei der Kündigungsschutzklage gem. § 4 KSchG das Weiterbestehen des Arbeitsverhältnisses bezogen auf den Endtermin durch die bestimmte Kündigung, bei der allgemeinen Feststellungsklage nach § 256 ZPO hingegen der Bestand des Arbeitsverhältnisses im Zeitpunkt der letzten mündlichen Verhandlung in der Tatsacheninstanz beurteilt wird. Ein Muster einer solchen kombinierten Bestandsschutz- und Kündigungsschutzklage ist im Kap. Praxishinweise abgedruckt.

607 **17.4. Verhandlung vor dem Arbeitsgericht.** Nach Zustellung der Klage kommt es zunächst (gem. § 61a ArbGG nach dem Willen des Gesetzgebers innerhalb von zwei Wochen; dies ist angesichts der Belastung der Arbeitsgerichte allerdings leider unrealistisch) zu einer **Güteverhandlung**, in der der Sach- und Streitstand mit den Parteien erörtert und versucht wird, eine gütliche Beilegung des Rechtsstreits zu erzielen, § 54 Abs. 1 ArbGG. Bleibt der Gütetermin erfolglos, so ist ein Kammertermin zur streitigen Verhandlung zu bestimmen, § 54 Abs. 4 ArbGG. Bereits vor dieser streitigen Verhandlung kann ein Beweisbeschluss mit dem in § 55 Abs. 4 ArbGG umschriebenen Inhalt ergehen.

608 Die spätere mündliche Verhandlung (**Kammertermin**) wird dadurch eingeleitet, dass die Parteien ihre Anträge stellen, § 137 Abs. 1 ZPO. Sodann (in der Praxis

im Allgemeinen bereits zuvor) wird die Sach- und Rechtslage mit den Parteien nochmals ausführlich erörtert. Kommt es auch jetzt nicht zu einer gütlichen Beilegung des Rechtsstreits (die während des ganzen Verfahrens angestrebt werden soll, § 57 Abs. 2 ArbGG), prüft die Kammer, ob der Prozess zur endgültigen Entscheidung reif ist. Alsdann ergeht nach Beratung des Gerichts (vgl. §§ 192 ff. GVG) ein Urteil oder es wird (im Ausnahmefall, vgl. § 60 ArbGG) ein Termin zur Verkündung des Urteils anberaumt. Ist dagegen eine Beweiserhebung über streitige Tatsachen erforderlich, wird zunächst in das Beweisverfahren eingetreten (§ 58 ArbGG).

17.5. Vergleich im Kündigungsschutzverfahren. Bereits im Gütetermin schließen die Parteien häufig einen Vergleich ab, wenn sie sich im Wege eines Kompromisses einigen wollen. 609

Der Vergleich ist ein **gegenseitiger Vertrag,** durch den ein Streit oder die Ungewissheit der Parteien über ein Rechtsverhältnis im Wege des Nachgebens beider Seiten beseitigt wird, vgl. § 779 BGB.

Eine solche gütliche Erledigung des Rechtsstreits soll kraft gesetzlicher Weisung während des gesamten arbeitsgerichtlichen Verfahrens angestrebt werden, § 57 Abs. 2 ArbGG. Vom Gericht wird deshalb regelmäßig ein Vorschlag zur **gütlichen Beilegung des Prozesses** unterbreitet. Vor allem in Kündigungsschutzverfahren schließen die Parteien häufig Vergleiche, nach denen das Arbeitsverhältnis endet und der AN als Ausgleich für den Verlust seines Arbeitsplatzes eine Abfindungszahlung erhält (vgl. stattdessen aber auch die Anregungen und Darstellungen von Dollmann, Abwicklungsvergleich mit Rückkehrperspektive als Beendigungsalternative in Kündigungsschutzverfahren, BB 2005, 2297). 610

Gesetzliche Höchstgrenzen oder überhaupt Vorschriften für die Bemessung solch freiwillig gezahlter, im jeweiligen Einzelfall „ausgehandelter" Abfindungszahlungen gibt, bzw. gab es bislang nicht. Zwar ist eine Orientierung an den Vorschriften der §§ 9, 10 KSchG möglich, jedoch heißt dies nicht, dass die Parteien nicht auch höhere oder geringere **Abfindungen** vereinbaren können. Nach allein in der Praxis vielfach verwendeten „Faustregel" wird häufig ein halber Bruttomonatsverdienst pro Beschäftigungsjahr vereinbart; feste Regelungen existieren insoweit aber nicht. 611

Eine gewisse Bestätigung dieser oft auch sog. „Regelabfindung" findet sich neuerdings in der Vorschrift des § 1a KSchG (dazu sogleich, Erl. 17.6. Rn. 617).

Letztlich entscheidet aber stets das Prozessrisiko der Beteiligten, insbes. also die Aussicht, das Verfahren gewinnen zu können, ihre jeweiligen besonderen Interessenlagen und ihre sozialen Verhältnisse (sowie finanziellen Möglichkeiten) darüber, ob ein (Abfindungs-) Vergleich zustande kommt und welche Bedingungen darin vereinbart werden. 612

Die Parteien sind dabei stets in ihrer Entscheidung frei, ob sie einem Vergleichsvorschlag des Gerichts zustimmen, sich anders oder auch gar nicht einigen wollen. Ist sich eine Partei unsicher, ob sie einen Vergleich zu den angebotenen Konditionen abschließen soll, wird dieser in der Praxis meist unter einen **Widerrufsvorbehalt** gestellt. Das bedeutet, dass sich eine Partei (oder auch beide) das Recht einräumen lässt, innerhalb einer bestimmten Zeit (üblicherweise zwei Wochen) den Vergleich schriftlich widerrufen zu können. 613

Zunehmend praktische Bedeutung gewinnt die Möglichkeit, einen gerichtlichen Vergleich durch die **Annahme eines schriftlichen Vergleichsvorschlages** des Arbeitsgerichts (d. h. des Vorsitzenden) abzuschließen; vgl. die zum 1. 1. 2002 neu eingeführte Regelung in **§ 278 Abs. 6 ZPO.** Dies erspart den Parteien insbes. die nicht selten weite Anreise zu Gerichtsterminen. 614

Vor § 34 Abschnitt V. Befrist. u. Beendig. d. Arbeitsverh.

Durch das 1. JustizmodernisierungsG v. 24. 8. 2004 (BGBl. I, 2198) ist diese ohnehin schon viel genutzte Regelung noch dahingehend erweitert worden, dass ein gerichtlicher Vergleich auch dadurch geschlossen werden kann, dass die **Parteien selbst** dem Gericht einen schriftlichen Vergleichsvorschlag unterbreiten. Das Gericht stellt daraufhin das Zustandekommen und den Inhalt eines solchen Vergleichs durch Beschluss fest.

615 Aus einem vor Gericht abgeschlossenen Vergleich ist – wie aus einem Urteil – die **Zwangsvollstreckung** möglich, vgl. § 794 Abs. 1 Nr. 1 ZPO.

616 Zur Problematik der **sozial- und steuerrechtlichen Folgen** von Abfindungsvergleichen s. Erl. zu § 33.

617 **17.6. Abfindungsanspruch bei betriebsbedingter Kündigung.** § 1a KSchG ist die einzige „echte" Neuregelung, die das Gesetz zu Reformen am Arbeitsmarkt mit Wirkung zum 1. 1. 2004 neu in das Kündigungsschutzrecht eingeführt hat. Kündigt ein AG wegen dringender betrieblicher Erfordernisse und **erhebt der AN** innerhalb der dreiwöchigen Klagefrist des § 4 KSchG dagegen **keine Kündigungsschutzklage,** so hat er mit Ablauf der Kündigungsfrist Anspruch auf eine Abfindung, § 1a Abs. 1 KSchG. Dies setzt allerdings den **Hinweis des AG** in der Kündigungserklärung voraus, dass die Kündigung auf dringende betriebliche Erfordernisse gestützt ist und der AN bei Verstreichenlassen der Klagefrist die Abfindung beanspruchen kann.

618 Die **Höhe der Abfindung** beträgt nach Abs. 2 der Vorschrift 0,5 Monatsverdienste für jedes Jahr des Bestehens des Arbeitsverhältnisses, bei dessen Ermittlung wird ein Zeitraum von mehr als sechs Monaten auf ein volles Jahr aufgerundet. Als Monatsverdienst gilt nach § 10 Abs. 3 KSchG was dem AN bei der für ihn maßgebenden regelmäßigen Arbeitszeit in dem Monat an Geld und Sachbezügen zusteht, in dem das Arbeitsverhältnis endet.

619 Dogmatisch stellt der entsprechende Hinweis des AG im Kündigungsschreiben ein Angebot dar, dass der AN durch Untätigbleiben annimmt, §§ 145, 151 BGB. Daraus, aber auch aus dem **Zweck der Regelung,** den Arbeitsvertragsparteien eine kostengünstige und effiziente Alternative zur Führung eines arbeitsgerichtlichen Verfahrens zur Verfügung zu stellen, folgt bspw., dass ein gesetzlicher Abfindungsanspruch nicht entsteht, wenn der AN, ggf. zunächst nur vorsorglich und fristwahrend, Kündigungsschutzklage erhebt, diese aber anschließend wieder zurück nimmt oder etwa später, nach Fristablauf, noch die nachträgliche Zulassung seiner Kündigungsschutzklage nach § 5 KSchG beantragt (Schaub, § 131, Rn. 63).

620 § 1a KSchG findet – über seinen eigentlich engeren Wortlaut hinaus – auch auf außerordentliche betriebsbedingte Kündigungen ordentlich unkündbarer AN Anwendung, ebenso auf Änderungskündigungen, sofern der AN das damit verbundene Änderungsangebot vorbehaltlos ablehnt (vgl. Erl. 3.3. Rn. 47).

621 Die neue Vorschrift des § 1a KSchG ist im Schrifttum (zu Recht) nahezu einhellig kritisiert und als verfehlt abgelehnt worden (vgl. statt aller nur Stahlhacke/Preis, Rn. 1167 ff. mit deutlichen Hinweisen zu den vielfältigen **Risiken** insbes. für die AN, ferner Däubler, NZA 2004, 177; am ausführlichsten hierzu und zu allen Einzelheiten der Regelung: KR/Spilger, § 1a KSchG, wo in Rn. 16–20 die jeweiligen Vor- und Nachteile des Vorgehens nach § 1a KSchG für AN und AG anschaulich zusammengestellt sind).

622 Zumindest die anfangs bestehende Unsicherheit hinsichtlich des Verhaltens der Sozialverwaltung bezüglich des evtl. Verhängens einer **Sperrzeit** beim Bezug von **Arbeitslosengeld** nach § 144 Abs. 1 Nr. 1 SGB III wegen der „Hinnahme der Kündigung gegen Abfindungszahlung" dürfte durch die Durchführungsanweisung

Vorbemerkung zu § 34

der Bundesagentur für Arbeit (DA 144.19, Std. 1/2005 zu § 144 SGB III) allerdings beseitigt sein (zu den sozial- und steuerrechtlichen Folgen der Abfindungszahlung allgemein s. Erl. zu § 33 TVöD/TV-L; speziell zu § 1 a KSchG: Peters-Lange/Gagel, NZA 2005, 740). Angesichts dieser Kritik und verbleibender Unsicherheiten bei der Anwendung des § 1 a KSchG verwundert es nicht, dass er in der Praxis jedenfalls bislang keine, bzw. allenfalls eine untergeordnete Rolle spielt. Ob sich dies in naher Zukunft ändern wird, erscheint zweifelhaft.

17.7. Kosten in arbeitsgerichtlichen Verfahren. Im Urteilsverfahren der 1. **Instanz** besteht vor den Arbeitsgerichten die Besonderheit, dass die obsiegende Partei keinen Anspruch auf Kostenerstattung für die Hinzuziehung eines Rechtsanwalts hat, § 12 a Abs. 1 ArbGG. Auch wenn der klagende AN also die Kündigung des AG vor Gericht erfolgreich abwenden kann, muss er seine Rechtsanwaltskosten selbst tragen.

Andererseits muss er auch im Falle des Unterliegens dem AG dessen Anwaltskosten nicht ersetzen. Dies hat seinen Grund darin, dass vor den Arbeitsgerichten kein Anwaltszwang besteht, jede Partei den Rechtsstreit also selbst führen kann (§ 11 Abs. 1 S. 1 ArbGG) und dass vor allem die AN sich nicht durch das Risiko, dem anwaltlich vertretenen Gegner ggf. Rechtsanwaltskosten erstatten zu müssen, davon abhalten lassen sollen, ihre Rechtspositionen zu wahren und auch gerichtlich durchzusetzen. Außerdem sind im arbeitsgerichtlichen Verfahren gerade die **Gewerkschaften und Arbeitgeberverbände** dazu befugt (und kraft ihrer Sachnähe und besonderen Kenntnisse der jeweiligen tariflichen Gegebenheiten berufen), die Interessen ihrer Mitglieder (kostenfrei) auch vor Gericht zu vertreten (vgl. im Einzelnen § 11 ArbGG).

Der hinzugezogene Rechtsanwalt muss den AN daher vor Abschluss des Mandatsvertrages auf den Ausschluss dieses Kostenerstattungsanspruchs ausdrücklich hinweisen (§ 12 a Abs. 1 S. 2 ArbGG). Unterlässt er diese Belehrung, macht er sich gegenüber dem AN in Höhe der anfallenden Anwaltskosten schadensersatzpflichtig.

Für das **Berufungsverfahren** vor dem LAG oder ein etwaiges **Revisionsverfahren** vor dem BAG dagegen hat die obsiegende Partei einen Erstattungsanspruch gegen die unterliegende Partei für die Kosten der Hinzuziehung eines Anwalts.

17.8. Exkurs: Erstattung von Detektivkosten. Immer öfter beauftragen AG eine Detektei, um **vermutete Pflichtverletzungen** des AN aufzuklären und vor Gericht nachweisen zu können. Der eingeschaltete Detektiv soll Kündigungssachverhalte im verhaltensbedingten Bereich feststellen und ggf. Beweismittel sichern, um eine auszusprechende Kündigung gerichtsfest zu machen. Begeht der AN etwa einen Spesenbetrug (Außendienstmitarbeiter!) oder betreibt er verbotenen Wettbewerb, so liegt eine erhebliche Pflichtverletzung vor, die je nach den Umständen des Einzelfalls zu einer ordentlichen, meist auch außerordentlichen Kündigung führen kann. Im Alltag steht der AG allerdings häufig vor dem Problem, seine Vermutung, der AN begehe eine Pflichtverletzung, nachweisen zu können. Schaltet er deswegen einen Detektiv ein, will er dessen Kosten später vom AN zurückerstattet haben.

Als Anspruchsgrundlage für verausgabte, prozessbezogene und notwendige Detektivkosten kommt neben dem **allgemeinen Erstattungsanspruch** aus § 91 Abs. 1 S. 1 ZPO auch eine materiellrechtliche Schadensersatzpflicht des AN in Betracht. Die Regelung in § 12 a Abs. 1 S. 1 ArbGG steht einem solchen Anspruch dem Grundsatz nach nicht entgegen (s. Lepke, DB 1985, 1231 f.). Frölich (NZA 1996, 464) legt zu Recht dar, dass die Parteikosten in Form von Detektivkosten von der Norm des § 12 a Abs. 1 ArbGG nicht erfasst werden, so dass die Voraussetzungen für eine Erstattungspflicht gem. § 91 ZPO vorliegen (s. a. LAG Hamm, DB 1992, 431 und NZA-RR 1996, 226; LAG Nürnberg, NZA 1995, 808; LAG Berlin, NZA-RR 2002, 98; zu allem z. B. Lingemann/Göpfert, DB 1997, 374). Eine **Ausforschung des Kündigungssachverhalts** auf Grund bloßer Vermutungen ohne das Vorliegen konkreter Verdachtsmomente ist allerdings nicht erstattungsfähig (s. Frölich, NZA 1996, 464 und Lepke, DB 1985, 1231).

629 Hinsichtl. der **Höhe** der Detektivkosten ist der Verhältnismäßigkeitsgrundsatz zu beachten (vgl. hierzu Heynert, AnwBl. 1999, 140; BAG NZA 1998, 1334). Auch bei Berücksichtigung anfallender Spesen müssen diese Zusatzkosten angemessen und im engeren Sinne verhältnismäßig sein.

Ein **Erfolgshonorar** ist dagegen grds. nicht erstattungsfähig.

630 Detektivkosten können demnach erstattungsfähig sein, wenn und soweit die Ausgaben des AG für den Einsatz der Detektei prozessbezogene, notwendige und verhältnismäßige Parteikosten sind: Nach dem Urt. des BAG v. 17. 3. 1998 – 8 AZR 5/97 = NZA 1998, 1334 hat der AN dem AG die durch das Tätigwerden eines Detektivs entstandenen notwendigen (!) Kosten zu ersetzen, wenn der AG anlässlich eines konkreten Tatverdachts (!) gegen den AN einem Detektiv dessen Überwachung überträgt und der AN einer vorsätzlichen vertragswidrigen Handlung überführt wird (!).

631 Ein prozessrechtlicher Kostenerstattungsanspruch kann im Kostenfestsetzungsverfahren nach den §§ 103 ff. ZPO verfolgt werden.

632 **17.9. Auflösungsantrag.** Stellt das Gericht fest, dass das Arbeitsverhältnis durch die Kündigung nicht aufgelöst ist, ist jedoch dem AN die Fortsetzung des Arbeitsverhältnisses nicht zuzumuten, so hat das Gericht **auf Antrag des AN** das Arbeitsverhältnis aufzulösen und den AG zur **Zahlung einer angemessenen Abfindung** zu verurteilen, **§ 9 Abs. 1 S. 1 KSchG.**

Die gleiche Entscheidung hat das Gericht **auf Antrag des AG** zu treffen, wenn Gründe vorliegen, die eine den Betriebszwecken dienliche weitere Zusammenarbeit zwischen ihm und dem AN nicht erwarten lassen, vgl. **§ 9 Abs. 1 S. 2 KSchG.**

633 Der Antrag auf Auflösung des Arbeitsverhältnisses kann noch **bis zum Schluss der letzten mündlichen Verhandlung in der Berufungsinstanz** gestellt werden, § 9 Abs. 1 S. 3 KSchG. Übersehen wird in der Praxis mitunter, dass bei einer **außerordentlichen Kündigung** nur der AN das Recht hat, die Auflösung des Arbeitsverhältnisses nach § 13 Abs. 1 S. 3 KSchG zu beantragen. § 9 Abs. 1 S. 1 KSchG kommt dagegen bei einer vorsorglich auch erklärten ordentlichen Kündigung oder im Falle der Umdeutung der unwirksamen fristlosen in eine ordentliche Kündigung zum Tragen.

634 Beantragen beide Parteien (hilfsweise) übereinstimmend die Auflösung des Arbeitsverhältnisses, hat das Gericht nicht weiter zu prüfen, ob ein **Auflösungsgrund** tatsächlich vorliegt.

635 Abgesehen vom Ausnahmefall des **Auflösungsantrags des AG bei leitenden Angestellten** (gem. § 14 Abs. 2 S. 1 KSchG ohne Begründungspflicht!) ist das Missverständnis recht weit verbreitet, man bekäme im Prozess über den Auflösungsantrag nach § 9 KSchG recht einfach zu einem „Abfindungsvergleich in Gestalt eines Urteils". Dass dem nicht so ist, folgt bereits aus Wortlaut und Sinn des § 9 Abs. 1 S. 1 KSchG. Danach muss regelmäßig ausreichend detailliert und unter Beweisantritt zu den Gründen der Unzumutbarkeit der Fortsetzung des Arbeitsverhältnisses (vom AN) oder dafür, dass keine weitere gedeihliche Zusammenarbeit mehr möglich erscheint (auf Arbeitgeberseite), vorgetragen werden. Ein pauschaler Vortrag reicht hierfür nicht aus. Zu den möglichen **Auflösungsgründen**

Vorbemerkung zu § 34 **Vor § 34**

im Einzelnen vgl. z. B. Schaub, § 141, Rn. 31 ff.; Stahlhacke/Vossen, Rn. 1976 ff.; ausführl. KR/Spilger, § 9 KSchG, Rn. 36 ff., zum Auflösungsantrag des AG instruktiv BAG 7. 3. 2002 – 2 AZR 158/01 = NZA 2003, 261 und 12. 1. 2006 – 2 AZR 21/05 = NZA 2006, 917 sowie Gravenhorst, NZA-RR 2007, 57.

Der Antrag des AN kann nur im Zusammenhang mit der Kündigungsschutzklage gestellt werden und führt zu einer zulässigen Klageerweiterung. Seiner Rechtsnatur nach handelt es sich dabei um einen unechten Eventual- bzw. Hilfsantrag, über den nur dann zu entscheiden ist, wenn sich im Kündigungsschutzverfahren die Rechtswidrigkeit der Kündigung erweist. Beim Antrag des AG handelt es sich dagegen regelmäßig um einen echten Eventual- bzw. Hilfsantrag, der vom Arbeitsgericht nur dann zu bescheiden ist, wenn der AG mit dem Hauptantrag auf Klageabweisung, d. h. auf Anerkennung der sozialen Rechtfertigung der Kündigung, unterliegt. **636**

Höchstgrenzen zur **Abfindungshöhe** ergeben sich aus § 10 KSchG. Diese beläuft sich grds. auf einen Betrag von bis zu zwölf Monatsverdiensten, § 10 Abs. 1, 3 KSchG. Hat der AN das 50. Lebensjahr vollendet und das Arbeitsverhältnis mind. 15 Jahre bestanden, so ist ein Betrag bis zu 15 Monatsverdiensten, ist der AN älter als 55 Jahre und war er mind. 20 Jahre im Betrieb des AG, bis zu 18 Monatsverdiensten festzusetzen, § 10 Abs. 2 KSchG. Im Rahmen dieser Grenzen hat das Gericht über die Höhe der Abfindung **nach billigem Ermessen** unter Berücksichtigung aller Umstände des Einzelfalls zu entscheiden. Zu berücksichtigen sind hierbei im Wesentlichen die Dauer des Arbeitsverhältnisses, das Alter des AN, sein Familienstand und seine Vermittelbarkeit auf dem Arbeitsmarkt, der Grad der Sozialwidrigkeit der Kündigung sowie die wirtschaftliche Lage des AG (ausführl. KR-Spilger, § 10 KSchG, Rn. 23 ff., 45 ff.). Als **grobe Faustregel** für die Bemessung von Abfindungen wird in der (allerdings insofern nicht einheitlichen) Praxis vielfach ein halbes (Brutto-) Monatseinkommen pro Beschäftigungsjahr herangezogen (vgl. o., Rn. 611). **637**

Zur Problematik der sozial- und steuerrechtlichen Folgen von Abfindungsregelungen siehe Erl. zu § 33. **638**

17.10. Rechtsmittel gegen Urteile in Kündigungssachen. Durch Einlegung eines Rechtsmittels – **Berufung, Revision oder Beschwerde** – wird der Eintritt der Rechtskraft gehemmt und der Rechtsstreit in die nächsthöhere Instanz gebracht, d. h. vom Arbeitsgericht zum Landesarbeitsgericht und vom Landesarbeitsgericht an das Bundesarbeitsgericht. Die Berufung gegen ein erstinstanzliches Urteil kann nur durch einen Vertreter einer Gewerkschaft, eines Arbeitgeberverbandes oder durch einen Rechtsanwalt, eine Revision gegen ein zweitinstanzliches Urteil nur durch einen Rechtsanwalt eingelegt werden, § 11 Abs. 2 ArbGG. **639**

Die **Berufung** ist das Rechtsmittel gegen Urteile der Arbeitsgerichte. Mit ihr kann eine Überprüfung des Urteils in tatsächlicher und rechtlicher Hinsicht vor dem Landesarbeitsgericht erreicht werden. Vor dem Landesarbeitsgericht findet eine neue Verhandlung statt. Die Statthaftigkeit der Berufung gegen Urteile des Arbeitsgerichts ist in § 64 ArbGG geregelt. Für das Berufungsverfahren gelten ergänzend die besonderen Vorschriften der §§ 65–69 ArbGG. **640**

Berufung kann nur eingelegt werden, wenn sie in dem Urteil des Arbeitsgerichts zugelassen worden ist, übersteigt der **Wert des Beschwerdegegenstandes 600 EUR** übersteigt sowie in Kündigungsschutz- und entsprechenden Bestandsschutzverfahren, § 64 Abs. 2 ArbGG. Dabei bildet der vom Arbeitsgericht gem. § 61 Abs. 1 ArbGG festgesetzte Streitwert die oberste Grenze des Beschwerdewertes, weil der Beschwerdewert nicht höher sein kann als der Streitwert selbst. Zuzu- **641** lassen ist die Berufung, wenn die Rechtssache grundsätzliche Bedeutung hat, § 64 Abs. 3 Nr. 1 ArbGG. Für den Tarifbereich wichtig ist daneben die Vorschrift in § 64 Abs. 3 Nr. 2 ArbGG, wonach das Arbeitsgericht die Berufung u. a. auch dann zuzulassen hat, wenn die Rechtssache eine **Rechtsstreitigkeit zwischen Tarifvertragsparteien** aus Tarifverträgen sowie ihre Auslegung oder über das Bestehen oder Nichtbestehen von Tarifverträgen betrifft.

642 Die **Frist** für die **Einlegung der Berufung** beträgt **einen Monat**, die Frist für ihre Begründung zwei Monate, § 66 Abs. 1 S. 1 ArbGG. Ist die Berufung unstatthaft oder nicht form- und fristgerecht eingelegt und begründet worden, wird sie als unzulässig verworfen, § 519b ZPO. Ist sie statthaft, wird ein mündlicher Verhandlungstermin festgesetzt, § 66 Abs. 2 ArbGG.

643 Das Rechtsmittel der **Revision** richtet sich gegen das Berufungsurteil des Landesarbeitsgerichts, § 72 ArbGG; im Ausnahmefall ist die Revision auch als sog. Sprungrevision gegen Urteile des Arbeitsgerichts statthaft, § 76 ArbGG. Mit der Revision können keine neuen Tatsachen vorgetragen werden; diese werden durch das Landesarbeitsgericht für das Bundesarbeitsgericht bindend festgestellt, § 561 ZPO. Hauptziel der Revision ist es, eine einheitliche Rechtsprechung und dadurch Rechtssicherheit zu gewährleisten. Zulässig ist die Revision nur, wenn sie im Urteil des Landesarbeitsgerichts oder im Beschluss des Bundesarbeitsgericht auf Grund einer Nichtzulassungsbeschwerde zugelassen worden ist, § 72 Abs. 1 ArbGG. Das Landesarbeitsgericht hat die Revision zuzulassen, wenn der Rechtssache **grundsätzliche Bedeutung** hat oder sein Urteil von einer Entscheidung des Bundesarbeitsgericht oder eines anderen Landesarbeitsgericht abweicht und die getroffenen Entscheidung auf dieser Abweichung beruht, vgl. im Einzelnen § 72 Abs. 2 ArbGG. Eine grundsätzliche Bedeutung der Rechtssache setzt immer voraus, dass das Urteil über den Einzelfall hinaus von Bedeutung ist. Die Nichtzulassung der Revision kann selbstständig durch eine Nichtzulassungsbeschwerde an das Bundesarbeitsgericht angefochten werden, § 72a ArbGG.

§ 34 TVöD Kündigung des Arbeitsverhältnisses

(1) ¹Bis zum Ende des sechsten Monats seit Beginn des Arbeitsverhältnisses beträgt die Kündigungsfrist zwei Wochen zum Monatsschluss. ²Im Übrigen beträgt die Kündigungsfrist bei einer Beschäftigungszeit (Absatz 3 Satz 1 und 2)

bis zu einem Jahr	ein Monat zum Monatsschluss,
von mehr als einem Jahr	6 Wochen,
von mindestens 5 Jahren	3 Monate,
von mindestens 8 Jahren	4 Monate,
von mindestens 10 Jahren	5 Monate,
von mindestens 12 Jahren	6 Monate

zum Schluss eines Kalendervierteljahres.

(2) ¹Arbeitsverhältnisse von Beschäftigten, die das 40. Lebensjahr vollendet haben und für die die Regelungen des Tarifgebiets West Anwendung finden, können nach einer Beschäftigungszeit (Absatz 3 Satz 1 und 2) von mehr als 15 Jahren durch den Arbeitgeber nur aus einem wichtigen Grund gekündigt werden. ²Soweit Beschäftigte nach den bis zum 30. September 2005 geltenden Tarifregelungen unkündbar waren, verbleibt es dabei.

(3) ¹Beschäftigungszeit ist die bei demselben Arbeitgeber im Arbeitsverhältnis zurückgelegte Zeit, auch wenn sie unterbrochen ist. ²Unbe-

rücksichtigt bleibt die Zeit eines Sonderurlaubs gemäß § 28, es sei denn, der Arbeitgeber hat vor Antritt des Sonderurlaubs schriftlich ein dienstliches oder betriebliches Interesse anerkannt. ³Wechseln Beschäftigte zwischen Arbeitgebern, die vom Geltungsbereich dieses Tarifvertrages erfasst werden, werden die Zeiten bei dem anderen Arbeitgeber als Beschäftigungszeit anerkannt. ⁴Satz 3 gilt entsprechend bei einem Wechsel von einem anderen öffentlich-rechtlichen Arbeitgeber.

§ 34 TV-L Kündigung des Arbeitsverhältnisses

(1) ¹Die Kündigungsfrist beträgt bis zum Ende des sechsten Monats seit Beginn des Arbeitsverhältnisses zwei Wochen zum Monatsschluss. ²Im Übrigen beträgt die Kündigungsfrist bei einer Beschäftigungszeit (Absatz 3 Satz 1 und 2)
bis zu einem Jahr   ein Monat zum Monatsschluss,
von mehr als einem Jahr   6 Wochen,
von mindestens 5 Jahren   3 Monate,
von mindestens 8 Jahren   4 Monate,
von mindestens 10 Jahren   5 Monate,
von mindestens 12 Jahren   6 Monate
zum Schluss eines Kalendervierteljahres.

(2) ¹Arbeitsverhältnisse von Beschäftigten, die das 40. Lebensjahr vollendet haben und unter die Regelungen des Tarifgebiets West fallen, können nach einer Beschäftigungszeit (Absatz 3 Satz 1 und 2) von mehr als 15 Jahren durch den Arbeitgeber nur aus einem wichtigen Grund gekündigt werden. ²Soweit Beschäftigte nach den bis zum 31. Oktober 2006 geltenden Tarifregelungen unkündbar waren, bleiben sie unkündbar.

(3) ¹Beschäftigungszeit ist die Zeit, die bei demselben Arbeitgeber im Arbeitsverhältnis zurückgelegt wurde, auch wenn sie unterbrochen ist. ²Unberücksichtigt bleibt die Zeit eines Sonderurlaubs gemäß § 28, es sei denn, der Arbeitgeber hat vor Antritt des Sonderurlaubs schriftlich ein dienstliches oder betriebliches Interesse anerkannt. ³Wechseln Beschäftigte zwischen Arbeitgebern, die vom Geltungsbereich dieses Tarifvertrages erfasst werden, werden die Zeiten bei dem anderen Arbeitgeber als Beschäftigungszeit anerkannt. ⁴Satz 3 gilt entsprechend bei einem Wechsel von einem anderen öffentlich-rechtlichen Arbeitgeber.

Sonderregelungen. Keine. 1

1. Einleitung. Der TVöD/TV-L enthält mit seinem § 34 nur noch eine Tarifvorschrift zum Recht der Beendigung des Arbeitsverhältnisses durch Ausspruch einer Kündigung. Andere Beendigungsmöglichkeiten sind nun in § 33 TVöD/TV-L geregelt und dort erläutert. 2

Die von den Tarifpartnern u. a. angestrebte **Vereinheitlichung** und Verschlankung **des Tarifrechts** bedeutet für das Kündigungsschutzrecht, dass § 34 im Wesentlichen nur noch die Kündigungsfristen (jetzt für Angestellte und Arbeiter in Abs. 1 zusammengefasst) regelt und die bisherigen Unkündbarkeitsvorschriften für das Tarifgebiet West fortschreibt (Abs. 2). Sonderbestimmungen gegenüber dem Recht der außerhalb des ö. D. Tätigen gibt es – hiervon abgesehen – somit nicht mehr. Das damit auch für den ö. D. nunmehr praktisch umfassend geltende allgemeine Kündigungsschutzrecht, die wichtigsten Grundsatzfragen und Begriffe zur 3

§ 34 Abschnitt V. Befrist. u. Beendig. d. Arbeitsverh.

Kündigung, insbes. die Kündigungsarten und -gründe sind aus Verständnisgründen und zur besseren Übersichtlichkeit umfassend systematisch in der Vorbem. zu § 34 TVöD/TV-L dargestellt; darauf wird verwiesen.

4 **2. Kündigungsfrist, § 34 Abs. 1.** Die Tarifparteien hatten sich in der Tarifrunde 2005 darauf verständigt, dass bzgl. des Kündigungsschutzrechts der „Status quo", d. h. der bisherige Rechts-/Tarifzustand unverändert fortgelten sollte. Deshalb übernimmt § 34 Abs. 1 im Wesentlichen die bisher schon in den §§ 53 Abs. 1 BAT/-O, 57 MTArb/-O und 50 BMT-G II/-O enthaltenen Kündigungsfristen und fasst diese **für Angestellte und Arbeiter einheitlich** zusammen.

5 Die **Kündigungsfristen** weichen dabei von den gesetzlichen Kündigungsfristen des § 622 BGB ab (vgl. § 622 Abs. 4 BGB). Während der **ersten sechs Monate** des Arbeitsverhältnisses – der jetzt vereinheitlichten regelmäßigen Probezeit nach § 2 Abs. 4 S. 1 – beträgt die Kündigungsfrist **zwei Wochen zum Monatsschluss.** Nach § 34 Abs. 1 S. 2 **verlängern sich** die Kündigungsfristen, jeweils **gestaffelt nach der Beschäftigungszeit** (Abs. 3 S. 1 und 2) auf bis zu sechs Monate zum Schluss eines Kalendervierteljahres.

6 Für die **Berechnung der Kündigungsfristen** gelten die §§ 186 ff., 193 BGB. Für den Fristbeginn ist dabei der Tag des **Zugangs der Kündigung** maßgeblich. Nach § 187 Abs. 1 BGB ist der Tag, an dem die Kündigung zugeht, bei der Berechnung der Kündigungsfrist nicht mitzuberechnen. Für die Kündigungsfrist von zwei Wochen zum Monatsende nach § 34 Abs. 1 S. 1 endet damit die Kündigungsfrist mit Ablauf des namensgleichen Wochentages zwei Wochen nach Zugang der Kündigung.

Beispiel zu § 34 Abs. 1 S. 2: Gilt eine Kündigungsfrist von einem Monat zum Monatsende und will der AG zum 30. 6. kündigen, so muss die Kündigung dem AN spätestens am 31. 5. zugegangen sein, da die Frist am 1. 6. zu laufen beginnt und einen vollen Monat beträgt (§§ 187 Abs. 1, 188 Abs. 2 BGB).

7 Für **Auszubildende** gelten von § 34 Abs. 1 abweichende Regelungen, die in den Tarifverträgen für Auszubildende festgelegt sind.

8 **3. Unkündbarkeit, § 34 Abs. 2.** Wirklich „unkündbar" ist auch im ö. D. kein AN. Unter bestimmten, in Abs. 2 näher geregelten Voraussetzungen gilt für AN des ö. D. jedoch weiterhin eine sog. (ordentliche) Unkündbarkeit, allerdings nur für die AN des Tarifgebiets West. Da im Tarifgebiet Ost auch nach den früher geltenden Regelungen solche Unkündbarkeitsvorschriften nicht bestanden, bleibt es weiterhin bei dieser Beschränkung auf diesen insoweit stärker geschützten Personenkreis.

9 Diejenigen (West-)AN, die am Stichtag 30. 9. 2005 (TVöD) bzw. 31. 10. 2006 (TV-L) bereits tariflich unkündbar waren (vgl. die früheren Regelungen der §§ 53 Abs. 3, 55 BAT; 58 MTArb/-O; 52 BMT-G II/-O) behalten nach Abs. 2 S. 2 ihren Sonderkündigungsschutz.

10 Für die AN, die bis dahin nach altem Recht noch keine Unkündbarkeit erworben hatten sowie für Neueingestellte gilt: Nach Vollendung des 40. Lebensjahres und nach einer Beschäftigungszeit (i. S. d. Abs. 3 S. 1 und 2) von mehr als 15 Jahren (diese beiden Bedingungen müssen kumulativ erfüllt sein) gewährt § 34 Abs. 2 S. 1 dem AN einen **besonderen persönlichen Kündigungsschutz,** indem (nur) seine ordentliche Kündigung ausgeschlossen wird.

11 Diese „Unkündbarkeit" darf aber nicht missverstanden oder überinterpretiert werden: Sie bedeutet lediglich, dass der unkündbare AN nur noch außerordentlich, also aus einem wichtigen Grund gekündigt werden kann, § 626 BGB.

12 In welchen Fällen und unter welchen Voraussetzungen eine außerordentliche Kündigung (gerade auch gegenüber ordentlich unkündbaren AN) ausgesprochen

werden kann, ist in der Vorbemerkung zu § 34 TVöD/TV-L im Einzelnen dargestellt; vgl. insbes. dort Erl. 8 Rn. 484 ff.; 5.4.6. Rn. 179 ff.

Ist aufgrund des tariflichen Alterskündigungsschutzes ein AN nur noch außerordentlich kündbar, so erfordern es Sinn und Zweck dieser „Unkündbarkeit", dem so altersgesicherten AN zur Vermeidung eines Wertungswiderspruchs eine der fiktiven Kündigungsfrist entsprechende **Auslauffrist** einzuräumen, wenn einem vergleichbaren AN ohne gesteigerten Kündigungsschutz bei gleicher Sachlage nur fristgerecht gekündigt werden könnte (BAG 11. 3. 1999 – 2 AZR 427/98 = NZA 1999, 818, 823 „Affenstation", ebenso instruktiv zu allen bei fristlosen Kündigungen zu beachtenden Gesichtspunkten auch 8. 6. 2000 – 2 AZR 638/99 = NZA 2000, 1282 „Totschlag"). **13**

Die **Voraussetzungen** der **Unkündbarkeit** (Beschäftigungszeit von mind. 15 Jahren und Vollendung des 40. Lebensjahres) müssen im **Zeitpunkt des Zugangs der Kündigung** vorliegen. Nach dem Wortlaut der Norm kann der AG insofern das Arbeitsverhältnis auch noch kurz vor dem Eintritt der Unkündbarkeit ordentlich kündigen. **14**

Auch unter der Geltung des Allgemeinen Gleichbehandlungsgesetzes (AGG) dürfte die Unkündbarkeitsvorschrift des § 34 Abs. 2 als Schutzmaßnahme zugunsten älterer AN weiterhin zulässig bleiben (ausfl. Kamanabrou NZA 2006 Beil. 3, 138, 144 ff.; a. A. Löwisch BB 2006, 2582). **15**

Auch die seit dem 18. 8. 2006 zunächst geltende, zum 2. 12. 2006 aber bereits wieder gestrichene Vorschrift des § 10 S. 3 Nr. 7 AGG erklärte nämlich tarifvertragliche Unkündbarkeitsvorschriften wie § 34 Abs. 2 weiterhin für grundsätzlich zulässig, „soweit nicht der Kündigungsschutz anderer Beschäftigter im Rahmen der Sozialauswahl nach § 1 Abs. 3 KSchG grob fehlerhaft gemindert wird". Dies dürfte auch weiterhin der Maßstab sein, an dem sich tarifliche Vorschriften wie § 34 Abs. 2 im Einzelfall messen lassen müssen (KR/Pfeifer AGG Rn. 123; Bauer/Göpfert/Krieger AGG § 10 Rn. 47 ff. mit anschaulichem Bsp. zu § 34 Abs. 2 in Rn. 50; s. a. ihren Nachtrag dazu; zur Problematik vgl. die bei Wolf FA 2006, 262 f. nachgewiesenen Vorschläge des Schrifttums). **16**

Die Neuregelung des § 34 hat nach ihrem Wortlaut nicht auch die vormalige Tarifvorschrift des § 55 Abs. 2 BAT (und ähnlich § 60 MTArb) übernommen. **17**

§ 55 BAT lautete:

§ 55 BAT Unkündbare Angestellte

(1) Dem unkündbaren Angestellten (§ 53 Abs. 3) kann aus in seiner Person oder in seinem Verhalten liegenden wichtigen Grund fristlos gekündigt werden.

(2) Andere wichtige Gründe, insbesondere dringende betriebliche Erfordernisse, die einer Weiterbeschäftigung des Angestellten entgegenstehen, berechtigen den Arbeitgeber nicht zur Kündigung. In diesen Fällen kann der Arbeitgeber das Arbeitsverhältnis jedoch, wenn eine Beschäftigung zu den bisherigen Vertragsbedingungen aus dienstlichen Gründen nachweisbar nicht möglich ist, zum Zwecke der Herabgruppierung um eine Vergütungsgruppe kündigen.

Der Arbeitgeber kann das Arbeitsverhältnis ferner zum Zwecke der Herabgruppierung um eine Vergütungsgruppe kündigen, wenn der AN dauernd außerstande ist, diejenigen Arbeitsleistungen zu erfüllen, für die er eingestellt ist und die die Voraussetzungen für seine Eingruppierung in die bisherige Vergütungsgruppe bilden, und ihm andere Arbeiten, die die Tätigkeitsmerkmale seiner bisherigen Vergütungsgruppe erfüllen, nicht übertragen werden können. Die Kündigung ist ausgeschlossen, wenn die Leistungsminderung

a) durch einen Arbeitsunfall oder eine Berufskrankheit im Sinne der Reichsversicherungsordnung herbeigeführt worden ist, ohne daß der Angestellte vorsätzlich oder grob fahrlässig gehandelt hat, oder

§ 34 Abschnitt V. Befrist. u. Beendig. d. Arbeitsverh.

b) auf einer durch langjährige Beschäftigung verursachten Abnahme der körperlichen oder geistigen Kräfte und Fähigkeiten nach einer Beschäftigungszeit (§ 19) von 20 Jahren beruht und der Angestellte das fünfundfünfzigste Lebensjahr vollendet hat.
Die Kündigungsfrist beträgt sechs Monate zum Schluß eines Kalendervierteljahres.

Lehnt der Angestellte die Fortsetzung des Arbeitsverhältnisses zu den ihm angebotenen geänderten Vertragsbedingungen ab, so gilt das Arbeitsverhältnis mit Ablauf der Kündigungsfrist als vertragsmäßig aufgelöst (§ 58).

18 Insoweit ist aber die wichtige **Übergangsregelung** der Protokollerklärung zum 3. Abschnitt des TVÜ zu beachten. Danach bleibt (nur) die Vorschrift des **§ 55 Abs. 2 UA 2 S. 2 BAT** für seinen bisherigen Geltungsbereich unberührt. Daraus wird man schließen können, dass unter der Geltung des TVöD zunächst (nur) eine (Beendigungs- und auch Änderungs-)) Kündigung bei dauerhafter, personenbedingter Leistungsminderung dann ausgeschlossen (bleibt und) ist, wenn diese Leistungsminderung auf einer der in § 55 Abs. 2 UA 2 S. 2a) oder b) BAT ausdrücklich genannten Ursachen beruht (vgl. Kuner TVöD Rn. 130a, 335). Die weiteren früheren Einschränkungen, insbes. hinsichtlich der Möglichkeit des Ausspruchs einer betriebsbedingten (Änderungs-) Kündigung nach § 55 Abs. 2 UA 1 BAT, sollten danach entfallen sein (so z.B. Conze TVöD, Rn. 1453).

19 Letztlich ist diese zuletzt angesprochene Problematik ohnehin dadurch entschärft, dass nach der Rspr. des BAG zum früheren Tarifrecht in (wenngleich seltenen) „Extremfällen" auch einem nach § 55 BAT tariflich unkündbaren Angestellten des ö.D. nach § 626 BGB unter Gewährung einer notwendigen Auslauffrist außerordentlich betriebsbedingt gekündigt werden kann (so z.B. BAG 13. 6. 2002 – 2 AZR 391/01 = NZA 2003, 44; 27. 6. 2002 – 2 AZR 367/01 = AP BAT § 55 Nr. 4 = DB 2003, 102; 8. 4. 2003 – 2 AZR 355/02 = NZA 2003, 856; 30. 9. 2004 – 8 AZR 462/03 = NZA 2005, 44, 49; 6. 10. 2005 – 2 AZR 362/04 = AP BAT § 53 Nr. 8 = DB 2006, 1278 Ls.: Schließung einer Krankenhausabteilung; zuvor bereits 5. 2. 1998 – 2 AZR 227/97 = NZA 1998, 771).

20 Zu dem nach § 55 Abs. 2 UA 1 BAT vorgesehenen Ausspruch einer betriebsbedingten Änderungskündigung zur Herabgruppierung vgl. BAG 18. 5. 2006 – 2 AZR 207/05 = AP § 55 BAT Nr. 5 = BB 2007, 668 (Nachfolgekündigung zu der im zitierten Urteil v. 27. 6. 2002, = AP BAT § 55 Nr. 4 = DB 2003, 102 beschiedenen Beendigungskündigung wegen Schließung einer städtischen Musikschule); verwiesen sei zur alten Rechtslage im Übrigen z.B. auf Bredemeier/Neffke, BAT/BAT-O, § 55 BAT, Rn. 2 ff.

21 **4. Beschäftigungszeit** wird nunmehr in § 34 Abs. 3 definiert, der damit an die Stelle der früheren Regelung(en) der §§ 19 BAT/-O, 6 MTArb/-O, 6 BMT-G II/-O getreten ist.

22 Einerseits ist der Begriff jetzt weiter gefasst, als nach altem Tarifrecht, andererseits kommt ihm demgegenüber nur noch eine weit geringere Bedeutung zu. Er ist nämlich nach den §§ 15 ff. TVöD/TV-L insbes. nicht mehr für die Entgeltentwicklung der Beschäftigten relevant.

23 Einfluss hat die Beschäftigungszeit nach dem TVöD damit nur noch zum einen für die Berechnung der **Dauer des Krankengeldzuschusses** nach § 22 Abs. 3 TVöD/TV-L und das **Jubiläumsgeld** des § 23 Abs. 2 TVöD/TV-L. Insoweit gelten die Regelungen zum **Arbeitgeberwechsel** nach S. 3 und 4.

24 Danach werden auch Vorzeiten beim Wechsel zwischen Arbeitgebern angerechnet, die unter den Geltungsbereich des TVöD/TV-L fallen (also z.B. von einer Kommune zum Bund oder umgekehrt) und bei einem Wechsel von (nicht: zu) anderen öffentlich-rechtlichen Arbeitgebern, also z.B. von einem Bundesland zu einer Kommune oder zum Bund.

Anderes gilt für den zweiten verbliebenen Anwendungsbereich dieser Tarifnorm: 25
Zur **Berechnung der Kündigungsfristen** des § 34 Abs. 1 und der **Unkündbarkeit** nach § 34 Abs. 2 gelten aufgrund der „Vereinbarung der Tarifpartner über Korrekturen eines Redaktionsversehens v. 24. 11. 2005" unter I. 15. entgegen dem anfänglichen Wortlaut der Klammerzusätze in § 34 (rückwirkend) nur die S. 1 und 2 des § 34 Abs. 3. Dies ist im obigen Textabdruck nicht berücksichtigt.

Danach sind insoweit also lediglich Beschäftigungszeiten „bei (ein und) demselben Arbeitgeber" anzurechnen, auch wenn sie unterbrochen worden ist. 26

Der Begriff des Arbeitsverhältnisses umfasst die Beschäftigung als Angestellter 27 oder Arbeiter. Die in einem **Ausbildungsverhältnis** zurückgelegte Zeit ist nicht Beschäftigungszeit i. S. d. Vorschrift (LAG Berlin 3. 1. 2001 – 13 Sa 2018/00 = MDR 2001, 883; ZTR 2001, 315 – zu einer vergleichbaren tariflichen Regelung im TV für Arbeiter der Deutschen Post AG). Das Gleiche gilt für Beschäftigungszeiten, die als Praktikant, Arzt im Praktikum oder Volontär zurückgelegt wurden.

Soweit § 4 Abs. 1 des 77. ÄnderungsTV zum BAT vom 29. 10. 2001 vorsah, 28 dass bei der Berechnung der Beschäftigungszeit geringfügige Beschäftigungen i. S. d. § 3 SGB IV (sog. 400-Euro-Kräfte) nur zu berücksichtigen waren, soweit sie nach dem 31. 12. 2001 zurückgelegt worden sind, ist unwirksam (BAG 25. 4. 2007 – 6 AZR 746/06).

Die Beschäftigungszeit muss bei demselben AG geleistet worden sein. Es muss 29 damit eine **rechtliche Identität** bestehen, um das Merkmal „derselbe Arbeitgeber" bejahen zu können (so z. B. BAG 8. 5. 2003 – 6 AZR 183/02 = NZA 2004, 858). So sind z. B. die Landkreise in der ehem. DDR, die erst durch das Gesetz über die Selbstverwaltung der Gemeinden und Landkreise (Kommunalverfassung, v. 17. 5. 1990) neu entstanden sind, keine Rechtsnachfolger der früheren Räte der Kreise noch mit diesen identisch. In den neuen Bundesländern stellt sich also insbes. die Frage der Rechtsnachfolge in ö. D. (s. BAG NZA 1997, 449).

Die **Unterbrechung** des Arbeitsverhältnisses hat grds. keinen Einfluss auf die 30 Anerkennung von Beschäftigungszeiten nach Abs. 3. Somit wird auch die vor der Unterbrechung liegende Zeit bei Ermittlung der Beschäftigungszeit berücksichtigt. Die Unterbrechungszeit selbst wird nicht mitberechnet, es sei denn, dies ist auf Grund gesetzlicher Vorschriften vorgesehen.

Wird z. B. ein AN zum Grundwehrdienst oder einer Wehrübung einberufen, so 31 ruht gem. § 1 Abs. 1 ArbPlSchG das Arbeitsverhältnis während des Wehrdienstes. Die Zeit des Grundwehrdienstes oder einer Wehrübung gilt als Beschäftigungs- und Dienstzeit (§ 6 Abs. 2 S. 2 ArbPlSchG). Auch bei Ableistung des Zivildienstes ruht das Arbeitsverhältnis, da gem. § 78 Abs. 1 Nr. 1 ZDG das ArbPlSchG gilt. Das BAG (27. 1. 2000 – 6 AZR 429/98 = AP TVG § 1 Tarifverträge: DDR Nr. 40) hat klargestellt, dass sich § 6 Abs. 2 S. 2 ArbPlSchG, wonach die Zeit des Grundwehrdienstes als Beschäftigungszeit i. S. d. Tarifverträge des öffentlichen Dienstes gilt, nicht auf den in der ehemaligen DDR geleisteten Grundwehrdienst bezieht. Das ArbPlSchG findet als Nebengesetz zum Wehrpflichtgesetz und zum Soldatengesetz nur auf Maßnahmen Anwendung, die auf Grund dieser Rechtsgrundlagen veranlasst wurden.

Nach § 10 Abs. 1 MuSchG kann eine Frau während der Schwangerschaft und 32 während der Schutzfrist nach der Entbindung das Arbeitsverhältnis ohne Einhaltung einer Frist zum Ende der Schutzfrist nach der Entbindung kündigen. Wird die Frau innerhalb eines Jahres nach der Entbindung wieder eingestellt, so ist das frühere Arbeitsverhältnis sowie die Zeit der Unterbrechung im Regelfall auf die Beschäftigungszeit anzurechnen.

§ 35 Abschnitt V. Befrist. u. Beendig. d. Arbeitsverh.

33 Auch die Elternzeit zählt als Beschäftigungszeit, da das Arbeitsverhältnis währenddessen ebenfalls lediglich ruht.
34 Eine Ausnahme von diesen Grundsätzen regelt S. 2 des § 34 Abs. 3. Danach bleiben Zeiten eines **Sonderurlaubs** nach § 28 im Regelfall bei der Berechnung der Beschäftigungszeiten außer Acht, es sei denn, es liegt die vorherige schriftliche Anerkennung der dienstlichen oder betrieblichen Interessen seitens des AG vor.
35 Für die Zeit der **Überleitung** sind für die Arbeiter des ö.D. die Übergangsvorschriften der §§ 7 und 14 TVÜ (Bund und VKA) zu beachten.
36 § 34 TV-L ist gegenüber § 34 TVöD in einigen Passagen etwas anders formuliert. Inhaltliche Abweichungen oder Unterschiede zu der Rechtslage nach § 34 TVöD folgen daraus jedoch nicht, abgesehen von dem späteren Stichtag zur Festschreibung des fortgeltenden Sonderkündigungsschutzes im Tarifgebiet West (vgl. Rn. 9).

§ 35 TVöD/TV-L Zeugnis

(1) **Bei Beendigung des Arbeitsverhältnisses haben die Beschäftigten Anspruch auf ein schriftliches Zeugnis über Art und Dauer ihrer Tätigkeit, das sich auch auf Führung und Leistung erstrecken muss (Endzeugnis).**

(2) **Aus triftigen Gründen können Beschäftigte auch während des Arbeitsverhältnisses ein Zeugnis verlangen (Zwischenzeugnis).**

(3) **Bei bevorstehender Beendigung des Arbeitsverhältnisses können die Beschäftigten ein Zeugnis über Art und Dauer ihrer Tätigkeit verlangen (vorläufiges Zeugnis).**

(4) **Die Zeugnisse gemäß den Absätzen 1 bis 3 sind unverzüglich auszustellen.**

Erläuterungen zu § 35 TVöD/TV-L

1 **Sonderregelungen:**

§ 41 Nr. 23 TV-L	für Ärztinnen und Ärzte an Universitätskliniken
§ 42 Nr. 10 TV-L	für Ärztinnen und Ärzte außerhalb von Universitätskliniken
§ 44 Nr. 4 TV-L	für Beschäftigte als Lehrkräfte
§ 47 Nr. 3 TV-L	für Beschäftigte im Justizvollzugsdienst der Länder sowie im feuerwehrtechnischen Dienst der Freien und Hansestadt Hamburg

2 **1. Grundsätze.** Der Anspruch auf ein Arbeitszeugnis ergibt sich unmittelbar aus § 109 GewO. Die Norm ist unabdingbar. Der AN hat ein Wahlrecht, ob er ein einfaches Zeugnis oder ein sog. qualifiziertes Zeugnis vom AG verlangt. Rechtsgrundlage im Manteltarifrecht ist § 35 TVöD7TV-L. Jeder AN kann insofern bei Beendigung des Arbeitsverhältnisses vom AG ein schriftliches Arbeitszeugnis verlangen. Für Auszubildende gilt als Rechtsgrundlage für die Zeugniserteilung § 18 TVAöD BT BBiG/BT Pflege bzw. § 21 TVA-L BBiG. Im TVA-L Pflege ist das Zeugnis nicht besonders geregelt.

3 Begrifflich wird zwischen dem Endzeugnis, welches bei Beendigung des Arbeitsverhältnisses erteilt wird, und dem im Verlauf des Arbeitsverhältnisses ausgestellten Zwischenzeugnis (§ 35 Abs. 2 TVöD/TV-L) und dem wegen einer bevorstehenden Beendigung des Arbeitsverhältnisses erteilten vorläufigen Zeugnisses gem. § 35 Abs. 3 TVöD/TV-L unterschieden. Das sog. einfache Zeugnis enthält

Aussagen über Art, Tätigkeit und Dauer der Beschäftigung des AN, das sog. qualifizierte Zeugnis gibt darüber hinaus weitere Detailaussagen zu Führung und Leistung des AN wieder.

2. Form und Inhalt. Das vom AN geforderte Zeugnis muss die äußere Form 4
wahren (Maschinenschrift, sauberes Papier) und gleichzeitig unter Verwendung des AG-Briefkopfes von diesem ausgestellt werden (vgl. BAG, DB 1993, 1624; Küttner/Reinecke, Personalbuch 2006, Zeugnis, Rn. 16, 17).

Schreibfehler sind vom AG zu berichtigen, wenn sie für den AN negative Folgen 5 haben können (s. ArbG Düsseldorf, NZA 1985, 812). Das Zeugnis muss mit der eigenhändigen Unterschrift des AG oder des für ihn handelnden Vertreters schließen. Eine fotokopierte Unterschrift genügt im Regelfall nicht (s. LAG Bremen, BB 1989, 1825). Die Person des AN ist mit vollständigem Namen zu bezeichnen, ein erworbener akademischer Grad ist korrekt zu verwenden. Auch muss das Zeugnis ein Ausstellungsdatum tragen.

Rückdatierungen sind zulässig, wenn der AG das vom AN verlangte Zeugnis 6 nicht zeitnah fertigstellen kann (s. BAG, DB 1993, 644; Küttner/Reinecke, Personalbuch 2006, Zeugnis, Rn. 20; sa. BAG, NZA 1993, 698). Angaben zum Gesundheitszustand des AN gehören im Übrigen nicht in das Zeugnis.

3. Einfaches Zeugnis. Bei einem einfachen Zeugnis sollte der AG Angaben 7 machen zur Art und Dauer der Beschäftigung des AN. Die Tätigkeit des AN ist vollständig unter Angabe seiner Entgeltgruppe aufzuführen, damit sich ein neuer AG ein vollständiges Bild vom AN machen kann (s. BAG, NZA 2002, 33). Der Grund des Ausscheidens ist beim einfachen Zeugnis nur auf Wunsch des AN aufzunehmen.

4. Qualifiziertes Zeugnis. Ein Endzeugnis, oder auch ein sog. qualifiziertes 8 Zeugnis, hat der AG dem AN bei Beendigung des Arbeitsverhältnisses auszuhändigen, § 109 GewO, § 35 Abs. 1. Es muss sich nach dem Wortlaut der Norm auch auf die Führung und auf das Leistungsvermögen des AN erstrecken, § 35 Abs. 1 TVöD/TV-L. Es gilt für den AG der Grundsatz der Wahrheitspflicht (vgl. nur BGH, DB 1979, 2378). Der AN kann jedoch nicht verlangen, dass seine Beurteilung auf Führung oder Leistung oder etwa bestimmte Zeiträume beschränkt wird. Dies ergibt sich auch im Umkehrschluss aus dem Wortlaut des § 35 Abs. 1 TVöD/TV-L. Das Zeugnis soll insofern ein Gesamtbild vom AN wiedergeben (zum Aufbau und üblichen Inhalt eines Zeugnisses vgl. nur LAG Hamm, 1. 12. 1994 – LAGE Nr. 28 zu § 630 BGB; LAG Düsseldorf, DB 2005, 1799). Zu Einzelheiten s. Küttner/Reinecke, Personalbuch 2006, Zeugnis, Rn. 25 ff.; ferner BAG, NZA 1993, 697 und LAG Düsseldorf, DB 1995, 1135 zur „Zufriedenheitsskala" (= Schlussnote; s. Rn. 10).

5. Zwischenzeugnis, § 35 Abs. 2 TVöD/TVL. Der Anspruch auf die Erteilung 9 eines Zwischenzeugnisses ergibt sich aus § 35 Abs. 2 TVöD/TVL, und ist Ausfluss der Fürsorgepflicht des AG aus § 242 BGB. Ein berechtigtes Interesse des AN auf Erteilung eines Zwischenzeugnisses liegt etwa vor, wenn der Dienstvorgesetzte des AN oder die Tätigkeit des AN ändert. Auch im Fall des Betriebsübergangs gem. § 613a BGB kann der AN von seinem früheren AG ein Zwischenzeugnis verlangen. Als Beweismittel kommt ein dem AN erteiltes Zwischenzeugnis in einer Höhergruppierungsstreitigkeit nicht in Betracht (s. BAG, DB 1993, 2134); insofern besteht dann auch kein Anspruch des AN auf Erteilung eines solchen Zwischenzeugnisses, will er es als (untaugliches) Beweismittel in seinem Eingruppierungsprozess dem Gericht vorlegen. Der AN sollte seinen Wunsch, dass ein Zwischenzeugnis erstellt wird, gegenüber dem AG kurz schriftlich begründen, um den „triftigen Grund" i.S.d. § 35 Abs. 2 TVöD/TV-L zu erfüllen.

§ 35 Abschnitt V. Befrist. u. Beendig. d. Arbeitsverh.

10 **6. Sog. Zufriedenheitsskala (Schlussnote).** Eine zusammenfassende Gesamtbeurteilung des AN wird in der Praxis zumindest im qualifizierten Zeugnis vom AG festgehalten (krit. grds. LAG Düsseldorf, DB 1995, 1135). Das Zeugnis sollte regelmäßig mit einer Schlussnote enden (BAG, NZA 2004, 843; ErfK/Müller-Glöge, § 109 GewO Rn. 94; Hunold, NZA-RR 2001, 113).

11 Ein Anspruch auf die Aufnahme von Schlusssätzen besteht nicht, BAG, NZA 2001, 843.

12 Die Klauseln haben folgende Bedeutung (str.). Er/Sie hat die ihm/ihr übertragenen Aufgaben

1. „stets zu unserer vollsten Zufriedenheit" erledigt bzw. „stets zu unserer vollen Zufriedenheit" = bescheinigt dem AN eine rundum „sehr gute Leistung". Nur die Worte „stets" und „vollstens" bzw. „vollen" machen also aus einem durchschnittlichen Mitarbeiter eine Spitzenkraft; sa. Rn. 19 ff. Gleiches gilt für die Beurteilung „hervorragend".

2. „zu unserer vollen Zufriedenheit" = bescheinigt dem AN eine „durchschnittliche Leistung" bzw. eine „gut durchschnittliche Leistung" (so LAG Köln, LAGE Nr. 23 zu § 630 BGB).

3. „zu unserer Zufriedenheit erledigt" = bescheinigt dem AN eine unterdurchschnittliche, aber noch ausreichende Leistung (so LAG Frankfurt, DB 1988, 1071; anders BAG, DB 1976, 2111: befriedigende Leistung).

4. „im großen und ganzen zu unserer Zufriedenheit" = bescheinigt dem AN lediglich eine mangelhafte Leistung.

5. „… bemüht, die übertragene Arbeit zu unserer Zufriedenheit zu erledigen" bzw. „führte die Aufgaben mit viel Fleiß und Interesse durch" = bescheinigt dem AN eine völlig ungenügende Leistung (s. BAG, DB 1977, 1369; ferner LAG Hamm, BB 1989, 1486).

13 **7. Interpretation eines Zeugnisses.** Für den AN ist es wichtig zu erkennen, mit welchen Formulierungen der AG versucht, verschlüsselt bestimmte Warnungen oder Einschätzungen des AN bei Ausarbeitung des Zeugnisses dem neuen AG mitzuteilen. Hinter scheinbar schmeichelhaften Wortformulierungen verstecken sich oftmals recht dürftige Beurteilungen des AN.

Beispiele: „Der AN hat seine Arbeiten mit besonderer Genauigkeit und Sorgfalt erledigt": Hier sollte man daran denken, der AN habe besonders gut gearbeitet. Hinter dieser Klausel steckt jedoch die Einschätzung, dass der AN besonders langsam gearbeitet hat. Oder: „Durch seine Geselligkeit trug der AN zur Verbesserung des betrieblichen Klimas bei": Diese Formulierung bedeutet, dass der AN Alkoholprobleme hat. Oder: „Der AN bewies stets für die Belange der Mitarbeiter ein hohes Einfühlungsvermögen". Auch diese Klausel wertet den AN bewusst ab, weil dadurch ausgedrückt werden soll, dass der AN sexuelle Kontakte im Betrieb oder in der Dienststelle gesucht hat. Oder: „Der AN war gewissenhaft und sehr fleißig": Diese Klausel ist so auszulegen, dass die Arbeit des AN leider nicht immer brauchbar war, und er im Übrigen faul ist. Oder: „Der AN hat bei der Arbeit großen Eifer gezeigt und war auch erfolgreich": Diese Formulierung hat den doppelten Sinn, dass der AN dennoch nur mangelhafte Leistungen zustande gebracht hat.

14 Bei Prüfung des Zeugnisses ist unbedingt darauf zu achten, wie und aus welchem Grund ein Lob ausgesprochen wird. Werden Selbstverständlichkeiten im Zeugnis hervorgehoben, müssen diese Formulierungen regelmäßig negativ verstanden und interpretiert werden.

15 **8. Falsches oder unvollständiges Zeugnis.** Ist das jeweilige Zeugnis des AG falsch oder unvollständig, besitzt der AN einen einklagbaren Anspruch auf Neuerteilung eines einfachen oder qualifizierten Zeugnisses. Gem. den §§ 935, 940 ZPO kann der AN seinen Anspruch auch durch eine einstweilige Verfügung gegenüber dem AG vor Gericht geltend machen. Begehrt der AN die Korrektur eines erteilten Zeugnisses, muss er im Klageantrag im Einzelnen angeben, welche Formulierung in welcher Form geändert werden soll. Der Streitwert beläuft sich regelmäßig auf ein Bruttomonatsentgelt. Die Darlegungs- und Beweislast für die Richtigkeit der Angaben im Zeugnis trägt regelmäßig der AG. Streiten die Parteien allerdings über den Umfang der dem AN übertragenen Aufgaben, muss der AN zunächst darlegen und ggf. beweisen, dass er die strittigen Aufgaben wahrgenommen und erfüllt hat. Für die Gesamtbeurteilung (sog. Zufriedenheitsskala) gilt eine abgestufte Darlegungs- und Beweislast: Beansprucht der AN die Bescheinigung überdurchschnittlicher Leistungen, liegt sie bei ihm; will der AG dagegen von der durchschnittlichen Benotung des AN nach unten abweichen, trägt er die Darlegungs- und Beweislast hierfür (so auch LAG Düsseldorf, DB 1985, 2692; LAG Hamm, BB 1989, 1486).

Die Zwangsvollstreckung bemisst sich nach § 888 ZPO (s. LAG Frankfurt, DB **16** 1989, 1979; LAG Köln, MDR 2003, 778).

In Vergleichen vereinbaren die Parteien oftmals, dem AN ein „wohlwollendes **17** und leistungsgerechtes Zeugnis" auszustellen. Eine bestimmte Gesamtbeurteilung wird dadurch zwar nicht festgelegt, die Auslegung ergibt jedoch, dass dem AN als Schlussnote zumindest überdurchschnittliche Leistungen bescheinigt werden sollen. Um Streitigkeiten hier zu vermeiden, sollten die Parteien etwa in einem Vergleich vor dem Arbeitsgericht festlegen, dass der AG sich verpflichtet, dem AN ein leistungsgerechtes und wohlwollendes Zeugnis mit der Gesamtnote „hervorragend" oder „stets zu unserer vollen Zufriedenheit" ausstellt (s. auch die Muster im Kap. Praxishinweise).

Der AN hat gegenüber dem AG einen Schadensersatzanspruch gem. §§ 276, **18** 286 BGB, wenn dieser das Zeugnis unrichtig, verspätet oder überhaupt nicht ausgestellt hat. Der zu ersetzende Schaden kann zB im Verdienstausfall des AN liegen, wenn dieser etwa vorübergehend zu schlechteren Arbeitsbedingungen eingestellt worden ist. Darlegungs- und beweispflichtig hierfür ist der AN, allerdings kommen ihm die Beweiserleichterungen gem. §§ 252 S. 2 BGB, 287 Abs. 1 ZPO zugute. Es genügt danach der Nachweis von Tatsachen, die den Schadenseintritt wahrscheinlich machen (so zutr. BAG 24. 3. 1977 – AP BGB § 630 Nr. 12 = DB 1977, 1369; LAG Düsseldorf, LAGReport 2004, 14; s.a. OLG München, 30. 3. 2000, 1 U 6245/99, OLGR München 2000, 337).

9. Ausschlussfrist und Verjährung des Anspruchs auf Zeugniserteilung. **19**
Es müssen die Ausschlussfristen nach § 37 Abs. 1 TVöD/TV-L für die Beanspruchung eines qualifizierten Zeugnisses beachtet werden. Wird z.B. eine Kündigungsschutzklage eingereicht, wird dadurch die sechsmonatige Ausschlussfrist nach § 37 TVöD/TV-L nur für Entgelt- und Vergütungsansprüche gewahrt, die nach dem Kündigungstermin fällig werden und nur bei Erfolg der Klage wegen Annahmeverzuges des AG zu zahlen sind. Entsprechendes gilt auch für andere Ansprüche des AN, die vom Fortbestand des Arbeitsverhältnisses abhängig sind. In der Kündigungsschutzklageschrift sollte der AN daher auch den Antrag stellen, den Beklagten (AG) zu verurteilen, dem Kläger (AN) ein qualifiziertes Zeugnis (mit der Gesamtnote „hervorragend" oder „stets zu unserer vollen Zufriedenheit") auszustellen. Denn wird die Kündigungsschutzklage abgewiesen und hat es der AN als Kläger versäumt, og. Antrag zu stellen oder diesen Anspruch auf Zeugniserteilung dem AG schriftlich anzuzeigen, hat er keinen Anspruch mehr auf Erteilung eines qualifizierten Zeugnisses gegen den AG. Diese Gefahr der Ausschlussfrist in § 37 TVöD/TV-L wird vielfach übersehen, da im Vordergrund die Kündigung des AG steht, dabei jedoch vergessen wird, weitere Ansprüche wie den Urlaubsab-

geltungsanspruch, einen Zeugnisanspruch usw. rechtshängig zu machen. Unterläuft einem Anwalt oder auch einem Gewerkschaftssekretär ein solcher Fehler, haftet dieser gegenüber dem AN aus Verletzung des Dienstvertrages (§§ 280, 281 BGB).

20 Streiten sich die Parteien etwa wegen Ausspruchs einer Kündigung vor den Gerichten, und ist vorauszusehen, dass erst das Landesarbeitsgericht endgültig über die soziale Rechtfertigung der Kündigung gem. § 1 Abs. 1, 2 KSchG entscheiden wird, sollten die Parteien neben der Ausschlussfrist in § 37 TVöD/TV-L auch die Verjährungsfristen der geltend gemachten Ansprüche beachten.

21 So verjähren etwa Lohn- und Vergütungsansprüche des AN einschließlich hiermit verbundener Verzugszinsen gem. § 195 BGB bereits nach jetzt drei Jahren. Eine vorherige Verwirkung des Anspruches dürfte nach richtiger Auffassung ausgeschlossen sein. Zieht sich die Entscheidung des Rechtsstreits durch die Gerichte länger hinaus, müssen entsprechende Ansprüche des AN zusätzlich klageweise geltend gemacht werden, um die spätere Durchsetzbarkeit oder Vollstreckung der Ansprüche zu wahren. Zu den Auswirkungen der Erhebung der Kündigungsschutzklage auf andere Ansprüche des AN s. insges. Erl. zu § 34 TVöD/TV-L. Die Verjährung des Anspruchs auf Zeugniserteilung beträgt also drei Jahre nach Beendigung des Arbeitsverhältnisses gem. § 195 BGB.

22 Die Ausschlussfrist in § 37 TVöD/TV-L ist dagegen gewahrt, wenn der AN das ihm erteilte Zeugnis fristgerecht bemängelt, s. BAG 4. 10. 2005, AP BGB § 630 Nr. 32.

Abschnitt VI. Übergangs- und Schlußvorschriften

§ 36 Anwendung weiterer Tarifverträge (VKA) TVöD

Neben diesem Tarifvertrag sind die nachfolgend aufgeführten Tarifverträge in ihrer jeweils geltenden Fassung anzuwenden:
a) **Tarifverträge über die Bewertung der Personalunterkünfte vom 16. März 1974,**
b) **Tarifverträge über den Rationalisierungsschutz vom 9. Januar 1987,**
c) **Tarifvertrag zur sozialen Absicherung (TVsA) vom 13. September 2005,**
d) **Tarifvertrag zur Regelung der Altersteilzeitarbeit (TV ATZ) vom 5. Mai 1998,**
e) **Tarifvertrag zur Regelung des Übergangs in den Ruhestand für Angestellte im Flugverkehrskontrolldienst durch Altersteilzeitarbeit vom 26. März 1999,**
f) **Tarifvertrag zur Entgeltumwandlung für Arbeitnehmer/-innen im kommunalen öffentlichen Dienst (TV-EUmw/VKA) vom 18. Februar 2003.**
g) **Rahmentarifvertrag zur Regelung der Arbeitszeit der Beschäftigten des Feuerwehr- und Sanitätspersonals an Flughäfen vom 8. September 2004.**

Protokollerklärung:
Die Tarifvertragsparteien werden bis zum 30. Juni 2006 regeln, welche weiteren den BAT/BAT-O/BAT-Ostdeutsche Sparkassen, BMT-G/BMT-G-O ergänzenden Tarifverträge und Tarifvertragsregelungen für Beschäftigte im Geltungsbereich dieses Tarifvertrages – ggf. nach ihrer Anpassung an diesen Tarifvertrag – weiter anzuwenden sind.

Ausschlussfrist § 37

§ 36 TV-L Anwendung weiterer Tarifverträge

¹Die in der Anlage 1 TVÜ-Länder Teil C aufgeführten Tarifverträge und Tarifvertragsregelungen gelten fort, soweit im TVÜ-Länder, in seinen Anlagen oder in diesem Tarifvertrag nicht ausdrücklich etwas anderes bestimmt ist. ²Die Fortgeltung dieser Tarifverträge beschränkt sich auf den bisherigen Geltungsbereich (zum Beispiel Arbeiter/Angestellte; Tarifgebiet Ost/Tarifgebiet West).

Zu den Erläuterungen zu § 36 TV-L siehe unten

Erläuterungen zu § 36 TVöD

Die Vorschrift gilt nur im Bereich der VKA. Für den Bereich des Bundes haben 1
die TVP entsprechende Regelungen im § 2 Abs. 3 i.V.m. Anlage 1 Teil C TVÜ-Bund getroffen. Zu beachten, dass die TVÜ weitere (Vorschriften über die befristete) Fortgeltung von TV beinhalten (z.B. über die Eingruppierung).

Erläuterungen zu § 36 TV-L

Wie auch im TVöD-Bereich, behalten nach In-Kraft-Treten des TV-L in dessen Geltungsbereich noch zahlreiche TV ihre Gültigkeit. Welche dies sind, haben 1
die TVP des TV-L in der Anlage C zum TVÜ-L vereinbart.

§ 37 TVöD/TV-L Ausschlussfrist

(1) ¹Ansprüche aus dem Arbeitsverhältnis verfallen, wenn sie nicht innerhalb einer Ausschlussfrist von sechs Monaten nach Fälligkeit von der/dem (TV-L: den) Beschäftigten oder vom Arbeitgeber schriftlich geltend gemacht werden. ²Für denselben Sachverhalt reicht die einmalige Geltendmachung des Anspruchs auch für später fällige Leistungen aus.

(2) Absatz 1 gilt nicht für Ansprüche aus einem Sozialplan.

Erläuterungen zu § 37 TVöD/TV-L

Sonderregelungen: 1

BT-V: § 45 (Bund) für Beschäftigte, die zu Auslandsdienststellen des Bundes entsandt sind.

1. Grundsätzliches

Die Ausschlussfrist gilt für Ansprüche des AN und für solche des AG. Tarifliche 2
Ausschlussfristen dienen der Rechtssicherheit und dem Rechtsfrieden. Der Schuldner soll sich darauf verlassen können, nach Ablauf der tariflichen Verfallfristen nicht mehr in Anspruch genommen zu werden. Umgekehrt soll der Gläubiger angehalten werden, innerhalb kurzer Fristen Begründetheit und Erfolgsaussichten seiner Ansprüche zu prüfen (BAG 10. 10. 2002 – 8 AZR 8/02 – AP TVG § 4 Ausschlussfristen Nr. 169). Die Gerichte müssen tarifliche Ausschlussfristen stets von Amts wegen beachten. Dies bedeutet aber nicht, dass sie von Amts wegen prüfen müssen, ob für das ArbVerh. eine Ausschlussfrist gilt. (BAG 15. 6. 1993 – 9 AZR 208/92 – AP TVG § 4 Ausschlussfristen Nr. 123). Ein Anspruch verfällt auch dann nach Ablauf der Ausschlussfrist, wenn der Gläubiger die tarifliche Ver-

§ 37 Abschnitt VI. Übergangs- und Schlußvorschriften

fallklausel nicht kannte und er hierüber auch von seinen Prozessbevollmächtigten nicht aufgeklärt worden ist (BAG 16. 8. 1983 – 3 AZR 206/82 – AP TVG § 1 Auslegung Nr. 131).

3 Nach Ablauf der Ausschlussfrist ist ein bestehender Anspruch erloschen. Nur unter Anlegung eines strengen Maßstabs lässt die Rspr. den Einwand des Verstoßes gegen Treu und Glauben gegenüber der Berufung auf die Ausschlussfrist gelten. Eine gegen Treu und Glauben verstoßende (unzulässige) Rechtsausübung stellt die Berufung auf eine Ausschlussfrist dann dar, wenn die zum Verfall des Anspruchs führende Untätigkeit des Gläubigers hinsichtlich der erforderlichen Geltendmachung des Anspruchs durch ein Verhalten des Schuldners veranlasst worden ist. Der Schuldner muss also den Gläubiger von der Geltendmachung des Anspruchs bzw. der Einhaltung der Verfallfrist abgehalten haben. Das wird z. B. angenommen, wenn der Schuldner durch positives Tun oder durch pflichtwidriges Unterlassen dem Gläubiger die Geltendmachung des Anspruchs oder die Einhaltung der Frist erschwert oder unmöglich gemacht hat bzw. an objektiven Maßstäben gemessen den Eindruck erweckt hat, der Gläubiger könne darauf vertrauen, dass der Anspruch auch ohne Wahrung einer tariflichen Ausschlussfrist erfüllt werde (vgl. BAG 10. 10. 2002, AP TVG § 4 Ausschlussfristen Nr. 169). In einer Entscheidung vom 1. 6. 1995 (6 AZR 912/94, NZA 1996, 135) hat BAG z.B. festgestellt, dass ein AN, der eine gegenüber sonst ungewöhnlich hohe Zahlung erhalten hat, für die er keinen Grund erkennen kann, verpflichtet sei, durch eine entsprechende Mitteilung dem AG die Gelegenheit zur Prüfung und Richtigstellung zu geben. Sichert ein AG zu, dass er sich nicht auf die Ausschlussfrist berufen werde, handelt er wider Treu und Glauben, wenn er später von dieser Zusicherung abrückt (BAG 23. 11. 1993 – 1 AZR 441/93).

4 Dagegen verstößt es nicht gegen Treu und Glauben, wenn ein Schuldner, der zuvor dem Gläubiger eine objektiv falsche Rechtsauskunft gegeben hat, sich nach Klärung der Rechtslage auf die Ausschlussfrist beruft. Es sei Sache des Gläubigers (im entschiedenen Fall des AN), sich selbst ein Urteil über die Berechtigung seiner Ansprüche zu bilden. Er könne nicht ohne weiteres darauf vertrauen, dass der Rechtsstandpunkt des AG auch zutreffend ist. Wenn er dies dennoch tut und es unterlässt, den Anspruch rechtzeitig geltend zu machen, sei das sein Risiko (BAG 18. 12. 1986 – 6 AZR 13/85).

5 **Unberührt** von der tariflichen Ausschlussfrist bleiben die Vorschriften des BGB über die **Verjährung.**

6 Einzelarbeitsvertragliche und gesetzliche – nicht aber tarifvertragliche – Ansprüche können u. U. auch verwirkt werden. Nach st. Rspr. des BAG ist ein Recht verwirkt, wenn der Gläubiger es längere Zeit nicht ausgeübt hat, der Schuldner darauf vertrauen durfte und darauf vertraut hat, er werde nicht mehr in Anspruch genommen, und dem Schuldner die Erfüllung nach Treu und Glauben nicht mehr zuzumuten ist (BAG 12. 1. 1994 – 5 AZR 597/92 – AP BGB § 818 Nr. 3).

7 Der Verwirkung kommt wg. der Ausschlussfrist, aber auch, weil tarifvertragliche Ansprüche nach § 4 TVG nicht verwirken können, im Geltungsbereich des TVöD nur selten Bedeutung zu. Sie kann jedoch eine Rolle dann spielen, wenn der Anspruch nicht der Ausschlussfrist unterliegt, z. B. das Recht des AG, den AN wg. der Verletzung arbeitsvertraglicher Pflichten abzumahnen.

2. Zu Abs. 1

8 **2.1** Die Ausschlussfrist von sechs Monaten nach Fälligkeit gilt grundsätzlich für alle Ansprüche aus dem ArbVerh.

9 Eine Ausnahme enthält **Abs. 2**. Davon abgesehen, werden grundsätzlich alle (Ausnahmen vgl. Rn. 10 ff.) Ansprüche aus dem ArbVerh. erfasst, unabhängig von

deren Rechtsgrundlage. Die Bestimmung gilt also nicht nur für Ansprüche nach dem TVöD, sondern auch für solche nach anderen TV, aus gesetzlichen Regelungen und solche aus dem Einzelarbeitsvertrag. Nach der Rechtsprechung des BAG stehen mit dem Arbeitsverhältnis in Verbindung alle Ansprüche, die mit dem Arbeitsverhältnis tatsächlich oder rechtlich zusammenhängen, auch wenn nur ein entfernter Zusammenhang besteht (BAG 10. 10. 2002, AP TVG § 4 Ausschlussfristen Nr. 169).

Für einige Sachverhalte **gilt** allerdings § 37 TVöD **nicht**. 10

Ein Anspruch ist das Recht, von einem anderen ein Tun oder Unterlassen verlangen zu können. Besteht ein solches Recht nicht, kann die Ausschlussfrist nicht greifen (BAG 7. 3. 1995 – 3 AZR 499/94). Ein Bsp. hierfür ist die Eingruppierung (Höhergruppierung). Diese tritt nach (den noch fortgeltenden) §§ 22, 23 BAT/-O kraft TV ein. Somit kann der AG auch keine „Eingruppierung" vornehmen. Folgerichtig kann die Eingruppierung als solche nicht der Ausschlussfrist unterliegen, wohl aber der Anspruch auf Bezahlung aus der höheren EG. 11

Nach inzwischen st. Rspr. gilt die Ausschlussfrist nicht für Ansprüche der Arbeitnehmer auf Verschaffung einer Zusatzversorgung (vgl. BAG 7. 3. 1995 – 3 AZR 499/94) 12

2.2 Der Anspruch muss innerhalb der Frist nach **Fälligkeit** geltend gemacht werden. Dabei können Entstehung des Anspruchs und dessen Fälligkeit zeitlich auseinanderfallen. Z. B. entsteht der Anspruch auf Krankenbezüge mit Beginn der Arbeitsunfähigkeit, fällig werden sie aber erst mit der Entgeltzahlung (dies kann auch der letzte Tag des Monats sein). 13

Allerdings kann die Ausschlussfrist auch erst dann beginnen, wenn es dem Gläubiger möglich ist, seinen Anspruch geltend zu machen. Dies kann er erst dann, wenn er den Grund für die Forderung und die ungefähre Höhe kennt oder kennen müsste (st. Rspr.; vgl. BAG 3. 3. 1993 – 10 AZR 36/92). Der Anspruch des AG auf Rückzahlung überzahlter Vergütung wird im Zeitpunkt der Überzahlung fällig, wenn die Vergütung fehlerhaft berechnet worden ist, obwohl die maßgebenden Umstände bekannt waren oder hätten bekannt sein müssen (BAG 1. 6. 1995 – 6 AZR 912/94, NZA 1996, 135). 14

Ein Schadensersatzanspruch wird fällig im Sinne des § 37, sobald der Gläubiger vom Schadensereignis Kenntnis erlangt oder bei Beachtung der gebotenen Sorgfalt Kenntnis erlangt hätte (BAG 27. 4. 1995 – 8 AZR 582/94, BeckRS 1995 30369675). 15

2.3 Die Geltendmachung muss **schriftlich** durch den Gläubiger (AN oder AG) erfolgen. Dies kann entweder unmittelbar gegenüber dem Vertragspartner oder auch durch Klageerhebung beim zuständigen Arbeitsgericht erfolgen. Schon wg. des damit verbundenen Aufwandes wird die sofortige Klage nur im Ausnahmefall sinnvoll sein, etwa dann, wenn davon auszugehen ist, der Schuldner werde auf keinen Fall den Anspruch anerkennen. Zu beachten ist auch, dass sowohl Anspruchsschreiben als auch die Klage vor Ablauf der Frist dem Schuldner zugegangen sein muss. Es genügt also z. B. nicht, wenn die Klage erst am letzten Tag der Frist beim Gericht erhoben wurde, denn sie kann dann nicht mehr rechtzeitig dem Schuldner zugestellt werden. 16

Die Schriftform ist zwingend vorgeschrieben; eine mündliche Geltendmachung wahrt die Frist nicht. erner muss der Gläubiger den Anspruch selbst geltend machen. Natürlich kann er sich dabei von einem Bevollmächtigten vertreten lassen (etwa durch einen Gewerkschaftsvertreter oder einen Rechtsanwalt). Nicht ausreichend ist aber, wenn z. B. ein Vorgesetzter in dieser Funktion eine „Höhergruppierung beantragt". Gleiches gilt, wenn der Personal-/Betriebsrat (als Gremium) 17 dem AG gegenüber eine solche Forderung erhebt. Es muss erkennbar sein, dass der Bevollmächtigte im Auftrag des AN einen konkreten Anspruch geltend macht.

18 Für die Geltendmachung sind – außer der Schriftform – keine zu strengen Anforderungen zu stellen. Es reicht aus, wenn der Gläubiger seine Forderung so deutlich bezeichnet, dass der Schuldner erkennen kann, aus welchem Sachverhalt und in welcher ungefähren Höhe er in Anspruch genommen werden soll. Der Schuldner muss in die Lage versetzt werden, sich Klarheit darüber zu verschaffen, wie er seine Verteidigung einrichten will, ob er die Forderung ganz oder teilweise anerkennen oder ob er sie bestreiten soll (BAG 11. 2. 1988 – 6 AZR 631/85).

19 Ist dem Schuldner die Höhe bekannt oder für ihn ohne Weiteres errechenbar, entfällt auch die Verpflichtung, die Forderung in ungefährer Höhe beziffern zu müssen. (BAG 30. 3. 1989 – 6 AZR 769/85). Bei der Forderung auf Bezahlung aus einer höheren EG genügt demnach die Angabe, aus welcher EG das Entgelt beansprucht wird. Auf eine Angabe der ungefähren Höhe kann auch dann verzichtet werden, wenn der Schuldner durch sein Verhalten es vereitelt, dass der Gläubiger die Höhe der Forderung ermitteln kann (BAG 13. 11. 1986 – 6 AZR 529/83 – AP BAT SR 2b § 2 Nr. 1).

20 Die Einhaltung der Frist verhindert den Verfall des Anspruchs grundsätzlich auf Dauer. Lehnt der Schuldner ihn ab und will der Gläubiger ihn gerichtlich durchsetzen, bestehen für die Klageerhebung keine weiteren Fristen. Dies gilt natürlich auch für den Fall, dass der Schuldner überhaupt nicht reagiert.

21 **2.4.** Satz 2 hat Bedeutung in den Fällen, in denen der strittige Sachverhalt eine wiederkehrende Leistungspflicht auslöst. Häufiger Anwendungsfall ist die Geltendmachung des Anspruches aus Bezahlung aus einer höheren EG. Ohne die Vorschrift des Satzes 2 müsste der AN allmonatlich seine Forderung wiederholen – jedenfalls so lange bis der AG entweder die Forderung anerkennt, der AN seinen (vermeintlichen) Anspruch nicht weiter verfolgt oder Klage eingereicht wird. So aber genügt die einmalige Geltendmachung.

22 Die Ausnahme gilt aber nur für denselben Sachverhalt. Derselbe Sachverhalt liegt vor, wenn bei unveränderter rechtlicher oder tatsächlicher Lage aus einem bestimmten Tatbestand Ansprüche herzuleiten sind (BAG 20. 7. 1989 – 6 AZR 774/87). Unständige Bezüge z. B. können hierunter nicht fallen, da der Anspruch auf sie sowohl dem Grunde als auch der Höhe nach von ständig wechselnden Faktoren abhängt.

§ 38 TVöD/TV-L Begriffsbestimmungen

(1) **Sofern auf die Tarifgebiete Ost und *(TV-L:* oder*)* West Bezug genommen wird, gilt folgendes:**
a) Die Regelungen für das Tarifgebiet Ost gelten für die Beschäftigten, deren Arbeitsverhältnis in dem in Art. 3 des Einigungsvertrages genannten Gebiet begründet worden ist und bei denen der Bezug des Arbeitsverhältnisses zu diesem Gebiet fortbesteht.
b) Für die übrigen Beschäftigten gelten die Regelungen für das Tarifgebiet West.

(2) **Sofern auf die Begriffe „Betrieb", „betrieblich" oder „Betriebspartei" Bezug genommen wird, gilt die Regelung für Verwaltungen sowie für Parteien nach dem Personalvertretungsrecht entsprechend, es sei denn, es ist etwas anderes bestimmt.**

(3) **Eine einvernehmliche Dienstvereinbarung liegt nur ohne Entscheidung der Einigungsstelle vor.**

(4) Leistungsgeminderte Beschäftigte sind Beschäftigte, die ausweislich einer Bescheinigung des beauftragten Arztes (§ 3 Abs. 4) nicht mehr in der Lage sind, auf Dauer die vertraglich geschuldete Arbeitsleistung in vollem Umfang zu erbringen, ohne deswegen zugleich teilweise oder in vollem Umfang erwerbsgemindert im Sinne des SGB VI zu sein.

(5) [1] Die Regelungen für Angestellte finden Anwendung auf Beschäftigte, deren Tätigkeit vor dem 1. Januar 2005 der Rentenversicherung der Angestellten unterlegen hätte. [2] Die Regelungen für Arbeiterinnen und Arbeiter finden Anwendung auf Beschäftigte, deren Tätigkeit vor dem 1. Januar 2005 der Rentenversicherung der Arbeiter unterlegen hätte.

§ 39 TVöD In-Kraft-Treten, Laufzeit

(1) [1] Dieser Tarifvertrag tritt am 1. Oktober 2005 in Kraft. [2] Abweichend von Satz 1 treten
a) § 20 am 1. Januar 2007,
b) § 26 Abs. 1 und Abs. 2 Buchst. b und c sowie § 27 am 1. Januar 2006 in Kraft.

(2) Dieser Tarifvertrag kann von jeder Tarifvertragspartei mit einer Frist von drei Monaten zum Schluss eines Kalenderhalbjahres schriftlich gekündigt werden, frühestens jedoch zum 31. Dezember 2009.

(3) [1] Abweichend von Absatz 2 kann im Bereich der VKA von jeder Tarifvertragspartei im Tarifgebiet West auf landesbezirklicher Ebene mit Wirkung für ihren jeweiligen Zuständigkeitsbereich § 6 Abs. 1 Satz 1 Buchst. b mit einer Frist von einem Monat zum Ende des Kalendermonats gekündigt werden. [2] Eine Kündigung nach Satz 1 erfasst zugleich auch abweichende Regelungen der tariflichen regelmäßigen Wochenarbeitszeit für besondere Beschäftigtengruppen in den Besonderen Teilen.

(4) Abweichend von Absatz 2 können schriftlich gekündigt werden
a) die Vorschriften des Abschnitts II einschließlich des Anhangs zu § 9 mit einer Frist von einem Monat zum Schluss eines Kalendermonats, frühestens jedoch zum 31. Dezember 2007;
b) unabhängig von Buchst. a § 8 Abs. 1 mit einer Frist von drei Monaten zum Schluss eines Kalendervierteljahres, frühestens jedoch zum 31. Dezember 2007;
c) die jeweiligen Anlagen A (Bund bzw. VKA) und B (Bund bzw. VKA) zu § 15 ohne Einhaltung einer Frist, frühestens jedoch zum 31. Dezember 2007;
d) § 20 zum 31. Dezember eines jeden Jahres, frühestens jedoch zum 31. Dezember 2008;
e) § 23 Abs. 1 mit einer Frist von einem Monat zum Schluss eines Kalendermonats, frühestens jedoch zum 31. Dezember 2007;
f) § 26 Abs. 1 mit einer Frist von drei Monaten zum Schluss eines Kalenderjahres, frühestens jedoch zum 31. Dezember 2007;

Protokollerklärung zu Absatz 4:
[1] *Die Tarifvertragsparteien werden prüfen, ob die getroffenen Kündigungsregelungen den beiderseitigen Interessen hinreichend Rechnung tragen oder gegebenenfalls einer Änderung oder Ergänzung bedürfen.* [2] *Sollten bis zum 30. Juni 2006 keine Änderungen vereinbart worden sein, bleibt Absatz 4 unverändert in Kraft.* [3] *Die Tarifvertragsparteien werden im Zusammenhang mit den Verhandlungen zur neuen Entgeltordnung gesonderte Kündigungsregelungen zu den §§ 12, 13 und der Anlage (Entgeltordnung) vereinbaren.*

§ 39 TV-L In-Kraft-Treten, Laufzeit

(1) [1]Dieser Tarifvertrag tritt am 1. November 2006 in Kraft. [2]Abweichend von Satz 1 treten § 26 Absatz 1 und Absatz 2 Buchstabe b und c sowie § 27 am 1. Januar 2007 in Kraft.

(2) Dieser Tarifvertrag kann von jeder Tarifvertragspartei mit einer Frist von drei Monaten zum Schluss eines Kalenderhalbjahres schriftlich gekündigt werden, frühestens jedoch zum 31. Dezember 2009.

(3) [1]Abweichend von Absatz 2 kann von jeder Tarifvertragspartei auf landesbezirklicher Ebene schriftlich gekündigt werden
a) § 6 Absatz 1 mit einer Frist von einem Monat zum Schluss eines Kalendermonats, frühestens jedoch zum 31. Dezember 2007. [2]Eine solche Kündigung erfasst zugleich auch abweichende Regelungen der tariflichen regelmäßigen wöchentlichen Arbeitszeit für besondere Beschäftigtengruppen in den Sonderregelungen,
b) § 20 mit einer Frist von drei Monaten zum 31. Dezember eines Kalenderjahres, frühestens jedoch zum 31. Dezember desjenigen Jahres, in dem die volle Angleichung nach § 21 Absatz 2 TVÜ-Länder auf Landesebene erreicht ist,
c) § 23 Absatz 2 mit einer Frist von einem Monat zum Schluss eines Kalendermonats, frühestens jedoch zum 31. Dezember 2007.

(4) Abweichend von Absatz 2 können ferner schriftlich gekündigt werden
a) die Vorschriften des Abschnitts II mit einer Frist von einem Monat zum Schluss eines Kalendermonats, frühestens jedoch zum 31. Dezember 2007,
b) unabhängig von Buchstabe a § 8 Absatz 1 mit einer Frist von drei Monaten zum Schluss eines Kalendervierteljahres, frühestens jedoch zum 31. Dezember 2007,
c) § 23 Absatz 1 mit einer Frist von einem Monat zum Schluss eines Kalendermonats, frühestens jedoch zum 31. Dezember 2007,
d) § 26 Absatz 1 mit einer Frist von drei Monaten zum Schluss eines Kalenderjahres, frühestens jedoch zum 31. Dezember 2007,
e) die Entgelttabellen (Anlagen A 1 bis D 2) mit einer Frist von einem Monat zum Schluss eines Kalendermonats, frühestens jedoch zum 31. Dezember 2008.

Protokollerklärung zu § 39 Absatz 4:
Die Tarifvertragsparteien werden im Zusammenhang mit den Verhandlungen zu einer neuen Entgeltordnung gesonderte Kündigungsregelungen zu den §§ 12, 13 und der Anlage Entgeltordnung vereinbaren.
Zu den Erläuterungen zu § 39 TV-L siehe S. 373

Erläuterungen zu § 39 TVöD

1   Neben den Bestimmungen zum In-Kraft-Treten enthält sie differenzierte Kündigungsfristen. Mit dem Wirksamwerden eines TV endet er grundsätzlich. Es ist jedoch § 4 TVG zu beachten. Danach wirken die Rechtsnormen eines TV weiter, bis sie durch eine andere Abmachung ersetzt werden. Diese Nachwirkung kann im TV selber ausgeschlossen werden. Hierauf haben die TVP im § 39 verzichtet, so dass auch nach Wirksamkeit einer (Teil-)Kündigung die tarifvertragliche Vor-

In-Kraft-Treten, Laufzeit § 39

schriften ihre Geltung erst mal behalten, bis sie durch andere ersetzt werden. Dies gilt allerdings nicht für Arbeitsverhältnisse, die nach Ablauf des TV begründet werden.

Erläuterungen zu § 39 TV-L

Sonderregelungen 1
§ 41 Nr. 24 TV-L   für Ärztinnen und Ärzte an Universitätskliniken.
Auf die Erl. zu § 39 TVöD wird verwiesen. 2

Anhang

Anhang zu § 9

A. Bereitschaftszeiten Hausmeisterinnen/Hausmeister

¹Für Hausmeisterinnen/Hausmeister, in deren Tätigkeit regelmäßig und in nicht unerheblichem Umfang Bereitschaftszeiten fallen, gelten folgende besondere Regelungen zu § 6 Abs. 1 Satz 1 TVöD: ²Die Summe aus den faktorisierten Bereitschaftszeiten und der Vollarbeitszeit darf die Arbeitszeit nach § 6 Abs. 1 nicht überschreiten. ³Die Summe aus Vollarbeits- und Bereitschaftszeiten darf durchschnittlich 48 Stunden wöchentlich nicht überschreiten. ⁴Bereitschaftszeiten sind die Zeiten, in denen sich die Hausmeisterin/der Hausmeister am Arbeitsplatz oder einer anderen vom Arbeitgeber bestimmten Stelle zur Verfügung halten muss, um im Bedarfsfall die Arbeit selbständig, ggf. auch auf Anordnung, aufzunehmen und in denen die Zeiten ohne Arbeitsleistung überwiegen. ⁵Bereitschaftszeiten werden zur Hälfte als Arbeitszeit gewertet (faktorisiert). ⁶Bereitschaftszeiten werden innerhalb von Beginn und Ende der regelmäßigen täglichen Arbeitszeit nicht gesondert ausgewiesen.

B. Bereitschaftszeiten im Rettungsdienst und in Leitstellen

(1) ¹Für Beschäftigte im Rettungsdienst und in den Leitstellen, in deren Tätigkeit regelmäßig und in nicht unerheblichem Umfang Bereitschaftszeiten fallen, gelten folgende besondere Regelungen zu § 6 Abs. 1 Satz 1 TVöD: ²Die Summe aus den faktorisierten Bereitschaftszeiten und der Vollarbeitszeit darf die Arbeitszeit nach § 6 Abs. 1 nicht überschreiten. ³Die Summe aus Vollarbeits- und Bereitschaftszeiten darf durchschnittlich 48 Stunden wöchentlich nicht überschreiten. ⁴Bereitschaftszeiten sind die Zeiten, in denen sich die/der Beschäftigte am Arbeitsplatz oder einer anderen vom Arbeitgeber bestimmten Stelle zur Verfügung halten muss, um im Bedarfsfall die Arbeit selbständig, ggf. auch auf Anordnung, aufzunehmen und in denen die Zeiten ohne Arbeitsleistung überwiegen. ⁵Bereitschaftszeiten werden zur Hälfte als tarifliche Arbeitszeit gewertet (faktorisiert). ⁶Bereitschaftszeiten werden innerhalb von Beginn und Ende der regelmäßigen täglichen Arbeitszeit nicht gesondert ausgewiesen.

(2) Die zulässige tägliche Höchstarbeitszeit beträgt zwölf Stunden zuzüglich der gesetzlichen Pausen.

(3) Die allgemeinen Regelungen des TVöD zur Arbeitszeit bleiben im Übrigen unberührt.

(4) Für Beschäftigte, die unter die Sonderregelungen für den kommunalen feuerwehrtechnischen Dienst fallen, gilt § 46 Nr. 2 Abs. 1 BT-V (VKA), auch soweit sie in Leitstellen tätig sind.

Anhang zu § 16 (Bund)

Besondere Stufenregelungen für vorhandene und neu eingestellte Beschäftigte (Bund)

(1) Abweichend von § 16 (Bund) Abs. 1 ist Endstufe
a) in der Entgeltgruppe 9 die Stufe 4 bei Tätigkeiten entsprechend
 – Vergütungsgruppe V a ohne Aufstieg nach IV b BAT/BAT-O,
 – Vergütungsgruppe V b ohne Aufstieg nach IV b BAT/BAT-O,
 – Vergütungsgruppe V b nach Aufstieg aus V c BAT/BAT-O (vorhandene Beschäftigte),
 – Lohngruppe 9 MTArb/MTArb-O;
b) in der Entgeltgruppe 3 die Stufe 5 bei Tätigkeiten entsprechend der
 – Vergütungsgruppe VIII mit und ohne Aufstieg nach VII BAT sowie nach Aufstieg aus IX/IX b BAT/BAT-O,
 – Lohngruppe 3 nach Aufstieg aus Lohngruppe 2 und 2a MTArb/MTArb-O (vorhandene Beschäftigte),
 – Lohngruppe 2a nach Aufstieg aus Lohngruppe 2 MTArb/MTArb-O (vorhandene Beschäftigte),
 – Lohngruppe 2 mit Aufstiegen nach Lohngruppe 2a und 3 MTArb/MTArb-O;
c) in der Entgeltgruppe 2 die Stufe 5 bei Tätigkeiten entsprechend der
 – Vergütungsgruppe IX b nach Aufstieg aus X BAT/BAT-O (vorhandene Beschäftigte),
 – Vergütungsgruppe X mit Aufstieg nach IX b BAT/BAT-O,
 – Vergütungsgruppe X BAT/BAT-O (vorhandene Beschäftigte),
 – Lohngruppe 1a MTArb/MTArb-O (vorhandene Beschäftigte),
 – Lohngruppe 1 mit Aufstieg nach Lohngruppe 1a MTArb/MTArb-O.

Protokollerklärung:
Vorhandene Beschäftigte sind Beschäftigte im Sinne des § 1 Abs. 1 TVÜ-Bund.

2 Abweichend von § 16 (Bund) Abs. 4 Satz 1 gelten für die Stufenlaufzeiten folgende Sonderregelungen:
In der Entgeltgruppe 9 (Bund) wird die Stufe 3 nach fünf Jahren in Stufe 2 und die Stufe 4 nach neun Jahre in Stufe 3 bei Tätigkeiten entsprechend der
– Vergütungsgruppe V a ohne Aufstieg nach IV b BAT/BAT-O,
– Vergütungsgruppe V b ohne Aufstieg nach IV b BAT/BAT-O (einschließlich in Vergütungsgruppe V b vorhandener Aufsteiger aus Vergütungsgruppe V c BAT/BAT-O)
erreicht; bei Tätigkeiten entsprechend der Lohngruppe 9 MTArb/MT-Arb-O wird die Stufe 3 nach zwei Jahren in Stufe 2 und die Stufe 4 nach sieben Jahren in Stufe 3 erreicht.

Anhang

Anhang zu § 16 (VKA)

**Besondere Stufenregelungen für vorhandene und
neu eingestellte Beschäftigte (VKA)**

I.

(1) Abweichend von § 16 (VKA) Abs. 1 Satz 1 ist Endstufe
a) in der Entgeltgruppe 2 die Stufe 5 bei Tätigkeiten entsprechend
  – Vergütungsgruppe X BAT/BAT-O/BAT-Ostdeutsche Sparkassen,
  – Vergütungsgruppe IX BAT/BAT-O/BAT-Ostdeutsche Sparkassen nach Aufstieg aus X,
  – Lohngruppe 1 BMT-G/BMT-G-O mit ausstehendem Aufstieg nach 1a,
  – Lohngruppe 1a BMT-G/BMT-G-O,
b) in der Entgeltgruppe 9 die Stufe 4 bei Tätigkeiten entsprechend
  – Lohngruppe 9 BMT-G/BMT-G-O,
c) in der Entgeltgruppe 9 die Stufe 5 bei Tätigkeiten entsprechend
  – Vergütungsgruppe V b BAT/BAT-O/BAT-Ostdeutsche Sparkassen ohne Aufstieg nach IV b,
  – Vergütungsgruppe V b BAT/BAT-O/BAT-Ostdeutsche Sparkassen nach Aufstieg aus V c,
  – Vergütungsgruppe V b BAT/BAT-O nach Aufstieg aus VI b (Lehrkräfte),
d) in der Entgeltgruppe 15 die Stufe 5 bei Tätigkeiten entsprechend
  – Vergütungsgruppe I b BAT/BAT-O/BAT-Ostdeutsche Sparkassen mit ausstehendem Aufstieg nach I a.

(2) Abweichend von § 16 (VKA) Abs. 2 werden Beschäftigte mit Tätigkeiten entsprechend der Vergütungsgruppe V b BAT/BAT-O/BAT-Ostdeutsche Sparkassen mit ausstehendem Aufstieg nach IV b und IV a der Stufe 1 zugeordnet.

(3) Abweichend von § 16 (VKA) Abs. 3 Satz 1 gelten für die Stufenlaufzeiten folgende Sonderregelungen:
a) In der Entgeltgruppe 9 wird die Stufe 4 nach sieben Jahren in Stufe 3 bei Tätigkeiten entsprechend der Lohngruppe 9 BMT-G/BMT-G-O erreicht.
b) In der Entgeltgruppe 9 wird die Stufe 5 nach neun Jahren in Stufe 4 bei Tätigkeiten entsprechend der Vergütungsgruppe V b BAT/BAT-O/BAT-Ostdeutsche Sparkassen ohne Aufstieg nach IV b und der Vergütungsgruppe V b BAT/BAT-O/BAT-Ostdeutsche Sparkassen nach Aufstieg aus V c erreicht.

II.

(1) Abweichend von § 16 (VKA) Abs. 1 Satz 1 ist für die Beschäftigten im Pflegedienst (Anlage 1 b zum BAT/BAT-O) Eingangsstufe
a) in den Entgeltgruppen 9 und 11 die Stufe 4 bei Tätigkeiten entsprechend
  – Kr. XI mit Aufstieg nach Kr. XII
  – Kr. VIII mit Aufstieg nach Kr. IX
  – Kr. VII mit Aufstieg nach Kr. VIII (9 b)
b) in den Entgeltgruppen 7 und 9 bis 12 die Stufe 3 bei Tätigkeiten entsprechend
  – Kr. XII mit Aufstieg nach Kr. XIII
  – Kr. X mit Aufstieg nach Kr. XI
  – Kr. IX mit Aufstieg nach Kr. X
  – Kr. VI mit Aufstieg nach Kr. VII

Anhang zu § 16

Anhang

- Kr. VII ohne Aufstieg
- Kr. VI ohne Aufstieg

c) in der Entgeltgruppe 7 die Stufe 2 bei Tätigkeiten entsprechend
- Kr. V a mit Aufstieg nach Kr. VI
- Kr. V mit Aufstieg nach Kr. V a und weiterem Aufstieg nach Kr. VI
- Kr. V mit Aufstieg nach Kr. V a

(2) Abweichend von § 16 (VKA) Abs. 1 Satz 1 ist für die Beschäftigten im Pflegedienst (Anlage 1b zum BAT/BAT-O) Endstufe in den Entgeltgruppen 7 und 9 bis 11 die Stufe 5 bei Tätigkeiten entsprechend
- Kr. X mit Aufstieg nach Kr. XI
- Kr. IX mit Aufstieg nach Kr. X
- Kr. VI mit Aufstieg nach Kr. VII
- Kr. VII ohne Aufstieg
- Kr. VI ohne Aufstieg
- Kr. IV mit Aufstieg nach Kr. V

(3) Abweichend von § 16 (VKA) Abs. 3 Satz 1 gelten für die Beschäftigten im Pflegedienst (Anlage 1b zum BAT/BAT-O) für die Stufenlaufzeiten folgende Sonderregelungen:

a) in der Entgeltgruppe 12 wird die Stufe 4 nach zwei Jahren in Stufe 3 und die Stufe 5 nach drei Jahren in Stufe 4 bei Tätigkeiten entsprechend der Vergütungsgruppe Kr. XII mit Aufstieg nach Kr. XIII,
b) in der Entgeltgruppe 11 wird die Stufe 4 nach zwei Jahren in Stufe 3 und die Stufe 5 nach fünf Jahren in Stufe 4 bei Tätigkeiten entsprechend der Vergütungsgruppe Kr. X mit Aufstieg nach Kr. XI,
c) in der Entgeltgruppe 10 wird die Stufe 4 nach zwei Jahren in Stufe 3 und die Stufe 5 nach drei Jahren in Stufe 4 bei Tätigkeiten entsprechend der Vergütungsgruppe Kr. IX mit Aufstieg nach Kr. X,
d) in der Entgeltgruppe 9 wird die Stufe 6 nach zwei Jahren in Stufe 5 bei Tätigkeiten entsprechend der Vergütungsgruppe Kr. VIII mit Aufstieg nach Kr. IX,
e) in der Entgeltgruppe 9 (9b) wird die Stufe 5 nach fünf Jahren in Stufe 4 bei Tätigkeiten entsprechend der Vergütungsgruppe Kr. VII mit Aufstieg nach Kr. VIII,
f) in der Entgeltgruppe 9 wird die Stufe 4 nach fünf Jahren in Stufe 3 und die Stufe 5 (9b) nach fünf Jahren in Stufe 4 bei Tätigkeiten entsprechend der Vergütungsgruppen Kr. VI mit Aufstieg nach VII, Kr. VII ohne Aufstieg,
g) in der Entgeltgruppe 9 wird die Stufe 4 (9b) nach fünf Jahren in Stufe 3 und die Stufe 5 (9b) nach fünf Jahren in Stufe 4 bei Tätigkeiten entsprechend der Vergütungsgruppe Kr. VI ohne Aufstieg erreicht.

Anhang

Anlage A (Bund)

Tabelle TVöD/Bund
– Tarifgebiet West –

Entgelt-gruppe	Grundentgelt		Entwicklungsstufen			
	Stufe 1	Stufe 2	Stufe 3	Stufe 4	Stufe 5	Stufe 6
15	3384	3760	3900	4400	4780	
14	3060	3400	3600	3900	4360	
13	2817	3130	3300	3630	4090	
12	2520	2800	3200	3550	4000	
11	2430	2700	2900	3200	3635	
10	2340	2600	2800	3000	3380	
9	2061	2290	2410	2730	2980	
8	1926	2140	2240	2330	2430	2493
7	1800	2000	2130	2230	2305	2375
6	1764	1960	2060	2155	2220	2285
5	1688	1875	1970	2065	2135	2185
4	1602	1780	1900	1970	2040	2081
3	1575	1750	1800	1880	1940	1995
2	1449	1610	1660	1710	1820	1935
1		1286	1310	1340	1368	1440

Anlage A (VKA)

Anlage A (VKA)

Tabelle TVöD/VKA
– Tarifgebiet West –

Entgelt-gruppe	Grundentgelt		Entwicklungsstufen			
	Stufe 1	Stufe 2	Stufe 3	Stufe 4	Stufe 5	Stufe 6
15	3384	3760	3900	4400	4780	5030[1]
14	3060	3400	3600	3900	4360	4610
13	2817	3130	3300	3630	4090	4280
12	2520	2800	3200	3550	4000	4200
11	2430	2700	2900	3200	3635	3835
10	2340	2600	2800	3000	3380	3470
9[2]	2061	2290	2410	2730	2980	3180
8	1926	2140	2240	2330	2430	2493[3]
7	1800[4]	2000	2130	2230	2305	2375
6	1764	1960	2060	2155	2220	2285[5]
5	1688	1875	1970	2065	2135	2185
4	1602[6]	1780	1900	1970	2040	2081
3	1575	1750	1800	1880	1940	1995
2	1449	1610	1660	1710	1820	1935
1		1286	1310	1340	1368	1440

Für Ärztinnen und Ärzte, die unter den Besonderen Teil Krankenhäuser fallen:
[1] 5100
Für Beschäftigte im Pflegedienst:

[2]
E 9b	Stufe 3	Stufe 4	Stufe 5	Stufe 6
	2495	2650	2840	3020

[3] 2533
[4] 1850
[5] 2340
[6] 1652

Anhang

Anlage B (Bund)

Tabelle TVöD/Bund
– Bemessungssatz Tarifgebiet Ost 92,5 v. H. –
(gültig ab 1. Oktober 2005)

Entgelt-gruppe	Grundentgelt		Entwicklungsstufen			
	Stufe 1	Stufe 2	Stufe 3	Stufe 4	Stufe 5	Stufe 6
15	3130	3478	3608	4070	4422	
14	2831	3145	3330	3608	4033	
13	2606	2895	3053	3358	3783	
12	2331	2590	2960	3284	3700	
11	2248	2498	2683	2960	3362	
10	2165	2405	2590	2775	3127	
9	1906	2118	2229	2525	2757	
8	1782	1980	2072	2155	2248	2306
7	1665	1850	1970	2063	2132	2197
6	1632	1813	1906	1993	2054	2114
5	1561	1734	1822	1910	1975	2021
4	1482	1647	1758	1822	1887	1925
3	1457	1619	1665	1739	1795	1845
2	1340	1489	1536	1582	1684	1790
1		1190	1212	1240	1265	1332

Anlage B (VKA)

Tabelle TVöD/VKA
– Bemessungssatz Tarifgebiet Ost 94 v. H. –
(gültig ab 1. Oktober 2005)

Entgelt-gruppe	Grundentgelt		Entwicklungsstufen			
	Stufe 1	Stufe 2	Stufe 3	Stufe 4	Stufe 5	Stufe 6
15	3181	3534	3666	4136	4493	4728[1]
14	2876	3196	3384	3666	4098	4333
13	2648	2942	3102	3412	3845	4023
12	2369	2632	3008	3337	3760	3948
11	2284	2538	2726	3008	3417	3605
10	2200	2444	2632	2820	3177	3262
9[2]	1937	2153	2265	2566	2801	2989
8	1810	2012	2106	2190	2284	2343[3]
7	1692[4]	1880	2002	2096	2167	2233
6	1658	1842	1936	2026	2087	2148[5]
5	1587	1763	1852	1941	2007	2054
4	1506[6]	1673	1786	1852	1918	1956
3	1481	1645	1692	1767	1824	1875
2	1362	1513	1560	1607	1711	1819
1		1209	1231	1260	1286	1354

Für Ärztinnen und Ärzte, die unter den Besonderen Teil Krankenhäuser fallen:
[1] 4794
Für Beschäftigte im Pflegedienst:

[2]

E 9 b	Stufe 3	Stufe 4	Stufe 5	Stufe 6
	2345	2491	2670	2839

[3] 2381
[4] 1739
[5] 2200
[6] 1553

Anhang

Anlage B (VKA)

Tabelle TVöD/VKA
– Bemessungssatz Tarifgebiet Ost 95,5 v. H. –
(gültig ab 1. Juli 2006)

Entgelt-gruppe	Grundentgelt		Entwicklungsstufen			
	Stufe 1	Stufe 2	Stufe 3	Stufe 4	Stufe 5	Stufe 6
15	3232	3591	3725	4202	4565	4804[1]
14	2922	3247	3438	3725	4164	4403
13	2690	2989	3152	3467	3906	4087
12	2407	2674	3056	3390	3820	4011
11	2321	2579	2770	3056	3471	3662
10	2235	2483	2674	2865	3228	3314
9[2]	1968	2187	2302	2607	2846	3037
8	1839	2044	2139	2225	2321	2381[3]
7	1719[4]	1910	2034	2130	2201	2268
6	1685	1872	1967	2058	2120	2182[5]
5	1612	1791	1881	1972	2039	2087
4	1530[6]	1700	1815	1881	1948	1987
3	1504	1671	1719	1795	1853	1905
2	1384	1538	1585	1633	1738	1848
1		1228	1251	1280	1306	1375

Für Ärztinnen und Ärzte, die unter den Besonderen Teil Krankenhäuser fallen:
[1] 4871

Für Beschäftigte im Pflegedienst:

[2]

E 9b	Stufe 3	Stufe 4	Stufe 5	Stufe 6
	2383	2531	2712	2884

[3] 2419
[4] 1767
[5] 2235
[6] 1578

Anlage B (VKA)

Tabelle TVöD/VKA
– Bemessungssatz Tarifgebiet Ost 97 v. H. –
(gültig ab 1. Juli 2007)

Entgeltgruppe	Grundentgelt		Entwicklungsstufen			
	Stufe 1	Stufe 2	Stufe 3	Stufe 4	Stufe 5	Stufe 6
15	3282	3647	3783	4268	4637	4879[1]
14	2968	3298	3492	3783	4229	4472
13	2732	3036	3201	3521	3967	4152
12	2444	2716	3104	3444	3880	4074
11	2357	2619	2813	3104	3526	3720
10	2270	2522	2716	2910	3279	3366
9[2]	1999	2221	2338	2648	2891	3085
8	1868	2076	2173	2260	2357	2418[3]
7	1746[4]	1940	2066	2163	2236	2304
6	1711	1901	1998	2090	2153	2216[5]
5	1637	1819	1911	2003	2071	2119
4	1554[6]	1727	1843	1911	1979	2019
3	1528	1698	1746	1824	1882	1935
2	1406	1562	1610	1659	1765	1877
1		1247	1271	1300	1327	1397

Für Ärztinnen und Ärzte, die unter den Besonderen Teil Krankenhäuser fallen:
[1] 4947
Für Beschäftigte im Pflegedienst:

[2]

E 9 b	Stufe 3	Stufe 4	Stufe 5	Stufe 6
	2420	2571	2755	2929

[3] 2457
[4] 1795
[5] 2270
[6] 1602

Anhang

Anhang zu den Anlagen A und B (VKA)

I. Beschäftigte im Pflegedienst

Abweichend von § 15 Abs. 2 Satz 1 erhalten die Beschäftigten im Pflegedienst (Anlage 1 b zum BAT/BAT-O)
a) in der Entgeltgruppe 7 bei Tätigkeiten entsprechend den Vergütungsgruppen Kr. Va mit Aufstieg nach Kr. VI, Kr. V mit Aufstieg nach Kr. Va und weiterem Aufstieg nach Kr. VI
  – in der Stufe 2 den Tabellenwert der Stufe 3,
  – in der Stufe 3 den Tabellenwert der Entgeltgruppe 8 Stufe 3,
  – in der Stufe 4 den Tabellenwert der Entgeltgruppe 8 Stufe 4,
  – in der Stufe 5 den Tabellenwert der Entgeltgruppe 9b Stufe 3,
  – in der Stufe 6 den Tabellenwert der Entgeltgruppe 9b Stufe 4,
b) in der Entgeltgruppe 7 bei Tätigkeiten entsprechend den Vergütungsgruppen Kr. V mit Aufstieg nach Kr. VI
  – in der Stufe 1 den Tabellenwert der Stufe 2,
  – in der Stufe 2 den Tabellenwert der Stufe 3,
  – in der Stufe 3 den Tabellenwert der Entgeltgruppe 8 Stufe 3,
  – in der Stufe 4 den Tabellenwert der Entgeltgruppe 8 Stufe 4,
  – in der Stufe 5 den Tabellenwert der Entgeltgruppe 9b Stufe 3,
  – in der Stufe 6 den Tabellenwert der Entgeltgruppe 9b Stufe 4,
c) in der Entgeltgruppe 7 bei Tätigkeiten entsprechend der Vergütungsgruppe Kr. V mit Aufstieg nach Kr. Va
  – in der Stufe 4 den Tabellenwert der Entgeltgruppe 8 Stufe 4,
  – in der Stufe 5 den Tabellenwert der Entgeltgruppe 8 Stufe 5,
  – in der Stufe 6 den Tabellenwert der Entgeltgruppe 8 Stufe 6,
d) in der Entgeltgruppe 7 bei Tätigkeiten entsprechend der Vergütungsgruppe Kr. IV mit Aufstieg nach Kr. V und weiterem Aufstieg nach Kr. Va
  – in der Stufe 4 den Tabellenwert der Entgeltgruppe 8 Stufe 4,
  – in der Stufe 5 den Tabellenwert der Entgeltgruppe 8 Stufe 5,
  – in der Stufe 6 den Tabellenwert der Entgeltgruppe 8 Stufe 6,
e) in der Entgeltgruppe 7 bei Tätigkeiten entsprechend der Vergütungsgruppe Kr. IV mit Aufstieg nach Kr. V
  – in der Stufe 4 den Tabellenwert der Entgeltgruppe 8 Stufe 4,
  – in der Stufe 5 den Tabellenwert der Entgeltgruppe 8 Stufe 5,
f) in der Entgeltgruppe 4 bei Tätigkeiten entsprechend den Vergütungsgruppen Kr. II mit Aufstieg nach Kr. III und weiterem Aufstieg nach Kr. IV sowie Kr. III mit Aufstieg nach Kr. IV
  – in der Stufe 4 den Tabellenwert der Entgeltgruppe 6 Stufe 4,
  – in der Stufe 5 den Tabellenwert der Entgeltgruppe 6 Stufe 5,
  – in der Stufe 6 den Tabellenwert der Entgeltgruppe 6 Stufe 6,
g) in der Entgeltgruppe 3 bei Tätigkeiten entsprechend der Vergütungsgruppe Kr. I mit Aufstieg nach Kr. II
  – in der Stufe 6 den Tabellenwert der Entgeltgruppe 4 Stufe 6.

Anhang zu den Anlagen A und B

Anhang

II. Ärztinnen und Ärzte

Abweichend von § 15 Absatz 2 Satz 1 erhalten die Ärztinnen und Ärzte, die unter den Geltungsbereich des Besonderen Teils Krankenhäuser fallen, in der Entgeltgruppe 14
– in der Stufe 3 den Tabellenwert der Stufe 4 und
– in der Stufe 4 den Tabellenwert der Stufe 5.

Zweiter Teil

Tarifvertrag für den öffentlichen Dienst der Länder

vom 12. Oktober 2006

B. Sonderregelungen
(§§ 40–49)

§ 40 Sonderregelungen für Beschäftigte an Hochschulen und Forschungseinrichtungen.

Nr. 1: Zu § 1 – Geltungsbereich – Diese Sonderregelungen gelten für die Beschäftigten der Hochschulen und Forschungseinrichtungen der Länder, soweit nachfolgend nichts anderes bestimmt ist.

Niederschriftserklärung zu § 40 Nr. 1 (betreffend § 1 TV-L):
Hochschulen im Sinne von § 40 Nr. 1 sind die Hochschulen nach dem jeweiligen Landesrecht.

Nr. 2: Zu § 3 – Allgemeine Arbeitsbedingungen –

1. § 3 Absatz 1 gilt in folgender Fassung:

„(1) ¹Die arbeitsvertraglich geschuldete Leistung ist gewissenhaft und ordnungsgemäß in Übereinstimmung mit der Zielsetzung der Einrichtung, insbesondere der spezifischen Aufgaben in Forschung, Lehre und Weiterbildung auszuführen. ²Die Beschäftigten müssen sich durch ihr gesamtes Verhalten zur freiheitlich demokratischen Grundordnung im Sinne des Grundgesetzes bekennen."

2. § 3 Absatz 4 gilt in folgender Fassung:

„(4) ¹Nebentätigkeiten haben die Beschäftigten ihrem Arbeitgeber rechtzeitig vorher schriftlich anzuzeigen. 2Der Arbeitgeber kann die Nebentätigkeit untersagen oder mit Auflagen versehen, wenn diese geeignet ist, die Erfüllung der arbeitsvertraglichen Pflichten der Beschäftigten oder berechtigte Interessen des Arbeitgebers zu beeinträchtigen. ³Für Nebentätigkeiten im öffentlichen Dienst kann eine Ablieferungspflicht nach den Bestimmungen, die beim Arbeitgeber gelten, zur Auflage gemacht werden."

3. In § 3 werden folgende Absätze 8 und 9 angefügt:

„(8) ¹Der Arbeitgeber hat bei der Wahrnehmung des Direktionsrechts die Grundrechte der Wissenschaftsfreiheit und der Kunstfreiheit sowie das Grundrecht der Gewissensfreiheit zu beachten. ²Für Konfliktfälle wird eine Ombudsperson oder eine Schlichtungskommission durch die Betriebsparteien bestimmt, die Empfehlungen zur Konfliktlösung aussprechen kann. ³Gesetzliche Ansprüche bleiben von den Empfehlungen der Schlichtung unberührt.

TV-L § 40

(9) Soweit in § 53 Abs. 2 Hochschulrahmengesetz genannten befristet Beschäftigten Aufgaben übertragen werden, die auch der Vorbereitung einer Promotion oder der Erbringung zusätzlicher wissenschaftlicher Leistungen förderlich sind, soll ihnen im Rahmen ihrer Dienstaufgaben ausreichend Gelegenheit zu eigener wissenschaftlicher Arbeit gegeben werden."

Erläuterungen zu § 40 Nr. 2 TV-L:

1 **Zu Abs. 1. Abs. 1 Satz 1** wurde für Beschäftigte an Hochschulen und Forschungseinrichtungen in § 40 Nr. 2 TV-L um den Zusatz „in Übereinstimmung mit der Zielsetzung der Einrichtung, insbesondere der spezifischen Aufgaben in Forschung, Lehre und Weiterbildung" ergänzt und bekräftigt hiermit die grundrechtliche verankerte Formel der Freiheit von Wissenschaft, Forschung und Lehre nach Art. 5 Abs. 3 GG. Die Einhaltung der freiheitlich-demokratischen Grundordnung gilt es im öffentlichen Dienst zu berücksichtigen; Bestrebungen der Beschäftigten, sich dieser Ordnung zu entziehen, stehen einem Arbeitsverhältnis im öffentlichen Dienst entgegen bzw. sind ein Hinderungsgrund, ein entsprechendes Arbeitsverhältnis zu begründen.

2 **Zu Abs. 4.** Entgegen der allgemeinen Regelung des § 3 Abs. 4 TV-L haben Beschäftigte an Hochschulen und Forschungseinrichtungen ihrem Arbeitgeber grundsätzlich Nebentätigkeiten – und zwar unabhängig ob gegen Entgelt oder unentgeltlich – schriftlich anzuzeigen. Damit legt § 40 Nr. 1 TV-L einen strengeren Maßstab an die Aufnahme von Nebentätigkeiten an als § 3 Abs. 4 TV-L, der unentgeltliche Nebentätigkeiten im Wesentlichen dann für unzulässig erklärt, wenn sie gegen allgemeine arbeitsschutzrechtliche Bestimmungen verstoßen bzw. dann, wenn der Beschäftigte durch die Nebentätigkeit nicht mehr im erforderlichen Umfang seiner Haupttätigkeit nachkommen kann.

3 **Zu Abs. 8 und 9.** Durch die Ergänzung des § 40 Nr. 1 TV-L durch die Absätze. 8 und 9 für Beschäftigte an Hochschulen und Forschungseinrichtungen der Länder wird zum einen nochmals dem Grundgedanken des Art. 5 Abs. 3 GG – Freiheit von Wissenschaft, Forschung und Lehre – Rechnung getragen, zum anderen wird dort die Bedeutung der wissenschaftlichen Arbeit – auch zur Vorbereitung einer Promotion – in den Fordergrund gestellt, zu der den Hochschulbeschäftigten, die einen befristeten Arbeitsvertrag nach § 53 Abs. 3 Hochschulrahmengesetz haben, im Rahmen ihrer Dienstaufgaben ausreichend Gelegenheit gegeben werden soll.

Nr. 3: Zu § 6 – Regelmäßige Arbeitszeit –
1. § 6 Absatz 2 gilt in folgender Fassung:

„(2) ¹Für die Berechnung des Durchschnitts der regelmäßigen wöchentlichen Arbeitszeit ist ein Zeitraum von einem Jahr zugrunde zu legen. ²Abweichend von Satz 1 kann bei Beschäftigten, die ständig Wechselschicht- oder Schichtarbeit zu leisten haben sowie für die Durchführung so genannter Sabbatjahrmodelle, ein längerer Zeitraum zugrunde gelegt werden."

2. § 6 Absatz 6 gilt in folgender Fassung:

„(6) ¹Durch Betriebs-/Dienstvereinbarung kann für bestimmte Beschäftigtengruppen oder Beschäftigtenbereiche ein wöchentlicher Arbeitszeitkorridor von bis zu 48 Stunden eingerichtet werden. ²Die innerhalb eines Arbeitszeitkorridors geleisteten zusätzlichen Arbeitsstunden werden innerhalb eines Jahres ausgeglichen. [3] § 6 Absatz 2 Satz 2 bleibt unberührt."

3. Es wird folgender Absatz 12 angefügt:

„(12) Durch Betriebs-/Dienstvereinbarung kann für bestimmte Beschäftigtengruppen oder Beschäftigtenbereiche vereinbart werden, dass die Verteilung der Arbeitszeit unter Berücksichtigung betrieblicher Belange vom Beschäftigten selbstverantwortlich festgelegt werden kann."

Erläuterungen zu § 40 Nr. 3 TV-L:

Die Sonderregelungen für Beschäftigte an Hochschulen und Forschungseinrichtungen orientieren sich an den dort vorhandenen tatsächlichen Besonderheiten. Diese sind unter anderem geprägt von besonders langen und spezialisierten Qualifizierungsphasen, besonderer Forschungsorientierung und den Zwängen des akademischen Lehrbetriebs. Dem tragen auch die Abweichungen bei den Arbeitszeitvorschriften Rechnung. Während § 6 Abs. 2 TV-L für die Berechnung des Durchschnitts der regelmäßigen wöchentlichen Arbeitszeit einen Ausgleichszeitraum von bis zu einem Jahr zulässt, beträgt dieser Zeitraum im Wissenschaftsbereich genau ein Jahr. 1

Der allgemein im TV-L geltende Arbeitszeitkorridor von bis zu 45 Stunden ist für den Bereich der Hochschul- und Forschungseinrichtungen um drei Stunden erhöht worden. Durch eine Betriebs-/Dienstvereinbarung kann für bestimmte Beschäftigtengruppen vereinbart werden, dass die Verteilung der Arbeitszeit von den Beschäftigten unter Berücksichtigung betrieblicher Belange selbstverantwortlich festgelegt werden kann. 2

Nr. 4: Zu § 7 – Sonderformen der Arbeit – § 7 Absatz 8 gilt in folgender Fassung:

„(8) Abweichend von Absatz 7 sind nur die Arbeitsstunden Überstunden, die
a) im Falle der Festlegung eines Arbeitszeitkorridors nach § 6 Absatz 6 über 48 Stunden oder über die vereinbarte Obergrenze hinaus,
b) im Falle der Einführung einer täglichen Rahmenzeit nach § 6 Absatz 7 außerhalb der Rahmenzeit,
c) im Falle von Wechselschicht- oder Schichtarbeit über die im Schichtplan festgelegten täglichen Arbeitsstunden einschließlich der im Schichtplan vorgesehenen Arbeitsstunden, die bezogen auf die regelmäßige wöchentliche Arbeitszeit im Schichtplanturnus nicht ausgeglichen werden,
angeordnet worden sind."

Erläuterungen zu § 40 Nr. 4

Im Falle der Festlegung eines Arbeitszeitkorridors sind abweichend vom allgemeinen Teil des TV-L nur die Arbeitsstunden Überstunden, die über 48 Stunden wöchentlich hinausgehen.

Nr. 5: Zu § 16 – Stufen der Entgelttabelle –
1. § 16 Absatz 2 gilt in folgender Fassung:

„(2) [1]Bei der Einstellung werden die Beschäftigten der Stufe 1 zugeordnet, sofern keine einschlägige Berufserfahrung vorliegt. [2]Verfü-

gen Beschäftigte über eine einschlägige Berufserfahrung von mindestens einem Jahr aus einem vorherigen befristeten oder unbefristeten Arbeitsverhältnis zum selben Arbeitgeber, erfolgt die Stufenzuordnung unter Anrechnung der Zeiten der einschlägigen Berufserfahrung aus diesem vorherigen Arbeitsverhältnis. [3]Ist die einschlägige Berufserfahrung von mindestens einem Jahr in einem Arbeitsverhältnis zu einem anderen Arbeitgeber erworben worden, erfolgt die Einstellung in die Stufe 2, beziehungsweise – bei Einstellung nach dem 31. Januar 2010 und Vorliegen einer einschlägigen Berufserfahrung von mindestens drei Jahren – in Stufe 3.
[4]Werden Beschäftigte in den Entgeltgruppen 13 bis 15 eingestellt, gilt ergänzend: Zeiten mit einschlägiger Berufserfahrung an anderen Hochschulen oder außeruniversitären Forschungseinrichtungen werden grundsätzlich anerkannt. [5]Dasselbe gilt für Beschäftigte in den Entgeltgruppen 9 bis 12, wenn sie im Rahmen der Planung, Vorbereitung, Durchführung, Aus- und/oder Bewertung von wissenschaftlichen Vorhaben einen wesentlichen Beitrag leisten.
[6]Unabhängig davon kann der Arbeitgeber bei Neueinstellungen zur Deckung des Personalbedarfs Zeiten einer vorherigen beruflichen Tätigkeit ganz oder teilweise für die Stufenzuordnung berücksichtigen, wenn diese Tätigkeit für die vorgesehene Tätigkeit förderlich ist."

2. § 16 Absatz 5 gilt in folgender Fassung:

„(5) [1]Zur regionalen Differenzierung, zur Deckung des Personalbedarfs, zur Bindung von qualifizierten Fachkräften oder zum Ausgleich höherer Lebenshaltungskosten kann Beschäftigten abweichend von der tarifvertraglichen Einstufung ein bis zu zwei Stufen höheres Entgelt ganz oder teilweise vorweg gewährt werden. [2]Beschäftigte mit einem Entgelt der Endstufe können bis zu 20 v. H. der Stufe 2 zusätzlich erhalten.
[3]Wissenschaftlerinnen und Wissenschaftler mit einem Entgelt der Endstufe können bis zu 25 v. H. der Stufe 2 zusätzlich erhalten. 4Dies gilt jedoch nur, wenn

a) sie aufgrund ihrer fachlichen Qualifikation besondere projektbezogene Anforderungen erfüllen oder
b) eine besondere Personalbindung beziehungsweise Personalgewinnung erreicht werden soll.

[5]Die Zulage kann befristet werden. [6]Sie ist auch als befristete Zulage widerruflich."

Erläuterungen zu § 40 Nr. 5 TV-L:

1 **Zu Abs. 1.** § 40 Nr. 5 TV-L ergänzt § 16 Abs. 2 TV-L um einen weiteren Satz 4 und erkennt für Beschäftigte in den Entgeltgruppen 13 bis 15 Zeiten einschlägiger Berufserfahrung an anderen Hochschulen oder außeruniversitären Forschungseinrichtungen für die Stufenzuordnung an. Typischerweise werden Beschäftigte in diese Entgeltgruppen eingeordnet, die Tätigkeiten ausüben, einen Hochschulabschluss oder Master erfordern.

2 **Zu Abs. 4.** In § 40 Nr. 5 TV-L wird eine weitere Differenzierung mit den zusätzlich aufgenommenen Sätzen 3 und 4 zu § 16 Abs. 5 TV-L vorgenommen. Die Vorschrift eröffnet Wissenschaftlern mit einem Entgelt der Endstufe die Möglichkeit, bis zu 25% der Stufe 2 zusätzlich zu erhalten, wenn sie aufgrund fachlicher

Qualifikationen besondere projektbezogene Anforderungen erfüllen oder durch die zusätzliche Abgeltung eine entsprechende Personalgewinnung oder -bindung erreicht werden soll. Die in der allgemeinen Regelung enthaltenen Sätze 3 und 4 bleiben in § 40 Nr. 5 als Sätze 5 und 6 erhalten.

Nr. 6: Zu § 18 – Leistungsentgelt – In § 18 werden folgende Absätze 6 bis 9 angefügt:

„(6) ¹**Beschäftigte im Drittmittelbereich können vom Arbeitgeber eine Sonderzahlung erhalten.** ²Voraussetzung ist, dass nach Deckung der Einzel- und Gemeinkosten des Drittmittelvorhabens entsprechende Erträge aus Mitteln privater Dritter verbleiben. ³Die Beschäftigten müssen zudem durch besondere Leistungen bei der Einwerbung der Mittel oder der Erstellung einer für die eingeworbenen Mittel zu erbringenden beziehungsweise erbrachten Leistung beigetragen haben. ⁴Die Sonderzahlung kann bis zu 10 v. H. ihres Jahrestabellenentgelts betragen. ⁵Sie ist nicht zusatzversorgungspflichtig.

(7) ¹**Der Arbeitgeber kann Beschäftigten unabhängig von den Absätzen 1 bis 6 eine Leistungszulage zahlen, wenn sie dauerhaft oder projektbezogen besondere Leistungen erbringen.** ²Die Zulage kann befristet werden. ³Sie ist auch als befristete Zulage widerruflich.

(8) **Der Arbeitgeber kann Beschäftigten unabhängig von den Absätzen 1 bis 6 eine einmalige Leistungsprämie zahlen, wenn sie besondere Leistungen erbracht haben.**

Niederschriftserklärung zu § 40 Nr. 6 (betreffend § 18 Absätze 7 und 8 TV-L):
Die Tarifvertragsparteien stimmen darin überein, dass in der nächsten Tarifrunde weitergehende Regelungen zur dienstlichen beziehungsweise betrieblichen Ausgestaltung geprüft werden, wenn in der Praxis erhebliche Umsetzungsprobleme erkennbar sind.

(9) **Das Volumen für das Leistungsentgelt nach Absatz 1 wird durch die Zahlungen nach den Absätzen 6 bis 8 nicht berührt.**"

Erläuterungen zu § 40 Nr. 6 TV-L

Zusätzlich zu den Absätzen 1–5 sieht § 40 Nr. 6 TV-L als Ergänzung zu § 18 TV-L die Absätze 6 bis 9 vor. Behandelt wird die Gewährung von Leistungsentgelten, also Mitteln, die zusätzlich zum jeweiligen Tabellenentgelt durch den Beschäftigten für besondere Leistungen erbracht werden können.

Zu Abs. 6. Der Arbeitgeber kann an seine Beschäftigten im Drittmittelbereich Sonderzahlungen von bis zu 10% veranlassen, wenn entsprechende Beträge nach Abzug von Einzel- und Gesamtkosten aus Mitteln privater Dritter verbleiben und die Beschäftigten durch besondere Leistungen zur Mittelgewinnung oder der Erstellung einer für die eingeworbenen Mittel zu erbringenden Leistungen beigetragen haben.

Zu Abs. 7. Unabhängig hiervon kann der Arbeitgeber eine Leistungszulage gewähren, wenn der Beschäftigte dauerhaft besondere Leistungen erbringt.

Zu Abs. 8. Dies gilt auch, wenn bereits in der Vergangenheit besondere Leistungen erbracht wurden.

Zu Abs. 9. Die Absätze 6 bis 8 sind unabhängig von Abs. 1 zu betrachten – die in Abs. 1 benannte Zielgröße ist mit 8% beziffert und wird von den Zahlungen nach den Absätzen 6 bis 8 nicht berührt.

Im Gegensatz zur den ausgezahlten Leistungsentgelten nach § 18 Abs. 3 TV-L handelt es sich bei den Leistungsentgelten nach § 40 Nr. 6 TV-L um keine zusatzversorgungspflichtigen Leistungen.

Nr. 7: Zu § 26 – Erholungsurlaub – § 26 Absatz 2 gilt in folgender Fassung:

„(2) Im Übrigen gilt das Bundesurlaubsgesetz mit folgenden Maßgaben:
a) **Im Falle der Übertragung muss der Erholungsurlaub bis zum 30. September des folgenden Jahres genommen sein.**
b) Beginnt oder endet das Arbeitsverhältnis im Laufe eines Jahres, steht als Erholungsurlaub für jeden vollen Monat des Arbeitsverhältnisses ein Zwölftel des Urlaubsanspruchs nach Absatz 1 zu; § 5 Bundesurlaubsgesetz bleibt unberührt.
c) Ruht das Arbeitsverhältnis, so vermindert sich die Dauer des Erholungsurlaubs einschließlich eines etwaigen tariflichen Zusatzurlaubs für jeden vollen Kalendermonat um ein Zwölftel.
d) Das Entgelt nach Absatz 1 Satz 1 wird zu dem in § 24 genannten Zeitpunkt gezahlt."

Erläuterungen zu § 40 Nr. 7

Um den Erfordernissen an Lehrbetrieb und Forschungsvorhaben gerecht zu werden, wurde, anders als im allgemeinen Teil des TV-L, vereinbart, dass der Erholungsurlaub im Falle der Übertragung erst bis zum 30. September des folgenden Jahres genommen sein muss. Eine weitere Übertragung des Erholungsurlaubs wegen Arbeitsunfähigkeit oder aus betrieblichen/dienstlichen Gründen ist nach Nr. 7 der Sonderregelung zum Erholungsurlaub nicht vorgesehen.

Nr. 8: Zu § 30 – Befristete Arbeitsverträge – § 30 Absatz 2 gilt in folgender Fassung:

„(2) [1]Kalendermäßig befristete Arbeitsverträge mit sachlichem Grund sind nur zulässig, wenn die Dauer des einzelnen Vertrages sieben Jahre nicht übersteigt; weitergehende Regelungen im Sinne von § 23 Teilzeit- und Befristungsgesetz bleiben unberührt. [2]Beschäftigte mit einem Arbeitsvertrag nach Satz 1 sind bei der Besetzung von Dauerarbeitsplätzen bevorzugt zu berücksichtigen, wenn die sachlichen und persönlichen Voraussetzungen erfüllt sind."

Niederschriftserklärung zu § 40 Nr. 8 (betreffend § 30 TV-L):
Die Tarifvertragsparteien werden bis zum 30. September 2007 prüfen, ob und inwieweit aufgrund der erhöhten Mobilitätsanforderungen bei wissenschaftlichen Beschäftigten in Befristungsfällen, die nicht aufgrund des Hochschulrahmengesetzes beziehungsweise der gesetzlichen Nachfolgeregelungen oder im Rahmen einer Vertretungsregelung erfolgen, eine Überbrückungsleistung im Sinne einer Härtefallregelung gezahlt werden kann, wenn im Anschluss an eine befristete Beschäftigung keine zeitnahe Anschlussbeschäftigung erfolgt.

Niederschriftserklärung zu § 40 Nr. 8 und § 41 Nr. 19 (betreffend § 30 TV-L):
Die Tarifvertragsparteien erwarten eine verantwortungsbewusste Handhabung der Befristungen im Wissenschaftsbereich.

Niederschriftserklärung zu § 1 Absatz 3 und § 40:
Soweit es vereinbart ist, gilt dieser Tarifvertrag auch an außeruniversitären Forschungseinrichtungen, die nicht unter den Geltungsbereich des TV-L fallen.

§ 41 Sonderregelungen für Ärztinnen und Ärzte an Universitätskliniken.

Nr. 1: Zu § 1 – Geltungsbereich – (1) [1] **Diese Sonderregelungen gelten für Ärztinnen und Ärzte einschließlich Zahnärztinnen und Zahnärzte (Beschäftigte), die an einer Universitätsklinik überwiegend Aufgaben in der Patientenversorgung wahrnehmen.** [2] **Sie gelten auch für Ärztinnen und Ärzte, die in ärztlichen Servicebereichen in der Patientenversorgung eingesetzt sind.**

(2) **Ob und inwieweit diese Sonderregelungen auf andere Ärztinnen und Ärzte im Landesdienst (zum Beispiel an psychiatrischen Krankenhäusern) übertragen werden, ist auf Landesebene zu verhandeln.**

(3) **Soweit in § 40 geregelte Tatbestände auch für Ärztinnen und Ärzte an Universitätskliniken einschlägig sein könnten, sind sie in die Regelungen dieses § 41 vollständig aufgenommen worden.**

Protokollerklärungen zu Nr. 1 Absatz 1:
1. Zu den ärztlichen Servicebereichen in der Patientenversorgung zählen zum Beispiel Pathologie, Labor und Krankenhaushygiene.
2. Der Tarifvertrag für das Universitätsklinikum Schleswig-Holstein (Beschäftigungspakt) vom 20. Oktober 2004 bleibt unberührt.

Erläuterungen zu § 41 Nr. 1 TV-L:

§ 41 Nr. 1 TV-L definiert den Geltungsbereich der in §§ 40 ff. TV-L geschaffenen Sonderregelungen für Ärzte/Ärztinnen einschließlich der Zahnärzte/Zahnärztinnen, die an einer Universitätsklinik überwiegend Aufgaben der Patientenversorgung wahrnehmen und in ärztlichen Servicebereichen – bspw. in der Pathologie, im Labor sowie in der Krankenhaushygiene – eingesetzt werden. Weitere Regelungen der im Landesdienst Beschäftigten ist jeweils auf Landesebene zu regeln. Von dieser Regelung ausgenommen ist der Tarifvertrag vom 20. 10. 2004 für das Universitätsklinikum Schleswig-Holstein.

Nr. 2: Zu § 3 – Allgemeine Arbeitsbedingungen – § 3 gilt in folgender Fassung:
„**§ 3 Allgemeine Arbeitsbedingungen.** (1) [1] **Die arbeitsvertraglich geschuldete Leistung ist gewissenhaft und ordnungsgemäß auszuführen; dabei sind die Ziele der Hochschule und die spezifischen Aufgaben in Forschung, Lehre und Weiterbildung zu beachten.** [2] **Die Beschäftigten müssen sich durch ihr gesamtes Verhalten zur freiheitlich demokratischen Grundordnung im Sinne des Grundgesetzes bekennen.**

(2) **Die Beschäftigten haben über Angelegenheiten, deren Geheimhaltung durch gesetzliche Vorschriften vorgesehen oder vom Arbeitgeber angeordnet ist, Verschwiegenheit zu wahren; dies gilt auch über die Beendigung des Arbeitsverhältnisses hinaus.**

(3) [1] **Die Beschäftigten dürfen von Dritten Belohnungen, Geschenke, Provisionen oder sonstige Vergünstigungen mit Bezug auf ihre Tätigkeit**

nicht annehmen. ²Ausnahmen sind nur mit Zustimmung des Arbeitgebers möglich. ³Werden den Beschäftigten derartige Vergünstigungen angeboten, haben sie dies dem Arbeitgeber unverzüglich anzuzeigen.

(4) ¹Eine Beteiligung der Beschäftigten an Poolgeldern hat nach transparenten Grundsätzen, insbesondere unter Berücksichtigung von Verantwortung, Leistung und Erfahrung zu erfolgen. ²Sie richtet sich nach den landesrechtlichen Bestimmungen. ³Soweit keine landesrechtlichen Bestimmungen erlassen sind, soll ein Poolvolumen gemäß den Grundsätzen des Satzes 1 verteilt werden; die Klinik kann weitere Kriterien bestimmen. ⁴Die Beteiligung an Poolgeldern ist kein zusatzversorgungspflichtiges Entgelt.

(5) ¹Der Arbeitgeber ist bei begründeter Veranlassung berechtigt, Beschäftigte zu verpflichten, durch ärztliche Bescheinigung nachzuweisen, dass sie zur Leistung der arbeitsvertraglich geschuldeten Tätigkeit in der Lage sind. ²Bei dem beauftragten Arzt kann es sich um einen Amtsarzt handeln, soweit sich die Betriebsparteien nicht auf einen anderen Arzt geeinigt haben. ³Die Kosten dieser Untersuchung trägt der Arbeitgeber. ⁴Der Arbeitgeber kann die Beschäftigten auch bei Beendigung des Arbeitsverhältnisses untersuchen lassen. ⁵Auf Verlangen der Beschäftigten ist er hierzu verpflichtet. ⁶Beschäftigte, die besonderen Ansteckungsgefahren ausgesetzt oder in gesundheitsgefährdenden Bereichen beschäftigt sind, sind in regelmäßigen Zeitabständen ärztlich zu untersuchen.

(6) ¹Die Beschäftigten haben ein Recht auf Einsicht in ihre vollständigen Personalakten. ²Sie können das Recht auf Einsicht auch durch eine/n hierzu schriftlich Bevollmächtigte/n ausüben lassen. ³Sie können Auszüge oder Kopien aus ihren Personalakten erhalten. ⁴Die Beschäftigten müssen über Beschwerden und Behauptungen tatsächlicher Art, die für sie ungünstig sind oder ihnen nachteilig werden können, vor Aufnahme in die Personalakten gehört werden. ⁵Ihre Äußerung ist zu den Personalakten zu nehmen.

(7) Für die Schadenshaftung der Beschäftigten finden die Bestimmungen, die für die Beamten des jeweiligen Landes jeweils gelten, entsprechende Anwendung.

(8) ¹Der Arbeitgeber hat bei der Wahrnehmung des Direktionsrechts die Grundrechte der Wissenschaftsfreiheit und das Grundrecht der Gewissensfreiheit zu beachten. ²Für Konfliktfälle wird eine Ombudsperson oder eine Schlichtungskommission durch die Betriebsparteien bestimmt, die Empfehlungen zur Konfliktlösung aussprechen kann. ³Gesetzliche Ansprüche bleiben von den Empfehlungen der Schlichtung unberührt.

(9) ¹Zu den Pflichten der Beschäftigten gehört es auch, ärztliche Bescheinigungen auszustellen. ²Die Beschäftigten können vom Arbeitgeber verpflichtet werden, im Rahmen einer zugelassenen Nebentätigkeit von leitenden Ärztinnen und Ärzten oder für Belegärztinnen und Belegärzte innerhalb der Einrichtung ärztlich tätig zu werden.

(10) ¹Zu den Pflichten der Beschäftigten aus der Haupttätigkeit gehört es, am Rettungsdienst in Notarztwagen und Hubschraubern teilzunehmen. ²Für jeden Einsatz in diesem Rettungsdienst erhalten die Beschäftigten einen nicht zusatzversorgungspflichtigen Einsatzzuschlag in Höhe von 15,41 Euro. ³Dieser Betrag verändert sich zu demselben Zeitpunkt

und in dem gleichen Ausmaß wie das Tabellenentgelt der Entgeltgruppe Ä 1 Stufe 2.

Protokollerklärungen zu § 3 Absatz 10:
1. *Beschäftigte, denen aus persönlichen Gründen (zum Beispiel Vorliegen einer anerkannten Minderung der Erwerbsfähigkeit, die dem Einsatz im Rettungsdienst entgegensteht, Flugunverträglichkeit) oder aus fachlichen Gründen die Teilnahme am Rettungsdienst nicht zumutbar beziehungsweise untersagt ist, dürfen nicht zum Einsatz im Rettungsdienst herangezogen werden.*
2. ¹*Der Einsatzzuschlag steht nicht zu, wenn den Beschäftigten wegen der Teilnahme am Rettungsdienst außer den tariflichen Bezügen sonstige Leistungen vom Arbeitgeber oder von einem Dritten (zum Beispiel private Unfallversicherung, für die der Arbeitgeber oder ein Träger des Rettungsdienstes die Beiträge ganz oder teilweise trägt, Liquidationsansprüche) zustehen.* ²*Die Beschäftigten können auf die sonstigen Leistungen verzichten.*

(11) Zu den Pflichten der Beschäftigten aus der Haupttätigkeit gehören auch die Erstellung von Gutachten, gutachtlichen Äußerungen und wissenschaftlichen Ausarbeitungen, die nicht von einem Dritten angefordert und vergütet werden.

(12) ¹Für die Nebentätigkeiten der Beschäftigten finden die Bestimmungen, die für die Beamten des jeweiligen Landes jeweils gelten, sinngemäß Anwendung.
²Die Beschäftigten können vom Arbeitgeber verpflichtet werden, als Nebentätigkeit Unterricht zu erteilen sowie Gutachten, gutachtliche Äußerungen und wissenschaftliche Ausarbeitungen zu erstellen, die von einem Dritten angefordert und vergütet werden. ³Dies gilt auch im Rahmen einer zugelassenen Nebentätigkeit des leitenden Arztes.
⁴Steht die Vergütung für das Gutachten, die gutachtliche Äußerung oder wissenschaftliche Ausarbeitung ausschließlich dem Arbeitgeber zu, so haben die Beschäftigten entsprechend ihrer Beteiligung einen Anspruch auf einen Teil dieser Vergütung.
⁵In allen anderen Fällen sind die Beschäftigten berechtigt, für die Nebentätigkeit einen Anteil der Vergütung anzunehmen, die von dem Dritten zu zahlen ist. ⁶Die Beschäftigten können die Übernahme der Nebentätigkeit verweigern, wenn die angebotene Vergütung offenbar nicht dem Umfang ihrer Beteiligung entspricht.
⁷Im Übrigen kann die Übernahme der Nebentätigkeit nur in besonders begründeten Ausnahmefällen verweigert werden.

(13) Auch die Ausübung einer unentgeltlichen Nebentätigkeit bedarf der vorherigen Genehmigung des Arbeitgebers, wenn für sie Räume, Einrichtungen, Personal oder Material des Arbeitgebers in Anspruch genommen werden.

(14) ¹Werden für eine Nebentätigkeit Räume, Einrichtungen, Personal oder Material des Arbeitgebers in Anspruch genommen, so haben die Beschäftigten dem Arbeitgeber die Kosten hierfür zu erstatten, soweit sie nicht von anderer Seite zu erstatten sind. ²Die Kosten können in einer Nebenabrede zum Arbeitsvertrag pauschaliert werden."

Erläuterungen zu § 41 Nr. 2 TV-L:

Zu Abs. 1. Nach § 41 Nr. 2 TV-L ist die arbeitsvertraglich geschuldete Leistung, wie sie bereits in § 3 Abs. 1 TV-L normiert ist, im Lichte der Hochschule

1

TV-L § 41 Tarifvertrag

und ihrer spezifischen Aufgaben zu sehen. Forschung und Lehre verdienen aufgrund ihrer Grundrechtseigenschaft eine besondere Beachtung, wodurch sich die Ausgestaltung eines öffentlich-rechtlichen Arbeitsverhältnisses im Bereich des § 40 TV-L immer an den Eigenheiten und speziellen Aufgaben von Forschung, Lehre und Weiterbildung orientieren muss.

2 **Zu Abs 4.** Nach § 41 Nr. 2 TV-L haben Beschäftigte, die in den Geltungsbereich des § 41 Nr. 1 TV-L mit einzubeziehen sind Anspruch auf Beteiligung an Poolgeldern, sofern es unter Berücksichtigung ihrer Verantwortung, der erbrachten Leistung sowie der Erfahrung zu rechtfertigen ist. Die Vorschrift orientiert sich grundsätzlich an landesrechtlichen Bestimmungen bzw. sofern diese nicht vorhanden sind an den allgemeinen Maßstäben des Satzes 1 auszurichten. Demnach muss die arbeitsvertraglich geschuldete Leistung gewissenhaft und ordnungsgemäß ausgeführt sein. Die Auswahlkriterien können durch die jeweilige Klinik ergänzt werden und stellen kein zusatzversorgungspflichtiges Entgelt dar.

3 **Zu Abs. 5.** Ergänzend zu § 3 Abs. 5 S. 1–3 TV-L beinhaltet § 40 Nr. 2 TV-L in Abs. 5 zusätzlich die Sätze 5 bis 6, die es dem Arbeitgeber erlauben, den Beschäftigten auch bei Beendigung des Arbeitsverhältnisses untersuchen zu lassen. Des Weiteren regelt die Vorschrift die Untersuchungspflicht der im Geltungsbereich des § 41 Nr. 1 TV-L Beschäftigten, die aufgrund ihrer Arbeit besonderen Ansteckungsgefahren ausgesetzt sind oder ihre Arbeit in gesundheitsgefährdenden Bereichen verrichten.

4 **Zu Abs. 8 bis 14.** In den Sonderregelungen des § 41 Nr. 2 TV-L werden zusätzlich zu den allgemeinen Vorschriften des § 3 TV-L die Absätze 8 bis 14 eingefügt.

5 Abs 8 nimmt wiederum den Gedanken des Art. 5 Abs. 3 GG auf und lässt die Ausübung des Direktionsrechts durch den Arbeitgeber lediglich in den hierdurch gesetzten Schranken zu.

6 Die Absätze 9 bis 14 entsprechen im Wesentlichen den Inhalten des § 42 TVöD-BT-K, der die im Geltungsbereich des § 41 Nr. 1 TV-L Beschäftigten verpflichtet und berechtigt, ärztlich tätig zu werden, sei es im Rahmen einer entgeltlichen/unentgeltlichen Nebentätigkeit oder der Haupttätigkeit (im Einzelnen s. Kommentierung zu § 42 TVöD-BT-K).

Nr. 3: Zu § 6 – Regelmäßige Arbeitszeit –

1. § 6 Absatz 1 bis 5 gelten in folgender Fassung:

„(1) [1]**Die durchschnittliche regelmäßige wöchentliche Arbeitszeit ausschließlich der Pausen beträgt 42 Stunden.** [2]**Die regelmäßige Arbeitszeit kann auf fünf Tage, aus notwendigen betrieblichen/dienstlichen Gründen auch auf sechs Tage verteilt werden.**

(2) [1]**Für die Berechnung des Durchschnitts der regelmäßigen wöchentlichen Arbeitszeit ist ein Zeitraum von einem Jahr zugrunde zu legen.** [2]**Abweichend kann bei Beschäftigten, die ständig Wechselschicht- oder Schichtarbeit zu leisten haben, sowie für die Durchführung so genannter Sabbatjahrmodelle, ein längerer Zeitraum zugrunde gelegt werden.**

(3) [1]**Soweit es die betrieblichen/dienstlichen Verhältnisse zulassen, werden Beschäftigte am 24. Dezember und am 31. Dezember unter Fortzahlung des Tabellenentgelts und der sonstigen in Monatsbeträgen festgelegten Entgeltbestandteile von der Arbeit freigestellt.** [2]**Kann die Freistellung nach Satz 1 aus betrieblichen/dienstlichen Gründen nicht**

erfolgen, ist entsprechender Freizeitausgleich innerhalb von drei Monaten zu gewähren. ³Die regelmäßige Arbeitszeit vermindert sich für den 24. Dezember und 31. Dezember, sofern sie auf einen Werktag fallen, um die dienstplanmäßig ausgefallenen Stunden.
⁴Die Arbeitszeit an einem gesetzlichen Feiertag, der auf einen Werktag fällt, wird durch eine entsprechende Freistellung an einem anderen Werktag bis zum Ende des dritten Kalendermonats ausgeglichen, wenn es die betrieblichen Verhältnisse zulassen; der Ausgleich soll möglichst aber schon bis zum Ende des nächsten Kalendermonats erfolgen. ⁵Kann ein Freizeitausgleich nicht gewährt werden, erhalten die Beschäftigten je Stunde 100 v. H. des Stundenentgelts; Stundenentgelt ist der auf eine Stunde entfallende Anteil des monatlichen Entgelts der jeweiligen Entgeltgruppe und Stufe nach der Entgelttabelle. ⁶Ist ein Arbeitszeitkonto eingerichtet, ist eine Buchung gemäß § 10 Absatz 3 zulässig. ⁷In den Fällen des Satzes 4 steht der Zeitzuschlag von 35 v. H. (§ 8 Absatz 1 Satz 2 Buchstabe d) zu.
⁸Für Beschäftigte, die regelmäßig nach einem Dienstplan eingesetzt werden, der Wechselschicht- oder Schichtdienst an sieben Tagen in der Woche vorsieht, vermindert sich die regelmäßige Wochenarbeitszeit um ein Fünftel der arbeitsvertraglich vereinbarten durchschnittlichen Wochenarbeitszeit, wenn sie an einem gesetzlichen Feiertag, der auf einen Werktag fällt, nicht wegen des Feiertags, sondern dienstplanmäßig nicht zur Arbeit eingeteilt sind und deswegen an anderen Tagen der Woche ihre regelmäßige Arbeitszeit erbringen müssen. 9In den Fällen des Satzes 8 gelten die Sätze 4 bis 7 nicht.

Protokollerklärung zu § 6 Absatz 3 Satz 3:
Die Verminderung der regelmäßigen Arbeitszeit betrifft die Beschäftigten, die wegen des Dienstplans frei haben und deshalb ohne diese Regelung nacharbeiten müssten.

(4) Aus dringenden betrieblichen/dienstlichen Gründen kann auf der Grundlage einer Betriebs-/Dienstvereinbarung im Rahmen des § 7 Absatz 1, 2 und des § 12 Arbeitszeitgesetz von den Vorschriften des Arbeitszeitgesetzes abgewichen werden.

(5) ¹Die Beschäftigten sind im Rahmen begründeter betrieblicher/dienstlicher Notwendigkeiten verpflichtet, Sonntags-, Feiertags-, Nacht-, Wechselschicht-, Schichtarbeit sowie – bei Teilzeitbeschäftigung aufgrund arbeitsvertraglicher Regelung oder mit ihrer Zustimmung – Bereitschaftsdienst, Rufbereitschaft, Überstunden und Mehrarbeit zu leisten. ²Beschäftigte, die regelmäßig an Sonn- und Feiertagen arbeiten müssen, erhalten innerhalb von zwei Wochen zwei arbeitsfreie Tage. ³Hiervon soll ein freier Tag auf einen Sonntag fallen."

2. § 6 Absatz 10 gilt in folgender Fassung:

„(10) ¹Unter den Voraussetzungen des Arbeitszeit- und Arbeitsschutzgesetzes, insbesondere des § 5 Arbeitsschutzgesetz, kann die tägliche Arbeitszeit im Schichtdienst auf bis zu 12 Stunden ausschließlich der Pausen ausgedehnt werden, um längere Freizeitintervalle zu schaffen oder die Zahl der Wochenenddienste zu vermindern. ²In unmittelbarer Folge dürfen nicht mehr als vier Zwölf-Stunden-Schichten und innerhalb von zwei Kalenderwochen nicht mehr als acht Zwölf-

Stunden-Schichten geleistet werden. ³Solche Schichten können nicht mit Bereitschaftsdienst (§ 7 Absatz 3) kombiniert werden."

3. Nach § 6 Absatz 11 wird folgender Absatz 12 eingefügt:

„(12) Wird den Beschäftigten durch ausdrückliche Anordnung des Arbeitgebers eine Sonderfunktion innerhalb der Klinik übertragen (zum Beispiel Transplantationsbeauftragte/Transplantationsbeauftragter, Strahlenschutzbeauftragte/Strahlenschutzbeauftragter), sind sie für diese Tätigkeit und die Fortbildung hierzu in erforderlichem Umfang von ihren sonstigen Aufgaben freizustellen."

4. Zu § 6 gelten folgende Protokollerklärungen:

„Protokollerklärungen zu § 6:
1. ¹Die Tarifvertragsparteien erwarten, dass den Beschäftigten bei der Festlegung der Arbeitszeit ein angemessener zeitlicher Anteil der Arbeitszeit für ihre wissenschaftliche Tätigkeit in Forschung und Lehre zugestanden wird. ²Die in den Hochschulgesetzen der Länder geregelten Mindestzeiten für die Ausübung wissenschaftlicher Tätigkeit bleiben unberührt.
2. Die Tarifvertragsparteien erwarten, dass die Kliniken zusammen mit den Beschäftigten nach Wegen suchen, die Beschäftigten von bürokratischen, patientenfernen Aufgaben zu entlasten und deren Arbeitsabläufe besser zu organisieren.
3. Die Tarifvertragsparteien erwarten, dass in den Kliniken unter Einbeziehung der Beschäftigten intensiv alternative Arbeitszeitmodelle entwickelt werden, die sowohl den gesetzlichen Anforderungen als auch veränderten betrieblichen Anforderungen entsprechen.
4. ¹Die Arbeitszeiten der Beschäftigten sollen objektiv dokumentiert werden. ²Die konkrete Anwendung wird durch Pilotprojekte geprüft."

Erläuterungen zu § 41 Nr. 3 TV-L:

1 **Zu Abs. 1.** In § 41 Nr. 3 TV-L wird die wöchentliche Arbeitszeit ausschließlich der Pausen für Beschäftigte, die dem Geltungsbereich des § 41 Nr. 1 TV-L zuzuordnen sind, auf 42 Stunden pro Woche verteilt, wobei die regelmäßige Arbeitszeit von fünf Tagen auf sechs Tage verteilt werden kann, sofern betriebliche/dienstliche Gründe dies erfordern.

2 **Zu Abs. 2.** Für die Berechnungszeitraum des Durchschnitts der regelmäßigen wöchentlichen Arbeitszeit im Geltungsbereich des § 41 Nr. 1 ist entgegen der Regelung in § 6 Abs. 2 TV-L ein Zeitraum von einem Jahr zugrunde zu legen; § 6 Abs. 2 TV-L geht von bis zu einem Jahr aus.

3 **Zu Abs. 3.** Zusätzlich in § 41 Nr. 3 TV-L eingefügt sind die Sätze 4 bis 8, aufgrund derer der Beschäftigte, der an einem gesetzlichen Feiertag, der auf einen Werktag fällt, arbeitet, einen entsprechenden Freistellungsanspruch mit einem entsprechenden Zeitzuschlag von 35% an einem anderen Werktag erhält, sofern es die betrieblichen Belange zulassen. Sollte dies nicht der Fall sein, erhält der Beschäftigte 100% des Stundenentgelts pro Stunde geleistete Arbeit. Sofern ein Arbeitszeitkonto besteht, ist eine entsprechende Zeitbuchung zulässig.

4 Für Beschäftigte, die regelmäßig Wechselschicht- oder Schichtdienst an sieben Tagen nach einem Dienstplan leisten, vermindert sich die regelmäßige wöchentliche Arbeitszeit um ein Fünftel der arbeitsvertraglich ausgehandelten durchschnittlichen Wochenarbeitszeit, wenn sie an einem gesetzlichen Feiertag, der auf einen Werktag fällt, dienstplanmäßig nicht zur Arbeit eingeteilt sind und deswegen an anderen Tagen ihre Arbeitsleistung erbringen müssen.

Zu Abs. 5. Die allgemeine Regelung des § 6 Abs. 5 TV-L wird für Beschäftigte, auf die die Sonderregelung des § 41 TV-L Anwendung findet, durch Satz 2 und 3 ergänzt; Beschäftigte, die regelmäßig an Sonn- und Feiertagen arbeiten müssen, erhalten innerhalb von zwei Wochen zwei arbeitsfreie Tage, wovon einer auf einen Sonntag fallen soll.

Zu Abs. 10. § 6 Abs. 10 TV-L wird entsprechend den Bedingungen der Ärztinnen und Ärzte im Geltungsbereich des § 41 Nr. 1 TV-L modifiziert und an den dortigen Belangen ausgerichtet. Demnach besteht im Rahmen arbeitszeit- und arbeitsschutzrechtlicher Voraussetzungen die Möglichkeit, die tägliche Arbeitszeit auf bis zu 12 Stunden auszudehnen, um entsprechend längere Freizeitintervalle für den Beschäftigten zu schaffen oder um Wochenenddienste zu vermindern. Zu beachten ist, dass solche Schichten nicht mit Bereitschaftsdiensten zu kombinieren sind.

Zu Abs. 12. Eingefügt in § 40 Nr. 3 TV-L wird nun Abs. 12. Hierdurch wird insbesondere geregelt, dass der Beschäftigte, auf den durch ausdrückliche Anordnung des Arbeitgebers entsprechende Sonderfunktionen übertragen worden sind, im erforderlichen Umfang von seiner sonstigen Tätigkeit freizustellen ist.

Nr. 4: Zu § 7 – Sonderformen der Arbeit –

1. § 7 Absatz 1 gilt in folgender Fassung:

„(1) ¹Wechselschichtarbeit ist die Arbeit nach einem Schichtplan, der einen regelmäßigen Wechsel der täglichen Arbeitszeit in Wechselschichten vorsieht, bei denen die/der Beschäftigte durchschnittlich längstens nach Ablauf eines Monats erneut zu mindestens zwei Nachtschichten herangezogen wird. ²Wechselschichten sind wechselnde Arbeitsschichten, in denen ununterbrochen bei Tag und Nacht, werktags, sonntags und feiertags gearbeitet wird. ³Nachtschichten sind Arbeitsschichten, die mindestens zwei Stunden Nachtarbeit umfassen."

Niederschriftserklärung zu § 41 Nr. 4, § 42 Nr. 5 und § 43 Nr. 4 (betreffend § 7 Absatz 1 TV-L):
Der Anspruch auf die Wechselschichtzulage ist auch erfüllt, wenn unter Einhaltung der Monatsfrist zwei Nachtdienste geleistet werden, die nicht zwingend unmittelbar aufeinander folgen müssen.

2. § 7 Absätze 3 und 4 gelten in folgender Fassung:

„(3) ¹Beschäftigte sind verpflichtet, sich auf Anordnung des Arbeitgebers außerhalb der regelmäßigen Arbeitszeit an einer vom Arbeitgeber bestimmten Stelle aufzuhalten, um im Bedarfsfall die Arbeit aufzunehmen (Bereitschaftsdienst). ²Der Arbeitgeber darf Bereitschaftsdienst nur anordnen, wenn zu erwarten ist, dass zwar Arbeit anfällt, erfahrungsgemäß aber die Zeit ohne Arbeitsleistung überwiegt.

(4) ¹Rufbereitschaft leisten Beschäftigte, die sich auf Anordnung des Arbeitgebers außerhalb der regelmäßigen Arbeitszeit an einer dem Arbeitgeber anzuzeigenden Stelle aufhalten, um auf Abruf die Arbeit aufzunehmen. ²Der Arbeitgeber darf Rufbereitschaft nur anordnen, wenn erfahrungsgemäß lediglich in Ausnahmefällen Arbeit anfällt. ³Rufbereitschaft wird nicht dadurch ausgeschlossen, dass Beschäftigte vom Arbeitgeber mit einem Mobiltelefon oder einem vergleichbaren

technischen Hilfsmittel ausgestattet sind. ⁴Durch tatsächliche Arbeitsleistung innerhalb der Rufbereitschaft kann die tägliche Höchstarbeitszeit von zehn Stunden überschritten werden (§§ 3, 7 Absatz 1 Nr. 1 und Nr. 4 Arbeitszeitgesetz)".

3. § 7 erhält folgende Absätze 9 bis 11:

„(9) ¹Wenn in die Arbeitszeit regelmäßig und in erheblichem Umfang Bereitschaftsdienst fällt, kann im Rahmen des § 7 Absatz 1 Nr. 1 und Nr. 4 Arbeitszeitgesetz die tägliche Arbeitszeit im Sinne des Arbeitszeitgesetzes abweichend von den §§ 3 und 6 Absatz 2 Arbeitszeitgesetz über acht Stunden hinaus auf bis zu 24 Stunden (8 Stunden Volldienst und 16 Stunden Bereitschaftsdienst) verlängert werden, wenn mindestens die Zeit über acht Stunden als Bereitschaftsdienst abgeleistet wird. ²Die Verlängerung setzt voraus:
a) eine Prüfung alternativer Arbeitszeitmodelle,
b) eine Belastungsanalyse gemäß § 5 Arbeitsschutzgesetz und
c) gegebenenfalls daraus resultierende Maßnahmen zur Gewährleistung des Gesundheitsschutzes.
³Die tägliche Arbeitszeit darf bei Ableistung ausschließlich von Bereitschaftsdienst an Samstagen, Sonn- und Feiertagen maximal 24 Stunden betragen, wenn dadurch für den Einzelnen mehr Wochenenden und Feiertage frei sind.

(10) ¹Unter den Voraussetzungen des Absatzes 9 Satz 2 Buchstabe a bis c und bei Einhaltung der Grenzwerte des Absatzes 9 kann im Rahmen des § 7 Absatz 2 a Arbeitszeitgesetz eine Verlängerung der täglichen Arbeitszeit über acht Stunden hinaus auch ohne Ausgleich erfolgen. ²Dabei ist eine wöchentliche Arbeitszeit von bis zu maximal durchschnittlich 58 Stunden in der Bereitschaftsdienststufe I und von bis zu maximal durchschnittlich 54 Stunden in der Bereitschaftsdienststufe II zulässig. ³Durch Tarifvertrag auf Landesebene kann in begründeten Einzelfällen eine durchschnittliche wöchentliche Höchstarbeitszeit von bis zu 66 Stunden vereinbart werden. ⁴Für die Berechnung des Durchschnitts der wöchentlichen Arbeitszeit ist ein Zeitraum von einem Jahr zugrunde zu legen.

Niederschriftserklärung zu § 41 Nr. 4 (betreffend § 7 Absatz 10 TV-L):
Die Tarifvertragsparteien gehen davon aus, dass es für die Vereinbarung einer durchschnittlichen wöchentlichen Höchstarbeitszeit von bis zu 66 Stunden einen Bedarf geben kann.

(11) ¹In den Fällen, in denen Teilzeitarbeit (§ 11) vereinbart wurde, verringern sich die Höchstgrenzen der wöchentlichen Arbeitszeit in Absatz 10 – beziehungsweise in den Fällen, in denen Absatz 10 nicht zur Anwendung kommt, die Höchstgrenze von 48 Stunden – in demselben Verhältnis wie die Arbeitszeit dieser Teilzeitbeschäftigten zu der regelmäßigen Arbeitszeit der Vollbeschäftigten verringert worden ist. ²Mit Zustimmung der/des Beschäftigten oder aufgrund von dringenden dienstlichen oder betrieblichen Belangen kann hiervon abgewichen werden."

Erläuterungen zu § 41 Nr. 4 TV-L

1 **Zu Abs. 3.** Die allgemeine Regelung des § 7 Abs. 3 TV-L wird für den Geltungsbereich des § 41 Nr. 4 TV-L dahingehend ergänzt, dass der Arbeitgeber Be-

reitschaftsdienst nur anordnen darf, wenn anzunehmen ist, dass Arbeit anfällt, aber davon ausgegangen werden kann, dass die arbeitsfreie Zeit überwiegt.

Zu Abs. 4. § 41 Nr. 4 TV-L konkretisiert § 7 Abs. 4 TV-L insofern, als nach dieser Vorschrift Rufbereitschaft nur anzuordnen ist, wenn erfahrungsgemäß nur in Ausnahmefällen Arbeit anfällt. Die einschlägigen Regelungen des Arbeitszeitgesetzes finden Anwendung. 2

Zu Abs. 9 bis 10. Die Absätze 9 und 10 greifen im Wesentlichen die Grundgedanken des BT-K zum Bereitschaftsdienst auf, lassen auf Landesebene in begründeten Einzelfällen jedoch eine durchschnittliche wöchentliche Höchstarbeitszeit von bis zu 66 Stunden zu, die per Tarifvertrag vereinbart werden können. Grundlage für den Berechnungszeitraum ist wiederum ein Jahr. 3

Zu Abs. 11. Abs. 11 regelt die Höchstgrenzen der wöchentlichen Arbeitszeit bei Teilzeitarbeit. 4

Nr. 5: Zu § 8 – Ausgleich für Sonderformen der Arbeit –

1. § 8 Absatz 1 gilt in folgender Fassung:

„(1) [1]**Beschäftigte erhalten neben dem Entgelt für die tatsächliche Arbeitsleistung Zeitzuschläge.** [2]**Die Zeitzuschläge betragen – auch bei Teilzeitbeschäftigten – je Stunde**

a) für Überstunden	15 v. H.,
b) für Nachtarbeit	1,28 €
c) für Sonntagsarbeit	25 v. H.,
d) bei Feiertagsarbeit	
– ohne Freizeitausgleich	135 v. H.,
– mit Freizeitausgleich	35 v. H.,
e) für Arbeit am 24. Dezember und am 31. Dezember jeweils ab 6 Uhr	35 v. H.,
f) für Arbeit an Samstagen von 13 bis 21 Uhr	0,64 €;

in den Fällen der Buchstaben a und c bis e beziehen sich die Werte bei Ärzten der Entgeltgruppe Ä 1 auf den Anteil des Tabellenentgelts der Stufe 3 und bei den Ärzten der Entgeltgruppen Ä 2 bis Ä 4 auf den Anteil des Tabellenentgelts der Stufe 1 der jeweiligen Entgeltgruppe, der auf eine Stunde entfällt. [3]**Beim Zusammentreffen von Zeitzuschlägen nach Satz 2 Buchstabe c bis f wird nur der höchste Zeitzuschlag gezahlt.** [4]**Auf Wunsch der Beschäftigten können, soweit ein Arbeitszeitkonto (§ 10) eingerichtet ist und die betrieblichen/dienstlichen Verhältnisse es zulassen, die nach Satz 2 zu zahlenden Zeitzuschläge entsprechend dem jeweiligen Vomhundertsatz einer Stunde in Zeit umgewandelt und ausgeglichen werden.** [5]**Dies gilt entsprechend für Überstunden als solche.**

Protokollerklärung zu § 8 Absatz 1 Satz 2:
Bei Überstunden richtet sich das Entgelt für die tatsächliche Arbeitsleistung nach der jeweiligen Entgeltgruppe und der individuellen Stufe, höchstens jedoch nach der Stufe 2.

Protokollerklärung zu § 8 Absatz 1 Satz 2 Buchstabe d:
[1]*Der Freizeitausgleich muss im Dienstplan besonders ausgewiesen und bezeichnet werden.* [2]*Falls kein Freizeitausgleich gewährt wird, werden als Entgelt einschließlich des Zeitzuschlags und des auf den Feiertag entfallenden Tabellenentgelts höchstens 235 v. H. gezahlt."*

2. § 8 Abs. 2 gilt in folgender Fassung:

„(2) ¹Überstunden sind grundsätzlich durch entsprechende Freizeit auszugleichen; für die Zeit des Freizeitausgleichs werden das Tabellenentgelt sowie die sonstigen, in Monatsbeträgen festgelegten Entgeltbestandteile weitergezahlt. ²Sofern kein Arbeitszeitkonto nach § 10 eingerichtet ist, oder wenn ein solches besteht, die/der Beschäftigte jedoch keine Faktorisierung nach Absatz 1 geltend macht, erhält die/der Beschäftigte für Überstunden (§ 7 Absatz 7), die nicht bis zum Ende des dritten Kalendermonats – möglichst aber schon bis zum Ende des nächsten Kalendermonats – nach deren Entstehen mit Freizeit ausgeglichen worden sind, je Stunde 100 v. H. des auf die Stunde entfallenden Anteils des Tabellenentgelts der jeweiligen Entgeltgruppe und Stufe, höchstens jedoch nach der Stufe 2. ³Der Anspruch auf den Zeitzuschlag für Überstunden nach Absatz 1 besteht unabhängig von einem Freizeitausgleich."

3. § 8 Absatz 3 gilt nicht.

4. § 8 Absatz 6 gilt in folgender Fassung:

„(6) ¹Zur Berechnung des Entgelts wird die Zeit des Bereitschaftsdienstes einschließlich der geleisteten Arbeit in zwei Stufen als Arbeitszeit gewertet. ²Ausschlaggebend sind die Arbeitsleistungen, die während des Bereitschaftsdienstes erfahrungsgemäß durchschnittlich anfallen:

Bereitschafts-dienststufe	Arbeitsleistung innerhalb des Bereitschaftsdienstes	Bewertung als Arbeitszeit
I	0 bis zu 25 v. H.	60 v. H.
II	Mehr als 25 v. H. bis 49 v. H.	95 v. H.

³Für die Zeit des Bereitschaftsdienstes an gesetzlichen Feiertagen erhöht sich die Bewertung um 25 Prozentpunkte. ⁴Im Übrigen werden Zeitzuschläge (Absatz 1) für die Zeit des Bereitschaftsdienstes einschließlich der geleisteten Arbeit nicht gezahlt.
⁵Für die Zeit des Bereitschaftsdienstes, die als Arbeitszeit gewertet wird, wird das tarifliche Stundenentgelt der jeweiligen Entgeltgruppe und Stufe (individuelles Stundenentgelt) gezahlt. ⁶Das Bereitschaftsdienstentgelt kann im Verhältnis 1:1 in Freizeit abgegolten werden (Freizeitausgleich). ⁷Für die Zeit des Freizeitausgleichs werden das Entgelt und die in Monatsbeträgen festgelegten Zulagen fortgezahlt. ⁸Die Zuweisung zu den Stufen des Bereitschaftsdienstes erfolgt durch schriftliche Nebenabrede zum Arbeitsvertrag. ⁹Die Nebenabrede ist mit einer Frist von drei Monaten jeweils zum Ende eines Kalenderhalbjahres kündbar."

Erläuterungen zu § 41 Nr. 5 TV-L:

1   Zu Abs. 1. Abweichend von § 8 Abs. 1 TV-L regelt § 41 Nr. 5 TV-L den Ausgleich für Erbringung besonderer Arbeitsleistungen folgendermaßen:

2   Unabhängig von der Entgeltgruppe gewährt die Vorschrift für Überstunden einen Zeitzuschlag von 15%.

Zusätzlich zum regelmäßigen Entgelt erhält der Beschäftigte bei Ableistung von 3
Nachtarbeit einen Zuschlag von 1,28 EUR.
Für Arbeit an Samstagen von 13 bis 21 Uhr sieht die Regelung einen Aufschlag 4
pro Stunde von 0,64 EUR vor.

Zu Abs. 3. § 8 Abs. 3 TV-L entfällt für den Geltungsbereich des § 41 Nr. 1 5
TV-L ersatzlos.

Zu Abs. 6. In § 41 Nr. 5 TV-L wird nunmehr in dessen Abs. 6 geregelt, in 6
welchem Umfang Bereitschaftsdienste als Arbeitszeit zu werten sind. Es findet eine
Einteilung in Bereitschaftsdienststufe I und II statt, die die Arbeitsleistung innerhalb eines Bereitschaftsdienstes entsprechend beurteilt und als Arbeitszeit wertet.
Für die Berechnung sind die Arbeitsleistungen maßgebend, die während des Bereitschaftsdienstes durchschnittlich anfallen. Die Zeit, die innerhalb des Bereitschaftsdienstes als Arbeitszeit gewertet wird, wird entsprechend dem tariflichen
Stundenentgelt der jeweiligen Entgeltgruppe und Stufe vergütet; es besteht die
Möglichkeit des Freizeitausgleichs mit den hieraus abzuleitenden Entgeltfortzahlungsansprüchen.

Nr. 6: Zu § 9 – Bereitschaftszeiten – § 9 gilt nicht.

Erläuterungen zu § 41 Nr. 6 TV-L:

§ 9 TV-L findet im Rahmen des § 41 TV-L keine Anwendung.

*Niederschriftserklärung zu § 41 Nr. 6, § 42 Nr. 6 und § 43 Nr. 5 (betreffend §§ 6
bis 10 TV-L):*
*Die Dokumentation der Arbeitszeit, der Mehrarbeit, der Überstunden, der Bereitschaftsdienste usw. ist nicht mit dem Arbeitszeitkonto (§ 10 TV-L) gleichzusetzen.
Arbeitszeitkonten können nur auf der Grundlage des § 10 TV-L durch Betriebsbzw. Dienstvereinbarung eingerichtet und geführt werden.*

Nr. 7: Zu § 12 – Eingruppierung – § 12 gilt in folgender Fassung:
„**§ 12 Eingruppierung. Die Beschäftigten sind entsprechend ihrer nicht
nur vorübergehend und zeitlich mindestens zur Hälfte auszuübenden
Tätigkeit wie folgt eingruppiert:**

Entgeltgruppe	Bezeichnung
Ä 1	Ärztin/Arzt mit entsprechender Tätigkeit
Ä 2	Fachärztin/Facharzt mit entsprechender Tätigkeit
Ä 3	Oberärztin/Oberarzt Oberarzt ist derjenige Arzt, dem die medizinische Verantwortung für Teil- oder Funktionsbereiche der Klinik beziehungsweise Abteilung vom Arbeitgeber übertragen worden ist. Oberarzt ist ferner der Facharzt in einer durch den Arbeitgeber übertragenen Spezialfunktion, für die dieser eine erfolgreich abgeschlossene Schwerpunkt- oder Zusatzweiterbildung nach der Weiterbildungsordnung fordert.

TV-L § 41

Entgelt-gruppe	Bezeichnung
Ä 4	Fachärztin/Facharzt, der/dem die ständige Vertretung des leitenden Arztes (Chefarzt) vom Arbeitgeber übertragen worden ist. *(Protokollerklärung: Ständiger Vertreter ist nur der Arzt, der den leitenden Arzt in der Gesamtheit seiner Dienstaufgaben vertritt. Das Tätigkeitsmerkmal kann daher innerhalb einer Klinik nur von einer Ärztin/einem Arzt erfüllt werden.)"*

Erläuterungen zu § 41 Nr. 7 TV-L:

1 Mit § 41 Nr. 7 TV-L ist nunmehr eine spezielle Eingruppierungsregelung für die im universitären Bereich beschäftigten Ärztinnen und Ärzte sowie Zahnärztinnen und Zahnärzte geschaffen worden.

2 Sie sieht entsprechend ihrer Erfahrung und Qualifikation eine Eingruppierung in die Entgeltgruppen Ä1 bis Ä4 vor, wobei es für die Eingruppierung darauf ankommt, dass der Beschäftigte zeitlich mindestens die Hälfte der auszuübenden Tätigkeit in der jeweiligen Entgeltgruppe verrichten muss.

Nr. 8: Zu § 13. § 13 gilt in folgender Fassung:

„**§ 13 Zulage bei Überschreiten der Mindestweiterbildungszeit. Ärztinnen/Ärzte der Entgeltgruppe Ä 1 in der Weiterbildung zur Fachärztin beziehungsweise zum Facharzt erhalten eine monatliche Zulage in Höhe der Differenz zur Stufe 1 der Entgeltgruppe Ä 2, sobald sie die Mindestweiterbildungszeit nach der Weiterbildungsordnung um mehr als ein Jahr überschritten haben, ohne dass sie dies zu vertreten haben.**"

Erläuterungen zu § 41 Nr. 8 TV-L:

1 Der in den allgemeinen Vorschriften des TV-L nicht besetzte § 13 TV-L wird in § 41 Nr. 8 TV-L entsprechend aufgefüllt mit Regelungen zur Zulage bei Überschreiten der Mindestweiterbildungszeit. Ärztinnen/Ärzte der Entgeltgruppe Ä1 in der Facharztweiterbildung erhalten eine entsprechende Differenz zur Stufe 1 zur Entgeltgruppe Ä2, sobald sie die Mindestweiterbildungszeit um mehr als ein Jahr überschritten haben, ohne dass sie dies zu vertreten hätten.

2 Mit dieser Regelung wird dem Umstand Rechnung getragen, dass der sich in Weiterbildung befindende Arzt betriebsbedingt seine Facharztprüfung nicht ablegen kann und über die angesetzte Mindestweiterbildungszeit entsprechend der Weiterbildungsordnung in der Ausbildung bleiben muss.

Nr. 9: Zu § 14 – Vorübergehende Übertragung einer höherwertigen Tätigkeit – § 14 gilt in folgender Fassung:

„**§ 14 Vorübergehende Übertragung einer höherwertigen Tätigkeit.**

(1) Wird Beschäftigten vorübergehend eine andere Tätigkeit übertragen, die den Tätigkeitsmerkmalen einer höheren Entgeltgruppe entspricht, und wurde diese Tätigkeit mindestens einen Monat ausgeübt, erhalten sie für die Dauer der Ausübung eine persönliche Zulage rückwirkend ab dem ersten Tag der Übertragung der Tätigkeit.

der Länder § 41 TV-L

(2) Die persönliche Zulage bemisst sich bei Beschäftigten, die in eine der Entgeltgruppen Ä 1 bis Ä 3 eingruppiert sind, aus dem Unterschiedsbetrag zu dem Tabellenentgelt, das sich bei dauerhafter Übertragung ergeben hätte."

Erläuterungen zu § 41 Nr. 9 TV-L:

Die Regelungen des § 14 Abs. 1 und 3 Satz 1 TV-L finden Anwendung im Geltungsbereich des § 41 TV-L, mit der Differenzierung, dass im Geltungsbereich des § 41 Nr. 9 TV-L eine Einteilung in die Entgeltgruppen Ä1 bis Ä3 stattfindet (entgegen der allgemeinen Regelungen, die von den Entgeltgruppen 1 bis 9 sprechen). § 14 Abs. 2 TV-L sowie § 14 Abs. 3 Satz 2 TV-L entfallen.

Nr. 10: Zu § 15 – Tabellenentgelt – § 15 gilt in folgender Fassung:

„§ 15 Tabellenentgelt. (1) ¹Die/Der Beschäftigte erhält monatlich ein Tabellenentgelt. ²Die Höhe bestimmt sich nach der Entgeltgruppe, in die sie/er eingruppiert ist, und nach der für sie/ihn geltenden Stufe.

Protokollerklärung zu § 15 Absatz 1:
¹Für Beschäftigte, bei denen die Regelungen des Tarifgebiets Ost Anwendung finden, beträgt der Bemessungssatz für die sonstigen Entgeltbestandteile in diesem Tarifvertrag sowie in den ergänzenden Tarifverträgen und Tarifvertragsregelungen 92,5 v.H. ²Der Bemessungssatz Ost bleibt bis zum 31. Dezember 2009 unverändert; die Angleichung des Bemessungssatzes wird bis zu diesem Zeitpunkt abgeschlossen. ³Satz 1 gilt nicht für Ansprüche aus § 23 Absatz 1 und 2.

(2) ¹Beschäftigte, für die die Regelungen des Tarifgebiets West Anwendung finden, erhalten Entgelt nach den Anlagen C 1 und C 2. ²Beschäftigte, für die die Regelungen des Tarifgebiets Ost Anwendung finden, erhalten Entgelt nach den Anlagen D 1 und D 2."

Erläuterungen zu § 41 Nr. 10 TV-L:

Zu Abs. 1. Die Sonderregelung des § 41 Nr. 10 TV-L sieht –im Gegensatz zu 1 § 15 Abs. 1 TV-L keine Erhöhung des Bemessungssatzes Ost auf 100% zum 1. 1. 2008 vor, für Beschäftigte, auf die die Regelungen des Tarifgebietes Ost Anwendung finden und die nach BAT-O in die Vergütungsgruppen X bis Vb Kr. I bis Kr.VIII eingruppiert oder nach dem MTArb-O in die Lohngruppen 1 bis 9 eingereiht wären. Nach § 41 Nr. 10 TV-L bleibt dieser Bemessungssatz bis zum 31. 12. 2009 unverändert.

Zu Abs. 2. Die Entgelttabellen für Beschäftigte, für die die Regelungen des 2 Tarifgebietes West Anwendung finden, finden sich für die Sonderregelungen des § 41 TV-L in den Anlagen C 1 und C 2, für Beschäftigte, für die die Regelungen des Tarifgebietes Ost Anwendung finden in den Anlagen D 1 und D 2.
§ 15 Abs. 3 TV-L findet im Rahmen von § 41 Nr. 10 TV-L keine Anwendung.

Nr. 11: Zu § 16 – Stufen der Entgelttabelle – § 16 gilt in folgender Fassung:

„§ 16 Stufen der Entgelttabelle. (1) ¹Die Entgeltgruppe Ä 1 umfasst fünf Stufen; die Entgeltgruppen Ä 2 bis Ä 4 umfassen drei Stufen. ²Die Beschäftigten erreichen die jeweils nächste Stufe nach den Zeiten ärztlicher

(Ä 1), fachärztlicher (Ä 2), oberärztlicher (Ä 3) Tätigkeit beziehungsweise der Tätigkeit als ständiger Vertreter des leitenden Arztes (Chefarztes), die in den Tabellen (Anlagen C und D) angegeben sind.

(2) ¹Für die Anrechnung von Vorzeiten ärztlicher Tätigkeit gilt Folgendes: Bei der Einstellung werden Zeiten mit einschlägiger Berufserfahrung als förderliche Zeiten für die Stufenzuordnung berücksichtigt. ²Zeiten von Berufserfahrung aus nichtärztlicher Tätigkeit können berücksichtigt werden.

(3) ¹Zur regionalen Differenzierung, zur Deckung des Personalbedarfs, zur Bindung von qualifizierten Fachkräften oder zum Ausgleich höherer Lebenshaltungskosten kann abweichend von der tarifvertraglichen Einstufung ein bis zu zwei Stufen höheres Entgelt ganz oder teilweise vorweg gewährt werden. ²Beschäftigte mit einem Entgelt der Endstufe können bis zu 20 v. H. der Stufe 2 zusätzlich erhalten. ³Die Zulage kann befristet werden. ⁴Sie ist auch als befristete Zulage widerruflich.

(4) ¹Bei Wissenschaftlerinnen und Wissenschaftlern tritt bei Anwendung des Absatzes 3 an die Stelle des Wertes von 20 v. H. der Wert 25 v. H. ²Dies gilt jedoch nur, wenn
a) sie aufgrund ihrer fachlichen Qualifikation besondere projektbezogene Anforderungen erfüllen oder
b) eine besondere Personalbindung beziehungsweise Personalgewinnung erreicht werden soll."

Erläuterungen zu § 41 Nr. 11 TV-L:

1 Im Rahmen des § 41 Nr. 11 TV-L wird § 16 TV-L in vier Absätze unterteilt:
Zu Abs. 1. Es findet eine Gruppeneinteilung Ä1 bis Ä 4 statt; die Entgeltgruppe Ä 1 wird wiederum in fünf Stufen unterteilt, die Entgeltgruppen Ä 2 bis Ä 4 in jeweils drei Gruppen. Die Stufeneinteilung ist abhängig von den Zeiten ärztlicher (Ä 1), fachärztlicher (Ä 2) oder oberärztlicher (Ä 3) Tätigkeit sowie der Tätigkeit als ständiger Vertreter des leitenden Arztes.

2 **Zu Abs. 2.** § 41 Nr. 11 TV-L konkretisiert § 16 Abs. 2 TV-L für Beschäftigte im Geltungsbereich des § 41 Nr. 1 TV-L dahingehend, dass Zeiten mit einschlägiger Berufserfahrung als förderliche Zeiten für die Stufenzuordnung zu berücksichtigen sind.

3 Entsprechend der Protokollerklärung zu § 16 Abs. 2 TV-L sind einschlägige Berufserfahrungen, berufliche Erfahrungen in der übertragenen oder einer auf die Aufgabe bezogenen entsprechenden Tätigkeit. Auch die Ableistung eines Berufspraktikums gilt als Erwerb einschlägiger Berufserfahrung; § 41 Nr. 11 TV-L erweitert § 16 Abs. 2 TV-L in der Weise, dass auch Zeiten nichtärztlicher Tätigkeit als einschlägige Berufserfahrung anerkannt werden können.

4 **Zu Abs. 3.** § 16 Abs. 4 TV-L findet im Geltungsbereich des § 41 Nr. 11 TV-L in dessen Absatz 3 seinen Niederschlag.

5 **Zu Abs. 4.** Für die in den Geltungsbereich des § 41 TV-L fallende Beschäftigte ist Abs. 4 eingeführt worden; die Regelungen sieht explizit für Wissenschaftlerinnen und Wissenschaftler mit einem Entgelt der Endstufe eine zusätzliche Vergütung in Höhe von 25% der Stufe 2 vor, sofern sie aufgrund ihrer Qualifikation entsprechende Aufgaben wahrnehmen oder hierdurch eine entsprechende Personalgewinnung bzw. -bindung erreicht werden soll. Für die übrigen Beschäftigten im Geltungsbereich des § 41 TV-L gilt die Möglichkeit einer Zulage in Höhe von 20%.

Nr. 12: Zu § 17 – Allgemeine Regelungen zu den Stufen – § 17 gilt in folgender Fassung:

„§ 17 Allgemeine Regelungen zu den Stufen. (1) Die Beschäftigten erhalten das Tabellenentgelt nach der neuen Stufe vom Beginn des Monats an, in dem die nächste Stufe erreicht wird.

(2) ^{1}Den Zeiten einer ununterbrochenen Tätigkeit im Sinne des § 16 Absatz 1 Satz 2 stehen gleich:
a) Schutzfristen nach dem Mutterschutzgesetz,
b) Zeiten einer Arbeitsunfähigkeit nach § 22 bis zu 39 Wochen,
c) Zeiten eines bezahlten Urlaubs,
d) Zeiten eines Sonderurlaubs, bei denen der Arbeitgeber vor dem Antritt schriftlich ein dienstliches beziehungsweise betriebliches Interesse anerkannt hat,
e) Zeiten einer sonstigen Unterbrechung von weniger als einem Monat im Kalenderjahr,
f) Zeiten der vorübergehenden Übertragung einer höherwertigen Tätigkeit.
^{2}Zeiten der Unterbrechung bis zu einer Dauer von jeweils drei Jahren, die nicht von Satz 1 erfasst werden, und Elternzeit sind unschädlich; sie werden aber nicht auf die Stufenlaufzeit angerechnet. ^{3}Zeiten, in denen eine Beschäftigung mit einer kürzeren als der regelmäßigen wöchentlichen Arbeitszeit eines entsprechenden Vollbeschäftigten erfolgt ist, werden voll angerechnet."

Erläuterungen zu § 41 Nr. 12 TV-L:

Zu Abs. 2. Im Rahmen des § 41 Nr. 12 TV-L findet § 17 Abs. 2 TV-L keine Anwendung. 1

Zu Abs. 3. § 17 Abs. 3 TV-L ist im Rahmen des § 41 Nr. 12 TV-L in Absatz 2 geregelt, mit der Modifikation, dass eine Stufeneinteilung mit der Maßgabe des § 16 Abs. 1 Satz 2 TV-L zu erfolgen hat. In § 16 Abs. 3 Satz 2 3. Alternative TV-L getroffene Regelungen für Saisonbeschäftigte finden in § 41 Nr. 12 TV-L keine Anwendung. 2

Ebenso trifft § 41 Nr. 12 TV-L keine Aussage über die Stufenzuordnung bei einer mehr als drei Jahren andauernden Unterbrechung der Beschäftigung. 3

Nr. 13: Zu § 18. § 18 gilt in folgender Fassung:

„§ 18 Besondere Zahlung im Drittmittelbereich. ^{1}Die Beschäftigten im Drittmittelbereich können vom Arbeitgeber eine Sonderzahlung erhalten. ^{2}Voraussetzung ist, dass nach Deckung der Einzel- und Gemeinkosten des Drittmittelvorhabens entsprechende Erträge aus Mitteln privater Dritter verbleiben. ^{3}Die Beschäftigten müssen zudem durch besondere Leistungen bei der Einwerbung der Mittel oder der Erstellung einer für die eingeworbenen Mittel zu erbringenden beziehungsweise erbrachten Leistung beigetragen haben. ^{4}Die Sonderzahlung kann bis zu 10 v. H. ihres Jahrestabellenentgelts betragen. ^{5}Sie ist nicht zusatzversorgungspflichtig."

Erläuterungen zu § 41 Nr. 13 TV-L:

Im Gegensatz zur allgemeinen Regelung des § 18 Abs. 1 TV-L regelt § 41 Nr. 13 TV-L in dieser Vorschrift die „Besondere Bezahlung im Drittmittelbereich". Beschäftigte können von ihrem Arbeitgeber nach Deckung der Einzel- und

TV-L § 41

Gesamtkosten eines Drittmittelvorhabens eine Sonderzahlung erhalten, sofern sich die Beschäftigten durch besondere Leistungen verdient gemacht haben. Diese Sonderzahlung kann bis zu 10% des jeweiligen Jahrestabellenentgelts betragen; sie ist nicht zusatzversorgungspflichtig (im Gegensatz zum Leistungsentgelt nach § 18 Abs. 3 TV-L).

Nr. 14: Zu § 19 – Erschwerniszuschläge – § 19 gilt nicht.

Nr. 15: Zu § 20 – Jahressonderzahlungen – § 20 gilt nicht.

Nr. 16: Zu § 24 – Berechnung und Auszahlung des Entgelts – § 24 Absatz 6 gilt in folgender Fassung:

„(6) **Durch Nebenabrede zum Arbeitsvertrag können neben dem Tabellenentgelt zustehende Entgeltbestandteile (zum Beispiel Zeitzuschläge, Erschwerniszuschläge, Überstundenentgelte) pauschaliert werden. Die Nebenabrede ist mit einer Frist von drei Monaten jeweils zum Ende eines Kalenderhalbjahres kündbar."**

Erläuterungen zu § 41 Nr. 16 TV-L:

Zusätzlich zur allgemeinen Formulierung des § 24 Abs. 6 TV-L geltenden Fassung erklärt § 41 Nr. 16 TV-L in einem weiteren Satz 2 die Nebenabrede mit einer Frist von drei Monaten jeweils zum Ende eines Kalenderhalbjahres für kündbar.

Nr. 17: Zu § 27 – Zusatzurlaub – § 27 erhält folgenden Absatz 6:

„(6) [1]**Beschäftigte erhalten Zusatzurlaub im Kalenderjahr bei einer Leistung im Kalenderjahr von mindestens**

150 Nachtarbeitsstunden	**1 Arbeitstag**
300 Nachtarbeitsstunden	**2 Arbeitstage**
450 Nachtarbeitsstunden	**3 Arbeitstage**
600 Nachtarbeitsstunden	**4 Arbeitstage.**

[2]**Bei Teilzeitkräften ist die Zahl der in Satz 1 geforderten Nachtarbeitsstunden entsprechend dem Verhältnis der vereinbarten durchschnittlichen regelmäßigen Arbeitszeit zur regelmäßigen Arbeitszeit von entsprechenden Vollzeitkräften zu kürzen.** [3]**Nachtarbeitsstunden, die in Zeiträumen geleistet werden, für die Zusatzurlaub für Wechselschicht- oder Schichtarbeit zusteht, bleiben unberücksichtigt.** [4]**Absatz 4 und Absatz 5 finden Anwendung.**

Protokollerklärung zu Absatz 6:
Der Anspruch auf Zusatzurlaub bemisst sich nach den abgeleisteten Nachtarbeitsstunden und entsteht im laufenden Jahr, sobald die Voraussetzungen nach Absatz 6 Satz 1 erfüllt sind."

Erläuterungen zu § 41 Nr. 17 TV-L:

Im Geltungsbereich des § 41 TV-L wird § 27 TV-L erweitert durch Absatz 6, der für geleistete Nachtarbeitsstunden im Kalenderjahr entsprechend des geleisteten Umfangs dem Beschäftigten Zusatzurlaub in Arbeitstagen gewährt.

Nr. 18: Zu § 29 – Arbeitsbefreiung – § 29 Absatz 6 gilt in folgender Fassung, ergänzt um Absatz 7:

„(6) ¹Zur Teilnahme an Arztkongressen, Fachtagungen und vergleichbaren Veranstaltungen ist den Beschäftigten Arbeitsbefreiung bis zu drei Arbeitstage im Kalenderjahr zu gewähren. ²Die Arbeitsbefreiung wird auf einen Anspruch nach den Weiterbildungsgesetzen der Länder angerechnet. ³Bei Personalkostenerstattung durch Dritte erfolgt eine Freistellung für bis zu fünf Tage.

(7) In den Fällen der Absätze 1 bis 6 werden das Tabellenentgelt sowie die sonstigen Entgeltbestandteile, die in Monatsbeträgen festgelegt sind, weitergezahlt."

Erläuterungen zu § 41 Nr. 18 TV-L:

§ 18 Abs. 6 TV-L bleibt im Geltungsbereich des § 41 Nr. 18 als Abs. 7 erhalten. 1
Eingeschoben ist der neugefasste Absatz 6, der Beschäftigten für die Teilnahme 2 an Arztkongressen, Fachtagungen und vergleichbaren Veranstaltungen eine Arbeitsbefreiung von bis zu drei Arbeitstagen im Kalenderjahr sichert. Sofern ein Anspruch nach den Weiterbildungsgesetzen der Länder besteht, wird die Arbeitsbefreiung auf diesen Anspruch angerechnet. Findet eine Personalkostenerstattung durch Dritte statt, erfolgt eine entsprechende Freistellung bis zu fünf Tagen.

Nr. 19: Zu § 30 – Befristete Arbeitsverträge –

1. § 30 Absatz 2 gilt in folgender Fassung:

„(2) ¹Kalendermäßig befristete Arbeitsverträge mit sachlichem Grund sind nur zulässig, wenn die Dauer des einzelnen Vertrages sieben Jahre nicht übersteigt; weitergehende Regelungen im Sinne von § 23 Teilzeit- und Befristungsgesetz bleiben unberührt. ²Beschäftigte mit einem Arbeitsvertrag nach Satz 1 sind bei der Besetzung von Dauerarbeitsplätzen bevorzugt zu berücksichtigen, wenn die sachlichen und persönlichen Voraussetzungen erfüllt sind."

2. § 30 erhält folgenden Absatz 7:

„(7) ¹Beim Abschluss von befristeten Arbeitsverträgen mit besonders kurzen Vertragslaufzeiten ist auch das Interesse der Beschäftigten an einer notwendigen Planungssicherheit zu berücksichtigen. ²Bei befristeten Beschäftigungen nach dem Hochschulrahmengesetz beziehungsweise einer gesetzlichen Nachfolgeregelung mit dem Zweck der Weiterbildung zur Fachärztin beziehungsweise zum Facharzt soll der erste Vertrag möglichst für eine Laufzeit von nicht weniger als zwei Jahren und der weitere Vertrag bis zum Ende der Mindestweiterbildungszeit geschlossen werden. ³Sachliche Gründe können eine kürzere Vertragslaufzeit erfordern."

Niederschriftserklärung zu § 40 Nr. 8 und § 41 Nr. 19 (betreffend § 30 TV-L):
Die Tarifvertragsparteien erwarten eine verantwortungsbewusste Handhabung der Befristungen im Wissenschaftsbereich.

Erläuterungen zu § 41 Nr. 19 TV-L:

Zu Abs. 2. Im Rahmen des § 41 Nr. 19 TV-L sind kalendermäßig befristete 1 Arbeitsverträge nach § 30 Abs. 2 TV-L mit der Maßgabe zulässig, wenn die Dauer des einzelnen Vertrages sieben Jahre nicht übersteigt.

TV-L § 41   Tarifvertrag

2   **Zu Abs. 7.** Zusätzlich ergänzt wird die Vorschrift durch Abs. 7, der bei Abschluss befristeter Arbeitsverträge mit besonders kurzen Laufzeiten das Interesse der Beschäftigten an einer notwendigen Planungssicherheit berücksichtigt. Bei Vereinbarung kürzerer Vertragslaufzeiten, als durch das Hochschulrahmengesetz vorgesehen, ist das Vorliegen von sachlichen Gründen erforderlich.

Nr. 20: Zu § 31 – Führung auf Probe – § 31 gilt in folgender Fassung:
„**§ 31 Führung auf Probe.** (1) [1] **Führungspositionen können als befristetes Arbeitsverhältnis bis zur Gesamtdauer von zwei Jahren vereinbart werden.** [2] **Innerhalb dieser Gesamtdauer ist eine höchstens zweimalige Verlängerung des Arbeitsvertrages zulässig.** [3] **Die beiderseitigen Kündigungsrechte bleiben unberührt.**

(2) **Führungspositionen sind die ab Entgeltgruppe Ä 3 auszuübenden Tätigkeiten mit Weisungsbefugnis.**

(3) [1] **Besteht bereits ein Arbeitsverhältnis mit demselben Arbeitgeber, kann der/dem Beschäftigten vorübergehend eine Führungsposition bis zu der in Absatz 1 genannten Gesamtdauer übertragen werden.** [2] **Der/ Dem Beschäftigten wird für die Dauer der Übertragung eine Zulage in Höhe des Unterschiedsbetrags zu dem Tabellenentgelt, das sich bei dauerhafter Übertragung ergeben hätte, gewährt.** [3] **Nach Fristablauf endet die Erprobung.** [4] **Bei Bewährung wird die Führungsfunktion auf Dauer übertragen; ansonsten erhält die/der Beschäftigte eine der bisherigen Eingruppierung entsprechende Tätigkeit.**"

Erläuterungen zu § 41 Nr. 20 TV-L:

Zu Abs. 3. Angepasst an die Sonderregelung zu § 41 Nr. 20 TV-L definiert § 31 Abs. 2 TV-L Führungspositionen in diesem Geltungsbereich jene ab Entgeltgruppe Ä3 (vgl. § 31 Abs. 2 TV-L die von Entgeltgruppe 10 ausgeht).

Nr. 21: Zu § 32 – Führung auf Zeit – § 32 gilt in folgender Fassung:
„**§ 32 Führung auf Zeit.** (1) [1] **Führungspositionen können als befristetes Arbeitsverhältnis bis zur Dauer von vier Jahren vereinbart werden.** [2] **Folgende Verlängerungen des Arbeitsvertrages sind zulässig:**
a) **in der Entgeltgruppe Ä 3 eine höchstens zweimalige Verlängerung bis zu einer Gesamtdauer von acht Jahren,**
b) **in der Entgeltgruppe Ä 4 eine höchstens dreimalige Verlängerung bis zu einer Gesamtdauer von zwölf Jahren.**
[3] **Zeiten in einer Führungsposition nach Buchstabe a bei demselben Arbeitgeber können auf die Gesamtdauer nach Buchstabe b zur Hälfte angerechnet werden.** [4] **Die allgemeinen Vorschriften über die Probezeit (§ 2 Absatz 4) und die beiderseitigen Kündigungsrechte bleiben unberührt.**

(2) **Führungspositionen sind die ab Entgeltgruppe Ä 3 auszuübenden Tätigkeiten mit Weisungsbefugnis.**

(3) [1] **Besteht bereits ein Arbeitsverhältnis mit demselben Arbeitgeber, kann der/dem Beschäftigten vorübergehend eine Führungsposition bis zu den in Absatz 1 genannten Fristen übertragen werden.** [2] **Der/Dem Beschäftigten wird für die Dauer der Übertragung eine Zulage in Höhe des Unterschiedsbetrags zu dem Tabellenentgelt, das sich bei dauerhafter Übertragung ergeben hätte, gewährt.** [3] **Nach Fristablauf erhält die/der**

der Länder § 41 TV-L

Beschäftigte eine der bisherigen Eingruppierung entsprechende Tätigkeit."

Erläuterung zu § 41 Nr. 21 TV-L:

Im Rahmen des § 41 Nr. 21 TV-L wird § 32 bzgl. der Entgeltgruppen modifiziert. § 32 Abs. 1 Buchst. a) TV-L bezieht sich auf Entgeltgruppe Ä 3, Abs. 1 Buchst. b) auf Entgeltgruppe Ä4. Ebenso wird die Vorschrift in Abs. 2 an die im Rahmen des § 41 geltenden Entgeltgruppen angepasst – hier bezieht sich die Regelung auf die Entgeltgruppe Ä3.

Nr. 22: Zu § 33 – Beendigung des Arbeitsverhältnisses ohne Kündigung –

1. § 33 Absatz 4 gilt in folgender Fassung:

„(4) ¹Verzögert die/der Beschäftigte schuldhaft den Rentenantrag oder bezieht sie/er Altersrente nach § 236 oder § 236a SGB VI oder ist sie/er nicht in der gesetzlichen Rentenversicherung oder in einem berufsständischen Versorgungswerk versichert, so tritt an die Stelle des Rentenbescheids das Gutachten einer Amtsärztin/eines Amtsarztes oder einer/eines nach § 3 Absatz 5 Satz 2 bestimmten Ärztin/Arztes. ²Das Arbeitsverhältnis endet in diesem Fall mit Ablauf des Monats, in dem der/dem Beschäftigten das Gutachten bekannt gegeben worden ist."

2. Dem § 33 wird folgende Protokollerklärung angefügt:

„Protokollerklärung zu § 33 Absatz 2 und 3:
Als Rentenversicherungsträger im Sinne der Absätze 2 und 3 gelten auch berufsständische Versorgungswerke."

Erläuterungen zu § 41 Nr. 22 TV-L:

§ 33 Abs. 4 TV-L wird im Lichte des § 41 Nr. 22 TV-L in Satz 1 um den Zusatz „oder in einem berufsständischen Versorgungswerk" ergänzt. Dies wird weiterhin durch die angefügte Protokollerklärung weiterhin untermauert, die als Rentenversicherungsträger auch berufsständische Versorgungswerke anerkennt.

Nr. 23: Zu § 35 – Zeugnis – Dem § 35 wird folgender Absatz 5 angefügt:

„(5) Das Zeugnis wird vom leitenden Arzt und vom Arbeitgeber ausgestellt."

Erläuterungen zu § 41 Nr. 23 TV-L:

Der zusätzlich eingefügte Abs. 5 bestimmt, dass Zeugnisse vom leitenden Arzt (Chefarzt) oder dem Arbeitgeber (Träger einer Klinik) ausgestellt werden.

Nr. 24: Zu § 39 – In-Kraft-Treten, Laufzeit – § 39 Absatz 3 gilt in folgender Fassung:

„(3) Abweichend von Absatz 2 kann von jeder Tarifvertragspartei auf landesbezirklicher Ebene schriftlich gekündigt werden
a) § 6 Absatz 1 mit einer Frist von einem Monat zum Schluss eines Kalendermonats, frühestens jedoch zum 31. Dezember 2007,
b) § 23 Absatz 2 mit einer Frist von einem Monat zum Schluss eines Kalendermonats, frühestens jedoch zum 31. Dezember 2007."

TV-L § 42

Nr. 25: Zu § 12 TVÜ-Länder. (1) ¹Abweichend von § 12 Absatz 7 TVÜ-Länder erhalten übergeleitete Fachärztinnen und Fachärzte, die
– am 31. Oktober 2006 Grundvergütung aus den Lebensaltersstufen 45 oder 47 der Vergütungsgruppe I a BAT/BAT-O beziehen und
– ab 1. November 2006 in die Entgeltgruppe Ä 2 eingruppiert sind,
ab November 2006 einen nicht dynamischen Strukturausgleich zusätzlich zu ihrem monatlichen Entgelt. ²Der Strukturausgleich beträgt monatlich bei Anspruch auf Grundvergütung am 31. Oktober 2006 aus

Lebensaltersstufe	Tarifgebiet West	Tarifgebiet Ost
45	90,00 Euro	83,25 Euro
47	190,00 Euro	175,75 Euro

(2) ¹Bei Höhergruppierungen und allgemeinen Entgelterhöhungen wird der Unterschiedsbetrag zum bisherigen Entgelt auf den Strukturausgleich angerech-net. ²Dasselbe gilt für die Zahlung von Zulagen nach §§ 14 und 16 Absatz 3 und 4. ³Im Tarifgebiet Ost wird auch die Angleichung zum 1. Januar 2010 angerechnet.

§ 42 Sonderregelungen für Ärztinnen und Ärzte außerhalb von Universitätskliniken.

Nr. 1: Zu § 1 – Geltungsbereich – Diese Sonderregelungen gelten für Ärztinnen und Ärzte einschließlich Zahnärztinnen und Zahnärzte (Beschäftigte), die nicht unter den Geltungsbereich des § 41 fallen und in Krankenhäusern oder Einrichtungen, in denen die betreuten Personen in ärztlicher Behandlung stehen, beschäftigt werden.

Erläuterungen zu § 42 Nr. 1 TV-L:

Die Sonderregelungen des § 42 TV-L gelten für Ärztinnen/Ärzte sowie Zahnärztinnen/Zahnärzte, die in Krankenhäusern und Einrichtungen beschäftigt sind, aber nicht in den Geltungsbereich des § 41 TV-L fallen.

Nr. 2: Zu § 3 – Allgemeine Arbeitsbedingungen – § 3 gilt in folgender Fassung:

„**§ 3 Allgemeine Arbeitsbedingungen.** (1) ¹Die arbeitsvertraglich geschuldete Leistung ist gewissenhaft und ordnungsgemäß auszuführen. ²Die Beschäftigten müssen sich durch ihr gesamtes Verhalten zur freiheitlich demokratischen Grundordnung im Sinne des Grundgesetzes bekennen.

(2) Die Beschäftigten haben über Angelegenheiten, deren Geheimhaltung durch gesetzliche Vorschriften vorgesehen oder vom Arbeitgeber angeordnet ist, Verschwiegenheit zu wahren; dies gilt auch über die Beendigung des Arbeitsverhältnisses hinaus.

(3) ¹Die Beschäftigten dürfen von Dritten Belohnungen, Geschenke, Provisionen oder sonstige Vergünstigungen mit Bezug auf ihre Tätigkeit nicht annehmen. ²Ausnahmen sind nur mit Zustimmung des Arbeitgebers möglich. ³Werden den Beschäftigten derartige Vergünstigungen angeboten, haben sie dies dem Arbeitgeber unverzüglich anzuzeigen.

(4) ¹Eine Beteiligung der Beschäftigten an Poolgeldern hat nach transparenten Grundsätzen, insbesondere unter Berücksichtigung von Verantwortung, Leistung und Erfahrung zu erfolgen. ²Sie richtet sich nach den landesrechtlichen Bestimmungen. ³Soweit keine landesrechtlichen Bestimmungen erlassen sind, soll ein Poolvolumen gemäß den Grundsätzen des Satzes 1 verteilt werden; die Klinik kann weitere Kriterien bestimmen. ⁴Die Beteiligung an Poolgeldern ist kein zusatzversorgungspflichtiges Entgelt.

(5) ¹Der Arbeitgeber ist bei begründeter Veranlassung berechtigt, Beschäftigte zu verpflichten, durch ärztliche Bescheinigung nachzuweisen, dass sie zur Leistung der arbeitsvertraglich geschuldeten Tätigkeit in der Lage sind. ²Bei dem beauftragten Arzt kann es sich um einen Amtsarzt handeln, soweit sich die Betriebsparteien nicht auf einen anderen Arzt geeinigt haben. ³Die Kosten dieser Untersuchung trägt der Arbeitgeber. ⁴Der Arbeitgeber kann die Beschäftigten auch bei Beendigung des Arbeitsverhältnisses untersuchen lassen. ⁵Auf Verlangen der Beschäftigten ist er hierzu verpflichtet. ⁶Beschäftigte, die besonderen Ansteckungsgefahren ausgesetzt oder in gesundheitsgefährdenden Bereichen beschäftigt sind, sind in regelmäßigen Zeitabständen ärztlich zu untersuchen.

(6) ¹Die Beschäftigten haben ein Recht auf Einsicht in ihre vollständigen Personalakten. ²Sie können das Recht auf Einsicht auch durch eine/n hierzu schriftlich Bevollmächtigte/n ausüben lassen. ³Sie können Auszüge oder Kopien aus ihren Personalakten erhalten. ⁴Die Beschäftigten müssen über Beschwerden und Behauptungen tatsächlicher Art, die für sie ungünstig sind oder ihnen nachteilig werden können, vor Aufnahme in die Personalakten gehört werden. ⁵Ihre Äußerung ist zu den Personalakten zu nehmen.

(7) Für die Schadenshaftung der Beschäftigten finden die Bestimmungen, die für die Beamten des jeweiligen Landes jeweils gelten, entsprechende Anwendung.

(8) (nicht besetzt)

(9) ¹Zu den Pflichten der Beschäftigten gehört es auch, ärztliche Bescheinigungen auszustellen. ²Die Beschäftigten können vom Arbeitgeber verpflichtet werden, im Rahmen einer zugelassenen Nebentätigkeit von leitenden Ärztinnen und Ärzten oder für Belegärztinnen und Belegärzte innerhalb der Einrichtung ärztlich tätig zu werden.

(10) ¹Zu den Pflichten der Beschäftigten aus der Haupttätigkeit gehört es, am Rettungsdienst in Notarztwagen und Hubschraubern teilzunehmen. ²Für jeden Einsatz in diesem Rettungsdienst erhalten die Beschäftigten einen nicht zusatzversorgungspflichtigen Einsatzzuschlag in Höhe von 15,41 Euro. ³Dieser Betrag verändert sich zu demselben Zeitpunkt und in dem gleichen Ausmaß wie das Tabellenentgelt der Entgeltgruppe 14 Stufe 3.

Protokollerklärungen zu § 3 Absatz 10:
1. Beschäftigte, denen aus persönlichen Gründen (zum Beispiel Vorliegen einer anerkannten Minderung der Erwerbsfähigkeit, die dem Einsatz im Rettungsdienst entgegensteht, Flugunverträglichkeit) oder aus fachlichen Gründen die Teilnahme am Rettungsdienst nicht zumutbar beziehungsweise untersagt ist, dürfen nicht zum Einsatz im Rettungsdienst herangezogen werden.

2. ¹*Der Einsatzzuschlag steht nicht zu, wenn den Beschäftigten wegen der Teilnahme am Rettungsdienst außer den tariflichen Bezügen sonstige Leistungen vom Arbeitgeber oder von einem Dritten (zum Beispiel private Unfallversicherung, für die der Arbeitgeber oder ein Träger des Rettungsdienstes die Beiträge ganz oder teilweise trägt, Liquidationsansprüche) zustehen.* ²*Die Beschäftigten können auf die sonstigen Leistungen verzichten.*

(11) Zu den Pflichten der Beschäftigten aus der Haupttätigkeit gehören auch die Erstellung von Gutachten, gutachtlichen Äußerungen und wissenschaftlichen Ausarbeitungen, die nicht von einem Dritten angefordert und vergütet werden.

(12) ¹Für die Nebentätigkeiten der Beschäftigten finden die Bestimmungen, die für die Beamten des jeweiligen Landes jeweils gelten, sinngemäß Anwendung.
²Die Beschäftigten können vom Arbeitgeber verpflichtet werden, als Nebentätigkeit Unterricht zu erteilen sowie Gutachten, gutachtliche Äußerungen und wissenschaftliche Ausarbeitungen zu erstellen, die von einem Dritten angefordert und vergütet werden. ³Dies gilt auch im Rahmen einer zugelassenen Nebentätigkeit des leitenden Arztes.
⁴Steht die Vergütung für das Gutachten, die gutachtliche Äußerung oder wissenschaftliche Ausarbeitung ausschließlich dem Arbeitgeber zu, so haben die Beschäftigten entsprechend ihrer Beteiligung einen Anspruch auf einen Teil dieser Vergütung.
⁵In allen anderen Fällen sind die Beschäftigten berechtigt, für die Nebentätigkeit einen Anteil der Vergütung anzunehmen, die von dem Dritten zu zahlen ist. ⁶Die Beschäftigten können die Übernahme der Nebentätigkeit verweigern, wenn die angebotene Vergütung offenbar nicht dem Umfang ihrer Beteiligung entspricht.
⁷Im Übrigen kann die Übernahme der Nebentätigkeit nur in besonders begründeten Ausnahmefällen verweigert werden.

(13) Auch die Ausübung einer unentgeltlichen Nebentätigkeit bedarf der vorherigen Genehmigung des Arbeitgebers, wenn für sie Räume, Einrichtungen, Personal oder Material des Arbeitgebers in Anspruch genommen werden.

(14) ¹Werden für eine Nebentätigkeit Räume, Einrichtungen, Personal oder Material des Arbeitgebers in Anspruch genommen, so haben die Beschäftigten dem Arbeitgeber die Kosten hierfür zu erstatten, soweit sie nicht von anderer Seite zu erstatten sind. ²Die Kosten können in einer Nebenabrede zum Arbeitsvertrag pauschaliert werden."

Erläuterungen zu § 42 Nr. 2 TV-L:

1 Zu Abs. 4. § 3 Abs. 4 TV-L entspricht im Geltungsbereich des § 42 Nr. 2 TV-L § 41 Nr. 2 TV-L.
2 Zu Abs. 8. § 3 Abs. 8 TV-L ist im Geltungsbereich des § 42 TV-L nicht besetzt.
3 Die in § 42 Nr. 2 TV-L eingeführten §§ 3 Abs. 9 bis 14 TV-L entsprechen der Regelung des § 41 Nr. 2 TV-L.

Nr. 3: Zu § 5 – Qualifizierung – § 5 erhält folgende Absätze 10 bis 12:

„(10) Für Beschäftigte, die sich in Facharztweiterbildung, Schwerpunktweiterbildung oder Zusatzausbildung nach dem Gesetz über befris-

der Länder § 42 TV-L

tete Arbeitsverträge mit Ärzten in der Weiterbildung befinden, ist ein Weiterbildungsplan aufzustellen, der unter Berücksichtigung des Standes der Weiterbildung die zu vermittelnden Ziele und Inhalte der Weiterbildungsabschnitte sachlich und zeitlich gegliedert festlegt.

(11) Die Weiterbildung ist vom Betrieb im Rahmen seines Versorgungsauftrags bei wirtschaftlicher Betriebsführung so zu organisieren, dass die/der Beschäftigte die festgelegten Weiterbildungsziele in der nach der jeweiligen Weiterbildungsordnung vorgesehenen Zeit erreichen kann.

(12) ^{1}Können Weiterbildungsziele aus Gründen, die der Arbeitgeber zu vertreten hat, in der vereinbarten Dauer des Arbeitsverhältnisses nicht erreicht werden, so ist die Dauer des Arbeitsvertrages entsprechend zu verlängern. ^{2}Die Regelungen des Gesetzes über befristete Arbeitsverträge mit Ärzten in der Weiterbildung bleiben hiervon unberührt und sind für den Fall lang andauernder Arbeitsunfähigkeit sinngemäß anzuwenden. ^{3}Absatz 2 bleibt unberührt."

Erläuterungen zu § 42 Nr. 3 TV-L:

Im Rahmen des § 42 Nr. 3 TV-L wird § 5 TV-L um die Absätze 10 bis 12 ergänzt. Er regelt die Aufstellung eines Weiterbildungsplanes im Rahmen der Facharztweiterbildung, der Schwerpunktweiterbildung oder Zusatzausbildung nach dem Gesetz über befristete Arbeitsverträge mit Ärzten in der Weiterbildung.

Nr. 4: Zu § 6 – Regelmäßige Arbeitszeit –
1. § 6 Absatz 1 Satz 2 gilt nicht.
2. § 6 Absatz 3 gilt in folgender Fassung:

„(3) ^{1}Soweit es die betrieblichen/dienstlichen Verhältnisse zulassen, werden Beschäftigte am 24. Dezember und am 31. Dezember unter Fortzahlung des Tabellenentgelts und der sonstigen in Monatsbeträgen festgelegten Entgeltbestandteile von der Arbeit freigestellt. ^{2}Kann die Freistellung aus betrieblichen/dienstlichen Gründen nicht erfolgen, ist entsprechender Freizeitausgleich innerhalb von drei Monaten zu gewähren. ^{3}Die regelmäßige Arbeitszeit vermindert sich für den 24. Dezember und 31. Dezember, sofern sie auf einen Werktag fallen, um die dienstplanmäßig ausgefallenen Stunden.
^{4}Die Arbeitszeit an einem gesetzlichen Feiertag, der auf einen Werktag fällt, wird durch eine entsprechende Freistellung an einem anderen Werktag bis zum Ende des dritten Kalendermonats ausgeglichen, wenn es die betrieblichen Verhältnisse zulassen; der Ausgleich soll möglichst aber schon bis zum Ende des nächsten Kalendermonats erfolgen. ^{5}Kann ein Freizeitausgleich nicht gewährt werden, erhält die/der Beschäftigte je Stunde 100 v. H. des Stundenentgelts; Stundenentgelt ist der auf eine Stunde entfallende Anteil des monatlichen Entgelts der jeweiligen Entgeltgruppe und Stufe nach der Entgelttabelle. ^{6}Ist ein Arbeitszeitkonto eingerichtet, ist eine Buchung gemäß § 10 Absatz 3 zulässig. ^{7}In den Fällen des Satzes 4 steht der Zeitzuschlag von 35 v. H. (§ 8 Absatz 1 Satz 2 Buchstabe d) zu.
^{8}Für Beschäftigte, die regelmäßig nach einem Dienstplan eingesetzt werden, der Wechselschicht- oder Schichtdienst an sieben Tagen in der Woche vorsieht, vermindert sich die regelmäßige Wochenarbeits-

zeit um ein Fünftel der arbeitsvertraglich vereinbarten durchschnittlichen Wochenarbeitszeit, wenn sie an einem gesetzlichen Feiertag, der auf einen Werktag fällt, nicht wegen des Feiertags, sondern dienstplanmäßig nicht zur Arbeit eingeteilt sind und deswegen an anderen Tagen der Woche ihre regelmäßige Arbeitszeit erbringen müssen. [9]In den Fällen des Satzes 8 gelten die Sätze 4 bis 7 nicht.

Protokollerklärung zu § 6 Absatz 3 Satz 3:
Die Verminderung der regelmäßigen Arbeitszeit betrifft die Beschäftigten, die wegen des Dienstplans frei haben und deshalb ohne diese Regelung nacharbeiten müssten."

3. § 6 Absatz 5 gilt in folgender Fassung:

„(5) [1]Die Beschäftigten sind im Rahmen begründeter betrieblicher/dienstlicher Notwendigkeiten verpflichtet, Sonntags-, Feiertags-, Nacht-, Wechselschicht-, Schichtarbeit sowie – bei Teilzeitbeschäftigung aufgrund arbeitsvertraglicher Regelung oder mit ihrer Zustimmung – Bereitschaftsdienst, Rufbereitschaft, Überstunden und Mehrarbeit zu leisten. [2]Beschäftigte, die regelmäßig an Sonn- und Feiertagen arbeiten müssen, erhalten innerhalb von zwei Wochen zwei arbeitsfreie Tage. [3]Hiervon soll ein freier Tag auf einen Sonntag fallen."

4. § 6 Absatz 10 gilt nicht.

Erläuterungen zu § 42 Nr. 4 TV-L:

1 Im Geltungsbereich des § 42 TV-L findet § 6 Abs. 1 Satz 2 TV-L keine Anwendung. Bei Wechselschichtarbeit findet somit keine Einbeziehung der gesetzlich vorgeschriebenen Pausen in die Arbeitszeit statt.

2 Im Übrigen entspricht § 42 Nr. 4 TV-L den Regelungen des § 41 Nr. 4 TV-L.

Nr. 5: Zu § 7 – Sonderformen der Arbeit –

1. § 7 Absatz 1 gilt in folgender Fassung:

„(1) [1]Wechselschichtarbeit ist die Arbeit nach einem Schichtplan, der einen regelmäßigen Wechsel der täglichen Arbeitszeit in Wechselschichten vorsieht, bei denen die/der Beschäftigte durchschnittlich längstens nach Ablauf eines Monats erneut zu mindestens zwei Nachtschichten herangezogen wird. [2]Wechselschichten sind wechselnde Arbeitsschichten, in denen ununterbrochen bei Tag und Nacht, werktags, sonntags und feiertags gearbeitet wird. [3]Nachtschichten sind Arbeitsschichten, die mindestens zwei Stunden Nachtarbeit umfassen."

Niederschriftserklärung zu § 41 Nr. 4, § 42 Nr. 5 und § 43 Nr. 4 (betreffend § 7 Absatz 1 TV-L):
Der Anspruch auf die Wechselschichtzulage ist auch erfüllt, wenn unter Einhaltung der Monatsfrist zwei Nachtdienste geleistet werden, die nicht zwingend unmittelbar aufeinander folgen müssen.

2. § 7 Absätze 3 und 4 gelten in folgender Fassung:

„(3) [1]Beschäftigte sind verpflichtet, sich auf Anordnung des Arbeitgebers außerhalb der regelmäßigen Arbeitszeit an einer vom Arbeitgeber bestimmten Stelle aufzuhalten, um im Bedarfsfall die Arbeit aufzunehmen (Bereitschaftsdienst). ²Der Arbeitgeber darf Bereitschaftsdienst nur anordnen, wenn zu erwarten ist, dass zwar Arbeit anfällt, erfahrungsgemäß aber die Zeit ohne Arbeitsleistung überwiegt.

(4) ¹Rufbereitschaft leisten Beschäftigte, die sich auf Anordnung des Arbeitgebers außerhalb der regelmäßigen Arbeitszeit an einer dem Arbeitgeber anzuzeigenden Stelle aufhalten, um auf Abruf die Arbeit aufzunehmen. ²Der Arbeitgeber darf Rufbereitschaft nur anordnen, wenn erfahrungsgemäß lediglich in Ausnahmefällen Arbeit anfällt. ³Rufbereitschaft wird nicht dadurch ausgeschlossen, dass Beschäftigte vom Arbeitgeber mit einem Mobiltelefon oder einem vergleichbaren technischen Hilfsmittel ausgestattet sind. ⁴Durch tatsächliche Arbeitsleistung innerhalb der Rufbereitschaft kann die tägliche Höchstarbeitszeit von zehn Stunden überschritten werden (§§ 3, 7 Absatz 1 Nr. 1 und Nr. 4 Arbeitszeitgesetz)".

3. § 7 erhält folgende Absätze 9 bis 12:

„(9) Abweichend von den §§ 3, 5 und 6 Absatz 2 Arbeitszeitgesetz kann im Rahmen des § 7 Arbeitszeitgesetz die tägliche Arbeitszeit im Sinne des Arbeitszeitgesetzes über acht Stunden hinaus verlängert werden, wenn mindestens die acht Stunden überschreitende Zeit im Rahmen von Bereitschaftsdienst geleistet wird, und zwar wie folgt:
a) bei Bereitschaftsdiensten der Stufen A und B bis zu insgesamt maximal 16 Stunden täglich; die gesetzlich vorgeschriebene Pause verlängert diesen Zeitraum nicht,
b) bei Bereitschaftsdiensten der Stufen C und D bis zu insgesamt maximal 13 Stunden täglich; die gesetzlich vorgeschriebene Pause verlängert diesen Zeitraum nicht.

(10) ¹Auf Grund einer Dienst-/Betriebsvereinbarung kann im Rahmen des § 7 Absatz 1 Nr. 1 und Nr. 4 Arbeitszeitgesetz die tägliche Arbeitszeit im Sinne des Arbeitszeitgesetzes abweichend von den §§ 3 und 6 Absatz 2 Arbeitszeitgesetz über acht Stunden hinaus auf bis zu 24 Stunden ausschließlich der Pausen verlängert werden, wenn in die Arbeitszeit regelmäßig und in erheblichem Umfang Bereitschaftsdienst fällt. ²Die Verlängerung setzt voraus:
a) eine Prüfung alternativer Arbeitszeitmodelle,
b) eine Belastungsanalyse gemäß § 5 Arbeitsschutzgesetz und
c) gegebenenfalls daraus resultierende Maßnahmen zur Gewährleistung des Gesundheitsschutzes.
³Für einen Betrieb/eine Verwaltung, in dem/der ein Personalvertretungsgesetz Anwendung findet, kann eine Regelung nach Satz 1 in einem landesbezirklichen Tarifvertrag getroffen werden, wenn eine Dienstvereinbarung nicht einvernehmlich zustande kommt und der Arbeitgeber ein Letztentscheidungsrecht hat.

(11) ¹Unter den Voraussetzungen des Absatzes 10 Satz 2 kann im Rahmen des § 7 Absatz 2a Arbeitszeitgesetz eine Verlängerung der täglichen Arbeitszeit über acht Stunden hinaus auch ohne Ausgleich erfolgen. ²Dabei ist eine wöchentliche Arbeitszeit von bis zu maximal durchschnittlich 58 Stunden in den Bereitschaftsdienststufen A und B und von bis zu maximal durchschnittlich 54 Stunden in den Bereitschaftsdienststufen C und D zulässig. ³Für die Berechnung des Durchschnitts der wöchentlichen Arbeitszeit gilt § 6 Absatz 2 Satz 1.

Protokollerklärung zu § 7 Absatz 11:
¹*Die Tarifvertragsparteien sind sich einig: Das In-Kraft-Treten des Tarifvertrages kann nicht der Anlass sein, die bestehenden betrieblichen und für die Beschäftigten günstigeren Regelungen zur Arbeitszeit zu kündigen und zu verändern.* ²*Ziel ist es, die Belastungen durch eine entsprechende Arbeitszeitgestaltung zu verringern.* ³*Für jede Änderung der betrieblichen Regelungen, die zu einer längeren Arbeitszeit führen, ist zwingende Voraussetzung: Im Rahmen des § 7 Absatz 2 a Arbeitszeitgesetz*

– *muss eine Prüfung alternativer Arbeitszeitmodelle erfolgen,*
– *muss eine Belastungsanalyse gemäß § 5 Arbeitsschutzgesetz vorliegen und*
– *müssen gegebenenfalls daraus resultierende Maßnahmen zur Gewährleistung des Gesundheitsschutzes umgesetzt werden*

und für diese Maßnahme müssen dringende dienstliche oder betriebliche Gründe vorliegen. ⁴*Mit dem Personal- oder Betriebsrat soll eine einvernehmliche Regelung getroffen werden.*

(12) ¹In den Fällen, in denen Teilzeitarbeit (§ 11) vereinbart wurde, verringern sich die Höchstgrenzen der wöchentlichen Arbeitszeit in Absatz 11 – beziehungsweise in den Fällen, in denen Absatz 11 nicht zur Anwendung kommt, die Höchstgrenze von 48 Stunden – in demselben Verhältnis wie die Arbeitszeit dieser Teilzeitbeschäftigten zu der regelmäßigen Arbeitszeit der Vollbeschäftigten verringert worden ist. ²Mit Zustimmung der/des Beschäftigten oder aufgrund von dringenden dienstlichen oder betrieblichen Belangen kann hiervon abgewichen werden."

Erläuterung zu § 42 Nr. 5 TV-L:

Im Geltungsbereich des § 42 TV-L entspricht die Erläuterung zu § 7 Abs. 1, 3 und 4 TV-L denen zu § 41 Nr. 4 TV-L.

Nr. 6: Zu § 8 – Ausgleich für Sonderformen der Arbeit –

1. § 8 Absatz 1 gilt in folgender Fassung:

„(1) ¹Beschäftigte erhalten neben dem Entgelt für die tatsächliche Arbeitsleistung Zeitzuschläge. ²Die Zeitzuschläge betragen – auch bei Teilzeitbeschäftigten – je Stunde

a) für Überstunden	15 v. H.,
b) für Nachtarbeit	1,28 €
c) für Sonntagsarbeit	25 v. H.,
d) bei Feiertagsarbeit	
– ohne Freizeitausgleich	135 v. H.,
– mit Freizeitausgleich	35 v. H.,
e) für Arbeit am 24. Dezember und am 31. Dezember jeweils ab 6 Uhr	35 v. H.,
f) für Arbeit an Samstagen von 13 bis 21 Uhr	0,64 €;

in den Fällen der Buchstaben a und c bis e beziehen sich die Werte auf den Anteil des Tabellenentgelts der Stufe 3 der jeweiligen Entgeltgruppe, der auf eine Stunde entfällt. ³Beim Zusammentreffen von Zeitzuschlägen nach Satz 2 Buchstabe c bis f wird nur der höchste Zeitzuschlag gezahlt. ⁴Auf Wunsch der Beschäftigten können, soweit ein Arbeitszeitkonto (§ 10) eingerichtet ist und die betrieblichen/dienstlichen Verhältnisse es zulassen, die nach Satz 2 zu zahlenden

Zeitzuschläge entsprechend dem jeweiligen Vomhundertsatz einer Stunde in Zeit umgewandelt und ausgeglichen werden. ⁵Dies gilt entsprechend für Überstunden als solche.

Protokollerklärung zu § 8 Absatz 1 Satz 1:
Bei Überstunden richtet sich das Entgelt für die tatsächliche Arbeitsleistung nach der jeweiligen Entgeltgruppe und der individuellen Stufe, höchstens jedoch nach der Stufe 4.

Protokollerklärung zu § 8 Absatz 1 Satz 2 Buchstabe d:
¹Der Freizeitausgleich muss im Dienstplan besonders ausgewiesen und bezeichnet werden. ²Falls kein Freizeitausgleich gewährt wird, werden als Entgelt einschließlich des Zeitzuschlags und des auf den Feiertag entfallenden Tabellenentgelts höchstens 235 v. H. gezahlt."

2. § 8 Absatz 3 gilt nicht.
3. § 8 Absatz 6 gilt in folgender Fassung:
„(6) Zur Berechnung des Entgelts wird die Zeit des Bereitschaftsdienstes einschließlich der geleisteten Arbeit wie folgt als Arbeitszeit gewertet und bezahlt:
a) ¹Ausschlaggebend sind die Arbeitsleistungen, die während des Bereitschaftsdienstes erfahrungsgemäß durchschnittlich anfallen:

Stufe	Arbeitsleistung innerhalb des Bereitschaftsdienstes	Bewertung als Arbeitszeit
A	0 bis 10 v. H.	15 v. H.
B	mehr als 10 bis 25 v. H.	25 v. H.
C	mehr als 25 bis 40 v. H.	40 v. H.
D	mehr als 40 bis 49 v. H.	55 v. H.

²Ein der Stufe A zugeordneter Bereitschaftsdienst wird der Stufe B zugeteilt, wenn die/der Beschäftigte während des Bereitschaftsdienstes in der Zeit von 22 bis 6 Uhr erfahrungsgemäß durchschnittlich mehr als dreimal dienstlich in Anspruch genommen wird.
b) Entsprechend der Zahl der Bereitschaftsdienste je Kalendermonat, die vom Beschäftigten abgeleistet werden, wird die Zeit eines jeden Bereitschaftsdienstes zusätzlich wie folgt als Arbeitszeit gewertet:

Niederschriftserklärung zu § 41 Nr. 6, § 42 Nr. 6 und § 43 Nr. 5 (betreffend §§ 6 bis 10 TV-L):
Die Dokumentation der Arbeitszeit, der Mehrarbeit, der Überstunden, der Bereitschaftsdienste usw. ist nicht mit dem Arbeitszeitkonto (§ 10 TV-L) gleichzusetzen. Arbeitszeitkonten können nur auf der Grundlage des § 10 TV-L durch Betriebs- bzw. Dienstvereinbarung eingerichtet und geführt werden.

Zahl der Bereitschaftsdienste im Kalendermonat	Bewertung als Arbeitszeit
1. bis 8. Bereitschaftsdienst	25 v. H.
9. bis 12. Bereitschaftsdienst	35 v. H.
13. und folgende Bereitschaftsdienste	45 v. H.

TV-L § 42

c) ¹Für die Zeit des Bereitschaftsdienstes an gesetzlichen Feiertagen erhöht sich die Bewertung nach Buchstabe a um 25 Prozentpunkte. ²Im Übrigen werden Zeitzuschläge (Absatz 1) für die Zeit des Bereitschaftsdienstes einschließlich der geleisteten Arbeit nicht gezahlt.
d) ¹Die Zuweisung zu den Stufen des Bereitschaftsdienstes erfolgt durch schriftliche Nebenabrede zum Arbeitsvertrag. ²Die Nebenabrede ist mit einer Frist von drei Monaten jeweils zum Ende eines Kalenderhalbjahres kündbar.
e) ¹Das Entgelt für die gewertete Bereitschaftsdienstzeit nach den Buchstaben a bis c bestimmt sich für übergeleitete Beschäftigte auf der Basis ihrer Eingruppierung am 31. Oktober 2006 nach der Anlage E. ²Für Beschäftigte, die nach dem 31. Oktober 2006 eingestellt werden und in den Fällen der Übertragung einer höher oder niedriger bewerteten Tätigkeit ist die Vergütungsgruppe maßgebend, die sich zum Zeitpunkt der Einstellung beziehungsweise der Höher- oder Herabgruppierung bei Fortgeltung des bisherigen Tarifrechts ergeben hätte.
f) ¹Das Bereitschaftsdienstentgelt kann, soweit ein Arbeitszeitkonto (§ 10) eingerichtet ist und die betrieblichen/dienstlichen Verhältnisse es zulassen (Absatz 1 Satz 4), im Einvernehmen mit der/dem Beschäftigten im Verhältnis 1:1 in Freizeit (faktorisiert) abgegolten werden. ²Weitere Faktorisierungsregelungen können in einer einvernehmlichen Dienst- oder Betriebsvereinbarung getroffen werden.

Protokollerklärung zu § 8 Absatz 6 Buchstabe f:
Unabhängig von den Vorgaben des Absatzes 6 Buchstabe f kann der Arbeitgeber einen Freizeitausgleich anordnen, wenn dies zur Einhaltung der Vorschriften des Arbeitszeitgesetzes erforderlich ist."

Erläuterungen zu § 42 Nr. 6 TV-L:

1 **Zu Abs. 1.** § 42 Nr. 6 TV-L ist bezüglich der Regelungen des § 8 Abs. 1 TV-L zur Höhe der anzusetzenden Zeitzuschläge identisch mit § 41 Nr. 5, im Übrigen mit der allgemeinen Regelung des § 8 Abs. 1 TV-L.
2 **Zu Abs. 6.** § 8 Abs. 6 TV-L gilt im Bereich des § 42 Nr. 6 TV-L in der Fassung, dass zunächst eine Stufenzuordnung des Bereitschaftsdienstes in die Stufen A bis D erfolgt, die einer entsprechenden Arbeitsleistung innerhalb des Bereitschaftsdienstes entspricht und entspricht der prozentualen Arbeitsleistung als Arbeitszeit bewertet wird. In Absatz 6, Buchst. a–f erfolgen die näheren Regelungen.
3 Weiterhin erfolgt durch die Anzahl der geleisteten Bereitschaftsdienste wiederum eine prozentual festzulegende Bewertung als Arbeitszeit.
4 Die Stufenzuweisung des jeweiligen Bereitschaftsdienstes wird durch schriftliche Nebenabrede im Arbeitsvertrag geregelt.

Nr. 7: Zu § 24 – Berechnung und Auszahlung des Entgelts – § 24 Absatz 6 gilt in folgender Fassung:

„(6) Durch Nebenabrede zum Arbeitsvertrag können neben dem Tabellenentgelt zustehende Entgeltbestandteile (zum Beispiel Zeitzuschläge, Erschwerniszuschläge, Überstundenentgelte) pauschaliert werden. Die Nebenabrede ist mit einer Frist von drei Monaten jeweils zum Ende eines Kalenderhalbjahres kündbar."

Erläuterungen zu § 42 Nr. 7 TV-L:

s. Erläuterungen zu § 41 Nr. 16 TV-L.

Nr. 8: Zu § 27 – Zusatzurlaub – § 27 erhält folgenden Absatz 6:

„(6) [1]Beschäftigte erhalten Zusatzurlaub im Kalenderjahr bei einer Leistung im Kalenderjahr von mindestens

150 Nachtarbeitsstunden	1 Arbeitstag,
300 Nachtarbeitsstunden	2 Arbeitstage,
450 Nachtarbeitsstunden	3 Arbeitstage,
600 Nachtarbeitsstunden	4 Arbeitstage.

[2]Bei Teilzeitkräften ist die Zahl der in Satz 1 geforderten Nachtarbeitsstunden entsprechend dem Verhältnis der vereinbarten durchschnittlichen regelmäßigen Arbeitszeit zur regelmäßigen Arbeitszeit von entsprechenden Vollzeitkräften zu kürzen. [3]Nachtarbeitsstunden, die in Zeiträumen geleistet werden, für die Zusatzurlaub für Wechselschicht- oder Schichtarbeit zusteht, bleiben unberücksichtigt. [4]Absatz 4 und Absatz 5 finden Anwendung.

Protokollerklärung zu Absatz 6:
Der Anspruch auf Zusatzurlaub bemisst sich nach den abgeleisteten Nachtarbeitsstunden und entsteht im laufenden Jahr, sobald die Voraussetzungen nach Absatz 6 Satz 1 erfüllt sind."

Erläuterungen zu § 42 Nr. 8 TV-L:

s. Erläuterungen zu § 41 Nr. 17 TV-L.

Nr. 9: Zu § 33 – Beendigung des Arbeitsverhältnisses ohne Kündigung –
1. § 33 Absatz 4 gilt in folgender Fassung:

„(4) [1]Verzögert die/der Beschäftigte schuldhaft den Rentenantrag oder bezieht sie/er Altersrente nach § 236 oder § 236a SGB VI oder ist sie/er nicht in der gesetzlichen Rentenversicherung oder in einem berufsständischen Versorgungswerk versichert, so tritt an die Stelle des Rentenbescheids das Gutachten einer Amtsärztin/eines Amtsarztes oder einer/eines nach § 3 Absatz 5 Satz 2 bestimmten Ärztin/Arztes. [2]Das Arbeitsverhältnis endet in diesem Fall mit Ablauf des Monats, in dem der/dem Beschäftigten das Gutachten bekannt gegeben worden ist."

2. Dem § 33 wird folgende Protokollerklärung angefügt:

„Protokollerklärung zu § 33 Absatz 2 und 3:
Als Rentenversicherungsträger im Sinne der Absätze 2 und 3 gelten auch berufsständische Versorgungswerke."

Erläuterungen zu § 42 Nr. 9 TV-L:

s. Erläuterungen zu § 41 Nr. 22 TV-L.

Nr. 10: Zu § 35 – Zeugnis – Dem § 35 wird folgender Absatz 5 angefügt:

„(5) Das Zeugnis wird vom leitenden Arzt und vom Arbeitgeber ausgestellt."

S. Baßler

Erläuterungen zu § 42 Nr. 10 TV-L:

s. Erläuterungen zu § 41 Nr. 23 TV-L.

§ 43 Sonderregelungen für die nichtärztlichen Beschäftigten in Universitätskliniken und Krankenhäusern.

Nr. 1: Zu § 1 – Geltungsbereich – Diese Sonderregelungen gelten für Beschäftigte (mit Ausnahme der Ärztinnen und Ärzte, Zahnärztinnen und Zahnärzte, die unter § 41 oder § 42 fallen), wenn sie in Universitätskliniken, Krankenhäusern oder sonstigen Einrichtungen und Heimen, in denen die betreuten Personen in ärztlicher Behandlung stehen, beschäftigt werden.

Erläuterungen zu § 43 Nr. 1 TV-L

§ 43 TV-L gilt für Beschäftigte in Universitätskliniken, Krankenhäusern oder sonstigen Einrichtungen und Heimen mit Ausnahme von Ärztinnen/Ärzten sowie Zahnärztinnen/Zahnärzten, die dem Geltungsbereich der §§ 41, 42 TV-L zugeordnet sind.

Nr. 2: Zu § 3 – Allgemeine Arbeitsbedingungen – § 3 Absatz 5 gilt in folgender Fassung:

„(5) [1]Der Arbeitgeber ist bei begründeter Veranlassung berechtigt, Beschäftigte zu verpflichten, durch ärztliche Bescheinigung nachzuweisen, dass sie zur Leistung der arbeitsvertraglich geschuldeten Tätigkeit in der Lage sind. [2]Bei dem beauftragten Arzt kann es sich um einen Amtsarzt handeln, soweit sich die Betriebsparteien nicht auf einen anderen Arzt geeinigt haben. [3]Die Kosten dieser Untersuchung trägt der Arbeitgeber. [4]Der Arbeitgeber kann die Beschäftigten auch bei Beendigung des Arbeitsverhältnisses untersuchen lassen. [5]Auf Verlangen der Beschäftigten ist er hierzu verpflichtet. [6]Beschäftigte, die besonderen Ansteckungsgefahren ausgesetzt oder in gesundheitsgefährdenden Bereichen beschäftigt sind, sind in regelmäßigen Zeitabständen ärztlich zu untersuchen."

Erläuterungen zu § 43 Nr. 2 TV-L

Die im Rahmen des § 43 Nr. 2 TV-L geltende Fassung des § 3 Abs. 5 TV-L entspricht der Regelung des § 41 Nr. 2 TV-L.

Nr. 3: Zu § 6 – Regelmäßige Arbeitszeit –

1. § 6 Absatz 1 Satz 2 gilt nicht.
2. § 6 Absatz 3 gilt in folgender Fassung:

„(3) [1]Soweit es die betrieblichen/dienstlichen Verhältnisse zulassen, werden Beschäftigte am 24. Dezember und am 31. Dezember unter Fortzahlung des Tabellenentgelts und der sonstigen in Monatsbeträgen festgelegten Entgeltbestandteile von der Arbeit freigestellt. [2]Kann die Freistellung aus betrieblichen/dienstlichen Gründen nicht erfolgen, ist entsprechender Freizeitausgleich innerhalb von drei Monaten zu gewähren. [3]Die regelmäßige Arbeitszeit vermindert sich für den 24. Dezember und 31. Dezember, sofern sie auf einen Werktag fallen, um die dienstplanmäßig ausgefallenen Stunden.

⁴Die Arbeitszeit an einem gesetzlichen Feiertag, der auf einen Werktag fällt, wird durch eine entsprechende Freistellung an einem anderen Werktag bis zum Ende des dritten Kalendermonats ausgeglichen, wenn es die betrieblichen Verhältnisse zulassen; der Ausgleich soll möglichst aber schon bis zum Ende des nächsten Kalendermonats erfolgen. ⁵Kann ein Freizeitausgleich nicht gewährt werden, erhält die/der Beschäftigte je Stunde 100 v. H. des Stundenentgelts; Stundenentgelt ist der auf eine Stunde entfallende Anteil des monatlichen Entgelts der jeweiligen Entgeltgruppe und Stufe nach der Entgelttabelle. ⁶Ist ein Arbeitszeitkonto eingerichtet, ist eine Buchung gemäß § 10 Absatz 3 zulässig. ⁷In den Fällen des Satzes 4 steht der Zeitzuschlag von 35 v. H. (§ 8 Absatz 1 Satz 2 Buchstabe d) zu.
⁸Für Beschäftigte, die regelmäßig nach einem Dienstplan eingesetzt werden, der Wechselschicht- oder Schichtdienst an sieben Tagen in der Woche vorsieht, vermindert sich die regelmäßige Wochenarbeitszeit um ein Fünftel der arbeitsvertraglich vereinbarten durchschnittlichen Wochenarbeitszeit, wenn sie an einem gesetzlichen Feiertag, der auf einen Werktag fällt, nicht wegen des Feiertags, sondern dienstplanmäßig nicht zur Arbeit eingeteilt sind und deswegen an anderen Tagen der Woche ihre regelmäßige Arbeitszeit erbringen müssen. ⁹In den Fällen des Satzes 8 gelten die Sätze 4 bis 7 nicht.

Protokollerklärung zu § 6 Absatz 3 Satz 3:
Die Verminderung der regelmäßigen Arbeitszeit betrifft die Beschäftigten, die wegen des Dienstplans frei haben und deshalb ohne diese Regelung nacharbeiten müssten."

3. § 6 Absatz 5 gilt in folgender Fassung:
„(5) ¹Die Beschäftigten sind im Rahmen begründeter betrieblicher/dienstlicher Notwendigkeiten verpflichtet, Sonntags-, Feiertags-, Nacht-, Wechselschicht-, Schichtarbeit sowie – bei Teilzeitbeschäftigung aufgrund arbeitsvertraglicher Regelung oder mit ihrer Zustimmung – Bereitschaftsdienst, Rufbereitschaft, Überstunden und Mehrarbeit zu leisten. ²Beschäftigte, die regelmäßig an Sonn- und Feiertagen arbeiten müssen, erhalten innerhalb von zwei Wochen zwei arbeitsfreie Tage. ³Hiervon soll ein freier Tag auf einen Sonntag fallen."
4. § 6 Absatz 10 gilt nicht.

Erläuterung zu § 43 Nr. 3 TV-L

Die Ausführungen zu § 6 Abs. 1 Satz 2 TV-L entsprechen denen zu § 42 Nr. 4 TV-L. 1

Entsprechendes gilt für die Ausführungen zu § 6 Abs. 3 und 5 TV-L im Rahmen des § 41 Nr. 3 TV-L. 2

Im Rahmen des § 43 Nr. 3 TV-L findet § 6 Abs. 10 TV-L keine Anwendung. 3

Nr. 4: Zu § 7 – Sonderformen der Arbeit –
1. § 7 Absatz 1 gilt in folgender Fassung:
„(1) ¹Wechselschichtarbeit ist die Arbeit nach einem Schichtplan, der einen regelmäßigen Wechsel der täglichen Arbeitszeit in Wechselschichten vorsieht, bei denen die/der Beschäftigte durchschnittlich längstens nach Ablauf eines Monats erneut zu mindestens zwei Nachtschichten herangezogen wird. ²Wechselschichten sind wechselnde Ar-

beitsschichten, in denen ununterbrochen bei Tag und Nacht, werktags, sonntags und feiertags gearbeitet wird. ³Nachtschichten sind Arbeitsschichten, die mindestens zwei Stunden Nachtarbeit umfassen."

Niederschriftserklärung zu § 41 Nr. 4, § 42 Nr. 5 und § 43 Nr. 4 (betreffend § 7 Absatz 1 TV-L):
Der Anspruch auf die Wechselschichtzulage ist auch erfüllt, wenn unter Einhaltung der Monatsfrist zwei Nachtdienste geleistet werden, die nicht zwingend unmittelbar aufeinander folgen müssen.

2. § 7 Absätze 3 und 4 gelten in folgender Fassung:

„(3) ¹Beschäftigte sind verpflichtet, sich auf Anordnung des Arbeitgebers außerhalb der regelmäßigen Arbeitszeit an einer vom Arbeitgeber bestimmten Stelle aufzuhalten, um im Bedarfsfall die Arbeit aufzunehmen (Bereitschaftsdienst). ²Der Arbeitgeber darf Bereitschaftsdienst nur anordnen, wenn zu erwarten ist, dass zwar Arbeit anfällt, erfahrungsgemäß aber die Zeit ohne Arbeitsleistung überwiegt.

(4) ¹Rufbereitschaft leisten Beschäftigte, die sich auf Anordnung des Arbeitgebers außerhalb der regelmäßigen Arbeitszeit an einer dem Arbeitgeber anzuzeigenden Stelle aufhalten, um auf Abruf die Arbeit aufzunehmen. ²Der Arbeitgeber darf Rufbereitschaft nur anordnen, wenn erfahrungsgemäß lediglich in Ausnahmefällen Arbeit anfällt. ³Rufbereitschaft wird nicht dadurch ausgeschlossen, dass Beschäftigte vom Arbeitgeber mit einem Mobiltelefon oder einem vergleichbaren technischen Hilfsmittel ausgestattet sind. ⁴Durch tatsächliche Arbeitsleistung innerhalb der Rufbereitschaft kann die tägliche Höchstarbeitszeit von zehn Stunden überschritten werden (§§ 3, 7 Absatz 1 Nr. 1 und Nr. 4 Arbeitszeitgesetz)".

3. § 7 erhält folgende Absätze 9 bis 12:

„(9) Abweichend von den §§ 3, 5 und 6 Absatz 2 Arbeitszeitgesetz kann im Rahmen des § 7 Arbeitszeitgesetz die tägliche Arbeitszeit im Sinne des Arbeitszeitgesetzes über acht Stunden hinaus verlängert werden, wenn mindestens die acht Stunden überschreitende Zeit im Rahmen von Bereitschaftsdienst geleistet wird, und zwar wie folgt:
a) bei Bereitschaftsdiensten der Stufen A und B bis zu insgesamt maximal 16 Stunden täglich; die gesetzlich vorgeschriebene Pause verlängert diesen Zeitraum nicht,
b) bei Bereitschaftsdiensten der Stufen C und D bis zu insgesamt maximal 13 Stunden täglich; die gesetzlich vorgeschriebene Pause verlängert diesen Zeitraum nicht.

(10) ¹Auf Grund einer Dienst-/Betriebsvereinbarung kann im Rahmen des § 7 Absatz 1 Nr. 1 und Nr. 4 Arbeitszeitgesetz die tägliche Arbeitszeit im Sinne des Arbeitszeitgesetzes abweichend von den §§ 3 und 6 Absatz 2 Arbeitszeitgesetz über acht Stunden hinaus auf bis zu 24 Stunden ausschließlich der Pausen verlängert werden, wenn in die Arbeitszeit regelmäßig und in erheblichem Umfang Bereitschaftsdienst fällt. ²Die Verlängerung setzt voraus:
a) eine Prüfung alternativer Arbeitszeitmodelle,
b) eine Belastungsanalyse gemäß § 5 Arbeitsschutzgesetz und
c) gegebenenfalls daraus resultierende Maßnahmen zur Gewährleistung des Gesundheitsschutzes.

³Für einen Betrieb/eine Verwaltung, in dem/der ein Personalvertretungsgesetz Anwendung findet, kann eine Regelung nach Satz 1 in einem landesbezirklichen Tarifvertrag getroffen werden, wenn eine Dienstvereinbarung nicht einvernehmlich zustande kommt und der Arbeitgeber ein Letztentscheidungsrecht hat.

(11) ¹Unter den Voraussetzungen des Absatzes 10 Satz 2 kann im Rahmen des § 7 Absatz 2a Arbeitszeitgesetz eine Verlängerung der täglichen Arbeitszeit über acht Stunden hinaus auch ohne Ausgleich erfolgen. ²Dabei ist eine wöchentliche Arbeitszeit von bis zu maximal durchschnittlich 58 Stunden in den Bereitschaftsdienststufen A und B und von bis zu maximal durchschnittlich 54 Stunden in den Bereitschaftsdienststufen C und D zulässig. ³Für die Berechnung des Durchschnitts der wöchentlichen Arbeitszeit gilt § 6 Absatz 2 Satz 1.

Protokollerklärung zu § 7 Absatz 11:
¹Die Tarifvertragsparteien sind sich einig: Das In-Kraft-Treten des Tarifvertrages kann nicht der Anlass sein, die bestehenden betrieblichen und für die Beschäftigten günstigeren Regelungen zur Arbeitszeit zu kündigen und zu verändern. ²Ziel ist es, die Belastungen durch eine entsprechende Arbeitszeitgestaltung zu verringern. ³Für jede Änderung der betrieblichen Regelungen, die zu einer längeren Arbeitszeit führen, ist zwingende Voraussetzung: Im Rahmen des § 7 Absatz 2a Arbeitszeitgesetz
– muss eine Prüfung alternativer Arbeitszeitmodelle erfolgen,
– muss eine Belastungsanalyse gemäß § 5 Arbeitsschutzgesetz vorliegen und
– müssen gegebenenfalls daraus resultierende Maßnahmen zur Gewährleistung des Gesundheitsschutzes umgesetzt werden
und für diese Maßnahme müssen dringende dienstliche oder betriebliche Gründe vorliegen. ⁴Mit dem Personal- oder Betriebsrat soll eine einvernehmliche Regelung getroffen werden.

(12) ¹In den Fällen, in denen Teilzeitarbeit (§ 11) vereinbart wurde, verringern sich die Höchstgrenzen der wöchentlichen Arbeitszeit in Absatz 11 – beziehungsweise in den Fällen, in denen Absatz 11 nicht zur Anwendung kommt, die Höchstgrenze von 48 Stunden – in demselben Verhältnis wie die Arbeitszeit dieser Teilzeitbeschäftigten zu der regelmäßigen Arbeitszeit der Vollbeschäftigten verringert worden ist. ²Mit Zustimmung der/des Beschäftigten oder aufgrund von dringenden dienstlichen oder betrieblichen Belangen kann hiervon abgewichen werden."

Erläuterungen zu § 43 Nr. 4 TV-L

Erläuterungen zu § 7 Abs. 1, 3 und 4 TV-L entsprechen im Rahmen des § 43 Nr. 4 den Ausführungen zu § 41 Abs. 1 bis 4 TV-L. **1**

Ausführungen zu § 7 Abs. 9 bis 12 TV-L im Geltungsbereich des § 43 TV-L entsprechen denen zu § 42 Nr. 5. **2**

Nr. 5: Zu § 8 – Ausgleich für Sonderformen der Arbeit –
1. § 8 Absatz 1 gilt in folgender Fassung:
„(1) ¹Beschäftigte erhalten neben dem Entgelt für die tatsächliche Arbeitsleistung Zeitzuschläge. ²Die Zeitzuschläge betragen – auch bei Teilzeitbeschäftigten – je Stunde

a) für Überstunden
- in den Entgeltgruppen 1 bis 9   30 v. H.,
- in den Entgeltgruppen 10 bis 15   15 v. H.,

b) für Nachtarbeit
- für Beschäftigte nach § 38 Absatz 5 Satz 1   1,28 €,
- für die übrigen Beschäftigten   20 v. H.,

c) für Sonntagsarbeit   25 v. H.,

d) bei Feiertagsarbeit
- ohne Freizeitausgleich   135 v. H.,
- mit Freizeitausgleich   35 v. H.,

e) für Arbeit am 24. Dezember und
am 31. Dezember jeweils ab 6 Uhr   35 v. H.,

f) für Arbeit an Samstagen von 13 bis 21 Uhr
- für Beschäftigte nach § 38 Absatz 5 Satz 1   0,64 €,
- für die übrigen Beschäftigten, soweit die Samstagsarbeit nicht im Rahmen von Wechselschicht- oder Schichtarbeit anfällt,   20 v. H.;

in den Fällen der Buchstaben a, b 2. Alternative und c bis e sowie Buchstabe f 2. Alternative beziehen sich die Werte auf den Anteil des Tabellenentgelts der Stufe 3 der jeweiligen Entgeltgruppe, der auf eine Stunde entfällt. [3]Beim Zusammentreffen von Zeitzuschlägen nach Satz 2 Buchstabe c bis f wird nur der höchste Zeitzuschlag gezahlt. [4]Auf Wunsch der Beschäftigten können, soweit ein Arbeitszeitkonto (§ 10) eingerichtet ist und die betrieblichen/dienstlichen Verhältnisse es zulassen, die nach Satz 2 zu zahlenden Zeitzuschläge entsprechend dem jeweiligen Vomhundertsatz einer Stunde in Zeit umgewandelt und ausgeglichen werden. [5]Dies gilt entsprechend für Überstunden als solche.

Protokollerklärung zu § 8 Absatz 1 Satz 1:
Bei Überstunden richtet sich das Entgelt für die tatsächliche Arbeitsleistung nach der jeweiligen Entgeltgruppe und der individuellen Stufe, höchstens jedoch nach der Stufe 4.

Protokollerklärung zu § 8 Absatz 1 Satz 2 Buchstabe d:
[1]Der Freizeitausgleich muss im Dienstplan besonders ausgewiesen und bezeichnet werden. [2]Falls kein Freizeitausgleich gewährt wird, werden als Entgelt einschließlich des Zeitzuschlags und des auf den Feiertag entfallenden Tabellenentgelts höchstens 235 v. H. gezahlt."

2. § 8 Absatz 6 gilt in folgender Fassung:
„(6) Zur Berechnung des Entgelts wird die Zeit des Bereitschaftsdienstes einschließlich der geleisteten Arbeit wie folgt als Arbeitszeit gewertet und bezahlt:

a) [1]Ausschlaggebend sind die Arbeitsleistungen, die während des Bereitschaftsdienstes erfahrungsgemäß durchschnittlich anfallen:

Stufe	Arbeitsleistung innerhalb des Bereitschaftsdienstes	Bewertung als Arbeitszeit
A	0 bis 10 v. H.	15 v. H.
B	mehr als 10 bis 25 v. H.	25 v. H.
C	mehr als 25 bis 40 v. H.	40 v. H.
D	mehr als 40 bis 49 v. H.	55 v. H.

²Ein der Stufe A zugeordneter Bereitschaftsdienst wird der Stufe B zugeteilt, wenn die/der Beschäftigte während des Bereitschaftsdienstes in der Zeit von 22 bis 6 Uhr erfahrungsgemäß durchschnittlich mehr als dreimal dienstlich in Anspruch genommen wird.

b) Entsprechend der Zahl der Bereitschaftsdienste je Kalendermonat, die vom Beschäftigten abgeleistet werden, wird die Zeit eines jeden Bereitschaftsdienstes zusätzlich wie folgt als Arbeitszeit gewertet:

Zahl der Bereitschaftsdienste im Kalendermonat	Bewertung als Arbeitszeit
1. bis 8. Bereitschaftsdienst	25 v. H.
9. bis 12. Bereitschaftsdienst	35 v. H.
13. und folgende Bereitschaftsdienste	45 v. H.

c) ¹Für die Zeit des Bereitschaftsdienstes an gesetzlichen Feiertagen erhöht sich die Bewertung nach Buchstabe a um 25 Prozentpunkte. ²Im Übrigen werden Zeitzuschläge (Absatz 1) für die Zeit des Bereitschaftsdienstes einschließlich der geleisteten Arbeit nicht gezahlt.

d) Die Zuweisung zu den Stufen des Bereitschaftsdienstes erfolgt durch die Betriebsparteien.

e) ¹Das Entgelt für die gewertete Bereitschaftsdienstzeit nach den Buchstaben a bis c bestimmt sich für übergeleitete Beschäftigte auf der Basis ihrer Eingruppierung am 31. Oktober 2006 nach der Anlage E. ²Für Beschäftigte, die nach dem 31. Oktober 2006 eingestellt werden und in den Fällen der Übertragung einer höher oder niedriger bewerteten Tätigkeit ist die Vergütungs- beziehungsweise Lohngruppe maßgebend, die sich zum Zeitpunkt der Einstellung beziehungsweise der Höher- oder Herabgruppierung bei Fortgeltung des bisherigen Tarifrechts ergeben hätte.

f) ¹Das Bereitschaftsdienstentgelt kann, soweit ein Arbeitszeitkonto (§ 10) eingerichtet ist und die betrieblichen/dienstlichen Verhältnisse es zulassen (Absatz 1 Satz 4), im Einvernehmen mit der/dem Beschäftigten im Verhältnis 1 : 1 in Freizeit (faktorisiert) abgegolten werden. ²Weitere Faktorisierungsregelungen können in einer einvernehmlichen Dienst- oder Betriebsvereinbarung getroffen werden.

Protokollerklärung zu § 8 Absatz 6 Buchstabe f:
Unabhängig von den Vorgaben des Absatzes 6 Buchstabe f kann der Arbeitgeber einen Freizeitausgleich anordnen, wenn dies zur Einhaltung der Vorschriften des Arbeitszeitgesetzes erforderlich ist."

Niederschriftserklärung zu § 41 Nr. 6, § 42 Nr. 6 und § 43 Nr. 5 (betreffend §§ 6 bis 10 TV-L):
Die Dokumentation der Arbeitszeit, der Mehrarbeit, der Überstunden, der Bereitschaftsdienste usw. ist nicht mit dem Arbeitszeitkonto (§ 10 TV-L) gleichzusetzen. Arbeitszeitkonten können nur auf der Grundlage des § 10 TV-L durch Betriebs- bzw. Dienstvereinbarung eingerichtet und geführt werden.

Erläuterungen zu § 43 Nr. 5 TV-L

Zu Abs. 1. § 8 Abs. 1 TV-L erfährt im Geltungsbereich des § 43 Nr. 5 TV-L eine Ergänzung dahingehend, dass für Beschäftigte nach § 38 Abs. 5 Satz 1 TV-L

TV-L § 43

einen Zeitzuschlag von 1,28 EUR je geleistete Stunde Nachtarbeit und 0,64 EUR für Arbeit an Samstagen von 13 bis 21 Uhr verlangen kann. Beschäftigte nach § 38 Abs. 5 Satz 1 TV-L sind solche, deren Tätigkeit vor dem 1.1.2005 der Rentenversicherung der Angestellten unterlegen hätte.

2 **Zu Abs. 6.** Die Ausführungen zu § 8 Abs. 6 TV-L im Rahmen des § 42 Nr. 6 TV-L gelten im wesentlichen auch für die Regelung des § 43 Abs. 6 TV-L, jedoch mit der Modifikation, dass die Stufenzuweisung des Bereitschaftsdienstes nicht per Nebenabrede im Arbeitsvertrag geregelt werden kann, sondern durch die Betriebsparteien zu erfolgen hat (§ 8 Abs. 6 Buchst. b TV-L).

Nr. 6: Zu § 24 – Berechnung und Auszahlung des Entgelts – § 24 Absatz 6 gilt in folgender Fassung:

„(6) **Durch Nebenabrede zum Arbeitsvertrag können neben dem Tabellenentgelt zustehende Entgeltbestandteile (zum Beispiel Zeitzuschläge, Erschwerniszuschläge, Überstundenentgelte) pauschaliert werden. Die Nebenabrede ist mit einer Frist von drei Monaten jeweils zum Ende eines Kalenderhalbjahres kündbar."**

Erläuterungen zu § 43 Nr. 6 TV-L

Erläuterungen zu § 43 Nr. 6 TV-L entsprechen denen zu § 42 Nr. 7 TV-L.

Nr. 7: Zu § 27 – Zusatzurlaub – § 27 erhält folgenden Absatz 6:

„(6) [1]Beschäftigte erhalten Zusatzurlaub im Kalenderjahr bei einer Leistung im Kalenderjahr von mindestens

150 Nachtarbeitsstunden	1 Arbeitstag
300 Nachtarbeitsstunden	2 Arbeitstage
450 Nachtarbeitsstunden	3 Arbeitstage
600 Nachtarbeitsstunden	4 Arbeitstage.

[2]Bei Teilzeitkräften ist die Zahl der in Satz 1 geforderten Nachtarbeitsstunden entsprechend dem Verhältnis der vereinbarten durchschnittlichen regelmäßigen Arbeitszeit zur regelmäßigen Arbeitszeit von entsprechenden Vollzeitkräften zu kürzen. [3]Nachtarbeitsstunden, die in Zeiträumen geleistet werden, für die Zusatzurlaub für Wechselschicht- oder Schichtarbeit zusteht, bleiben unberücksichtigt. [4]Absatz 4 und Absatz 5 finden Anwendung.

Protokollerklärung zu Absatz 6:
Der Anspruch auf Zusatzurlaub bemisst sich nach den abgeleisteten Nachtarbeitsstunden und entsteht im laufenden Jahr, sobald die Voraussetzungen nach Absatz 6 Satz 1 erfüllt sind."

Erläuterungen zu § 43 Nr. 7 TV-L

Erläuterungen zu § 43 Nr. 7 TV-L entsprechen denen zu § 42 Nr. 8.

Nr. 8: Regelungen zur Anwendung der Anlage 1 b zum BAT/BAT-O

(1) [1]Der Betrag nach der Protokollerklärung Nr. 1 Absatz 1 und Absatz 1 a zu Abschnitt A der Anlage 1 b zum BAT/BAT-O wird von 46,02 Euro auf 90,00 Euro erhöht. [2]Die Zulage steht auch bei Erfüllung mehrerer Tatbestände nur einmal zu.

(2) [1]Pflegepersonen im Sinne des Abschnitts A der Anlage 1 b zum BAT/BAT-O, denen die Leitung einer Station übertragen ist, erhalten

der Länder § 44 TV-L

für die Dauer dieser Tätigkeit eine monatliche Zulage von 45,00 Euro, soweit diesen Beschäftigten in dem selben Zeitraum keine Zulage nach der Protokollerklärung Nr. 1 Absatz 1 oder Absatz 1a zu Abschnitt A der Anlage 1b zum BAT/BAT-O gezahlt wird. ²Dasselbe gilt für Beschäftigte in der Funktionsdiagnostik, in der Endoskopie, im Operationsdienst und im Anästhesiedienst.

§ 44 Sonderregelungen für Beschäftigte als Lehrkräfte.

Nr. 1: Zu § 1 – Geltungsbereich – ¹Diese Sonderregelungen gelten für Beschäftigte als Lehrkräfte an allgemeinbildenden Schulen und berufsbildenden Schulen (zum Beispiel Berufs-, Berufsfach- und Fachschulen). ²Sie gelten nicht für Lehrkräfte an Schulen und Einrichtungen der Verwaltung, die der Ausbildung oder Fortbildung von Angehörigen des öffentlichen Dienstes dienen, sowie an Krankenpflegeschulen und ähnlichen der Ausbildung dienenden Einrichtungen.

Protokollerklärung:
Lehrkräfte im Sinne dieser Sonderregelungen sind Personen, bei denen die Vermittlung von Kenntnissen und Fertigkeiten im Rahmen eines Schulbetriebes der Tätigkeit das Gepräge gibt.

Nr. 2: Zu Abschnitt II – Arbeitszeit – ¹Die §§ 6 bis 10 finden keine Anwendung. ²Es gelten die Bestimmungen für die entsprechenden Beamten in der jeweils geltenden Fassung. ³Sind entsprechende Beamte nicht vorhanden, so ist die Arbeitszeit im Arbeitsvertrag zu regeln.

Erläuterungen zu § 44 Nr. 2

Allgemeines. § 44 Nr. 2 TV-L verweist hinsichtlich der Arbeitszeit auf die beamtenrechtlichen Regelungen. Die Regelungen im allgemeinen Teil zum TV-L finden keine Anwendung. Grund hierfür sind u. a. die Verhältnisse an den öffentlichen Schulen in den Ländern. In großen Teilen sind die Lehrkräfte verbeamtet. 1

Bestimmungen. Das Tatbestandsmerkmal „Bestimmungen" umfasst mangels anderweitiger Begrenzung alle einschlägigen abstrakten Regelungen für Beamte; damit wird nicht nur auf Gesetze und Rechtsverordnungen für Beamte Bezug genommen, sondern auch auf alle einschlägigen Verwaltungsanordnungen und Erlasse (vgl. BAG 9. 6. 1982 – 4 AZR 274/81 – AP TVG § 1 Durchführungspflicht Nr. 1 und 23. 9. 1981 – 4 AZR 569/79 – AP BGB § 611 Lehrer, Dozenten Nr. 19 sowie vom 15. 11. 1985 – 7 AZR 334/83 – AP BAT § 17 Nr. 14). Die Verweisungen in Tarifverträgen insbes. auf beamtenrechtliche Regelungen ist zulässig. Die arbeitszeitrechtlichen Bestimmungen der entsprechenden Beamten sind grundsätzlich den Landesbeamtengesetzen zu entnehmen. Diese enthalten in der Regel Ermächtigungen zu ausfüllenden Verordnungen. In diesen Arbeitszeitverordnungen (AZVO) ist üblicherweise auch die Arbeitszeit der beamteten Lehrer geregelt. Die nicht einheitlich festgesetzten Pflichtstundenzahlen sind in allen Ländern nach Schularten, Schulstufen oder Schulformen gestaffelt. 2

Pflichtstunden. Die regelmäßige wöchentliche Arbeitszeit der Lehrkräfte wird üblicherweise durch Pflichtstunden festgelegt. Der Umfang der Unterrichtsverpflichtung bestimmt der Arbeitgeber nach billigem Ermessen. Es ist zulässig unterschiedliche Pflichtstundenzahlen für Lehrkräfte unterschiedlicher Schulformen festzulegen (BAG 14. 7. 1982 – 4 AZR 423/81 – AP BGB § 611 Lehrer Nr. 30). Wird die wöchentliche Arbeitszeit eines Beamten erhöht und führt diese Erhö- 3

G. Cerff

TV-L § 44

hung zu einer Anhebung der wöchentlichen Pflichtstunden bei angestellten Lehrkräften ist dies auch dann zulässig, wenn die Arbeitszeit der übrigen Angestellten desselben Dienstherrn niedriger bleibt.

4 **Überstunden und Mehrarbeit.** Nach Satz 1 der Nr. 2 finden auch die §§ 7, 8 TV-L keine Anwendung, so dass die dem Geltungsbereich der Sonderregelung unterfallende Lehrkraft weder Ansprüche auf Zeitzuschläge noch Ansprüche auf Überstundenvergütung nach § 8 TV-L hat. Stattdessen gelten nach Satz 2 der Nr. 2 die Bestimmungen für die entsprechenden Beamten. Auf die Verordnung über die Gewährung von Mehrarbeitsvergütung (MVergV) für Beamte sowie die Allgemeine Verwaltungsvorschrift hierzu, wird verwiesen.

5 **Teilzeitbeschäftigung.** Für teilzeitbeschäftigte Lehrkräfte finden die §§ 11 und 24 Abs. 2 TV-L Anwendung. Ist mit einer teilzeitbeschäftigten Lehrkraft eine bestimmte Zahl von Unterrichtsstunden und die anteilige Vergütung einer Vollzeitkraft vereinbart, so führt die Anhebung der Pflichtstundenzahl für Vollzeitkräfte zu einer entsprechenden Minderung des Gehaltsanspruchs der Teilzeitbeschäftigten (BAG 17. 5. 2000 – 5 AZR 783/98 – AP BAT § 34 Nr. 8). Grundsätzlich sind Entlastungstatbestände bei der Berechnung des Entgelts einzubeziehen. So ist nach der Rechtsprechung bei der Berechnung der anteiligen Vergütung einer teilzeitbeschäftigten Lehrkraft zu berücksichtigen, ob einer vergleichbaren vollbeschäftigten Lehrkraft ein Anspruch auf altersbedingte Pflichtstundenermäßigung zusteht (BAG 20. 11. 1996 – 5 AZR 414/95 – AP BGB § 611 Lehrer, Dozenten Nr. 127). Die Entlastung wird üblicherweise durch eine entsprechende Erhöhung des Teilzeitentgelts durch Veränderung des Nenners bei der Berechnung des Teilzeitentgelts gewährt.

6 **Klassenfahrten.** Die Teilnahme an Klassenfahrten, Ausflügen u. a. gehört zum Berufsbild von Lehrkräften. Vollzeitbeschäftigten Lehrkräften wird für diesen Zeitaufwand kein Freizeitausgleich oder Mehrarbeitsvergütung gewährt. Dieser Teil der Arbeitsstunden ist bei der Festsetzung der Pflichtstunden pauschaliert enthalten.

7 Sind **keine Beamten vorhanden,** die als Vergleichsmaßstab herangezogen werden können, bedarf es einer Regelung im Arbeitsvertrag. Es können die allgemeine Arbeitszeit aber auch Unterrichtspflichtstunden oder andere Arbeitszeitmodelle vereinbart werden. Wird ein Teilzeitarbeitsverhältnis vereinbart, ist der individuelle Anteil der Arbeitszeit an der Arbeitszeit einer vollbeschäftigten Lehrkraft zu vereinbaren. Wird eine feste Stundenzahl vereinbart, lässt sich ein Anteil des Umfangs einer Vollbeschäftigung nicht ableiten.

Nr. 3: Zu Abschnitt IV – Urlaub und Arbeitsbefreiung – (1) [1]**Der Urlaub ist in den Schulferien zu nehmen.** [2]**Wird die Lehrkraft während der Schulferien durch Unfall oder Krankheit arbeitsunfähig, so hat sie dies unverzüglich anzuzeigen.** [3]**Die Lehrkraft hat sich nach Ende der Schulferien oder, wenn die Krankheit länger dauert, nach Wiederherstellung der Arbeitsfähigkeit zur Arbeitsleistung zur Verfügung zu stellen.**

(2) [1]**Für eine Inanspruchnahme der Lehrkraft während der den Urlaub in den Schulferien übersteigenden Zeit gelten die Bestimmungen für die entsprechenden Beamten.** [2]**Sind entsprechende Beamte nicht vorhanden, regeln dies die Betriebsparteien.**

Erläuterungen zu § 44 Nr. 3

1 **Allgemeines.** Beschäftigte als Lehrkräfte sind nicht vom Geltungsbereich des §§ 26 ff. TV-L ausgenommen. Die Regelungen im allgemeinen Teil sind somit auf für Lehrkräfte anzuwenden. Sie werden durch Nr. 3 ergänzt.

Dauer des Erholungsurlaubs. § 26 Abs. 1 S. 2 bis 5 und § 27 TV-L legen die 2 die Höhe des Urlaubsanspruches fest. Nach Nr. 3 der Sonderregelung ist der Urlaub während der Schulferien zu nehmen. Es wird damit klar gestellt, dass der individuelle Urlaubsanspruch nicht automatisch durch die Schulferien abgegolten wird. Die Lehrkraft kann dazu verpflichtet werden, ihren Urlaubsanspruch innerhalb der Schulferien festzulegen. In der Zeit, in der die Schulferien den individuellen Urlaubsanspruch übersteigen, kann der Arbeitgeber die Lehrkraft in Anspruch nehmen. Im Übrigen dient sie dem pauschalen Ausgleich der während der Unterrichtswochen geleisteten Mehrarbeit sowie der Vor- und Nacharbeit des Unterrichts.

Fortzahlung des Entgelts. Der Anspruch auf Erholungsurlaub besteht unter 3 Fortzahlung des Entgelts nach § 21 TV-L. Hiernach werden während des Urlaubs das Tabellenentgelt und die sonstigen in Monatsbeträgen festgelegten Entgeltbestandteile weitergezahlt. Die nicht in Monatsbeträgen festgelegten Entgeltbestandteile werden nach dem Durchschnitt der letzten drei vollen Kalendermonate vor dem Beginn des Urlaubs berechnet. In Einzelfällen kann es während des individuellen Urlaubszeitraumes und der restlichen Schulferien zu einer unterschiedlichen Entgeltzahlung kommen, denn außerhalb des individuellen Urlaubszeitraumes wird das Entgelt nach § 15 TV-L gewährt.

Arbeitsunfähigkeit. Erkrankt eine Lehrkraft während der Schulferien hat sie 4 die Arbeitsunfähigkeit unverzüglich anzuzeigen. Durch ärztliches Attest nachgewiesene Tage der Arbeitsunfähigkeit werden nicht auf den Erholungsurlaub angerechnet. Ist es aufgrund längerer Arbeitsunfähigkeit nicht möglich, dass während der Schulferienzeiten bis zum 31. 5. des Folgejahres der Resturlaub in Anspruch genommen werden kann, ist der Erholungsurlaub während der Unterrichtszeit zu gewähren. Die Lehrkraft hat sich nach Ende der Schulferien oder, wenn die Krankheit länger dauert, nach Wiederherstellung der Arbeitsfähigkeit zur Arbeitsleistung zur Verfügung zu stellen. Es ist nicht zulässig den wegen Arbeitsunfähigkeit nicht in Anspruch genommenen Erholungsurlaub, eigenmächtig durch Verlängern der Schulferien zu realisieren.

Arbeitsleistung während der Schulferien. Für eine Inanspruchnahme der 5 Lehrkraft während der den Urlaub in den Schulferien übersteigenden Zeit gelten die Bestimmungen für die entsprechenden Beamten. Dabei gilt zu beachten, dass die Heranziehung während der Schulferien nicht den Umfang des Urlaubsanspruchs nach §§ 26 ff. TV-L verringern darf. Auch gilt dem der Urlaubsanspruch übersteigende Teil der Schulferien als Ausgleich für die während der Unterrichtszeit geleisteten Mehrarbeit und dienst der Vor- und Nachbereitung. Der Arbeitgeber hat bei Inanspruchnahme einer Lehrkraft während der Schulferien billiges Ermessen auszuüben.

Sind **keine Beamten vorhanden,** die als Vergleichsmaßstab herangezogen 6 werden können, bedarf es einer Regelung durch die Betriebsparteien.

Nr. 4: Zu Abschnitt V – Befristung und Beendigung des Arbeitsverhältnisses – Das Arbeitsverhältnis endet, ohne dass es einer Kündigung bedarf, mit Ablauf des Schulhalbjahres (31. Januar beziehungsweise 31. Juli), in dem die Lehrkraft das gesetzlich festgelegte Alter zum Erreichen einer abschlagsfreien Regelaltersrente vollendet hat.

§ 45 Sonderregelungen für Beschäftigte an Theatern und Bühnen.

Nr. 1: Zu § 1 – Geltungsbereich – (1) ¹Diese Sonderregelungen gelten für die Beschäftigten in Theatern und Bühnen, soweit sie nicht von der

Ausnahmeregelung in § 1 Absatz 2 Buchstabe j erfasst werden. ²Unter diese Sonderregelungen fallen Beschäftigte in der Verwaltung und Orchesterwarte, ferner Beschäftigte mit mechanischen, handwerklichen oder technischen Tätigkeiten, einschließlich Meisterinnen und Meister, insbesondere in den Bereichen
- Licht-, Ton- und Bühnentechnik,
- handwerkliche Bühnengestaltung (zum Beispiel Dekorationsabteilung, Requisite),
- Vorderhaus,
- Kostüm und Maske.

(2) Unter diese Sonderregelungen fallen auch die folgenden Beschäftigten:
- technische Oberinspektorin und Oberinspektor, Inspektorin und Inspektor, soweit nicht technische Leiterin oder Leiter,
- Theater- und Kostümmalerin und Theater- und Kostümmaler,
- Maskenbildnerin und Maskenbildner,
- Kascheurin und Kascheur (Theaterplastikerin und Theaterplastiker),
- Gewandmeisterin und Gewandmeister,
es sei denn, sie sind überwiegend künstlerisch tätig.

(3) Die Arbeitsbedingungen des Abendpersonals (insbesondere Platzanweiser, Logenschließer, Garderobenpersonal, Toilettenpersonal, Aushilfen) werden gesondert vereinbart.

Nr. 2: Zu § 2 – Arbeitsvertrag, Nebenabreden, Probezeit – Im Arbeitsvertrag kann eine Probezeit bis zur Dauer einer Spielzeit vereinbart werden.

Nr. 3: Zu § 3 – Allgemeine Arbeitsbedingungen – Beschäftigte sind verpflichtet, an Reisen zu auswärtigen Aufführungen teilzunehmen.

Protokollerklärung:
Bei Reisen zu auswärtigen Aufführungen ist die Zeit einer aus betrieblichen Gründen angeordneten Mitfahrt auf dem Wagen, der Geräte oder Kulissen befördert, als Arbeitszeit zu bewerten.

Nr. 4: Zu Abschnitt II – Arbeitszeit – (1) ¹Beschäftigte sind an Sonn- und Feiertagen ebenso zu Arbeitsleistungen verpflichtet wie an Werktagen. ²Zum Ausgleich für die Arbeit an Sonntagen wird jede Woche ein ungeteilter freier Tag gewährt. ³Dieser soll mindestens in jeder siebenten Woche auf einen Sonn- oder Feiertag fallen.

(2) Die regelmäßige Arbeitszeit der Beschäftigten, die eine Theaterbetriebszulage (Absatz 5) erhalten, kann um sechs Stunden wöchentlich verlängert werden.

(3) Beschäftigte erhalten für jede Arbeitsstunde, um die die allgemeine regelmäßige Arbeitszeit (§ 6 Absatz 1) nach Absatz 2 verlängert worden ist, 100 v. H. des auf eine Stunde entfallenden Anteils des monatlichen Entgelts der jeweiligen Entgeltgruppe und Stufe nach Maßgabe der Entgelttabelle.

(4) ¹Überstunden dürfen nur angeordnet werden, wenn ein außerordentliches dringendes betriebliches Bedürfnis besteht oder die besonderen Verhältnisse des Theaterbetriebes es erfordern. ²Für Überstunden ist neben dem Entgelt für die tatsächliche Arbeitsleistung der Zeitzuschlag nach § 8 Absatz 1 Satz 2 Buchstabe a zu zahlen. ³Die Protokollerklärung

zu § 8 Absatz 1 Satz 1 über die Berechnung des Entgelts für die tatsächliche Arbeitsleistung findet Anwendung.

(5) ¹Die Regelungen über Zeitzuschläge und über die Wechselschichtzulage und Schichtzulage (§ 8 Absätze 1, 7 und 8) gelten nicht für Beschäftigte, die eine Theaterbetriebszulage oder einen Theaterbetriebszuschlag nach einem landesbezirklichen Tarifvertrag erhalten. ²Landesbezirklich kann Abweichendes geregelt werden.

Protokollerklärung zu Nr. 4 Absatz 5:
Am 31. Oktober 2006 bestehende Tarifverträge über eine Theaterbetriebszulage oder einen Theaterbetriebszuschlag können nach den jeweils vereinbarten Kündigungsfristen von den Tarifvertragsparteien auf landesbezirklicher Ebene gekündigt werden; dies gilt auch für die von der TdL für das Tarifgebiet Ost geschlossenen Tarifverträge.

(6) Die Arbeitszeit darf nur in Ausnahmefällen, wenn es der Betrieb erfordert, auf mehr als zwei Zeitabschnitte des Tages verteilt werden.

§ 46 Sonderregelungen für Beschäftigte auf Schiffen und schwimmenden Geräten.

Nr. 1: Zu § 1 – Geltungsbereich – ¹Diese Sonderregelungen gelten für die Besatzungsmitglieder auf Schiffen und schwimmenden Geräten, soweit die Schiffe und schwimmenden Geräte in den Schiffslisten der Verwaltung aufgeführt sind. ²Zur Besatzung eines Schiffes oder schwimmenden Gerätes gehören nur diejenigen Beschäftigten, die mit Rücksicht auf Schifffahrt und Betrieb an Bord, gegebenenfalls in mehreren Schichten, tätig sein müssen und in der von der Verwaltung aufzustellenden Bordliste aufgeführt sind. ³Beschäftigte, die an Bord dieselben Arbeiten verrichten, ohne selbst in der Bordliste aufgeführt zu sein, werden für die Dauer dieser Tätigkeit wie Besatzungsmitglieder behandelt. ⁴Die Regelungen gelten auch für Beschäftigte der Länder, die auf nicht landeseigenen Schiffen und schwimmenden Geräten eingesetzt sind.

Protokollerklärung:
Die Eintragung in die Bordliste berührt die tarifliche Eingruppierung in die Entgeltgruppen nicht.

Nr. 2: Zu § 3 – Allgemeine Arbeitsbedingungen – Zu den allgemeinen Pflichten gehört auch das Ableisten von Wachdienst.

Nr. 3: Zu § 6 – Regelmäßige Arbeitszeit – (1) ¹Die Arbeitszeit beginnt und endet an der Arbeitsstelle. ²Im Tidebetrieb richten sich Beginn und Ende der Arbeitszeit nach den Gezeiten. ³Kann die Arbeitsstelle nur mit einem vom Arbeitgeber gestellten Fahrzeug erreicht werden und trifft das Fahrzeug infolge höherer Gewalt nicht rechtzeitig an der Arbeitsstelle ein, wird die Zeit ab dem Zeitpunkt des auf der Arbeitsstelle angeordneten Arbeitsbeginns als Arbeitszeit gewertet.

(2) ¹Kann die Arbeitsstelle auf Schiffen und schwimmenden Geräten nur mit einem vom Arbeitgeber gestellten schwimmenden Fahrzeug erreicht werden, so wird die Transportzeit bei der Hin- und Rückfahrt jeweils mit 50 v. H. als Arbeitszeit gewertet. ²Die regelmäßige Arbeitszeit kann entsprechend verlängert werden. ³Für Maschinisten auf Schiffen, schwimmenden Geräten und sonstigen Motorgeräten kann die regelmä-

TV-L § 46

ßige Arbeitszeit für Vor- und Abschlussarbeiten um täglich bis zu einer Stunde verlängert werden.

(3) ¹Sofern die Einsatzkonzeption von seegehenden Schiffen und schwimmenden Geräten dies erfordert (zum Beispiel 24-Stunden-Betrieb), kann die Arbeitszeit in einem Zeitraum von 24 Stunden auf bis zu 12 Stunden verlängert und auf einen Zeitraum von 168 Stunden verteilt werden, wenn im unmittelbaren Anschluss an den verlängerten Arbeitszeitraum ein Ausgleich durch Freizeit erfolgt, der dem Umfang der regelmäßigen Arbeitszeit nach § 6 Absatz 1 entspricht. ²Im Rahmen der Wechselschichten nach Satz 1 geleistete Arbeitsstunden, die über das Doppelte der regelmäßigen wöchentlichen Arbeitszeit nach § 6 Absatz 1 hinausgehen, sind Überstunden im Sinne des § 7 Absatz 7.

(4) Außerhalb der regelmäßigen Arbeitszeit angeordnete Anwesenheit an Bord wird bei der Bemessung des Entgelts zu 50 v. H. als Arbeitszeit gewertet, es sei denn, dass Freiwache gewährt wird oder dass Arbeit angeordnet ist.

(5) ¹Für Beschäftigte, die über 10 Stunden hinaus zum Wachdienst herangezogen werden, können Wachschichten bis zu zwölf Stunden festgesetzt werden, wenn in den Wachdienst in erheblichem Umfang Bereitschaftsdienst im Sinne des § 7 Absatz 1 Nr. 1 Buchstabe a Arbeitszeitgesetz fällt. ²Für die Bemessung des Entgelts während der Wachdienste gelten folgende Vorschriften:
1. Bei folgenden Wachschichten wird für jede Wachstunde das volle Entgelt gezahlt:
    a) Durchgehende Wachdienste, bei denen Pausen oder inaktive Zeiten während des Bereitschaftsdienstes weniger als ein Drittel der Gesamtwachzeit ausmachen.
    b) Wachdienste, die ausschließlich im Freien abgeleistet werden oder bei denen auf Anordnung oder infolge besonderer Umstände eine Bindung an einen vorgeschriebenen Platz besteht (zum Beispiel Decks-, Maschinen-, Brücken- oder Ankerwachen).
2. Anwesenheitswachdienste, die nicht den in Nr. 1 genannten Einschränkungen unterliegen, werden wie folgt bewertet:
    a) Bei einer Tageswachschicht wird je eineinhalb Wachstunden das Entgelt für eine Arbeitsstunde gezahlt.
    b) Bei einer Nachtwachschicht bis zu zwölf Stunden wird eine Stundengarantie von drei Arbeitsstunden angesetzt, wenn beim Wachdienst nur Anwesenheit verlangt und eine Schlafgelegenheit gestellt wird. Soweit die Voraussetzungen nach Satz 1 nicht vorliegen, gilt Buchstabe a entsprechend.

(6) Bei sämtlichen Arten der Anwesenheitswachdienste wird für kleine Arbeiten während der Wache, die insgesamt weniger als zwei Stunden betragen, keine besondere Vergütung gezahlt.

(7) ¹Besatzungsmitglieder auf Schadstoffunfallbekämpfungsschiffen und auf Laderaumsaugbaggern, deren Arbeitszeit sich nach Absatz 3 richtet, erhalten pro Einsatztag einen Zuschlag in Höhe von 25 Euro. ²Überstunden sind bis zu zwei Stunden täglich abgegolten (zum Beispiel für kleinere Reparaturen); dies gilt nicht im Falle von Havarien, Bergungsarbeiten oder angeordneten Reparaturen. ³Der Zuschlag nach Satz 1 ist von der Durchschnittsberechnung nach § 21 Satz 2 ausgenommen.

Nr. 4: Zu § 8 – Ausgleich für Sonderformen der Arbeit – (1) Bei angeordneter Anwesenheit an Bord nach Nr. 3 Absatz 4 werden Zeitzuschläge nach § 8 Absatz 1 Satz 2 Buchstabe b bis f nicht gezahlt.

(2) Bei allen Formen des Wachdienstes im Sinne der Nr. 3 Absatz 5 Satz 2 Nr. 2 wird der Zeitzuschlag nach § 8 Absatz 1 Satz 2 Buchstabe b und Buchstabe f nicht gezahlt.

Nr. 5: Zu Abschnitt III – Eingruppierung, Entgelt und sonstige Leistungen – Beschäftigte, die für eine andere Tätigkeit qualifiziert werden, erhalten während der Qualifizierungszeit ihr bisheriges Tabellenentgelt und sonstige Entgeltbestandteile.

Nr. 6: Zu § 19 – Erschwerniszuschläge – (1) [1]Bei Bergungen und Hilfeleistungen sowie Havariearbeiten und mit diesen zusammenhängenden Arbeiten werden Zuschläge in Höhe von 25 v. H. des auf eine Stunde entfallenden Anteils des monatlichen Entgelts der Stufe 2 der Entgeltgruppe 2 gezahlt. [2]Dies gilt auch bei Bergungen von Fahrzeugen und Gegenständen der eigenen Verwaltung sowie Hilfeleistungen für solche Fahrzeuge und Gegenstände, sofern die Leistungen besonders schwierig oder mit erheblicher Gefahr verbunden waren.

(2) [1]Auf Schadstoffunfallbekämpfungsschiffen und Laderaumsaugbaggern wird für Einsätze zum Feuerschutz beziehungsweise zur Bekämpfung von Schadstoffen, Öl oder Chemikalien je Einsatztag ein Zuschlag in Höhe von 50 Euro gezahlt und die Verpflegung vom Arbeitgeber unentgeltlich bereitgestellt; dies gilt nicht für Übungseinsätze. [2]Absatz 1 findet keine Anwendung.

(3) Beschäftigten, die auf einem Fahrzeug oder schwimmenden Gerät tätig sind, wird der bei Havarie oder Sinken des Fahrzeuges oder schwimmenden Gerätes, durch Brand, Explosion oder Einbruchsdiebstahl oder durch ähnliche Ursachen auf dem Fahrzeug oder Gerät nachweisbar entstandene Schaden an persönlichen Gegenständen bis zum Höchstbetrag von 1.500 Euro im Einzelfall ersetzt.

Nr. 7: Zu § 23 Absatz 4 – Reise- und Umzugskosten, Trennungsgeld –

(1) [1]Für Fahrten zur Arbeitsstelle werden die entstandenen notwendigen Fahrtkosten nach Maßgabe der §§ 4 und 5 Bundesreisekostengesetz beziehungsweise entsprechender landesrechtlicher Vorschriften erstattet, sofern sie die Fahrtkosten zu der Arbeitsstätte, der die/der Beschäftigte dauerhaft personell zugeordnet ist, übersteigen. [2]An Stelle des Tagegeldes (§ 6 Bundesreisekostengesetz beziehungsweise entsprechende landesrechtliche Vorschriften) wird nachfolgende Aufwandsvergütung gezahlt:
– bei einer Abwesenheit ab 8 Stunden in Höhe von 3 Euro,
– bei einer Abwesenheit ab 14 Stunden in Höhe von 5 Euro,
– bei einer Abwesenheit ab 24 Stunden für je 24 Stunden in Höhe von 8 Euro.

[3]Beträgt hierbei die Entfernung zwischen der Arbeitsstätte, der die/der Beschäftigte dauerhaft personell zugeordnet ist und der Stelle, an der das Dienstgeschäft erledigt wird, weniger als 2 km, wird Aufwandsvergütung nach Satz 2 nicht gewährt. [4]Notwendige Übernachtungskosten werden gemäß § 7 Bundesreisekostengesetz beziehungsweise entsprechenden landesrechtlichen Vorschriften erstattet.

(2) Abweichend von Absatz 1 Satz 2 wird bei Abwesenheit von 3 bis zu 8 Stunden eine Pauschale in Höhe von 2 Euro gezahlt.

TV-L § 47   Tarifvertrag

(3) ¹Für Beschäftigte auf Schiffen oder schwimmenden Geräten – mit Ausnahme der Besatzungsmitglieder auf Fähren der Länder Bremen, Niedersachsen und Schleswig-Holstein – ist Absatz 1 mit folgenden Maßgaben anzuwenden:
1. Für die Berechnung des Tagegeldes nach Absatz 1 Satz 2 ist maßgebend, dass sich das Schiff nicht am ständigen Liegeplatz (Heimathafen) befindet.
2. Bei Übernachtungen auf Schiffen oder schwimmenden Geräten, die nicht den erlassenen Mindestbestimmungen entsprechen, wird ein Übernachtungsgeld in Höhe von 8 Euro gezahlt.

²Reisebeihilfen für Familienheimfahrten werden nach Maßgabe des § 8 Sätze 3 und 4 Bundesreisekostengesetz beziehungsweise entsprechender landesrechtlicher Vorschriften gezahlt. ³Satz 2 gilt nicht für Trennungsgeldempfänger.

(4) Die Regelungen in den Absätzen 1 und 3 ersetzen die Vorschriften über die Erstattung von Reisekosten in § 23 Absatz 4.

(5) Abweichend von § 6 Absatz 11 Satz 3 werden nicht anrechenbare Reisezeiten bei fester Arbeitszeit zu 50 v. H. als Freizeitausgleich gewährt und bei gleitender Arbeitszeit im Rahmen der jeweils geltenden Vorschriften als Arbeitszeit angerechnet.

Nr. 7: Zu § 27 – Zusatzurlaub – Die Regelungen über Zusatzurlaub nach § 27 gelten nicht bei Tätigkeiten nach Nr. 3 Absatz 4 bis 6.

§ 47 Sonderregelungen für Beschäftigte im Justizvollzugsdienst der Länder sowie im feuerwehrtechnischen Dienst der Freien und Hansestadt Hamburg.

Nr. 1: Zu § 1 – Geltungsbereich – (1) Diese Sonderregelungen gelten für Beschäftigte des Justizvollzugsdienstes, die im Aufsichtsdienst, im Werkdienst oder im Sanitätsdienst tätig sind sowie für Beschäftigte im feuerwehrtechnischen Dienst der Freien und Hansestadt Hamburg.

(2) Nr. 2 gilt nur für Beschäftigte im feuerwehrtechnischen Dienst der Freien und Hansestadt Hamburg.

(3) Diese Sonderregelungen gelten nur im Tarifgebiet West.

Nr. 2: Zu Abschnitt II – Arbeitszeit – und zu Abschnitt III – Eingruppierung, Entgelt – (1) ¹Die §§ 6, 7 und 19 finden auf Beschäftigte im feuerwehrtechnischen Dienst der Freien und Hansestadt Hamburg keine Anwendung. ²Es gelten die Bestimmungen für die entsprechenden Beamten.

(2) Beschäftigte im Einsatzdienst erhalten eine monatliche Zulage (Feuerwehrzulage) in Höhe von
– 63,69 Euro nach einem Jahr Beschäftigungszeit und
– 127,38 Euro nach zwei Jahren Beschäftigungszeit.

(3) ¹Die Feuerwehrzulage wird nur für Zeiträume gezahlt, für die Entgelt, Urlaubsentgelt oder Entgelt im Krankheitsfall zusteht. ²Sie ist bei der Bemessung des Sterbegeldes (§ 23 Absatz 3) zu berücksichtigen.

Nr. 3: Zu Abschnitt V – Befristung und Beendigung des Arbeitsverhältnisses – Übergangszahlung. (1) ¹Das Arbeitsverhältnis endet auf schriftliches Verlangen vor Vollendung des für das Erreichen einer abschlagsfreien Regelaltersrente gesetzlich festgelegten Alters zu dem Zeitpunkt, zu dem vergleichbare Beamtinnen und Beamte des Arbeitgebers im Aufsichtsdienst beziehungsweise im Einsatzdienst der Berufsfeuerwehr in den gesetzlichen Ruhestand treten. ²Die/Der Beschäftigte hat das Verlangen mindestens drei Monate vor Erreichen dieses Zeitpunktes zu erklären.

(2) ¹Beschäftigte, deren Arbeitsverhältnis nach Absatz 1 geendet hat, erhalten für jedes volle Beschäftigungsjahr im Aufsichts-, Werk- oder Sanitätsdienst beziehungsweise Einsatzdienst eine Übergangszahlung in Höhe von 45 v. H. des monatlichen Tabellenentgelts der Entgeltgruppe 6 Stufe 6, höchstens das 35-fache dieses Betrages. ²Die Übergangszahlung erfolgt in einer Summe mit dem Ausscheiden der/des Beschäftigten. ³Auf Wunsch des Beschäftigten kann die Übergangszahlung auch in Teilbeträgen ausgezahlt werden.

Niederschriftserklärung zu § 47 Nr. 3 Absatz 2 :
Der Arbeitgeber hat dem Beschäftigten die Höhe der garantierten Ablaufleistung, auf welche die Versicherung abzuschließen ist, mitzuteilen.

(3) ¹Der Anspruch auf Übergangszahlung besteht nur dann, wenn Beschäftigte den Abschluss einer auf eine Kapitalleistung gerichteten Versicherung und die Entrichtung der Beiträge mit einer garantierten Ablaufleistung zum voraussichtlichen Zeitpunkt der Beendigungsmöglichkeit des Arbeitsverhältnisses nach Absatz 1, mindestens in Höhe von 30 v. H. des monatlichen Tabellenentgelts der Entgeltgruppe 6 Stufe 6, multipliziert mit 35 nachweisen. ²Ist die/der Beschäftigte bei erstmaliger Tätigkeit im Aufsichts-, Werk- oder Sanitätsdienst beziehungsweise Einsatzdienst älter als 25 Jahre, verringert sich die garantierte Ablaufleistung, auf die die Versicherung nach Satz 1 mindestens abzuschließen ist, um $^{1}/_{35}$ für jedes übersteigende Jahr. ³Von der Entrichtung der Beiträge kann vorübergehend bei einer wirtschaftlichen Notlage der/des Beschäftigten abgesehen werden.

(4) ¹Beschäftigte, die am 31 Oktober 2006 schon und am 1. November 2006 noch im Aufsichts-, Werk- oder Sanitätsdienst beziehungsweise Einsatzdienst beschäftigt sind, erhalten – in den Fällen der Buchstaben c bis e unter der Voraussetzung des Absatzes 3 –
a) eine Übergangszahlung in Höhe von 100 v. H., wenn sie am Stichtag das 55. Lebensjahr vollendet haben,
b) eine Übergangszahlung in Höhe von 95 v. H., wenn sie am Stichtag das
50. Lebensjahr vollendet haben,
c) eine Übergangszahlung in Höhe von 87,5 v. H., wenn sie am Stichtag das 45. Lebensjahr vollendet haben,
d) eine Übergangszahlung in Höhe von 77,5 v. H., wenn sie am Stichtag das 40. Lebensjahr vollendet haben,
e) eine Übergangszahlung in Höhe von 62,5 v. H., wenn sie am Stichtag das 37. Lebensjahr vollendet haben,
des 26,3-fachen des monatlichen Tabellenentgelts der Entgeltgruppe 6 Stufe 6, wenn sie zum Zeitpunkt der Beendigung des Arbeitsverhältnisses nach Absatz 1 mindestens 35 Jahre im Aufsichts-, Werk- oder Sanitätsdienst beziehungsweise Einsatzdienst bei demselben Arbeitgeber tätig waren. ²Bei einer kürzeren Beschäftigung verringert sich die Übergangszahlung um $^{1}/_{35}$ für jedes fehlende Jahr.

(5) ¹Einem Antrag von Beschäftigten auf Vereinbarung von Altersteilzeitarbeit nach dem Tarifvertrag zur Regelung der Altersteilzeitarbeit (TV ATZ) soll auch schon vor der Vollendung des 60. Lebensjahres entsprochen werden. ²§ 5 Absatz 7 TV ATZ gilt in diesen Fällen mit der Maßgabe, dass an die Stelle des Vomhundertsatzes von 5 v. H. ein Vomhundertsatz von 8,33 v. H. tritt.

§ 48 Sonderregelungen für Beschäftigte im forstlichen Außendienst.

Nr. 1: Zu § 1 – Geltungsbereich – Diese Sonderregelungen gelten für Beschäftigte im forstlichen Außendienst, die nicht von § 1 Absatz 2 Buchstabe d erfasst werden.

Nr. 2: Zu Abschnitt II – Arbeitszeit – (1) ¹Der tarifliche wöchentliche Arbeitszeitkorridor beträgt 48 Stunden. ²Abweichend von § 7 Absatz 7 sind nur die Arbeitsstunden Überstunden, die über den Arbeitszeitkorridor nach Satz 1 hinaus auf Anordnung geleistet worden sind. ³§ 10 Absatz 1 Satz 3 findet keine Anwendung, auf Antrag der/des Beschäftigten kann ein Arbeitszeitkonto in vereinfachter Form durch Selbstaufschreibung geführt werden.

(2) Absatz 1 gilt nicht, wenn Dienstvereinbarungen zur Gleitzeit bestehen oder vereinbart werden.

§ 49 Sonderregelungen für Beschäftigte in landwirtschaftlichen Verwaltungen und Betrieben, Weinbau- und Obstanbaubetrieben.

Nr. 1: Zu § 1 Absatz 1 – Geltungsbereich – Diese Sonderregelungen gelten für Beschäftigte in landwirtschaftlichen Verwaltungen und Betrieben, Weinbau- und Obstanbaubetrieben.

Nr. 2: Zu § 6 – Regelmäßige Arbeitszeit – ¹Die regelmäßige Arbeitszeit kann in vier Monaten bis auf 50 und weiteren vier Monaten des Jahres auf bis zu 56 Stunden wöchentlich festgesetzt werden. ²Sie darf im Jahr aber 2.188 Stunden im Tarifgebiet West und 2.214 Stunden im Tarifgebiet Ost nicht übersteigen. ³Dies gilt nicht für Beschäftigte im Sinne des § 38 Absatz 5 Satz 1, denen Arbeiten übertragen sind, deren Erfüllung zeitlich nicht von der Eigenart der Verwaltung oder des Betriebes abhängig ist.

Anhang zu § 6

Regelung der durchschnittlichen regelmäßigen wöchentlichen Arbeitszeit im Tarifgebiet West

(1) Grundsätze der Berechnung

a) Die durchschnittliche regelmäßige wöchentliche Arbeitszeit ausschließlich der Pausen wird für jedes Bundesland im Tarifgebiet West auf der Grundlage der festgestellten tatsächlichen durchschnittlichen wöchentlichen Arbeitszeit im Februar 2006 ohne Überstunden und Mehrarbeit (tariflich und arbeitsvertraglich vereinbarte Arbeitszeit) von den Tarifvertragsparteien einvernehmlich festgelegt.

der Länder **Anh. zu § 6 TV-L**

b) ¹Die Differenz zwischen der bisherigen tariflichen Arbeitszeit zur tatsächlichen Arbeitszeit wird verdoppelt, dabei werden aber nicht mehr als 0,4 Stunden für den zweiten Teil der Verdoppelung der Differenz berücksichtigt. ²Das Ergebnis ist die Gesamtdifferenz. ³Die Gesamtdifferenz wird der bisherigen tariflichen Arbeitszeit zugerechnet.

c) ¹Für die Beschäftigten beziehungsweise Beschäftigtengruppen, welche die Tarifvertragsparteien in § 6 Absatz 1 Satz 1 Buchstabe b Doppelbuchstabe aa bis ff festgelegt haben beziehungsweise die durch landesbezirkliche Vereinbarung nach § 6 Absatz 1 Satz 1 Buchstabe b Doppelbuchstabe gg einbezogen sind, beträgt die durchschnittliche regelmäßige wöchentliche Arbeitszeit ausschließlich der Pausen 38,5 Stunden. ²Das auf diese Beschäftigten (einschließlich der Ärzte nach § 6 Absatz 1 Satz 1 Buchstabe d) entfallende Volumen der Differenz zu der Arbeitszeit nach Buchstabe b wird auf die Beschäftigten in den anderen Beschäftigungsbereichen übertragen und erhöht beziehungsweise verringert für diese das Ergebnis der nach Buchstabe b errechneten regelmäßigen wöchentlichen Arbeitszeit. ³Unter Berücksichtigung der Ergebnisse nach Satz 1 und 2 wird die Gesamtdifferenz mit einem ermittelten Faktor multipliziert.

(2) Feststellungen und Berechnungen

¹Die tatsächliche durchschnittliche wöchentliche Arbeitszeit im Monat Februar 2006, ermittelt nach § 6 Absatz 1 Satz 1 Buchstabe a, beträgt nach den Feststellungen der Tarifvertragsparteien in

Baden-Württemberg	38,95 Stunden
Bayern	39,33 Stunden
Bremen	38,795 Stunden
Hamburg	38,73 Stunden
Niedersachsen	38,92 Stunden
Nordrhein-Westfalen	39,20 Stunden
Rheinland-Pfalz	38,75 Stunden
Saarland	38,80 Stunden
Schleswig-Holstein	38,60 Stunden.

²Ergebnisse der Berechnungen nach Absatz 1 Buchstabe b:

Land	§ 6 Absatz 1 Satz 1 Buchstabe a	Bisherige tarifliche Arbeitszeit § 15 Absatz 1 BAT	Differenz	Gesamtdifferenz nach Absatz 1 Buchstabe b
Baden-Württemberg	38,95	38,50	0,45	0,85
Bayern	39,33	38,50	0,83	1,23
Bremen	38,795	38,50	0,295	0,59
Hamburg	38,73	38,50	0,23	0,46
Niedersachsen	38,92	38,50	0,42	0,82
Nordrhein-Westfalen	39,20	38,50	0,70	1,10
Rheinland-Pfalz	38,75	38,50	0,25	0,50
Saarland	38,80	38,50	0,30	0,60
Schleswig-Holstein	38,60	38,50	0,10	0,20

³Die Tarifvertragsparteien in den Ländern errechnen aufgrund der Daten nach Absatz 1 Buchstabe b und Buchstabe c die regelmäßige wöchentliche Arbeitszeit für die Beschäftigten nach § 6 Absatz 1 Satz 1 Buchstabe a. ⁴Ist eine Einigung über die Daten und das ermittelte Ergebnis zur Arbeitszeit in einem Land nicht zu er-

TV-L Anh. zu § 16

zielen, werden die Tarifvertragsparteien auf Bundesebene in einer gemeinsamen Kommission eine abschließende Festlegung vornehmen.

[5] Zur praktischen Umsetzung ermitteln die Tarifvertragsparteien auf Bundesebene entsprechend dem festgestellten Ergebnis unter Berücksichtigung des Absatzes 1 Buchstabe c einen Faktor, mit dem die Gesamtdifferenz nach Absatz 1 Buchstabe b multipliziert wird.

[6] Danach ergibt sich für die Ermittlung der regelmäßigen wöchentlichen Arbeitszeit in den einzelnen Bundesländern jeweils folgender Faktor:

Land	Faktor
Baden-Württemberg	46,47
Bayern	32,60
Bremen	66,44
Hamburg	84,78
Niedersachsen	48,54
Nordrhein-Westfalen	36,21
Rheinland-Pfalz	78,00
Saarland	65,83
Schleswig-Holstein	193,50

[7] Die Ergebnisse werden auf volle Hundertstel gerundet.

Anhang zu § 16

Besondere Stufenregelungen für vorhandene und neu eingestellte Beschäftigte

I.

[1] Abweichend von § 16 Absatz 1 ist Endstufe

a) in der Entgeltgruppe 9 die Stufe 4 bei Tätigkeiten entsprechend
   - Vergütungsgruppe Va ohne Aufstieg nach IVb BAT/BAT-O,
   - Vergütungsgruppe Vb ohne Aufstieg nach IVb BAT/BAT-O,
   - Vergütungsgruppe Vb nach Aufstieg aus Vc BAT/BAT-O (vorhandene Beschäftigte),
   - Vergütungsgruppe Vb nach Aufstieg aus VI b BAT/BAT-O (Lehrkräfte, vorhandene Beschäftigte)
   - Lohngruppe 9 MTArb/MTArb-O;

b) in der Entgeltgruppe 3 die Stufe 5 bei Tätigkeiten entsprechend der
   - Vergütungsgruppe VIII mit und ohne Aufstieg nach VII BAT sowie nach Aufstieg aus IXa/IXb BAT/BAT-O,
   - Lohngruppe 3 nach Aufstieg aus Lohngruppe 2 und 2a MTArb/MTArb-O (vorhandene Beschäftigte),
   - Lohngruppe 2a nach Aufstieg aus Lohngruppe 2 mit Aufstieg nach Lohngruppe 3 MTArb/MTArb-O (vorhandene Beschäftigte),
   - Lohngruppe 2 mit Aufstiegen nach Lohngruppe 2a und 3 MTArb/MTArb-O;

c) in der Entgeltgruppe 2 die Stufe 5 bei Tätigkeiten entsprechend der
   - Vergütungsgruppe IXb nach Aufstieg aus X BAT/BAT-O (vorhandene Beschäftigte),
   - Vergütungsgruppe X mit Aufstieg nach IXb BAT/BAT-O,
   - Vergütungsgruppe X BAT/BAT-O (vorhandene Beschäftigte),

der Länder **Anh. zu § 16 TV-L**

- Lohngruppe 1a MTArb/MTArb-O (vorhandene Beschäftigte),
- Lohngruppe 1 mit Aufstieg nach Lohngruppe 1a MTArb/MTArb-O.

Protokollerklärung zu Anhang zu § 16:
[1] *Vorhandene Beschäftigte sind Beschäftigte im Sinne des § 1 Absatz 1 TVÜ-Länder.*
[2] *Abweichend von § 16 Absatz 3 Satz 1 gelten für die Stufenlaufzeiten folgende Sonderregelungen:*
[3] *In der Entgeltgruppe 9 wird die Stufe 3 nach fünf Jahren in Stufe 2 und die Stufe 4 nach neun Jahre in Stufe 3 bei Tätigkeiten entsprechend der*
- *Vergütungsgruppe Va ohne Aufstieg nach IVb BAT/BAT-O,*
- *Vergütungsgruppe Vb ohne Aufstieg nach IVb BAT/BAT-O (einschließlich in Vergütungsgruppe Vb vorhandener Aufsteiger aus Vergütungsgruppe Vc BAT/BAT-O)*
erreicht; bei Tätigkeiten entsprechend der Lohngruppe 9 MTArb/MTArb-O wird die Stufe 3 nach zwei Jahren in Stufe 2 und die Stufe 4 nach sieben Jahren in Stufe 3 erreicht.

II.

(1) Abweichend von § 16 Absatz 1 ist für die Beschäftigten im Pflegedienst (Anlage 1b zum BAT/BAT-O) Eingangsstufe
a) in den Entgeltgruppen 9 und 11 die Stufe 4 bei Tätigkeiten entsprechend
  - Kr. XI mit Aufstieg nach Kr. XII
  - Kr. VIII mit Aufstieg nach Kr. IX
  - Kr. VII mit Aufstieg nach Kr. VIII (9b)
b) in den Entgeltgruppen 7 und 9 bis 12 die Stufe 3 bei Tätigkeiten entsprechend
  - Kr. XII mit Aufstieg nach Kr. XIII
  - Kr. X mit Aufstieg nach Kr. XI
  - Kr. IX mit Aufstieg nach Kr. X
  - Kr. VI mit Aufstieg nach Kr. VII
  - Kr. VII ohne Aufstieg
  - Kr. VI ohne Aufstieg
c) in der Entgeltgruppe 7 die Stufe 2 bei Tätigkeiten entsprechend
  - Kr. Va mit Aufstieg nach Kr. VI
  - Kr. V mit Aufstieg nach Kr. Va und weiterem Aufstieg nach Kr. VI
  - Kr. V mit Aufstieg nach Kr. Va

(2) Abweichend von § 16 Absatz 1 ist für die Beschäftigten im Pflegedienst (Anlage 1b zum BAT/BAT-O) Endstufe
a) in der Entgeltgruppe 9 die Stufe 6 (gesonderter Wert) bei Tätigkeiten entsprechend der Vergütungsgruppe
  - Kr. VIII mit Aufstieg nach Kr. IX
b) in der Entgeltgruppe 9b die Stufe 6 bei Tätigkeiten entsprechend der Vergütungsgruppe
  - Kr. VII mit Aufstieg nach Kr. VIII
c) in der Entgeltgruppe 9b die Stufe 5 bei Tätigkeiten entsprechend der Vergütungsgruppe
  - Kr. VI mit Aufstieg nach Kr. VII
d) in der Entgeltgruppe 9b die Stufe 4 bei Tätigkeiten entsprechend der Vergütungsgruppe
  - Kr. VI ohne Aufstieg
e) in der Entgeltgruppe 8 die Stufe 5 bei Tätigkeiten entsprechend
  - Kr. IV mit Aufstieg nach Kr. V

TV-L Anh. zu § 16

(3) Abweichend von § 16 Absatz 3 Satz 1 gelten für die Beschäftigten im Pflegedienst (Anlage 1b zum BAT/BAT-O) für die Stufenlaufzeiten folgende Sonderregelungen:

a) in der Entgeltgruppe 12 wird die Stufe 4 nach zwei Jahren in Stufe 3 und die Stufe 5 nach drei Jahren in Stufe 4 bei Tätigkeiten entsprechend der Vergütungsgruppe Kr. XII mit Aufstieg nach Kr. XIII,

b) in der Entgeltgruppe 11 wird die Stufe 4 nach zwei Jahren in Stufe 3 und die Stufe 5 nach fünf Jahren in Stufe 4 bei Tätigkeiten entsprechend der Vergütungsgruppe Kr. X mit Aufstieg nach Kr. XI,

c) in der Entgeltgruppe 10 wird die Stufe 4 nach zwei Jahren in Stufe 3 und die Stufe 5 nach drei Jahren in Stufe 4 bei Tätigkeiten entsprechend der Vergütungsgruppe Kr. IX mit Aufstieg nach Kr. X,

d) in der Entgeltgruppe 9 wird die Stufe 6 nach zwei Jahren in Stufe 5 bei Tätigkeiten entsprechend der Vergütungsgruppe Kr. VIII mit Aufstieg nach Kr. IX,

e) in der Entgeltgruppe 9 (9b) wird die Stufe 5 nach fünf Jahren in Stufe 4 bei Tätigkeiten entsprechend der Vergütungsgruppe Kr. VII mit Aufstieg nach Kr. VIII,

f) in der Entgeltgruppe 9 wird die Stufe 4 nach fünf Jahren in Stufe 3 und die Stufe 5 (9b) nach fünf Jahren in Stufe 4 bei Tätigkeiten entsprechend der Vergütungsgruppen Kr. VI mit Aufstieg nach VII, Kr. VII ohne Aufstieg,

g) in der Entgeltgruppe 9 wird die Stufe 4 (9b) nach fünf Jahren in Stufe 3 und die Stufe 5 (9b) nach fünf Jahren in Stufe 4 bei Tätigkeiten entsprechend der Vergütungsgruppe Kr. VI ohne Aufstieg

erreicht.

C. Anlagen

Anlage A 1 zum TV-Länder

Tabelle TV-Länder
Tarifgebiet West
– Gültig für die Zeit vom 1. November 2006 bis 31. Dezember 2007 –

Entgelt-gruppe	Grundentgelt		Entwicklungsstufen			
	Stufe 1	Stufe 2	Stufe 3	Stufe 4	Stufe 5	Stufe 6
15	3384	3760	3900	4400	4780	
14	3060	3400	3600	3900	4360	
13	2817	3130	3300	3630	4090	
12	2520	2800	3200	3550	4000	
11	2430	2700	2900	3200	3635	
10	2340	2600	2800	3000	3380	
9[1]	2061	2290	2410	2730	2980	[2]
8	1926	2140	2240	2330	2430	2493[3]
7	1800[4]	2000	2130	2230	2305	2375
6	1764	1960	2060	2155	2220	2285[5]
5	1688	1875	1970	2065	2135	2185
4	1602[6]	1780	1900	1970	2040	2081
3	1575	1750	1800	1880	1940	1995
2	1449	1610	1660	1710	1820	1935
1	Je 4 Jahre	1286	1310	1340	1368	1440

Für Beschäftigte im Pflegedienst, die unter § 43 fallen:

[1]
E 9 b	Stufe 3	Stufe 4	Stufe 5	Stufe 6
	2495	2650	2840	3020

[2] 3180
[3] 2533
[4] 1850
[5] 2340
[6] 1652

TV-L Anl. A 2

Anlage A 2 zum TV-Länder

Tabelle TV-Länder
Tarifgebiet West
– Gültig ab 1. Januar 2008 –

Entgelt-gruppe	Grundentgelt		Entwicklungsstufen			
	Stufe 1	Stufe 2	Stufe 3	Stufe 4	Stufe 5	Stufe 6
15	3485	3870	4015	4530	4920	
14	3150	3500	3705	4015	4490	
13	2900	3225	3400	3740	4210	
12	2595	2885	3295	3655	4120	
11	2505	2780	2985	3295	3745	
10	2410	2680	2885	3090	3480	
9[1]	2125	2360	2480	2810	3070	[2]
8	1985	2205	2305	2400	2505	2570[3]
7	1855[4]	2060	2195	2295	2375	2445
6	1820	2020	2120	2220	2285	2355[5]
5	1740	1930	2030	2125	2200	2250
4	1650[6]	1835	1960	2030	2100	2145
3	1625	1805	1855	1935	2000	2055
2	1495	1660	1710	1760	1875	1995
1	Je 4 Jahre	1325	1350	1380	1410	1485

Für Beschäftigte im Pflegedienst, die unter § 43 fallen:

[1]

E 9 b	Stufe 3	Stufe 4	Stufe 5	Stufe 6
	2570	2730	2925	3110

[2] 3275
[3] 2610
[4] 1905
[5] 2405
[6] 1700

Anlage B 1 zum TV-Länder

Tabelle TV-Länder
Tarifgebiet Ost
– Gültig für die Zeit vom 1. November 2006 bis 31. Dezember 2007 –

Entgelt-gruppe	Grundentgelt		Entwicklungsstufen			
	Stufe 1	Stufe 2	Stufe 3	Stufe 4	Stufe 5	Stufe 6
15	3130	3478	3608	4070	4422	
14	2831	3145	3330	3608	4033	
13	2606	2895	3053	3358	3783	
12	2331	2590	2960	3284	3700	
11	2248	2498	2683	2960	3362	
10	2165	2405	2590	2775	3127	
9[1]	1906	2118	2229	2525	2757	[2]
8	1782	1980	2072	2155	2248	2306[3]
7	1665[4]	1850	1970	2063	2132	2197
6	1632	1813	1906	1993	2054	2114[5]
5	1561	1734	1822	1910	1975	2021
4	1482[6]	1647	1758	1822	1887	1925
3	1457	1619	1665	1739	1795	1845
2	1340	1489	1536	1582	1684	1790
1	Je 4 Jahre	1190	1212	1240	1265	1332

Für Beschäftigte im Pflegedienst, die unter § 43 fallen:

[1]
E 9 b	Stufe 3	Stufe 4	Stufe 5	Stufe 6
	2308	2451	2627	2794

[2] 2942
[3] 2343
[4] 1711
[5] 2165
[6] 1528

TV-L Anl. B 2

Anlage B 2 zum TV-Länder

Tabelle TV-Länder
Tarifgebiet Ost
– Gültig in der Zeit vom 1. Januar 2008 bis 30. April 2008 –

Entgelt-gruppe	Grundentgelt		Entwicklungsstufen			
	Stufe 1	Stufe 2	Stufe 3	Stufe 4	Stufe 5	Stufe 6
15	3130	3478	3608	4070	4422	
14	2831	3145	3330	3608	4033	
13	2606	2895	3053	3358	3783	
12	2331	2590	2960	3284	3700	
11	2248	2498	2683	2960	3362	
10	2165	2405	2590	2775	3127	
9	1906	2118	2229	2525	2757	
9[1)][2)]	2061	2290	2410	2730	2980	[3)]
8[1)]	1926	2140	2240	2330	2430	2493[4)]
7[1)]	1800[5)]	2000	2130	2230	2305	2375
6[1)]	1764	1960	2060	2155	2220	2285[6)]
5[1)]	1688	1875	1970	2065	2135	2185
4[1)]	1602[7)]	1780	1900	1970	2040	2081
3[1)]	1575	1750	1800	1880	1940	1995
2[1)]	1449	1610	1660	1710	1820	1935
11)	Je 4 Jahre	1286	1310	1340	1368	1440

[1)] Entgelt für Beschäftigte, auf die die Regelungen des Tarifgebietes Ost Anwendung finden und die nach dem BAT-O in die Vergütungsgruppen X bis Vb, Kr. I bis Kr. VIII eingruppiert oder nach dem MTArb-O in die Lohngruppen 1 bis 9 eingereiht wären.

Für Beschäftigte im Pflegedienst, die unter § 43 fallen:

[2)]

E 9b	Stufe 3	Stufe 4	Stufe 5	Stufe 6
	2495	2650	2840	3020

[3)] 3180
[4)] 2533
[5)] 1850
[6)] 2340
[7)] 1652

Anlage B 3 zum TV-Länder

Tabelle TV-Länder Tarifgebiet Ost – Gültig ab 1. Mai 2008 –

Entgelt-gruppe	Grundentgelt		Entwicklungsstufen			
	Stufe 1	Stufe 2	Stufe 3	Stufe 4	Stufe 5	Stufe 6
15	3.224	3.580	3.714	4.190	4.551	
14	2.914	3.238	3.427	3.714	4.153	
13	2.683	2.983	3.145	3.460	3.894	
12	2400	2669	3048	3381	3811	
11	2317	2572	2761	3048	3464	
10	2229	2479	2669	2858	3219	
9	1966	2183	2294	2599	2840	
9[1) 2)]	2125	2360	2480	2810	3070	[3)]
8[1)]	1985	2205	2305	2400	2505	2570[4)]
7[1)]	1855[5)]	2060	2195	2295	2375	2445
6[1)]	1820	2020	2120	2220	2285	2355[6)]
5[1)]	1740	1930	2030	2125	2200	2250
4[1)]	1650[7)]	1835	1960	2030	2100	2145
3[1)]	1625	1805	1855	1935	2000	2055
2[1)]	1495	1660	1710	1760	1875	1995
1[1)]	Je 4 Jahre	1325	1350	1380	1410	1485

[1)] Entgelt für Beschäftigte, auf die die Regelungen des Tarifgebietes Ost Anwendung finden und die nach dem BAT-O in die Vergütungsgruppen X bis Vb, Kr. I bis Kr. VIII eingruppiert oder nach dem MTArb-O in die Lohngruppen 1 bis 9 eingereiht wären.

Für Beschäftigte im Pflegedienst, die unter § 43 fallen:

[2)]

E 9 b	Stufe 3	Stufe 4	Stufe 5	Stufe 6
	2570	2730	2925	3110

[3)] 3275
[4)] 2610
[5)] 1905
[6)] 2405
[7)] 1700

Anlage C 1 zum TV-Länder

Entgelttabelle
für Ärztinnen und Ärzte
im Geltungsbereich des § 41 TV-L

Tarifgebiet West

Monatsbeträge in Euro bei 42 Wochenstunden
– Gültig vom 1. November 2006 bis 31. Dezember 2007 –

Entgelt-gruppe	Stufe 1	Stufe 2	Stufe 3	Stufe 4	Stufe 5
Ä 1	3600 im 1. Jahr	3800 im 2. Jahr	3950 im 3. Jahr	4200 im 4. Jahr	4500 ab dem 5. Jahr
Ä 2	4750 ab dem 1. Jahr	5150 ab dem 4. Jahr	5500 ab dem 7. Jahr		
Ä 3	5950 ab dem 1. Jahr	6300 ab dem 4. Jahr	6800 ab dem 7. Jahr		
Ä 4	7000 ab dem 1. Jahr	7500 ab dem 4. Jahr	7900 ab dem 7. Jahr		

Anlage C 2 zum TV-Länder

Entgelttabelle
für Ärztinnen und Ärzte
im Geltungsbereich des § 41 TV-L

Tarifgebiet West

Monatsbeträge in Euro bei 42 Wochenstunden
– Gültig ab 1. Januar 2008 –

Entgelt-gruppe	Stufe 1	Stufe 2	Stufe 3	Stufe 4	Stufe 5
Ä 1	3705 im 1. Jahr	3915 im 2. Jahr	4325 im 3. Jahr	4325 im 4. Jahr	4635 ab dem 5. Jahr
Ä 2	4890 ab dem 1. Jahr	5300 ab dem 4. Jahr	5660 ab dem 7. Jahr		
Ä 3	6125 ab dem 1. Jahr	6485 ab dem 4. Jahr	7000 ab dem 7. Jahr		
Ä 4	7205 ab dem 1. Jahr	7720 ab dem 4. Jahr	8130 ab dem 7. Jahr		

Anlage D 1 zum TV-Länder

Entgelttabelle
für Ärztinnen und Ärzte
im Geltungsbereich des § 41 TV-L

Tarifgebiet Ost

Monatsbeträge in Euro bei 42 Wochenstunden
– Gültig vom 1. November 2006 bis 30. April 2008 –

Entgelt-gruppe	Stufe 1	Stufe 2	Stufe 3	Stufe 4	Stufe 5
Ä 1	3200 im 1. Jahr	3400 im 2. Jahr	3500 im 3. Jahr	3700 im 4. Jahr	4000 ab dem 5. Jahr
Ä 2	4200 ab dem 1. Jahr	4500 ab dem 4. Jahr	4800 ab dem 7. Jahr		
Ä 3	5300 ab dem 1. Jahr	5600 ab dem 4. Jahr	6000 ab dem 7. Jahr		
Ä 4	6200 ab dem 1. Jahr	6600 ab dem 4. Jahr	7000 ab dem 7. Jahr		

Anlage D 2 zum TV-Länder

Entgelttabelle
für Ärztinnen und Ärzte
im Geltungsbereich des § 41 TV-L

Tarifgebiet Ost

Monatsbeträge in Euro bei 42 Wochenstunden
– Gültig ab 1. Mai 2008 –

Entgelt-gruppe	Stufe 1	Stufe 2	Stufe 3	Stufe 4	Stufe 5
Ä 1	3295 im 1. Jahr	3500 im 2. Jahr	3605 im 3. Jahr	3810 im 4. Jahr	4120 ab dem 5. Jahr
Ä 2	4325 ab dem 1. Jahr	4635 ab dem 4. Jahr	4940 ab dem 7. Jahr		
Ä 3	5455 ab dem 1. Jahr	5765 ab dem 4. Jahr	6175 ab dem 7. Jahr		
Ä 4	6380 ab dem 1. Jahr	6795 ab dem 4. Jahr	7205 ab dem 7. Jahr		

Anlage E

**Anlage zu § 8 Absatz 6 Buchstabe e Satz 1
in der Fassung des § 42 Nr. 6 und des § 43 Nr. 5**

(Bereitschaftsdienstentgelt)
Gültig ab 1. November 2006

A. Beschäftigte, deren Eingruppierung sich nach der Anlage 1a zum BAT/BAT-O richtet

Vergütungsgruppe	Tarifgebiet West €	Tarifgebiet Ost €
VergGr. I	30,20	26,88
VergGr. Ia	27,68	24,63
VergGr. Ib	25,46	22,67
VergGr. IIa	23,32	20,75
VergGr. III	21,06	18,73
VergGr. IVa	19,38	17,24
VergGr. IVb	17,84	15,87
VergGr. Va/b	17,20	15,30
VergGr. Vc	16,36	14,56
VergGr. VIb	15,19	13,51
VergGr. VII	14,25	12,69
VergGr. VIII	13,39	11,91
VergGr. IXa	12,89	11,48
VergGr. IXb	12,65	11,26
VergGr. X	12,01	10,69

B. Beschäftigte, deren Eingruppierung sich nach der Anlage 1b zum BAT/BAT-O richtet

Vergütungsgruppe	Tarifgebiet West €	Tarifgebiet Ost €
Kr. XIII	25,07	22,31
Kr. XII	23,10	20,56
Kr. XI	21,79	19,40
Kr. X	20,49	18,23
Kr. IX	19,29	17,16
Kr. VIII	18,95	16,86
Kr. VII	17,88	15,91

der Länder   Anl. E TV-L

Vergütungsgruppe	Tarifgebiet West €	Tarifgebiet Ost €
Kr. VI	17,34	15,44
Kr. Va	16,70	14,86
Kr. V	16,25	14,46
Kr. IV	15,44	13,74
Kr. III	14,64	13,03
Kr. II	13,93	12,40
Kr. I	13,30	11,84

C. Beschäftigte, deren Eingruppierung sich nach dem MTArb/MTArb-O richtet

Lohngruppe	Tarifgebiet West €	Tarifgebiet Ost €
Lgr. 9	16,95	15,08
Lgr. 8 a	16,58	14,75
Lgr. 8	16,21	14,43
Lgr. 7 a	15,86	14,13
Lgr. 7	15,51	13,81
Lgr. 6 a	15,19	13,51
Lgr. 6	14,85	13,21
Lgr. 5 a	14,53	12,93
Lgr. 5	14,21	12,65
Lgr. 4 a	13,90	12,38
Lgr. 4	13,60	12,10
Lgr. 3 a	13,30	11,84
Lgr. 3	13,01	11,58
Lgr. 2 a	12,74	11,33
Lgr. 2	12,45	11,08
Lgr. 1 a	12,19	10,84
Lgr. 1	11,91	10,60

Anhang zu den Anlagen A und B

Beschäftigte im Pflegedienst

Abweichend von § 15 Absatz 2 Satz 1 erhalten die Beschäftigten im Pflegedienst (Anlage 1 b zum BAT/BAT-O)

a) in der Entgeltgruppe 7 bei Tätigkeiten entsprechend den Vergütungsgruppen Kr. Va mit Aufstieg nach Kr. VI, Kr. V mit Aufstieg nach Kr. Va und weiterem Aufstieg nach Kr. VI
   - in der Stufe 2 den Tabellenwert der Stufe 3,
   - in der Stufe 3 den Tabellenwert der Entgeltgruppe 8 Stufe 3,
   - in der Stufe 4 den Tabellenwert der Entgeltgruppe 8 Stufe 4,
   - in der Stufe 5 den Tabellenwert der Entgeltgruppe 9 b Stufe 3,
   - in der Stufe 6 den Tabellenwert der Entgeltgruppe 9 b Stufe 4,

b) in der Entgeltgruppe 7 bei Tätigkeiten entsprechend den Vergütungsgruppen Kr. V mit Aufstieg nach Kr. VI
   - in der Stufe 1 den Tabellenwert der Stufe 2,
   - in der Stufe 2 den Tabellenwert der Stufe 3,
   - in der Stufe 3 den Tabellenwert der Entgeltgruppe 8 Stufe 3,
   - in der Stufe 4 den Tabellenwert der Entgeltgruppe 8 Stufe 4,
   - in der Stufe 5 den Tabellenwert der Entgeltgruppe 9 b Stufe 3,
   - in der Stufe 6 den Tabellenwert der Entgeltgruppe 9 b Stufe 4,

c) in der Entgeltgruppe 7 bei Tätigkeiten entsprechend der Vergütungsgruppe Kr. V mit Aufstieg nach Kr. Va
   - in der Stufe 4 den Tabellenwert der Entgeltgruppe 8 Stufe 4,
   - in der Stufe 5 den Tabellenwert der Entgeltgruppe 8 Stufe 5,
   - in der Stufe 6 den Tabellenwert der Entgeltgruppe 8 Stufe 6,

d) in der Entgeltgruppe 7 bei Tätigkeiten entsprechend der Vergütungsgruppe Kr. IV mit Aufstieg nach Kr. V und weiterem Aufstieg nach Kr. Va
   - in der Stufe 4 den Tabellenwert der Entgeltgruppe 8 Stufe 4,
   - in der Stufe 5 den Tabellenwert der Entgeltgruppe 8 Stufe 5,
   - in der Stufe 6 den Tabellenwert der Entgeltgruppe 8 Stufe 6,

e) in der Entgeltgruppe 7 bei Tätigkeiten entsprechend der Vergütungsgruppe Kr. IV mit Aufstieg nach Kr. V
   - in der Stufe 4 den Tabellenwert der Entgeltgruppe 8 Stufe 4,
   - in der Stufe 5 den Tabellenwert der Entgeltgruppe 8 Stufe 5,

f) in der Entgeltgruppe 4 bei Tätigkeiten entsprechend den Vergütungsgruppen Kr. II mit Aufstieg nach Kr. III und weiterem Aufstieg nach Kr. IV sowie Kr. III mit Aufstieg nach Kr. IV
   - in der Stufe 4 den Tabellenwert der Entgeltgruppe 6 Stufe 4,
   - in der Stufe 5 den Tabellenwert der Entgeltgruppe 6 Stufe 5,
   - in der Stufe 6 den Tabellenwert der Entgeltgruppe 6 Stufe 6,

g) in der Entgeltgruppe 3 bei Tätigkeiten entsprechend der Vergütungsgruppe Kr. I mit Aufstieg nach Kr. II
   - in der Stufe 6 den Tabellenwert der Entgeltgruppe 4 Stufe 6.

Dritter Teil

Besondere Teile des TVöD

Tarifvertrag für den öffentlichen Dienst (TVöD) – Besonderer Teil Verwaltung (TVöD BT-V) – Allgemeine Vorschriften -

vom 13. September 2005
in der Fassung des Änd-TV Nr. 1 vom 1. August 2006

(Die Tarifvertragsparteien haben mit Datum vom 24. November 2005 rückwirkend zum Zeitpunkt des In-Kraft-Tretens redaktionelle Änderungen vereinbart; diese Fassung berücksichtigt die dort getroffenen Vereinbarungen.)

§ 40 Geltungsbereich

(1) ¹Dieser Tarifvertrag gilt für alle Beschäftigten, die unter § 1 des Tarifvertrages für den öffentlichen Dienst (TVöD) fallen, soweit sie nicht von anderen Besonderen Teilen des TVöD erfasst sind. ²Der Tarifvertrag für den öffentlichen Dienst (TVöD) – Besonderer Teil Verwaltung (BT-V) – bildet im Zusammenhang mit dem Tarifvertrag für den öffentlichen Dienst – Allgemeiner Teil – den Tarifvertrag für die Sparte Verwaltung.

(2) Soweit in den nachfolgenden Bestimmungen auf die §§ 1 bis 39 verwiesen wird, handelt es sich um die Regelungen des TVöD – Allgemeiner Teil –.

Erläuterungen zu § 40 BT-V

1. Der BT-V beschränkt seinen Geltungsbereich zunächst ausdrücklich auf die AN, für die § 1 TVöD (AT) gilt. Damit ist klar, dass der BT-V dann nicht gelten kann, wenn der AN nicht der Geltung des AT unterliegt (vgl. hierzu auch allg. Erläuterungen zum TVöD sowie § 1 und Erl. hierzu). 1

2. Der BT-V gilt, soweit das ArbVerh. keinem anderen BT unterfällt. Damit gilt er auch für AG ohne Verwaltungsbezug, also auch für solche in privater Rechtsform. 2

2.1 Der BT-V ist der einzige der BT, an dem der Bund als TVP auf AG-Seite beteiligt ist. TVP auf AG-Seite von BT-B, BT-E, BT-F, BT-K und BT-S ist nur die VKA. Somit gilt der BT-V für alle AN des Bundes (soweit sie dem AT unterliegen). Für die AN i.S.d. § 38 Abs. 5 S. 1 (früher: Angestellte) einschl. Ärzte und Ärztinnen ist aber § 46 (Bund) Nr. 18 ff. BT-V zu beachten, nach dem mit einigen Einschränkungen die §§ 41 bis 52 BT-K für diesen Personenkreis gelten. 3

2.2 Im Bereich der VKA muss dagegen zunächst geprüft werden, ob für das ArbVerh. ein anderer BT gilt. Ist dies der Fall, gilt dieser – und nur dieser –, anderenfalls gilt der BT-V. 4

TVöD-BT-V § 41

§ 41 Allgemeine Pflichten

¹Die im Rahmen des Arbeitsvertrages geschuldete Leistung ist gewissenhaft und ordnungsgemäß auszuführen. ²Beschäftigte des Bundes und anderer Arbeitgeber, in deren Aufgabenbereichen auch hoheitliche Tätigkeiten wahrgenommen werden, müssen sich durch ihr gesamtes Verhalten zur freiheitlich demokratischen Grundordnung im Sinne des Grundgesetzes bekennen.

Erläuterungen zu § 41 BT-V

1   1. Die Bestimmung ergänzt im Geltungsbereich des BT-V die Vorschriften des § 3 TVöD AT. Diese sind selbstverständlich auch im Geltungsbereich des BT-V gültig.

2   1.1 Satz 1 enthält eine arbeitsrechtliche Selbstverständlichkeit. Sie ist gleichermaßen verzichtbar wie etwa eine besondere Tarifvorschrift, die den AG „zur pünktlichen und vollständigen" Zahlung des Entgelts verpflichtet. Der AN hat die ihm aus dem Arbeitsvertrag erwachsende Hauptpflicht – nämlich die Arbeitsleistung – „gewissenhaft und ordnungsgemäß" zu erfüllen; tut er es nicht, hat der AG auch nach allgemeinen Grundsätzen das Recht, ihn abzumahnen oder – wenn dies erfolglos geschehen ist – das ArbVerh. zu kündigen.

3   1.2 Satz 2 beinhaltet die sog. politische Treuepflicht. Anders als nach früherem Recht (z.B. § 8 Abs. 1 S 2 BAT) ist sie auf AG beschränkt, in deren Bereich **auch** hoheitliche Aufgaben wahrgenommen werden. Dies sind zweifelsfrei der Bund und die Kommunalverwaltungen. Zu beachten ist, dass die Abgrenzung nach AG, nicht nach Arbeitsbereichen oder (Teil-)Dienststellen vorgenommen ist. D.h., die Vorschrift gilt grundsätzlich z.B. auch in Arbeitsbereichen einer Kommunalverwaltung, in denen keine hoheitlichen Aufgaben anfallen. Von der grundsätzlichen Geltung der Vorschrift ist allerdings zu unterscheiden, welches Maß an politischer Treuepflicht einem AN obliegt.

4   1.3 Das Beamtenrecht (vgl. § 35 BRRG sowie Beamtengesetze des Bundes und der Länder) verlangt neben dem Bekenntnis zur auch das aktive Eintreten für den Erhalt der freiheitlich demokratischen Grundordnung. Schon dieser Unterschied macht deutlich, dass einem AN des ö.D. nicht das gleiche Maß an politischer Treue abzuverlangen ist wie einem Beamten (st. Rspr. – vgl. z.B. BAG 31.3.1976 – 5 AZR 104/74 – AP GG Art. 33 Abs. 2 Nr. 2). Bei AN müssen sich die in politischer Hinsicht zu stellenden Anforderungen aus dem jeweiligen „Amt" (also aus dem konkreten Aufgabengebiet ergeben (vgl. BAG AP GG Art. 33 Abs. 2 Nr. 2). Die Mitgliedschaft in einer (nicht verbotenen) Partei mit verfassungsfeindlichen Zielen und/oder die aktive Betätigung für eine solche sind Indizien, aber noch kein Beweis für mangelnde Verfassungstreue. „Sie sind nicht vom Arbeitnehmer zu entkräften, sondern vom Arbeitgeber durch konkrete Umstände zu personalisieren und zu verstärken, dass sie die Feststellung der fehlenden Eignung (Verfassungstreue) rechtfertigen" (BAG vom 28.9.1989 – 2 AZR 317/86 – AP KSchG 1969 § 1 Nr. 24).

5   1.4 Der BT-V enthält weitere Bestimmungen zu den allgemeinen Pflichten an folgenden Stellen:

A) Für den Bereich des Bundes

1. § 45 Nr. 3 (SR für Beschäftigte, die zu Auslandsdienststellen des Bundes entsandt sind);

Verwaltung **§§ 42, 43 TVöD-BT-V**

2. § 46 Nr. 2, 9 und 19 (SR für die Beschäftigten im Bereich des Bundesministeriums der Verteidigung);
3. § 47 Nr. 2 und 11 (SR für die Beschäftigten des Bundesministeriums für Verkehr, Bau- und Wohnungswesen).

B) Für den Bereich der VKA

1. § 47 Nr. 2 (SR für Beschäftigte in Forschungseinrichtungen mit kerntechnischen Forschungsanlagen);
2. § 55 Nr. 3 (SR für Beschäftigte an Theatern und Bühnen).

§ 42 Saisonaler Ausgleich

In Verwaltungen und Betrieben, in denen auf Grund spezieller Aufgaben (z. B. Ausgrabungen, Expeditionen, Schifffahrt) oder saisonbedingt erheblich verstärkte Tätigkeiten anfallen, kann für diese Tätigkeiten die regelmäßige Arbeitszeit auf bis zu 60 Stunden in einem Zeitraum von bis zu sieben Tagen verlängert werden, wenn durch Verkürzung der regelmäßigen wöchentlichen Arbeitszeit bis zum Ende des Ausgleichszeitraums nach § 6 Abs. 2 Satz 1 ein entsprechender Zeitausgleich durchgeführt wird.

Erläuterungen zu § 42 BT-V

Die Regelung ermächtigt den AG, die regelmäßige Arbeitszeit auf bis zu 60 1 Stunden wöchentlich in Verwaltungen und Betrieben zu verlängern, in denen aufgrund spezieller Aufgaben oder saisonbedingt Arbeitsspitzen (z. B. Kur- und Badebetrieb) aufgefangen werden müssen. Die wöchentlich mehr zu leistenden Stunden, müssen durch entsprechende Verkürzung der wöchentlichen Arbeitszeit in den übrigen Zeiten des Jahres ausgeglichen werden. Die Abweichungen von der Vorschrift des § 3 ArbZG sind nach § 7 Abs. 2 Nr. 4 ArbZG zulässig. Ist ein Ausgleich des über die Arbeitszeit nach § 6 Abs. 1 zu leistenden wöchentlichen Arbeitszeit während der übrigen Monate des Jahres nicht möglich, weil der Beschäftigte z. B. aus dem Arbeitsverhältnis ausscheidet, sind die in der verlängerten Arbeitszeit erbrachten Stunden als Überstunden auszugleichen.

§ 43 Überstunden

(1) ¹**Überstunden sind grundsätzlich durch entsprechende Freizeit auszugleichen.** ²**Sofern kein Arbeitszeitkonto nach § 10 eingerichtet ist, oder wenn ein solches besteht, die/der Beschäftigte jedoch keine Faktorisierung nach § 8 Abs. 1 geltend macht, erhält die/der Beschäftigte für Überstunden (§ 7 Abs. 7), die nicht bis zum Ende des dritten Kalendermonats – möglichst aber schon bis zum Ende des nächsten Kalendermonats – nach deren Entstehen mit Freizeit ausgeglichen worden sind, je Stunde 100 v. H. des auf die Stunde entfallenden Anteils des Tabellenentgelts der jeweiligen Entgeltgruppe und Stufe, höchstens jedoch nach der Stufe 4.** ³**Der Anspruch auf den Zeitzuschlag für Überstunden nach § 8 Abs. 1 besteht unabhängig von einem Freizeitausgleich.**

(2) ¹**Für Beschäftigte der Entgeltgruppe 15 bei obersten Bundesbehörden sind Mehrarbeit und Überstunden durch das Tabellenentgelt abgegolten.** ²**Beschäftigte der Entgeltgruppen 13 und 14 bei obersten Bundesbehörden erhalten nur dann ein Überstundenentgelt, wenn die Leistung**

der Mehrarbeit oder der Überstunden für sämtliche Beschäftigte der Behörde angeordnet ist; im Übrigen ist über die regelmäßige Arbeitszeit hinaus geleistete Arbeit dieser Beschäftigten durch das Tabellenentgelt abgegolten. ³Satz 1 gilt auch für Leiterinnen/Leiter von Dienststellen und deren ständige Vertreterinnen/Vertreter, die in die Entgeltgruppen 14 und 15 eingruppiert sind.

Erläuterungen zu § 43 BT-V

1   Die Definition einer Überstunde erfolgt in § 7 Abs. 7 TVöD AT. Danach sind Überstunden auf Anordnung des Arbeitgebers geleistete Arbeitsstunden, die über den Rahmen der regelmäßigen Arbeitszeit von Vollbeschäftigten für die Woche dienstplanmäßig oder betriebsüblich festgesetzten Arbeitsstunden hinausgehen. Sie werden jedoch erst dann zur Überstunde, wenn sie nicht bis zum Ende der folgenden Kalenderwoche ausgeglichen werden. Ausnahmen hierzu sind in § 7 Abs. 8 TVöD AT für den Arbeitszeitkorridor bzw. die Rahmenzeit enthalten. Wird ein Arbeitszeitkorridor oder eine Rahmenzeit vereinbart entstehen Überstunden bereits mit dem angeordneten Überschreiten der dort festgelegten zeitlichen Grenzen.

2   Ist eine Überstunde entstanden, regelt § 43 TVöD-BT-V nunmehr die Folgen. Nach S. 1 sind Überstunden grundsätzlich durch Freizeit auszugleichen. Damit wird der bereits im bisherigen Tarifrecht geltende Vorrang des Ausgleichs von Überstunden durch Freizeit beibehalten. Der Freizeitausgleich hat möglichst bis zum Ende des nächsten Kalendermonats und spätestens bis zum Ende des dritten Kalendermonats nach Ableistung der Überstunde.

3   **Im Falle des Freizeitausgleichs** sind für diese Zeit das Entgelt und die Zulagen fortzuzahlen. Für jede ausgeglichene Überstunde hat der AN einen Anspruch auf einen Zeitzuschlag für Überstunden nach § 8 Abs. 1 Buchst. a TVöD AT.

4   **Erfolgt kein Zeitausgleich** besitzt der Beschäftigte einen Anspruch auf Überstundenvergütung nach § 43 Abs. 1 S. 2 BT-V. Es wird als Überstundenvergütung je Stunde 100 v. H. des auf die Stunde entfallenden Anteils des Tabellenentgelts der jeweiligen Entgeltgruppe und Stufe, höchstens jedoch nach der Stufe 4 gewährt.

5   Wird der Freizeitausgleich nicht oder nicht rechtzeitig innerhalb des Zeitrahmens von längstens drei Kalendermonaten gewährt, so sind die Parteien des Arbeitsverhältnisses gleichwohl nicht gehindert, anstatt des dann entstehenden Anspruchs auf Geldausgleich nachträglich einen Freizeitausgleich zu vereinbaren. Auch § 4 Abs. 3 TVG steht einer solchen einvernehmlichen Regelung nicht entgegen. § 43 Abs. 1 S. 1 BT-V macht deutlich, dass die TVP den Freizeitausgleich nicht geringer, sondern höher bewertet haben als den Geldausgleich (vgl. BAG 7. 12. 1982 – 3 AZR 1218/79, AP BAT § 17 Nr. 8).

6   Für Arbeitnehmer der Entgeltgruppe 15 bei obersten Bundesbehörden sind Mehrarbeit und Überstunden durch das Tabellenentgelt abgegolten. Dies gilt auch für Leiter von Dienststellen und deren ständige Vertreter, die in den Entgeltgruppen 14 und 15 eingruppiert sind. Arbeitnehmer der Entgeltgruppen 13 und 14 bei obersten Bundesbehörden erhalten nur dann ein Überstundenentgelt, wenn die Leistung der Mehrarbeit oder der Überstunden für sämtliche Beschäftigte der Behörde angeordnet ist. Ansonsten ist über die regelmäßige Arbeitszeit hinaus geleistete Arbeit dieser Arbeitnehmer ebenfalls durch das Tabellenentgelt abgegolten. Durch die Vorschrift ist nicht nur ein Anspruch auf Überstundenvergütung ausgeschlossen, sondern auch ein Anspruch auf Ausgleich der Überstunden durch bezahlte Arbeitsbefreiung.

Verwaltung § 44 TVöD-BT-V

§ 44 Reise- und Umzugskosten, Trennungsgeld

(1) Für die Erstattung von Reise- und Umzugskosten sowie Trennungsgeld finden die für die Beamtinnen und Beamten jeweils geltenden Bestimmungen entsprechende Anwendung.

(2) ¹Bei Dienstreisen gilt nur die Zeit der dienstlichen Inanspruchnahme am auswärtigen Geschäftsort als Arbeitszeit. ²Für jeden Tag einschließlich der Reisetage wird jedoch mindestens die auf ihn entfallende regelmäßige, durchschnittliche oder dienstplanmäßige Arbeitszeit berücksichtigt, wenn diese bei Nichtberücksichtigung der Reisezeit nicht erreicht würde. ³Überschreiten nicht anrechenbare Reisezeiten insgesamt 15 Stunden im Monat, so werden auf Antrag 25 v. H. dieser überschreitenden Zeiten als fester Arbeitszeit als Freizeitausgleich gewährt und bei gleitender Arbeitszeit im Rahmen der jeweils geltenden Vorschriften auf die Arbeitszeit angerechnet. ⁴Der besonderen Situation von Teilzeitbeschäftigten ist Rechnung zu tragen.

(3) Soweit Einrichtungen in privater Rechtsform oder andere Arbeitgeber nach eigenen Grundsätzen verfahren, sind diese abweichend von den Absätzen 1 und 2 maßgebend.

Erläuterungen zu § 44 BT-V

1. Zu Abs. 1

1.1 Der Wortlaut „für die Beamtinnen und Beamten jeweils geltenden Bestimmungen" umfasst mehr als nur die einschlägigen Gesetze im materiellen Sinne. Gemeint sind auch Verwaltungsvorschriften, Erlasse etc. „Reisekosten" sind nicht nur Fahrtkosten; auch andere Leistungen nach dem Reisekostenrecht (z. B. Tage- und Übernachtungsgeld) werden erfasst. 1

Die Formulierung „für die Beamtinnen und Beamten" kann nur so verstanden werden, dass die des jeweiligen AG gemeint sind. Demnach gelten für AN des Bundes die für Bundesbeamte geltenden Bestimmungen bezüglich Reise-, Umzugskosten und Trennungsgeld. Das entsprechende Recht für Kommunalbeamte ist landesgesetzlich geregelt; die entsprechenden Bestimmungen gelten entsprechend für AN der jeweiligen Kommunalverwaltung. Soweit andere AG mit Dienstherreneigenschaft Mitglied eines KAV sind, gelten für deren AN die Bestimmungen, die für deren Beamte gelten (i. d. R. werden dies die für Landesbeamte geltenden sein, sofern diese AG über keine eigene Regelungskompetenz in diesen Fragen verfügen – vgl. auch Abs. 3 und Erl. hierzu). 2

Abs. 1 kann nicht angewendet werden bei AG, die keine Dienstherreneigenschaft haben. Eine mit § 69 BAT/-O vergleichbare Bestimmung enthält weder der TVöD-AT noch der BT-V. Für diese können naturgemäß beamtenrechtliche Bestimmungen nicht unmittelbar gelten. Sie müssen – jedenfalls formal – nach eigenen Regelungen (vgl. auch Abs. 3 und Erl. hierzu) verfahren, wobei natürlich die „eigenen Regelungen" auch darin bestehen können, die für Beamte (des Landes) geltenden gesetzlichen Bestimmungen ganz oder teilweise für anwendbar zu erklären. 3

2. Zu Abs. 2

2.1 Losgelöst von der Frage, wann und wie entstandene Reisekosten etc. zu erstatten sind, regelt Abs. 2 die Frage, wie der mit einer Dienstreise verbundene Zeitaufwand zu berücksichtigen ist. Die Sätze 1 und 2 haben mehr oder weniger deklaratorische Bedeutung, da sie allgemeinen arbeitsrechtlichen Grundsätzen entsprechen. 4

R. Neffke 457

5 2.11 Satz 1 stellt den Grundsatz auf: „Reisezeiten sind keine Arbeitszeiten". Demnach ist uneingeschränkt nur die Zeit der tatsächlich geleisteten Arbeit am auswärtigen Arbeitsort als Arbeitszeit anzurechnen.

6 2.12 Ungeachtet dieses Grundsatzes stellt Satz 2 sicher, dass der AN hinsichtlich der Arbeitszeit – und damit hinsichtlich des Entgeltes – nicht schlechter gestellt wird als er es wäre, wenn er keine Dienstreise anzutreten gehabt hätte: Für jeden Tag der Dienstreise ist mindestens die durchschnittliche oder dienstplanmäßige Arbeitszeit zu berücksichtigen. Der Zusatz „einschließlich der Reisetage" verdeutlicht, dass dies auch an Tagen gilt, an denen Reisezeiten nicht angefallen sind (ganztägiger Aufenthalt am auswärtigen Arbeitsort).

7 2.2 Satz 3 beinhaltet eine Ausnahmeregelung, die dann greift, wenn beim AN im größeren Umfang nicht zu berücksichtigende Reisezeiten anfallen. Ein Viertel dieser Zeiten sind **auf Antrag** als Arbeitszeit zu berücksichtigen, wenn ihre Summe die Zahl 15 im Monat überschreitet. Der Ausgleich ist in Form von Freizeit oder durch „Zeitgutschrift" vorzunehmen. Eine finanzielle Abgeltung sieht der TV nicht vor; zu beachten ist auch, dass durch diese Anrechnung keine zuschlagspflichtigen Überstunden entstehen können.

3. Zu Abs. 3

8 Es handelt sich um eine tarifliche Öffnungsklausel, die es einzelnen AG ermöglicht, sowohl von den Absätzen 1 (Erstattung von Kosten) als auch von Abs. 2 (Anrechnung von Reisezeiten auf die Arbeitszeit) abzuweichen. Voraussetzung ist, dass sie nach eigenen Grundsätzen verfahren, wobei der Begriff „Grundsätze" weit gefasst ist. Es reicht aus, wenn Regelungen durchgängig gehandhabt werden.

9 4. Der BT-V enthält weitere Bestimmungen zu Reisekosten etc. an folgenden Stellen:

A) Bereich Bund

1. § 45 Nr. 13 (SR für Beschäftigte, die zu Auslandsdienststellen des Bundes entsandt sind)
2. § 47 Nr. 10 (Besondere Bestimmungen für Beschäftigte der Wasser- und Schifffahrtsverwaltung des Bundes)
3. § 47Nr. 13 (Besondere Bestimmungen für Besatzungen der seegehenden Schiffe des Bundesamtes für Seeschifffahrt und Hydrographie)

B) Bereich VKA

1. § 54 Nr. 2 (SR für Beschäftigte beim Bau und Unterhaltung von Straßen)
2. § 55 Nr. 5 (SR für Beschäftigte an Theatern und Bühnen)

Abschnitt VIII. Sonderregelungen (Bund)

§ 45 Sonderregelungen für Beschäftigte, die zu Auslandsdienststellen des Bundes entsandt sind

Zu Abschnitt I. Allgemeine Vorschriften

Nr. 1: Zu § 1 – Geltungsbereich –

(1) Diese Sonderregelungen gelten für Beschäftigte mit deutscher Staatsangehörigkeit (Deutsche im Sinne des Artikels 116 GG) oder einer Staatsangehörigkeit eines anderen Mitgliedsstaates der europäischen Union bei den diplomatischen und berufskonsularischen Vertretungen sowie bei anderen Dienststellen der Bundesre-

Verwaltung (Bund) **§ 45 TVöD-BT-V**

publik im Ausland (Auslandsdienststellen), die nach Abschluss eines Arbeitsvertrages nach Bundestarifrecht von ihrer obersten Bundesbehörde zur Dienstleistung in das Ausland entsandt worden sind (entsandte Kräfte) oder denen die gleiche Rechtsstellung durch einen mit der obersten Bundesbehörde geschlossenen Arbeitsvertrag eingeräumt worden ist.

(2) Die Nrn. 3, 6, und 14 gelten auch für Beschäftigte des Bundes, die bei einer Inlandsdienststelle tätig sind, dem Inhalt ihres Arbeitsvertrages nach jedoch auch zu Auslandsdienststellen entsandt werden können.

(3) Diese Sonderregelungen gelten nicht für Beschäftigte, die Einheiten der Bundeswehr bei deren vorübergehender Verlegung zu Ausbildungszwecken in das Ausland folgen.

Nr. 2: [1] Für Beschäftigte bei Auslandsvertretungen (§ 3 Abs. 1 des Gesetzes über den Auswärtigen Dienst – GAD) gelten die §§ 14, 15, 19, 20, 21, 23, 24, 27 GAD entsprechend. [2] Die §§ 16, 22, 26 GAD gelten für diese Beschäftigte entsprechend, soweit keine Leistungen nach anderen Vorschriften gewährt werden.

Nr. 3: Zu § 3 – Allgemeine Arbeitsbedingungen –

Der Arbeitgeber kann auch Untersuchungen auf Tropentauglichkeit anordnen.

Nr. 4: Zu § 4 – Versetzung, Abordnung, Zuweisung, Personalgestellung –

§ 4 Abs. 1 Satz 2 gilt nicht.

Zu Abschnitt II. Arbeitszeit

Nr. 5: Zu § 6 – Regelmäßige Arbeitszeit –

[1] Eine Verkürzung der regelmäßigen Arbeitszeit für die Beamten an einer Auslandsdienststelle nach § 7 Abs. 2 Satz 1 des Gesetzes über den Auswärtigen Dienst bzw. nach § 5 der Arbeitszeitverordnung gilt auch für die entsprechenden Beschäftigten an dieser Dienststelle. [2] In diesen Fällen findet ein Ausgleich für Überstunden (Nr. 6 Satz 1) nur statt, wenn die verkürzte regelmäßige Arbeitszeit um mehr als fünf Stunden im Monat überschritten wird.

Nr. 6: Zu § 8 – Ausgleich für Sonderformen der Arbeit –

[1] Überstundenentgelt, Zeitzuschläge und Zulagen nach § 8 werden nicht gezahlt. [2] Alle Überstunden sind bis zum Ende des sechsten Kalendermonats nach Ableistung der Überstunden durch entsprechende bezahlte Arbeitsbefreiung auszugleichen. [3] Rufbereitschaft und Arbeitsleistung innerhalb der Rufbereitschaft werden nicht bezahlt, sondern unter Berücksichtigung des Satzes 1 auf der Berechnungsgrundlage des § 8 Abs. 3 in Freizeit ausgeglichen; § 8 Abs. 2 gilt entsprechend.

Protokollerklärung:
Das Entgelt für die tatsächliche Arbeitsleistung zuzüglich der Zeitzuschläge für Überstunden ist das Überstundenentgelt.

Zu Abschnitt III. Eingruppierung, Entgelt und sonstige Leistungen

Nr. 7: Zu § 14 – Vorübergehende Ausübung einer höherwertigen Tätigkeit –

[1] Die persönliche Zulage nach § 14 Abs. 3 wird auch dann nicht gezahlt, wenn die Beschäftigten andere Beschäftigte oder Beamte während deren Heimaturlaubs

TVöD-BT-V § 45 Verwaltung (Bund)

länger als einen Monat oder im Fall des § 14 Abs. 2 länger als drei Tage vertreten. ²Zeiten einer höherwertigen Heimaturlaubsvertretung werden bei einer anschließenden höherwertigen Vertretung aus anderen Gründen auf die in § 14 Abs. 1 genannte Frist von einem Monat angerechnet.

Protokollerklärung:
¹*Dem Beschäftigten darf innerhalb eines Jahres eine Heimaturlaubsvertretung nur einmal übertragen werden.* ²*Die Regelung für Beschäftigte gemäß § 38 Abs. 5 Satz 2 tritt erst bei In-Kraft-Treten eines Tarifvertrags nach § 14 Abs. 2 in Kraft.*

Nr. 8: Zu § 15 – Tabellenentgelt –

(1) ¹Zu dem Tabellenentgelt (§ 15) werden in entsprechender Anwendung der §§ 55 bis 57 des Bundesbesoldungsgesetzes den Beschäftigten mit dienstlichem Wohnsitz im Ausland folgende Auslandsbezüge gezahlt:
a) Auslandszuschlag nach den Sätzen der Anlagen VI a bis e des Bundesbesoldungsgesetzes,
b) Auslandskinderzuschlag,
c) Mietzuschuss.
²Für Beschäftigte bei Auslandsvertretungen (§ 3 Abs. 1 GAD) treten an die Stelle der Anlagen VI a bis VI c die Anlagen VI f bis VI h des Bundesbesoldungsgesetzes; diese Beschäftigten erhalten ferner einen Zuschlag für die mit dem Auswärtigen Dienst verbundenen Belastungen des Ehegatten in entsprechender Anwendung des § 55 Abs. 5 des Bundesbesoldungsgesetzes.

(2) ¹§§ 7, 15, 52 Abs. 3, 53, 54 und 58 des Bundesbesoldungsgesetzes gelten entsprechend. ²Bei der Gewährung des Auslandszuschlags und des Mietzuschusses (§§ 55 und 57 des Bundesbesoldungsgesetzes) sowie bei der Berechnung des Kaufkraftausgleichs (§§ 7 und 54 Bundesbesoldungsgesetz) werden die Beschäftigten den Beamtinnen und Beamten der Besoldungsgruppen A 1–A 15 gleichgestellt.

(3) ¹Zulagen und Zuschläge werden mit Ausnahme der in Absatz 1 und 2 geregelten Entgeltbestandteile den bei Auslandsdienststellen tätigen Beschäftigten nicht gezahlt. ²Aufwandsentschädigungen werden nach den für die entsprechenden Beamten geltenden Bestimmungen gezahlt

Nr. 9: Zu § 22 – Entgelt im Krankheitsfall –

(1) ¹Bei einer durch Krankheit oder Arbeitsunfall verursachten Arbeitsunfähigkeit im Ausland werden das Tabellenentgelt und die Auslandsbezüge (Nr. 8) ohne Rücksicht auf die Beschäftigungszeit bis zum Tage vor der Rückreise vom Auslandsdienstort in das Inland gewährt. ²Die im § 22 Abs. 3 festgesetzten Fristen für die Gewährung eines Krankengeldzuschusses beginnen mit dem Tage der Abreise des Beschäftigten vom Auslandsdienstort zu laufen.

(2) Beschäftigte, die bei einer Auslandsdienststelle tätig sind, sollen den Nachweis der Arbeitsunfähigkeit durch eine Bescheinigung des Vertrauensarztes der Auslandsdienststelle erbringen; Beschäftigte bei einer diplomatischen oder konsularischen Vertretung sollen den Nachweis in der Weise erbringen, wie er durch die Geschäftsordnung für die Auslandsvertretung vorgesehen ist.

Nr. 10: Zu § 23 Abs. 3 – Sterbegeld –

Der Berechnung des Sterbegeldes für die Hinterbliebenen von Beschäftigten gemäß § 23 Abs. 3, die zur Zeit ihres Todes Auslandsbezüge erhielten, sind diese Auslandsbezüge, jedoch ausschließlich einer Aufwandsentschädigung, zugrunde zu legen.

Verwaltung (Bund) § 45 TVöD-BT-V

Zu Abschnitt III. Urlaub und Arbeitsbefreiung
Nr. 11: Zu § 26 – Erholungsurlaub –

(1) Für den Erholungsurlaub gelten neben den tariflichen Vorschriften die jeweiligen Bestimmungen für die im Ausland tätigen Bundesbeamten entsprechend.

(2) ¹ Wird das Arbeitsverhältnis während oder mit Ablauf eines Urlaubs im Inland, für den Fahrkostenzuschuss gewährt wurde, aus einem vom Beschäftigten zu vertretenden Grunde gelöst, so werden die niedrigsten Fahrkosten (vgl. § 4 Abs. 2 der Heimaturlaubsverordnung) nur der Reise vom Dienstort in das Inland erstattet. ² Wird das Arbeitsverhältnis innerhalb eines Jahres nach Beendigung eines Urlaubs im Inland aus einem vom Beschäftigten zu vertretenden Grunde gelöst, so hat der Beschäftigte die Hälfte der dafür erstatteten Fahrkosten zurückzuzahlen, es sei denn, das er im Anschluss an den Urlaub an einen anderen Dienstort versetzt worden war und den Dienst dort angetreten hatte.

Zu Abschnitt V. Befristung und Beendigung des Arbeitsverhältnisses
Nr. 12: § 33 – Beendigung des Arbeitsverhältnisses ohne Kündigung –

(1) ¹ Im Wirtschaftsdienst Beschäftigte der Entgeltgruppen 9 bis 15 bedürfen in den ersten zwei Jahren nach Beendigung des Arbeitsverhältnisses zur Aufnahme einer entgeltlichen Beschäftigung in einem der ausländischen Staaten, in dem sie während ihres Arbeitsverhältnisses tätig waren, der Genehmigung des Arbeitgebers. ² Wird eine entgeltliche Beschäftigung ohne die erforderliche Genehmigung aufgenommen, so hat der Beschäftigte eine Vertragsstrafe in Höhe von drei Monatsbezügen seiner letzten Auslandsvergütung zu entrichten. ³ Die Geltendmachung von Schadensersatzansprüchen bleibt unberührt.

(2) Beschäftigte, die auf Kosten des Arbeitgebers eine besondere Ausbildung in einer Fremdsprache erhalten haben, sind verpflichtet, dem Arbeitgeber die Kosten dieser Ausbildung zu erstatten, wenn das Arbeitsverhältnis aus einem von dem Beschäftigten zu vertretenden Grunde vor Ablauf von drei Jahren nach Abschluss der Sprachausbildung endet.

Zu Abschnitt VII. Allgemeine Vorschriften
Nr. 13: Zu § 44 – Reise- und Umzugskosten, Trennungsgeld –

¹ Für die Gewährung von Umzugskostenvergütung bei Auslandsumzügen sind die für die Beamtinnen/Beamten des Arbeitgebers jeweils geltenden Bestimmungen mit folgenden Maßgaben sinngemäß anzuwenden:
1. Im Falle des Ausscheidens eines Beschäftigten aus dem Arbeitsverhältnis an einem Auslandsdienstort wird eine Umzugskostenvergütung nur gewährt, wenn für den Umzug an den Auslandsdienstort Umzugskostenvergütung gewährt und nicht zurückgefordert worden ist. § 19 Abs. 4 der Auslandsumzugskostenverordnung – AUV – bleibt unberührt.
2. Der Beschäftigte, dessen Arbeitsverhältnis aus einem von ihm nicht zu vertretenden Grunde im Ausland beendet worden ist, hat für sich und die in § 1 Abs. 1 Nr. 2 AUV bezeichneten Personen Anspruch auf eine Umzugskostenvergütung nach §§ 2 bis 5 und 10 AUV sowie § 9 Abs. 1 BUKG. Die Umzugskostenvergütung wird nur gewährt, wenn der Beschäftigte spätestens sechs Monate nach Beendigung des Arbeitsverhältnisses nach einem frei gewählten Wohnort im Inland umzieht. § 19 Abs. 1 bis 3 AUV bleibt unberührt. § 19 Abs. 1 bis 3 AUV gilt entsprechend, wenn der Beschäftigte wegen Bezugs eines

TVöD-BT-V § 46 Verwaltung (Bund)

vorgezogenen oder flexiblen Altersruhegeldes oder einer entsprechenden Versorgungsrente aus der zusätzlichen Alters- und Hinterbliebenenversorgung im Ausland aus dem Arbeitsverhältnis ausgeschieden ist.

3. In dem Falle der Nr. 11 Abs. 2 Satz 1 werden Auslagen für eine Umzugsreise nicht erstattet.

4. Endet das Arbeitsverhältnis aus einem von dem Beschäftigte zu vertretenden Grunde vor Ablauf von zwei Jahren nach einem Umzug, für den Umzugskostenvergütung nach § 3 Abs. 1 Nr. 1, § 4 Abs. 1 Nr. 1 oder Abs. 2 Nr. 3 und 4 des Bundesumzugskostengesetzes – BUKG – zugesagt worden war, so hat der Beschäftigte die Umzugskostenvergütung zurückzuzahlen. War die Umzugskostenvergütung nach § 3 Abs. 1 Nr. 1 BUKG zugesagt worden, ist nur der nach § 12 AUV gewährten Ausstattungsbeitrag zurückzuzahlen, wenn der Beschäftigte insgesamt mehr als zwei Jahre bei Auslandsdienststellen tätig war. Sätze 1 und 2 gelten nicht für eine nach § 3 Abs. 1 Nr. 1 BUKG zugesagte Umzugskostenvergütung, wenn das Arbeitsverhältnis aufgrund einer Kündigung durch den Beschäftigten endet. § 19 Abs. 4 AUV bleibt unberührt.

Nr. 14: Für Bundeswohnungen, die Beschäftigte an Auslandsdienststellen aus dienstlichen oder sonstigen im Interesse des Bundes liegenden Gründen zugewiesen werden, gilt sinngemäß die Allgemeine Verwaltungsvorschrift über die Bundesdienstwohnungen (Dienstwohnungsvorschriften – DWV –) vom 16. Februar 1970 (GMBl. S. 99) in ihrer jeweils geltenden Fassung und in Verbindung mit der Allgemeinen Verwaltungsvorschrift über die Bundesdienstwohnungen im Ausland (Dienstwohnungsvorschriften Ausland – DWVA) vom 1. Februar 1973 (GMBl. S. 82) in der jeweils geltenden Fassung.

Zu Abschnitt VI. Übergangs- und Schlussvorschriften

Nr. 15: Zu § 37 – Ausschlussfrist –

Die Ausschlussfrist (§ 37) beträgt 9 Monate.

§ 46 Sonderregelungen für die Beschäftigten im Bereich des Bundesministeriums der Verteidigung

Kapitel I. Beschäftigte des Bundesministeriums der Verteidigung

Zu Abschnitt I. Allgemeine Vorschriften

Nr. 1: Zu § 1 – Geltungsbereich –

Die Regelungen dieses Abschnitts gelten für die Beschäftigten des Bundesministeriums der Verteidigung, soweit sie nicht unter Kapitel II oder die Sonderregelung für in Ausland entsandte Beschäftigte (§ 45) fallen.

Nr. 2: Zu § 3 – Allgemeine Arbeitsbedingungen –

(1) Beschäftigte haben sich unter Fortzahlung des Entgelts nach § 21 einer Ausbildung im Selbstschutz sowie in der Hilfeleistung und Schadensbekämpfung bei Katastrophen zu unterziehen.

(2) ¹Beschäftigte haben jede ärztlich festgestellte und ihnen vom Arzt mitgeteilte übertragbare Krankheit innerhalb ihres Hausstandes unverzüglich dem Dienststellenleiter zu melden. ²Zur Wahrung der ärztlichen Schweigepflicht kann die Meldung durch Übergabe eines verschlossenen Umschlages genügt werden, der nur vom Arzt zu öffnen ist.

Verwaltung (Bund) **§ 46 TVöD-BT-V**

(3) Beschäftigte können an den für die Bundeswehr angeordneten medizinischen Schutzmaßnahmen, insbesondere Schutzimpfungen, auf Kosten des Arbeitgebers teilnehmen.

(4) Beschäftigte haben vor Beginn und Ende einer größeren militärischen Unternehmung Anspruch auf eine ärztliche Untersuchung auf Kosten des Arbeitgebers.

Zu Abschnitt II. Arbeitszeit

Nr. 3: Zu § 6 – Regelmäßige Arbeitszeit –

(1) Kann die Arbeitsstelle nur mit einem vom Arbeitgeber gestellten Fahrzeug erreicht werden und trifft das Fahrzeug infolge höherer Gewalt nicht rechtzeitig an der Arbeitsstelle ein, wird die Zeit ab dem Zeitpunkt des auf der Arbeitsstelle angeordneten Arbeitsbeginns als Arbeitszeit gewertet.

(2) [1] Für Beschäftigte in Versorgungs- und Instandsetzungseinrichtungen sowie auf Flug-, Schieß- und Übungsplätzen beginnt und endet die Arbeitszeit am jeweils vorgeschriebenen Arbeitsplatz, soweit nicht ein Sammelplatz bestimmt wird. [2] Stellt der Arbeitgeber bei Entfernungen von der Grenze der Arbeitsstelle (z. B. Eingangstor) bis zum Arbeitsplatz von mehr als einem Kilometer für diese Strecke eine kostenlose Beförderungsmöglichkeit nicht zur Verfügung, gilt die über die bei Gestellung eines Fahrzeugs üblicherweise benötigte Beförderungszeit hinausgehende Zeit als Arbeitszeit.

Protokollerklärung
Der Begriff der Arbeitsstelle ist weiter als der Begriff des Arbeitsplatzes. Er umfasst z. B. den Verwaltungs-/Betriebsbereich in dem Gebäude/Gebäudeteil, in dem gearbeitet wird.

Nr. 4: Zu §§ 7, 8 – Sonderformen der Arbeit und Ausgleich für Sonderformen der Arbeit –

(1) Die Zeit des Bereitschaftsdienstes einschließlich der geleisteten Arbeit wird bei der Bemessung des Entgelts mit 50 v. H. als Arbeitszeit gewertet.

(2) [1] Rufbereitschaft darf bis zu höchstens zehn Tagen im Monat, in Ausnahmefällen bis zu höchstens 30 Tagen im Vierteljahr, angeordnet werden. [2] Diese zeitliche Einschränkung gilt nicht für Zeiten erhöhter Bereitschaft für den Bereich der gesamten Bundeswehr.

(3) [1] Die Arbeitszeitdauer des Feuerwehrpersonals und des Wachpersonals beträgt, wenn in erheblichem Umfang Bereitschaftsdienst vorliegt, 24 Stunden je Schicht, sofern der Gesundheitsschutz der Beschäftigten durch Gewährung gleichwertiger Ausgleichsruhezeiten in unmittelbarem Anschluss an die verlängerten Arbeitszeiten gewährleistet wird. [2] Aus dienstlichen Gründen kann ein kürzerer Schichtturnus festgelegt werden. [3] Durch entsprechende Schichteinteilung soll sichergestellt werden, dass die regelmäßige wöchentliche Arbeitszeit bis zum Ende des Ausgleichszeitraums nach § 6 Abs. 2 im Durchschnitt nicht überschritten wird. [4] Zeitzuschläge nach § 8 Abs. 1 Satz 1 Buchst. b, c, d, e werden zu 50 v. H. gezahlt. [5] Zeitzuschläge nach § 8 Abs. 1 Satz 1 Buchst. f, sowie Zulagen nach Abs. 5 und 6 werden nicht gezahlt. [6] Die über 168 Stunden hinausgehende Zeit wird bei der Bemessung des Entgelts mit 50 v. H. als Arbeitszeit gewertet und mit dem Überstundenentgelt vergütet.

(4) Für Beschäftigte, die an Manövern und ähnlichen Übungen teilnehmen, gilt Anhang zu § 46 In den Fällen der Hilfeleistung und der Schadensbekämpfung bei Katastrophen gilt Abs. 1 Nr. 3 bis 5 des Anhangs zu § 46 entsprechend.

TVöD-BT-V § 46   Verwaltung (Bund)

(5) Zuschläge – außer Zeitzuschläge nach § 8 – sowie Zulagen können im Einvernehmen mit den vertragsschließenden Gewerkschaften auch durch Verwaltungsanordnungen allgemein oder für den Einzelfall gewährt werden.

Zu Abschnitt III. Eingruppierung, Entgelt und sonstige Leistungen

Nr. 5: Beschäftigte, die für eine andere Tätigkeit qualifiziert werden, erhalten während der Qualifizierungszeit ihr bisheriges Tabellenentgelt und sonstige Entgeltbestandteile.

Abschnitt IV. Urlaub und Arbeitsbefreiung

Nr. 6: Zu § 26 – Erholungsurlaub –

Bei der Berechnung nach § 21 werden die leistungsabhängigen Entgeltbestandteile aus dem Leistungslohnverfahren nach dem Tarifvertrag über die Ausführung von Arbeiten im Leistungslohnverfahren im Bereich der SR 2a des Abschnitts A der Anlage 2 MTArb (Gedingerichtlinien) berücksichtigt.

Nr. 7: Zu § 27 – Zusatzurlaub –

Für Beschäftigte, die unter Nr. 4 Abs. 3 fallen, beträgt der Zusatzurlaub für je vier Monate der Arbeitsleistung im Kalenderjahr einen Arbeitstag.

Kapitel II. Besatzungen von Binnen- und Seefahrzeugen und von schwimmenden Geräten im Bereich des Bundesministeriums der Verteidigung

Zu Abschnitt I. Allgemeine Vorschriften

Nr. 8: Zu § 1 – Geltungsbereich –

[1] Die Regelungen dieses Abschnitts gelten für die im Bereich des Bundesministeriums der Verteidigung beschäftigten Besatzungen von Schiffen und schwimmenden Geräten. [2] Zur Besatzung eines Schiffes gehören nur diejenigen Beschäftigten, die mit Rücksicht auf Schifffahrt und Betrieb an Bord, gegebenenfalls in mehreren Schichten, tätig sein müssen und deren Tätigkeit in dem Stellen- und Ausrüstungsnachweis (STAN) aufgeführt ist.

Protokollerklärung zu Satz 2:
Die Eintragung in dem STAN berührt die Eingruppierung in die Entgeltgruppen nicht.

Nr. 9: Zu § 3 – Allgemeine Arbeitsbedingungen –

(1) Beschäftigte können an den für die Bundeswehr angeordneten medizinischen Schutzmaßnahmen, insbesondere Schutzimpfungen, auf Kosten des Arbeitgebers teilnehmen.

(2) Beschäftigte haben vor Beginn und Ende einer größeren militärischen Unternehmung Anspruch auf eine ärztliche Untersuchung auf Kosten des Arbeitgebers.

(3) [1] Als Besatzungsmitglied von Schiffen und schwimmenden Geräten darf nur beschäftigt werden, wer von einem Betriebsarzt auf Seediensttauglichkeit untersucht sowie vom ihr/ihm als seediensttauglich erklärt worden ist und wenn hierüber ein gültiges Zeugnis dieses Arztes vorliegt. [2] Wird in dem Zeugnis keine Seediensttauglichkeit festgestellt, ist dem Besatzungsmitglied grundsätzlich eine geeignete gleichwertige Beschäftigung an anderer Stelle zuzuweisen. [3] Ist dies nicht möglich, erhält die Beschäftigte eine Ausgleichszulage in Höhe des Unterschiedsbetrages zwischen seinem bisherigen und neuen Tabellenentgelt.

Verwaltung (Bund) **§ 46 TVöD-BT-V**

(4) ¹Beschäftigte haben jede ärztlich festgestellte und ihnen vom Arzt mitgeteilte übertragbare Krankheit innerhalb ihres Hausstandes unverzüglich dem Dienststellenleiter zu melden. ²Zur Wahrung der ärztlichen Schweigepflicht kann die Meldung durch Übergabe eines verschlossenen Umschlages genügt werden, der nur vom Arzt zu öffnen ist.

(5) Beschäftigte haben sich unter Zahlung des Urlaubsentgelts einer Ausbildung im Selbstschutz sowie in der Hilfeleistung und Schadensbekämpfung bei Katastrophen zu unterziehen.

(6) Zu den allgemeinen Pflichten gehört auch das Ableisten von Wachdienst.

(7) Besatzungsmitglieder von Schiffen oder schwimmenden Geräten, die mit Schiffsküchen versehen sind, können verpflichtet werden, an der Bordverpflegung teilzunehmen.

Zu Abschnitt II. Arbeitszeit

Nr. 10: Zu § 6 – Regelmäßige Arbeitszeit –

(1) ¹Die regelmäßige Arbeitszeit kann aus notwendigen betrieblichen/dienstlichen Gründen auf sieben Tage verteilt werden. ²Die gesetzlich vorgeschriebene Ruhezeit darf nur in höchstens zwei Zeiträume aufgeteilt werden, wenn einer eine Mindestdauer von 6 Stunden hat. ³Bei Fahrten von Schiffen in See können die gesetzlich vorgeschriebenen Ersatzruhetage für Sonn- und Feiertagsarbeit bis zum Ablauf des Ausgleichzeitraums nach § 8 Abs. 2 zusammenhängend gewährt werden.

(2) Die regelmäßige Arbeitszeit beträgt
a) für Hafendiensttage auf Drei-, Zwei- und Einwachenschiffen acht Stunden arbeitstäglich oder 39 Stunden wöchentlich,
b) für Seediensttage auf Dreiwachenschiffen acht Stunden täglich, auf Zwei- und Einwachenschiffen neun Stunden täglich.

Protokollerklärung zu Absatz 2:
Seediensttage sind alle Tage, an denen sich das Schiff mindestens 1 ½ Stunden außerhalb der jeweiligen seewärtigen Zollgrenze des Hafens aufhält. Geht ein Schiff außerhalb des Heimathafens in einem fremden Hafen vor Anker oder wird es dort festgemacht, gelten die dort verbrachten Zeiten erst nach Ablauf des dritten Tages als Hafendiensttage. Vorher sind auch die im fremden Hafen verbrachten Tage als Seediensttage zu bewerten. Geht das Schiff auf außerdeutschen Liegeplätzen vor Anker oder wird es dort festgemacht, sind die dort verbrachten Zeiten immer als Seediensttage zu bewerten.

(3) Die regelmäßige Arbeitszeit während der Seedienst- und Hafendiensttage gilt durch das Tabellenentgelt (§ 15) als abgegolten.

(4) ¹Die Arbeitszeit beginnt und endet an der Arbeitsstelle. ²Kann die Arbeitsstelle nur mit einem vom Arbeitgeber gestellten schwimmenden Fahrzeug erreicht werden, so wird die Transportzeit bei der Hin- und Rückfahrt jeweils mit 50 v. H. als Arbeitszeit gewertet. ³Die regelmäßige Arbeitszeit kann entsprechend verlängert werden. ⁴Trifft das Fahrzeug infolge höherer Gewalt nicht rechtzeitig an der Arbeitsstelle ein, wird – unbeschadet des Satzes 2 – die Zeit ab dem Zeitpunkt des auf der Arbeitsstelle angeordneten Arbeitsbeginns als Arbeitszeit gewertet.

Nr. 11: Zu § 7 – Sonderformen der Arbeit –

(1) ¹Rufbereitschaft darf bis zu höchstens 10 Tagen im Monat, in Ausnahmefällen bis zu höchstens 30 Tagen im Vierteljahr, angeordnet werden. ²Diese zeitliche

TVöD-BT-V § 46 Verwaltung (Bund)

Einschränkung gilt nicht für Zeiten erhöhter Bereitschaft für den Bereich der gesamten Bundeswehr.

(2) Außerhalb der regelmäßigen Arbeitszeit angeordnete Anwesenheit an Bord wird bei der Bemessung des Entgelts zu 50 v. H. als Arbeitszeit gewertet, es sei denn, dass Freiwache gewährt wird oder dass Arbeit angeordnet ist.

(3) [1] Für Beschäftigte, die über 10 Stunden hinaus zum Wachdienst herangezogen werden, können Wachschichten bis zu zwölf Stunden festgesetzt werden, wenn in den Wachdienst in erheblichem Umfang Bereitschaftsdienst im Sinne § 7 Abs. 1 Nr. 1 Buchst. a Arbeitszeitgesetz fällt. [2] Für die Bemessung des Entgelts während der Wachdienste gelten folgende Vorschriften:
1. Bei folgenden Wachschichten wird für jede Wachstunde das volle Entgelt gezahlt:
   a) Durchgehende Wachdienste, bei denen Pausen oder inaktive Zeiten während des Bereitschaftsdienstes weniger als ein Drittel der Gesamtwachzeit ausmachen.
   b) Wachdienste, die ausschließlich im Freien abgeleistet werden oder bei denen auf Anordnung oder infolge besonderer Umstände eine Bindung an einen vorgeschriebenen Platz besteht (z. B. Decks-, Maschinen-, Brücken- oder Ankerwachen).
2. Anwesenheitswachdienste, die nicht den in Nr. 1 genannten Einschränkungen unterliegen, werden wie folgt bewertet:
   a) Bei einer Tageswachschicht wird je eineinhalb Wachstunden das Entgelt für eine Arbeitsstunde gezahlt.
   b) Bei einer Nachtwachschicht bis zu zwölf Stunden wird eine Stundengarantie von drei Arbeitsstunden angesetzt, wenn beim Wachdienst nur Anwesenheit verlangt und eine Schlafgelegenheit gestellt wird. Soweit die Voraussetzungen nach Satz 1 nicht vorliegen, gilt Buchstabe a entsprechend.

(4) Bei sämtlichen Arten der Anwesenheitswachdienste wird für kleine Arbeiten während der Wache, die insgesamt weniger als zwei Stunden betragen, keine besondere Vergütung gezahlt.

Nr. 12: Zu § 8 – Ausgleich für Sonderformen der Arbeit –

(1) Bei Seediensttagen werden die über acht Stunden täglich – höchstens 48 Stunden in der Woche – hinaus geleisteten Stunden als Überstunden bezahlt.

(2) Fallen in einer Kalenderwoche nur Hafendiensttage an, ist § 7 Abs. 7 anzuwenden.

(3) [1] Fallen in einer Kalenderwoche Hafen- und Seediensttage an, gelten die über 48 Stunden hinaus geleisteten Arbeitsstunden als Überstunden. [2] Zeiten, die nach Nr. 10 Abs. 1 Satz 3 auszugleichen sind, bleiben unberücksichtigt. [3] Wird die regelmäßige wöchentliche Arbeitszeit nach § 6 Abs. 1 um mindestens zwei Stunden überschritten, gelten bei der Berechnung des Entgelts zusätzlich zwei Arbeitsstunden als Überstunden.

(4) Für Seediensttage betragen die Zeitzuschläge nach § 8 Abs. 1 Satz 1 Buchst. b, c, f 50 v. H. des Zeitzuschlages nach § 8 Abs. 1 Satz 1 Buchst. f; die Zeitzuschläge nach § 8 Abs. 1 Satz 1 Buchst. d und e werden in Höhe von 50 v. H. gezahlt.

(5) Bei angeordneter Anwesenheit an Bord nach Nr. 11 Abs. 1 werden Zeitzuschläge nach § 8 Abs. 1 Buchst. b bis f nicht gezahlt.

(6) Bei allen Formen des Wachdienstes im Sinne der Nr. 11 Abs. 3 Satz 2 Nr. 2 wird der Zeitzuschlag nach § 8 Abs. 1 Buchst. b und Buchst. f nicht gezahlt.

Verwaltung (Bund) § 46 TVöD-BT-V

Zu Abschnitt III. Eingruppierung, Entgelt und sonstige Leistungen

Nr. 13: Beschäftigte, die für eine andere Tätigkeit qualifiziert werden, erhalten während der Qualifizierungszeit ihr bisheriges Tabellenentgelt und sonstige Entgeltbestandteile.

Nr. 14: Zu § 19 – Erschwerniszuschläge –

Bei Bergungen und Hilfeleistungen sowie Havariearbeiten und mit diesen zusammenhängenden Arbeiten werden Zuschläge in Höhe von 25 v.H. des auf eine Stunde entfallenden Anteils des monatlichen Entgelts der Stufe 2 der Entgeltgruppe 2 gezahlt. Dies gilt auch bei Bergungen von Fahrzeugen und Gegenständen der eigenen Verwaltung sowie Hilfeleistungen für solche Fahrzeuge und Gegenstände, sofern die Leistungen besonders schwierig oder mit erheblicher Gefahr verbunden waren.

Zu Abschnitt IV. Urlaub und Arbeitsbefreiung

Nr. 15: Zu § 27 – Zusatzurlaub –

Die Regelungen über Zusatzurlaub nach § 27 finden keine Anwendung.

Nr. 16: Zu Anhang zu § 46 – Regelung für die Teilnahme an Manövern und ähnlichen Übungen –

Der Anhang zu § 46 gilt auch für Besatzungsmitglieder von Binnenfahrzeugen bei Teilnahme an Manövern und ähnlichen Übungen in Binnengewässern.

Nr. 17: Zu Abschnitt VI – Übergangs- und Schlussvorschriften –

Beschäftigten, die auf einem Fahrzeug oder schwimmenden Gerät tätig sind, wird der bei Havarie oder Sinken des Fahrzeuges oder schwimmenden Gerätes, durch Brand, Explosion oder Einbruchsdiebstahl oder durch ähnliche Ursachen auf dem Fahrzeug oder Gerät nachweisbar entstandene Schaden an persönlichen Gegenständen bis zum Höchstbetrag von 1500 Euro im Einzelfall ersetzt.

Kapitel III. Beschäftigte gemäß § 38 Abs. 5 Satz 1 einschließlich Ärztinnen/Ärzten und Zahnärztinnen/Zahnärzten in Bundeswehrkrankenhäusern

Zu Abschnitt I. Allgemeine Vorschriften

Nr. 18: Zu § 1 – Geltungsbereich –

Für Beschäftigte gemäß § 38 Abs. 5 Satz 1 einschließlich Ärztinnen/Ärzten und Zahnärztinnen/Zahnärzten in Bundeswehrkrankenhäusern gelten die Regelungen der §§ 41 bis 52 des Tarifvertrages für den öffentlichen Dienst – Besonderer Teil Krankenhäuser – (BT-K) entsprechend, soweit im Folgenden nicht etwas anderes bestimmt ist.

Nr. 19: Zu § 42 BT-K – Allgemeine Pflichten der Ärztinnen und Ärzte –

§ 42 Allgemeine Pflichten der Ärztinnen und Ärzte wird für alle Beschäftigten nach Nr. 18 wie folgt ergänzt:
1. Beschäftigte können an den für die Bundeswehr angeordneten medizinischen Schutzmaßnahmen, insbesondere Schutzimpfungen, auf Kosten des Arbeitgebers teilnehmen.

TVöD-BT-V § 47 Verwaltung (Bund)

2. Beschäftigte haben sich unter Fortzahlung des Entgelts nach § 21 einer Ausbildung im Selbstschutz sowie in der Hilfeleistung und Schadensbekämpfung bei Katastrophen zu unterziehen.

3. Beschäftigte haben jede festgestellte und ihnen vom Arzt mitgeteilte übertragbare Krankheit innerhalb ihrer Haustände unverzüglich der Dienststellenleitung zu melden. Zur Wahrung der ärztlichen Schweigepflicht kann die Meldung in einem verschlossenen Umschlag übergeben werden, der nur von einer Ärztin/ einem Arzt zu öffnen ist.

Zu Abschnitt II. Arbeitszeit

Nr. 20: Zu § 45 BT-K – Bereitschaftsdienst und Rufbereitschaft –

Die in Absatz 3 Satz 1 eröffnete Möglichkeit einer Umsetzung durch eine Betriebs-/Dienstvereinbarung kann für den Bund auch durch einen Bundestarifvertrag erfolgen.

Nr. 21: Zu § 46 BT-K – Bereitschaftsdienstentgelt –

Absatz 4 gilt mit der Maßgabe, dass an Stelle der Anlage C BT-K die Anlage C (Bund) Anwendung findet.

Zu Abschnitt III. Eingruppierung, Entgelt und sonstige Leistungen

Nr. 22: Zu § 15 – Tabellenentgelt –

(1) ¹Beschäftigte im Pflegedienst, Ärztinnen/Ärzte erhalten das Tabellenentgelt und die sonstigen Entgeltbestandteile – mit Ausnahme der Bereitschaftsdienstentgelte – nach den für die Beschäftigten nach § 40 BT-K geltenden Regelungen des Allgemeinen Teils bzw. des TVÜ-VKA; die Protokollerklärung Nr. 1 zu 15 Abs. 1 findet Anwendung. ²Die übrigen Beschäftigten erhalten das Tabellenentgelt und die sonstigen Entgeltbestandteile – mit Ausnahme der Bereitschaftsdienstentgelte – nach den für den Bund geltenden Regelungen des Allgemeinen Teils und des TVÜ-Bund.

(2) Beschäftigte, die für eine andere Tätigkeit qualifiziert werden, erhalten während der Qualifizierungszeit ihr bisheriges Tabellenentgelt und sonstige Entgeltbestandteile. Für Beschäftigte im Pflegedienst gilt § 22 Abs. 2 TVÜ-VKA.

§ 47 Sonderregelungen für die Beschäftigten des Bundesministeriums für Verkehr, Bau- und Wohnungswesen

Kapitel I. Allgemeine Bestimmungen für Beschäftigte der Wasser- und Schifffahrtsverwaltung des Bundes und des Bundesamtes für Seeschifffahrt und Hydrographie

Zu Abschnitt I. Allgemeine Vorschriften

Nr. 1: Zu § 1 – Geltungsbereich –

(1) ¹Diese Sonderregelungen gelten für die Beschäftigten der Wasser- und Schifffahrtsverwaltung des Bundes, die beim Bau, der Unterhaltung und dem Betrieb von wasserbaulichen Einrichtungen und wasserwirtschaftlichen Anlagen eingesetzt sind einschließlich der Besatzungen von Schiffen und von schwimmenden Geräten, soweit die Schiffe und schwimmenden Geräte in den von der Verwaltung aufzustellenden Schiffslisten aufgeführt sind. ²Zur Besatzung eines Schiffes oder

schwimmenden Gerätes gehören nur diejenigen Beschäftigten, die mit Rücksicht auf Schifffahrt und Betrieb an Bord, gegebenenfalls in mehreren Schichten, tätig sein müssen und in der von der Verwaltung aufzustellenden Bordliste aufgeführt sind. [3]Beschäftigte, die an Bord Arbeiten verrichten, ohne selbst in der Bordliste aufgeführt zu sein, werden für die Dauer dieser Tätigkeit wie Besatzungsmitglieder behandelt. [4]Die Regelungen gelten auch für Beschäftigte der Wasser- und Schifffahrtsverwaltung des Bundes, die auf nicht bundeseigenen Schiffen und schwimmenden Geräten eingesetzt sind.

(2) [1]Diese Sonderregelungen gelten auch für die Besatzungen der seegehenden Schiffe des Bundesamtes für Seeschifffahrt und Hydrographie (BSH); Nr. 8 und Kapitel III gelten auch für vorübergehend an Bord eingesetzte Beschäftigte des BSH. [2]Zur Besatzung eines Schiffes gehören nur diejenigen Beschäftigten, die mit Rücksicht auf Schifffahrt und Betrieb an Bord, gegebenenfalls in mehreren Schichten, tätig sein müssen und in der von der Verwaltung aufzustellenden Bordliste aufgeführt sind.

Protokollerklärung:
Die Eintragung in die Bordliste berührt die tarifliche Eingruppierung in die Entgeltgruppen nicht.

Nr. 2: Zu § 3 – Allgemeine Arbeitsbedingungen –
Zu den allgemeinen Pflichten gehört auch das Ableisten von Wachdienst.

Zu Abschnitt II. Arbeitszeit

Nr. 3: Zu § 6 – Regelmäßige Arbeitszeit –

(1) Außerhalb der regelmäßigen Arbeitszeit angeordnete Anwesenheit an Bord wird bei der Bemessung des Entgelts zu 50 v.H. als Arbeitszeit gewertet, es sei denn, dass Freiwache gewährt wird oder dass Arbeit angeordnet ist.

(2) [1]Für Beschäftigte, die über 10 Stunden hinaus zum Wachdienst herangezogen werden, können Wachschichten bis zu zwölf Stunden festgesetzt werden, wenn in den Wachdienst in erheblichem Umfang Bereitschaftsdienst im Sinne § 7 Abs. 1 Nr. 1 Buchst. a Arbeitszeitgesetz fällt. [2]Für die Bemessung des Entgelts während der Wachdienste gelten folgende Vorschriften:
1. Bei folgenden Wachschichten wird für jede Wachstunde das volle Entgelt gezahlt:
    a) Durchgehende Wachdienste, bei denen Pausen oder inaktive Zeiten während des Bereitschaftsdienstes weniger als ein Drittel der Gesamtwachzeit ausmachen.
    b) Wachdienste, die ausschließlich im Freien abgeleistet werden oder bei denen auf Anordnung oder infolge besonderer Umstände eine Bindung an einen vorgeschriebenen Platz besteht (z.B. Decks-, Maschinen-, Brücken- oder Ankerwachen).
2. Anwesenheitswachdienste, die nicht den in Nr. 1 genannten Einschränkungen unterliegen, werden wie folgt bewertet:
    a) Bei einer Tageswachschicht wird je eineinhalb Wachstunden das Entgelt für eine Arbeitsstunde gezahlt.
    b) Bei einer Nachtwachschicht bis zu zwölf Stunden wird eine Stundengarantie von drei Arbeitsstunden angesetzt, wenn beim Wachdienst nur Anwesenheit verlangt und eine Schlafgelegenheit gestellt wird. Soweit die Voraussetzungen nach Satz 1 nicht vorliegen, gilt Buchstabe a entsprechend.

TVöD-BT-V § 47 Verwaltung (Bund)

(3) Bei sämtlichen Arten der Anwesenheitswachdienste wird für kleine Arbeiten während der Wache, die insgesamt weniger als zwei Stunden betragen, keine besondere Vergütung gezahlt.

Nr. 4: Zu § 8 – Ausgleich für Sonderformen der Arbeit –

(1) Bei angeordneter Anwesenheit an Bord nach Nr. 3 Abs. 1 werden Zeitzuschläge nach § 8 Buchst. b bis f nicht gezahlt.

(2) Bei allen Formen des Wachdienstes im Sinne der Nr. 3 Abs. 2 Satz 2 Nr. 2 wird der Zeitzuschlag nach § 8 Abs. 1 Buchst. b und Buchst. f nicht gezahlt.

Zu Abschnitt III. Eingruppierung, Entgelt und sonstige Leistungen

Nr. 5: Beschäftigte, die für eine andere Tätigkeit qualifiziert werden, erhalten während der Qualifizierungszeit ihr bisheriges Tabellenentgelt und sonstige Entgeltbestandteile.

Nr. 6: Zu § 19 – Erschwerniszuschläge –

(1) Bei Bergungen und Hilfeleistungen sowie Havariearbeiten und mit diesen zusammenhängenden Arbeiten werden Zuschläge in Höhe von 25 v. H. des auf eine Stunde entfallenden Anteils des monatlichen Entgelts der Stufe 2 der Entgeltgruppe 2 gezahlt. Dies gilt auch bei Bergungen von Fahrzeugen und Gegenständen der eigenen Verwaltung sowie Hilfeleistungen für solche Fahrzeuge und Gegenstände, sofern die Leistungen besonders schwierig oder mit erheblicher Gefahr verbunden waren.

(2) Auf Schadstoffunfallbekämpfungsschiffen und auf dem Laderaumsaugbagger wird für Einsätze zum Feuerschutz bzw. zur Bekämpfung von Schadstoffen, Öl oder Chemikalien je Einsatztag ein Zuschlag in Höhe von 50 Euro gezahlt und die Verpflegung vom Arbeitgeber unentgeltlich bereitgestellt; dies gilt nicht für Übungseinsätze. Absatz 1 findet keine Anwendung.

Zu Abschnitt IV. Urlaub und Arbeitsbefreiung

Nr. 7: Zu § 27 – Zusatzurlaub –

Die Regelungen über Zusatzurlaub nach § 27 gelten nicht bei Tätigkeiten nach Nr. 3.

Zu Abschnitt VI. Übergangs- und Schlussvorschriften

Nr. 8: Beschäftigten, die auf einem Fahrzeug oder schwimmenden Gerät tätig sind, wird der bei Havarie oder Sinken des Fahrzeuges oder schwimmenden Gerätes, durch Brand, Explosion oder Einbruchsdiebstahl oder durch ähnliche Ursachen auf dem Fahrzeug oder Gerät nachweisbar entstandene Schaden an persönlichen Gegenständen bis zum Höchstbetrag von 1500 Euro im Einzelfall ersetzt.

Kapitel II. Besondere Bestimmungen für Beschäftigte der Wasser- und Schifffahrtsverwaltung des Bundes

Für die in Kapitel I Nr. 1 Abs. 1 aufgeführten Beschäftigten der Wasser- und Schifffahrtsverwaltung des Bundes finden ergänzend folgende besondere Bestimmungen Anwendung:

Verwaltung (Bund) § 47 TVöD-BT-V

Zu Abschnitt II. Arbeitszeit

Nr. 9: Zu § 6 – Regelmäßige Arbeitszeit –

(1) ¹Die Arbeitszeit beginnt und endet an der Arbeitsstelle. ²Im Tidebetrieb richten sich Beginn und Ende der Arbeitszeit nach den Gezeiten. ³Kann die Arbeitsstelle nur mit einem vom Arbeitgeber gestellten Fahrzeug erreicht werden und trifft das Fahrzeug infolge höherer Gewalt nicht rechtzeitig an der Arbeitsstelle ein, wird die Zeit ab dem Zeitpunkt des auf der Arbeitsstelle angeordneten Arbeitsbeginns als Arbeitszeit gewertet.

(2) ¹Kann die Arbeitsstelle auf Schiffen und schwimmenden Geräten nur mit einem vom Arbeitgeber gestellten schwimmenden Fahrzeug erreicht werden, so wird die Transportzeit bei der Hin- und Rückfahrt jeweils mit 50 v. H. als Arbeitszeit gewertet. ²Die regelmäßige Arbeitszeit kann entsprechend verlängert werden. ³Für Maschinisten auf Schiffen, schwimmenden Geräten und sonstigen Motorgeräten kann die regelmäßige Arbeitszeit für Vor- und Abschlussarbeiten um täglich bis zu einer Stunde verlängert werden.

(3) ¹Sofern die Einsatzkonzeption von seegehenden Schiffen und schwimmenden Geräten dies erfordert (z. B. 24-Stunden-Betrieb) kann die Arbeitszeit in einem Zeitraum von 24 Stunden auf bis zu 12 Stunden verlängert und auf einen Zeitraum von 168 Stunden verteilt werden, wenn im unmittelbaren Anschluss an den verlängerten Arbeitszeitraum ein Ausgleich durch Freizeit erfolgt, der dem Umfang der regelmäßigen Arbeitszeit nach § 6 Abs. 1 Satz 1 entspricht. ²Im Rahmen der Wechselschichten nach Satz 1 geleistete Arbeitsstunden, die über das Doppelte der regelmäßigen wöchentlichen Arbeitszeit nach § 6 Abs. 1 Satz 1 hinausgehen, sind Überstunden im Sinne des § 7 Abs. 7.

(4) Die Regelungen der Absätze 1 bis 3 gelten auch für Beschäftigte der Wasser- und Schifffahrtsverwaltung des Bundes, die auf nicht bundeseigenen Schiffen und schwimmenden Geräten eingesetzt sind.

(5) Bei Beschäftigten der Wasser- und Schifffahrtsverwaltung des Bundes, die nicht auf Schiffen und schwimmenden Geräten eingesetzt sind,
a) bildet die durchgehende Arbeitszeit die Regel und
b) kann bei Arbeit im Schichtbetrieb die gesetzlich vorgeschriebene Gesamtdauer der Ruhepausen auf Kurzpausen von angemessener Dauer aufgeteilt werden, sofern wegen des zu erwartenden kontinuierlichen Arbeitsanfalls mangels Vertretung die Gewährung von Ruhepausen in Zeitabschnitten von jeweils mindestens 15 Minuten nicht gewährleistet werden kann.

(6) ¹Besatzungsmitglieder auf Schadstoffunfallbekämpfungsschiffen und auf dem Laderaumsaugbagger, deren Arbeitszeit sich nach Absatz 3 richtet, erhalten pro Einsatztag einen Zuschlag in Höhe von 25 Euro. ²Überstunden sind bis zu zwei Stunden täglich abgegolten (z. B. für kleinere Reparaturen); dies gilt nicht im Falle von Havarien, Bergungsarbeiten oder angeordneten Reparaturen. ³Der Zuschlag nach Satz 1 ist von der Durchschnittsberechnung nach § 21 Satz 2 ausgenommen.

Nr. 10: Zu § 44 – Reise- und Umzugskosten, Trennungsgeld –

¹Für Dienstreisen im Außendienst werden die entstandenen notwendigen Fahrtkosten nach Maßgabe der §§ 4 und 5 BRKG erstattet, sofern sie die Fahrtkosten zu der Arbeitsstätte, der der/die Beschäftigte dauerhaft personell zugeordnet ist, übersteigen. ²An Stelle des Tagegeldes im Sinne des § 6 BRKG wird nachfolgende Aufwandsvergütung gezahlt:
– bei einer Abwesenheit ab acht Stunden in Höhe von 3 Euro,

- bei einer Abwesenheit ab 14 Stunden in Höhe von 5 Euro,
- bei einer Abwesenheit ab 24 Stunden in Höhe von 8 Euro.

³Beträgt hierbei die Entfernung zwischen der Arbeitsstätte, der der bzw. die Beschäftigte dauerhaft personell zugeordnet ist und der Stelle, an der das Dienstgeschäft erledigt wird, weniger als zwei km, wird Aufwandsvergütung nach Satz 2 nicht gewährt. ⁴Notwendige Übernachtungskosten werden gemäß § 7 BRKG erstattet.

(2) Abweichend von Absatz 1 Satz 2 wird bei Abwesenheit von 3 bis zu 8 Stunden eine Pauschale in Höhe von 2 Euro gezahlt.

(3) ¹Für Beschäftigte auf Schiffen oder schwimmenden Geräten ist Absatz 1 mit folgenden Maßgaben anzuwenden:
1. Für die Berechnung des Tagegeldes nach Absatz 1 Satz 2 ist maßgebend, dass sich das Schiff nicht am ständigen Liegeplatz (Heimathafen) befindet.
2. Bei Übernachtungen auf Schiffen oder schwimmenden Geräten, die nicht den erlassenen Mindestbestimmungen entsprechen, wird ein Übernachtungsgeld in Höhe von 8 Euro gezahlt.

²Reisebeihilfen für Familienheimfahrten werden nach Maßgabe des § 8 Sätze 3 und 4 BRKG gezahlt. ³Satz 2 gilt nicht für Trennungsgeldempfänger nach der Trennungsgeldverordnung.

(4) Die Regelungen in Absatz 1 und 3 ersetzen die Vorschriften über die Erstattung von Reisekosten des § 44 Abs. 1.

(5) Abweichend von § 44 Abs. 2 Satz 3 werden nicht anrechenbare Reisezeiten bei fester Arbeitszeit zu 50 v. H. als Freizeitausgleich gewährt und bei gleitender Arbeitszeit im Rahmen der jeweils geltenden Vorschriften als Arbeitszeit angerechnet.

Kapitel III. Besondere Bestimmungen für Besatzungen der seegehenden Schiffe des Bundesamtes für Seeschifffahrt und Hydrographie

Für die in Kapitel I Nr. 1 Abs. 2 aufgeführten Beschäftigten des Bundesamtes für Seeschifffahrt und Hydrographie finden ergänzend folgende besondere Bestimmungen Anwendung:

Zu Abschnitt I. Allgemeine Vorschriften

Nr. 11: Zu § 3 – Allgemeine Arbeitsbedingungen –

Beschäftigte, die dienstlich an Bord eingesetzt sind, müssen an der Bordverpflegung teilnehmen.

Zu Abschnitt II. Arbeitszeit

Nr. 12: Zu § 6 – Regelmäßige Arbeitszeit –

(1) ¹Die regelmäßige Arbeitszeit kann aus notwendigen betrieblichen/dienstlichen Gründen auf sieben Tage verteilt werden. ²Bei Fahrten von Schiffen in See können die gesetzlich vorgeschriebenen Ersatzruhetage für Sonn- und Feiertagsarbeit bis zum Ablauf des Ausgleichszeitraums nach § 6 Abs. 2 zusammenhängend gewährt werden.

(2) ¹Die Ruhezeit beträgt für die Besatzungsmitglieder pro 24-Stunden-Zeitraum mindestens elf Stunden. ²Diese Ruhezeit darf nur in höchstens zwei Zeiträume aufgeteilt werden, wenn einer eine Mindestdauer von sechs Stunden hat.

Verwaltung (Bund) **§ 48 TVöD-BT-V**

³ Für die Berechnung des Durchschnitts der regelmäßigen wöchentlichen Arbeitszeit ist ein Zeitraum von sechs Monaten zugrunde zu legen. ⁴ Es ist sicherzustellen, dass die durchschnittliche regelmäßige wöchentliche Arbeitszeit bei Fahrten in See durch eine ungleichmäßige Verteilung der Arbeitszeit nicht unterschritten wird. ⁵ § 7 Abs. 7 bleibt unberührt.

(3) Soweit dienstplanmäßig eine Mittagspause vorgesehen ist, darf sie eine Stunde nicht überschreiten.

(4) Werden Besatzungsmitglieder einer Wache zugeteilt, gilt diese Zeit als regelmäßige Arbeitszeit.

(5) Dienstlicher Aufenthalt außerhalb des Schiffes auf Sandbänken oder im Wattgebiet sowie in den Beibooten rechnet durchgehend als Arbeitszeit.

(6) Für Köche und Stewards richten sich Beginn und Ende der Arbeitszeit sowie die Arbeitspausen nach den festgelegten Mahlzeiten der Besatzung.

Zu Abschnitt VII. Allgemeine Vorschriften
Nr. 13: Zu § 44 – Reise- und Umzugskosten, Trennungsgeld –

(1) ¹ Für Dienstreisen werden den Beschäftigten die Reisekosten nach Maßgabe des BRKG in der jeweils gültigen Fassung gezahlt. ² Abweichend von Satz 1 werden für Dienstreisen auf Schiffen die entstandenen notwendigen Fahrtkosten nach Maßgabe der §§ 4 und 5 BRKG erstattet. ³ An Stelle des Tagegeldes im Sinne des § 6 BRKG wird Beschäftigten, die an Bord eingesetzt sind, ein Bordtagegeld von 7,50 Euro täglich gezahlt, wenn eine unentgeltliche Unterkunft bereitgestellt wird und die Beschäftigten mindestens acht Stunden dienstlich an Bord eingesetzt sind. ⁴ Für die Berechnung des Bordtagegeldes ist maßgeblich, dass sich das Schiff nicht am ständigen Liegeplatz (Heimathafen) befindet. ⁵ Bei Einsätzen in fremdländischen Gewässern kann bei nachgewiesenen notwendigen Mehrkosten das Bordtagegeld entsprechend erhöht werden. ⁶ Besatzungsmitglieder erhalten einmal monatlich Reisebeihilfen für Familienheimfahrten nach Maßgabe des § 8 Sätze 3 und 4 BRKG. ⁷ Satz 6 gilt nicht für Trennungsgeldempfänger nach der Trennungsgeldverordnung.

(2) Soweit die Voraussetzungen für ein Bordtagegeld nach Absatz 1 Sätze 3 und 4 nicht vorliegen, wird bei dienstlichen Einsätzen dieser Beschäftigten von mindestens acht Stunden an Bord im Heimathafen (ständiger Liegeplatz) eine tägliche Pauschale in Höhe von 7,50 Euro gezahlt.

(3) Die Regelung in Absatz 1 Sätze 2 bis 7 ersetzen die Vorschriften über die Erstattung von Reisekosten des § 44 Absatz 1.

§ 48 Sonderregelungen für Beschäftigte im forstlichen Außendienst

Zu Abschnitt I. Allgemeine Vorschriften
Nr. 1: Zu § 1 – Geltungsbereich –

Diese Sonderregelung gilt für Beschäftigte im forstlichen Außendienst, die nicht von § 1 Abs. 2 Buchst. g erfasst werden.

Zu Abschnitt II. Arbeitszeit

Nr. 2: ¹ Der tarifliche wöchentliche Arbeitszeitkorridor beträgt 48 Stunden. ² Abweichend von § 7 Abs. 7 sind nur die Arbeitsstunden Überstunden, die über den Arbeitszeitkorridor nach Satz 1 hinaus auf Anordnung geleistet worden sind.

³ § 10 Abs. 1 Satz 3 findet keine Anwendung, auf Antrag der/des Beschäftigten kann ein Arbeitszeitkonto in vereinfachter Form durch Selbstaufschreibung geführt werden.

(2) Absatz 1 gilt nicht, wenn Dienstvereinbarungen zur Gleitzeit bestehen oder vereinbart werden.

§ 49 In-Kraft-Treten, Laufzeit (Bund)

(1) ¹Dieser Tarifvertrag tritt am 1 Oktober 2005 in Kraft. ²Er kann mit einer Frist von drei Monaten zum Schluss eines Kalenderhalbjahres schriftlich gekündigt werden, frühestens jedoch zum 31. Dezember 2009.

(2) ¹Abweichend von Absatz 1 können schriftlich gesondert gekündigt werden

a) § 45 Nr. 6 und 8, soweit sich die entsprechenden besoldungsrechtlichen Grundlagen der Auslandsbezahlung für Beamte ändern. Die Kündigungsfrist beträgt einen Kalendermonat zum Schluss des Monats der Verkündung der Neuregelungen im Bundesgesetzblatt folgenden Kalendermonats.
b) § 46 Nr. 19 bis 21 (Kapitel III) mit einer Frist von einem Monat zum Monatsende gekündigt werden.

²Das Sonderkündigungsrecht in § 47 Sonderkündigungsrecht der Bereitschafts- und Rufbereitschaftsregelung BT-K bleibt unberührt.

Erläuterungen zu § 49 BT-V (Bund)

1   Der TV ist zeitgleich mit dem TVöD-AT am 1. 10. 2005 in Kraft getreten. Von den in Abs. 2 genannten Ausnahmen abgesehen, kann er frühestens zum 31. 12. 2009 gekündigt werden.

Anhang zu § 46 (Bund)

Teilnahme an Manövern und Übungen

(1) Nehmen Beschäftigte aus dringenden dienstlichen Gründen an Übungen im Sinne des § 46 Nr. 4 Abs. 4 teil, so gilt nachstehende Regelung:
1. Die tägliche Arbeitszeit der Beschäftigten kann während der Teilnahme an der Übung abweichend geregelt werden.
2. [1] Die Beschäftigten erhalten für die Dauer ihrer Teilnahme als Abgeltung ihrer zusätzlichen Arbeitsleistung neben ihrem Tabellenentgelt und dem in Monatsbeträgen festgelegten Entgeltbestandteilen einen täglichen Pauschbetrag in Höhe des Entgelts für fünf Überstunden. [2] Dieser Pauschbetrag schließt das Entgelt für Überstunden, für Bereitschaftsdienst und die Zulagen für Wechselschicht- und Schichtarbeit sowie die Zeitzuschläge nach § 8 Abs. 1 ein. [3] Der Pauschbetrag wird auch für die Tage des Beginns und der Beendigung der Übung gezahlt, an denen die Beschäftigten mehr als acht Stunden von ihrem Beschäftigungsort bzw. von ihrem Wohnort abwesend sind. [4] Die Sätze 1 und 2 gelten nicht, wenn Beschäftigte täglich an ihren Beschäftigungsort zurückkehren. [5] Beschäftigte, die unter § 43 Abs. 2 fallen, erhalten den Pauschbetrag nicht. [6] Auf Antrag kann den Beschäftigten, die Anspruch auf den Pauschbetrag haben, ganz oder teilweise Arbeitsbefreiung an Stelle des Pauschbetrages gewährt werden, soweit die dienstlichen Verhältnisse dies zulassen. [7] Dabei tritt an die Stelle des Entgelts für eine Überstunde eine Stunde Arbeitsbefreiung sowie ein Betrag in Höhe des Zeitzuschlages nach § 8 Abs. 1 Satz 2 Buchst. a.
3. [1] Die Beschäftigten erhalten während der Übung unentgeltlich Gemeinschaftsverpflegung und unentgeltliche amtliche Unterkunft. [2] Nehmen die Beschäftigten die Gemeinschaftsverpflegung oder die amtliche Unterkunft nicht in Anspruch, so erhalten sie dafür keine Entschädigung. [3] Kann in Einzelfällen die Gemeinschaftsverpflegung aus Übungsgründen nicht gewährt werden, so erhalten die Beschäftigten Ersatz nach den für die Beamtinnen/Beamten jeweils geltenden Bestimmungen. [4] Den Beschäftigten ist, soweit erforderlich, vom Arbeitgeber Schutzkleidung gegen Witterungseinflüsse unentgeltlich zur Verfügung zu stellen. [5] Die Beschäftigten sind verpflichtet, diese zu tragen. [6] § 44 gilt nicht.
4. [1] Bei Arbeitsunfähigkeit durch Erkrankung oder Arbeitsunfall während der Übung werden der Pauschbetrag und die Pauschalentschädigung nach der Nummern 2 und 3 bis zur Wiedererlangung der Arbeitsfähigkeit, längstens jedoch bis zu den in Satz 2 genannten Zeitpunkten, gezahlt. [2] Die Teilnahme von erkrankten Beschäftigten an der Übung endet mit der Rückkehr an den Beschäftigungsort bzw. an den Wohnort oder mit Ablauf des Tages der Einweisung in ein außerhalb des Beschäftigungsortes des Wohnortes gelegenes Krankenhaus. [3] Für die Zeit der Beendigung der Übung folgende Zeit des Krankenhausaufenthaltes bei Abwesenheit von dienstlichem Wohnsitz bzw. Wohnort sowie für die anschließende Rückreise haben die Beschäftigten Anspruch auf Reisekostenerstattung. [4] Auf die Fristen für die Bezugsdauer des Tagegeldes und des Übernachtungsgeldes bzw. für das Einsetzen der Beschäftigungsvergütung wird die Zeit ab Beginn der Übung der Beschäftigten mitgerechnet. [5] Hierbei wird die Teilnahme an der Übung – ohne Rücksicht darauf, ob der tatsächliche Aufenthaltsort der Beschäftigten ständig gleich geblieben oder ob er gewechselt hat – insgesamt als „Aufenthalt an ein und demselben auswärtigen Beschäftigungsort" gerechnet.

5. ¹Wird den Beschäftigten Arbeitsbefreiung nach § 29 gewährt, so sind ihnen die Reisekosten für die Rückreise zum Dienstort nach den Reisekostenvorschriften zu erstatten. ²Die Zahlung des Pauschbetrages nach Nummer 2 und der Pauschalentschädigung nach Nummer 3 endet mit Ablauf des Tages, an den die Rückreise angetreten wird. ³Wird für den Rückreisetag ein volles Tagegeld gewährt, so entfällt die Pauschalentschädigung nach Nummer 3.

(2) Diese Anlage gilt nicht für die Beschäftigten, für die § 46 Kapitel II – Besatzungen von Binnen- und Seefahrzeugen und von schwimmenden Geräten im Bereich des Bundesministeriums der Verteidigung –, § 47 Kapitel II – Besondere Bestimmungen für Beschäftigte der Wasser- und Schifffahrtsverwaltung des Bundes – und Kapitel III Besondere Bestimmungen für Besatzungen der seegehenden Schiffe des Bundesamtes für Seeschifffahrt und Hydrographie anwendbar ist.

Verwaltung (Bund) Anl. C TVöD-BT-V

Anlage C (Bund)

Bereitschaftsdienstentgelte

A: Beschäftigte, deren Eingruppierung sich nach der Anlage 1 a/BAT richtet		
Vergütungsgruppe	Tarifgebiet West	Tarifgebiet Ost
Vergr. I	30,20	26,88
Vergr. I a	27,68	24,63
Vergr. I b	25,46	22,67
Vergr. II a	23,32	20,75
Vergr. III	21,06	18,73
Vergr. IV a	19,38	17,24
Vergr. IV b	17,84	15,87
Vergr. V a/b	17,20	15,30
Vergr. V c	16,36	14,56
Vergr. VI b	15,19	13,51
Vergr. VII	14,25	12,69
Vergr. VIII	13,39	11,91
Vergr. IX a	12,89	11,48
Vergr. IX b	12,65	11,26
Vergr. X	12,01	10,69

B: Beschäftigte, deren Eingruppierung sich nach der Anlage 1 b/BAT richtet		
Vergütungsgruppe	Tarifgebiet West	Tarifgebiet Ost
Kr. XIII	25,07	22,31
Kr. XII	23,10	20,56
Kr. XI	21,79	19,40
Kr. X	20,49	18,23
Kr. IX	19,29	17,16
Kr. VIII	18,95	16,86
Kr. VII	17,88	15,91
Kr. VI	17,34	15,44
Kr. V a	16,70	14,86
Kr. V	16,25	14,46
Kr. IV	15,44	13,74
Kr. III	14,64	13,03
Kr. II	13,93	12,40
Kr. I	13,30	11,84

Abschnitt VIII. Sonderregelungen (VKA)

§ 45 Beschäftige im Betriebs- und Verkehrsdienst von nichtbundeseigenen Eisenbahnen und deren Nebenbetrieben

Für Beschäftigte im Betriebs- und Verkehrsdienst von nichtbundeseigenen Eisenbahnen und deren Nebenbetrieben können landesbezirklich besondere Vereinbarungen abgeschlossen werden.

§ 46 Beschäftigte im kommunalen feuerwehrtechnischen Dienst

Zu Abschnitt I. Allgemeine Vorschriften

Nr. 1: Zu § 1 Abs. 1 – Geltungsbereich –

Diese Sonderregelungen gelten für Beschäftigte, die hauptamtlich im kommunalen feuerwehrtechnischen Dienst beschäftigt sind.

Zu Abschnitt II. Arbeitszeit und zu Abschnitt III. Eingruppierung, Entgelt und sonstige Leistungen

Nr. 2: (1) ¹Die §§ 6, 7 und 19 finden keine Anwendung. ²Es gelten die Bestimmungen für die entsprechenden Beamten.

(2) ¹Beschäftigte im Einsatzdienst erhalten eine monatliche Zulage (Feuerwehrzulage) in Höhe von
- 63,69 Euro nach einem Jahr Beschäftigungszeit und
- 127,38 Euro nach zwei Jahren Beschäftigungszeit.

²Die Regelungen des TVöD über die Bezahlung im Tarifgebiet Ost gelten entsprechend.

(3) ¹Die Feuerwehrzulage wird nur für Zeiträume gezahlt, für die Entgelt, Urlaubsentgelt oder Entgelt im Krankheitsfall zusteht. ²Sie ist bei der Bemessung des Sterbegeldes (§ 23 Abs. 3) zu berücksichtigen. ³Die Feuerwehrzulage ist kein zusatzversorgungspflichtiges Entgelt.

Zu Abschnitt V. Befristung und Beendigung des Arbeitsverhältnisses

Nr. 3: Feuerwehrdienstuntauglichkeit. [Derzeit nicht belegt]

Nr. 4: Übergangsversorgung für Beschäftigte im Einsatzdienst.

(1) ¹Das Arbeitsverhältnis von Beschäftigen im Einsatzdienst endet auf schriftliches Verlangen vor Vollendung des 65. Lebensjahres zu dem Zeitpunkt, zu dem vergleichbare Beamtinnen und Beamte im Einsatzdienst der Berufsfeuerwehr in den gesetzlichen Ruhestand treten. ²Die/Der Beschäftigte hat das Verlangen mindestens drei Monate vor Erreichen dieses Zeitpunktes zu erklären.

(2) ¹Beschäftigte, deren Arbeitsverhältnis nach Absatz 1 geendet hat, erhalten für jedes volle Beschäftigungsjahr im Einsatzdienst bei demselben Arbeitgeber oder bei einem anderen Arbeitgeber, der einem Mitgliedverband der VKA angehört, eine

Verwaltung (VKA) **§ 46 TVöD-BT-V**

Übergangszahlung in Höhe von 45 v. H. des monatlichen Tabellenentgelts der Entgeltgruppe 6 Stufe 6, höchstens das 35-fache dieses Betrages. ²Die Übergangszahlung erfolgt in einer Summe mit dem Ausscheiden der/des Beschäftigten.

(3) ¹Der Anspruch auf Übergangszahlung besteht nur dann, wenn Beschäftigte den Abschluss einer auf eine Kapitalleistung gerichtete Versicherung und die Entrichtung der Beiträge mit einer garantierten Ablaufleistung zum voraussichtlichen Zeitpunkt der Beendigungsmöglichkeit des Arbeitsverhältnisses nach Absatz 1, mindestens in Höhe von 30 v. H. des monatlichen Tabellenentgelts der Entgeltgruppe 6 Stufe 6, multipliziert mit 35 nachweisen. ²Ist die/der Beschäftigte bei erstmaliger Tätigkeit im Einsatzdienst älter als 25 Jahre, verringert sich die garantierte Ablaufleistung, auf die die Versicherung nach Satz 1 mindestens abzuschließen ist, um 1/35 für jedes übersteigende Jahr. ³Von der Entrichtung der Beiträge kann vorübergehend bei einer wirtschaftlichen Notlage der/des Beschäftigten abgesehen werden.

(4) ¹Beschäftigte, die am 30. September 2005 schon und am 1. Oktober 2005 noch im Einsatzdienst beschäftigt sind, erhalten
a) eine Übergangszahlung in Höhe von 100 v. H., wenn sie am Stichtag das 55. Lebensjahr vollendet haben,
b) eine Übergangszahlung in Höhe von 95 v. H., wenn sie am Stichtag das 50. Lebensjahr vollendet haben,
c) eine Übergangszahlung in Höhe von 87,5 v. H., wenn sie am Stichtag das 45. Lebensjahr vollendet haben,
d) eine Übergangszahlung in Höhe von 77,5 v. H., wenn sie am Stichtag das 40. Lebensjahr vollendet haben,
e) eine Übergangszahlung in Höhe von 62,5 v. H., wenn sie am Stichtag das 37. Lebensjahr vollendet haben,
des 26,3-fachen des monatlichen Tabellenentgelts der Entgeltgruppe 6 Stufe 6, wenn sie zum Zeitpunkt der Beendigung des Arbeitsverhältnisses nach Absatz 1 mindestens 35 Jahre im Einsatzdienst bei demselben Arbeitgeber oder einem anderen Arbeitgeber, der einem Mitgliedverband der VKA angehört, tätig waren. ²Bei einer kürzeren Beschäftigung im Einsatzdienst verringert sich die Übergangszahlung um 1/35 für jedes fehlende Jahr.

(5) ¹Einem Antrag von Beschäftigten im Einsatzdienst auf Vereinbarung von Altersteilzeitarbeit nach dem Tarifvertrag zur Regelung der Altersteilzeitarbeit (TV ATZ) soll auch schon vor der Vollendung des 60. Lebensjahres entsprochen werden. ²§ 5 Abs. 7 TV ATZ gilt in diesen Fällen mit der Maßgabe, dass an die Stelle des Vomhundertsatzes von 5 v. H. ein Vomhundertsatz von 8,33 v. H. tritt.

(6) ¹Im Tarifgebiet Ost findet abweichend von den Absätzen 2 bis 4 bis zum 31. Dezember 2009 die Nr. 5 SR 2x BAT-O weiterhin Anwendung. ²Ab dem 1. Januar 2010 findet Absatz 4 mit der Maßgabe Anwendung, dass für die Altersgrenze nach Abs. 4 Satz 1 Buchst. a bis e die Vollendung des Lebensjahres am 1. Januar 2010 maßgebend ist.

Niederschriftserklärung
Zu Abschnitt VIII (Sonderregelungen VKA) § 46 Nr. 4:
Die Tarifvertragsparteien (VKA und dbb tarifunion) verpflichten sich, bei Anhebung der Altersgrenzen für das Ausscheiden vergleichbarer Beamtinnen und Beamter und bei einem Wegfall der Möglichkeit der Altersteilzeitarbeit vor dem 31. Dezember 2009 in Gespräche über die sich dadurch ergebende Situation einzutreten.

TVöD-BT-V § 47 Verwaltung (VKA)

§ 47 Beschäftigte in Forschungseinrichtungen mit kerntechnischen Forschungsanlagen

Zu Abschnitt I. Allgemeine Vorschriften
Nr. 1: Zu § 1 Abs. 1 – Geltungsbereich –

Diese Sonderregelungen gelten für Beschäftigte in Forschungseinrichtungen mit kerntechnischen Forschungsanlagen, wie Reaktoren sowie Hochenergiebeschleuniger- und Plasmaforschungsanlagen und ihre hiermit räumlich oder funktionell verbundenen Institute und Einrichtungen.

Protokollerklärung:
[1] Hochenergiebeschleunigeranlagen im Sinne dieser Sonderregelungen sind solche, deren Endenergie bei der Beschleunigung von Elektronen 100 Mill. Elektronenvolt (MeV), bei Protonen, Deuteronen und sonstigen schweren Teilchen 20 MeV überschreitet. [2] Plasmaforschungsanlagen i. S. dieser Sonderregelungen sind solche Anlagen, deren Energiespeicher mindestens 1 Million Joule aufnimmt und mindestens 1 Million VA als Impulsleistung abgibt oder die für länger als 1 msec mit Magnetfeldern von mindestens 50 000 Gauss arbeiten und in denen eine kontrollierte Kernfusion angestrebt wird.

Nr. 2: Zu § 3 – Allgemeine Arbeitsbedingungen –

(1) Der Beschäftigte hat sich auch – unbeschadet seiner Verpflichtung, sich einer aufgrund von Strahlenschutzvorschriften behördlich angeordneten Untersuchung zu unterziehen – auf Verlangen des Arbeitgebers im Rahmen von Vorschriften des Strahlenschutzrechts ärztlich untersuchen zu lassen.

(2) Der Beschäftigte ist verpflichtet, die zum Schutz Einzelner oder der Allgemeinheit vor Strahlenschäden an Leben, Gesundheit und Sachgütern getroffenen Anordnungen zu befolgen.

(3) Zur Vermeidung oder Beseitigung einer erheblichen Störung des Betriebsablaufs oder einer Gefährdung von Personen hat der Beschäftigte vorübergehend jede ihm aufgetragene Arbeit zu verrichten, auch wenn sie nicht in sein Arbeitsgebiet fällt; er hat sich – innerhalb der regelmäßigen Arbeitszeit unter Fortzahlung des Entgelts, außerhalb der regelmäßigen Arbeitszeit unter Zahlung von Überstundenentgelt – einer seinen Kräften und Fähigkeiten entsprechenden Ausbildung in der Hilfeleistung und Schadensbekämpfung zu unterziehen.

(4) [1] Ist nach den Strahlenschutzvorschriften eine Weiterbeschäftigung des Beschäftigten, durch die er ionisierenden Strahlen oder der Gefahr einer Aufnahme radioaktiver Stoffe in den Körper ausgesetzt wäre, nicht zulässig, so kann er auch dann zu anderen Aufgaben herangezogen werden, wenn der Arbeitsvertrag nur eine bestimmte Beschäftigung vorsieht. [2] Dem Beschäftigten dürfen jedoch keine Arbeiten übertragen werden, die mit Rücksicht auf seine bisherige Tätigkeit ihm nicht zugemutet werden können.

Zu Abschnitt II. Arbeitszeit
Nr. 3: Zu § 7 Abs. 4 – Rufbereitschaft –

Rufbereitschaft darf bis zu höchstens 12 Tagen im Monat, in Ausnahmefällen bis zu höchstens 30 Tagen im Vierteljahr angeordnet werden.

Zu Abschnitt III. Eingruppierung, Entgelt und sonstige Leistungen

Nr. 4: (1) [1] Beschäftigten, die in Absatz 2 aufgeführt sind, kann im Einzelfall zum jeweiligen Entgelt eine jederzeit widerrufliche Zulage bis zu höchstens 14 v. H. in

Verwaltung (VKA) **§ 48 TVöD-BT-V**

den Entgeltgruppen 3 bis 8 und 16 v. H. in den Entgeltgruppen 9 bis 15 des Betrages der Stufe 2 der Anlage A der Entgelttabelle zu § 15 Abs. 2 gewährt werden; die jeweils tariflich zustehende letzte Entwicklungsstufe der Entgelttabelle darf hierdurch nicht überschritten werden. ²Die Zulage vermindert sich jeweils um den Betrag, um den sich bei einer Stufensteigerung das Entgelt erhöht, es sei denn, dass der Arbeitgeber die Zulage zu diesem Zeitpunkt anderweitig festsetzt. ³Der Widerruf wird mit Ablauf des zweiten auf den Zugang folgenden Kalendermonats wirksam, es sei denn, die Zulage wird deswegen widerrufen, weil der Beschäftigte in eine andere Entgeltgruppe eingruppiert wird oder eine Zulage nach § 14 erhält.

(2) ¹Im Einzelfall kann eine jederzeit widerrufliche Zulage außerhalb des Absatz 1

a) an Beschäftigte mit abgeschlossener naturwissenschaftlicher, technischer oder medizinischer Hochschulbildung sowie sonstige Beschäftigte der Entgeltgruppen 13 bis 15, die aufgrund gleichwertiger Fähigkeiten und Erfahrungen entsprechende Tätigkeiten wie Beschäftigte mit abgeschlossener naturwissenschaftlicher, technischer oder medizinischer Hochschulbildung ausüben,

b) an technische Beschäftigte der Entgeltgruppen 3 bis 12, Beschäftigte im Dokumentationsdienst, im Programmierdienst, Übersetzerinnen und Übersetzer sowie Laborantinnen und Laboranten

gewährt werden, wenn sie Forschungsaufgaben vorbereiten, durchführen oder auswerten. ²Die Zulage darf in den Entgeltgruppen 3 bis 8 14 v. H., in den Entgeltgruppen 9 bis 15 16 v. H. des Betrages der Stufe 2 der Anlage A zu § 15 Abs. 2 nicht übersteigen. ³Der Widerruf wird mit Ablauf des zweiten auf den Zugang des Widerrufs folgenden Kalendermonats wirksam, es sei denn, die Zulage wird deswegen widerrufen, weil Beschäftigte in eine andere Entgeltgruppe eingruppiert werden oder eine Zulage nach § 14 erhalten.

(3) ¹Die Zulagen einschließlich der Abgeltung nach Nr. 3 können durch Nebenabreden zum Arbeitsvertrag ganz oder teilweise pauschaliert werden. ²Die Nebenabrede ist mit einer Frist von zwei Wochen zum Monatsende kündbar.

§ 48 Beschäftigte im forstlichen Außendienst

Zu Abschnitt I. Allgemeine Vorschriften

Nr. 1: Zu § 1 – Geltungsbereich –

Diese Sonderregelung gelten für Beschäftigte im forstlichen Außendienst, die nicht von § 1 Abs. 2 Buchst. g erfasst werden.

Zu Abschnitt II. Arbeitszeit

Nr. 2: (1) ¹Der tarifliche wöchentliche Arbeitszeitkorridor beträgt 48 Stunden. ²Abweichend von § 7 Abs. 7 sind nur die Arbeitsstunden Überstunden, die über den Arbeitszeitkorridor nach Satz 1 hinaus auf Anordnung geleistet worden sind. ³§ 10 Abs. 1 Satz 3 findet keine Anwendung; auf Antrag können Beschäftigte ein Arbeitszeitkonto in vereinfachter Form durch Selbstaufschreibung führen.

(2) Absatz 1 gilt nicht, wenn Dienstvereinbarungen zur Gleitzeit bestehen oder vereinbart werden.

TVöD-BT-V §§ 49–51

§ 49 Sonderregelungen für Beschäftige in Hafenbetrieben, Hafenbahnbetrieben und deren Nebenbetrieben

Für Beschäftigte in Hafenbetrieben, Hafenbahnbetrieben und deren Nebenbetrieben können landesbezirklich besondere Vereinbarungen abgeschlossen werden.

§ 50 Beschäftigte in landwirtschaftlichen Verwaltungen und Betrieben, Weinbau- und Obstanbaubetrieben

Zu Abschnitt I. Allgemeine Vorschriften

Nr. 1: Zu § 1 Abs. 1 – Geltungsbereich –

Diese Sonderregelungen gelten für Beschäftigte in landwirtschaftlichen Verwaltungen und Betrieben, Weinbau- und Obstanbaubetrieben.

Nr. 2: Zu § 6 – Regelmäßige Arbeitszeit –

[1] Die regelmäßige Arbeitszeit kann in vier Monaten bis auf 50 und weiteren vier Monaten des Jahres auf bis zu 56 Stunden festgesetzt werden. [2] Sie darf aber 2214 Stunden im Jahr nicht übersteigen. [3] Dies gilt nicht für Beschäftigte im Sinne des § 38 Abs. 5 Satz 1, denen Arbeiten übertragen sind, deren Erfüllung zeitlich nicht von der Eigenart der Verwaltung oder des Betriebes abhängig ist.

§ 51 Beschäftigte als Lehrkräfte

Zu Abschnitt I. Allgemeine Vorschriften

Nr. 1: Zu § 1 Abs. 1 – Geltungsbereich –

[1] Diese Sonderregelungen gelten für Beschäftigte als Lehrkräfte an allgemeinbildenden Schulen und berufsbildenden Schulen (Berufs-, Berufsfach- und Fachschulen). [2] Sie gelten nicht für Lehrkräfte an Schulen und Einrichtungen der Verwaltung, die der Ausbildung oder Fortbildung von Angehörigen des öffentlichen Dienstes dienen, sowie an Krankenpflegeschulen und ähnlichen der Ausbildung dienenden Einrichtungen.

Protokollerklärung:
Lehrkräfte im Sinne dieser Sonderregelungen sind Personen, bei denen die Vermittlung von Kenntnissen und Fertigkeiten im Rahmen eines Schulbetriebes der Tätigkeit das Gepräge gibt.

Zu Abschnitt II. Arbeitszeit

Nr. 2: [1] Die §§ 6 bis 10 finden keine Anwendung. [2] Es gelten die Bestimmungen für die entsprechenden Beamten. [3] Sind entsprechende Beamte nicht vorhanden, so ist die Arbeitszeit im Arbeitsvertrag zu regeln.

Zu Abschnitt IV. Urlaub und Arbeitsbefreiung

Nr. 3: (1) [1] Der Urlaub ist in den Schulferien zu nehmen. [2] Wird die Lehrkraft während der Schulferien durch Unfall oder Krankheit arbeitsunfähig, so hat sie dies unverzüglich anzuzeigen. [3] Die Lehrkraft hat sich nach Ende der Schulferien oder, wenn die Krankheit länger dauert, nach Wiederherstellung der Arbeitsfähigkeit zur Arbeitsleistung zur Verfügung zu stellen.

Verwaltung (VKA) § 52 TVöD-BT-V

(2) ¹Für eine Inanspruchnahme der Lehrkraft während der den Urlaub in den Schulferien übersteigenden Zeit gelten die Bestimmungen für die entsprechenden Beamten. ²Sind entsprechende Beamte nicht vorhanden, regeln dies die Betriebsparteien.

Zu Abschnitt V. Befristung und Beendigung des Arbeitsverhältnisses

Nr. 4: Das Arbeitsverhältnis endet, ohne dass es einer Kündigung bedarf, mit Ablauf des Schulhalbjahres (31. Januar bzw. 31. Juli), in dem die Lehrkraft das 65. Lebensjahr vollendet hat.

§ 52 Beschäftigte als Lehrkräfte an Musikschulen

Zu Abschnitt I. Allgemeine Vorschriften

Nr. 1: Zu § 1 – Geltungsbereich –

¹Diese Sonderregelungen gelten für Beschäftigte als Musikschullehrerinnen und Musikschullehrer an Musikschulen. ²Musikschulen sind Bildungseinrichtungen, die die Aufgabe haben, ihre Schüler an die Musik heranzuführen, ihre Begabungen frühzeitig zu erkennen, sie individuell zu fördern und bei entsprechender Begabung ihnen gegebenenfalls eine studienvorbereitende Ausbildung zu erteilen.

Zu Abschnitt II. Arbeitszeit

Nr. 2: Zu § 6 – Regelmäßige Arbeitszeit –

(1) ¹Vollbeschäftigt sind Musikschullehrerinnen und Musikschullehrer, wenn die arbeitsvertraglich vereinbarte durchschnittliche regelmäßige wöchentliche Arbeitszeit 30 Unterrichtsstunden zu je 45 Minuten (= 1350 Unterrichtsminuten) beträgt. ²Ist die Dauer einer Unterrichtsstunde auf mehr oder weniger als 45 Minuten festgesetzt, tritt an die Stelle der 30 Unterrichtsstunden die entsprechende Zahl von Unterrichtsstunden.

Protokollerklärung zu Absatz 1
¹Bei der Festlegung der Zahl der Unterrichtsstunden ist berücksichtigt worden, dass Musikschullehrer neben der Erteilung von Unterricht insbesondere folgende Aufgaben zu erledigen haben:
a) Vor- und Nachbereitung des Unterrichts (Vorbereitungszeiten),
b) Abhaltung von Sprechstunden,
c) Teilnahme an Schulkonferenzen und Elternabenden,
d) Teilnahme am Vorspiel der Schülerinnen und Schüler, soweit dieses außerhalb des Unterrichts stattfindet,
e) Mitwirkung an Veranstaltungen der Musikschule sowie Mitwirkung im Rahmen der Beteiligung der Musikschule an musikalischen Veranstaltungen (z.B. Orchesteraufführungen, Musikwochen und ähnliche Veranstaltungen), die der Arbeitgeber, einer seiner wirtschaftlichen Träger oder ein Dritter, dessen wirtschaftlicher Träger der Arbeitgeber ist, durchführt,
f) Mitwirkung an Musikwettbewerben und ähnlichen Veranstaltungen,
g) Teilnahme an Musikschulfreizeiten an Wochenenden und in den Ferien.

²Durch Nebenabrede kann vereinbart werden, dass Musikschullehrerinnen und Musikschullehrern Aufgaben übertragen werden, die nicht durch diese Protokollerklärung erfasst sind. ³In der Vereinbarung kann ein Zeitausgleich durch Re-

duzierung der arbeitsvertraglich geschuldeten Unterrichtszeiten getroffen werden. ⁴Satz 3 gilt entsprechend für Unterricht in den Grundfächern (z. B. musikalische Früherziehung, musikalische Grundausbildung, Singklassen). ⁵Die Nebenabrede ist mit einer Frist von 14 Tagen zum Monatsende kündbar.

(2) Für die unter Nr. 1 fallenden Beschäftigten, die seit dem 28. Februar 1987 in einem Arbeitsverhältnis zu demselben Arbeitgeber stehen, wird eine günstigere einzelvertragliche Regelung zur Arbeitszeit durch das In-Kraft-Treten dieser Regelung nicht berührt.

Zu Abschnitt IV. Urlaub und Arbeitsbefreiung

Nr. 3: Zu § 26 – Erholungsurlaub –

Musikschullehrerinnen und Musikschullehrer sind verpflichtet, den Urlaub während der unterrichtsfreien Zeit zu nehmen; außerhalb des Urlaubs können sie während der unterrichtsfreien Zeit zur Arbeit herangezogen werden.

§ 53 Beschäftigte als Schulhausmeister

Zu Abschnitt I. Allgemeine Vorschriften

Nr. 1: Zu § 1 – Geltungsbereich –

Diese Sonderregelung gelten für Beschäftigte als Schulhausmeister.

Nr. 2: Durch landesbezirklichen Tarifvertrag können nähere Regelungen über die den Schulhausmeistern obliegenden Aufgaben unter Anwendung des Abschnitts A des Anhangs zu § 9 getroffen werden.

Protokollerklärung:
Landesbezirkliche Regelungen weitergehenden Inhalts bleiben, ungeachtet § 24 TVÜ-VKA, unberührt.

Zu Abschnitt III. Eingruppierung, Entgelt und sonstige Leistungen

Nr. 3: (1) Durch landesbezirklichen Tarifvertrag können abweichend von § 24 Abs. 6 Rahmenregelungen zur Pauschalierung getroffen werden.

(2) ¹Soweit sich die Arbeitszeit nicht nach dem Anhang zu § 9 bestimmt, kann durch landesbezirklichen Tarifvertrag für Arbeiten außerhalb der regelmäßigen Arbeitszeit (§ 6 Abs. 1) im Zusammenhang mit der Beanspruchung der Räumlichkeiten für nichtschulische Zwecke ein Entgelt vereinbart werden. ²Solange ein landesbezirklicher Tarifvertrag nicht abgeschlossen ist, ist das Entgelt arbeitsvertraglich oder betrieblich zu regeln.

(3) Bei der Festsetzung der Pauschale nach Absatz 1 kann ein geldwerter Vorteil aus der Gestellung einer Werkdienstwohnung berücksichtigt werden.

§ 54 Beschäftigte beim Bau und Unterhaltung von Straßen

Zu Abschnitt I. Allgemeine Vorschriften

Nr. 1: Zu § 1 – Geltungsbereich –

Diese Sonderregelungen gelten für Beschäftigte beim Bau und bei der Unterhaltung von Straßen der Landkreise und der Kommunalverbände höherer Ordnung.

Verwaltung (VKA) **§ 55 TVöD-BT-V**

Nr. 2: Zu § 44 – Reise- und Umzugskosten, Trennungsgeld –
Durch landesbezirklichen Tarifvertrag sind abweichend von § 44 nähere Regelungen zur Ausgestaltung zu treffen.

Protokollerklärung:
Landesbezirkliche Regelungen weitergehenden Inhalts bleiben unberührt.

§ 55 Beschäftigte an Theatern und Bühnen

Zu Abschnitt I. Allgemeine Vorschriften

Nr. 1: Zu § 1 – Geltungsbereich –

(1) [1]Diese Sonderregelungen gelten für die Beschäftigten in Theatern und Bühnen, die nicht von § 1 Abs. 2 Buchst. n erfasst werden. [2]Unter diese Sonderregelung fallen Beschäftigte in der Verwaltung und Orchesterwarte, ferner Beschäftigte mit mechanischen, handwerklichen oder technischen Tätigkeiten, einschließlich Meisterinnen und Meister, insbesondere in den Bereichen
– Licht-, Ton- und Bühnentechnik,
– handwerkliche Bühnengestaltung (z.B. Dekorationsabteilung, Requisite),
– Vorderhaus,
– Garderobe,
– Kostüm und Maske.

(2) Unter diese Sonderregelungen fallen auch die folgenden Beschäftigten:
– technische Oberinspektorin und Oberinspektor, Inspektorin und Inspektor, soweit nicht technische Leiterin oder Leiter,
– Theater- und Kostümmalerin und Theater- und Kostümmaler,
– Maskenbildnerin und Maskenbildner,
– Kascheurin und Kascheur (Theaterplastikerin und Theaterplastiker),
– Gewandmeisterin und Gewandmeister,
es sei denn, sie sind überwiegend künstlerisch tätig.

Nr. 2: Zu § 2 – Arbeitsvertrag, Nebenabreden, Probezeit –

Im Arbeitsvertrag kann eine Probezeit bis zur Dauer einer Spielzeit vereinbart werden.

Nr. 3: Zu § 3 – Allgemeine Arbeitsbedingungen –

Beschäftigte sind verpflichtet, an Abstechern und Gastspielreisen teilzunehmen.

Protokollerklärung:
Bei Abstechern und Gastspielreisen ist die Zeit einer aus betrieblichen Gründen angeordneten Mitfahrt auf dem Wagen, der Geräte oder Kulissen befördert, als Arbeitszeit zu bewerten.

Zu Abschnitt II. Arbeitszeit

Nr. 4: (1) [1]Beschäftigte sind an Sonn- und Feiertagen ebenso zu Arbeitsleistungen verpflichtet wie an Werktagen. [2]Zum Ausgleich für die Arbeit an Sonntagen wird jede Woche ein ungeteilter freier Tag gewährt. [3]Dieser soll mindestens in jeder siebenten Woche auf einen Sonn- oder Feiertag fallen.

(2) Die regelmäßige Arbeitszeit der Beschäftigten, die eine Theaterbetriebszulage (Absatz 5) erhalten, kann um sechs Stunden wöchentlich verlängert werden.

(3) Beschäftigte erhalten für jede Arbeitsstunde, um die die allgemeine regelmäßige Arbeitszeit (§ 6 Abs. 1) nach Absatz 2 verlängert worden ist, 100 v.H. des auf

eine Stunde entfallenden Anteils des monatlichen Entgelts der jeweiligen Entgeltgruppe und Stufe nach Maßgabe der Entgelttabelle.

(4) ¹Überstunden dürfen nur angeordnet werden, wenn ein außerordentliches dringendes betriebliches Bedürfnis besteht oder die besonderen Verhältnisse des Theaterbetriebes es erfordern. ²Für Überstunden ist neben dem Entgelt für die tatsächliche Arbeitsleistung der Zeitzuschlag nach § 8 Abs. 1 Satz 2 Buchst. a zu zahlen. ³Die Protokollerklärung zu § 8 Abs. 1 Satz 1 findet Anwendung.

(5) ¹§ 8 Abs. 1 und § 8 Abs. 5 und 6 gelten nicht für Beschäftigte, die eine Theaterbetriebszulage nach einem landesbezirklichen Tarifvertrag erhalten. ²Landesbezirklich kann Abweichendes geregelt werden.

Nr. 5: Zu § 44 – Reise- und Umzugskosten, Trennungsgeld –

Die Abfindung bei Abstechern und Gastspielen kann im Rahmen des für die Beamten des Arbeitgebers jeweils geltenden Reisekostenrechts landesbezirklich vereinbart werden.

Zu Abschnitt IV. Urlaub und Arbeitsbefreiung

Nr. 6: Der Urlaub ist in der Regel während der Theaterferien zu gewähren und zu nehmen.

§ 56 In-Kraft-Treten, Laufzeit (VKA)

(1) ¹**Dieser Tarifvertrag tritt am 1. Oktober 2005 in Kraft.** ²**Er kann mit einer Frist von drei Monaten zum Schluss eines Kalenderhalbjahres schriftlich gekündigt werden, frühestens jedoch zum 31. Dezember 2009.**

(2) **Abweichend von Absatz 1 können auf landesbezirklicher Ebene im Tarifgebiet West § 46 Nr. 2 Abs. 1, § 51 Nr. 2 und § 52 Nr. 2 Abs. 1 gesondert mit einer Frist von einem Monat zum Ende eines Kalendermonats schriftlich gekündigt werden, frühestens zum 30. November 2005.**

Erläuterungen zu § 56 BT-V (VKA)

1   Die Vorschrift unterscheidet § 49 (Bund) sich hinsichtlich der gesondert kündbaren Bestimmungen. Die Vorschrift richtet sich an die TVP selbst.

Krankenhäuser **§ 40 TVöD-BT-K**

Tarifvertrag für den öffentlichen Dienst (TVöD) – Besonderer Teil Krankenhäuser – (TVöD-BT-K) –

vom 1. August 2006[1)]

§ 40 Geltungsbereich

(1) Dieser Besondere Teil gilt für Beschäftigte, die in einem Arbeitsverhältnis zu einem Arbeitgeber stehen, der Mitglied eines Mitgliedverbandes der VKA ist, wenn sie in
a) Krankenhäusern, einschließlich psychiatrischen Fachkrankenhäusern,
b) medizinischen Instituten von Krankenhäusern oder
c) sonstigen Einrichtungen (z. B. Reha-Einrichtungen, Kureinrichtungen), in denen die betreuten Personen in ärztlicher Behandlung stehen, wenn die Behandlung durch in den Einrichtungen selbst beschäftigte Ärztinnen oder Ärzte stattfindet,
beschäftigt sind.

[1)] §§ 3 und 4 des ÄndTV Nr. 1 vom 1. 8. 2006 lauten:
§ 3. Die vom Geltungsbereich des Tarifvertrag für den öffentlichen Dienst (TVöD) - Besonderer Teil Krankenhäuser – (BT-K) – in der Fassung vom 1. August 2006 erfassten Beschäftigten werden am 1. August 2006 gemäß den nachfolgenden Regelungen in diesen Tarifvertrag übergeleitet:

1. [1] Für die Überleitung werden Ärztinnen und Ärzte, die sich nicht in einer individuellen Zwischen- oder Endstufe befinden und Entgelt
   – der Entgeltgruppe 14 Stufen 1 und 2 erhalten, der Entgeltgruppe I,
   – der Entgeltgruppe 14 Stufen 3 und 4 sowie Entgeltgruppe 15 Stufen 5 und 6 erhalten, der Entgeltgruppe II
   zugeordnet. [2] Die Stufenzuordnung sowie der weitere Stufenaufstieg richten sich nach den Regelungen des BT-K.

2. [1] Ärztinnen und Ärzte ohne Facharztanerkennung, die einer individuellen Zwischenstufe oder individuellen Endstufe zugeordnet sind, werden der Entgeltgruppe I, Fachärztinnen und Fachärzte, die einer individuellen Zwischenstufe oder individuellen Endstufe zugeordnet sind, werden der Entgeltgruppe II zugeordnet. [2] Für die Stufenzuordnung wird das im Monat Juli 2006 zustehende Vergleichsentgelt (§ 5 TVÜ-VKA) um den Faktor 0,0775 (Tarifgebiet West) bzw. den Faktor 0,0375 (Tarifgebiet Ost) erhöht.

3. [1] Ärztinnen und Ärzte werden gemäß der Regelungen des § 51 BT-K einer Stufe ihrer Entgeltgruppe zugeordnet. [2] Übersteigt das Vergleichsentgelt nach Ziffer 2 die sich nach Satz 1 ergebende Stufe, werden diese Beschäftigten einer dem Vergleichsentgelt entsprechenden individuellen Zwischenstufe zugeordnet. [3] Liegt das Vergleichsentgelt über der höchsten Stufe ihrer jeweiligen Entgeltgruppe, werden Beschäftigte abweichend von Satz 2 einer dem Vergleichsentgelt entsprechenden individuellen Endstufe zugeordnet. [4] Der weitere Stufenaufstieg richtet sich nach den Regelungen des BT-K.

4. Das Vergleichsentgelt gemäß vorstehender Ziffer 2 wird bei Ärztinnen und Ärzten, die im Monat Juli 2006 Anspruch auf eine Zulage gemäß § 51 Abs. 4 BT-K in der bis zum 31. Juli 2006 geltenden Fassung hatten, um 250,00 Euro (Tarifgebiet West) bzw. 238,75 Euro und ab dem 1. Juli 2007 242, 50 (Tarifgebiet Ost), jedoch höchstens bis zu einem gesamten Vergleichsentgelt im Tarifgebiet West in Höhe von 5765,00 Euro bzw. im Tarifgebiet Ost in Höhe von 5301,00 Euro und ab dem 1. Juli 2007 in Höhe von 5384,11 Euro, erhöht, soweit diesen Ärztinnen und Ärzten keine Zulage gemäß § 51 Abs. 4 BT-K in der ab dem 1. August 2006 geltenden Fassung gezahlt wird.

S. Baßler

TVöD-BT-K § 40   Krankenhäuser

Protokollerklärung zu Absatz 1:
[1] *Von dem Geltungsbereich werden auch Fachabteilungen (z. B. Pflege-, Altenpflege- und Betreuungseinrichtungen) in psychiatrischen Zentren bzw. Rehabilitations- oder Kureinrichtungen erfasst, soweit diese mit einem psychiatrischen Fachkrankenhaus bzw. einem Krankenhaus desselben Trägers einen Betrieb bilden.* [2] *Von Satz 1 erfasste Einrichtungen können durch landesbezirkliche Anwendungsvereinbarung aus dem Geltungsbereich ausgenommen werden.* [3] *Im Übrigen werden Altenpflegeeinrichtungen eines Krankenhauses von dem Geltungsbereich des BT-K nicht erfasst, auch soweit sie mit einem Krankenhaus desselben Trägers einen Betrieb bilden.* [4] *Vom Geltungsbereich des BT-B erfasste Einrichtungen können durch landesbezirkliche Anwendungsvereinbarung in diesen Tarifvertrag einbezogen werden.*

Niederschriftserklärung zu § 40 Abs. 1:
Lehrkräfte an Krankenpflegeschulen und ähnlichen der Ausbildung dienenden Einrichtungen nach Absatz 2 fallen unter den BT-K.

(2) **Soweit in den nachfolgenden Bestimmungen auf die §§ 1 bis 39 verwiesen wird, handelt es sich um die Regelungen des TVöD – Allgemeiner Teil –.**

Erläuterungen zu § 40 BT-K

1   Voraussetzung für die Anwendbarkeit des BT-K ist zunächst nach § 1 Abs. 1 AT die Mitgliedschaft des Arbeitgebers in einem Mitgliedsverband der Vereinigung der kommunalen Arbeitgeberverbände (VKA) und die damit einhergehende

---

5. Abweichend von § 52 Abs. 4 wird 2006 für die Monate August bis Dezember die Einmalzahlung anteilig mit dem Tabellenentgelt für den Monat Dezember ausgezahlt.
6. Ärztinnen und Ärzte erhalten mit dem Entgelt für den Monat Dezember 2006 eine anteilige Jahressonderzahlung gemäß § 20 TVÜ – VKA ohne Anwendung des Absatzes 3 Nr. 2 – für die Monate Januar bis Juli 2006 in der Höhe, die die Ärztin/ der Arzt erhalten hätte, wenn die Jahressonderzahlung bereits im Juli 2006 fällig gewesen wäre.
7. [1] Ärztinnen und Ärzte erhalten mit dem Entgelt für den Monat Dezember 2006 im Tarifgebiet West eine Ausgleichszahlung in Höhe von 9,22 v.H. des Tabellenentgelts für den Monat Juli 2006 zuzüglich 255,65 Euro. [2] § 20 Abs. 4 TVöD findet entsprechend Anwendung.

Niederschriftserklärung zu § 3 Nr. 7:
Von § 3 Nr. 7 des Änderungstarifvertrages Nr. 1 zum BT-K werden auch Ärztinnen und Ärzte in einer individuellen Zwischen- bzw. Endstufe erfasst. In diesen Fällen tritt an die Stelle des Tabellenentgelts das sich aus der jeweiligen Zwischen- bzw. Endstufe ergebende Entgelt.

8. [1] Bis zum 31. Dezember 2006 haben bisher vollbeschäftigte Ärztinnen und Ärzte im Tarifgebiet West die Möglichkeit, eine Teilzeitbeschäftigung im Umfang von 38,5 Stunden/ Woche zu vereinbaren. [2] Teilzeitbeschäftigte, deren Arbeitsvertrag die Vereinbarung einer festen Wochenstundenzahl enthält, können mit dem Arbeitgeber individuell vereinbaren, die Wochenstundenzahl so zu erhöhen, dass das Verhältnis der neu vereinbarten Wochenstundenzahl zur regelmäßigen Wochenarbeitszeit dem Verhältnis zwischen ihrer bisherigen Wochenstundenzahl und der früher geltenden Wochenarbeitszeit entspricht. [3] Die sich daraus rechnerisch ergebende Wochenarbeitszeit kann auf- oder abgerundet werden.

§ 4. (1) Dieser Tarifvertrag tritt am 1. August 2006 in Kraft.

(2) Bei abgeschlossenen Sanierungs- und Notlagentarifverträgen sowie Tarifverträgen zur Zukunftssicherung und anderweitigen Tarifverträgen zur Beschäftigungssicherung, einschließlich Tarifverträge nach dem TVsA, treten die Regelungen dieses Tarifvertrages erst mit Ablauf der zum Zeitpunkt des Abschlusses des jeweiligen Tarifvertrages geltenden Laufzeit bzw. im Falle einer Kündigung des jeweiligen Tarifvertrages mit Ablauf der Kündigungsfrist in Kraft. Die Tarifvertragsparteien können durch landesbezirklichen Tarifvertrag ein früheres In-Kraft-Treten der Regelungen dieses Tarifvertrages ganz oder teilweise vereinbaren.

Krankenhäuser **§ 41 TVöD-BT-K**

Tarifbindung § 3 Abs. 1 TVG. Grundsätzlich wird die Tarifgebundenheit beider Tarifparteien –Arbeitgeber und Arbeitnehmer- vorausgesetzt.

Die Regelungen der §§ 40 bis 58 BT-K bilden die für die in § 40 Abs. 1 Buchst. a–c BT-K geltenden Berufssparten spezielleren Vorschriften. Die Vorschrift knüpft hierbei an die bisher geltenden Rechtsgrundlagen der SR 2a, 2b und 2c zum BAT/BAT-O an. Beschäftigte, auf die bisher die Regelungen des BAT/BAT-O anzuwenden waren, sind nunmehr vollständig in den Geltungsbereich des neu geschaffenen TVöD einbezogen. Eine Differenzierung zwischen Arbeiter und Angestellten findet nicht statt. 2

Aufgrund der Verweisung in § 46 Nr. 18 BT-V findet der TVöD auch auf Beschäftigte in Bundeswehrkrankenhäusern Anwendung. 3

Vom Geltungsbereich des BT-K mit umfasst sind auch Mitglieder des Marburger Bundes. Obwohl dieser den TVöD nicht mit unterzeichnet hat, ist in diesen Fällen der ständigen Rechtsprechung des BAG zu folgen und in Fällen der Tarifkonkurrenz vom Prinzip der Tarifeinheit auszugehen, d. h. dass im Betrieb die Tarifanwendung einheitlich zu erfolgen hat (BAG 23. 5. 2005 – 4 AZR 203/04, NZA 2005, 1003): 4

Vom Geltungsbereich ausgeschlossen sind sowohl Beschäftigte in kommunalen Rettungsleitstellen als auch in kommunalen Gesundheitsämtern. Hierbei handelt es sich um typische dem Verwaltungsbereich zuzuordnende Arbeitsbereiche; diese sind im BT-V gesondert geregelt. 5

§ 41 Besondere Regelung zum Geltungsbereich TVöD

¹§ 1 Abs. 2 Buchst. b findet auf Ärztinnen und Ärzte keine Anwendung. ²Eine abweichende einzelvertragliche Regelung für Oberärztinnen und Oberärzte im Sinne des § 51 Abs. 3 und 4 ist zulässig.

Protokollerklärungen zu § 41:
1. Ärztinnen und Ärzte nach diesem Tarifvertrag sind auch Zahnärztinnen und Zahnärzte.
2. ¹Für Ärztinnen und Ärzte, die sich am 1. August 2006 in der Altersteilzeit befinden, verbleibt es bei der Anwendung des BT-K in der bis zum 31. Juli 2006 geltenden Fassung. ²Mit Ärztinnen und Ärzten, die Altersteilzeit vor dem 1. August 2006 vereinbart, diese aber am 1. August 2006 noch nicht begonnen haben, ist auf Verlangen die Aufhebung der Altersteilzeitvereinbarung zu prüfen. ³Satz 2 gilt entsprechend in den Fällen des Satzes 1,
a) bei Altersteilzeit im Blockmodell, wenn am 1. August 2006 ein Zeitraum von nicht mehr als einem Drittel der Arbeitsphase,
b) bei Altersteilzeit im Teilzeitmodell, wenn am 1. August 2006 ein Zeitraum von nicht mehr als einem Drittel der Altersteilzeit
zurückgelegt ist.

Erläuterungen zu § 41 BT-K

Die Regelung des § 41 BT-K schließt die Geltung des § 1 Abs. 2 Buchst. b AT für Ärzte aus. Eine hiervon abweichende und zwischen den Vertragspartnern auszuhandelnde Regelung ist lediglich für Oberärzte i. S. d. § 53 Abs. 3 und 4 BT-K vorgesehen, folglich Fachärzten, denen aufgrund Weisung entsprechende Aufgaben und Verantwortlichkeiten übertragen worden sind und die hierfür eine entsprechende Funktionszulage beanspruchen können bzw. Ärzte den aufgrund ausdrücklicher Anordnung die medizinische Verantwortung für einen Funktionsbereich innerhalb einer Fachabteilung übertragen worden ist. 1

S. Baßler

2 Damit stellt die Regelung klar, dass eine Einbeziehung der Beschäftigten in den TVöD, deren regelmäßiges Entgelt über dem Tabellenentgelt der Entgeltgruppe 15 liegt, nicht stattfindet. In das regelmäßige Entgelt sind Zulagen und Sonderzahlungen nicht einzubeziehen (s. Niederschriftserklärung zu § 1 Abs. 2 Buchst. b AT).

§ 42 Allgemeine Pflichten der Ärztinnen und Ärzte

(1) [1]Zu den den Ärztinnen und Ärzten obliegenden ärztlichen Pflichten gehört es auch, ärztliche Bescheinigungen auszustellen. [2]Die Ärztinnen und Ärzte können vom Arbeitgeber auch verpflichtet werden, im Rahmen einer zugelassenen Nebentätigkeit von leitenden Ärztinnen und Ärzten oder für Belegärztinnen und Belegärzte innerhalb der Einrichtung ärztlich tätig zu werden.

(2) [1]Zu den aus der Haupttätigkeit obliegenden Pflichten der Ärztinnen und Ärzte gehört es ferner, am Rettungsdienst in Notarztwagen und Hubschraubern teilzunehmen. [2]Für jeden Einsatz in diesem Rettungsdienst erhalten Ärztinnen und Ärzte einen nicht zusatzversorgungspflichtigen Einsatzzuschlag in Höhe von 20,00 Euro. [3]Dieser Betrag verändert sich zu demselben Zeitpunkt und in dem gleichen Ausmaß wie das Tabellenentgelt der Entgeltgruppe II Stufe 1 (Ärztinnen/Ärzte).

Protokollerklärungen zu Absatz 2:
1. Eine Ärztin/ein Arzt, die/der nach der Approbation noch nicht mindestens ein Jahr klinisch tätig war, ist grundsätzlich nicht zum Einsatz im Rettungsdienst heranzuziehen.
2. Eine Ärztin/ein Arzt, der/dem aus persönlichen oder fachlichen Gründen (z. B. Vorliegen einer anerkannten Minderung der Erwerbsfähigkeit, die dem Einsatz im Rettungsdienst entgegensteht, Flugunverträglichkeit) die Teilnahme am Rettungsdienst nicht zumutbar ist, darf grundsätzlich nicht zum Einsatz im Rettungsdienst herangezogen werden.

(3) Die Erstellung von Gutachten, gutachtlichen Äußerungen und wissenschaftlichen Ausarbeitungen, die nicht von einem Dritten angefordert und vergütet werden, gehört zu den den Ärztinnen und Ärzten obliegenden Pflichten aus der Haupttätigkeit.

(4) [1]Ärztinnen und Ärzte können vom Arbeitgeber verpflichtet werden, als Nebentätigkeit Unterricht zu erteilen sowie Gutachten, gutachtliche Äußerungen und wissenschaftliche Ausarbeitungen, die von einem Dritten angefordert und vergütet werden, zu erstellen, und zwar auch im Rahmen einer zugelassenen Nebentätigkeit der leitenden Ärztin/des leitenden Arztes. [2]Steht die Vergütung für das Gutachten, die gutachtliche Äußerung oder wissenschaftliche Ausarbeitung ausschließlich dem Arbeitgeber zu, haben Ärztinnen und Ärzte nach Maßgabe ihrer Beteiligung einen Anspruch auf einen Teil dieser Vergütung. [3]In allen anderen Fällen sind Ärztinnen und Ärzte berechtigt, für die Nebentätigkeit einen Anteil der von dem Dritten zu zahlenden Vergütung anzunehmen. [4]Ärztinnen und Ärzte können die Übernahme der Nebentätigkeit verweigern, wenn die angebotene Vergütung offenbar nicht dem Maß ihrer Beteiligung entspricht; im Übrigen kann die Übernahme der Nebentätigkeit nur in besonders begründeten Ausnahmefällen verweigert werden.

Erläuterungen zu § 42 BT-K

§ 42 BT-K knüpft an die bisher geltenden Regelungen der Nr. 3 SR 2c BAT/BAT-O an und benennt verschiedene, nicht abschließend fixierte Haupttätigkeiten der Ärzte. So gehört es u. a. in den Aufgabenbereich eines Arztes ärztliche Bescheinigungen auszustellen. Hierunter sind Schriftstücke zu verstehen, in denen Sachverhalte bestätigt werden, die dem ärztlichen Kenntnis- und Tätigkeitsbereich zuzuordnen sind (Krankenscheine, Arbeitsunfähigkeitszeugnisse; BAG ZTR 1990, 69).

Darüber hinaus können Ärzte im Rahmen des durch den Arbeitgeber auszuübenden Direktionsrechts nach § 611 BGB zu einer zulässigen Nebentätigkeit für leitende Ärzte und Belegärzte verpflichtet werden.

Zusätzlich können Ärzte nach § 42 Abs. 2 BT-K zum Rettungsdienst sowohl im Notarztwagen als auch im Rettungshubschrauber herangezogen werden. Hierunter definiert das Bundesarbeitsgericht (BAG AP BAT § 2 Nr. 1) als Rettungsdienst lediglich die Einsätze im Notfall. Eine Einschränkung erfährt diese Vorschrift durch Nr. 1 der Protokollerklärung zu § 42 BT-K, die den Einsatz eines Arztes, der nach der Approbation noch nicht ein Jahr klinisch tätig war, untersagt. Ausnahmen von diesem Grundsatz werden in besonderen Fällen z. B. größere Unfälle zugelassen, sofern nicht ausreichend erfahrene Ärzte für diese Einsätze herangezogen werden können. Eine weitere Einschränkung bildet Nr. 2 der Protokollerklärung zu § 42 – von einer Heranziehung zum Rettungsdienst ist abzusehen, wenn sie für den betroffenen Arzt aufgrund der Bewertung der jeweiligen persönlichen Voraussetzungen unzumutbar erscheint.

Abs. 2 bildet die Rechtsgrundlage für den zusätzlich zum regelmäßigen Tarifentgelt zu beanspruchenden und nicht zusatzversorgungspflichtigen Einsatzzuschlag. Für jeden Einsatz nach Abs. 2 erhalten der Arzt einen Zuschlag iHv 20 EUR und ist entsprechend der Entgeltgruppe anzupassen.

Zu den Hauptpflichten der Ärzte gehören auch die Erstellungen von Gutachten, gutachtlichen Äußerungen sowie wissenschaftliche Ausarbeitungen. Diese sind gekennzeichnet durch die Ausarbeitung medizinischer Fragen, die über die herkömmliche ärztliche Diagnose hinausgehen und durch den wissenschaftlichen Charakter geprägt sind. Abs. 3 stellt klar, dass im Rahmen des Arbeitsvertrages keine gesonderten Vergütungsansprüche hierdurch entstehen, sofern die Ausarbeitungen nicht von einem Dritten angefordert wurden.

Durch die Erweiterung des § 42 BT-K um einen weiteren Abs. 4 besteht zwar grundsätzlich die Möglichkeit des Arbeitgebers Ärzte zu Nebentätigkeiten zu verpflichten, die bislang geltenden Regelungen des Nr. 5 2c BAT/BAT-O sind jedoch erheblich eingeschränkt worden. Die Vorschrift greift die Fälle der Unterrichtserteilung sowie der Gutachtenerstellung auf und schließt damit für den Arbeitgeber die Möglichkeit aus, ohne Absprache mit dem jeweiligen Arzt Nebentätigkeiten aufzuzwingen. Es bedarf nunmehr der arbeitsvertraglichen Fixierung. Für die zum 1. 10. 05 übergeleiteten Ärzte enthält § 22 Abs. 3 TVÜ insoweit eine Übergangsregelung, als für sie die Vorschriften der Nr. 5 SR 2c BAT/BAT-O solange weiter gelten bis bezüglich der Nebentätigkeiten eine neue arbeitsvertragliche Basis geschaffen wurde.

Die Art der Unterrichtserteilung orientiert sich an den jeweiligen beruflichen Fachkenntnissen der Ärzte und ist auf Krankenpflegeschulen beschränkt. Um durch die Verpflichtung zur Unterrichtserteilung den Grundgedanken des Art. 12 GG nicht zu unterlaufen und den Arzt in ihrem Grundrecht auf freie Wahl des Arbeitsplatzes nicht zu beschneiden, muss es sich hierbei um Einrichtungen in der Trägerschaft des verpflichtenden Arbeitgebers handeln.

§ 43 Zu § 5 Qualifizierung – Ärztinnen/Ärzte

(1) Für Beschäftigte, die sich in Facharzt-, Schwerpunktweiterbildung oder Zusatzausbildung nach dem Gesetz über befristete Arbeitsverträge mit Ärzten in der Weiterbildung befinden, ist ein Weiterbildungsplan aufzustellen, der unter Berücksichtigung des Standes der Weiterbildung die zu vermittelnden Ziele und Inhalte der Weiterbildungsabschnitte sachlich und zeitlich gegliedert festlegt.

(2) Die Weiterbildung ist vom Betrieb im Rahmen seines Versorgungsauftrags bei wirtschaftlicher Betriebsführung so zu organisieren, dass die/der Beschäftigte die festgelegten Weiterbildungsziele in der nach der jeweiligen Weiterbildungsordnung vorgesehenen Zeit erreichen kann.

(3) [1]Können Weiterbildungsziele aus Gründen, die der Arbeitgeber zu vertreten hat, in der vereinbarten Dauer des Arbeitsverhältnisses nicht erreicht werden, so ist die Dauer des Arbeitsvertrages entsprechend zu verlängern. [2]Die Regelungen des Gesetzes über befristete Arbeitsverträge mit Ärzten in der Weiterbildung bleiben hiervon unberührt und sind für den Fall lang andauernder Arbeitsunfähigkeit sinngemäß anzuwenden. [3]Absatz 2 bleibt unberührt.

(4) [1]Zur Teilnahme an Arztkongressen, Fachtagungen und ähnlichen Veranstaltungen ist der Ärztin/dem Arzt Arbeitsbefreiung bis zu drei Arbeitstagen im Kalenderjahr unter Fortzahlung des Entgelts zu gewähren. [2]Die Arbeitsbefreiung wird auf einen Anspruch nach den Weiterbildungsgesetzen der Länder angerechnet. [3]Bei Kostenerstattung durch Dritte kann eine Freistellung für bis zu fünf Arbeitstage erfolgen.

Erläuterungen zu § 43 BT-K

1 § 43 BT-K regelt den Fall der befristeten Beschäftigung von Ärzten aufgrund deren Weiterbildung sowie Facharztausbildung und ergänzt damit den auch im Besonderen Teil geltenden § 5 AT. In Anlehnung an das Gesetz über befristete Arbeitsverträge mit Ärzten in der Weiterbildung ist ein Weiterbildungsplan zu erstellen, aus dem nachzuvollziehen ist, dass der Arzt die in der Weiterbildungsordnung vorgegebenen Ziele in der entsprechenden Zeit erreichen kann (Abs. 2). Entsprechende Inhalte sind durch die Landesärztekammern vorgegeben.

2 Hieraus ergibt sich auch, dass ein sachlicher Befristungsgrund nur dann zu bejahen ist, wenn die Beschäftigung des Arztes der zeitlich und inhaltlich strukturierten Weiterbildung dient bzw. eine Fördermaßnahme dahingehend darstellt. § 43 BT-K orientiert sich insofern an den Grundsätzen des Teilzeitbefristungsgesetzes (TzBfG – 14 Abs. 1 TzBfG) sowie an § 1 des Gesetzes über befristete Arbeitsverträge mit Ärzten in der Weiterbildung. Im Wesentlichen knüpft die Vorschrift an die bisherige Rechtslage an, erweitert jedoch die Ansprüche für den/die sich in Weiterbildung befindenden Arzt dahingehend, dass diesem nun nach Abs. 1 auch Rechte an die Hand gegeben werden, unmittelbar vom Arbeitgeber die Aufstellung eines Weiterbildungsplanes zu verlangen und nicht nur, wie bislang geltend (BAG 22. 2. 1990 – 8 AZR 584/88 = NZA 1990, 845), vom ermächtigten Weiterbilder. Die bislang geltende Haltung des BAG, der Weiterbilder sei kein Erfüllungsgehilfe des Arbeitgebers, weshalb der Arbeitgeber auch nicht selbst zur Weiterbildung befugt sei, wird von dieser Abänderung der Rechtslage nicht berührt; die Durchführung der Weiterbildung bleibt auch forthin Aufgabe der Landesärztekammern und nicht des Krankenhausträgers als Arbeitgeber.

Krankenhäuser § 44 TVöD-BT-K

§ 43 Abs. 3 BT-K regelt den Sonderfall, dass der sich in Weiterbildung befindende Arzt den vorgegebenen Weiterbildungsplan aus Gründen, die er selbst nicht zu vertreten hat, nicht eingehalten wird und der Verantwortlichkeit des Arbeitgebers zuzuordnen ist. Dies kann dann der Fall sein, wenn seitens des Weiterbilders Maßnahmen für die Weiterbildung blockiert werden und Weiterbildungsveranstaltungen tatsächlich nicht stattfinden und der Arbeitgeber seiner Pflicht, den Weiterbilder zur Einhaltung der Weiterbildungsordnung anzuhalten, nicht nachkommt. Der Beschäftigte hat dann nach § 43 Abs. 3 S. 3 BT-K einen Anspruch auf Verlängerung des Arbeitsvertrages entsprechend der für die Erfüllung der Weiterbildungsziele erforderlichen Dauer. 3

Der Anspruch auf Verlängerung des Arbeitsvertrages bei Vorliegen der sachlichen Voraussetzungen steht den übrigen Regelungen des Gesetzes über befristete Arbeitsverträge mit Ärzten in der Weiterbildung nicht entgegen. Die Befristungsverlängerung muss sich nach dem dortigen § 1 Abs. 3 Satz 1 in den Grenzen dieser Vorschrift bewegen und darf die Dauer von 8 Jahren nicht überschreiten. 4

Die Möglichkeit der analogen Anwendung nach § 43 Abs. 3 Satz 2, 2. Halbsatz BT-K auf Fälle langer Arbeitsunfähigkeit führt dazu, dass nach § 1 Abs. 4 des Gesetzes über befristete Arbeitsverträge mit Ärzten in der Weiterbildung die Ausfallzeiten des betroffenen Arztes nicht auf die Dauer des befristeten Arbeitsvertrages angerechnet werden. Entsprechend der dortigen Ziffern 1, 2 und 5 beschränkt sich die Nichtanrechnung der Ausfallzeiten auf 2 Jahre. § 44 Abs. 3 Satz 3 erklärt Abs. 2 für unberührt. Dies bedeutet, dass eine Interessensabwägung zwischen dem sich in Weiterbildung befindenden Arzt und der Betriebsführung des Arbeitgebers stattzufinden hat. Die Befristungsverlängerung muss wirtschaftlich möglich sein und darf die Aufrechterhaltung des Betriebes nicht gefährden. 5

Durch den in § 43 Abs. 4 BT-K werden die Rechte der Ärzte insofern erweitert, als ihnen für die Teilnahme an Arztkongressen und Fachtagungen Urlaub bis zu fünf Arbeitstagen unter Fortzahlung des Entgelts zu zahlen ist. 6

§ 44 Zu § 6 Regelmäßige Arbeitszeit – Ärztinnen/Ärzte

(1) **Die regelmäßige Arbeitszeit beträgt ausschließlich der Pausen für Ärztinnen und Ärzte durchschnittlich 40 Stunden wöchentlich.**

(2) **Die Arbeitszeiten sind durch elektronische Zeiterfassung oder auf andere Art und Weise zu dokumentieren.**

(3) **[1] Unter den Voraussetzungen des Arbeitszeitgesetzes und des Arbeitsschutzgesetzes, insbesondere des § 5 ArbSchG, kann die tägliche Arbeitszeit im Schichtdienst auf bis zu zwölf Stunden ausschließlich der Pausen ausgedehnt werden. [2] In unmittelbarer Folge dürfen nicht mehr als vier ZwölfStunden-Schichten und innerhalb von zwei Kalenderwochen nicht mehr als acht Zwölf-Stunden-Schichten geleistet werden. [3] Solche Schichten können nicht mit Bereitschaftsdienst kombiniert werden.**

Vorbemerkung zu §§ 45, 46 BT-K

Die Vorschriften der §§ 45, 46 BT-K regeln die näheren Rahmenbedingungen für Bereitschaftsdienst bzw. Rufbereitschaft leistende Ärzte. Die allseits beklagte Lage an einer Vielzahl der deutschen Krankenhäuser – übermüdete Ärzte, mangelhafte Patientenbetreuung – bilden die Basis für die Neuregelungen der §§ 45, 46 BT-K zu den Bereitschaftsdienst –und Rufbereitschaftsvorschriften. Spätestens seit der sogenannten „SIMAP" –Entscheidung des Europäischen Gerichtshofes (3. 10.

S. Baßler 493

TVöD-BT-K § 45 Krankenhäuser

2000 – C-303/98, NZA 2000, 1227) gilt die Ableistung von Bereitschaftsdienst in arbeitsschutzrechtlicher Hinsicht als Arbeitszeit.

§ 45 Bereitschaftsdienst und Rufbereitschaft

(1) ¹Bereitschaftsdienst leisten die Beschäftigten, die sich auf Anordnung des Arbeitgebers außerhalb der regelmäßigen Arbeitszeit an einer vom Arbeitgeber bestimmten Stelle aufhalten, um im Bedarfsfall die Arbeit aufzunehmen. ²Der Arbeitgeber darf Bereitschaftsdienst nur anordnen, wenn zu erwarten ist, dass zwar Arbeit anfällt, erfahrungsgemäß aber die Zeit ohne Arbeitsleistung überwiegt.

(2) Abweichend von den §§ 3, 5 und 6 Abs. 2 ArbZG kann im Rahmen des § 7 ArbZG die tägliche Arbeitszeit im Sinne des Arbeitszeitgesetzes über acht Stunden hinaus verlängert werden, wenn mindestens die acht Stunden überschreitende Zeit im Rahmen von Bereitschaftsdienst geleistet wird, und zwar wie folgt:

a) bei Bereitschaftsdiensten der Stufe I bis zu insgesamt maximal 16 Stunden täglich; die gesetzlich vorgeschriebene Pause verlängert diesen Zeitraum nicht,

b) bei Bereitschaftsdiensten der Stufen II und III bis zu insgesamt maximal 13 Stunden täglich; die gesetzlich vorgeschriebene Pause verlängert diesen Zeitraum nicht.

(3) ¹Im Rahmen des § 7 ArbZG kann unter den Voraussetzungen

a) einer Prüfung alternativer Arbeitszeitmodelle,

b) einer Belastungsanalyse gemäß § 5 ArbSchG und

c) ggf. daraus resultierender Maßnahmen zur Gewährleistung des Gesundheitsschutzes

aufgrund einer Betriebs-/Dienstvereinbarung von den Regelungen des Arbeitszeitgesetzes abgewichen werden. ²Für einen Betrieb/eine Verwaltung, in dem/der ein Personalvertretungsgesetz Anwendung findet, kann eine Regelung nach Satz 1 in einem landesbezirklichen Tarifvertrag getroffen werden, wenn eine Dienstvereinbarung nicht einvernehmlich zustande kommt (§ 38 Abs. 3) und der Arbeitgeber ein Letztentscheidungsrecht hat. ³Abweichend von den §§ 3, 5 und 6 Abs. 2 ArbZG kann die tägliche Arbeitszeit im Sinne des Arbeitszeitgesetzes über acht Stunden hinaus verlängert werden, wenn in die Arbeitszeit regelmäßig und in erheblichem Umfang Bereitschaftsdienst fällt. ⁴Hierbei darf die tägliche Arbeitszeit ausschließlich der Pausen maximal 24 Stunden betragen.

(4) Unter den Voraussetzungen des Absatzes 3 Satz 1 und 2 kann die tägliche Arbeitszeit gemäß § 7 Abs. 2 a ArbZG ohne Ausgleich verlängert werden, wobei

a) bei Bereitschaftsdiensten der Stufe I eine wöchentliche Arbeitszeit von bis zu maximal durchschnittlich 58 Stunden,

b) bei Bereitschaftsdiensten der Stufen II und III eine wöchentliche Arbeitszeit von bis zu maximal durchschnittlich 54 Stunden

zulässig ist.

(5) Für den Ausgleichszeitraum nach den Absätzen 2 bis 4 gilt § 6 Abs. 2 Satz 1.

(6) Bei Aufnahme von Verhandlungen über eine Betriebs-/Dienstvereinbarung nach den Absätzen 3 und 4 sind die Tarifvertragsparteien auf landesbezirklicher Ebene zu informieren.

Krankenhäuser § 45 TVöD-BT-K

(7) ¹In den Fällen, in denen Beschäftigte Teilzeitarbeit gemäß § 11 vereinbart haben, verringern sich die Höchstgrenzen der wöchentlichen Arbeitszeit nach den Absätzen 2 bis 4 in demselben Verhältnis wie die Arbeitszeit dieser Beschäftigten zu der regelmäßigen Arbeitszeit der Vollbeschäftigten. ²Mit Zustimmung der/des Beschäftigten oder aufgrund von dringenden dienstlichen oder betrieblichen Belangen kann hiervon abgewichen werden.

(8) ¹Der Arbeitgeber darf Rufbereitschaft nur anordnen, wenn erfahrungsgemäß lediglich in Ausnahmefällen Arbeit anfällt. ²Durch tatsächliche Arbeitsleistung innerhalb der Rufbereitschaft kann die tägliche Höchstarbeitszeit von zehn Stunden (§ 3 ArbZG) überschritten werden (§ 7 ArbZG).

(9) § 6 Abs. 4 bleibt im Übrigen unberührt.

(10) ¹Für Beschäftigte in Einrichtungen und Heimen, die der Förderung der Gesundheit, der Erziehung, Fürsorge oder Betreuung von Kindern und Jugendlichen, der Fürsorge und Betreuung von obdachlosen, alten, gebrechlichen, erwerbsbeschränkten oder sonstigen hilfsbedürftigen Personen dienen, auch wenn diese Einrichtungen nicht der ärztlichen Behandlung der betreuten Personen dienen, gelten die Absätze 1 bis 9 mit der Maßgabe, dass die Grenzen für die Stufe I einzuhalten sind. ²Dazu gehören auch die Beschäftigten in Einrichtungen, in denen die betreuten Personen nicht regelmäßig ärztlich behandelt und beaufsichtigt werden (Erholungsheime).

Erläuterungen zu § 45 BT-K

1. Bereitschaftsdienst. Bereitschaftsdienst iSd § 7 Abs. 3 AT ist gegeben, „wenn sich der Beschäftigte außerhalb der regelmäßigen Arbeitszeit an einer vom Arbeitgeber bestimmten Stelle aufzuhalten hat, um im Bedarfsfall die Arbeit aufzunehmen". Die Regelung knüpft damit an die bisherige Definition des § 15 Abs. 6a S. 1 BAT an. Eingeschränkt wird die Altregelung allerdings durch § 45 Abs. 1 S. 2 BT-K, nach der der Arbeitgeber Bereitschaftsdienst nur anordnen darf, wenn zu erwarten ist, dass zwar Arbeit anfällt, die Zeit ohne Arbeit jedoch überwiegt. Die arbeitsfreie Zeit überwiegt nach dieser Regelung dann, wenn die Arbeitsleistung während der Bereitschaftszeit unter 50% liegt.

§ 45 Abs. 2 BT-K eröffnet im Geltungsbereich des BT-K für den Bereitschafts- und Rufbereitschaftsdienst die Möglichkeit, im Rahmen des § 7 ArbZG abweichend von den §§ 3, 5 und 6 Abs. 2 ArbZG die tägliche Arbeitszeit zu verlängern. Nach den Vorschriften des ArbZG ist eine tägliche Arbeitszeit von grundsätzlich maximal 8 Stunden zulässig. § 5 Abs. 1 ArbZG legt die Ruhezeit mit mindestens 11 zusammenhängende Stunden fest. § 45 Abs. 2 ermöglicht die Überschreitung dieser Grenzen bei Vorliegen der in den Buchst. a–b benannten Voraussetzungen auf unmittelbarer Grundlage des Tarifvertrags (Grundmodell).

Die in Abs. 2 Buchst. a benannten Bereitschaftsdienste von max. 16 Stunden beschreiben die tägliche Anwesenheitszeit – sie ist aufteilbar in max. 8 Stunden Vollarbeitszeit und 8 Stunden Bereitschaftszeit. Die gesetzlich vorgeschriebenen Ruhepausen nach § 4 ArbZG liegen bei 30 Minuten, verlängern aber die Gesamtbereitschaftszeit nicht. Überschreitet die Arbeitszeit einschließlich des Bereitschaftsdienstes einen Zeitraum von 9 Stunden, verlängert sich die Pausenzeit auf 45 Minuten.

S. Baßler

4   Bereitschaftsdienste nach Abs. 2 Buchst. b) geht von einer max. Anwesenheitszeit von 13 Stunden pro Tag aus; aufzuteilen ist diese Zeit wieder wie im Bereitschaftsdienst der Stufe I. Im Rahmen der §§ 3 Abs. 1 und 6 Abs. 2 ArbZG lässt § 45 Abs. 2 BT-K die Überschreitung der Höchststundenzahl von 10 Stunden täglich zu; hierbei ist lediglich die maximale wöchentliche Arbeitszeit von 48 Stunden – bezogen auf das Jahresmittel nach § 45 Abs. 5 BT-K – zu beachten.

5   Zusätzliche Erweiterungsmöglichkeiten für die Anordnung von Bereitschaftsdienst gibt § 45 Abs. 3 BT-K. Je Arbeitsperiode ist hier eine Verlängerung der Anwesenheitszeit (=Vollarbeitszeit plus Bereitschaftsdienst) von 24 Stunden möglich. Die max. Wochenarbeitszeit wird auf 60 Stunden verlängert.

6   Voraussetzung für die Anwendung des Abs. 3 ist eine entsprechende Betriebsvereinbarung mit dem Personal- bzw. Betriebsrat (Öffnungsmodell). Es findet eine Abweichung von den Regelungen des Arbeitszeitgesetzes (ArbZG) statt. Auch ist erforderlich, dass in die betreffende Arbeitszeit regelmäßig und in erheblichem Umfang Bereitschaftsdienst fällt. Hiermit soll ausgeschlossen werden, dass in die maximal zulässige Arbeitsperiode von 24 Stunden in überwiegendem Maße Vollzeitarbeit angeordnet wird. Entgegen der Regelung in Abs. 2 gilt in Anwesenheitszeit ohne die gesetzlich einzuhaltenden Ruhepausen; die Anwesenheitsperiode ist entsprechend der zu gewährenden Pausenzeiten zu verlängern. Weiterhin kann der entsprechende Bereitschaftsdienst erst angeordnet werden, wenn alternative Arbeitszeitmodelle (Buchst. a) überprüft wurden. Ebenso sind die Beschäftigten einer Belastungsanalyse nach § 5 ArbSchG zu unterziehen (Buchst. b). Im Rahmen seiner Fürsorgepflicht aus dem Arbeitsverhältnis gem. § 3 Abs. 1 ArbSchG hat der Arbeitgeber durch eine Beurteilung der für die Beschäftigten mit ihrer Arbeit verbundenen Gefährdung zu ermitteln und entsprechende Maßnahmen des Arbeitsschutzes einzuleiten.

7   Sofern die Voraussetzung des § 45 Abs. 3 Buchst. a) und b) BT-K vorliegen, kann die tägliche Arbeitszeit nach Abs. 4 („opt out") nunmehr ohne Ausgleich verlängert werden. Beschränkt wird die Ausdehnung der Arbeitszeit lediglich durch den Buchst. a), in dem in den Bereitschaftsdiensten der Stufe I die wöchentliche Arbeitszeit von max. 58 Stunden zugelassen wird, und durch Buchst. b) der für die Bereitschaftsdienste der Stufen II und III eine wöchentliche Arbeitszeit von max. 54 Stunden zulässt. Entsprechend des § 6 Abs. 2 AT ist für den Beurteilungszeitraum das Jahresmittel heranzuziehen. Auch für die Anwendung des § 45 Abs. 4 BT-K müssen die Voraussetzungen des § 7 ArbZG vorliegen, d. h. es muss während der Arbeitszeit in erheblichem Umfang Bereitschaftszeit anfallen, um die Gesundheit der Beschäftigten nicht zu gefährden. Ebenfalls ist eine Verlängerung der Arbeitszeit nur möglich, wenn der Arbeitnehmer schriftlich in diese Vereinbarung einwilligt. Seitens des Arbeitnehmers ist die Einwilligung innerhalb von 6 Monaten nach Abgabe der Erklärung ohne Einhaltung von Monats- oder Quartalsfristen widerrufbar.

8   § 45 Abs. 5 BT-K beruft sich für die Berechnung des Ausgleichszeitraumes auf § 6 Abs. 2 AT, verlangt aber nicht die Berechnung innerhalb eines Kalenderjahres. Notwendig ist diese Berechnung für die Einhaltung der wöchentlichen Arbeitszeit und deren Zulässigkeit.

9   Nach § 45 Abs. 6 BT-K müssen die Vertragsparteien nach Aufnahme von Betriebs- oder Dienstvereinbarungen die landesbezirkliche Ebene der Tarifparteien informieren. Allerdings umfasst die Informationspflicht lediglich die Aufnahme der Verhandlungen, nicht jedoch deren Ergebnis.

10 Durch § 45 Abs. 7 BT-K soll verhindert werden, dass Teilzeitbeschäftigte, die ihre Teilzeitarbeit aus Gründen der Betreuung anderer Personen (minderjähriger Kinder, Pflege von Angehörigen) über die vertraglich vereinbarte Arbeitszeit

hinaus zu Bereitschaftsdienste herangezogen werden können. Hiervon kann nach Abs. 7 Satz 2 abgewichen werden, wenn der Beschäftigte dem Bereitschaftsdienst zustimmt bzw. widerspruchslos die entsprechende Dienstplaneinteilung hinnimmt. Weiterhin kann nach Abs. 7 Abs. 2, 2. Alt. von einer Regelung nach S. 1 abgewichen werden, wenn entsprechende betriebliche Belange dagegen stehen und anderweitig eine entsprechende Patientenversorgung nicht gewährleistet werden kann.

2. Rufbereitschaft. Nach der Vorschrift des § 45 Abs. 8 BT-K kann der Arbeitgeber Rufbereitschaft anordnen. Rufbereitschaft iSd § 7 Abs. 4 AT wird geleistet, wenn der Beschäftigte sich außerhalb der regelmäßigen Arbeitszeit an einer dem Arbeitgeber mitzuteilenden Stelle aufhält, um auf Abruf die Arbeit aufzunehmen. Im Gegensatz zum Bereitschaftsdienst obliegt dem rufbereiten Beschäftigten keine Aufenthaltsbeschränkung. Rufbereitschaft gilt als Ruhezeit. Der Arbeitnehmer hat seinen Aufenthaltsort lediglich dem Arbeitgeber anzuzeigen. Voraussetzung ist jedoch, dass der Arbeitnehmer in der Lage ist, im Bedarfsfall seinen Dienst aufzunehmen. Auch hier ist Rufbereitschaft entsprechend den Regelungen Abs. 1–7 nur anzuordnen, wenn erfahrungsgemäß nur in Ausnahmefällen Arbeit anfällt. Es ist ebenfalls zulässig nach Abs. 8 Satz 2 die tägliche Höchstarbeitszeit durch Anordnung der Rufbereitschaft zu erhöhen (§§ 3, 7 ArbZG), wenn entsprechend des § 8 AT die Inanspruchnahme während der Rufbereitschaft die Ausnahme bleibt. Wird durch Anordnung des Rufdienstes die tägliche Arbeitszeit auf über 12 Stunden verlängert, ist wiederum § 7 ArbZG mit Hinblick auf die Rechtsprechung des EuGH (9. 9. 2003 – C-151/02 = NZA 2003, 1019) zu berücksichtigen; hieraus folgt, dass sich unmittelbar an die Beendigung der Arbeitszeit eine mindestens 11-stündige Ruhepause anschließen muss. 11

Grundsätzlich bleibt nach § 45 Abs. 9 BT-K die Vorschrift des § 6 Abs. 4 AT unberührt, das bedeutet, dass bei Vorliegen der entsprechenden Voraussetzungen zusätzlich zu den Regelungen des § 45 BT-K von den Vorschriften des Arbeitszeitgesetzes abgewichen werden kann, wenn dringende betriebliche Belange dies erfordern. 12

§ 45 Abs. 10 BT-K erklärt die Regelungen der Abs. 1–9 für Beschäftigte, die unter diesen Absatz zu subsumieren sind, für anwendbar, auch wenn diese Einrichtungen nicht der ärztlichen Behandlung dieser Personen dienen, sofern die Grenzen der Stufe I eingehalten werden. 13

§ 46 Bereitschaftsdienstentgelt

(1) **Zum Zwecke der Entgeltberechnung wird nach dem Maß der während des Bereitschaftsdienstes erfahrungsgemäß durchschnittlich anfallenden Arbeitsleistungen die Zeit des Bereitschaftsdienstes einschließlich der geleisteten Arbeit wie folgt als Arbeitszeit gewertet:**

Stufe	Arbeitsleistung innerhalb des Bereitschaftsdienstes	Bewertung als Arbeitszeit
I	bis zu 25 v. H.	60 v. H.
II	mehr als 25 bis 40 v. H.	75 v. H.
III	mehr als 40 bis 49 v. H.	90 v. H.

(2) ¹**Die Zuweisung zu den einzelnen Stufen des Bereitschaftsdienstes erfolgt durch die Betriebsparteien.** ²**Bei Ärztinnen und Ärzten erfolgt die Zuweisung zu den einzelnen Stufen des Bereitschaftsdienstes als Nebenabrede (§ 2 Abs. 3) zum Arbeitsvertrag.** ³**Die Nebenabrede ist mit einer Frist von drei Monaten jeweils zum Ende eines Kalenderhalbjahres kündbar.**

TVöD-BT-K § 46   Krankenhäuser

(3) Für die Beschäftigten gemäß § 45 Abs. 10 wird zum Zwecke der Entgeltberechnung die Zeit des Bereitschaftsdienstes einschließlich der geleisteten Arbeit mit 28,5 v. H. als Arbeitszeit gewertet.

(4) Das Entgelt für die nach den Absätzen 1 und 3 zum Zwecke der Entgeltberechnung als Arbeitszeit gewertete Bereitschaftsdienstzeit bestimmt sich nach der Anlage C.

(5) [1]Die Beschäftigten erhalten zusätzlich zu dem Entgelt nach Absatz 4 für jede nach den Absätzen 1 und 3 als Arbeitszeit gewertete Stunde, die an einem Feiertag geleistet worden ist, einen Zeitzuschlag in Höhe von 25 v. H. des Stundenentgelts ihrer jeweiligen Entgeltgruppe nach der Anlage C. [2]Im Übrigen werden für die Zeit des Bereitschaftsdienstes einschließlich der geleisteten Arbeit und für die Zeit der Rufbereitschaft Zeitzuschläge nach § 8 nicht gezahlt.

(6) [1]Anstelle der Auszahlung des Entgelts nach Absatz 4 für die nach den Absätzen 1 und 3 gewertete Arbeitszeit kann diese bei Ärztinnen und Ärzten bis zum Ende des dritten Kalendermonats auch durch entsprechende Freizeit abgegolten werden (Freizeitausgleich). [2]Die Möglichkeit zum Freizeitausgleich nach Satz 1 umfasst auch die dem Zeitzuschlag nach Absatz 5 1:1 entsprechende Arbeitszeit. [3]Für die Zeit des Freizeitausgleichs werden das Entgelt (§ 15) und die in Monatsbeträgen festgelegten Zulagen fortgezahlt. [4]Nach Ablauf der drei Monate wird das Bereitschaftsdienstentgelt am Zahltag des folgenden Kalendermonats fällig.

(7) [1]An Beschäftigte, die nicht von Absatz 6 erfasst werden, wird das Bereitschaftsdienstentgelt gezahlt (§ 24 Abs. 1 Satz 3), es sei denn, dass ein Freizeitausgleich zur Einhaltung der Vorschriften des Arbeitszeitgesetzes erforderlich ist oder eine entsprechende Regelung in einer Betriebs- oder einvernehmlichen Dienstvereinbarung getroffen wird oder die/der Beschäftigte dem Freizeitausgleich zustimmt. [2]In diesem Fall gilt Absatz 6 entsprechend.

(8) [1]Das Bereitschaftsdienstentgelt nach den Absätzen 1, 3, 4 und 5 kann im Falle der Faktorisierung nach § 10 Abs. 3 in Freizeit abgegolten werden. [2]Dabei entspricht eine Stunde Bereitschaftsdienst
a) nach Absatz 1
    aa) in der Stufe I   37 Minuten,
    bb) in der Stufe II   46 Minuten und
    cc) in der Stufe III   55 Minuten,
b) nach Absatz 3   17,5 Minuten und
c) bei Feiertagsarbeit nach Absatz 5
    jeweils zuzüglich   15 Minuten.

Erläuterungen zu § 46 BT-K

1   In dieser Vorschrift wird abschließend die Frage des Entgelts für die geleisteten Bereitschaftsdienste geklärt. Gegenüber der Altfassung des BT-K hat die nunmehr zum 1. 8. 2006 in Kraft getretene Neufassung des BT-K vor allem in § 46 BT-K erhebliche Veränderungen erfahren, zunächst vor allen Dingen in der jeweiligen Stufeneinteilung, die nunmehr nicht mehr von A–D erfolgt, sondern in Stufen I-III aufgeteilt wird.

2   Insgesamt wird die Ableistung von Bereitschaftsdienst nach der Neuregelung erheblich aufgewertet; je nach Stufeneinteilung und Arbeitsleistung innerhalb des

Bereitschaftsdienstes wird Bereitschaftsdienst in einer Spanne von 60% bis 90% als Arbeitszeit gewertet.

Zunächst differenziert die Vorschrift zwischen der arbeitsschutzrechtlichen sowie der tarifrechtlichen Deklarierung des Bereitschaftsdienstes. Durch die Rechtsprechung des EuGH (3. 10. 2000, C 303/98 „Simap", NZA 2000, 1337) wurde klargestellt, dass es sich in arbeitsschutzrechtlicher Hinsicht beim Bereitschaftsdienst um Arbeitszeit handelt. Tarifrechtlich findet eine anderweitige, nunmehr in § 46 BT-K festgelegte, Regelung statt. 3

Entsprechend des Abs. 2 Satz 1 BT-K wird durch die Betriebsparteien für die Entgeltberechnung eine Stufenzuweisung vorgenommen. Diese Vereinbarung zwischen den Parteien kann formlos erfolgen und bedarf nicht der Aufnahme in eine entsprechende Betriebs- oder Dienstvereinbarung. Grundlage hierfür sollte die Ermittlung der tatsächlichen Arbeitsbelastung über einen bestimmten Zeitraum hinweg sein (Belastungsstufen). Aus der unter den Beschäftigten ermittelten Arbeitszeit während des Bereitschaftsdienstes muss die Gesamtdauer des Bereitschaftsdienstes sowie der tatsächlich angefallenen Arbeitsleistung hervorgehen. Für die Berechnung ist die einheitliche Betrachtungsweise maßgeblich, d. h. es findet keine getrennte Entgeltberechnung von Vollarbeitszeiten und Bereitschaftszeiten statt. Diese Regelung steht der zur Abgeltung der Rufbereitschaft entgegen (§ 8 Abs. 3 AT), wonach für die Ableistung von Rufbereitschaft eine Tagespauschale je Entgeltgruppe gezahlt wird. Etwas anderes gilt nach Abs. 2 Satz 2 lediglich für Ärzte – eine Stufenzuweisung erfolgt dort als Nebenabrede zum jeweiligen Arbeitsvertrag, die wiederum nach Satz 3 mit einer Frist von drei Monaten zum Ende eines Kalenderhalbjahres kündbar ist. 4

Die Überprüfung der Stufeneinordnung sollte regelmäßig erfolgen, auf jeden Fall jedoch, wenn sich entsprechende betriebliche Veränderungen ergeben. 5

Für Beschäftigte nach § 45 Abs. 10 BT-K iVm § 40 Abs. 1 Buchst. d BT-K wird der Bereitschaftsdienst einheitlich mit 28,5% als Arbeitszeit gewertet und vergütet. 6

Wiederum besteht nach § 46 Abs. 8 BT-K die Möglichkeit geleistete Bereitschaftsdienste auf einem Arbeitszeitkonto gem. § 10 Abs. 3 AT zu buchen und in Freizeit abzugelten. In welchem Maße Freizeit gutgeschrieben werden kann, hängt für den Bereitschaftsdienst nach § 46 Abs. 1 BT-K von der Stufenzuordnung ab; Beschäftigte in Einrichtungen und Heimen nach § 45 Abs. 10 BT-K werden pro Stunde geleisteter Bereitschaftsdienst 17,5 Minuten dem Arbeitszeitkonto gutgeschrieben. Beschäftigte, die nach § 46 Abs. 5 BT-K, die Bereitschaftsdienst an einem Feiertag leisten, erhalten pro Stunde Bereitschaftsdienst eine Zeitgutschrift von 15 Minuten. 7

§ 47 Sonderkündigungsrecht der Bereitschaftsdienst- und Rufbereitschaftsregelung

[1] Die §§ 45 und 46 können mit einer Frist von drei Monaten gekündigt werden, wenn infolge einer Änderung des Arbeitszeitgesetzes sich materiellrechtliche Auswirkungen ergeben oder weitere Regelungsmöglichkeiten für die Tarifvertragsparteien eröffnet werden. [2] Rein formelle Änderungen berechtigen nicht zu einer Ausübung des Sonderkündigungsrechts.

Erläuterungen zu § 47 BT-K

Die Vorschrift des § 47 BT-K bezieht sich lediglich auf die Regelungen des Bereitschaftsdienstes § 45 BT-K und des Bereitschaftsdienstentgelts § 46 BT-K und 1 regelt jene Fälle, in denen sich im Arbeitszeitgesetz materiell-rechtliche Änderungen ergeben, die sich wiederum auf Bereitschaftsdienste in Krankenhäusern sowie Erholungsheime auswirken können.

2 Angelehnt an die Bestrebungen der Europäischen Union wird den Tarifvertragsparteien somit die Möglichkeit gegeben, auch kurzfristig und unabhängig von den allgemeinen Vorschriften des TVöD nach BT-K tarifvertragliche Regelungen anzupassen („SIMAP-Entscheidung" EuGH 3. 10. 2000 C-303/98 NZA 2000, 1227). Für alle übrigen Kündigungsgründe gilt nach S. 2 § 39 AT.

§ 48 Wechselschichtarbeit.

(1) **Abweichend von § 6 Abs. 1 Satz 2 werden die gesetzlichen Pausen bei Wechselschichtarbeit nicht in die Arbeitszeit eingerechnet.**

(2) **Abweichend von § 7 Abs. 1 Satz 1 ist Wechselschichtarbeit die Arbeit nach einem Schichtplan/Dienstplan, der einen regelmäßigen Wechsel der täglichen Arbeitszeit in Wechselschichten vorsieht, bei denen die/ der Beschäftigte längstens nach Ablauf eines Monats erneut zu mindestens zwei Nachtschichten herangezogen wird.**

Niederschriftserklärung zu § 48 Abs. 2:
Der Anspruch auf die Wechselschichtzulage ist auch erfüllt, wenn unter Einhaltung der Monatsfrist zwei Nachtdienste geleistet wurden, die nicht zwingend unmittelbar aufeinander folgen müssen.

Erläuterungen zu § 48 BT-K

1 Der Begriff der Wechselschichtarbeit ist in Abs. 2 legal definiert und entspricht im Wesentlichen den Regelungen des BAT/BAT-O bzw. BMT-G und BMT-G-O. **Wechselschichten** sind wechselnde Arbeitsschichten, in denen ununterbrochen bei Tag und Nacht, werk-, sonn- und feiertags gearbeitet wird (§ 7 Abs. 5 der durchgeschriebenen Fassung des TVöD für den Dienstleistungsbereich (Krankenhäuser, Pflege- und Betreuungseinrichtungen im Bereich der Vereinigung der kommunalen Arbeitgeberverbände TVöD-K). Vom Grundsatz des § 7 Abs. 1 Satz 1 TVöD abweichend ist der Begriff jedoch dahingehend zu erweitern, dass der Beschäftigte nach Ablauf eines Monats zu mindestens zwei weiteren Nachtschichten herangezogen werden kann.

2 Unter **Nachtschichten** sind Arbeitsschichten zu verstehen, die mindestens zwei Stunden Nachtarbeit, also in der Zeit von 21 Uhr abends bis 6 Uhr morgens, umfassen. Diese Nachtschichten müssen zusammenhängend geleistet werden. Aus dem Zweck der Vorschrift ergibt sich insoweit unmittelbar, dass es nicht ausreicht, wenn im Laufe eines Monats zwei, zeitlich voneinander unabhängige Nachtschichten geleistet werden. Diese Definition ist maßgeblich für die Bedeutung der Wechselschichtzulage gem. § 8 Abs. 3 AT sowie für den Anspruch auf Zusatzurlaub für Wechselschichtarbeit entsprechend der Regelung des § 27 Abs. 1 AT.

3 Für den Geltungsbereich des BT-K ist zu berücksichtigen, dass im Gegensatz zu den Regelungen des Allgemeinen Teils die gesetzlichen Pausen auch im Bereich der Wechselschichtarbeit außerhalb der Arbeitszeit stattfinden, sie also gem. § 4 ArbZG weder als Arbeitszeit gewertet noch vergütet werden.

§ 49 Arbeit an Sonn- und Feiertagen

Abweichend von § 6 Abs. 3 Satz 3 und in Ergänzung zu § 6 Abs. 5 gilt für Sonn- und Feiertage Folgendes:

(1) ¹Die Arbeitszeit an einem gesetzlichen Feiertag, der auf einen Werktag fällt, wird durch eine entsprechende Freistellung an einem anderen Werktag bis zum Ende des dritten Kalendermonats – möglichst aber schon bis zum Ende des nächsten Kalendermonats – ausgeglichen, wenn es die betrieblichen Verhältnisse zulassen. ²Kann ein Freizeitausgleich nicht gewährt werden, erhält die/der Beschäftigte je Stunde 100 v. H. des auf eine Stunde entfallenden Anteils des monatlichen Entgelts der jeweiligen Entgeltgruppe und Stufe nach Maßgabe der Entgelttabelle. ³Ist ein Arbeitszeitkonto eingerichtet, ist eine Buchung gemäß § 10 Abs. 3 zulässig. ⁴§ 8 Abs. 1 Satz 2 Buchst. d bleibt unberührt.

(2) ¹Für Beschäftigte, die regelmäßig nach einem Dienstplan eingesetzt werden, der Wechselschicht- oder Schichtdienst an sieben Tagen in der Woche vorsieht, vermindert sich die regelmäßige Wochenarbeitszeit um ein Fünftel der arbeitsvertraglich vereinbarten durchschnittlichen Wochenarbeitszeit, wenn sie an einem gesetzlichen Feiertag, der auf einen Werktag fällt,
a) Arbeitsleistung zu erbringen haben oder
b) nicht wegen des Feiertags, sondern dienstplanmäßig nicht zur Arbeit eingeteilt sind und deswegen an anderen Tagen der Woche ihre regelmäßige Arbeitszeit erbringen müssen.
²Absatz 1 gilt in diesen Fällen nicht. 3§ 8 Abs. 1 Satz 2 Buchst. d bleibt unberührt.

(3) ¹Beschäftigte, die regelmäßig an Sonn- und Feiertagen arbeiten müssen, erhalten innerhalb von zwei Wochen zwei arbeitsfreie Tage. ²Hiervon soll ein freier Tag auf einen Sonntag fallen.

Erläuterungen zu § 49 BT-K

Die Vorschrift erläutert die Verfahrensweise, die anzuwenden ist, wenn ein Feiertag auf einen Werktag –die Tage zwischen Montag und Samstag (Baeck/Deutsch § 3 ArbZG) – fällt, wobei Abs. 1 sich jener Beschäftigten annimmt, die keine Schicht- bzw. Wechselschicht nach einem Dienstplan leisten; Abs. 2 regelt ergänzend das Verfahren für Arbeitnehmer im Wechselschicht- bzw. Schichtdienst. 1

§ 49 Abs. 1. Sofern es die betrieblichen Belange zulassen, muss den Beschäftigten außerhalb des Wechselschicht- und Schichtdienstes, die an einem Sonn- oder Feiertag arbeiten müssen, ein Freizeitausgleich innerhalb der folgenden drei Kalendermonate angeboten werden, andernfalls findet nach Maßgabe des Abs. 1 Satz 2 ein entsprechender monetärer Ausgleich statt. Feiertage sind die gem Art 70 GG durch Landesgesetze bestimmten Tage (Baeck/Deutsch § 9 ArbZG) sowie der durch den Einigungsvertrag festgelegte 3. Oktober. 2

Nach Möglichkeit soll die Freistellung bis zum Ende des nächsten Kalendermonats erfolgen. Der zeitliche Umfang muss der am Feiertag geleisteten Arbeitszeit entsprechen. Grundsätzlich geht der Tarifvertrag für den öffentlichen Dienst von einem Vorrang des Freizeitausgleiches gegenüber der Bezahlung der am Feiertag geleisteten Arbeit aus, dem Beschäftigten steht kein Wahlrecht diesbezüglich zu. Stehen jedoch betriebliche Belange entgegen, hat der Arbeitnehmer Anspruch auf 100% des auf eine Stunde entfallenden Anteils des monatlichen Entgelts entspre- 3

TVöD-BT-K § 49 Krankenhäuser

chend seiner jeweiligen Eingruppierungsstufe nach Maßgabe der Entgelttabelle. Diese Regelung weicht insoweit von § 8 Abs. 1 AT ab, wonach das Tabellengehalt der Stufe 3 der jeweiligen Entgeltgruppe als Bemessungsgrundlage dient. Gleichzeitig wird mit dieser Regelung der Öffnungsklausel des § 12 Satz 1 Nr. 2 ArbZG Rechnung getragen, durch die die Möglichkeit geschaffen wurde, durch tarifvertragliche Vereinbarungen von der zwingenden Pflicht des Ersatzruhetages gem. § 11 Abs. 3 ArbZG abzuweichen.

4 Hiervon unberührt bleibt die Vorschrift des § 8 Abs. 1 Satz 2 Buchst. d AT, d.h. bei Vorliegen der Tatbestandsmerkmale des § 49 Abs. 1 BT-K kann unabhängig zum Anspruch auf Freizeitausgleich bzw. Bezahlung ein Zeitzuschlag in Höhe von 35% geltend gemacht werden kann. Dieser Zuschlag ist unabhängig von der Gewährung des Freizeitausgleichs nach den Regelungen des § 24 Abs. 1 AT am Zahltag des zweiten Kalendermonats nach Erbringung der entsprechenden Arbeitsleistung fällig.

5 Entfällt die Arbeit aus anderen Gründen, beispielsweise aufgrund Teilzeitbeschäftigung des Beschäftigten, bleibt der Feiertag für das entsprechende Arbeitsverhältnis bedeutungslos, sofern der Arbeitstag an einem anderen als dem Feiertag liegt.

6 Als dritte Alternative bietet § 49 Abs. 1 BT-K die Buchung des Freizeitausgleichs auf ein Arbeitszeitkonto i.S.d. § 10 Abs. 3 AT, sofern hierüber eine entsprechende Betriebs- bzw. Dienstvereinbarung getroffen wurde. Ist ein Freizeitausgleich wiederum nicht möglich und existiert kein entsprechendes Arbeitszeitkonto, wird gem. § 49 Abs. 1 Satz 2 BT-K die Bezahlung im vierten Kalendermonat nach Erbringung der Arbeitsleistung fällig.

7 **§ 49 Abs. 2.** Die Regelung erfasst den Fall des nach einem Dienstplan festgelegten Wechselschicht- bzw. Schichtdienstes. Voraussetzung ist zunächst, dass der Beschäftigte nicht nur kurzzeitig nach einem sich auf die ganze Kalenderwoche erstreckenden Dienstplan arbeitet und der Feiertag auf einen Wochentag (Baeck/Deutsch § 3 ArbZG) fällt. In diesem Fall vermindert sich die vertraglich fixierte Wochenarbeitszeit um ein Fünftel und bildet damit eine bezahlte Arbeitszeitverkürzung. Der Anspruch auf Zeitzuschlag i.H.v. 35% nach § 8 Abs. 1 Satz 2 AT bleibt dem Beschäftigten ebenso erhalten wie die Buchung auf ein bestehendes Arbeitszeitkonto – sofern die Voraussetzungen des § 10 Abs. 3 AT gegeben sind- wird entsprechend des Abs. 1 ebenfalls gewährt. Einen Anspruch aus § 49 Abs. 1 BT-K auf Freizeitausgleich bzw. Bezahlung kann der Beschäftigte nicht ableiten.

8 Folgende Fallgestaltungen innerhalb des § 49 Abs. 2 BT-K sind zu benennen:
1. Arbeitnehmer, die aufgrund des Feiertags von der Arbeitsleistung freigestellt werden: Entgeltfortzahlungsanspruch nach § 2 EFZG; die an sich an diesem Tag zu leisten gewesene Arbeit wird als solche gebucht und vergütet.
2. Arbeitnehmer, die nicht aufgrund der Dienstplangestaltung sondern aus anderen Gründen am Feiertag nicht gearbeitet haben: s. unter § 49 Abs. 1 BT-K.
3. Arbeitnehmer, die nach Dienstplaneinteilung an wechselnden Wochentagen eingesetzt sind und am auf den Werktag fallenden Feiertag dienstplanmäßig frei haben, andernfalls aufgrund ihrer Einteilung im Dienstplan den Feiertag nacharbeiten müssten, erhalten ebenfalls eine Zeitgutschrift in Höhe von einem Fünftel der wöchentlichen Arbeitszeit pro auf den Werktag entfallenden Feiertag (Protokollerklärung zu § 6 Abs. 3 Satz 3 AT).

9 **§ 49 Abs. 3.** Abs. 3 übernimmt aus der bislang geltenden Regelung des BAT/BAT-O (Nr. 5 Abs. 1 SR 2a, Nr. 4 SR 2b und Nr. 7 SR 2c) unverändert. Sofern betriebliche Belange die Arbeit an Sonn- und Feiertagen erfordern, ist die Konstellation durch die Regelungen des § 10 Abs. 1 AT gedeckt.

Krankenhäuser **§§ 50, 51 TVöD-BT-K**

§ 50 Ausgleich für Sonderformen der Arbeit

Die Zeitzuschläge betragen für Beschäftigte nach § 38 Abs. 5 Satz 1 abweichend von § 8 Abs. 1 Satz 2 Buchst. b und f für
a) Nachtarbeit 1,28 Euro,
b) Arbeit an Samstagen von 13 bis 21 Uhr 0,64 Euro.

Erläuterungen zu § 50 BT-K

Die Vorschrift des § 50 BT-K stellt durch die hierin abweichend fixierte Regelung der Nacht- und Samstagsarbeit eine Sonderregelung dar. Im Gegensatz zum Geltungsbereich des § 40 BT-K ist sie in betrieblicher Hinsicht nur für Beschäftigte anzuwenden, deren Tätigkeit vor dem 1. 1. 2005 der Rentenversicherung der Angestellten unterlegen hätte. Der persönliche Geltungsumfang bezieht sich auf Beschäftigte, die nach bisher geltendem Recht als Angestellte nach § 38 Abs. 5 Satz 1 AT galten. Vom Grundsatz des § 8 Abs. 1 AT bzgl. Zeit- und Wechselschichtdienstausgleich wird abgewichen.

Niederschriftserklärung zu den §§ 6 bis 10 i. V. m. §§ 44 bis 50:
[1] *Die Dokumentation der Arbeitszeit, der Mehrarbeit, der Überstunden, der Bereitschaftsdienste etc. ist nicht mit dem Arbeitszeitkonto gem. § 10 TVöD gleichzusetzen.*
[2] *Arbeitszeitkonten können nur auf der Grundlage des § 10 TVöD durch Betriebs- bzw. einvernehmliche Dienstvereinbarungen eingerichtet und geführt werden.*

§ 51 Eingruppierung der Ärztinnen und Ärzte

(1) [1] **Ärztinnen und Ärzte sind mit folgender besonderer Stufenzuordnung wie folgt eingruppiert:**
a) **Entgeltgruppe I:**
Ärztinnen und Ärzte mit entsprechender Tätigkeit, und zwar in
Stufe 1: mit weniger als einjähriger ärztlicher Berufserfahrung,
Stufe 2: nach einjähriger ärztlicher Berufserfahrung,
Stufe 3: nach dreijähriger ärztlicher Berufserfahrung,
Stufe 4: nach fünfjähriger ärztlicher Berufserfahrung,
Stufe 5: nach neunjähriger ärztlicher Berufserfahrung.
b) **Entgeltgruppe II:**
Fachärztinnen und Fachärzte mit entsprechender Tätigkeit, und zwar in
Stufe 1: mit weniger als vierjähriger fachärztlicher Berufserfahrung,
Stufe 2: nach vierjähriger fachärztlicher Berufserfahrung,
Stufe 3: nach achtjähriger fachärztlicher Berufserfahrung,
Stufe 4: nach zwölfjähriger fachärztlicher Berufserfahrung.
[2] **§ 17 bleibt im Übrigen unberührt.**

Protokollerklärung zu Absatz 1:
Fachärztinnen und Fachärzte nach diesem Tarifvertrag sind auch Fachzahnärztinnen und Fachzahnärzte.

(2) [1] **Bei Einstellung von Ärztinnen und Ärzten der Entgeltgruppe I werden Zeiten ärztlicher Berufserfahrung bei der Stufenzuordnung angerechnet.** [2] **Eine Tätigkeit als Arzt im Praktikum gilt als ärztliche Berufserfahrung.** [3] **Bei der Einstellung von Fachärztinnen und Fachärzten der Entgeltgruppe II werden Zeiten fachärztlicher Berufserfahrung in der Regel angerechnet.** [4] **Unabhängig davon kann der Arbeitgeber bei Neu-**

TVöD-BT-K § 51

einstellungen zur Deckung des Personalbedarfs Zeiten einer vorherigen beruflichen Tätigkeit ganz oder teilweise für die Stufenzuordnung berücksichtigen, wenn diese Tätigkeit für die vorgesehene Tätigkeit förderlich ist.

Protokollerklärungen zu Absatz 2:
Zeiten ärztlicher Tätigkeit sind nur solche, die von einem gemäß § 10 BÄO oder einer vergleichbaren Qualifikation eines EU-Mitgliedstaates approbierten Beschäftigten geleistet worden sind.

(3) **Fachärztinnen und Fachärzte, die als ständige Vertreter der/des leitenden Ärztin/Arztes (Chefärztin/Chefarzt) durch ausdrückliche Anordnung bestellt sind (Leitende Oberärztin/Leitender Oberarzt), erhalten für die Dauer der Bestellung eine Funktionszulage von monatlich 750 Euro.**

Protokollerklärung zu Absatz 3:
[1] *Leitende Oberärztin/leitender Oberarzt im Sinne des Tätigkeitsmerkmals ist nur die/der Ärztin/ Arzt, der die/den leitende/n Ärztin/Arzt in der Gesamtheit seiner Dienstaufgaben vertritt.* [2] *Das Tätigkeitsmerkmal kann daher innerhalb einer Abteilung (Klinik) nur von einer/einem Ärztin/Arzt erfüllt werden.*

(4) **Ärztinnen und Ärzte, denen aufgrund ausdrücklicher Anordnung die medizinische Verantwortung für einen selbstständigen Funktionsbereich innerhalb einer Fachabteilung oder eines Fachbereichs seit dem 1. September 2006 übertragen worden ist, erhalten für die Dauer der Anordnung eine Funktionszulage von monatlich 500 Euro.**

Protokollerklärung zu Absatz 4:
Funktionsbereiche sind wissenschaftlich anerkannte Spezialgebiete innerhalb eines ärztlichen Fachgebietes, z. B. Kardiologie, Unfallchirurgie, Neuroradiologie, Intensivmedizin, oder sonstige vom Arbeitgeber ausdrücklich definierte Funktionsbereiche.

(5) [1]**Die Funktionszulagen nach den Absätzen 3 und 4 sind dynamisch und ntfallen mit dem Wegfall der Funktion.** [2]**Sind die Voraussetzungen für mehr als eine Funktionszulage erfüllt, besteht nur Anspruch auf eine Funktionszulage.** [3]**Bei unterschiedlicher Höhe der Funktionszulagen wird die höhere gezahlt.**

(6) **Die Absätze 1 bis 5 finden auf Apothekerinnen/Apotheker und Tierärztinnen/Tierärzte keine Anwendung.**

Niederschriftserklärung zu § 51 Abs. 6:
Für die in Absatz 6 genannten Beschäftigungen gelten die Regelung des Allgemeinen Teils sowie die entsprechenden Regelungen des TVÜ-VKA.

Erläuterungen zu § 51 BT-K

1   Eines der Kernstücke des neuen Tarifvertragsrechts für den öffentlichen Dienst wurde mit der Ausformulierung des § 51 BT-K geschaffen. Mit ihm wurde eine Entgeltordnung geschaffen, der den entsprechenden Ausbildungs- und Erfahrungsstufen der Ärzte Rechnung tragen soll. In den Überleitungsregelungen TVÜ war zunächst eine Eingruppierung zwischen der Entgeltgruppe 13 und der Entgeltgruppe 14 – Ausgleich der Differenz in Form einer Zulage – vorgesehen. Der Marburger Bund hingegen forderte ursprünglich eine grundsätzliche Eingruppierung in Entgeltgruppe 14. Letztendlich ist auf dieser Basis eine abschließende Eingruppierungsregelung geschaffen worden –nunmehr unterteilt in Entgeltstufe I

und II -, die sowohl für übergeleitete als auch für neueingestellte Beschäftigte greift (§ 17 Abs. 2 TVÜ-VKA) und für die in den Geltungsbereich des BT-K fallenden Ärzte die Anlage 1 des BAT vollständig ablöst.

Der persönliche Geltungsbereich des § 51 BT-K erstreckt sich auf Ärzte, also jene Berufsgruppe, die nach der BundesärzteO eine Approbation besitzen, ebenso auf Zahnärzte. Tierärzte und Apotheker sind aus dem Geltungsbereich ausgeschlossen. Auf diese Gruppen sind die Regelungen des Allgemeinen Teils sowie des TVÜ-VKA einschlägig anzuwenden. Grundsätzlich ist § 51 auf alle Einrichtungen, die in den Geltungsbereich nach § 40 fallen, anzuwenden. Die Vorschrift wird ergänzt durch § 46 Nr. 18 TVöD-BT-V, der den Geltungsbereich auch auf Bundeswehrkrankenhäuser erweitert, sowie § 4 Abs. 1 Satz 2 TVÜ-VKA, durch den klargestellt wird, dass § 51 in allen Bereichen der VKA, die nicht dem Geltungsbereich des BT-K zuzuordnen sind. 2

Seit dem 1. 8. 2006 gilt nunmehr die Regelung der Einstiegseingruppierung in Entgeltgruppe I für Ärzte. Die jeweilige Einstufung innerhalb einer Entgeltgruppe richtet sich zunächst nach der Dauer der entsprechend ausgeübten Tätigkeit, differenziert aber auch zwischen Ärzten mit und ohne Facharztausbildung. **Fachärzte** werden primär in Entgeltstufe II eingruppiert, wobei deren Vergütungsstufe sich wiederum an der Dauer der fachärztlichen Berufserfahrung orientiert. Unter den Begriff der Fachärzte ist auch die Berufsbezeichnung der **Fachzahnärzte** zu subsumieren. 3

Ebenso werden zukünftig für Einstellungen nach Entgeltgruppe I Zeiten ärztlicher Berufserfahrung mitberücksichtigt, insbesondere ist anzumerken, dass auch die Tätigkeit als Arzt im Praktikum als ärztliche Berufserfahrung anerkannt wird. 4

§ 17 AT bleibt unberührt, d. h. weiterhin werden einschlägige Berufserfahrung, die Möglichkeit der leistungsabhängigen Verweildauern in den Einkommensstufen sowie Unterbrechungszeiten auch für Ärztinnen und Ärzte herangezogen. 5

Für Fachärzte ist eine Funktionszulage i.H.v. 750 EUR für die Dauer der Bestellung vorgesehen, wenn sie auf ausdrückliche Anordnung des Chefarztes dessen Aufgaben übernehmen bzw. diesen vertreten. Erforderlich ist im Wesentlichen eine gesamthafte Vertretung. Daher kann diese Aufgabe innerhalb einer Abteilung (Klinik) jeweils nur von einem Arzt erfüllt werden. 6

Ärzte, die aufgrund ausdrücklicher Anordnung die Verantwortung für selbständige Funktionsbereiche innerhalb einer Fachabteilung übernehmen, haben für die Dauer der Tätigkeit einen Anspruch auf eine gesonderte Funktionszulage i.H.v. 500 EUR. Allerdings sind verschiedene Funktionszulage – für den Fall der Verantwortung für weitere Funktionsbereiche- nicht kumulierbar. Tritt dieser Fall ein, wird jeweils die höhere Funktionszulage gezahlt. 7

§ 52 Zu § 15 Tabellenentgelt

(1) ¹**Ärztinnen und Ärzte, für die die Regelungen des Tarifgebiets West Anwendung finden, erhalten Entgelt nach der Anlage D.** ²**Ärztinnen und Ärzte, für die die Regelungen des Tarifgebiets Ost Anwendung finden, erhalten Entgelt nach den Anlagen E.**

(2) ¹**Beschäftigte, die in eine der Entgeltgruppen 5 bis 15 eingruppiert sind, erhalten zuzüglich zu dem Tabellenentgelt gemäß § 15 Abs. 1 eine nicht dynamische Zulage in Höhe von monatlich 35,00 Euro.** ²**§ 24 Abs. 2 findet Anwendung.**

(3) ¹**Beschäftigte, denen die Leitung einer Station übertragen worden ist, erhalten für die Dauer der Übertragung der Stationsleitung eine**

Funktionszulage in Höhe von monatlich 30,00 Euro, soweit diesen Beschäftigten im gleichen Zeitraum keine anderweitige Funktionszulage gezahlt wird. [2] § 24 Abs. 2 findet Anwendung. [3] Diese Regelung gilt nicht für Ärztinnen und Ärzte.

Niederschriftserklärung zu § 52 Abs. 3 BT-K:
Von der Regelung werden alle auf der Grundlage der Tätigkeitsmerkmale nach der Anlage 1b zum BAT eingruppierten Beschäftigten erfasst.

(4) [1] Beschäftigte, die in eine der Entgeltgruppen 1 bis 4 eingruppiert sind, erhalten zuzüglich zu dem Tabellenentgelt gemäß § 15 Abs. 1 einmalig im Kalenderjahr eine Einmalzahlung in Höhe von 12 v. H. der Stufe 2 ihrer jeweiligen Entgeltgruppe im Auszahlungsmonat. [2] Die Einmalzahlung nach Satz 1 wird mit dem Tabellenentgelt für den Monat Juli ausgezahlt. [3] § 24 Abs. 2 findet Anwendung.

Protokollerklärung zu den Absätzen 2 und 4:
Für Krankenpflegehelferinnen und Krankenpflegehelfer bzw. Gesundheits- und Krankenpflegehelferinnen und Gesundheits- und Krankenpflegehelfer gelten die Regelungen des Absatzes 2.

Niederschriftserklärung zu § 52 Abs. 4:
Von § 52 Abs. 4 werden auch diejenigen Beschäftigten erfasst, die in Entgeltgruppe 2 Ü eingruppiert sind.

§ 53 Zu § 17 Allgemeine Regelungen zu den Stufen

[1] Soweit es zur regionalen Differenzierung, zur Deckung des Personalbedarfs oder zur Bindung von qualifizierten Fachkräften erforderlich ist, kann Beschäftigten im Einzelfall, abweichend von dem sich aus der nach § 16 einschließlich des Anhangs zu § 16, § 17 Abs. 4 sowie § 51 Abs. 1 und 2 ergebenden Stufe ihrer jeweiligen Entgeltgruppe zustehenden Entgelt, ein um bis zu zwei Stufen höheres Entgelt ganz oder teilweise vorweggewährt werden. [2] Haben Beschäftigte bereits die Endstufe ihrer jeweiligen Entgeltgruppe erreicht, kann ihnen unter den Voraussetzungen des Satzes 1 ein bis zu 20 v. H. der Stufe 2 ihrer jeweiligen Entgeltgruppe höheres Entgelt gezahlt werden. [3] Im Übrigen bleibt § 17 TVöD unberührt.

§ 54 Zu § 20 Jahressonderzahlung

(1) [1] Beschäftigte erhalten die Jahressonderzahlung auch dann, wenn ihr Arbeitsverhältnis vor dem 1. Dezember endet. [2] Bei Beschäftigten, deren Arbeitsverhältnis vor dem 1. Dezember geendet hat, tritt an die Stelle des Bemessungszeitraums nach § 20 Abs. 2 der letzte volle Kalendermonat des Arbeitsverhältnisses mit der Maßgabe, dass Bemessungsgrundlage für die Jahressonderzahlung nur das Tabellenentgelt und die in Monatsbeträgen festgelegten Zulagen sind.

Niederschriftserklärung zu § 54 Abs. 1 Satz 2:
In § 54 Abs. 1 Satz 2 BT-K tritt bei Beschäftigten, die sich in einer individuellen Zwischen- bzw. Endstufe befinden, an die Stelle des Tabellenentgelts das sich aus der jeweiligen Zwischen- bzw. Entstufe ergebende Entgelt.

(2) § 20 findet auf Ärztinnen und Ärzte keine Anwendung.

Krankenhäuser § 55 TVöD-BT-K

§ 55 Zusatzurlaub

(1) ¹Beschäftigte erhalten bei einer Leistung im Kalenderjahr von mindestens
150 Nachtarbeitsstunden 1 Arbeitstag,
300 Nachtarbeitsstunden 2 Arbeitstage,
450 Nachtarbeitsstunden 3 Arbeitstage,
600 Nachtarbeitsstunden 4 Arbeitstage
Zusatzurlaub im Kalenderjahr. ²Nachtarbeitsstunden, die in Zeiträumen geleistet werden, für die Zusatzurlaub für Wechselschicht- oder Schichtarbeit zusteht, bleiben unberücksichtigt. ³§ 27 Abs. 4 findet mit der Maßgabe Anwendung, dass Erholungsurlaub und Zusatzurlaub insgesamt im Kalenderjahr 35 Tage, bei Zusatzurlaub wegen Wechselschichtarbeit 36 Tage, nicht überschreiten. ⁴§ 27 Abs. 5 findet Anwendung.

Protokollerklärung zu Absatz 1:
Der Anspruch auf Zusatzurlaub bemisst sich nach den abgeleisteten Nachtarbeitsstunden und entsteht im laufenden Jahr, sobald die Voraussetzungen nach Satz 1 erfüllt sind.

(2) Bei Anwendung des Absatzes 1 werden nur die im Rahmen der regelmäßigen Arbeitszeit (§ 6) in der Zeit zwischen 21 Uhr und 6 Uhr dienstplanmäßig bzw. betriebsüblich geleisteten Nachtarbeitsstunden berücksichtigt.

(3) Bei Teilzeitbeschäftigten ist die Zahl der nach Absatz 1 geforderten Nachtarbeitsstunden entsprechend dem Verhältnis ihrer individuell vereinbarten durchschnittlichen regelmäßigen Arbeitszeit zur regelmäßigen Arbeitszeit vergleichbarer Vollzeitbeschäftigter zu kürzen. Ist die vereinbarte Arbeitszeit im Durchschnitt des Urlaubsjahres auf weniger als fünf Arbeitstage in der Kalenderwoche verteilt, ist der Zusatzurlaub in entsprechender Anwendung des § 26 Abs. 1 Sätze 4 und 5 zu ermitteln.

Erläuterungen zu § 55 BT-K

§ 55 BT-K beschreibt den Fall der geleisteten Nachtarbeit, die nicht im Zusammenhang mit einem Schicht- bzw. Wechselschichtdienst steht. Er knüpft damit an die bislang geltende Regelung des § 48a Abs. 4 BAT/BAT-O) an, deklariert die Nachtarbeit jedoch gem. § 7 Abs. 5 AT erst als Arbeitszeit zwischen 21 Uhr abends und 6 Uhr morgens. Sind die Tatbestandsmerkmale erfüllt, erhält der Beschäftigte Zusatzurlaub entsprechend der festgelegten Arbeitstage. Nachtarbeitsstunden, die im Rahmen eines Wechselschicht- bzw. Schichtplanes geleistet werden, werden von dieser Regelung nicht umfasst. Nach Satz 4 findet § 27 Abs. 5 AT Anwendung. Durch die dortige Verweisung auf § 26 AT mit Ausnahme des Abs. 2 Buchst. b wird die Möglichkeit geschaffen, Zusatzurlaub einschließlich des Zusatzurlaubs für Nachtarbeit zu übertragen. 1

Ebenso findet eine Anpassung der Zusatzurlaubstage statt, wenn die Arbeitszeit auf weniger bzw. mehr als fünf Tage verteilt wird. Weiterhin wird durch Satz 3 der Regelung der Gesamturlaub zeitlich begrenzt. Die Vorschrift stellt eine lex specialis zu den Regelungen des Allgemeinen Teils dar und ist vorrangig gegenüber dem § 27 Abs. 4 AT anzuwenden. 2

Ergibt die Berechnung des Urlaubsanspruchs eine Summe von mindestens einem halben Tag, wird dieser auf einen ganzen Tag aufgerundet. Bruchteile von weniger als einem halben Tag Urlaub bleiben unberücksichtigt (s. § 26 AT). 3

TVöD-BT-K §§ 56–58

§ 56 Haftung

Die Haftung der Beschäftigten bei betrieblich veranlassten Tätigkeiten ist auf Vorsatz und grobe Fahrlässigkeit beschränkt.

Erläuterungen zu § 56 BT-K

Beschäftigte sind im Rahmen betrieblich veranlasster Tätigkeiten nur zur Verantwortung zu ziehen, wenn sie entweder mit Wissen und Wollen (Vorsatz) gehandelt bzw. einen Schaden dadurch herbeigeführt haben, dass sie ihre Sorgfaltspflichten in ganz besonders hohem Maße missachtet haben (grobe Fahrlässigkeit).

§ 57 Reise- und Umzugskosten

¹Die Erstattung von Reise- und ggf. Umzugskosten richtet sich nach den beim Arbeitgeber geltenden Grundsätzen. ²Für Arbeitgeber, die öffentlichem Haushaltsrecht unterliegen, finden, wenn diese nicht nach eigenen Grundsätzen verfahren, die für Beamtinnen und Beamte geltenden Bestimmungen Anwendung.

Erläuterungen zu § 57 BT-K

In den Besonderen Teilen des TVöD wird keine entsprechende Tarifregelung bezüglich der Reise- und Umzugskosten getroffen. Grundsätzlich ist auf die beim Arbeitgeber geltenden Regelungen zu verweisen. Unter den Voraussetzungen des § 675 i.V.m. §§ 670, 665 BGB sind Umzugskosten als Aufwendungsersatz vom Arbeitgeber zu erstatten. Ebensolches gilt für Reisekosten, die dem Beschäftigten entstanden sind.

§ 58 In-Kraft-Treten, Laufzeit

(1) ¹Dieser Tarifvertrag tritt am 1. August 2006 in Kraft. ²Er kann mit einer Frist von drei Monaten zum Schluss eines Kalenderhalbjahres schriftlich gekündigt werden, frühestens jedoch zum 31. Dezember 2009. ³§ 47 bleibt unberührt. ⁴Abweichend von Satz 2 gilt für die Anlagen D und E zu § 52 Abs. 1 der § 39 Abs. 4 Buchst. c entsprechend.

(2) ¹Bei abgeschlossenen Sanierungs- und Notlagentarifverträgen sowie Tarifverträgen zur Zukunftssicherung und anderweitigen Tarifverträgen zur Beschäftigungssicherung, einschließlich Tarifverträge nach dem TVsA, treten die Regelungen dieses Tarifvertrages erst mit Ablauf der zum Zeitpunkt des Abschlusses des jeweiligen Tarifvertrages geltenden Laufzeit bzw. im Falle einer Kündigung des jeweiligen Tarifvertrages mit Ablauf der Kündigungsfrist in Kraft. ²Die Tarifvertragsparteien können durch landesbezirklichen Tarifvertrag ein früheres In-Kraft-Treten der Regelungen dieses Tarifvertrages ganz oder teilweise vereinbaren.

Erläuterungen zu § 58 BT-K

§ 39 Abs. 2 AT ist für die generellen Kündigungsfristen maßgebliche Vorschrift. Sonderregelungen, wie sie in § 47 BT-K für den Bereitschaftsdienst geschaffen wurden, bleiben hiervon unberührt (vgl. Erl. zu § 47 BT-K). Die Vorschriften des BT-K sind losgelöst vom Allgemeinen Teil zu verstehen, sie bilden eine eigene tarifvertragliche Regelung und sind unabhängig voneinander bestandskräftig bzw. angreifbar.

Anlage C

zu § 46 Abs. 4 BT-K (Bereitschaftsdienstentgelt)

I. Beschäftigte, auf die die Anlagen 1 und 3 des TVÜ-VKA Anwendung finden

Entgeltgruppe	Stundenentgelt		
	Tarifgebiet West	Tarifgebiet Ost	
		ab 1. 7. 2006	ab 1. 7. 2007
15	23,70 €	22,63 €	22,99 €
14	21,80 €	20,82 €	21,15 €
13	20,80 €	19,86 €	20,18 €
12	19,75 €	18,86 €	19,16 €
11	18,00 €	17,19 €	17,46 €
10	16,60 €	15,85 €	16,10 €
9	15,65 €	14,95 €	15,18 €
8	14,90 €	14,23 €	14,45 €
7	14,30 €	13,66 €	13,87 €
6	13,65 €	13,04 €	13,24 €
5	13,10 €	12,51 €	12,71 €
4	12,50 €	11,94 €	12,13 €
3	12,00 €	11,46 €	11,64 €
2	11,20 €	10,70 €	10,86 €
1	9,10 €	8,69 €	8,83 €
2Ü	11,50 €	10,98 €	11,16 €
15Ü	27,00 €	25,79 €	26,19 €

TVöD-BT-K Anl. C Krankenhäuser

II. Ärztinnen und Ärzte

Entgeltgruppe	Stundenentgelt		
	Tarifgebiet West	Tarifgebiet Ost	
		ab 1. 7. 2006	ab 1. 7. 2007
I	22,30 €	21,30 €	21,63 €
II	27,10 €	25,88 €	26,29 €
Ärztinnen und Ärzte gem. § 51 Abs. 4 BT-K	30,00 €	28,65 €	29,10 €
Ärztinnen und Ärzte gem. § 51 Abs. 3 BT-K	32,00 €	30,56 €	31,04 €

III. Beschäftigte, auf die die Anlagen 4 und 5 des TVÜ-VKA Anwendung finden

Entgeltgruppe	Stundenentgelt		
	Tarifgebiet West	Tarifgebiet Ost	
		ab 1. 7. 2006	ab 1. 7. 2007
12 a	21,40 €	20,44 €	20,76 €
11 b	20,00 €	19,10 €	19,40 €
11 a	18,90 €	18,05 €	18,33 €
10a	17,70 €	16,90 €	17,17 €
9d	17,05	16,28	16,54 €
9 c	16,45 €	15,71 €	15,96 €
9 b	15,70 €	14,99 €	15,23 €
9 a	15,45 €	14,75 €	14,99 €
8 a	14,75 €[1]	14,09 €[1]	14,31 €[1]
7 a	14,15 €[2]	13,51 €[1]	13,73 €[1]
4 a	13,10 €	12,51 €	12,71 €
3 a	12,15 €	11,60 €	11,79 €

[1] Für Beschäftigte, die Entgelt nach der Entgeltgruppe 8 a Stufen 5 und 6 sowie einer individuellen Zwischen- oder Endstufe oberhalb der Stufe 5 der Anlagen 4 und 5 zum TVÜ-VKA erhalten, richtet sich das Bereitschaftsdienstentgelt nach der Entgeltgruppe 9 a.

[2] Für Beschäftigte, die Entgelt nach der Entgeltgruppe 7 a Stufen 4 bis 6 sowie einer individuellen Zwischen- oder Endstufe oberhalb der Stufe 4 der Anlagen 4 und 5 zum TVÜ-VKA erhalten, richtet sich das Bereitschaftsdienstentgelt nach der Entgeltgruppe 8 a.

Krankenhäuser Anl. D, E TVöD-BT-K

Anlage D

Tabelle
für Ärztinnen und Ärzte
– Tarifgebiet West –

Entgelt-gruppe	Grundentgelt	Entwicklungsstufen			
	Stufe 1	Stufe 2	Stufe 3	Stufe 4	Stufe 5
II	4300	4750	5150	5600	–
I	3400	3670	3850	4000	4100

Anlage E

Tabelle
für Ärztinnen und Ärzte
– Bemessungssatz Tarifgebiet Ost 95,5 v. H. –
(gültig ab 1. August 2006)

Entgelt-gruppe	Grundentgelt	Entwicklungsstufen			
	Stufe 1	Stufe 2	Stufe 3	Stufe 4	Stufe 5
II	4107	4536	4918	5348	–
I	3247	3505	3677	3820	3916

Anlage E

Tabelle
für Ärztinnen und Ärzte
– Bemessungssatz Tarifgebiet Ost 97 v. H. –
(gültig ab 1. Juli 2007)

Entgelt-gruppe	Grundentgelt	Entwicklungsstufen			
	Stufe 1	Stufe 2	Stufe 3	Stufe 4	Stufe 5
II	4171	4608	4996	5432	–
I	3298	3560	3735	3880	3977

Tarifvertrag für den öffentlichen Dienst (TVöD)
– Besonderer Teil Pflege- und Betreuungseinrichtungen (TVöD-BT-B)

vom 13. September 2005,
In der Fassung des ÄndTV Nr. 1 vom 1. August 2006

§ 40 Geltungsbereich

(1) **Dieser Besondere Teil gilt für Beschäftigte, die in einem Arbeitsverhältnis zu einem Arbeitgeber stehen, der Mitglied eines Mitgliedverbandes der VKA ist, wenn sie in**
a) **Heil-, Pflege- und Entbindungseinrichtungen,**
b) **medizinischen Instituten von Heil- und Pflegeeinrichtungen,**
c) **sonstigen Einrichtungen und Heimen, in denen die betreuten Personen in ärztlicher Behandlung stehen, wenn die Behandlung durch nicht in den Einrichtungen selbst beschäftigte Ärztinnen oder Ärzte stattfindet, oder in**
d) **Einrichtungen und Heimen, die der Förderung der Gesundheit, der Erziehung, der Fürsorge oder Betreuung von Kindern und Jugendlichen, der Fürsorge und Betreuung von obdachlosen, alten, gebrechlichen, erwerbsbeschränkten oder sonstigen hilfsbedürftigen Personen dienen, auch wenn diese Einrichtungen nicht der ärztlichen Behandlung der betreuten Personen dienen,**
beschäftigt sind, soweit die Einrichtungen nicht vom Geltungsbereich des Besonderen Teils Krankenhäuser (BT-K) erfasst werden.

Niederschriftserklärung zur Protokollerklärung zu § 40 Abs. 1:
[1] Vom Geltungsbereich des BT-B nicht erfasst werden insbesondere Lehrkräfte an Heim- und Internatsschulen. [2] Für diese gelten die Sonderregelungen des § 51 BT-V. [3] Lehrkräfte an Krankenpflegeschulen und ähnlichen der Ausbildung dienenden Einrichtungen fallen unter den BT-B, soweit diese nicht unter den BT-K fallen.

Niederschriftserklärung zu Abs. 1:
Unter Buchstabe c fallen auch Kurzeinrichtungen und Kurheime.

(2) **Soweit in den folgenden Bestimmungen auf die §§ 1 bis 39 verwiesen wird, handelt es sich um die Regelungen des TVöD – Allgemeiner Teil –.**

Erläuterungen zu § 40 BT-B

1 Voraussetzung für die Anwendbarkeit des BT-B ist zunächst nach § 1 Abs. 1 AT die Mitgliedschaft des Arbeitgebers in einem Mitgliedsverband der Vereinigung der kommunalen Arbeitgeberverbände (VKA) und die damit einhergehende Tarifbindung § 3 Abs. 1 TVG. Grundsätzlich wird die Tarifgebundenheit beider Tarifparteien – AG und AN – vorausgesetzt.

2 Die Regelungen der §§ 40 bis 55 BT-B bilden die für die in § 40 Abs. 1 Buchst. a–d geltenden Berufssparten spezielleren Vorschriften. Die Vorschrift knüpft an die bisher geltenden Rechtsgrundlagen der SR 2a, 2b und 2c zum BAT/BAT-O an. Beschäftigte, auf die bisher die Regelungen des BAT/BAT-O anzuwenden waren, sind nunmehr vollständig in den Geltungsbereich des

neu geschaffenen TVöD einbezogen. Eine Differenzierung zwischen Arbeitern und Angestellten findet nicht statt.

Aufgrund der Verweisung in § 46 Nr. 18 BT-V findet der TVöD auch auf Beschäftigte in Bundeswehrkrankenhäusern Anwendung. Auch nach der Änderung des BT-K (a. F.) verweist § 46 Nr. 18 BT-V auf den BT-K i. d. F. bis 31. 7. 2006. 3

Eine Sonderregelung geht insofern nur aus der Protokollerklärung zu § 40 Abs. 1 BT-B hervor – dort wird klargestellt, dass auf Lehrkräfte § 51 BT-V Anwendung findet. Lehrkräfte im Sinne dieser Protokollerklärung sind Personen, deren Tätigkeit durch die Vermittlung von Kenntnissen und Fähigkeiten im Rahmen eines Schulbetriebes geprägt ist. Lehrkräfte an Schulen und Einrichtungen der Verwaltung, die der Aus- und Fortbildung Angehöriger des öffentlichen Dienstes dienen, werden vom Bereich des § 51 BT-V nicht mitumfasst. 4

Vom Geltungsbereich des BT-K mitumfasst sind auch Mitglieder des Marburger Bundes. Obwohl dieser den TVöD nicht mitunterzeichnet hat, ist in diesen Fällen der ständigen Rechtsprechung des BAG (23. 5. 2005 – 4 AZR 203/04, NZA 2005, 1003) zu folgen und in Fällen der Tarifkonkurrenz vom Prinzip der Tarifeinheit auszugehen, d. h. dass im Betrieb die Tarifanwendung einheitlich zu erfolgen hat. 5

Vom Geltungsbereich ausgeschlossen sind sowohl Beschäftigte in kommunalen Rettungsleitstellen als auch in kommunalen Gesundheitsämtern. Hierbei handelt es sich um typische dem Verwaltungsbereich zuzuordnende Arbeitsbereiche; diese sind im BT-V gesondert geregelt. 6

§ 41 Besondere Regelung zum Geltungsbereich TVöD

§ 1 Abs. 2 Buchstabe b findet auf
a) **Ärztinnen und Ärzte als ständige Vertreterin/Vertreter der/des leitenden Ärztin/Arztes,**
b) **Ärztinnen und Ärzte, die einen selbstständigen Funktionsbereich innerhalb einer Fachabteilung oder innerhalb eines Fachbereichs mit mindestens zehn Mitarbeiter/-innen leiten oder**
c) **Ärztinnen und Ärzte, denen mindestens fünf Ärzte unterstellt sind, sowie**
d) **ständige Vertreterinnen und Vertreter von leitenden Zahnärztinnen und Zahnärzten mit fünf unterstellten Zahnärztinnen und Zahnärzten keine Anwendung. Eine abweichende einzelvertragliche Regelung ist zulässig.**

Erläuterungen zu § 41 BT-B

Die Regelung des § 41 BT-B erweitert den Geltungsbereich des TVöD nach § 1 für Ärztinnen und Ärzte mit bestimmten und in § 41 Buchst. a–d BT-B näher spezifizierten Funktionen. 1

Nach der Vorschrift des § 1 Abs. 2 Buchst. b des Tarifvertrages ist dieser nicht anwendbar für Beschäftigte, deren regelmäßiges Entgelt über dem Tabellenentgelt der Entgeltgruppe 15 liegt. § 41 tritt dem mit einer gesonderten Regelung für Ärztinnen und Ärzte in den Buchst. a–d aufgeführten Funktionen entgegen und verhindert hiermit, dass der betroffene Personenkreis, der ggf. eine Funktionszulage nach § 51 Abs. 2–4 BT-B erhält und damit über das Tabellenentgelt der Entgeltstufe 15 hinaus verdient, nicht mehr vom Geltungsbereich des TVöD umfasst wäre. 2

Durch die geschaffene Regelung des § 41 BT-B wird klargestellt, dass auch dieser Personenkreis im Geltungsbereich des Tarifvertrages bleibt und die Arbeits- 3

TVöD-BT-B § 42 Pflege- und Betreuungseinrichtungen

und Bezahlungsbedingungen dort vollständig geregelt werden. Nach S. 2 kann jedoch eine hiervon abweichende einzelvertragliche Regelung geschlossen werden; diese Bedarf der Zustimmung des betroffenen Arztes.

§ 42 Allgemeine Pflichten der Ärztinnen und Ärzte

(1) ¹Zu den den Ärztinnen und Ärzten obliegenden Pflichten gehört es auch, ärztliche Bescheinigungen auszustellen. ²Die Ärztinnen und Ärzte können vom Arbeitgeber auch verpflichtet werden, im Rahmen einer zugelassenen Nebentätigkeit von leitenden Ärztinnen und Ärzten oder für Belegärztinnen und Belegärzte innerhalb der Einrichtung ärztlich tätig zu werden.

(2) ¹Zu den aus der Haupttätigkeit obliegenden Pflichten oder Ärztinnen und Ärzte gehört es ferner, am Rettungsdienst in Notarztwagen und Hubschraubern teilzunehmen. ²Für jeden Einsatz in diesem Rettungsdienst erhalten Ärztinnen und Ärzte einen nicht zusatzversorgungspflichtigen Einsatzzuschlag in Höhe von 15,41 Euro. ³Dieser Betrag verändert sich zu demselben Zeitpunkt und in dem gleichen Ausmaß wie das Tabellenentgelt der Entgeltgruppe 14 Stufe 3 (Ärztinnen/Ärzte).

Protokollerklärung zu Abs. 2:
1. Eine Ärztin/ein Arzt, die/der nach der Approbation noch nicht mindestens ein Jahr klinisch tätig war, ist grundsätzlich nicht zum Einsatz im Rettungsdienst heranzuziehen.
2. Eine Ärztin/ein Arzt, der/den aus persönlichen oder fachlichen Gründen (z. B. Vorliegen einer anerkannten Minderung der Erwerbsfähigkeit, die dem Einsatz im Rettungsdienst entgegensteht, Fluguntauglichkeit, langjährige Tätigkeit als Bakteriologin) die Teilnahme am Rettungsdienst nicht zumutbar ist, darf grundsätzlich nicht zum Einsatz im Rettungsdienst herangezogen werden.
3. In Fällen, in denen kein grob fahrlässiges und kein vorsätzliches Handeln der Ärztin/ des Arztes vorliegt, ist die Ärztin/der Arzt von etwaigen Haftungsansprüchen freizustellen.
4. Der Einsatzzuschlag steht nicht zu, wenn die Ärztin/der Arzt wegen der Teilnahme am Rettungsdienst ausser den tariflichen Bezügen sonstige Leistungen vom Arbeitgeber oder von einem Dritten (z. B. private Unfallversicherung, für die der Arbeitgeber oder ein Träger des Rettungsdienstes die Beiträge ganz oder teilweise trägt; Liquidationsansprüche)zustehen. Die Ärztin/Der Arzt kann auf die sonstigen Leistungen verzichten.

(3) **Die Erstellung von Gutachten, gutachtlichen Äußerungen und wissenschaftlichen Ausarbeitungen, die nicht von einem Dritten angefordert und vergütet werden, gehört zu den den Ärztinnen und Ärzten obliegenden Pflichten aus der Haupttätigkeit.**

Erläuterungen zu § 42 BT-B

1 § 42 BT-B knüpft an die bisher geltenden Regelungen der Nr. 3 SR 2c BAT/BAT-O an und benennt verschiedene, nicht abschließend fixierte Haupttätigkeiten der Ärzte. So gehört es u. a. in den Aufgabenbereich eines Arztes ärztliche Bescheinigungen auszustellen. Hierunter sind Schriftstücke zu verstehen, in denen Sachverhalte bestätigt werden, die dem ärztlichen Kenntnis- und Tätigkeitsbereich zuzuordnen sind (Krankenscheine, Arbeitsunfähigkeitszeugnisse, vgl. BAG ZTR 1990, 69)

2 Darüber hinaus können Ärzte im Rahmen des durch den Arbeitgeber auszuübenden Direktionsrechts nach § 611 BGB zu einer zulässigen Nebentätigkeit für leitende Ärzte und Belegärzte verpflichtet werden.

Nach § 42 Abs. 2 BT-B können Ärzte zum Rettungsdienst sowohl im Notarztwagen als auch im Rettungshubschrauber herangezogen werden. Das BAG (BAG AP BAT § 2 Nr. 1) definiert als Rettungsdienst lediglich die Einsätze im Notfall.

Eine Einschränkung erfährt Abs. 2 durch Nr. 1 der Protokollerklärung, die den Einsatz eines Arztes, der nach der Approbation noch nicht ein Jahr klinisch tätig war, untersagt. Ausnahmen von diesem Grundsatz werden in besonderen Fällen z. B. größeren Unfällen zugelassen, sofern nicht ausreichend erfahrene Ärzte für diese Einsätze herangezogen werden können. Eine weitere Einschränkung enthält Nr. 2 der Protokollerklärung – von einer Heranziehung zum Rettungsdienst ist abzusehen, wenn sie für den betroffenen Arzt aufgrund der Bewertung der jeweiligen persönlichen Voraussetzungen unzumutbar erscheint.

Abs. 2 bildet die Rechtsgrundlage für den zusätzlich zum regelmäßigen Tarifentgelt zu beanspruchenden und nicht zusatzversorgungspflichtigen Einsatzzuschlag. Erhält der Arzt jedoch vom Arbeitgeber oder von einem Dritten sonstige Leistungen über die tariflichen hinaus, schränkt Nr. 4 der Protokollerklärung den Anspruch auf Einsatzzuschlag ein. Dem Arzt bleibt jedoch die Möglichkeit, auf diese sonstigen Leistungen – z. B. aus Unfallversicherungen – zu verzichten. Der Einsatzzuschlag orientiert sich gem. Abs. 2 S. 2 an der Entgeltentwicklung der Entgeltgruppe 14 Stufe 3.

Zu den Hauptpflichten der Ärzte gehören auch die Erstellungen von Gutachten, gutachtlichen Äußerungen sowie wissenschaftliche Ausarbeitungen. Diese sind gekennzeichnet durch die Ausarbeitung medizinischer Fragen, die über die herkömmliche ärztliche Diagnose hinausgehen und durch den wissenschaftlichen Charakter geprägt sind. Abs. 3 stellt klar, dass im Rahmen des Arbeitsvertrages keine gesonderten Vergütungsansprüche hierdurch entstehen, sofern die Ausarbeitungen nicht von einem Dritten angefordert wurden.

§ 43 Nebentätigkeit von Ärztinnen und Ärzten

Ärztinnen und Ärzte können vom Arbeitgeber verpflichtet werden, als Nebentätigkeit Unterricht zu erteilen.

Erläuterungen zu § 43 BT-B

Durch die Neuregelung des § 43 BT-B bzgl. der Möglichkeit des Arbeitgebers Ärzte zu Nebentätigkeiten zu verpflichten, sind die bislang geltenden Regelungen des Nr. 5 2c BAT/BAT-O erheblich eingeschränkt worden.

Die Vorschrift greift den Fall der Unterrichtserteilung auf und schließt damit für den Arbeitgeber die Möglichkeit aus, ohne Absprache mit dem jeweiligen Arzt Nebentätigkeiten aufzuzwingen. Es bedarf nunmehr der arbeitsvertraglichen Fixierung.

Für die zum 1. 10. 05 übergeleiteten Ärztinnen und Ärzte enthält § 22 Abs. 3 TVÜ-VKA insoweit eine Übergangsregelung, als für sie die Vorschriften der Nr. 5 SR 2c BAT/BAT-O solange weiter gelten bis bezüglich der Nebentätigkeiten eine neue arbeitsvertragliche Basis geschaffen wurde.

Die Art der Unterrichtserteilung orientiert sich an den jeweiligen beruflichen Fachkenntnissen der Ärzte und ist auf Krankenpflegeschulen beschränkt. Um durch die Verpflichtung zur Unterrichtserteilung den Grundgedanken des Art. 12 GG nicht zu unterlaufen und den Arzt in ihrem Grundrecht auf freie Wahl des Arbeitsplatzes nicht zu beschneiden, muss es sich hierbei um Einrichtungen in der Trägerschaft des verpflichtenden Arbeitgebers handeln.

§ 44 Zu § 5 Qualifizierung – Ärztinnen/Ärzte

(1) Für Beschäftigte, die sich in Facharzt-, Schwerpunktweiterbildung oder Zusatzausbildung nach dem „Gesetz über befristete Arbeitsverträge mit Ärzten in der Weiterbildung" befinden, ist ein Weiterbildungsplan aufzustellen, der unter Berücksichtigung des Standes der Weiterbildung die zu vermittelnden Ziele und Inhalte der Weiterbildungsabschnitte sachlich und zeitlich gegliedert festlegt.

(2) Die Weiterbildung ist vom Betrieb im Rahmen seines Versorgungsauftrags bei wirtschaftlicher Betriebsführung so zu organisieren, dass die/der Beschäftigte die festgelegten Weiterbildungsziele in der nach der jeweiligen Weiterbildungsordnung vorgesehenen Zeit erreichen kann.

(3) [1]Können Weiterbildungsziele aus Gründen, die der Arbeitgeber zu vertreten hat, in der vereinbarten Dauer des Arbeitsverhältnisses nicht erreicht werden, so ist die Dauer des Arbeitsvertrages entsprechend zu verlängern. [2]Die Regelungen des „Gesetzes über befristete Arbeitsverträge mit Ärzten in der Weiterbildung" bleiben hiervon unberührt und sind für den Fall lang andauernder Arbeitsunfähigkeit sinngemäß anzuwenden. [3]Absatz 2 bleibt unberührt.

Erläuterungen zu § 44 BT-B

1   § 44 BT-B regelt den Fall der befristeten Beschäftigung von Ärztinnen und Ärzten aufgrund deren Weiterbildung sowie Facharztausbildung und ergänzt damit den auch im Besonderen Teil geltenden § 5 AT. In Anlehnung an das Gesetz über befristete Arbeitsverträge mit Ärzten in der Weiterbildung ist ein Weiterbildungsplan zu erstellen, aus dem nachzuvollziehen ist, dass der Arzt die in der Weiterbildungsordnung vorgegebenen Ziele in der entsprechenden Zeit erreichen kann (Abs. 2). Entsprechende Inhalte sind durch die Landesärztekammern vorgegeben.

2   Hieraus ergibt sich auch, dass ein sachlicher Befristungsgrund nur dann zu bejahen ist, wenn die Beschäftigung des Arztes der zeitlich und inhaltlich strukturierten Weiterbildung dient bzw. eine Fördermaßnahme dahingehend darstellt. § 44 BT-B orientiert sich insofern an den Grundsätzen des Teilzeitbefristungsgesetzes (§ 14 Abs. 1 TzBfG) sowie an § 1 des Gesetzes über befristete Arbeitsverträge mit Ärzten in der Weiterbildung. Im Wesentlichen knüpft die Vorschrift an die bisherige Rechtslage an, erweitert jedoch die Ansprüche für den sich in Weiterbildung befindenden Arzt dahingehend, dass diesem nun nach Abs. 1 auch Rechte an die Hand gegeben werden, unmittelbar vom Arbeitgeber die Aufstellung eines Weiterbildungsplanes zu verlangen und nicht nur, wie bislang geltend (BAG 22. 2. 1990, 8 AZR 584/88, NZA 1990, 845), vom ermächtigten Weiterbilder. Die bislang geltende Haltung des Bundesarbeitsgerichts, der Weiterbilder sei kein Erfüllungsgehilfe des Arbeitgebers, weshalb der Arbeitgeber auch nicht selbst zur Weiterbildung befugt sei, wird von dieser Abänderung der Rechtslage nicht berührt; die Durchführung der Weiterbildung bleibt auch forthin Aufgabe der Landesärztekammern und nicht des Krankenhausträgers als Arbeitgeber.

3   § 44 Abs. 3 BT-B regelt den Sonderfall, dass der sich in Weiterbildung befindende Arzt den vorgegebenen Weiterbildungsplan aus Gründen, die er selbst nicht zu vertreten hat, nicht eingehalten wird und der Verantwortlichkeit des Arbeitgebers zuzuordnen ist. Dies kann dann der Fall sein, wenn seitens des Weiterbilders Maßnahmen für die Weiterbildung blockiert werden und Weiterbildungsveranstal-

tungen tatsächlich nicht stattfinden und der Arbeitgeber seiner Pflicht, den Weiterbilder zur Einhaltung der Weiterbildungsordnung anzuhalten, nicht nachkommt. Der Beschäftigte hat dann nach § 44 Abs. 3 S. 3 BT-B einen Anspruch auf Verlängerung des Arbeitsvertrages entsprechend der für die Erfüllung der Weiterbildungsziele erforderlichen Dauer.

Der Anspruch auf Verlängerung des Arbeitsvertrages bei Vorliegen der sachlichen Voraussetzungen steht den übrigen Regelungen des Gesetzes über befristete Arbeitsverträge mit Ärzten in der Weiterbildung nicht entgegen. Die Befristungsverlängerung muss sich nach dem dortigen § 1 Abs. 3 S. 1 in den Grenzen dieser Vorschrift bewegen und darf die Dauer von 8 Jahren nicht überschreiten. 4

Die Möglichkeit der analogen Anwendung nach § 44 Abs. 3 S. 2 Hs. 2 auf Fälle langer Arbeitsunfähigkeit führt dazu, dass nach § 1 Abs. 4 des Gesetzes über befristete Arbeitsverträge mit Ärzten in der Weiterbildung die Ausfallzeiten des betroffenen Arztes nicht auf die Dauer des befristeten Arbeitsvertrages angerechnet werden. Entsprechend der dortigen Ziffern 1, 2 und 5 beschränkt sich die Nichtanrechnung der Ausfallzeiten auf zwei Jahre. § 44 Abs. 3 S. 3 erklärt Abs. 2 für unberührt. Dies bedeutet, dass eine Interessensabwägung zwischen dem sich in Weiterbildung befindenden Arztes und der Betriebsführung des Arbeitgebers stattfindet. Die Befristungsverlängerung muss wirtschaftlich möglich sein und darf die Aufrechterhaltung des Betriebes nicht gefährden. 5

Vorbemerkung zu §§ 45, 46 BT-B

Die Vorschriften der §§ 45, 46 BT-K regeln die näheren Rahmenbedingungen für Bereitschaftsdienst bzw. Rufbereitschaft leistende Ärzte. Die allseits beklagte Lage an einer Vielzahl der deutschen Krankenhäuser – übermüdete Ärzte, mangelhafte Patientenbetreuung – bilden die Basis für die Neuregelungen der §§ 45, 46 BT-K zu den Bereitschaftsdienst - und Rufbereitschaftsvorschriften. Spätestens seit der sog. „SIMAP"-Entscheidung des Europäischen Gerichtshofes (3. 10. 2000, C-303/98, NZA 2000, 1227) gilt die Ableistung von Bereitschaftsdienst in arbeitsschutzrechtlicher Hinsicht als Arbeitszeit.

§ 45 Bereitschaftsdienst und Rufbereitschaft

(1) ¹**Bereitschaftsdienst leisten die Beschäftigten, die sich auf Anordnung des Arbeitgebers außerhalb der regelmäßigen Arbeitszeit an einer vom Arbeitgeber bestimmten Stelle aufhalten, um im Bedarfsfall die Arbeit aufzunehmen.** ²**Der Arbeitgeber darf Bereitschaftsdienst nur anordnen, wenn zu erwarten ist, dass zwar Arbeit anfällt, erfahrungsgemäß aber die Zeit ohne Arbeitsleistung überwiegt.**

(2) **Abweichend von den §§ 3, 5 und 6 Abs. 2 ArbZG kann im Rahmen des § 7 ArbZG die tägliche Arbeitszeit im Sinne des Arbeitszeitgesetzes über acht Stunden hinaus verlängert werden, wenn mindestens die acht Stunden überschreitende Zeit im Rahmen von Bereitschaftsdienst geleistet wird, und zwar wie folgt:**
a) **bei Bereitschaftsdiensten der Stufen A und B bis zu insgesamt maximal 16 Stunden täglich; die gesetzlich vorgeschriebene Pause verlängert diesen Zeitraum nicht,**
b) **bei Bereitschaftsdiensten der Stufen C und D bis zu insgesamt maximal 13 Stunden täglich; die gesetzlich vorgeschriebene Pause verlängert diesen Zeitraum nicht.**

(3) ¹Im Rahmen des § 7 ArbZG kann unter den Voraussetzungen
a) einer Prüfung alternativer Arbeitszeitmodelle,
b) einer Belastungsanalyse gemäß § 5 ArbSchG und
c) ggf. daraus resultierender Maßnahmen zur Gewährleistung des Gesundheitsschutzes
aufgrund einer Betriebs-/Dienstvereinbarung von den Regelungen des Arbeitszeitgesetzes abgewichen werden. ²Für einen Betrieb/eine Verwaltung, in dem/der ein Personalvertretungsgesetz Anwendung findet, kann eine Regelung nach Satz 1 in einem landesbezirklichen Tarifvertrag getroffen werden, wenn eine Dienstvereinbarung nicht einvernehmlich zustande kommt (§ 38 Abs. 3) und der Arbeitgeber ein Letztentscheidungsrecht hat. ³Abweichend von den §§ 3, 5 und 6 Abs. 2 ArbZG kann die tägliche Arbeitszeit im Sinne des Arbeitszeitgesetzes über acht Stunden hinaus verlängert werden, wenn in die Arbeitszeit regelmäßig und in erheblichem Umfang Bereitschaftsdienst fällt. ⁴Hierbei darf die tägliche Arbeitszeit ausschließlich der Pausen maximal 24 Stunden betragen.

(4) Unter den Voraussetzungen des Absatzes 3 Satz 1 und 2 kann die tägliche Arbeitszeit gemäß § 7 Abs. 2a ArbZG ohne Ausgleich verlängert werden, wobei
a) bei Bereitschaftsdiensten der Stufen A und B eine wöchentliche Arbeitszeit von bis zu maximal durchschnittlich 58 Stunden,
b) bei Bereitschaftsdiensten der Stufen C und D eine wöchentliche Arbeitszeit von bis zu maximal durchschnittlich 54 Stunden
zulässig ist.

(5) Für den Ausgleichszeitraum nach den Absätzen 2 bis 4 gilt § 6 Abs. 2 Satz 1.

(6) Bei Aufnahme von Verhandlungen über eine Betriebs-/Dienstvereinbarung nach den Absätzen 3 und 4 sind die Tarifvertragsparteien auf landesbezirklicher Ebene zu informieren.

(7) ¹In den Fällen, in denen Beschäftigte Teilzeitarbeit gemäß § 11 vereinbart haben, verringern sich die Höchstgrenzen der wöchentlichen Arbeitszeit nach den Absätzen 2 bis 4 in demselben Verhältnis wie die Arbeitszeit dieser Beschäftigten zu der regelmäßigen Arbeitszeit der Vollbeschäftigten. ²Mit Zustimmung der/des Beschäftigten oder aufgrund von dringenden dienstlichen oder betrieblichen Belangen kann hiervon abgewichen werden.

(8) ¹Der Arbeitgeber darf Rufbereitschaft nur anordnen, wenn erfahrungsgemäß lediglich in Ausnahmefällen Arbeit anfällt. ²Durch tatsächliche Arbeitsleistung innerhalb der Rufbereitschaft kann die tägliche Höchstarbeitszeit von zehn Stunden (§ 3 ArbZG) überschritten werden (§ 7 ArbZG).

(9) § 6 Abs. 4 bleibt im Übrigen unberührt.

(10) ¹Für Beschäftigte gemäß § 40 Abs. 1 Buchst. d gelten die Absätze 1 bis 9 mit der Maßgabe, dass die Grenzen für die Stufen A und B einzuhalten sind. ²Dazu gehören auch die Beschäftigten in Einrichtungen, in denen die betreuten Personen nicht regelmäßig ärztlich behandelt und beaufsichtigt werden (Erholungsheime).

(11) Für die Ärztinnen und die Ärzte in Einrichtungen nach Absatz 10 gelten die Absätze 1 bis 9 ohne Einschränkungen.

Erläuterung zu § 45 BT-B

1. **Bereitschaftsdienst.** Bereitschaftsdienst i. S. d. § 7 Abs. 3 AT ist gegeben, „wenn sich der Beschäftigte außerhalb der regelmäßigen Arbeitszeit an einer vom Arbeitgeber bestimmten Stelle aufzuhalten hat, um im Bedarfsfall die Arbeit aufzunehmen." Die Regelung knüpft damit an die bisherige Definition des § 15 Abs. 6 Buchst. a S. 1 BAT an.

§ 45 Abs. 1 S. 2 BT-B schränkt nun die Vorgängerregelung durch ein, nach der der Arbeitgeber Bereitschaftsdienst nur anordnen darf, wenn zu erwarten ist, dass zwar Arbeit anfällt, die Zeit ohne Arbeit jedoch überwiegt. Die arbeitsfreie Zeit überwiegt nach dieser Regelung dann, wenn die Arbeitsleistung während der Bereitschaftszeit unter 50% liegt.

§ 45 Abs. 2 BT-B eröffnet im Geltungsbereich des BT-B für den Bereitschafts- und Rufbereitschaftsdienst die Möglichkeit, im Rahmen des § 7 ArbZG abweichend von den §§ 3, 5 und 6 Abs. 2 ArbZG die tägliche Arbeitszeit zu verlängern. Nach den Vorschriften des ArbZG ist eine tägliche Arbeitszeit von grundsätzlich maximal 8 Stunden zulässig. § 5 Abs. 1 ArbZG legt die Ruhezeit auf mindestens 11 zusammenhängende Stunden fest. § 45 Abs. 2 BT-B ermöglicht die Überschreitung dieser Grenzen bei Vorliegen der in den Buchst. a–b benannten Voraussetzungen auf unmittelbarer Grundlage des Tarifvertrags (Grundmodell).

Die in Buchst. a benannten Bereitschaftsdienstzeiten von max. 16 Stunden beschreiben die tägliche Anwesenheitszeit – sie ist aufteilbar in max. 8 Stunden Vollarbeitszeit und 8 Stunden Bereitschaftszeit. Die gesetzlich vorgeschriebenen Ruhepausen nach § 4 ArbZG liegen bei 30 Minuten, verlängern aber die Gesamtbereitschaftszeit nicht. Überschreitet die Arbeitszeit einschließlich des Bereitschaftsdienstes einen Zeitraum von 9 Stunden, verlängert sich die Pausenzeit auf 45 Minuten.

Bereitschaftsdienste nach Buchst. b gibt eine max. Anwesenheitszeit von 13 Stunden wieder; aufzuteilen ist diese Zeit wieder wie im Bereitschaftsdienst der Stufen A und B.

Im Rahmen der §§ 3 Abs. 1 und 6 Abs. 2 ArbZG lässt § 45 Abs. 2 BT-B die Überschreitung der Höchststundenzahl von 10 Stunden täglich zu; hierbei ist lediglich die maximale wöchentliche Arbeitszeit von 48 Stunden – bezogen auf das Jahresmittel nach § 45 Abs. 5 BT-B – zu beachten.

Zusätzliche Erweiterungsmöglichkeiten für die Anordnung von Bereitschaftsdienst gibt § 45 Abs. 3 BT-B. Je Arbeitsperiode ist hier eine Verlängerung der Anwesenheitszeit (= Vollarbeitszeit plus Bereitschaftsdienst) von 24 Stunden möglich. Die max. Wochenarbeitszeit wird auf 60 Stunden verlängert.

Voraussetzung für die Anwendung des Abs. 3 ist eine entsprechende Betriebsvereinbarung mit dem Personal- bzw. Betriebsrat (Öffnungsmodell). Es findet eine Abweichung von den Regelungen des Arbeitszeitgesetzes (ArbZG) statt.

Auch ist erforderlich, dass in die betreffende Arbeitszeit regelmäßig und in erheblichem Umfang Bereitschaftsdienst fällt. Hiermit soll ausgeschlossen werden, dass in die maximal zulässige Arbeitsperiode von 24 Stunden in überwiegendem Maße Vollzeitarbeit angeordnet wird. Entgegen der Regelung in Abs. 2 gilt in Anwesenheitszeit ohne die gesetzlich einzuhaltenden Ruhepausen; die Anwesenheitsperiode ist entsprechend der zu gewährenden Pausenzeiten zu verlängern. Weiterhin kann der entsprechende Bereitschaftsdienst erst angeordnet werden, wenn alternative Arbeitszeitmodelle (Buchst. a) überprüft wurden. Ebenso sind die Beschäftigten einer Belastungsanalyse nach § 5 ArbSchG zu unterziehen (Buchst. b). Im Rahmen seiner Fürsorgepflicht aus dem Arbeitsverhältnis gem. § 3 Abs. 1

ArbSchG hat der Arbeitgeber durch eine Beurteilung der für die Beschäftigten mit ihrer Arbeit verbundenen Gefährdung zu ermitteln und entsprechende Maßnahmen des Arbeitsschutzes einzuleiten.

10 Sofern die Voraussetzung des § 45 Abs. 3 Buchst. a und b vorliegen, kann die tägliche Arbeitszeit nach Abs. 4 („opt out") nunmehr ohne Ausgleich verlängert werden. Beschränkt wird die Ausdehnung der Arbeitszeit lediglich durch die Buchst. a, in dem in den Bereitschaftsdiensten der Stufen A und B die wöchentliche Arbeitszeit von max. 58 Stunden zugelassen wird, und durch Buchst. b der für die Bereitschaftsdienste der Stufen C und D eine wöchentliche Arbeitszeit von max. 54 Stunden zulässt. Entsprechend des § 6 Abs. 2 AT ist für den Beurteilungszeitraum das Jahresmittel heranzuziehen. Auch für die Anwendung des § 45 Abs. 4 BT-B müssen die Voraussetzungen des § 7 ArbZG vorliegen, d. h. es muss während der Arbeitszeit in erheblichem Umfang Bereitschaftszeit anfallen, um die Gesundheit der Beschäftigten nicht zu gefährden. Ebenfalls ist eine Verlängerung der Arbeitszeit nur möglich, wenn der Arbeitnehmer schriftlich in diese Vereinbarung einwilligt. Seitens des Arbeitnehmers ist die Einwilligung innerhalb von sechs Monaten nach Abgabe der Erklärung ohne Einhaltung von Monats- oder Quartalsfristen widerrufbar.

11 § 45 Abs. 5 BT-B beruft sich für die Berechnung des Ausgleichszeitraumes auf § 6 Abs. 2 AT, verlangt aber nicht die Berechnung innerhalb eines Kalenderjahres. Notwendig ist diese Berechnung für die Einhaltung der wöchentlichen Arbeitszeit und deren Zulässigkeit.

12 Nach § 45 Abs. 6 BT-B müssen die Vertragsparteien nach Aufnahme von Betriebs- oder Dienstvereinbarungen die landesbezirkliche Ebene der Tarifparteien informieren. Allerdings umfasst die Informationspflicht lediglich die Aufnahme der Verhandlungen, nicht jedoch deren Ergebnis.

13 Durch § 45 Abs. 7 BT-B soll verhindert werden, dass Teilzeitbeschäftigte, die wegen der Betreuung anderer Personen (minderjährige Kinder, Pflege von Angehörigen) ihre Arbeitszeit verkürzt haben, über die vertraglich vereinbarte Arbeitszeit hinaus zu Bereitschaftsdienste herangezogen werden können. Hiervon kann nach Abs. 7 Satz 2 abgewichen werden, wenn der Beschäftigte dem Bereitschaftsdienst zustimmt bzw. widerspruchslos die entsprechende Dienstplaneinteilung hinnimmt. Weiterhin kann nach Abs. 7 Abs. 2, 2. Alt. von einer Regelung nach S. 1 abgewichen werden, wenn entsprechende betriebliche Belange dagegen stehen und anderweitig eine entsprechende Patientenversorgung nicht gewährleistet werden kann.

14 **2. Rufbereitschaft.** Nach der Vorschrift des § 45 Abs. 8 BT-B kann der Arbeitgeber Rufbereitschaft anordnen. Rufbereitschaft i. S. d. § 7 Abs. 4 AT wird geleistet, wenn der Beschäftigte sich außerhalb der regelmäßigen Arbeitszeit an einer dem Arbeitgeber mitzuteilenden Stelle aufhält, um auf Abruf die Arbeit aufzunehmen. Im Gegensatz zum Bereitschaftsdienst obliegt dem rufbereiten Beschäftigte keine Aufenthaltsbeschränkung. Rufbereitschaft gilt als Ruhezeit. Der Arbeitnehmer hat seinen Aufenthaltsort lediglich dem Arbeitgeber anzuzeigen. Voraussetzung ist jedoch, dass der Arbeitnehmer in der Lage ist, im Bedarfsfall seinen Dienst aufzunehmen.

15 Auch hier ist Rufbereitschaft entsprechend den Regelungen Abs. 1–7 nur anzuordnen, wenn erfahrungsgemäß nur in Ausnahmefällen Arbeit anfällt. Es ist ebenfalls zulässig nach Abs. 8 S. 2 die tägliche Höchstarbeitszeit durch Anordnung der Rufbereitschaft zu erhöhen (§§ 3, 7 ArbZG), wenn entsprechend des § 8 AT die Inanspruchnahme während der Rufbereitschaft die Ausnahme bleibt. Wird durch Anordnung des Rufdienstes die tägliche Arbeitszeit auf über 12 Stunden verlän-

gert, ist wiederum § 7 ArbZG mit Hinblick auf die Rechtsprechung des EuGH (9. 9. 2003 – C-151/02, NZA 2003, 1019) zu berücksichtigen; hieraus folgt, dass sich unmittelbar an die Beendigung der Arbeitszeit eine mindestens 11-stündige Ruhepause anschließen muss.

Grundsätzlich bleibt nach § 45 Abs. 9 BT-B die Vorschrift des § 6 Abs. 4 AT unberührt, das bedeutet, dass bei Vorliegen der entsprechenden Voraussetzungen zusätzlich zu den Regelungen des § 45 BT-B von den Vorschriften des Arbeitszeitgesetzes abgewichen werden kann, wenn dringende betriebliche Belange dies erfordern. **16**

§ 45 Abs. 10 BT-B erklärt die Regelungen der Abs. 1–9 für Beschäftigte nach § 40 Abs. 1 Buchst. d für anwendbar. Damit gilt diese Vorschrift auch für Arbeitnehmer, die in Einrichtungen und Heimen nach Maßgabe des § 40 Abs. 1 Buchst. b beschäftigt sind. **17**

Nach § 45 Abs. 11 gelten die Vorschriften der Abs. 1–9 für Ärzte uneingeschränkt. **18**

§ 46 Bereitschaftsdienstentgelt

(1) Zum Zwecke der Entgeltberechnung wird die Zeit des Bereitschaftsdienstes einschließlich der geleisteten Arbeit wie folgt als Arbeitszeit gewertet:

a) Nach dem Maß der während des Bereitschaftsdienstes erfahrungsgemäß durchschnittlich anfallenden Arbeitsleistungen wird die Zeit des Bereitschaftsdienstes wie folgt als Arbeitszeit gewertet:

Stufe	Arbeitsleistung innerhalb des Bereitschaftsdienstes	Bewertung als Arbeitszeit
A	0 bis 10 v. H.	15 v. H.
B	mehr als 10 bis 25 v. H.	25 v. H.
C	mehr als 25 bis 40 v. H.	40 v. H.
D	mehr als 40 bis 49 v. H.	55 v. H.

Ein hiernach der Stufe A zugeordneter Bereitschaftsdienst wird der Stufe B zugeteilt, wenn der Beschäftigte während des Bereitschaftsdienstes in der Zeit von 22–6 Uhr erfahrungsgemäß durchschnittlich mehr als dreimal dienstlich in Anspruch genommen wird.

b) Entsprechend der Zahl der vom Beschäftigten je Kalendermonat abgeleisteten Bereitschaftsdienste wird die Zeit eines jeden Bereitschaftsdienstes zusätzlich wie folgt als Arbeitszeit gewertet:

Zahl der Bereitschaftsdienste im Kalendermonat	Bewertung als Arbeitszeit
1. bis 8. Bereitschaftsdienst	25 v. H.
9. bis 12 Bereitschaftsdienst	35 v. H.
13. und folgende Bereitschaftsdienste	45 v. H.

(2) Die Zuweisung zu den einzelnen Stufen des Bereitschaftsdienstes erfolgt durch die Betriebsparteien

(3) [1]Für die Beschäftigten gemäß § 45 Abs. 10 wird zum Zwecke der Entgeltberechnung die Zeit des Bereitschaftsdienstes einschließlich der geleisteten Arbeit mit 25 v. H. als Arbeitszeit bewertet. [2]Leistet die/der Beschäftigte in einem Kalendermonat mehr als acht Bereitschaftsdienste, wird die Zeit eines jeden über acht Bereitschaftsdienste hinausgehenden zusätzlich mit 15 v. H. als Arbeitszeit gewertet.

TVöD-BT-B § 46   Pflege- und Betreuungseinrichtungen

(4) ¹Das Entgelt für die nach den Absätzen 1 und 3 zum Zwecke der Entgeltberechnung als Arbeitszeit gewertete Bereitschaftsdienstzeit bestimmt sich für übergeleitete Beschäftigte auf der Basis ihrer Eingruppierung am 30. September 2005, für nach dem 30. September 2005 eingestellte Beschäftigte und in den Fällen der Übertragung einer höher oder niedriger bewerteten Tätigkeit nach der Vergütungs- bzw. Lohngruppe, die sich zum Zeitpunkt der Einstellung bzw. der Höher- oder Herabgruppierung bei Fortgeltung des bisherige Tarifrechts ergeben hätte, nach der Anlage C. ²Für die Zeit des Bereitschaftsdienstes einschließlich der geleisteten Arbeit und für die Zeit der Rufbereitschaft werden Zeitzuschläge nach § 8 nicht gezahlt.

(5) Das Bereitschaftsdienstentgelt kann im Falle der Faktorisierung nach § 10 Abs. 3 im Verhältnis 1:1 in Freizeit abgegolten werden.

Erläuterungen zu § 46 BT-B

1   In dieser Vorschrift wird abschließend die Frage des Entgelts für die geleisteten Bereitschaftsdienste geklärt. Im Wesentlichen entsprechen die Regelungen denen der bisherigen Festlegungen in Nr. 6 Abs. 2 SR 2a und Nr. 8 Abs. 2 SR 2c zum BAT/BAT-O.

2   In der Regelung ist zu differenzieren zwischen der arbeitsschutzrechtlichen sowie der tarifrechtlichen Deklarierung des Bereitschaftsdienstes. Der EuGH (3. 10. 2000, c 303/98 „SIMAP", NZA 2000, 1337) hat klargestellt, dass es sich in arbeitsschutzrechtlicher Hinsicht beim Bereitschaftsdienst um Arbeitszeit handelt. Tarifrechtlich wird dies anderweitig, nunmehr in § 46 BT-B festgelegte, geregelt.

3   Entsprechend des Abs. 2 wird durch die Betriebsparteien für die Entgeltberechnung eine Stufenzuweisung vorgenommen. Diese Vereinbarung zwischen den Parteien kann formlos erfolgen und bedarf nicht der Aufnahme in eine entsprechende Betriebs- oder Dienstvereinbarung. Grundlage hierfür sollte die Ermittlung der tatsächlichen Arbeitsbelastung über einen bestimmten Zeitraum hinweg sein (Belastungsstufen). Aus der unter den Beschäftigten ermittelten Arbeitszeit während des Bereitschaftsdienstes muss die Gesamtdauer des Bereitschaftsdienstes sowie der tatsächlich angefallenen Arbeitsleistung hervorgehen. Für die Berechnung ist die einheitliche Betrachtungsweise maßgeblich, d. h. es findet keine getrennte Entgeltberechnung von Vollarbeitszeiten und Bereitschaftszeiten statt. Diese Regelung weicht von § 8 Abs. 3 AT (zur Abgeltung der Rufbereitschaft) ab, wonach für die Ableitung von Rufbereitschaft eine Tagespauschale je Entgeltgruppe gezahlt wird.

4   Die Überprüfung der Stufeneinordnung sollte regelmäßig erfolgen, auf jeden Fall jedoch, wenn sich entsprechende betriebliche Veränderungen ergeben.

5   Zusätzlich findet nach Abs. 1 Buchst. b eine Entgelterhöhung in Relation zur Anzahl der geleisteten Bereitschaftsdienste statt.

6   Für Beschäftigte nach § 45 Abs. 10 i. V. m. § 40 Abs. 1 Buchst. d BT-B wird der Bereitschaftsdienst einheitlich mit 25% als Arbeitszeit gewertet und vergütet. Fallen mehr als acht Bereitschaftsdienste pro Kalendermonat an, werden zusätzliche 15% als Arbeitszeit gewertet.

7   Da eine Einigung zwischen den Tarifparteien bezüglich der Festlegung der Bezahlung bislang nicht erzielt werden konnte, gilt bis auf weiteres folgende Regelung:
– für übergeleitete Beschäftigte findet die Entgeltberechnung auf der Basis ihrer Eingruppierung am 30. 9. 2005 statt
– für Eingruppierungen nach dem 30. 9. 2005 ist jene Vergütungsgruppe maßgeblich, die sich zum Zeitpunkt der Einstellung aufgrund bisherigen Tarifrechts ergeben hätte (§ 17 TVÜ-VKA).

– Bei Übertragungen einer nieder- oder höherbewerteten Tätigkeit nach dem 30. 9. 2005 ist wie bei einer Neueinstellung zu verfahren, d. h. die zum Zeitpunkt der Höher- oder Herabgruppierung maßgebende Eingruppierung nach altem Recht bleibt für die Bezahlung des Bereitschaftsdienstes im Rahmen der Anlage C maßgeblich. Zeitzuschläge nach § 8 TVöD werden während der Bereitschaft- bzw. Rufbereitschaftszeit nicht bezahlt.

Wiederum besteht nach § 46 Abs. 5 BT-B die Möglichkeit geleistete Bereitschaftsdienste auf einem Arbeitszeitkonto gem. § 10 Abs. 3 AT zu buchen und in Freizeit abzugelten. Voraussetzung hierfür ist eine entsprechende Betriebs- oder Dienstvereinbarung nach § 10 Abs. 1 AT. 8

§ 47 Sonderkündigungsrecht der Bereitschaftsdienst- und Rufbereitschaftsregelung

¹Die §§ 45 und 46 können mit einer Frist von drei Monaten gekündigt werden, wenn infolge einer Änderung des Arbeitszeitgesetzes sich materiellrechtliche Auswirkungen ergeben oder weitere Regelungsmöglichkeiten für die Tarifvertragsparteien eröffnet werden. ²Rein formelle Änderungen berechtigen nicht zu einer Ausübung des Sonderkündigungsrechts.

Erläuterungen zu § 47 BT-B

Die Vorschrift des § 47 BT-B bezieht sich lediglich auf die Regelungen des Bereitschaftsdienstes § 45 BT-B und des Bereitschaftsdienstentgelts § 46 BT-B und regelt jene Fälle, in denen sich im Arbeitszeitgesetz materiell-rechtliche Änderungen ergeben, die sich wiederum auf Bereitschaftsdienste in Krankenhäusern sowie Pflegedienste auswirken können. 1

Angelehnt an die Bestrebungen der Europäischen Union wird den Tarifvertragsparteien somit die Möglichkeit gegeben, auch kurzfristig und unabhängig von den allgemeinen Vorschriften des TVöD nach BT-K tarifvertragliche Regelungen anzupassen (s. „SIMAP-Entscheidung" EuGH, 3. 10. 00, C-303/98 NZA 2000, 1227). 2

Für alle übrigen Kündigungsgründe gilt nach S. 2 § 39 AT. 3

§ 48 Wechselschichtarbeit

(1) **Abweichend von § 6 Abs. 1 Satz 2 werden die gesetzlichen Pausen bei Wechselschichtarbeit nicht in die Arbeitszeit eingerechnet.**

(2) **Abweichend von § 7 Abs. 1 Satz 1 ist Wechselschichtarbeit die Arbeit nach einem Schichtplan/Dienstplan, der einen regelmäßigen Wechsel der täglichen Arbeitszeit in Wechselschichten vorsieht, bei denen die/der Beschäftigte längstens nach Ablauf eines Monats erneut zu mindestens zwei Nachtschichten herangezogen wird.**

Niederschriftserklärung zu § 48 Abs. 2:
Der Anspruch auf die Wechselschichtzulage ist auch erfüllt, wenn unter Einhaltung der Monatsfrist zwei Nachtdienste geleistet wurden, die nicht zwingend unmittelbar aufeinander folgen müssen.

Erläuterungen zu § 48 BT-B

Der Begriff der Wechselschichtarbeit ist in Abs. 2 legaldefiniert und entspricht im Wesentlichen den Regelungen des BAT/BAT-O bzw. BMT-G und BMT-G-O. 1

Wechselschichten sind wechselnde Arbeitsschichten, in denen ununterbrochen bei Tag und Nacht, werk-, sonn- und feiertags gearbeitet wird (vgl. § 7 Abs. 5 der durchgeschriebenen Fassung des TVöD für den Dienstleistungsbereich 2

TVöD-BT-B § 49 Pflege- und Betreuungseinrichtungen

(Krankenhäuser, Pflege- und Betreuungseinrichtungen im Bereich der Vereinigung der kommunalen Arbeitgeberverbände – TVöD-B). Vom Grundsatz des § 7 Abs. 1 S. 1 AT abweichend ist der Begriff jedoch dahingehend zu erweitern, dass der Beschäftigte nach Ablauf eines Monats zu mindestens zwei weiteren Nachtschichten herangezogen werden kann.

3 Unter **Nachtschichten** sind Arbeitsschichten zu verstehen, die mindestens zwei Stunden Nachtarbeit, also in der Zeit von 21 Uhr abends bis 6 Uhr morgens, umfassen. Diese Nachtschichten müssen zusammenhängend geleistet werden. Aus dem Zweck der Vorschrift ergibt sich insoweit unmittelbar, dass es nicht ausreicht, wenn im Laufe eines Monats zwei, zeitlich voneinander unabhängige Nachtschichten geleistet werden. Diese Definition ist maßgeblich für die Bedeutung der Wechselschichtzulage gem. § 8 Abs. 3 AT sowie für den Anspruch auf Zusatzurlaub für Wechselschichtarbeit entsprechend der Regelung des § 27 Abs. 1 AT.

4 Für den Geltungsbereich des BT-B ist zu berücksichtigen, dass im Gegensatz zu den Regelungen des Allgemeinen Teils die gesetzlichen Pausen auch im Bereich der Wechselschichtarbeit außerhalb der Arbeitszeit stattfinden, sie also gem. § 4 ArbZG weder als Arbeitszeit gewertet noch vergütet werden.

§ 49 Arbeit an Sonn- und Feiertagen

Abweichend von § 6 Abs. 3 Satz 3 und in Ergänzung zu Absatz 5 gilt für Sonn- und Feiertage folgendes:

(1) [1]**Die Arbeitszeit an einem gesetzlichen Feiertag, der auf einen Werktag fällt, wird durch eine entsprechende Freistellung an einem anderen Werktag bis zum Ende des dritten Kalendermonats – möglichst aber schon bis zum Ende des nächsten Kalendermonats – ausgeglichen, wenn es die betrieblichen Verhältnisse zulassen.** [2]**Kann ein Freizeitausgleich nicht gewährt werden, erhält die/der Beschäftigte je Stunde 100 v. H. des auf eine Stunde entfallenden Anteils des monatlichen Entgelts der jeweiligen Entgeltgruppe und Stufe nach Maßgabe der Entgelttabelle.** [3]**Ist ein Arbeitszeitkonto eingerichtet, ist eine Buchung gem. § 10 Abs. 3 zulässig.** [4]**§ 8 Abs. 1 Satz 2 Buchst. d bleibt unberührt.**

(2) [1]**Für Beschäftigte, die regelmäßig nach einem Dienstplan eingesetzt werden, der Wechselschicht- oder Schichtdienst an sieben Tagen in der Woche vorsieht, vermindert sich die regelmäßige Wochenarbeitszeit um ein Fünftel der arbeitsvertraglich vereinbarten durchschnittlichen Wochenarbeitszeit, wenn sie an einem gesetzlichen Feiertag, der auf eine Werktag fällt und wenn sie**
a) Arbeitsleistung zu erbringen haben oder
b) nicht wegen des Feiertags, sondern dienstplanmäßig nicht zur Arbeit eingeteilt sind und deswegen an anderen Tagen der Woche ihre regelmäßige Arbeitszeit erbringen müssen.
[2]**Absatz 1 gilt in diesen Fällen nicht.** [3]**§ 8 Abs. 1 Satz 2 Buchst. d bleibt unberührt.**

(3) [1]**Beschäftigte, die regelmäßig an Sonn- und Feiertagen arbeiten müssen, erhalten innerhalb von zwei Wochen zwei arbeitsfreie Tage.** [2]**Hiervon soll ein freier Tag auf einen Sonntag fallen.**

Erläuterungen zu § 49 BT-B

1 Die Vorschrift erläutert die Verfahrensweise, die anzuwenden ist, wenn ein Feiertag auf einen Werktag – die Tage zwischen Montag und Samstag (Baeck/Deutsch

Pflege- und Betreuungseinrichtungen   **§ 49 TVöD-BT-B**

§ 3 ArbZG Rn. 14) – fällt, wobei Abs. 1 sich jener Beschäftigten annimmt, die keine Schicht- bzw. Wechselschicht nach einem Dienstplan leisten; Abs. 2 regelt ergänzend das Verfahren für Arbeitnehmer im Wechselschicht- bzw. Schichtdienst.

§ 49 Abs. 1. Sofern es die betrieblichen Belange zulassen, muss den Beschäftigten außerhalb des Wechselschicht- und Schichtdienstes, die an einem Sonn- oder Feiertag arbeiten müssen, ein Freizeitausgleich innerhalb der folgenden drei Kalendermonate angeboten werden, andernfalls findet nach Maßgabe des Abs. 1 S. 2 ein entsprechender monetärer Ausgleich statt. Feiertage sind die gem. Art. 70 GG durch Landesgesetze bestimmten Tage (Baeck/Deutsch § 9 ArbZG Rn. 8) sowie der durch den Einigungsvertrag festgelegte 3. Oktober. 2

Nach Möglichkeit soll die Freistellung bis zum Ende des nächsten Kalendermonats erfolgen. Der zeitliche Umfang muss der am Feiertag geleisteten Arbeitszeit entsprechen. Grundsätzlich geht der Tarifvertrag für den öffentlichen Dienst von einem Vorrang des Freizeitausgleiches gegenüber der Bezahlung der am Feiertag geleisteten Arbeit aus, dem Beschäftigten steht kein Wahlrecht diesbezüglich zu. Stehen jedoch betriebliche Belange entgegen, hat der Arbeitnehmer Anspruch auf 100% des auf eine Stunde entfallenden Anteils des monatlichen Entgelts entsprechend seiner jeweiligen Eingruppierungsstufe nach Maßgabe der Entgelttabelle. Diese Regelung weicht insoweit von § 8 Abs. 1 AT ab, wonach das Tabellengehalt der Stufe 3 der jeweiligen Entgeltgruppe als Bemessungsgrundlage dient. Gleichzeitig wird mit dieser Regelung der Öffnungsklausel des § 12 S. 1 Nr. 2 ArbZG Rechnung getragen, durch die die Möglichkeit geschaffen wurde, durch tarifvertragliche Vereinbarungen von der zwingenden Pflicht des Ersatzruhetages gem. § 11 Abs. 3 ArbZG abzuweichen. 3

Hiervon unberührt bleibt die Vorschrift des § 8 Abs. 1 S. 2 Buchst. d AT, d. h. bei Vorliegen der Tatbestandsmerkmale des § 49 Abs. 1 BT-B kann unabhängig zum Anspruch auf Freizeitausgleich bzw. Bezahlung ein Zeitzuschlag in Höhe von 35% geltend gemacht werden kann. Dieser Zuschlag ist unabhängig von der Gewährung des Freizeitausgleichs nach den Regelungen des § 24 Abs. 1 AT am Zahltag des zweiten Kalendermonats nach Erbringung der entsprechenden Arbeitsleistung fällig. 4

Entfällt die Arbeit aus anderen Gründen, beispielsweise aufgrund Teilzeitbeschäftigung des Beschäftigten, bleibt der Feiertag für das entsprechende Arbeitsverhältnis bedeutungslos, sofern der Arbeitstag an einem anderen als dem Feiertag liegt. 5

Als dritte Alternative bietet § 49 Abs. 1 BT-B die Buchung des Freizeitausgleichs auf ein Arbeitszeitkonto i. S. d. § 10 Abs. 3 AT, sofern hierüber eine entsprechende Betriebs- bzw. Dienstvereinbarung getroffen wurde. Ist ein Freizeitausgleich wiederum nicht möglich und existiert kein entsprechendes Arbeitszeitkonto, wird gem. § 49 Abs. 1 S. 2 BT-B die Bezahlung im vierten Kalendermonat nach Erbringung der Arbeitsleistung fällig. 6

§ 49 Abs. 2. Die Regelung erfasst den Fall des nach einem Dienstplan festgelegten Wechselschicht- bzw. Schichtdienstes. Voraussetzung ist zunächst, dass der Beschäftigte nicht nur kurzzeitig nach einem sich auf die ganze Kalenderwoche erstreckenden Dienstplan arbeitet und der Feiertag auf einen Wochentag (Baeck/Deutsch § 3 ArbZG Rn. 14) fällt. In diesem Fall vermindert sich die vertraglich fixierte Wochenarbeitszeit um ein Fünftel und bildet damit eine bezahlte Arbeitszeitkürzung. Der Anspruch auf Zeitzuschlag i. H. v. 35% nach § 8 Abs. 1 S. 2 AT bleibt dem Beschäftigten ebenso erhalten wie die Buchung auf ein bestehendes Arbeitszeitkonto – sofern die Voraussetzungen des § 10 Abs. 3 AT gegeben 7

sind – wird entsprechend des Abs. 1 ebenfalls gewährt. Einen Anspruch aus § 49 Abs. 1 BT-B (Rn. 1 ff.) auf Freizeitausgleich bzw. Bezahlung kann der Beschäftigte nicht ableiten.
Folgende Fallgestaltungen innerhalb des § 49 Abs. 2 sind denkbar:
1. Arbeitnehmer, die aufgrund des Feiertags von der Arbeitsleistung freigestellt werden: Entgeltfortzahlungsanspruch nach § 2 EFZG; die an sich an diesem Tag zu leisten gewesene Arbeit wird als solche gebucht und vergütet.
2. Arbeitnehmer, die nicht aufgrund der Dienstplangestaltung sondern aus anderen Gründen am Feiertag nicht gearbeitet haben: s. unter § 49 Abs. 1 BT-B.
3. Arbeitnehmer, die nach Dienstplaneinteilung an wechselnden Wochentagen eingesetzt sind und am auf den Werktag fallenden Feiertag dienstplanmäßig frei haben, andernfalls aufgrund ihrer Einteilung im Dienstplan den Feiertag nacharbeiten müssten, erhalten ebenfalls eine Zeitgutschrift in Höhe von einem Fünftel der wöchentlichen Arbeitszeit pro auf den Werktag entfallenden Feiertag (Protokollerklärung zu § 6 Abs. 3 S. 3 AT).

8 **§ 49 Abs. 3.** Abs. 3 übernimmt aus der bislang geltenden Regelung des BAT/BAT-O (Nr. 5 Abs. 1 SR 2a, Nr. 4 SR 2b und Nr. 7 SR 2c) unverändert. Sofern betriebliche Belange die Arbeit an Sonn- und Feiertagen erfordern, ist die Konstellation durch die Regelungen des § 10 Abs. 1 AT gedeckt.

§ 50 [nicht besetzt]

Erläuterungen zu § 50 BT-B

§ 50 BT-B wurde durch den ÄndTV Nr. 1 vom 1. 8. 2006 gestrichen.

Niederschriftserklärung zu den §§ 6 bis 10 i. V. m. §§ 45 bis 50:
[1]*Die Dokumentation der Arbeitszeit, der Mehrarbeit, der Überstunden, der Bereitschaftsdienste etc. ist nicht mit dem Arbeitszeitkonto gem. § 10 TVöD gleichzusetzen.* [2]*Arbeitszeitkonten können nur auf der Grundlage des § 10 TVöD durch Betriebs- bzw. einvernehmliche Dienstvereinbarungen eingerichtet und geführt werden.*

§ 51 Eingruppierung der Ärztinnen und Ärzte

(1) [1]**Ärztinnen und Ärzte sind mit folgender Stufenzuordnung wie folgt eingruppiert:**
a) Entgeltgruppe 14 Stufe 1:
   Ärztinnen und Ärzte ohne Berufserfahrung mit entsprechender Tätigkeit
b) Entgeltgruppe 14 Stufe 2:
   Ärztinnen und Ärzte mit entsprechender Berufserfahrung nach einjähriger Berufserfahrung
c) Entgeltgruppe 14 Stufe 3:[1]
   Fachärztinnen und Fachärzte mit entsprechender Tätigkeit
d) Entgeltgruppe 14 Stufe 4:[2]
   Fachärztinnen und Fachärzte nach fünfjähriger entsprechender Tätigkeit

---
[1] Tabellenwert entspricht Entgeltgruppe 14 Stufe 4.
[2] Tabellenwert entspricht Entgeltgruppe 14 Stufe 5.

e) Entgeltgruppe 15 Stufe 5:
Fachärztinnen und Fachärzte nach neunjähriger entsprechender Tätigkeit
f) Entgeltgruppe 15 Stufe 6:[1]
Fachärztinnen und Fachärzte nach dreizehnjähriger entsprechender Tätigkeit.
²§§ 16 und 17 bleiben unberührt.

(2) Ärztinnen und Ärzte, die als ständige Vertreter der/des leitenden Ärztin/Arztes durch ausdrückliche Anordnung bestellt sind, erhalten für die Dauer der Bestellung eine Funktionszulage von monatlich 350 €.

(3) Ärztinnen und Ärzte, die aufgrund ausdrücklicher Anordnung innerhalb einer Fachabteilung oder eines Fachbereichs einen selbständigen Funktionsbereich mit mindestens zehn Beschäftigten leiten, erhalten für die Dauer der Anordnung eine Funktionszulage von monatlich 250 €.

(4) Ärztinnen und Ärzte, denen aufgrund ausdrücklicher Anordnung mindestens fünf Ärzte unterstellt sind, erhalten für die Dauer der Anordnung eine Funktionszulage von monatlich 250 €.

(5) ¹Die Funktionszulagen nach den Absätzen 2 bis 4 sind dynamisch und entfallen mit dem Wegfall der Funktion. ²Sind die Voraussetzungen für mehr als eine Funktionszulage erfüllt, besteht nur Anspruch auf eine Funktionszulage. ³Bei unterschiedlicher Höhe der Funktionszulagen wird die höhere gezahlt.

Niederschriftserklärung zu § 51 Absatz 5:
Für die in Absatz 5 genannten Beschäftigten gelten die Regelungen des Allgemeinen Teils sowie die entsprechenden Regelungen des TV-Ü-VKA.

(6) **Die Absätze 1 bis 5 finden auf Zahnärztinnen/Zahnärzte, Apothekerinnen/Apotheker und Tierärztinnen/Tierärzte keine Anwendung.**

Protokollerklärung zu § 51:
1. *Ständige Vertreterinnen/Vertreter im Sinne des Tätigkeitsmerkmals ist nur die/der Ärztin/Arzt, der die/den leitende/n Ärztin/Arzt in der Gesamtheit seiner Dienstaufgaben vertritt. Das Tätigkeitsmerkmal kann daher innerhalb einer Abteilung (Klinik) nur von einer/einem Ärztin/Arzt erfüllt werden.*
2. *Ist der Anspruch auf Zahlung der Funktionszulage nach den Absätzen 2 bis 5 von der Zahl der unterstellten Ärztinnen/Ärzte abhängig, gilt folgendes:*
   a) *Für den Anspruch auf Zahlung der Funktionszulage nach den Absätzen 2 bis 5 ist es unschädlich, wenn im Organisations- und Stellenplan zur Besetzung ausgewiesene Stellen nicht besetzt sind.*
   b) *Bei der Zahl der unterstellten Ärztinnen/Ärzte zählen nur diejenigen unterstellten Ärzte mit, die in einem Arbeits- oder Beamtenverhältnis zu demselben Arbeitgeber (Dienstherrn) stehen und im Krankenhaus von einem sonstigen öffentlichen Arbeitgeber (Dienstherrn) zur Krankenversorgung eingesetzt werden.*
   c) *Teilbeschäftigte zählen entsprechend dem Verhältnis der mit ihnen im Arbeitsvertrag vereinbarten Arbeitszeit zur regelmäßigen Arbeitszeit eines Vollbeschäftigten.*
3. *Funktionsbereiche sind wissenschaftlich anerkannte Spezialgebiete innerhalb eines ärztlichen Fachgebietes, z. B. Nephrologie, Handchirurgie, Neuroradiologie, Elektroencephalographie, Herzkatheterisierung.*

---

[1] Die Stufe 6 der Entgeltgruppe 15 weist einen besonderen Tabellenwert gemäß Anlage A und B TVöD-VKA aus.

S. Baßler

TVöD-BT-B § 51 Pflege- und Betreuungseinrichtungen

Erläuterungen zu § 51 BT-B

1 Eines der Kernstücke des neuen Tarifvertragsrechts für den öffentlichen Dienst wurde mit der Ausformulierung des § 51 BT-B geschaffen. Mit ihm wurde eine Entgeltordnung geschaffen, der den entsprechenden Ausbildungs- und Erfahrungsstufen der Ärztinnen und Ärzte Rechnung tragen soll. In den Überleitungsregelungen TVÜ war zunächst eine Eingruppierung zwischen der Entgeltgruppe 13 und der Entgeltgruppe 14 – Ausgleich der Differenz in Form einer Zulage – vorgesehen.

2 Der Marburger Bund hingegen forderte eine grundsätzliche Eingruppierung in Entgeltgruppe 14. Letztendlich ist auf dieser Basis eine abschließende Eingruppierungsregelung geschaffen worden, die sowohl für übergeleitete als auch für neueingestellte Beschäftigte greift (§ 17 Abs. 2 TVÜ-VKA) und für die in den Geltungsbereich des BT-B fallenden Ärztinnen und Ärzte die Anlage 1 des BAT vollständig ablöst.

3 Der persönliche Geltungsbereich des § 51 BT-B erstreckt sich auf Ärzte, also jene Berufsgruppe, die nach der BundesärzteO eine Approbation besitzen. Hierunter fallen nicht Tierärzte, Apotheker und Zahnärzte. Auf diese Gruppen sind die Regelungen des TVöD-AT einschlägig anzuwenden.

4 Grundsätzlich ist § 51 BT-B auf alle Einrichtungen, die in den Geltungsbereich nach § 40 BT-B fallen, anzuwenden. Die Vorschrift wird ergänzt durch § 46 Nr. 18 TVöD-BT-V (Bund), der den Geltungsbereich auch auf Bundeswehrkrankenhäuser erweitert, sowie § 4 Abs. 1 S. 2 TVÜ-VKA, durch den klargestellt wird, dass § 51 BT-B in allen Bereichen der VKA, die nicht dem Geltungsbereich des BT-B zuzuordnen sind.

5 Seit dem 1. 10. 2005 gilt nunmehr die Regelung der Einstiegseingruppierung in Entgeltgruppe 14 TVöD für Ärzte. Die jeweilige Einstufung innerhalb einer Entgeltgruppe richtet sich nach der fachlichen Weiterentwicklung (Facharztanerkennung) sowie der Dauer der entsprechend ausgeübten Tätigkeit. Es erfolgt in Abs. 1 der Vorschrift eine Staffelung zwischen der Eingruppierung in Entgeltgruppe 14 Stufe 1 für Ärzte ohne Berufserfahrung mit entsprechender Tätigkeit als niedrigste Eingruppierungssparte bis hin zur Entgeltgruppe 15 Stufe 6 für Fachärzte nach dreizehnjähriger entsprechender Tätigkeit. Gem. s Anlage A und B (VKA) TVöD weist diese höchste Entgeltgruppe einen besonderen Tabellenwert aus. Damit wurde dem besonderen Verlauf der ärztlichen Tätigkeit (einerseits Assistenzarzt in der Weiterbildung, andererseits Facharzt mit entsprechender Kompetenz) Rechnung getragen. §§ 16, 17 AT bleiben unberührt, d. h. weiterhin werden einschlägige Berufserfahrung, die Möglichkeit der leistungsabhängigen Verweildauern in den Einkommensstufen sowie Unterbrechungszeiten auch für Ärzte herangezogen.

6 Grundlegende und in § 51 Abs. 2 bis 5 BT-B niedergelegte und dort näher beschriebene Änderung gegenüber der bislang in diesem Bereich geltenden Rechtslage ist die Einführung sog. Funktionszulagen. Hervorzuhebende Arbeitsleistungen, die bislang als eingruppierungsrelevant galten, werden nunmehr durch die Bezahlung einer in den Absätzen 2 bis 5 benannten Funktionszulage honoriert. Entscheidender Unterschied ist somit, dass keine, die arbeitsvertragliche Situation beeinflussende Änderung herbeigeführt wird, der jeweilige Arbeitsvertrag also in seiner Substanz unberührt bleibt. Der Anspruch auf Funktionszulage ist durch seine Dynamik geprägt und besteht lediglich für die Zeit, während derer die/der Ärztin/Arzt die entsprechende Funktion innehat (BAG 22. 6. 2005 – 10 AZR 570/04, NZA-RR 2006, 56).

7 Welche Voraussetzungen eine Funktionszulage begründen, erläutern die Protokollerklärungen zum § 51 BT-B im Einzelnen. Es ist unerheblich, ob mehrere Tatbestandsmerkmale der Abs. 2–4 erfüllt werden, kumulierbar sind die Funktionszulagen nicht.

§ 52 Erholungsurlaub

¹Die Beschäftigten an Heimschulen und Internaten haben den Urlaub in der Regel während der Schulferien zu nehmen. ²Die Sonderregelung für Lehrkräfte bleibt unberührt.

Erläuterungen zu § 52 BT-B

Die grundlegenden Bestimmungen zur zeitlichen Lage des Erholungsurlaubs finden sich im Bundesurlaubsgesetz. Obwohl nach Maßgabe des § 7 BurlG die Wünsche der Beschäftigten in Relation zu den betrieblichen Belangen zu berücksichtigen sind, konkretisiert § 52 BT-K die Regelung dahingehend, dass ein Urlaubsanspruch außerhalb der Schulferien grundsätzlich nicht besteht. In Ausnahmefällen kann Erholungsurlaub aus persönlichen Gründen gewährt werden. Hierdurch ersparen sich die jeweiligen Einrichtungen die jährlich neu zu beratende Festlegung von Betriebsferien während der Schulferien. 1

Durch Satz 2 der Vorschrift werden Lehrkräfte vom Geltungsbereich des § 52 BT-K ausgenommen. Lehrkräfte i. S. d. § 52 sind Lehrkräfte an allgemein- und berufsbildenden Schulen, nicht jedoch Lehrkräfte an Schulen und Einrichtungen der Verwaltung, die der Aus- oder Fortbildung von Angehörigen des öffentlichen Dienstes dienen sowie an Krankenpflegeschulen und ähnlichen der Ausbildung dienenden Einrichtungen. Auf Lehrkräfte i. S. d. § 52 ist § 40 Abs. 1 BT-K i. V. m. § 51 BT-V anzuwenden (Protokollerklärung zu § 51 Nr. 1 BT-V). 2

§ 53 Zusatzurlaub

¹Beschäftigte erhalten bei einer Leistung im Kalenderjahr von mindestens

150 Nachtarbeitsstunden	1 Arbeitstag
300 Nachtarbeitsstunden	2 Arbeitstage
450 Nachtarbeitsstunden	3 Arbeitstage
600 Nachtarbeitsstunden	4 Arbeitstage

Zusatzurlaub im Kalenderjahr. ²Nachtarbeitsstunden, die in Zeiträumen geleistet werden, für die Zusatzurlaub für Wechselschicht oder Schichtarbeit zusteht, bleiben unberücksichtigt. ³§ 27 Abs. 4 findet mit der Maßgabe Anwendung, dass Erholungsurlaub und Zusatzurlaub insgesamt im Kalenderjahr 35 Tage, bei Zusatzurlaub wegen Wechselschichtarbeit 36 Tage, nicht überschreiten. ⁴§ 27 Abs. 5 findet Anwendung.

Protokollerklärung zu § 53 Absatz 1:
Der Anspruch auf Zusatzurlaub bemisst sich nach den abgeleisteten Nachtarbeitsstunden und entsteht im laufenden Jahr, sobald die Voraussetzungen nach Satz 1 erfüllt sind.

(2) Bei Anwendung des Absatzes 1 werden nur die im Rahmen der regelmäßigen Arbeitszeit (§ 6) in der Zeit zwischen 21 Uhr und 6 Uhr dienstplanmäßig bzw. betriebsüblich geleisteten Nachtarbeitsstunden berücksichtigt.

(3) ¹Bei Teilzeitbeschäftigten ist die Zahl der nach Absatz 1 geforderten Nachtarbeitsstunden entsprechend dem Verhältnis ihrer individuell vereinbarten durchschnittlichen regelmäßigen Arbeitszeit zur regelmäßigen Arbeitszeit vergleichbarer Vollzeitbeschäftigter zu kürzen. ²Ist die vereinbarte Arbeitszeit im Durchschnitt des Urlaubsjahres auf weniger als fünf Arbeitstage in der Kalenderwoche verteilt, ist der Zusatzurlaub in entsprechender Anwendung des § 26 Abs. 1 Sätze 4 und 5 zu ermitteln.

Erläuterungen zu § 53 BT-B

1   Die Vorschrift stellt eine lex specialis zu den Regelungen des Allgemeinen Teils dar und ist vorrangig gegenüber dem § 27 Abs. 4 AT anzuwenden.
    § 53 BTB beschreibt den Fall der geleisteten Nachtarbeit, die nicht im Zusammenhang mit einem Schicht- bzw. Wechselschichtdienst steht. Er knüpft damit an die bislang geltende Regelung des § 48a Abs. 4 BAT/BAT-O an, deklariert die Nachtarbeit jedoch gem. § 7 Abs. 5 AT erst als Arbeitszeit zwischen 21 Uhr abends und 6 Uhr morgens.
2   Sind die Tatbestandsmerkmale erfüllt, erhält der Beschäftigte Zusatzurlaub entsprechend der festgelegten Arbeitstage. Nachtarbeitsstunden, die im Rahmen eines Wechselschicht- bzw. Schichtplanes geleistet werden, werden von dieser Regelung nicht umfasst.
3   Nach Satz 4 findet § 27 Abs. 5 AT Anwendung. Durch die dortige Verweisung auf § 26 AT mit Ausnahme des Abs. 2 Buchst. b wird die Möglichkeit geschaffen, Zusatzurlaub einschließlich des Zusatzurlaubs für Nachtarbeit zu übertragen. Ebenso findet eine Anpassung der Zusatzurlaubstage statt, wenn die Arbeitszeit auf weniger bzw. mehr als fünf Tage verteilt wird.
4   Satz 3 begrenzt den Gesamturlaub zeitlich.

§ 54 Reise- und Umzugskosten

¹**Die Erstattung von Reise- und ggf. Umzugskosten richtet sich nach den beim Arbeitgeber geltenden Grundsätzen.** ¹**Für Arbeitgeber, die öffentlichem Haushaltsrecht unterliegen, finden, wenn diese nicht nach eigenen Grundsätzen verfahren, die für Beamtinnen und Beamte geltenden Bestimmungen Anwendung.**

Erläuterungen zu § 54 BT-B

1   In Allgemeinen Teil und den anderen Besonderen Teilen des TVöD wird keine entsprechende Tarifregelung bezüglich der Reise- und Umzugskosten getroffen. Grundsätzlich ist auf die beim Arbeitgeber geltenden Regelungen zu verweisen. Unter den Voraussetzungen des § 675 i. V. m §§ 670, 665 BGB sind Umzugskosten als Aufwendungsersatz vom Arbeitgeber zu erstatten. Ebensolches gilt für Reisekosten, die dem Beschäftigten entstanden sind.

§ 55 In-Kraft-Treten, Laufzeit

¹**Dieser Tarifvertrag tritt am 1. Oktober 2005 in Kraft.** ²**Die Bestimmungen dieses Tarifvertrags sind mit der Kündigung der entsprechenden Vorschriften des besonderen Teils Krankenhäuser (BT-K) zum gleichen Zeitpunkt gekündigt.**

Erläuterungen zu § 55 BT-B

1   § 39 Abs. 2 AT ist für die generellen Kündigungsfristen maßgebliche Vorschrift. Die Vorschriften des BT-B sind losgelöst vom Allgemeinen Teil zu verstehen, sie bilden eine eigene tarifvertragliche Regelung und sind unabhängig voneinander bestandskräftig bzw. angreifbar. BT-B und BT-K bilden hinsichtlich der Kündigung eine Einheit.

Anlage C zu § 46 Abs. 4 (Bereitschaftsdienstentgelt)

A. Beschäftigte, deren Eingruppierung sich nach der Anlage 1a zum BAT/BAT-O richtet

Vergütungs-gruppe	Tarifgebiet West	Tarifgebiet Ost		
		ab 1. 10. 2005[1]	ab 1. 7. 2006	ab 1. 7. 2007
Vergr. I	30,20	27,32	27,75	28,19
Vergr. I a	27,68	25,05	25,45	25,85
Vergr. I b	25,46	23,04	23,40	23,77
Vergr. II	23,32	21,10	21,44	21,77
Vergr. III	21,06	19,05	19,35	19,66
Vergr. IV a	19,38	17,52	17,80	18,08
Vergr. IV b	17,84	16,14	16,40	16,65
Vergr. V b	17,20	15,57	15,81	16,06
Vergr. V c	16,36	14,81	15,04	15,28
Vergr. VI b	15,19	13,74	13,95	14,17
Vergr. VII	14,25	12,89	13,10	13,30
Vergr. VIII	13,39	12,11	12,31	12,50
Vergr. IX a	12,89	11,67	11,85	12,04
Vergr. IX	12,65	11,44	11,63	11,81
Vergr. X	12,01	10,87	11,04	11,22

B. Beschäftigte, deren Eingruppierung sich nach der Anlage 1b zum BAT/BAT-O richtet

Vergütungs-gruppe	Tarifgebiet West	Tarifgebiet Ost		
		ab 1. 10. 2005[1]	ab 1. 7. 2006	ab 1. 7. 2007
Kr. XIII	25,07	22,68	23,04	23,41
Kr. XII	23,10	20,91	21,24	21,57
Kr. XI	21,79	19,72	20,03	20,35
Kr. X	20,49	18,54	18,83	19,13
Kr. IX	19,29	17,45	17,73	18,00
Kr. VIII	18,95	17,15	17,42	17,69
Kr. VII	17,88	16,18	16,43	16,69
Kr. VI	17,34	15,69	15,94	16,19
Kr. V a	16,70	15,11	15,35	15,59

---

[1] Die Bereitschaftsdienstentgelte gelten seit dem 1. Juli 2005 und wurden in das neue Tarifrecht ab 1. Oktober 2005 übernommen.

TVöD-BT-B Anl. C zu § 46 Pflege- und Betreuungseinrichtungen

Vergütungs-gruppe	Tarifgebiet West	Tarifgebiet Ost		
		ab 1. 10. 2005[1)]	ab 1. 7. 2006	ab 1. 7. 2007
Kr. V	16,25	14,71	14,95	15,18
Kr. IV	15,44	13,97	14,19	14,42
Kr. III	14,64	13,24	13,45	13,66
Kr. II	13,93	12,61	12,81	13,01
Kr. I	13,30	12,03	12,22	12,42

C. Beschäftigte, deren Eingruppierung sich nach dem BMT-G/BAT-G-O richtet

Vergütungs-gruppe	Tarifgebiet West	Tarifgebiet Ost		
		ab 1. 10. 2005[1)]	ab 1. 7. 2006	ab 1. 7. 2007
Lgr. 9	17,63	15,95	16,20	16,46
Lgr. 8 a	17,24	15,60	15,85	16,10
Lgr. 8	16,86	15,26	15,51	15,75
Lgr. 7 a	16,50	14,93	15,17	15,41
Lgr. 7	16,13	14,60	14,84	15,07
Lgr. 6 a	15,80	14,29	14,51	14,74
Lgr. 6	15,44	13,97	14,19	14,41
Lgr. 5 a	15,11	13,67	13,89	14,11
Lgr. 5	14,78	13,37	13,58	13,80
Lgr. 4 a	14,46	13,09	13,30	13,51
Lgr. 4	14,14	12,79	13,00	13,20
Lgr. 3 a	13,83	12,51	12,71	12,91
Lgr. 3	13,53	12,24	12,44	12,64
Lgr. 2 a	13,25	11,98	12,17	12,36
Lgr. 2	12,95	11,72	11,91	12,09
Lgr. 1 a	12,68	11,46	11,65	11,83
Lgr. 1	12,39	11,21	11,38	11,56

[1)] Die Bereitschaftsdienstentgelte gelten seit dem 1. Juli 2005 und wurden in das neue Tarifrecht ab 1. Oktober 2005 übernommen.

Tarifvertrag für den öffentlichen Dienst (TVöD)
– Besonderer Teil Sparkassen – (TVöD-BT-S) –

vom 13. September 2005

(Die Tarifvertragsparteien haben mit Datum vom 24. November 2005 rückwirkend zum Zeitpunkt des In-Kraft-Tretens redaktionelle Änderungen vereinbart; diese Fassung berücksichtigt die dort getroffenen Vereinbarungen.)

§ 40 Geltungsbereich

(1) ¹Dieser Tarifvertrag gilt für Beschäftigte der Sparkassen. ²Er bildet im Zusammenhang mit dem Allgemeinen Teil des Tarifvertrages für den öffentlichen Dienst (TVöD) den Tarifvertrag für die Sparte Sparkassen (TV-S).

(2) Soweit in den nachfolgenden Bestimmungen auf die §§ 1 bis 39 verwiesen wird, handelt es sich um die Regelungen des TVöD – Allgemeiner Teil –.

Erläuterungen zu § 40 BT-S

1. Der Geltungsbereich des BT-S ist in Abhängigkeit zum Geltungsbereich des AT zu sehen. Ferner ist zu beachten, dass TVP des BT-S auf AG-Seite nur die VKA ist. Demnach gilt der BT-S unmittelbar, wenn
a) der AG (die Sparkasse) Mitglied eines der VKA angeschlossenen Arbeitgeberverbandes ist;
b) das ArbVerh. nicht nach § 1 Abs. 2 AT aus dessen Geltungsbereich ausgenommen ist.

2. Der BT-S gilt für alle AN der Sparkassen, nicht nur für solche mit „sparkassenspezifischen" Tätigkeiten.

Vorbemerkung zu den §§ 41 bis 43 BT-S

Die Bestimmung treten für den Bereich der Sparkassen an die Stelle des § 18 TVöD-AT (VKA).

§ 41 Grundsätze für leistungs- und erfolgsorientierte variable Entgelte

(1) ¹Durch einvernehmliche Dienstvereinbarung (befristet, unter Ausschluss der Nachwirkung) können individuelle und/oder teambezogene leistungs- und/oder erfolgsorientierte Prämien und/oder Zulagen als betriebliche Systeme eingeführt werden. ²Bemessungsmethoden sind die Zielvereinbarung (§ 42) und die systematische Leistungsbewertung (§ 43).

(2) Bei der Entwicklung, Einführung und dem Controlling der betrieblichen Systeme (Kriterien und Verfahren einschl. Weiterentwicklung/Plausibilitätsprüfung) nach Absatz 1 und § 44 wirkt ein Gemeinsamer

TVöD-BT-S § 42 Sparkassen

Ausschuss mit, dessen Mitglieder je zur Hälfte vom Arbeitgeber und vom Personalrat aus dem Betrieb benannt werden.

(3) ¹Der Gemeinsame Ausschuss ist auch für die Beratung von schriftlich begründeten Beschwerden zuständig, die sich auf Mängel des Systems bzw. seiner Anwendung beziehen. ²Der Arbeitgeber entscheidet auf Vorschlag des Gemeinsamen Ausschusses darüber, ob und in welchem Umfang der Beschwerde im Wege der Korrektur des Systems bzw. von Systembestandteilen oder auch von einzelnen konkreten Anwendungsfällen abgeholfen werden soll. ³Die Rechte der betrieblichen Mitbestimmung bleiben unberührt.

Erläuterungen zu § 41 BT-S

1. Zu Abs. 1

1 **1.1** Während § 18 AT (VKA) die Einführung von Leistungsentgelt zwingend ab dem 1. 1. 2007 vorschreibt und Mechanismen für den Fall vorsieht, dass die betriebliche Umsetzung wg. fehlender einvernehmlicher Betriebs-/Dienstvereinbarung nicht erfolgt, sieht § 41 BT-S entsprechende Systeme als Möglichkeit und zu einem beliebigen Zeitpunkt vor. Dies hängt offenkundig damit zusammen, dass der TV selber in Form der Sparkassensonderzahlung (§ 44 BT-S) bereits ein Leistungsentgelt – jedenfalls für „bankspezifische" AN – vorsieht. Wg. Einzelheiten wird auf § 44 BT-S und Erl. hierzu verwiesen. Dies schließt jedoch nicht die Einführung zusätzlicher Leistungsentgelte aus.

2 **1.2** Die Einführung solcher Systeme setzt eine einvernehmliche Dienstvereinbarung voraus. Gem. § 38 Abs. 3 AT liegt eine solche nur ohne Entscheidung der Einigungsstelle vor. Der TV schreibt ausdrücklich eine **befristete** Dienstvereinbarung **ohne Nachwirkung** vor.

3 **1.3** Ähnlich wie § 18 AT (VKA), lässt die Vorschrift Zielvereinbarungen oder systematische Leistungsbewertungen als Bemessungsmethode zu. Im Unterschied zu den Bestimmungen des AT beinhaltet aber der BT-S konkretere Vorschriften, nämlich die §§ 42 und 43 BT-S, zu Zielvereinbarungen und Leistungsbewertungen.

2. Zu Abs. 2 und 3

4 Die Regelungen zum „Gemeinsamen Ausschuss" sind weitgehend inhaltsgleich mit den Bestimmungen des § 18 Abs. 7 AT (VKA). Insoweit wird auf Erl. zu § 18 AT (VKA) verwiesen. Wg. der dem Gemeinsamen Ausschuss u. U. zukommende Aufgabe im Zusammenhang mit der Sparkassensonderzahlung wird auf die Niederschriftserklärung zu § 44 Abs. 4 BT-S verwiesen.

§ 42 Zielvereinbarung

(1) ¹In Zielvereinbarungen legen Arbeitgeber und Beschäftigte gemeinsam für einen bestimmten Zeitraum die anzustrebenden Ergebnisse fest, welche insbesondere mit Leistungsprämien honoriert werden. ²Pro Zielvereinbarungszeitraum sollten mehrere Ziele vereinbart werden. ³Quantitative und qualitative Ziele sind möglich. ⁴Sie können unterschiedlich gewichtet werden. ⁵Für einzelne Ziele können Zielerreichungsstufen festgelegt werden. ⁶Die Ziele und die Kriterien der Zielerreichung müssen sich auf den Arbeitsplatz/das Team und die damit

verbundenen Arbeitsaufgaben beziehen. ⁷Die Erfüllung der Ziele muss in der vertraglich geschuldeten Arbeitszeit möglich sein.

(2) Im Ausnahmefall sind Korrekturen der Zielvereinbarung einvernehmlich dann möglich, wenn sich maßgebliche Rahmenbedingungen gravierend geändert haben.

(3) ¹Die jeweilige Zielerreichung wird auf der Grundlage eines Soll-Ist-Vergleichs festgestellt und auf Wunsch den Beschäftigten erläutert. ²Die Feststellung, dass Ziele nicht erreicht wurden, darf für sich allein nicht zu arbeitsrechtlichen Maßnahmen führen. ³Umgekehrt schließt die Teilnahme an einer Zielvereinbarung arbeitsrechtliche Maßnahmen nicht aus.

Erläuterungen zu § 42 BT-S

1. Zu Abs. 1

1.1 Die Zielvereinbarung ist eine von den nach § 41 Abs. 1 BT-S mögliche Bemessungsmethode für leistungs- bzw. erfolgsorientierte Entgelte. Schon das Wort „Vereinbarung" macht unmissverständlich klar, dass die Inhalte von keiner der beiden Seiten (AG und einzelner AN) erzwingbar sind: Weder kann der AG von sich aus bestimmte Zielvorgaben machen noch der AN den Anspruch auf eine Zielvereinbarung bestimmten Inhalts erheben. 1

Zielvereinbarungen können nicht nur mit einzelnen AN, sondern auch mit Gruppen von AN erfolgen. Dies ergibt sich eindeutig sowohl aus dem Wortlaut des § 41 Abs. 1 BT-S („... teambezogene leistungs- ...") und des § 42 Abs. 1 S. 6 BT-S („... den Arbeitsplatz/das Team ..."). 2

1.2 Welche Ziele Gegenstand einer Zielvereinbarung sein können, legt der TV nicht fest. Er beschränkt sich darauf, sowohl qualitative als auch quantitative Ziele zuzulassen (Satz 3). Einschränkungen enthalten die Sätze 6 und 7. Danach müssen die vereinbarten Ziele im Rahmen der „normalen" Arbeitszeit erfüllbar sein. Ziele, die nur unter Einsatz von Überstunden oder Mehrarbeit erreichbar wären, können nicht Gegenstand einer Zielvereinbarung sein. Ausgeschlossen sind auch Ziele, die keinen Bezug zur Aufgabenstellung des AN/Teams haben. In einer Niederschriftserklärung haben die TVP festgelegt, dass eine freiwillige Zielvereinbarung auch die Verständigung auf zum Teil vorgegebene oder übergeordnete Ziele beinhalten kann, z.B. bei der Umsetzung gesetzlicher oder haushaltsrechtlicher Vorgaben, Grundsatzentscheidungen der Verwaltungs-/Unternehmensführung. 3

1.3 Der TV sieht als Soll-Bestimmung mehrere Ziele je Vereinbarungszeitraum vor, wobei die Gewichtung des einzelnen Ziels gegenüber der Gesamtheit der vereinbarten Ziele unterschiedlich sein kann. Ebenfalls möglich ist es, für einzelne Ziele Zielerreichungsstufen festzulegen (z.B. „Ziel wurde erheblich übertroffen"; „Ziel wurde übertroffen"; „Ziel wurde erreicht"; „Ziel wurde teilweise erreicht"; „Ziel wurde weitgehend verfehlt"). 4

1.4 Zielvereinbarungen sind i.d.R. Bemessungsmethoden für einmalige Entgelte (Leistungs- oder Erfolgsprämie, aber auch für die Bemessung des individuellleistungsbezogenen Teils der Sparkassensonderzahlung gem. § 44 Abs. 3 BT-S – vgl. hierzu auch Niederschriftserklärung zu § 44 Abs. 3 BT-S). 5

2. Zu Abs. 2

Einmal getroffene Zielvereinbarungen sind nur ausnahmsweise änderbar, und dies auch nur, wenn sich die maßgeblichen Rahmenbedingungen **gravierend** 6 geändert haben. Die Rahmenbedingungen können unterschiedlicher Natur sein. Haben sich die Rahmenbedingungen nicht oder nicht gravierend geändert, scheidet tarifrechtlich eine Änderung der Zielvereinbarung auf jeden Fall aus. Aber auch bei gravierend geänderten Rahmenbedingungen müssen andere Faktoren hinzukommen, um den Ausnahmefall zu rechtfertigen. Keine Seite kann eine Änderung erzwingen.

3. Zu Abs. 3

7   3.1 Die Feststellung, ob vereinbarte Ziele erreicht wurden – ggf. mit welchem Zielerreichungsgrad – obliegt dem AG. Seine Entscheidung ist auf Wunsch des AN zu erläutern. Eine Beschwerdemöglichkeit an den Gemeinsamen Ausschuss kann u. U. aus § 41 Abs. 3 abgeleitet werden.

8   3.2 Hat der AN die vereinbarten Ziele nicht oder nicht gänzlich erreicht, darf ihm aus dieser Tatsache alleine kein (arbeitsrechtlicher) Nachteil entstehen (abgesehen von der Folge, keine oder eine niedrigere Leistungsprämie zu erhalten). Umgekehrt schützt die Teilnahme an einer Zielvereinbarung nicht vor arbeitsrechtlichen Konsequenzen, wenn der AN in anderer Weise gegen seine arbeitsvertraglichen Pflichten verstößt. Hat der AN z. B. die vereinbarten Ziele nicht erreicht, weil er über längere Zeit seine Arbeit sträflich vernachlässigt hat, können nicht die nicht erreichten Ziele, wohl aber evtl. andere Arbeitsrückstände und/oder qualitativ schlechte Arbeitsleistungen Gegenstand von arbeitsrechtlichen Maßnahmen sein.

§ 43 Systematische Leistungsbewertung

(1) **Die Leistungsbewertung knüpft im Rahmen eines Systems an konkrete Tatsachen und Verhaltensweisen an; sie begründet insbesondere Leistungszulagen.**

(2) **[1]Bewertungskriterien (z. B. Arbeitsquantität, Arbeitsqualität, Kundenorientierung, Teamfähigkeit, Führungsverhalten) sowie deren ggf. unterschiedlich gewichtete Abstufung werden in einer einvernehmlichen Dienstvereinbarung festgelegt. [2]Es können nur Kriterien herangezogen werden, die für den Arbeitsplatz relevant und von der/dem Beschäftigten beeinflussbar sind. [3]Die Leistungsbewertung nimmt die zuständige Führungskraft vor. [4]Der Bewertungsentwurf wird mit der/dem Beschäftigten besprochen, von der Führungskraft begründet und entschieden.**

Niederschriftserklärung:
Regelbeurteilungen sind für die Feststellung von Leistungszulagen ausgeschlossen.

Erläuterungen zu § 43 BT-S

1. Zu Abs. 1

1   1.1 Die Leistungsbewertung nach dieser Vorschrift ist von der sog. Regelbeurteilung streng zu trennen. Durch die Niederschriftserklärung haben die TVP es ausdrücklich ausgeschlossen, Regelbeurteilungen zur Grundlage für die Zahlung eines Leistungsentgelts zu machen.

2   1.2 Gefordert wird ein System, das sich (ausschließlich) an konkreten Tatsachen und Verhaltensweisen orientiert. Dabei kann es sich jedoch dem Sinn der Vorschrift nach nur um Verhaltensweisen handeln, die zumindest einen mittelbaren Einfluss auf die Leistung haben.

1.3 Leistungsbewertungen sind in erster Linie Grundlage für die Zahlung von Leistungszulagen. Es ist zwar nicht ausgeschlossen, auch Leistungsprämien auf der Grundlage von Leistungsbewertungen zu vergeben, dies wäre jedoch ein atypischer Fall.

2. Zu Abs. 2

2.1 Die Festlegung der Bewertungskriterien überlässt der TV einer einvernehmlichen Dienstvereinbarung (zur Definition vgl. § 38 Abs. 3). Der Klammerhinweis enthält eine beispielhafte Aufzählung, d. h. die Betriebsparteien können diese übernehmen, sie um weitere Kriterien ergänzen oder aber auch gänzlich durch selbst entwickelte Kriterien ersetzen. Zulässig ist auch eine unterschiedliche Gewichtung; eine solche ist aber ebenfalls in der Betriebsvereinbarung festzulegen. Schließlich setzt Satz 3 eine Grenze, indem bestimmt wird, dass nur Kriterien herangezogen werden dürfen, die für den Arbeitsplatz relevant sind **und** vom AN beeinflussbar sind. Kriterien, die für den konkreten Arbeitsplatz bzw. für die konkrete Aufgabenstellung nicht relevant sind (z. B. das Kriterium „Führungsverhalten" für einen AN ohne Führungsaufgaben) sind ebenso ausgeschlossen wie solche, die der AN nicht beeinflussen kann (z. B. wenn der AN die Arbeitsquantität nicht beeinflussen kann).

2.2 Die Leistungsbewertung wird von der zuständigen Führungskraft vorgenommen **und entschieden**. Wer zuständige Führungskraft ist, bestimmt der AG. Es empfiehlt sich dringend, auch diese Frage in der Dienstvereinbarung zu regeln. Der AN hat lediglich den Anspruch, dass die Leistungsbewertung mit ihm besprochen wird. Weitergehende tarifliche Rechte hat er nicht; allerdings kann er – wie jede andere Beurteilung auch – gerichtlich überprüfen zu lassen, wobei es sich jedoch nach st. Rspr. nur um eine sehr eingeschränkte Überprüfung handeln kann, etwa darauf, ob der Beurteilung falsche Tatsachenbehauptungen zu Grunde liegen.

§ 44 Sparkassensonderzahlung

(1) ¹Bankspezifisch Beschäftigte haben in jedem Kalenderjahr Anspruch auf eine Sparkassensonderzahlung (SSZ). ²Sie besteht aus einem garantierten und einem variablen Anteil. ³Der garantierte Anteil in Höhe eines Monatstabellenentgelts steht jedem Beschäftigten zu. ⁴Der variable Anteil ist individuell-leistungsbezogen und unternehmenserfolgsbezogen. ⁵Er bestimmt sich nach den Absätzen 3 und 4. ⁶Alle ausgezahlten Anteile sind zusatzversorgungspflichtiges Entgelt. ⁷Voraussetzung für die SSZ ist, dass der Beschäftigte am 1. Dezember des jeweiligen Kalenderjahres im Arbeitsverhältnis steht. ⁸Die SSZ vermindert sich um ein Zwölftel für jeden Kalendermonat, in dem Beschäftigte keinen Anspruch auf Entgelt, Entgelt im Krankheitsfall (§ 22) oder Fortzahlung des Entgelts während des Erholungsurlaubs (§ 26) haben. ⁹Die Verminderung unterbleibt für Kalendermonate,
1. für die Beschäftigte kein Entgelt erhalten haben wegen
   a) Ableistung von Grundwehrdienst oder Zivildienst, wenn sie diesen vor dem 1. Dezember beendet und die Beschäftigung unverzüglich wieder aufgenommen haben,
   b) Beschäftigungsverboten nach § 3 Abs. 2 und § 6 Abs. 1 des Mutterschutzgesetzes,
   c) Inanspruchnahme der Elternzeit nach dem Bundeserziehungsgeldgesetz bis zum Ende des Kalenderjahres, in dem das Kind geboren

TVöD-BT-S § 44   Sparkassen

ist, wenn am Tag vor Antritt der Elternzeit Entgeltanspruch bestanden hat,

2. in denen Beschäftigten nur wegen der Höhe des zustehenden Krankengeldes ein Krankengeldzuschuss nicht gezahlt worden ist.

Protokollerklärungen zu § 44 Abs. 1:
1. [1] *Bankspezifisch Beschäftigte im Sinne von § 44 Abs. 1 Satz 1 sind Beschäftigte gemäß § 38 Abs. 5 Satz 1.* [2] *Die übrigen Beschäftigten haben Anspruch auf den garantierten Anteil der SSZ gemäß Absatz 1 Sätze 2 und 3; eigene leistungsdifferenzierende Systeme für diese Beschäftigten sind nicht ausgeschlossen.*
2. *Der variable Anteil der SSZ wird abhängig von der Ausweitung der Leistungsbezahlung im TVöD – Allgemeiner Teil – wie folgt wachsen (Grundlage 14 Monatstabellenentgelte pro Jahr):*
   a) *Solange bis der Zuwachs der Variabilität in der SSZ 1,36 v. H. (= 8,5 v. H. insgesamt) nicht erreicht, wird dieser dem individuell-leistungsbezogenen Teil der SSZ zugeschlagen.*
   b) *Hat der Zuwachs 1,36 v. H. erreicht, werden darüber hinaus gehende Zuwächse jeweils zur Hälfte dem garantierten und zur Hälfte dem variablen Anteil zugeordnet (1/4 individuell-leistungsbezogen, ¼ unternehmenserfolgsbezogen)*
   c) *Eine ggf. andere Verteilung der Anteile bleibt späteren Tarifverhandlungen vorbehalten.*
3. [1] *Beschäftigte, die bis zum 31. März 2005 Altersteilzeitarbeit vereinbart haben, erhalten die SSZ auch dann, wenn das Arbeitsverhältnis wegen Rentenbezugs vor dem 1. Dezember endet.* [2] *In diesem Fall tritt an die Stelle des Bemessungsmonats Oktober der letzte Kalendermonat vor Beendigung des Arbeitsverhältnisses.*

Niederschriftserklärung zu § 44 Abs. 1 Satz 6:
Die Tarifvertragsparteien wirken darauf hin, dass der ATV, der ATV-K sowie die Satzungen der VBL und der kommunalen Zusatzversorgungskassen bis spätestens 31. Dezember 2006 entsprechend angepasst werden.

(2) **Das Monatstabellenentgelt gemäß Absatz 1 Satz 3 ist das Entgelt des Beschäftigten für den Monat Oktober, das sich aufgrund der individuell für diesen Monat vereinbarten durchschnittlichen regelmäßigen Arbeitszeit ergibt.**

(3) [1] **Der individuell-leistungsbezogene Teil des variablen Anteils der SSZ bestimmt sich wie folgt:** [2] **Für jeden Beschäftigten wird jährlich ein Betrag in Höhe eines halben Monatstabellenentgelts (Absatz 2) in ein Leistungsbudget eingestellt.** [3] **Die jährliche Ausschüttung des Leistungsbudgets an die Beschäftigten erfolgt in Form von Leistungszulagen und/oder Leistungsprämien auf der Grundlage individueller und/oder teambezogener Leistungskriterien.** [4] **Bemessungsmethode für Leistungszulagen ist die systematische Leistungsbewertung (§ 43) und für Leistungsprämien die Zielvereinbarung (§ 42).** [5] **Es ist sicherzustellen, dass das jeweilige Auszahlungsvolumen der beteiligten Beschäftigten nach einem ratierlichen auf alle anzuwendenden Maßstab zugeordnet wird.** [6] **Bei teilweiser Zielerreichung können Teilzahlungen erfolgen, wenn es die Zielvereinbarung vorsieht.** [7] **Die vollständige Ausschüttung des Gesamtbudgets ist zu gewährleisten.**
[8] **Die weiteren Einzelheiten werden in einer einvernehmlichen Dienstvereinbarung geregelt.** [9] **Bis zu dem Abschluss und der Anwendung der Dienstvereinbarung werden 25 v. H. eines Monatstabellenentgelts gezahlt.**

Sparkassen **§ 44 TVöD-BT-S**

Niederschriftserklärungen zu § 44 Abs. 3:
1. [1] Wann immer praktizierbar und zweckmäßig, sind Zielvereinbarungen abzuschließen.
[2] Ansonsten werden systematische Leistungsbewertungen durchgeführt. [3] Mischformen sind möglich.
2. Bei noch ausstehender Dienstvereinbarung werden die vorerst nicht auszuzahlenden 25 v. H. eines Monatstabellenentgelts gestundet.

(4) [1] Der unternehmenserfolgsbezogene Teil des variablen Anteils der SSZ bestimmt sich wie folgt:
[2] Für jeden Beschäftigten wird jährlich ein Betrag in Höhe eines halben Monatstabellenentgelts (Absatz 2) in ein Unternehmenserfolgsbudget eingestellt. [3] Die Höhe des Ausschüttungsvolumens bestimmt sich nach der Erreichung von institutsindividuellen Geschäftszielen der Sparkasse. [4] Die Definition der Geschäftsziele erfolgt vor Beginn des Kalenderjahres durch den Arbeitgeber im Rahmen der Unternehmensplanung. [5] Die für den unternehmenserfolgsabhängigen Anteil relevanten Ziele müssen den definierten Geschäftszielen entsprechen. [6] Die weiteren Einzelheiten, insbesondere der/ein Katalog relevanter Ziele und Kriterien für die Geschäftszielerreichung und die Fälligkeit (in der Regel im Monat nach der Schlussbesprechung), werden in einer einvernehmlichen Dienstvereinbarung geregelt.
[7] Bei Zielerreichung ist jeder/m Beschäftigten das halbe Monatstabellenentgelt auszuzahlen. [8] Eine teilweise Zielerreichung kann nach den Maßgaben der Dienstvereinbarung zur anteiligen Ausschüttung führen.
[9] Zielübererfüllungen können zu einer höheren Ausschüttung führen.
[10] Kommt bis zum Ende des zu bewertenden Kalenderjahres keine Einigung über die Dienstvereinbarung zustande, besteht abweichend von Satz 2 nur Anspruch auf 25 v. H. eines Monatstabellenentgelts; der restliche Anteil verfällt.

Niederschriftserklärung zu § 44 Abs. 4:
[1] Zeichnet sich ab, dass keine Dienstvereinbarung zu dem unternehmenserfolgsbezogenen Teil der SSZ zustande kommt, wird auf Antrag einer Betriebspartei der Gemeinsame Ausschuss um jeweils einen Vertreter der Landesbezirkstarifvertragsparteien ergänzt. [2] Der ergänzte Gemeinsame Ausschuss unterbreitet den für die Vereinbarung zuständigen Betriebsparteien einen Konsensvorschlag spätestens bis zum 30. Juni.

(5) **Der garantierte Anteil der SSZ wird mit dem Entgelt des Monats November, der variable Anteil gemäß Absatz 3 wird spätestens mit dem Entgelt für den Monat April des folgenden Kalenderjahres ausgezahlt.**

(6) **Im Übergangsjahr – in der Regel im Jahr 2006 – ist sicherzustellen, dass durch Abschlagszahlung auf die nach Absatz 1 Sätze 2 bis 4 zustehenden Anteile der SSZ 1,75 Monatstabellenentgelte (= 87,5 v. H. der SSZ) zur Ausschüttung kommen; die Einzelheiten werden in der Dienstvereinbarung geregelt.**

(7) **Die Beschäftigten haben keinen tarifvertraglichen Anspruch auf weitere Jahressonder- bzw. mantelrechtliche Einmalzahlungen.**

Niederschriftserklärung zu § 44:
1. [1] Die Tarifvertragsparteien gehen davon aus, dass es aus Anlass der Einführung dieser neuen Regelungen nicht zu einer Verrechnung von bestehenden Hausregelungen kommt.
[2] Sie erheben keine Bedenken gegen eine Volumen erhöhende Einbeziehung in die SSZ gemäß den Absätzen 3 und 4.

R. *Neffke*

TVöD-BT-S § 44 Sparkassen

2. Die Vereinbarung der SSZ dient nicht zur Einsparung von Personalkosten.
3. Um insbesondere eine ausreichende Einführungs- oder Übergangsphase für die SSZ zu ermöglichen, können – das Einvernehmen der Betriebsparteien vorausgesetzt – die betrieblichen Systeme auch eine undifferenzierte Verteilung der variablen Entgeltbestandteile vorsehen.
4. Die Tarifvertragsparteien gehen davon aus, dass die Sparkassensonderzahlungsentgelte Bezüge im Sinne des § 4 TV ATZ sind.

Erläuterungen zu § 44 BT-S

1   1. Nach Abs. 7 haben die AN der Sparkassen keinen tarifvertraglichen Anspruch auf weitere Jahressonderzahlungen bzw. mantelrechtliche Einmalzahlungen. Somit ist eine Anwendung des § 20 AT im Geltungsbereich des BT-S tariflich ausgeschlossen. Bei der Sparkassensonderzahlung (SSZ) handelt es sich um eine Bezahlungskomponente eigener Art, die nur sehr bedingt mit der Jahressonderzahlung nach § 20 AT vergleichbar ist, und dies nicht nur wg. der Höhe.

2. Zu Abs. 1 und Abs. 2

2   2.1 Die SSZ steht grundsätzlich nur „bankspezifisch Beschäftigten" zu. Nach der Protokollerklärung Nr. 1 zu § 44 Abs. 1 sind die AN gem. § 38 Abs. 5 S. 1 AT, also AN, deren Tätigkeit vor dem 1. 1. 2005 der Rentenversicherung der Angestellten unterlegen hätte. Aus Vereinfachungsgründen wird in den folgenden Erl. die **Abkürzung SSZ** nur für diese **„uneingeschränkte Variante" der Sparkassensonderzahlung** verwendet.

3   Die anderen Beschäftigten (ehemals: „Arbeiter") erhalten nach der genannten Protokollerklärung nur den garantierten Anteil der SSZ in Höhe eines Monatstabellenentgelts (Satz 2 und 3). Der TV (die Protokollerklärung) enthält jedoch eine Öffnungsklausel die für diesen Personenkreis hinsichtlich des „garantierten Anteils" der SSZ leistungsdifferenzierende Regelungen zulässt. Zur Abgrenzung zur SSZ für bankspezifisch Beschäftigte wird diese „Variante" in den folgenden Erl. als **„Teil-SSZ"** bezeichnet.

4   2.2 Die SSZ besteht aus zwei bzw. drei Komponenten:
a) einen garantierten Anteil in Höhe eines Monatstabellenentgeltes;
b) einen variablen Anteil, wobei dieser sich wiederum aus zwei Teilen zusammensetzt, nämlich dem individuell-leistungsbezogenen (vgl. Abs. 3 und Erl. hierzu) und dem unternehmenserfolgsbezogenen (vgl. Abs. 4 und Erl. hierzu) Teil.

5   2.3 Die Abs. 1 Sätze 6 bis 9 sowie Abs. 2 gelten sowohl für die SSZ als auch für die **Teil-SSZ.**

6   2.31 Es handelt sich um zusatzversorgungspflichtiges Entgelt, es wirkt sich also auch steigernd auf die Zusatzversorgung aus.

7   2.32 Anspruchsvoraussetzung ist, dass der AN am 1. Dezember des jeweiligen Kalenderjahres im Arbeitsverhältnis steht. Nicht zwingend notwendig ist es, dass ihm für den Monat Dezember auch Entgelt zusteht. Auch, wenn das ArbVerh. ruht (z. B. wg. Elternzeit) besteht der Anspruch, wenn auch die übrigen Voraussetzungen erfüllt sind. Im übrigen wird ergänzend auf die Erl. zu § 20 Abs. 1 AT verwiesen. Eine Ausnahmevorschrift von dieser Stichtagsregel enthält die Protokollerklärung Nr. 3 zu § 44 Abs. 1 BT-S. Sie betrifft AN, die vor dem 31. 3. 2005 Altersteilzeit vereinbart haben und deren ArbVerh. wegen Rentenbezug vor dem 1. 12. eines Kalenderjahres endet. Bis auf Abweichungen hinsichtlich Bemessungs-

grundlage und Bemessungszeitraum entspricht die Vorschrift dem § 20 Abs. 6 AT; die Erl. hierzu gelten sinngemäß.

2.33 Satz 8 und 9 regeln den Fall, dass nicht für das ganze Kalenderjahr Entgelt, Entgeltfortzahlung im Krankheitsfall oder Entgeltfortzahlung während des Erholungsurlaubs zustand. Hiefür sieht der TV eine Zwölftelungsregelung vor. Diese ist weitgehend identisch mit den Bestimmungen des § 20 Abs. 4 AT. Unterschiede weisen die beiden Vorschriften in folgenden Punkten auf: 8

a) Während nach dem reinen Wortlaut des § 20 AT – Kalendermonate, für die ausschließlich Krankengeldzuschuss zustand, zu einer Kürzung der Jahressonderzahlung führt, berücksichtigt § 44 Abs. 1 Satz 8 BT-S diese Zeiten durch den Verweis auf § 22 AT, so dass solche Zeiten unzweifelhaft nicht zu einer anteiligen Kürzung führen. Materiell ergibt sich jedoch kein Unterschied, da die Regelung in § 20 Abs. 4 AT wohl in diesem Punkt Folge eines redaktionellen Versehens ist.

b) Nach § 20 Abs. 4 AT erfolgt keine Kürzung der Jahressonderzahlung, wenn in einem Kalendermonat Anspruch auf Entgeltfortzahlung aus anderen Gründen als Krankheit oder Erholungsurlaub zustand. Dies ist nach § 44 Abs. 1 S. 8 BT-S **nicht** der Fall. Steht also für einen ganzen Kalendermonat **ausschließlich** Entgeltfortzahlung wg. Zusatzurlaub oder Arbeitsbefreiung (und kein Entgelt, Entgelt im Krankheitsfall oder Urlaubsentgelt) zu, erfolgt eine Kürzung der SSZ bzw. Teil-SSZ. Diese Fallkonstellation dürfte aber eher theoretischer Natur sein.

Da die Vorschriften materiell-rechtlich praktisch identisch sind, wird auf die Erl. zu § 20 Abs. 4 AT verwiesen. 9

2.34 Maßgebend für die Höhe des garantierten Anteils der SSZ bzw. der Teil-SSZ ist das Entgelt für den Monat Oktober. Befindet sich der AN in einer individuellen Zwischen- oder Endstufe, ist dieses Entgelt maßgebend. Ansonsten gilt ausschließlich das Tabellenentgelt; andere Entgeltbestandteile (z. B. Besitzstandszulagen, Strukturausgleiche) bleiben unberücksichtigt. 10

Für die Anwendung des § 24 Abs. 2 (anteiliges Entgelt bei Teilzeitbeschäftigung) ist die für den Monat Oktober geltende (vereinbarte) Arbeitszeit maßgebend. Vorhergehende oder folgende Änderungen der individuellen Arbeitszeit wirken sich nicht auf die Höhe aus. 11

2.35 Wg. Erhöhungen des Bemessungssatzes (zurzeit: 100% des Monatstabellenentgelts) vgl. Rn. 31. 12

3. Zu Abs. 3

3.1 Für die Höhe des individuell-leistungsbezogenen Anteils der SSZ gibt Abs. 3 einen Rahmen vor. Einzelheiten bleiben einer einvernehmlichen Dienstvereinbarung (zum Begriff vgl. § 38 Abs. 3 AT) vorbehalten. Besteht eine solche Vereinbarung (noch) nicht, erhält jeder anspruchsberechtigte AN 25% eines Monatstabellenentgelts (Satz 9). Der nicht ausgezahlte Teil (25% des Monatstabellenentgelts) wird bis zum Abschluss einer Dienstvereinbarung gestundet, d. h., er ist später auszuschütten. 13

3.2 Für den individuell-leistungsbezogenen Teil der SSZ ist vom AG ein „Leistungsbudget" einzurichten. Diesem Budget ist (kalkulatorisch) für jeden dem Grunde nach anspruchsberechtigten AN ein halbes Monatsentgelt zuzuführen. Die Ausschüttung erfolgt nach Maßgabe der Dienstvereinbarung, wobei der TV als Bemessungsmethode Zielvereinbarungen oder systematische Leistungsbewertungen vorgibt. Auch die Auszahlung an Gruppen ist möglich, wenn eine Zielvereinbarung mit einer Gruppe abgeschlossen wurde. 14

TVöD-BT-S § 44   Sparkassen

15   Das Gesamtbudget ist vollständig auszuschütten, und nach einem auf alle anzuwendenden Maßstab.

16   3. Wg. Erhöhungen dieses Teils der SSZ vgl. Rn. 32.

4. Zu Abs. 4 22

17   **4.1** Auch für den unternehmenserfolgsbezogenen Teil der SSZ ist ein Budget (Unternehmenserfolgsbudget) anzulegen, und zwar in gleicher Weise und in gleicher Höhe wie in Rn. 14 dargestellt.

18   **4.2** Im Unterschied zum individuell-leistungsbezogenen Teil wird dieser Teil jedoch nur dann gänzlich ausgeschüttet, wenn die definierten Geschäftsziele erreicht sind. In diesem Fall erhält jeder anspruchsberechtigte AN „seinen" Anteil, nämlich ein halbes Monatsentgelt (Satz 7). Werden die Geschäftsziele nicht erreicht, kommt – je nach Ausgestaltung der Dienstvereinbarung (Rn. 19 – eine anteilige Ausschüttung in Frage. Letztlich kann es aber auch dazu kommen, dass keine Ausschüttung dieses Budgets erfolgt, nämlich dann, wenn die Dienstvereinbarung keine anteilige Ausschüttung vorsieht oder die Geschäftsziele nicht mit dem notwendigen Grad erreicht werden. Andererseits kann es aber auch zu einer höheren Ausschüttung kommen, wenn die Geschäftsziele übertroffen werden (Satz 9).

19   **4.3** Die Definition der Geschäftsziele ist alleine Sache des AG, also der Sparkasse (Satz 4). In der nach Satz 6 abzuschließenden einvernehmlich Dienstvereinbarung (zum Begriff vgl. § 38 Abs. 3 AT) sind dann die für die Ausschüttung relevanten Ziele festzulegen, die aber den vom AG festgelegten Geschäftszielen entsprechen müssen. In der Dienstvereinbarung sind ferner festzulegen die Kriterien für die Zielerreichung und ggf. Zielerreichungsgrade. Auch Regelungen für den Fall einer „Zielübererfüllung" können Gegenstand der Vereinbarung sein. Schließlich muss die Dienstvereinbarung die Fälligkeit dieses Teiles der SSZ bestimmen.

20   Wenn es nicht zu einer Dienstvereinbarung kommt, sieht die Niederschriftserklärung zu § 44 Abs. 4 eine „vermittelnde" Rolle des um jeweils einen Vertreter der bezirklichen TVP (KAV, Gewerkschaft) erweiterten Gemeinsamen Ausschusses (vgl. Erl. zu § 41 BT-S) vor. Der (erweiterte) Gemeinsame Ausschuss kann aber nur einen Vorschlag unterbreiten. Entscheidungsbefugt bleiben alleine AG einerseits und Personalrat andererseits.

Kommt auch auf diesem Wege keine Einigung zu Stande, erhält jeder anspruchsberechtigte AN 25% eines Monatstabellenentgeltes. Anders als bei dem individuell-leistungsbezogenen Teil verfällt der restliche Anteil.

21   **4.4** Wg. Erhöhungen des unternehmenserfolgsbezogenen Teiles der SSZ vgl. Rn. 32.

5. Zu Abs. 5 3

22   **5.1** Die Teil-SSZ (vgl. Rn. 3) ist mit dem Entgelt für den Monat November fällig und auszuzahlen.

23   **5.2** Die SSZ ist an drei verschiedenen Terminen fällig:

24   **5.21** Der garantierte Teil (ein Monatsentgelt – vgl. Rn. 10) ist mit dem Entgelt für den Monat November fällig und auszuzahlen.

25   **5.22** Der individuell-leistungsbezogene Teil (vgl. Rn. 13 ff.) ist **spätestens** mit dem Entgelt für den Monat April des Folgejahres fällig und auszuzahlen; ein früherer Zeitpunkt ist möglich.

26   **5.23** Der Fälligkeitszeitpunkt des unternehmenserfolgsbezogenen Teiles (vgl. Rn. 17 ff. ist in der Dienstvereinbarung festzulegen.

27   **5.3** Wg. der Fälligkeit und Auszahlung der Monatsentgelte vgl. Erl. zu § 24 AT.

6. Zu Abs. 6
Die Bestimmung enthält eine Sonderregelung für das Jahr des Überganges auf die Neuregelung. Sie dürfte keine praktische Bedeutung mehr haben.
7. Zu Abs. 7 Vgl. Rn. 1.
8. Zur Protokollerklärung Nr. 2 zu § 44 Abs. 1
8.1 Das „Leistungsbudget" nach § 18 AT, das ab 1. 1. 2007 mit 1% der Monatsentgelte eingeführt wird, soll nach dem Willen der TVP schrittweise bis zu einer Höhe von 8% wachsen. Zeitpunkte und Umfang der Erhöhungen sind jedoch nicht vereinbart, demnach offen. Die Protokollerklärung sieht vor, dass sich die SSZ entsprechend diesen Ausweitungen ebenfalls erhöht.

8.2 Der **variable Anteil** der SSZ beträgt zurzeit **7,14%** gemessen an 14 Monatsentgelten (1/14 x 100). Davon entfallen je 3,57% auf den individuell- leistungsbezogenen und auf den unternehmenserfolgsbezogenen Teil. Erhöht sich das Leistungsbudget nach § 18 AT, steigt zunächst im gleichen Umfang (nur) der individuell-leistungsbezogene Teil der SSZ, und zwar so lange, bis der gesamte variable Teil der SSZ 8,5% von 14 Monatsentgelten ausmacht, also 1,19 Monatsentgelten entspricht. Sobald die Zielgröße von 8,5% erreicht ist, werden die darüber hinausgehenden Erhöhungen je zur Hälfte dem garantierten und dem variablen Teil hinzuaddiert. Jeder Prozentpunkt, der die Zielgröße von 8,5% übersteigt, wird also wie folgt auf die drei Teile der SSZ verteilt:
0,5 Prozentpunkte auf den garantierten Teil,
0,25 Prozentpunkte auf den individuell- leistungsbezogenen Teil und
0,25 Prozentpunkte auf den unternehmenserfolgsbezogenen Teil.

§ 45 Beschäftigte der Entgeltgruppe 15

Mit Beschäftigten der Entgeltgruppe 15 können einzelarbeitsvertraglich vom Tarifrecht abweichende Regelungen zum Entgelt und zur Arbeitszeit getroffen werden.

Erläuterungen zu § 45 BT-S

Im Unterschied zum AT lässt der BT-S bereits bei AN der EG 15 einzelvertraglich geregelte Abweichungen vom Tarifrecht zu. Dies ist jedoch auf Fragen des Entgelts (wozu nicht nur das Tabellenentgelt gehört) und der Arbeitszeit beschränkt. Die Bestimmung gilt auch für übergeleitete AN. Obschon nicht ausdrücklich geregelt, erfasst sie auch übergeleitete AN der EG 15Ü.

§ 46 Bankgeheimnis, Schweigepflicht

[1]**Die Beschäftigten haben über Angelegenheiten, deren Geheimhaltung durch gesetzliche Vorschriften vorgesehen oder vom Arbeitgeber angeordnet worden ist, Verschwiegenheit zu wahren; dies gilt auch über die Beendigung des Arbeitsverhältnisses hinaus.** [2]**Der Beschäftigte hat das Bankgeheimnis auch dann zu wahren, wenn dies nicht ausdrücklich vom Arbeitgeber angeordnet ist.**

Niederschriftserklärung zu Beihilfen in Krankheitsfällen: Anm. des Autors: Diese Niederschriftserklärung ist durch § 13 TVÜ-VKA gegenstandslos geworden und daher nicht abgedruckt.

Erläuterungen zu § 46 BT-S

1. 1. Die Vorschrift tritt an die Stelle des § 3 **Abs. 1** AT. § 3 Abs. 2 bis 5 AT gelten dagegen auch für AN der Sparkassen uneingeschränkt.
2. 2. Satz 1 ist wortgleich mit § 3 Abs. 1 AT. Auf die Erl. hierzu wird verwiesen.
3. 3. Satz 2 stellt das Bankgeheimnis insoweit mit einer von Gesetzes wegen bestehenden Geheimhaltungspflicht gleich, als dass es auch ohne ausdrückliche Anordnung des AG zu wahren ist. Auch diese Verpflichtung besteht über das Ende des ArbVerh. hinaus.

§ 47 Qualifizierung

(1) ¹Ein hohes Qualifikationsniveau und lebenslanges Lernen liegen im gemeinsamen Interesse von Beschäftigten und Arbeitgebern. ²Qualifizierung dient der Steigerung von Effektivität und Effizienz der Sparkassen, der Nachwuchsförderung und der Steigerung von beschäftigungsbezogenen Kompetenzen. ³Die Tarifvertragsparteien verstehen Qualifizierung auch als Teil der Personalentwicklung.

(2) ¹Vor diesem Hintergrund stellt Qualifizierung nach diesem Tarifvertrag ein Angebot dar, aus dem für die Beschäftigten kein individueller Anspruch außer nach Absatz 4 abgeleitet werden kann. ²Das Angebot kann durch einvernehmliche Dienstvereinbarung wahrgenommen und näher ausgestaltet werden. ³Weitergehende Mitbestimmungsrechte werden dadurch nicht berührt.

(3) ¹Qualifizierungsmaßnahmen sind
a) die Fortentwicklung der fachlichen, methodischen und sozialen Kompetenzen für die übertragenen Tätigkeiten (Erhaltungsqualifizierung),
b) der Erwerb zusätzlicher Qualifikationen (Fort- und Weiterbildung),
c) die Qualifizierung zur Arbeitsplatzsicherung (Qualifizierung für eine andere Tätigkeit; Umschulung),
d) die Einarbeitung bei längerer Abwesenheit (Wiedereinstiegsqualifizierung).
²Die Teilnahme an einer Qualifizierungsmaßnahme wird dokumentiert und den Beschäftigten schriftlich bestätigt.

(4) ¹Beschäftigte haben – auch in den Fällen des Absatzes 3 Satz 1 Buchst. d – Anspruch auf ein regelmäßiges Gespräch mit der jeweiligen Führungskraft, in dem festgestellt wird, ob und welcher Qualifizierungsbedarf besteht. ²Dieses Gespräch kann auch als Gruppengespräch geführt werden. ³Wird nichts anderes geregelt, ist das Gespräch jährlich zu führen.

(5) ¹Die Kosten einer vom Arbeitgeber veranlassten Qualifizierungsmaßnahme – einschließlich Reisekosten – werden, soweit sie nicht von Dritten übernommen werden, grundsätzlich vom Arbeitgeber getragen. ²Ein möglicher Eigenbeitrag und eventuelle Rückzahlungspflichten bei vorzeitigem Ausscheiden werden in einer Qualifizierungsvereinbarung geregelt. ³Die Betriebsparteien sind gehalten, die Grundsätze einer fairen Kostenverteilung unter Berücksichtigung des betrieblichen und individuellen Nutzens zu regeln. ⁴Ein Eigenbeitrag der/des Beschäftigten kann in Geld und/oder Zeit erfolgen.

(6) ¹Zeiten von vereinbarten Qualifizierungsmaßnahmen gelten als Arbeitszeit. ²Absatz 5 Sätze 2 bis 4 bleiben unberührt.

Sparkassen § 48 TVöD-BT-S

(7) Gesetzliche Förderungsmöglichkeiten können in die Qualifizierungsplanung einbezogen werden.

(8) Für Beschäftigte mit individuellen Arbeitszeiten sollen Qualifizierungsmaßnahmen so angeboten werden, dass ihnen eine gleichberechtigte Teilnahme ermöglicht wird.

Erläuterungen zu § 47 BT-S

1. Die Vorschrift tritt an die Stelle des § 5 AT. Allerdings ist sie mit der letztgenannten Bestimmung mit folgenden Abweichungen wortgleich:
a) In Abs. 1 Satz 2 sind die Wörter „des öffentlichen Dienstes" durch die Wörter „der Sparkasse" ersetzt. Dies ergibt sich jedoch zwangsläufig aus dem unterschiedlichen Geltungsbereich beider TV (der AT für alle tarifgebundenen AG; der BT-S nur für AN einer Sparkasse).
b) In Abs. 2 beschränken sich die Bestimmungen über die betriebliche Ausgestaltung der tariflichen Vorschriften auf die Dienstvereinbarung, was sich zwangsläufig daraus ergibt, dass für die Sparkassen das BetrVG nicht gilt. Auch das Fehlen der Einschränkung „im Rahmen der personalvertretungsrechtlichen Möglichkeiten" ist keine inhaltlich relevante Abweichung. Denn wenn das jeweilige PersVG eine entsprechende Dienstvereinbarung nicht zulässt, kann sie zwangsläufig trotz der tariflichen Ermächtigung nicht abgeschlossen werden.
c) In Abs. 3 Satz 1 Buchst. d fehlen die Wörter „oder nach". Es ist jedoch aus dem Gesamtzusammenhang und der identischen Kurzdefinition „Wiedereinstiegsqualifizierung" zweifelsfrei zu entnehmen, dass die Vorschrift auch Qualifizierungsmaßnahmen **nach** einer längeren Abwesenheit erfasst.
d) In Abs. 5 ist die Möglichkeit einer Rückzahlungsverpflichtung im Falle des vorzeitigen Ausscheidens ausdrücklich vorgesehen. Eine solche ist jedoch auch ohne ausdrückliche Regelung im TV bei Anwendung des § 5 AT – möglich. Der einzige Unterschied besteht demnach darin, dass eine solche Verpflichtung Gegenstand der Qualifizierungsvereinbarung sein muss.
e) In Abs. 6 wird durch den Verweis auf Abs. 5 Sätze 2 bis 4 klar gestellt, dass die Vorschriften über Eigenbeitrag und Rückzahlungspflicht auch für vereinbarte Qualifizierungsmaßnahmen gilt. Dies gilt jedoch auch für § 5 AT.

2. Angesichts der Inhaltsgleichheit beider Bestimmungen wird auf die Erl. zu § 5 AT verwiesen.

§ 48 Entgelt für Auszubildende

Die unter den Tarifvertrag für Auszubildende des öffentlichen Dienstes (TVAöD) vom 13. September 2005 fallenden Auszubildenden der Sparkassen erhalten im ersten, zweiten und dritten Ausbildungsjahr das nach dem TVAöD maßgebende Ausbildungsentgelt für das zweite, dritte bzw. vierte Ausbildungsjahr.

Erläuterungen zu § 48 BT-S

Auszubildende der Sparkassen, die vom Tarifvertrag für Auszubildende des öffentlichen Dienstes erfasst werden, erhalten in den ersten drei Ausbildungsjahren jeweils die Ausbildungsvergütung, die ihnen zustehen würde, wenn sie sich im nächsthöheren Ausbildungsjahr befinden würden.

R. Neffke

TVöD-BT-S §§ 49, 50

§ 49 Vermögenswirksame Leistungen

(1) ¹Nach Maßgabe des Vermögensbildungsgesetzes in seiner jeweiligen Fassung haben Beschäftigte, deren Arbeitsverhältnis voraussichtlich mindestens sechs Monate dauert, einen Anspruch auf vermögenswirksame Leistungen. ²Für Vollbeschäftigte beträgt die vermögenswirksame Leistung für jeden vollen Kalendermonat 40 Euro. ³Der Anspruch entsteht frühestens für den Kalendermonat, in dem Beschäftigte dem Arbeitgeber die erforderlichen Angaben schriftlich mitteilen, und für die beiden vorangegangenen Monate desselben Kalenderjahres; die Fälligkeit tritt nicht vor acht Wochen nach Zugang der Mitteilung beim Arbeitgeber ein. ⁴Die vermögenswirksame Leistung wird nur für Kalendermonate gewährt, für die den Beschäftigten Tabellenentgelt, Entgeltfortzahlung oder Krankengeldzuschuss zusteht. ⁵Für Zeiten, für die Krankengeldzuschuss zusteht, ist die vermögenswirksame Leistung Teil des Krankengeldzuschusses. ⁶Die vermögenswirksame Leistung ist kein zusatzversorgungspflichtiges Entgelt.

(2) Absatz 1 gilt auch für die Auszubildenden der Sparkassen.

Protokollerklärung:
Die Protokollerklärung Nr. 2 zu § 15 Abs. 1 TVöD gilt nicht.

Erläuterungen zu § 49 BT-S

1. Zu Abs. 1

1   Die Vorschrift tritt an die Stelle des § 23 Abs. 1 AT. Die Abs. 2 und 3 des § 23 AT gelten hingegen auch für AN der Sparkassen.

2   Bis auf den Betrag (40 Euro statt 6,65 Euro) ist Abs. 1 aber wortgleich mit § 23 Abs. 1 AT; auf die Erl. hierzu wird deshalb verwiesen. Durch die Protokollerklärung wird klar gestellt, dass – wie im sonstigen Geltungsbereich des TVöD-AT auch – auf die vermögenswirksamen Leistungen nicht der Bemessungssatz für das Tarifgebiet Ost anzuwenden ist, so dass auch AN im Tarifgebiet Ost den vollen Betrag erhalten.

2. Zu Abs. 2

3   Die Bestimmung dehnt die Geltung des Abs. 1 – also auch die Höhe – auf die Auszubildenden der Sparkassen aus. Auch dieser Personenkreis erhält also vermögenswirksame Leistungen in Höhe von 40 Euro.

§ 50 In-Kraft-Treten, Laufzeit

(1) ¹Dieser Tarifvertrag tritt am 1. Oktober 2005 in Kraft. ²Er kann mit einer Frist von drei Monaten zum Schluss eines Kalenderhalbjahres schriftlich gekündigt werden, frühestens jedoch zum 31. Dezember 2009.

(2) Abweichend von Absatz 1 kann § 49 mit einer Frist von einem Monat zum Schluss eines Kalendermonats, frühestens jedoch zum 31. Dezember 2007, schriftlich gekündigt werden.

Erläuterungen zu § 50 BT-S

1   In-Kraft-Treten und Laufzeit sind identisch mit dem AT. Für § 49 BT-S (vermögenswirksame Leistungen) gilt die Sonderbestimmung des Abs. 2.

Tarifvertrag für den öffentlichen Dienst (TVöD)
– Besonderer Teil Entsorgung – (TVöD-BT-E) –

vom 13. September 2005

(Die Tarifvertragsparteien haben mit Datum vom 24. November 2005 rückwirkend zum Zeitpunkt des In-Kraft-Tretens redaktionelle Änderungen vereinbart; diese Fassung berücksichtigt die dort getroffenen Vereinbarungen.)

§ 40 Geltungsbereich

(1) ¹Dieser Tarifvertrag gilt für Beschäftigte der Entsorgungsbetriebe, unabhängig von deren Rechtsform. ²Er bildet im Zusammenhang mit dem Allgemeinen Teil des Tarifvertrages für den öffentlichen Dienst (TVöD) den Tarifvertrag für die Sparte Entsorgung (TV-E).

(2) Soweit in den nachfolgenden Bestimmungen auf die §§ 1 bis 39 verwiesen wird, handelt es sich um die Regelungen des TVöD – Allgemeiner Teil –.

Erläuterungen zu § 40 BT-E

1. Der Geltungsbereich des BT-E ist in Abhängigkeit zum Geltungsbereich des AT zu sehen. Ferner ist zu beachten, dass TVP des BT-E auf AG-Seite nur die VKA ist. Demnach gilt der BT-E unmittelbar, wenn
a) der AG Mitglied eines der VKA angeschlossenen Arbeitgeberverbandes ist;
b) das ArbVerh. nicht nach § 1 Abs. 2 -AT aus dessen Geltungsbereich ausgenommen ist;
c) der AN in einem Entsorgungsbetrieb beschäftigt ist.

Auf die Größe oder auf die Rechtsform des Betriebes kommt es dagegen nicht an; auch eine rechtliche Selbständigkeit wird vom TV nicht gefordert. Somit gilt er neben Betrieben die in privater Rechtsform geführt werden z.B. auch für Zweckverbände und Eigenbetriebe, wenn ihnen entsprechende Aufgaben obliegen.

Zu beachten ist, dass der BT-E auf den Betrieb, nicht auf den AG abstellt. Es ist also denkbar, dass bei demselben AG (aber nicht im selben Betrieb) neben dem TV-E (TVöD-AT in Verbindung mit dem BT-E) auch ein anderer Sparten-TV (z.B. „Verwaltung") gelten kann.

2. Unter „Entsorgung" wird allgemein die Beseitigung und Verwertung von Abfällen aller Art (einschließlich Abwasser) verstanden. Somit werden vom TV erfasst Betriebe, denen die Erfassung, der Abtransport, die Aufbereitung, die Beseitigung oder die (Wieder-) Verwertung von Abfällen (einschl. Abwasser) obliegt.

Bei Mischbetrieben – also solche, denen neben den Entsorgungsaufgaben auch andere obliegen – ist die Frage nach der Geltung des BT-E nach den Kriterien des BAG zu beantworten. In st. Rspr. (vgl. z.B. BAG 24. 8. 1994 – 10 AZR 974/93 – AP TVG § 1 Tarifverträge: Bau Nr. 183) ist in solchen Fällen darauf abzustellen, welchem Zweck die zeitlich überwiegende Arbeit (aller AN zusammen) dient. Sind dies Aufgaben der Entsorgung, gilt der BT-E; anderenfalls der BT-V.

R. Neffke

§ 41 Tägliche Rahmenzeit

Die tägliche Rahmenzeit kann auf bis zu zwölf Stunden in der Zeitspanne von 6 bis 22 Uhr vereinbart werden.

Erläuterungen zu § 41 BT-E

1 Nach § 6 Abs. 7 TVöD AT können in der Zeit von 6.00 Uhr bis 20.00 Uhr tägliche Rahmenzeiten von bis zu zwölf Stunden eingeführt werden. Für Beschäftigte der Entsorgungsbetriebe kann die Rahmenzeit von zwölf Stunden bis um 22.00 Uhr ausgedehnt werden. Für die innerhalb des Rahmens geleisteten Stunden, die über die regelmäßige Arbeitszeit hinausgehen, fallen keine Überstundenzuschläge an.

§ 42 Öffnungsregelung zu § 14 TzBfG

(1) Die kalendermäßige Befristung eines Arbeitsvertrages ohne Vorliegen eines sachlichen Grundes ist nach Maßgabe der Absätze 2 bis 4 bis zur Dauer von 4 Jahren zulässig; bis zu dieser Gesamtdauer ist auch die höchstens dreimalige Verlängerung eines kalendermäßig befristeten Arbeitsvertrages möglich.

(2) Die Befristung nach Absatz 1 über die Dauer von 2 Jahren hinaus bedarf der vorherigen Zustimmung des Personalrates/Betriebsrates.

(3) Die Befristung nach Absatz 1 über die Dauer von 2 Jahren hinaus ist unzulässig, wenn mit Abschluss des Arbeitsvertrages mehr als 40 von Hundert der bei dem Arbeitgeber begründeten Arbeitsverhältnisse ohne Vorliegen eines sachlichen Grundes abgeschlossen wären.

(4) [1]Soweit von der Befristung nach Absatz 1 über die Dauer von 2 Jahren hinaus Gebrauch gemacht wird, ist die Beschäftigung von Leiharbeitnehmerinnen/Leiharbeitnehmern nicht zulässig. [2]In begründeten Einzelfällen kann mit Zustimmung des Personalrates/Betriebsrates von Satz 1 abgewichen werden.

(5) Beschäftigte, mit denen eine Befristung nach Absatz 1 über die Dauer von 2 Jahren hinaus vereinbart ist, sind nach Ablauf der vereinbarten Zeit in ein Arbeitsverhältnis auf bestimmte Dauer zu übernehmen, sofern im Falle des Ausscheidens dieser Beschäftigten für den betreffenden Funktionsbereich ein befristetes Arbeitsverhältnis mit anderen Beschäftigten begründet würde.

(6) Beim Abschluss von nach Absatz 1 befristeten Arbeitsverträgen über die Dauer von 2 Jahren hinaus sind Auszubildende, die bei demselben Arbeitgeber ausgebildet worden sind, nach erfolgreich abgeschlossener Abschlussprüfung mit gleicher Eignung und Befähigung vorrangig zu berücksichtigen.

Erläuterungen zu § 42 BT-E

1   1. § 30 TVöD regelt die Wirksamkeit der Befristung von Arbeitsverhältnissen mit Hinweis auf die Regelungen der §§ 14 ff. TzBfG. In § 30 Abs. 3 TVöD ist geregelt, dass ein befristeter Arbeitsvertrag ohne Sachgrund in der Regel 12 Monate nicht unterschreiten soll und das die Vertragsdauer mindestens sechs

Entsorgung **§ 42 TVöD-BT-E**

Monate betragen muss. Auf die Kommentierung zu § 30 TVöD wird im Einzelnen verwiesen.

2. § 42 BT-E enthält eine Öffnungsregelung zu § 14 TzBfG. Danach kann ein Arbeitsvertrag ohne Vorliegen eines Sachgrundes nach den Absätzen 2 bis 4 bis zur Dauer von 4 Jahren befristet werden. In § 14 Abs. 2 TzBfG ist geregelt, dass die Befristung eines Arbeitsvertrages ohne Vorliegen eines Sachgrundes nur bis zur Dauer von zwei Jahren erfolgen kann. Nach § 42 Abs. 1 BT-E ist es somit für den Arbeitgeber über die Regelung in § 14 Abs. 2 TzBfG hinaus möglich, das Arbeitsverhältnis ohne Vorliegen eines Sachgrundes nicht nur bis zu zwei Jahren, sondern maximal bis zur Dauer von vier Jahren zu befristen. Bis zu dieser Gesamtdauer von vier Jahren ist auch die höchstens dreimalige Verlängerung eines kalendermäßig befristeten Arbeitsvertrages durchsetzbar. Die Öffnungsklausel in § 42 Abs. 1 BT-E ist rechtlich nicht zu beanstanden (vgl. nur BAG, NZA 1999, 657; BAG, NZA 2001, 1141). 2

3. § 42 Abs. 2 BT-E sieht vor, dass im Fall der Befristung eines Arbeitsverhältnisses über die Dauer von zwei Jahren hinaus im Vorfeld die Zustimmung des Personalrates oder des Betriebsrates eingeholt werden muss. 3

Die Personalvertretung muss also nicht nur vor der Befristung des Arbeitsverhältnisses über die Dauer von zwei Jahren hinaus angehört werden, sondern es bedarf der ausdrücklichen Zustimmung der jeweiligen Personalvertretung. 4

Wird ein Arbeitsvertrag über die Dauer von zwei Jahren hinaus befristet, ohne dass im Vorfeld die Zustimmung der Personalvertretung vorlag, ist die Befristung unwirksam mit der Rechtsfolge, dass zwischen den Parteien ein unbefristetes Arbeitsverhältnis vorliegt. Ggf. muss der Arbeitnehmer eine Entfristungsklage gem. § 17 TzBfG beim Arbeitsgericht einreichen, sollte der Arbeitgeber nicht bestätigen, dass in diesem Fall ein unbefristetes Arbeitsverhältnis entstanden ist. 5

4. Eine weitere Wirksamkeitsvoraussetzung für die Befristung des Arbeitsverhältnisses über die Dauer von zwei Jahren hinaus enthält die Vorschrift in § 42 Abs. 3 BT-E zugunsten des Arbeitnehmers. Wenn nämlich gem. § 42 Abs. 1, Abs. 2 BT-E das Arbeitsverhältnis ohne Vorliegen eines Sachgrundes über zwei Jahre hinaus bis zur Dauer von vier Jahren befristet wird, ist ein solcher befristeter Arbeitsvertrag nur dann wirksam, wenn die Zahl der bei Abschluss des Vertrages mit dem Arbeitgeber begründeten Arbeitsverhältnisse nicht mehr als 40 von Hundert ausmacht. 6

Hierbei wird auf die Gesamtzahl der beim Arbeitgeber jeweils begründeten Arbeitsverhältnisse zum Zeitpunkt der Befristung des Arbeitsvertrages abgestellt, mit der Regelung in § 42 Abs. 3 BT-E soll erreicht werden, dass die Zahl der befristeten Arbeitsverhältnisse ohne Sachgrund beim Arbeitgeber nicht zum Regelfall wird. 7

§ 42 Abs. 3 BT-E setzt voraus, dass bei einer Befristung über die Dauer von zwei Jahren ohne Sachgrund zum Zeitpunkt des Vertragsabschlusses die Zustimmung der Personalvertretung vorgelegen hat. 8

Stellt sich nach Abschluss des befristeten Arbeitsvertrages i. S. d. § 42 Abs. 3 BT-E heraus, dass die Höchstgrenze von 40 von Hundert der insgesamt abgeschlossenen Arbeitsverhältnisse überschritten ist, ist die Befristung des Arbeitsvertrages unwirksam. Der Arbeitnehmer hat dann Anspruch auf Beschäftigung im Rahmen eines unbefristeten Arbeitsverhältnisses, notfalls muss der Arbeitnehmer in diesem Fall seinen Beschäftigungsanspruch im Wege der Entfristungsklage nach § 17 TzBfG geltend machen. 9

5. Die Beschäftigung von Leiharbeitnehmern ist in dem Fall nicht zulässig, wenn ein befristeter Arbeitsvertrag mit einem Arbeitnehmer gem. § 42 Abs. 1 BT-E 10

TVöD-BT-E § 42 — Entsorgung

über die Dauer von zwei Jahren hinaus vereinbart wird. Unglücklich ist die Vorschrift in § 42 Abs. 4 BT-E insoweit, da nicht geregelt ist, ob im Fall der Befristung nach Abs. 1 über die Dauer von zwei Jahren hinaus sämtliche Leiharbeitsverhältnisse unzulässig sind, oder ob ein solches Leiharbeitsverhältnis bezogen auf eine konkrete Tätigkeit mit Hinweis auf eine konkrete Entgeltgruppe als Fallgruppe i. S. d. Abs. 4 gemeint sein soll.

11 Legt man die Vorschrift in § 42 Abs. 4 BT-E streng nach dem Wortlaut aus, so wäre eine Beschäftigung von Leiharbeitnehmern unzulässig, wenn befristete Arbeitsverhältnisse über die Dauer von zwei Jahren hinaus nach § 42 Abs. 1 BT-E abgeschlossen werden.

12 Weiter ist in § 42 Abs. 4 BT-E geregelt, dass der Arbeitgeber in begründeten Einzelfällen mit Zustimmung der Personalvertretung von der Regelung in Satz 1 abweichen kann. Das setzt jedoch voraus, dass tatsächlich als Ausnahmefall ein begründeter Tatbestand vorlag, der es gerechtfertigt hat, in Abweichung des Satzes 1 der Vorschrift in § 42 Abs. 4 BT-E ein Arbeitsverhältnis über die Dauer von zwei Jahren ohne Sachgrund mit dem Arbeitnehmer zu vereinbaren, obwohl Leiharbeitnehmer beschäftigt gewesen sind.

13 6. § 42 Abs. 5 BT-E enthält einen unbefristeten Weiterbeschäftigungsanspruch des Arbeitnehmers für den Fall, wenn eine Befristung des Arbeitsvertrages nach Abs. 1 über die Dauer von zwei Jahren vereinbart ist, dieser Arbeitsvertrag aufgrund der Befristung endet, und der Arbeitnehmer feststellt, dass für seinen Funktionsbereich der Arbeitgeber anschließend ein anderes befristetes Arbeitsverhältnis mit anderen Beschäftigten abschließt.

14 Erfährt ein betroffener Arbeitnehmer als zu einem späteren Zeitpunkt, dass für den vergleichbaren Tätigkeits- bzw. Funktionsbereich ein weiteres Arbeitsverhältnis befristet worden ist, muss der Arbeitnehmer seinen Beschäftigungsanspruch beim Arbeitgeber geltend machen, die sog. Drei-Wochen- Frist in § 17 TzBfG gilt für ein etwaiges Klageverfahren hier nicht. Es gelten die Grundsätze der Rechtsprechung zum Wiedereinstellungsanspruch. Grundsätzlich besteht zwar ein solcher Wiedereinstellungsanspruch nach Ablauf eines wirksam befristeten Arbeitsvertrages nicht (vgl. nur BAG, NZA 2002, 897), hier haben die TVP jedoch für den Tatbestand des § 42 Abs. 5 BT-E einen Ausnahmefall tarifiert, um denjenigen Arbeitnehmer zu schützen, der entgegen der Regelung in § 14 Abs. 2 TzBfG ohne Sachgrund über einen Zeitraum von zwei Jahren beschäftigt wurde, dem aber anschließend kein unbefristetes Arbeitsverhältnis zugesprochen wurde. Der in § 42 Abs. 5 BT-E normierte Weiterbeschäftigungs- bzw. Wiedereinstellungsanspruch ist somit nicht auf den Zeitraum bis zum Ablauf der Befristung des Vertrages beschränkt.

15 Rechtfertigende Umstände, die den Weiterbeschäftigungsanspruch des Arbeitnehmers im Sinne des § 42 Abs. 5 BT-E begründen, schließen im Ergebnis den Weiterbeschäftigungs- bzw. Wiedereinstellungsanspruch des Arbeitnehmers nicht aus, auch wenn das ursprünglich befristete Arbeitsverhältnis durch die kalendermäßige Befristung geendet hat.

16 Die Frist zur Geltendmachung des Anspruches im Sinne des Abs. 5 beträgt entgegen den Regelungen in §§ 4, 7 KSchG, § 17 TzBfG keine drei Wochen. Der Arbeitnehmer kann seinen Weiterbeschäftigungsanspruch auch dann noch geltend machen, wenn er z. B. erst ein halbes Jahr später erfährt, dass der Arbeitgeber einen anderen befristeten Arbeitsvertrag abgeschlossen hat, der auch seinen Funktionsbereich betrifft.

17 7. In § 42 Abs. 6 BT-E ist geregelt, dass Auszubildende, die bei demselben Arbeitgeber ausgebildet worden sind, nach erfolgreich abgeschlossener Abschlussprüfung bei gleicher Eignung und Befähigung anderer Arbeitnehmer vorzuziehen sind, wenn ein Beschäftigungsbedarf besteht.

Hier besitzt der Arbeitgeber allerdings einen weiten Ermessensspielraum, ob der Auszubildende tatsächlich „gleich geeignet und befähigt" ist wie der Arbeitnehmer, der eingestellt werden soll. **18**

§ 43 Betrieblicher Gesundheits- und Arbeitsschutz

(1) Arbeiten in der Abfall- und Entsorgungswirtschaft verpflichten Arbeitgeber und Beschäftigte in besonders hohem Maße zur Einhaltung aller einschlägigen Arbeitsschutz- und Sicherheitsvorschriften.

(2) Es ein sicherheitsgerechter Arbeitsplatz und eine Arbeitsumgebung zur Verfügung zu stellen, die eine Gefährdung nach Möglichkeit ausschließen, wobei gesicherte arbeitswissenschaftliche Erkenntnisse über menschengerechte Arbeitsplatzgestaltung berücksichtigt werden.

(3) [1] Neben den allgemeinen Bestimmungen der gesetzlichen Unfallversicherungsträger, den Rechten und Pflichten, die sich aus dem Betriebsverfassungsgesetz und den Personalvertretungsgesetzen sowie dem Arbeitssicherheitsgesetz ergeben, hat der Arbeitgeber dafür Sorge zu tragen, dass
1. die Beschäftigten mindestens im Turnus von einem Jahr über die zu beachtenden Gesetze, Verordnungen und Unfallverhütungsvorschriften unterrichtet werden sowie bei Einführung neuer Arbeitsverfahren und neuer Arbeitsstoffe bzw. vor der Arbeitsaufnahme an einem neuen Arbeitsplatz. [2] Bei Bedarf sind Unterweisungen öfter durchzuführen. [3] Beschäftigte, die der deutschen Sprache nicht ausreichend mächtig sind, müssen in einer ihnen verständlichen Sprache unterwiesen werden. [4] Dieses kann auch in schriftlicher Form in der jeweiligen Landessprache erfolgen.
2. die für die Beschäftigten und die Ausführung der Arbeiten erforderlichen Schutzausrüstungen, Werkzeuge, Maschinen und Fahrzeuge im betriebssicheren Zustand zur Verfügung gestellt werden,
3. Arbeits- und Schutzkleidung den Witterungsbedingungen entsprechend zur Verfügung gestellt, gereinigt und instand gesetzt wird.

(4) [1] Die Beschäftigten sind verpflichtet, die sicherheitstechnischen Vorschriften und die turnusmäßigen betrieblichen Belehrungen zu beachten. [2] Sie sind ferner dazu verpflichtet, die ihnen vom Betrieb gestellten Schutzausrüstungen, Werkzeuge, Maschinen und Fahrzeuge zur Herstellung der Arbeitssicherheit zu verwenden und sich vor dem Einsatz von dem ordnungsgemäßen Zustand zu überzeugen. [3] Weitergehende Arbeitsschutzvorschriften der jeweiligen Arbeitgeber sind vorrangig einzuhalten.

(5) Beschäftigte, die sich über die Arbeitssicherheit zur Ausführung eines bestimmten Auftrages nicht ausreichend belehrt fühlen, haben das Recht und die Pflicht, dies dem betrieblich Verantwortlichen vor der Arbeitsaufnahme zu melden.

(6) In den Betriebsstätten und festen Baustellen haben die allgemeinen und für die jeweilige Arbeit speziellen Unfallverhütungsvorschriften der gesetzlichen Unfallversicherungsträger den Beschäftigten während der Arbeitszeit zugänglich zu sein.

(7) Näheres soll durch Betriebs-/Dienstvereinbarung zum betrieblichen Arbeits- und Gesundheitsschutz geregelt werden.

Erläuterungen zu § 43 BT-E

1. Zu Abs. 1

1 Die Vorschrift nimmt AG wie AN gleichermaßen in die Pflicht, alle einschlägigen Arbeitsschutz- und Sicherheitsvorschriften zu beachten. Die Konkretisierungen erfährt die Tarifvorschrift in den Abs. 3 bis 6, wobei sich die Abs. 3 und 6 an den AG, die Abs. 4 und 5 an den AN richten.

2. Zu Abs. 2

2 Die hier aufgestellten Grundsätze ergeben sich im Wesentlichen schon aus § 4 ArbSchG. TV wie Gesetz fordern nicht einen völligen Ausschluss von Gefährdung; dies ist nach allen Erfahrungen und Erkenntnissen auch nicht möglich. Es ist jedoch der eindeutige Wille der TVP, durch geeignete Schutzmaßnahmen das „Restrisiko" zu minimieren. Neben dem Schutzgedanken hat auch der Aspekt der menschengerechten Arbeitsplatzgestaltung Eingang in die Tarifvorschrift gefunden.

3. Abs. 3

3 3.1 Die unter den Nr. 1 bis 3 aufgeführten Pflichten des AG bestehen **neben** den ihm aus Vorschriften der Unfallversicherungsträger, aus dem Betriebsverfassungs-/dem geltenden Personalvertretungsgesetz und aus dem ArbSchG – aber auch aus anderen arbeitsschutzrechtlichen Normen – erwachsenden Verpflichtungen.

4 Zur Erfüllung seiner Verpflichtungen kann sich der AG auch Dritter bedienen.

5 3.11 Nr. 1 beinhaltet zwei Unterrichtungs- bzw. Unterweisungspflichten.
a) Der AG ist zu einer **turnusmäßigen** Unterrichtung über die zu beachtenden Gesetze etc. verpflichtet. Dies bezieht sich nicht nur auf neue oder geänderte Vorschriften, sondern umfasst das gesamte Spektrum der einschlägigen Vorschriften. Der Turnus von einem Jahr ist eine Untergrenze. Bei Bedarf hat die Unterweisung auch häufiger stattzufinden. Wann ein Bedarf besteht, lässt sich nicht verallgemeinern, er wird jedoch auf jeden Fall bei Änderungen der Vorschriften zu bejahen sein.
b) Neben – also zusätzlich – zu der turnusmäßigen Unterrichtung hat eine anlassbezogene Unterweisung stattzufinden, wenn neue Arbeitsverfahren oder -stoffe eingeführt werden oder der AN an einem neuen Arbeitsplatz eingesetzt wird. Für den letztgenannten Fall sieht der TV ausdrücklich vor, dass die Unterweisung vor der Arbeitsaufnahme zu erfolgen hat. Aber auch bei der Einführung neuer Arbeitsverfahren/-stoffe kann der Schutzzweck nur dann völlig erfüllt werden, wenn die Unterweisung rechtzeitig erfolgt.

6 Nicht ausdrücklich vorgeschrieben ist die Dokumentation der Unterrichtung. Sie ist jedoch, vor allem aus der Sicht des AG, empfehlenswert.

7 Für den Fall, dass Beschäftigte nicht ausreichend der deutschen Sprache mächtig sind, sieht Satz 3 und 4 besondere Formen der Unterweisung vor: Sie kann entweder in einer ihnen „verständlichen" Sprache oder in schriftlicher Form in ihrer Landessprache erfolgen. Der deutschen Sprache nicht ausreichend mächtig ist der AN dann, wenn ihm Inhalte der Unterweisung nicht so verständlich sind, dass er sich bei der Arbeit nach ihnen zu verhalten vermag. Die dem AN „verständliche" Sprache muss nicht seine Landessprache sein. Es kann jede andere Sprache sein, die der AN so weit beherrscht, dass ihm die Inhalte der Unterweisung ausreichend

verständlich sind. Alternativ zur mündlichen Unterweisung in einer dem AN verständlichen Sprache kann auch eine schriftliche Unterrichtung erfolgen; dies muss jedoch in der Landessprache des AN geschehen. Auch hier empfiehlt sich dringend eine Dokumentation.

Bei einer schuldhaften Verletzung der Unterrichtungspflicht haftet der AG, wenn der AN aus diesem Grunde einen Schaden erleidet. 8

3.12 Nr. 2 verpflichtet den AG, die Schutzausrüstungen, Werkzeuge, Maschinen und Fahrzeuge in einem **betriebssicheren** Zustand zu überlassen. Die dafür geltenden Bestimmungen (z. B. DIN-Normen, Vorschriften der Unfallversicherungsträger, StVZO) sind zu beachten. 9

Ist der AN der Auffassung, die überlassenen Gegenstände seien in nicht betriebssicherem Zustand, hat er dies dem AG mitzuteilen; hilft der AG der Beschwerde nicht ab, kann der AN nach den Vorschriften der ArbSchG die zuständige Arbeitsschutzbehörde einschalten. Unter Umständen – je nach Lage des Einzelfalles – kann der AN auch die Arbeitsleistung verweigern, solange ihm die hierfür notwendigen Gegenstände nicht in betriebssicherem Zustand überlassen werden. 10

3.13 Arbeits- und Schutzkleidung sind entsprechend den Witterungsbedingungen vom AG zu stellen. Dies kann auch dadurch geschehen, dass er den AN beauftragt, die Kleidung auf seine (des AG) Kosten zu beschaffen. Gleiches gilt für die Reinigung und Instandsetzung. Die Kostentragungspflicht des AG ist grundsätzlich nicht abdingbar (vgl. BAG 21. 8. 1985 – 7 AZR 199/83 – AP BGB § 618 Nr. 19). Eine Beteiligung an den Kosten kommt nur dann in Frage, wenn dem AN über die gesetzliche Verpflichtung hinaus Vorteile bei der Benutzung oder Verwendung der Kleidung (i. d. R. private Nutzung) angeboten werden und der Arbeitnehmer von diesem Angebot freiwillig Gebrauch macht (BAG AP BGB § 618 Nr. 19). 11

4. Zu Abs. 4

4.1 Satz 1 korrespondiert mit Abs. 3 Nr. 1. Der dort geregelten Unterrichtungspflicht des AG steht die ausdrückliche Pflicht des AN entgegen, die Vorschriften und Belehrungen zu beachten. Eine Nichtbeachtung ist eine Arbeitsvertragsverletzung. 12

4.2 Nach Satz 2 ist der AN verpflichtet, die Schutzausrüstungen, Werkzeuge etc. auch tatsächlich zu verwenden. Darüber hinaus ist er ausdrücklich verpflichtet, sich vom ordnungsgemäßen (betriebssicheren) Zustand zu überzeugen und Bedenken dem AG oder einem verantwortlichen Vorgesetzten mitzuteilen (vgl. auch Rn. 10). 13

4.3 Gelten beim AG weitergehende Vorschriften über das Verhalten der AN in Fragen des Gesundheits- und Arbeitsschutzes als die in Satz 1 bis 3 genannten, haben diese Vorrang vor den tariflichen. 14

5. Zu Abs. 5

Über die in Abs. 4 geregelte Pflicht zur Beachtung der Belehrungen hat der AN nicht nur das Recht, sondern auch die Pflicht, den betrieblich Verantwortlichen zu informieren, wenn er sich für die Ausführung eines bestimmten Arbeitsauftrages nicht ausreichend unterwiesen fühlt, und zwar vor der Arbeitsaufnahme. Formvorschriften enthält die Bestimmung nicht; die Meldung kann also mündlich, fernmündlich oder schriftlich erfolgen. Ob in objektiver Hinsicht die Belehrung nicht ausreichend war, spielt zunächst keine Rolle; es kommt auf die subjektive Betrachtungsweise des AN an. Sinn der Vorschrift ist es, dem AG rechtzeitig Gelegenheit zu geben, evtl. Schwachpunkte bei der Erfüllung der Unterrichtungspflicht zu 15

TVöD-BT-E § 44 — Entsorgung

erkennen und zu beseitigen. Eine solche Meldung kann auch den Bedarf nach einer weiteren Unterrichtung i. S. d. Abs. 3 Nr. 1 Satz 2 auslösen.

16 Die Meldung steht nicht im Ermessen des AN, wenn die Voraussetzungen vorliegen. Er ist hierzu zwingend verpflichtet. Eine Verweigerung der konkreten Arbeitsleistung kann höchstens nach vergeblicher Meldung berechtigt sein.

6. Zu Abs. 6

17 Die einschlägigen (allgemeinen und speziellen) Unfallverhütungsvorschriften der Unfallversicherungsträger müssen in allen Betriebsstätten und festen Baustellen für den AN zugänglich sein. Dies bedeutet nicht zwangsläufig, dass sie ausgehängt sein müssen; es reicht aus, wenn der AN weiß, wo sie sich befinden und er Zugriff darauf hat. Die Zeit für Einsicht in die Unfallverhütungsvorschriften ist auf die Arbeitszeit anzurechnen.

7. Zu Abs. 7

18 Als Soll-Vorschrift formuliert, ermächtigt der TV die Betriebsparteien, zur näheren Ausgestaltung der Tarifvorschrift eine Betriebs-/Dienstvereinbarung abzuschließen. So können z. B. nähere Regelungen über die Art und Weise, wie die Unterrichtung nach Abs. 3 Nr. 1 durchzuführen ist, aber auch zu den Modalitäten der Beschaffung, Reinigung und Instandsetzung von Arbeits- und Schutzkleidung vereinbart werden.

19 Ob jedoch eine **Dienst**vereinbarung zulässig ist, bestimmt sich nach dem jeweils geltenden Personalvertretungsgesetz.

§ 44 Erfolgsbeteiligung

¹Die Beschäftigten können an einem auf ihrer Mehrleistung beruhenden Betriebsergebnis im Abrechnungszeitraum beteiligt werden. ²Qualität und Menge der erbrachten Mehrleistung sind nachzuweisen. ³Die Kriterien für diese Erfolgsbeteiligung und das Verfahren werden in einem betrieblich zu vereinbarenden System festgelegt. ⁴Die Erfolgsbeteiligung ist kein zusatzversorgungspflichtiges Entgelt.

Erläuterungen zu § 44 BT-E

1 **1.** Die Bestimmung **ergänzt** die Vorschriften des § 18 AT (Leistungsentgelt), die auch im Geltungsbereich des BT-E uneingeschränkt gelten. Sie ist einerseits als Kann-Bestimmung formuliert, andererseits sieht Satz 2 zwingend den Abschluss einer betrieblichen Vereinbarung vor. Dies kann nur so ausgelegt werden, dass es dem AG zwar grundsätzlich freigestellt ist, eine Erfolgsbeteiligung vorzusehen. Soll sie jedoch in Betracht kommen, darf dies nur auf einer betrieblichen Vereinbarung geschehen und nicht etwa nach einseitigen Richtlinien. Als betriebliche Vereinbarung kommt sowohl ein „Haustarifvertrag" als auch eine Betriebs-/Dienstvereinbarung in Frage; der Wortlaut der Tarifvorschrift lässt beides zu.

2 **2.** Das Leistungsentgelt nach § 18 AT ist vorrangig an die individuelle Leistung eines Einzelnen oder an die „Teamleistung" einer Gruppe geknüpft. Es wird nicht zwingend gefordert, dass diese Leistung sich auch messbar vom Betriebsergebnis ablesen lässt. Anders bei der Erfolgsprämie nach § 44 BT-E. Hier wird unmissverständlich ein auf Mehrleistung der AN beruhendes (positives) Betriebsergebnis gefordert, wobei die Mehrleistung in qualitativer und quantitativer Hinsicht nachzuweisen ist.

3. Da die Erfolgsbeteiligung vom Betriebsergebnis in einem Abrechnungszeitraum abhängig ist, kommt eine Zahlung in Form von Zulagen kaum in Betracht. Das Betriebsergebnis kann nur in der Rückschau bewertet werden, und eine Prognose auf den nächsten Abrechnungszeitraum würde sich mehr oder minder im spekulativen Bereich bewegen. Somit kommt nach dem Sinn der Vorschrift nur eine Erfolgsprämie in Frage.

4. Die TVP haben aus guten Gründen darauf verzichtet, Details vorzuschreiben. Die Einzelheiten sind – wie dargestellt – örtlichen Vereinbarungen vorbehalten. Es ist jedoch zu beachten, dass die TVP – anders als für die Anwendung des § 18 AT – nicht eine i. S. d. § 38 Abs. 3 „einvernehmliche" Dienstvereinbarung fordern.

§ 45 Qualifizierung

(1) [1]Ein hohes Qualifikationsniveau und lebenslanges Lernen liegen im gemeinsamen Interesse von Beschäftigten und Arbeitgebern. [2]Qualifizierung dient der Steigerung von Effektivität und Effizienz des Betriebes, der Nachwuchsförderung und der Steigerung von beschäftigungsbezogenen Kompetenzen. [3]Die Tarifvertragsparteien verstehen Qualifizierung auch als Teil der Personalentwicklung.

(2) [1]Vor diesem Hintergrund stellt Qualifizierung nach diesem Tarifvertrag ein Angebot dar, aus dem für die Beschäftigten kein individueller Anspruch außer nach Absatz 4 abgeleitet werden kann. [2]Das Angebot kann durch freiwillige Betriebsvereinbarung/Dienstvereinbarung wahrgenommen und näher ausgestaltet werden. [3]Weitergehende Mitbestimmungsrechte werden dadurch nicht berührt.

(3) [1]Qualifizierungsmaßnahmen sind
a) die Fortentwicklung der fachlichen, methodischen und sozialen Kompetenzen für die übertragenen Tätigkeiten (Erhaltungsqualifizierung),
b) der Erwerb zusätzlicher Qualifikationen (Fort- und Weiterbildung),
c) die Qualifizierung zur Arbeitsplatzsicherung (Qualifizierung für eine andere Tätigkeit; Umschulung),
d) die Einarbeitung bei längerer Abwesenheit (Wiedereinstiegsqualifizierung).
[2]Die Teilnahme an einer Qualifizierungsmaßnahme wird dokumentiert und den Beschäftigten schriftlich bestätigt.

(4) [1]Beschäftigte haben – auch in den Fällen des Absatzes 3 Satz 1 Buchst. d – Anspruch auf ein regelmäßiges Gespräch mit der jeweiligen Führungskraft, in dem festgestellt wird, ob und welcher Qualifizierungsbedarf besteht. [2]Dieses Gespräch kann auch als Gruppengespräch geführt werden. [3]Wird nichts anderes geregelt, ist das Gespräch jährlich zu führen.

(5) [1]Die Kosten einer vom Arbeitgeber veranlassten Qualifizierungsmaßnahme – einschließlich Reisekosten – werden, soweit sie nicht von Dritten übernommen werden, grundsätzlich vom Arbeitgeber getragen. [2]Ein möglicher Eigenbeitrag und eventuelle Rückzahlungspflichten bei vorzeitigem Ausscheiden werden in einer Qualifizierungsvereinbarung geregelt. [3]Die Betriebsparteien sind gehalten, die Grundsätze einer fairen Kostenverteilung unter Berücksichtigung des betrieblichen und individuellen Nutzens zu regeln. [4]Ein Eigenbeitrag der/des Beschäftigten kann in Geld und/oder Zeit erfolgen.

TVöD-BT-E § 46 Entsorgung

(6) ¹Zeiten von vereinbarten Qualifizierungsmaßnahmen gelten als Arbeitszeit. ²Absatz 5 Sätze 2 bis 4 bleiben unberührt.

(7) Gesetzliche Förderungsmöglichkeiten können in die Qualifizierungsplanung einbezogen werden.

(8) **Für Beschäftigte mit individuellen Arbeitszeiten sollen Qualifizierungsmaßnahmen so angeboten werden, dass ihnen eine gleichberechtigte Teilnahme ermöglicht werden kann.**

Erläuterungen zu § 45 BT-E

1   1. Die Vorschrift tritt an die Stelle des § 5 AT. Allerdings ist sie mit der letztgenannten Bestimmung mit folgenden Abweichungen wortgleich:
  a) In Abs. 1 Satz 2 sind die Wörter „des öffentlichen Dienstes" durch die Wörter „des Betriebes" ersetzt. Dies ergibt sich jedoch zwangsläufig aus dem unterschiedlichen Geltungsbereich beider TV (der AT für alle tarifgebundenen AG; der BT-E nur für einschlägige Betriebe).
  b) In Abs. 2 sind die Bestimmungen über die Ausgestaltung der tariflichen Vorschriften durch Betriebs-/Dienstvereinbarung in einem Satz zusammengefasst. Es handelt sich lediglich um eine leicht veränderte Abweichung im wörtlichen Aufbau der Bestimmung.
  c) In Abs. 3 Satz 1 Buchst. d fehlen die Wörter „oder nach". Es ist jedoch aus dem Gesamtzusammenhang und der identischen Kurzdefinition „Wiedereinstiegsqualifizierung" zweifelsfrei zu entnehmen, dass die Vorschrift auch Qualifizierungsmaßnahmen **nach** einer längeren Abwesenheit erfasst.
  d) In Abs. 5 ist die Möglichkeit einer Rückzahlungsverpflichtung im Falle des vorzeitigen Ausscheidens ausdrücklich vorgesehen. Eine solche ist jedoch auch ohne ausdrückliche Regelung im TV bei Anwendung des § 5 AT möglich. Der einzige Unterschied besteht demnach darin, dass eine solche Verpflichtung Gegenstand der Qualifizierungsvereinbarung sein muss.
  e) In Abs. 6 wird durch den Verweis auf Abs. 5 Sätze 2 bis 4 klar gestellt, dass die Vorschriften über Eigenbeitrag und Rückzahlungspflicht auch für vereinbarte Qualifizierungsmaßnahmen gilt. Dies gilt jedoch auch für § 5 AT.

2   2. Angesichts der Inhaltsgleichheit beider Bestimmungen wird auf die Erl. zu § 5 AT verwiesen.

§ 46 In-Kraft-Treten, Laufzeit

¹**Dieser Tarifvertrag tritt am 1. Oktober 2005 in Kraft.** ²**Er kann mit einer Frist von drei Monaten zum Schluss eines Kalenderhalbjahres schriftlich gekündigt werden, frühestens jedoch zum 31. Dezember 2009.**

Erläuterung zu § 46 BT-E

1   In-Kraft-Treten und Laufzeit entsprechen denen des AT. Der BT-E kann nur insgesamt gekündigt werden. Die Kündigung einzelner Vorschriften ist nicht vorgesehen.

Tarifvertrag für den öffentlichen Dienst (TVöD)
– Besonderer Teil Flughäfen – (TVöD-BT-F) –

vom 13. September 2005

(Die Tarifvertragsparteien haben mit Datum vom 24. November 2005 rückwirkend zum Zeitpunkt des In-Kraft-Tretens redaktionelle Änderungen vereinbart; diese Fassung berücksichtigt die dort getroffenen Vereinbarungen.)

§ 40 Geltungsbereich

(1) ¹**Dieser Tarifvertrag gilt für Beschäftigte der Verkehrsflughäfen.** ²**Er bildet im Zusammenhang mit dem Allgemeinen Teil des Tarifvertrages für den öffentlichen Dienst (TVöD) den Tarifvertrag für die Sparte Flughäfen (TV-F).**

(2) **Soweit in den nachfolgenden Bestimmungen auf die §§ 1 bis 39 verwiesen wird, handelt es sich um die Regelungen des TVöD – Allgemeiner Teil.**

Erläuterungen zu § 40 BT-F

1. Satz 1 beschränkt den Geltungsbereich auf die Beschäftigten der Verkehrsflughäfen. Ein Verkehrsflughafen ist ein Flughafen, der nicht nur der Allgemeinen Luftfahrt dient, sondern auch Linien- und Charterflüge abfertigt. Ausgenommen sind demnach z. B. Militär-, Privat- und Sportflughäfen.

2. Da am BT-F auf AG-Seite nur die VKA TVP ist, gilt er unmittelbar nur für AG, die Mitglied eines der VKA angeschlossenen AG-Verbandes sind (vgl. auch allgemeine Erläuterungen vor § 1 AT). Schließlich gilt er nur dann, wenn das ArbVerh. vom AT erfasst wird. Ist der AN nach § 1 Abs. 2 AT vom Geltungsbereich ausgenommen, gilt auch der BT-F.

3. Der TV gilt nicht nur für AN mit „flughafenspezifischen" Tätigkeiten, sondern für alle Beschäftigten des Verkehrsflughafens (also z. B. auch für AN mit „klassischen Bürotätigkeiten").

§ 41 Wechselschichtarbeit

Durch landesbezirklichen Tarifvertrag kann bestimmt werden, dass abweichend von
a) **§ 6 Abs. 1 Satz 2 die gesetzlichen Pausen bei Wechselschichtarbeit nicht in die Arbeitszeit einzurechnen sind und**
b) **§ 7 Abs. 1 Satz 1 Wechselschichtarbeit erst dann vorliegt, wenn die/der Beschäftigte längstens nach Ablauf eines Monats erneut zu mindestens zwei Nachtschichten herangezogen wird.**

Erläuterungen zu § 41 BT-F

Die Vorschrift beinhaltet die Abweichungen von den allgemeinen Regelungen im AT zur Wechselschichtarbeit. § 6 Abs. 1 S. 1 AT legt ausdrücklich fest, dass

Pausen nicht zur Arbeitszeit gehören. Entsprechendes regelt § 2 Abs. 1 ArbZG. Eine **Ausnahme** gilt bei Wechselschichtarbeit. In diesen Fällen werden gem. § 6 Abs. 1 S. 2 AT die gesetzlich vorgeschriebenen Pausen in die Arbeitszeit eingerechnet. Hiervon kann im Bereich der Flughäfen abgewichen werden. Durch landesbezirklichen Tarifvertrag kann für die Arbeitnehmer der Verkehrsflughäfen geregelt werden, dass die Pausen nicht in die Arbeitszeit eingerechnet werden.

2 Gleichfalls durch einen landesbezirklichen Tarifvertrag kann von § 7 Abs. 1 S. 1 AT abgewichen werden. Die Vorschrift im allgemeinen Teil beinhaltet Regelungen zur Wechselschichtarbeit. Wechselschichten nach § 7 Abs. 1 AT sind wechselnde Arbeitsschichten, in denen ununterbrochen bei Tag und Nacht, werktags, sonntags und feiertags gearbeitet wird. Es müssen also Arbeitsleistungen im Rahmen der regelmäßigen Arbeitszeit „rund um die Uhr" erbracht werden. Ein AN leistet Wechselschichtarbeit, wenn er wechselnd in allen Schichtarten (Früh-, Spät- oder Nachtschicht) eingesetzt ist. Des Weiteren ist Voraussetzung, dass der AN durchschnittlich längstens nach Ablauf eines Monats erneut zur Nachtschicht herangezogen wird. § 41 Buchst. b BT-F ermöglicht, dass eine tarifliche Vereinbarung getroffen wird, nach der Wechselschichtarbeit erst dann gegeben ist, wenn der Arbeitnehmer nach Ablauf eines Monats erneut zu mindestens **zwei** Nachtschichten herangezogen wird.

§ 42 Rampendienst

(1) ¹**Beschäftigten im Rampendienst wird für je sechs Arbeitstage ein freier Arbeitstag gewährt.** ²**Im Jahresdurchschnitt soll mindestens jeder dritte freie Tag auf einen Sonntag fallen.**

(2) ¹**Als freier Tag gilt in der Regel eine arbeitsfreie Zeit von 36 Stunden.** ²**Diese kann in Ausnahmefällen auf 32 Stunden verringert werden, wenn die Betriebsverhältnisse es erfordern. Werden zwei zusammenhängende freie Tage gewährt, gilt in der Regel eine arbeitsfreie Zeit von 60 Stunden, die in Ausnahmefällen auf 56 Stunden verringert werden kann, als zwei freie Tage.** ³**Für weitere freie Tage erhöhen sich die Zeiten um jeweils 24 Stunden für einen Tag.**

(3) **Die Zeitzuschläge nach § 8 Abs. 1 werden pauschal mit einem Zuschlag von 12 v. H. des auf eine Stunde entfallenden Anteils des monatlichen Entgelts der Stufe 3 der jeweiligen Entgeltgruppe nach Maßgabe der Entgelttabelle abgegolten.**

Erläuterungen zu § 42 BT-F

1 Rampendienst sind die Tätigkeiten des Bodenverkehrsdienstes, die in unmittelbarem Zusammenhang mit der Abfertigung der Flugzeuge stehen, wie z. B. das Be- und Entladen (Scheuring/Lang/Hoffmann, Kommentar zum BTM-G Band 2, Anlage 4 Erl. 2).

2 Beschäftigte im Rampendienst erhalten für je sechs Arbeitstage einen freien Arbeitstag. Arbeitstage i. S. d. Vorschrift sind all die Kalendertage, an denen der Arbeitnehmer betriebsüblich oder dienstplanmäßig arbeitet. Im Jahresdurchschnitt soll mindestens jeder dritte freie Tag auf einen Sonntag fallen. Als Maßstab gilt des Jahresdurchschnitt. Es ist zulässig auch mehr als jeden dritten freien Tag auf einen Sonntag zu legen.

3 Als freier Tag gilt dabei nicht ein 24-Stunden-Tag sondern grundsätzlich eine arbeitsfreie Zeit von 36 Stunden. Ausnahmsweise kann diese Zeit auf 32 Stunden verringert werden, wenn die Betriebsverhältnisse es erfordern.

Bei der Gewährung von zwei zusammenhängenden freien Tagen gelten grundsätzlich 60, ausnahmsweise 56 Stunden als zwei freie Tage. Ab einem zusätzlichen dritten freien Tag erhöhen sich die Zeiten dann um jeweils 24 Stunden für einen Tag.

Beispiel:

Arbeitsfrei ab Freitag 22.00 Uhr bis Sonntag	10.00 Uhr (36 Stunden)	= 1 freier Tag
Arbeitsfrei ab Freitag 22.00 Uhr bis Montag	10.00 Uhr (60 Stunden)	= 2 freie Tage
Arbeitsfrei ab Freitag 22.00 Uhr bis Dienstag	10.00 Uhr (84 Stunden)	= 3 freie Tage

Die Zeitzuschläge (§ 8 Abs. 1 TVöD-AT) werden für Beschäftigte im Rampendienst pauschal mit einem Zuschlag von 12 Prozent des monatlichen Stundenentgelts der Stufe 3 der jeweiligen Entgeltgruppe abgegolten. Ansprüche auf Schichtzulagen oder Erschwerniszuschläge werden von dieser Pauschale nicht erfasst.

§ 43 Feuerwehr- und Sanitätspersonal

(1) Für das Feuerwehr- und Sanitätspersonal wird – unter Einbeziehung der Zeitzuschläge nach § 8 Abs. 1 – das monatliche Entgelt landesbezirklich oder betrieblich geregelt.

(2) Wenn das Feuerwehr- und Sanitätspersonal in Ausnahmefällen aus der zusammenhängenden Ruhezeit zur Arbeit gerufen wird, ist diese – einschließlich etwaiger Zeitzuschläge – neben dem Tabellenentgelt besonders zu vergüten.

Erläuterungen zu § 43 BT-F

1. Zu Abs. 1

Das Tabellenentgelt und die Zeitzuschläge für das Feuerwehr- und Sanitätspersonal an Verkehrsflughäfen ist nach dieser Bestimmung gesondert zu vereinbaren. Die Entgelttabelle und die Höhe der Zeitzuschläge gelten also für diesen Personenkreis nicht. Zulässig sind alternativ Regelungen auf bezirklicher oder auf betrieblicher Ebene. Eine Regelung auf bezirklicher Ebene erfolgt durch einen TV zwischen dem jeweiligen KAV und den beteiligten Gewerkschaften. Auf betrieblicher Ebene lässt der BT-F sowohl einen „Haustarifvertrag" (Vertragspartner: AG und beteiligte Gewerkschaften) als auch eine Betriebsvereinbarung (Vertragspartner: AG und Betriebsrat) zu.

2. Zu Abs. 2

Wird das Feuerwehr- und Sanitätspersonal aus der Ruhezeit zur Arbeit gerufen ist diese gem. § 43 Abs. 2 BT-F neben dem Tabellenentgelt besonders zu vergüten. Die Vorschrift entspricht im Wesentlichen dem bisherigen § 7 Abs. 2 Anlage 4 zum BMT-G. Die Regelung stellt klar, dass die Beschäftigten aus der zusammenhängenden Ruhezeit nur in Ausnahmefällen gerufen werden dürfen.

§ 44 In-Kraft-Treten, Laufzeit

[1]**Dieser Tarifvertrag tritt am 1. Oktober 2005 in Kraft.** [2]**Er kann mit einer Frist von drei Monaten zum Schluss eines Kalenderhalbjahres schriftlich gekündigt werden, frühestens jedoch zum 31. Dezember 2009.**

Erläuterungen zu § 44 BT-F

1 In-Kraft-Treten und Laufzeit entsprechen denen des AT. Der BT-F kann nur insgesamt gekündigt werden. Die Kündigung einzelner Vorschriften ist nicht vorgesehen.

Vierter Teil

Hinweise für die Praxis
Checklisten und Musterformulare

Übersicht Rn.

1. **Kündigungsschutzklage:** Allgemeiner Klageaufbau bei ordentlicher Kündigung 1
2. **Klageerwiderung des Arbeitgebers:** Allgemeiner Klageaufbau bei ordentlicher Kündigung 3
3. **Änderungskündigungsschutzklage:** Allgemeiner Klageaufbau (Beispiel Herabgruppierung) 4
4. **Feststellungsklage wegen außerordentlicher Kündigung** (nach dem KSchG) 5
5. **Klage auf Überstundenvergütung** 6
6. **Kombinierte Kündigungsschutz- und Vergütungsklage** 7
7. **Klage auf Zeugniserteilung oder Zeugnisberichtigung** 8
8. **Klage auf Verringerung der Arbeitszeit** (§ 8 TzBfG) 9
9. **Eingruppierungsfeststellungsklage** (Höhergruppierung) 11
10. **Klageabweisung und Widerklage** 14
11. **Einspruch gegen ein Versäumnisurteil nebst Vollstreckungsschutzantrag** 15
12. **Abmahnungsschreiben an Arbeitnehmer** 16
13. **Vergleich vor dem Arbeitsgericht** (und Abfindungsproblematik) 17
14. **Klage auf Entfernung der Abmahnung aus der Personalakte** 18
15. **Auflösungsvertrag** 19
16. **Berufung** 20
17. **Berufungsbegründung** 21
18. **Berufungserwiderung des Arbeitgebers** 22
19. **Revision** 23
20. **Revisionsbegründung** 24
21. **Checkliste:** Mandat im Arbeits- und Tarifrecht 25

Praxishinweise 1. Kündigungsschutzklage

1 1. Kündigungsschutzklage: Allgemeiner Klageaufbau bei ordentlicher Kündigung

An das
Arbeitsgericht ......

Kündigungsschutzklage

des Herrn ...... (Vor- u. Nachname, ladungsfähige Anschrift)
– Kläger –
Prozessbevollmächtigte: Rechtsanwälte ......

gegen

das Land ...... (......),
dieses vertreten durch ......,
dieser vertreten durch ......
(Bezeichnung des AG/Dienstherrn, Name u. Vorname der Vertretungsberechtigten, ladungsfähige Anschrift)
– Beklagte –
Wegen: Unwirksamkeit einer ordentlichen Kündigung.
Namens und in Vollmacht des Klägers (Anlage: Prozessvollmacht) erheben wir

Klage

und werden beantragen zu erkennen:
1. Es wird festgestellt, dass das Arbeitsverhältnis der Parteien durch die ordentliche Kündigung der Beklagten vom ...... (Datum), zugegangen am ...... (Datum), nicht mit Ablauf des 31. 8. 2007 (Ende des Arbeitsverhältnisses gemäß Kündigungsschreiben) enden wird, sondern fortbesteht.
2. Es wird festgestellt, dass das Arbeitsverhältnis zwischen den Parteien auch nicht durch andere Beendigungstatbestände endet, sondern dass es über den 31. 8. 2007 hinaus bis zur Rechtskraft des Bestandsschutzverfahrens fortbesteht.
3. Die Beklagte wird verurteilt, den Kläger über den 31. 8. 2007 hinaus zu den bisherigen Arbeitsbedingungen als ......(Tätigkeit des AN) weiter zu beschäftigen.
4. Die Beklagte trägt die Kosten des Rechtsstreits.

Begründung:

Der am 30. 8. 1963 geborene Kläger arbeitet bei der Beklagten seit dem ...... als ...... in Vollzeit und ist in der Vergütungsgruppe ./. Entgeltgruppe ...... eingruppiert. Seine durchschnittliche Vergütung beträgt monatlich ...... € brutto.
Beweis: 1. Arbeitsvertrag vom ......, Anlage K1.
2. Vergütungsabrechnung vom ......, Anlage K2.
Die Beklagte beschäftigt regelmäßig mehr als 10 Arbeitnehmer (§§ 1, 23 KSchG, n. F.). Der Kläger ist auch länger als sechs Monate bei der Beklagten beschäftigt.
Mit Schreiben vom ...... (Datum) hat die Beklagte das Arbeitsverhältnis zum ...... (Datum) ordentlich gekündigt. Die Kündigung ist dem Kläger am ...... (Datum) zugegangen. Als Kündigungsgrund hat die Beklagte angegeben, dass der Kläger ...... (Kündigungsgrund).
Beweis: Kündigungsschreiben vom ...... (Datum), Anlage K3.
Die Kündigung ist weder durch betriebsbedingte Gründe noch durch Gründe, die in der Person oder im Verhalten des Klägers liegen, gerechtfertigt (......), § 1 Abs. 1, 2 KSchG.

1. Kündigungsschutzklage **Praxishinweise**

Beispiel: Die verhaltensbedingte Kündigung ist auch deshalb unwirksam, weil die Beklagte den Kläger vor Ausspruch der Kündigung nicht wirksam abgemahnt hat. Der Vorwurf der Beklagten, der Kläger hätte ...... (Darstellung des Kündigungssachverhaltes), ist falsch. Richtig ist vielmehr, dass der Kläger ...... (Bestreiten des Vorliegens eines Kündigungsgrundes).

Beweis: 1. Zeugnis der Frau ...... (Name u. ladungsfähige Adresse)
2. Zeugnis des Herrn ...... (Name u. ladungsfähige Adresse)

Die Zeugen werden bestätigen können, dass ...... (Bestätigung des Klägervortrags). Dem Kläger kann daher nicht vorgeworfen werden, er habe ...... (Kündigungsgrund substantiiert bestreiten; aus taktischen Gründen ggf. erst in einem zweiten Schriftsatz nach dem Gütetermin vor dem ArbG vortragen).

Sollte die Beklagte die Kündigung auf betriebsbedingte Gründe stützen, mag sie Namen und die sozialen Daten der einzelnen Mitarbeiter nennen, die sie in die soziale Auswahl einbezogen hat. Derzeit kann der Kläger zur sozialen Auswahl der Beklagten nichts vortragen, da er über die erforderlichen Kenntnisse nicht verfügt. Die Darlegungs- und Beweislast liegt bei der Beklagten, § 1 Abs. 3 KSchG.

Das Vorliegen von betriebs-, personen- und verhaltensbedingten Kündigungsgründen wird somit bestritten. Weiterer Sach- und Rechtsvortrag hierzu bleibt vorbehalten.

Auch wird bestritten, dass der Personalrat (Betriebsrat) ordnungsgemäß zum Kündigungssachverhalt und damit zur Kündigung vom ...... angehört worden ist bzw. der Kündigung wirksam zugestimmt hat.

Der Klageantrag zu 2 stellt eine zulässige allgemeine Feststellungsklage gem. § 256 **2** Abs. 1 ZPO dar, die nach inzwischen gefestigter Rechtsprechung des BAG im Wege der objektiven Klagehäufung verfolgt werden kann, was hiermit beabsichtigt ist (vgl. z. B. nur BAG 13. 3. 1997 = NZA 1997, 844). Wenngleich dem Kläger als Beendigungsgrund des Arbeitsverhältnisses nur die Kündigung vom ...... bekannt ist, die mit dem Klageantrag zu 1 gem. § 4 KSchG angegriffen wird, muss er damit rechnen, dass die Beklagte noch weitere Kündigungen ausspricht. Dies hat die Beklagte bereits dem Kläger gegenüber angekündigt. Rein vorsorglich beruft sich der Kläger bereits schon jetzt auf die Unwirksamkeit weiterer Kündigungen der Beklagten.

Die Kündigung ist nach alledem gem. § 1 Abs. 2 KSchG unwirksam und beendet das zwischen den Parteien begründete Arbeitsverhältnis nicht. Der Kläger hat einen Anspruch auf Weiterbeschäftigung zu unveränderten Bedingungen als ...... (bisherige Tätigkeit des Klägers bei der Beklagten; s. Klageantrag zu 3). Auch ist die Beklagte wegen Annahmeverzuges zur Fortzahlung der tarifgerechten Vergütung verpflichtet, § 615 BGB.

Rechtsanwalt

Praxishinweise   2. Klageerwiderung des Arbeitgebers

3   2. Klageerwiderung des Arbeitgebers: Allgemeiner Klageaufbau bei ordentlicher Kündigung

An das
Arbeitsgericht ......
Az.: 3 Ca 231/07

In dem Rechtsstreit

Gerd Müller   ./. Land ......, dieses vertreten
                                     durch ......
PB: RAe ......   PB: RA ......

bestellen wir uns für die Beklagte und werden beantragen,
die Klage kostenpflichtig abzuweisen.

                               Begründung:

Der Kläger hat zutreffend vorgetragen, dass er bei der Beklagten seit dem ...... als ...... beschäftigt ist. Richtig ist auch, dass die Beklagte mehr als 10 Arbeitnehmer regelmäßig beschäftigt, und dass der Kläger mit Kündigungsschreiben vom ...... ordentlich unter Einhaltung der tariflich vereinbarten Kündigungsfrist zum ...... gekündigt worden ist. Auf das Arbeitsverhältnis der Parteien findet der TVöD/TV-L Anwendung.

Die ordentliche Kündigung vom ...... ist jedoch entgegen der Rechtsansicht des Klägers gem. § 1 Abs. 2 KSchG sozial gerechtfertigt. Der Personalrat (Betriebsrat) wurde ordnungsgemäß vor Ausspruch der Kündigung angehört. Eine Weiterbeschäftigungsmöglichkeit des Klägers, auch zu veränderten Arbeitsbedingungen, besteht nicht.

Im Einzelnen (substantiierte Darlegung des Kündigungsgrundes bzw. Kündigungssachverhalts):

Die Kündigung erfolgte aus personenbedingten (und/oder: verhaltens- oder betriebsbedingten) Gründen.

Der Kläger leidet an ...... und ist daher schon seit längerer Zeit, nämlich seit dem ......, arbeitsunfähig krank.

Beweis: 1. Personalakte des Klägers, Bl. ......, Anlage B1.
            2. (......)

In den vergangenen Jahren war der Kläger an folgenden Tagen arbeitsunfähig gemeldet:

2004 an 78 Tagen, und zwar am ...... (konkrete Auflistung der Fehlzeiten),
2005 an 66 Tagen, und zwar am ...... (konkrete Auflistung der Fehlzeiten),
2006 an 56 Tagen, und zwar am ...... (konkrete Auflistung der Fehlzeiten).

Beweis: wie vor

Seit dem 1. 1. 2007 ist der Kläger fortlaufend erkrankt. Es ist nicht abzusehen, wann der Kläger wieder arbeitsfähig sein wird. Der Kläger ließ über seinen behandelnden Arzt mitteilen, dass gegenwärtig noch nicht beurteilt werden könne, zu welchem Zeitpunkt der Kläger wieder seine Arbeit aufnehmen kann.

Beweis: 1. Schriftliche Erklärung des Dr. med. Brenken vom ...... (Datum), Anlage B2.
            2. Zeugnis von Herrn Dr. med. Brenken, (ladungsfähige Adresse)

Auch hat der Kläger mit Schreiben vom ...... erklärt, dass er beabsichtige, sich umschulen zu lassen. Den Zeitpunkt hat der Kläger jedoch bis heute der Beklagten trotz schriftlicher Aufforderung vom ...... nicht mitgeteilt.

2. Klageerwiderung des Arbeitgebers

Beweis: 1. Schreiben des Klägers vom ...... (Datum), Anlage B3.
          2. Schreiben der Beklagten vom ...... (Datum), Anlage B4.

Aufgrund der schlechten Haushaltslage und wegen eines Personalüberhangs in der Dienststelle ...... ist die Beklagte nicht in der Lage, den Kläger weiter zu beschäftigen. Auch blockiert der Kläger aufgrund seiner Langzeiterkrankung einen bei der Beklagten wichtigen Arbeitsplatz in der ......, der dringend wiederbesetzt werden muss.

Beweis: 1. Aktueller Haushaltsplan der Beklagten vom ...... (Datum), Anlage B5.
          2. Stellenplan der Beklagten vom ...... (Datum), Anlage B6.
          3. Zeugnis des Personalratsvorsitzenden Dr. L. Löns, zu laden über die Beklagte.
          4. (......)

Auch aufgrund der in den Jahren ...... entstandenen Lohnfortzahlungskosten ist es der Beklagten nicht mehr länger zuzumuten, von einer Kündigung des Klägers abzusehen. Nachgenannte Lohnfortzahlungskosten musste die Beklagte bisher leisten: Lohnfortzahlungskosten insgesamt in Höhe von ...... € (konkrete Auflistung der Kosten).

Beweis: 1. Unterlagen vom ......, Anlage B6, Seiten ......
          2. Zeugnis des Herrn ......

Eine Versetzung oder Umsetzung des Klägers auf einen anderen (freien) Arbeitsplatz ist der Beklagten nicht möglich.

Die Klage ist abweisungsreif.

Rechtsanwalt

Praxishinweise

3. Änderungskündigungsschutzklage: Allgemeiner Klageaufbau
(Beispiel Herabgruppierung)

An das
Arbeitsgericht ......

Änderungskündigungsschutzklage

des Herrn ...... (Vor- u. Nachname, ladungsfähige Anschrift)

– Kläger –

Prozessbevollmächtigte: Rechtsanwälte ......

gegen

das Land ...... (......), dieses vertreten durch ......, dieser vertreten durch ......
(Bezeichnung des AG/Dienstherrn, Name u. Vorname der Vertretungsberechtigten, ladungsfähige Anschrift)

– Beklagte –

Wegen: Änderungskündigung, Herabgruppierung
Namens und in Vollmacht des Klägers (Anlage: Prozessvollmacht) erheben wir Klage und werden beantragen zu erkennen:
1. Es wird festgestellt, dass die durch die ordentliche Änderungskündigung der Beklagten vom 20. 12. 2006 zum 1. 4. 2007 herbeigeführten Änderungen der Arbeitsbedingungen im Arbeitsvertrag der Parteien vom ...... zum ...... sozial ungerechtfertigt und unwirksam sind.
2. Die Beklagte wird verurteilt, den Kläger über den 1. 4. 2007 hinaus bis zum rechtskräftigen Abschluss des Bestandsschutzverfahrens zu unveränderten Arbeitsbedingungen als ...... (Tätigkeit des AN; konkrete Entgeltgruppe) weiterzubeschäftigen.
3. Die Beklagte trägt die Kosten des Rechtsstreits.

Begründung:

Der am 30. 8. 1963 geborene Kläger arbeitet bei der Beklagten seit dem ...... als ...... in Vollzeit und ist in der Entgeltgruppe ...... eingruppiert. Seine durchschnittliche Vergütung beträgt monatlich ...... € brutto.
Beweis: 1. Arbeitsvertrag vom ......, Anlage K1.
2. Vergütungsabrechnung vom ......, Anlage K2.

Die Beklagte beschäftigt regelmäßig mehr als 10 Arbeitnehmer (§§ 1, 23 KSchG n. F.). Der Kläger ist länger als sechs Monate bei der Beklagten beschäftigt.
Mit Schreiben vom ...... hat die Beklagte eine Änderungskündigung (Herabgruppierung) mit Wirkung zum ...... gegenüber dem Kläger ausgesprochen.
Beweis: Schriftliche Änderungskündigung der Beklagten vom ......, Anlage K3.
Ohne stichhaltige Begründung versucht die Beklagte, die tarifgerechte bisherige Eingruppierung des Klägers in die Entgeltgruppe ...... zu unterlaufen. Der Kläger ist weder auf eine geringer zu bewertende Tätigkeit, d. h. auf einen anderen Arbeitsplatz, umgesetzt worden, noch hat sich die bisher von dem Kläger ausgeübte Tätigkeit als ...... in einem solchen Umfang geändert, dass die Tätigkeit des Klägers nunmehr geringer zu bewerten wäre.
Beweis: 1. Arbeitsplatzbeschreibung der Beklagten vom ......, Anlage K4.
2. Sachverständigengutachten
3. Zeugnis des Herrn ...... (ladungsfähige Adresse)

3. Änderungskündigungsschutzklage **Praxishinweise**

4. Zeugnis des Personalratsvorsitzenden Herrn Dr. L. Löns, zu laden über die Beklagte

Die Begründung der Herabgruppierung mit Schreiben vom ……, der Kläger sei irrtümlich zu hoch eingruppiert worden, muss als Versuch der Beklagten gewertet werden, Personalkosten zu sparen. Da der Kläger nach wie vor die Tätigkeitsmerkmale der Entgeltgruppe …… erfüllt, ist er tarifgerecht insoweit eingruppiert. Zu den Grundsätzen der tarifgerechten Eingruppierung vgl. im Übrigen nur Bredemeier, AnwBl. 1997, 251; BAG 15. 3. 1991, 2 AZR 591/90 = AP BAT §§ 22, 23 Nr. 96; ferner LAG Köln, Urt. v. (……).

Auch hat der Personalrat der Rückgruppierung des Klägers ausdrücklich nicht zugestimmt.

Beweis: Schreiben des Personalrats vom ……, Anlage K5.

Nach alledem ist die Änderungskündigung der Beklagten vom …… sozial ungerechtfertigt und unwirksam. Der Kläger besitzt einen Anspruch auf tarifgerechte Eingruppierung in die Entgeltgruppe …… des TVöD/TV-L.

Der Klage ist daher aus allen rechtlichen Gesichtspunkten stattzugeben.

Rechtsanwalt

Praxishinweise 4. Feststellungsklage wegen außerordentlicher Kündigung

4. Feststellungsklage wegen außerordentlicher Kündigung (nach dem KSchG):

An das
Arbeitsgericht (......)
                Klage wegen außerordentlicher Kündigung
des Herrn ...... (Vor- u. Nachname, ladungsfähige Anschrift)
                                              – Kläger –
Prozessbevollmächtigte: Rechtsanwälte ......

                                gegen

das Land ...... (......), dieses vertreten durch ......, dieser vertreten durch ......
(Bezeichnung des AG/Dienstherrn, Name u. Vorname der Vertretungsberechtigten, ladungsfähige Anschrift)
                                            – Beklagte –
Wegen: Unwirksamkeit einer außerordentlichen Kündigung.
Namens und in Vollmacht des Klägers (Anlage: Prozessvollmacht) erheben wir

                                Klage

und werden beantragen zu erkennen:
1. Es wird festgestellt, dass das Arbeitsverhältnis der Parteien durch die außerordentliche Kündigung der Beklagten vom ......, zugegangen am ......, nicht mit Ablauf des 31. 8. 2007 enden wird.
2. Die Beklagte wird verurteilt, den Kläger über den 31. 8. 2007 hinaus zu unveränderten Arbeitsbedingungen als ...... (Tätigkeit des AN) weiterzubeschäftigen.
3. Die Beklagte trägt die Kosten des Rechtsstreits.

                                Begründung:

Der am 30. 8. 1963 geborene Kläger arbeitet bei der Beklagten seit dem ...... als ...... in Vollzeit und ist in der Vergütungsgruppe ./. Entgeltgruppe ...... TVöD/TV-L (bzw. BAT) eingruppiert. Seine durchschnittliche Vergütung beträgt monatlich ...... € brutto.
Beweis: 1. Arbeitsvertrag vom ......, Anlage K1.
         2. Vergütungsabrechnung vom ......, Anlage K2.
Die Beklagte beschäftigt regelmäßig mehr als 10 Arbeitnehmer (§§ 1, 23 KSchG).
Der Kläger ist länger als sechs Monate bei der Beklagten beschäftigt.
Mit Schreiben vom ...... hat die Beklagte das Arbeitsverhältnis zum ...... außerordentlich gekündigt. Die Kündigung ist dem Kläger am ...... zugegangen. Als wichtigen Grund für die Kündigung gem. §§ 34ff. TVöD/TV-L hat die Beklagte angegeben, dass der Kläger am ...... einen Betrag in Höhe von ...... € unterschlagen hätte (Darlegung des wichtigen Kündigungsgrundes gem. §§ 626 BGB, 34 TVöD/TV-L).
Beweis: Kündigungserklärung der Beklagten vom ......, Anlage K3.

Nach Abschluss des Ermittlungsverfahrens der Staatsanwaltschaft Bonn, Az.: Js ......, hat sich jedoch herausgestellt, dass nicht der Kläger, sondern dessen Arbeitskollege Helmut S. den Geldbetrag von ...... € unterschlagen hat (Abschlußbericht der StA liegt dem Gericht bereits vor).

4. Feststellungsklage wegen außerordentlicher Kündigung **Praxishinweise**

Ein wichtiger Grund zur außerordentlichen Kündigung des Arbeitsverhältnisses bestand daher nicht. Unabhängig hiervon ist die Kündigung aber auch ungerechtfertigt, weil der Personalrat der Kündigung widersprochen hat. Nach alledem ist die Kündigung sozial ungerechtfertigt und unwirksam. Der Kläger ist weiterzubeschäftigen.
Der Klage ist stattzugeben.

Rechtsanwalt

Praxishinweise

6 5. Klage auf Überstundenvergütung

An das
Arbeitsgericht (......)
Volles Rubrum wie z. B. in Muster 1 (Rn. 1):
(......)
Wegen: Überstundenvergütung.
Namens und in Vollmacht des Klägers erheben wir

Klage

und werden
beantragen zu erkennen:

1. Die Beklagte wird verurteilt, an den Kläger ...... € brutto nebst Zinsen in Höhe von 5 Prozentpunkten über dem Basiszinssatz aus dem Nettobetrag seit dem ......(oder: ab Rechtshängigkeit) zu zahlen.
2. Die Beklagte trägt die Kosten des Rechtsstreits.

Begründung:

Der am 30. 8. 1963 geborene Kläger arbeitet bei der Beklagten seit dem ...... als ...... in Vollzeit und ist in der Vergütungsgruppe/Entgeltgruppe ...... eingruppiert. Seine durchschnittliche Vergütung beträgt monatlich ...... € brutto. Die regelmäßige Arbeitszeit des Klägers beträgt wöchentlich ...... Stunden in der Fünf-Tage-Woche. Die Arbeitszeit des Klägers ist auf Montags bis Freitags jeweils von ...... Uhr bis ...... Uhr verteilt einschließlich Pausenregelungen.

Der Kläger hat am Samstag, den ......, und am Sonntag, den ......, jeweils vier Überstunden geleistet. Die Überstunden am Samstag, den ......, hat die Beklagte ausdrücklich angeordnet.

Beweis: Zeugnis des Arbeitskollegen Herrn Ben Baum, zu laden über die Beklagte.

Die vom Kläger am Sonntag, den ......, geleisteten Überstunden hat die Beklagte zwar nicht ausdrücklich angeordnet, sie wusste jedoch davon, dass der Kläger auch an diesem Sonntag arbeiten musste und gearbeitet hat, um die Arbeiten hinsichtlich des Projektes XY ...... innerhalb der von der Beklagten vorgegebenen Zeitvorgabe beenden zu können. Zumindest hat die Beklagte die vom Kläger am Sonntag geleisteten Überstunden gebilligt, da sie betriebsnotwendig waren.

Beweis: 1. Zeugnis des Projektleiters Herrn Dr. L. Löns, zu laden über die Beklagte
2. Projektstudie und Zeitvorgaben der Beklagten vom ......, Anlage K1
3. Sachverständigengutachten

Der Kläger hat die Beklagte auf die Notwendigkeit der Überstunden am ...... auch mündlich hingewiesen. Dem Kläger wurde durch den Projektleiter, Herrn Dr. L. Löns, am ...... gegen ...... Uhr in Gegenwart des n. g. Zeugen Gerd Müller mitgeteilt, „er solle sehen, wie er die Arbeiten fertig bekomme".

Beweis: 1. Zeugnis des Projektleiters Herrn Dr. L. Löns, zu laden über die Beklagte
2. Zeugnis des Herrn Gerd Müller, zu laden über die Beklagte
3. Projektstudie und Zeitvorgaben der Beklagten vom ......, Anlage K1

Nach alledem besitzt der Kläger einen Anspruch auf Überstundenvergütung in Höhe von ...... €. Ein Freizeitausgleich der geleisteten Überstunden ist nicht erfolgt.

Mit Schreiben vom 14. 2. 2007 hat der Kläger die Beklagte mit Fristsetzung bis spätestens zum 26. 3. 2007 vergeblich aufgefordert, ihm die Überstunden zu ver-

5. Klage auf Überstundenvergütung **Praxishinweise**

güten. Ein Zahlungseingang ist nicht erfolgt. Die Beklagte befindet sich seit dem 27. 3. 2007, hilfsweise seit Rechtshängigkeit, in Verzug. Die Ausschlussfrist in § 37 TVöD/TV-L wurde gewahrt. Die Klage ist begründet.

Rechtsanwalt

Praxishinweise 6. Kombinierte Kündigungsschutz- und Vergütungsklage

6. Kombinierte Kündigungsschutz- und Vergütungsklage

An das
Arbeitsgericht ......

Klage

Volles Rubrum wie z. B. Muster 1 (Rn. 1): (......)
Wegen: Unwirksamkeit einer ordentlichen Kündigung und ausstehende Vergütung
Namens und in Vollmacht des Klägers erheben wir

Klage

und werden beantragen zu erkennen:
1. Es wird festgestellt, dass das Arbeitsverhältnis der Parteien durch die ordentliche Kündigung der Beklagten vom ...... (Datum), zugegangen am ...... (Datum), nicht mit Ablauf des 31. 8. 2007 enden wird, sondern fortbesteht.
2. Die Beklagte wird verurteilt, den Kläger über den 31. 8. 2007 hinaus (Ende des Arbeitsverhältnisses aufgrund der Kündigung) zu den bisherigen Arbeitsbedingungen als ...... (Tätigkeit des AN) bis zur Rechtskraft des Bestandsschutzverfahrens weiterzubeschäftigen.
3. Die Beklagte wird verurteilt, an den Kläger ...... € brutto nebst Zinsen von 5 Prozentpunkten über dem Basiszinssatz seit dem ...... (Verzugsdatum oder: seit Rechtshängigkeit) zu zahlen.
4. Die Beklagte trägt die Kosten des Rechtsstreits.

Begründung:

Der am 30. 8. 1963 geborene Kläger arbeitet bei der Beklagten seit dem ...... als ...... in Vollzeit und ist in der Vergütungsgruppe/Entgeltgruppe ...... eingruppiert. Seine durchschnittliche Vergütung beträgt monatlich ...... € brutto.
Beweis: 1. Arbeitsvertrag vom ......, Anlage K1.
        2. Vergütungsabrechnung vom ......, Anlage K2.
Die Beklagte beschäftigt regelmäßig mehr als 10 Arbeitnehmer (§§ 1, 23 KSchG).
Der Kläger ist länger als sechs Monate bei der Beklagten beschäftigt.
Mit Schreiben vom ...... (Datum) hat die Beklagte das Arbeitsverhältnis zum ...... (Datum) ordentlich gekündigt. Die Kündigung ist dem Kläger am ...... (Datum) zugegangen. Als Kündigungsgrund hat die Beklagte angegeben, dass der Kläger ...... (Kündigungsgrund).
Beweis: Kündigungsschreiben vom ...... (Datum), Anlage K3.
Die Kündigung ist weder durch betriebsbedingte Gründe noch durch Gründe, die in der Person oder im Verhalten des Klägers liegen, gerechtfertigt (......). Der Vorwurf der Beklagten, der Kläger hätte ...... (Darstellung des Kündigungssachverhalts), ist falsch. Richtig ist vielmehr, dass der Kläger ...... (Bestreiten des Vorliegens eines Kündigungsgrundes).
Beweis: 1. (......)
        2. (......)
Die vg. Zeugen werden bestätigen können, dass ...... (Bestätigung des Klägervortrags). Dem Kläger kann daher nicht vorgeworfen werden, er habe ...... (substantiierter Vortrag nebst Beweisantritt).
Auch wird bestritten, dass der Personalrat (Betriebsrat) ordnungsgemäß zum Kündigungssachverhalt und damit zur Kündigung vom ...... angehört worden ist.

6. Kombinierte Kündigungsschutz- und Vergütungsklage **Praxishinweise**

Die Kündigung ist folglich gem. § 1 Abs. 1, 2 KSchG unwirksam und beendet das zwischen den Parteien begründete Arbeitsverhältnis nicht. Der Kläger hat einen Anspruch auf Weiterbeschäftigung zu unveränderten Bedingungen als ...... (bisherige Tätigkeit des Klägers bei der Beklagten; s. Klageantrag zu 2).
(Evtl. je nach Einschätzung des Kündigungssachverhaltes weitere Ausführungen zur zusätzlich erhobenen allgemeinen Feststellungsklage i. S. d. § 256 Abs. 1 ZPO, vgl. Muster 1).
Auch ist die Beklagte wegen Annahmeverzuges zur Fortzahlung der tarifgerechten Vergütung gem. § 615 BGB verpflichtet. Da die Beklagte dem Kläger die ihm zustehende monatliche Vergütung in Höhe von ...... € trotz Aufforderungsschreiben vom ...... für die Monate August, September und Oktober nicht gezahlt hat, besitzt der Kläger gegen die Beklagte einen Gesamtvergütungsanspruch in Höhe von ...... €. Dieser Bruttobetrag wird mit dem Klageantrag zu 3 geltend gemacht. Die Beklagte befindet sich seit dem ...... mit der Vergütungszahlung in Verzug.

Beweis: (......)

Die Ausschlussfrist in § 37 TVöD/TV-L hat der Kläger beachtet. Nach alledem ist die Beklagte antragsgemäß zu verurteilen.

Rechtsanwalt

Praxishinweise 7. Klage auf Zeugniserteilung oder Zeugnisberichtigung

8 7. Klage auf Zeugniserteilung oder Zeugnisberichtigung

An das
Arbeitsgericht (......)

Klage

Volles Rubrum wie z. B. Muster 1: (......)
Wegen: Zeugniserteilung oder: Zeugnisberichtigung
Namens und in Vollmacht des Klägers erheben wir

Klage

und werden beantragen zu erkennen:
1. Die Beklagte wird verurteilt, der Klägerin ein Zeugnis zu erteilen, welches sich auf Art und Dauer sowie Führung und Leistung in dem Arbeitsverhältnis (Dienstverhältnis) erstreckt.
2. Die Beklagte trägt die Kosten des Rechtsstreits.
oder:
1. Die Beklagte wird verurteilt, das der Klägerin am 13. 12. 1999 erteilte Zeugnis wie folgt zu berichtigen:
a) dass die Klägerin die ihr übertragenen Aufgaben stets zur vollen Zufriedenheit erledigt hat,
b) dass die Klägerin durch ihre Mitarbeit bei dem Projekt „TD 2000" hervorragend gearbeitet hat,
c) dass die Klägerin stets pünktlich, zuverlässig und pflichtbewusst war,
d) dass die Klägerin besondere Sprachkenntnisse in Italienisch besitzt,
e) dass die Klägerin (......).
2. Die Beklagte trägt die Kosten des Rechtsstreits.

Begründung:

(......)
Nach alledem ist die Klage begründet.

Rechtsanwalt

Anmerkung:
Zur Zeugniserteilung s. die Erl. zu § 35 TVöD/TV-L; ferner § 109 GewO.

8. Klage auf Verringerung der Arbeitszeit (§ 8 TzBfG)

An das
Arbeitsgericht (......)

Klage gem. § 8 TzBfG
des Herrn (......) (Vor- u. Nachname, Adresse)

– Kläger –

Prozessbevollmächtigte: Rechtsanwälte (......)

gegen

das Land Nds. (......),
dieses vertreten durch (......),
dieser vertreten durch
(Bezeichnung des AG/Dienstherrn, Name u. Vorname der Vertretungsberechtigten, Adresse)

– Beklagte –

Wegen: Verringerung der wöchentlichen Arbeitszeit
Namens und in Vollmacht des Klägers (Anlage: Prozessvollmacht) erheben wir

Klage

und werden beantragen zu erkennen:
1. Die Beklagte wird verurteilt, der Verringerung der Arbeitszeit des Klägers ab dem 1. 7. 2007 auf 28 Stunden pro Woche bei einer gleichmäßigen Verteilung dieser Arbeitszeit auf Montags bis Donnerstags zu je 6 Stunden und auf Freitags zu 4 Stunden zzgl. Pausen zuzustimmen.
2. Die Beklagte trägt die Kosten des Rechtsstreites.
ordentliche Kündigung der Beklagten vom (......)

Begründung:

Der am 30. 8. 1963 geborene Kläger, der verheiratet ist und gegenüber 2 Kindern zum Unterhalt verpflichtet ist, arbeitet bei der Beklagten seit dem (......) (......) als (......) in Vollzeit und ist in der Vergütungsgruppe ./.
Entgeltgruppe ...... eingruppiert. Seine durchschnittliche Vergütung beträgt monatlich ...... € brutto.
Beweis: 1. Arbeitsvertrag vom (......), Anlage K1.
2. Vergütungsabrechnung vom (......), Anlage K2.

Die Beklagte beschäftigt regelmäßig mehr als 15 Arbeitnehmer (§§ 8 Abs. 7 TzBfG).
Mit Schreiben vom (......) (Datum) hat der Kläger beantragt, die wöchentliche Arbeitszeit von bisher 40 Stunden auf 28 Stunden wöchentlich zu reduzieren. Die Beklagte hat den Antrag als nicht durchführbar zurückgewiesen.
Beweis: Außergerichtlicher Schriftverkehr der Parteien, Anlagen K2 und K3

Die Voraussetzungen des § 8 TzBfG liegen vor. Der Kläger kann aus gesundheitlichen Gründen nicht mehr in Vollzeit arbeiten, auf den Inhalt des vorgelegten ärztlichen Attests wird ausdrücklich Bezug genommen.
Vorsorglich wird der Arzt von seiner ärztlichen Schweigepflicht hiermit entbunden.
§ 8 Abs. 6 TzBfG findet keine Anwendung; der Klage ist stattzugeben.

Rechtsanwalt

Praxishinweise   8. Klage auf Verringerung der Arbeitszeit

10 Anmerkung:
§ 8 TzBfG regelt die Voraussetzungen, nach denen der Arbeitnehmer auch im öffentlichen Dienst seinen Anspruch auf Reduzierung der Arbeitszeit durchsetzen kann; in § 9 TzBfG ist normiert, unter welchen Voraussetzungen der Anspruch auf Verlängerung der Arbeitszeit geltend gemacht werden kann. § 8 Abs. 7 TzBfG ist zu beachten. Die Verringerung und die Verteilung der Arbeitszeit kann gleichzeitig eingeklagt werden, eine Stufenklage muss nicht erhoben werden. S. auch BAG NZA 2001, 973.

9. Eingruppierungsfeststellungsklage (Höhergruppierung)

An das
Arbeitsgericht ......

Klage auf Höhergruppierung

Volles Rubrum wie z. B. Muster 1: (......)

Wegen: Anspruch des Klägers auf Höhergruppierung
Namens und in Vollmacht des Klägers erheben wir

Klage

und werden beantragen zu erkennen:
1. Festzustellen, dass die Beklagte verpflichtet ist, dem Kläger ab dem ...... (Datum) eine Vergütung nach der VerGr. V b BAT, hilfsweise eine Vergütung nach der VergGr. V c BAT, zu zahlen.
2. Die Beklagte trägt die Kosten des Rechtsstreits.

Begründung:

Der am 30. 8. 1963 geborene Kläger arbeitet bei der Beklagten seit dem ...... als ...... in Vollzeit und ist in der Vergütungsgruppe ...... BAT (Bd./Ld.- oder VKA-Tarif) eingruppiert. Seine durchschnittliche Vergütung beträgt monatlich ...... € brutto.

Beweis: 1. Arbeitsvertrag vom ......, Anlage K1.
2. Vergütungsabrechnung vom ......, Anlage K2.

(Beispiel): Mit der Klage begehrt der Kläger im Wege des Bewährungsaufstiegs eine tarifgerechte Höhergruppierung in die VerGr. V b BAT, hilfsweise Vergütung nach der VerGr. V c BAT. Der Kläger ist seit mehr als drei Jahren im Geschäftsbereich des Bundesministers der Verteidigung bei dem Versorgungskommando 666 in B. als Bürosachbearbeiter im Angestelltenverhältnis beschäftigt. Auf das Arbeitsverhältnis findet kraft einzelarbeitsvertraglicher Inbezugnahme der Bundesangestelltentarifvertrag (BAT) sowie die diesen ergänzenden, ändernden oder aufhebenden Tarifverträge in der jeweils gültigen Fassung Anwendung.

Beweis: Wie vor.

Der Kläger erhielt zuletzt eine Vergütung aus der VerGr. VI b BAT, Anlage 1 a.

Beweis: Wie vor.

Es folgen Ausführungen des Kläger zum Arbeitsvorgang/Arbeitsplatzbeschreibung: (......)
Die Tätigkeit des Klägers lässt sich in nachgenannte Arbeitsvorgänge gliedern: (......)
Im Einzelnen: (......)

Hier: Darlegung des prozentualen Anteils des Arbeitsvorganges X an der Tätigkeit des AN (mind. 51%, vgl. §§ 22, 23 BAT). Damit macht der Arbeitsvorgang X mehr als die Hälfte der Arbeitszeit des Klägers aus. Für die tarifgerechte Eingruppierung des Klägers sind nachgenannte Tätigkeitsmerkmale der Anlage 1a zum BAT heranzuziehen: Unerlässlich ist somit die konkrete Wiedergabe der einzelnen Vergütungsgruppen und Fallgruppen (......). Beispiel: Darlegung, dass der konkrete Arbeitsvorgang X (hier über 50%) das jeweilige Tätigkeitsmerkmal erfüllt, hier: „selbständige Leistungen" bzgl. der Fallgr. 1 a der VerGr. V c BAT, oder: „mindestens zu einem Drittel selbständige Leistungen" der Fallgr. 1 b der

Praxishinweise 9. Eingruppierungsfeststellungsklage

VerGr. V c BAT (......). Anmerkung: Zur tarifgerechten Eingruppierung siehe insges. die Erl. zu §§ 12 ff. TVöD.

12 Hinweis:
Der Kläger muss alle einschlägigen Vergütungsgruppen und die dazu gehörenden Fallgruppen nennen, da die Vergütungsgruppen aufeinander aufbauen. Zur Erfüllung der Tätigkeitsmerkmale muss substantiiert vorgetragen werden (vgl. hierzu mit Beispiel die umfangreichen Erl. zu §§ 22, 23 BAT/-O Vorauflage; ferner die Erl. hier zu §§ 12 ff. TVöD; ausführl. auch grds. Bredemeier AnwBl. 1997, 251). Denn der Kläger trägt für seinen Anspruch auf Höhergruppierung die Darlegungs- und Beweislast. Er muss die Voraussetzungen für seinen Vergütungsanspruch und für die tarifrechte Eingruppierung in die jeweilige Vergütungsgruppe nebst Fallgruppe schlüssig darlegen.

Nach alledem besitzt der Kläger einen Anspruch auf Vergütung ab dem ...... gemäß VerGr ...... BAT, Anlage 1 a. Mit Schreiben vom ...... hat der Kläger seinen Anspruch auf Höhergruppierung gem. §§ 22, 23 BAT i. V. m. § 70 BAT mit Wirkung zum ...... geltend gemacht.

Beweis: Schreiben des Klägers vom ......, Anlage K 3.

Die Beklagte hat mit Schreiben vom ...... den Anspruch des Klägers auf tarifgerechte Eingruppierung gem. §§ 22, 23 BAT abgelehnt.

Beweis: Schreiben der Beklagten vom ......, Anlage K 4.

13 Klage auf Höhergruppierung ist daher geboten.

Rechtsanwalt

Anmerkung:
Streiten die Parteien über die zutreffende Eingruppierung, sollte der Kläger die gem. vg. Muster entsprechende Eingruppierungsfeststellungsklage gem. § 256 ZPO erheben (oder in Verbindung mit einer Zahlungsklage als Zwischenfeststellungsklage gem. § 256 Abs. 2 ZPO). Eine isolierte Zahlungsklage ist weniger geeignet, alle mit der richtigen tariflichen Vergütungsgruppe zusammenhängenden Vergütungsfragen abschließend zu klären.

10. Klageabweisung und Widerklage 14

An das
Arbeitsgericht ......
Aktz.: 3 Ca 231/07
In dem Rechtsstreit
Gerd Müller ./. Land Nds., dieses vertreten
 durch ......
PB: RAe ...... PB: Rechtsanwalt ......

bestellen wir uns für die Beklagte und werden beantragen,

        die Klage kostenpflichtig abzuweisen.

Gleichfalls werden wir

        Widerklage

erheben mit dem Antrag,
den Kläger zu verurteilen, an die Beklagte 10 000,– € netto nebst Zinsen von 5 Prozentpunkten über dem Basiszinssatz seit Rechtshängigkeit zu zahlen.

        Begründung:

(1) Begründung zur Abweisung der Klage
(2) Begründung der Forderung, die mit der Widerklage (§ 33 ZPO) geltend gemacht wird.

Rechtsanwalt

Praxishinweise   11. Einspruch gegen ein Versäumnisurteil

15 **11. Einspruch gegen ein Versäumnisurteil nebst Vollstreckungsschutzantrag**

An das
Arbeitsgericht Hannover ......
Az.: 3 Ca 233/07
In dem Rechtsstreit
Gerd Müller   ./.   Land Nds., dieses vertreten
                              durch ......
PB: RAe ......   PB: Rechtsanwalt ......
bestellen wir uns für die Beklagte und legen hiermit gegen das Versäumnisurteil des Arbeitsgerichts Hannover vom 25. 2. 2007, Aktz.: 3 Ca 233/07,

Einspruch

ein und beantragen,
1. das Versäumnisurteil vom 25. 2. 2007 wird aufgehoben und die Klage wird abgewiesen,
2. der Kläger trägt die Kosten des Rechtsstreits.

Gleichzeitig beantragen wir,
der Beklagten gegen die Versäumung der Einspruchsfrist Wiedereinsetzung in den vorigen Stand zu gewähren und den Rechtsstreit an das Arbeitsgericht Minden zu verweisen,

sowie

die Zwangsvollstreckung aus dem Versäumnisurteil ohne, notfalls gegen Sicherheitsleistung, einzustellen.

Begründung:

(1) Keine Zustellung des VU (......)
(2) Erörterung zum Verweisungsantrag wegen Unzuständigkeit des ArbG Hannover (......)
(3) Glaubhaftmachung (......)
(4) Erörterung zur Einstellung der Zwangsvollstreckung gem. §§ 62 ArbGG, §§ 708 ff. ZPO.

Rechtsanwalt

12. Abmahnungsschreiben an Arbeitnehmer

Übergabe-Einschreiben:
Herrn
Frank Müller
Adresse (......)

Abmahnung

Sehr geehrter Herr Müller,
Bei einer Arbeitskontrolle durch Ihren Vorgesetzten, Herrn ......, wurde am ...... festgestellt, dass Sie um 8.25 Uhr Ihre Arbeit noch nicht aufgenommen hatten.
Gemäß Ihrem Arbeitsvertrag unter § 6, Pkt. 2, beginnt Ihre Arbeitszeit pünktlich um 8.00 Uhr und endet um 16.30 Uhr. Eine Gleitzeitregelung besteht nicht.
Aufgrund des vorliegenden und unentschuldigten Verstoßes gegen Ihre arbeitsvertraglichen Pflichten sehen wir uns daher gezwungen, Sie hiermit abzumahnen.
Wir fordern Sie ausdrücklich auf, zukünftig Ihren arbeitsvertraglichen Pflichten nachzukommen. Sollten Sie sich erneut durch eine verspätete Aufnahme Ihrer Arbeit am Arbeitsplatz vertragswidrig verhalten, wird dies arbeitsrechtliche Konsequenzen haben. Im Wiederholungsfall müssen Sie damit rechnen, dass wir das Arbeitsverhältnis ordentlich kündigen. Eine Durchschrift dieser Abmahnung nehmen wir zu Ihrer Personalakte. Ihnen steht es frei, sich zu dieser Abmahnung schriftlich bis zum ...... (Beispiel: 14-Tages-Frist) zu äußern.

Mit freundlichen Grüßen

Dienstvorgesetzter/Arbeitgeber (§ 174 BGB).
(......)

Anmerkung:
Im Abmahnungsschreiben muss der Pflichtenverstoß, der dem Arbeitnehmer vorgeworfen wird, konkret genannt werden; allgemeine Ausführungen reichen nicht zur Wirksamkeit der Abmahnung aus. Sollte eine Abmahnung einmal unwirksam sein, da z.B. der Pflichtenverstoß zu ungenau im Abmahnungsschreiben aufgeführt wurde, und hat aus diesem Grund der Arbeitnehmer gegen die Wirksamkeit der Abmahnung geklagt, kann später die Abmahnung (dann richtig!) wiederholt werden. Zum Muster einer Abmahnungsklage s. das Muster zu 13.

Praxishinweise

13. Vergleich vor dem Arbeitsgericht (und Abfindungsproblematik)

Die Parteien schließen folgenden Vergleich:
1. Das Arbeitsverhältnis zwischen den Parteien wird auf Veranlassung des Arbeitgebers aufgrund dringender betrieblicher Gründe fristgerecht zum 31. 12. 2007 aufgelöst. Das Arbeitsverhältnis wird ordnungsgemäß dis zum 31. 12. 2007 auf der Grundlage der Vergütung von ...... abgerechnet.
2. Der (vorliegende) Rechtsstreit ist hiermit erledigt.
3. Der Kläger wird unter Fortzahlung der Vergütung bis zur Beendigung des Arbeitsverhältnisses von seiner Arbeitsleistung widerruflich freigestellt. Etwaige Urlaubs- und Urlaubsabgeltungsansprüche des Arbeitnehmers sind hierdurch abgegolten.
4. Der Beklagte verpflichtet sich, dem Arbeitnehmer für den Verlust des Arbeitsplatzes eine Abfindung in Höhe von ...... brutto, fällig am ......, gem. §§ 9, 10 KSchG zu zahlen. Der Abfindungsanspruch ist bereits schon jetzt entstanden und vererblich.
5. Der Beklagte verpflichtet sich, die zugunsten des Klägers abgeschlossene Direktversicherung bei der ...... weiterzuzahlen und an den Kläger dann durch Aushändigung der Urkunde zu übertragen.
6. Der Beklagte verpflichtet sich, dem Kläger ein leistungsgerechtes und wohlwollendes Zeugnis zu erteilen.
7. Beide Parteien behalten sich das Recht vor, den Vergleich bis zum ...... schriftlich gegenüber dem Gericht zu widerrufen.

Anmerkung:
Es gilt § 1a Abs. 1 KSchG zu beachten. Danach kann der Arbeitgeber seit dem 1. 1. 2004 bei einer betriebsbedingten Kündigung dem Arbeitnehmer eine nach festen Sätzen geregelte Abfindung für den Verlust des Arbeitsplatzes im Kündigungsschreiben anbieten (s. ErfK/Ascheid KSchG § 1a Rn. 3ff.). Nimmt der Arbeitnehmer das Angebot einer Abfindungszahlung nicht an und erhebt Kündigungsschutzklage, ist der Arbeitgeber an sein Angebot zur Zahlung der Abfindung nicht gebunden, sollte z. B. der Arbeitnehmer während des Verfahrens seine Klage zurücknehmen. Aufgrund geänderter Rechtslage sind Abfindungen seit dem 1. 1. 06 nicht mehr steuerfrei. § 3 Nr. 9 EStG wurde mW ab dem 1. 1. 06 aufgehoben, so dass es keine steuerfreien Abfindungsbeträge mehr gibt. War jedoch die Klage vor dem 31. 12. 05 noch anhängig, und fließt die Abfindung bis zum 1. 1. 08, greift § 3 Nr. 9 EStG noch für diese Altfälle ein, s. § 52 Abs. 4a EStG.

14. Klage auf Entfernung der Abmahnung aus der Personalakte

An das
Arbeitsgericht ......
Klage (Abmahnungsklage)
des Herrn ...... (Vor- u. Nachname, Adresse)

– Kläger –

Prozessbevollmächtigte: Rechtsanwälte ......

gegen

das Land Nds. (......), dieses vertreten durch ......, dieser vertreten durch ......
(Bezeichnung des AG/Dienstherrn, Name u. Vorname der Vertretungsberechtigten, Adresse)

– Beklagte –

Wegen: Unwirksamkeit einer Abmahnung
Namens und in Vollmacht des Klägers (Anlage: Prozessvollmacht) erheben wir

Klage

und werden beantragen zu erkennen:
1. Die Beklagte wird verurteilt, die dem Kläger am 1. 1. 07 erteilte Abmahnung aus der Personalakte des Klägers ersatzlos zu streichen und zu entfernen.
2. Die Beklagte trägt die Kosten des Rechtsstreits.

Begründung:

Der am 30. 8. 1963 geborene Kläger ist verheiratet, er ist gegenüber zwei Kindern zum Unterhalt verpflichtet und arbeitet bei der Beklagten seit dem ...... als ...... in Vollzeit. Er erzielt ein monatliches Bruttoentgelt in Höhe von ...... €.
Mit Schreiben vom 1. 1. 07 hat die Beklagte dem Kläger eine Abmahnung erteilt.
Beweis: Abmahnungsschreiben vom 1. 1. 07, Anlage K1
Die Abmahnung ist unwirksam. Der Vorwurf im Abmahnungsschreiben ist unzutreffend, der Kläger hat bereits in einer Gegendarstellung vom 5. 2. 07 zur Abmahnung Stellung bezogen und die Beklagte vergeblich aufgefordert, die Abmahnung zurückzunehmen und aus seiner Personalakte zu streichen.
Klage ist daher geboten.
Die Abmahnung ist unwirksam, weil (......).
Der Klage ist stattzugeben.

Rechtsanwalt

Anmerkung:
Der Arbeitnehmer kann die Beseitigung und Rücknahme der (unwirksamen) Abmahnung verlangen. Befindet sie sich in der Personalakte, ist sie daraus bei Unwirksamkeit zu entfernen (s. BAG, 5. 8. 1992, NZA 1993, 838; BAG, 30. 5. 1996, NZA 1997, 145). Die Beweislast zur Rechtfertigung der Abmahnung trifft den Arbeitgeber. Das Nachschieben von Abmahnungsgründen im Klageverfahren ist unzulässig, dem Arbeitgeber bleibt es allerdings unbenommen, ggf. eine neue Abmahnung auszusprechen.

Praxishinweise

19 15. Auflösungsvertrag

Zwischen:

Arbeitgeber/Dienstherr: Name, Adresse
und
Angestellte/Arbeiter: Name, Adresse

wird nachgenannter Auflösungsvertrag geschlossen:

§ 1

1. Frau/Herr ...... hat am ...... das ...... Lebensjahr vollendet; ein Anspruch auf eine gesetzliche Altersrente besteht gegenwärtig nicht.
2. Auf Veranlassung des Arbeitgebers/Dienstherrn wird aus krankheitsbedingten Gründen das zwischen den Parteien bestehende Arbeitsverhältnis mit Ablauf des ...... (Datum) unter Einhaltung der tariflichen Kündigungsfrist von ...... beendet, § 33 TVöD/TV-L.

§ 2

Nach Beendigung des Arbeitsverhältnisses hat sich Frau/Herr ...... unverzüglich bei der zuständigen Arbeitsagentur arbeitslos zu melden und Leistungen, hier Arbeitslosengeld, zu beantragen.

§ 3

1. Frau/Herrn ...... wird nach dem Ausscheiden bis zum Zeitpunkt des frühestmöglichen Erhalts einer Altersrente eine Überbrückungshilfe in monatlichen Raten als Zuzahlung zum Arbeitslosengeld gewährt.
2. Die Überbrückungshilfe ergibt sich aus dem Differenzbetrag zwischen den Leistungen der Bundesanstalt für Arbeit (Arbeitslosengeld) und 83 vH (......) des Jahresnettoentgelts von Frau/Herr ...... Ansprüche auf Kindergeld zählen auch zu den Jahresnettobezügen.
3. Die Überbrückungshilfe wird nicht über den Zeitpunkt hinaus gezahlt, von dem an der ausgeschiedenen Arbeitnehmerin bzw. dem ausgeschiedenen Arbeitnehmer Leistungen aus der gesetzlichen Rentenversicherung zustehen.

§ 4

1. Frau/Herr ...... hat sich beim Rentenversicherungsträger sowie bei der VBL über die rentenversicherungs- als auch zusatzversorgungsrechtlichen Folgen der Beendigung ihres/seines Arbeitsverhältnisses informiert. Nach dem Ausscheiden sind sämtliche Ruhens- und/oder Bewilligungsbescheide (auch Änderungsbescheide) der Arbeitsagentur der zuletzt zuständigen Personalabteilung unverzüglich vorzulegen.
2. Frau/Herr ...... ist verpflichtet, Leistungen, die ihr/ihm aus der gesetzlichen Rentenversicherung zustehen, so früh wie möglich in Anspruch zu nehmen, spätestens die Altersrente wegen Arbeitslosigkeit, soweit die Voraussetzungen hierfür vorliegen.

§ 5

Der Anspruch auf Überbrückungshilfe entfällt
a) bei rechtskräftiger Feststellung einer nachträglich bekannt gewordenen groben Verfehlung, die während des Bestehens des Arbeitsverhältnisses begangen wurde und zu einer fristlosen Kündigung berechtigt hätte;

15. Auflösungsvertrag — **Praxishinweise**

b) wenn Beschäftigungen oder selbständige Tätigkeiten gegen Entgelt ausgeübt werden, die zur Minderung oder zum Wegfall des Arbeitslosengeldes führen;
c) mit Ablauf des Folgemonats, in dem die/der Beschäftigte stirbt.

§ 6

Alle über diesen Auflösungsvertrag hinausgehenden Ansprüche aus dem Arbeitsverhältnis, auch zum jetzigen Zeitpunkt nicht bekannte – mit Ausnahme von Vorschüssen und Darlehen, sind hiermit beiderseitig abgegolten.

§ 7

Bis zum Ausscheidungstermin nicht angetretener Urlaub einschließlich nicht genommener freier Tage wegen Arbeitszeitverkürzung entfällt.

Arbeiteber/Dienstherr, Ort/Datum
Arbeitnehmerin/Arbeitnehmer, Ort/Datum

Praxishinweise

20 16. Berufung

An das
Landesarbeitsgericht ......

Berufung

des Herrn ...... (Vor- u. Nachname, Adresse)

– Kläger und Berufungskläger –

Prozessbevollmächtigte: Rechtsanwälte ......

gegen

das Land Nds. (......), dieses vertreten durch ......, dieser vertreten durch ......
(Bezeichnung des AG/Dienstherrn, Name u. Vorname der Vertretungsberechtigten, ladungsfähige Adresse)

– Beklagte und Berufungsbeklagte –

Prozessbevollmächtigte I. Instanz: Rechtsanwälte ......
Wegen: Unwirksamkeit einer ordentlichen Kündigung.

Namens und in Vollmacht des Klägers und Berufungsklägers wird gegen das Urteil des Arbeitsgerichts ...... vom 19. 11. 2006 (......), zugestellt am (......), Az.: 2 Ca 564/06 (......),

Berufung

eingelegt.
Eine beglaubigte Abschrift des Urteils der I. Instanz ist beigefügt (Anlage).
Die Anträge und die Berufungsbegründung bleiben einem gesonderten Schriftsatz vorbehalten.

Rechtsanwalt

17. Berufungsbegründung

An das
Landesarbeitsgericht ......
Az.: 8 Sa 555/2006

In dem Berufungsrechtsstreit
Heinz Müller ./. das Land Nds. (......),
PB: RAe ...... PB: RA ......
begründen wir die mit der Berufungsschrift vom ......, Eingang ......, eingelegte Berufung gegen das Urteil des Arbeitsgerichts Bonn vom ......, zugestellt am ......, Az.: 2 Ca 345/05, wie folgt:

I.

Zur Begründung der Berufung beziehen wir uns zunächst auf das gesamte erstinstanzliche Vorbringen des Klägers einschließlich der dortigen Beweisantritte. Das Arbeitsgericht Bonn hat zu Unrecht die Kündigungsschutzklage abgewiesen.

II.

Ergänzend zum erstinstanzlichen Vorbringen ist im Einzelnen festzustellen: Unstreitig streiten die Parteien im Kernpunkt ihrer Auseinandersetzung über die Frage des Beendigungszeitraumes ihres Arbeitsverhältnisses. Die Schlussfolgerung des Arbeitsgerichts, dass das Arbeitsverhältnis der Parteien zum 30. 10. 2005 beendet worden ist, ist fehlerhaft. Die Beweiswürdigung des Arbeitsgerichts überzeugt nicht. Die Zeugen Müller und Löns haben ausgesagt, dass das Arbeitsverhältnis durch die Zusage des Geschäftsführers der Beklagten, Herrn Dr. Wohlfahrt, über den 30. 10. des Jahres hinaus verlängert worden ist bis zum 31. 12. 2005.

Beweis: 1. Zeugenaussage des Herrn Müller, Protokoll des Arbeitsgerichts, liegt vor
2. Zeugnis des Herrn Müller, ladungsfähige Anschrift
3. Zeugnis von Herrn Löns, ladungsfähige Anschrift

Dagegen hat zwar die Zeugin Borowka bei ihrer Vernehmung ausgesagt, dass (......)
Im Ergebnis steht fest, dass entgegen der Beweiswürdigung des Arbeitsgericht davon ausgegangen werden muss, dass die Parteien das Arbeitsverhältnis aufgrund der Zusagen des Geschäftsführers der Beklagten bis zum 31. 12. 2005 verlängert haben (......).

III.

Merke: Zum Aufbau einer Berufungsbegründung:
(1) Das Arbeitsgericht hat die Klage zu Unrecht abgewiesen. Denn (......).
(2) Die Rechtsanwendung des Arbeitsgerichts ist fehlerhaft, weil (......).
(3) Rechtsprechungshinweise, konkrete Fallanwendung (......).
(4) Beweiswürdigung (......)
(5) Verfahrensverstöße (......)
(6) Neuer Sachvortrag (......)
(7) Sonstiges (......)
(8) Bezugnahmeklausel: Erstinstanzliches Vorbringen, Schriftsätze, Beweisantritte (......)
(9) Vorsorglicher Antrag im Unterliegensfall um Zulassung der Revision, nebst Begründung.
(10) Berufungsanträge

Praxishinweise

Beispiel für Berufungsanträge:
Es wird beantragt:
1. in Abänderung des angefochtenen Urteils festzustellen, dass das Arbeitsverhältnis der Parteien aufgrund einer Befristungsabrede bis zum 31. 12. 2006 bestanden hat, und dass es auch nicht durch die Kündigung der Beklagten vom 28. 8. d. J. mit Wirkung zum 30. 10. 2006 beendet worden ist. Weiter wird im Fall des Obsiegens mit dem Feststellungsantrag beantragt,
2. die Beklagte zu verurteilen, an den Kläger 8500,– € brutto nebst Zinsen von 5 Prozentpunkten über dem Basiszinssatz seit dem 11. 11. 2006 zu zahlen.

oder:
Es wird beantragt,
1. in Abänderung des angefochtenen Urteils festzustellen, dass das Arbeitsverhältnis der Parteien weder durch die Kündigung im Schreiben vom 20. 11. 2005 noch durch die Kündigung im Schreiben vom 19. 12. 2005 aufgelöst worden ist und dass es über den 31. 3. 2006 hinaus auf unbestimmte Zeit fortbesteht
2. und im Falle des Obsiegens mit dem Feststellungsantrag die Beklagte zu verurteilen, den Kläger zu unveränderten Bedingungen weiterzubeschäftigen.

oder:
Es wird beantragt,
das Urteil des Arbeitsgerichts Hameln (......) abzuändern und nach den Schlussanträgen der ersten Instanz zu erkennen.

Rechtsanwalt

Anmerkung:
Gem. § 64 Abs. 2 ArbGG kann gegen das Urteil der 1. Instanz nur dann bei nicht besonderer Zulassung des Berufungsverfahrens eine Berufung vor dem LArbG eingelegt werden, wenn der Wert des Beschwerdeverfahrens 600 € übersteigt oder sich die Parteien über die Kündigung eines Arbeitsverhältnisses streiten. Die Berufung muss binnen einer Notfrist von einem Monat nach Zustellung des Urteils beim Landesarbeitsgericht eingelegt werden. Die Berufung ist gleichzeitig oder innerhalb von zwei Monaten nach Zustellung des Urteils auch zu begründen.

18. Berufungserwiderung des Arbeitgebers 22

An das
Landesarbeitsgericht ......
In dem Berufungsrechtsstreit
Frank Müller ./. das Land Nds. (......),
PB: ...... PB: ......
Az.: 9 Sa 2256/06
vertreten wir die Beklagte und Berufungsbeklagte auch in der II. Instanz und werden in der mündlichen Verhandlung beantragen zu erkennen:

Die Berufung des Klägers kostenpflichtig zurückzuweisen.

Begründung:

1. Zur Begründung des Zurückweisungsantrages beziehen wir uns zunächst auf das gesamte erstinstanzliche Vorbringen der Beklagten und Berufungsbeklagten einschließlich der dortigen Beweisanträge sowie auf die überzeugenden und zutreffenden Entscheidungsgründe des angegriffenen Urteils des Arbeitsgerichts Hameln vom (......),
Az.: (......).
Das Arbeitsgericht Hameln (......) hat zurecht die Klage abgewiesen und der Widerklage in vollem Umfang stattgegeben. Die erstinstanzlichen Anträge gem. Beklagtenschriftsatz vom (......) werden in vollem Umfang weiterverfolgt.
2. Ergänzend ist zur Berufungsbegründungsschrift des Klägers und Berufungsklägers wie folgt Stellung zu nehmen:

Die Schlussfolgerung des Klägers, dass es sich bei dem Aufhebungsvertrag um ein unlauteres Geschäft i. S. d. § 138 BGB handelt, ist unzutreffend. Denn (Begründung) ......
Hierzu im Einzelnen: (......)
Nach alledem ist die Berufung des Klägers gegen das erstinstanzliche Urteil des Arbeitsgerichts Hameln unbegründet und daher in vollem Umfang kostenpflichtig zurückzuweisen.

Rechtsanwalt

Praxishinweise

23 19. Revision

An das
Bundesarbeitsgericht
(......)

Revision

Rubrum wie Muster 15: Berufung
(......)
Namens und In Vollmacht des Klägers und Berufungsklägers legen wir gegen das Berufungsurteil des Landesarbeitsgerichts Hannover vom ......, zugestellt am ......, Az.: ......,

Revision

ein.
Anträge und Begründung bleiben einem gesonderten Schriftsatz vorbehalten.
Beglaubigte Abschriften des Urteils des LAG ...... sind beigefügt (Anlagen).

Rechtsanwalt

20. Revisionsbegründung

An das
Bundesarbeitsgericht ......
Az.: ......
In der Revisionssache
Heinz Müller ./. das Land Nds. (......),
PB: RAe ...... PB: RA ......
begründen wir hiermit die mit der Revisionsschrift vom ...... eingelegte Revision gegen das Urteil des Landesarbeitsgerichts ...... vom ......, zugestellt am ......, Az.: 6 Sa 345/06.

Es wird beantragt,
auf die Revision des Klägers das Urteil des Landesarbeitsgericht ...... vom ......, Az.: ......, aufzuheben.

oder:
Es wird beantragt,
die Berufung der Beklagten gegen das Urteil des Arbeitsgerichts ...... vom ......, Az.: ......, zurückzuweisen.

oder: Feststellungs- oder Leistungsantrag (s. Anträge Muster 16).

I.

Merke: Zum Aufbau einer Revisionsbegründung:
(1) Das LAG hat die Klage gegen das Urteil des ArbG zu Unrecht abgewiesen. Denn (.....) Sachverhalt
(2) Rechtsfehler der Entscheidungsgründe des LAG
(3) Verfahrensrügen
(3.1) Aufhebung aufgrund prozessualer Gründe
(3.2.) Unzureichende Aufklärung des Sachverhalts des LAG
(3.3.) Nichtausschöpfung der angebotenen Beweise durch das LAG
(3.4.) Verfahrensrüge gem. § 286 ZPO
(3.5.) Anträge

Rechtsanwalt

Anmerkung:
Die Voraussetzungen des § 78a ArbGG sind zu beachten (s. zu Anhörungsrügengesetz und Arbeitsgerichtsverfahren Gravenhorst NZA 2005, 24.

Praxishinweise

25 21. Checkliste: Mandat im Arbeits- und Tarifrecht

I. Arbeitnehmer:
1. Name, Adresse:
2. Telefon/Fax:
3. Lebensalter:
4. Soziale Daten (Familienstand, Kinder u. a.):
5. Arbeitsvertrag/Nachweisgesetz:
6. Beruf und/oder Tätigkeit:
7. Vollzeit-/Teilzeittätigkeit/Geringfügige Beschäftigung:
8. Vergütungsgruppe/Fallgruppe jetzt Entgeltgruppe
9. Betriebszugehörigkeit/Beschäftigungszeit:
10. Monatliches Bruttoeinkommen:
11. Zulagen:
12. Urlaubs- und Weihnachtsgeld/Sonderzuwendung:
13. Bankverbindung/Girokonto:
14. Rechtsschutzversicherung:
15. Gewerkschaftszugehörigkeit:
16. Sonstiges:

II. Arbeitgeber/Dienstherr:
1. Name, Adresse:
2. Rechtsform:
3. Dienststelle/Dienstort:
4. Telefon/Fax:
5. Bankverbindung/Girokonto:
5. Personalrat/Betriebsrat:
6. Falls ja, Vorsitzender:
7. Anzahl der Mitarbeiter/Beschäftigte:
8. Sonstiges:

III. Kündigungsschutzklage:
1. Datum der Kündigung, Zugang der Kündigung:
2. Angabe von Kündigungsgrund:
3. Verhaltensbedingte Kündigung:
4. Personenbedingte Kündigung:
5. Betriebsbedingte Kündigung:
6. Mischfälle:
7. Änderungskündigung:
8. Beschäftigtenzahl (§§ 1, 22, 23 KSchG n. F.)
9. Kündigungsfrist: Tarifvertrag/Gesetz:
10. Anhörung Personalrat/Betriebsrat:
11. Widerspruch Personalrat/Betriebsrat:
12. Weiterbeschäftigungsanspruch des AN:
13. Klagefrist, 3-Wochen-Frist (§ 4 KSchG): BAG 15. 12. 2005, NZA 06, 791
14. Nachträgliche Zulassung der Klage (§ 7 KSchG):
15. Rügefrist, 1-Woche-Frist (§ 174 BGB):
16. Schwangerschaft, 2-Wochen-Frist (§ 9 MuSchG):
17. Schwerbehinderte, 1-Monat-Frist (Zustimmungsbescheid):
18. Besonderheiten Tarifvertrag: Beispiel Unkündbarkeit, §§ 53 ff. BAT; § 34 TVöD/TV-L
19. Betriebsvereinbarung:
20. Sozialplan/Interessenausgleich:

21. Checkliste **Praxishinweise**

21. Geringfügige Beschäftigung:
22. Sonstiges:

IV. PKH-Verfahren:
1. Beiordnung, § 11a ArbGG:
2. Persönliche und wirtschaftliche Verhältnisse:
3. Sonstiges (z. B. Anlagen):

V. Vergütungs- und Lohnklage pp.:
1. Ausstehende Vergütung/Lohn:
2. Fälligkeit der Vergütungs-/Lohnzahlung:
3. Beihilfe/Zulagen:
4. Überstunden/Mehrarbeit:
5. Ausschlussfrist, z. B. § 70 BAT/-O; § 37 TVöD/TV-L
6. Sonstige Verfallfristen:
7. Arbeitsvertrag/TV:
8. Sonstiges:

VI. Zeugnis:
1. Zwischenzeugnis:
2. Ausstellung:
3. Beurteilung/Gesamtnote:
4. Zeugnisberichtigung:
5. Zeugnisänderung:
6. Ausschlussfrist:
7. Sonstige Verfallfristen:
8. Besonderheiten Arbeitsvertrag/TV:
9. Zeugnisklage/Rechtsschutz: § 109 GewO

VII. Außergerichtliche Vereinbarung/Vergleich:
1. Auflösung des Arbeitsverhältnisses:
2. Angabe Grund der Auflösung:
3. Erwerbsunfähigkeit/Berufsunfähigkeit:
4. Einhaltung der ordentlichen Kündigungsfrist:
5. Sondervereinbarung:
6. Anteiliges Urlaubsgeld/Weihnachtsgeld:
7. Resturlaub/Urlaubsabgeltung:
8. Sonstige Ansprüche:
9. Zeugniserteilung:
10. Abfindungsregelung für Verlust des Arbeitsplatzes:
11. Höhe der Abfindung und steuerliche Folgen: § 3 Nr. 9 EStG gestrichen zum 1. 1. 06
12. Sozialversicherungsrechtliche Folgen:
13. Aufklärung insbes. über Rentenverluste/Bezug von ALG:
14. Besonderheiten im ö. D. (Zusatzversorgung, VBL/ZVK):
15. Besondere Vorruhestandsregelung:
16. Altersteilzeitvereinbarung:
17. Ausgleichs- bzw. Gesamtbereinigungsklausel:
18. Klausel zur Erledigung des Rechtsstreits bzw. vorliegenden Rechtsstreits:
19. Freistellungsanspruch:
20. Dienstwagen:
21. Tantieme/Provision/Zulagen:
22. Sonstiges:

Rechtsanwalt

Anhang

1. Tarifvertrag zur Überleitung der Beschäftigten des Bundes in den TVöD und zur Regelung des Übergangsrechts (TVÜ-Bund)

vom 13. September 2005[1]

Zwischen der Bundesrepublik Deutschland, vertreten durch das Bundesministerium des Innern, einerseits und ver.di – Vereinte Dienstleistungsgewerkschaft, vertreten durch den Bundesvorstand,
diese zugleich handelnd für
– Gewerkschaft der Polizei,
– Industriegewerkschaft Bauen – Agrar – Umwelt,
– Gewerkschaft Erziehung und Wissenschaft,
anderseits wird Folgendes vereinbart:[2]

1. Abschnitt. Allgemeine Vorschriften

§ 1 Geltungsbereich. (1) ¹Dieser Tarifvertrag gilt für Angestellte, Arbeiterinnen und Arbeiter, deren Arbeitsverhältnis zum Bund über den 30. September 2005 hinaus fortbesteht, und die am 1. Oktober 2005 unter den Geltungsbereich des Tarifvertrages für den öffentlichen Dienst (TVöD) fallen, für die Dauer des ununterbrochen fortbestehenden Arbeitsverhältnisses. ²Dieser Tarifvertrag gilt ferner für die unter § 19 Abs. 2 fallenden Beschäftigten.

Protokollerklärung zu Absatz 1 Satz 1:
In der Zeit bis zum 30. September 2007 sind Unterbrechungen von bis zu einem Monat unschädlich.

(2) Nur soweit nachfolgend ausdrücklich bestimmt, gelten die Vorschriften dieses Tarifvertrages auch für Beschäftigte, deren Arbeitsverhältnis zum Bund nach dem 30. September 2005 beginnt und die unter den Geltungsbereich des TVöD fallen.

(3) Für geringfügig Beschäftigte im Sinne des § 8 Abs. 1 Nr. 2 SGB IV, die am 30. September 2005 unter den Geltungsbereich des BAT/BAT-O/MTArb/MTArb-O fallen, finden die bisher jeweils einschlägigen tarifvertraglichen Regelungen für die Dauer ihres ununterbrochen fortbestehenden Arbeitsverhältnisses weiterhin Anwendung.

(4) Die Bestimmungen des TVöD gelten, soweit dieser Tarifvertrag keine abweichenden Regelungen trifft.

§ 2 Ersetzung bisheriger Tarifverträge durch den TVöD. (1) ¹Der TVöD ersetzt in Verbindung mit diesem Tarifvertrag für den Bereich des Bundes die in Anlage 1 TVÜ-Bund Teil A und Anlage 1 TVÜ-Bund Teil B aufgeführten Tarifverträge (einschließlich Anlagen) bzw. Tarifvertragsregelungen, soweit im TVöD, in diesem Tarifvertrag oder in den Anlagen nicht ausdrücklich etwas anderes be-

---

[1] Die Tarifvertragsparteien haben mit Datum vom 24. November 2005 rückwirkend zum Zeitpunkt des In-Kraft-Tretens redaktionelle Änderungen vereinbart; diese Fassung berücksichtigt die dort getroffenen Vereinbarungen
[2] Ein inhaltsgleicher TV wurde mit dbb tarifunion vereinbart.

stimmt ist. ²Die Ersetzung erfolgt mit Wirkung vom 1. Oktober 2005, soweit kein abweichender Termin bestimmt ist.

Protokollerklärung zu Absatz 1:
¹ Die noch abschließend zu verhandelnde Anlage 1 TVÜ-Bund Teil B (Negativliste) enthält – über die Anlage 1 TVÜ-Bund Teil A hinaus – die Tarifverträge bzw. die Tarifvertragsregelungen, die am 1. Oktober 2005 ohne Nachwirkung außer Kraft treten. ² Ist für diese Tarifvorschriften in der Negativliste ein abweichender Zeitpunkt für das Außerkrafttreten bzw. eine vorübergehende Fortgeltung vereinbart, beschränkt sich die Fortgeltung dieser Tarifverträge auf deren bisherigen Geltungsbereich (Arbeiter/Angestellte; Tarifgebiet Ost/Tarifgebiet West usw.).

Niederschriftserklärung zu Absatz 1:
¹ Die Tarifvertragsparteien gehen davon aus, dass der TVöD und der diesen ergänzende TVÜ-Bund das bisherige Tarifrecht auch dann ersetzen, wenn arbeitsvertragliche Bezugnahmen nicht ausdrücklich den Fall der ersetzenden Regelung beinhalten.

(2) ¹Im Übrigen werden solche Tarifvertragsregelungen mit Wirkung vom 1. Oktober 2005 ersetzt, die
– materiell in Widerspruch zu Regelungen des TVöD bzw. dieses Tarifvertrages stehen,
– einen Regelungsinhalt haben, der nach dem Willen der Tarifvertragsparteien durch den TVöD bzw. diesen Tarifvertrag ersetzt oder aufgehoben worden ist, oder
– zusammen mit dem TVöD bzw. diesem Tarifvertrag zu Doppelleistungen führen würden.

Niederschriftserklärung zu Absatz 2:
Mit Abschluss der Verhandlungen über die Anlage 1 TVÜ-Bund Teil B heben die Tarifvertragsparteien § 2 Absatz 2 auf.

(3) ¹Die in der Anlage 1 TVÜ-Bund Teil C aufgeführten Tarifverträge und Tarifvertragsregelungen gelten fort, soweit im TVöD, in diesem Tarifvertrag oder in den Anlagen nicht ausdrücklich etwas anderes bestimmt ist. ²Die Fortgeltung erfasst auch Beschäftigte im Sinne des § 1 Abs. 2.

Protokollerklärung zu Absatz 3:
Die Fortgeltung dieser Tarifverträge beschränkt sich auf den bisherigen Geltungsbereich (Arbeiter/Angestellte; Tarifgebiet Ost/Tarifgebiet West usw.).

(4) Soweit in nicht ersetzten Tarifverträgen und Tarifvertragsregelungen auf Vorschriften verwiesen wird, die aufgehoben oder ersetzt worden sind, gelten an deren Stelle bis zu einer redaktionellen Anpassung die Regelungen des TVöD bzw. dieses Tarifvertrages entsprechend.

2. Abschnitt. Überleitungsregelungen

§ 3 Überleitung in den TVöD. Die von § 1 Abs. 1 erfassten Beschäftigten werden am 1. Oktober 2005 gemäß den nachfolgenden Regelungen in den TVöD übergeleitet.

§ 4 Zuordnung der Vergütungs- und Lohngruppen. (1) ¹Für die Überleitung der Beschäftigten wird ihre Vergütungs- bzw. Lohngruppe (§ 22 BAT/BAT-O bzw. entsprechende Regelungen für Arbeiterinnen und Arbeiter bzw. besondere tarifvertragliche Vorschriften für bestimmte Berufsgruppen) nach der Anlage 2 TVÜ-Bund den Entgeltgruppen des TVöD zugeordnet.

Tarifvertrag zur Überleitung (Bund) **§ 5 TVÜ-Bund**

(2) Beschäftigte, die im Oktober 2005 bei Fortgeltung des bisherigen Tarifrechts die Voraussetzungen für einen Bewährungs-, Fallgruppen- oder Tätigkeitsaufstieg erfüllt hätten, werden für die Überleitung so behandelt, als wären sie bereits im September 2005 höhergruppiert bzw. höher eingereiht worden.

(3) Beschäftigte, die im Oktober 2005 bei Fortgeltung des bisherigen Tarifrechts in eine niedrigere Vergütungs- bzw. Lohngruppe eingruppiert bzw. eingereiht worden wären, werden für die Überleitung so behandelt, als wären sie bereits im September 2005 herabgruppiert bzw. niedriger eingereiht worden.

§ 5 Vergleichsentgelt. (1) Für die Zuordnung zu den Stufen der Entgelttabelle des TVöD wird für die Beschäftigten nach § 4 ein Vergleichsentgelt auf der Grundlage der im September 2005 erhaltenen Bezüge gemäß den Absätzen 2 bis 7 gebildet.

(2) ¹Bei Beschäftigten aus dem Geltungsbereich des BAT/BAT-O setzt sich das Vergleichsentgelt aus Grundvergütung, allgemeiner Zulage und Ortszuschlag der Stufe 1 oder 2 zusammen. ²Ist auch eine andere Person im Sinne von § 29 Abschn. B Abs. 5 BAT/BAT-O ortszuschlagsberechtigt oder nach beamtenrechtlichen Grundsätzen familienzuschlagsberechtigt, wird nur die Stufe 1 zugrunde gelegt; findet der TVöD am 1. Oktober 2005 auch auf die andere Person Anwendung, geht der jeweils individuell zustehende Teil des Unterschiedsbetrages zwischen den Stufen 1 und 2 des Ortszuschlags in das Vergleichsentgelt ein. ³Ferner fließen im September 2005 tarifvertraglich zustehende Funktionszulagen insoweit in das Vergleichsentgelt ein, als sie nach dem TVöD nicht mehr vorgesehen sind. ⁴Erhalten Beschäftigte eine Gesamtvergütung (§ 30 BAT/BAT-O), bildet diese das Vergleichsentgelt.

Protokollerklärung zu Absatz 2 Satz 3:
Vorhandene Beschäftigte erhalten bis zum In-Kraft-Treten der neuen Entgeltordnung ihre Techniker-, Meister- und Programmiererzulagen unter den bisherigen Voraussetzungen als persönliche Besitzstandszulage.

(3) ¹Bei Beschäftigten aus dem Geltungsbereich des MTArb/MTArb-O wird der Monatstabellenlohn als Vergleichsentgelt zugrunde gelegt. ²Absatz 2 Satz 3 gilt entsprechend. ³Erhalten Beschäftigte Lohn nach § 23 Abs. 1 MTArb/MTArb-O, bildet dieser das Vergleichsentgelt.

(4) ¹Beschäftigte, die im Oktober 2005 bei Fortgeltung des bisherigen Rechts die Grundvergütung bzw. den Monatstabellenlohn der nächsthöheren Lebensalters- bzw. Lohnstufe erhalten hätten, werden für die Bemessung des Vergleichsentgelts so behandelt, als wäre der Stufenaufstieg bereits im September 2005 erfolgt. ²§ 4 Abs. 2 und 3 gilt bei der Bemessung des Vergleichsentgelts entsprechend.

(5) ¹Bei Teilzeitbeschäftigten wird das Vergleichsentgelt auf der Grundlage eines vergleichbaren Vollzeitbeschäftigten bestimmt. ²Satz 1 gilt für Beschäftigte, deren Arbeitszeit nach § 3 des Tarifvertrages zur sozialen Absicherung vom 6. Juli 1992 herabgesetzt ist, entsprechend.

Protokollerklärung zu § 5 Abs. 5:
¹Lediglich das Vergleichsentgelt wird auf der Grundlage eines entsprechenden Vollzeitbeschäftigten ermittelt; sodann wird nach der Stufenzuordnung das zustehende Entgelt zeitratierlich berechnet. ²Diese zeitratierliche Kürzung des auf den Ehegattenanteil im Ortszuschlag entfallenden Betrages (§ 5 Abs. 2 Satz 2 2. Halbsatz) unterbleibt nach Maßgabe des § 29 Abschn. B Abs. 5 Satz 2 BAT/BAT-O.

TVÜ-Bund §§ 6, 7 Tarifvertrag zur Überleitung (Bund)

(6) Für Beschäftigte, die nicht für alle Tage im September 2005 oder für keinen Tag dieses Monats Bezüge erhalten, wird das Vergleichsentgelt so bestimmt, als hätten sie für alle Tage dieses Monats Bezüge erhalten; in den Fällen des § 27 Abschn. A Abs. 7 und Abschn. B Abs. 3 Unterabs. 4 BAT/BAT-O bzw. der entsprechenden Regelungen für Arbeiterinnen und Arbeiter werden die Beschäftigten für das Vergleichsentgelt so gestellt, als hätten sie am 1. September 2005 die Arbeit wieder aufgenommen.

(7) Abweichend von den Absätzen 2 bis 6 wird bei Beschäftigten, die gemäß § 27 Abschn. A Abs. 8 oder Abschn. B Abs. 7 BAT/BAT-O bzw. den entsprechenden Regelungen für Arbeiterinnen und Arbeiter den Unterschiedsbetrag zwischen der Grundvergütung bzw. dem Monatstabellenlohn ihrer bisherigen zur nächsthöheren Lebensalters- bzw. Lohnstufe im September 2005 nur zur Hälfte erhalten, für die Bestimmung des Vergleichsentgelts die volle Grundvergütung bzw. der volle Monatstabellenlohn aus der nächsthöheren Lebensalters- bzw. Lohnstufe zugrunde gelegt.

§ 6 Stufenzuordnung der Angestellten. (1) [1] Beschäftigte aus dem Geltungsbereich des BAT/BAT-O werden einer ihrem Vergleichsentgelt entsprechenden individuellen Zwischenstufe der gemäß § 4 bestimmten Entgeltgruppe zugeordnet. [2] Zum 1. Oktober 2007 steigen diese Beschäftigten in die dem Betrag nach nächsthöhere reguläre Stufe ihrer Entgeltgruppe auf. [3] Der weitere Stufenaufstieg richtet sich nach den Regelungen des TVöD.

(2) [1] Werden Beschäftigte vor dem 1. Oktober 2007 höhergruppiert (nach § 8 Abs. 1 und 3 1. Alternative, § 9 Abs. 3 Buchst. a oder aufgrund Übertragung einer mit einer höheren Entgeltgruppe bewerteten Tätigkeit), so erhalten sie in der höheren Entgeltgruppe Tabellenentgelt nach der regulären Stufe, deren Betrag mindestens der individuellen Zwischenstufe entspricht, jedoch nicht weniger als das Tabellenentgelt der Stufe 2; der weitere Stufenaufstieg richtet sich nach den Regelungen des TVöD. [2] In den Fällen des Satzes 1 gilt § 17 Abs. 4 Satz 2 TVöD entsprechend. [3] Werden Beschäftigte vor dem 1. Oktober 2007 herabgruppiert, werden sie in der niedrigeren Entgeltgruppe derjenigen individuellen Zwischenstufe zugeordnet, die sich bei Herabgruppierung im September 2005 ergeben hätte; der weitere Stufenaufstieg richtet sich nach Absatz 1 Satz 2 und 3.

(3) Liegt das Vergleichsentgelt über der höchsten Stufe der gemäß § 4 bestimmten Entgeltgruppe, werden die Beschäftigten abweichend von Absatz 1 einer dem Vergleichsentgelt entsprechenden individuellen Endstufe zugeordnet. [2] Werden Beschäftigte aus einer individuellen Endstufe höhergruppiert, so erhalten sie in der höheren Entgeltgruppe mindestens den Betrag, der ihrer bisherigen individuellen Endstufe entspricht. [3] Im Übrigen gilt Absatz 2 entsprechend. [4] Die individuelle Endstufe verändert sich um denselben Vomhundertsatz bzw. in demselben Umfang wie die höchste Stufe der jeweiligen Entgeltgruppe.

(4) [1] Beschäftigte, deren Vergleichsentgelt niedriger ist als das Tabellenentgelt in der Stufe 2, werden abweichend von Absatz 1 der Stufe 2 zugeordnet. [2] Der weitere Stufenaufstieg richtet sich nach den Regelungen des TVöD. [3] Abweichend von Satz 1 werden Beschäftigte, denen am 30. September 2005 eine in der Allgemeinen Vergütungsordnung (Anlage 1a) durch die Eingruppierung in Vergütungsgruppe Va BAT/BAT-O mit Aufstieg nach IVb und IVa BAT/BAT-O abgebildete Tätigkeit übertragen ist, der Stufe 1 der Entgeltgruppe 10 zugeordnet.

§ 7 Stufenzuordnung der Arbeiterinnen und Arbeiter. (1) [1] Beschäftigte aus dem Geltungsbereich des MTArb/MTArb-O werden entsprechend ihrer Beschäf-

Tarifvertrag zur Überleitung (Bund) § 8 TVÜ-Bund

tigungszeit nach § 6 MTArb/MTArb-O der Stufe der gemäß § 4 bestimmten Entgeltgruppe zugeordnet, die sie erreicht hätten, wenn die Entgelttabelle des TVöD bereits seit Beginn ihrer Beschäftigungszeit gegolten hätte; Stufe 1 ist hierbei ausnahmslos mit einem Jahr zu berücksichtigen. ²Der weitere Stufenaufstieg richtet sich nach den Regelungen des TVöD.

(2) § 6 Abs. 3 und Abs. 4 Satz 1 und 2 gilt für Beschäftigte gemäß Absatz 1 entsprechend.

(3) ¹Ist das Tabellenentgelt nach Absatz 1 Satz 1 niedriger als das Vergleichsentgelt, werden die Beschäftigten einer dem Vergleichsentgelt entsprechenden individuellen Zwischenstufe zugeordnet. ²Der Aufstieg aus der individuellen Zwischenstufe in die dem Betrag nach nächsthöhere reguläre Stufe ihrer Entgeltgruppe findet zu dem Zeitpunkt statt, zu dem sie gemäß Absatz 1 Satz 1 die Voraussetzungen für diesen Stufenaufstieg aufgrund der Beschäftigungszeit erfüllt haben.

(4) ¹Werden Beschäftigte während ihrer Verweildauer in der individuellen Zwischenstufe höhergruppiert, erhalten sie in der höheren Entgeltgruppe Tabellenentgelt nach der regulären Stufe, deren Betrag mindestens der individuellen Zwischenstufe entspricht, jedoch nicht weniger als das Tabellenentgelt der Stufe 2; der weitere Stufenaufstieg richtet sich nach den Regelungen des TVöD. ²§ 17 Abs. 4 Satz 2 TVöD gilt entsprechend. ³Werden Beschäftigte während ihrer Verweildauer in der individuellen Zwischenstufe herabgruppiert, erfolgt die Stufenzuordnung in der niedrigeren Entgeltgruppe, als sei die niedrigere Einreihung bereits im September 2005 erfolgt; der weitere Stufenaufstieg richtet sich bei Zuordnung zu einer individuellen Zwischenstufe nach Absatz 3 Satz 2, ansonsten nach Absatz 1 Satz 2.

3. Abschnitt. Besitzstandsregelungen

§ 8 Bewährungs- und Fallgruppenaufstiege. (1) ¹Aus dem Geltungsbereich des BAT/BAT-O in eine der Entgeltgruppen 3, 5, 6 oder 8 übergeleitete Beschäftigte, die am 1. Oktober 2005 bei Fortgeltung des bisherigen Tarifrechts die für eine Höhergruppierung erforderliche Zeit der Bewährung oder Tätigkeit zur Hälfte erfüllt haben, sind zu dem Zeitpunkt, zu dem sie nach bisherigem Recht höhergruppiert wären, in die nächsthöhere Entgeltgruppe des TVöD eingruppiert. ²Abweichend von Satz 1 erfolgt die Höhergruppierung in die Entgeltgruppe 5, wenn die Beschäftigten aus der Vergütungsgruppe VIII BAT/BAT-O mit ausstehendem Aufstieg nach Vergütungsgruppe VII BAT/BAT-O übergeleitet worden sind; sie erfolgt in die Entgeltgruppe 8, wenn die Beschäftigten aus der Vergütungsgruppe VIb BAT/BAT-O mit ausstehendem Aufstieg nach Vergütungsgruppe Vc BAT/BAT-O übergeleitet worden sind. ³Voraussetzung für die Höhergruppierung nach Satz 1 und 2 ist, dass
– zum individuellen Aufstiegszeitpunkt keine Anhaltspunkte vorliegen, die bei Fortgeltung des bisherigen Rechts einer Höhergruppierung entgegengestanden hätten, und
– bis zum individuellen Aufstiegszeitpunkt nach Satz 1 weiterhin eine Tätigkeit auszuüben ist, die diesen Aufstieg ermöglicht hätte.
⁴Die Sätze 1 bis 3 gelten nicht in den Fällen des § 4 Abs. 2. ⁵Erfolgt die Höhergruppierung vor dem 1. Oktober 2007, gilt – gegebenenfalls unter Berücksichtigung des Satzes 2 – § 6 Abs. 2 Satz 1 und 2 entsprechend.

Niederschriftserklärung zu Absatz 1 Satz 3 und zu Absatz 2 Satz 2:
 Eine missbräuchliche Entziehung der Tätigkeit mit dem ausschließlichen Ziel, eine Höhergruppierung bzw. eine Besitzstandszulage zu verhindern, ist nicht zulässig.

TVÜ-Bund § 9   Tarifvertrag zur Überleitung (Bund)

(2) ¹Aus dem Geltungsbereich des BAT/BAT-O in eine der Entgeltgruppen 2 sowie 9 bis 15 übergeleitete Beschäftigte, die am 1. Oktober 2005 bei Fortgeltung des bisherigen Tarifrechts die für eine Höhergruppierung erforderliche Zeit der Bewährung oder Tätigkeit zur Hälfte erfüllt haben und in der Zeit zwischen dem 1. November 2005 und dem 30. September 2007 höhergruppiert wären, erhalten ab dem Zeitpunkt, zu dem sie nach bisherigem Recht höhergruppiert wären, in ihrer bisherigen Entgeltgruppe Entgelt nach derjenigen individuellen Zwischen- bzw. Endstufe, die sich ergeben hätte, wenn sich ihr Vergleichsentgelt (§ 5) nach der Vergütung aufgrund der Höhergruppierung bestimmt hätte. ²Voraussetzung für diesen Stufenaufstieg ist, dass
– zum individuellen Aufstiegszeitpunkt keine Anhaltspunkte vorliegen, die bei Fortgeltung des bisherigen Rechts einer Höhergruppierung entgegengestanden hätten, und
– bis zum individuellen Aufstiegszeitpunkt nach Satz 1 weiterhin eine Tätigkeit auszuüben ist, die diesen Aufstieg ermöglicht hätte.
³Ein etwaiger Strukturausgleich wird ab dem individuellen Aufstiegszeitpunkt nicht mehr gezahlt. ⁴Der weitere Stufenaufstieg richtet sich bei Zuordnung zu einer individuellen Zwischenstufe nach § 6 Abs. 1. ⁵§ 4 Abs. 2 bleibt unberührt.

Niederschriftserklärung zu Absatz 2:
Die Neuberechnung des Vergleichsentgelts führt nicht zu einem Wechsel der Entgeltgruppe.

(3) Abweichend von Absatz 1 Satz 1 und Absatz 2 Satz 1 gelten die Absätze 1 bzw. 2 entsprechend für übergeleitete Beschäftigte, die bei Fortgeltung des BAT/BAT-O bis spätestens zum 30. September 2007 wegen Erfüllung der erforderlichen Zeit der Bewährung oder Tätigkeit höhergruppiert worden wären, obwohl die Hälfte der erforderlichen Bewährungs- oder Tätigkeitszeit am Stichtag noch nicht erfüllt ist.

§ 9 Vergütungsgruppenzulagen. (1) Aus dem Geltungsbereich des BAT/BAT-O übergeleitete Beschäftigte, denen am 30. September 2005 nach der Vergütungsordnung zum BAT/BAT-O eine Vergütungsgruppenzulage zusteht, erhalten in der Entgeltgruppe, in die sie übergeleitet werden, eine Besitzstandszulage in Höhe ihrer bisherigen Vergütungsgruppenzulage.

(2) ¹Aus dem Geltungsbereich des BAT/BAT-O übergeleitete Beschäftigte, die bei Fortgeltung des bisherigen Rechts nach dem 30. September 2005 eine Vergütungsgruppenzulage ohne vorausgehenden Fallgruppenaufstieg erreicht hätten, erhalten ab dem Zeitpunkt, zu dem ihnen die Zulage nach bisherigem Recht zugestanden hätte, eine Besitzstandszulage. ²Die Höhe der Besitzstandszulage bemisst sich nach dem Betrag, der als Vergütungsgruppenzulage zu zahlen gewesen wäre, wenn diese bereits am 30. September 2005 zugestanden hätte. ³Voraussetzung ist, dass
– am 1. Oktober 2005 die für die Vergütungsgruppenzulage erforderliche Zeit der Bewährung oder Tätigkeit nach Maßgabe des § 23b Abschn. A BAT/BAT-O zur Hälfte erfüllt ist,
– zu diesem Zeitpunkt keine Anhaltspunkte vorliegen, die bei Fortgeltung des bisherigen Rechts der Vergütungsgruppenzulage entgegengestanden hätten und
– bis zum individuellen Zeitpunkt nach Satz 1 weiterhin eine Tätigkeit auszuüben ist, die zu der Vergütungsgruppenzulage geführt hätte.

(3) ¹Für aus dem Geltungsbereich des BAT/BAT-O übergeleitete Beschäftigte, die bei Fortgeltung des bisherigen Rechts nach dem 30. September 2005 im An-

Tarifvertrag zur Überleitung (Bund) §§ 10, 11 TVÜ-Bund

schluss an einen Fallgruppenaufstieg eine Vergütungsgruppenzulage erreicht hätten, gilt Folgendes:
a) ¹In eine der Entgeltgruppen 3, 5, 6 oder 8 übergeleitete Beschäftigte, die den Fallgruppenaufstieg am 30. September 2005 noch nicht erreicht haben, sind zu dem Zeitpunkt, zu dem sie nach bisherigem Recht höhergruppiert worden wären, in die nächsthöhere Entgeltgruppe des TVöD eingruppiert; § 8 Abs. 1 Satz 2 bis 5 gilt entsprechend. ²Eine Besitzstandszulage für eine Vergütungsgruppenzulage steht nicht zu.
b) Ist ein der Vergütungsgruppenzulage vorausgehender Fallgruppenaufstieg am 30. September 2005 bereits erfolgt, gilt Absatz 2 mit der Maßgabe, dass am 1. Oktober 2005 die Hälfte der Gesamtzeit für den Anspruch auf die Vergütungsgruppenzulage einschließlich der Zeit für den vorausgehenden Aufstieg zurückgelegt sein muss.

(4) ¹Die Besitzstandszulage nach den Absätzen 1, 2 und 3 Buchst. b wird so lange gezahlt, wie die anspruchsbegründende Tätigkeit ununterbrochen ausgeübt wird und die sonstigen Voraussetzungen für die Vergütungsgruppenzulage nach bisherigem Recht weiterhin bestehen. ²Sie verändert sich bei allgemeinen Entgeltanpassungen um den von den Tarifvertragsparteien für die jeweilige Entgeltgruppe festgelegten Vomhundertsatz.

Niederschriftserklärung zu Absatz 2 bis 4:
Eine missbräuchliche Entziehung der Tätigkeit mit dem ausschließlichen Ziel, eine Höhergruppierung bzw. eine Besitzstandszulage zu verhindern, ist nicht zulässig.

§ 10 Fortführung vorübergehend übertragener höherwertiger Tätigkeit.
¹Beschäftigte, denen am 30. September 2005 eine Zulage nach § 24 BAT/BAT-O zusteht, erhalten nach Überleitung in den TVöD eine Besitzstandszulage in Höhe ihrer bisherigen Zulage, solange sie die anspruchsbegründende Tätigkeit weiterhin ausüben und die Zulage nach bisherigem Recht zu zahlen wäre. ²Wird die anspruchsbegründende Tätigkeit über den 30. September 2007 hinaus beibehalten, finden mit Wirkung ab dem 1. Oktober 2007 die Regelungen des TVöD über die vorübergehende Übertragung einer höherwertigen Tätigkeit Anwendung. ³Für eine vor dem 1. Oktober 2005 vorübergehend übertragene höherwertige Tätigkeit, für die am 30. September 2005 wegen der zeitlichen Voraussetzungen des § 24 Abs. 1 bzw. 2 BAT/BAT-O noch keine Zulage gezahlt wird, gilt Satz 1 und 2 ab dem Zeitpunkt entsprechend, zu dem nach bisherigem Recht die Zulage zu zahlen gewesen wäre. ⁴Sätze 1 bis 3 gelten in den Fällen des § 9 MTArb/MTArb-O entsprechend; bei Vertretung einer Arbeiterin/eines Arbeiters bemisst sich die Zulage nach dem Unterschiedsbetrag zwischen dem Lohn nach § 9 Abs. 2 Buchst. a MTArb/MTArb-O und dem im September 2005 ohne Zulage zustehenden Lohn. ⁵Sätze 1 bis 4 gelten bei besonderen tarifvertraglichen Vorschriften über die vorübergehende Übertragung höherwertiger Tätigkeiten entsprechend.

Niederschriftserklärung zu § 10:
Die Tarifvertragsparteien stellen klar, dass die vertretungsweise Übertragung einer höherwertigen Tätigkeit ein Unterfall der vorübergehenden Übertragung einer höherwertigen Tätigkeit ist.

§ 11 Kinderbezogene Entgeltbestandteile.
(1) ¹Für im September 2005 zu berücksichtigende Kinder werden die kinderbezogenen Entgeltbestandteile des BAT/BAT-O oder MTArb/MTArb-O in der für September 2005 zustehenden Höhe als Besitzstandszulage fortgezahlt, solange für diese Kinder Kindergeld nach

TVÜ-Bund § 12

dem Einkommensteuergesetz (EStG) oder nach dem Bundeskindergeldgesetz (BKGG) ununterbrochen gezahlt wird oder ohne Berücksichtigung des § 64 oder § 65 EStG oder des § 3 oder § 4 BKGG gezahlt würde. [2] Die Besitzstandszulage entfällt ab dem Zeitpunkt, zu dem einer anderen Person, die im öffentlichen Dienst steht oder auf Grund einer Tätigkeit im öffentlichen Dienst nach beamtenrechtlichen Grundsätzen oder nach einer Ruhelohnordnung versorgungsberechtigt ist, für ein Kind, für welches die Besitzstandszulage gewährt wird, das Kindergeld gezahlt wird; die Änderung der Kindergeldberechtigung hat die/der Beschäftigte dem Arbeitgeber unverzüglich schriftlich anzuzeigen. [3] Unterbrechungen wegen Ableistung von Grundwehrdienst, Zivildienst oder Wehrübungen sowie die Ableistung eines freiwilligen sozialen oder ökologischen Jahres sind unschädlich; soweit die unschädliche Unterbrechung bereits im Monat September 2005 vorliegt, wird die Besitzstandszulage ab dem Zeitpunkt des Wiederauflebens der Kindergeldzahlung gewährt.

(2) [1] § 24 Abs. 2 TVöD ist anzuwenden. [2] Die Besitzstandszulage nach Absatz 1 Satz 1 verändert sich bei allgemeinen Entgeltanpassungen um den von den Tarifvertragsparteien für die jeweilige Entgeltgruppe festgelegten Vomhundertsatz. [3] Ansprüche nach Absatz 1 können für Kinder ab dem vollendeten 16. Lebensjahr durch Vereinbarung mit der/dem Beschäftigten abgefunden werden.

(3) Die Absätze 1 und 2 gelten entsprechend für

a) zwischen dem 1. Oktober 2005 und dem 31. Dezember 2005 geborene Kinder der übergeleiteten Beschäftigten,
b) die Kinder von bis zum 31. Dezember 2005 in ein Arbeitsverhältnis übernommenen Auszubildenden, Schülerinnen/Schüler in der Gesundheits- und Krankenpflege, Gesundheits- und Kinderkrankenpflege und in der Entbindungspflege sowie Praktikantinnen und Praktikanten aus tarifvertraglich geregelten Beschäftigungsverhältnissen, soweit diese Kinder vor dem 1. Januar 2006 geboren sind.

§ 12 Strukturausgleich. (1) [1] Aus dem Geltungsbereich des BAT/BAT-O übergeleitete Beschäftigte erhalten ausschließlich in den in Anlage 3 TVÜ-Bund aufgeführten Fällen zusätzlich zu ihrem monatlichen Entgelt einen nicht dynamischen Strukturausgleich. [2] Maßgeblicher Stichtag für die anspruchsbegründenden Voraussetzungen (Vergütungsgruppe, Lebensaltersstufe, Ortszuschlag, Aufstiegszeiten) ist der 1. Oktober 2005, sofern in Anlage 3 TVÜ-Bund nicht ausdrücklich etwas anderes geregelt ist.

(2) Die Zahlung des Strukturausgleichs beginnt im Oktober 2007, sofern in Anlage 3 TVÜ-Bund nicht etwas anderes bestimmt ist.

(3) Für Beschäftigte, für die nach dem TVöD die Regelungen des Tarifgebiets Ost Anwendung finden, gilt der jeweilige Bemessungssatz.

(4) Bei Teilzeitbeschäftigung steht der Strukturausgleich anteilig zu (§ 24 Abs. 2 TVöD). [2] § 5 Abs. 5 Satz 2 gilt entsprechend.

Protokollerklärung zu Absatz 4:
Bei späteren Veränderungen der individuellen regelmäßigen wöchentlichen Arbeitszeit der/des Beschäftigten ändert sich der Strukturausgleich entsprechend.

(5) Bei Höhergruppierungen wird der Unterschiedsbetrag zum bisherigen Entgelt auf den Strukturausgleich angerechnet.

(6) Einzelvertraglich kann der Strukturausgleich abgefunden werden.

Tarifvertrag zur Überleitung (Bund) **§§ 13, 14 TVÜ-Bund**

Niederschriftserklärung zu § 12:
1. ¹ *Die Tarifvertragsparteien sind sich angesichts der Fülle der denkbaren Fallgestaltungen bewusst, dass die Festlegung der Strukturausgleiche je nach individueller Fallgestaltung in Einzelfällen sowohl zu überproportional positiven Folgen als auch zu Härten führen kann.* ² *Sie nehmen diese Verwerfungen im Interesse einer für eine Vielzahl von Fallgestaltungen angestrebten Abmilderung von Exspektanzverlusten hin.*
2. ¹ *Die Tarifvertragsparteien erkennen unbeschadet der Niederschriftserklärung Nr. 1 an, dass die Strukturausgleiche in einem Zusammenhang mit der zukünftigen Entgeltordnung stehen.* ² *Die Tarifvertragsparteien werden nach einer Vereinbarung der Entgeltordnung zum TVöD, rechtzeitig vor Ablauf des 30. September 2007 prüfen, ob und in welchem Umfang sie neben den bereits verbindlich vereinbarten Fällen, in denen Strukturausgleichsbeträge festgelegt sind, für einen Zeitraum bis längstens Ende 2014 in weiteren Fällen Regelungen, die auch in der Begrenzung der Zuwächse aus Strukturausgleichen bestehen können, vornehmen müssen.* ³ *Sollten zusätzliche Strukturausgleiche vereinbart werden, sind die sich daraus ergebenden Kostenwirkungen in der Entgeltrunde 2008 zu berücksichtigen.*

§ 13 Entgeltfortzahlung im Krankheitsfall. (1) ¹ Bei Beschäftigten, für die bis zum 30. September 2005 § 71 BAT gegolten hat, wird abweichend von § 22 Abs. 2 TVöD für die Dauer des über den 30. September 2005 hinaus ununterbrochen fortbestehenden Arbeitsverhältnisses der Krankengeldzuschuss in Höhe des Unterschiedsbetrages zwischen dem festgesetzten Nettokrankengeld oder der entsprechenden gesetzlichen Nettoleistung und dem Nettoentgelt (§ 22 Abs. 2 Satz 2 und 3 TVöD) gezahlt. ² Nettokrankengeld ist das um die Arbeitnehmeranteile zur Sozialversicherung reduzierte Krankengeld. ³ Für Beschäftigte, die nicht der Versicherungspflicht in der gesetzlichen Krankenversicherung unterliegen, ist bei der Berechnung des Krankengeldzuschusses der Höchstsatz des Nettokrankengeldes, der bei Pflichtversicherung in der gesetzlichen Krankenversicherung zustünde, zugrunde zu legen.

(2) ¹ Beschäftigte im Sinne des Absatzes 1 erhalten längstens bis zum Ende der 26. Woche seit dem Beginn ihrer über den 30. September 2005 hinaus ununterbrochen fortbestehenden Arbeitsunfähigkeit infolge derselben Krankheit oder Arbeitsverhinderung infolge einer Maßnahme der medizinischen Vorsorge oder Rehabilitation ihr Entgelt nach § 21 TVöD fortgezahlt. ² Tritt nach dem 1. Oktober 2005 Arbeitsunfähigkeit infolge derselben Krankheit ein, werden die Zeiten der Entgeltfortzahlung nach Satz 1 auf die Fristen gemäß § 22 TVöD angerechnet.

Protokollerklärung zu § 13:
¹ *Soweit Beschäftigte, deren Arbeitsverhältnis mit dem Bund vor dem 1. August 1998 begründet worden ist, Anspruch auf Beihilfe im Krankheitsfall haben, besteht dieser nach den bisher geltenden Regelungen des Bundes zur Gewährung von Beihilfen an Arbeitnehmerinnen und Arbeitnehmer fort.* ² *Änderungen der Beihilfevorschriften für die Beamtinnen und Beamten des Bundes kommen zur Anwendung.*

§ 14 Beschäftigungszeit. (1) ¹ Für die Dauer des über den 30. September 2005 hinaus fortbestehenden Arbeitsverhältnisses werden die vor dem 1. Oktober 2005 nach Maßgabe der jeweiligen tarifrechtlichen Vorschriften anerkannten Beschäftigungszeiten als Beschäftigungszeit im Sinne des § 34 Abs. 3 TVöD berücksichtigt. ² Abweichend von Satz 1 bleiben bei § 34 Abs. 2 TVöD für Beschäftigte Zeiten, die vor dem 3. Oktober 1990 im Beitrittsgebiet (Art. 3 des Einigungsvertrages vom 31. August 1990) zurückgelegt worden sind, bei der Beschäftigungszeit unberücksichtigt.

TVÜ-Bund §§ 15–17 Tarifvertrag zur Überleitung (Bund)

(2) Für die Anwendung des § 23 Abs. 2 TVöD werden die bis zum 30. September 2005 zurückgelegten Zeiten, die nach Maßgabe
– des BAT anerkannte Dienstzeit,
– des BAT-O bzw. MTArb-O anerkannte Beschäftigungszeit,
– des MTArb anerkannte Jubiläumszeit
sind, als Beschäftigungszeit im Sinne des § 34 Abs. 3 TVöD berücksichtigt.

§ 15 Urlaub. (1) [1] Für die Dauer und die Bewilligung des Erholungsurlaubs bzw. von Zusatzurlaub für das Urlaubsjahr 2005 gelten die im September 2005 jeweils maßgebenden Vorschriften bis zum 31. Dezember 2005 fort. [2] Die Regelungen des TVöD gelten für die Bemessung des Urlaubsentgelts sowie für eine Übertragung von Urlaub auf das Kalenderjahr 2006.

(2) [1] Aus dem Geltungsbereich des BAT/BAT-O übergeleitete Beschäftigte der Vergütungsgruppen I und I a, die für das Urlaubsjahr 2005 einen Anspruch auf 30 Arbeitstage Erholungsurlaub erworben haben, behalten bei einer Fünftagewoche diesen Anspruch für die Dauer des über den 30. September 2005 hinaus ununterbrochen fortbestehenden Arbeitsverhältnisses. [2] Die Urlaubsregelungen des TVöD bei abweichender Verteilung der Arbeitszeit gelten entsprechend.

(3) § 49 Abs. 1 und 2 MTArb/MTArb-O i.V.m. dem Tarifvertrag über Zusatzurlaub für gesundheitsgefährdende Arbeiten für Arbeiter des Bundes gelten bis zum In-Kraft-Treten eines entsprechenden Tarifvertrags des Bundes fort; im Übrigen gilt Absatz 1 entsprechend.

(4) [1] In den Fällen des § 48a BAT/BAT-O oder § 48a MTArb/MTArb-O wird der nach der Arbeitsleistung im Kalenderjahr 2005 zu bemessende Zusatzurlaub im Kalenderjahr 2006 gewährt. [2] Die nach Satz 1 zustehenden Urlaubstage werden auf den nach den Bestimmungen des TVöD im Kalenderjahr 2006 zustehenden Zusatzurlaub für Wechselschichtarbeit und Schichtarbeit angerechnet. [3] Absatz 1 Satz 2 gilt entsprechend.

§ 16 Abgeltung. [1] Durch Vereinbarung mit der/dem Beschäftigten können Entgeltbestandteile aus Besitzständen, ausgenommen für Vergütungsgruppenzulagen, pauschaliert bzw. abgefunden werden. [2] § 11 Abs. 2 Satz 3 und § 12 Abs. 6 bleiben unberührt.

Protokollerklärung zum 3. Abschnitt:
[1] Einvernehmlich werden die Verhandlungen zur Überleitung der Entgeltsicherung bei Leistungsminderung zurückgestellt. [2] Da damit die fristgerechte Überleitung bei Beschäftigten, die eine Zahlung nach §§ 25, 37 MTArb/MTArb-O bzw. § 56 BAT/BAT-O erhalten, nicht sichergestellt ist, erfolgt am 1. Oktober 2005 eine Fortzahlung der bisherigen Bezüge als zu verrechnender Abschlag auf das Entgelt, das diesen Beschäftigten nach dem noch zu erzielenden künftigen Verhandlungsergebnis zusteht. [3] Die in Satz 2 genannten Bestimmungen – einschließlich etwaiger Sonderregelungen – finden in ihrem jeweiligen Geltungsbereich bis zum In-Kraft-Treten einer Neuregelung weiterhin Anwendung, und zwar auch für Beschäftigte im Sinne des § 1 Abs. 2. [3] § 55 Abs. 2 Unterabs. 2 Satz 2 BAT bleibt in seinem bisherigen Geltungsbereich unberührt. [4] Sollte das künftige Verhandlungsergebnis geringer als bis dahin gewährte Leistungen ausfallen, ist eine Rückforderung ausgeschlossen.

4. Abschnitt. Sonstige vom TVöD abweichende oder ihn ergänzende Bestimmungen

§ 17 Eingruppierung. (1) [1] Bis zum In-Kraft-Treten der Eingruppierungsvorschriften des TVöD (mit Entgeltordnung) gelten die §§ 22, 23 BAT/BAT-O ein-

Tarifvertrag zur Überleitung (Bund) **§ 17 TVÜ-Bund**

schließlich der Vergütungsordnung, die §§ 1, 2 Absätze 1 und 2 und § 5 des Tarifvertrages über das Lohngruppenverzeichnis des Bundes zum MTArb (TV-LohngrV) einschließlich des Lohngruppenverzeichnisses mit Anlagen 1 und 2 sowie die entsprechenden Regelungen für das Tarifgebiet Ost über den 30. September 2005 hinaus fort. ²Diese Regelungen finden auf übergeleitete und ab dem 1. Oktober 2005 neu eingestellte Beschäftigte im jeweiligen bisherigen Geltungsbereich nach Maßgabe dieses Tarifvertrages Anwendung. ³An die Stelle der Begriffe Vergütung und Lohn tritt der Begriff Entgelt.

(2) Abweichend von Absatz 1
– gelten Vergütungsordnung und Lohngruppenverzeichnis nicht für ab dem 1. Oktober 2005 in Entgeltgruppe 1 TVöD neu eingestellte Beschäftigte,
– gilt die Vergütungsgruppe I der Vergütungsordnung zum BAT/BAT-O ab dem 1. Oktober 2005 nicht fort; die Ausgestaltung entsprechender Arbeitsverhältnisse erfolgt außertariflich.

(3) ¹Mit Ausnahme der Eingruppierung in die Entgeltgruppe 1 sind alle zwischen dem 1. Oktober 2005 und dem In-Kraft-Treten der neuen Entgeltordnung stattfindenden Eingruppierungs- bzw. Einreihungsvorgänge (Neueinstellungen und Umgruppierungen) vorläufig und begründen keinen Vertrauensschutz und keinen Besitzstand. ²Dies gilt nicht für Aufstiege gemäß § 8 Abs. 1 Satz 1 und 2 und Abs. 3.

(4) ¹Anpassungen der Eingruppierung aufgrund des In-Kraft-Tretens der neuen Entgeltordnung erfolgen mit Wirkung für die Zukunft. ²Bei Rückgruppierungen, die in diesem Zusammenhang erfolgen, sind finanzielle Nachteile im Wege einer nicht dynamischen Besitzstandszulage auszugleichen, solange die Tätigkeit ausgeübt wird. ³Die Besitzstandszulage vermindert sich nach dem 30. September 2008 bei jedem Stufenaufstieg um die Hälfte des Unterschiedsbetrages zwischen der bisherigen und der neuen Stufe; bei Neueinstellungen (§ 1 Abs. 2) vermindert sich die Besitzstandszulage jeweils um den vollen Unterschiedsbetrag. ⁴Die Grundsätze korrigierender Rückgruppierung bleiben unberührt.

(5) ¹Bewährungs-, Fallgruppen- und Tätigkeitsaufstiege gibt es ab dem 1. Oktober 2005 nicht mehr; §§ 8 und 9 bleiben unberührt. ²Satz 1 gilt auch für Vergütungsgruppenzulagen, es sei denn, dem Tätigkeitsmerkmal einer Vergütungsgruppe der Allgemeinen Vergütungsordnung (Anlage 1 a) ist eine Vergütungsgruppenzulage zugeordnet, die unmittelbar mit Übertragung der Tätigkeit zusteht; bei Übertragung einer entsprechenden Tätigkeit wird diese bis zum In-Kraft-Treten der neuen Entgeltordnung unter den Voraussetzungen des bisherigen Tarifrechts als Besitzstandszulage in der bisherigen Höhe gezahlt; § 9 Abs. 4 gilt entsprechend.

(6) In der Zeit zwischen dem 1. Oktober 2005 und dem In-Kraft-Treten der neuen Entgeltordnung erhalten Beschäftigte, denen ab dem 1. Oktober 2005 eine anspruchsbegründende Tätigkeit übertragen wird, eine persönliche Zulage, die sich betragsmäßig nach der entfallenen Techniker-, Meister- und Programmiererzulage bemisst, soweit die Anspruchsvoraussetzungen nach bisherigem Tarifrecht erfüllt sind.

(7) ¹Für Eingruppierungen bzw. Einreihungen zwischen dem 1. Oktober 2005 und dem In-Kraft-Treten der neuen Entgeltordnung werden die Vergütungsgruppen der Allgemeinen Vergütungsordnung (Anlage 1 a) und die Lohngruppen des Lohngruppenverzeichnisses gemäß Anlage 4 TVÜ-Bund den Entgeltgruppen des TVöD zugeordnet. ²Absatz 1 Satz 2 bleibt unberührt.

(8) ¹Beschäftigte, die zwischen dem 1. Oktober 2005 und dem In-Kraft-Treten der neuen Entgeltordnung in Entgeltgruppe 13 eingruppiert werden und die nach

TVÜ-Bund § 18 Tarifvertrag zur Überleitung (Bund)

der Allgemeinen Vergütungsordnung (Anlage 1 a) in Vergütungsgruppe II a BAT/ BAT-O mit fünf- bzw. sechsjährigem Aufstieg nach Vergütungsgruppe I b BAT/ BAT-O eingruppiert wären, erhalten bis zum In-Kraft-Treten der neuen Entgeltordnung eine persönliche Zulage in Höhe des Unterschiedsbetrages zwischen dem Entgelt ihrer Stufe nach Entgeltgruppe 13 und der entsprechenden Stufe der Entgeltgruppe 14. ²Von Satz 1 werden auch Fallgruppen der Vergütungsgruppe I b BAT/BAT-O erfasst, deren Tätigkeitsmerkmale eine bestimmte Tätigkeitsdauer voraussetzen. ³Die Sätze 1 und 2 gelten auch für Beschäftigte im Sinne des § 1 Abs. 2.

Niederschriftserklärung zu Absatz 8:
Mit dieser Regelung ist keine Entscheidung über Zuordnung und Fortbestand/Besitzstand der Zulage im Rahmen der neuen Entgeltordnung verbunden.

(9) ¹Bis zum In-Kraft-Treten der Eingruppierungsvorschriften des TVöD gelten die bisherigen Regelungen für Vorarbeiter/innen und für Vorhandwerker/innen im bisherigen Geltungsbereich fort; dies gilt auch für Beschäftigte im Sinne des § 1 Abs. 2. ²Satz 1 gilt für Lehrgesellen entsprechend. ³Ist anlässlich der vorübergehenden Übertragung einer höherwertigen Tätigkeit im Sinne des § 14 TVöD zusätzlich eine Tätigkeit auszuüben, für die nach bisherigem Recht ein Anspruch auf Zahlung einer Zulage für Vorarbeiter/innen, Vorhandwerker/innen oder Lehrgesellen besteht, erhält die/der Beschäftigte bis zum In-Kraft-Treten der neuen Entgeltordnung abweichend von den Sätzen 1 und 2 sowie von § 14 Abs. 3 TVöD anstelle der Zulage nach § 14 TVöD für die Dauer der Ausübung sowohl der höherwertigen als auch der zulagenberechtigenden Tätigkeit eine persönliche Zulage in Höhe von insgesamt 10 v. H. ihres/seines Tabellenentgelts.

(10) Die Absätze 1 bis 9 gelten für besondere tarifvertragliche Vorschriften über die Eingruppierungen entsprechend.

Protokollerklärung zu § 17:
¹ Die Tarifvertragsparteien sind sich darin einig, dass in der noch zu verhandelnden Entgeltordnung die bisherigen unterschiedlichen materiellen Wertigkeiten aus Fachhochschulabschlüssen (einschließlich Sozialpädagogen/innen und Ingenieuren/innen) auf das Niveau der vereinbarten Entgeltwerte der Entgeltgruppe 9 ohne Mehrkosten (unter Berücksichtigung der Kosten für den Personenkreis, der nach der Übergangsphase nicht mehr in eine höhere bzw. niedrigere Entgeltgruppe eingruppiert ist) zusammengeführt werden; die Abbildung von Heraushebungsmerkmalen oberhalb der Entgeltgruppe 9 bleibt davon unberührt. ² Sollte hierüber bis zum 31. Dezember 2007 keine einvernehmliche Lösung vereinbart werden, so erfolgt ab dem 1. Januar 2008 bis zum In-Kraft-Treten der Entgeltordnung die einheitliche Eingruppierung aller ab dem 1. Januar 2008 neu einzugruppierenden Beschäftigten mit Fachhochschulabschluss nach den jeweiligen Regeln der Entgeltgruppe 9 zu „Vb BAT ohne Aufstieg nach IVb (mit und ohne FH-Abschluss)".

§ 18 Vorübergehende Übertragung einer höherwertigen Tätigkeit nach dem 30. September 2005. (1) ¹Wird aus dem Geltungsbereich des BAT/ BAT-O übergeleiteten Beschäftigten in der Zeit zwischen dem 1. Oktober 2005 und dem 30. September 2007 erstmalig außerhalb von § 10 eine höherwertige Tätigkeit vorübergehend übertragen, findet der TVöD Anwendung. ²Ist die/der Beschäftigte in eine individuelle Zwischenstufe übergeleitet worden, gilt für die Bemessung der persönlichen Zulage § 6 Abs. 2 Satz 1 und 2 entsprechend. ³Bei Überleitung in eine individuelle Endstufe gilt § 6 Abs. 3 Satz 2 entsprechend. ⁴In den Fällen des § 6 Abs. 4 bestimmt sich die Höhe der Zulage nach den Vorschriften des TVöD über die vorübergehende Übertragung einer höherwertigen Tätigkeit.

Tarifvertrag zur Überleitung (Bund) **§§ 19, 20 TVÜ-Bund**

(2) Wird aus dem Geltungsbereich des MTArb/MTArb-O übergeleiteten Beschäftigten nach dem 30. September 2005 erstmalig außerhalb von § 10 eine höherwertige Tätigkeit vorübergehend übertragen, gelten bis zum In-Kraft-Treten eines Tarifvertrages über eine persönliche Zulage die bisherigen Regelungen des MTArb/MTArb-O mit der Maßgabe entsprechend, dass sich die Höhe der Zulage nach dem TVöD richtet, soweit sich aus § 17 Abs. 9 Satz 3 nichts anderes ergibt.

(3) Bis zum In-Kraft-Treten der Eingruppierungsvorschriften des TVöD gilt – auch für Beschäftigte im Sinne des § 1 Abs. 2 – die Regelung des TVöD zur vorübergehenden Übertragung einer höherwertigen Tätigkeit mit der Maßgabe, dass sich die Voraussetzungen für die übertragene höherwertige Tätigkeit nach § 22 Abs. 2 BAT/BAT-O bzw. den entsprechenden Regelungen für Arbeiter bestimmen.

Niederschriftserklärung zu § 18:
1. ¹Abweichend von der Grundsatzregelung des TVöD über eine persönliche Zulage bei vorübergehender Übertragung einer höherwertigen Tätigkeit ist durch einen Tarifvertrag für den Bund im Rahmen eines Katalogs, der die hierfür in Frage kommenden Tätigkeiten aufführt, zu bestimmen, dass die Voraussetzung für die Zahlung einer persönlichen Zulage bereits erfüllt ist, wenn die vorübergehend übertragene Tätigkeit mindestens drei Arbeitstage angedauert hat und die/der Beschäftigte ab dem ersten Tag der Vertretung in Anspruch genommen ist. ²Der Tarifvertrag soll spätestens am 1. Juli 2007 in Kraft treten.
2. Die Niederschriftserklärung zu § 10 gilt entsprechend.

§ 19 Entgeltgruppen 2 Ü und 15 Ü. (1) Zwischen dem 1. Oktober 2005 und dem In-Kraft-Treten der neuen Entgeltordnung gelten für Beschäftigte, die in die Entgeltgruppe 2 Ü übergeleitet oder in die Lohngruppen 1 mit Aufstieg nach 2 und 2a oder in die Lohngruppe 2 mit Aufstieg nach 2a eingestellt werden, folgende Tabellenwerte:

Stufe 1	Stufe 2	Stufe 3	Stufe 4	Stufe 5	Stufe 6
1503	1670	1730	1810	1865	1906

(2) ¹Übergeleitete Beschäftigte der Vergütungsgruppe I zum BAT/BAT-O unterliegen dem TVöD. Sie werden in die Entgeltgruppe 15 Ü mit folgenden Tabellenwerten übergeleitet:

Stufe 1	Stufe 2	Stufe 3	Stufe 4	Stufe 5
4275	4750	5200	5500	5570

²Die Verweildauer in den Stufen 1 bis 4 beträgt jeweils fünf Jahre. ³§ 6 Abs. 4 findet keine Anwendung.

(3) Die Regelungen des TVöD über die Bezahlung im Tarifgebiet Ost gelten entsprechend.

§ 20 Jahressonderzahlung 2006. Die mit dem Entgelt für den Monat November 2006 zu zahlende Jahressonderzahlung berechnet sich für Beschäftigte nach § 1 Abs. 1 und 2 nach den Bestimmungen des § 20 TVöD mit folgenden Maßgaben:
1. Der Bemessungssatz der Jahressonderzahlung beträgt in allen Entgeltgruppen
   a) bei Beschäftigten, für die nach dem TVöD die Regelungen des Tarifgebiets West Anwendung finden, 82,14 v. H.
   b) bei Beschäftigten, für die nach dem TVöD die Regelungen des Tarifgebiets Ost Anwendung finden, 61,60 v. H.

TVÜ-Bund §§ 21–24 Tarifvertrag zur Überleitung (Bund)

2. ¹Der sich nach Nr. 1 ergebende Betrag der Jahressonderzahlung erhöht sich um einen Betrag in Höhe von 255,65 Euro. ²Bei Beschäftigten, für die nach dem TVöD die Regelungen des Tarifgebiets West Anwendung finden und denen am 1. Juli 2006 Entgelt nach einer der Entgeltgruppen 1 bis 8 zusteht, erhöht sich dieser Zusatzbetrag auf 332,34 Euro. ³Satz 2 gilt entsprechend bei Beschäftigten – auch für Beschäftigte nach § 1 Abs. 2 – im Tarifgebiet West, denen bei Weitergeltung des BAT Grundvergütung nach der Vergütungsgruppe Kr VI zugestanden hätte. Teilzeitbeschäftigte erhalten von dem Zusatzbetrag nach Satz 1 oder 2 den Teil, der dem Anteil ihrer Arbeitszeit an der Arbeitszeit vergleichbarer Vollzeitbeschäftigter entspricht. ⁴Der Zusatzbetrag nach den Sätzen 1 bis 3 ist kein zusatzversorgungspflichtiges Entgelt.

3. Der sich nach Nr. 1 ergebende Betrag der Jahressonderzahlung erhöht sich für jedes Kind, für das Beschäftigte im September 2006 kinderbezogene Entgeltbestandteile gemäß § 11 erhalten, um 25,56 Euro.

Protokollerklärung zu § 20:
Diese Regelung ersetzt die nachwirkenden Tarifverträge über ein Urlaubsgeld sowie über eine Zuwendung mit Wirkung ab 1. Januar 2006.

Niederschriftserklärung zu § 20:
Die Tarifvertragsparteien sind sich einig:
1. Beschäftigte, deren Arbeitsverhältnis mit dem Bund nach dem 31. Juli 2003 begründet worden ist, erhalten im Jahr 2005 mit den Bezügen für den Monat November 2005 eine Zuwendung in gleicher Weise (Anspruchsgrund und Anspruchshöhe) wie im Jahr 2004.
2. Beschäftigte, deren Arbeitsverhältnis mit dem Bund vor dem 1. August 2003 begründet worden ist, erhalten im Jahr 2005 eine Jahressonderzahlung, bestehend aus Urlaubsgeld und Zuwendung nach Maßgabe der nachwirkenden Tarifverträge über ein Urlaubsgeld sowie über eine Zuwendung.

§ 21 Abrechnung unständiger Bezügebestandteile. Bezüge im Sinne des § 36 Abs. 1 Unterabs. 2 BAT/BAT-O, § 31 Abs. 2 Unterabs. 2 MTArb/MTArb-O für Arbeitsleistungen bis zum 30. September 2005 werden nach den bis dahin jeweils geltenden Regelungen abgerechnet, als ob das Arbeitsverhältnis mit Ablauf des 30. September 2005 beendet worden wäre.

§ 22 Bereitschaftszeiten. ¹Nr. 3 SR 2r BAT/BAT-O für Hausmeister und entsprechende Tarifregelungen für Beschäftigtengruppen mit Bereitschaftszeiten innerhalb ihrer regelmäßigen Arbeitszeit gelten fort. ²Dem Anhang zu § 9 TVöD widersprechende Regelungen zur Arbeitszeit sind bis zum 31. Dezember 2005 entsprechend anzupassen.

§ 23 Sonderregelungen für besondere Berufsgruppen. Die Überleitungs-, Übergangs- und Besitzstandsregelungen für besondere Berufsgruppen im Bereich des Bundes ergeben sich aus der Anlage 5 TVÜ-Bund.

5. Abschnitt. Übergangs- und Schlussvorschrift

§ 24 In-Kraft-Treten, Laufzeit. (1) Dieser Tarifvertrag tritt am 1. Oktober 2005 in Kraft.

Niederschriftserklärung zu Absatz 1:
¹Im Hinblick auf die notwendigen personalwirtschaftlichen, organisatorischen und technischen Vorarbeiten für die Überleitung der vorhandenen Beschäftigten in den TVöD sehen die Tarifvertragsparteien die Problematik einer fristgerechten Umsetzung der neuen Tarifregelun-

Tarifvertrag zur Überleitung (Bund) **Anl. 1 A, B TVÜ-Bund**

gen zum 1. Oktober 2005. ²*Sie bitten die personalverwaltenden und bezügezahlenden Stellen, im Interesse der Beschäftigten gleichwohl eine terminnahe Überleitung zu ermöglichen und die Zwischenzeit mit zu verrechnenden Abschlagszahlungen zu überbrücken.*

(2) ¹Der Tarifvertrag kann ohne Einhaltung einer Frist jederzeit schriftlich gekündigt werden, frühestens zum 31. Dezember 2007. ²Die §§ 17 bis 19 einschließlich Anlagen können ohne Einhaltung einer Frist, jedoch nur insgesamt, schriftlich gekündigt werden, frühestens zum 31. Dezember 2007; die Nachwirkung dieser Vorschriften wird ausgeschlossen.

Anlage 1 TVÜ-Bund Teil A

1. Bundes-Angestelltentarifvertrag (BAT) vom 23. Februar 1961, zuletzt geändert durch den 78. Tarifvertrag zur Änderung des Bundes-Angestelltentarifvertrages vom 31. Januar 2003
2. Tarifvertrag zur Anpassung des Tarifrechts – Manteltarifliche Vorschriften – (BAT-O) vom 10. Dezember 1990, zuletzt geändert durch den Änderungstarifvertrag Nr. 13 vom 31. Januar 2003 zum Tarifvertrag zur Anpassung des Tarifrechts – Manteltarifliche Vorschriften – (BAT-O)
3. Manteltarifvertrag für Arbeiterinnen und Arbeiter des Bundes und der Länder (MTArb) vom 6. Dezember 1995, zuletzt geändert durch den Änderungstarifvertrag Nr. 4 vom 31. Januar 2003 zum Manteltarifvertrag für Arbeiterinnen und Arbeiter des Bundes und der Länder (MTArb)
4. Tarifvertrag zur Anpassung des Tarifrechts für Arbeiter an den MTArb – (MTArb-O) vom 10. Dezember 1990, zuletzt geändert durch den Änderungstarifvertrag Nr. 11 vom 31. Januar 2003 zum Tarifvertrag zur Anpassung des Tarifrechts für Arbeiter an den MTArb – (MTArb-O)

Anlage 1 TVÜ-Bund Teil B

Vorbemerkungen:
1. Die nachfolgende Liste ist noch nicht abschließend. Sobald die Verhandlungen der Tarifvertragsparteien zu Anlage 1 TVÜ-Bund Teil B abgeschlossen sind, ersetzt die Neufassung diese Anlage.
2. Soweit einzelne Tarifvertragsregelungen vorübergehend fortgelten, erstreckt sich die Fortgeltung auch auf Beschäftigte i. S. d. § 1 Abs. 2 TVÜ-Bund.

1.	Tarifvertrag zu § 71 BAT betreffend Besitzstandswahrung vom 23. Februar 1961
2.	Tarifvertrag über die Regelung der Arbeitsbedingungen der Kapitäne und der Besatzungsmitglieder der Fischereischutzboote und der Fischereiforschungsschiffe des Bundes vom 11. Januar 1972
3.	Tarifvertrag über eine Zuwendung für Kapitäne und Besatzungsmitglieder der Fischereischutzboote und Fischereiforschungsschiffe des Bundes vom 31. Januar 1974
4.	Tarifvertrag für die Angestellten der Wasser- und Schifffahrtsverwaltung des Bundes auf Laderaumsaugbaggern vom 22. März 1978
5.	Tarifvertrag für die Arbeiter der Wasser- und Schifffahrtsverwaltung des Bundes auf Laderaumsaugbaggern vom 22. März 1978
6.	Festlegung des Gerichtsstandes bei Arbeitsrechtsstreitigkeiten zwischen dem Bund und den Angestellten des Deutschen Wetterdienstes, Tarifvertrag vom 2. September 1964

TVÜ-Bund Anl. 1 B Tarifvertrag zur Überleitung (Bund)

7.	Vergütungstarifvertrag Nr. 35 zum BAT für den Bereich des Bundes vom 31. Januar 2003
8.	Vergütungstarifvertrag Nr. 7 zum BAT-O für den Bereich des Bundes vom 31. Januar 2003, mit Ausnahme des § 3 Abs. 1 der für die Tabellenentgelte der Anlage B – Bund nach § 15 Abs. 2 Satz 2 TVöD i. V. m. der Anlage 2 zu § 4 Abs. 1 und der Anlage 4 zu § 17 Abs. 7 TVÜ-Bund fortgilt
9.	Monatslohntarifvertrag Nr. 5 zum MTArb vom 31. Januar 2003
	Monatslohntarifvertrag Nr. 7 zum MTArb-O vom 31. Januar 2003, mit Ausnahme des § 3 Abs. 1, der für die Tabellenentgelte der Anlage B – Bund nach § 15 Abs. 2 Satz 2 TVöD i. V. m. der Anlage 2 zu § 4 Abs. 1 und der Anlage 4 zu § 17 Abs. 7 TVÜ-Bund fortgilt
11.	Tarifvertrag über das Lohngruppenverzeichnis des Bundes zum MTArb (TV LohngrV) vom 11. Juli 1966
12.	Tarifvertrag über das Lohngruppenverzeichnis des Bundes zum MTArb-O (TV Lohngruppen-O-Bund) vom 8. Mai 1991
13.	Tarifvertrag über die Ausführung von Arbeiten im Leistungslohnverfahren im Bereich der SR 2 g des Abschnitts A der Anlage 2 MTArb vom 16. November 1971
14.	Tarifvertrag zur Überleitung der Arbeiter der Zoll- und Verbrauchssteuerverwaltung und der Bundesvermögensverwaltung der Oberfinanzdirektion Berlin sowie der Bundesmonopolverwaltung für Branntwein in das Tarifrecht des Bundes vom 18. September 1991
15.	Tarifvertrag über die Eingruppierung der Angestellten in den Warenfachabteilungen und bei den Außenstellen der Einfuhr- und Vorratsstellen, der Einfuhrstelle für Zucker und der Mühlenstelle vom 8. Dezember 1966
16.	Tarifvertrag über Zusatzurlaub für gesundheitsgefährdende Arbeiten für Arbeiter des Bundes vom 26. Juli 1960
17.	Tarifvertrag über Zulagen an Angestellte (Bund) vom 17. Mai 1982, mit Ausnahme der §§ 5 bis 10, die bis zum Inkrafttreten der Entgeltordnung fortgelten
18.	Tarifvertrag über Zulagen an Angestellte (TV Zulagen Ang-O) (Bund) vom 8. Mai 1991, mit Ausnahme – des Eingangssatzes des § 1 Abs. 1, – des § 1 Abs. 1 Nr. 1, 1. Halbsatz entsprechend Nr. 20, – des § 1 Abs. 1 Nr. 2 entsprechend Nr. 17 und – des § 1 Abs. 1 Nr. 4, 5 und 7
19.	Tarifvertrag über die Gewährung von Zulagen gemäß § 33 Abs. 1 Buchst. c BAT vom 11. Januar 1962 – Fortgeltung bis zum Inkrafttreten einer tariflichen Neuregelung der Erschwerniszuschläge gemäß § 19 TVöD
20.	Tarifvertrag über die Gewährung von Zulagen gemäß § 33 Abs. 1 Buchst. c BAT-O (TV Zulagen zu § 33 BAT-O) vom 8. Mai 1991 – Fortgeltung bis zum Inkrafttreten einer tariflichen Neuregelung der Erschwerniszuschläge gemäß § 19 TVöD
21.	Tarifvertrag über Lohnzuschläge gemäß § 29 MTArb für Arbeiter des Bundes (LohnzuschlagsTV) vom 9. Mai 1969 – Fortgeltung bis zum Inkrafttreten einer tariflichen Neuregelung der Erschwerniszuschläge gemäß § 19 TVöD
22.	Tarifvertrag über Taucherzuschläge für Arbeiter des Bundes vom 13. September 1973 – Fortgeltung bis zum Inkrafttreten einer tariflichen Neuregelung der Erschwerniszuschläge gemäß § 19 TVöD

23.	Tarifvertrag über Lohnzuschläge gemäß § 29 MTArb-O und über Taucherzuschläge für Arbeiter des Bundes im Geltungsbereich des MTArb-O (TV Lohnzuschläge-O-Bund) vom 8. Mai 1991 – Fortgeltung bis zum Inkrafttreten einer tariflichen Neuregelung der Erschwerniszuschläge gemäß § 19 TVöD
24.	Tarifvertrag über vermögenswirksame Leistungen an Angestellte vom 17. Dezember 1970
25.	Tarifvertrag über vermögenswirksame Leistungen an Angestellte (TV VL Ang-O) vom 8. Mai 1991
26.	Tarifvertrag über vermögenswirksame Leistungen an Arbeiter (Bund) vom 17. Dezember 1970
27.	Tarifvertrag über vermögenswirksame Leistungen an Arbeiter (TV VL Arb-O) vom 8. Mai 1991
28.	Tarifvertrag über eine Zuwendung für Angestellte vom 12. Oktober 1973
29.	Tarifvertrag über eine Zuwendung für Angestellte (TV Zuwendung Ang-O) vom 10. Dezember 1990
30.	Tarifvertrag über eine Zuwendung für Arbeiter des Bundes und der Länder vom 12. Oktober 1973
31.	Tarifvertrag über eine Zuwendung für Arbeiter (TV Zuwendung Arb-O) vom 10. Dezember 1990
32.	Tarifvertrag über ein Urlaubsgeld für Angestellte vom 16. März 1977
33.	Tarifvertrag über ein Urlaubsgeld für Angestellte (TV Urlaubsgeld Ang-O) vom 10. Dezember 1990
34.	Tarifvertrag über ein Urlaubsgeld für Arbeiter vom 16. März 1977
35.	Tarifvertrag über ein Urlaubsgeld für Arbeiter (TV Urlaubsgeld Arb-O) vom 10. Dezember 1990
36.	Beihilfetarifvertrag, TV vom 15. Juni 1959
37.	Tarifvertrag über die Gewährung von Beihilfen an Arbeiter, Lehrlinge und Anlernlinge des Bundes vom 15. Juni 1959
38.	Tarifvertrag zur Regelung der Rechtsverhältnisse der Ärzte/Ärztinnen im Praktikum vom 10. April 1987
39.	Tarifvertrag zur Regelung der Rechtsverhältnisse der Ärzte/Ärztinnen im Praktikum (Mantel-TV AiP-O) vom 5. März 1991
40.	Entgelttarifvertrag Nr. 12 für Ärzte/Ärztinnen im Praktikum vom 31. Januar 2003
41.	Entgelttarifvertrag Nr. 7 für Ärzte/Ärztinnen im Praktikum (Ost) vom 31. Januar 2003
42.	Tarifvertrag über vermögenswirksame Leistungen an Ärzte/Ärztinnen im Praktikum vom 10. April 1987
43.	Tarifvertrag über eine Zuwendung für Ärzte/Ärztinnen im Praktikum vom 10. April 1987
44.	Tarifvertrag über eine Zuwendung für Ärzte/Ärztinnen im Praktikum (TV Zuwendung AiP-O) vom 5. März 1991
45.	Tarifvertrag über ein Urlaubsgeld für Ärzte/Ärztinnen im Praktikum vom 10. April 1987

TVÜ-Bund Anl. 1 C   Tarifvertrag zur Überleitung (Bund)

46.	Tarifvertrag über ein Urlaubsgeld für Ärzte/Ärztinnen im Praktikum (TV Urlaubsgeld AiP-O) vom 5. März 1991
47.	Tarifvertrag über die Erhöhung der Löhne und Gehälter für Beschäftigte im öffentlichen Dienst vom 4. September 1990
48.	Tarifvertrag über die Eingruppierung der Angestellten des Bundesverbandes für den Selbstschutz vom 15. November 1978
49.	Tarifvertrag über eine Zulage an Arbeiter bei der Bundesanstalt für Flugsicherung vom 20. September 1990
50.	Tarifvertrag über eine Zulage an Arbeiter beim Bundesausfuhramt vom 15. April 1992
51.	Tarifvertrag über eine Zulage für Angestellte mit Aufgaben nach dem Asylverfahrensgesetz (TV Zulage Asyl Ang-O) vom 3. Mai 1993
52.	Tarifvertrag über eine Zulage an Auszubildende (TV-Zulage Azubi-O) vom 5. März 1991
53.	Vereinbarung über die Schaffung zusätzlicher Ausbildungsplätze im öffentlichen Dienst vom 17. Juli 1996
54.	Tarifvertrag über die Versorgung der Arbeitnehmer des Bundes und der Länder sowie von Arbeitnehmern kommunaler Verwaltungen und Betriebe (Versorgungs-TV) vom 4. November 1966

Anlage 1 TVÜ-Bund Teil C

Vorbemerkung:
Die in dieser Anlage aufgeführten Tarifverträge sind in der jeweils geltenden Fassung zitiert.

1.	Tarifvertrag für Arbeitnehmer des Bundes über die Arbeitsbedingungen bei besonderen Verwendungen im Ausland (AuslandsV-TV) vom 9. November 1993
2.	Tarifvertrag zur Regelung der Arbeitsbedingungen der bei Auslandsvertretungen der Bundesrepublik Deutschland beschäftigten nicht entsandten Arbeitnehmer – Tarifvertrag Arbeitnehmer Ausland (TV AN Ausland) vom 30. November 2001
3.	Tarifvertrag zur Regelung der Arbeitsbedingungen der bei Auslandsvertretungen der Bundesrepublik Deutschland beschäftigten deutschen nicht entsandten Angestellten (TV Ang Ausland) vom 28. September 1973
4.	Tarifvertrag zur Regelung der Arbeitsbedingungen der bei Auslandsvertretungen der Bundesrepublik Deutschland beschäftigten deutschen nicht entsandten Arbeiter (TV Arb Ausland) vom 28. 9. 1973
5.	Tarifvertrag über den Rationalisierungsschutz für Angestellte (RatSchTV Ang) vom 9. Januar 1987
6.	Tarifvertrag über den Rationalisierungsschutz für Arbeiter des Bundes und der Länder (RatSchTV Arb) vom 9. Januar 1987
7.	Tarifvertrag zur Ergänzung der Lohn- und Vergütungssicherung in bestimmten Bereichen des Bundes vom 9. Januar 1987
8.	Tarifvertrag zur sozialen Absicherung vom 6. Juli 1992
9.	Tarifvertrag über sozialverträgliche Begleitmaßnahmen im Zusammenhang mit der Umgestaltung der Bundeswehr vom 18. Juli 2001

10.	Tarifvertrag über die Geltung des Tarifvertrages über einen sozialverträglichen Personalabbau im Bereich des Bundesministers der Verteidigung vom 30. November 1991 für die FernleitungsBetriebsgesellschaft m. b. H. vom 24. Februar 1994
11.	Tarifvertrag über Begleitmaßnahmen im Zusammenhang mit dem Beschluss des deutschen Bundestages vom 20. Juni 1991 zur Vollendung der Einheit Deutschlands (UmzugsTV) vom 24. Juni 1996
12.	Tarifvertrag zur Regelung der Altersteilzeitarbeit (TV ATZ) vom 5. Mai 1998
13.	Tarifvertrag über die betriebliche Altersversorgung der Beschäftigten des öffentlichen Dienstes (Tarifvertrag Altersversorgung – ATV) vom 1. März 2002
14.	Tarifvertrag über den Geltungsbereich der für den öffentlichen Dienst in der Bundesrepublik Deutschland bestehenden Tarifverträge vom 1. August 1990
15.	Tarifvertrag zur Übernahme von Tarifverträgen vom 12. Mai 1975
16.	Tarifvertrag über Zulagen an Angestellte bei obersten Bundesbehörden vom 4. November 1971
17.	Tarifvertrag über Zulagen an Arbeiter bei obersten Bundesbehörden oder bei obersten Landesbehörden vom 4. November 1971
18.	Tarifvertrag über Zulagen an Angestellte bei den Sicherheitsdiensten des Bundes vom 21. Juni 1977
19.	Tarifvertrag über eine Zulage für Angestellte beim Bundesamt für Sicherheit in der Informationstechnik vom 14. Dezember 1990
20.	Tarifvertrag über Zulagen an Arbeiter bei den Sicherheitsdiensten des Bundes vom 21. Juni 1977
21.	Tarifvertrag über eine Zulage für Arbeiter beim Bundesamt für Sicherheit in der Informationstechnik vom 14. Dezember 1990
22.	Tarifvertrag über Zulagen an Arbeiter des Bundes im Geltungsbereich des MTArb-O (TV Zulagen Arb-O-Bund) vom 8. Mai 1991; gilt bis zum Inkrafttreten einer neuen Entgeltordnung fort.
23.	Tarifvertrag über die Ausführung von Arbeiten im Leistungslohnverfahren im Bereich der SR 2 a des Abschnitts A der Anlage 2 MTArb (Gedingerichtlinien) vom 1. April 1964
24.	Tarifvertrag über die Eingruppierung der im Kontrolldienst und Prüfdienst beschäftigten Angestellten des Bundesamtes für Güterverkehr vom 18. Januar 2005, mit den Maßgaben der Anlage 5 zu § 23 TVÜ-Bund.

Ferner gelten bis zum Inkrafttreten einer neuen Entgeltordnung diejenigen Tarifregelungen fort, die Eingruppierungsregelungen enthalten.

Anlage 2 TVÜ-Bund

Zuordnung der Vergütungs- und Lohngruppen zu den Entgeltgruppen für am 30. September/1. Oktober 2005 vorhandene Beschäftigte für die Überleitung (Bund)

Entgelt-gruppe	Vergütungsgruppe	Lohngruppe
15 Ü	I	Keine
15	Keine Stufe 6 I a I a nach Aufstieg aus I b I b mit ausstehendem Aufstieg nach I a	Keine
14	Keine Stufe 6 I b ohne Aufstieg nach I a I b nach Aufstieg aus II a II a mit ausstehendem Aufstieg nach I b	Keine
13	Keine Stufe 6 II a ohne Aufstieg nach I b	Keine
12	Keine Stufe 6 II a nach Aufstieg aus III III mit ausstehendem Aufstieg nach II a	Keine
11	Keine Stufe 6 III ohne Aufstieg nach II a III nach Aufstieg aus IV a IV a mit ausstehendem Aufstieg nach III	Keine
10	Keine Stufe 6 IV a ohne Aufstieg nach III IV a nach Aufstieg aus IV b IV b mit ausstehendem Aufstieg nach IV a V a in den ersten sechs Monaten der Berufsausübung, wenn danach IV b mit Aufstieg nach IV a (Zuordnung zu Stufe 1)	Keine
9	IV b ohne Aufstieg nach IV a (keine Stufe 6) IV b nach Aufstieg aus V a ohne weiteren Aufstieg nach IV a (keine Stufe 6) IV b nach Aufstieg aus V b (keine Stufe 6) V a mit ausstehendem Aufstieg nach IV b ohne weiteren Aufstieg nach IV a (keine Stufe 6) V a ohne Aufstieg nach IV b (Stufe 3 nach 5 Jahren in Stufe 2, Stufe 4 nach 9 Jahren in Stufe 3, keine Stufen 5 und 6) V b mit ausstehendem Aufstieg nach IV b (keine Stufe 6) V b ohne Aufstieg nach IV b (Stufe 3 nach 5 Jahren in Stufe 2, Stufe 4 nach 9 Jahren in der Stufe 3, keine Stufen 5 und 6) V b nach Aufstieg aus V c (Stufe 3 nach 5 Jahren in Stufe 2, Stufe 4 nach 9 Jahren in Stufe 3, keine Stufen 5 und 6)	9 (Stufe 4 nach 7 Jahren in Stufe 3, keine Stufen 5 und 6)

Tarifvertrag zur Überleitung (Bund) **Anl. 2 TVÜ-Bund**

Entgelt-gruppe	Vergütungsgruppe	Lohngruppe
8	V c mit ausstehendem Aufstieg nach V b V c ohne Aufstieg nach V b V c nach Aufstieg aus VI b	8 a 8 mit ausstehendem Aufstieg nach 8 a
7	Keine	7 a 7 mit ausstehendem Aufstieg nach 7 a 7 nach Aufstieg aus 6 6 mit ausstehendem Aufstieg nach 7 und 7 a
6	VI b mit ausstehendem Aufstieg nach V c VI b ohne Aufstieg nach V c VI b nach Aufstieg aus VII	6 a 6 mit ausstehendem Aufstieg nach 6 a 6 nach Aufstieg aus 5 5 mit ausstehendem Aufstieg nach 6 und 6 a
5	VII mit ausstehendem Aufstieg nach VI b VII ohne Aufstieg nach VI b VII nach Aufstieg aus VIII	5 a 5 mit ausstehendem Aufstieg nach 5 a 5 nach Aufstieg aus 4 4 mit ausstehendem Aufstieg nach 5 und 5 a
4	Keine	4 a 4 mit ausstehendem Aufstieg nach 4 a 4 nach Aufstieg aus 3 3 mit ausstehendem Aufstieg nach 4 und 4 a
3	Keine Stufe 6 VIII mit ausstehendem Aufstieg nach VII VIII ohne Aufstieg nach VII VIII nach Aufstieg aus IX b	3 a 3 mit ausstehendem Aufstieg nach 3 a 3 nach Aufstieg aus 2 und 2 a mit ausstehendem Aufstieg nach 3 a. 3 nach Aufstieg aus 2 a mit ausstehendem Aufstieg nach 3 a 3 nach Aufstieg aus 2 und 2 a (keine Stufe 6) 2 a nach Aufstieg aus 2 mit ausstehendem Aufstieg nach 3 und 3 a 2 a mit ausstehendem Aufstieg nach 3 und 3 a 2 a nach Aufstieg aus 2 (keine Stufe 6) 2 mit ausstehendem Aufstieg nach 2 a, 3 und 3 a 2 mit ausstehendem Aufstieg nach 2 a und 3 (keine Stufe 6)
2 Ü	Keine	2 a 2 mit ausstehendem Aufstieg nach 2 a 2 nach Aufstieg aus 1 1 mit ausstehendem Aufstieg nach 2 und 2 a
2	IX a IX b mit ausstehendem Aufstieg nach VIII IX b mit ausstehendem Aufstieg nach IX a IX b nach Aufstieg aus X (keine Stufe 6) X (keine Stufe 6)	1 a (keine Stufe 6) 1 mit ausstehendem Aufstieg nach 1 a (keine Stufe 6)
1	Keine	Keine

Anlage 3 TVÜ-Bund

Strukturausgleiche für Angestellte (Bund)

Angestellte, deren Ortszuschlag sich nach § 29 Abschnitt B Abs. 5 BAT/BAT-O bemisst, erhalten den entsprechenden Anteil, in jedem Fall aber die Hälfte des Strukturausgleichs für Verheiratete.

Soweit nicht anders ausgewiesen, beginnt die Zahlung des Strukturausgleichs am 1. Oktober 2007. Die Angabe „nach ... Jahren" bedeutet, dass die Zahlung nach den genannten Jahren ab dem In-Kraft-Treten des TVöD beginnt; so wird z. B. bei dem Merkmal „nach 4 Jahren" der Zahlungsbeginn auf den 1. Oktober 2009 festgelegt, wobei die Auszahlung eines Strukturausgleichs mit den jeweiligen Monatsbezügen erfolgt. Die Dauer der Zahlung ist ebenfalls angegeben; dabei bedeutet „dauerhaft" die Zahlung während der Zeit des Arbeitsverhältnisses.

Ist die Zahlung „für" eine bestimmte Zahl von Jahren angegeben, ist der Bezug auf diesen Zeitraum begrenzt (z. B. „für 5 Jahre" bedeutet Beginn der Zahlung im Oktober 2007 und Ende der Zahlung mit Ablauf September 2012). Eine Ausnahme besteht dann, wenn das Ende des Zahlungszeitraumes nicht mit einem Stufenaufstieg in der jeweiligen Entgeltgruppe zeitlich zusammenfällt; in diesen Fällen wird der Strukturausgleich bis zum nächsten Stufenaufstieg fortgezahlt. Diese Ausnahmeregelung gilt nicht, wenn der Stufenaufstieg in die Endstufe erfolgt; in diesen Fällen bleibt es bei der festgelegten Dauer.

Entgelt-gruppe	Vergütungs-gruppe bei In-Kraft-Treten TVÜ	Aufstieg	Orts-Zuschlag Stufe 1, 2 bei In-Kraft-Treten TVÜ	Lebens-altersstufe	Höhe Ausgleichs-betrag	Dauer
2	X	IX b nach 2 Jahren	OZ 2	23	40 €	für 4 Jahre
2	X	IX b nach 2 Jahren	OZ 2	29	30 €	dauerhaft
2	X	IX b nach 2 Jahren	OZ 2	31	30 €	dauerhaft
2	X	IX b nach 2 Jahren	OZ 2	33	30 €	dauerhaft
2	X	IX b nach 2 Jahren	OZ 2	35	20 €	dauerhaft
3	VIII	ohne	OZ 2	25	35 €	nach 4 Jahren dauerhaft
3	VIII	ohne	OZ 2	27	35 €	dauerhaft
3	VIII	ohne	OZ 2	29	35 €	nach 4 Jahren dauerhaft
3	VIII	ohne	OZ 2	31	35 €	dauerhaft
3	VIII	ohne	OZ 2	33	35 €	dauerhaft
3	VIII	ohne	OZ 2	35	35 €	dauerhaft
3	VIII	ohne	OZ 2	37	20 €	dauerhaft
6	VI b	ohne	OZ 2	29	50 €	dauerhaft

Tarifvertrag zur Überleitung (Bund) **Anl. 3 TVÜ-Bund**

Entgelt-gruppe	Vergütungs-gruppe bei In-Kraft-Treten TVÜ	Aufstieg	Orts-Zuschlag Stufe 1, 2	Lebens-altersstufe	Höhe Aus-gleichs-betrag	Dauer
			bei In-Kraft-Treten TVÜ			
6	VI b	ohne	OZ 2	31	50 €	dauerhaft
6	VI b	ohne	OZ 2	33	50 €	dauerhaft
6	VI b	ohne	OZ 2	35	50 €	dauerhaft
6	VI b	ohne	OZ 2	37	50 €	dauerhaft
6	VI b	ohne	OZ 2	39	50 €	dauerhaft
8	V c	ohne	OZ 2	37	40 €	dauerhaft
8	V c	ohne	OZ 2	39	40 €	dauerhaft
9	V b	ohne	OZ 1	29	60 €	für 12 Jahre
9	V b	ohne	OZ 1	31	60 €	nach 4 Jahren für 7 Jahre
9	V b	ohne	OZ 1	33	60 €	für 7 Jahre
9	V b	ohne	OZ 2	27	90 €	nach 4 Jahren für 7 Jahre
9	V b	ohne	OZ 2	29	90 €	für 7 Jahre
9	V b	ohne	OZ 2	35	20 €	nach 4 Jahren dauerhaft
9	V b	ohne	OZ 2	37	40 €	nach 4 Jahren dauerhaft
9	V b	ohne	OZ 2	39	40 €	dauerhaft
9	V b	ohne	OZ 2	41	40 €	dauerhaft
9	V b	IV b nach 6 Jahren	OZ 1	29	50 €	für 3 Jahre
9	V b	IV b nach 2, 3, 4, 6 Jahren	OZ 1	35	60 €	für 4 Jahre
9	V b	IV b nach 2, 3, 4, 6 Jahren	OZ 2	31	50 €	für 4 Jahre
9	V b	IV b nach 2, 3, 4, 6 Jahren	OZ 2	37	60 €	dauerhaft
9	V b	IV b nach 2, 3, 4, 6 Jahren	OZ 2	39	60 €	dauerhaft
9	V b	IV b nach 2, 3, 4, 6 Jahren	OZ 2	41	60 €	dauerhaft
9	IV b	ohne	OZ 1	35	60 €	für 4 Jahre
9	IV b	ohne	OZ 2	31	50 €	für 4 Jahre
9	IV b	ohne	OZ 2	37	60 €	dauerhaft

TVÜ-Bund Anl. 3

Tarifvertrag zur Überleitung (Bund)

Entgelt-gruppe	Vergütungs-gruppe bei In-Kraft-Treten TVÜ	Aufstieg	Orts-Zuschlag Stufe 1, 2	Lebens-altersstufe	Höhe Aus-gleichs-betrag	Dauer
			bei In-Kraft-Treten TVÜ			
9	IV b	ohne	OZ 2	39	60 €	dauerhaft
9	IV b	ohne	OZ 2	41	60 €	dauerhaft
10	IV b	IV a nach 2, 4, 6 Jahren	OZ 1	35	40 €	für 4 Jahre
10	IV b	IV a nach 2, 4, 6 Jahren	OZ 1	41	30 €	dauerhaft
10	IV b	IV a nach 2, 4, 6 Jahren	OZ 1	43	30 €	dauerhaft
10	IV b	IV a nach 6. J.	OZ 2	29	70 €	für 7 Jahre
10	IV b	IV a nach 2, 4, 6 Jahren	OZ 2	37	60 €	nach 4 Jahren dauerhaft
10	IV b	IV a nach 2, 4, 6 Jahren	OZ 2	39	60 €	dauerhaft
10	IV b	IV a nach 2, 4, 6 Jahren	OZ 2	41	85 €	dauerhaft
10	IV b	IV a nach 2, 4, 6 Jahren	OZ 2	43	60 €	dauerhaft
10	IV a	ohne	OZ 1	35	40 €	für 4 Jahre
10	IV a	ohne	OZ 1	41	30 €	dauerhaft
10	IV a	ohne	OZ 1	43	30 €	dauerhaft
10	IV a	ohne	OZ 2	37	60 €	nach 4 Jahren dauerhaft
10	IV a	ohne	OZ 2	39	60 €	dauerhaft
10	IV a	ohne	OZ 2	41	85 €	dauerhaft
10	IV a	ohne	OZ 2	43	60 €	dauerhaft
11	IV a	III nach 4, 6, 8 Jahren	OZ 1	41	40 €	dauerhaft
11	IV a	III nach 4, 6, 8 Jahren	OZ 1	43	40 €	dauerhaft
11	IV a	III nach 4, 6, 8 Jahren	OZ 2	37	70 €	nach 4 Jahren dauerhaft
11	IV a	III nach 4, 6, 8 Jahren	OZ 2	39	70 €	dauerhaft

Anl. 3 TVÜ-Bund

Entgelt-gruppe	Vergütungs-gruppe bei In-Kraft-Treten TVÜ	Aufstieg	Orts-Zuschlag Stufe 1, 2	Lebens-altersstufe	Höhe Aus-gleichs-betrag	Dauer
			bei In-Kraft-Treten TVÜ			
11	IV a	III nach 4, 6, 8 Jahren	OZ 2	41	85 €	dauerhaft
11	IV a	III nach 4, 6, 8 Jahren	OZ 2	43	70 €	dauerhaft
11	III	ohne	OZ 1	41	40 €	nach vier Jahren dauerhaft
11	III	ohne	OZ 1	43	40 €	dauerhaft
11	III	ohne	OZ 2	37	70 €	nach 4 Jahren dauerhaft
11	III	ohne	OZ 2	39	70 €	dauerhaft
11	III	ohne	OZ 2	41	85 €	dauerhaft
11	III	ohne	OZ 2	43	70 €	dauerhaft
12	III	II a nach 10 Jahren	OZ 1	33	95 €	für 5 Jahre
12	III	II a nach 10 Jahren	OZ 1	35	95 €	für 4 Jahre
12	III	II a nach 10 Jahren	OZ 1	39	50 €	nach 4 Jahren dauerhaft
12	III	II a nach 10 Jahren	OZ 1	41	50 €	dauerhaft
12	III	II a nach 10 Jahren	OZ 1	43	50 €	dauerhaft
12	III	II a nach 10 Jahren	OZ 2	33	100 €	für 4 Jahre
12	III	II a nach 10 Jahren	OZ 2	37	100 €	nach 4 Jahren dauerhaft
12	III	II a nach 10 Jahren	OZ 2	39	100 €	dauerhaft
12	III	II a nach 10 Jahren	OZ 2	41	100 €	dauerhaft
12	III	II a nach 10 Jahren	OZ 2	43	85 €	dauerhaft
12	III	II a nach 8 Jahren	OZ 1	35	95 €	für 4 Jahre
12	III	II a nach 8 Jahren	OZ 1	39	50 €	nach 4 Jahren dauerhaft
12	III	II a nach 8 Jahren	OZ 1	41	50 €	dauerhaft
12	III	II a nach 8 Jahren	OZ 1	43	50 €	dauerhaft

TVÜ-Bund Anl. 3

Tarifvertrag zur Überleitung (Bund)

Entgelt-gruppe	Vergütungs-gruppe bei In-Kraft-Treten TVÜ	Aufstieg	Orts-Zuschlag Stufe 1, 2	Lebens-altersstufe	Höhe Aus-gleichs-betrag	Dauer
			bei In-Kraft-Treten TVÜ			
12	III	II a nach 8 Jahren	OZ 2	31	100 €	für 5 Jahre
12	III	II a nach 8 Jahren	OZ 2	33	100 €	für 4 Jahre
12	III	II a nach 8 Jahren	OZ 2	37	100 €	nach 4 Jahren dauerhaft
12	III	II a nach 8 Jahren	OZ 2	39	100 €	dauerhaft
12	III	II a nach 8 Jahren	OZ 2	41	100 €	dauerhaft
12	III	II a nach 8 Jahren	OZ 2	43	85 €	dauerhaft
12	III	II a nach 5 Jahren	OZ 1	29	100 €	für 3 Jahre
12	III	II a nach 5 u. 6 Jahren	OZ 1	35	95 €	für 4 Jahre
12	III	II a nach 5 u. 6 Jahren	OZ 1	39	50 €	nach 4 Jahren dauerhaft
12	III	II a nach 5 u. 6 Jahren	OZ 1	41	50 €	dauerhaft
12	III	II a nach 5 u. 6 Jahren	OZ 1	43	50 €	dauerhaft
12	III	II a nach 5 u. 6 Jahren	OZ 2	33	100 €	für 4 Jahre
12	III	II a nach 5 u. 6 Jahren	OZ 2	37	100 €	nach 4 Jahren dauerhaft
12	III	II a nach 5 u. 6 Jahren	OZ 2	39	100 €	dauerhaft
12	III	II a nach 5 u. 6 Jahren	OZ 2	41	100 €	dauerhaft
12	III	II a nach 5 u. 6 Jahren	OZ 2	43	85 €	dauerhaft
13	II a	ohne	OZ 2	39	60 €	nach 4 Jahren dauerhaft
13	II a	ohne	OZ 2	41	60 €	dauerhaft
13	II a	ohne	OZ 2	43	60 €	dauerhaft
14	II a	I b nach 15 Jahren	OZ 1	39	80 €	dauerhaft
14	II a	I b nach 15 Jahren	OZ 1	41	80 €	dauerhaft

Tarifvertrag zur Überleitung (Bund) **Anl. 3 TVÜ-Bund**

Entgelt-gruppe	Vergütungs-gruppe bei In-Kraft-Treten TVÜ	Aufstieg	Orts-Zuschlag Stufe 1, 2 bei In-Kraft-Treten TVÜ	Lebens-altersstufe	Höhe Aus-gleichs-betrag	Dauer
14	II a	I b nach 15 Jahren	OZ 1	43	80 €	dauerhaft
14	II a	I b nach 15 Jahren	OZ 1	45	60 €	dauerhaft
14	II a	I b nach 15 Jahren	OZ 2	37	110 €	dauerhaft
14	II a	I b nach 15 Jahren	OZ 2	39	110 €	dauerhaft
14	II a	I b nach 15 Jahren	OZ 2	41	110 €	dauerhaft
14	II a	I b nach 15 Jahren	OZ 2	43	110 €	dauerhaft
14	II a	I b nach 15 Jahren	OZ 2	45	60 €	dauerhaft
14	II a	I b nach 5 u. 6 Jahren	OZ 1	31	100 €	für 3 Jahre
14	II a	I b nach 5 u. 6 Jahren	OZ 1	35	100 €	für 4 Jahre
14	II a	I b nach 5 u. 6 Jahren	OZ 1	41	80 €	nach 4 Jahren dauerhaft
14	II a	I b nach 5 u. 6 Jahren	OZ 1	43	80 €	dauerhaft
14	II a	I b nach 5 u. 6 Jahren	OZ 1	45	60 €	dauerhaft
14	II a	I b nach 5 u. 6 Jahren	OZ 2	31	110 €	für 7 Jahre
14	II a	I b nach 5 u. 6 Jahren	OZ 2	33	50 €	für 4 Jahre
14	II a	I b nach 5 u. 6 Jahren	OZ 2	39	110 €	nach 4 Jahren dauerhaft
14	II a	I b nach 5 u. 6 Jahren	OZ 2	41	110 €	dauerhaft
14	II a	I b nach 5 u. 6 Jahren	OZ 2	43	110 €	dauerhaft
14	II a	I b nach 5 u. 6 Jahren	OZ 2	45	60 €	dauerhaft
14	II a	I b nach 11 Jahren	OZ 1	33	50 €	nach 4 Jahren für 5 Jahre
14	II a	I b nach 11 Jahren	OZ 1	35	50 €	für 5 Jahre
14	II a	I b nach 11 Jahren	OZ 1	37	80 €	für 4 Jahre

TVÜ-Bund Anl. 3

Tarifvertrag zur Überleitung (Bund)

Entgeltgruppe	Vergütungsgruppe bei In-Kraft-Treten TVÜ	Aufstieg	Orts-Zuschlag Stufe 1, 2	Lebensaltersstufe	Höhe Ausgleichsbetrag	Dauer
			bei In-Kraft-Treten TVÜ			
14	II a	I b nach 11 Jahren	OZ 1	41	80 €	nach 4 Jahren dauerhaft
14	II a	I b nach 11 Jahren	OZ 1	43	80 €	dauerhaft
14	II a	I b nach 11 Jahren	OZ 1	45	60 €	dauerhaft
14	II a	I b nach 11 Jahren	OZ 2	35	110 €	nach 3 Jahren für 3 Jahre
14	II a	I b nach 11 Jahren	OZ 2	37	110 €	dauerhaft
14	II a	I b nach 11 Jahren	OZ 2	39	110 €	nach 4 Jahren dauerhaft
14	II a	I b nach 11 Jahren	OZ 2	41	110 €	dauerhaft
14	II a	I b nach 11 Jahren	OZ 2	43	110 €	dauerhaft
14	II a	I b nach 11 Jahren	OZ 2	45	60 €	dauerhaft
14	I b	ohne	OZ 1	35	100 €	für 4 Jahre
14	I b	ohne	OZ 1	41	80 €	nach 4 Jahren dauerhaft
14	I b	ohne	OZ 1	43	80 €	dauerhaft
14	I b	ohne	OZ 1	45	60 €	dauerhaft
14	I b	ohne	OZ 2	33	50 €	für 4 Jahre
14	I b	ohne	OZ 2	39	110 €	nach 4 Jahren dauerhaft
14	I b	ohne	OZ 2	41	110 €	dauerhaft
14	I b	ohne	OZ 2	43	110 €	dauerhaft
14	I b	ohne	OZ 2	45	60 €	dauerhaft
15	I a	ohne	OZ 1	39	110 €	für 4 Jahre
15	I a	ohne	OZ 1	43	50 €	dauerhaft
15	I a	ohne	OZ 1	45	50 €	dauerhaft
15	I a	ohne	OZ 2	37	110 €	für 4 Jahre
15	I a	ohne	OZ 2	41	50 €	dauerhaft
15	I a	ohne	OZ 2	43	50 €	dauerhaft
15	I a	ohne	OZ 2	45	50 €	dauerhaft
15	I b	I a nach 8 Jahren	OZ 1	39	110 €	für 4 Jahre

Tarifvertrag zur Überleitung (Bund)   **Anl. 4 TVÜ-Bund**

Entgelt-gruppe	Vergütungs-gruppe bei In-Kraft-Treten TVÜ	Aufstieg	Orts-Zuschlag Stufe 1, 2 bei In-Kraft-Treten TVÜ	Lebens-altersstufe	Höhe Ausgleichs-betrag	Dauer
15	I b	I a nach 8 Jahren	OZ 1	43	50 €	dauerhaft
15	I b	I a nach 8 Jahren	OZ 1	45	50 €	dauerhaft
15	I b	I a nach 8 Jahren	OZ 2	37	110 €	für 4 Jahre
15	I b	I a nach 8 Jahren	OZ 2	41	50 €	dauerhaft
15	I b	I a nach 8 Jahren	OZ 2	43	50 €	dauerhaft
15	I b	I a nach 8 Jahren	OZ 2	45	50 €	dauerhaft
15	I b	I a nach 4 Jahren	OZ 1	39	110 €	für 4 Jahre
15	I b	I a nach 4 Jahren	OZ 1	43	50 €	dauerhaft
15	I b	I a nach 4 Jahren	OZ 1	45	50 €	dauerhaft
15	I b	I a nach 4 Jahren	OZ 2	37	110 €	für 4 Jahre
15	I b	I a nach 4 Jahren	OZ 2	41	50 €	dauerhaft
15	I b	I a nach 4 Jahren	OZ 2	43	50 €	dauerhaft
15	I b	I a nach 4 Jahren	OZ 2	45	50 €	dauerhaft
15 Ü	I	ohne	OZ 2	43	50 €	dauerhaft
15 Ü	I	ohne	OZ 2	45	50 €	dauerhaft

Anlage 4 TVÜ-Bund

Vorläufige Zuordnung der Vergütungs- und Lohngruppen zu den Entgeltgruppen für zwischen dem 1. Oktober 2005 und dem In-Kraft-Treten der neuen Entgeltordnung stattfindende Eingruppierungs- und Einreihungsvorgänge (Bund)

Entgelt-gruppe	Vergütungsgruppe	Lohngruppe
15	Zwingend Stufe 1, keine Stufe 6 I a I b mit Aufstieg nach I a	–

623

TVÜ-Bund Anl. 4

Tarifvertrag zur Überleitung (Bund)

Entgeltgruppe	Vergütungsgruppe	Lohngruppe
14	Zwingend Stufe 1, keine Stufe 6 I b ohne Aufstieg nach I a	–
13	Zwingend Stufe 1, keine Stufe 6 Beschäftigte mit Tätigkeiten, die eine abgeschlossene wissenschaftliche Hochschulausbildung voraussetzen (II a mit und ohne Aufstieg nach I b)[ggf. Zulage nach § 17 Abs. 8 TVÜ]	–
12	Zwingend Stufe 1, keine Stufe 6 III mit Aufstieg nach II a	–
11	Zwingend Stufe 1, keine Stufe 6 III ohne Aufstieg nach II a IV a mit Aufstieg nach III	–
10	Zwingend Stufe 1, keine Stufe 6 IV a ohne Aufstieg nach III IV b mit Aufstieg nach IV a V a in den ersten sechs Monaten der Berufsausübung, wenn danach IV b mit Aufstieg nach IV a	–
9	IV b ohne Aufstieg nach IV a (zwingend Stufe 1, keine Stufe 6) V a mit Aufstieg nach IV b ohne weiteren Aufstieg nach IV a (zwingend Stufe 1, keine Stufe 6) V a ohne Aufstieg nach IV b (zwingend Stufe 1, Stufe 3 nach 5 Jahren in Stufe 2, Stufe 4 nach 9 Jahren in Stufe 3, keine Stufen 5 und 6) V b mit Aufstieg nach IV b (zwingend Stufe 1, keine Stufe 6) V b ohne Aufstieg nach IV b (zwingend Stufe 1, Stufe 3 nach 5 Jahren in Stufe 2, Stufe 4 nach 9 Jahren in Stufe 3, keine Stufen 5 und 6)	9 (zwingend Stufe 1, Stufe 4 nach 7 Jahren in Stufe 3, keine Stufen 5 und 6)
8	V c mit Aufstieg nach V b V c ohne Aufstieg nach V b	8 mit Aufstieg nach 8 a
7	Keine	7 mit Aufstieg nach 7 a 6 mit Aufstieg nach 7 und 7 a
6	VI b mit Aufstieg nach V c VI b ohne Aufstieg nach V c	6 mit Aufstieg nach 6 a 5 mit Aufstieg nach 6 und 6 a
5	VII mit Aufstieg nach VI b VII ohne Aufstieg nach VI b	5 mit Aufstieg nach 5 a 4 mit Aufstieg nach 5 und 5 a
4	Keine	4 mit Aufstieg nach 4 a 3 mit Aufstieg nach 4 und 4 a
3	Keine Stufe 6 VIII mit Aufstieg nach VII VIII ohne Aufstieg nach VII	3 mit Aufstieg nach 3 a 2 a mit Aufstieg nach 3 und 3 a 2 mit Aufstieg nach 2 a, 3 und 3 a 2 mit Aufstieg nach 2 a und 3 (keine Stufe 6)
2 Ü	Keine	2 mit Aufstieg nach 2 a 1 mit Aufstieg nach 2 und 2 a

Tarifvertrag zur Überleitung (Bund) **Anl. 5 TVÜ-Bund**

Entgelt-gruppe	Vergütungsgruppe	Lohngruppe
2	IX b mit Aufstieg nach VIII IX b mit Aufstieg nach IX a X mit Aufstieg nach IX b (keine Stufe 6)	1 mit Aufstieg nach 1 a (keine Stufe 6)
1	Beschäftigte mit einfachsten Tätigkeiten, zum Beispiel – Essens- und Getränkeausgeber/innen – Garderobenpersonal – Spülen und Gemüseputzen und sonstige Tätigkeiten im Haus- und Küchenbereich – Reiniger/innen in Außenbereichen wie Höfe, Wege, Grünanlagen, Parks – Wärter/innen von Bedürfnisanstalten – Servierer/innen – Hausarbeiter/innen – Hausgehilfe/Hausgehilfin – Bote/Botin (ohne Aufsichtsfunktion) Ergänzungen können durch Tarifvertrag auf Bundesebene geregelt werden. Hinweis: Diese Zuordnung gilt unabhängig von bisherigen tariflichen Zuordnungen zu Vergütungs-/Lohngruppen.	

Anlage 5 zu § 23 TVÜ-Bund

1. Übergangsregelung zu § 45 Nr. 7 TVöD und TVAng Ausland/TV Arb Ausland:
a) [1] Bis zum In-Kraft-Treten eines Tarifvertrags über eine persönliche Zulage nach § 14 gilt die in § 18 Abs. 2 i. V. m. § 9 Abs. 1 MTArb/MTArb-O genannte Frist von 30 Tagen nicht für zu einer Auslandsdienststelle entsandten Beschäftigte, die vor dem 1 Januar 2005 der Rentenversicherung der Arbeiter unterlegen hätten. Diese Beschäftigten sind verpflichtet,
   – während des Heimaturlaubs,
   – in anderen Fällen Beschäftigte oder Beamtinnen/Beamte bis zur Dauer von drei Monaten
   zu vertreten. [2] § 18 Abs. 2 i. V. m. § 9 Abs. 2 MTArb/MTArb-O finden für diesen Zeitraum keine Anwendung.
b) [1] Bei Änderungen infolge der Zuordnung zu den neuen Entgeltgruppen bei ins Ausland entsandten Beschäftigten, die unter
   – die Sonderregelungen für Beschäftigte die zu Auslandsdienstorten des Bundes entsandt sind oder
   – den TV Ang Ausland und TV Arb Ausland,
   bemisst sich die Höhe der Auslandsbezüge bis zur nächsten Versetzung nach der bis zum 30. September 2005 geltenden Rechtslage. [2] Ergeben sich nach altem Recht höhere Auslandsbezüge als nach neuem Recht, erhalten Beschäftigte eine abbaubare persönliche Zulage in Höhe des Unterschiedsbetrags zwischen den Auslandsbezügen, die sich nach dem bis zum 30. September 2005 geltenden Recht ergeben hätten, und dem ab 1. Oktober 2005 zu zahlenden Auslandsentgelt. [3] Die persönliche Zulage entfällt bei einer Höhergruppierung. Allgemeine Entgeltanpassungen werden auf die persönliche Zulage angerechnet.
2. Übergangsregelung für Personen, denen am 30. September 2005 nach den Sonderregelungen für die Angestellten im Bereich des Bundesministeriums der Verteidigung (SR 2 e I BAT) sowie nach dem Tarifvertrag über einen sozialverträg-

TVÜ-Bund Anl. 5   Tarifvertrag zur Überleitung (Bund)

lichen Personalabbau im Bereich des Bundesministers der Verteidigung vom 30. November 1991 (SOPA) eine Übergangsversorgung zugestanden hat: Nr. 9a der SR 2e I BAT gilt weiter.

3. Übergangs- und Überleitungsregelung zu § 46 Sonderregelungen für die Beschäftigten im Bereich des Bundesministeriums der Verteidigung:
 a) Die SR 2b Nr. 10 Abs. 3 MTArb/MTArb-O und SR 2e II Nr. 9 Abs. 1 und 3 BAT/BAT-O gelten bis zum In-Kraft-Treten einer ablösenden tarifvertraglichen Regelung fort.
 b) Für die Überleitung vorhandener Beschäftigter im Sinne des § 1 Abs. 1 TVÜ-Bund, deren Eingruppierung sich am 30. September 2005 nach der Vergütungsordnung für Angestellte im Pflegedienst (Anlage 1b) richtet, gelten ergänzend zu §§ 3 ff. TVÜ-Bund die Sonderregelungen des TVÜ-VKA für diese Beschäftigtengruppe (Protokollerklärungen zu § 4 Abs. 1 und zu §§ 4 und 6 TVÜ-VKA einschließlich der dort in Bezug genommenen Anlagen 4 und 5 TVÜ-VKA); die Strukturausgleichsbeträge für diese Beschäftigten ergeben sich aus Anlage 2 Abschnitt II TVÜ-VKA; im Übrigen gilt § 12 TVÜ-Bund.
 c) Für Beschäftigte im Pflegedienst im Sinne von § 1 Abs. 1 und 2 TVÜ-Bund richten sich Eingruppierungsvorgänge im Sinne des § 17 Abs. 7 TVÜ-Bund, die zwischen dem 1. Oktober 2005 und dem In-Kraft-Treten der neuen Entgeltordnung stattfinden, nach der Zuordnung der Vergütungsgruppen der Vergütungsordnung für Angestellte im Pflegedienst (Anlage 1b) gemäß Protokollerklärung zu § 4 Abs. 1 in Verbindung mit Anlagen 4 und 5 TVÜ-VKA.
4. Übergangsregelung für ehemalige Beschäftigte des Luftfahrtbundesamtes im Bereich des Bundesministeriums für Verkehr Bau und Wohnungswesen (SR 2h BAT)
 ¹Für Beschäftigte des Luftfahrt Bundesamtes, die auf Grund von § 1 des Gesetzes zur Übernahme der Beamten und Arbeitnehmer bei der Bundesanstalt für Flugsicherung (Artikel 7 des Zehnten Gesetzes zur Änderung des Luftverkehrsgesetzes vom 23. Juli 1992) Aufgaben der Flugsicherung wahrnehmen, gelten die Sonderregelungen 2h BAT für den Bereich des Bundes in der bis zum 31. Dezember 2001 geltenden Fassung für die Dauer des fortbestehenden Arbeitsverhältnisses weiter. ²Teil III Abschn. C der Anlage 1a zum BAT gilt bis zum In-Kraft-Treten von Eingruppierungsvorschriften des TVöD nebst Entgeltordnung weiter. § 18 Abs. 3 gilt entsprechend.
5. Übergangsregelung für die Beschäftigten auf Fischereischutzbooten und Fischereiforschungsfahrzeugen einschließlich der Ärzte und Heilgehilfen im Bereich des Bundesministeriums für Verbraucherschutz, Ernährung und Landwirtschaft:
 ¹Beschäftigte auf Fischereischutzbooten und Fischereiforschungsfahrzeugen einschließlich der Ärzte und Heilgehilfen, jedoch ohne die auf diesen Fahrzeugen eingesetzten Beschäftigten des Deutschen Wetterdienstes, werden vom Geltungsbereich des TVöD und TVÜ-Bund vorläufig ausgenommen. ²Für die Beschäftigten, für die die Regelungen des Tarifgebiets West Anwendung finden, gelten der Tarifvertrag zur Regelung der Arbeitsbedingungen und der Besatzungsmitglieder der Fischereischutzboote und Fischereiforschungsfahrzeuge vom 11. Januar 1972 in der Fassung vom 13. März 1987 und der Tarifvertrag über eine Zuwendung für Kapitäne und Besatzungsmitglieder der Fischereischutzboote und Fischereiforschungsschiffe des Bundes vom 31. Januar 1974 vorläufig weiter. ³Die Tarifvertragsparteien stimmen darüber ein, dass die Beschäftigten nach Satz 1 in den TVöD übergeleitet werden sollen. ⁴Die Tarifverhandlungen

Tarifvertrag zur Überleitung (Bund) **Anl. 5 TVÜ-Bund**

sollen spätestens nach In-Kraft-Treten der Entgeltordnung aufgenommen werden.
6. Übergangsregelung für Beschäftigte im Bereich des Bundesministeriums der Finanzen
   a) Für Arbeiterinnen und Arbeiter des Bundes bei der Bundesmonopolverwaltung für Branntwein, deren dortiges Arbeitsverhältnis über den 30. September 2005 hinaus fortbesteht, und die zum 1. Oktober 2005 unter den Geltungsbereich des TVöD fallen, gelten für die Dauer des ununterbrochen fortbestehenden Arbeitsverhältnisses die tarifvertraglichen Bestimmungen der Nr. 5 und 7 der Sonderregelung 2g MTArb/MTArb-O sowie der Tarifvertrag über die Ausführung von Arbeiten im Leistungslohnverfahren im Bereich der SR 2g des Abschnitts A der Anlage 2 MTArb vom 16. November 1971 weiter.
   b) Für Arbeiterinnen und Arbeiter des Bundes im Geltungsbereich des Tarifvertrags zur Überleitung der Arbeiter der Zoll- und Verbrauchssteuerverwaltung und der Bundesvermögensverwaltung der Oberfinanzdirektion Berlin sowie der Bundesmonopolverwaltung für Branntwein in das Tarifrecht des Bundes vom 18. September 2005 hinaus fortbesteht, und die zum 1. Oktober 2005 unter den Geltungsbereich des TVöD fallen, gelten für die Dauer des ununterbrochen fortbestehenden Arbeitsverhältnisses die tarifvertraglichen Bestimmungen des vorgenannten Überleitungstarifvertrags weiter.
7. Für im Kontroll- und Prüfdienst beschäftigte Anstellte des Bundesamtes für Güterverkehr erfolgt am 1. Oktober 2005 vorerst die Fortzahlung der bisherigen Bezüge als zu verrechender Abschlag auf das Entgelt, das diesen Beschäftigten nach der Überleitung zusteht.

Niederschriftserklärung zu Nr. 7 der Anlage 5 TVÜ-Bund:
Es besteht im Einvernehmen zwischen den Tarifvertragsparteien, baldmöglichst Verhandlungen über besondere Überleitungsregelung für im Kontroll- und Prüfdienst beschäftigte Angestellte des Bundesamtes für Güterverkehr aufzunehmen.

8. Für Lehrkräfte des Bundes erfolgt am 1. Oktober 2005 vorerst die Fortzahlung der bisherigen Bezüge als zu verrechender Abschlag auf das Entgelt, das diesen Beschäftigten nach der Überleitung zusteht.

Niederschriftserklärung zu Nr. 8 der Anlage 5 TVÜ-Bund:
Es besteht im Einvernehmen zwischen den Tarifvertragsparteien, baldmöglichst Verhandlungen über besondere Überleitungsregelungen für Lehrkräfte des Bundes aufzunehmen.

9. Übergangsregelungen zu § 65 BAT/BAT-O, § 69 MTArb/MTArb-O, § 5 Ausbildungs-VergTV:
   § 65 BAT/BAT-O, § 69 MTArb/MTArb-O, § 5 Ausbildungs-VergTV gelten für bestehende Dienstwohnungsverhältnisse bis zum 30. September 2007 weiter.

2. Tarifvertrag zur Überleitung der Beschäftigten der Länder in den TV-L und zur Regelung des Übergangsrechts (TVÜ-Länder)

vom 12. Oktober 2006

Zwischen der Tarifgemeinschaft deutscher Länder, vertreten durch den Vorsitzenden des Vorstandes, einerseits und ver.di Vereinte Dienstleistungsgesellschaft (ver.di), vertreten durch den Bundesvorstand, andererseits wird Folgendes vereinbart:

1. Abschnitt. Allgemeine Vorschriften

§ 1 Geltungsbereich. (1) [1] Dieser Tarifvertrag gilt für Angestellte, Arbeiterinnen und Arbeiter (Beschäftigte),
– deren Arbeitsverhältnis zu einem Arbeitgeber, der Mitglied der Tarifgemeinschaft deutscher Länder (TdL) oder eines Mitgliedverbandes der TdL ist, über den 31. Oktober 2006 hinaus fortbesteht, und
– die am 1. November 2006 unter den Geltungsbereich des Tarifvertrages für den öffentlichen Dienst der Länder (TV-L) fallen,
für die Dauer des ununterbrochen fortbestehenden Arbeitsverhältnisses.
[2] Dieser Tarifvertrag gilt ferner für die unter § 19 Absatz 3 fallenden Beschäftigten der Vergütungsgruppe I BAT/BAT-O.

Protokollerklärungen zu § 1 Absatz 1 Satz 1:
1. In der Zeit bis zum 31. Oktober 2008 sind Unterbrechungen von bis zu einem Monat, bei Lehrkräften im Sinne der Vorbemerkung Nr. 5 zu allen Vergütungsgruppen der Anlage 1a zum BAT/BAT-O darüber hinaus während der Gesamtdauer der Sommerferien, unschädlich.
2. [1] Auf Beschäftigte, die seit mindestens fünf Jahren für eine jahreszeitlich begrenzte regelmäßig wiederkehrende Tätigkeit in einem Arbeitsverhältnis standen oder stehen (Saisonbeschäftigte), werden die §§ 2 bis 8, 11, 14, 17, 18, 19 Absatz 1 auch dann angewandt, wenn das Arbeitsverhältnis am 31. Oktober beziehungsweise 1. November 2006 nicht bestanden hat. [2] Für die Überleitung, insbesondere für die Berechnung des Vergleichsentgelts, finden die Regelungen für Beschäftigte, die im Oktober 2006 beurlaubt waren, sinngemäß Anwendung. [3] Die Anwendung dieses Tarifvertrages endet, wenn der Saisonbeschäftigte in einer neuen Saison nicht wieder eingestellt wird. [4] Dieser Tarifvertrag gilt uneingeschränkt für Saisonarbeitnehmer, deren Arbeitsverhältnis am 31. Oktober 2006 besteht, bis zum Ende dieses Saisonarbeitsverhältnisses. [5] Bestand mit den Saisonbeschäftigten am 31. Oktober beziehungsweise 1. November 2006 ein Arbeitsverhältnis, finden die in Satz 1 angeführten Vorschriften dieses Tarifvertrages auf nachfolgende Saisonbeschäftigungen unter den Voraussetzungen der Sätze 1 und 3 Anwendung.
3. Hat das Arbeitsverhältnis nur wegen des Feiertages am 31. Oktober oder 1. November 2006 nicht bestanden, ist dies für die Anwendung dieses Tarifvertrages unschädlich.

(2) Nur soweit nachfolgend ausdrücklich bestimmt, gelten die Vorschriften dieses Tarifvertrages auch für Beschäftigte, deren Arbeitsverhältnis zu einem Arbeitgeber im Sinne des Absatzes 1 nach dem 31. Oktober 2006 beginnt und die unter den Geltungsbereich des TV-L fallen.

(3) Für geringfügig Beschäftigte im Sinne des § 8 Absatz 1 Nr. 2 SGB IV, die am 31. Oktober 2006 unter den Geltungsbereich des BAT/BAT-O/MTArb/MTArb-O fallen, finden die bisher jeweils einschlägigen tarifvertraglichen Rege-

Tarifvertrag zur Überleitung (Länder) **§ 2 TVÜ-Länder**

lungen für die Dauer ihres ununterbrochen fortbestehenden Arbeitsverhältnisses weiterhin Anwendung.

(4) Die Bestimmungen des TV-L gelten, soweit dieser Tarifvertrag keine abweichenden Regelungen trifft.

Niederschriftserklärung zu § 1:
Für den Fall des Wiedereintritts eines Landes in die Tarifgemeinschaft deutscher Länder (TdL) verpflichtet sich die TdL zur Aufnahme von Tarifverhandlungen über die Überleitung in den TV-L.

§ 2 Ersetzung bisheriger Tarifverträge durch den TV-L. (1) ^{1}Der TV-L ersetzt in Verbindung mit diesem Tarifvertrag für den Bereich der Tarifgemeinschaft deutscher Länder (TdL) die in Anlage 1 TVÜ-Länder Teil A und Teil B aufgeführten Tarifverträge (einschließlich deren Anlagen) beziehungsweise Tarifvertragsregelungen, soweit im TV-L, in diesem Tarifvertrag oder in den Anlagen nicht ausdrücklich etwas anderes bestimmt ist. ^{2}Die Ersetzung erfolgt mit Wirkung vom 1. November 2006, soweit kein abweichender Termin bestimmt ist.

Protokollerklärungen zu § 2 Absatz 1:
1. ^{1}*Die Anlage 1 TVÜ-Länder Teil B (Liste der ersetzten Tarifverträge beziehungsweise Tarifvertragsregelungen) enthält – über die Anlage 1 TVÜ-Länder Teil A hinaus – die Tarifverträge beziehungsweise die Tarifvertragsregelungen, die am 1. November 2006 ohne Nachwirkung außer Kraft treten.* ^{2}*Ist für diese Tarifvorschriften in der Liste ein abweichender Zeitpunkt für das Außerkrafttreten beziehungsweise eine vorübergehende Fortgeltung vereinbart, beschränkt sich die Fortgeltung dieser Tarifverträge auf deren bisherigen Geltungsbereich (Arbeiter/Angestellte; Tarifgebiet Ost/Tarifgebiet West usw.).*
2. *Von der ersetzenden Wirkung werden ergänzende Tarifverträge, die von der TdL abgeschlossen sind, nicht erfasst, soweit diese anstelle landesbezirklicher Regelungen oder für das Tarifgebiet Ost vereinbart sind.*

Niederschriftserklärung zu § 2 Absatz 1:
Die Tarifvertragsparteien gehen davon aus, dass der TV-L und der TVÜ-Länder das bisherige Tarifrecht auch dann ersetzen, wenn arbeitsvertragliche Bezugnahmen nicht ausdrücklich den Fall der ersetzenden Regelung beinhalten.

(2) ^{1}Tarifverträge, die von einzelnen Mitgliedern der TdL abgeschlossen wurden, sind durch die landesbezirklichen Tarifvertragsparteien hinsichtlich ihrer Weitergeltung zu prüfen und bei Bedarf an den TV-L anzupassen. ^{2}Das Recht zur Kündigung der in Satz 1 genannten Tarifverträge bleibt unberührt.

Protokollerklärung zu § 2 Absatz 2:
Entsprechendes gilt für Tarifverträge, die von der TdL abgeschlossen sind, soweit diese anstelle landesbezirklicher Regelungen oder für das Tarifgebiet Ost vereinbart sind.

(3) Unabhängig von den Absätzen 1 und 2 gelten Tarifverträge gemäß § 3 des Tarifvertrages zur sozialen Absicherung fort und sind bei Bedarf an den TV-L anzupassen.

(4) ^{1}Im Übrigen werden solche Tarifvertragsregelungen mit Wirkung vom 1. November 2006 ersetzt, die
– materiell in Widerspruch zu Regelungen des TV-L beziehungsweise dieses Tarifvertrages stehen,
– einen Regelungsinhalt haben, der nach dem Willen der Tarifvertragsparteien durch den TV-L beziehungsweise diesen Tarifvertrag ersetzt oder aufgehoben worden ist, oder

– zusammen mit dem TV-L beziehungsweise diesem Tarifvertrag zu Doppelleistungen führen würden.

Niederschriftserklärung zu § 2 Absatz 4:
Mit Abschluss der Verhandlungen über die Anlage 1 TVÜ-Länder Teil B heben die Tarifvertragsparteien § 2 Absatz 4 auf.

(5) ¹Die in der Anlage 1 TVÜ-Länder Teil C aufgeführten Tarifverträge und Tarifvertragsregelungen gelten fort, soweit im TV-L, in diesem Tarifvertrag oder in den Anlagen nicht ausdrücklich etwas anderes bestimmt ist. ²Die Fortgeltung erfasst auch Beschäftigte im Sinne des § 1 Absatz 2.

Protokollerklärung zu § 2 Absatz 5:
Die Fortgeltung dieser Tarifverträge beschränkt sich auf den bisherigen Geltungsbereich (zum Beispiel Arbeiter/Angestellte; Tarifgebiet Ost/Tarifgebiet West).

(6) Soweit in nicht ersetzten Tarifverträgen und Tarifvertragsregelungen auf Vorschriften verwiesen wird, die aufgehoben oder ersetzt worden sind, gelten an deren Stelle bis zu einer redaktionellen Anpassung die Regelungen des TV-L beziehungsweise dieses Tarifvertrages entsprechend.

2. Abschnitt. Überleitungsregelungen

§ 3 Überleitung in den TV-L. Die von § 1 Absatz 1 erfassten Beschäftigten werden am 1. November 2006 nach den folgenden Regelungen in den TV-L übergeleitet.

§ 4 Zuordnung der Vergütungs- und Lohngruppen. (1) ¹Für die Überleitung der Beschäftigten wird ihre Vergütungs- beziehungsweise Lohngruppe (§ 22 BAT/BAT-O beziehungsweise entsprechende Regelungen für Arbeiterinnen und Arbeiter beziehungsweise besondere tarifvertragliche Vorschriften für bestimmte Berufsgruppen) nach der Anlage 2 TVÜ-Länder Teil A und B beziehungsweise den Anlagen 5A und 5B den Entgeltgruppen des TV-L zugeordnet. ²Für Ärztinnen und Ärzte, einschließlich Ärztinnen und Ärzte in ärztlichen Servicebereichen, Zahnärztinnen und Zahnärzte, die an einer Universitätsklinik überwiegend Aufgaben in der Patientenversorgung wahrnehmen, gilt die Entgeltordnung gemäß Anlage 2 TVÜ-Länder Teil C. ³Satz 2 gilt entsprechend für sonstige Ärztinnen und Ärzte, soweit für sie die Anwendung dieser Entgeltordnung vereinbart ist.

Protokollerklärungen zu § 4 Absatz 1:
1. ¹Bis zum In-Kraft-Treten einer neuen Entgeltordnung verständigen sich die Tarifvertragsparteien zur besseren Übersichtlichkeit für die Zuordnung der Beschäftigten gemäß Anlage 1b zum BAT/BAT-O auf eine Anwendungstabelle gemäß Anlage 5 A und – für Beschäftigte, für die die Regelungen des Tarifgebiets Ost Anwendung finden – gemäß Anlage 5 B; dies gilt auch für Beschäftigte im Sinne des § 1 Absatz 2. ²In den Entgeltgruppen KR 11b und KR 12a erhöht sich der Tabellenwert nach 5 Jahren in Stufe 5 um 200,– Euro; ist bei übergeleiteten Beschäftigten das Vergleichsentgelt höher als das Entgelt der Stufe 5, erhalten sie den erhöhten Tabellenwert ab dem 1. November 2008. ³Die Tarifvertragsparteien sind sich einig, dass diese Anwendungstabelle – insbesondere die Bezeichnung der Entgeltgruppen – keinen Vorgriff auf die Verhandlungen zu einer neuen Entgeltordnung darstellt. ⁴Die Regelungen des TV-L über die Bezahlung im Tarifgebiet Ost gelten entsprechend.
2. Lehrkräfte, die ihre Lehrbefähigung nach dem Recht der DDR erworben haben und deren Ämter in den Landesbesoldungsgesetzen der neuen Bundesländer beziehungsweise deren Tätigkeitsmerkmale in den Richtlinien des Freistaates Sachsen zur Eingruppierung der

Tarifvertrag zur Überleitung (Länder) **§ 5 TVÜ-Länder**

angestellten Lehrkräfte an öffentlichen Schulen ausgebracht wurden, sind „Erfüller" im Sinne der Überleitung der Lehrkräfte.

3. *Zu den ärztlichen Servicebereichen in der Patientenversorgung zählen zum Beispiel Pathologie, Labor, Krankenhaushygiene.*

(2) Beschäftigte, die im November 2006 bei Fortgeltung des bisherigen Tarifrechts die Voraussetzungen für eine Höhergruppierung, einen Bewährungs-, Fallgruppen- oder Tätigkeitsaufstieg erfüllt hätten, werden für die Überleitung so behandelt, als wären sie bereits im Oktober 2006 höhergruppiert beziehungsweise höher eingereiht worden.

(3) Beschäftigte, die im November 2006 bei Fortgeltung des bisherigen Tarifrechts in eine niedrigere Vergütungs- beziehungsweise Lohngruppe eingruppiert beziehungsweise eingereiht worden wären, werden für die Überleitung so behandelt, als wären sie bereits im Oktober 2006 herabgruppiert beziehungsweise niedriger eingereiht worden.

§ 5 Vergleichsentgelt. (1) Für die Zuordnung zu den Stufen der Entgelttabelle des TV-L wird für die Beschäftigten nach § 4 ein Vergleichsentgelt auf der Grundlage der Bezüge, die im Oktober 2006 zustehen, nach den Absätzen 2 bis 6 gebildet.

(2) [1] Bei Beschäftigten aus dem Geltungsbereich des BAT/BAT-O setzt sich das Vergleichsentgelt aus Grundvergütung, allgemeiner Zulage und Ortszuschlag der Stufe 1 oder 2 zusammen. [2] Ist auch eine andere Person im Sinne von § 29 Abschnitt B Absatz 5 BAT/BAT-O ortszuschlagsberechtigt oder nach beamtenrechtlichen Grundsätzen familienzuschlagsberechtigt, wird die Stufe 1 und der jeweilige Anteil des Unterschiedsbetrages der Ortszuschlagsstufe 1 und 2 beziehungsweise des Familienzuschlags der Stufe 1, den die andere Person aufgrund von Teilzeitbeschäftigung nicht mehr erhält, zugrunde gelegt; findet der TV-L am 1. November 2006 auch auf die andere Person Anwendung, geht der jeweils individuell zustehende Teil des Unterschiedsbetrages zwischen den Stufen 1 und 2 des Ortszuschlags in das Vergleichsentgelt ein. [3] Ferner fließen im Oktober 2006 tarifvertraglich zustehende Funktionszulagen insoweit in das Vergleichsentgelt ein, als sie nach dem TV-L nicht mehr vorgesehen sind. [4] Erhalten Beschäftigte eine Gesamtvergütung (§ 30 BAT/BAT-O), bildet diese das Vergleichsentgelt. [5] Bei Lehrkräften im Sinne der Vorbemerkung Nr. 5 zu allen Vergütungsgruppen der Anlage 1a zum BAT/BAT-O wird die Zulage nach § 2 Absatz 3 des Tarifvertrages über Zulagen an Angestellte in das Vergleichsentgelt eingerechnet. [6] Abweichend von Satz 5 wird bei Lehrkräften, die am 31. Oktober 2006 einen Anspruch auf die Zulage nach Abschnitt A Nr. 2 der Lehrer-Richtlinien der TdL beziehungsweise der Lehrer-Richtlinien-O der TdL haben, die Zulage nach § 2 Absatz 2 Buchstabe c des Tarifvertrages über Zulagen an Angestellte, und bei Lehrkräften, die einen arbeitsvertraglichen Anspruch auf Zahlung einer allgemeinen Zulage wie die unter die Anlage 1a zum BAT/BAT-O fallenden Angestellten haben, diese Zulage in das Vergleichsentgelt eingerechnet.

Protokollerklärung zu § 5 Absatz 2 Satz 3:
[1] *Vorhandene Beschäftigte erhalten bis zum In-Kraft-Treten einer neuen Entgeltordnung ihre Techniker-, Meister- und Programmiererzulagen unter den bisherigen Voraussetzungen als persönliche Besitzstandszulage.* [2] *Die Protokollerklärung zu § 6 Absatz 1 gilt entsprechend.*

(3) [1] Bei Beschäftigten aus dem Geltungsbereich des MTArb/MTArb-O wird der Monatstabellenlohn als Vergleichsentgelt zugrunde gelegt. [2] Absatz 2 Satz 3 gilt

TVÜ-Länder § 6 Tarifvertrag zur Überleitung (Länder)

entsprechend. ³Erhalten Beschäftigte den Lohn nach § 23 Absatz 1 MTArb/ MTArb-O, bildet dieser das Vergleichsentgelt.

(4) ¹Beschäftigte, die im November 2006 bei Fortgeltung des bisherigen Rechts die Grundvergütung beziehungsweise den Monatstabellenlohn der nächsthöheren Lebensalters- beziehungsweise Lohnstufe erhalten hätten, werden für die Bemessung des Vergleichsentgelts so behandelt, als wäre der Stufenaufstieg bereits im Oktober 2006 erfolgt. ²§ 4 Absatz 2 und 3 gilt bei der Bemessung des Vergleichsentgelts entsprechend.

(5) ¹Bei Teilzeitbeschäftigten wird das Vergleichsentgelt auf der Grundlage eines entsprechenden Vollzeitbeschäftigten bestimmt. ²Satz 1 gilt für Beschäftigte, deren Arbeitszeit nach § 3 des Tarifvertrages zur sozialen Absicherung vom 6. Juli 1992 herabgesetzt ist, entsprechend.

Protokollerklärung zu § 5 Absatz 5:
¹Lediglich das Vergleichsentgelt wird auf der Grundlage eines entsprechenden Vollzeitbeschäftigten ermittelt; sodann wird nach der Stufenzuordnung das zustehende Entgelt zeitanteilig berechnet. 2Die zeitanteilige Kürzung des auf den Ehegattenanteil im Ortszuschlag entfallenden Betrages (§ 5 Absatz 2 Satz 2 2. Halbsatz) unterbleibt nach Maßgabe des § 29 Abschnitt B Absatz 5 Satz 2 BAT/BAT-O. ³Neue Ansprüche entstehen hierdurch nicht.

(6) Für Beschäftigte, die nicht für alle Tage im Oktober 2006 oder für keinen Tag dieses Monats Bezüge erhalten, wird das Vergleichsentgelt so bestimmt, als hätten sie für alle Tage dieses Monats Bezüge erhalten; in den Fällen des § 27 Abschnitt A Absatz 7 BAT/BAT-O und § 27 Abschnitt B Absatz 3 Unterabsatz 4 BAT/Unterabsatz 3 BAT-O beziehungsweise der entsprechenden Regelungen für Arbeiterinnen und Arbeiter werden die Beschäftigten für das Vergleichsentgelt so gestellt, als hätten sie am 1. Oktober 2006 die Arbeit wieder aufgenommen.

§ 6 Stufenzuordnung der Angestellten. (1) ¹Beschäftigte aus dem Geltungsbereich des BAT/BAT-O – mit Ausnahme der Ärztinnen und Ärzte im Sinne des § 4 Absatz 1 Satz 2 und 3 – werden einer ihrem Vergleichsentgelt entsprechenden individuellen Zwischenstufe der Entgeltgruppe (§ 4) zugeordnet. ²Das Entgelt der individuellen Zwischenstufe nach Satz 1 wird zum 1. Januar 2008 im Tarifgebiet West um 2,9 v. H. erhöht und auf volle fünf Euro aufgerundet. ³Die Erhöhung einschließlich Aufrundung gilt im Tarifgebiet Ost am 1. Mai 2008. ⁴Zum 1. November 2008 steigen diese Beschäftigten in die betragsmäßig nächsthöhere reguläre Stufe ihrer Entgeltgruppe auf. ⁵Der weitere Stufenaufstieg richtet sich nach den Regelungen des TV-L. ⁶Für die Stufenzuordnung der Lehrkräfte im Sinne der Vorbemerkung Nr. 5 zu allen Vergütungsgruppen der Anlage 1a zum BAT/BAT-O gilt die Entgelttabelle zum TV-L mit den Maßgaben des § 20.

Protokollerklärung zu § 6 Absatz 1:
Das Entgelt der individuellen Zwischenstufe nach Satz 1 wird für Beschäftigte, auf die die Regelungen des Tarifgebietes Ost Anwendung finden und die nach dem BAT-O (einschließlich des § 2 Nr. 3 des Änderungstarifvertrages Nr. 1 zum BAT-O vom 8. Mai 1991) in die Vergütungsgruppen X bis Vb, Kr. I bis Kr. VIII eingruppiert oder nach dem MTArb-O in die Lohngruppen 1 bis 9 eingereiht wären, am 1. Januar 2008 um den Faktor 1,081 081 erhöht.

(2) ¹Werden Beschäftigte vor dem 1. November 2008 höhergruppiert (nach § 8 Absatz 1 und 3, § 9 Absatz 3 Buchstabe a oder aufgrund Übertragung einer mit einer höheren Entgeltgruppe bewerteten Tätigkeit), so erhalten sie in der höheren Entgeltgruppe Tabellenentgelt nach der regulären Stufe, deren Betrag mindestens

der individuellen Zwischenstufe entspricht, jedoch nicht weniger als das Tabellenentgelt der Stufe 2; der weitere Stufenaufstieg richtet sich nach den Regelungen des TV-L. ²In den Fällen des Satzes 1 gilt § 17 Absatz 4 Satz 2 TV-L entsprechend. ³Werden Beschäftigte vor dem 1. November 2008 herabgruppiert, werden sie in der niedrigeren Entgeltgruppe derjenigen individuellen Zwischenstufe zugeordnet, die sich bei Herabgruppierung im Oktober 2006 ergeben hätte; der weitere Stufenaufstieg richtet sich nach Absatz 1 Satz 4 und 5.

(3) ¹Ist bei Beschäftigten, deren Eingruppierung sich nach der Vergütungsordnung für Angestellte im Pflegedienst (Anlage 1 b zum BAT/BAT-O) richtet, das Vergleichsentgelt niedriger als das Entgelt der Stufe 3, entspricht es aber mindestens dem Mittelwert aus den Beträgen der Stufen 2 und 3 und ist die/der Beschäftigte am Stichtag mindestens drei Jahre in einem Arbeitsverhältnis bei dem selben Arbeitgeber beschäftigt, wird sie/er abweichend von Absatz 1 bereits zum 1. November 2006 in die Stufe 3 übergeleitet. ²Der weitere Stufenaufstieg richtet sich nach den Regelungen des TV-L.

(4) ¹Liegt das Vergleichsentgelt über der höchsten Stufe der nach § 4 bestimmten Entgeltgruppe, werden die Beschäftigten abweichend von Absatz 1 einer dem Vergleichsentgelt entsprechenden individuellen Endstufe zugeordnet; bei Lehrkräften im Sinne der Vorbemerkung Nr. 5 zu allen Vergütungsgruppen der Anlage 1 a zum BAT/BAT-O gilt dabei die Entgelttabelle zum TV-L mit den Maßgaben des § 20. ²Absatz 1 Sätze 2 und 3 gelten entsprechend. ³Werden Beschäftigte aus einer individuellen Endstufe höhergruppiert, so erhalten sie in der höheren Entgeltgruppe mindestens den Betrag, der ihrer bisherigen individuellen Endstufe entspricht. ⁴Im Übrigen gilt Absatz 2 entsprechend. ⁵Die individuelle Endstufe verändert sich um denselben Vomhundertsatz beziehungsweise in demselben Umfang wie die höchste Stufe der jeweiligen Entgeltgruppe.

Protokollerklärung zu § 6 Absatz 4:
Die Protokollerklärung zu § 6 Absatz 1 gilt entsprechend.

(5) ¹Beschäftigte, deren Vergleichsentgelt niedriger ist als das Tabellenentgelt in der Stufe 2, werden abweichend von Absatz 1 der Stufe 2 zugeordnet. ²Der weitere Stufenaufstieg richtet sich nach den Regelungen des TV-L. ³Abweichend von Satz 1 werden Beschäftigte, denen am 31. Oktober 2006 eine in der Allgemeinen Vergütungsordnung (Anlage 1 a zum BAT/BAT-O) durch die Eingruppierung in Vergütungsgruppe V a BAT/BAT-O mit Aufstieg nach IV b und IV a BAT/BAT-O abgebildete Tätigkeit übertragen ist, der Stufe 1 der Entgeltgruppe 10 zugeordnet.

(6) ¹Ärztinnen und Ärzte im Sinne des § 4 Absatz 1 Satz 2 und 3 werden derjenigen Stufe der Entgeltgruppe (§ 4) zugeordnet, die sie erreicht hätten, wenn die Entgelttabelle für Ärztinnen und Ärzte bereits seit Beginn ihrer Zugehörigkeit zu der für sie maßgebenden Entgeltgruppe gegolten hätte. ²Für die Stufenfindung bei der Überleitung zählen die Zeiten im jetzigen Arbeitsverhältnis zu demselben Arbeitgeber. ³Für die Berücksichtigung von Vorzeiten ärztlicher Tätigkeit bei der Stufenfindung gilt § 16 Absatz 2 in Verbindung mit § 41 Nr. 11 TV-L. ⁴Ist das Vergleichsentgelt höher als das nach den Sätzen 1 bis 3 maßgebende Tabellenentgelt, wird das Vergleichsentgelt so lange gezahlt, bis das Tabellenentgelt das Vergleichsentgelt erreicht; Absatz 1 Sätze 2 und 3 gelten entsprechend.

Protokollerklärungen zu §§ 4 und 6:
Für die Überleitung in die Entgeltgruppe 8 a gemäß Anlagen 5 A und 5 B TVÜ-Länder gilt für übergeleitete Beschäftigte
– der Vergütungsgruppe Kr. V vier Jahre Kr. V a zwei Jahre Kr. VI
– der Vergütungsgruppe Kr. V a drei Jahre Kr. VI

TVÜ-Länder §§ 7, 8 Tarifvertrag zur Überleitung (Länder)

— der Vergütungsgruppe Kr. Va fünf Jahre Kr. VI
— der Vergütungsgruppe Kr. V sechs Jahre Kr. VI
mit Ortszuschlag der Stufe 2:
1. Zunächst erfolgt die Überleitung nach den allgemeinen Grundsätzen.
2. Die Verweildauer in Stufe 3 wird von drei Jahren auf zwei Jahre verkürzt.
3. Der Tabellenwert der Stufe 4 wird nach der Überleitung um 100 Euro erhöht.

§ 7 Stufenzuordnung der Arbeiterinnen und Arbeiter. (1) [1]Beschäftigte aus dem Geltungsbereich des MTArb/MTArb-O werden entsprechend ihrer Beschäftigungszeit nach § 6 MTArb/MTArb-O – mit Ausnahme der Übergangsvorschrift Nr. 3 zu § 6 MTArb-O – der Stufe der gemäß § 4 bestimmten Entgeltgruppe zugeordnet, die sie erreicht hätten, wenn die Entgelttabelle des TV-L bereits seit Beginn ihrer Beschäftigungszeit gegolten hätte; Stufe 1 ist hierbei ausnahmslos mit einem Jahr zu berücksichtigen. [2]Der weitere Stufenaufstieg richtet sich nach den Regelungen des TV-L.

(2) § 6 Absatz 4 und Absatz 5 Satz 1 und 2 gilt für Beschäftigte gemäß Absatz 1 entsprechend.

(3) [1]Ist das Tabellenentgelt nach Absatz 1 Satz 1 niedriger als das Vergleichsentgelt, werden die Beschäftigten einer dem Vergleichsentgelt entsprechenden individuellen Zwischenstufe zugeordnet; § 6 Absatz 1 Satz 2 und 3 gilt entsprechend. [2]Der Aufstieg aus der individuellen Zwischenstufe in die betragsmäßig nächsthöhere reguläre Stufe ihrer Entgeltgruppe findet zu dem Zeitpunkt statt, zu dem sie gemäß Absatz 1 Satz 1 die Voraussetzungen für diesen Stufenaufstieg aufgrund der Beschäftigungszeit erfüllt haben.

(4) [1]Werden Beschäftigte während ihrer Verweildauer in der individuellen Zwischenstufe höhergruppiert, erhalten sie in der höheren Entgeltgruppe Tabellenentgelt nach der regulären Stufe, deren Betrag mindestens der individuellen Zwischenstufe entspricht, jedoch nicht weniger als das Entgelt der Stufe 2; der weitere Stufenaufstieg richtet sich nach den Regelungen des TV-L. [2]§ 17 Absatz 4 Satz 2 TV-L gilt entsprechend. [3]Werden Beschäftigte während ihrer Verweildauer in der individuellen Zwischenstufe herabgruppiert, erfolgt die Stufenzuordnung in der niedrigeren Entgeltgruppe, als sei die niedrigere Einreihung bereits im Oktober 2006 erfolgt; der weitere Stufenaufstieg richtet sich bei Zuordnung zu einer individuellen Zwischenstufe nach Absatz 3 Satz 2, ansonsten nach Absatz 1 Satz 2.

Protokollerklärung zu den Absätzen 2 bis 4:
Die Protokollerklärung zu § 6 Absatz 1 gilt entsprechend.

3. Abschnitt. Besitzstandsregelungen

§ 8 Bewährungs- und Fallgruppenaufstiege. (1) [1]Beschäftigte, die aus dem Geltungsbereich des BAT/BAT-O in eine der Entgeltgruppen 3, 5, 6 oder 8 übergeleitet werden und
— die am 1. November 2006 bei Fortgeltung des bisherigen Tarifrechts die für eine Höhergruppierung erforderliche Zeit der Bewährung oder Tätigkeit zur Hälfte erfüllt haben,
— bis zum individuellen Aufstiegszeitpunkt weiterhin eine Tätigkeit auszuüben haben, die diesen Aufstieg ermöglicht hätte, und
— bei denen zum individuellen Aufstiegszeitpunkt keine Anhaltspunkte vorliegen, die bei Fortgeltung des bisherigen Rechts einer Höhergruppierung entgegengestanden hätten,

sind zu dem Zeitpunkt, zu dem sie nach bisherigem Recht höhergruppiert wären, in die nächsthöhere Entgeltgruppe des TV-L eingruppiert. ²Abweichend von Satz 1 erfolgt die Höhergruppierung in die Entgeltgruppe 5, wenn die Beschäftigten aus der Vergütungsgruppe VIII BAT/BAT-O mit ausstehendem Aufstieg nach Vergütungsgruppe VII BAT/BAT-O in die Entgeltgruppe 3 übergeleitet worden sind; sie erfolgt in die Entgeltgruppe 8, wenn die Beschäftigten aus der Vergütungsgruppe VIb BAT/BAT-O mit ausstehendem Aufstieg nach Vergütungsgruppe Vc BAT/BAT-O in die Entgeltgruppe 6 übergeleitet worden sind. ³Die Sätze 1 und 2 gelten nicht in den Fällen die § 4 Absatz 2. ⁴Erfolgt die Höhergruppierung vor dem 1. November 2008, gilt – gegebenenfalls unter Berücksichtigung des Satzes 2 – § 6 Absatz 2 Satz 1 und 2 entsprechend.

(2) ¹Beschäftigte, die aus dem Geltungsbereich des BAT/BAT-O in eine der Entgeltgruppen 2 sowie 9 bis 15 übergeleitet werden und
– die am 1. November 2006 bei Fortgeltung des bisherigen Tarifrechts die für eine Höhergruppierung erforderliche Zeit der Bewährung oder Tätigkeit zur Hälfte erfüllt haben,
– in der Zeit zwischen dem 1. Dezember 2006 und dem 31. Oktober 2008 höhergruppiert wären,
– bis zum individuellen Aufstiegszeitpunkt weiterhin eine Tätigkeit auszuüben haben, die diesen Aufstieg ermöglicht hätte, und
– bei denen zum individuellen Aufstiegszeitpunkt keine Anhaltspunkte vorliegen, die bei Fortgeltung des bisherigen Rechts einer Höhergruppierung entgegengestanden hätten,
erhalten ab dem Zeitpunkt, zu dem sie nach bisherigem Recht höhergruppiert wären, in ihrer bisherigen Entgeltgruppe Entgelt nach derjenigen individuellen Zwischen- beziehungsweise Endstufe, die sich ergeben hätte, wenn sich ihr Vergleichsentgelt (§ 5) nach der Vergütung aufgrund der Höhergruppierung bestimmt hätte. ²Ein etwaiger Strukturausgleich wird ab dem individuellen Aufstiegszeitpunkt nicht mehr gezahlt. ³Der weitere Stufenaufstieg richtet sich bei Zuordnung zu einer individuellen Zwischenstufe nach § 6 Absatz 1. ⁴§ 4 Absatz 2 bleibt unberührt. ⁵Zur Ermittlung einer neuen individuellen Zwischenstufe gemäß Satz 1 ist für Beschäftigte im Tarifgebiet Ost, die unter die Protokollerklärung zu § 6 Absatz 1 fallen, das auf den Rechtsstand vom 31. Oktober 2006 festgestellte neue Vergleichsentgelt um den Faktor 1,081 081 zu erhöhen, wenn die Neuberechnung des Vergleichsentgelts in der Zeit nach dem 31. Dezember 2007 zu erfolgen hat. ⁶Darüber hinaus ist das Vergleichsentgelt um 2,9 v. H. zu erhöhen und auf volle fünf Euro aufzurunden, wenn die Neuberechnung des Vergleichsentgelts für Beschäftigte im Tarifgebiet West nach dem 31. Dezember 2007 und für Beschäftigte im Tarifgebiet Ost nach dem 30. April 2008 zu erfolgen hat.

Niederschriftserklärung zu § 8 Absatz 2:
Die Neuberechnung des Vergleichsentgelts führt nicht zu einem Wechsel der Entgeltgruppe.

Niederschriftserklärung zu § 8 Absatz 1 Satz 3 und Absatz 2 Satz 2 sowie § 9 Absatz 2 bis 4:
Eine missbräuchliche Entziehung der Tätigkeit mit dem ausschließlichen Ziel, eine Höhergruppierung bzw. eine Besitzstandszulage zu verhindern, ist nicht zulässig.

(3) Abweichend von Absatz 1 Satz 1 und Absatz 2 Satz 1 gelten die Absätze 1 beziehungsweise 2 entsprechend für übergeleitete Beschäftigte, die bei Fortgeltung des BAT/BAT-O bis spätestens mit Ablauf des 31. Oktober 2008 wegen Erfüllung der erforderlichen Zeit der Bewährung oder Tätigkeit höhergruppiert worden

wären, obwohl die Hälfte der erforderlichen Bewährungs- oder Tätigkeitszeit am 1. November 2006 noch nicht erfüllt ist.

(4) ¹Die Absätze 1 bis 3 finden auf übergeleitete Beschäftigte, deren Eingruppierung sich nach der Vergütungsordnung für Angestellte im Pflegedienst (Anlage 1b zum BAT/BAT-O) richtet, und auf übergeleitete Ärztinnen und Ärzte im Sinne des § 4 Absatz 1 Satz 2 und 3 keine Anwendung. ²Satz 1 gilt nicht für die gemäß Anlagen 5 A und 5 B in die Entgeltgruppen 9a bis 9d übergeleiteten Beschäftigten.

(5) ¹Ist bei einer Lehrkraft, die gemäß Nr. 5 der Vorbemerkungen zu allen Vergütungsgruppen nicht unter die Anlage 1a zum BAT/BAT-O fällt, eine Höhergruppierung nur vom Ablauf einer Bewährungszeit und von der Bewährung abhängig und ist am 1. November 2006 die Hälfte der Mindestzeitdauer für einen solchen Aufstieg erfüllt, erfolgt in den Fällen des Absatzes 1 unter den weiteren dort genannten Voraussetzungen zum individuellen Aufstiegszeitpunkt der Aufstieg in die nächsthöhere Entgeltgruppe. ²Absatz 1 Satz 2 und Höhergruppierungsmöglichkeiten durch entsprechende Anwendung beamtenrechtlicher Regelungen bleiben unberührt. ³In den Fällen des Absatzes 2 gilt Satz 1 mit der Maßgabe, dass anstelle der Höhergruppierung eine Neuberechnung des Vergleichsentgelts nach Absatz 2 erfolgt.

§ 9 Vergütungsgruppenzulagen. (1) Aus dem Geltungsbereich des BAT/BAT-O übergeleitete Beschäftigte, denen am 31. Oktober 2006 nach der Vergütungsordnung zum BAT/BAT-O eine Vergütungsgruppenzulage zusteht, erhalten in der Entgeltgruppe, in die sie übergeleitet werden, eine Besitzstandszulage in Höhe ihrer bisherigen Vergütungsgruppenzulage.

(2) ¹Aus dem Geltungsbereich des BAT/BAT-O übergeleitete Beschäftigte, die bei Fortgeltung des bisherigen Rechts nach dem 31. Oktober 2006 eine Vergütungsgruppenzulage ohne vorausgehenden Fallgruppenaufstieg erreicht hätten, erhalten ab dem Zeitpunkt, zu dem ihnen die Zulage nach bisherigem Recht zugestanden hätte, eine Besitzstandszulage. ²Die Höhe der Besitzstandszulage bemisst sich nach dem Betrag, der als Vergütungsgruppenzulage zu zahlen gewesen wäre, wenn diese bereits am 31. Oktober 2006 zugestanden hätte. ³Voraussetzung ist, dass
- am 1. November 2006 die für die Vergütungsgruppenzulage erforderliche Zeit der Bewährung oder Tätigkeit nach Maßgabe des § 23b Abschnitt A BAT/BAT-O zur Hälfte erfüllt ist,
- zu diesem Zeitpunkt keine Anhaltspunkte vorliegen, die bei Fortgeltung des bisherigen Rechts der Vergütungsgruppenzulage entgegengestanden hätten und
- bis zum individuellen Zeitpunkt nach Satz 1 weiterhin eine Tätigkeit auszuüben ist, die zu der Vergütungsgruppenzulage geführt hätte.

(3) ¹Für aus dem Geltungsbereich des BAT/BAT-O übergeleitete Beschäftigte, die bei Fortgeltung des bisherigen Rechts nach dem 31. Oktober 2006 im Anschluss an einen Fallgruppenaufstieg eine Vergütungsgruppenzulage erreicht hätten, gilt Folgendes:
a) ¹In eine der Entgeltgruppen 3, 5, 6 oder 8 übergeleitete Beschäftigte, die den Fallgruppenaufstieg am 31. Oktober 2006 noch nicht erreicht haben, sind zu dem Zeitpunkt, zu dem sie nach bisherigem Recht höhergruppiert worden wären, in die nächsthöhere Entgeltgruppe des TV-L eingruppiert; § 8 Absatz 1 Satz 2 bis 4 gilt entsprechend. ²Eine Besitzstandszulage für eine Vergütungsgruppenzulage steht nicht zu.
b) Ist ein der Vergütungsgruppenzulage vorausgehender Fallgruppenaufstieg am 31. Oktober 2006 bereits erfolgt, gilt Absatz 2 mit der Maßgabe, dass am

1. November 2006 die Hälfte der Gesamtzeit für den Anspruch auf die Vergütungsgruppenzulage einschließlich der Zeit für den vorausgehenden Aufstieg zurückgelegt sein muss.

(4) ¹Die Besitzstandszulage nach den Absätzen 1, 2 und 3 Buchstabe b wird so lange gezahlt, wie die anspruchsbegründende Tätigkeit ununterbrochen ausgeübt wird und die sonstigen Voraussetzungen für die Vergütungsgruppenzulage nach bisherigem Recht weiterhin bestehen. ²Sie verändert sich bei allgemeinen Entgeltanpassungen um den von den Tarifvertragsparteien für die jeweilige Entgeltgruppe vereinbarten Vomhundertsatz.

Protokollerklärungen zu § 9 Absatz 4:
1. Unterbrechungen wegen Mutterschutz, Elternzeit, Krankheit und Urlaub sind unschädlich.
2. Die Protokollerklärung zu § 6 Absatz 1 gilt entsprechend.

Niederschriftserklärung zu § 8 Absatz 1 Satz 3 und Absatz 2 Satz 2 sowie § 9 Absatz 2 bis 4:
Eine missbräuchliche Entziehung der Tätigkeit mit dem ausschließlichen Ziel, eine Höhergruppierung bzw. eine Besitzstandszulage zu verhindern, ist nicht zulässig.

§ 10 Fortführung vorübergehend übertragener höherwertiger Tätigkeit. ¹Beschäftigte, denen am 31. Oktober 2006 eine Zulage nach § 24 BAT/BAT-O zusteht, erhalten nach Überleitung in den TV-L eine Besitzstandszulage in Höhe ihrer bisherigen Zulage, solange sie die anspruchsbegründende Tätigkeit weiterhin ausüben und die Zulage nach bisherigem Recht zu zahlen wäre. ²Wird die anspruchsbegründende Tätigkeit über den 31. Oktober 2008 hinaus beibehalten, finden mit Wirkung ab dem 1. November 2008 die Regelungen des TV-L über die vorübergehende Übertragung einer höherwertigen Tätigkeit Anwendung. ³Für eine vor dem 1. November 2006 vorübergehend übertragene höherwertige Tätigkeit, für die am 31. Oktober 2006 wegen der zeitlichen Voraussetzungen des § 24 Absatz 1 beziehungsweise 2 BAT/BAT-O noch keine Zulage gezahlt wird, gilt Satz 1 und 2 ab dem Zeitpunkt entsprechend, zu dem nach bisherigem Recht die Zulage zu zahlen gewesen wäre. ⁴Sätze 1 bis 3 gelten in den Fällen des § 9 MTArb/MTArb-O entsprechend; bei Vertretung einer Arbeiterin/eines Arbeiters bemisst sich die Zulage nach dem Unterschiedsbetrag zwischen dem Lohn nach § 9 Absatz 2 Buchstabe a MTArb/MTArb-O und dem im Oktober 2006 ohne Zulage zustehenden Lohn. ⁵Sätze 1 bis 4 gelten bei besonderen tarifvertraglichen Vorschriften über die vorübergehende Übertragung höherwertiger Tätigkeiten entsprechend. ⁶Die Zulage nach Satz 1 verändert sich bei allgemeinen Entgeltanpassungen um den von den Tarifvertragsparteien für die jeweilige Entgeltgruppe vereinbarten Vomhundertsatz.

Protokollerklärung zu § 10:
Die Protokollerklärung zu § 6 Absatz 1 gilt entsprechend.
Niederschriftserklärung zu § 10:

Die Tarifvertragsparteien stellen klar, dass die vertretungsweise Übertragung einer höherwertigen Tätigkeit ein Unterfall der vorübergehenden Übertragung einer höherwertigen Tätigkeit ist.

§ 11 Kinderbezogene Entgeltbestandteile. (1) ¹Für im Oktober 2006 zu berücksichtigende Kinder werden die kinderbezogenen Entgeltbestandteile des BAT/BAT-O oder MTArb/MTArb-O in der für Oktober 2006 zustehenden Höhe als Besitzstandszulage fortgezahlt, solange für diese Kinder Kindergeld nach dem Einkommensteuergesetz (EStG) oder nach dem Bundeskindergeldgesetz (BKGG) ununterbrochen gezahlt wird oder ohne Berücksichtigung des § 64 oder § 65 EStG oder des § 3 oder § 4 BKGG gezahlt würde. ²Die Besitzstandszulage entfällt ab dem Zeitpunkt, zu dem einer anderen Person, die im öffentlichen Dienst steht oder auf Grund einer Tätigkeit im öffentlichen Dienst nach beamtenrechtlichen Grundsätzen oder nach einer Ruhelohnordnung versorgungsberechtigt ist, für ein Kind, für welches die Besitzstandszulage gewährt wird, das Kindergeld gezahlt wird; die Änderung der Kindergeldberechtigung hat die/der Beschäftigte dem Arbeitgeber unverzüglich schriftlich anzuzeigen. ³Unterbrechungen der Kindergeldzahlung wegen Ableistung von Grundwehrdienst, Zivildienst oder Wehrübungen sowie die Ableistung eines freiwilligen sozialen oder ökologischen Jahres sind unschädlich; soweit die unschädliche Unterbrechung bereits im Monat Oktober 2006 vorliegt, wird die Besitzstandszulage ab dem Zeitpunkt des Wiederauflebens der Kindergeldzahlung gewährt.

Protokollerklärung zu § 11 Absatz 1 Satz 1:
¹ *Die Unterbrechung der Entgeltzahlung im Oktober 2006 bei Ruhen des Arbeitsverhältnisses wegen Elternzeit, Rente auf Zeit oder Ablauf der Krankenbezugsfristen ist für das Entstehen des Anspruchs auf die Besitzstandszulage unschädlich.* ² *Bei späteren Unterbrechungen der Entgeltzahlung in den Fällen von Satz 1 wird die Besitzstandszulage nach Wiederaufnahme der Beschäftigung weiter gezahlt.* ³ *Die Höhe der Besitzstandszulage nach Satz 1 richtet sich nach § 5 Absatz 6.* ⁴ *Diejenigen Beschäftigten, die im Oktober 2006 nicht kindergeldberechtigt waren und deshalb keinen kinderbezogenen Ortszuschlagsanteil erhalten haben und bis zum 31. Dezember 2006 einen Berechtigtenwechsel beim Kindergeld vornehmen, haben Anspruch auf die Besitzstandszulage nach Satz 1.* ⁵ *Die Höhe der Besitzstandszulage ist so zu bemessen, als hätte die/der Beschäftigte bereits im Oktober 2006 Anspruch auf Kindergeld gehabt.*

(2) ¹ § 24 Absatz 2 TV-L ist anzuwenden. ²Die Besitzstandszulage nach Absatz 1 Satz 1 verändert sich bei allgemeinen Entgeltanpassungen um den von den Tarifvertragsparteien für die jeweilige Entgeltgruppe vereinbarten Vomhundertsatz. ³Ansprüche nach Absatz 1 können für Kinder ab dem vollendeten 16. Lebensjahr durch Vereinbarung mit der/dem Beschäftigten abgefunden werden.

Protokollerklärung zu § 11 Absatz 2:
Die Protokollerklärung zu § 6 Absatz 1 gilt entsprechend.

(3) Die Absätze 1 und 2 gelten entsprechend für
a) zwischen dem 1. November 2006 und dem 31. Dezember 2006 geborene Kinder der übergeleiteten Beschäftigten,
b) die Kinder von bis zum 31. Dezember 2006 in ein Arbeitsverhältnis übernommenen Auszubildenden, Schülerinnen/Schüler in der Gesundheits- und Krankenpflege, Gesundheits- und Kinderkrankenpflege und in der Entbindungspflege sowie Praktikantinnen und Praktikanten aus tarifvertraglich geregelten Beschäftigungsverhältnissen, soweit diese Kinder vor dem 1. Januar 2007 geboren sind.

§ 12 Strukturausgleich. (1) ¹Aus dem Geltungsbereich des BAT/BAT-O übergeleitete Beschäftigte erhalten einen nicht dynamischen Strukturausgleich ausschließlich in den in Anlage 3 aufgeführten Fällen zusätzlich zu ihrem monatlichen Entgelt. ²Maßgeblicher Stichtag für die anspruchsbegründenden Voraussetzungen (Vergütungsgruppe, Lebensaltersstufe, Ortszuschlag, Aufstiegszeiten) ist der 1. November 2006, sofern in Anlage 3 nicht ausdrücklich etwas anderes geregelt ist.

Tarifvertrag zur Überleitung (Länder) § 13 TVÜ-Länder

(2) Die Zahlung des Strukturausgleichs beginnt im November 2008, sofern in Anlage 3 nicht etwas anderes bestimmt ist.

(3) Für Beschäftigte, für die nach dem TV-L die Regelungen des Tarifgebiets Ost Anwendung finden, gilt der jeweilige Bemessungssatz.

(4) [1] Bei Teilzeitbeschäftigung steht der Strukturausgleich anteilig zu (§ 24 Absatz 2 TV-L). [2] Satz 1 gilt für Beschäftigte, deren Arbeitszeit nach § 3 des Tarifvertrages zur sozialen Absicherung vom 6. Juli 1992 bzw. vom 12. Oktober 2006 herabgesetzt ist, entsprechend.

Protokollerklärung zu § 12 Absatz 4:
Bei späteren Veränderungen der individuellen regelmäßigen wöchentlichen Arbeitszeit der/des Beschäftigten ändert sich der Strukturausgleich entsprechend.

(5) Bei Höhergruppierungen wird der Unterschiedsbetrag zum bisherigen Entgelt auf den Strukturausgleich angerechnet.

(6) Einzelvertraglich kann der Strukturausgleich abgefunden werden.

(7) Die Absätze 1 bis 6 finden auf Ärztinnen und Ärzte im Sinne des § 4 Absatz 1 Satz 2 und 3 keine Anwendung.

Niederschriftserklärung zu § 12:
[1] *Die Tarifvertragsparteien erkennen an, dass die Strukturausgleiche in einem Zusammenhang mit einer zukünftigen Entgeltordnung stehen.* [2] *Die Tarifvertragsparteien werden nach einer Vereinbarung einer neuen Entgeltordnung zum TV-L prüfen, ob und in welchem Umfang sie neben den bereits verbindlich vereinbarten Fällen, in denen Strukturausgleichsbeträge festgelegt sind, für einen Zeitraum bis längstens Ende 2015 in weiteren Fällen Regelungen, die auch in der Begrenzung der Zuwächse aus Strukturausgleichen bestehen können, vornehmen müssen.* [3] *Sollten zusätzliche Strukturausgleiche vereinbart werden, sind die sich daraus ergebenden Kostenwirkungen in der Entgeltrunde 2009 zu berücksichtigen.*

§ 13 Entgeltfortzahlung im Krankheitsfall. (1) [1] Bei Beschäftigten, für die bis zum 31. Oktober 2006 § 71 BAT gegolten hat und die nicht in der privaten Krankenversicherung versichert sind, wird abweichend von § 22 Absatz 2 TV-L für die Dauer des über den 31. Oktober 2006 hinaus ununterbrochen fortbestehenden Arbeitsverhältnisses der Krankengeldzuschuss in Höhe des Unterschiedsbetrages zwischen dem festgesetzten Nettokrankengeld oder der entsprechenden gesetzlichen Nettoleistung und dem Nettoentgelt (§ 22 Absatz 2 Satz 2 und 3 TV-L) gezahlt. [2] Nettokrankengeld ist das um die Arbeitnehmeranteile zur Sozialversicherung reduzierte Krankengeld. [3] Bei Beschäftigten, die in der gesetzlichen Krankenversicherung versicherungsfrei oder die von der Versicherungspflicht in der gesetzlichen Krankenversicherung befreit sind, werden bei der Berechnung des Krankengeldzuschusses diejenigen Leistungen zu Grunde gelegt, die ihnen als Pflichtversicherte in der gesetzlichen Krankenversicherung zustünden.

(2) [1] Beschäftigte im Sinne des Absatzes 1 erhalten längstens bis zum Ende der 26. Woche seit dem Beginn ihrer über den 31. Oktober 2006 hinaus ununterbrochen fortbestehenden Arbeitsunfähigkeit infolge derselben Krankheit oder Arbeitsverhinderung infolge einer Maßnahme der medizinischen Vorsorge oder Rehabilitation ihr Entgelt nach § 21 TV-L fortgezahlt. [2] Tritt nach dem 1. November 2006 Arbeitsunfähigkeit infolge derselben Krankheit ein, werden die Zeiten der Entgeltfortzahlung nach Satz 1 auf die Fristen gemäß § 22 TV-L angerechnet.

(3) [1] Bei Beschäftigten, für die bis zum 31. Oktober 2006 § 71 BAT gegolten hat und die in der privaten Krankenversicherung versichert sind, wird anstelle des Krankengeldzuschusses nach § 22 Absatz 2 und 3 TV-L für die Dauer des über den

31. Oktober 2006 hinaus ununterbrochen fortbestehenden Arbeitsverhältnisses das Entgelt nach § 21 TV-L bis zur Dauer von 26 Wochen gezahlt. ²§ 22 Absatz 4 TV-L findet auf die Entgeltfortzahlung nach Satz 1 entsprechende Anwendung. ³Die Sätze 1 und 2 gelten auf Antrag entsprechend für bisher unter § 71 BAT fallende Beschäftigte, die freiwillig in der gesetzlichen Krankenversicherung versichert sind und am 19. Mai 2006 (Stichtag) einen Anspruch auf Krankengeld erst ab der 27. Woche der Arbeitsunfähigkeit hatten; der Antrag ist bis zum 31. Dezember 2006 zu stellen.

Protokollerklärung zu § 13:
¹Ansprüche aufgrund von Regelungen für die Gewährung von Beihilfen an Arbeitnehmerinnen und Arbeitnehmer im Krankheitsfall bleiben für übergeleitete Beschäftigte, die am 31. Oktober 2006 noch Anspruch auf Beihilfe haben, unberührt. ²Änderungen von Beihilfevorschriften für Beamte kommen zur Anwendung, soweit auf Landes- beziehungsweise Bundesvorschriften Bezug genommen wird.

§ 14 Beschäftigungszeit. (1) Für die Dauer des über den 31. Oktober 2006 hinaus fortbestehenden Arbeitsverhältnisses werden die vor dem 1. November 2006 nach Maßgabe der jeweiligen tarifrechtlichen Vorschriften anerkannten Beschäftigungszeiten – mit Ausnahme der Zeiten im Sinne der Übergangsvorschrift Nr. 3 zu § 19 BAT-O/§ 6 MTArb-O – als Beschäftigungszeit im Sinne des § 34 Absatz 3 TV-L berücksichtigt.

(2) Für die Anwendung des § 23 Absatz 2 TV-L werden die bis zum 31. Oktober 2006 zurückgelegten Zeiten, die nach Maßgabe

– des § 39 BAT anerkannte Dienstzeit,
– des § 39 BAT-O beziehungsweise § 45 MTArb-O anerkannte Beschäftigungszeit,
– des § 45 MTArb anerkannte Jubiläumszeit

sind, als Beschäftigungszeit im Sinne des § 34 Absatz 3 TV-L berücksichtigt.

§ 15 Urlaub. (1) ¹Für die Dauer und die Bewilligung des Erholungsurlaubs beziehungsweise von Zusatzurlaub für das Urlaubsjahr 2006 sowie für dessen Übertragung auf das Urlaubsjahr 2007 gelten die im Oktober 2006 jeweils maßgebenden Vorschriften bis zum 31. Dezember 2006 fort. ²Die Regelungen des TV-L gelten für die Bemessung des Urlaubsentgelts.

(2) ¹Aus dem Geltungsbereich des BAT/BAT-O übergeleitete Beschäftigte der Vergütungsgruppen I und Ia, die für das Urlaubsjahr 2006 einen Anspruch auf 30 Arbeitstage Erholungsurlaub erworben haben, behalten bei einer Fünftagewoche diesen Anspruch für die Dauer des über den 31. Oktober 2006 hinaus ununterbrochen fortbestehenden Arbeitsverhältnisses. ²Die Urlaubsregelungen des TV-L bei abweichender Verteilung der Arbeitszeit gelten entsprechend.

(3) ¹§ 49 Absatz 1 und 2 MTArb/MTArb-O i. V. m. dem Tarifvertrag über Zusatzurlaub für gesundheitsgefährdende Arbeiten für Arbeiter der Länder gelten bis zum In-Kraft-Treten eines entsprechenden Tarifvertrags der Länder fort; im Übrigen gilt Absatz 1 entsprechend. ²Aus dem Geltungsbereich des MTArb übergeleiteten Beschäftigten, die am 31. Oktober 2006 Anspruch auf einen Zusatzurlaub nach § 49 Absatz 4 MTArb haben, behalten diesen Anspruch, solange sie die Anspruchsvoraussetzungen in dem über den 31. Oktober 2006 hinaus ununterbrochen fortbestehenden Arbeitsverhältnis weiterhin erfüllen.

(4) ¹In den Fällen des § 48a BAT/BAT-O oder § 48a MTArb/MTArb-O wird der nach der Arbeitsleistung im Kalenderjahr 2006 zu bemessende Zusatzurlaub im

Kalenderjahr 2007 gewährt. ²Die nach Satz 1 zustehenden Urlaubstage werden auf den nach den Bestimmungen des TV-L im Kalenderjahr 2007 zustehenden Zusatzurlaub für Wechselschichtarbeit und Schichtarbeit angerechnet. ³Absatz 1 Satz 2 gilt entsprechend.

§ 16 Abgeltung. ¹Durch Vereinbarung mit der/dem Beschäftigten können Entgeltbestandteile aus Besitzständen, ausgenommen für Vergütungsgruppenzulagen, pauschaliert beziehungsweise abgefunden werden. ²§ 11 Absatz 2 Satz 3 und § 12 Absatz 6 bleiben unberührt.

Protokollerklärung zum 3. Abschnitt:
¹Einvernehmlich werden die Verhandlungen zur Überleitung der Entgeltsicherung bei Leistungsminderung zurückgestellt. ²Da damit die fristgerechte Überleitung bei Beschäftigten, die eine Zahlung nach §§ 25, 37 MTArb/MTArb-O beziehungsweise § 56 BAT/ BAT-O erhalten, nicht sichergestellt ist, erfolgt am 1. November 2006 eine Fortzahlung der bisherigen Bezüge als zu verrechnender Abschlag auf das Entgelt, das diesen Beschäftigten nach dem noch zu erzielenden künftigen Verhandlungsergebnis zusteht; § 6 Absatz 1 Sätze 2 und 3 sowie die Protokollerklärung zu § 6 Absatz 1 gelten entsprechend. ³Die in Satz 2 genannten Bestimmungen – einschließlich etwaiger Sonderregelungen – finden in ihrem jeweiligen Geltungsbereich bis zum In-Kraft-Treten einer Neuregelung weiterhin Anwendung, und zwar auch für Beschäftigte im Sinne des § 1 Absatz 2. ⁴§ 55 Absatz 2 Unterabsatz 2 Satz 2 BAT bleibt in seinem bisherigen Geltungsbereich unberührt. ⁵Sollte das künftige Verhandlungsergebnis geringer als bis dahin gewährte Leistungen ausfallen, ist eine Rückforderung ausgeschlossen.

4. Abschnitt. Sonstige vom TV-L abweichende oder ihn ergänzende Bestimmungen

§ 17 Eingruppierung. (1) ¹Die §§ 22, 23 BAT/BAT-O einschließlich der Vergütungsordnung, die §§ 1, 2 Absatz 1 und § 5 des Tarifvertrages über das Lohngruppenverzeichnis der Länder zum MTArb (TV Lohngruppen TdL) einschließlich des Lohngruppenverzeichnisses mit Anlagen 1 und 2 sowie die entsprechenden Regelungen für das Tarifgebiet Ost einschließlich § 2 Nr. 3 des Änderungstarifvertrages Nr. 1 zum BAT-O vom 8. Mai 1991 gelten über den 31. Oktober 2006 hinaus fort. ²Diese Regelungen finden auf übergeleitete und ab dem 1. November 2006 neu eingestellte Beschäftigte im jeweiligen bisherigen Geltungsbereich nach Maßgabe dieses Tarifvertrages Anwendung. ³An die Stelle der Begriffe Vergütung und Lohn tritt der Begriff Entgelt.

(2) Abweichend von Absatz 1
– gelten Vergütungsordnung und Lohngruppenverzeichnis nicht für ab dem 1. November 2006 in Entgeltgruppe 1 TV-L neu eingestellte Beschäftigte,
– gilt die Vergütungsgruppe I der Vergütungsordnung zum BAT/BAT-O ab dem 1. November 2006 nicht fort; die Ausgestaltung entsprechender Arbeitsverhältnisse erfolgt außertariflich,
– gilt für übergeleitete und ab dem 1. November 2006 neu eingestellte Ärztinnen und Ärzte im Sinne des § 4 Absatz 1 Satz 2 und 3 die Entgeltordnung gemäß Anlage 2 TVÜ-Länder Teil C.

(3) ¹Mit Ausnahme der Eingruppierung in die Entgeltgruppe 1 und der Eingruppierung der übergeleiteten und ab dem 1. November 2006 neu eingestellten Ärztinnen und Ärzte im Sinne des § 4 Absatz 1 Satz 2 und 3 sind alle zwischen dem 1. November 2006 und dem In-Kraft-Treten einer neuen Entgeltordnung

TVÜ-Länder § 17 Tarifvertrag zur Überleitung (Länder)

stattfindenden Eingruppierungsvorgänge (Neueinstellungen und Umgruppierungen) vorläufig und begründen keinen Vertrauensschutz und keinen Besitzstand. ²Dies gilt nicht für Aufstiege gemäß § 8 Absatz 1 Satz 1 und 2 und Absatz 3.

(4) ¹Anpassungen der Eingruppierung aufgrund des In-Kraft-Tretens einer neuen Entgeltordnung erfolgen mit Wirkung für die Zukunft. ²Bei Rückgruppierungen, die in diesem Zusammenhang erfolgen, sind finanzielle Nachteile im Wege einer nicht dynamischen Besitzstandszulage auszugleichen, solange die Tätigkeit ausgeübt wird. ³Die Besitzstandszulage vermindert sich ein Jahr nach dem In-Kraft-Treten einer neuen Entgeltordnung bei jedem Stufenaufstieg um die Hälfte des Unterschiedsbetrages zwischen der bisherigen und der neuen Stufe; bei Neueinstellungen (§ 1 Absatz 2) vermindert sich die Besitzstandszulage jeweils um den vollen Unterschiedsbetrag. ⁴Die Grundsätze korrigierender Rückgruppierung bleiben unberührt.

(5) ¹Bewährungs-, Fallgruppen- und Tätigkeitsaufstiege gibt es ab dem 1. November 2006 nicht mehr; §§ 8 und 9 bleiben unberührt. ²Satz 1 gilt auch für Vergütungsgruppenzulagen, es sei denn, dem Tätigkeitsmerkmal einer Vergütungsgruppe der Allgemeinen Vergütungsordnung (Anlage 1a zum BAT) ist eine Vergütungsgruppenzulage zugeordnet, die unmittelbar mit Übertragung der Tätigkeit zusteht; bei Übertragung einer entsprechenden Tätigkeit wird diese bis zum In-Kraft-Treten einer neuen Entgeltordnung unter den Voraussetzungen des bisherigen Tarifrechts als Besitzstandszulage in der bisherigen Höhe gezahlt; § 9 Absatz 4 gilt entsprechend.

(6) Eine persönliche Zulage, die sich betragsmäßig nach der entfallenen Techniker-, Meister- und Programmiererzulage bemisst, erhalten diejenigen Beschäftigten, denen ab dem 1. November 2006 bis zum In-Kraft-Treten einer neuen Entgeltordnung eine anspruchsbegründende Tätigkeit übertragen wird, soweit die Anspruchsvoraussetzungen nach bisherigem Tarifrecht erfüllt sind.

Protokollerklärung zu § 17 Absatz 6:
Die Protokollerklärung zu § 6 Absatz 1 gilt entsprechend.

(7) ¹Für Eingruppierungen ab dem 1. November 2006 bis zum In-Kraft-Treten einer neuen Entgeltordnung werden die Vergütungsgruppen der Allgemeinen Vergütungsordnung (Anlage 1a zum BAT) und die Lohngruppen des Lohngruppenverzeichnisses gemäß Anlage 4 den Entgeltgruppen des TV-L, zugeordnet. ²Absatz 1 Satz 2 bleibt unberührt.

Protokollerklärung zu § 17 Absatz 7:
Die Protokollerklärung Nr. 1 zu § 4 Absatz 1 gilt entsprechend für übergeleitete und ab dem 1. November 2006 neueingestellte Pflegekräfte.

(8) ¹Beschäftigte, die ab dem 1. November 2006 in die Entgeltgruppe 13 eingruppiert sind und die nach der Allgemeinen Vergütungsordnung (Anlage 1a zum BAT/BAT-O) in Vergütungsgruppe IIa BAT/BAT-O mit fünf- beziehungsweise sechsjährigem Aufstieg nach Vergütungsgruppe Ib BAT/BAT-O eingruppiert wären, erhalten bis zum In-Kraft-Treten einer neuen Entgeltordnung eine persönliche Zulage in Höhe des Unterschiedsbetrages zwischen dem Entgelt ihrer Stufe nach Entgeltgruppe 13 und der entsprechenden Stufe der Entgeltgruppe 14. ²Von Satz 1 werden auch Fallgruppen der Vergütungsgruppe Ib BAT/BAT-O erfasst, deren Tätigkeitsmerkmale eine bestimmte Tätigkeitsdauer voraussetzen. ³Die Sätze 1 und 2 gelten auch für Beschäftigte im Sinne des § 1 Absatz 2. ⁴Sie gelten nicht für Ärztinnen und Ärzte im Sinne des § 4 Absatz 1 Satz 2 und 3.

Tarifvertrag zur Überleitung (Länder) **§ 18 TVÜ-Länder**

Niederschriftserklärung zu § 17 Absatz 8:
Mit dieser Regelung ist keine Entscheidung über Zuordnung und Fortbestand/Besitzstand der Zulage im Rahmen einer neuen Entgeltordnung verbunden.

(9) [1] Die bisherigen Regelungen für Vorarbeiterinnen und Vorarbeiter gelten im bisherigen Geltungsbereich fort; dies gilt auch für Beschäftigte im Sinne des § 1 Absatz 2. [2] Ist anlässlich der vorübergehenden Übertragung einer höherwertigen Tätigkeit im Sinne des § 14 TV-L zusätzlich eine Tätigkeit auszuüben, für die nach bisherigem Recht ein Anspruch auf Zahlung einer Zulage für Vorarbeiterinnen und Vorarbeiter besteht, erhält die/der Beschäftigte bis zum In-Kraft-Treten einer neuen Entgeltordnung abweichend von Satz 1 sowie von § 14 Absatz 3 TV-L anstelle der Zulage nach § 14 TV-L für die Dauer der Ausübung sowohl der höherwertigen als auch der zulagenberechtigenden Tätigkeit eine persönliche Zulage in Höhe von insgesamt 10 v. H. ihres/seines Tabellenentgelts.

(10) Die Absätze 1 bis 9 gelten für besondere tarifvertragliche Vorschriften über die Eingruppierungen entsprechend.

Protokollerklärung zu § 17:
[1] *Die Tarifvertragsparteien sind sich darin einig, dass im Falle einer neuen Entgeltordnung die bisherigen unterschiedlichen materiellen Wertigkeiten aus Fachhochschulabschlüssen (einschließlich Sozialpädagogen/innen und Ingenieuren/innen) auf das Niveau der vereinbarten Entgeltwerte der Entgeltgruppe 9 ohne Mehrkosten (unter Berücksichtigung der Kosten für den Personenkreis, der nach der Übergangsphase nicht mehr in eine höhere beziehungsweise niedrigere Entgeltgruppe eingruppiert ist) zusammengeführt werden; die Abbildung von Heraushebungsmerkmalen oberhalb der Entgeltgruppe 9 bleibt davon unberührt.* [2] *Sollte hierüber bis zum 31. Dezember 2008 keine einvernehmliche Lösung vereinbart werden, so erfolgt ab dem 1. Januar 2009 bis zum In-Kraft-Treten einer neuen Entgeltordnung die einheitliche Eingruppierung aller ab dem 1. Januar 2009 neu einzugruppierenden Beschäftigten mit Fachhochschulabschluss nach den jeweiligen Regeln der Entgeltgruppe 9 zu „Vb BAT/BAT-O ohne Aufstieg nach IVb (mit und ohne FH-Abschluss)".*

§ 18 Vorübergehende Übertragung einer höherwertigen Tätigkeit nach dem 31. Oktober 2006.

(1) [1] Wird aus dem Geltungsbereich des BAT/BAT-O übergeleiteten Beschäftigten in der Zeit zwischen dem 1. November 2006 und dem 31. Oktober 2008 erstmalig außerhalb von § 10 eine höherwertige Tätigkeit vorübergehend übertragen, findet der TV-L Anwendung. [2] Ist die/der Beschäftigte in eine individuelle Zwischenstufe übergeleitet worden, gilt für die Bemessung der persönlichen Zulage § 6 Absatz 2 Satz 1 und 2 entsprechend. [3] Bei Überleitung in eine individuelle Endstufe gilt § 6 Absatz 4 Satz 3 entsprechend. [4] In den Fällen des § 6 Absatz 5 bestimmt sich die Höhe der Zulage nach den Vorschriften des TV-L über die vorübergehende Übertragung einer höherwertigen Tätigkeit.

(2) Wird aus dem Geltungsbereich des MTArb/MTArb-O übergeleiteten Beschäftigten nach dem 31. Oktober 2006 erstmalig außerhalb von § 10 eine höherwertige Tätigkeit vorübergehend übertragen, gelten bis zum In-Kraft-Treten eines Tarifvertrages über eine persönliche Zulage die bisherigen Regelungen des MTArb/MTArb-O mit der Maßgabe entsprechend, dass sich die Höhe der Zulage nach dem TV-L richtet, soweit sich aus § 17 Absatz 9 Satz 2 nichts anderes ergibt.

(3) Bis zum In-Kraft-Treten der Eingruppierungsvorschriften des TV-L gilt – auch für Beschäftigte im Sinne des § 1 Absatz 2 – die Regelung des § 14 TV-L zur vorübergehenden Übertragung einer höherwertigen Tätigkeit mit der Maßgabe, dass sich die Voraussetzungen für die übertragene höherwertige Tätigkeit nach

§ 22 Absatz 2 BAT/BAT-O beziehungsweise den entsprechenden Regelungen für Arbeiter bestimmen.

§ 19 Entgeltgruppen 2 Ü, 13 Ü und 15 Ü. (1) Zwischen dem 1. November 2006 und dem In-Kraft-Treten einer neuen Entgeltordnung gelten für Beschäftigte, die in die Entgeltgruppe 2 Ü übergeleitet oder in die Lohngruppe 1 mit Aufstieg nach 2 und 2a oder in die Lohngruppe 2 mit Aufstieg nach 2a eingestellt werden, folgende Tabellenwerte (West).

Stufe 1	Stufe 2	Stufe 3	Stufe 4	Stufe 5	Stufe 6
1503	1670	1730	1810	1865	1906

(2) [1] Für Beschäftigte, die in die Entgeltgruppe 13 Ü übergeleitet werden, gelten folgende Tabellenwerte (West):

	Stufe 2	Stufe 3	Stufe 4a	Stufe 4b	Stufe 5
		Nach 2 Jahren in Stufe 2	Nach 4 Jahren in Stufe 3	Nach 3 Jahren in Stufe 4a	Nach 3 Jahren in Stufe 4b
Beträge aus	(E 13/2)	(E 13/3)	(E 14/3)	(E 14/4)	(E 14/5)
E 13 Ü	3130	3300	3600	3900	4360

[2] Bei Beschäftigten im Sinne des § 53 Hochschulrahmengesetz, die in die Entgeltgruppe 13 Ü übergeleitet werden und bei denen das Vergleichsentgelt im Zeitpunkt der Überleitung den Betrag von 3.300 Euro nicht erreicht, erhöht sich der Tabellenwert in der Stufe 5 nach fünf Jahren der Zugehörigkeit zur Stufe 5 um 200 Euro. [3] Dasselbe gilt bei Neueinstellungen von Beschäftigten im Sinne des § 53 Hochschulrahmengesetz in die Stufen 1 oder 2 der Entgeltgruppe 13 für die Erhöhung des Tabellenwertes der Stufe 5 der Entgeltgruppe 13.

(3) [1] Übergeleitete Beschäftigte der Vergütungsgruppe I BAT/BAT-O unterliegen dem TV-L. Sie werden in die Entgeltgruppe 15 Ü mit folgenden Tabellenwerten (West) übergeleitet:

Stufe 1	Stufe 2	Stufe 3	Stufe 4	Stufe 5
4275	4750	5200	5500	5570

[2] Die Verweildauer in den Stufen 1 bis 4 beträgt jeweils fünf Jahre. [3] § 6 Absatz 5 findet keine Anwendung.

(4) § 6 Absatz 1 Satz 2 und 3 sowie die Regelungen des TV-L über die Bezahlung im Tarifgebiet Ost gelten entsprechend.

§ 20 Anwendung der Entgelttabelle auf Lehrkräfte. (1) [1] Für übergeleitete und für ab 1. November 2006 neu eingestellte Lehrkräfte, die gemäß Nr. 5 der Vorbemerkungen zu allen Vergütungsgruppen nicht unter die Anlage 1a zum BAT/BAT-O fallen, gilt die Entgelttabelle zum TV-L mit der Maßgabe, dass die Tabellenwerte
– der Entgeltgruppen 5 bis 8 um 64,00 Euro und
– der Entgeltgruppen 9 bis 13 um 72,00 Euro
vermindert werden; die verminderten Tabellenwerte sind auch maßgebend für die Zuordnung der Lehrkräfte in die individuelle Zwischenstufe beziehungsweise individuelle Endstufe am 1. November 2006. 2Satz 1 gilt nicht für Lehrkräfte, die die fachlichen und pädagogischen Voraussetzungen für die Einstellung als Studien-

rat nach der Besoldungsgruppe A 13 BBesG erfüllen, und für übergeleitete Lehrkräfte, die einen arbeitsvertraglichen Anspruch auf Zahlung einer allgemeinen Zulage wie die unter die Anlage 1 a zum BAT/BAT-O fallenden Angestellten haben.
(2) Im Tarifgebiet West vermindern sich die Beträge nach Absatz 1 Satz 1 bei jeder nach dem 1. November 2006 wirksam werdenden allgemeinen Tabellenanpassung in
- den Entgeltgruppen 5 bis 8 um 6,40 Euro und
- den Entgeltgruppen 9 bis 13 um 7,20 Euro.

(3) [1]Die Regelungen des TV-L über die Bezahlung im Tarifgebiet Ost gelten entsprechend. [2]Im Tarifgebiet Ost findet der Bemessungssatz für die Entgelte auch auf die Beträge nach Absatz 1 Satz 1 Halbsatz 1 und Absatz 2 Anwendung. [3]Die Verminderung nach Absatz 2 erfolgt mit jeder nach dem 1. November 2006 wirksam werdenden allgemeinen Tabellenanpassung im Tarifgebiet Ost.

§ 21 Jahressonderzahlung in den Jahren 2006 und 2007. (1) Für Beschäftigte, deren Arbeitsverhältnis bereits am 30. Juni 2003 bestanden hat und die bis zum 31. Oktober 2006 für die Zuwendung der tariflichen Nachwirkung unterliegen, richtet sich die Jahressonderzahlung nach § 20 TV-L.

(2) [1]Für die Beschäftigten, mit denen arbeitsvertraglich vor dem 31. Oktober 2006 abweichende Vereinbarungen zur Zuwendung und zum Urlaubsgeld getroffen worden sind, gilt:
a) Im Jahr 2006 richtet sich der Anspruch auf Zuwendung und Urlaubsgeld nach den am 19. Mai 2006 geltenden Landesregelungen.
b) Im Jahr 2007 wird die nach den jeweiligen arbeitsvertraglichen Vereinbarungen zustehende Summe aus Zuwendung und Urlaubsgeld um 50 v.H. des Differenzbetrages zu der Jahressonderzahlung nach § 20 TV-L erhöht, sofern die Jahressonderzahlung nach § 20 TV-L höher wäre.
c) Ab dem Jahr 2008 gilt § 20 TV-L.
[2]Der Arbeitgeber kann die Angleichungsschritte hinsichtlich des Umfangs und/ oder der Zeitfolge schneller vollziehen.

(3) Nach dem 31. Oktober 2006 neu eingestellte Beschäftigte erhalten die Jahressonderzahlung in den Jahren 2006 und 2007 in Höhe des Betrages, der ihnen nach Absatz 2 zustehen würde, wenn das Arbeitsverhältnis am 31. Oktober 2006 bestanden hätte.

(4) Soweit nach den Absätzen 2 und 3 Urlaubsgeld gezahlt wird, ist dieser Teil der Jahressonderzahlung nicht zusatzversorgungspflichtig.

(5) Die Absätze 1 bis 4 finden auf Ärztinnen und Ärzte im Sinne des § 4 Absatz 1 Satz 2 und 3 keine Anwendung.

§ 22 Abrechnung unständiger Bezügebestandteile. Bezüge im Sinne des § 36 Absatz 1 Unterabsatz 2 BAT/BAT-O, § 31 Absatz 2 Unterabsatz 2 MTArb/MTArb-O für Arbeitsleistungen bis zum 31. Oktober 2006 werden nach den bis dahin jeweils geltenden Regelungen abgerechnet, als ob das Arbeitsverhältnis mit Ablauf des 31. Oktober 2006 beendet worden wäre.

§ 23 Bereitschaftszeiten. [1]Nr. 3 SR 2 r BAT/BAT-O für Hausmeister und entsprechende Tarifregelungen für Beschäftigtengruppen mit Bereitschaftszeiten innerhalb ihrer regelmäßigen Arbeitszeit gelten fort. [2]Dem § 9 TV-L widersprechende Regelungen zur Arbeitszeit sind bis zum 31. Dezember 2006 entsprechend anzupassen.

§ 24 Nebentätigkeiten. Für bis zum 31. Oktober 2006 genehmigte Nebentätigkeiten der übergeleiteten Beschäftigten gelten die bisher anzuwendenden Bestimmungen weiter; eine arbeitsvertragliche Neuregelung bleibt unberührt.

§ 25 Sonderregelungen für Beschäftigte im bisherigen Geltungsbereich der SR 2 a, SR 2 b, SR 2 m und SR 2 o BAT/BAT-O und der SR 2 a, SR 2 b, SR 2 i und SR 2 l der Anlage 2 Abschnitt B MTArb/MTArb-O.

(1) Nr. 7 SR 2 a BAT/BAT-O gilt im bisherigen Geltungsbereich für Maßnahmen, die vor dem 1. November 2006 bewilligt worden sind, fort.

(2) Bestehende Regelungen zur Anrechnung von Wege- und Umkleidezeiten auf die Arbeitszeit bleiben durch das In-Kraft-Treten des TV-L unberührt.

(3) Regelungen gemäß Nr. 2 SR 2 m BAT/BAT-O bleiben durch das In-Kraft-Treten des TV-L unberührt.

(4) Übergeleiteten Beschäftigten, die am 31. Oktober 2006 Zulagen nach Nr. 5 a und Nr. 6 Absatz 3 SR 2 o BAT/BAT-O beziehungsweise nach Nr. 7 SR 21 der Anlage 2 Abschnitt B MTArb/Nr. 6 SR 21 der Anlage 2 Abschnitt B MTArb-O erhalten haben, wird diese Zulage unter den bisherigen Voraussetzungen als weiterhin widerrufliche Zulage fortgezahlt.

(5) [1]Für die von § 1 Absatz 1 und 2 erfassten Beschäftigten gelten im bisherigen Geltungsbereich fort:
– Nr. 8 und Nr. 10 SR 2 a der Anlage 2 Abschnitt B MTArb/Nr. 7 und Nr. 11 SR 2 a der Anlage 2 Abschnitt B MTArb-O,
– Nr. 6 Absatz 2, Nr. 8 und Nr. 9 SR 2 b der Anlage 2 Abschnitt B MTArb/Nr. 7 Absatz 2, Nr. 10 und Nr. 13 SR 2 b der Anlage 2 Abschnitt B MTArb-O und
– Nr. 4 SR 2 i der Anlage 2 Abschnitt B MTArb.
[2]Sie können durch landesbezirklichen Tarifvertrag geändert werden.

§ 26 Beschäftigte im Vollstreckungsdienst. § 33 Absatz 1 Buchstabe b BAT/BAT-O gilt für übergeleitete und neueingestellte Beschäftigte im Vollstreckungsdienst fort.

§ 27 Übergangsregelungen für bestehende Dienstwohnungsverhältnisse. Für bestehende Dienstwohnungsverhältnisse gelten § 65 BAT/BAT-O, § 69 MTArb/MTArb-O und § 5 Abschnitt A der Ausbildungsvergütungstarifverträge weiter.

§ 28 Änderung des Beschäftigungsumfangs im Zuge der Arbeitszeitverlängerung. (1) [1]Bei Teilzeitbeschäftigten, mit denen am 31. Oktober 2006 im Arbeitsvertrag eine feste Stundenzahl vereinbart ist und bei denen sich am 1. November 2006 das Entgelt wegen einer anderen Relation von ermäßigter zur vollen Arbeitszeit vermindert, ist auf Antrag der/des Beschäftigten die Stundenzahl so aufzustocken, dass die Höhe ihres bisherigen regelmäßigen Brutto-Entgelts erreicht wird. [2]Der Antrag ist bis zum 31. Januar 2007 zu stellen. [3]Satz 1 gilt nicht für Beschäftigte in Altersteilzeit.

(2) Die/Der Beschäftigte, die/der unter § 41 TV-L fällt, erhält das Recht auf Beibehaltung der regelmäßigen wöchentlichen Arbeitszeit von 38,5 Stunden (Tarifgebiet West) beziehungsweise 40 Stunden (Tarifgebiet Ost); in diesem Fall wird das entsprechende zeitanteilige Tabellenentgelt gezahlt.

§ 29 Arbeiterinnen und Arbeiter der Freien und Hansestadt Hamburg.

(1) Der Tarifvertrag über die Einreihung der Arbeiter der Freien und Hansestadt Hamburg in die Lohngruppen (4. Lohngruppenverzeichnis Hamburg) vom 2. Mai 1991 in der Fassung des Änderungstarifvertrages Nr. 6 vom 15. Oktober 1998 gilt als in Anlage 1 Teil B aufgeführter Tarifvertrag, als entsprechende Regelung im Sinne des § 4 Absatz 1 Satz 1 und als besondere tarifvertragliche Vorschrift im Sinne des § 17 Absatz 10.

Anlagen 2 und 4 gelten mit folgenden Ergänzungen:

Anlage 2

E 3 – Lohngruppe 3 nach Aufstieg aus 2 mit ausstehendem Aufstieg nach 3a
– Lohngruppe 2 mit ausstehendem Aufstieg nach 3 und 3a
E 6 – Lohngruppe 5 mit ausstehendem Aufstieg nach 6 und 6a
(nach Einstellung in 4, Fallgruppe 1.1)

Anlage 4

E 3 – Lohngruppe 2 mit Aufstieg nach 3 und 3a
E 6 – Lohngruppe 5 mit ausstehendem Aufstieg nach 6 und 6a
(nach Einstellung in 4, Fallgruppe 1.1)

(2) Der Hamburger Monatslohntarifvertrag Nr. 28 zum MTArb, MTV Arbeiter II, BMT-G (HMTV) vom 31. Januar 2003 gilt als in Anlage 1 Teil B aufgeführter Tarifvertrag.

(3) Der Tarifvertrag über die Gewährung von Schmutz-, Gefahren- und Erschwerniszuschlägen an die Arbeiter der Freien und Hansestadt Hamburg vom 4. Dezember 1975 in der Fassung des 4. Änderungstarifvertrages vom 17. Juli 1996 gilt als in Anlage 1 Teil B Nr. 12 aufgeführter Tarifvertrag. Ausgenommen von der dort genannten Fortgeltung sind seine Kennziffern 17, 33, 51, 57, 61 bis 66 und 70 bis 117.

5. Abschnitt. Übergangs- und Schlussvorschrift

§ 30 In-Kraft-Treten, Laufzeit. (1) Dieser Tarifvertrag tritt am 1. November 2006 in Kraft.

(2) Dieser Tarifvertrag kann ohne Einhaltung einer Frist jederzeit schriftlich gekündigt werden, frühestens zum 31. Dezember 2009.

(3) § 21 Absätze 1 bis 4 können auf landesbezirklicher Ebene mit einer Frist von drei Kalendermonaten zum 31. Dezember jeden Kalenderjahres gekündigt werden, frühestens jedoch zum 31. Dezember desjenigen Jahres, in dem die volle Angleichung nach § 21 Absatz 2 erreicht ist.

(4) Die §§ 17 und 18 einschließlich Anlagen können ohne Einhaltung einer Frist, jedoch nur insgesamt, schriftlich gekündigt werden, frühestens zum 31. Dezember 2009; die Nachwirkung dieser Vorschriften wird ausgeschlossen.

(5) [1]Die nach § 25 Absatz 5 fortgeltenden Regelungen können – auch einzeln – von jeder Tarifvertragspartei auf landesbezirklicher Ebene mit einer Frist von einem Monat zum Ende eines Kalendermonats schriftlich gekündigt werden. [2]Die Nachwirkung (§ 4 Absatz 5 Tarifvertragsgesetz) wird nicht ausgeschlossen.

Niederschriftserklärung zu § 30 Absatz 1:
[1] *Im Hinblick auf die notwendigen personalwirtschaftlichen, organisatorischen und technischen Vorarbeiten für die Überleitung der vorhandenen Beschäftigten in den TV-L sehen die Tarifvertragsparteien die Problematik einer fristgerechten Umsetzung der neuen Tarifregelungen zum 1. November 2006.* [2] *Sie bitten die personalverwaltenden und bezügezahlenden Stellen, im Interesse der Beschäftigten gleichwohl eine terminnahe Überleitung zu ermöglichen und die Zwischenzeit mit zu verrechnenden Abschlagszahlungen zu überbrücken.*

Anlage 1 TVÜ-Länder Teil A

– **Ersetzte Tarifverträge** –

1. Bundes-Angestelltentarifvertrag (BAT) vom 23. Februar 1961, zuletzt geändert durch den 78. Tarifvertrag zur Änderung des Bundes-Angestelltentarifvertrages vom 31. Januar 2003.
2. Tarifvertrag zur Anpassung des Tarifrechts – Manteltarifliche Vorschriften – (BAT-O) vom 10. Dezember 1990, zuletzt geändert durch den Änderungstarifvertrag Nr. 13 vom 31. Januar 2003 zum Tarifvertrag zur Anpassung des Tarifrechts – Manteltarifliche Vorschriften – (BAT-O).
3. Manteltarifvertrag für Arbeiterinnen und Arbeiter des Bundes und der Länder (MTArb) vom 6. Dezember 1995, zuletzt geändert durch den Änderungstarifvertrag Nr. 4 vom 31. Januar 2003 zum Manteltarifvertrag für Arbeiterinnen und Arbeiter des Bundes und der Länder (MTArb).
4. Tarifvertrag zur Anpassung des Tarifrechts für Arbeiter an den MTArb – (MTArb-O) vom 10. Dezember 1990, zuletzt geändert durch den Änderungstarifvertrag Nr. 11 vom 31. Januar 2003 zum Tarifvertrag zur Anpassung des Tarifrechts für Arbeiter an den MTArb – (MTArb-O).

Anlage 1 TVÜ-Länder Teil B

– **Ersetzte Tarifverträge bzw. Tarifvertragsregelungen** –

Vorbemerkungen

1. Die nachfolgende Liste ist noch nicht abschließend. Sobald die Verhandlungen der Tarifvertragsparteien zu Anlage 1 TVÜ-Länder Teil B abgeschlossen sind, ersetzt die Neufassung diese Anlage.
2. Soweit einzelne Tarifvertragsregelungen vorübergehend fortgelten, erstreckt sich die Fortgeltung auch auf Beschäftigte i. S. d. § 1 Abs. 2 TVÜ-Länder.

1.	Tarifvertrag zu § 71 BAT betreffend Besitzstandswahrung vom 23. Februar 1961
2.	Vergütungstarifvertrag Nr. 35 zum BAT für den Bereich der Länder vom 31. Januar 2003
3.	Vergütungstarifvertrag Nr. 7 zum BAT-O für den Bereich der Länder vom 31. Januar 2003,
	mit Ausnahme des § 3 Abs. 1, der für die Tabellenentgelte der zu § 15 Abs. 2 TV-L vereinbarten Anlage B – nach § 15 Abs. 2 Satz 2 TV-L i. V. m. der Anlage 2 zu § 4 Abs. 1 und der Anlage 4 zu § 17 Abs. 7 TVÜ-Länder – fortgilt
4.	Monatslohntarifvertrag Nr. 5 zum MTArb vom 31. Januar 2003
5.	Monatslohntarifvertrag Nr. 7 zum MTArb-O vom 31. Januar 2003, mit Ausnahme des § 3 Abs. 1, der für die Tabellenentgelte der zu § 15 Abs. 2 TV-L vereinbarten Anlage B – nach § 15 Abs. 2 Satz 2 TV-L i. V. m. der Anlage 2 zu § 4 Abs. 1 und der Anlage 4 zu § 17 Abs. 7 TVÜ-Länder – fortgilt

Tarifvertrag zur Überleitung (Länder) **Anl. 1 B TVÜ-Länder**

6.	Tarifvertrag über das Lohngruppenverzeichnis der Länder zum MTArb (TV Lohngruppen-TdL) vom 11. Juli 1966
7.	Tarifvertrag über das Lohngruppenverzeichnis der Länder zum MTArb-O (TV Lohngruppen-O-TdL) vom 8. Mai 1991
8.	Tarifvertrag über Zusatzurlaub für gesundheitsgefährdende Arbeiten für Arbeiter der Länder vom 17. Dezember 1959
9.	Tarifvertrag über Zulagen an Angestellte (Länder) vom 17. Mai 1982, mit Ausnahme der §§ 5, 6 ,7 bis 10, die bis zum In-Kraft-Treten einer neuen Entgeltordnung fortgelten
10.	Tarifvertrag über Zulagen an Angestellte (TV Zulagen Ang-O) (Länder) vom 8. Mai 1991, mit Ausnahme • des Eingangssatzes des § 1 Abs. 1, • des § 1 Abs. 1 Nr. 1, 1. Halbsatz entsprechend Nr. 11, • des § 1 Abs. 1 Nr. 2 entsprechend Nr. 9 und • des § 1 Abs. 1 Nr. 6
11.	Tarifvertrag über die Gewährung von Zulagen gemäß § 33 Abs. 1 Buchst. c BAT vom 11. Januar 1962 – Fortgeltung bis zum In-Kraft-Treten einer tariflichen Neuregelung der Erschwerniszuschläge gemäß § 19 TV-L
12.	Tarifvertrag über die Lohnzuschläge gemäß § 29 MTL II (TVZ zum MTL) vom 9. Oktober 1963 – Fortgeltung bis zum In-Kraft-Treten einer tariflichen Neuregelung der Erschwerniszuschläge gemäß § 19 TV-L
13.	Tarifvertrag über die Lohnzuschläge gemäß § 29 MTArb-O für Arbeiter der Länder (TVZ zum MTArb-O-TdL) vom 8. Mai 1991 – Fortgeltung bis zum In-Kraft-Treten einer tariflichen Neuregelung der Erschwerniszuschläge gemäß § 19 TV-L
14.	Tarifvertrag über vermögenswirksame Leistungen an Angestellte vom 17. Dezember 1970
15.	Tarifvertrag über vermögenswirksame Leistungen an Angestellte (TV VL Ang-O) vom 8. Mai 1991
16.	Tarifvertrag über vermögenswirksame Leistungen an Arbeiter (Länder) vom 17. Dezember 1970
17.	Tarifvertrag über vermögenswirksame Leistungen an Arbeiter (TV VL Arb-O) vom 8. Mai 1991
18.	Tarifvertrag über eine Zuwendung für Angestellte vom 12. Oktober 1973
19.	Tarifvertrag über eine Zuwendung für Angestellte (TV Zuwendung Ang-O) vom 10. Dezember 1990
20.	Tarifvertrag über eine Zuwendung für Arbeiter des Bundes und der Länder vom 12. Oktober 1973
21.	Tarifvertrag über eine Zuwendung für Arbeiter (TV Zuwendung Arb-O) vom 10. Dezember 1990
22.	Tarifvertrag über ein Urlaubsgeld für Angestellte vom 16. März 1977

TVÜ-Länder Anl. 1 B Tarifvertrag zur Überleitung (Länder)

23.	Tarifvertrag über ein Urlaubsgeld für Angestellte (TV Urlaubsgeld Ang-O) vom 10. Dezember 1990
24.	Tarifvertrag über ein Urlaubsgeld für Arbeiter vom 16. März 1977
25.	Tarifvertrag über ein Urlaubsgeld für Arbeiter (TV Urlaubsgeld Arb-O) vom 10. Dezember 1990
26.	Tarifvertrag zur Regelung der Rechtsverhältnisse der Ärzte/Ärztinnen im Praktikum vom 10. April 1987
27.	Tarifvertrag zur Regelung der Rechtsverhältnisse der Ärzte/Ärztinnen im Praktikum (Mantel-TV AiP-O) vom 5. März 1991
28.	Entgelttarifvertrag Nr. 12 für Ärzte/Ärztinnen im Praktikum vom 31. Januar 2003
29.	Entgelttarifvertrag Nr. 7 für Ärzte/Ärztinnen im Praktikum (Ost) vom 31. Januar 2003
30.	Tarifvertrag über vermögenswirksame Leistungen an Ärzte/Ärztinnen im Praktikum vom 10. April 1987
31.	Tarifvertrag über eine Zuwendung für Ärzte/Ärztinnen im Praktikum vom 10. April 1987
32.	Tarifvertrag über eine Zuwendung für Ärzte/Ärztinnen im Praktikum (TV Zuwendung AiP-O) vom 5. März 1991
33.	Tarifvertrag über ein Urlaubsgeld für Ärzte/Ärztinnen im Praktikum vom 10. April 1987
34.	Tarifvertrag über ein Urlaubsgeld für Ärzte/Ärztinnen im Praktikum (TV Urlaubsgeld AiP-O) vom 5. März 1991
35.	Tarifvertrag über die Erhöhung der Löhne und Gehälter für Beschäftigte im öffentlichen Dienst vom 4. September 1990
36.	Vereinbarung über die Schaffung zusätzlicher Ausbildungsplätze im öffentlichen Dienst vom 17. Juli 1996
37.	Tarifvertrag über die Versorgung der Arbeitnehmer des Bundes und der Länder sowie von Arbeitnehmern kommunaler Verwaltungen und Betriebe (Versorgungs-TV) vom 4. November 1966
38.	Tarifvertrag über die Versorgung der Arbeitnehmer des Saarlandes und der Mitglieder des Kommunalen Arbeitgeberverbandes Saar e.V. (VersTV-Saar) vom 15. November 1966
39.	Tarifvertrag über Zulagen an Arbeiter bei obersten Landesbehörden (Ost) vom 12. November 1991
40.	Tarifvertrag vom 26. Mai 1964 betreffend Beihilfe für Angestellte und Lehrlinge des Landes Baden-Württemberg
41.	Tarifvertrag vom 26. Mai 1964 betreffend Beihilfe für Arbeiter und Lehrlinge des Landes Baden-Württemberg
42.	Tarifvertrag vom 26. Mai 1964 betreffend Beihilfe für Angestellte und Lehrlinge des Landes Bremen

Tarifvertrag zur Überleitung (Länder) **Anl. 1 C TVÜ-Länder**

43.	Tarifvertrag vom 26. Mai 1964 betreffend Beihilfe für Arbeiter und Lehrlinge des Landes Bremen
44.	Tarifvertrag vom 26. Mai 1964 betreffend Beihilfe für Angestellte und Lehrlinge des Landes Hamburg
45.	Tarifvertrag vom 26. Mai 1964 betreffend Beihilfe für Arbeiter und Lehrlinge des Landes Hamburg
46.	Tarifvertrag vom 26. Mai 1964 betreffend Beihilfe für Angestellte und Lehrlinge des Landes Niedersachsen
47.	Tarifvertrag vom 26. Mai 1964 betreffend Beihilfe für Arbeiter und Lehrlinge des Landes Niedersachsen
48.	Tarifvertrag vom 26. Mai 1964 betreffend Beihilfe für Angestellte, Arbeiter und Lehrlinge des Landes Rheinland-Pfalz
49.	Tarifvertrag vom 26. Mai 1964 betreffend Beihilfe für Angestellte, Arbeiter und Lehrlinge des Saarlandes
50.	Tarifvertrag vom 26. Mai 1964 betreffend Beihilfe für Angestellte und Lehrlinge des Landes Schleswig-Holstein
51.	Tarifvertrag vom 26. Mai 1964 betreffend Beihilfe für Arbeiter und Lehrlinge des Landes Schleswig-Holstein

Anlage 1 TVÜ-Länder Teil C

– Fortgeltende Tarifverträge –

Vorbemerkungen

1. Die nachfolgende Liste ist noch nicht abschließend. Sobald die Verhandlungen der Tarifvertragsparteien zu Anlage 1 TVÜ-Länder Teil C abgeschlossen sind, ersetzt die Neufassung diese Anlage.
2. Die in dieser Anlage aufgeführten Tarifverträge sind in der jeweils geltenden Fassung zitiert.

1.	Tarifvertrag über den Rationalisierungsschutz für Angestellte (RatSchTV Ang) vom 9. Januar 1987
2.	Tarifvertrag über den Rationalisierungsschutz für Arbeiter des Bundes und der Länder (RatSchTV Arb) vom 9. Januar 1987
3.	Tarifvertrag zur sozialen Absicherung vom 6. Juli 1992
4.	Tarifvertrag zur Regelung der Altersteilzeitarbeit (TV ATZ) vom 5. Mai 1998
5.	Tarifvertrag zur Regelung des Übergangs in den Ruhestand für Angestellte im Flugverkehrskontrolldienst durch Altersteilzeitarbeit vom 26. März 1999
6.	Tarifvertrag über die betriebliche Altersversorgung der Beschäftigten des öffentlichen Dienstes (Tarifvertrag Altersversorgung – ATV) vom 1. März 2002

TVÜ-Länder Anl. 1 C Tarifvertrag zur Überleitung (Länder)

7.	Tarifvertrag über die betriebliche Altersversorgung der Waldarbeiter der Länder und Gemeinden sowie der Arbeiter in den landwirtschaftlichen Betrieben und in den Weinbaubetrieben der Länder (Tarifvertrag Altersversorgung – Wald – ATV-W) vom 18. November 2002
8.	Tarifvertrag über den Geltungsbereich der für den öffentlichen Dienst in der Bundesrepublik Deutschland bestehenden Tarifverträge vom 1. August 1990
9.	Tarifvertrag über Zulagen an Angestellte bei obersten Bundesbehörden oder bei obersten Landesbehörden vom 4. November 1971
10.	Tarifvertrag über Zulagen an Arbeiter bei obersten Bundesbehörden oder bei obersten Landesbehörden vom 4. November 1971
11.	Tarifvertrag über Zulagen an Angestellte bei den Sicherheitsdiensten der Länder vom 9. Februar 1978
12.	Tarifvertrag über Zulagen an Arbeiter bei den Sicherheitsdiensten der Länder vom 9. Februar 1978
13.	Tarifvertrag über Zulagen an Arbeiter bei den Sicherheitsdiensten der Länder (Ost) vom 8. Mai 1991
14.	Tarifvertrag über Zulagen für Arbeiter bei Justizvollzugseinrichtungen und Psychiatrischen Krankenanstalten vom 27. November 1975
15.	Tarifvertrag über Zulagen für Arbeiter bei Justizvollzugseinrichtungen und Psychiatrischen Krankenanstalten der Länder (Ost) vom 8. Mai 1991
16.	Tarifvertrag über die Ausführung von Arbeiten im Gedingeverfahren im Bereich der SR 2b des Abschnitts B der Anlage 2 MTArb (Gedingerichtlinien) vom 15. Mai 1962
17.	Tarifvertrag über die Bewertung der Personalunterkünfte für Angestellte vom 16. März 1974
18.	Tarifvertrag über die Bewertung der Personalunterkünfte für Arbeiter vom 16. März 1974
19.	Tarifvertrag zur Regelung der Arbeitsbedingungen der im Kampfmittelbeseitigungsdienst beschäftigten Arbeitnehmer des Landes Baden-Württemberg (TV-Mun-BW) vom 24. Februar 1972
20.	Tarifvertrag zur Regelung der Arbeitsbedingungen der im Kampfmittelbeseitigungsdienst beschäftigten Arbeitnehmer der Behörde für Inneres – Feuerwehr – der Freien und Hansestadt Hamburg (TV-Mun-Hmb) vom 24. Juni 1974
21.	Tarifvertrag zur Regelung der Arbeitsbedingungen der im Kampfmittelbeseitigungsdienst beschäftigten Arbeitnehmer des Landes Niedersachsen (TV-Mun-Nds) vom 5. März 1991
22.	Tarifvertrag zur Regelung der Arbeitsbedingungen der mit der Räumung der Kampfmittel beschäftigten Angestellten des Landes Nordrhein-Westfalen (TV Ang-Mun-NW) vom 11. September 1979
23.	Tarifvertrag zur Regelung der Arbeitsbedingungen der mit der Räumung der Kampfmittel beschäftigten Arbeiter des Landes Nordrhein-Westfalen (TV Arb-Mun-NW) vom 11. September 1979

24.	Tarifvertrag zur Regelung der Arbeitsbedingungen der im Kampfmittelbeseitigungsdienst beschäftigten Arbeitnehmer des Landes Rheinland-Pfalz (TV-Mun-RP) vom 24. Februar 1972
25.	Tarifvertrag zur Regelung der Arbeitsbedingungen der im Kampfmittelbeseitigungsdienst beschäftigten Arbeitnehmer des Saarlandes (TV-Mun-Saar) vom 1. März 1996
26.	Tarifvertrag zur Regelung der Arbeitsbedingungen der im Kampfmittelbeseitigungsdienst beschäftigten Arbeitnehmer des Landes Schleswig-Holstein (TV-Mun-SH) vom 24. Februar 1972
27.	Tarifvertrag zur Regelung der Arbeitsbedingungen der im Kampfmittelbeseitigungsdienst beschäftigten Arbeitnehmer (Ost) – TV-Mun-O vom 14. Dezember 1993
28.	Tarifvertrag über die Regelung der Arbeitsbedingungen über das ständig beschäftigte Abendpersonal an Theatern und Bühnen vom 25. Juni 1991
29.	Tarifvertrag vom 25. Juni 1991 über die Theaterbetriebszulage für Angestellte (Ost)
30.	Tarifvertrag vom 25. Juni 1991 über den Theaterbetriebszuschlag für Arbeiter (Ost)

Ferner gelten bis zum In-Kraft-Treten einer neuen Entgeltordnung diejenigen Tarifregelungen fort, die Eingruppierungsregelungen enthalten.

Anlage 2 TVÜ-Länder

Zuordnung der Vergütungs- und Lohngruppen zu den Entgeltgruppen für am 31. Oktober 2006/1. November 2006 vorhandene Beschäftigte für die Überleitung (Länder)

Teil A

Beschäftigte mit Ausnahme der Lehrkräfte im Sinne des Teils B und der Ärztinnen und Ärzte im Sinne des Teils C

Entgeltgruppe	Vergütungsgruppe	Lohngruppe
15 Ü	I	Keine
15	Keine Stufe 6 I a I a nach Aufstieg aus I b I b mit ausstehendem Aufstieg nach I a	Keine
14	Keine Stufe 6 I b ohne Aufstieg nach I a I b nach Aufstieg aus II a	Keine

TVÜ-Länder Anl. 2 A

Tarifvertrag zur Überleitung (Länder)

Entgelt-gruppe	Vergütungsgruppe	Lohngruppe
	II a mit ausstehendem Aufstieg nach I b nach 5 oder 6 Jahren	
13 Ü	Keine Stufe 6 II a mit ausstehendem Aufstieg nach I b nach 11 oder 15 Jahren	Keine
13	Keine Stufe 6 II a ohne Aufstieg nach I b	Keine
12	Keine Stufe 6 II a nach Aufstieg aus III III mit ausstehendem Aufstieg nach II a	Keine
11	Keine Stufe 6 III ohne Aufstieg nach II a III nach Aufstieg aus IV a IV a mit ausstehendem Aufstieg nach III	Keine
10	Keine Stufe 6 IV a ohne Aufstieg nach III IV a nach Aufstieg aus IV b IV b mit ausstehendem Aufstieg nach IV a V a in den ersten sechs Monaten der Berufsausübung, wenn danach IV b mit Aufstieg nach IV a (Zuordnung zu Stufe 1)	Keine
9	IV b ohne Aufstieg nach IV a (keine Stufe 6) IV b nach Aufstieg aus V a ohne weiteren Aufstieg nach IV a (keine Stufe 6) IV b nach Aufstieg aus V b (keine Stufe 6) V a mit ausstehendem Aufstieg nach IV b ohne weiteren Aufstieg nach IV a (keine Stufe 6) V a ohne Aufstieg nach IV b (Stufe 3 nach 5 Jahren in Stufe 2, Stufe 4 nach 9 Jahren in Stufe 3, keine Stufen 5 und 6) V b mit ausstehendem Aufstieg nach IV b (keine Stufe 6) V b ohne Aufstieg nach IV b (Stufe 3 nach 5 Jahren in Stufe 2, Stufe 4 nach 9 Jahren in der Stufe 3, keine Stufen 5 und 6) V b nach Aufstieg aus V c (Stufe 3 nach 5 Jahren in Stufe 2, Stufe 4 nach 9 Jahren in Stufe 3, keine Stufen 5 und 6)	9 (Stufe 4 nach 7 Jahren in Stufe 3, keine Stufen 5 und 6)

Anl. 2 A TVÜ-Länder

Entgelt-gruppe	Vergütungsgruppe	Lohngruppe
8	V c mit ausstehendem Aufstieg nach V b	8 a
	V c ohne Aufstieg nach V b	8 mit ausstehendem Aufstieg nach 8 a
	V c nach Aufstieg aus VI b	7 mit ausstehendem Aufstieg nach 8 und 8 a
7	Keine	7 a
		7 mit ausstehendem Aufstieg nach 7 a
		7 nach Aufstieg aus 6
		6 mit ausstehendem Aufstieg nach 7 und 7 a
6	VI b mit ausstehendem Aufstieg nach V c	6 a
	VI b ohne Aufstieg nach V c	6 mit ausstehendem Aufstieg nach 6 a
		6 nach Aufstieg aus 5
	VI b nach Aufstieg aus VII	5 mit ausstehendem Aufstieg nach 6 und 6 a
5	VII mit ausstehendem Aufstieg nach VI b	5 a
	VII ohne Aufstieg nach VI b	5 mit ausstehendem Aufstieg nach 5 a
		5 nach Aufstieg aus 4
	VII nach Aufstieg aus VIII	4 mit ausstehendem Aufstieg nach 5 und 5 a
4	Keine	4 a
		4 mit ausstehendem Aufstieg nach 4 a
		4 nach Aufstieg aus 3
		3 mit ausstehendem Aufstieg nach 4 und 4 a
3	Keine Stufe 6	3 a
		3 mit ausstehendem Aufstieg nach 3 a
	VIII mit ausstehendem Aufstieg nach VII	3 nach Aufstieg aus 2 und 2 a mit ausstehendem Aufstieg nach 3 a
	VIII ohne Aufstieg nach VII	3 nach Aufstieg aus 2 a mit ausstehendem Aufstieg nach 3 a
	VIII nach Aufstieg aus IX b	3 nach Aufstieg aus 2 und 2 a (keine Stufe 6)
		2 a nach Aufstieg aus 2 mit ausstehendem Aufstieg nach 3 und 3 a

TVÜ-Länder Anl. 2 B Tarifvertrag zur Überleitung (Länder)

Entgeltgruppe	Vergütungsgruppe	Lohngruppe
(noch 3)		2 a mit ausstehendem Aufstieg nach 3 und 3 a 2 a nach Aufstieg aus 2 mit ausstehendem Aufstieg nach 3 (keine Stufe 6) 2 mit ausstehendem Aufstieg nach 2 a, 3 und 3 a 2 mit ausstehendem Aufstieg nach 2 a und 3 (keine Stufe 6)
2 Ü	Keine	2 a 2 mit ausstehendem Aufstieg nach 2 a 2 nach Aufstieg aus 1 1 mit ausstehendem Aufstieg nach 2 und 2 a
2	IX a IX b mit ausstehendem Aufstieg nach VIII IX b mit ausstehendem Aufstieg nach IX a IX b nach Aufstieg aus X (keine Stufe 6) X (keine Stufe 6)	1 a (keine Stufe 6) 1 mit ausstehendem Aufstieg nach 1 a (keine Stufe 6)
1	Keine	Keine

Anlage 2 TVÜ-Länder

Teil B
Lehrkräfte, für die nach Nr. 5 der Vorbemerkungen zu allen Vergütungsgruppen die Anlage 1a zum BAT/BAT-O nicht gilt

Entgeltgruppe	Überleitung Lehrkräfte „Erfüller" Vergütungsgruppe	Überleitung Lehrkräfte „Nichterfüller" Vergütungsgruppe
15 Ü	I	–
15	I a	–
14	I b	I b nach Aufstieg aus II a
13	II a	II a ohne Aufstieg nach I b II a mit ausstehendem Aufstieg nach I b
12	–	II a nach Aufstieg aus III II a nach Aufstieg aus II b III mit ausstehendem Aufstieg nach II a II b mit ausstehendem Aufstieg nach II a
11	III	II b ohne Aufstieg nach II a III ohne Aufstieg nach II a III nach Aufstieg aus IV a

Tarifvertrag zur Überleitung (Länder) **Anl. 2 C TVÜ-Länder**

Entgelt-gruppe	Überleitung Lehrkräfte „Erfüller" Vergütungsgruppe	Überleitung Lehrkräfte „Nichterfüller" Vergütungsgruppe
		IV a mit ausstehendem Aufstieg nach III
10	IV a	IV a ohne Aufstieg nach III IV a nach Aufstieg aus IV b IV b mit ausstehendem Aufstieg nach IV a
9	IV b V b (Stufe 3 nach 5 Jahren in Stufe 2, Stufe 4 nach 9 Jahren in Stufe 3, keine Stufe 5)	IV b ohne Aufstieg nach IV a IV b nach Aufstieg aus V b V b mit ausstehendem Aufstieg nach IV b V b ohne Aufstieg nach IV b (Stufe 3 nach 5 Jahren in Stufe 2, Stufe 4 nach 9 Jahren in Stufe 3, keine Stufe 5) V b nach Aufstieg aus V c (Stufe 3 nach 5 Jahren in Stufe 2, Stufe 4 nach 9 Jahren in Stufe 3, keine Stufe 5) V b nach Aufstieg aus VI b (Stufe 3 nach 5 Jahren in Stufe 2, Stufe 4 nach 9 Jahren in Stufe 3, keine Stufe 5)
8	V c	V c ohne Aufstieg V c nach Aufstieg aus VI b V c mit ausstehendem Aufstieg nach V b
7	–	–
6	–	VI b ohne Aufstieg VI b mit ausstehendem Aufstieg nach V c VI b mit ausstehendem Aufstieg nach V b

Anlage 2 TVÜ-Länder

Teil C
Ärztinnen und Ärzte im Sinne des § 4 Abs. 1 Satz 2 und 3

Entgelt-gruppe	Bezeichnung
Ä 1	Arzt mit entsprechender Tätigkeit
Ä 2	Facharzt mit entsprechender Tätigkeit
Ä 3	Oberarzt: – Oberarzt ist derjenige Arzt, dem die medizinische Verantwortung für Teil- oder Funktionsbereiche der Klinik bzw. Abteilung vom Arbeitgeber übertragen worden ist. – Facharzt in einer durch den Arbeitgeber übertragenen Spezialfunktion, für die dieser eine erfolgreich abgeschlossene Schwerpunkt- oder Zusatzweiterbildung nach der Weiterbildungsordnung fordert.
Ä 4	Facharzt, dem die ständige Vertretung des leitenden Arztes (Chefarzt) vom Arbeitgeber übertragen worden ist. *(Protokollerklärung: Ständiger Vertreter ist nur der Arzt, der den leitenden Arzt in der Gesamtheit seiner Dienstaufgaben vertritt. Das Tätigkeitsmerkmal kann daher innerhalb einer Klinik nur von einem Arzt erfüllt werden.)*

TVÜ-Länder Anl. 3 A   Tarifvertrag zur Überleitung (Länder)

Anlage 3 TVÜ-Länder

Strukturausgleiche für Angestellte

Angestellte, deren Ortszuschlag sich nach § 29 Abschn. B Abs. 5 BAT/BAT-O bemisst, erhalten den entsprechenden Anteil, in jedem Fall aber die Hälfte des Strukturausgleichs für Verheiratete.

Soweit nicht anders ausgewiesen, beginnt die Zahlung des Strukturausgleichs am 1. November 2008. Die Angabe „nach ... Jahren" bedeutet, dass die Zahlung nach den genannten Jahren ab dem In-Kraft-Treten des TV-L beginnt; so wird z. B. bei dem Merkmal „nach 4 Jahren" der Zahlungsbeginn auf den 1. November 2010 festgelegt, wobei die Auszahlung eines Strukturausgleichs mit den jeweiligen Monatsbezügen erfolgt. Die Dauer der Zahlung ist ebenfalls angegeben; dabei bedeutet „dauerhaft" die Zahlung während der Zeit des Arbeitsverhältnisses.

Ist die Zahlung „für" eine bestimmte Zahl von Jahren angegeben, ist der Bezug auf diesen Zeitraum begrenzt (z. B. „für 5 Jahre" bedeutet Beginn der Zahlung im November 2008 und Ende der Zahlung mit Ablauf Oktober 2013). Eine Ausnahme besteht dann, wenn das Ende des Zahlungszeitraumes nicht mit einem Stufenaufstieg in der jeweiligen Entgeltgruppe zeitlich zusammenfällt; in diesen Fällen wird der Strukturausgleich bis zum nächsten Stufenaufstieg fortgezahlt. Diese Ausnahmeregelung gilt nicht, wenn der Stufenaufstieg in die Endstufe erfolgt; in diesen Fällen bleibt es bei der festgelegten Dauer.

A. Angestellte (einschl. Lehrkräfte), mit Ausnahme des Pflegepersonals im Sinne der Anlage 1b zum BAT/BAT-O

Entgeltgruppe	Vergütungsgruppe bei In-Kraft-Treten TVÜ	Aufstieg	Orts-Zuschlag Stufe 1, 2	Lebensaltersstufe	Höhe Ausgleichsbetrag	Dauer
			bei In-Kraft-Treten TVÜ			
2	X	IX b nach 2 Jahren	OZ 2	23	40 €	für 4 Jahre
2	X	IX b nach 2 Jahren	OZ 2	29	30 €	dauerhaft
2	X	IX b nach 2 Jahren	OZ 2	31	30 €	dauerhaft
2	X	IX b nach 2 Jahren	OZ 2	33	30 €	dauerhaft
2	X	IX b nach 2 Jahren	OZ 2	35	20 €	dauerhaft
3	VIII	ohne	OZ 2	25	35 €	nach 4 Jahren dauerhaft
3	VIII	ohne	OZ 2	27	35 €	dauerhaft

Tarifvertrag zur Überleitung (Länder) **Anl. 3 A TVÜ-Länder**

Entgelt-gruppe	Vergü-tungs-gruppe bei In-Kraft-Treten TVÜ	Aufstieg	Orts-Zuschlag Stufe 1, 2	Lebens-altersstufe	Höhe Ausgleichs-betrag	Dauer
			bei In-Kraft-Treten TVÜ			
3	VIII	ohne	OZ 2	29	35 €	nach 4 Jahren dauerhaft
3	VIII	ohne	OZ 2	31	35 €	dauerhaft
3	VIII	ohne	OZ 2	33	35 €	dauerhaft
3	VIII	ohne	OZ 2	35	35 €	dauerhaft
3	VIII	ohne	OZ 2	37	20 €	dauerhaft
6	VI b	ohne	OZ 2	29	50 €	dauerhaft
6	VI b	ohne	OZ 2	31	50 €	dauerhaft
6	VI b	ohne	OZ 2	33	50 €	dauerhaft
6	VI b	ohne	OZ 2	35	50 €	dauerhaft
6	VI b	ohne	OZ 2	37	50 €	dauerhaft
6	VI b	ohne	OZ 2	39	50 €	dauerhaft
8	V c	ohne	OZ 2	37	40 €	dauerhaft
8	V c	ohne	OZ 2	39	40 €	dauerhaft
9	V b	ohne	OZ 1	29	60 €	für 12 Jahre
9	V b	ohne	OZ 1	31	60 €	nach 4 Jahren für 7 Jahre
9	V b	ohne	OZ 1	33	60 €	für 7 Jahre
9	V b	ohne	OZ 2	27	90 €	nach 4 Jahren für 7 Jahre
9	V b	ohne	OZ 2	29	90 €	für 7 Jahre
9	V b	ohne	OZ 2	35	20 €	nach 4 Jahren dauerhaft
9	V b	ohne	OZ 2	37	40 €	nach 4 Jahren dauerhaft
9	V b	ohne	OZ 2	39	40 €	dauerhaft
9	V b	ohne	OZ 2	41	40 €	dauerhaft
9	V b	IV b nach 6 Jahren	OZ 1	29	50 €	für 3 Jahre
9	V b	IV b nach 2, 3, 4, 6 Jahren	OZ 1	35	60 €	für 4 Jahre
9	V b	IV b nach 2, 3, 4, 6 Jahren	OZ 2	31	50 €	für 4 Jahre

TVÜ-Länder Anl. 3 A — Tarifvertrag zur Überleitung (Länder)

Entgelt-gruppe	Vergütungs-gruppe bei In-Kraft-Treten TVÜ	Aufstieg	Orts-Zuschlag Stufe 1, 2 bei In-Kraft-Treten TVÜ	Lebens-altersstufe	Höhe Ausgleichs-betrag	Dauer
9	V b	IV b nach 2, 3, 4, 6 Jahren	OZ 2	37	60 €	dauerhaft
9	V b	IV b nach 2, 3, 4, 6 Jahren	OZ 2	39	60 €	dauerhaft
9	V b	IV b nach 2, 3, 4, 6 Jahren	OZ 2	41	60 €	dauerhaft
9	IV b	ohne	OZ 1	35	60 €	für 4 Jahre
9	IV b	ohne	OZ 2	31	50 €	für 4 Jahre
9	IV b	ohne	OZ 2	37	60 €	dauerhaft
9	IV b	ohne	OZ 2	39	60 €	dauerhaft
9	IV b	ohne	OZ 2	41	60 €	dauerhaft
10	IV b	IV a nach 2, 4, 6 Jahren	OZ 1	35	40 €	für 4 Jahre
10	IV b	IV a nach 2, 4, 6 Jahren	OZ 1	41	30 €	dauerhaft
10	IV b	IV a nach 2, 4, 6 Jahren	OZ 1	43	30 €	dauerhaft
10	IV b	IV a nach 6 Jahren	OZ 2	29	70 €	für 7 Jahre
10	IV b	IV a nach 2, 4, 6 Jahren	OZ 2	37	60 €	nach 4 Jahren dauerhaft
10	IV b	IV a nach 2, 4, 6 Jahren	OZ 2	39	60 €	dauerhaft
10	IV b	IV a nach 2, 4, 6 Jahren	OZ 2	41	85 €	dauerhaft
10	IV b	IV a nach 2, 4, 6 Jahren	OZ 2	43	60 €	dauerhaft
10	IV a	ohne	OZ 1	35	40 €	für 4 Jahre
10	IV a	ohne	OZ 1	41	30 €	dauerhaft
10	IV a	ohne	OZ 1	43	30 €	dauerhaft

Tarifvertrag zur Überleitung (Länder) **Anl. 3 A TVÜ-Länder**

Entgelt-gruppe	Vergütungs-gruppe bei In-Kraft-Treten TVÜ	Aufstieg	Orts-Zuschlag Stufe 1, 2	Lebens-altersstufe	Höhe Ausgleichs-betrag	Dauer
			bei In-Kraft-Treten TVÜ			
10	IV a	ohne	OZ 2	37	60 €	nach 4 Jahren dauerhaft
10	IV a	ohne	OZ 2	39	60 €	dauerhaft
10	IV a	ohne	OZ 2	41	85 €	dauerhaft
10	IV a	ohne	OZ 2	43	60 €	dauerhaft
11	IV a	III nach 4, 6, 8 Jahren	OZ 1	41	40 €	dauerhaft
11	IV a	III nach 4, 6, 8 Jahren	OZ 1	43	40 €	dauerhaft
11	IV a	III nach 4, 6, 8 Jahren	OZ 2	37	70 €	nach 4 Jahren dauerhaft
11	IV a	III nach 4, 6, 8 Jahren	OZ 2	39	70 €	dauerhaft
11	IV a	III nach 4, 6, 8 Jahren	OZ 2	41	85 €	dauerhaft
11	IV a	III nach 4, 6, 8 Jahren	OZ 2	43	70 €	dauerhaft
11	III	ohne	OZ 1	41	40 €	nach 4 Jahren dauerhaft
11	III	ohne	OZ 1	43	40 €	dauerhaft
11	III	ohne	OZ 2	37	70 €	nach 4 Jahren dauerhaft
11	III	ohne	OZ 2	39	70 €	dauerhaft
11	III	ohne	OZ 2	41	85 €	dauerhaft
11	III	ohne	OZ 2	43	70 €	dauerhaft
12	III	II a nach 10 Jahren	OZ 1	33	95 €	für 5 Jahre
12	III	II a nach 10 Jahren	OZ 1	35	95 €	für 4 Jahre
12	III	II a nach 10 Jahren	OZ 1	39	50 €	nach 4 Jahren dauerhaft
12	III	II a nach 10 Jahren	OZ 1	41	50 €	dauerhaft

TVÜ-Länder Anl. 3 A Tarifvertrag zur Überleitung (Länder)

Entgeltgruppe	Vergütungsgruppe bei In-Kraft-Treten TVÜ	Aufstieg	Orts-Zuschlag Stufe 1, 2 bei In-Kraft-Treten TVÜ	Lebensaltersstufe	Höhe Ausgleichsbetrag	Dauer
12	III	II a nach 10 Jahren	OZ 1	43	50 €	dauerhaft
12	III	II a nach 10 Jahren	OZ 2	33	100 €	für 4 Jahre
12	III	II a nach 10 Jahren	OZ 2	37	100 €	nach 4 Jahren dauerhaft
12	III	II a nach 10 Jahren	OZ 2	39	100 €	dauerhaft
12	III	II a nach 10 Jahren	OZ 2	41	100 €	dauerhaft
12	III	II a nach 10 Jahren	OZ 2	43	85 €	dauerhaft
12	III	II a nach 8 Jahren	OZ 1	35	95 €	für 4 Jahre
12	III	II a nach 8 Jahren	OZ 1	39	50 €	nach 4 Jahren dauerhaft
12	III	II a nach 8 Jahren	OZ 1	41	50 €	dauerhaft
12	III	II a nach 8 Jahren	OZ 1	43	50 €	dauerhaft
12	III	II a nach 8 Jahren	OZ 2	31	100 €	für 5 Jahre
12	III	II a nach 8 Jahren	OZ 2	33	100 €	für 4 Jahre
12	III	II a nach 8 Jahren	OZ 2	37	100 €	nach 4 Jahren dauerhaft
12	III	II a nach 8 Jahren	OZ 2	39	100 €	dauerhaft
12	III	II a nach 8 Jahren	OZ 2	41	100 €	dauerhaft
12	III	II a nach 8 Jahren	OZ 2	43	85 €	dauerhaft
12	III	II a nach 5 Jahren	OZ 1	29	100 €	für 3 Jahre
12	III	II a nach 5 u. 6 Jahren	OZ 1	35	95 €	für 4 Jahre
12	III	II a nach 5 u. 6 Jahren	OZ 1	39	50 €	nach 4 Jahren dauerhaft

Tarifvertrag zur Überleitung (Länder) **Anl. 3 A TVÜ-Länder**

Entgelt-gruppe	Vergütungs-gruppe bei In-Kraft-Treten TVÜ	Aufstieg	Orts-Zuschlag Stufe 1, 2	Lebens-altersstufe	Höhe Ausgleichs-betrag	Dauer
			bei In-Kraft-Treten TVÜ			
12	III	II a nach 5 u. 6 Jahren	OZ 1	41	50 €	dauerhaft
12	III	II a nach 5 u. 6 Jahren	OZ 1	43	50 €	dauerhaft
12	III	II a nach 5 u. 6 Jahren	OZ 2	33	100 €	für 4 Jahre
12	III	II a nach 5 u. 6 Jahren	OZ 2	37	100 €	nach 4 Jahren dauerhaft
12	III	II a nach 5 u. 6 Jahren	OZ 2	39	100 €	dauerhaft
12	III	II a nach 5 u. 6 Jahren	OZ 2	41	100 €	dauerhaft
12	III	II a nach 5 u. 6 Jahren	OZ 2	43	85 €	dauerhaft
13	II a	ohne	OZ 2	39	60 €	nach 4 Jahren dauerhaft
13	II a	ohne	OZ 2	41	60 €	dauerhaft
13	II a	ohne	OZ 2	43	60 €	dauerhaft
13 Ü	II a	I b nach 15 Jahren	OZ 1	27	20 €	nach 4 Jahren für 2 Jahre
13 Ü	II a	I b nach 15 Jahren	OZ 1	29	20 €	nach 2 Jahren für 2 Jahre
13 Ü	II a	I b nach 15 Jahren	OZ 1	29	130 €	nach 4 Jahren für 2 Jahre
13 Ü	II a	I b nach 15 Jahren	OZ 1	39	80 €	dauerhaft
13 Ü	II a	I b nach 15 Jahren	OZ 1	41	80 €	dauerhaft
13 Ü	II a	I b nach 15 Jahren	OZ 1	43	80 €	dauerhaft
13 Ü	II a	I b nach 15 Jahren	OZ 1	45	60 €	dauerhaft
13 Ü	II a	I b nach 15 Jahren	OZ 2	27	100 €	nach 4 Jahren für 2 Jahre

TVÜ-Länder Anl. 3 A Tarifvertrag zur Überleitung (Länder)

Entgeltgruppe	Vergütungsgruppe bei In-Kraft-Treten TVÜ	Aufstieg	Orts-Zuschlag Stufe 1, 2 bei In-Kraft-Treten TVÜ	Lebensaltersstufe	Höhe Ausgleichsbetrag	Dauer
13 Ü	II a	I b nach 15 Jahren	OZ 2	37	110 €	dauerhaft
13 Ü	II a	I b nach 15 Jahren	OZ 2	39	110 €	dauerhaft
13 Ü	II a	I b nach 15 Jahren	OZ 2	41	110 €	dauerhaft
13 Ü	II a	I b nach 15 Jahren	OZ 2	43	110 €	dauerhaft
13 Ü	II a	I b nach 15 Jahren	OZ 2	45	60 €	dauerhaft
13 Ü	II a	I b nach 11 Jahren	OZ 1	27	20 €	nach 4 Jahren für 2 Jahre
13 Ü	II a	I b nach 11 Jahren	OZ 1	29	20 €	nach 2 Jahren für 2 Jahre
13 Ü	II a	I b nach 11 Jahren	OZ 1	29	130 €	nach 4 Jahren für 2 Jahre
13 Ü	II a	I b nach 11 Jahren	OZ 1	33	60 €	nach 4 Jahren für 4 Jahre
13 Ü	II a	I b nach 11 Jahren	OZ 1	35	50 €	für 5 Jahre
13 Ü	II a	I b nach 11 Jahren	OZ 1	37	110 €	nach 2 Jahren für 3 Jahre
13 Ü	II a	I b nach 11 Jahren	OZ 1	41	80 €	nach 4 Jahren dauerhaft
13 Ü	II a	I b nach 11 Jahren	OZ 1	43	80 €	dauerhaft
13 Ü	II a	I b nach 11 Jahren	OZ 1	45	60 €	dauerhaft
13 Ü	II a	I b nach 11 Jahren	OZ 2	27	100 €	nach 4 Jahren für 2 Jahre
13 Ü	II a	I b nach 11 Jahren	OZ 2	35	165 €	nach 3 Jahren für 2 Jahre
13 Ü	II a	I b nach 11 Jahren	OZ 2	37	110 €	dauerhaft
13 Ü	II a	I b nach 11 Jahren	OZ 2	39	110 €	nach 4 Jahren dauerhaft
13 Ü	II a	I b nach 11 Jahren	OZ 2	41	110 €	dauerhaft
13 Ü	II a	I b nach 11 Jahren	OZ 2	43	110 €	dauerhaft

Tarifvertrag zur Überleitung (Länder) **Anl. 3 A TVÜ-Länder**

Entgelt-gruppe	Vergü-tungs-gruppe bei In-Kraft-Treten TVÜ	Aufstieg	Orts-Zuschlag Stufe 1, 2	Lebens-altersstufe	Höhe Ausgleichs-betrag	Dauer
			bei In-Kraft-Treten TVÜ			
13 Ü	II a	I b nach 11 Jahren	OZ 2	45	60 €	dauerhaft
14	II a	I b nach 5 u. 6 Jahren	OZ 1	31	100 €	für 3 Jahre
14	II a	I b nach 5 u. 6 Jahren	OZ 1	35	100 €	für 4 Jahre
14	II a	I b nach 5 u. 6 Jahren	OZ 1	41	80 €	nach 4 Jahren dauerhaft
14	II a	I b nach 5 u. 6 Jahren	OZ 1	43	80 €	dauerhaft
14	II a	I b nach 5 u. 6 Jahren	OZ 1	45	60 €	dauerhaft
14	II a	I b nach 5 u. 6 Jahren	OZ 2	31	110 €	für 7 Jahre
14	II a	I b nach 5 u. 6 Jahren	OZ 2	33	50 €	für 4 Jahre
14	II a	I b nach 5 u. 6 Jahren	OZ 2	39	110 €	nach 4 Jahren dauerhaft
14	II a	I b nach 5 u. 6 Jahren	OZ 2	41	110 €	dauerhaft
14	II a	I b nach 5 u. 6 Jahren	OZ 2	43	110 €	dauerhaft
14	II a	I b nach 5 u. 6 Jahren	OZ 2	45	60 €	dauerhaft
14	I b	ohne	OZ 1	35	100 €	für 4 Jahre
14	I b	ohne	OZ 1	41	80 €	nach 4 Jahren dauerhaft
14	I b	ohne	OZ 1	43	80 €	dauerhaft
14	I b	ohne	OZ 1	45	60 €	dauerhaft
14	I b	ohne	OZ 2	33	50 €	für 4 Jahre

TVÜ-Länder Anl. 3 A Tarifvertrag zur Überleitung (Länder)

Entgelt-gruppe	Vergütungs-gruppe bei In-Kraft-Treten TVÜ	Aufstieg	Orts-Zuschlag Stufe 1, 2 bei In-Kraft-Treten TVÜ	Lebens-altersstufe	Höhe Ausgleichs-betrag	Dauer
14	I b	ohne	OZ 2	39	110 €	nach 4 Jahren dauerhaft
14	I b	ohne	OZ 2	41	110 €	dauerhaft
14	I b	ohne	OZ 2	43	110 €	dauerhaft
14	I b	ohne	OZ 2	45	60 €	dauerhaft
15	I a	ohne	OZ 1	39	110 €	für 4 Jahre
15	I a	ohne	OZ 1	43	50 €	dauerhaft
15	I a	ohne	OZ 1	45	50 €	dauerhaft
15	I a	ohne	OZ 2	37	110 €	für 4 Jahre
15	I a	ohne	OZ 2	41	50 € €	dauerhaft
15	I a	ohne	OZ 2	43	50 €	dauerhaft
15	I a	ohne	OZ 2	45	50 €	dauerhaft
15	I b	I a nach 8 Jahren	OZ 1	39	110 €	für 4 Jahre
15	I b	I a nach 8 Jahren	OZ 1	43	50 €	dauerhaft
15	I b	I a nach 8 Jahren	OZ 1	45	50 €	dauerhaft
15	I b	I a nach 8 Jahren	OZ 2	37	110 €	für 4 Jahre
15	Ib	I a nach 8 Jahren	OZ 2	41	50 €	dauerhaft
15	I b	I a nach 8 Jahren	OZ 2	43	50 €	dauerhaft
15	I b	I a nach 8 Jahren	OZ 2	45	50 €	dauerhaft
15	I b	I a nach 4 Jahren	OZ 1	39	110 €	für 4 Jahre
15	I b	I a nach 4 Jahren	OZ 1	43	50 €	dauerhaft
15	I b	I a nach 4 Jahren	OZ 1	45	50 €	dauerhaft
15	I b	I a nach 4 Jahren	OZ 2	37	110 €	für 4 Jahre
15	I b	I a nach 4 Jahren	OZ 2	41	50 €	dauerhaft

Tarifvertrag zur Überleitung (Länder) **Anl. 4 A TVÜ-Länder**

Entgelt-gruppe	Vergü-tungs-gruppe bei In-Kraft-Treten TVÜ	Aufstieg	Orts-Zuschlag Stufe 1, 2	Lebens-altersstufe	Höhe Ausgleichs-betrag	Dauer
			bei In-Kraft-Treten TVÜ			
15	I b	I a nach 4 Jahren	OZ 2	43	50 €	dauerhaft
15	I b	I a nach 4 Jahren	OZ 2	45	50 €	dauerhaft
15 Ü	I	ohne	OZ 2	43	50 €	dauerhaft
15 Ü	I	ohne	OZ 2	45	50 €	dauerhaft

B. Pflegepersonal im Sinne der Anlage 1 b zum BAT/BAT-O

(Liste ist noch nicht erstellt)

Anlage 4 TVÜ-Länder

Vorläufige Zuordnung der Vergütungs- und Lohngruppen zu den Entgeltgruppen für ab dem 1. November 2006 stattfindende Eingruppierungsvorgänge (Länder)

Teil A
Beschäftigte mit Ausnahme der Lehrkräfte im Sinne des Teils B

Entgelt-gruppe	Vergütungsgruppe	Lohngruppe
15	keine Stufe 6	
	I a	–
	I b mit Aufstieg nach I a	
14	keine Stufe 6	–
	I b ohne Aufstieg nach I a	
13	keine Stufe 6	
	Beschäftigte mit Tätigkeiten, die eine abgeschlossene wissenschaftliche Hochschulausbildung voraussetzen (II a mit und ohne Aufstieg nach I b) [ggf. Zulage nach § 17 Abs. 8 TVÜ] und weitere Beschäftigte, die nach der Vergütungsordnung zum BAT/BAT-O unmittelbar in II a eingruppiert sind.	–
12	keine Stufe 6	–
	III mit Aufstieg nach II a	

TVÜ-Länder Anl. 4 A

Tarifvertrag zur Überleitung (Länder)

Entgeltgruppe	Vergütungsgruppe	Lohngruppe
11	keine Stufe 6 III ohne Aufstieg nach II a IV a mit Aufstieg nach III	–
10	keine Stufe 6 IV a ohne Aufstieg nach III IV b mit Aufstieg nach IV a V a in den ersten sechs Monaten der Berufsausübung, wenn danach IVb mit Aufstieg nach IV a	–
9	IV b ohne Aufstieg nach IVa, (keine Stufe 6) V a mit Aufstieg nach IV b ohne weiteren Aufstieg nach IV a, (keine Stufe 6) V a ohne Aufstieg nach IV b, (Stufe 3 nach 5 Jahren in Stufe 2, Stufe 4 nach 9 Jahren in Stufe 3, keine Stufen 5 und 6) V b mit Aufstieg nach IV b (keine Stufe 6) V b ohne Aufstieg nach IV b (Stufe 3 nach 5 Jahren in Stufe 2, Stufe 4 nach 9 Jahren in Stufe 3, keine Stufen 5 und 6)	9 (Stufe 4 nach 7 Jahren in Stufe 3, keine Stufen 5 und 6)
8	V c mit Aufstieg nach V b	8 mit Aufstieg nach 8 a
	V c ohne Aufstieg nach V b	7 mit Aufstieg nach 8 und 8 a
7	Keine	7 mit Aufstieg nach 7 a
		6 mit Aufstieg nach 7 und 7 a
6	VI b mit Aufstieg nach V c	6 mit Aufstieg nach 6 a
	VI b ohne Aufstieg nach V c	5 mit Aufstieg nach 6 und 6 a
5	VII mit Aufstieg nach VI b	5 mit Aufstieg nach 5 a
	VII ohne Aufstieg nach VI b	4 mit Aufstieg nach 5 und 5 a
4	Keine	4 mit Aufstieg nach 4 a
		3 mit Aufstieg nach 4 und 4 a
3	Keine Stufe 6	3 mit Aufstieg nach 3 a
	VIII mit Aufstieg nach VII	2 a mit Aufstieg nach 3 und 3 a
	VIII ohne Aufstieg nach VII	2 mit Aufstieg nach 2 a, 3 und 3 a 2 mit Aufstieg nach 2 a und 3 (keine Stufe 6)

Tarifvertrag zur Überleitung (Länder) **Anl. Teil 4 B TVÜ-Länder**

Entgelt-gruppe	Vergütungsgruppe	Lohngruppe
2 Ü	Keine	2 mit Aufstieg nach 2 a
		1 mit Aufstieg nach 2 und 2 a
2	IX b mit Aufstieg nach VIII	1 mit Aufstieg nach 1 a (keine Stufe 6)
	IX b mit Aufstieg nach IX a	
	X mit Aufstieg nach IX b (keine Stufe 6)	
1	Beschäftigte mit einfachsten Tätigkeiten, zum Beispiel – Essens- und Getränkeausgeber/innen – Garderobenpersonal – Spülen und Gemüseputzen und sonstige Tätigkeiten im Haus- und Küchenbereich – Reiniger/innen in Außenbereichen wie Höfe, Wege, Grünanlagen, Parks – Wärter/innen von Bedürfnisanstalten – Servierer/innen – Hausarbeiter/innen – Hausgehilfe/Hausgehilfin – Bote/Botin (ohne Aufsichtsfunktion) Ergänzungen können durch landesbezirklichen Tarifvertrag geregelt werden. Hinweis: Diese Zuordnung gilt unabhängig von bisherigen tariflichen Zuordnungen zu Vergütungs-/Lohngruppen.	

Teil B
Lehrkräfte, für die nach Nr. 5 der Vorbemerkungen zu allen Vergütungsgruppen die Anlage 1 a zum BAT/BAT-O nicht gilt

Entgelt-gruppe	Überleitung Lehrkräfte „Erfüller" Vergütungsgruppe	Überleitung Lehrkräfte „Nichterfüller" Vergütungsgruppe
15	I a	–
14	I b	–
13	II a	II a mit und ohne Aufstieg nach I b
12	–	III mit Aufstieg nach II a
		I b mit Aufstieg nach II a
11	III	II b ohne Aufstieg nach II a
		III ohne Aufstieg nach II a
		IV a mit Aufstieg nach III
10	IV a	IV a ohne Aufstieg nach III
		IV b mit Aufstieg nach IV a
9	IV b	IV b ohne Aufstieg nach IV a

TVÜ-Länder Anl. Teil 4 B Tarifvertrag zur Überleitung (Länder)

Entgelt-gruppe	Überleitung Lehrkräfte „Erfüller" Vergütungsgruppe	Überleitung Lehrkräfte „Nichterfüller" Vergütungsgruppe
	V b (Stufe 3 nach 5 Jahren in Stufe 2, Stufe 4 nach 9 Jahren in Stufe 3, keine Stufe 5)	V b mit Aufstieg nach IV b V b ohne Aufstieg nach IV b (Stufe 3 nach 5 Jahren in Stufe 2, Stufe 4 nach 9 Jahren in Stufe 3, keine Stufe 5)
8	V c	V c ohne Aufstieg V c mit Aufstieg nach V b
7	–	–
6	–	VI b ohne Aufstieg VI b mit Aufstieg nach V c VI b mit Aufstieg nach V b

Tarifvertrag zur Überleitung (Länder) **Anl. Teil 4 B TVÜ-Länder**

Anlage 5 A TVÜ-Länder

KR-Anwendungstabelle (West)

Werte aus Entgeltgruppe allg. Tabelle	Entgeltgruppe KR	Zuordnungen Vergütungsgruppen KR/KR-Verläufe	Grundentgelt			Entwicklungsstufen		
			Stufe 1	Stufe 2	Stufe 3	Stufe 4	Stufe 5	Stufe 6
EG 12	12 a	XII mit Aufstieg nach XIII	–	–	3200	3550 nach 2 J.St. 3	4000 nach 3 J.St. 4	–
EG 11	11 b	XI mit Aufstieg XII	–	–	–	3200	3635	–
EG 11	11 a	X mit Aufstieg nach XI	–	–	2900	3200 nach 2 J.St. 3	3635 nach 5 J.St. 4	–
EG 10	10 a	IX mit Aufstieg nach X	–	–	2800	3000 nach 2 J.St. 3	3380 nach 3 J.St. 4	–
EG 9, EG 9 b	9 d	VIII mit Aufstieg nach IX	–	–	2730	2980 nach 4 J.St. 3	3180 nach 2 J.St. 4	–
	9 c	VII mit Aufstieg nach VIII	–	–	2650	2840 nach 5 J.St. 3	3020 nach 5 J.St. 4	–
	9 b	VI mit Aufstieg nach VII	–	–		2730 nach 5 J.St. 3	2840 nach 5 J.St. 4	–
		VII ohne Aufstieg	–	–	2410			
	9 a	VI ohne Aufstieg	–	–	2410	2495 nach 5 J.St. 3	2650 nach 5 J.St. 4	–
EG 7, EG 8, EG 9 b	8 a	Va mit Aufstieg nach VI	–	2130	2240	2330	2495	2650
		V mit Aufstieg nach Va und VI						
		V mit Aufstieg nach VI	2000					
EG 7, EG 8	7 a	V mit Aufstieg nach Va	–	2000	2130	2330	2430	2533
		IV mit Aufstieg nach V und Va	1850					
		IV mit Aufstieg nach V						
EG 4, EG 6	4 a	II mit Aufstieg nach III und IV	1652	1780	1900	2155	2220	2340
		III mit Aufstieg nach IV						
EG 3, EG 4	3 a	I mit Aufstieg nach II	1575	1750	1800	1880	1940	2081

In den Entgeltgruppen KR 11 b und KR 12 a erhöht sich der Tabellenwert nach 5 Jahren in Stufe 5 um 200 Euro.

TVÜ-Länder Anl. Teil 4 B Tarifvertrag zur Überleitung (Länder)

Anlage 5 B TVÜ-Länder

KR-Anwendungstabelle Ost (92,5% Stand 1. November 2006)

Werte aus Entgelt- gruppe allg. Tabelle	Entgelt- gruppe KR	Zuordnungen Vergütungsgrup- pen KR/KR-Verläufe	Grundentgelt			Entwicklungsstufen		
			Stufe 1	Stufe 2	Stufe 3	Stufe 4	Stufe 5	Stufe 6
EG 12	12 a	XII mit Aufstieg nach XIII	–	–	2960	3284 nach 2 J. St. 3	3700 nach 3 J. St. 4	–
EG 11	11 b	XI mit Aufstieg XII	–	–	–	2960	3362	–
EG 11	11 a	X mit Aufstieg nach XI	–	–	2683	2960 nach 2 J. St. 3	3362 nach 5 J. St. 4	–
EG 10	10 a	IX mit Aufstieg nach X	–	–	2590	2775 nach 2 J. St. 3	3127 nach 3 J. St. 4	–
EG 9, EG 9 b	9 d	VIII mit Aufstieg nach IX	–	–	2525	2757 nach 4 J. St. 3	2942 nach 2 J. St. 4	–
	9 c	VII mit Aufstieg nach VIII	–	–	2451	2627 nach 5 J. St. 3	2794 nach 5 J. St. 4	–
	9 b	VI mit Aufstieg nach VII	–	–	2229	2525 nach 5 J. St. 3	2627 nach 5 J. St. 4	–
		VII ohne Aufstieg						
	9 a	VI ohne Aufstieg	–	–	2229	2308 nach 5 J. St. 3	2451 nach 5 J. St. 4	–
EG 7, EG 8, EG 9 b	8 a	Va mit Aufstieg nach VI	–	1970	2072	2155	2308	2451
		V mit Aufstieg nach Va und VI						
		V mit Aufstieg nach VI	1850					
EG 7, EG 8	7 a	V mit Aufstieg nach Va	–	1850	1970	2155	2248	2343
		IV mit Aufstieg nach V und Va	1711					
		IV mit Aufstieg nach V						
EG 4, EG 6	4 a	II mit Aufstieg nach III und IV	1528	1647	1758	1993	2054	2165
		III mit Aufstieg nach IV						
EG 3, EG 4	3 a	I mit Aufstieg nach II	1457	1619	1665	1739	1795	1925

In den Entgeltgruppen KR 11 b und KR 12 a erhöht sich der Tabellenwert nach 5 Jahren in Stufe 5 um 185,– Euro.

3. Tarifvertrag zur Überleitung der Beschäftigten der kommunalen Arbeitgeber in den TVöD und zur Regelung des Übergangsrechts (TVÜ-VKA)

vom 13. September 2005[1]

zuletzt geändert durch ÄndTV Nr. 1 vom 1. August 2006[2]

Zwischen der Vereinigung der kommunalen Arbeitgeberverbände, vertreten durch den Vorstand, einerseits und ver.di – Vereinigte Dienstleistungsgewerkschaft (ver.di) vertreten durch den Bundesvorstand, diese zugleich handelnd für
- Gewerkschaft der Polizei
- Industriegewerkschaft Bauen – Agrar – Umwelt,
- Gewerkschaft – Erziehung und Wissenschaft,

andererseits wird Folgendes vereinbart:[3]

1. Abschnitt. Allgemeine Vorschriften

§ 1 Geltungsbereich. (1) ¹Dieser Tarifvertrag gilt für Angestellte, Arbeiterinnen und Arbeiter, deren Arbeitsverhältnis zu einem tarifgebundenen Arbeitgeber, der Mitglied eines Mitgliedverbandes der Vereinigung der kommunalen Arbeitgeberverbände (VKA) ist, über den 30. September 2005 hinaus fortbesteht, und die am 1. Oktober 2005 unter den Geltungsbereich des Tarifvertrages für den öffentlichen Dienst (TVöD) fallen, für die Dauer des ununterbrochen fortbestehenden Arbeitsverhältnisses. ²Dieser Tarifvertrag gilt ferner für die unter § 19 Abs. 2 fallenden sowie für die von § 2 Abs. 6 erfassten Beschäftigten hinsichtlich § 21 Abs. 5.

Protokollerklärung zu Absatz 1 Satz 1:
In der Zeit bis zum 30. September 2007 sind Unterbrechungen von bis zu einem Monat unschädlich.

Protokollerklärung zu Absatz 1:
Tritt ein Arbeitgeber erst nach dem 30. September 2005 einem der Mitgliedverbände der VKA als ordentliches Mitglied bei und hat derselbe Arbeitgeber vor dem 1. September 2002 einem Mitgliedverband der VKA als ordentliches Mitglied angehört, so ist Absatz 1 mit der Maßgabe anzuwenden, dass an die Stelle des 30. September 2005 das Datum tritt, welches dem Tag der Wiederbegründung der Verbandsmitgliedschaft vorausgeht, während das Datum des Wirksamwerdens der Verbandsmitgliedschaft den 1. Oktober 2005 ersetzt.

---

[1] Die Tarifvertragsparteien haben mit Datum vom 24. November 2005 rückwirkend zum Zeitpunkt des In-Kraft-Tretens redaktionelle Änderungen vereinbart; diese Fassung berücksichtigt die dort getroffenen Vereinbarungen.

[2] § 4 Abs. 2 des ÄndTV Nr. 1 zum TVöD-BT-K, der gem. § 2 Abs. 2 des ÄndTV Nr. 1 zum TVÜ-VKA entsprechend gilt, lautet:
„(2) ¹Bei abgeschlossenen Sanierungs- und Notlagentarifverträgen sowie Tarifverträgen zur Zukunftssicherung und anderweitigen Tarifverträgen zur Beschäftigungssicherung einschließlich Tarifverträge nach dem TVsA, treten die Regelungen dieses Tarifvertrages erst mit Ablauf der zum Zeitpunkt des Abschlusses des jeweiligen Tarifvertrages geltenden Laufzeit bzw. im Falle einer Kündigung des jeweiligen Tarifvertrages mit Ablauf der Kündigungsfrist in Kraft. ²Die Tarifvertragsparteien können durch Anwendungsvereinbarungen ein früheres In-Kraft-Treten der Regelungen dieses Tarifvertrages ganz oder teilweise vereinbaren."

[3] Ein inhaltsgleicher TV wurde mit dbb tarifunion vereinbart.

TVÜ-VKA § 2 Tarifvertrag zur Überleitung (VKA)

(2) Nur soweit nachfolgend ausdrücklich bestimmt, gelten die Vorschriften dieses Tarifvertrages auch für Beschäftigte, deren Arbeitsverhältnis zu einem Arbeitgeber im Sinne des Absatzes 1 nach dem 30. September 2005 beginnt und die unter den Geltungsbereich des TVöD fallen.

(3) Für geringfügig Beschäftigte im Sinne des § 8 Abs. 1 Nr. 2 SGB IV, die am 30. September 2005 unter den Geltungsbereich des BAT/BAT-O/BAT-Ostdeutsche Sparkassen/BMT-G/BMT-G-O fallen, finden die bisher jeweils einschlägigen tarifvertraglichen Regelungen für die Dauer ihres ununterbrochen fortbestehenden Arbeitsverhältnisses weiterhin Anwendung.

(4) Die Bestimmungen des TVöD gelten, soweit dieser Tarifvertrag keine abweichenden Regelungen trifft.

§ 2 Ablösung bisheriger Tarifverträge durch den TVöD. (1) ¹Der TVöD ersetzt in Verbindung mit diesem Tarifvertrag bei tarifgebundenen Arbeitgebern, die Mitglied eines Mitgliedverbandes der VKA sind, den
- Bundes-Angestelltentarifvertrag (BAT) vom 23. Februar 1961,
- Tarifvertrag zur Anpassung des Tarifrechts – Manteltarifliche Vorschriften – (BAT-O) vom 10. Dezember 1990,
- Tarifvertrag zur Anpassung des Tarifrechts – Manteltarifliche Vorschriften – (BAT-Ostdeutsche Sparkassen) vom 21. Januar 1991,
- Bundesmanteltarifvertrag für Arbeiter gemeindlicher Verwaltungen und Betriebe – BMT-G II – vom 31. Januar 1962,
- Tarifvertrag zur Anpassung des Tarifrechts – Manteltarifliche Vorschriften für Arbeiter gemeindlicher Verwaltungen und Betriebe – (BMTG-O) vom 10. Dezember 1990,
- Tarifvertrag über die Anwendung von Tarifverträgen auf Arbeiter (TV Arbeiter-Ostdeutsche Sparkassen) vom 25. Oktober 1990

sowie die diese Tarifverträge ergänzenden Tarifverträge der VKA, soweit in diesem Tarifvertrag oder im TVöD nicht ausdrücklich etwas anderes bestimmt ist. ²Die Ersetzung erfolgt mit Wirkung vom 1. Oktober 2005, soweit kein abweichender Termin bestimmt ist.

Protokollerklärung zu Absatz 1:
Von der ersetzenden Wirkung werden von der VKA abgeschlossene ergänzende Tarifverträge nicht erfasst, soweit diese anstelle landesbezirklicher Regelungen vereinbart sind.

Niederschriftserklärung zur Protokollerklärung zu § 2 Abs. 1:
Landesbezirkliche Regelungen sind auch Regelungen, die von der dbb tarifunion und ihren Mitgliedsgewerkschaften im Tarifrecht als bezirkliche Regelungen bezeichnet sind.

(2) ¹Die von den Mitgliedverbänden der VKA abgeschlossenen Tarifverträge sind durch die landesbezirklichen Tarifvertragsparteien hinsichtlich ihrer Weitergeltung zu prüfen und bei Bedarf bis zum 31. Dezember 2006 an den TVöD anzupassen; die landesbezirklichen Tarifvertragsparteien können diese Frist verlängern. ²Das Recht zur Kündigung der in Satz 1 genannten Tarifverträge bleibt unberührt.

Protokollerklärung zu Absatz 2:
Entsprechendes gilt hinsichtlich der von der VKA abgeschlossenen Tarifverträge, soweit diese anstelle landesbezirklicher Regelungen vereinbart sind.

(3) ¹Sind in Tarifverträgen nach Absatz 2 Satz 1 Vereinbarungen zur Beschäftigungssicherung/Sanierung und/oder Steigerung der Wettbewerbsfähigkeit getroffen, findet ab dem 1. Oktober 2005 der TVöD unter Berücksichtigung der

materiellen Wirkungsgleichheit dieser Tarifverträge Anwendung. ²In diesen Fällen ist durch die landesbezirklichen Tarifvertragsparteien baldmöglichst die redaktionelle Anpassung der in Satz 1 genannten Tarifverträge vorzunehmen.³ Bis dahin wird auf der Grundlage der bis zum 30. September 2005 gültigen Tarifregelungen weiter gezahlt. ⁴Die Überleitung in den TVöD erfolgt auf der Grundlage des Rechtsstandes vom 30. September 2005. ⁵Familienbezogene Entgeltbestandteile richten sich ab 1. Oktober 2005 nach diesem Tarifvertrag.

Protokollerklärung zu Absatz 3:
¹ Der Rahmentarifvertrag vom 13. Oktober 1998 zur Erhaltung der Wettbewerbsfähigkeit der deutschen Verkehrsflughäfen und zur Sicherung der Arbeitsplätze (Fassung vom 28. November 2002) wird in seinen Wirkungen nicht verändert. ² Er bleibt mit gleichem materiellen Inhalt und gleichen Laufzeiten als Rechtsgrundlage bestehen. ³ Beschäftigte in Unternehmen, für die Anwendungstarifverträge zum Rahmentarifvertrag nach Satz 1 vereinbart worden sind, werden zum 1. Oktober 2005 übergeleitet. ⁴ Die tatsächliche personalwirtschaftliche Überleitung – einschließlich individueller Nachberechnungen – erfolgt zu dem Zeitpunkt, zu dem die Verständigung über den angepassten Anwendungstarifvertrag erzielt ist.

(4) Unabhängig von den Absätzen 1 und 2 gelten Tarifverträge gemäß § 3 des Tarifvertrages zur sozialen Absicherung fort und sind bei Bedarf an den TVöD anzupassen.

(5) Absatz 1 gilt nicht für Beschäftigte in Versorgungsbetrieben, Nahverkehrsbetrieben und für Beschäftigte in Wasserwirtschaftsverbänden in Nordrhein-Westfalen, die gemäß § 1 Abs. 2 Buchst. d und e TVöD vom Geltungsbereich des TVöD ausgenommen sind, es sei denn, Betriebe oder Betriebsteile, die dem fachlichen Geltungsbereich des TV-V, eines TV-N oder des TV-WW/NW entsprechen, werden in begründeten Einzelfällen durch landesbezirklichen Tarifvertrag in den Geltungsbereich des TVöD und dieses Tarifvertrages einbezogen.

Protokollerklärung zu Absatz 5:
Die Möglichkeit, Betriebsteile, die dem Geltungsbereich eines TV-N entsprechen, in den Geltungsbereich eines anderen Spartentarifvertrages (TV-V, TV-WW/NW) einzubeziehen, bleibt unberührt.

(6) ¹Absatz 1 gilt längstens bis zum 31. Dezember 2007 nicht für Beschäftigte von Arbeitgebern, wenn die Anwendung des TV-V, eines TV-N oder des TV-WW/NW auf diese Beschäftigten beabsichtigt ist und vor dem 1. Oktober 2005 Tarifverhandlungen zur Einführung eines dieser Tarifverträge aufgenommen worden sind. ²Dies gilt auch dann, wenn die Tarifverhandlungen erst nach dem 1. Oktober 2005, aber spätestens mit Ablauf des 31. Dezember 2007 zu der Überleitung in diese Tarifverträge führen.

Protokollerklärung zu Absatz 6:
¹ Tarifverhandlungen zur – ggf. teilbetrieblichen – Einführung der genannten Spartentarifverträge sind auch dann aufgenommen, wenn auf landesbezirklicher Ebene die jeweils andere Tarifvertragspartei zum Abschluss eines Tarifvertrages zur Einbeziehung aufgefordert worden ist. ² Kommt bis zum 31. Dezember 2007 eine Vereinbarung über die Anwendung eines der genannten Spartentarifverträge nicht zustande, findet ab dem 1. Januar 2008 der TVöD und dieser Tarifvertrag auf Beschäftigte Anwendung, die nicht im Geltungsbereich des BAT/BAT-O/BMT-G/BMT-G-O verbleiben. ³ Absatz 5 bleibt unberührt.

Niederschriftserklärung zu § 2:
¹ Die Tarifvertragsparteien gehen davon aus, dass der TVöD und dieser Tarifvertrag bei tarifgebundenen Arbeitgebern das bisherige Tarifrecht auch dann ersetzen, wenn arbeitsvertragliche Bezugnahmen nicht ausdrücklich den Fall der ersetzenden Regelung beinhalten.

TVÜ-VKA §§ 3–5 Tarifvertrag zur Überleitung (VKA)

² *Die Geltungsbereichsregelungen des TV-V, der TV-N und des TV-WW/NW bleiben hiervon unberührt.*

2. Abschnitt. Überleitungsregelungen

§ 3 Überleitung in den TVöD. Die von § 1 Abs. 1 erfassten Beschäftigten werden am 1. Oktober 2005 gemäß den nachfolgenden Regelungen in den TVöD übergeleitet.

§ 4 Zuordnung der Vergütungs- und Lohngruppen. (1) ¹Für die Überleitung der Beschäftigten wird ihre Vergütungs- bzw. Lohngruppe (§ 22 BAT/BAT-O/BAT-Ostdeutsche Sparkassen bzw. entsprechende Regelungen für Arbeiterinnen und Arbeiter bzw. besondere tarifvertragliche Vorschriften für bestimmte Berufsgruppen) nach der Anlage 1 den Entgeltgruppen des TVöD zugeordnet. ²Abweichend von Satz 1 gilt für Ärztinnen und Ärzte die Entgeltordnung gemäß § 51 Besonderer Teil – Krankenhäuser (BT-K) bzw. gemäß § 51 Besonderer Teil Pflege- und Betreuungseinrichtungen (BT-B), soweit sie unter den BT-K bzw. den BT-B fallen.

Protokollerklärung zu Absatz 1:
¹ *Bis zum In-Kraft-Treten der neuen Entgeltordnung verständigen sich die Tarifvertragsparteien zwecks besserer Übersichtlichkeit für die Zuordnung Beschäftigten gemäß Anlage 1 b zum BAT auf eine Anwendungstabelle gemäß Anlage 4 und – für Beschäftigte, für die die Regelungen des Tarifgebiets Ost Anwendung finden – gemäß Anlage 5; dies gilt auch für Beschäftigte im Sinne des § 1 Abs. 2.* ² *Die Tarifvertragsparteien sind sich einig, dass diese Anwendungstabelle – insbesondere die Bezeichnung der Entgeltgruppen – keinen Vorgriff auf die Verhandlungen zur neuen Entgeltordnung darstellt.*

Niederschriftserklärungen zu Absatz 1:
1. ¹ *Die Tarifvertragsparteien stimmen darin überein, dass die Ergebnisse der unterschiedlichen Überleitung (ohne bzw. mit vollzogenem Aufstieg) der Lehrkräfte im Rahmen der Tarifverhandlungen zu einer neuen Entgeltordnung einer Lösung nach den Grundsätzen der neuen Entgeltordnung zuzuführen sind.* ² *Die Vertreter der VKA erklären, dass damit keine Verhandlungszusage zur Einbeziehung der Lehrkräfte in die neue Entgeltordnung verbunden ist.*
2. Lehrkräfte, die ihre Lehrbefähigung nach dem Recht der DDR erworben haben und zur Anerkennung als Lehrkräfte nach Abschnitt A der Lehrer-Richtlinien der VKA auf Grund beamtenrechtlicher Regelungen unterschiedlich lange Bewährungszeiten durchlaufen mussten bzw. müssen, gehören nicht zur Gruppe der Lehrkräfte nach Abschnitt B der Lehrer-Richtlinien der VKA.

(2) Beschäftigte, die im Oktober 2005 bei Fortgeltung des bisherigen Tarifrechts die Voraussetzungen für einen Bewährungs-, Fallgruppen- oder Tätigkeitsaufstieg erfüllt hätten, werden für die Überleitung so behandelt, als wären sie bereits im September 2005 höhergruppiert worden.

(3) Beschäftigte, die im Oktober 2005 bei Fortgeltung des bisherigen Tarifrechts in eine niedrigere Vergütungs- bzw. Lohngruppe eingruppiert worden wären, werden für die Überleitung so behandelt, als wären sie bereits im September 2005 herabgruppiert worden.

§ 5 Vergleichsentgelt. (1) Für die Zuordnung zu den Stufen der Entgelttabelle des TVöD wird für die Beschäftigten nach § 4 ein Vergleichsentgelt auf der Grundlage der im September 2005 erhaltenen Bezüge gemäß den Absätzen 2 bis 7 gebildet.

§ 5 TVÜ-VKA

(2) ¹Bei Beschäftigten aus dem Geltungsbereich des BAT/BAT-O/BAT-Ostdeutsche Sparkassen setzt sich das Vergleichsentgelt aus der Grundvergütung, der allgemeinen Zulage und dem Ortszuschlag der Stufe 1 oder 2 zusammen. ²Ist auch eine andere Person im Sinne von § 29 Abschn. B Abs. 5 BAT/BAT-O/BAT-Ostdeutsche Sparkassen ortszuschlagsberechtigt oder nach beamtenrechtlichen Grundsätzen familienzuschlagsberechtigt, wird nur die Stufe 1 zugrunde gelegt; findet der TVöD am 1. Oktober 2005 auch auf die andere Person Anwendung, geht der jeweils individuell zustehende Teil des Unterschiedsbetrages zwischen den Stufen 1 und 2 des Ortszuschlages in das Vergleichsentgelt ein. ³Ferner fließen im September 2005 tarifvertraglich zustehende Funktionszulagen insoweit in das Vergleichsentgelt ein, als sie nach dem TVöD nicht mehr vorgesehen sind. ⁴Erhalten Beschäftigte eine Gesamtvergütung (§ 30 BAT/BAT-O/BAT-Ostdeutsche Sparkassen), bildet diese das Vergleichsentgelt. ⁵Bei Lehrkräften, die die Zulage nach Abschnitt A Unterabschnitt II der Lehrer-Richtlinien der VKA erhalten, wird diese Zulage und bei Lehrkräften, die am 30. September 2005 einen arbeitsvertraglichen Anspruch auf Zahlung einer allgemeinen Zulage wie die unter die Anlage 1a zum BAT/BAT-O fallenden Angestellten haben, wird dieser Betrag in das Vergleichsentgelt eingerechnet.

Protokollerklärung zu Absatz 2 Satz 3:
Vorhandene Beschäftigte erhalten bis zum In-Kraft-Treten der neuen Entgeltordnung ihre Techniker-, Meister- und Programmiererzulage unter den bisherigen Voraussetzungen als persönliche Besitzstandszulage.

(3) ¹Bei Beschäftigten aus dem Geltungsbereich des BMT-G/BMT-G-O/TV Arbeiter-Ostdeutsche Sparkassen wird der Monatstabellenlohn als Vergleichsentgelt zugrunde gelegt. ²Absatz 2 Satz 3 gilt entsprechend. ³Erhalten Beschäftigte nicht den Volllohn (§ 21 Abs. 1 Buchst. a BMT-G/BMT-G-O), gilt Absatz 2 Satz 4 entsprechend.

(4) ¹Beschäftigte, die im Oktober 2005 bei Fortgeltung des bisherigen Rechts die Grundvergütung bzw. den Monatstabellenlohn der nächsthöheren Stufe erhalten hätten, werden für die Bemessung des Vergleichsentgelts so behandelt, als wäre der Stufenaufstieg bereits im September 2005 erfolgt. ²§ 4 Abs. 2 und 3 gilt bei der Bemessung des Vergleichsentgelts entsprechend.

Protokollerklärung zu Absatz 4:
Fällt bei Beschäftigten aus dem Geltungsbereich des BAT/BAT-O/BAT-Ostdeutsche Sparkassen, bei denen sich bisher die Grundvergütung nach § 27 Abschn. A BAT/BAT-O/BAT-Ostdeutsche Sparkassen bestimmt, im Oktober 2005 eine Stufensteigerung mit einer Höhergruppierung zusammen, ist zunächst die Stufensteigerung in der bisherigen Vergütungsgruppe und danach die Höhergruppierung durchzuführen.

(5) ¹Bei Teilzeitbeschäftigten wird das Vergleichsentgelt auf der Grundlage eines vergleichbaren Vollzeitbeschäftigten bestimmt. ²Satz 1 gilt für Beschäftigte, deren Arbeitszeit nach § 3 des Tarifvertrages zur sozialen Absicherung vom 6. Juli 1992 herabgesetzt ist, entsprechend.

Protokollerklärung zu Absatz 5:
¹Lediglich das Vergleichsentgelt wird auf der Grundlage eines entsprechenden Vollzeitbeschäftigten ermittelt; sodann wird nach der Stufenzuordnung das zustehende Entgelt zeitratierlich berechnet. ²Diese zeitratierliche Kürzung des auf den Ehegattenanteil im Ortszuschlag entfallenden Betrag unterbleibt nach Maßgabe des § 29 Abschn. B Abs. 5 Satz 2 BAT/BAT-O/BAT-Ostdeutsche Sparkassen. ³Neue Ansprüche entstehen hierdurch nicht.

TVÜ-VKA § 6 Tarifvertrag zur Überleitung (VKA)

(6) Für Beschäftigte, die nicht für alle Tage im September 2005 oder für keinen Tag dieses Monats Bezüge erhalten, wird das Vergleichsentgelt so bestimmt, als hätten sie für alle Tage dieses Monats Bezüge erhalten; in den Fällen des § 27 Abschn. A Abs. 3 Unterabs. 6 und Abschn. B Abs. 3 Unterabs. 4 BAT/BAT-O/BAT-Ostdeutsche Sparkassen bzw. der entsprechenden Regelungen für Arbeiterinnen und Arbeiter werden die Beschäftigten für das Vergleichsentgelt so gestellt, als hätten sie am 1. September 2005 die Arbeit wieder aufgenommen.

(7) Abweichend von den Absätzen 2 bis 6 wird bei Beschäftigten, die gemäß § 27 Abschn. A Abs. 6 oder Abschn. B Abs. 7 BAT/BAT-O/BAT-Ostdeutsche Sparkassen bzw. den entsprechenden Regelungen für Arbeiterinnen und Arbeiter den Unterschiedsbetrag zwischen der Grundvergütung bzw. dem Monatstabellenlohn ihrer bisherigen zur nächsthöheren Stufe im September 2005 nur zur Hälfte erhalten, für die Bestimmung des Vergleichsentgelts die volle Grundvergütung bzw. der volle Monatstabellenlohn aus der nächsthöheren Stufe zugrunde gelegt.

§ 6 Stufenzuordnung der Angestellten. (1) [1] Beschäftigte aus dem Geltungsbereich des BAT/BAT-O/BAT-Ostdeutsche Sparkassen werden einer ihrem Vergleichsentgelt entsprechenden individuellen Zwischenstufe der gemäß § 4 bestimmten Entgeltgruppe zugeordnet. [2] Zum 1. Oktober 2007 steigen diese Beschäftigten in die dem Betrag nach nächsthöhere reguläre Stufe ihrer Entgeltgruppe auf. [3] Der weitere Stufenaufstieg richtet sich nach den Regelungen des TVöD. [4] Das Entgelt der individuellen Zwischenstufe nach Satz 1 wird für Beschäftigte, auf die die Regelungen des Tarifgebiets Ost Anwendung finden, am 1. Juli 2006 um den Faktor 1,01596 und am 1. Juli 2007 nochmals um den Faktor 1,01571 erhöht.

(2) [1] Werden Beschäftigte vor dem 1. Oktober 2007 höhergruppiert (nach § 8 Abs. 1 und 3 1. Alt., § 9 Abs. 3 Buchst. a oder aufgrund Übertragung einer mit einer höheren Entgeltgruppe bewerteten Tätigkeit), so erhalten sie in der höheren Entgeltgruppe Entgelt nach der regulären Stufe, deren Betrag mindestens der individuellen Zwischenstufe entspricht, jedoch nicht weniger als das Entgelt der Stufe 2; der weitere Stufenaufstieg richtet sich nach den Regelungen des TVöD. [2] In den Fällen des Satzes 1 gilt § 17 Abs. 4 Satz 2 TVöD entsprechend. [3] Werden Beschäftigte vor dem 1. Oktober 2007 herabgruppiert, werden sie in der niedrigeren Entgeltgruppe derjenigen individuellen Zwischenstufe zugeordnet, die sich bei Herabgruppierung im September 2005 ergeben hätte; der weitere Stufenaufstieg richtet sich nach Absatz 1 Satz 2 und 3.

(3) [1] Ist bei Beschäftigten, deren Eingruppierung sich nach der Vergütungsordnung für Angestellte im Pflegedienst (Anlage 1b zum BAT) richtet, das Vergleichsentgelt niedriger als das Entgelt der Stufe 3, entspricht es aber mindestens dem Mittelwert aus den Beträgen der Stufen 2 und 3 und ist die/der Beschäftigte am Stichtag mindestens drei Jahre in einem Arbeitsverhältnis bei demselben Arbeitgeber beschäftigt, wird sie/er abweichend von Absatz 1 bereits zum 1. Oktober 2005 in die Stufe 3 übergeleitet. [2] Der weitere Stufenaufstieg richtet sich nach den Regelungen des TVöD.

(4) [1] Liegt das Vergleichsentgelt über der höchsten Stufe der gemäß § 4 bestimmten Entgeltgruppe, werden Beschäftigte abweichend von Absatz 1 einer dem Vergleichsentgelt entsprechenden individuellen Endstufe zugeordnet. [2] Werden Beschäftigte aus einer individuellen Endstufe höhergruppiert, so erhalten sie in der höheren Entgeltgruppe mindestens den Betrag, der ihrer bisherigen individuellen Endstufe entspricht. [3] Im Übrigen gilt Absatz 2 entsprechend. [4] Die individuelle Endstufe verändert sich um denselben Vomhundertsatz bzw. in demselben Umfang wie die höchste Stufe der jeweiligen Entgeltgruppe. [5] Absatz 1 Satz 4 gilt entsprechend.

Tarifvertrag zur Überleitung (VKA) **§ 6 TVÜ-VKA**

(5) ¹Beschäftigte, deren Vergleichsentgelt niedriger ist als das Entgelt in der Stufe 2, werden abweichend von Absatz 1 der Stufe 2 zugeordnet. ²Der weitere Stufenaufstieg richtet sich nach den Regelungen des TVöD. ³Abweichend von Satz 1 werden Beschäftigte, denen am 30. September 2005 eine in der Vergütungsordnung (Anlage 1a zum BAT) durch die Eingruppierung in Vergütungsgruppe V b BAT/BAT-O/BAT-Ostdeutsche Sparkassen mit Aufstieg nach IV b und IV a abgebildete Tätigkeit übertragen ist, der Stufe 1 der Entgeltgruppe 10 zugeordnet.

(6) ¹Für unter § 51 Abs. 1 bis 5 BT-B fallende Ärztinnen und Ärzte gelten die Absätze 1 bis 5, soweit nicht im Folgenden etwas Abweichendes geregelt ist.
²Ärztinnen und Ärzte ohne Facharztanerkennung, die in der Entgeltgruppe 14 einer individuellen Zwischenstufe zwischen Stufe 1 und Stufe 2 zugeordnet werden, steigen nach einem Jahr in die Stufe 2 auf.
³Ärztinnen und Ärzte ohne Facharztanerkennung, die in der Entgeltgruppe 14 einer individuellen Zwischenstufe zwischen Stufe 2 und Stufe 3 zugeordnet werden, steigen mit der Facharztanerkennung in die Stufe 3 auf.
⁴Ärztinnen und Ärzte mit Facharztanerkennung am 30. September 2005 steigen zum 1. Oktober 2006 in die Stufe 3 auf, wenn sie in eine individuelle Zwischenstufe unterhalb der Stufe 3 übergeleitet worden sind.
⁵Ärztinnen und Ärzte mit Facharztanerkennung am 30. September 2005, die in eine individuelle Zwischenstufe oberhalb der Stufe 3 übergeleitet worden sind, steigen in die nächsthöhere Stufe nach den Regelungen des § 51 BT-B auf, frühestens zum 1. Oktober 2006.
⁶Die weiteren Stufenaufstiege richten sich jeweils nach dem § 51 BT-B.
⁷Zeiten als Fachärztin oder Facharzt mit entsprechender Tätigkeit bei anderen Arbeitgebern werden abweichend von § 51 BT-B i.V.m. § 16 Abs. 3 Satz 1 TVöD auf den weiteren Stufenverlauf angerechnet.

Protokollerklärung zu Absatz 6:
¹Die Überleitungsregelungen für Ärztinnen und Ärzte folgen den Regelungen in § 51 BT-B, wonach Ärztinnen und Ärzte bis zur Facharztanerkennung und der Übertragung entsprechender Tätigkeiten in der Stufe 2 verbleiben. ²Übergeleitete Ärztinnen und Ärzte ohne Facharztanerkennung und mit einem Vergleichsentgelt oberhalb der Stufe 2 verbleiben in ihrer individuellen Zwischenstufe bis zur Facharztanerkennung und der Übertragung entsprechender Tätigkeiten.

(7) ¹Die Funktionszulagen gemäß § 51 Abs. 2 bis 5 BT-K stehen bei Erfüllung der Voraussetzungen auch übergeleiteten Ärztinnen und Ärzten zu und werden zusätzlich zu dem jeweiligen Vergleichsentgelt bzw. zum jeweiligen Tabellenentgelt gezahlt. ²Der Zahlbetrag aus Vergleichsentgelt und Funktionszulage ist auf die Summe aus dem Tabellenentgelt der Entgeltgruppe 15 Stufe 6 und der jeweiligen Zulage nach § 51 Abs. 2 bis 5 BT-K begrenzt. ³Übersteigt das Vergleichsentgelt die Summe aus dem Tabellenentgelt der Entgeltgruppe 15 Stufe 6 und der jeweiligen Zulage nach § 51 Abs. 2 bis 5 BT-K, werden auf den Differenzbetrag zukünftige allgemeine Entgelterhöhungen jeweils zur Hälfte angerechnet.

Protokollerklärung zu §§ 4 und 6:
Für die Überleitung in die Entgeltgruppe 8 a gemäß Anlage 4 und 5 TVÜ-VKA gilt für übergeleitete Beschäftigte
– der Vergütungsgruppe Kr. V vier Jahre, Kr. V a zwei Jahre Kr. VI
– der Vergütungsgruppe Kr. V a drei Jahre Kr. VI
– der Vergütungsgruppe Kr. V a fünf Jahre Kr. VI
– der Vergütungsgruppe Kr. V sechs Jahre Kr. VI

TVÜ-VKA §§ 7, 8 Tarifvertrag zur Überleitung (VKA)

mit Ortszuschlag der Stufe 2 folgendes:
1. Zunächst erfolgt die Überleitung nach den allgemeinen Grundsätzen.
2. Die Verweildauer in Stufe 3 wird von drei Jahren auf zwei Jahre verkürzt.
3. Der Tabellenwert der Stufe 4 wird nach der Überleitung um 100 Euro erhöht.

§ 7 Stufenzuordnung der Arbeiterinnen und Arbeiter. (1) [1]Beschäftigte aus dem Geltungsbereich des BMT-G/BMT-G-O/TV Arbeiter-Ostdeutsche Sparkassen werden entsprechend ihrer Beschäftigungszeit nach § 6 BMT-G/BMT-G-O der Stufe der gemäß § 4 bestimmten Entgeltgruppe zugeordnet, die sie erreicht hätten, wenn die Entgelttabelle des TVöD bereits seit Beginn ihrer Beschäftigungszeit gegolten hätte; Stufe 1 ist hierbei ausnahmslos mit einem Jahr zu berücksichtigen. [2]Der weitere Stufenaufstieg richtet sich nach den Regelungen des TVöD.

(2) § 6 Abs. 4 und Abs. 5 Satz 1 und 2 gilt für Beschäftigte gemäß Absatz 1 entsprechend.

(3) [1]Ist das Entgelt nach Absatz 1 Satz 1 niedriger als das Vergleichsentgelt, werden Beschäftigte einer dem Vergleichsentgelt entsprechenden individuellen Zwischenstufe zugeordnet. [2]Der Aufstieg aus der individuellen Zwischenstufe in die dem Betrag nach nächsthöhere reguläre Stufe ihrer Entgeltgruppe findet zu dem Zeitpunkt statt, zu dem sie gemäß Absatz 1 Satz 1 die Voraussetzungen für diesen Stufenaufstieg aufgrund der Beschäftigungszeit erfüllt haben.

(4) [1]Werden Beschäftigte während ihrer Verweildauer in der individuellen Zwischenstufe höhergruppiert, erhalten sie in der höheren Entgeltgruppe Entgelt nach der regulären Stufe, deren Betrag mindestens der individuellen Zwischenstufe entspricht, jedoch nicht weniger als das Entgelt der Stufe 2; der weitere Stufenaufstieg richtet sich nach den Regelungen des TVöD. [2]§ 17 Abs. 4 Satz 2 TVöD gilt entsprechend. [3]Werden Beschäftigte während ihrer Verweildauer in der individuellen Zwischenstufe herabgruppiert, erfolgt die Stufenzuordnung in der niedrigeren Entgeltgruppe, als sei die niedrigere Eingruppierung bereits im September 2005 erfolgt; der weitere Stufenaufstieg richtet sich bei Zuordnung zu einer individuellen Zwischenstufe nach Absatz 3 Satz 2, ansonsten nach Absatz 1 Satz 2.

Protokollerklärung zu den Absätzen 2 bis 4:
Das Entgelt der individuellen Zwischenstufe wird für Beschäftigte, auf die die Regelungen des Tarifgebiets Ost Anwendung finden, am 1. Juli 2006 um den Faktor 1,01596 und am 1. Juli 2007 nochmals um den Faktor 1,01571 erhöht.

3. Abschnitt. Besitzstandsregelungen

§ 8 Bewährungs- und Fallgruppenaufstiege. (1) [1]Aus dem Geltungsbereich des BAT/BAT-O/BAT-Ostdeutsche Sparkassen in eine der Entgeltgruppen 3, 5, 6 oder 8 übergeleitete Beschäftigte, die am 1. Oktober 2005 bei Fortgeltung des bisherigen Tarifrechts die für eine Höhergruppierung erforderliche Zeit der Bewährung oder Tätigkeit zur Hälfte erfüllt haben, sind zu dem Zeitpunkt, zu dem sie nach bisherigem Recht höhergruppiert wären, in die nächsthöhere Entgeltgruppe des TVöD eingruppiert. [2]Abweichend von Satz 1 erfolgt die Höhergruppierung in die Entgeltgruppe 5, wenn die Beschäftigten aus der Vergütungsgruppe VIII BAT/BAT-O/BAT-Ostdeutsche Sparkassen mit ausstehendem Aufstieg nach Vergütungsgruppe VII BAT/BAT-O/BAT-Ostdeutsche Sparkassen übergeleitet worden sind; sie erfolgt in die Entgeltgruppe 8, wenn die Beschäftigten aus der Vergütungsgruppe VI b BAT/BAT-O/BAT-Ostdeutsche Sparkassen mit ausstehendem Aufstieg nach Vergütungsgruppe V c BAT/BAT-O/BAT-Ostdeutsche

Tarifvertrag zur Überleitung (VKA) **§ 8 TVÜ-VKA**

Sparkassen übergeleitet worden sind. ³Voraussetzung für die Höhergruppierung nach Satz 1 und 2 ist, dass
- zum individuellen Aufstiegszeitpunkt keine Anhaltspunkte vorliegen, die bei Fortgeltung des bisherigen Rechts einer Höhergruppierung entgegengestanden hätten, und
- bis zum individuellen Aufstiegszeitpunkt nach Satz 1 weiterhin eine Tätigkeit auszuüben ist, die diesen Aufstieg ermöglicht hätte.

⁴Die Sätze 1 bis 3 gelten nicht in den Fällen des § 4 Abs. 2. ⁵Erfolgt die Höhergruppierung vor dem 1. Oktober 2007, gilt – gegebenenfalls unter Berücksichtigung des Satzes 2 – § 6 Abs. 2 Satz 1 und 2 entsprechend.

(2) ¹Aus dem Geltungsbereich des BAT/BAT-O/BAT-Ostdeutsche Sparkassen in eine der Entgeltgruppen 2 sowie 9 bis 15 übergeleitete Beschäftigte, die am 1. Oktober 2005 bei Fortgeltung des bisherigen Tarifrechts die für eine Höhergruppierung erforderliche Zeit der Bewährung oder Tätigkeit zur Hälfte erfüllt haben und in der Zeit zwischen dem 1. November 2005 und dem 30. September 2007 höhergruppiert wären, erhalten ab dem Zeitpunkt, zu dem sie nach bisherigem Recht höhergruppiert wären, in ihrer bisherigen Entgeltgruppe Entgelt nach derjenigen individuellen Zwischen- bzw. Endstufe, die sich ergeben hätte, wenn sich ihr Vergleichsentgelt (§ 5) nach der Vergütung aufgrund der Höhergruppierung bestimmt hätte. ²Voraussetzung für diesen Stufenaufstieg ist, dass
- zum individuellen Aufstiegszeitpunkt keine Anhaltspunkte vorliegen, die bei Fortgeltung des bisherigen Rechts einer Höhergruppierung entgegengestanden hätten, und
- bis zum individuellen Aufstiegszeitpunkt nach Satz 1 weiterhin eine Tätigkeit auszuüben ist, die diesen Aufstieg ermöglicht hätte.

³Ein etwaiger Strukturausgleich wird ab dem individuellen Aufstiegszeitpunkt nicht mehr gezahlt. ⁴Der weitere Stufenaufstieg richtet sich bei Zuordnung zu einer individuellen Zwischenstufe nach § 6 Abs. 1. ⁵§ 4 Abs. 2 bleibt unberührt. ⁶Zur Ermittlung einer neuen individuellen Zwischenstufe gemäß Satz 1 ist für Beschäftigte, für die die Regelungen des Tarifgebiets Ost Anwendung finden, das auf den Rechtsstand vom 30. September 2005 festgestellte neue Vergleichsentgelt um den Faktor 1,01596 zu erhöhen, wenn die Neuberechnung des Vergleichsentgelts in der Zeit vom 1. Juli 2006 bis 30. Juni 2007, und um den Faktor 1,03191, wenn die Neuberechnung des Vergleichsentgelts nach dem 30. Juni 2007 zu erfolgen hat.

Protokollerklärung zu Absatz 2:
Erfolgt die Neuberechnung des Vergleichsentgelts nach dem 30. Juni 2006, aber vor dem 1. Juli 2007, ist das Vergleichsentgelt gemäß § 6 Abs. 1 Satz 4 am 1. Juli 2007 um den Faktor 1,01571 zu erhöhen.

Niederschriftserklärung zu Absatz 1 Satz 3 und Absatz 2 Satz 2:
Eine missbräuchliche Entziehung der Tätigkeit mit dem ausschließlichen Ziel, eine Höhergruppierung bzw. eine Besitzstandszulage zu verhindern, ist nicht zulässig.

Niederschriftserklärung zu Absatz 2:
Die Neuberechnung des Vergleichsentgelts führt nicht zu einem Wechsel der Entgeltgruppe.

(3) Abweichend von Absatz 1 Satz 1 und Absatz 2 Satz 1 gelten die Absätze 1 bzw. 2 entsprechend für übergeleitete Beschäftigte, die bei Fortgeltung des BAT/BAT-O/BAT-Ostdeutsche Sparkassen bis spätestens zum 30. September 2007 wegen Erfüllung der erforderlichen Zeit der Bewährung oder Tätigkeit höhergruppiert worden wären; dies gilt unabhängig davon, ob die Hälfte der erforderlichen Bewährungs- oder Tätigkeitszeit am Stichtag erfüllt ist.

TVÜ-VKA § 9 Tarifvertrag zur Überleitung (VKA)

(4) Die Absätze 1 bis 3 finden auf übergeleitete Beschäftigte, deren Eingruppierung sich nach der Vergütungsordnung für Angestellte im Pflegedienst (Anlage 1b zum BAT) richtet, und auf unter § 51 Abs. 1 bis 5 BT-B bzw. § 51 Abs. 1 bis 5 BT-K fallende Ärztinnen und Ärzte keine Anwendung.

(5) [1] Ist bei einer Lehrkraft, die gemäß Nr. 5 der Bemerkung zu allen Vergütungsgruppen nicht unter die Anlage 1a zum BAT fällt, eine Höhergruppierung nur vom Ablauf einer Bewährungszeit und von der Bewährung abhängig und ist am Stichtag die Hälfte der Mindestzeitdauer für einen solchen Aufstieg erfüllt, erfolgt in den Fällen des Absatzes 1 unter den weiteren dort genannten Voraussetzungen zum individuellen Aufstiegszeitpunkt der Aufstieg in die nächsthöhere Entgeltgruppe. [2] Absatz 1 Satz 2 und Höhergruppierungsmöglichkeiten durch entsprechende Anwendung beamtenrechtlicher Regelungen bleiben unberührt. [3] Im Fall des Absatzes 2 gilt Satz 1 mit der Maßgabe, dass anstelle der Höhergruppierung eine Neuberechnung des Vergleichsentgelts nach Absatz 2 erfolgt.

§ 9 Vergütungsgruppenzulagen. (1) Aus dem Geltungsbereich des BAT/BAT-O/BAT-Ostdeutsche Sparkassen übergeleitete Beschäftigte, denen am 30. September 2005 nach der Vergütungsordnung zum BAT eine Vergütungsgruppenzulage zusteht, erhalten in der Entgeltgruppe, in die sie übergeleitet werden, eine Besitzstandszulage in Höhe ihrer bisherigen Vergütungsgruppenzulage.

(2) [1] Aus dem Geltungsbereich des BAT/BAT-O/BAT-Ostdeutsche Sparkassen übergeleitete Beschäftigte, die bei Fortgeltung des bisherigen Rechts nach dem 30. September 2005 eine Vergütungsgruppenzulage ohne vorausgehenden Bewährungs- oder Fallgruppenaufstieg erreicht hätten, erhalten ab dem Zeitpunkt, zu dem ihnen die Zulage nach bisherigem Recht zugestanden hätte, eine Besitzstandszulage. [2] Die Höhe der Besitzstandszulage bemisst sich nach dem Betrag, der als Vergütungsgruppenzulage zu zahlen gewesen wäre, wenn diese bereits am 30. September 2005 zugestanden hätte. [3] Voraussetzung ist, dass
– am 1. Oktober 2005 die für die Vergütungsgruppenzulage erforderliche Zeit der Bewährung oder Tätigkeit nach Maßgabe des § 23b Abschn. B BAT/BAT-O/BAT-Ostdeutsche Sparkassen zur Hälfte erfüllt ist,
– zu diesem Zeitpunkt keine Anhaltspunkte vorliegen, die bei Fortgeltung des bisherigen Rechts der Vergütungsgruppenzulage entgegengestanden hätten und
– bis zum individuellen Zeitpunkt nach Satz 1 weiterhin eine Tätigkeit auszuüben ist, die zu der Vergütungsgruppenzulage geführt hätte.

(3) [1] Für aus dem Geltungsbereich des BAT/BAT-O/BAT-Ostdeutsche Sparkassen übergeleitete Beschäftigte, die bei Fortgeltung des bisherigen Rechts nach dem 30. September 2005 im Anschluss an einen Fallgruppenaufstieg eine Vergütungsgruppenzulage erreicht hätten, gilt Folgendes:

a) [1] In eine der Entgeltgruppen 3, 5, 6 oder 8 übergeleitete Beschäftigte, die den Fallgruppenaufstieg am 30. September 2005 noch nicht erreicht haben, sind zu dem Zeitpunkt, zu dem sie nach bisherigem Recht höhergruppiert worden wären, in die nächsthöhere Entgeltgruppe des TVöD eingruppiert; § 8 Abs. 1 Satz 2 bis 5 gilt entsprechend. [2] Eine Besitzstandszulage für eine Vergütungsgruppenzulage steht nicht zu.

b) Ist ein der Vergütungsgruppenzulage vorausgehender Fallgruppenaufstieg am 30. September 2005 bereits erfolgt, gilt Absatz 2 mit der Maßgabe, dass am 1. Oktober 2005 die Hälfte der Gesamtzeit für den Anspruch auf die Vergütungsgruppenzulage einschließlich der Zeit für den vorausgehenden Aufstieg zurückgelegt sein muss.

Tarifvertrag zur Überleitung (VKA)   §§ 10, 11 TVÜ-VKA

(4) ¹Die Besitzstandszulage nach den Absätzen 1, 2 und 3 Buchst. b wird so lange gezahlt, wie die anspruchsbegründende Tätigkeit ununterbrochen ausgeübt wird und die sonstigen Voraussetzungen für die Vergütungsgruppenzulage nach bisherigem Recht weiterhin bestehen. ²Sie verändert sich bei allgemeinen Entgeltanpassungen um den von den Tarifvertragsparteien für die jeweilige Entgeltgruppe festgelegten Vomhundertsatz.

Niederschriftserklärung zu Absatz 2 bis 4:
Eine missbräuchliche Entziehung der Tätigkeit mit dem ausschließlichen Ziel, eine Höhergruppierung bzw. eine Besitzstandszulage zu verhindern, ist nicht zulässig.

§ 10 Fortführung vorübergehend übertragener höherwertiger Tätigkeit.
(1) ¹Beschäftigte, denen am 30. September 2005 eine Zulage nach § 24 BAT/BAT-O/BAT-Ostdeutsche Sparkassen zusteht, erhalten nach Überleitung in den TVöD eine Besitzstandszulage in Höhe ihrer bisherigen Zulage, solange sie die anspruchsbegründende Tätigkeit weiterhin ausüben und die Zulage nach bisherigem Recht zu zahlen wäre. ²Wird die anspruchsbegründende Tätigkeit über den 30. September 2007 hinaus beibehalten, finden mit Wirkung ab dem 1. Oktober 2007 die Regelungen des TVöD über die vorübergehende Übertragung einer höherwertigen Tätigkeit Anwendung. ³Für eine vor dem 1. Oktober 2005 vorübergehend übertragene höherwertige Tätigkeit, für die am 30. September 2005 wegen der zeitlichen Voraussetzungen des § 24 Abs. 1 bzw. 2 BAT/BAT-O/BAT-Ostdeutsche Sparkassen noch keine Zulage gezahlt wird, gilt Satz 1 und 2 ab dem Zeitpunkt entsprechend, zu dem nach bisherigem Recht die Zulage zu zahlen gewesen wäre. ⁴Sätze 1 bis 3 gelten für landesbezirkliche Regelungen gemäß § 9 Abs. 3 BMT-G und nach Abschnitt I. der Anlage 3 des Tarifvertrages zu § 20 Abs. 1 BMT-G-O (Lohngruppenverzeichnis) entsprechend. ⁵Sätze 1 bis 4 gelten bei besonderen tarifvertraglichen Vorschriften über die vorübergehende Übertragung höherwertiger Tätigkeiten entsprechend.

(2) ¹Absatz 1 gilt in Fällen des § 2 der Anlage 3 zum BAT entsprechend. ²An die Stelle der Begriffe Vergütung und Vergütungsgruppe treten die Begriffe Entgelt und Entgeltgruppe.

Niederschriftserklärung zu Absatz 1 und 2:
¹ Die Tarifvertragsparteien stellen klar, dass die vertretungsweise Übertragung einer höherwertigen Tätigkeit ein Unterfall der vorübergehenden Übertragung einer höherwertigen Tätigkeit ist. ² Gleiches gilt für die Zulage nach § 2 der Anlage 3 zum BAT.

§ 11 Kinderbezogene Entgeltbestandteile. (1) ¹Für im September 2005 zu berücksichtigende Kinder werden die kinderbezogenen Entgeltbestandteile des BAT/BAT-O/BAT-Ostdeutsche Sparkassen oder BMT-G/BMT-G-O in der für September 2005 zustehenden Höhe als Besitzstandszulage fortgezahlt, solange für diese Kinder Kindergeld nach dem Einkommensteuergesetz (EStG) oder nach dem Bundeskindergeldgesetz (BKGG) ununterbrochen gezahlt wird oder ohne Berücksichtigung des § 64 oder § 65 EStG oder des § 3 oder § 4 BKGG gezahlt würde. ²Die Besitzstandszulage entfällt ab dem Zeitpunkt, zu dem einer anderen Person, die im öffentlichen Dienst steht oder auf Grund einer Tätigkeit im öffentlichen Dienst nach beamtenrechtlichen Grundsätzen oder nach einer Ruhelohnordnung versorgungsberechtigt ist, für ein Kind, für welches die Besitzstandszulage gewährt wird, das Kindergeld gezahlt wird; die Änderung der Kindergeldberechtigung hat die/der Beschäftigte dem Arbeitgeber unverzüglich schriftlich anzuzeigen. ³Unterbrechungen wegen der Ableistung von Grundwehrdienst, Zivildienst oder Wehrübungen sowie die Ableistung eines freiwilligen sozialen oder ökologischen Jahres sind unschädlich; soweit die unschädliche Unterbrechung bereits im Monat September 2005 vorliegt, wird die Besitzstandszulage ab dem Zeitpunkt des Wiederauflebens der Kindergeldzahlung gewährt.

(2) [1] § 24 Abs. 2 TVöD ist anzuwenden. [2] Die Besitzstandszulage nach Absatz 1 Satz 1 verändert sich bei allgemeinen Entgeltanpassungen um den von den Tarifvertragsparteien für die jeweilige Entgeltgruppe festgelegten Vomhundertsatz. [3] Ansprüche nach Absatz 1 können für Kinder ab dem vollendeten 16. Lebensjahr durch Vereinbarung mit der/dem Beschäftigten abgefunden werden. [4] § 6 Abs. 1 Satz 4 findet entsprechende Anwendung.

(3) Die Absätze 1 und 2 gelten entsprechend für
a) zwischen dem 1. Oktober 2005 und dem 31. Dezember 2005 geborene Kinder der übergeleiteten Beschäftigten,
b) die Kinder von bis zum 31. Dezember 2005 in ein Arbeitsverhältnis übernommenen Auszubildenden, Schülerinnen/Schüler in der Gesundheits- und Krankenpflege, Gesundheits- und Kinderkrankenpflege und in der Entbindungspflege sowie Praktikantinnen und Praktikanten aus tarifvertraglich geregelten Beschäftigungsverhältnissen, soweit diese Kinder vor dem 1. Januar 2006 geboren sind.

§ 12 Strukturausgleich. (1) [1] Aus dem Geltungsbereich des BAT/BAT-O/BAT-Ostdeutsche Sparkassen übergeleitete Beschäftigte erhalten ausschließlich in den in Anlage 2 aufgeführten Fällen zusätzlich zu ihrem monatlichen Entgelt einen nicht dynamischen Strukturausgleich. [2] Maßgeblicher Stichtag für die anspruchsbegründenden Voraussetzungen (Vergütungsgruppe, Stufe, Ortszuschlag, Aufstiegszeiten) ist der 1. Oktober 2005, sofern in Anlage 2 nicht ausdrücklich etwas anderes geregelt ist.

(2) Die Zahlung des Strukturausgleichs beginnt im Oktober 2007, sofern in Anlage 2 nicht etwas anderes bestimmt ist.

(3) [1] Bei Teilzeitbeschäftigung steht der Strukturausgleich anteilig zu (§ 24 Abs. 2 TVöD). [2] § 5 Abs. 5 Satz 2 gilt entsprechend.

Protokollerklärung zu Absatz 3:
Bei späteren Veränderungen der individuellen regelmäßigen Arbeitszeit der/des Beschäftigten ändert sich der Strukturausgleich entsprechend.

(4) Bei Höhergruppierungen wird der Unterschiedsbetrag zum bisherigen Entgelt auf den Strukturausgleich angerechnet.

(5) Einzelvertraglich kann der Strukturausgleich abgefunden werden.

(6) Die Absätze 1 bis 5 finden auf Ärztinnen und Ärzte, die unter § 51 BT-K bzw. § 51 BT-B fallen, keine Anwendung.

Niederschriftserklärungen zu § 12:
1. [1] Die Tarifvertragsparteien sind sich angesichts der Fülle der denkbaren Fallgestaltungen bewusst, dass die Festlegung der Strukturausgleiche je nach individueller Fallgestaltung in Einzelfällen sowohl zu überproportional positiven Wirkungen als auch zu Härten führen kann. [2] Sie nehmen diese Verwerfungen im Interesse einer für eine Vielzahl von Fallgestaltungen angestrebten Abmilderung von Exspektanzverlusten hin.
2. [1] Die Tarifvertragsparteien erkennen unbeschadet der Niederschriftserklärung Nr. 1 zu § 12 an, dass die Strukturausgleiche in einem Zusammenhang mit der zukünftigen Entgeltordnung stehen. [2] Die Tarifvertragsparteien werden nach einer Vereinbarung der Entgeltordnung zum TVöD, rechtzeitig vor Ablauf des 30. September 2007, prüfen, ob und in welchem Umfang sie neben den bereits verbindlich vereinbarten Fällen, in denen Strukturausgleichsbeträge festgelegt sind, für einen Zeitraum bis längstens Ende 2014 in weite-

Tarifvertrag zur Überleitung (VKA) §§ 13–15 TVÜ-VKA

ren Fällen Regelungen, die auch in der Begrenzung der Zuwächse aus Strukturausgleichen bestehen können, vornehmen müssen. ³ Sollten zusätzliche Strukturausgleiche vereinbart werden, sind die sich daraus ergebenden Kostenwirkungen in der Entgeltrunde 2008 zu berücksichtigen.

§ 13 Entgeltfortzahlung im Krankheitsfall. (1) ¹ Bei Beschäftigten, für die bis zum 30. September 2005 § 71 BAT gegolten hat, wird abweichend von § 22 Abs. 2 TVöD für die Dauer des über den 30. September 2005 hinaus ununterbrochen fortbestehenden Arbeitsverhältnisses der Krankengeldzuschuss in Höhe des Unterschiedsbetrages zwischen dem festgesetzten Nettokrankengeld oder der entsprechenden gesetzlichen Nettoleistung und dem Nettoentgelt (§ 22 Abs. 2 Satz 2 und 3 TVöD) gezahlt. ² Nettokrankengeld ist das um die Arbeitnehmeranteile zur Sozialversicherung reduzierte Krankengeld. ³ Für Beschäftigte, die nicht der Versicherungspflicht in der gesetzlichen Krankenversicherung unterliegen, ist bei der Berechnung des Krankengeldzuschusses der Höchstsatz des Nettokrankengeldes, der bei Pflichtversicherung in der gesetzlichen Krankenversicherung zustünde, zugrunde zu legen.

(2) ¹ Beschäftigte im Sinne des Absatzes 1 erhalten längstens bis zum Ende der 26. Woche seit dem Beginn ihrer über den 30. September 2005 hinaus ununterbrochen fortbestehenden Arbeitsunfähigkeit infolge derselben Krankheit oder Arbeitsverhinderung infolge einer Maßnahme der medizinischen Vorsorge oder Rehabilitation ihr Entgelt nach § 21 TVöD fortgezahlt. ² Tritt nach dem 1. Oktober 2005 Arbeitsunfähigkeit infolge derselben Krankheit ein, werden die Zeiten der Entgeltfortzahlung nach Satz 1 auf die Fristen gemäß § 22 TVöD angerechnet.

Protokollerklärung zu § 13:
Ansprüche aufgrund von beim Arbeitgeber am 30. September 2005 geltenden Regelungen für die Gewährung von Beihilfen an Arbeitnehmerinnen und Arbeitnehmer im Krankheitsfall bleiben für die von § 1 Abs. 1 erfassten Beschäftigten unberührt. Änderungen von Beihilfevorschriften für Beamte kommen zur Anwendung, soweit auf Landes- bzw. Bundesvorschriften Bezug genommen wird.

§ 14 Beschäftigungszeit. (1) Für die Dauer des über den 30. September 2005 hinaus fortbestehenden Arbeitsverhältnisses werden die vor dem 1. Oktober 2005 nach Maßgabe der jeweiligen tarifrechtlichen Vorschriften anerkannten Beschäftigungszeiten als Beschäftigungszeit im Sinne des § 34 Abs. 3 TVöD berücksichtigt.

(2) Für die Anwendung des § 23 Abs. 2 TVöD werden die bis zum 30. September 2005 zurückgelegten Zeiten, die nach Maßgabe
– des BAT anerkannte Dienstzeit,
– des BAT-O/BAT-Ostdeutsche Sparkassen, BMT-G/BMT-G-O anerkannte Beschäftigungszeit
sind, als Beschäftigungszeit im Sinne des § 34 Abs. 3 TVöD berücksichtigt.

(3) Aus dem Geltungsbereich des BMT-G übergeleitete Beschäftigte, die am 30. September 2005 eine Beschäftigungszeit (§ 6 BMT-G ohne die nach § 68 a BMT-G berücksichtigten Zeiten) von mindestens zehn Jahren zurückgelegt haben, erwerben abweichend von § 34 Abs. 2 Satz 1 TVöD den besonderen Kündigungsschutz nach Maßgabe des § 52 Abs. 1 BMT-G.

§ 15 Urlaub. (1) ¹ Für die Dauer und die Bewilligung des Erholungsurlaubs bzw. von Zusatzurlaub für das Urlaubsjahr 2005 gelten die im September 2005 jeweils maßgebenden Vorschriften bis zum 31. Dezember 2005 fort. ² Die Regelungen des TVöD gelten für die Bemessung des Urlaubsentgelts sowie für eine Übertragung von Urlaub auf das Kalenderjahr 2006.

(2) ¹Aus dem Geltungsbereich des BAT/BAT-O/BAT-Ostdeutsche Sparkassen übergeleitete Beschäftigte der Vergütungsgruppen I und I a, die für das Urlaubsjahr 2005 einen Anspruch auf 30 Arbeitstage Erholungsurlaub erworben haben, behalten bei einer Fünftagewoche diesen Anspruch für die Dauer des über den 30. September 2005 hinaus ununterbrochen fortbestehenden Arbeitsverhältnisses. ²Die Urlaubsregelungen des TVöD bei abweichender Verteilung der Arbeitszeit gelten entsprechend.

(3) § 42 Abs. 1 BMT-G/BMT-G-O i. V. m. bezirklichen Tarifverträgen zu § 42 Abs. 2 BMT-G und der Tarifvertrag zu § 42 Abs. 2 BMT-G-O (Zusatzurlaub für Arbeiter) gelten bis zum In-Kraft-Treten entsprechender landesbezirklicher Tarifverträge fort; im Übrigen gilt Absatz 1 entsprechend.

(4) ¹In den Fällen des § 48a BAT/BAT-O/BAT-Ostdeutsche Sparkassen oder § 41 a BMT-G/BMT-G-O wird der nach der Arbeitsleistung im Kalenderjahr 2005 zu bemessende Zusatzurlaub im Kalenderjahr 2006 gewährt. ²Die nach Satz 1 zustehenden Urlaubstage werden auf den nach den Bestimmungen des TVöD im Kalenderjahr 2006 zustehenden Zusatzurlaub für Wechselschichtarbeit und Schichtarbeit angerechnet. ³Absatz 1 Satz 2 gilt entsprechend.

§ 16 Abgeltung. ¹Durch Vereinbarungen mit der/dem Beschäftigten können Entgeltbestandteile aus Besitzständen, ausgenommen für Vergütungsgruppenzulagen, pauschaliert bzw. abgefunden werden. ² § 11 Abs. 2 Satz 3 und § 12 Abs. 5 bleiben unberührt.

Protokollerklärung zum 3. Abschnitt:
¹*Einvernehmlich werden die Verhandlungen zur Überleitung der Entgeltsicherung bei Leistungsminderung zurückgestellt.* ²*Da damit die fristgerechte Überleitung bei Beschäftigten, die eine Zahlung nach §§ 25 Abs. 4, 28 Abs. 1 und 2, 28a BMT-G/BMT-G-O bzw. § 56 BAT/BAT-O erhalten, nicht sichergestellt ist, erfolgt am 1. Oktober 2005 eine Fortzahlung der bisherigen Bezüge als zu verrechnender Abschlag auf das Entgelt, das diesen Beschäftigten nach dem noch zu erzielenden künftigen Verhandlungsergebnis zusteht.* ³*Die in Satz 2 genannten Bestimmungen finden in ihrem jeweiligen Geltungsbereich bis zum In-Kraft-Treten einer Neuregelung weiterhin Anwendung, und zwar auch für Beschäftigte im Sinne des § 1 Abs. 2. § 55 Abs. 2 Unterabs. 2 Satz 2 BAT, Nrn. 7 und 10 SR 2o BAT, Nr. 3 SR 2 BAT/BAT/-O bleiben in ihrem bisherigen Geltungsbereich unberührt.* ⁴*Sollte das künftige Verhandlungsergebnis geringer als bis dahin gewährte Leistungen ausfallen, ist eine Rückforderung ausgeschlossen.*

4. Abschnitt. Sonstige vom TVöD abweichende oder ihn ergänzende Bestimmungen

§ 17 Eingruppierung. (1) ¹Bis zum In-Kraft-Treten der Eingruppierungsvorschriften des TVöD (mit Entgeltordnung) gelten die §§ 22, 23, 25 BAT und Anlage 3 zum BAT, §§ 22, 23 BAT-O/BAT-Ostdeutsche Sparkassen einschließlich der Vergütungsordnung sowie die landesbezirklichen Lohngruppenverzeichnisse gemäß Rahmentarifvertrag zu § 20 BMT-G und des Tarifvertrages zu § 20 Abs. 1 BMT-G-O (Lohngruppenverzeichnis) über den 30. September 2005 hinaus fort. ²In gleicher Weise gilt Nr. 2a SR 2 i. V. m. § 11 Satz 2 BAT/BAT-O fort. ³Diese Regelungen finden auf übergeleitete und ab dem 1. Oktober 2005 neu eingestellte Beschäftigte im jeweiligen bisherigen Geltungsbereich nach Maßgabe dieses Tarifvertrages Anwendung. ⁴An die Stelle der Begriffe Vergütung und Lohn tritt der Begriff Entgelt.

Tarifvertrag zur Überleitung (VKA) **§ 17 TVÜ-VKA**

(2) Abweichend von Absatz 1
– gelten Vergütungsordnungen und Lohngruppenverzeichnisse nicht für ab dem 1. Oktober 2005 in Entgeltgruppe 1 TVöD neu eingestellte Beschäftigte,
– gilt die Vergütungsgruppe I der Vergütungsordnung zum BAT/BAT-O/BAT-Ostdeutsche Sparkassen ab dem 1. Oktober 2005 nicht fort; die Ausgestaltung entsprechender Arbeitsverhältnisse erfolgt außertariflich,
– gilt die Entgeltordnung für Ärztinnen und Ärzte gemäß § 51 BT-K bzw. § 51 BT-B.

(3) [1] Mit Ausnahme der Eingruppierung in die Entgeltgruppe 1 und der Eingruppierung der Ärztinnen und Ärzte sind alle zwischen dem 1. Oktober 2005 und dem In-Kraft-Treten der neuen Entgeltordnung stattfindenden Eingruppierungsvorgänge (Neueinstellungen und Umgruppierungen) vorläufig und begründen keinen Vertrauensschutz und keinen Besitzstand. [2] Dies gilt nicht für Aufstiege gemäß § 8 Abs. 1 Satz 1 und 2 und Abs. 3 1. Alternative.

(4) [1] Anpassungen der Eingruppierung aufgrund des In-Kraft-Tretens der neuen Entgeltordnung erfolgen mit Wirkung für die Zukunft. [2] Bei Rückgruppierungen, die in diesem Zusammenhang erfolgen, sind finanzielle Nachteile im Wege einer nicht dynamischen Besitzstandszulage auszugleichen, solange die Tätigkeit ausgeübt wird. [3] Die Besitzstandszulage vermindert sich nach dem 30. September 2008 bei jedem Stufenaufstieg um die Hälfte des Unterschiedsbetrages zwischen der bisherigen und der neuen Stufe; bei Neueinstellungen (§ 1 Abs. 2) vermindert sich die Besitzstandszulage jeweils um den vollen Unterschiedsbetrag. [4] Die Grundsätze korrigierender Rückgruppierung bleiben unberührt.

Protokollerklärung zu Absatz 4:
Dies gilt auch im Hinblick auf die Problematik des § 2 Abs. 4 des Rahmentarifvertrages zu § 20 Abs. 1 BMT-G (Eckeingruppierung in Lohngruppe 5 Fallgruppe 1 im Bereich des Kommunalen Arbeitgeberverbandes Nordrhein-Westfalen) mit folgenden Maßgaben:
– *Neueinstellungen werden anstelle der Entgeltgruppe 5 zunächst der Entgeltgruppe 6 zugeordnet.*
– *Über deren endgültige Zuordnung wird im Rahmen der Verhandlungen über die neue Entgeltordnung entschieden, die insoweit zunächst auf landesbezirklicher Ebene geführt werden.*

(5) [1] Bewährungs-, Fallgruppen- und Tätigkeitsaufstiege gibt es ab dem 1. Oktober 2005 nicht mehr; §§ 8 und 9 bleiben unberührt. [2] Satz 1 gilt auch für Vergütungsgruppenzulagen, es sei denn, dem Tätigkeitsmerkmal einer Vergütungsgruppe der Vergütungsordnung (Anlage 1a zum BAT) ist eine Vergütungsgruppenzulage zugeordnet, die unmittelbar mit Übertragung der Tätigkeit zusteht; bei Übertragung einer entsprechenden Tätigkeit wird diese bis zum In-Kraft-Treten der neuen Entgeltordnung unter den Voraussetzungen des bisherigen Tarifrechts als Besitzstandszulage in der bisherigen Höhe gezahlt; § 9 Abs. 4 gilt entsprechend.

(6) In der Zeit zwischen dem 1. Oktober 2005 und dem In-Kraft-Treten der neuen Entgeltordnung erhalten Beschäftigte, denen ab dem 1. Oktober 2005 eine anspruchsbegründende Tätigkeit übertragen wird, eine persönliche Zulage, die sich betragsmäßig nach der entfallenen Techniker-, Meister- und Programmiererzulage bemisst, soweit die Anspruchsvoraussetzungen nach bisherigem Tarifrecht erfüllt sind.

(7) [1] Für Eingruppierungen zwischen dem 1. Oktober 2005 und dem In-Kraft-Treten der neuen Entgeltordnung werden die Vergütungsgruppen der Vergütungsordnung (Anlage 1a) und die Lohngruppen der Lohngruppenverzeichnisse gemäß Anlage 3 den Entgeltgruppen des TVöD zugeordnet. [2] Absatz 1 Satz 2 bleibt unberührt.

TVÜ-VKA § 18 Tarifvertrag zur Überleitung (VKA)

Protokollerklärung zu Absatz 7:
Die Protokollerklärung zu § 4 Abs. 1 gilt entsprechend für übergeleitete und ab dem 1. Oktober 2005 neu eingestellte Pflegekräfte.

(8) ¹Beschäftigte, die zwischen dem 1. Oktober 2005 und dem In-Kraft-Treten der neuen Entgeltordnung in Entgeltgruppe 13 eingruppiert werden und die nach der Vergütungsordnung (Anlage 1 a) in Vergütungsgruppe II BAT/BAT-O/BAT-Ostdeutsche Sparkassen mit fünf- bzw. sechsjährigem Aufstieg nach Vergütungsgruppe Ib BAT/BAT-O/BAT-Ostdeutsche Sparkassen eingruppiert wären, erhalten bis zum In-Kraft-Treten der neuen Entgeltordnung eine persönliche Zulage in Höhe des Unterschiedsbetrages zwischen dem Entgelt ihrer Stufe nach Entgeltgruppe 13 und der entsprechenden Stufe der Entgeltgruppe 14. ²Von Satz 1 werden auch Fallgruppen der Vergütungsgruppe Ib BAT/BAT-O/BAT-Ostdeutsche Sparkassen erfasst, deren Tätigkeitsmerkmale eine bestimmte Tätigkeitsdauer voraussetzen. ³Die Sätze 1 und 2 gelten auch für Beschäftigte im Sinne des § 1 Abs. 2.

Niederschriftserklärung zu Absatz 8:
Mit dieser Regelung ist keine Entscheidung über die Zuordnung und Fortbestand/Besitzstand der Zulage im Rahmen der neuen Entgeltordnung verbunden.

(9) ¹Bis zum In-Kraft-Treten der Eingruppierungsvorschriften des TVöD gelten für Vorarbeiter/innen und Vorhandwerker/innen, Fachvorarbeiter/innen und vergleichbare Beschäftigte die bisherigen landesbezirklichen Regelungen und die Regelungen in Anlage 3 Teil I des Tarifvertrages zu § 20 Abs. 1 BMT-G-O (Lohngruppenverzeichnis) im bisherigen Geltungsbereich fort; dies gilt auch für Beschäftigte im Sinne des § 1 Abs. 2. ²Satz 1 gilt für Lehrgesellen/innen entsprechend, soweit hierfür besondere tarifliche Regelungen vereinbart sind. ³Ist anlässlich der vorübergehenden Übertragung einer höherwertigen Tätigkeit im Sinne des § 14 TVöD zusätzlich eine Tätigkeit auszuüben, für die nach bisherigem Recht ein Anspruch auf Zahlung einer Zulage für Vorarbeiter/innen und Vorhandwerker/innen, Fachvorarbeiter/innen und vergleichbare Beschäftigte oder Lehrgesellen/innen besteht, erhält die/der Beschäftigte abweichend von den Sätzen 1 und 2 sowie von § 14 Abs. 3 TVöD anstelle der Zulage nach § 14 TVöD für die Dauer der Ausübung sowohl der höherwertigen als auch der zulagenberechtigenden Tätigkeit eine persönliche Zulage in Höhe von 10 v. H. ihres/seines Tabellenentgelts.

(10) Die Absätze 1 bis 9 gelten für besondere tarifvertragliche Vorschriften über die Eingruppierungen entsprechend.

Protokollerklärung zu § 17:
¹Die Tarifvertragsparteien sind sich darin einig, dass in der noch zu verhandelnden Entgeltordnung die bisherigen unterschiedlichen materiellen Wertigkeiten aus Fachhochschulabschlüssen (einschließlich Sozialpädagogen/innen und Ingenieuren/innen) auf das Niveau der vereinbarten Entgeltwerte der Entgeltgruppe 9 ohne Mehrkosten (unter Berücksichtigung der Kosten für den Personenkreis, der nach der Übergangsphase nicht mehr in eine höhere bzw. niedrigere Entgeltgruppe eingruppiert ist) zusammengeführt werden; die Abbildung von Heraushebungsmerkmalen oberhalb der Entgeltgruppe 9 bleibt davon unberührt. ² Sollte hierüber bis zum 31. Dezember 2007 keine einvernehmliche Lösung vereinbart werden, so erfolgt ab dem 1. Januar 2008 bis zum In-Kraft-Treten der Entgeltordnung die einheitliche Eingruppierung aller ab dem 1. Januar 2008 neu einzugruppierenden Beschäftigten mit Fachhochschulabschluss nach den jeweiligen Regeln der Entgeltgruppe 9 zu „V b BAT ohne Aufstieg nach IV b (mit und ohne FH-Abschluss)".

§ 18 Vorübergehende Übertragung einer höherwertigen Tätigkeit nach dem 30. September 2005. (1) ¹Wird aus dem Geltungsbereich des BAT/BAT-

Tarifvertrag zur Überleitung (VKA) **§ 19 TVÜ-VKA**

O/BAT-Ostdeutsche Sparkassen übergeleiteten Beschäftigten in der Zeit zwischen dem 1. Oktober 2005 und dem 30. September 2007 erstmalig außerhalb von § 10 eine höherwertige Tätigkeit vorübergehend übertragen, findet der TVöD Anwendung. ²Ist die/der Beschäftigte in eine individuelle Zwischenstufe übergeleitet worden, gilt für die Bemessung der persönlichen Zulage § 6 Abs. 2 Satz 1 und 2 entsprechend. ³Bei Überleitung in eine individuelle Endstufe gilt § 6 Abs. 4 Satz 2 entsprechend. ⁴In den Fällen des § 6 Abs. 5 bestimmt sich die Höhe der Zulage nach § 14 TVöD.

(2) Wird aus dem Geltungsbereich des BMT-G/BMT-G-O übergeleiteten Beschäftigten nach dem 30. September 2005 erstmalig außerhalb von § 10 eine höherwertige Tätigkeit vorübergehend übertragen, gelten bis zum In-Kraft-Treten eines Tarifvertrages über eine persönliche Zulage die bisherigen bezirklichen Regelungen gemäß § 9 Abs. 3 BMT-G und nach Anlage 3 Teil I des Tarifvertrages zu § 20 Abs. 1 BMT-G-O (Lohngruppenverzeichnis) im bisherigen Geltungsbereich mit der Maßgabe entsprechend, dass sich die Höhe der Zulage nach dem TVöD richtet, soweit sich aus § 17 Abs. 9 Satz 3 nichts anderes ergibt.

(3) Bis zum In-Kraft-Treten der Eingruppierungsvorschriften des TVöD gilt – auch für Beschäftigte im Sinne des § 1 Abs. 2 – § 14 TVöD mit der Maßgabe, dass sich die Voraussetzungen für die übertragene höherwertige Tätigkeit nach § 22 Abs. 2 BAT/BAT-O bzw. den entsprechenden Regelungen für Arbeiter bestimmen.

(4) ¹Die Absätze 1 und 3 gelten in Fällen des § 2 der Anlage 3 zum BAT entsprechend. ²An die Stelle der Begriffe Grundvergütung, Vergütungsgruppe und Vergütung treten die Begriffe Entgelt und Entgeltgruppe.

Niederschriftserklärungen zu § 18:
1. ¹*Abweichend von der Grundsatzregelung des TVöD über eine persönliche Zulage bei vorübergehender Übertragung einer höherwertigen Tätigkeit ist durch einen landesbezirklichen Tarifvertrag im Rahmen eines Katalogs, der die hierfür in Frage kommenden Tätigkeiten aufführt, zu bestimmen, dass die Voraussetzung für die Zahlung einer persönlichen Zulage bereits erfüllt ist, wenn die vorübergehende übertragene Tätigkeit mindestens drei Arbeitstage angedauert hat und die/der Beschäftigte ab dem ersten Tag der Vertretung in Anspruch genommen ist.* ²*Die landesbezirklichen Tarifverträge sollen spätestens am 1. Juli 2007 in Kraft treten.*
2. *Die Niederschriftserklärung zu § 10 Abs. 1 und 2 gilt entsprechend.*

§ 19 Entgeltgruppe 2 Ü und 15 Ü, Anwendung der Entgelttabelle auf Lehrkräfte (1) Zwischen dem 1. Oktober 2005 und dem In-Kraft-Treten der neuen Entgeltordnung gelten für Beschäftigte, die in die Entgeltgruppe 2 Ü übergeleitet oder in die Lohngruppen 1 mit Aufstieg nach 2 und 2a oder in die Lohngruppe 2 mit Aufstieg nach 2a eingestellt werden, folgende Tabellenwerte:

Stufe 1	Stufe 2	Stufe 3	Stufe 4	Stufe 5	Stufe 6
1503	1670	1730	1810	1865	1906

(2) ¹Übergeleitete Beschäftigte der Vergütungsgruppe I BAT/BAT-O/BAT-Ostdeutsche Sparkassen unterliegen dem TVöD. ²Sie werden in die Entgeltgruppe 15 Ü mit folgenden Tabellenwerten übergeleitet:

Stufe 2	Stufe 3	Stufe 4	Stufe 5	Stufe 6
4330	4805	5255	5555	5625

³Die Verweildauer in den Stufen 2 bis 5 beträgt jeweils fünf Jahre.

689

TVÜ-VKA § 20 Tarifvertrag zur Überleitung (VKA)

(3) ¹Für übergeleitete und für ab 1. Oktober 2005 neu eingestellte Lehrkräfte, die gemäß Nr. 5 der Bemerkung zu allen Vergütungsgruppen nicht unter die Anlage 1a zum BAT fallen, gilt die Entgelttabelle zum TVöD mit der Maßgabe, dass die Tabellenwerte
– der Entgeltgruppen 5 bis 8 um 64,00 Euro und
– der Entgeltgruppen 9 bis 14 um 72,00 Euro
vermindert werden. ²Satz 1 gilt nicht für Lehrkräfte nach § 1 Abs. 1 und 2, die die fachlichen und pädagogischen Voraussetzungen für die Einstellung als Studienrat nach der Besoldungsgruppe A 13 BBesG erfüllen, und für übergeleitete Lehrkräfte, die einen arbeitsvertraglichen Anspruch auf eine allgemeine Zulage wie die unter die Anlage 1a zum BAT fallenden Angestellten haben.

Niederschriftserklärung zu Absatz 3:
Die Tarifvertragsparteien streben für die Zeit nach dem 31. Dezember 2007 eine Harmonisierung mit den Tabellenwerten für die übrigen Beschäftigten an.

(4) Die Regelungen des TVöD über die Bezahlung im Tarifgebiet Ost gelten entsprechend.

§ 20 Jahressonderzahlung für die Jahre 2005 und 2006. (1) ¹Im Zeitraum vom 1. Oktober bis 31. Dezember 2005 gelten für Beschäftigte nach § 1 Abs. 1 und 2 im jeweiligen Geltungsbereich folgende Tarifverträge bzw. Tarifregelungen als den TVöD ergänzende Tarifverträge bzw. Tarifregelungen:
a) Tarifvertrag über eine Zuwendung für Angestellte vom 12. Oktober 1973,
b) Tarifvertrag über eine Zuwendung für Angestellte (TV Zuwendung Ang-O) vom 10. Dezember 1990,
c) Tarifvertrag über eine Zuwendung für Angestellte (TV Zuwendung Ang-Ostdeutsche Sparkassen) vom 25. Oktober 1990,
d) Tarifvertrag über eine Zuwendung für Arbeiter vom 12. Oktober 1973,
e) Tarifvertrag über eine Zuwendung für Arbeiter (TV Zuwendung Arb-O) vom 10. Dezember 1990,
f) Nr. 7 des Tarifvertrages über die Anwendung von Tarifverträgen auf Arbeiter (TV Arbeiter-Ostdeutsche Sparkassen) vom 25. Oktober 1990.
²Die unter Buchst. a bis f aufgezählten Tarifverträge bzw. Tarifregelungen finden auf Beschäftigte, die unter den Geltungsbereich des TVöD fallen, nach dem 31. Dezember 2005 keine Anwendung mehr.

(2) Im Zeitraum vom 1. Oktober bis 31. Dezember 2005 gelten für Beschäftigte nach § 1 Abs. 1 und 2 im bisherigen Geltungsbereich Nr. 5 SR 2s BAT und Nr. 5 SR 2s BAT-Ostdeutsche Sparkassen als den TVöD ergänzende Regelung mit der Maßgabe, dass Bemessungsgrundlage für die Überstundenpauschvergütung das Vergleichsentgelt (§ 5) zuzüglich einer etwaigen Besitzstandszulage nach § 9 und der kinderbezogenen Entgeltbestandteile gemäß § 11 ist.

(3) Die mit dem Entgelt für den Monat November 2006 zu gewährende Jahressonderzahlung berechnet sich für Beschäftigte nach § 1 Abs. 1 und 2 nach den Bestimmungen des § 20 TVöD mit folgenden Maßgaben:
1. Der Bemessungssatz der Jahressonderzahlung beträgt in allen Entgeltgruppen
    a) bei Beschäftigten, für die nach dem TVöD die Regelungen des Tarifgebiets West Anwendung finden, 82,14 v. H.
    b) bei Beschäftigten, für die nach dem TVöD die Regelungen des Tarifgebiets Ost Anwendung finden, 61,60 v. H.
2. ¹Der sich nach Nr. 1 ergebende Betrag der Jahressonderzahlung erhöht sich um einen Betrag in Höhe von 255,65 Euro. ²Bei Beschäftigten, für die nach dem

TVöD die Regelungen des Tarifgebiets West Anwendung finden und denen am 1. Juli 2006 Entgelt nach einer der Entgeltgruppen 1 bis 8 zusteht, erhöht sich dieser Zusatzbetrag auf 332,34 Euro. ³Satz 2 gilt entsprechend bei Beschäftigten – auch für Beschäftigte nach § 1 Abs. 2 – im Tarifgebiet West, denen bei Weitergeltung des BAT Grundvergütung nach der Vergütungsgruppen Kr. VI zugestanden hätte. ⁴Teilzeitbeschäftigte erhalten von dem Zusatzbetrag nach Satz 1 oder 2 den Teil, der dem Anteil ihrer Arbeitszeit an der Arbeitszeit vergleichbarer Vollzeitbeschäftigter entspricht. ⁵Der Zusatzbetrag nach den Sätzen 1 bis 3 ist kein zusatzversorgungspflichtiges Entgelt.

3. Der sich nach Nr. 1 ergebende Betrag der Jahressonderzahlung erhöht sich für jedes Kind, für das Beschäftigte im September 2006 kinderbezogene Entgeltbestandteile gemäß § 11 erhalten, um 25,56 Euro.

(4) Absatz 3 gilt nicht für Sparkassen.

§ 21 Einmalzahlungen für 2006 und 2007. (1) Die von § 1 Abs. 1 und 2 erfassten Beschäftigten im Tarifgebiet West erhalten für die Jahre 2006 und 2007 jeweils eine Einmalzahlung in Höhe von 300 Euro, die in zwei Teilbeträgen in Höhe von jeweils 150 Euro mit den Bezügen für die Monate April und Juli der Jahre 2006 und 2007 ausgezahlt wird.

(2) ¹Der Anspruch auf die Teilbeträge nach Absatz 1 besteht, wenn die/der Beschäftigte an mindestens einem Tag des jeweiligen Fälligkeitsmonats Anspruch auf Bezüge (Entgelt, Urlaubsentgelt oder Entgelt im Krankheitsfall) gegen einen Arbeitgeber im Sinne des § 1 Abs. 1 hat; dies gilt auch für Kalendermonate, in denen nur wegen der Höhe der Barleistungen des Sozialversicherungsträgers Krankengeldzuschuss nicht gezahlt wird. ²Die jeweiligen Teilbeträge werden auch gezahlt, wenn eine Beschäftigte wegen der Beschäftigungsverbote nach § 3 Abs. 2 und § 6 Abs. 1 des Mutterschutzgesetzes in dem jeweiligen Fälligkeitsmonat keine Bezüge erhalten hat.

(3) ¹Nichtvollbeschäftigte erhalten den jeweiligen Teilbetrag der Einmalzahlung, der dem Verhältnis der mit ihnen vereinbarten durchschnittlichen Arbeitszeit zu der regelmäßigen wöchentlichen Arbeitszeit eines entsprechenden Vollbeschäftigten entspricht. ²Maßgebend sind die jeweiligen Verhältnisse am 1. April bzw. 1. Juli.

(4) Die Einmalzahlungen sind bei der Bemessung sonstiger Leistungen nicht zu berücksichtigen.

(5) ¹Absätze 1 bis 4 gelten für das Jahr 2006 auch für Beschäftigte im Tarifgebiet West, die gemäß § 2 Abs. 1 Buchst. d und e TVöD (Ausschluss von Versorgungsbetrieben, in Nahverkehrsbetrieben und in der Wasserwirtschaft in Nordrhein-Westfalen) vom Geltungsbereich des TVöD ausgenommen sind und wenn auf sie nicht der TV-V, TV-WW/NW oder ein TV-N Anwendung findet. ²Gleiches gilt für das Jahr 2007 nur dann, wenn der Arbeitgeber die Anwendung des TV-V, TV-WW/NW bzw. TV-N ablehnt.

§ 22 Sonderregelungen für Beschäftigte im bisherigen Geltungsbereich der SR 2 a, SR 2 b und SR 2 c zum BAT/BAT-O. (1) Im bisherigen Geltungsbereich der SR 2a, 2b und 2c BAT/BAT-O gilt für Beschäftigte gemäß § 1 Abs. 1 und 2 folgendes:

1. ¹Die Regelungen der §§ 45 bis 47 BT-K treten am 1. Januar 2006 in Kraft. ²Bis zum In-Kraft-Treten dieser Regelungen gelten die für Bereitschaftsdienst und Rufbereitschaft einschlägigen tarifvertraglichen Regelungen des BAT/BAT-O abweichend von § 2 fort.

TVÜ-VKA §§ 23, 24

Tarifvertrag zur Überleitung (VKA)

2. Aufgrund einer Betriebs- oder Dienstvereinbarung können bereits vor dem 1. Januar 2006 die Regelungen der §§ 45 bis 47 BT-K angewendet werden.
3. Abweichend von Nr. 1 tritt § 45 Abs. 7 BT-K für die von § 1 Abs. 1 erfassten Beschäftigten erst zum 1. Juli 2006 in Kraft, sofern dessen Anwendung zu Veränderungen führt.

(2) Nr. 7 SR 2a BAT/BAT-O gilt im bisherigen Geltungsbereich bis zum In-Kraft-Treten einer Neuregelung fort.

(3) Nr. 5 SR 2c BAT/BAT-O gilt für übergeleitete Ärztinnen und Ärzte bis zu einer arbeitsvertraglichen Neuregelung deren Nebentätigkeit fort.

(4) Bestehende Regelungen zur Anrechnung von Wege- und Umkleidezeiten auf die Arbeitszeit bleiben durch das In-Kraft-Treten des TVöD unberührt.

§ 23 Erschwerniszuschläge, Schichtzulagen. (1) [1] Bis zur Regelung in einem landesbezirklichen Tarifvertrag gelten für die von § 1 Abs. 1 und 2 erfassten Beschäftigten im jeweiligen bisherigen Geltungsbereich
- die jeweils geltenden bezirklichen Regelungen zu Erschwerniszuschlägen gemäß § 23 Abs. 3 BMT-G,
- der Tarifvertrag zu § 23 Abs. 3 BMT-G-O vom 14. Mai 1991,
- der Tarifvertrag über die Gewährung von Zulagen gemäß § 33 Abs. 1 Buchst. c BAT vom 11. Januar 1962 und
- der Tarifvertrag über die Gewährung von Zulagen gemäß § 33 Abs. 1 Buchst. c BAT-O

fort. [2] Sind die Tarifverhandlungen nach Satz 1 nicht bis zum 31. Dezember 2007 abgeschlossen, gelten die landesbezirklichen Tarifverträge ab 1. Januar 2008 mit der Maßgabe fort, dass die Grenzen und die Bemessungsgrundlagen des § 19 Abs. 4 TVöD zu beachten sind.

(2) [1] Bis zum In-Kraft-Treten der Entgeltordnung gelten für Beschäftigte gemäß § 1 Abs. 1, auf die bis zum 30. September 2005 der Tarifvertrag betreffend Wechselschicht- und Schichtzulagen für Angestellte vom 1. Juli 1981, der Tarifvertrag betreffend Wechselschicht- und Schichtzulagen für Angestellte (TV Schichtzulagen Ang-O) vom 8. Mai 1991, der Tarifvertrag zu § 24 BMT-G (Schichtlohnzuschlag) vom 1. Juli 1981 oder der Tarifvertrag zu § 24 Abs. 4 Unterabs. 1 BMT-G-O (TV Schichtlohnzuschlag Arb-O) vom 8. Mai 1991 Anwendung gefunden hat, diese Tarifverträge einschließlich der bis zum 30. September 2005 zu ihrer Anwendung maßgebenden Begriffsbestimmungen des BAT/BAT-O/BMT-G/BMT-G-O weiter. [2] Für alle übrigen Beschäftigten gelten bis zum In-Kraft-Treten der Entgeltordnung die Regelungen des § 8 Abs. 5 und 6 in Verbindung mit § 7 Abs. 1 und 2 TVöD. [3] Satz 1 gilt nicht für § 4 Nrn. 2, 3, 8 und 10 des Tarifvertrages zu § 24 BMT-G (Schichtlohnzuschlag) vom 1. Juli 1981; insoweit findet § 2 Abs. 2 Anwendung.

Niederschriftserklärung zu § 23 Abs. 2 TVÜ-VKA

[1] Die Höhe der aufgrund der weiter anzuwendenden Tarifverträgen zustehenden Zulagen und Zuschläge bemisst sich nach dem Betrag, der zu zahlen gewesen wäre, wenn diese bereits am 30. September 2005 zugestanden hätten. [2] Die Weitergeltung der genannten Tarifverträge lässt den Anspruch auf Zusatzurlaub nach § 27 TVöD unberührt. [3] Anstelle der Zulagen nach § 8 Abs. 5 Satz 1 und Abs. 6 Satz 1 TVöD treten die nach den weiter anzuwendenden Tarifverträgen zustehenden Zulagen und Zuschläge.

§ 24 Bereitschaftszeiten. [1] Die landesbezirklich für Hausmeister und Beschäftigtengruppen mit Bereitschaftszeiten innerhalb ihrer regelmäßigen Arbeitszeit getrof-

fenen Tarifverträge und Tarifregelungen sowie Nr. 3 SR 2r BAT-O gelten fort.
²Dem Anhang zu § 9 TVöD widersprechende Regelungen zur Arbeitszeit sind bis zum 31. Dezember 2005 entsprechend anzupassen.

§ 25 Übergangsregelung zur Zusatzversorgungspflicht der Feuerwehrzulage. ¹Abweichend von der allgemeinen Regelung, dass die Feuerwehrzulage für Beschäftigte im feuerwehrtechnischen Dienst nicht zusatzversorgungspflichtig ist, ist diese Zulage bei Beschäftigten, die eine Zulage nach Nr. 2 Abs. 2 SR 2x BAT/BAT-O bereits vor dem 1. Januar 1999 erhalten haben und bis zum 30. September 2005 nach Vergütungsgruppen X bis V a/b eingruppiert waren (§ 4 Abs. 1 Satz 1 i. V. m. der Anlage 1), zusatzversorgungspflichtiges Entgelt nach Ablauf des Kalendermonats, in dem sie sieben Jahre lang bezogen worden ist, längstens jedoch bis zum 31. Dezember 2007. ²Auf die Mindestzeit werden auch solche Zeiträume angerechnet, während derer die Feuerwehrzulage nur wegen Ablaufs der Krankenbezugsfristen nicht zugestanden hat. ³Sätze 1 und 2 gelten nicht, wenn der Beschäftigte bis zum 31. Dezember 2007 bei Fortgeltung des BAT/BAT-O oberhalb der Vergütungsgruppe V a/b eingruppiert wäre.

§ 26 Angestellte als Lehrkräfte an Musikschulen. Für die bis zum 30. September 2005 unter den Geltungsbereich der Nr. 1 SR 2 I II BAT fallenden Angestellten, die am 28. Februar 1987 in einem Arbeitsverhältnis standen, das am 1. März 1987 zu demselben Arbeitgeber bis zum 30. September 2005 fortbestanden hat, wird eine günstigere einzelarbeitsvertragliche Regelung zur Arbeitszeit durch das In-Kraft-Treten des TVöD nicht berührt.

§ 27 Angestellte im Bibliotheksdienst. Regelungen gemäß Nr. 2 SR 2m BAT/BAT-O bleiben durch das In-Kraft-Treten des TVöD unberührt.

§ 28 Abrechnung unständiger Bezügebestandteile. Bezüge im Sinne des § 36 Abs. 1 Unterabs. 2 BAT/BAT-O/BAT-Ostdeutsche Sparkassen, § 26a Abs. 1 Unterabs. 2 BMT-G/BMG-O für Arbeitsleistungen bis zum 30. September 2005 werden nach den bis dahin jeweils geltenden Regelungen abgerechnet, als ob das Arbeitsverhältnis mit Ablauf des 30. September 2005 beendet worden wäre.

5. Abschnitt. Besondere Regelungen für einzelne Mitgliedverbände der VKA

§ 29 Tarifgebiet Ost. Mit In-Kraft-Treten dieses Tarifvertrages bleiben
– § 3 Abs. 1 Satz 2 des Vergütungstarifvertrages Nr. 7 zum BAT-O für den Bereich der VKA,
– § 3 Abs. 1 Satz 2 des Vergütungstarifvertrages Nr. 7 zum BAT-Ostdeutsche Sparkassen
– § 3 Abs. 1 Satz 2 des Monatslohntarifvertrages Nr. 7 zum BMT-G-O
– § 3 Abs. 1 Satz 2 des Monatslohntarifvertrages Nr. 6 für die Arbeiter der ostdeutschen Sparkassen
unberührt.

§ 30 KAV Berlin. (1) Auf Beschäftigte, die unter den Geltungsbereich des § 2 Abs. 1 bis 6 und 8 des Tarifvertrages über die Geltung des VKA-Tarifrechts für die Angestellten und angestelltenversicherungspflichtigen Auszubildenden der Mitglieder des Kommunalen Arbeitgeberverbandes Berlin (KAV Berlin) – Überleitungs-TV KAV Berlin – vom 9. Dezember 1999 in der jeweils geltenden Fassung fallen

TVÜ-VKA § 30 Tarifvertrag zur Überleitung (VKA)

und auf deren Arbeitsverhältnis § 27 Abschnitt A BAT/BAT-O in der für den Bund und die Tarifgemeinschaft deutscher Länder geltenden Fassung sowie der Vergütungstarifvertrag für den Bereich des Bundes und der Länder Anwendung findet, findet der TVöD und dieser Tarifvertrag Anwendung, soweit nachfolgend nichts Besonderes bestimmt ist.

(2) [1] Auf überzuleitende Beschäftigte aus dem Geltungsbereich des BAT/BAT-O finden anstelle der §§ 4 bis 6, §§ 12, 17 und 19 Abs. 2 und 3 sowie der Anlagen 1 bis 3 dieses Tarifvertrages die §§ 4 bis 6, §§ 12, 17 und 19 Abs. 2 und 3 sowie die Anlagen 2 bis 4 des Tarifvertrag zur Überleitung der Beschäftigten des Bundes in den TVöD und zur Regelung des Übergangsrechts (TVÜ-Bund) vom 13. September 2005 Anwendung. [2] Abweichend von Anlage 2 TVÜ-Bund und von § 16 (VKA) TVöD wird ab Entgeltgruppe 9 die Stufe 6 wie folgt erreicht:
a) Stufe 5a nach fünf Jahren in Stufe 5,
b) Stufe 6 nach fünf Jahren in Stufe 5a, frühestens ab 1. Oktober 2015.
[3] Die Entgeltgruppe 15 Ü wird um die Stufe 6 mit einem Tabellenwert in Höhe von 5625 Euro erweitert. [4] Die Entgeltstufe 5a entspricht dem Tabellenwert der Stufe 5 zuzüglich des halben Differenzbetrages zwischen den Stufen 5 und 6, kaufmännisch auf volle Eurobeträge gerundet. [5] Mit Erreichen der Stufe 5a entfällt ein etwaiger Strukturausgleich. [6] Mit Erreichen der Stufe 6 findet uneingeschränkt das VKA-Tarifrecht Anwendung.

Niederschriftserklärung zu § 30 Abs. 2
Der Tabellenwert von 5625 Euro verändert sich zu demselben Zeitpunkt und in derselben Höhe wie der Tabellenwert der Stufe 6 der Entgeltgruppe 15 Ü gemäß § 19 Abs. 2.

(3) [1] Beschäftigte gem. § 38 Abs. 5 TVöD, für die die Tarifregelungen des Tarifgebiets West Anwendung finden, erhalten für das Kalenderjahr 2005 eine Einmalzahlung in Höhe von 100 , zahlbar mit dem Oktoberentgelt (31. Oktober 2005). [2] Der Tarifvertrag über eine Einmalzahlung im Jahr 2005 für den Bereich der VKA – Tarifbereich West – vom 9. Februar 2005 gilt entsprechend. [3] Für die Jahre 2006 und 2007 gilt § 21 dieses Tarifvertrages. [4] Beschäftigte, auf die die Tarifregelungen des Tarifgebiets Ost Anwendung finden, erhalten keine Einmalzahlung.

Niederschriftserklärung zu § 30 Abs. 3 Satz 4
[1] Der KAV Berlin erhebt keine Einwendungen, wenn eine Einmalzahlung in dem vereinbarten Umfang gewährt wird. [2] Dies gilt auch hinsichtlich der Mitglieder, die auf die Angestellten die Vergütungstabelle der VKA anwenden.

Niederschriftserklärung zu § 30 Abs. 3
[1] Die Tarifvertragsparteien gehen davon aus, dass die Einmalzahlungen 2005 bis 2007 im Rahmen der ZTV–Verhandlungen für die Berliner Stadtreinigungsbetriebe auf landesbezirklicher Ebene geregelt werden. [2] Kommt eine Einigung mindestens für 2005 nicht bis zum 30. November 2005 zustande, wird die Zahlung des Einmalbetrages durch die Tarifvertragsparteien auf Bundesebene verhandelt.

(4) Für Beschäftigte der Gemeinnützige Siedlungs- und Wohnungsbaugesellschaft Berlin mbH gilt bis zum 31. Dezember 2007 das bis zum 30. September 2005 geltende Tarifrecht weiter, wenn nicht vorher ein neuer Tarifvertrag zu Stande kommt.

(5) Der Tarifvertrag über die Fortgeltung des TdL-Tarifrechts für die Angestellten und angestelltenrentenversicherungspflichtigen Auszubildenden der NET-GE Kliniken Berlin GmbH (jetzt Vivantes Netzwerk für Gesundheit GmbH) vom 17. Januar 2001 gilt uneingeschränkt fort; die vorstehenden Absätze 1 bis 4 gelten nicht.

Tarifvertrag zur Überleitung (VKA) **§ 31 TVÜ-VKA**

Niederschriftserklärung zu § 30 Abs. 5
 Die Entscheidung, ob und in welcher Höhe Arbeitern, auf die die Tarifregelungen des Tarifgebiets Ost Anwendung finden, eine Einmalzahlung erhalten, bleibt den Tarifvertragsparteien auf landesbezirklicher Ebene vorbehalten.

Niederschriftserklärung zu § 30
 Von den Tarifvertragsparteien auf der landesbezirklichen Ebene ist in Tarifverhandlungen über Hilfestellungen einzutreten, wenn die Überführung der Beschäftigten in die VKA-Entgelttabelle bei einzelnen Mitgliedern des KAV Berlin ab 1. Oktober 2010 zu finanziellen Problemen führt.

§ 31 KAV Bremen. (1) Der Tarifvertrag über die Geltung des VKA-Tarifrechts für die Beschäftigten der Mitglieder des KAV Bremen vom 17. Februar 1995 bleibt durch das In-Kraft-Treten des TVöD und dieses Tarifvertrages unberührt und gilt uneingeschränkt fort.

(2) Der Tarifvertrag über die Geltung des VKA-Tarifrechts für die Arbeiter und die arbeiterrentenversicherungspflichtigen Auszubildenden des Landes und der Stadtgemeinde Bremen sowie der Stadt Bremerhaven (Überleitungs-TV Bremen) vom 17. Februar 1995 in der Fassung des Änderungstarifvertrages Nr. 8 vom 31. Januar 2003 gilt mit folgenden Maßgaben weiter:

1. Der TVöD und dieser Tarifvertrag treten an die Stelle der in § 2 Abs. 2 vereinbarten Geltung des BMT-G II.
2. § 2 Abs. 3 treten mit Wirkung vom 1. Oktober 2005 außer Kraft.
3. In § 2 Abs. 4 bis 7 und 9 wird die Bezugnahme auf den BMT-G II ersetzt durch die Bezugnahme auf den TVöD.
4. In den Anlagen 3 bis 6 wird die Bezugnahme auf den BMT-G II ersetzt durch die inhaltliche Bezugnahme auf die entsprechenden Regelungen des TVöD. Diese Anlagen sind bis zum 31. Dezember 2006 an den TVöD und diesen Tarifvertrag anzupassen.

(3) In Ergänzung der Anlagen 1 und 3 dieses Tarifvertrages werden der Entgeltgruppe 3 ferner folgende für den Bereich des KAV Bremen nach dem Rahmentarifvertrag zu § 20 Abs. 1 BMT-G II vorgesehene und im bremischen Lohngruppenverzeichnis vom 17. Februar 1995 vereinbarte Lohngruppen zugeordnet:
– Lgr. 2 mit Aufstieg nach 2a und 3
– Lgr. 2a mit Aufstieg nach 3 und 3a
– Lgr. 2a mit Aufstieg nach 3

(4) Der Tarifvertrag über die Geltung des VKA-Tarifrechts für die Angestellten und Arbeiter und die angestellten- und arbeiterrentenversicherungspflichtigen Auszubildenden der Entsorgung Nord GmbH Bremen, der Abfallbehandlung Nord GmbH Bremen, der Schadstoffentsorgung Nord GmbH Bremen, der Kompostierung Nord GmbH Bremen sowie der Abwasser Bremen GmbH vom 5. Juni 1998 gilt mit folgender Maßgabe fort:
 Der TVöD und dieser Tarifvertrag treten mit folgenden Maßgaben an die Stelle der in § 2 Abs. 2 und 3 vereinbarten Geltung des BAT und BMT-G II:

1. Zu § 17 dieses Tarifvertrages: § 25 BAT findet keine Anwendung.
2. Eine nach § 2 Abs. 2 Nr. 3 Buchst. a bzw. Buchst. b des Tarifvertrages vom 5. Juni 1998 im September 2005 gezahlte Besitzstandszulage fließt in das Vergleichsentgelt gemäß § 5 Abs. 2 dieses Tarifvertrages ein.
3. Übergeleitete Beschäftigte, die am 1. Oktober 2005 bei Fortgeltung des bisherigen Tarifrechts gemäß § 2 Abs. 2 Nr. 3 Buchst. b des Tarifvertrages vom 5. Juni 1998 die für die Zahlung einer persönlichen Zulage erforderliche Zeit der Be-

währung zur Hälfte erfüllt haben, erhalten zum Zeitpunkt, zu dem sie nach bisherigem Recht die persönliche Zulage erhalten würden, in ihrer Entgeltgruppe Entgelt nach derjenigen individuellen Zwischenstufe, Stufe bzw. Endstufe, die sich ergeben hätte, wenn in das Vergleichsentgelt (§ 5 Abs. 2) die persönliche Zulage eingerechnet worden wäre. § 8 Abs. 2 Sätze 2 bis 5 sowie Absatz 3 gelten entsprechend.

4. Gegenüber den zum Zeitpunkt der Rechtsformänderung (Betriebsübergang) der Bremer Entsorgungsbetriebe auf die Gesellschaften übergegangenen und unbefristet beschäftigten kündbaren Beschäftigten sind betriebsbedingte Kündigungen ausgeschlossen.

§ 32 AV Hamburg. (1) Der als Protokollerklärung bezeichnete Tarifvertrag aus Anlass des Beitritts der Arbeitsrechtlichen Vereinigung Hamburg e. V. (AV Hamburg) zur Vereinigung der kommunalen Arbeitgeberverbände (VKA) am 1. Juli 1955 vom 5. August 1955 bleibt durch das In-Kraft-Treten des TVöD und dieses Tarifvertrages unberührt und gilt uneingeschränkt fort.

(2) ¹Auf überzuleitende Beschäftigte aus dem Geltungsbereich des BAT finden anstelle der §§ 4 bis 6, §§ 12, 17 und 19 Abs. 2 und 3 sowie der Anlagen 1 bis 3 dieses Tarifvertrages die §§ 4 bis 6, §§ 12, 17 und 19 Abs. 2 und 3 sowie die Anlagen 2 bis 4 des Tarifvertrag zur Überleitung der Beschäftigten des Bundes in den TVöD und zur Regelung des Übergangsrechts (TVÜ-Bund) vom 13. September 2005 Anwendung. ²Abweichend von Anlage 2 TVÜ-Bund und von § 16 (VKA) TVöD wird ab Entgeltgruppe 9 die Stufe 6 wie folgt erreicht:

a) Stufe 5a nach 5 Jahren in Stufe 5,
b) Stufe 6 nach 5 Jahren in Stufen 5a, frühestens ab 1. Oktober 2015.

³Die Entgeltgruppe 15 Ü wird um die Stufe 6 mit einem Tabellenwert in Höhe von 5625 Euro erweitert. ⁴Die Entgeltstufe 5a entspricht dem Tabellenwert der Stufe 5 zuzüglich des halben Differenzbetrages zwischen den Stufen 5 und 6, kaufmännisch auf volle Eurobeträge gerundet. ⁵Mit Erreichen der Stufe 5a entfällt ein etwaiger Strukturausgleich. ⁶Mit Erreichen der Stufe 6 findet uneingeschränkt das VKA-Tarifrecht Anwendung.

Niederschriftserklärung zu Absatz 2:
Der Tabellenwert von 5625 Euro verändert sich zu demselben Zeitpunkt und in derselben Höhe wie der Tabellenwert der Stufe 6 der Entgeltgruppe 15 Ü gemäß § 19 Abs. 2.

(3) In Ergänzung der Anlagen 1 und 3 dieses Tarifvertrages werden der Entgeltgruppe 3 ferner folgende für die Flughafen Hamburg GmbH nach dem Tarifvertrag über die Einreihung der Arbeiter der Flughafen Hamburg GmbH in die Lohngruppen und über die Gewährung von Erschwerniszuschlägen (§ 23 BMT-G) vereinbarte Lohngruppen zugeordnet:
– Lgr. 2 mit Aufstieg nach 2a und 3
– Lgr. 2a mit Aufstieg nach 3 und 3a
– Lgr. 2a mit Aufstieg nach 3

§ 33 Gemeinsame Regelung. (1) ¹Soweit in (landes-)bezirklichen Lohngruppenverzeichnissen bei den Aufstiegen andere Verweildauern als drei Jahre bzw. – für die Eingruppierung in eine a-Gruppe – als vier Jahre vereinbart sind, haben die landesbezirklichen Tarifvertragsparteien die Zuordnung der Lohngruppen zu den Entgeltgruppen gemäß Anlagen 1 und 3 nach den zu Grunde liegenden Grundsätzen bis zum 31. Dezember 2005 vorzunehmen. ²Für Beschäftigte, die dem Gehaltstarifvertrag für Angestellte in Versorgungs- und Verkehrsbetrieben im Lande Hessen (HGTAV) unterfallen, werden die landesbezirklichen Tarifvertragsparteien über die Fortgeltung des HGTAV bzw. dessen Anpassung an den TVöD spätestens bis zum 30. Juni 2006 eine Regelung vereinbaren. ³ Soweit besondere Lohngruppen vereinbart sind, hat eine entsprechende Zuordnung zu den Entgeltgruppen landesbezirklich zu erfolgen. ⁴ Am 1. Oktober 2005 erfolgt in den Fällen der Sätze 1 bis 3 die Fortzahlung der bisherigen Bezüge als zu verrechnender Abschlag auf das Entgelt, das den Beschäftigten nach der Überleitung zusteht.

(2) ¹ Soweit auf das Arbeitsverhältnis von aus dem Geltungsbereich des BAT/BAT-O/BAT-Ostdeutsche Sparkassen überzuleitende Beschäftigten bei sonstigen Arbeitgebern von Mitgliedern der Mitgliedverbände der VKA nach § 27 Abschn. A BAT/BAT-O in der für den Bund und die Tarifgemeinschaft deutscher Länder geltenden Fassung sowie der Vergütungstarifvertrag für den Bereich des Bundes und der Länder Anwendung finden, haben die landesbezirklichen Tarifvertragsparteien die für die Überleitung notwendigen Regelungen zu vereinbaren. ² Am 1. Oktober 2005 erfolgt die Fortzahlung der bisherigen Bezüge als zu verrechnender Abschlag auf das Entgelt, das diesen Beschäftigten nach der Überleitung zusteht. ³ Kommt auf landesbezirklicher Ebene bis zum 31. Dezember 2005 – ggf. nach einer einvernehmlichen Verlängerung – keine tarifliche Regelung zustande, treffen die Tarifvertragsparteien dieses Tarifvertrages die notwendigen Regelungen.

6. Abschnitt. Übergangs- und Schlussvorschriften

§ 34 In-Kraft-Treten, Laufzeit. (1) Dieser Tarifvertrag tritt am 1. Oktober 2005 in Kraft.

Niederschriftserklärung zu Absatz 1:
¹ Im Hinblick auf die notwendigen personalwirtschaftlichen, organisatorischen und technischen Vorarbeiten für die Überleitung der vorhandenen Beschäftigten in den TVöD sehen die Tarifvertragsparteien die Problematik einer fristgerechten Umsetzung der neuen Tarifregelungen zum 1. Oktober 2005. ² Sie bitten die Personal verwaltenden und Bezüge zahlenden Stellen, im Interesse der Beschäftigten gleichwohl eine zeitnahe Überleitung zu ermöglichen und die Zwischenzeit mit zu verrechnenden Abschlagszahlungen zu überbrücken.

(2) ¹ Der Tarifvertrag kann ohne Einhaltung einer Frist jederzeit schriftlich gekündigt werden, frühestens zum 31. Dezember 2007. ² Die §§ 17 bis 19 einschließlich Anlagen können ohne Einhaltung einer Frist, jedoch nur insgesamt, schriftlich gekündigt werden, frühestens zum 31. Dezember 2007; die Nachwirkung dieser Vorschriften wird ausgeschlossen.

Anlage 1

Zuordnung der Vergütungs- und Lohngruppen zu den Entgeltgruppen für am 30. September/1. Oktober 2005 vorhandene Beschäftigte für die Überleitung (VKA)

Entgeltgruppe	Vergütungsgruppe	Lohngruppe
15 Ü	I	–
15	I a I a nach Aufstieg aus I b I b mit ausstehendem Aufstieg nach I a (keine Stufe 6)	–

TVÜ-VKA Anl. 1

Tarifvertrag zur Überleitung (VKA)

Entgeltgruppe	Vergütungsgruppe	Lohngruppe
14	I b ohne Aufstieg nach I a I b nach Aufstieg aus II II mit ausstehendem Aufstieg nach I b	–
13	II ohne Aufstieg nach I b	–
12	II nach Aufstieg aus III III mit ausstehendem Aufstieg nach II	–
11	III ohne Aufstieg nach II III nach Aufstieg aus IV a IV a mit ausstehendem Aufstieg nach III	–
10	IV a ohne Aufstieg nach III IV a nach Aufstieg aus IV b IV b mit ausstehendem Aufstieg nach IV a V b in den ersten sechs Monaten der Berufsausübung, wenn danach IV b mit Aufstieg nach IV a (Zuordnung zur Stufe 1)	–
9	IV b ohne Aufstieg nach IV a IV b nach Aufstieg aus V b V b mit ausstehendem Aufstieg nach IV b V b ohne Aufstieg nach IV b (Stufe 5 nach 9 Jahren in Stufe 4, keine Stufe 6) V b nach Aufstieg aus V c (Stufe 5 nach 9 Jahren in Stufe 4, keine Stufe 6 V b nach Aufstieg aus VI b (nur Lehrkräfte) (Stufe 5 nach 9 Jahren in Stufe 4, keine Stufe 6)	9 (Stufe 4 nach 7 Jahren in Stufe 3, keine Stufen 5 und 6)
8	V c mit ausstehendem Aufstieg nach V b V c ohne Aufstieg nach V b V c nach Aufstieg aus VI b	8 a 8 mit ausstehendem Aufstieg nach 8 a 8 nach Aufstieg aus 7 7 mit ausstehendem Aufstieg nach 8 und 8 a
7	–	7 a 7 mit ausstehendem Aufstieg nach 7 a
		7 nach Aufstieg aus 6 6 mit ausstehendem Aufstieg nach 7 und 7 a
6	VI b mit ausstehendem Aufstieg nach V b (nur Lehrkräfte) VI b mit ausstehendem Aufstieg nach V c VI b ohne Aufstieg nach V c VI b nach Aufstieg aus VII	6 a 6 mit ausstehendem Aufstieg nach 6 a 6 nach Aufstieg aus 5 5 mit ausstehendem Aufstieg nach 6 und 6 a
5	VII mit ausstehendem Aufstieg nach VI b VII ohne Aufstieg nach VI b VII nach Aufstieg aus VIII	5 a 5 mit ausstehendem Aufstieg nach 5 a 5 nach Aufstieg aus 4 4 mit ausstehendem Aufstieg nach 5 und 5 a
4	–	4 a 4 mit ausstehendem Aufstieg nach 4 a 4 nach Aufstieg aus 3 3 mit ausstehendem Aufstieg nach 4 und 4 a

Entgelt-gruppe	Vergütungsgruppe	Lohngruppe
3	VIII nach Aufstieg aus IX a VIII mit ausstehendem Aufstieg nach VII VIII ohne Aufstieg nach VII	3a 3 mit ausstehendem Aufstieg nach 3a 3 nach Aufstieg aus 2 2 mit ausstehendem Aufstieg nach 3 und 3a
2 Ü	–	2a 2 mit ausstehendem Aufstieg nach 2a 2 nach Aufstieg aus 1 1 mit ausstehendem Aufstieg nach 2 und 2a
2	IX a IX mit ausstehendem Aufstieg nach IX a oder VIII IX nach Aufstieg aus X (keine Stufe 6) X (keine Stufe 6)	1a (keine Stufe 6) 1 mit ausstehendem Aufstieg nach 1a (keine Stufe 6)
1	–	–

Anlage 2

Strukturausgleiche für Angestellte (VKA)

Angestellte, deren Ortszuschlag sich nach § 29 Abschnitt B Abs. 5 BAT/BAT-O/BAT-Ostdeutsche Sparkassen bemisst, erhalten den entsprechenden Anteil, in jedem Fall aber die Hälfte des Strukturausgleichs für Verheiratete.

Soweit nicht anders ausgewiesen, beginnt die Zahlung des Strukturausgleichs am 1. Oktober 2007. Die Angabe „nach ... Jahren" bedeutet, dass die Zahlung nach den genannten Jahren ab dem In-Kraft-Treten des TVöD beginnt; so wird z. B. bei dem Merkmal „nach 4 Jahren" der Zahlungsbeginn auf den 1. Oktober 2009 festgelegt, wobei die Auszahlung eines Strukturausgleichs mit den jeweiligen Monatsbezügen erfolgt. Die Dauer der Zahlung ist ebenfalls angegeben; dabei bedeutet „dauerhaft" die Zahlung während der Zeit des Arbeitsverhältnisses.

Ist die Zahlung „für" eine bestimmte Zahl von Jahren angegeben, ist der Bezug auf diesen Zeitraum begrenzt (z. B. „für 5 Jahre" bedeutet Beginn der Zahlung im Oktober 2007 und Ende der Zahlung mit Ablauf September 2012). Eine Ausnahme besteht dann, wenn das Ende des Zahlungszeitraumes nicht mit einem Stufenaufstieg in der jeweiligen Entgeltgruppe zeitlich zusammenfällt; in diesen Fällen wird der Strukturausgleich bis zum nächsten Stufenaufstieg fortgezahlt. Diese Ausnahmeregelung gilt nicht, wenn der Stufenaufstieg in die Endstufe erfolgt; in diesen Fällen bleibt es bei der festgelegten Dauer.

Betrifft die Zahlung eines Strukturausgleichs eine Vergütungsgruppe (Fallgruppe) mit Bewährungs- bzw. Zeitaufstieg, wird dies ebenfalls angegeben. Soweit keine Aufstiegszeiten angegeben sind, gelten die Ausgleichsbeträge für alle Aufstiege.

TVÜ-VKA Anl. 2

Tarifvertrag zur Überleitung (VKA)

I. Angestellte, die aus der Anlage 1a zum BAT/BAT-O/BAT-Ostdeutsche Sparkassen übergeleitet werden.

EG	Vergütungsgruppe	Ortszuschlag Stufe 1/2	Überleitung aus Stufe	nach	für	Betrag Tarifgebiet West	Betrag Tarifgebiet Ost
15 Ü	I	OZ 1	9	2 Jahren	5 Jahre	130,– €	126,– €
	I	OZ 2	8	2 Jahren	dauerhaft	50,– €	48,– €
	I	OZ 2	10	2 Jahren	dauerhaft	50,– €	48,– €
	I	OZ 2	11	2 Jahren	dauerhaft	50,– €	48,– €
15	Ia	OZ 1	6	2 Jahren	4 Jahre	60,– €	58,– €
	Ia	OZ 1	8	4 Jahren	dauerhaft	30,– €	29,– €
	Ia	OZ 1	9	2 Jahren	für 5 Jahre danach	90,– € 30,– €	87,– € 29,– €
	Ia	OZ 1	10	4 Jahren	dauerhaft	30,– €	29,– €
	Ia	OZ 1	11	2 Jahren	dauerhaft	30,– €	29,– €
	Ia	OZ 2	6	2 Jahren	für 4 Jahre danach	110,– € 60,– €	106,– € 58,– €
	Ia	OZ 2	7	4 Jahren	dauerhaft	50,– €	48,– €
	Ia	OZ 2	8	2 Jahren	dauerhaft	80,– €	77,– €
	Ia	OZ 2	9	4 Jahren	dauerhaft	80,– €	77,– €
	Ia	OZ 2	10	2 Jahren	dauerhaft	80,– €	77,– €
14	Ib	OZ 1	5	2 Jahren	4 Jahre	50,– €	48,– €
	Ib	OZ 1	8	2 Jahren	5 Jahre	50,– €	48,– €
	Ib	OZ 2	5	2 Jahren	4 Jahre danach	130,– € 20,– €	126,– € 19,– €
	Ib	OZ 2	7	2 Jahren	5 Jahre danach	90,– € 40,– €	87,– € 38,– €
	Ib	OZ 2	8	2 Jahren	5 Jahre danach	110,– € 40,– €	106,– € 38,– €
	Ib	OZ 2	9	2 Jahren	dauerhaft	30,– €	29,– €
14	II/5 J. Ib	OZ 1	4	1 Jahr	8 Jahre	110,– €	106,– €
	II/5 J. Ib	OZ 1	5	2 Jahren	4 Jahre	50,– €	48,– €
	II/5 J. Ib	OZ 1	8	2 Jahren	5 Jahre	50,– €	48,– €
	II/5 J. Ib	OZ 2	4	2 Jahren	5 Jahre	90,– €	87,– €
	II/5 J. Ib	OZ 2	5	2 Jahren	4 Jahre danach	130,– € 20,– €	126,– € 19,– €
	II/5 J. Ib	OZ 2	7	4 Jahren	3 Jahre danach	90,– € 40,– €	87,– € 38,– €
	II/5 J. Ib	OZ 2	8	2 Jahren	5 Jahre danach	110,– € 40,– €	106,– € 38,– €
	II/5 J. Ib	OZ 2	9	2 Jahren	dauerhaft	30,– €	29,– €

Tarifvertrag zur Überleitung (VKA) **Anl. 2 TVÜ-VKA**

EG	Vergütungs-gruppe	Ortszu-schlag Stufe 1/2	Überlei-tung aus Stufe	nach	für	Betrag Tarifge-biet West	Betrag Tarifge-biet Ost
14	II/6 J. I b	OZ 1	4	2 Jahren	7 Jahre	110,– €	106,– €
	II/6 J. I b	OZ 1	5	2 Jahren	4 Jahre	50,– €	48,– €
	II/6 J. I b	OZ 1	8	2 Jahren	5 Jahre	50,– €	48,– €
	II/6 J. I b	OZ 2	4	2 Jahren	5 Jahre	90,– €	87,– €
	II/6 J. I b	OZ 2	5	2 Jahren	4 Jahre danach	130,– € 20,– €	126,– € 19,– €
	II/6 J. I b	OZ 2	7	4 Jahren	3 Jahre danach	90,– € 40,– €	87,– € 38,– €
	II/6 J. I b	OZ 2	8	2 Jahren	5 Jahre danach	110,– € 40,– €	106,– € 38,– €
	II/6 J. I b	OZ 2	9	2 Jahren	dauerhaft	30,– €	29,– €
13	II	OZ 1	9	2 Jahren	5 Jahre	50,– €	48,– €
	II	OZ 2	8	2 Jahren	5 Jahre	80,– €	77,– €
12	III/5 J. II	OZ 1	5	2 Jahren	4 Jahre	90,– €	87,– €
	III/5 J. II	OZ 1	8	2 Jahren	5 Jahre	80,– €	77,– €
	III/5 J. II	OZ 2	4 (aus III)	1 Jahr	2 Jahre	110,– €	106,– €
	III/5 J. II	OZ 2	4 (aus II)	2 Jahren	4 Jahre	90,– €	87,– €
	III/5 J. II	OZ 2	6	4 Jahren	dauerhaft	30,– €	29,– €
	III/5 J. II	OZ 2	7	4 Jahren	dauerhaft	60,– €	58,– €
	III/5 J. II	OZ 2	8	4 Jahren	dauerhaft	50,– €	48,– €
	III/5 J. II	OZ 2	9	2 Jahren	dauerhaft	50,– €	48,– €
	III/5 J. II	OZ 2	10	2 Jahren	dauerhaft	30,– €	29,– €
12	III/6 J. II	OZ 1	5	2 Jahren	4 Jahre	90,– €	87,– €
	III/6 J. II	OZ 1	8	2 Jahren	5 Jahre	70,– €	67,– €
	III/6 J. II	OZ 2	4 (aus III)	2 Jahren	5 Jahre	70,– €	67,– €
	III/6 J. II	OZ 2	4 (aus II)	2 Jahren	für 4 Jahre	90,– €	87,– €
	III/6 J. II	OZ 2	6	4 Jahren	dauerhaft	30,– €	29,– €
	III/6 J. II	OZ 2	7	4 Jahren	dauerhaft	60,– €	58,– €
	III/6 J. II	OZ 2	8	4 Jahren	dauerhaft	50,– €	48,– €
	III/6 J. II	OZ 2	9	2 Jahren	dauerhaft	50,– €	48,– €
	III/6 J. II	OZ 2	10	2 Jahren	dauerhaft	30,– €	29,– €
12	III/8 J. II	OZ 1	5 (aus III)	2 Jahren	5 Jahre	70,– €	67,– €
	III/8 J. II	OZ 1	5 (aus II)	2 Jahren	4 Jahre	90,– €	87,– €
	III/8 J. II	OZ 1	8	2 Jahren	5 Jahre	70,– €	67,– €
	III/8 J. II	OZ 2	5 (aus III)	2 Jahren	4 Jahre	130,– €	126,– €
	III/8 J. II	OZ 2	6	4 Jahren	dauerhaft	30,– €	29,– €
	III/8 J. II	OZ 2	7	4 Jahren	dauerhaft	60,– €	58,– €

TVÜ-VKA Anl. 2 Tarifvertrag zur Überleitung (VKA)

EG	Vergütungs-gruppe	Ortszu-schlag Stufe 1/2	Überlei-tung aus Stufe	nach	für	Betrag Tarifge-biet West	Betrag Tarifge-biet Ost
	III/8 J. II	OZ 2	8	4 Jahren	dauerhaft	50,– €	48,– €
	III/8 J. II	OZ 2	9	2 Jahren	dauerhaft	50,– €	48,– €
	III/8 J. II	OZ 2	10	2 Jahren	dauerhaft	30,– €	29,– €
12	III/10 J. II	OZ 1	6 (aus III)	2 Jahren	4 Jahre	90,– €	87,– €
	III/10 J. II	OZ 1	8	2 Jahren	5 Jahre	70,– €	67,– €
	III/10 J. II	OZ 2	6 (aus III)	2 Jahren	4 Jahre danach	110,– € 60,– €	106,– € 58,– €
	III/10 J. II	OZ 2	6 (aus II)	4 Jahren	dauerhaft	30,– €	29,– €
	III/10 J. II	OZ 2	7	4 Jahren	dauerhaft	60,– €	58,– €
	III/10 J. II	OZ 2	8	4 Jahren	dauerhaft	50,– €	48,– €
	III/10 J. II	OZ 2	9	2 Jahren	dauerhaft	50,– €	48,– €
	III/10 J. II	OZ 2	10	2 Jahren	dauerhaft	30,– €	29,– €
11	III	OZ 1	5	2 Jahren	4 Jahre	90,– €	87,– €
	III	OZ 1	9	2 Jahren	5 Jahre	60,– €	58,– €
	III	OZ 2	4	2 Jahren	4 Jahre	90,– €	87,– €
	III	OZ 2	7	4 Jahren	3 Jahre	90,– €	87,– €
	III	OZ 2	8	2 Jahren	5 Jahre	90,– €	87,– €
11	IV a/4 J. III	OZ 1	5	2 Jahren	4 Jahre	90,– €	87,– €
	IV a/4 J. III	OZ 1	9	2 Jahren	5 Jahre	60,– €	58,– €
	IV a/4 J. III	OZ 2	4	2 Jahren	4 Jahre	90,– €	87,– €
	IV a/4 J. III	OZ 2	7	4 Jahren	3 Jahre	90,– €	87,– €
	IV a/4 J. III	OZ 2	8	2 Jahren	5 Jahre	90,– €	87,– €
	IV a/6 J. III	OZ 1	5	2 Jahren	4 Jahre	90,– €	87,– €
	IV a/6 J. III	OZ 1	9	2 Jahren	5 Jahre	60,– €	58,– €
	IV a/6 J. III	OZ 2	4	2 Jahren	4 Jahre	90,– €	87,– €
	IV a/6 J. III	OZ 2	7	4 Jahren	3 Jahre	90,– €	87,– €
	IV a/6 J. III	OZ 2	8	2 Jahren	5 Jahre	100,– €	97,– €
11	IV a/8 J. III	OZ 1	5	2 Jahren	4 Jahre	90,– €	87,– €
	IV a/8 J. III	OZ 1	9	2 Jahren	5 Jahre	60,– €	58,– €
	IV a/8 J. III	OZ 2	5	2 Jahren	9 Jahre	110,– €	106,– €
	IV a/8 J. III	OZ 2	7	4 Jahren	3 Jahre	90,– €	87,– €
	IV a/8 J. III	OZ 2	8	2 Jahren	5 Jahre	90,– €	87,– €
10	IV a	OZ 2	4	2 Jahren	4 Jahre	30,– €	29,– €
	IV a	OZ 2	7	4 Jahren	dauerhaft	25,– €	24,– €
	IV a	OZ 2	8	2 Jahren	5 Jahre danach	50,– € 25,– €	48,– € 24,– €
	IV a	OZ 2	9	2 Jahren	dauerhaft	25,– €	24,– €

Anl. 2 TVÜ-VKA

EG	Vergütungs-gruppe	Ortszu-schlag Stufe 1/2	Überlei-tung aus Stufe	nach	für	Betrag Tarifge-biet West	Betrag Tarifge-biet Ost
10	IV b/2 J. IV a	OZ 2	4	2 Jahren	4 Jahre	30,– €	29,– €
	IV b/2 J. IV a	OZ 2	7	4 Jahren	dauerhaft	25,– €	24,– €
	IV b/2 J. IV a	OZ 2	8	2 Jahren	5 Jahre danach	50,– € 25,– €	48,– € 24,– €
	IV b/2 J. IV a	OZ 2	9	2 Jahren	dauerhaft	25,– €	24,– €
10	IV b/4 J. IV a	OZ 2	4	2 Jahren	4 Jahre	30,– €	29,– €
	IV b/4 J. IV a	OZ 2	7	4 Jahren	dauerhaft	25,– €	24,– €
	IV b/4 J. IV a	OZ 2	8	2 Jahren	5 Jahre danach	50,– € 25,– €	48,– € 24,– €
	IV b/4 J. IV a	OZ 2	9	2 Jahren	dauerhaft	25,– €	24,– €
10	IV b/5 J. IV a	OZ 1	4	1 Jahr	8 Jahre	90,– €	87,– €
	IV b/5 J. IV a	OZ 2	4	1 Jahr	6 Jahre	90,– €	87,– €
	IV b/5 J. IV a	OZ 2	7	4 Jahren	dauerhaft	25,– €	24,– €
	IV b/5 J. IV a	OZ 2	8	2 Jahren	5 Jahre danach	50,– € 25,– €	48,– € 24,– €
	IV b/5 J. IV a	OZ 2	9	2 Jahren	dauerhaft	25,– €	24,– €
10	IV b/6 J. IV a	OZ 1	4	2 Jahren	7 Jahre	90,– €	87,– €
	IV b/6 J. IV a	OZ 2	4	2 Jahren	5 Jahre	90,– €	87,– €
	IV b/6 J. IV a	OZ 2	7	4 Jahren	dauerhaft	25,– €	24,– €
	IV b/6 J. IV a	OZ 2	8	2 Jahren	5 Jahre danach	50,– € 25,– €	48,– € 24,– €
	IV b/6 J. IV a	OZ 2	9	2 Jahren	dauerhaft	25,– €	24,– €
10	IV b/8 J. IV a	OZ 1	4	4 Jahren	5 Jahre	90,– €	87,– €
	IV b/8 J. IV a	OZ 1	5	2 Jahren	7 Jahre	180,– €	174,– €
	IV b/8 J. IV a	OZ 2	5	2 Jahren	5 Jahre danach	115,– € 25,– €	111,– € 24,– €
	IV b/8 J. IV a	OZ 2	7	4 Jahren	dauerhaft	25,– €	24,– €
	IV b/8 J. IV a	OZ 2	8	2 Jahren	5 Jahre danach	50,– € 25,– €	48,– € 24,– €
	IV b/8 J. IV a	OZ 2	9	2 Jahren	dauerhaft	25,– €	24,– €
9	IV b	OZ 1	5	2 Jahren	4 Jahre	50,– €	48,– €
	IV b	OZ 1	8	2 Jahren	5 Jahre	50,– €	48,– €
	IV b	OZ 2	4	2 Jahren	4 Jahre	80,– €	77,– €
	IV b	OZ 2	6	2 Jahren	5 Jahre	25,– €	24,– €
	IV b	OZ 2	7	2 Jahren	5 Jahre	90,– €	87,– €
9	V b/2 J. IV b	OZ 1	5	2 Jahren	4 Jahre	50,– €	48,– €
	V b/2 J. IV b	OZ 1	8	2 Jahren	5 Jahre	50,– €	48,– €
	V b/2 J. IV b	OZ 2	4	2 Jahren	4 Jahre	80,– €	77,– €

TVÜ-VKA Anl. 2

Tarifvertrag zur Überleitung (VKA)

EG	Vergütungs-gruppe	Ortszu-schlag Stufe 1/2	Überlei-tung aus Stufe	nach	für	Betrag Tarifge-biet West	Betrag Tarifge-biet Ost
	V b/2 J. IV b	OZ 2	6	2 Jahren	5 Jahre	25,– €	24,– €
	V b/2 J. IV b	OZ 2	7	2 Jahren	5 Jahre	90,– €	87,– €
9	V b/4 J. IV b	OZ 1	5	2 Jahren	4 Jahre	50,– €	48,– €
	V b/4 J. IV b	OZ 1	8	2 Jahren	5 Jahre	50,– €	48,– €
	V b/4 J. IV b	OZ 2	4	2 Jahren	4 Jahre	80,– €	77,– €
	V b/4 J. IV b	OZ 2	6	2 Jahren	5 Jahre	25,– €	24,– €
	V b/4 J. IV b	OZ 2	7	2 Jahren	5 Jahre	90,– €	87,– €
9	V b/5 J. IV b	OZ 1	4	1 Jahr	2 Jahre	110,– €	106,– €
	V b/5 J. IV b	OZ 1	5	2 Jahren	4 Jahre	50,– €	48,– €
	V b/5 J. IV b	OZ 1	8	2 Jahren	5 Jahre	50,– €	48,– €
	V b/5 J. IV b	OZ 2	4	1 Jahr	5 Jahre	80,– €	77,– €
	V b/5 J. IV b	OZ 2	6	2 Jahren	5 Jahre	25,– €	24,– €
	V b/5 J. IV b	OZ 2	7	2 Jahren	5 Jahre	90,– €	87,– €
9	V b/6 J. IV b	OZ 1	5	2 Jahren	4 Jahre	50,– €	48,– €
	V b/6 J. IV b	OZ 1	8	2 Jahren	5 Jahre	50,– €	48,– €
	V b/6 J. IV b	OZ 2	4	2 Jahren	4 Jahre	80,– €	77,– €
	V b/6 J. IV b	OZ 2	6	2 Jahren	5 Jahre	25,– €	24,– €
	V b/6 J. IV b	OZ 2	7	2 Jahren	5 Jahre	90,– €	87,– €
9	V b	OZ 2	6	2 Jahren	9 Jahre	50,– €	48,– €
8	V c	OZ 1	2	9 Jahren	dauerhaft	55,– €	53,– €
	V c	OZ 1	3	9 Jahren	dauerhaft	55,– €	53,– €
	V c	OZ 1	4	7 Jahren	dauerhaft	55,– €	53,– €
	V c	OZ 1	5	6 Jahren	dauerhaft	55,– €	53,– €
	V c	OZ 1	6	2 Jahren	dauerhaft	55,– €	53,– €
	V c	OZ 1	7	2 Jahren	dauerhaft	55,– €	53,– €
	V c	OZ 1	8	2 Jahren	dauerhaft	55,– €	53,– €
	V c	OZ 2	2	5 Jahren	dauerhaft	55,– €	53,– €
	V c	OZ 2	3	3 Jahren	dauerhaft	120,– €	116,– €
	V c	OZ 2	4	2 Jahren	dauerhaft	120,– €	116,– €
	V c	OZ 2	5	2 Jahren	dauerhaft	120,– €	116,– €
	V c	OZ 2	6	2 Jahren	dauerhaft	120,– €	116,– €
	V c	OZ 2	7	2 Jahren	dauerhaft	120,– €	116,– €
	V c	OZ 2	8	2 Jahren	dauerhaft	55,– €	53,– €
6	VI b	OZ 1	2	9 Jahren	dauerhaft	50,– €	48,– €
	VI b	OZ 1	3	9 Jahren	dauerhaft	50,– €	48,– €
	VI b	OZ 1	4	7 Jahren	dauerhaft	50,– €	48,– €

Anl. 2 TVÜ-VKA

EG	Vergütungs-gruppe	Ortszu-schlag Stufe 1/2	Überlei-tung aus Stufe	nach	für	Betrag Tarifge-biet West	Betrag Tarifge-biet Ost
	VI b	OZ 1	5	6 Jahren	dauerhaft	50,– €	48,– €
	VI b	OZ 1	6	6 Jahren	dauerhaft	50,– €	48,– €
	VI b	OZ 1	7	2 Jahren	dauerhaft	50,– €	48,– €
	VI b	OZ 1	8	2 Jahren	dauerhaft	50,– €	48,– €
	VI b	OZ 1	9	2 Jahren	dauerhaft	50,– €	48,– €
	VI b	OZ 2	2	7 Jahren	dauerhaft	90,– €	87,– €
	VI b	OZ 2	3	6 Jahren	dauerhaft	90,– €	87,– €
	VI b	OZ 2	4	6 Jahren	dauerhaft	90,– €	87,– €
	VI b	OZ 2	5	2 Jahren	dauerhaft	90,– €	87,– €
	VI b	OZ 2	6	2 Jahren	dauerhaft	90,– €	87,– €
	VI b	OZ 2	7	2 Jahren	dauerhaft	90,– €	87,– €
	VI b	OZ 2	8	2 Jahren	dauerhaft	50,– €	48,– €
	VI b	OZ 2	9	2 Jahren	dauerhaft	50,– €	48,– €
5	VII	OZ 2	4	4 Jahren	dauerhaft	20,– €	19,– €
	VII	OZ 2	5	2 Jahren	dauerhaft	20,– €	19,– €
	VII	OZ 2	6	2 Jahren	dauerhaft	20,– €	19,– €
	VII	OZ 2	7	2 Jahren	dauerhaft	20,– €	19,– €
	VII	OZ 2	8	2 Jahren	dauerhaft	20,– €	19,– €
3	VIII	OZ 1	7	2 Jahren	4 Jahre	30,– €	29,– €
	VIII	OZ 1	9	2 Jahren	5 Jahre	20,– €	19,– €
	VIII	OZ 2	3	2 Jahren	9 Jahre	40,– €	38,– €
	VIII	OZ 2	4	4 Jahren	3 Jahre	25,– €	24,– €
	VIII	OZ 2	5	2 Jahren	dauerhaft	50,– €	48,– €
3	VIII	OZ 2	6	2 Jahren	dauerhaft	50,– €	48,– €
	VIII	OZ 2	7	2 Jahren	dauerhaft	50,– €	48,– €
	VIII	OZ 2	8	2 Jahren	dauerhaft	50,– €	48,– €
	VIII	OZ 2	9	2 Jahren	dauerhaft	35,– €	33,– €
	VIII	OZ 2	10	2 Jahren	dauerhaft	25,– €	24,– €
2	IX 2 J. IX a	OZ 2	4	2 Jahren	5 Jahre	45,– €	43,– €
2	X 2 J. IX	OZ 1	5	2 Jahren	4 Jahre	25,– €	24,– €
	X 2 J. IX	OZ 2	3	4 Jahren	dauerhaft	40,– €	38,– €
	X 2 J. IX	OZ 2	4	4 Jahren	dauerhaft	40,– €	38,– €
	X 2 J. IX	OZ 2	5	2 Jahren	dauerhaft	40,– €	38,– €
	X 2 J. IX	OZ 2	6	2 Jahren	dauerhaft	40,– €	38,– €
	X 2 J. IX	OZ 2	7	2 Jahren	dauerhaft	25,– €	24,– €

TVÜ-VKA Anl. 2 Tarifvertrag zur Überleitung (VKA)

II. Angestellte, die aus der Anlage 1b zum BAT/BAT-O übergeleitet werden

EG	Vergütungs-gruppe	Ortszu-schlag Stufe 1/2	Überlei-tung aus Stufe	nach	für	Betrag Tarifge-biet West	Betrag Tarifge-biet Ost
12a	Kr. XII 5 Jahre Kr. XIII	OZ 2	6	1 Jahr	6 Jahre	90,– €	87,– €
11b	Kr. XI 5 Jahre Kr. XII	OZ 2	6	1 Jahr	6 Jahre	150,– €	145,– €
		OZ 1	6	1 Jahr	6 Jahre	90,– €	87,– €
			7	2 Jahren	5 Jahre	130,– €	126,– €
11a	Kr. X 5 Jahre Kr. XI	OZ 2	4	5 Jahren	2 Jahre	220,– €	213,– €
			5	3 Jahren	4 Jahre	300,– €	291,– €
		OZ 1	5	3 Jahren	4 Jahre	190,– €	184,– €
			6	1 Jahr	6 Jahre	260,– €	252,– €
10a	Kr. IX 5 Jahre Kr. X	OZ 2	5	3 Jahren	2 Jahre, danach dauerhaft	270,– € 20,– €	261,– € 19,– €
			6	4 Jahren	dauerhaft	35,– €	33,– €
			7	2 Jahren	dauerhaft	35,– €	33,– €
			8	2 Jahren	dauerhaft	35,– €	33,– €
		OZ 1	5	3 Jahren	2 Jahre	170,– €	164,– €
			6	1 Jahr	4 Jahre	240,– €	232,– €
9d	Kr. VIII 5 Jahre Kr. IX	OZ 2	5	6 Jahren	dauerhaft	15,– €	14,– €
			6	1 Jahr	3 Jahre, danach dauerhaft	140,– € 15,– €	135,– € 14,– €
			7	2 Jahren	dauerhaft	30,– €	29,– €
			8	2 Jahren	dauerhaft	20,– €	19,– €
		OZ 1	6	1 Jahr	1 Jahr, danach für 2 Jahre	200,– € 60,– €	194,– € 58,– €
9b	Kr. VII	OZ 2	5	4 Jahren	3 Jahre	45,– €	43,– €
			6	2 Jahren	2 Jahre, danach für 3 Jahre	40,– € 100,– €	38,– € 97,– €
			7	2 Jahren	dauerhaft	10,– €	9,– €
			8	2 Jahren	dauerhaft	10,– €	9,– €
		OZ 1	6	6 Jahren	1 Jahr	60,– €	58,– €
			7	4 Jahren	3 Jahre	60,– €	58,– €

Anl. 2 TVÜ-VKA

EG	Vergütungs-gruppe	Ortszu-schlag Stufe 1/2	Überlei-tung aus Stufe	nach	für	Betrag Tarifge-biet West	Betrag Tarifge-biet Ost
9 c	Kr. VII 5 Jahre Kr. VIII	OZ 2	4	4 Jahren	2 Jahre, danach für 4 Jahre	55,– € 110,– €	53,– € 106,– €
			5	4 Jahren	3 Jahre	80,– €	77,– €
			6	1 Jahr	6 Jahre	140,– €	135,– €
		OZ 1	5	3 Jahren	2 Jahre, danach für 5 Jahre	150,– € 60,– €	145,– € 58,– €
			6	1 Jahr	9 Jahre	150,– €	145,– €
			7	2 Jahren	5 Jahre	100,– €	97,– €
9 b	Kr. VI 5 Jahre Kr. VII	OZ 2	6	1 Jahr	6 Jahre	90,– €	87,– €
			7	2 Jahren	dauerhaft	10,– €	9,– €
			8	2 Jahren	dauerhaft	10,– €	9,– €
		OZ 1	5	3 Jahren	2 Jahre	240,– €	232,– €
			6	1 Jahr	1 Jahr	200,– €	194,– €
			7	4 Jahren	3 Jahre	65,– €	63,– €
9 b	Kr. VI 7 Jahre Kr. VII	OZ 2	6	4 Jahren	3 Jahre	90,– €	87,– €
			7	1 Jahr	1 Jahr danach für 5 Jahre	200,– € 120,– €	194,– € 116,– €
			8	2 Jahren	dauerhaft	10,– €	9,– €
		OZ 1	5	4 Jahren	4 Jahre	50,– €	48,– €
			7	1 Jahr	1 Jahr danach für 5 Jahre	190,– € 20,– €	184,– € 19,– €
9 a	Kr VI	OZ 2	4	4 Jahren	3 Jahre	30,– €	29,– €
			5	2 Jahren	5 Jahre	75,– €	72,– €
		OZ 1	5	2 Jahren	8 Jahre	50,– €	48,– €
			6	4 Jahren	3 Jahre	40,– €	38,– €
			7	2 Jahren	5 Jahre	60,– €	58,– €
8 a	Kr. V a 3 Jahre, Kr. VI	OZ 2	3	4 Jahren	7 Jahre	45,– €	43,– €
			5	2 Jahren	5 Jahre	60,– €	58,– €
		OZ 1	4	2 Jahren	9 Jahre	55,– €	53,– €
			7	2 Jahren	5 Jahre	60,– €	58,– €
8 a	Kr. V a 5 Jahre Kr. VI	OZ 2	3	4 Jahren	7 Jahre	45,– €	43,– €

TVÜ-VKA Anl. 2

Tarifvertrag zur Überleitung (VKA)

EG	Vergütungs-gruppe	Ortszu-schlag Stufe 1/2	Überleitung aus Stufe	nach	für	Betrag Tarifgebiet West	Betrag Tarifgebiet Ost
			5	2 Jahren	5 Jahre	60,– €	58,– €
		OZ 1	3	4 Jahren	3 Jahre	55,– €	53,– €
			4	2 Jahren	9 Jahre	55,– €	53,– €
			7	2 Jahren	5 Jahre	60,– €	58,– €
8 a	Kr. V 6 Jahre Kr. VI	OZ 2	2	6 Jahren	7 Jahre	30,– €	29,– €
			3	4 Jahren	7 Jahre	35,– €	33,– €
			5	2 Jahren	5 Jahre	60,– €	58,– €
		OZ 1	3	2 Jahren	7 Jahre	120,– €	116,– €
			4	2 Jahren	9 Jahre	55,– €	53,– €
			7	2 Jahren	5 Jahre	60,– €	58,– €
8 a	Kr. V 4 Jahre, Kr. V a 2 Jahre, Kr. VI	OZ 2	2	6 Jahren	7 Jahre	60,– €	58,– €
			3	4 Jahren	7 Jahre	60,– €	58,– €
			4	3 Jahren	4 Jahre	25,– €	24,– €
			5	1 Jahr	2 Jahre, danach für 4 Jahre	25,– € 80,– €	24,– € 77,– €
			7	1 Jahr	1 Jahr	40,– €	38,– €
			8	1 Jahr	1 Jahr	40,– €	38,– €
		OZ 1	3	2 Jahren	5 Jahre	55,– €	53,– €
			4	2 Jahren	4 Jahre, danach für 5 Jahre	70,– € 20,– €	67,– € 19,– €
			7	2 Jahren	5 Jahre	55,– €	53,– €
7 a	Kr. V 4 Jahre Kr. V a	OZ 2	3	4 Jahren	7 Jahre	55,– €	53,– €
			5	4 Jahren	3 Jahre	70,– €	67,– €
			7	2 Jahren	dauerhaft	25,– €	24,– €
			8	2 Jahren	dauerhaft	20,– €	19,– €
		OZ 1	5	2 Jahren	9 Jahre	45,– €	43,– €
			7	2 Jahren	5 Jahre	40,– €	38,– €
7 a	Kr. V 5 Jahre Kr. V a	OZ 2	3	4 Jahren	7 Jahre	45,– €	43,– €
			4	2 Jahren	9 Jahre	100,– €	97,– €
			5	4 Jahren	3 Jahre	90,– €	87,– €
			7	2 Jahren	dauerhaft	25,– €	24,– €

Tarifvertrag zur Überleitung (VKA) **Anl. 2 TVÜ-VKA**

EG	Vergütungs-gruppe	Ortszu-schlag Stufe 1/2	Überlei-tung aus Stufe	nach	für	Betrag Tarifge-biet West	Betrag Tarifge-biet Ost
			8	2 Jahren	dauerhaft	20,– €	19,– €
		OZ 1	5	2 Jahren	9 Jahre	45,– €	43,– €
			7	2 Jahren	5 Jahre	40,– €	38,– €
7 a	Kr. IV 2 Jahre (He-bammen 1 Jahr, Al-tenpflegerin-nen 3 Jahre) Kr. V 4 Jahre Kr. V a	OZ 2	3	2 Jahren (Alten-pflege-rinnen nach 3 Jahren)	9 Jahre (Altenpfle-gerinnen für 8 Jahre)	50,– €	48,– €
			5	2 Jahren	5 Jahre	55,– €	53,– €
			7	2 Jahren	dauerhaft	25,– €	24,– €
			8	2 Jahren	dauerhaft	20,– €	19,– €
		OZ 1	4	4 Jahren	2 Jahre	20,– €	19,– €
			5	2 Jahren	9 Jahre	55,– €	53,– €
			6	4 Jahren	3 Jahre	10,– €	9,– €
			7	2 Jahren	5 Jahre	60,– €	58,– €
7 a	Kr. IV 4 Jahre Kr. V	OZ 2	4	4 Jahren	dauerhaft	25,– €	24,– €
			5	6 Jahren	dauerhaft	25,– €	24,– €
			6	4 Jahren	dauerhaft	35,– €	33,– €
			7	2 Jahren	dauerhaft	65,– €	63,– €
			8	2 Jahren	dauerhaft	40,– €	38,– €
		OZ 1	3	2 Jahren	3 Jahre	100,– €	97,– €
			6	2 Jahren	4 Jahre	40,– €	38,– €
			7	2 Jahren	4 Jahre	90,– €	87,– €
4 a	Kr. III 4 Jahre Kr. IV	OZ 2	3	2 Jahren	2 Jahre, danach für 7 Jahre	20,– € 60,– €	19,– € 58,– €
			4	4 Jahren	3 Jahre	40,– €	38,– €
			5	2 Jahren	5 Jahre	60,– €	58,– €
			7	2 Jahren	dauerhaft	25,– €	24,– €
			8	2 Jahren	dauerhaft	35,– €	33,– €
		OZ 1	5	2 Jahren	9 Jahre	55,– €	53,– €
			7	2 Jahren	5 Jahre	40,– €	38,– €
4 a	Kr. II 2 Jahre Kr. III 4 Jahre Kr.€ IV	OZ 2	3	2 Jahren	9 Jahre	40,– €	38,– €

TVÜ-VKA Anl. 3

Tarifvertrag zur Überleitung (VKA)

EG	Vergütungs-gruppe	Ortszu-schlag Stufe 1/2	Überlei-tung aus Stufe	nach	für	Betrag Tarifge-biet West	Betrag Tarifge-biet Ost
			4	4 Jahren	3 Jahre	40,– €	38,– €
			5	2 Jahren	5 Jahre	60,– €	58,– €
			7	2 Jahren	dauerhaft	25,– €	24,– €
			8	2 Jahren	dauerhaft	35,– €	33,– €
		OZ 1	5	2 Jahren	9 Jahre	55,– €	53,– €
			7	2 Jahren	5 Jahre	40,– €	38,– €
3 a	Kr. I 3 Jahre Kr. II	OZ 2	2	1 Jahr	10 Jahre	55,– €	53,– €
			7	4 Jahren	dauerhaft	15,– €	14,– €
			8	2 Jahren	dauerhaft	25,– €	24,– €
		OZ 1	2	1 Jahr	3 Jahre	30,– €	29,– €
			4	2 Jahren	9 Jahre	35,– €	33,– €

Anlage 3

Vorläufige Zuordnung der Vergütungs- und Lohngruppen zu den Entgeltgruppen für zwischen dem 1. Oktober 2005 und dem In-Kraft-Treten der neuen Entgeltordnung stattfindende Eingruppierungs- und Einreihungsvorgänge (VKA)

Entgelt-gruppe	Vergütungsgruppe	Lohngruppe
15	I a I b mit Aufstieg nach I a (zwingend Stufe 1, keine Stufe 6)	–
14	I b ohne Aufstieg nach I a	–
13	Beschäftigte mit Tätigkeiten, die eine abgeschlossene wissenschaftliche Hochschulausbildung voraussetzen (II mit und ohne Aufstieg nach I b) [ggf. mit Zulagenregelung nach § 17 Abs. 8 TVÜ-VKA]und weitere Beschäftigte, die nach der Vergütungsordnung zum BAT/BAT-O/BAT-Ostdeutsche Sparkassen unmittelbar in Verg. Gr. II eingruppiert sind	–
12	III mit Aufstieg nach II	–
11	III ohne Aufstieg nach II IV a mit Aufstieg nach III	–

Tarifvertrag zur Überleitung (VKA) **Anl. 4 TVÜ-VKA**

Entgeltgruppe	Vergütungsgruppe	Lohngruppe
10	IV a ohne Aufstieg nach III IV b mit Aufstieg nach IV a V b in den ersten sechs Monaten der Berufsausübung, wenn danach IV b mit Aufstieg nach IV a	–
9	IV b ohne Aufstieg nach IV a V b mit Aufstieg nach IV b V b ohne Aufstieg nach IV b (Stufe 5 nach 9 Jahren in Stufe 4, keine Stufe 6)	9 (zwingend Stufe 1, Stufe 4 nach 7 Jahren in Stufe 3, keine Stufen 5 und 6)
8	V c mit Aufstieg nach V b V c ohne Aufstieg nach V b	7 mit Aufstieg nach 8 und 8 a
7	Keine	7 mit Aufstieg nach 7 a 6 mit Aufstieg nach 7 und 7 a
6	VI b mit Aufstieg nach V c VI b ohne Aufstieg nach V c	6 mit Aufstieg nach 6 a 5 mit Aufstieg nach 6 und 6 a
5	VII mit Aufstieg nach VI b VII ohne Aufstieg nach VI b	5 mit Aufstieg nach 5 a 4 mit Aufstieg nach 5 und 5 a
4	Keine	4 mit Aufstieg nach 4 a 3 mit Aufstieg nach 4 und 4 a
3	VIII mit Aufstieg nach VII VIII ohne Aufstieg nach VII	3 mit Aufstieg nach 3 a 2 mit Aufstieg nach 3 und 3 a
2 Ü	Keine	2 mit Aufstieg nach 2 a 1 mit Aufstieg nach 2 und 2 a
2	IX a mit Aufstieg nach VIII IX mit Aufstieg nach IX a oder VIII X (keine Stufe 6)	1 mit Aufstieg nach 1 a (keine Stufe 6)
1	Beschäftigte mit einfachsten Tätigkeiten, zum Beispiel – Essens- und Getränkeausgeber/innen – Garderobenpersonal – Spülen und Gemüseputzen und sonstige Tätigkeiten im Haus- und Küchenbereich – Reiniger/innen in Außenbereichen wie Höfe, Wege, Grünanlagen, Parks – Wärter/innen von Bedürfnisanstalten – Servierer/innen – Hausarbeiter/innen – Hausgehilfe/Hausgehilfin – Bote/Botin (ohne Aufsichtsfunktion) Ergänzungen können durch landesbezirklichen Tarifvertrag geregelt werden. Hinweis: Diese Zuordnung gilt unabhängig von bisherigen tariflichen Zuordnungen zu Vergütungs-/Lohngruppen.	

TVÜ-VKA Anl. 4 Tarifvertrag zur Überleitung (VKA)

Anlage 4
KR-Anwendungstabelle

Werte aus Entgelt-gruppe allg. Tabelle	Entgeltgruppe KR	Zuordnungen Vergütungs-gruppen KR/KR-Verläufe	Grundentgelt			Entwicklungsstufen		
			Stufe 1	Stufe 2	Stufe 3	Stufe 4	Stufe 5	Stufe 6
EG 12	12 a	XII mit Aufstieg nach XIII	–	–	3200	3550 nach 2 J. St. 3	4000 nach 3 J. St. 4	4200
EG 11	11 b	XI mit Aufstieg XII	–	–	–	3200	3635	3835
EG 11	11 a	X mit Aufstieg nach XI	–	–	2900	3200 nach 2 J. St. 3	3635 nach 5 J. St. 4	–
EG 10	10 a	IX mit Aufstieg nach X	–	–	2800	3000 nach 2 J. St. 3	3380 nach 3 J. St. 4	–
	9 d	VIII mit Aufstieg nach IX	–	–	2730	2980 nach 4 J. St. 3	3180 nach 2 J. St. 4	–
	9 c	VII mit Aufstieg nach VIII	–	–	2650	2840 nach 5 J. St. 3	3020 nach 5 J. St. 4	–
EG 9, EG 9 b	9 b	VI mit Aufstieg nach VII	–	–	2410	2730 nach 5 J. St. 3	2840 nach 5 J. St. 4	–
		VII ohne Aufstieg						
	9 a	VI ohne Aufstieg	–	–	2410	2495 nach 5 J. St. 3	2650 nach 5 J. St. 4	–
EG 7, EG 8, EG 9 b	8 a	V a mit Aufstieg nach VI	–	2130	2240	2330	2495	2650
		V mit Aufstieg nach V a und VI						
		V mit Aufstieg nach VI	2000					

Tarifvertrag zur Überleitung (VKA)　　　　　　　**Anl. 4 TVÜ-VKA**

Werte aus Entgeltgruppe allg. Tabelle	Entgeltgruppe KR	Zuordnungen Vergütungsgruppen KR/KR-Verläufe	Grundentgelt				Entwicklungsstufen		
			Stufe 1	Stufe 2	Stufe 3	Stufe 4	Stufe 5	Stufe 6
EG 7, EG 8	7 a	V mit Aufstieg nach V a	–	1880	2002	2190	2284	2381
		IV mit Aufstieg nach V und V a	1739					
		IV mit Aufstieg nach V						–
EG 4, EG 6	4 a	II mit Aufstieg nach III und IV	1553	1673	1786	2026	2087	2200
		III mit Aufstieg nach IV						
EG 3, EG 4	3 a	I mit Aufstieg nach II	1481	1645	1692	1767	1824	1956

Anlage 5
Kr-Anwendungstabelle

Werte aus Entgelt-gruppe allg. Tabelle	Entgeltgruppe KR	Zuordnungen Vergütungs-gruppen KR/KR-Verläufe	Grundentgelt			Entwicklungsstufen		
			Stufe 1	Stufe 2	Stufe 3	Stufe 4	Stufe 5	Stufe 6
EG 12	12 a	XII mit Aufstieg nach XIII	–	–	3008	3337 nach 2 J. St. 3	3760 nach 3 J. St. 4	3948
EG 11	11 b	XI mit Aufstieg XII	–	–	–	3008	3417	3605
EG 11	11 a	X mit Aufstieg nach XI	–	–	2726	3008 nach 2 J. St. 3	3417 nach 5 J. St. 4	–
EG 10	10 a	IX mit Aufstieg nach X	–	–	2632	2820 nach 2 J. St. 3	3177 nach 3 J. St. 4	–
EG 9, EG 9 b	9 d	VIII mit Aufstieg nach IX	–	–	2566	2801 nach 4 J. St. 3	2989 nach 2 J. St. 4	–
	9 c	VII mit Aufstieg nach VIII	–	–	2491	2670 nach 5 J. St. 3	2839 nach 5 J. St. 4	–
	9 b	VI mit Aufstieg nach VII	–	–	2265	2566 nach 5 J. St. 3	2670 nach 5 J. St. 4	–
		VII ohne Aufstieg						
	9 a	VI ohne Aufstieg	–	–	2265	2345 nach 5 J. St. 3	2491 nach 5 J. St. 4	–
EG 7, EG 8, EG 9 b	8 a	V a mit Aufstieg nach VI	–	2002	2106	2190	2345	2491
		V mit Aufstieg nach V a und VI						
		V mit Aufstieg nach VI	1880					

Tarifvertrag zur Überleitung (VKA) **Anl. 5 TVÜ-VKA**

Werte aus Entgeltgruppe allg. Tabelle	Entgeltgruppe KR	Zuordnungen Vergütungsgruppen KR/KR-Verläufe	Grundentgelt			Entwicklungsstufen		
			Stufe 1	Stufe 2	Stufe 3	Stufe 4	Stufe 5	Stufe 6
EG 7, EG 8	7 a	V mit Aufstieg nach V a	–	2000	2130	2330	2430	2533
		IV mit Aufstieg nach V und V a	1850					
		IV mit Aufstieg nach V						–
EG 4, EG 6	4 a	II mit Aufstieg nach III und IV	1652	1780	1900	2155	2220	2340
		III mit Aufstieg nach IV						
EG 3, EG 4	3 a	I mit Aufstieg nach II	1575	1750	1800	1880	1940	1081

4. Tarifvertrag für Auszubildende des öffentlichen Dienstes (TVAöD) – Allgemeiner Teil –

vom 13. September 2005[1]
zuletzt geändert durch ÄndTV Nr. 1 vom 1. August 2006

Zwischen der Bundesrepublik Deutschland, vertreten durch das Bundesministerium des Innern, und der Vereinigung der kommunalen Arbeitgeberverbände, vertreten durch den Vorstand, einerseits und ver.di – Vereinigte Dienstleistungsgewerkschaft (ver.di), vertreten durch den Bundesvorstand, diese handelnd für
– Gewerkschaft der Polizei,
– Industriegewerkschaft Bauen – Agrar – Umwelt,
– Gemeinschaft – Erziehung und Wissenschaft,
andererseits wird Folgendes vereinbart:[2]

§ 1 Geltungsbereich.[3] (1) Dieser Tarifvertrag gilt für
a) Personen, die in Verwaltungen und Betrieben, die unter den Geltungsbereich des TVöD fallen, in einem staatlich anerkannten oder als staatlich anerkannt geltenden Ausbildungsberuf ausgebildet werden,
b) Schülerinnen/Schüler in der Gesundheits- und Krankenpflege, Gesundheits- und Kinderkrankenpflege, Entbindungspflege und Altenpflege, die in Verwaltungen und Betrieben, die unter den Geltungsbereich des TVöD fallen, ausgebildet werden,
c) Auszubildende in Betrieben oder Betriebsteilen, auf deren Arbeitnehmerinnen/Arbeitnehmer der TV-V oder der TV-WW/NW Anwendung findet,
d) Auszubildende in Betrieben oder Betriebsteilen, auf deren Arbeitnehmerinnen/Arbeitnehmer ein TV-N Anwendung findet, soweit und solange nicht eine anderweitige landesbezirkliche Regelung getroffen wurde (Auszubildende).

(2) Dieser Tarifvertrag gilt nicht für
a) Schülerinnen/Schüler in der Krankenpflegehilfe und Altenpflegehilfe,
b) Praktikantinnen/Praktikanten und Volontärinnen/Volontäre,
c) Auszubildende, die in Ausbildungsberufen der Landwirtschaft, des Weinbaues oder der Forstwirtschaft ausgebildet werden,
d) körperlich, geistig oder seelisch behinderte Personen, die aufgrund ihrer Behinderung in besonderen Ausbildungswerkstätten, Berufsförderungswerkstätten oder in Lebenshilfeeinrichtungen ausgebildet werden.

(3) Soweit in diesem Tarifvertrag nichts anderes geregelt ist, gelten die jeweils einschlägigen gesetzlichen Vorschriften.

Niederschriftserklärung zu § 1:
Auszubildender im Sinne dieses Tarifvertrages ist, wer andere Personen zur Ausbildung einstellt.

§ 1a Geltungsbereich des Besonderen Teils. [In den Besonderen Teilen geregelt]

---

[1] Die Tarifvertragsparteien haben mit Datum vom 24. November 2005 rückwirkend zum Zeitpunkt des In-Kraft-Tretens redaktionelle Änderungen vereinbart; diese Fassung berücksichtigt die dort getroffenen Vereinbarungen
[2] Ein inhaltsgleicher TV wurde mit dbb tarifunion vereinbart.
[3] Siehe Niederschriftserklärung zu § 1 vor Anlage 1 (VKA).

§§ 2–6 TVAöD-AT

§ 2 Ausbildungsvertrag, Nebenabreden. (1) Vor Beginn des Ausbildungsverhältnisses ist ein schriftlicher Ausbildungsvertrag zu schließen, der neben der Bezeichnung des Ausbildungsberufs mindestens Angaben enthält über
a) die maßgebliche Ausbildungs- und Prüfungsordnung in der jeweils geltenden Fassung sowie Art, sachliche und zeitliche Gliederung der Ausbildung,
b) Beginn und Dauer der Ausbildung,
c) Dauer der regelmäßigen täglichen oder wöchentlichen Ausbildungszeit,
d) Dauer der Probezeit,
e) Zahlung und Höhe des Ausbildungsentgelts,
f) Dauer des Urlaubs,
g) Voraussetzungen, unter denen der Ausbildungsvertrag gekündigt werden kann,
h) die Geltung des Tarifvertrages für Auszubildende im öffentlichen Dienst (TVAöD) sowie einen in allgemeiner Form gehaltenen Hinweis auf die auf das Ausbildungsverhältnis anzuwendenden Betriebs-/Dienstvereinbarungen.

(2) [1] Nebenabreden sind nur wirksam, wenn sie schriftlich vereinbart werden. [2] Sie können gesondert gekündigt werden, soweit dies einzelvertraglich vereinbart ist.

§ 3 Probezeit. [In den Besonderen Teilen geregelt]

§ 4 Ärztliche Untersuchungen. (1) [1] Auszubildende haben auf Verlangen des Ausbildenden vor ihrer Einstellung ihre gesundheitliche Eignung durch das Zeugnis eines Amts- oder Betriebsarztes nachzuweisen. [2] Für Auszubildende, die unter das Jugendarbeitsschutzgesetz fallen, ist ergänzend § 32 Abs. 1 JArbSchG zu beachten.

(2) [1] Der Ausbildende ist bei begründeter Veranlassung berechtigt, Auszubildende zu verpflichten, durch ärztliche Bescheinigung nachzuweisen, dass sie in der Lage sind, die nach dem Ausbildungsvertrag übernommenen Verpflichtungen zu erfüllen. [2] Bei dem beauftragten Arzt kann es sich um einen Betriebsarzt handeln, soweit sich die Betriebsparteien nicht auf einen anderen Arzt geeinigt haben. [3] Die Kosten dieser Untersuchung trägt der Ausbildende.

(3) Auszubildende, die besonderen Ansteckungsgefahren ausgesetzt, mit gesundheitsgefährdenden Tätigkeiten beschäftigt oder mit der Zubereitung von Speisen beauftragt sind, sind in regelmäßigen Zeitabständen oder auf ihren Antrag bei Beendigung des Ausbildungsverhältnisses ärztlich zu untersuchen.

§ 5 Schweigepflicht, Nebentätigkeiten. (1) Auszubildende haben in demselben Umfang Verschwiegenheit zu wahren wie die Beschäftigten des Ausbildenden.

(2) [1] Nebentätigkeiten gegen Entgelt haben Auszubildende ihrem Ausbildenden rechtzeitig vorher schriftlich anzuzeigen. [2] Der Ausbildende kann die Nebentätigkeit untersagen oder mit Auflagen versehen, wenn diese geeignet ist, die nach dem Ausbildungsvertrag übernommenen Verpflichtungen der Auszubildenden oder berechtigte Interessen des Ausbildenden zu beeinträchtigen.

§ 6 Personalakten. (1) [1] Die Auszubildenden haben ein Recht auf Einsicht in ihre vollständigen Personalakten. [2] Sie können das Recht auf Einsicht durch einen hierzu schriftlich Bevollmächtigten ausüben lassen. [3] Sie können Auszüge oder Kopien aus ihren Personalakten erhalten.

(2) [1] Beurteilungen sind Auszubildenden unverzüglich bekannt zu geben. [2] Die Bekanntgabe ist aktenkundig zu machen.

§ 7 Wöchentliche und tägliche Ausbildungszeit. [In den Besonderen Teilen geregelt]

§ 8 Ausbildungsentgelt. [In den Besonderen Teilen geregelt]

§ 8 a Unständige Entgeltbestandteile. Für die Ausbildung an Samstagen, Sonntagen, Feiertagen und Vorfesttagen, für den Bereitschaftsdienst und die Rufbereitschaft, für die Überstunden und für die Zeitzuschläge gelten die für die Beschäftigten des Ausbildenden geltenden Regelungen sinngemäß.

§ 8 b Sonstige Entgeltregelungen. [In den Besonderen Teilen geregelt]

§ 9 Urlaub. (1) Auszubildende erhalten in jedem Urlaubsjahr Erholungsurlaub unter Fortzahlung ihres Ausbildungsentgelts (§ 8) in entsprechender Anwendung der für die Beschäftigten des Ausbildenden geltenden Regelungen.

(2) Der Erholungsurlaub ist nach Möglichkeit zusammenhängend während der unterrichtsfreien Zeit zu erteilen und in Anspruch zu nehmen.

§ 10 Ausbildungsmaßnahmen außerhalb der Ausbildungsstätte. [In den Besonderen Teilen geregelt]

§ 10 a Familienheimfahrten. [In den Besonderen Teilen geregelt]

§ 11 Schutzkleidung, Ausbildungsmittel. [In den Besonderen Teilen geregelt]

§ 12 Entgelt im Krankheitsfall. (1) Werden Auszubildende durch Arbeitsunfähigkeit infolge Krankheit ohne ihr Verschulden verhindert, ihre Verpflichtungen aus dem Ausbildungsvertrag zu erfüllen, erhalten sie für die Zeit der Arbeitsunfähigkeit für die Dauer von bis zu sechs Wochen sowie nach Maßgabe der gesetzlichen Bestimmungen bei Wiederholungserkrankungen das Ausbildungsentgelt (§ 8) in entsprechender Anwendung der für die Beschäftigten des Ausbildenden geltenden Regelungen fortgezahlt.

(2) Im Übrigen gilt das Entgeltfortzahlungsgesetz.

(3) Bei der jeweils ersten Arbeitsunfähigkeit, die durch einen bei dem Ausbildenden erlittenen Arbeitsunfall oder durch eine bei dem Ausbildenden zugezogene Berufskrankheit verursacht ist, erhalten Auszubildende nach Ablauf des nach Absatz 1 maßgebenden Zeitraums bis zum Ende der 26. Woche seit dem Beginn der Arbeitsunfähigkeit einen Krankengeldzuschuss in Höhe des Unterschiedsbetrages zwischen dem Bruttokrankengeld und dem sich nach Absatz 1 ergebenden Nettoausbildungsentgelt, wenn der zuständige Unfallversicherungsträger den Arbeitsunfall oder die Berufskrankheit anerkennt.

§ 12 a Entgeltfortzahlung in anderen Fällen. (1) Auszubildenden ist das Ausbildungsentgelt für insgesamt fünf Ausbildungstage fortzuzahlen, um sich vor den in den Ausbildungsordnungen vorgeschriebenen Abschlussprüfungen ohne Bindung an die planmäßige Ausbildung auf die Prüfung vorbereiten zu können; bei der Sechstagewoche besteht dieser Anspruch für sechs Ausbildungstage.

(2) Der Freistellungsanspruch nach Absatz 1 verkürzt sich um die Zeit, für die Auszubildende zur Vorbereitung auf die Abschlussprüfung besonders zusammengefasst werden; es besteht jedoch mindestens ein Anspruch auf zwei Ausbildungstage.

(3) Im übrigen gelten die für die Beschäftigten des Ausbildenden maßgebenden Regelungen zur Arbeitsbefreiung entsprechend.

des öffentlichen Dienstes (Bund und VKA) **§§ 13–18 TVAöD-AT**

§ 13 Vermögenswirksame Leistungen. (1) ¹Nach Maßgabe des Vermögensbildungsgesetzes in seiner jeweiligen Fassung erhalten Auszubildende im Tarifgebiet West eine vermögenswirksame Leistung in Höhe von 13,29 Euro monatlich und im Tarifgebiet Ost in Höhe von 6,65 Euro monatlich. ²Der Anspruch auf vermögenswirksame Leistungen entsteht frühestens für den Kalendermonat, in dem den Ausbildenden die erforderlichen Angaben mitgeteilt werden, und für die beiden vorangegangenen Monate desselben Kalenderjahres.

(2) Die vermögenswirksamen Leistungen sind kein zusatzversorgungspflichtiges Entgelt.

(3) Die in Absatz 1 Satz 1 genannten Beträge gelten nicht für die Auszubildenden der Sparkassen.

§ 14 Jahressonderzahlung. [In den Besonderen Teilen geregelt]

§ 15 Zusätzliche Altersversorgung. Die Versicherung zum Zwecke einer zusätzlichen Altersversorgung wird durch besonderen Tarifvertrag geregelt.

§ 16 Beendigung des Ausbildungsverhältnisses. (1) ¹Das Ausbildungsverhältnis endet mit Ablauf der Ausbildungszeit; abweichende gesetzliche Regelungen bleiben unberührt. ²Im Falle des Nichtbestehens der Abschlussprüfung verlängert sich das Ausbildungsverhältnis auf Verlangen der Auszubildenden bis zur nächstmöglichen Wiederholungsprüfung, höchstens um ein Jahr.

(2) Können Auszubildende ohne eigenes Verschulden die Abschlussprüfung erst nach beendeter Ausbildungszeit ablegen, gilt Absatz 1 Satz 2 entsprechend.

(3) Beabsichtigt der Ausbildende keine Übernahme in ein Arbeitsverhältnis, hat er dies den Auszubildenden drei Monate vor dem voraussichtlichen Ende der Ausbildungszeit schriftlich mitzuteilen.

(4) Nach der Probezeit (§ 3) kann das Ausbildungsverhältnis unbeschadet der gesetzlichen Kündigungsgründe nur gekündigt werden
a) aus einem sonstigen wichtigen Grund ohne Einhalten einer Kündigungsfrist,
b) von Auszubildenden mit einer Kündigungsfrist von vier Wochen.

(5) Werden Auszubildende im Anschluss an das Ausbildungsverhältnis beschäftigt, ohne dass hierüber ausdrücklich etwas vereinbart worden ist, so gilt ein Arbeitsverhältnis auf unbestimmte Zeit als begründet.

§ 16a Übernahme von Auszubildenden. [In dem Besonderen Teil BBiG geregelt]

§ 17 Abschlussprämie. (1) ¹Bei Beendigung des Ausbildungsverhältnisses aufgrund erfolgreich abgeschlossener Abschlussprüfung bzw. staatlicher Prüfung erhalten Auszubildende eine Abschlussprämie als Einmalzahlung in Höhe von 400 Euro. ²Die Abschlussprämie ist kein zusatzversorgungspflichtiges Entgelt. ³Sie ist nach Bestehen der Abschlussprüfung bzw. der staatlichen Prüfung fällig.

(2) ¹Absatz 1 gilt nicht für Auszubildende, die ihre Ausbildung nach erfolgloser Prüfung aufgrund einer Wiederholungsprüfung abschließen. ²Im Einzelfall kann der Ausbildende von Satz 1 abweichen.

(3) Die Absätze 1 und 2 gelten erstmals für Ausbildungsverhältnisse, die im Jahr 2006 beginnen.

§ 18 Zeugnis. [In dem Besonderen Teil BBiG geregelt]

TVAöD-AT §§ 19–20a, Anl. 1 Tarifvertrag für Auszubildende

§ 19 Ausschlussfrist. Ansprüche aus dem Ausbildungsverhältnis verfallen, wenn sie nicht innerhalb einer Ausschlussfrist von sechs Monaten nach Fälligkeit von den Auszubildenden oder vom Ausbildenden schriftlich geltend gemacht werden.

§ 20 In-Kraft-Treten, Laufzeit. (1) Dieser Tarifvertrag tritt am 1. Oktober 2005 in Kraft.

(2) Dieser Tarifvertrag kann mit einer Frist von drei Monaten zum Ende eines Kalenderhalbjahres, frühestens zum 31. Dezember 2009, schriftlich gekündigt werden.

(3) Abweichend von Absatz 2 kann § 17 jeweils gesondert zum 31. Dezember eines jeden Jahres, frühestens jedoch zum 31. Dezember 2008, schriftlich gekündigt werden.

(4) ¹Dieser Tarifvertrag ersetzt für den Bereich des Bundes die in Anlage 2 aufgeführten Tarifverträge. ²Die Ersetzung erfolgt mit Wirkung vom 1. Oktober 2005, soweit in Anlage 2 kein abweichender Termin bestimmt ist.

(5) Mit In-Kraft-Treten dieses Tarifvertrages finden im Bereich der Mitgliedverbände der VKA die in Anlage 3 aufgeführten Tarifverträge auf die in § 1 Abs. 1 genannten Personen keine Anwendung mehr.

§ 20a In-Kraft-Treten, Laufzeit des Besonderen Teils. [In den Besonderen Teilen geregelt]

Anlage 1 (Bund)[1]

Jahressonderzahlung für das Jahr 2006

Die mit dem Ausbildungsentgelt für den Monat November 2006 zu zahlende Jahressonderzahlung für das Jahr 2006 berechnet sich für den Bereich des Bundes nach den Bestimmungen des § 14 Abs. 1 bis 4 mit folgenden Maßgaben:

1. Der Bemessungssatz der Jahressonderzahlung beträgt in allen Entgeltgruppen
   a) bei Auszubildenden nach BBiG, für die die Regelungen des Tarifgebiets West Anwendung finden, 83,20 v. H.,
   b) bei Auszubildenden nach BBiG, für die die Regelungen des Tarifgebiets Ost Anwendung finden, 62,41 v. H.,
   c) bei Schülerinnen/Schülern, die nach Maßgabe des Krankenpflegegesetzes oder des Hebammengesetzes ausgebildet werden und für die die Regelungen des Tarifgebiets West Anwendung finden, 82,14 v. H.,
   d) bei Schülerinnen/Schülern, die nach Maßgabe des Krankenpflegegesetzes oder des Hebammengesetzes ausgebildet werden und für die die Regelungen des Tarifgebiets Ost Anwendung finden, 61,60 v. H.
2. ¹Der sich nach Nr. 1 ergebende Betrag der Jahressonderzahlung erhöht sich um einen Betrag in Höhe von 255,65 Euro. ²Der Zusatzbetrag nach Satz 1 ist kein zusatzversorgungspflichtiges Entgelt.

Niederschriftserklärung zu Anlage 1 (Bund)
1. Auszubildende, deren Ausbildungsverhältnis mit dem Bund nach dem 31. Juli 2003 begründet worden ist, erhalten im Jahr 2005 mit dem Ausbildungsentgelt für den Monat November 2005 eine Zuwendung in gleicher Weise (Anspruchsgrund und Anspruchshöhe) wie im Jahr 2004.

---

[1] Siehe Niederschriftserklärung zu Anlage 1 (Bund) vor Anlage 1 (VKA).

des öffentlichen Dienstes (Bund und VKA) **Anl. 2 TVAöD-AT**

2. *Auszubildende, deren Ausbildungsverhältnis mit dem Bund vor dem 1. August 2003 begründet worden ist, erhalten im Jahr 2005 eine Zuwendung nach Maßgabe der nachwirkenden Tarifverträge über eine Zuwendung.*

Anlage 1 (VKA)
Jahressonderzahlungen für die Jahre 2005 und 2006

(1) [1]Im Zeitraum vom 1. Oktober bis 31. Dezember 2005 gelten im Bereich der Mitgliedverbände der VKA folgende Tarifverträge als den TVAöD ergänzende Tarifverträge:
a) Tarifvertrag über eine Zuwendung für Auszubildende (VKA) vom 12. Oktober 1973,
b) Tarifvertrag über eine Zuwendung für Auszubildende (TV Zuwendung Azubi-O) vom 5. März 1991,
c) Tarifvertrag über eine Zuwendung für Auszubildende (TV Zuwendung Azubi-Ostdeutsche Sparkassen) vom 25. Oktober 1990,
d) Tarifvertrag über eine Zuwendung für Schülerinnen/Schüler, die nach Maßgabe des Krankenpflegegesetzes oder des Hebammengesetzes ausgebildet werden, vom 21. April 1986,
e) Tarifvertrag über eine Zuwendung für Schülerinnen/Schüler, die nach Maßgabe des Krankenpflegegesetzes oder des Hebammengesetzes ausgebildet werden (TV Zuwendung Schü-O), vom 5. März 1991.

[2]Die unter Satz 1 Buchst. a bis e aufgeführten Tarifverträge finden auf Auszubildende, die unter den Geltungsbereich des TVAöD fallen, nach dem 31. Dezember 2005 keine Anwendung mehr.

(2) [1]Die mit dem Ausbildungsentgelt für den Monat November 2006 zu zahlende Jahressonderzahlung beträgt bei Auszubildenden,
a) für die die Regelungen des Tarifgebiets West und bis zum 31. Dezember 2005 die unter Absatz 1 Satz 1 Buchst. a und c aufgeführten Tarifverträge Anwendung finden, 83,20 v. H.,
b) für die die Regelungen des Tarifgebiets West und bis zum 31. Dezember 2005 der unter Absatz 1 Satz 1 Buchst. d aufgeführte Tarifvertrag Anwendung finden, 82,14 v. H.,
c) für die die Regelungen des Tarifgebiets Ost und bis zum 31. Dezember 2005 der unter Absatz 1 Satz 1 Buchst. b aufgeführte Tarifvertrag Anwendung finden, 62,41 v. H.,
d) für die die Regelungen des Tarifgebiets Ost und bis zum 31. Dezember 2005 der unter Absatz 1 Satz 1 Buchst. e aufgeführte Tarifvertrag Anwendung finden, 61,60 v. H.

des den Auszubildenden für November 2006 zustehenden Ausbildungsentgelts nach Maßgabe der Bestimmungen des § 14 Abs. 1 bis 4. [2]Der sich nach Satz 1 ergebende Betrag erhöht sich um 255,65 Euro. [3]Der Erhöhungsbetrag nach Satz 2 ist kein zusatzversorgungspflichtiges Entgelt.

(3) Die Absätze 1 und 2 gelten für Auszubildende, mit denen nach dem 30. September 2005 ein Ausbildungsverhältnis begründet wird, entsprechend.

Anlage 2 (zu § 20 Abs. 4 – Bund –)

1. Manteltarifvertrag für Auszubildende vom 6. Dezember 1974,
2. Manteltarifvertrag für Auszubildende (Mantel-TV Azubi-O) vom 5. März 1991,

TVAöD-AT Anl. 3   Tarifvertrag für Auszubildende

3. Ausbildungsvergütungstarifvertrag Nr. 22 für Auszubildende vom 31. Januar 2003,
4. Ausbildungsvergütungstarifvertrag Nr. 7 für Auszubildende (Ost) vom 31. Januar 2003,
5. Tarifvertrag über vermögenswirksame Leistungen an Auszubildende vom 17. Dezember 1970,
6. Tarifvertrag über vermögenswirksame Leistungen an Auszubildende (TV VL Azubi-O) vom 8. Mai 1991,
7. Tarifvertrag über ein Urlaubsgeld für Auszubildende (Bund) vom 16. März 1977, mit Wirkung ab 1. Januar 2006,
8. Tarifvertrag über ein Urlaubsgeld für Auszubildende (TV Urlaubsgeld Azubi-O) vom 5. März 1991, mit Wirkung ab 1. Januar 2006,
9. Tarifvertrag über eine Zuwendung für Auszubildende (Bund) vom 12. Oktober 1973, mit Wirkung ab 1. Januar 2006,
10. Tarifvertrag über eine Zuwendung für Auszubildende (TV Zuwendung Azubi-O) vom 5. März 1991, mit Wirkung ab 1. Januar 2006,
11. Tarifvertrag zur Regelung der Rechtsverhältnisse der Schülerinnen/Schüler, die nach Maßgabe des Krankenpflegegesetzes oder des Hebammengesetzes ausgebildet werden, vom 28. Februar 1986,
12. Tarifvertrag zur Regelung der Rechtsverhältnisse der Schülerinnen/Schüler, die nach Maßgabe des Krankenpflegegesetzes oder des Hebammengesetzes ausgebildet werden (Mantel-TV Schü-O), vom 5. März 1991,
13. Ausbildungsvergütungstarifvertrag Nr. 12 für Schülerinnen/Schüler, die nach Maßgabe des Krankenpflegegesetzes oder des Hebammengesetzes ausgebildet werden, vom 31. Januar 2003,
14. Ausbildungsvergütungstarifvertrag Nr. 7 für Schülerinnen/Schüler, die nach Maßgabe des Krankenpflegegesetzes oder des Hebammengesetzes ausgebildet werden (Ost), vom 31. Januar 2003,
15. Tarifvertrag über ein Urlaubsgeld für Schülerinnen/Schüler, die nach Maßgabe des Krankenpflegegesetzes in der Krankenpflege oder in der Kinderkrankenpflege oder nach Maßgabe des Hebammengesetzes ausgebildet werden, vom 21. April 1986, mit Wirkung ab 1. Januar 2006,
16. Tarifvertrag über ein Urlaubsgeld für Schülerinnen/Schüler, die nach Maßgabe des Krankenpflegegesetzes in der Krankenpflege oder in der Kinderkrankenpflege oder nach Maßgabe des Hebammengesetzes ausgebildet werden (TV Urlaubsgeld Schü-O), vom 5. März 1991, mit Wirkung ab 1. Januar 2006,
17. Tarifvertrag über eine Zuwendung für Schülerinnen/Schüler, die nach Maßgabe des Krankenpflegegesetzes oder des Hebammengesetzes ausgebildet werden, vom 21. April 1986, mit Wirkung ab 1. Januar 2006,
18. Tarifvertrag über eine Zuwendung für Schülerinnen/Schüler, die nach Maßgabe des Krankenpflegegesetzes oder des Hebammengesetzes ausgebildet werden (TV Zuwendung Schü-O), vom 5. März 1991, mit Wirkung ab 1. Januar 2006.

Anlage 3 (zu § 20 Abs. 5 – VKA –)

1. Manteltarifvertrag für Auszubildende vom 6. Dezember 1974,
2. Manteltarifvertrag für Auszubildende (Mantel-TV Azubi-O) vom 5. März 1991,
3. Manteltarifvertrag für Auszubildende (Mantel-TV Azubi-Ostdeutsche Sparkassen) vom 16. Mai 1991,
4. Ausbildungsvergütungstarifvertrag Nr. 22 für Auszubildende vom 31. Januar 2003,

des öffentlichen Dienstes (Bund und VKA) **Anl. 4 TVAöD-AT**

5. Ausbildungsvergütungstarifvertrag Nr. 7 für Auszubildende (Ost) vom 31. Januar 2003,
6. Ausbildungsvergütungstarifvertrag Nr. 7 für Auszubildende der ostdeutschen Sparkassen vom 31. Januar 2003,
7. Tarifvertrag über vermögenswirksame Leistungen an Auszubildende vom 17. Dezember 1970,
8. Tarifvertrag über vermögenswirksame Leistungen an Auszubildende (TV VL Azubi-O) vom 8. Mai 1991,
9. Tarifvertrag über ein Urlaubsgeld für Auszubildende vom 16. März 1977,
10. Tarifvertrag über ein Urlaubsgeld für Auszubildende (TV Urlaubsgeld Azubi-O) vom 5. März 1991,
11. Tarifvertrag über ein Urlaubsgeld für Auszubildende (TV Urlaubsgeld Azubi-Ostdeutsche Sparkassen) vom 25. Oktober 1990,
12. Tarifvertrag zur Regelung der Rechtsverhältnisse der Schülerinnen/Schüler, die nach Maßgabe des Krankenpflegegesetzes oder des Hebammengesetzes ausgebildet werden, vom 28. Februar 1986,
13. Tarifvertrag zur Regelung der Rechtsverhältnisse der Schülerinnen/Schüler, die nach Maßgabe des Krankenpflegegesetzes oder des Hebammengesetzes ausgebildet werden (Mantel-TV Schü-O), vom 5. März 1991,
14. Ausbildungsvergütungstarifvertrag Nr. 12 für Schülerinnen/Schüler, die nach Maßgabe des Krankenpflegegesetzes oder des Hebammengesetzes ausgebildet werden, vom 31. Januar 2003,
15. Ausbildungsvergütungstarifvertrag Nr. 7 für Schülerinnen/Schüler, die nach Maßgabe des Krankenpflegegesetzes oder des Hebammengesetzes ausgebildet werden (Ost), vom 31. Januar 2003,
16. Tarifvertrag über ein Urlaubsgeld für Schülerinnen/Schüler, die nach Maßgabe des Krankenpflegegesetzes in der Krankenpflege oder in der Kinderkrankenpflege oder nach Maßgabe des Hebammengesetzes ausgebildet werden, vom 21. April 1986,
17. Tarifvertrag über ein Urlaubsgeld für Schülerinnen/Schüler, die nach Maßgabe des Krankenpflegegesetzes in der Krankenpflege oder in der Kinderkrankenpflege oder nach Maßgabe des Hebammengesetzes ausgebildet werden (TV Urlaubsgeld Schü-O), vom 5. März 1991.

Anlage 4 (VKA)

Einmalzahlungen für die Jahre 2006 und 2007

(1) Die im Bereich der Mitgliedverbände der VKA von diesem Tarifvertrag erfassten Auszubildenden im Tarifgebiet West erhalten für die Jahre 2006 und 2007 jeweils eine Einmalzahlung in Höhe von 100 Euro, die mit dem Ausbildungsentgelt des Monats Juli 2006 bzw. Juli 2007 ausgezahlt wird.

(2) Der Anspruch auf die Einmalzahlungen nach Absatz 1 besteht, wenn der/die Auszubildende an mindestens einem Tag des Monats Juli 2006 bzw. Juli 2007 Anspruch auf Ausbildungsentgelt gegen einen in § 1 Abs. 1 genannten Ausbildenden hat.

(3) Die Einmalzahlungen sind bei der Bemessung sonstiger Leistungen nicht zu berücksichtigen.

(4) Die Absätze 1 bis 3 gelten nicht für Schülerinnen/Schüler in der Altenpflege.

Anlage 5

Übergangsregelungen für Schülerinnen/Schüler in der Altenpflege
[Regelung im Besonderen Teil Pflege]

1. Für Schülerinnen/Schüler in der Altenpflege, deren Ausbildungsverhältnis vor dem 1. Oktober 2005 begonnen hat, gelten die jeweils einzelvertraglich vereinbarten Ausbildungsentgelte bis zur Beendigung des Ausbildungsverhältnisses weiter, soweit einzelvertraglich nichts Abweichendes vereinbart wird.
2. Soweit Ausbildende von Schülerinnen/Schülern in der Altenpflege bis zum 30. September 2005 ein Ausbildungsentgelt gezahlt haben, das niedriger ist als die in § 8 Abs. 1 geregelten Ausbildungsentgelte, gelten für die Ausbildungsentgelte bei Ausbildungsverhältnissen, die nach dem 30. September 2005 beginnen, spätestens ab 1. Januar 2008 die in § 8 Abs. 1 geregelten Beträge.

5. Tarifvertrag für Auszubildende des öffentlichen Dienstes (TVAöD)
– Besonderer Teil BBiG –

vom 13. September 2005[1]

zuletzt geändert durch ÄndTV Nr. 1 vom 1. August 2006

Zwischen der Bundesrepublik Deutschland, vertreten durch das Bundesministerium des Innern, und der Vereinigung der kommunalen Arbeitgeberverbände, vertreten durch den Vorstand, einerseits und ver.di – Vereinigte Dienstleistungsgewerkschaft (ver.di) vertreten durch den Bundesvorstand, diese handelnd für
- Gewerkschaft der Polizei,
- Industriegewerkschaft Bauen – Agrar – Umwelt,
- Gemeinschaft – Erziehung und Wissenschaft,

andererseits wird Folgendes vereinbart:[2]

§ 1a Geltungsbereich des Besonderen Teils. (1) ¹Dieser Tarifvertrag gilt nur für die in § 1 Abs. 1 des Tarifvertrages für Auszubildende des öffentlichen Dienstes (TVAöD) – Allgemeiner Teil unter Buchst. a, c und d aufgeführten Auszubildenden. ²Er bildet im Zusammenhang mit dem Allgemeinen Teil des TVAöD den Tarifvertrag für die Auszubildenden des öffentlichen Dienstes nach BBiG (TVAöD – BBiG).

(2) Soweit in den nachfolgenden Bestimmungen auf die §§ 2, 4, 5, 6, 8a, 9, 12, 12a, 13, 15, 16, 17, 19 und die Anlagen 1 bis 4 verwiesen wird, handelt es sich um die Regelungen des TVAöD – Allgemeiner Teil.

§ 3 Probezeit. (1) Die Probezeit beträgt drei Monate.

(2) Während der Probezeit kann das Ausbildungsverhältnis von beiden Seiten jederzeit ohne Einhalten einer Kündigungsfrist gekündigt werden.

§ 7 Wöchentliche und tägliche Ausbildungszeit. (1) Die regelmäßige durchschnittliche wöchentliche Ausbildungszeit und die tägliche Ausbildungszeit der Auszubildenden, die nicht unter das Jugendarbeitsschutzgesetz fallen, richten sich nach den für die Beschäftigten des Ausbildenden maßgebenden Vorschriften über die Arbeitszeit.

(2) Wird das Führen von Berichtsheften (Ausbildungsnachweisen) verlangt, ist den Auszubildenden dazu Gelegenheit während der Ausbildungszeit zu geben.

(3) An Tagen, an denen Auszubildende an einem theoretischen betrieblichen Unterricht von mindestens 270 tatsächlichen Unterrichtsminuten teilnehmen, dürfen sie nicht zur praktischen Ausbildung herangezogen werden.

(4) ¹Unterrichtszeiten einschließlich der Pausen gelten als Ausbildungszeit. ²Dies gilt auch für die notwendige Wegezeit zwischen Unterrichtsort und Ausbildungsstätte, sofern die Ausbildung nach dem Unterricht fortgesetzt wird.

---

[1] Die Tarifvertragsparteien haben mit Datum vom 24. November 2005 rückwirkend zum Zeitpunkt des In-Kraft-Tretens redaktionelle Änderungen vereinbart; diese Fassung berücksichtigt die dort getroffenen Vereinbarungen

[2] Ein inhaltsgleicher TV wurde mit dbb tarifunion vereinbart.

TVAöD-BT-BBiG § 8   Tarifvertrag für die Auszubildenden

(5) Auszubildende dürfen an Sonn- und Wochenfeiertagen und in der Nacht zur Ausbildung nur herangezogen werden, wenn dies nach dem Ausbildungszweck erforderlich ist.

(6) [1] Auszubildende dürfen nicht über die nach Absatz 1 geregelte Ausbildungszeit hinaus zu Mehrarbeit herangezogen und nicht mit Akkordarbeit beschäftigt werden. [2] §§ 21, 23 JArbSchG und § 17 Abs. 3 BBiG bleiben unberührt.

§ 8 Ausbildungsentgelt. (1) [1] Das monatliche Ausbildungsentgelt beträgt für Auszubildende, für die die Regelungen des Tarifgebiets West Anwendung finden,

im ersten Ausbildungsjahr	617,34 Euro,
im zweiten Ausbildungsjahr	666,15 Euro,
im dritten Ausbildungsjahr	710,93 Euro,
im vierten Ausbildungsjahr	773,06 Euro.

[2] Das monatliche Ausbildungsentgelt beträgt für Auszubildende des Bundes, für die die Regelungen des Tarifgebiets Ost Anwendung finden,

im ersten Ausbildungsjahr	571,04 Euro,
im zweiten Ausbildungsjahr	616,19 Euro,
im dritten Ausbildungsjahr	657,61 Euro,
im vierten Ausbildungsjahr	715,08 Euro.

[3] Das monatliche Ausbildungsentgelt beträgt für Auszubildende im Bereich der Mitgliedverbände der VKA, für die die Regelungen des Tarifgebiets Ost Anwendung finden,

a) ab 1. Oktober 2005

im ersten Ausbildungsjahr	580,30 Euro,
im zweiten Ausbildungsjahr	626,18 Euro,
im dritten Ausbildungsjahr	668,27 Euro,
im vierten Ausbildungsjahr	726,68 Euro.

b) ab 1. Juli 2006

im ersten Ausbildungsjahr	589,56 Euro,
im zweiten Ausbildungsjahr	636,17 Euro,
im dritten Ausbildungsjahr	678,94 Euro,
im vierten Ausbildungsjahr	738,27 Euro.

c) ab 1. Juli 2007

im ersten Ausbildungsjahr	598,82 Euro,
im zweiten Ausbildungsjahr	646,17 Euro,
im dritten Ausbildungsjahr	689,60 Euro,
im vierten Ausbildungsjahr	749,87 Euro.

(2) Das Ausbildungsentgelt ist zu demselben Zeitpunkt fällig wie das den Beschäftigten des Ausbildenden gezahlte Entgelt.

(3) Im Geltungsbereich des TV-S wird eine von Absatz 1 abweichende Regelung getroffen.

(4) Ist wegen des Besuchs einer weiterführenden oder einer berufsbildenden Schule oder wegen einer Berufsausbildung in einer sonstigen Einrichtung die Ausbildungszeit verkürzt, gilt für die Höhe des Ausbildungsentgelts der Zeitraum, um den die Ausbildungszeit verkürzt wird, als abgeleistete Ausbildungszeit.

(5) Wird die Ausbildungszeit

a) gemäß § 16 Abs. 1 Satz 2 verlängert oder
b) auf Antrag der Auszubildenden nach § 8 Abs. 2 BBiG von der zuständigen Stelle oder nach § 27b Abs. 2 der Handwerksordnung von der Handwerkskammer

verlängert, wenn die Verlängerung erforderlich ist, um das Ausbildungsziel zu erreichen,
wird während des Zeitraums der Verlängerung das Ausbildungsentgelt des letzten regelmäßigen Ausbildungsabschnitts gezahlt.

(6) In den Fällen des § 16 Abs. 2 erhalten Auszubildende bis zur Ablegung der Abschlussprüfung das Ausbildungsentgelt des letzten regelmäßigen Ausbildungsabschnitts, bei Bestehen der Prüfung darüber hinaus rückwirkend von dem Zeitpunkt an, an dem das Ausbildungsverhältnis geendet hat, den Unterschiedsbetrag zwischen dem ihnen gezahlten Ausbildungsentgelt und dem für das vierte Ausbildungsjahr maßgebenden Ausbildungsentgelt.

(7) Im Bereich der Mitgliedverbände der VKA werden für die Jahre 2006 und 2007 Einmalzahlungen nach Maßgabe der Anlage 4 gezahlt.

§ 10 Ausbildungsmaßnahmen außerhalb der Ausbildungsstätte. (1) Bei Dienstreisen und Reisen zur Ablegung der in den Ausbildungsordnungen vorgeschriebenen Prüfungen erhalten Auszubildende eine Entschädigung in entsprechender Anwendung der für die Beschäftigten des Ausbildenden geltenden Reisekostenbestimmungen in der jeweiligen Fassung.

(2) [1] Bei Reisen zur Teilnahme an überbetrieblichen Ausbildungsmaßnahmen im Sinne des § 5 Abs. 2 Satz 1 Nr. 6 BBiG außerhalb der politischen Gemeindegrenze der Ausbildungsstätte werden die entstandenen notwendigen Fahrtkosten bis zur Höhe der Kosten der Fahrkarte der jeweils niedrigsten Klasse des billigsten regelmäßig verkehrenden Beförderungsmittels (im Bahnverkehr ohne Zuschläge) erstattet; Möglichkeiten zur Erlangung von Fahrpreisermäßigungen (z. B. Schülerfahrkarten, Monatsfahrkarten, BahnCard) sind auszunutzen. [2] Beträgt die Entfernung zwischen den Ausbildungsstätten hierbei mehr als 300 km, können im Bahnverkehr Zuschläge bzw. besondere Fahrpreise (z. B. für ICE) erstattet werden. [3] Die nachgewiesenen notwendigen Kosten einer Unterkunft am auswärtigen Ort sind, soweit nicht eine unentgeltliche Unterkunft zur Verfügung steht, bis zu 20 Euro pro Übernachtung erstattungsfähig. [4] Zu den Auslagen des bei notwendiger auswärtiger Unterbringung entstehenden Verpflegungsmehraufwands wird für volle Kalendertage der Anwesenheit am auswärtigen Ausbildungsort ein Verpflegungszuschuss in Höhe der nach der Sachbezugsverordnung maßgebenden Sachbezugswerte für Frühstück, Mittagessen und Abendessen gewährt. [5] Bei unentgeltlicher Verpflegung wird der jeweilige Sachbezugswert einbehalten. [6] Bei einer über ein Wochenende oder einen Feiertag hinaus andauernden Ausbildungsmaßnahme werden die dadurch entstandenen Mehrkosten für Unterkunft und Verpflegungsmehraufwand nach Maßgabe der Sätze 3 bis 5 erstattet.

(3) Ist der Besuch einer auswärtigen Berufsschule vom Ausbildenden veranlasst, werden die notwendigen Fahrtkosten sowie die Auslagen für Unterkunft und Verpflegungsmehraufwand nach Maßgabe des Absatzes 2 erstattet.

(4) Bei Abordnungen und Zuweisungen werden die Kosten nach Maßgabe des Absatzes 2 erstattet.

§ 10a Familienheimfahrten. [1] Für Familienheimfahrten vom jeweiligen Ort der Ausbildungsstätte oder vom Ort der auswärtigen Berufsschule, deren Besuch vom Ausbildenden veranlasst wurde, zum Wohnort der Eltern, der Erziehungsberechtigten oder der Ehegattin/des Ehegatten oder der Lebenspartnerin/des Lebenspartners werden den Auszubildenden monatlich einmal die im Bundesgebiet entstandenen notwendigen Fahrtkosten bis zur Höhe der Kosten der Fahrkarte der jeweils niedrigsten Klasse des billigsten regelmäßig verkehrenden Beförderungsmittels (im

Bahnverkehr ohne Zuschläge) erstattet; Möglichkeiten zur Erlangung von Fahrpreisermäßigungen (z. B. Schülerfahrkarten, Monatsfahrkarten, BahnCard) sind auszunutzen. ²Beträgt die Entfernung mehr als 300 km, können im Bahnverkehr Zuschläge bzw. besondere Fahrpreise (z. B. für ICE) erstattet werden. ³Die Sätze 1 und 2 gelten nicht, wenn aufgrund geringer Entfernung eine tägliche Rückkehr möglich und zumutbar ist oder der Aufenthalt am jeweiligen Ort der Ausbildungsstätte oder der auswärtigen Berufsschule weniger als vier Wochen beträgt.

§ 11 Schutzkleidung, Ausbildungsmittel. (1) Soweit das Tragen von Schutzkleidung gesetzlich vorgeschrieben oder angeordnet ist, wird sie unentgeltlich zur Verfügung gestellt und bleibt Eigentum des Ausbildenden.

(2) Der Ausbildende hat den Auszubildenden kostenlos die Ausbildungsmittel zur Verfügung zu stellen, die zur Berufsausbildung und zum Ablegen von Zwischen- und Abschlussprüfungen erforderlich sind.

§ 14 Jahressonderzahlung. (1) ¹Auszubildende, die am 1. Dezember in einem Ausbildungsverhältnis stehen, haben Anspruch auf eine Jahressonderzahlung. ²Diese beträgt bei Auszubildenden, für die die Regelungen des Tarifgebiets West Anwendung finden, und für Auszubildende der ostdeutschen Sparkassen 90 v. H. sowie bei den sonstigen Auszubildenden, für die die Regelungen des Tarifgebiets Ost Anwendung finden, 67,5 v. H. des den Auszubildenden für November zustehenden Ausbildungsentgelts (§ 8).

(2) ¹Der Anspruch ermäßigt sich um ein Zwölftel für jeden Kalendermonat, in dem Auszubildende keinen Anspruch auf Ausbildungsentgelt (§ 8), Fortzahlung des Entgelts während des Erholungsurlaubs (§ 9) oder im Krankheitsfall (§ 12) haben. ²Die Verminderung unterbleibt für Kalendermonate, für die Auszubildende wegen Beschäftigungsverboten nach § 3 Abs. 2 und § 6 Abs. 1 des Mutterschutzgesetzes kein Ausbildungsentgelt erhalten haben. ³Die Verminderung unterbleibt ferner für Kalendermonate der Inanspruchnahme der Elternzeit nach dem Bundeserziehungsgeldgesetz bis zum Ende des Kalenderjahres, in dem das Kind geboren ist, wenn am Tag vor Antritt der Elternzeit Entgeltanspruch bestanden hat.

(3) ¹Die Jahressonderzahlung wird mit dem für November zustehenden Ausbildungsentgelt ausgezahlt. ²Ein Teilbetrag der Jahressonderzahlung kann zu einem früheren Zeitpunkt ausgezahlt werden.

(4) Auszubildende, die im unmittelbaren Anschluss an die Ausbildung von ihrem Ausbildenden in ein Arbeitsverhältnis übernommen werden und am 1. Dezember noch in diesem Arbeitsverhältnis stehen, erhalten zusammen mit der anteiligen Jahressonderzahlung aus dem Arbeitsverhältnis eine anteilige Jahressonderzahlung aus dem Ausbildungsverhältnis.

(5) Für die Jahre 2005 und 2006 gelten die in Anlage 1 aufgeführten Übergangsregelungen.

§ 16a Übernahme von Auszubildenden. ¹Die Tarifvertragsparteien wirken darauf hin, dass Auszubildende nach erfolgreich bestandener Abschlussprüfung für mindestens zwölf Monate in ein Arbeitsverhältnis übernommen werden, soweit nicht personen- oder verhaltensbedingte Gründe entgegenstehen. ²Satz 1 gilt nicht, soweit die Verwaltung bzw. der Betrieb über Bedarf ausgebildet hat. ³Diese Regelung tritt mit Ablauf des 31. Dezember 2007 außer Kraft.

§ 18 Zeugnis. ¹Der Ausbildende hat den Auszubildenden bei Beendigung des Berufsausbildungsverhältnisses ein Zeugnis auszustellen. ²Das Zeugnis muss Angaben über Art, Dauer und Ziel der Berufsausbildung sowie über die erworbenen Fertigkeiten und Kenntnisse der Auszubildenden enthalten. ³Auf deren Verlangen sind auch Angaben über Führung, Leistung und besondere fachliche Fähigkeiten aufzunehmen.

§ 20a In-Kraft-Treten, Laufzeit des Besonderen Teils. (1) Dieser Tarifvertrag tritt am 1. Oktober 2005 in Kraft.

(2) Er kann mit einer Frist von drei Monaten zum Ende eines Kalenderhalbjahres, frühestens zum 31. Dezember 2009, schriftlich gekündigt werden.

(3) Abweichend von Absatz 2 kann
a) § 8 Abs. 1 mit einer Frist von einem Monat zum Schluss eines Kalendermonats, frühestens jedoch zum 31. Dezember 2007,
b) § 14 zum 31. Dezember eines jeden Jahres, frühestens jedoch zum 31. Dezember 2008,
schriftlich gekündigt werden.

6. Tarifvertrag für Auszubildende des öffentlichen Dienstes (TVAöD)
– Besonderer Teil Pflege –

vom 13. September 2005[1]
zuletzt geändert durch ÄndTV Nr. 1 vom 1. August 2006[2]

Zwischen der Bundesrepublik Deutschland, vertreten durch das Bundesministerium des Innern, und der Vereinigung der kommunalen Arbeitgeberverbände, vertreten durch den Vorstand, einerseits und ver.di – Vereinigte Dienstleistungsgewerkschaft (ver.di) vertreten durch den Bundesvorstand, diese handelnd für
– Gewerkschaft der Polizei,
– Industriegewerkschaft Bauen – Agrar – Umwelt,
– Gemeinschaft – Erziehung und Wissenschaft,
andererseits wird Folgendes vereinbart:[3]

§ 1a Geltungsbereich des Besonderen Teils. (1) ¹Dieser Tarifvertrag gilt nur für die in § 1 Abs. 1 des Tarifvertrages für Auszubildende des öffentlichen Dienstes (TVAöD) – Allgemeiner Teil unter Buchst. b aufgeführten Auszubildenden. ²Er bildet im Zusammenhang mit dem Allgemeinen Teil des TVAöD den Tarifvertrag für die Auszubildenden des öffentlichen Dienstes in Pflegeberufen (TVAöD – Pflege).

(2) Soweit in den nachfolgenden Bestimmungen auf die §§ 2, 4, 5, 6, 8a, 9, 12, 12a, 13, 15, 16, 17, 19 und die Anlagen 1 bis 4 verwiesen wird, handelt es sich um die Regelungen des TVAöD – Allgemeiner Teil.

§ 3 Probezeit. (1) Die Probezeit beträgt sechs Monate.

(2) Während der Probezeit kann das Ausbildungsverhältnis von beiden Seiten jederzeit ohne Einhalten einer Kündigungsfrist gekündigt werden.

§ 7 Wöchentliche und tägliche Ausbildungszeit. (1) Die regelmäßige durchschnittliche wöchentliche Ausbildungszeit und die tägliche Ausbildungszeit der Auszubildenden, die nicht unter das Jugendarbeitsschutzgesetz fallen, richten sich nach den für die Beschäftigten des Ausbildenden maßgebenden Vorschriften über die Arbeitszeit.

(2) Auszubildende dürfen im Rahmen des Ausbildungszwecks auch an Sonntagen und Wochenfeiertagen und in der Nacht ausgebildet werden.

---

[1] Die Tarifvertragsparteien haben mit Datum vom 24. November 2005 rückwirkend zum Zeitpunkt des In-Kraft-Tretens redaktionelle Änderungen vereinbart; diese Fassung berücksichtigt die dort getroffenen Vereinbarungen.

[2] § 2 Abs. 2 des ÄndTV Nr. 1 zu TVAöD BT-Pflege lautet:
„(2) ¹Soweit bei im Bereich der Mitgliedverbände der VKA abgeschlossenen Sanierungs- und Notlagentarifverträgen sowie Tarifverträgen zur Zukunftssicherung und anderweitigen Tarifverträgen zur Beschäftigungssicherung, einschließlich Tarifverträge nach dem TVsA, Auszubildende in deren Geltungsbereich einbezogen sind, treten die Regelungen dieses Tarifvertrages erst mit Ablauf der zum Zeitpunkt des Abschlusses des jeweiligen Tarifvertrages geltenden Laufzeit bzw. im Falle einer Kündigung des jeweiligen Tarifvertrages mit Ablauf der Kündigungsfrist in Kraft; bis zu diesem Zeitpunkt finden die bisherigen Regelungen Anwendung. ²Die Tarifvertragsparteien können durch landesbezirklichen Tarifvertrag ein früheres In-Kraft-Treten der Regelungen dieses Tarifvertrages ganz oder teilweise vereinbaren."

[3] Ein inhaltsgleicher TV wurde mit dbb tarifunion vereinbart.

des öffentlichen Dienstes **§§ 8, 8b TVAöD-BT-Pflege**

(3) Eine über die durchschnittliche regelmäßige wöchentliche Ausbildungszeit hinausgehende Beschäftigung ist nur ausnahmsweise zulässig.

§ 8 Ausbildungsentgelt. (1) ¹Das monatliche Ausbildungsentgelt beträgt für Schülerinnen/Schüler in der Gesundheits- und Krankenpflege, Gesundheits- und Kinderkrankenpflege, Entbindungspflege und Altenpflege, für die die Regelungen des Tarifgebiets West Anwendung finden,
im ersten Ausbildungsjahr 737,00 Euro,
im zweiten Ausbildungsjahr 797,00 Euro,
im dritten Ausbildungsjahr 896,00 Euro.

²Das monatliche Ausbildungsentgelt beträgt im Bereich des Bundes für Schülerinnen/Schüler in der Gesundheits- und Krankenpflege, Gesundheits- und Kinderkrankenpflege, Entbindungspflege und Altenpflege, für die die Regelungen des Tarifgebiets Ost Anwendung finden,
im ersten Ausbildungsjahr 681,78 Euro,
im zweiten Ausbildungsjahr 737,23 Euro,
im dritten Ausbildungsjahr 828,80 Euro.

³Das monatliche Ausbildungsentgelt beträgt im Bereich der Mitgliedverbände der VKA für Schülerinnen/Schüler in der Gesundheits- und Krankenpflege, Gesundheits- und Kinderkrankenpflege, Entbindungspflege und Altenpflege, für die die Regelungen des Tarifgebiets Ost Anwendung finden,
a) ab 1. Juli 2006
   im ersten Ausbildungsjahr 696,25 Euro,
   im zweiten Ausbildungsjahr 753,08 Euro,
   im dritten Ausbildungsjahr 844,64 Euro,
a) b 1. Januar 2007
   im ersten Ausbildungsjahr 703,84 Euro,
   im zweiten Ausbildungsjahr 761,14 Euro,
   im dritten Ausbildungsjahr 855,68 Euro,
a) ab 1. Juli 2007
   im ersten Ausbildungsjahr 714,89 Euro,
   im zweiten Ausbildungsjahr 773,09 Euro,
   im dritten Ausbildungsjahr 869,12 Euro.

⁴Abweichend von den Sätzen 1 bis 3 gelten für Schülerinnen/Schüler in der Altenpflege die Übergangsregelungen in Anlage 5.

(2) Das Ausbildungsentgelt ist zu demselben Zeitpunkt fällig wie das den Beschäftigten des Ausbildenden gezahlte Entgelt.

(3) Für den Bereich der Mitgliedverbände der VKA werden für die Jahre 2006 und 2007 Einmalzahlungen nach Maßgabe der Anlage 4 gezahlt.

§ 8b Sonstige Entgeltregelungen. (1) Auszubildende erhalten unter denselben Voraussetzungen wie die beim Ausbildenden Beschäftigten im Sinne des § 38 Abs. 5 Satz 1 TVöD 75 v. H. der Zulagenbeträge gemäß § 8 Abs. 5 und 6 TVöD.

(2) Soweit Beschäftigten im Sinne von § 38 Abs. 5 Satz 1 TVöD gemäß § 17 Abs. 1 TVÜ-Bund bzw. § 17 Abs. 1 TVÜ-VKA in Verbindung mit der Protokollerklärung Nr. 1 zu Abschnitt A der Anlage 1b zum BAT oder gemäß § 19 Abs. 5 Satz 2 TVöD bzw. § 23 Abs. 1 TVÜ-VKA in Verbindung mit § 33 Abs. 1 Buchst. c und Abs. 6 BAT/BAT-O eine Zulage zusteht, erhalten Auszubildende unter denselben Voraussetzungen 50 v. H. des entsprechenden Zulagenbetrages.

TVAöD-BT-Pflege §§ 10–11

(3) ¹Falls im Bereich der Mitgliedverbände der VKA im Rahmen des Ausbildungsvertrages eine Vereinbarung über die Gewährung einer Personalunterkunft getroffen wird, ist dies in einer gesondert kündbaren Nebenabrede (§ 2 Abs. 2) festzulegen. ²Der Wert der Personalunterkunft wird im Bereich der Mitgliedverbände der VKA im Tarifgebiet West nach dem Tarifvertrag über die Bewertung der Personalunterkünfte für Angestellte vom 16. März 1974 in der jeweils geltenden Fassung auf das Ausbildungsentgelt mit der Maßgabe angerechnet, dass der nach § 3 Abs. 1 Unterabs. 1 des genannten Tarifvertrages maßgebende Quadratmetersatz um 15 v. H. zu kürzen ist.

(4) ¹Abweichend von den Absätzen 1 bis 3 gelten für Schülerinnen/Schüler in der Altenpflege, deren Ausbildungsverhältnis vor dem 1. Oktober 2005 begonnen hat, die jeweiligen einzelvertraglichen Vereinbarungen. ²Soweit Ausbildende von Schülerinnen/ Schülern in der Altenpflege bis zum 30. September 2005 sonstige Entgeltbestandteile nicht oder in geringerer Höhe als gemäß den Absätzen 1 bis 3 gezahlt haben, finden die Absätze 1 bis 3 bei Ausbildungsverhältnissen, die nach dem 30. September 2005 begonnen haben bzw. beginnen, spätestens ab 1. Januar 2008 Anwendung.

§ 10 Ausbildungsmaßnahmen außerhalb der Ausbildungsstätte.

(1) Bei Dienstreisen erhalten die Auszubildenden eine Entschädigung in entsprechender Anwendung der für die Beschäftigten des Ausbildenden geltenden Reisekostenbestimmungen in der jeweiligen Fassung.

(2) Bei Reisen zur vorübergehenden Ausbildung an einer anderen Einrichtung außerhalb der politischen Gemeindegrenze der Ausbildungsstätte sowie zur Teilnahme an Vorträgen, an Arbeitsgemeinschaften oder an Übungen werden die entstandenen notwendigen Fahrtkosten bis zur Höhe der Kosten für die Fahrkarte der jeweils niedrigsten Klasse des billigsten regelmäßig verkehrenden Beförderungsmittels (im Bahnverkehr ohne Zuschläge) erstattet; Möglichkeiten zur Erlangung von Fahrpreisermäßigungen (z. B. Schülerfahrkarten, Monatsfahrkarten, BahnCard) sind auszunutzen.

§ 10 a Familienheimfahrten.

¹Für Familienheimfahrten vom jeweiligen Ort der Ausbildungsstätte zum Wohnort der Eltern, der Erziehungsberechtigten oder der Ehegattin/des Ehegatten oder der Lebenspartnerin/des Lebenspartners werden den Auszubildenden monatlich einmal die im Bundesgebiet entstandenen notwendigen Fahrtkosten bis zur Höhe der Kosten der Fahrkarte der jeweils niedrigsten Klasse des billigsten regelmäßig verkehrenden Beförderungsmittels (im Bahnverkehr ohne Zuschläge) erstattet; Möglichkeiten zur Erlangung von Fahrpreisermäßigungen (z. B. Schülerfahrkarten, Monatsfahrkarten, BahnCard) sind auszunutzen. ²Satz 1 gilt nicht, wenn aufgrund geringer Entfernung eine tägliche Rückkehr möglich und zumutbar ist oder der Aufenthalt am jeweiligen Ort der Ausbildungsstätte weniger als vier Wochen beträgt.

Niederschriftserklärung zu § 10 a TVAöD-BT Pflege –:
Die Fahrtkosten für Familienheimfahrten umfassen die Kosten für die Hin- und Rückfahrt.

§ 11 Schutzkleidung, Ausbildungsmittel.

(1) Für die Gewährung von Schutzkleidung gelten die für die in dem Beruf beim Ausbildenden tätigen Beschäftigten jeweils maßgebenden Bestimmungen, in dem die Auszubildenden ausgebildet werden.

(2) Der Ausbildende hat den Auszubildenden kostenlos die Ausbildungsmittel zur Verfügung zu stellen, die zur Ausbildung und zum Ablegen der staatlichen Prüfung erforderlich sind.

§ 14 Jahressonderzahlung. (1 a) [1]Auszubildende im Bereich des Bundes, die am 1. Dezember in einem Ausbildungsverhältnis stehen, haben Anspruch auf eine Jahressonderzahlung. [2]Diese beträgt bei Auszubildenden, für die die Regelungen des Tarifgebiets West Anwendung finden 90 v.H., und bei Auszubildenden, für die die Regelungen des Tarifgebiets Ost Anwendung finden, 67,5 v.H. des den Auszubildenden für November zustehenden Ausbildungsentgelts (§ 8).

(1 b) [1]Auszubildende im Bereich der Mitgliedverbände der VKA, die am 1. Dezember in einem Ausbildungsverhältnis stehen, haben Anspruch auf eine Jahressonderzahlung. [2]Die Jahressonderzahlung beträgt bei Auszubildenden, für die die Regelungen des Tarifgebiets West Anwendung finden, 90 v. H., bei den Auszubildenden, für die die Regelungen des Tarifgebiets Ost Anwendung finden, 67,5 v. H. des den Auszubildenden in den Kalendermonaten August, September und Oktober durchschnittlich gezahlten Entgelts (Ausbildungsentgelt, in Monatsbeträgen gezahlte Zulagen und unständige Entgeltbestandteile gemäß § 8 und § 8 b, soweit diese nicht gemäß § 20 Abs. 2 Satz 1 TVöD von der Bemessung ausgenommen sind). [3]Bei Auszubildenden, deren Ausbildungsverhältnis nach dem 31. Oktober begonnen hat, tritt an die Stelle des Bemessungszeitraums nach Satz 2 der erste volle Kalendermonat.

(2) [1]Der Anspruch ermäßigt sich um ein Zwölftel für jeden Kalendermonat, in dem Auszubildende keinen Anspruch auf Ausbildungsentgelt (§ 8), Fortzahlung des Entgelts während des Erholungsurlaubs (§ 9) oder im Krankheitsfall (§ 12) haben. [2]Die Verminderung unterbleibt für Kalendermonate, für die Auszubildende wegen Beschäftigungsverboten nach § 3 Abs. 2 und § 6 Abs. 1 des Mutterschutzgesetzes kein Ausbildungsentgelt erhalten haben. [3]Die Verminderung unterbleibt ferner für Kalendermonate der Inanspruchnahme der Elternzeit nach dem Bundeserziehungsgeldgesetz bis zum Ende des Kalenderjahres, in dem das Kind geboren ist, wenn am Tag vor Antritt der Elternzeit Entgeltanspruch bestanden hat.

(3) [1]Die Jahressonderzahlung wird mit dem für November zustehenden Ausbildungsentgelt ausgezahlt. [2]Ein Teilbetrag der Jahressonderzahlung kann zu einem früheren Zeitpunkt ausgezahlt werden.

(4) Auszubildende, die im unmittelbaren Anschluss an die Ausbildung von ihrem Ausbildenden in ein Arbeitsverhältnis übernommen werden und am 1. Dezember noch in diesem Arbeitsverhältnis stehen, erhalten zusammen mit der anteiligen Jahressonderzahlung aus dem Arbeitsverhältnis eine anteilige Jahressonderzahlung aus dem Ausbildungsverhältnis.

(5) Für die Jahre 2005 und 2006 gelten die in Anlage 1[1)] aufgeführten Übergangsregelungen.

§ 20 a In-Kraft-Treten, Laufzeit des Besonderen Teils. (1) Dieser Tarifvertrag tritt am 1. Oktober 2005 in Kraft.

(2) Er kann mit einer Frist von drei Monaten zum Ende eines Kalenderhalbjahres, frühestens zum 31. Dezember 2009, schriftlich gekündigt werden.

(3) Abweichend von Absatz 2 kann
a) § 8 Abs. 1 mit einer Frist von einem Monat zum Schluss eines Kalendermonats, frühestens jedoch zum 31. Dezember 2007,
b) § 14 zum 31. Dezember eines jeden Jahres, frühestens jedoch zum 31. Dezember 2008,
gesondert schriftlich gekündigt werden.

[1)] Vgl. Anlage 5 zum TVöD-AT.

7. Tarifvertrag für Auszubildende der Länder in Ausbildungsberufen nach dem Berufsbildungsgesetz (TVA-L BBiG)

vom 12. Oktober 2006

Zwischen der Tarifgemeinschaft deutscher Länder, vertreten durch den Vorsitzenden des Vorstandes, einerseits und ver.di – Vereinte Dienstleistungsgewerkschaft, vertreten durch den Bundesvorstand[1], andererseits wird Folgendes vereinbart:

§ 1 Geltungsbereich. (1) Dieser Tarifvertrag gilt für Personen, die in Verwaltungen und Betrieben in einem staatlich anerkannten oder als staatlich anerkannt geltenden Ausbildungsberuf nach dem Berufsbildungsgesetz (BBiG) ausgebildet werden (Auszubildende). Voraussetzung ist, dass sie in Verwaltungen und Betrieben ausgebildet werden, die unter den Geltungsbereich des TV-L fallen.

(2) Dieser Tarifvertrag gilt nicht für

a) Schülerinnen/Schüler in der Gesundheits- und Krankenpflege, Gesundheits- und Kinderkrankenpflege, Entbindungspflege und Altenpflege sowie Schülerinnen/Schüler in der Krankenpflegehilfe und Altenpflegehilfe,
b) Praktikantinnen/Praktikanten und Volontärinnen/Volontäre,
c) Auszubildende, die in Ausbildungsberufen der Landwirtschaft, des Weinbaues oder der Forstwirtschaft ausgebildet werden, es sei denn, dass die Beschäftigten des Ausbildenden unter den Tarifvertrag für den öffentlichen Dienst der Länder (TV-L) fallen,
d) körperlich, geistig oder seelisch behinderte Personen, die aufgrund ihrer Behinderung in besonderen Ausbildungswerkstätten, Berufsförderungswerkstätten oder in Lebenshilfeeinrichtungen ausgebildet werden, sowie für Personen, die in Ausbildungs- oder Berufsförderungswerkstätten von Justizvollzugseinrichtungen ausgebildet werden.

(3) Soweit in diesem Tarifvertrag nichts anderes geregelt ist, gelten die jeweils einschlägigen gesetzlichen Vorschriften.

§ 2 Ausbildungsvertrag, Nebenabreden. (1) ¹Vor Beginn des Ausbildungsverhältnisses ist ein schriftlicher Ausbildungsvertrag zu schließen. ²Dieser enthält neben der Bezeichnung des Ausbildungsberufs mindestens Angaben über

a) die maßgebliche Ausbildungs- und Prüfungsordnung in der jeweils geltenden Fassung sowie Art, sachliche und zeitliche Gliederung der Ausbildung,
b) Beginn und Dauer der Ausbildung,
c) Dauer der regelmäßigen täglichen oder wöchentlichen Ausbildungszeit,
d) Dauer der Probezeit,
e) Zahlung und Höhe des Ausbildungsentgelts,
f) Dauer des Urlaubs,
g) Voraussetzungen, unter denen der Ausbildungsvertrag gekündigt werden kann,
h) die Geltung des Tarifvertrages für Auszubildende der Länder (TVA-L BBiG) sowie einen in allgemeiner Form gehaltenen Hinweis auf die Betriebs-/Dienstvereinbarungen, die auf das Ausbildungsverhältnis anzuwenden sind.

---

[1] Ein inhaltsgleicher Tarifvertrag wurde mit der dbb tarifunion vereinbart.

(2) ¹Nebenabreden sind nur wirksam, wenn sie schriftlich vereinbart werden. ²Sie können gesondert gekündigt werden, soweit dies einzelvertraglich vereinbart ist.

(3) ¹Falls im Rahmen eines Ausbildungsvertrages eine Vereinbarung über die Gewährung einer Personalunterkunft getroffen wird, ist dies in einer gesondert kündbaren Nebenabrede festzulegen. ²Der Wert der Personalunterkunft wird im Tarifgebiet West nach dem Tarifvertrag über die Gewährung von Personalunterkünften für Angestellte vom 16. März 1974 in der jeweils geltenden Fassung auf das Ausbildungsentgelt angerechnet. ³Der nach § 3 Absatz 1 Unterabsatz 1 des Tarifvertrages über die Gewährung von Personalunterkünften für Angestellte vom 16. März 1974 maßgebende Quadratmetersatz ist hierbei um 15 v. H. zu kürzen.

§ 3 Probezeit. (1) Die Probezeit beträgt drei Monate.

(2) Während der Probezeit kann das Ausbildungsverhältnis von beiden Seiten jederzeit ohne Einhalten einer Kündigungsfrist gekündigt werden.

§ 4 Ärztliche Untersuchungen. (1) ¹Auszubildende haben auf Verlangen des Ausbildenden vor ihrer Einstellung ihre gesundheitliche Eignung durch das Zeugnis eines Amtsarztes nachzuweisen. ²Für Auszubildende, die unter das Jugendarbeitsschutzgesetz (JArbSchG) fallen, ist ergänzend § 32 Absatz 1 Jugendarbeitsschutzgesetz zu beachten.

(2) ¹Die Auszubildenden können bei begründeter Veranlassung verpflichtet werden, durch eine ärztliche Bescheinigung nachzuweisen, dass sie in der Lage sind, die nach dem Ausbildungsvertrag übernommenen Verpflichtungen zu erfüllen. ²Bei dem beauftragten Arzt kann es sich um einen Amtsarzt handeln, soweit sich die Betriebsparteien nicht auf einen anderen Arzt geeinigt haben. ³Die Kosten dieser Untersuchung trägt der Ausbildende.

(3) ¹Auszubildende, die besonderen Ansteckungsgefahren ausgesetzt sind, oder die mit gesundheitsgefährdenden Tätigkeiten oder mit der Zubereitung von Speisen beauftragt werden, sind in regelmäßigen Zeitabständen ärztlich zu untersuchen. ²Die Untersuchung ist auf Antrag der Auszubildenden auch bei Beendigung des Ausbildungsverhältnisses durchzuführen.

§ 5 Schweigepflicht, Nebentätigkeiten. (1) Auszubildende haben in demselben Umfang Verschwiegenheit zu wahren wie die Beschäftigten des Ausbildenden.

(2) ¹Nebentätigkeiten gegen Entgelt haben Auszubildende ihrem Ausbildenden rechtzeitig vorher schriftlich anzuzeigen. ²Der Ausbildende kann die Nebentätigkeit untersagen oder mit Auflagen versehen, wenn diese geeignet ist, die nach dem Ausbildungsvertrag übernommenen Verpflichtungen der Auszubildenden oder berechtigte Interessen des Ausbildenden zu beeinträchtigen.

§ 6 Personalakten. (1) ¹Die Auszubildenden haben ein Recht auf Einsicht in ihre vollständigen Personalakten. ²Sie können das Recht auf Einsicht durch einen hierzu schriftlich Bevollmächtigten ausüben lassen. ³Sie können Auszüge oder Kopien aus ihren Personalakten erhalten. ⁴Die Auszubildenden müssen über Beschwerden und Behauptungen tatsächlicher Art, die für sie ungünstig sind oder ihnen nachteilig werden können, vor Aufnahme in die Personalakten gehört werden. ⁵Ihre Äußerung ist zu den Personalakten zu nehmen.

(2) ¹Beurteilungen sind den Auszubildenden unverzüglich bekannt zu geben. ²Die Bekanntgabe ist aktenkundig zu machen.

§ 7 Wöchentliche und tägliche Ausbildungszeit.

(1) Die regelmäßige durchschnittliche wöchentliche Ausbildungszeit und die tägliche Ausbildungszeit der Auszubildenden, die nicht unter das Jugendarbeitsschutzgesetz fallen, richten sich nach den Regelungen für die Beschäftigten des Ausbildenden.

(2) Wird das Führen von Berichtsheften (Ausbildungsnachweisen) verlangt, ist den Auszubildenden dazu Gelegenheit während der Ausbildungszeit zu geben.

(3) An Tagen, an denen Auszubildende an einem theoretischen betrieblichen Unterricht von mindestens 270 tatsächlichen Unterrichtsminuten teilnehmen, dürfen sie nicht zur praktischen Ausbildung herangezogen werden.

(4) [1]Unterrichtszeiten einschließlich der Pausen gelten als Ausbildungszeit. [2]Dies gilt auch für die notwendige Wegezeit zwischen Unterrichtsort und Ausbildungsstätte, sofern die Ausbildung nach dem Unterricht fortgesetzt wird.

(5) Auszubildende dürfen an Sonn- und Wochenfeiertagen und in der Nacht zur Ausbildung nur herangezogen werden, wenn dies nach dem Ausbildungszweck erforderlich ist.

(6) [1]Auszubildende dürfen nicht über die nach Absatz 1 geregelte Ausbildungszeit hinaus zu Mehrarbeit herangezogen und nicht mit Akkordarbeit beschäftigt werden. [2]§§ 21, 23 Jugendarbeitsschutzgesetz und § 17 Absatz 3 Berufsbildungsgesetz bleiben unberührt.

§ 8 Ausbildungsentgelt.

(1) [1]Das monatliche Ausbildungsentgelt beträgt für Auszubildende im Tarifgebiet West

im ersten Ausbildungsjahr	617,34 Euro,
im zweiten Ausbildungsjahr	666,15 Euro,
im dritten Ausbildungsjahr	710,93 Euro,
im vierten Ausbildungsjahr	773,06 Euro.

[2]Das monatliche Ausbildungsentgelt beträgt für Auszubildende im Tarifgebiet Ost

im ersten Ausbildungsjahr	571,04 Euro,
im zweiten Ausbildungsjahr	616,19 Euro,
im dritten Ausbildungsjahr	657,61 Euro,
im vierten Ausbildungsjahr	715,08 Euro.

(2) Das Ausbildungsentgelt wird zu dem Termin gezahlt, zu dem auch die Beschäftigten des Ausbildenden ihr Entgelt erhalten.

(3) Ist wegen des Besuchs einer weiterführenden oder einer berufsbildenden Schule oder wegen einer Berufsausbildung in einer sonstigen Einrichtung die Ausbildungszeit verkürzt, gilt für die Höhe des Ausbildungsentgelts der Zeitraum, um den die Ausbildungszeit verkürzt wird, als abgeleistete Ausbildungszeit.

(4) Wird die Ausbildungszeit
a) gemäß § 18 Absatz 1 Satz 2 verlängert oder
b) auf Antrag der Auszubildenden nach § 8 Absatz 2 Berufsbildungsgesetz von der zuständigen Stelle oder nach § 27b Absatz 3 der Handwerksordnung von der Handwerkskammer verlängert,
wird während des Zeitraums der Verlängerung das Ausbildungsentgelt des letzten regelmäßigen Ausbildungsabschnitts gezahlt.

(5) In den Fällen des § 18 Absatz 2 erhalten Auszubildende bis zur Ablegung der Abschlussprüfung das Ausbildungsentgelt des letzten regelmäßigen Ausbildungsabschnitts, bei Bestehen der Prüfung darüber hinaus rückwirkend von dem Zeitpunkt an, an dem das Ausbildungsverhältnis geendet hat, den Unterschiedsbetrag zwischen dem ihnen gezahlten Ausbildungsentgelt und dem für das vierte Ausbildungsjahr maßgebenden Ausbildungsentgelt.

(6) Für die Ausbildung an Samstagen, Sonntagen, Feiertagen und Vorfesttagen, für den Bereitschaftsdienst und die Rufbereitschaft, für die Überstunden und für die Zeitzuschläge gelten die für die Beschäftigten des Ausbildenden geltenden Regelungen sinngemäß.

(7) Zulagen nach dem Tarifvertrag zu § 33 Absatz 1 Buchstabe c BAT/BAT-O können bei Vorliegen der geforderten Voraussetzungen zur Hälfte gezahlt werden.

(8) An Auszubildende, die im Rahmen ihrer Ausbildung in erheblichem Umfang mit Arbeiten gemäß § 29 MTArb/MTArb-O beschäftigt werden, kann im zweiten bis vierten Ausbildungsjahr ein monatlicher Pauschalzuschlag von 10,23 Euro gezahlt werden.

§ 9 Urlaub. (1) [1] Auszubildende erhalten Erholungsurlaub in entsprechender Anwendung der Regelungen, die für die Beschäftigten des Ausbildenden gelten. [2] Während des Erholungsurlaubs wird das Ausbildungsentgelt (§ 8 Absatz 1) fortgezahlt.

(2) Der Erholungsurlaub ist nach Möglichkeit zusammenhängend während der unterrichtsfreien Zeit zu erteilen und in Anspruch zu nehmen.

§ 10 Ausbildungsmaßnahmen außerhalb der Ausbildungsstätte.

(1) Bei Dienstreisen und Reisen zur Ablegung der in den Ausbildungsordnungen vorgeschriebenen Prüfungen erhalten Auszubildende eine Entschädigung in entsprechender Anwendung der Reisekostenbestimmungen, die für die Beschäftigten des Ausbildenden jeweils gelten.

(2) [1] Bei Reisen zur Teilnahme an überbetrieblichen Ausbildungsmaßnahmen im Sinne des § 5 Absatz 2 Satz 1 Nr. 6 Berufsbildungsgesetz außerhalb der politischen Gemeindegrenze der Ausbildungsstätte werden die entstandenen notwendigen Fahrtkosten bis zur Höhe der Kosten der Fahrkarte der jeweils niedrigsten Klasse des billigsten regelmäßig verkehrenden Beförderungsmittels (im Bahnverkehr ohne Zuschläge) erstattet; Möglichkeiten zur Erlangung von Fahrpreisermäßigungen (zum Beispiel Schülerfahrkarten, Monatsfahrkarten, BahnCard) sind auszunutzen. [2] Beträgt die Entfernung zwischen den Ausbildungsstätten hierbei mehr als 300 km, können im Bahnverkehr Zuschläge beziehungsweise besondere Fahrpreise (zum Beispiel für ICE) erstattet werden. [3] Die nachgewiesenen notwendigen Kosten einer Unterkunft am auswärtigen Ort sind, soweit nicht eine unentgeltliche Unterkunft zur Verfügung steht, bis zu 20 Euro pro Übernachtung erstattungsfähig. [4] Zu den Auslagen des bei notwendiger auswärtiger Unterbringung entstehenden Verpflegungsmehraufwands wird für volle Kalendertage der Anwesenheit am auswärtigen Ausbildungsort ein Verpflegungszuschuss in Höhe der nach der Sachbezugsverordnung maßgebenden Sachbezugswerte für Frühstück, Mittagessen und Abendessen gewährt. [5] Bei unentgeltlicher Verpflegung wird der jeweilige Sachbezugswert einbehalten. [6] Bei einer über ein Wochenende oder einen Feiertag hinaus andauernden Ausbildungsmaßnahme werden die dadurch entstandenen Mehrkosten für Unterkunft und Verpflegungsmehraufwand nach Maßgabe der Sätze 3 bis 5 erstattet.

(3) [1] Für den Besuch einer auswärtigen Berufsschule werden die notwendigen Fahrtkosten sowie die Auslagen für Unterkunft und Verpflegungsmehraufwand nach Maßgabe des Absatzes 2 erstattet. Erstattungen durch Dritte sind anzurechnen. [2] Sofern der Auszubildende auf seinen Antrag eine andere als die regulär zu besuchende Berufsschule besucht, wird der Ausbildende von der Kostenübernahme befreit.

(4) Bei Abordnungen und Zuweisungen werden die Kosten nach Maßgabe des Absatzes 2 erstattet.

§ 11 Familienheimfahrten. ¹Für Familienheimfahrten von der Ausbildungsstätte oder vom Ort der auswärtigen Berufsschule, deren Besuch vom Ausbildenden veranlasst wurde, zum Wohnort der Eltern und zurück werden den Auszubildenden monatlich einmal Fahrtkosten erstattet. ²Erstattungsfähig sind die notwendigen Fahrtkosten bis zur Höhe der Kosten der Fahrkarte der jeweils niedrigsten Klasse des billigsten regelmäßig verkehrenden Beförderungsmittels (im Bahnverkehr ohne Zuschläge). ³Dem Wohnort der Eltern steht der Wohnort der Erziehungsberechtigten oder der Ehegattin/des Ehegatten oder der Lebenspartnerin/des Lebenspartners gleich. ⁴Möglichkeiten zur Erlangung von Fahrpreisermäßigungen (zum Beispiel Schülerfahrkarten, Monatsfahrkarten, BahnCard) sind auszunutzen. ⁵Beträgt die Entfernung mehr als 300 km, können im Bahnverkehr Zuschläge beziehungsweise besondere Fahrpreise (zum Beispiel für ICE) erstattet werden. ⁶Die Sätze 1 bis 5 gelten nicht, wenn aufgrund geringer Entfernung eine tägliche Rückkehr möglich und zumutbar ist oder der Aufenthalt am jeweiligen Ort der Ausbildungsstätte oder der auswärtigen Berufsschule weniger als vier Wochen beträgt.

§ 12 Schutzkleidung, Ausbildungsmittel. (1) Soweit das Tragen von Schutzkleidung gesetzlich vorgeschrieben oder angeordnet ist, wird sie unentgeltlich zur Verfügung gestellt und bleibt Eigentum des Ausbildenden.

(2) Der Ausbildende hat den Auszubildenden kostenlos die Ausbildungsmittel zur Verfügung zu stellen, die zur Berufsausbildung und zum Ablegen von Zwischen- und Abschlussprüfungen erforderlich sind.

§ 13 Entgelt im Krankheitsfall. (1) ¹Sind Auszubildende durch Arbeitsunfähigkeit infolge Krankheit ohne ihr Verschulden verhindert, ihre Verpflichtungen aus dem Ausbildungsvertrag zu erfüllen, erhalten sie für die Zeit der Arbeitsunfähigkeit bis zu einer Dauer von sechs Wochen das Ausbildungsentgelt (§ 8 Absatz 1) fortgezahlt. ²Bei Wiederholungserkrankungen sowie bei Beendigung des Ausbildungsverhältnisses richtet sich die Dauer der Entgeltfortzahlung nach den gesetzlichen Bestimmungen.

(2) Im Übrigen gilt das Entgeltfortzahlungsgesetz.

(3) ¹Hat sich die/der Auszubildende bei dem Ausbildenden einen Arbeitsunfall erlitten oder sich eine Berufskrankheit zugezogen, wird bei der jeweils ersten darauf beruhenden Arbeitsunfähigkeit nach Ablauf des Entgeltfortzahlungszeitraums von sechs Wochen ein Krankengeldzuschuss bis zum Ende der 26. Woche seit dem Beginn der Arbeitsunfähigkeit gezahlt. ²Der Krankengeldzuschuss wird in Höhe des Unterschiedsbetrages zwischen den tatsächlichen Barleistungen des Sozialleistungsträgers und dem sich nach Absatz 1 ergebenden Nettoausbildungsentgelt gezahlt. ³Voraussetzung für die Zahlung des Krankengeldzuschusses ist, dass der zuständige Unfallversicherungsträger den Arbeitsunfall oder die Berufskrankheit anerkennt.

§ 14 Entgeltfortzahlung in anderen Fällen. (1) Auszubildenden ist das Ausbildungsentgelt (§ 8 Absatz 1) für insgesamt fünf Ausbildungstage fortzuzahlen, um sich vor den in den Ausbildungsordnungen vorgeschriebenen Abschlussprüfungen ohne Bindung an die planmäßige Ausbildung auf die Prüfung vorbereiten zu können; bei der Sechstagewoche besteht dieser Anspruch für sechs Ausbildungstage.

(2) Der Freistellungsanspruch nach Absatz 1 verkürzt sich um die Zeit, für die Auszubildende zur Vorbereitung auf die Abschlussprüfung besonders zusammengefasst werden; es besteht jedoch mindestens ein Anspruch auf zwei Ausbildungstage.

(3) Im Übrigen gelten für die Arbeitsbefreiung diejenigen Regelungen entsprechend, die für die Beschäftigten des Ausbildenden maßgebend sind.

Ausbildungsberufe n. d. BBiG (Länder) §§ 15–17 TVA-L BBiG

§ 15 Vermögenswirksame Leistungen. (1) ¹Auszubildende erhalten im Tarifgebiet West eine vermögenswirksame Leistung in Höhe von 13,29 Euro monatlich und im Tarifgebiet Ost in Höhe von 6,65 Euro monatlich, wenn sie diesen Betrag nach Maßgabe des Vermögensbildungsgesetzes in seiner jeweiligen Fassung anlegen. ²Der Anspruch auf vermögenswirksame Leistungen entsteht frühestens für den Kalendermonat, in dem den Ausbildenden die erforderlichen Angaben mitgeteilt werden, und für die beiden vorangegangenen Monate desselben Kalenderjahres. ³Die vermögenswirksamen Leistungen werden nur für Kalendermonate gewährt, für die den Auszubildenden Ausbildungsentgelt, Entgeltfortzahlung oder Krankengeldzuschuss zusteht. ⁴Für Zeiten, für die Krankengeldzuschuss zusteht, sind die vermögenswirksamen Leistungen Teil des Krankengeldzuschusses.

(2) Die vermögenswirksamen Leistungen sind kein zusatzversorgungspflichtiges Entgelt.

§ 16 Jahressonderzahlung. (1) ¹Auszubildende, die am 1. Dezember in einem Ausbildungsverhältnis stehen, haben Anspruch auf eine Jahressonderzahlung. ²Diese beträgt bei Auszubildenden, für die die Regelungen des Tarifgebiets West Anwendung finden, 95 v.H. sowie bei Auszubildenden, für die die Regelungen des Tarifgebiets Ost Anwendung finden, 71,5 v.H. des Ausbildungsentgelts (§ 8 Absatz 1), das den Auszubildenden für November zusteht.

(2) ¹Der Anspruch ermäßigt sich um ein Zwölftel für jeden Kalendermonat, in dem Auszubildende keinen Anspruch auf Ausbildungsentgelt (§ 8 Absatz 1), Fortzahlung des Entgelts während des Erholungsurlaubs (§ 9) oder im Krankheitsfall (§ 13) haben. ²Die Verminderung unterbleibt für Kalendermonate, für die Auszubildende wegen Beschäftigungsverboten nach § 3 Absatz 2 und § 6 Absatz 1 Mutterschutzgesetz kein Ausbildungsentgelt erhalten haben. ³Die Verminderung unterbleibt ferner für Kalendermonate der Inanspruchnahme der Elternzeit nach dem Bundeserziehungsgeldgesetz bis zum Ende des Kalenderjahres, in dem das Kind geboren ist. ⁴Voraussetzung ist, dass am Tag vor Antritt der Elternzeit Anspruch auf Entgelt oder auf Zuschuss zum Mutterschaftsgeld bestanden hat.

(3) ¹Die Jahressonderzahlung wird mit dem Ausbildungsentgelt für November ausgezahlt. ²Ein Teilbetrag der Jahressonderzahlung kann zu einem früheren Zeitpunkt ausgezahlt werden.

(4) ¹Auszubildende, die im unmittelbaren Anschluss an die Ausbildung von ihrem Ausbildenden in ein Arbeitsverhältnis übernommen werden und am 1. Dezember noch in diesem Arbeitsverhältnis stehen, erhalten zusammen mit der anteiligen Jahressonderzahlung aus dem Arbeitsverhältnis eine anteilige Jahressonderzahlung aus dem Ausbildungsverhältnis. ²Ist die Übernahme im Laufe eines Kalendermonats erfolgt, wird dieser Kalendermonat bei der anteiligen Jahressonderzahlung aus dem Arbeitsverhältnis berücksichtigt.

(5) Für die Höhe der Jahressonderzahlung in den Jahren 2006 und 2007 gilt § 21 TVÜ-Länder entsprechend.

§ 17 Betriebliche Altersversorgung. ¹Die Auszubildenden haben Anspruch auf eine zusätzliche Alters- und Hinterbliebenenversorgung unter Eigenbeteiligung. ²Einzelheiten bestimmt der Tarifvertrag über die betriebliche Altersversorgung der Beschäftigten des öffentlichen Dienstes (Tarifvertrag Altersversorgung – ATV) in seiner jeweils geltenden Fassung.

Protokollerklärung zu § 17:
§ 17 gilt nicht für Auszubildende der Freien und Hansestadt Hamburg.

Niederschriftserklärung zu § 17 TVA-L BBiG/TVA-L Pflege:
Die Tarifvertragsparteien weisen darauf hin, dass Auszubildende nicht vom Geltungsbereich des Hamburgischen Zusatzversorgungsgesetzes erfasst werden. Für die Dauer der Ausbildung werden keine Eigenbeiträge zur betrieblichen Altersversorgung erhoben. Die Ausbildung wird aber als Wartezeit und als ruhegeldfähige Beschäftigungszeit bei der Ruhegeldberechnung berücksichtigt, wenn sich unmittelbar an die Ausbildung ein Beschäftigungsverhältnis zur Freien und Hansestadt Hamburg anschließt.

§ 18 Beendigung des Ausbildungsverhältnisses. (1) [1]Das Ausbildungsverhältnis endet mit Ablauf der Ausbildungszeit; abweichende gesetzliche Regelungen bleiben unberührt. [2]Im Falle des Nichtbestehens der Abschlussprüfung verlängert sich das Ausbildungsverhältnis auf Verlangen der Auszubildenden bis zur nächstmöglichen Wiederholungsprüfung, höchstens um ein Jahr.

(2) Können Auszubildende ohne eigenes Verschulden die Abschlussprüfung erst nach beendeter Ausbildungszeit ablegen, gilt Absatz 1 Satz 2 entsprechend.

(3) Beabsichtigt der Ausbildende keine Übernahme in ein Arbeitsverhältnis, hat er dies den Auszubildenden drei Monate vor dem voraussichtlichen Ende der Ausbildungszeit schriftlich mitzuteilen.

(4) Nach der Probezeit (§ 3) kann das Ausbildungsverhältnis unbeschadet der gesetzlichen Kündigungsgründe nur gekündigt werden
a) aus einem sonstigen wichtigen Grund ohne Einhalten einer Kündigungsfrist,
b) von Auszubildenden mit einer Kündigungsfrist von vier Wochen.

(5) Werden Auszubildende im Anschluss an das Ausbildungsverhältnis beschäftigt, ohne dass hierüber ausdrücklich etwas vereinbart worden ist, so gilt ein Arbeitsverhältnis auf unbestimmte Zeit als begründet.

§ 19 Übernahme von Auszubildenden. [1]Die Tarifvertragsparteien wirken darauf hin, dass Auszubildende nach erfolgreich bestandener Abschlussprüfung für mindestens zwölf Monate in ein Arbeitsverhältnis übernommen werden, soweit nicht personen- oder verhaltensbedingte Gründe entgegenstehen. [2]Satz 1 gilt nicht, soweit die Verwaltung beziehungsweise der Betrieb über Bedarf ausgebildet hat. [3]Diese Regelung tritt mit Ablauf des 31. Dezember 2008 außer Kraft.

§ 20 Abschlussprämie. (1) [1]Bei Beendigung des Ausbildungsverhältnisses aufgrund erfolgreich abgeschlossener Abschlussprüfung beziehungsweise staatlicher Prüfung erhalten Auszubildende eine Abschlussprämie als Einmalzahlung in Höhe von 400 Euro. [2]Die Abschlussprämie ist kein zusatzversorgungspflichtiges Entgelt. [3]Sie ist nach Bestehen der Abschlussprüfung beziehungsweise der staatlichen Prüfung fällig.

(2) [1]Die Abschlussprämie wird nicht gezahlt, wenn die Ausbildung nach erfolgloser Prüfung aufgrund einer Wiederholungsprüfung abgeschlossen wird. [2]Im Einzelfall kann der Ausbildende dennoch eine Abschlussprämie zahlen.

(3) Die Absätze 1 und 2 gelten erstmals für Ausbildungsverhältnisse, die im Jahr 2007 beginnen.

§ 21 Zeugnis. [1]Der Ausbildende hat den Auszubildenden bei Beendigung des Berufsausbildungsverhältnisses ein Zeugnis auszustellen. [2]Das Zeugnis muss Angaben über Art, Dauer und Ziel der Berufsausbildung sowie über die erworbenen Fertigkeiten und Kenntnisse der Auszubildenden enthalten. [3]Auf deren Verlangen sind auch Angaben über Führung, Leistung und besondere fachliche Fähigkeiten aufzunehmen.

Ausbildungsberufe n. d. BBiG (Länder)   §§ 22, 23, Anl.   TVA-L BBiG

§ 22 Ausschlussfrist. ¹Ansprüche aus dem Ausbildungsverhältnis verfallen, wenn sie nicht innerhalb einer Ausschlussfrist von sechs Monaten nach Fälligkeit von den Auszubildenden oder vom Ausbildenden schriftlich geltend gemacht werden. ²Für denselben Sachverhalt reicht die einmalige Geltendmachung des Anspruchs auch für später fällige Leistungen aus.

§ 23 In-Kraft-Treten, Laufzeit. (1) ¹Dieser Tarifvertrag tritt am 1. November 2006 in Kraft. ²Abweichend von Satz 1 tritt § 16 Absatz 1 bis 4 am 1. Januar 2008 in Kraft.

(2) Dieser Tarifvertrag kann mit einer Frist von drei Monaten zum Ende eines Kalenderhalbjahres, frühestens zum 31. Dezember 2009, schriftlich gekündigt werden.

(3) Abweichend von Absatz 2 kann § 16 von jeder Tarifvertragspartei auf landesbezirklicher Ebene mit einer Frist von drei Monaten zum 31. Dezember eines Kalenderjahres, frühestens jedoch zum 31. Dezember desjenigen Jahres, in dem die volle Angleichung nach § 21 Absatz 2 TVÜ-Länder auf Landesebene erreicht ist, schriftlich gekündigt werden.

(4) Abweichend von Absatz 2 können ferner schriftlich gekündigt werden:
a) § 8 Absatz 1 mit einer Frist von einem Monat zum Ende eines Kalendermonats, frühestens jedoch zum 31. Dezember 2008,
b) § 20 mit einer Frist von einem Monat zum Ende eines Kalenderjahres, frühestens jedoch zum 31. Dezember 2008.

(5) Dieser Tarifvertrag ersetzt mit Wirkung vom 1. November 2006 die in der Anlage aufgeführten Tarifverträge.

Anlage
(zu § 23 Absatz 5)

1. Manteltarifvertrag für Auszubildende vom 6. Dezember 1974,
2. Manteltarifvertrag für Auszubildende (Mantel-TV Azubi-O) vom 5. März 1991,
3. Ausbildungsvergütungstarifvertrag Nr. 22 für Auszubildende vom 31. Januar 2003,
4. Ausbildungsvergütungstarifvertrag Nr. 7 für Auszubildende (Ost) vom 31. Januar 2003,
5. Tarifvertrag über vermögenswirksame Leistungen an Auszubildende vom 17. Dezember 1970,
6. Tarifvertrag über vermögenswirksame Leistungen an Auszubildende (TV VL Azubi-O) vom 8. Mai 1991,
7. Tarifvertrag über ein Urlaubsgeld für Auszubildende vom 16. März 1977,
8. Tarifvertrag über ein Urlaubsgeld für Auszubildende (TV Urlaubsgeld Azubi-O) vom 5. März 1991,
9. Tarifvertrag über eine Zuwendung für Auszubildende vom 12. Oktober 1973,
10. Tarifvertrag über eine Zuwendung für Auszubildende (TV Zuwendung Azubi-O) vom 5. März 1991.

8. Tarifvertrag
für Auszubildende der Länder in Pflegeberufen
(TVA-L Pflege)

vom 12. Oktober 2006

Zwischen der Tarifgemeinschaft deutscher Länder, vertreten durch den Vorsitzenden des Vorstandes, einerseits und ver.di, Vereinte Dienstleistungsgewerkschaft, vertreten durch den Bundesvorstand[1], andererseits wird Folgendes vereinbart:

§ 1 Geltungsbereich. (1) [1]Dieser Tarifvertrag gilt für Schülerinnen/Schüler in der Gesundheits- und Krankenpflege, Gesundheits- und Kinderkrankenpflege, Entbindungspflege und Altenpflege (Auszubildende). Voraussetzung ist, dass sie in Einrichtungen ausgebildet werden, die unter den Geltungsbereich des TV-L fallen.

(2) Dieser Tarifvertrag gilt nicht für Schülerinnen/Schüler in der Krankenpflegehilfe und Altenpflegehilfe.

(3) Soweit in diesem Tarifvertrag nichts anderes geregelt ist, gelten die jeweils einschlägigen gesetzlichen Vorschriften.

§ 2 Ausbildungsvertrag, Nebenabreden. (1) [1]Vor Beginn des Ausbildungsverhältnisses ist ein schriftlicher Ausbildungsvertrag zu schließen. [2]Dieser enthält neben der Bezeichnung des Ausbildungsberufs mindestens Angaben über

a) die maßgebliche Ausbildungs- und Prüfungsordnung in der jeweils geltenden Fassung sowie Art, sachliche und zeitliche Gliederung der Ausbildung,
b) Beginn und Dauer der Ausbildung,
c) Dauer der regelmäßigen täglichen oder wöchentlichen Ausbildungszeit,
d) Dauer der Probezeit,
e) Zahlung und Höhe des Ausbildungsentgelts,
f) Dauer des Urlaubs,
g) Voraussetzungen, unter denen der Ausbildungsvertrag gekündigt werden kann,
h) die Geltung des Tarifvertrages für Auszubildende der Länder in Pflegeberufen (TVA-L Pflege) sowie einen in allgemeiner Form gehaltenen Hinweis auf die Betriebs-/Dienstvereinbarungen, die auf das Ausbildungsverhältnis anzuwenden sind.

(2) [1]Nebenabreden sind nur wirksam, wenn sie schriftlich vereinbart werden. [2]Sie können gesondert gekündigt werden, soweit dies einzelvertraglich vereinbart ist.

(3) [1]Falls im Rahmen eines Ausbildungsvertrages eine Vereinbarung über die Gewährung einer Personalunterkunft getroffen wird, ist dies in einer gesondert kündbaren Nebenabrede festzulegen. [2]Der Wert der Personalunterkunft wird im Tarifgebiet West nach dem Tarifvertrag über die Gewährung von Personalunterkünften für Angestellte vom 16. März 1974 in der jeweils geltenden Fassung auf das Ausbildungsentgelt angerechnet. [3]Der nach § 3 Absatz 1 Unterabsatz 1 des Tarifvertrages über die Gewährung von Personalunterkünften für Angestellte vom 16. März 1974 maßgebende Quadratmetersatz ist hierbei um 15 v. H. zu kürzen.

---

[1] Ein inhaltsgleicher Tarifvertrag wurde mit der dbb tarifunion vereinbart.

Pflegeberufe (Länder) **§§ 3–8 TVA-L Pflege**

§ 3 Probezeit. (1) Die Probezeit beträgt sechs Monate.

(2) Während der Probezeit kann das Ausbildungsverhältnis von beiden Seiten jederzeit ohne Einhalten einer Kündigungsfrist gekündigt werden.

§ 4 Ärztliche Untersuchungen. (1) [1] Auszubildende haben auf Verlangen des Ausbildenden vor ihrer Einstellung ihre gesundheitliche Eignung durch das Zeugnis eines Amtsarztes nachzuweisen. [2] Für Auszubildende, die unter das Jugendarbeitsschutzgesetz (JArbSchG) fallen, ist ergänzend § 32 Absatz 1 Jugendarbeitsschutzgesetz zu beachten.

(2) [1] Die Auszubildenden können bei begründeter Veranlassung verpflichtet werden, durch eine ärztliche Bescheinigung nachzuweisen, dass sie in der Lage sind, die nach dem Ausbildungsvertrag übernommenen Verpflichtungen zu erfüllen. [2] Bei dem beauftragten Arzt kann es sich um einen Amtsarzt handeln, soweit sich die Betriebsparteien nicht auf einen anderen Arzt geeinigt haben. [3] Die Kosten dieser Untersuchung trägt der Ausbildende.

(3) [1] Auszubildende, die besonderen Ansteckungsgefahren ausgesetzt sind, oder die mit gesundheitsgefährdenden Tätigkeiten oder mit der Zubereitung von Speisen beauftragt werden, sind in regelmäßigen Zeitabständen ärztlich zu untersuchen. [2] Die Untersuchung ist auf Antrag der Auszubildenden auch bei Beendigung des Ausbildungsverhältnisses durchzuführen.

§ 5 Schweigepflicht, Nebentätigkeiten. (1) Auszubildende haben in demselben Umfang Verschwiegenheit zu wahren wie die Beschäftigten des Ausbildenden.

(2) [1] Nebentätigkeiten gegen Entgelt haben Auszubildende ihrem Ausbildenden rechtzeitig vorher schriftlich anzuzeigen. [2] Der Ausbildende kann die Nebentätigkeit untersagen oder mit Auflagen versehen, wenn diese geeignet ist, die nach dem Ausbildungsvertrag übernommenen Verpflichtungen der Auszubildenden oder berechtigte Interessen des Ausbildenden zu beeinträchtigen.

§ 6 Personalakten. (1) [1] Die Auszubildenden haben ein Recht auf Einsicht in ihre vollständigen Personalakten. [2] Sie können das Recht auf Einsicht durch einen hierzu schriftlich Bevollmächtigten ausüben lassen. [3] Sie können Auszüge oder Kopien aus ihren Personalakten erhalten. [4] Die Auszubildenden müssen über Beschwerden und Behauptungen tatsächlicher Art, die für sie ungünstig sind oder ihnen nachteilig werden können, vor Aufnahme in die Personalakten gehört werden. [5] Ihre Äußerung ist zu den Personalakten zu nehmen.

(2) [1] Beurteilungen sind den Auszubildenden unverzüglich bekannt zu geben. [2] Die Bekanntgabe ist aktenkundig zu machen.

§ 7 Wöchentliche und tägliche Ausbildungszeit. (1) Die regelmäßige durchschnittliche wöchentliche Ausbildungszeit und die tägliche Ausbildungszeit der Auszubildenden, die nicht unter das Jugendarbeitsschutzgesetz fallen, richten sich nach den Regelungen für die Beschäftigten des Ausbildenden.

(2) Auszubildende dürfen im Rahmen des Ausbildungszwecks auch an Sonntagen und Wochenfeiertagen und in der Nacht ausgebildet werden.

(3) Eine Beschäftigung, die über die durchschnittliche regelmäßige wöchentliche Ausbildungszeit hinausgeht, ist nur ausnahmsweise zulässig.

§ 8 Ausbildungsentgelt. (1) [1] Das monatliche Ausbildungsentgelt beträgt für Auszubildende im Tarifgebiet West

TVA-L Pflege §§ 9–11　　　　　　　　　　Tarifvertrag für Auszubildende

im ersten Ausbildungsjahr 　　　　　729,06 Euro,
im zweiten Ausbildungsjahr 　　　　788,57 Euro,
im dritten Ausbildungsjahr 　　　　　884,44 Euro.
²Das monatliche Ausbildungsentgelt beträgt für Auszubildende im Tarifgebiet Ost
im ersten Ausbildungsjahr 　　　　　674,38 Euro,
im zweiten Ausbildungsjahr 　　　　729,43 Euro,
im dritten Ausbildungsjahr 　　　　　818,11 Euro.
³Für Schülerinnen/Schüler in der Altenpflege gelten die Übergangsregelungen in Anlage 1.

(2) Das Ausbildungsentgelt wird zu dem Termin gezahlt, zu dem auch die Beschäftigten des Ausbildenden ihr Entgelt erhalten.

(3) Ist wegen des Besuchs einer weiterführenden oder einer berufsbildenden Schule oder wegen einer Berufsausbildung in einer sonstigen Einrichtung die Ausbildungszeit verkürzt, gilt für die Höhe des Ausbildungsentgelts der Zeitraum, um den die Ausbildungszeit verkürzt wird, als abgeleistete Ausbildungszeit.

(4) Für die Ausbildung an Samstagen, Sonntagen, Feiertagen und Vorfesttagen, für den Bereitschaftsdienst und die Rufbereitschaft, für die Überstunden und für die Zeitzuschläge gelten die für die Beschäftigten des Ausbildenden geltenden Regelungen sinngemäß.

(5) Bei Vorliegen der Voraussetzungen erhalten die Auszubildenden
a) die Zulagen nach dem Tarifvertrag zu § 33 Absatz 1 Buchstabe c BAT/BAT-O sowie die Zulagen nach der Protokollerklärung Nr. 1 zu Abschnitt A der Anlage 1 b zum BAT/BAT-O zur Hälfte,
b) die Schicht- und Wechselschichtzulage nach den für die Beschäftigten geltenden Bedingungen jeweils zu drei Vierteln.

§ 9 Urlaub. (1) Auszubildende erhalten Erholungsurlaub in entsprechender Anwendung der Regelungen, die für die Beschäftigten des Ausbildenden gelten. ²Während des Erholungsurlaubs wird das Ausbildungsentgelt (§ 8 Absatz 1) fortgezahlt.

(2) Der Erholungsurlaub ist nach Möglichkeit zusammenhängend während der unterrichtsfreien Zeit zu erteilen und in Anspruch zu nehmen.

§ 10 Ausbildungsmaßnahmen außerhalb der Ausbildungsstätte.

(1) Bei Dienstreisen erhalten die Auszubildenden eine Entschädigung in entsprechender Anwendung der Reisekostenbestimmungen, die für die Beschäftigten des Ausbildenden jeweils gelten.

(2) Bei Reisen zur vorübergehenden Ausbildung an einer anderen Einrichtung außerhalb der politischen Gemeindegrenze der Ausbildungsstätte sowie zur Teilnahme an Vorträgen, an Arbeitsgemeinschaften oder an Übungen werden die entstandenen notwendigen Fahrtkosten bis zur Höhe der Kosten für die Fahrkarte der jeweils niedrigsten Klasse des billigsten regelmäßig verkehrenden Beförderungsmittels (im Bahnverkehr ohne Zuschläge) erstattet; Möglichkeiten zur Erlangung von Fahrpreisermäßigungen (zum Beispiel Schülerfahrkarten, Monatsfahrkarten, BahnCard) sind auszunutzen.

§ 11 Familienheimfahrten. ¹Für Familienheimfahrten von der Ausbildungsstätte zum Wohnort der Eltern und zurück werden den Auszubildenden monatlich einmal Fahrtkosten erstattet. ²Erstattungsfähig sind die notwendigen Fahrtkosten bis zur Höhe der Kosten der Fahrkarte der jeweils niedrigsten Klasse des billigsten regelmäßig verkehrenden Beförderungsmittels (im Bahnverkehr ohne Zuschläge). ³Dem Wohnort der Eltern steht der Wohnort der Erziehungsberechtigten oder der Ehegattin/des Ehegatten oder der Lebenspartnerin/des Lebenspartners gleich. ⁴Möglichkeiten zur Erlangung von Fahrpreisermäßigungen (zum Beispiel Schülerfahrkarten, Monatsfahrkarten, BahnCard) sind auszunutzen. ⁵Die Sätze 1 bis 4 gelten nicht, wenn aufgrund geringer Entfernung eine tägliche Rückkehr möglich und zumutbar ist oder der Aufenthalt am jeweiligen Ort der Ausbildungsstätte weniger als vier Wochen beträgt.

§ 12 Schutzkleidung, Ausbildungsmittel. (1) Auszubildende erhalten Schutzkleidung nach den Bestimmungen, die für die entsprechenden Beschäftigten des Ausbildenden maßgebend sind.

(2) Der Ausbildende hat den Auszubildenden kostenlos die Ausbildungsmittel zur Verfügung zu stellen, die zur Ausbildung und zum Ablegen der staatlichen Prüfung erforderlich sind.

§ 13 Entgelt im Krankheitsfall. (1) ¹Sind Auszubildende durch Arbeitsunfähigkeit infolge Krankheit ohne ihr Verschulden verhindert, ihre Verpflichtungen aus dem Ausbildungsvertrag zu erfüllen, erhalten sie für die Zeit der Arbeitsunfähigkeit bis zu einer Dauer von sechs Wochen das Ausbildungsentgelt (§ 8 Absatz 1) fortgezahlt. ²Bei Wiederholungserkrankungen sowie bei Beendigung des Ausbildungsverhältnisses richtet sich die Dauer der Entgeltfortzahlung nach den gesetzlichen Bestimmungen.

(2) Im Übrigen gilt das Entgeltfortzahlungsgesetz.

(3) ¹Hat die/der Auszubildende bei dem Ausbildenden einen Arbeitsunfall erlitten oder sich eine Berufskrankheit zugezogen, wird bei der jeweils ersten darauf beruhenden Arbeitsunfähigkeit nach Ablauf des Entgeltfortzahlungszeitraums von sechs Wochen ein Krankengeldzuschuss bis zum Ende der 26. Woche seit dem Beginn der Arbeitsunfähigkeit gezahlt. ²Der Krankengeldzuschuss wird in Höhe des Unterschiedsbetrages zwischen den tatsächlichen Barleistungen des Sozialleistungsträgers und dem sich nach Absatz 1 ergebenden Nettoausbildungsentgelt gezahlt. ³Voraussetzung für die Zahlung des Krankengeldzuschusses ist, dass der zuständige Unfallversicherungsträger den Arbeitsunfall oder die Berufskrankheit anerkennt.

§ 14 Entgeltfortzahlung in anderen Fällen. (1) Auszubildenden ist das Ausbildungsentgelt (§ 8 Absatz 1) für insgesamt fünf Ausbildungstage fortzuzahlen, um sich vor den in den Ausbildungsordnungen vorgeschriebenen Abschlussprüfungen ohne Bindung an die planmäßige Ausbildung auf die Prüfung vorbereiten zu können; bei der Sechstagewoche besteht dieser Anspruch für sechs Ausbildungstage.

(2) Der Freistellungsanspruch nach Absatz 1 verkürzt sich um die Zeit, für die Auszubildende zur Vorbereitung auf die Abschlussprüfung besonders zusammengefasst werden; es besteht jedoch mindestens ein Anspruch auf zwei Ausbildungstage.

(3) Im Übrigen gelten für die Arbeitsbefreiung diejenigen Regelungen entsprechend, die für die Beschäftigten des Ausbildenden maßgebend sind.

§ 15 Vermögenswirksame Leistungen. (1) ¹Auszubildende erhalten im Tarifgebiet West eine vermögenswirksame Leistung in Höhe von 13,29 Euro monatlich und im Tarifgebiet Ost in Höhe von 6,65 Euro monatlich, wenn sie diesen Betrag nach Maßgabe des Vermögensbildungsgesetzes in seiner jeweiligen Fassung anlegen. ²Der Anspruch auf vermögenswirksame Leistungen entsteht frühestens für den Kalendermonat, in dem den Ausbildenden die erforderlichen Angaben mitgeteilt werden, und für die beiden vorangegangenen Monate desselben Kalenderjahres. ³Die vermögenswirksamen Leistungen werden nur für Kalendermonate gewährt, für die den Auszubildenden Ausbildungsentgelt, Entgeltfortzahlung oder Krankengeldzuschuss zusteht. ⁴Für Zeiten, für die Krankengeldzuschuss zusteht, sind die vermögenswirksamen Leistungen Teil des Krankengeldzuschusses.

(2) Die vermögenswirksamen Leistungen sind kein zusatzversorgungspflichtiges Entgelt.

§ 16 Jahressonderzahlung. (1) ¹Auszubildende, die am 1. Dezember in einem Ausbildungsverhältnis stehen, haben Anspruch auf eine Jahressonderzahlung. ²Diese beträgt bei Auszubildenden, für die die Regelungen des Tarifgebiets West Anwendung finden, 95 v.H. sowie bei Auszubildenden, für die die Regelungen des Tarifgebiets Ost Anwendung finden, 71,5 v.H. des Ausbildungsentgelts (§ 8 Absatz 1), das den Auszubildenden für November zusteht.

(2) ¹Der Anspruch ermäßigt sich um ein Zwölftel für jeden Kalendermonat, in dem Auszubildende keinen Anspruch auf Ausbildungsentgelt (§ 8 Absatz 1), Fortzahlung des Entgelts während des Erholungsurlaubs (§ 9) oder im Krankheitsfall (§ 13) haben. ²Die Verminderung unterbleibt für Kalendermonate, für die Auszubildende wegen Beschäftigungsverboten nach § 3 Absatz 2 und § 6 Absatz 1 Mutterschutzgesetz kein Ausbildungsentgelt erhalten haben. ³Die Verminderung unterbleibt ferner für Kalendermonate der Inanspruchnahme der Elternzeit nach dem Bundeserziehungsgeldgesetz bis zum Ende des Kalenderjahres, in dem das Kind geboren ist. ⁴Voraussetzung ist, dass am Tag vor Antritt der Elternzeit Anspruch auf Entgelt oder auf Zuschuss zum Mutterschaftsgeld bestanden hat.

(3) ¹Die Jahressonderzahlung wird mit dem Ausbildungsentgelt für November ausgezahlt. ²Ein Teilbetrag der Jahressonderzahlung kann zu einem früheren Zeitpunkt ausgezahlt werden.

(4) ¹Auszubildende, die im unmittelbaren Anschluss an die Ausbildung von ihrem Ausbildenden in ein Arbeitsverhältnis übernommen werden und am 1. Dezember noch in diesem Arbeitsverhältnis stehen, erhalten zusammen mit der anteiligen Jahressonderzahlung aus dem Arbeitsverhältnis eine anteilige Jahressonderzahlung aus dem Ausbildungsverhältnis. ²Ist die Übernahme im Laufe eines Kalendermonats erfolgt, wird dieser Kalendermonat bei der anteiligen Jahressonderzahlung aus dem Arbeitsverhältnis berücksichtigt.

(5) Für die Höhe der Jahressonderzahlung in den Jahren 2006 und 2007 gilt § 21 TVÜ-Länder entsprechend.

§ 17 Betriebliche Altersversorgung. ¹Die Auszubildenden haben Anspruch auf eine zusätzliche Alters- und Hinterbliebenenversorgung unter Eigenbeteiligung. ²Einzelheiten bestimmt der Tarifvertrag über die betriebliche Altersversorgung der Beschäftigten des öffentlichen Dienstes (Tarifvertrag Altersversorgung – ATV) in seiner jeweils geltenden Fassung.

Protokollerklärung zu § 17:
§ 17 gilt nicht für Auszubildende der Freien und Hansestadt Hamburg.

Niederschriftserklärung zu § 17 TVA-L BBiG/TVA-L Pflege:
Die Tarifvertragsparteien weisen darauf hin, dass Auszubildende nicht vom Geltungsbereich des Hamburgischen Zusatzversorgungsgesetzes erfasst werden. Für die Dauer der Ausbil-

dung werden keine Eigenbeiträge zur betrieblichen Altersversorgung erhoben. Die Ausbildung wird aber als Wartezeit und als ruhegeldfähige Beschäftigungszeit bei der Ruhegeldberechnung berücksichtigt, wenn sich unmittelbar an die Ausbildung ein Beschäftigungsverhältnis zur Freien und Hansestadt Hamburg anschließt.

§ 18 Beendigung des Ausbildungsverhältnisses. (1) [1]Das Ausbildungsverhältnis endet mit Ablauf der Ausbildungszeit; abweichende gesetzliche Regelungen bleiben unberührt. [2]Im Falle des Nichtbestehens der Abschlussprüfung verlängert sich das Ausbildungsverhältnis auf Verlangen der Auszubildenden bis zur nächstmöglichen Wiederholungsprüfung, höchstens um ein Jahr.

(2) Können Auszubildende ohne eigenes Verschulden die Abschlussprüfung erst nach beendeter Ausbildungszeit ablegen, gilt Absatz 1 Satz 2 entsprechend.

(3) Beabsichtigt der Ausbildende keine Übernahme in ein Arbeitsverhältnis, hat er dies den Auszubildenden drei Monate vor dem voraussichtlichen Ende der Ausbildungszeit schriftlich mitzuteilen.

(4) Nach der Probezeit (§ 3) kann das Ausbildungsverhältnis unbeschadet der gesetzlichen Kündigungsgründe nur gekündigt werden
a) aus einem sonstigen wichtigen Grund ohne Einhalten einer Kündigungsfrist,
b) von Auszubildenden mit einer Kündigungsfrist von vier Wochen.

(5) Werden Auszubildende im Anschluss an das Ausbildungsverhältnis beschäftigt, ohne dass hierüber ausdrücklich etwas vereinbart worden ist, so gilt ein Arbeitsverhältnis auf unbestimmte Zeit als begründet.

§ 19 Abschlussprämie. (1) [1]Bei Beendigung des Ausbildungsverhältnisses aufgrund erfolgreich abgeschlossener Abschlussprüfung bzw. staatlicher Prüfung erhalten Auszubildende eine Abschlussprämie als Einmalzahlung in Höhe von 400 Euro. [2]Die Abschlussprämie ist kein zusatzversorgungspflichtiges Entgelt. [3]Sie ist nach Bestehen der Abschlussprüfung bzw. der staatlichen Prüfung fällig.

(2) [1]Die Abschlussprämie wird nicht gezahlt, wenn die Ausbildung nach erfolgloser Prüfung aufgrund einer Wiederholungsprüfung abgeschlossen wird. [2]Im Einzelfall kann der Ausbildende dennoch eine Abschlussprämie zahlen.

(3) Die Absätze 1 und 2 gelten erstmals für Ausbildungsverhältnisse, die im Jahr 2007 beginnen.

§ 20 Ausschlussfrist. [1]Ansprüche aus dem Ausbildungsverhältnis verfallen, wenn sie nicht innerhalb einer Ausschlussfrist von sechs Monaten nach Fälligkeit von den Auszubildenden oder vom Ausbildenden schriftlich geltend gemacht werden. [2]Für denselben Sachverhalt reicht die einmalige Geltendmachung des Anspruchs auch für später fällige Leistungen aus.

§ 21 In-Kraft-Treten, Laufzeit. (1) [1]Dieser Tarifvertrag tritt am 1. November 2006 in Kraft. [2]Abweichend von Satz 1 tritt § 16 Absatz 1 bis 4 am 1. Januar 2008 in Kraft.

(2) Dieser Tarifvertrag kann mit einer Frist von drei Monaten zum Ende eines Kalenderhalbjahres, frühestens zum 31. Dezember 2009, schriftlich gekündigt werden.

(3) Abweichend von Absatz 2 kann § 16 von jeder Tarifvertragspartei auf landesbezirklicher Ebene mit einer Frist von drei Monaten zum 31. Dezember eines

TVA-L Pflege Anl. 1, 2 Tarifvertrag für Auszubildende

Kalenderjahres, frühestens jedoch zum 31. Dezember desjenigen Jahres, in dem die volle Angleichung nach § 21 Absatz 2 TVÜ-Länder auf Landesebene erreicht ist, schriftlich gekündigt werden.

(4) Abweichend von Absatz 2 können ferner schriftlich gekündigt werden:
a) § 8 Absatz 1 mit einer Frist von einem Monat zum Ende eines Kalendermonats, frühestens jedoch zum 31. Dezember 2008,
b) § 19 mit einer Frist von einem Monat zum Ende eines Kalenderjahres, frühestens jedoch zum 31. Dezember 2008.

(5) Dieser Tarifvertrag ersetzt mit Wirkung vom 1. November 2006 die in der Anlage 2 aufgeführten Tarifverträge.

Anlage 1

Übergangsregelungen für Schülerinnen/Schüler in der Altenpflege

1. Für Schülerinnen/Schüler in der Altenpflege, deren Ausbildungsverhältnis vor dem 1. November 2006 begonnen hat, gelten die jeweils einzelvertraglich vereinbarten Ausbildungsentgelte bis zur Beendigung des Ausbildungsverhältnisses weiter, soweit einzelvertraglich nichts Abweichendes vereinbart wird.
2. Soweit Ausbildende von Schülerinnen/Schülern in der Altenpflege bis zum 31. Oktober 2006 ein Ausbildungsentgelt gezahlt haben, das niedriger ist als die in § 8 Absatz 1 geregelten Ausbildungsentgelte, gelten für die Ausbildungsentgelte bei Ausbildungsverhältnissen, die nach dem 31. Oktober 2006 beginnen, spätestens ab 1. Januar 2009 die in § 8 Absatz 1 geregelten Beträge.

Anlage 2

(zu § 21 Absatz 5)

1. Tarifvertrag zur Regelung der Rechtsverhältnisse der Schülerinnen/ Schüler, die nach Maßgabe des Krankenpflegegesetzes oder des Hebammengesetzes ausgebildet werden, vom 28. Februar 1986,
2. Tarifvertrag zur Regelung der Rechtsverhältnisse der Schülerinnen/Schüler, die nach Maßgabe des Krankenpflegegesetzes oder des Hebammengesetzes ausgebildet werden (Mantel-TV Schü-O), vom 5. März 1991,
3. Ausbildungsvergütungstarifvertrag Nr. 12 für Schülerinnen/Schüler, die nach Maßgabe des Krankenpflegegesetzes oder des Hebammengesetzes ausgebildet werden, vom 31. Januar 2003,
4. Ausbildungsvergütungstarifvertrag Nr. 7 für Schülerinnen/Schüler, die nach Maßgabe des Krankenpflegegesetzes oder des Hebammengesetzes ausgebildet werden (Ost), vom 31. Januar 2003,
5. Tarifvertrag über ein Urlaubsgeld für Schülerinnen/Schüler, die nach Maßgabe des Krankenpflegegesetzes in der Krankenpflege oder in der Kinderkrankenpflege oder nach Maßgabe des Hebammengesetzes ausgebildet werden, vom 21. April 1986,
6. Tarifvertrag über ein Urlaubsgeld für Schülerinnen/Schüler, die nach Maßgabe des Krankenpflegegesetzes in der Krankenpflege oder in der Kinderkrankenpflege oder nach Maßgabe des Hebammengesetzes ausgebildet werden (TV Urlaubsgeld Schü-O), vom 5. März 1991,

7. Tarifvertrag über eine Zuwendung für Schülerinnen/Schüler, die nach Maßgabe des Krankenpflegegesetzes oder des Hebammengesetzes ausgebildet werden, vom 21. April 1986,
8. Tarifvertrag über eine Zuwendung für Schülerinnen/Schüler, die nach Maßgabe des Krankenpflegegesetzes oder des Hebammengesetzes ausgebildet werden (TV Zuwendung Schü-O), vom 5. März 1991.

Sachverzeichnis

Die fett gedruckten arabischen Ziffern bezeichnen die Paragraphen; die fett gedruckten römischen Zahlen beziehen sich die Angaben auf den jeweiligen Teil des Buches; die mager gedruckten Zahlen beziehen sich auf die Randnummern.

Abfindung Vor 34 617
Abfindungshöhe Vor 34 618
Abgeltung
– Überstunden **43 TVöD-BT-V** 4
– Urlaubsanspruch **26** 45
Abmahnung Vor 34 69, 106, 208 ff., 250 f., 276, 280, 287, 289, 295, 300, 304, 317, 319, 320, 324, 330, 343, 494, 588
ABM-Kräfte 1 30
Abordnung 4 11, 13
Abrechnung 24 16 ff.
Abwicklungsvertrag 33 12; **Vor 34** 579
AGG Vor 34 298, 445, 565
Aids Vor 34 191
Alkoholmissbrauch Vor 34 106, 192, 242, 288, 289 ff.
Alkoholtest Vor 34 196, 293, 298
Alkoholverbot Vor 34 289
Allgemeine Pflichten 3 TVöD 1; **3 TV-L** 1; **41 TVöD BT-V** 1
– der Ärztinnen und Ärzte **42 TVöD BT-B**; **42 TVöD BT-K**
Allgemeiner Bewährungsaufstieg. 8 TVÜ- Bund; **8 TVÜ-VKA**; **8 TVÜ-L**
Allgemeiner Kündigungsschutz Vor 34 6, 41, 58, 64
Allgemeines Persönlichkeitsrecht Vor 34 286, 337
Altersgrenze 33 2 ff.; **Vor 34** 182, 197 ff., 582
Altersrente 33 4 ff.
Altersversorgung 25 2 ff.
Änderungskündigung 6 42; **12, 13** 55; **Vor 34** 6, 15, 41, 47, 64, 205, 415 ff.
Änderungsschutzklage Vor 34 52; **IV** 4.
Angehöriger 29 16
Anhörung Vor 34 36, 186, 224, 232, 263, 499, 524 ff., 553 ff.
Anzeigepflicht Vor 34 232

Arbeitnehmer Vor 34 71
Arbeitnehmerüberlassung 1 31
Arbeitsbefreiung
– Arbeitsjubiläum **29** 13
– Erkrankung **29** 14 ff.
– gewerkschaftliche Zwecke **29** 378 ff.
– Niederkunft **29** 7
– sonstige Gründe **29** 34
– Tod eines Angehörigen **29** 8 ff.
– Umzug **29** 12
Arbeitsbereitschaft 6 7 ff.
Arbeitsgericht Vor 34 607
Arbeitskampf Vor 34 342
Arbeitsleistung 6 99
Arbeitslosengeld 33 13
Arbeitspapiere Vor 34 344
Arbeitstage 26 22
Arbeitsunfähigkeit 22 4; **Vor 34** 113, 117, 152, 315, 571; **34** 23;
– Krankenbezüge **22** 1 ff.
– Übergangsregelungen **Anhang TVÜ-Bund** 13, **TVÜ-L** 13, **TVÜ-VKA** 13
Arbeitsverhältnis 1 4
Arbeitsverweigerung 3 3 ff.; **Vor 34** 320 ff.
Arbeitsvorgänge 1 4
Arbeitszeit 6 3; **Anhang zu § 6 TV-L**
Arbeitszeitformen 6 78; s. auch Sonderformen der Arbeit
Arbeitszeitgesetz 6 3
Arbeitszeitkonto 10 2 ff.
Arbeitszeitkorridor 6 84 ff.; **7** 38
Arbeitszeitstruktur 6 41
Ärztliche Untersuchung 3 46 ff.; **Anhang TVAöD-AT** 8 a; **TV-L BBiG** 4; **TV-L Pflege** 4
Aufhebungsvertrag 33 12
Auftragsrückgang Vor 34 349, 382
Auflösungsantrag Vor 34 632 ff.
Auflösungsvertrag 33 12
Ausbildungs- und Fortbildungsreisen 5 10

751

Sachverzeichnis

Ausgleichszeitraum 6 29 ff., 54; *s. auch Berechnungszeitraum*
Ausgliederung Vor 34 387
Auslauffrist Vor 34 181, 185
Ausschlussfrist Vor 34 313, 496 ff.; 37 2 ff.
Außerdienstliches Verhalten Vor 34 209, 310, 337 ff.
Außerordentliche Kündigung Vor 34 44 ff., 179 ff., 484 ff., 553
Austauschkündigung Vor 34 360; 406
Auswahlmerkmale Vor 34 444 ff.
Auszubildende 1 TVöD 28; **1 TV-L** 11, **Vor** 34 73, 519; **Anhang TVAöD-AT, -BBiG, -Pflege; TVA-L-BBiG, -Pflege**

Barleistungen des Sozialleistungsträger 22 41
Befristete Aufgabenübertragung 14 2 ff.; *s. auch Führung auf Zeit; Führung auf Probe*
befristetes Arbeitsverhältnis 30 1 ff.
Beleidigung Vor 34 283 ff.
Belohnung 3 23 ff.
Berechnungszeitraum 6 29 ff., 54; *s. auch Ausgleichszeitraum*
Bereitschaftsdienst 8 18; **45 BT-B** 1 ff.
Berufsausübungserlaubnis Vor 34 198 ff.
Berufsunfähigkeit 22 48
Berufung Vor 34 639 ff.
Beschäftigtensschutzgesetz s. AGG
Beschäftigungszeit 34 21 ff.
– Übergangsvorschriften **Anhang TVÜ-Bund, -VKA, -L** 14
– Unterbrechung **34** 30
Beschwerde 3 62; **Vor** 34 345
Bestechung 3 22 ff; **Vor** 34 345
Betriebliche Altersversorgung 25 2 ff.
betriebliche Störung Vor 34 157 ff.
betriebliche Übung 2 13
betriebsbedingte Kündigung Vor 34 347 ff.
Betriebsgeheimnis Vor 34 218
Betriebsrat Vor 34 520 ff.
Betriebsschließung Vor 34 367 f.
Betriebsübergang Vor 34 387, 480 ff.

Beurteilung 3 62
Beweislast 6 53; **11** 8; **Vor** 34 420, 461, 496 ff., 503 ff., 540 ff., 572 ff., 583
Beweismittel Vor 34 627
Beweislastverteilung Vor 34 587
Beweiswert Vor 34 32
Beweiswürdigung Vor 34 162
Bezirkszusatztarifverträge 1 44
Bezüge s. Entgelt

Darlegungslast 6 53; **11** 8; **Vor** 34 420, 461, 496 ff., 503 ff., 540 ff., 572 ff., 583
dauerhafte Krankheit Vor 34 177
Detektivkosten Vor 34 627
Dienstfähigkeit 3 51
Dienstjubiläum 29 13
Dienstreisen 6 4
Dienstzeit 34 21 ff.
Direktionsrecht 6 37; **Vor** 34 47, 137, 270, 327, 393, 417
Dringlichkeit Vor 34 358, 388 ff.
Drogensucht Vor 34 192 ff.
Druckkündigung Vor 34 191, 220 ff.

Ehescheidung Vor 34 205 ff.
Ehrenämter Vor 34 216
1-Euro-Job 1 8
Eingruppierung 12, 13 2 ff.
Einschreiben Vor 34 28 ff.
– Einwurf-Einschreiben **Vor** 34 32
Einstweilige Verfügung Vor 34 561
Elternzeit Vor 34 509 ff.
Empfangsbestätigung Vor 34 33
Entfristungsklage Vor 34 560, 596
Entgelt 24 3 ff.
Entgeltfortzahlung Vor 34 3 ff.
– Bemessungsgrundlage **21** 3 ff.
Entgeltfortzahlungskosten Vor 34 130 ff., 149
Entziehungskur Vor 34 135
Erfolgshonorar Vor 34 629
Erholungsurlaub 26 2 ff. *s. auch Urlaub*
Erkrankung s. *Arbeitsunfähigkeit*
Ermittlungsverfahren Vor 34 313
Ersatzarbeitsplatz Vor 34 54, 413
Erschwerniszulage 19 1 ff.

Fahrerlaubnisentzug Vor 34 201
Fehlleistung Vor 34 212, 277
Fehlzeiten Vor 34 110 ff.
Feiertagsarbeit 6 56 ff.
Feststellungsklage Vor 34 604 ff.
Fortbildung *s. Qualifizierung*
Fortsetzungserkrankung 22 14 ff.
Freikündigung Vor 34 137
Freistellung 29 2 ff.
Freizeitausgleich 6 54 ff.
Fristlose Kündigung *s. außerordentliche Kündigung*
Führung auf Probe 31 1 ff.
Führung auf Zeit 32 1 ff.

Geburt 29 7
Gefährdungshaftung 3 11
Gegendarstellung Vor 34 264
Geltungsbereich 1 2 ff.
Geringfügige Beschäftigung 1 32 ff.
Geschenke 3 24
Gesundheitsprognose Vor 34 124 ff.
Gewerkschaftliche Betätigung Vor 34 216
Gewissensentscheidung Vor 34 217
Girokonto 24 6
Gleichstellungsklausel Einleitung 23
Gleitzeit 6 83
Güteverhandlung Vor 34 607

Haftung 3 TVöD 8 ff.; **3 TV-L** 19 ff.
Haushaltsrecht Vor 34 349, 473 ff.
Herausgabe von Schriftstücken 3 21

Integrationsamt Vor 34 513 f.
Interessenabwägung Vor 34 66 ff., 427 ff., 494 ff.

Jubiläumszuwendung 23 11 ff.

Kammertermin Vor 34 607
Kernarbeitszeit 6 83 ff.
Kindschaftsverhältnis 29 10 f.
Kirchenaustritt Vor 34 207, 346
Klagefrist Vor 34 60, 591 ff., 597 ff
Kleinbetriebsregelung Vor 34 87 ff., 567
Korrigierende Rückgruppierung Vor 34 55
Kraftfahrer Vor 34 201

Krankheit 22 4 ff.
– Ankündigung der Krankheit **Vor 34** 319
– außerordentliche Kündigung **Vor 34** 179 ff.
– dauerhafte Krankheit **22** 13
– genesungswidriges Verhalten **Vor 34** 317
– langandauernde Krankheit **Vor 34** 152 ff.
– Leistungsminderung durch Krankheit **Vor 34** 168 ff.
– Leistungsunfähigkeit durch Krankheit **Vor 34** 164 ff.; **22** 4
– Unkündbarkeit **Vor 34** 180; **34** 14 ff.
– Vortäuschen einer Krankheit **Vor 34** 315 ff.
Krankenbezüge 22 3 ff.
– Wartezeit **22** 8
Krankengeldzuschuss 22 48
Krankheitsdauer Vor 34 160; **22** 13 ff.
Krankheitsbedingte Kündigung Vor 34 109; **22** 29 ff.
Kündigung Vor 34 1 ff.; **34** 1 ff.
– Anhörungsverfahren **Vor 34** 524 ff.; 553 ff.
– Auszubildende **Vor 34** 22, 73, 519
– Betriebsrat **Vor 34** 36, 506 ff., 520 ff., 531 ff.
– Einigungsvertrag **Vor 34** 574 ff.
– Mitteilungspflicht **Vor 34** 524 ff.
– Mitwirkungsverfahren **Vor 34** 546 ff.
– Personalvertretung **Vor 34** 506 ff., 545 ff.
– Rücknahme **Vor 34** 10
– Schriftform **Vor 34** 12 ff.
– soziale Rechtfertigung **Vor 34** 61 ff.
– zur Unzeit **Vor 34** 565 ff.
Kündigungsarten Vor 34 41 ff.
Kündigungsbegründung Vor 34 19 ff.
Kündigungserklärung Vor 34 9 ff.
Kündigungsfreiheit Vor 34 62
Kündigungsfrist 34 4 ff.
Kündigungsgründe Vor 34 97 ff., 488 ff.
Kündigungsschutz Vor 34 58 ff.
– Sonderkündigungsschutz **Vor 34** 505 ff.

Sachverzeichnis

Kündigungsschutzklage **Vor 34** 595 ff.
Kündigungsschutzprozess **Vor 34** 590 ff.
Kündigungsverbot **Vor 34** 509
Kündigungszugang **Vor 34** 25 ff.
Kurzarbeit **Vor 34** 392 ff.
Kurzerkrankungen **Vor 34** 117 ff.
Kw-Vermerk **Vor 34** 476

Laufzeit **39 TVöD/TV-L** 1 ff.
Leistungsfähigkeit **Vor 34** 208 ff.
Leistungsmängel **Vor 34** 174, 209, 274
leistungsmindernde Erkrankung **Vor 34** 168 ff.
Leistungsunfähigkeit **Vor 34** 164 ff.
Leistungsverdichtung **Vor 34** 364, 372, 377
Lohnpfändung **Vor 34** 321 ff.

Maßregelung **Vor 34** 337, 565, 571
Mehrarbeit **7** 25 ff.
Meinungsfreiheit **Vor 34** 286
Minderleistung **Vor 34** 103, 168 ff., 271
Mitbestimmungsrecht **6** 101 ff.; **Vor 34** 36, 506 ff., 520 ff., 531 ff.
Mitwirkungsrechte **6** 101 ff.; **Vor 34** 506 ff, 545 ff.
Monatliche Arbeitszeit **6** 30
Mutterschutz **Vor 34** 505 ff.

Nachtarbeit **7** 6
Nachträgliche Klagezulassung **Vor 34** 597 ff.
Nachtschicht **7** 6; **46 BT-B** 3 f.
Nachwirkung Einleitung 18
Nebenabreden **2** 20 ff.
Nebentätigkeit **3 TVöD** 35 ff.; **3 TV-L** 5 ff.
Nichtleistung **Vor 34** 267 ff.
Nichtvollbeschäftigter *s. Teilzeitbeschäftigter*

Offenbarungspflicht **2** 3 ff.
Omnibusfahrer **Vor 34** 202
Ordentliche Kündigung **Vor 34** 43 ff.

Pausen **6** 44 ff.
Personalabbau **Vor 34** 349, 364, 377, 413, 439, 480

Personalakten **3** 57 ff.; **Vor 34** 263
Personalrat *s. Personalvertretung*
Personalreserve **Vor 34** 125, 130 148
Personalstärke **Vor 34** 377
Personalvertretung **Vor 34** 506 ff., 545 ff.
Personenbedingte Kündigung **Vor 34** 100 ff.
Pflegebedürftigkeit **11** 15
Pflichtversicherung **25** 5
Politische Treue **3** 1
Privatisierung **Vor 34** 349, 480 f.
Probezeit **3** 26 ff.
Prozesskosten **Vor 34** 623 ff.
Prozessvergleich **Vor 34** 609 ff.
Prüfungskatalog *s. Auswahlmerkmale*
Punktetabelle **Vor 34** 454 ff.

Qualifizierung **5** 21 ff.; **Vor 34** 141

Rahmenzeit **6** 91 ff.; **7** 38
Rationalisierungsmaßnahmen **Vor 34** 352 ff.
Rechtsanwaltskosten **Vor 34** 623
Rechtsmittel **Vor 34** 639 ff.
Rehabilitation **22** 32
Rentenbescheid **33** 5 ff.
Rettungsdienst **42 BT-B** 3
Revision **Vor 34** 643
Rückkehrklausel **11** 17
Rückzahlungsverpflichtung **5** 15
Rufbereitschaft **7** 18 ff.; **45 BT-B** 14 ff.
Ruhepausen **6** 44 ff.

Samstagsarbeit **6** 17
Schadenshaftung **3** 8 ff.
Schichtarbeit **7** 7 ff.
Schichtzulage **8** 19 ff.
– Teilzeitbeschäftigung **24** 13
Schlechtleistung **Vor 34** 267 ff.
Schmiergelder **3** 22 ff.
Schriftform **3** 10, **Vor 34** 12 ff.
Schwangerschaftsabbruch **22** 32
Schweigepflicht **3** 13 ff.
Schwellenwert **Vor 34** 88
Schwerbehinderte **Vor 34** 513 ff.
Scientology **Vor 34** 213
Selbstbeurlaubung **Vor 34** 327 ff.
Sexuelle Belästigung **Vor 34** 297 ff.
Sonderformen der Arbeit **7** 1 ff.

Sachverzeichnis

Sonderkündigungsschutz Vor 34 505 ff.
Sonderurlaub
– aus familiären Gründen **28** 4, 7
– aus wichtigem Anlass **28** 5 ff., 9 ff.
– Antrag **28** 10
Sonntagsarbeit 8 4 ff.
Sozialauswahl Vor 34 429 ff.
Soziale Auslauffrist Vor 34 181, 185
Soziale Rechtfertigung Vor 34 61 ff.
Sozialwidrigkeit s. *soziale Rechtfertigung*
Sperrzeitverhängung 33 13
Stasi-Tätigkeit Vor 34 215
Sterbegeld 23 14 ff.
Sterilisation 22 32
Straftaten Vor 34 306 ff.
Strafurteile Vor 34 302
Strafverfahren Vor 34 313
Streik Vor 34 342
Streitwert Vor 34 641

Tarifbindung Einleitung 10
Tatkündigung Vor 34 228
Tätlichkeit Vor 34 287 ff.
Teilkündigung Vor 34 57
Teilurlaubsanspruch 26 28 ff.
Teilzeitbeschäftigte 11 1 ff.

Übergabe-Einschreiben Vor 34 31
Überleitungstarifvertrag Anhang TVÜ- Bund; TVÜ-L; TVÜ-VKA
Übernahme von Ausbildungskräften 3 34 ff. **Anhang TVAöD BBiG** 16 a; **TVA-L** 19
Überstunden 7 27 ff.
Überstundenanordnung 7 33 ff.
Überstundenausgleich 7 35 ff.
Umdeutung Vor 34 504 ff.
Umschulung Vor 34 412 ff.
Umsetzung 4 11 ff.; **Vor 34** 101, 166, 188, 246
Unkündbarkeit 34 8 ff.
Unpünktlichkeit Vor 34 280 ff.
Unterbrechung 34 30
Unternehmerische Entscheidung Vor 34 363 ff.
Untersuchungshaft Vor 34 219

Urlaub
– Arbeitsunfähigkeit **26** 38, 40
– Erwerbstätigkeit **26** 44
– Rückforderungsanspruch **26** 7
– Wartezeit **26** 8 ff.
– Zwölftelung **26** 28 ff.
Urlaubsabgeltung 26 45 ff.
Urlaubsanspruch 26 3
Urlaubsaufschlag s. *Zusatzurlaub*
Urlaubsaufteilung 26 27
Urlaubsdauer 26 18 ff.
Urlaubsfestlegung 26 11 ff.
Urlaubsjahr 26 5 ff.
Urlaubsliste 26 16
Urlaubsplan 26 15
Urlaubsübertragung 26 32, 36
Urlaubsverfall 26 33
Urlaubsvergütung 26 2

Verbandsaustritt Einleitung 16
Verdachtskündigung Vor 34 228 ff.
Verfallfrist 37 2 ff.
Vergütung
– Beendigung des Arbeitsverhältnisses **24** 16 ff.
– Fälligkeit **24** 3 ff.
Vergütungsberechnung 24 1
verhaltensbedingte Kündigung Vor 34 240 ff.
Verhaltenspflicht 3 12
Verhältnismäßigkeitsgrundsatz Vor 34 66 ff.
Verjährung 37 5 ff.
Vermögenswirksame Leistungen 23 5 ff.
Versetzung 4 1 ff.
Vertrauensverhältnis Vor 34 229, 307
Verwirkung 37 7
Vollmacht Vor 34 38
Vollmachtsurkunde Vor 34 38
Vorfesttage 6 56
vorläufiges Zeugnis 35 3

Wahrheitspflicht 2 3
Wartezeit 26 8 ff.; **Vor 34** 74
Wechselschichtarbeit 7 3 ff., 40; **48 BT-B** 1 ff
– Teilzeitbeschäftigung **24** 12 ff.
– Zulage **8** 19 ff.
Weihnachtszuwendung s. *Jahressonderzahlung*

Sachverzeichnis

Weisungsrecht 3 3 ff.
Weiterbeschäftigung Vor 34 103, 394
Weiterbeschäftigungsanspruch Vor 34 537 ff., 556 ff., 558 ff.
Werktägliche Arbeitszeit 6 26
Wichtiger Grund Vor 34 488
Widerrufsvorbehalt Vor 34 613
Widerspruch. Vor 34 64, 532 ff.
Wiedereinstellungsanspruch Vor 34 176
Wiederholungserkrankung 22 14 ff.

Zahltag 24 4
Zeitzuschläge 8 4 ff.
Zeugnis 35 1 ff.
Zufriedenheitsskala 35 10 ff.
Zugang Vor 34 25 ff.
Zulagen s. Erschwerniszulage
Zusatzurlaub
– Allgemein **27** 2 ff.
– für Wechselschicht, Schichtarbeit **27** 4 ff.
– Anrechnung **27** 21
– Schwerbehinderung **27** 14 ff.
Zusatzversorgung 25 2 ff.
Zuspätkommen s. *Unpüktlichkeit*
Zuweisung 4 17 ff.
Zweiwochenfrist Vor 34 287, 314, 496
Zwischenzeugnis 35 9